MAXI RICETTARIO DI CUCINA CON OLTRE

560 PAGINE DI RICETTE IN ITALIANO !

A Complete Cookbook - Quick And Easy Recipes

For Breakfast, Lunch And Dinner !

(Italian Language Edition)

Food And Beverages – International

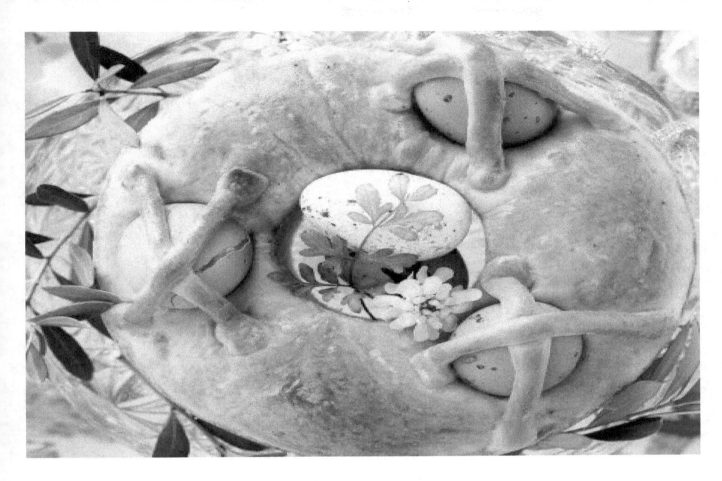

1 Sommario

11 SFIZI E SFARZI 321

19   BIMBY IN CAMBUSA **536**

2 Manuale d'uso del robottino Bymbi.

2.1 Consigli utili per il funzionamento a Freddo

L'unica manopola da utilizzare per il funzionamento a freddo, è quella delle velocità. Simultaneamente sul **timer** compariranno i secondi che scorreranno in automatico non appena avrai selezionato la velocità desiderata. Un **dispositivo di sicurezza**, non ti permette di aprire il coperchio se la velocità non sarà posizionata sullo 0.

2.1.1.1 Bilancia

Per utilizzare la bilancia, il boccale deve essere **perfettamente** inserito nella sua sede e la manopola della velocità deve essere posizionata sullo 0.

Prima di pesare, premi il tasto bilancia: sul display compariranno tre 0. Da questo momento potrai pesare gli ingredienti in successione, fino ad un massimo di **2,5 Kg**. Ti consigliamo, per le piccole quantità, di inserire gli ingredienti molto lentamente per dare tempo ai sensori di attivarsi; così facendo otterrai esattamente il peso indicato dalla ricetta.

2.1.1.2 Velocità

Le velocità 1-2, servono esclusivamente per mescolare. Il secondo cucchiaino (**velocità 2-3**), serve per montare.

Per tritare, macinare, grattugiare, ecc., si utilizzano le **velocità da 4 a turbo** e variano in funzione del tipo di alimento e del risultato che vuoi ottenere.

Quando la quantità degli ingredienti è poca, ti consigliamo di utilizzare **velocità non superiori a 8** e di far cadere gli ingredienti dal foro del coperchio sulle lame in movimento, perché la grande potenza che si sviluppa con le alte velocità, può far disperdere gli ingredienti sulle pareti del boccale e sul coperchio.

Utilizza direttamente il tasto turbo solo se nel boccale ci sono ingredienti solidi. Se vuoi sminuzzare o omogeneizzare alimenti solidi con liquidi, la velocità va portata lentamente da 1 a 9 e poi a turbo e il contenuto del boccale non deve essere superiore al litro.

Con la **velocità impasto** contrassegnata da una spiga, posizionata a destra della velocità 0, puoi ottenere impasti eccezionali.

La velocità "spiga" ti consentirà di impastare fino a 700 gr. di farina. Il suo funzionamento a intermittenza, riproduce l'impasto manuale ed evita il surriscaldamento del motore.

2.1.1.3 Consigli d'uso

Non forzare mai la leva di chiusura. Se l'apparecchio non si apre verifica che la manopola delle velocità sia correttamente posizionata sullo 0.

Leggi attentamente le pagine seguenti in cui sono riportate le preparazioni di base.

Bimby ha molteplici usi e solo la perfetta conoscenza degli stessi ti permetterà di sfruttarlo nel migliore dei modi.

Durante la preparazione delle ricette incontrerai questi simboli:

M minuti S secondi T temperatura V velocità I ingredienti

2.1.1.4 Contenuto di 1 misurino

Gli ingredienti si possono dosare sia con la bilancia che con il misurino.

Acqua, latte 100 grammi = 1 decilitro
Olio 90 grammi
Zucchero 100 grammi
Farina 55 grammi
Fecola 80 grammi

Pangrattato 40 grammi
Riso 80 grammi
Parmigiano 50 grammi

2.1.2 Bimby trita

Ricordati:
- che le piccole quantità dovranno essere introdotte dal foro del coperchio
- che il volume degli ingredienti non dovrà mai superare la metà del boccale e sulle lame in movimento a V 6.

2.1.3 Prezzemolo - Basilico Aromi vari

Prezzemolo e aromi lavati e asciugati nella quantità desiderata (non meno di 20 gr.). Inserisci nel boccale dal foro del coperchio con lame in movimento V 6, una manciata per volta dell'aroma che desideri tritare e continua fino ad esaurimento degli ingredienti. Aspetta 10 S ancora prima di fermare l'apparecchio.

Vi consiglio di tritare discrete quantità, per poterle poi conservare nel congelatore e utilizzarle quando necessitano. Puoi anche conservarli in frigorifero coperti di olio e se ti piace, aromatizzarli con uno spicchio di aglio. Le piccolissime quantità, si possono invece tritare contemporaneamente agli altri ingredienti della ricetta che desideri preparare.

2.1.4 Carote Cipolle Sedano

Da 50 gr. a 500 gr. della verdura prescelta, lavata e tagliata grossolanamente. Inserisci la verdura prescelta nel boccale e tritala: da 10 a 30 S a V 4, a seconda della quantità e del trito desiderato.

2.1.5 Verdure Miste

400 gr. di verdure miste lavate e strizzate.
Inserisci nel boccale le verdure, alternando quelle in foglia a quelle in pezzi e tritale: da 6 a 10 S a V 3 a seconda del trito desiderato. Potrai così utilizzarle per un ottimo minestrone.

2.1.6 Per cominciare

2.1.6.1 Trito per gratin

1 panino raffermo, 1 spicchio di aglio, prezzemolo, rosmarino e altri aromi a piacere. Inserisci il tutto nel boccale: 20 S da V 4 a turbo.

2.1.6.2 Carne cruda/cotta

Carne magra priva di nervi e pellicine nella quantità desiderata.
Taglia la carne a cubetti e falla cadere 100 gr. per volta dal foro del coperchio, con lame in movimento a V 8. Spegni immediatamente dopo aver inserito l'ultimo cubetto e toglila. Ripeti l'operazione fino ad esaurimento della quantità desiderata. Puoi utilizzare anche cubetti di carne congelata, senza attendere il perfetto scongelamento. In questo caso la carne potrà essere anche leggermente grassa.

2.1.6.3 Prosciutto - Mortadella - Salumi vari

Prosciutto o altro nella quantità desiderata.
Inserisci i salumi dal foro del coperchio, con lame in movimento a V 5 per il tempo necessario a seconda della quantità.

2.1.6.4 Ghiaccio

Da 100 a 700 gr. di cubetti.
Inserisci i cubetti nel boccale e tritali a V 6 da 5 S a 20 S. Il tempo può variare in funzione della quantità.

2.1.6.5   Grattugia, macina e polverizza

Ricordati che per una perfetta riuscita il boccale dovrà essere sempre perfettamente asciutto e che il volu-me degli ingredienti non dovrà mai superare la metà del boccale.

2.1.6.6   Pane secco e raffermo

Fino a 300 gr. di pane secco o raffermo.
Inserisci il pane a pezzetti nel boccale: 10 S a V 4 dando contemporaneamente alcuni colpi di V turbo.
Il tempo necessario sarà in funzione della quantità e della finezza desiderata.

2.1.6.7   Parmigiano

Fino a 300 gr. di parmigiano privo di crosta.
Inserisci il parmigiano a cubetti nel boccale: 10 S aV 4 dando contemporaneamente alcuni colpi di V turbo. Il tempo necessario sarà in funzione della quantità.

2.1.6.8   Caffè

Fino a 250 gr. di caffè in grani.
Inserisci il caffè nel boccale e macinalo per 1 M aV 8 e 1 M a V turbo. Il tempo può variare a seconda se utilizzi la moka o la macchina espresso.

2.1.6.9   Mandorle - Noci - Frutta secca

Fino a 300 gr. di frutta secca.
Inserisci l'ingrediente che desideri macinare nel boccale: 30 S portando lentamente la V da 4 a turbo.

2.1.6.10   Cioccolato

Fino a 300 gr. di cioccolato a pezzi.
Inserisci il cioccolato nel boccale: da 5 a 30 S a V 8 a seconda della quantità.

2.1.6.11   Zucchero

Fino a 300 gr di zucchero.
Inserisci lo zucchero nel boccale: da 10 a 30 S aV turbo a secondo della quantità.

2.1.6.12   Riso

Fino a 200 gr. di riso.
Inserisci il riso nel boccale e polverizzalo per 2 M a V turbo.

2.1.6.13   Legumi e cereali

Fino a 200 gr. di legumi (mais frumento avena tapioca lenticchie ceci ecc.). Inserisci il legume o il cereale prescelto nel boccale e polverizzalo a V turbo, per 2 o 3 M. Il tempo può variare a seconda della quantità e della qualità del cereale.

2.1.7   *Bimby frulla omogeneizza*

Ricordati che per omogeneizzareè necessario prima utilizzare V basse (4-5) e poi passare a V 9 o Turbo.

2.1.7.1   Bibite integrali

La base per una buona bibitaè 1 limone, zucchero, ghiaccio a piacere, e della buona frutta. Pela a vivo la frutta, privala dei semi e mettila nel boccale con il ghiaccio il limone e lo zucchero. Omogeneizza per 30 S a V 6 e 1 M aV Turbo. Unisci la quantità di acqua che desideri e mescola per 4 M a V 3. Volendo, col cestello, si possono filtrare i minimi residui.

2.1.7.2   Bibite filtrate

1 mela o altra frutta a piacere, 1 gambo di sedano, 1 limone pelato a vivo e 1carota, 70 gr.di zucchero, 600 gr. di acqua, 6 cubetti di ghiaccio.
Inserisci nel boccale zucchero e ghiaccio e tritalo a V 5 per 5 S. Aggiungi la frutta: 3 S a V 5 poi l'acqua e mescola per 2 M a V 3. Filtra con il cestello
e servi.

2.1.7.3   Frullati

La proporzione degli ingredientiè uguale a quelli delle bibite.
In questo caso dovrai prima tritare lo zucchero e il ghiaccio: 6 S V 6. Aggiungi poi la frutta e il limone: 30 S a V 6, e unisci poca acqua: 30 S a V Turbo.

2.1.8   Bimby emulsiona

Emulsionare significa, portare in sospensione di un liquido minutissime particelle di altre sostanze, creando così una "emulsione". Ricordati che si ottiene un risultato eccellente versando i liquidi dal foro del coperchio tenendo il misurino leggermente inclinato.

2.1.8.1   Frappé

200 gr. di frutta matura, 6 cubetti di ghiaccio, 1/2 mis. di zucchero, 4 mis.di latte magro.
Inserisci nel boccale lo zucchero il ghiaccio e la frutta: 10 S a V 8. Posiziona la farfalla, porta la V a 2-3 e aggiungi il latte dal foro del coperchio tenendo il misurino inclinato.

2.1.8.2   Maionese

1 uovo intero e 1 tuorlo, 3 mis. di olio di semi, succo di 1/2 limone, sale q.b. Inserisci nel boccale uova limone e sale: 45 S aV 4 versando l'olio a filo dal foro del coperchio con il misurino leggermente inclinato.

2.1.8.3   Crèpes

4 uova, 200 gr. di farina, 1/2 lt. di latte, 50 gr. di burro morbido.
Inserisci tutti gli ingredienti nel boccale: 20 S a V 5. Prima di utilizzarlo lascia riposare il composto in una ciotola per 1/2 ora.

2.1.9   Bimby monta

Ricordati: di utilizzare la FARFALLA per facilitare questa operazione e di usare sempre alimenti freschissimi.

2.1.9.1   Albumi a neve

Da 2 a 6 albumi, 1 pizzico di sale fino.
Disponi la farfalla sulle lame del boccale perfettamente pulito e inserisci gli albumi: da 2 a 3 M a V 2-3, a seconda del numero degli albumi. Fai attenzione che non ci siano residui di tuorlo e imposta per un migliore risultato, la temperatura a 40 C. Il tempo necessario sarà sempre in funzione della quantità degli albumi.

2.1.9.2   Panna montata

Da 200 a 600 gr. di panna fresca e ben fredda. Raffredda il boccale in frigorifero. Disponi la farfalla sulle lame e inserisci la panna: da 45 a 90 S a V 2-3. Controlla la densità e, se necessario, aumenta il tempo di pochi secondi. Non usare panna a lunga conservazione e non superare mai V 3, altrimenti la panna si smonta. Puoi ottenere un ottimo risultato, utilizzando anche panna vegetale.

2.1.9.3   Burro

Da 200 a 600 gr. di panna fresca.

Nel boccale ben freddo disponi la farfalla e aggiungi la panna: 2 M a v 2-3. Aggiungi acqua fredda, mescola per alcuni S a V 1, poi scola il burro venuto a galla, usando il cestello. Conservalo in frigorifero. Puoi insaporirlo a scelta con sale, basilico, erba cipollina o rucola precedentemente tritati.

2.1.10 Bimby manteca

Mantecare significa rendere una preparazione morbida e omogenea. Bimby, grazie alla potenza del motore ci dà la possibilità di ottenere istantaneamente sorbetti o gelati partendo da ingredienti ghiacciati. I sorbetti sono a base di ghiaccio, zucchero, limone e altra frutta a piacere. I sorbettoni sono a base di frutta congelata, zucchero a velo e 1 limone. I gelati di frutta sono a base di latte congelato, frutta congelata, zucchero a velo e 1 limone.

2.1.10.1 Sorbetto di limone

700 gr. di ghiaccio, 2 limoni pelati a vivo e privati dei semi, 200 gr. di zucchero.
Fai lo zucchero a velo per 30 S a V Turbo. Inserisci prima i limoni, poi il ghiaccio: 1 M da V 5 a Turbo, spatolando. A piacere sostituisci i limoni con altra frutta.

2.1.10.2 Sorbettone di frutta mista

700 gr. di frutta mista congelata a pezzi, 1 limone pelato a vivo senza semi e 200 gr. di zucchero.
Togli la frutta dal freezer qualche minuto prima di utilizzarla. Fai lo zucchero a velo: 30 S a V Turbo. Unisci il limone e la frutta: 40 S a V 7, 20 S a V 4 e 20 S a V Turbo, spatolando.

2.1.10.3 Gelato di fragole

300 gr. di fragole congelate, 500 gr. di latte congelato a cubetti, 100 gr. di zucchero, succo di limone.
Togli la frutta dal freezer 5 S prima di utilizzarla. Fai lo zucchero a velo: 20 S a V Turbo. Unisci le fragole e il latte: 40 S a V 7 e 20 S a V 4, spatolando. Bimby impasta

2.1.11 Impasti base per pane pizza focacce

Ricordati: che per gli impasti con lievito di birra, sia dolci che salati, avrai un ottimo risultato, utilizzando la velocità spiga. Il quantitativo massimo di farina non dovrà superare i 700 gr. La velocità di esecuzione consentirà comunque di impastare in un'ora 10 Kg. di farina. L'impasto migliora se il lievito viene sciolto in liquidi tiepidi; la temperatura comunque non dovrà mai superare i 40 C, per non togliere i principi attivi del lievito di birra.

2.1.11.1 Pasta per pane o pizza

500 gr. di farina, 1 cubetto di lievito di birra, 200 gr. di acqua, 100 gr. di latte, 1 cucchiaio d'olio e sale q.b.
Inserisci nel boccale l'olio, il lievito, l'acqua, il latte tiepido e il sale: 5 S a V 6. Aggiungi la farina: 20 S a V 6 e 1 M a V Spiga. Lascia lievitare l'impasto coperto per circa 1/2 ora, prima di utilizzarlo.

2.1.11.2 Pasta per pizza gigante

700 gr. di farina, 1 cubetto di lievito di birra, 300 gr. di acqua, 100 gr. di latte, 2 cucchiai d'olio e sale q.b.
Inserisci nel boccale l'olio, il lievito, l'acqua, il latte tiepido e il sale: 5 S a V 6. Aggiungi dall'alto a pioggia, la farina: 30 S a V 6 e 1 M e 1/2 a V Spiga. Lascia lievitare l'impasto coperto per circa 1/2 ora, prima di utilizzarlo.

2.1.12 Impasti base per tagliatelle ravioli

Ricordati: che il rapporto 100 gr. di farina, 1 uovo è perfetto utilizzando uova da 60 gr. Per eventuali correzioni della consistenza dell'impasto,aggiungi un cucchiaino di farina o un cucchiaino di acqua dal foro del coperchio con lame in movimento. L'aggiunta dell'olio di oliva è facoltativa e serve a rendere più elastico l'impasto.
Prima di stendere l'impasto, lascialo sempre riposare 15 M avvolto in un canovaccio.

2.1.12.1 Pasta all'uovo

3 uova, 300 gr. di farina, 1 cucchiaino d'olio.
Inserisci tutti gli ingredienti nel boccale: 20 S a V 6. E' ottima per tagliatelle, lasagne, ravioli, ecc...

2.1.12.2 Pastina per brodo

1 uovo, 130 gr. di farina.
Inserisci nel boccale 100 gr. di farina e l'uovo: 10 S a V 3. Con lame in movimento a V 5 aggiungi i restanti 30 gr. di farina e ferma l'apparecchio dopo 2 S. Versa la pastina su un canovaccio e lasciala asciugare. Se una parte dell'impasto rimane attaccato alle pareti, staccalo con la spatola e ripeti l'operazione con un poco di farina.

2.1.13 Impasti per torte

Sono i più semplici e potrai utilizzare le tue ricette personali.

2.1.13.1 Impasti base per crostate - quiche - vol-au-vent

Ricordati: che per gli impasti a base di farina con magarina o burroè importante utilizzare tali ingredienti a temperatura ambiente. Prima di utilizzare questi impasti lasciali sempre riposare per 15 M in frigorifero, avvolti in in canovaccio o in carta forno.

2.1.13.2 Pasta brisé

250 gr. di farina, 100 gr. di burro morbido, 1/2 mis. abbondante di acqua fredda, sale q.b. Inserisci nel boccale prima la farina poi gli altri ingredienti e impasta per 15 S aV 6. Avvolgi l'impasto in un canovaccio e lascialo in frigorifero per 15 M, prima di utilizzarlo. E' un'ottima base per torte salate.

2.1.13.3 Pasta Frolla

300 gr. di farina, 130 gr. di burro morbido, 1 uovo intero e 1 tuorlo, 3/4 di mis. di zucchero, scorza di limone (già grattugiata), 1 pizzico di sale e ½ cucchiaino di lievito vanigliato (facoltativo).
Inserisci tutti gli ingredienti nel boccale e impasta per 25 S a V 7. Avvolgi l'impasto in un canovaccio e lascialo in frigorifero per 15 M prima di utilizzarlo. E' un'ottima base per crostate.

2.1.13.4 Pasta sfoglia

150 gr. di burro congelato a pezzi, 150 gr. di farina, 3/4 di mis. di acqua gelata e 1 pizzico di sale.
Inserisci tutti gli ingredienti nel boccale: 15 S a V 6. Stendi la pasta in un rettangolo e ripiegala in 3 parti. Ripeti la stessa operazione altre 3 o più volte (per ogni lato del rettangolo), tirando ogni volta la pasta con il mattarello. E' ottima per la preparazione di vol-au-vent, cannoncini, ecc...

2.1.13.5 Pan di spagna

6 uova, 250 gr. di farina, 250 gr. di zucchero, 1 bustina di vanillina, 1 bustina di lievito e 1 pizzico di sale.

Fai lo zucchero a velo: 20 S a V Turbo. Unisci le uova: 20 S a V 4. Versa attraverso il foro del coperchio con lame in movimento V 7 la farina, la vanillina, il sale e per ultimo il lievito: 40 S a V 7. Versa in una tortiera e cuoci in forno per 10 M a C 160, 15 M a C. 180 e 15 M a 200 C. E' un'ottima base per le torte farcite.
Se sei golosa, vai a pagina 83: troverai tante belle ricette.

2.1.14 Bimby cuoce

2.1.14.1 Nel Boccale

a V 1 o 2 per il rimescolamento degli ingredienti, senza tritarli. Da V 3 in poi trita anche gli ingredienti.

2.1.14.2 Nel Boccale Con Farfalla

a V 1 o 2 per il rimescolamento degli ingredienti delicati, o delle grandi quantità, e per montare determinate preparazioni.

2.1.14.3 Nel Boccale Con Cestello

a V 4 per cotture differenziate.

2.1.14.4 Nel Varoma

per la cottura a vapore, utilizzando il VAROMA con o senza vassoio. Per addensare sughi, marmellate ecc.

2.2 Consigli utili per il funzionamento a caldo

2.2.1 Temperature

Per il funzionamento a caldo, dovrai utilizzare 2 manopole: quella della velocità, quella della temperatura e il tasto del display per predeterminare il tempo. Si possono selezionare temperature dai 40 C ai 100 C. La temperatura Varoma va utilizzata per le cotture a vapore e per addensare.
L'esclusivo sistema di cottura di Bimby, ti consente la più ampia gamma di utilizzo:
- selezionando una temperatura dai **40 ai 60 C**, puoi intiepidire preparazioni o fondere alimenti delicati come il cioccolato.
- selezionando temperature dai **70 ai 90 C**, puoi ottenere preparazioni perfette come la fonduta, la crema inglese o lo zabaione, che non tollerano temperature più elevate.
- selezionando la temperatura di **100 C**, infine, puoi soffriggere e cuocere, con la sicurezza che la temperatura selezionata rimarrà costante per tutta la durata della cottura. Se durante la cottura il liquido dovesse fuoriuscire dal foro del coperchio, abbassa la temperatura a 90 C.
- selezionando la temperatura **Varoma**, otterrai più produzione di vapore e questo ti consentirà di sfruttare al massimo le potenzialità di Bimby. Si consiglia di posizionare il VAROMA sul coperchio quando gli ingredienti nel boccale avranno raggiunto l'ebollizione.

2.2.2 Velocità

In cottura, le **velocità 1 o 2**, si usano per un rimescolamento più o meno lento.
Le **velocità da 3 a 6**, si usano per potere contemporaneamente tritare, emulsionare o amalgamare.
- Durante il funzionamento a caldo e soprattutto con liquidi in ebollizione, non dovrai mai **utilizzare velocità superiori alla velocità 6**. Per una legge fisica, abbinare la pressione del vapore alla forte potenza rotatoria delle lame, può provocare la fuoriuscita di liquido bollente.
L'eventuale omogeneizzazione degli ingredienti va fatta a freddo. MAI durante o alla fine della cottura.

Alla fine della cottura con Varoma togli immediatamente il Varoma; prima di fermare l'apparecchio aspetta alcuni secondi, prima di aprire il coperchio del boccale.

I tempi di cottura indicati nelle ricette, sono sempre indicativi e potranno variare in funzione della qualità degli ingredienti e del gusto personale.

Ricordati sempre che con Bimby si può fare tutto e non dovrai cambiare le tue abitudini culinarie ma le potrai solo migliorare.

Prima di incominciare a cucinare pensa: Bimby farà questa ricetta per me?...Sicuramente sì... provala!

3 Le mie ricette

3.1.1 Aperitivi e cocktail

3.1.1.1 Aperitivo alle fragole

Ingredienti:10 fragoloni, 20 cubetti di ghiaccio (300 gr.), 150gr. di zucchero, 1 mis di Vodka 2 mis di acqua, succo di mezzo limone.

Preparazione: Metti nel boccale le fragole e lo zucchero: 10 S a V 9. Unisci il ghiaccio: 5 S a V 7. Aggiungi gli altri ingredienti 20 S a V Turbo. Lascia riposare 1 minuto e poi filtra in una caraffa e servi.

3.1.1.2 Aperitivo alla pesca

Ingredienti:1 scatola di pesche sciroppate, 5 cubetti di ghiaccio, 1 bottiglia di spumante Brut.

Preparazione: Trita il ghiaccio e le pesche: 30 S a V 5. Unisci il loro succo: 30 S a V 7. Versa il tutto nella caraffa, unisci lo spumante e servi subito. Consigli: per le proporzioni tieni presente che il rapporto è da 1 a 2 (300gr. di composto di pesche, 600gr. di spumante).

3.1.1.3 Aperitivo alla pera

Ingredienti:Sostituisci la scatola di pesche sciroppate con una scatola di pere.

Preparazione: Procedi come per l'aperitivo alla pesca.

3.1.1.4 Aperitivo all'ananas

Ingredienti: Sostituisci la scatola di pesche sciroppate con una scatola di ananas sciroppato.

Preparazione: Procedi come per l'aperitivo alla pesca.

3.1.1.5 Aperitivo al sedano

Ingredienti: 2 gambi di sedano, 2 limoni pelati a vivo, scorza di mezzo limone, 50gr. di zucchero, 5 cubetti di ghiaccio, 1/2 lt di acqua, 1/2mis. di gin.

Preparazione: iInserisci tutti gli ingredienti nel boccale tranne il gin: 4 colpi V turbo e 10 S a V 5. Aggiungi il gin: 20 S a V 1 e poi filtra con il cestello in una caraffa e servi.

3.1.1.6 Cocktail per le feste

Ingredienti: 8 mandarini sbucciati, 1 arancia con la buccia, 1/2 limone, 100gr. di zucchero, 1/2mis. tra Brandy e Martini dry, 1mis. di acqua o alcuni cubetti di ghiaccio, 1 bottiglia di Pinot ben freddo Preparazione Inserisci nel boccale gli agrumi (privati dei semi): 5 S a V turbo. Aggiungi lo zucchero, l'acqua, mezza bottiglia di Pinot, il brandy e il Martini dry: 10 S a V 5. Filtra il tutto e unisci il restante Pinot.

3.1.1.7 Gin Fizz

Ingredienti: 1mis. di succo di limone, 4mis. di gin, 1 cucchiaio di zucchero, acqua tonica a piacere, 7/8 cubetti di giaccio Preparazione Inserisci tutti gli ingredienti nel boccale tranne il ghiaccio: 30 S a V 9. Versa in una caraffa, unisci il ghiaccio e servi.

3.1.2   Salse e antipasti

3.1.2.1   Maionese

Ingredienti: 1 uovo intero e 1 tuorlo, 3mis. di olio di semi, succo di 1/2 limone (o 1 cucchiaio di aceto), sale q.b.

Preparazione: Inserisci nel boccale le uova il limone e il sale: 45 S a V 4 versando l'olio con il misurino leggermente sollevato.

3.1.2.2   Salsa tartara

Ingredienti: Per 6 persone 1 dose di maionese, 100gr. di sottaceti misti, 1 cucchiaio di capperi, un ciuffo di prezzemolo

Preparazione: Unisci agli ingredienti di base i sottaceti, il prezzemolo, 1 cucchiaio di capperi e procedi come per la ricetta precedente.

3.1.2.3   Salsa viennese

Ingredienti: 1 dose di maionese, 2 wurstel, 1 cucchiaino di senape

Preparazione: Unisci agli ingredienti di base la senape e i wurstel e procedi come per la ricetta precedente.

3.1.2.4   Salsa boscaiola

Ingredienti: 1 dose di maionese, 100gr. di funghi sott'olio

Preparazione: Unisci agli ingredienti di base i funghi sott'olio e procedi come per la ricetta precedente.

3.1.2.5   Salsa tonnata

Ingredienti: 1 dose di maionese, 80gr. di tonno, 1 cucchiaino di capperi, 3 filetti di acciuga

Preparazione Aggiungi alla maionese il tonno, i capperi e le acciughe: 20 S a V 6. Servi con carne lessata. Consigli: se vuoi ottenere una salsa più fluida aggiungi 1/2mis. di brodo di cottura della carne.

3.1.2.6   Salsa verde

Ingredienti: Per 6 persone 100gr. di prezzemolo (lavato e ben asciugato), 6 filetti di acciughe, 0/2 spicchio d'aglio, 1 cucchiaio di capperi, 2 tuorli di uovo sodo, 8 olive verdi snocciolate (facoltative), 180gr. di olio, 2 cucchiai d'aceto, mollica di un panino, un pizzico di sale.

Preparazione: Inserisci nel boccale l'aceto e la mollica di pane: 5 S a V 6. Unisci tutti gli altri

Ingredienti: 30 S a V 8, e infine, unisci l'olio 10 S a V 3. Serve d'accompagnamento a carni e verdure crude o lessate. Consigli: se desideri una salsa più fluida aggiungi altro olio.

3.1.2.7   Pesto alla genovese

Ingredienti Per 6 persone 80gr. di basilico lavato e asciugato, 50gr. di parmigiano, 30gr. di pecorino, 30gr. di pinoli, 1 spicchio d'aglio, 1mis. e 1/2 di olio, sale q.b.

Preparazione: Inserisci nel boccale il parmigiano, il pecorino, i pinoli e l'aglio: 30 S a V Turbo. Raccogli il trito con la spatola e unisci il basilico, l'olio e il sale 20 S a V 4 e 20 S a V 8. Serve per condire trenette, gnocchi, lasagne. Consigli: se vuoi renderlo più fluido aggiungi 1 cucchiaio di acqua di cottura della pasta.

3.1.2.8   Besciamella

Ingredienti: 500gr. di latte, 50gr. di farina, 30gr. di burro, 1/2 cucchiaino di sale, un pizzico di noce moscata

Preparazione: Inserisci tutti li ingredienti nel boccale: 7 M a T 90 V 4.   Serve per gratinare pasta al forno e verdure. La dose si può raddoppiare portando il tempo di cottura a 12 M.

3.1.2.9 Salsa Mornay

Ingredienti: Per 6 persone 300gr. di latte, 200gr. di panna, 80gr. di gruviera (o parmigiano) grattugiato, 50gr. di farina, 50gr. di burro, 2 tuorli, noce moscata, sale q.b.
Preparazione: Inserisci nel boccale il latte, la panna, la farina, la noce moscata, il burro e il sale: 7 M a T 90 V 4. Al termine unisci il gruviera e i tuorli: 5 S a V 5. Serve per gratinare pasta, petti di pollo e verdure lessate. Puoi versarla sulla pasta bris??? e ottenere un'ottima quiche. Consigli: volendo puoi sostituire la panna con il latte.

3.1.2.10 Salsa olandese

Ingredienti: Per 6 persone 3 tuorli, 100gr. di burro morbido, succo di 1/2 limone, 1/2mis. di acqua, sale e pepe q.b.
Preparazione: Inserisci tutti gli ingredienti nel boccale eccetto il burro: 5 M a T 80 V 2. Unisci a pezzetti il burro poco alla volta dal foro del coperchio, durante la cottura. La salsa risulterà densa e vellutata. Si serve con crostacei e legumi cotti e in particolare con asparagi.

3.1.2.11 Fonduta piemontese

Ingredienti: Per 6 persone 200gr. di fontina Valdostana, 2 tuorli d'uovo, 30gr. di burro, 1mis. di latte, sale e pepe q.b.
Preparazione: Inserisci nel boccale la fontina: 4 S aV 5. Unisci il latte, il burro, il sale e il pepe, e cuoci per 4 M a T 80 V 4. Con le lame in movimento, dal foro del coperchio, unisci i tuorli: 1 M a V 8. Travasa in una ciotola e servi con fettine di pane tostato e tartufi. E' ottima per accompagnare il riso Pilaf.

3.1.2.12 Mousse di prosciutto

Ingredienti: Per 8 Persone 250gr. di prosciutto cotto, 1/2mis. di parmigiano grattugiato, 1/2mis. di latte, 100gr. di burro morbido, sale q.b.
Preparazione: Trita il prosciutto cotto: 10 S a V 3 poi 10 S a V 9. Unisci gli altri ingredienti e amalgama 1 M 1 V 30 S a V 7. Versa il composto in uno stampo foderato con pellicola trasparente e lascia raffreddare in frigorifero per almeno 3 ore prima di sformarlo e servirlo.

3.1.2.13 Insalata russa

Ingredienti per 4 persone 1 dose di mionese, 400gr. di patate medie, 300gr. di carote, 300gr. di piselli lessati o sur gelati, 60gr. di sottaceti vari, 1 cucchiaio di capperi, 900gr. di acqua, 1mis. di aceto, sale q.b.
Preparazione: Prepara la maionese come da ricetta. Toglila e mettila in una ciotola. Senza lavare il boccale inserisci l'acqua, l'aceto, il sale, le carote tagliate a piccoli dadini poi le patate sempre a dadini, i piselli e cuoci per 25 M a T 100 C V 1, per una cottura al dente. Scola molto bene le verdure allargale e lasciale raffreddare. Uniscile alla maionese con i capperi e i sottaceti. Amalgama bene il tutto, e metti in frigorifero prima di servire.

3.1.2.14 Patè di olive

Ingredienti: 300gr. di olive nere snocciolate cotte al forno, 90gr. di olio, 1 spicchio di aglio, 1 cucchiaino di origano, sale q.b.
Preparazione: Inserisci nel boccale dal foro del coperchio con lame in movimento, le olive e l'aglio: 20 S- a V- 6. Raccogli il tutto con la spatola sul fondo del boccale e unisci 60gr. di olio, il sale, l'origano e amalgama per 1 M a V 3. Metti in un vasetto, copri con il restante olio, e conserva in frigorifero. E' ottimo per tartine e per condire spaghetti.

3.1.2.15 Mousse di ricotta e salmone

Ingredienti: Per 8-10 persone 200gr. di salmone affumicato, 400gr. di ricotta, 100gr. di panna, 10gr. di colla di pesce, 6/8 foglie di basilico, 50gr. di parmigiano grattugiato, sale e pepe q.b.

Preparazione: Ammolla la colla di pesce in acqua fredda. Inserisci nel boccale il parmigiano, la panna, la colla di pesce strizzata, il sale e il pepe: 2 M a T 70 V 2. Fai raffreddare, poi aggiungi la ricotta e il basilico: 10 S a V 5. Fodera uno stampo rettangolare con pellicola trasparente, rivestilo con metà delle fette di salmone e sistema metà composto nello stampo. Unisci al composto rimasto nel boccale il resto del salmone: 10 S a V 3 e 10 S a V 5. Sistema nello stampo il tutto, assestalo bene, ricopri con la pellicola e metti in frigorifero a rassodare per almeno 3 ore, prima di servire.

3.1.2.16 Paté di fegato delicato

Ingredienti: Per 8 persone 200gr. di fegato di vitello, 200gr. di fesa di vitello, 2 acciughe, 130gr. di burro morbido, 1 cucchiaio di olio, 30gr. di pancetta, 4 foglioline di salvia, 2 cucchiai di brandy, sale e pepe q.b.

Preparazione: Inserisci nel boccale 30gr. di burro, l'olio, la pancetta e la salvia: 3 M a T 100 V 4. Unisci dal foro del coperchio con lame in movimento a V 6 il fegato, la fesa di vitello, le acciughe e trita: 10 S a V 6, poi cuoci 10 M a T 90 V 2. A fine cottura lascia intiepidire il composto. Unisci il brandy, il sale, il pepe, il burro e manteca per 1 M a V 3, poi porta lentamente a V 9 per 20 S. Fodera con la pellicola trasparente uno stampo, versaci il composto e mettilo in frigorifero a rassodare, prima di servirlo.

3.1.2.17 Salsa di pomodoro

Ingredienti: Per 6 persone 1 kg di pomodori tagliati e privati dei semi o di pelati sgocciolati, 40gr. di olio, 1/4 di cipolla, 1/2 spicchio di aglio a piacere, basilico, sale q.b.

Preparazione: Inserisci nel boccale i pomodori, la cipolla, l'aglio, il sale e omogeneizza: 1 M a V Turbo. Cuoci: 10 M a T 100 V 1, e 10 M a T Varoma tenendo il misurino inclinato. Alla fine unisci il basilico fresco, l'olio crudo, e lascia riposare qualche minuto. Consigli: se vuoi risparmiare tempo puoi usare due scatole di polpa pronta (800 gr.), e cuocere per 15 M a T 100 V1.

3.1.2.18 Ragù

Ingredienti: 300gr. di carne tritata in Bimby, 50gr. di pancetta, 80gr. di sedano, carota, cipolla, 80gr. di olio, 1/2mis. di vino rosso, 500gr. di passata di pomodoro, sale q.b.

Preparazione: Trita le verdure e la pancetta: 10 S a V 4. Aggiungi l'olio e soffriggi: 3 M T 100. Unisci la carne e insaporisci per altri 10 M a T 100 V 1, bagnando con il vino rosso. Aggiungi la passata, il sale e cuoci: 20 M a T 100 V 1. E' ottimo per condire tagliatelle, fettuccine e lasagne al forno. Consigli: se vuoi raddoppiare le dosi, ti consiglio di posizionare la farfalla.

3.1.2.19 Sugo al tonno

Ingredienti: 90gr. di olio, 1 spicchio d'aglio, 4 acciughe, 1 scatola di passata di pomodoro (da 450 gr.), 1 scatola di tonno grande, prezzemolo tritato, sale q.b.

Preparazione: Metti nel boccale l'aglio, l'olio e le acciughe: 3 M a T 100 V 4. Unisci la passata: 10 M T 100 V 2, tenendo il misurino inclinato. Aggiungi il tonno, il prezzemolo tritato, aggiusta di sale e termina la cottura per altri 2 M a T 100 V 1. Consigli: se il sugo risultasse troppo liquido, continua la cottura per qualche minuto a T Varoma.

3.1.2.20 Sugo alla puttanesca

Ingredienti: Per 6 persone 4 pomodori maturi (o 1 scatola di pelati sgocciolati, 1 spicchio di aglio, 10 olive nere snocciolate, 5 olive verdi snocciolate, 1 pezzetto di peperoncino, 1/2mis. di capperi, 2 acciughe, 1/2mis. di parmigiano, 1 cucchiaio di pecorino, 50gr. di olio, sale q.b.

Preparazione: Inserisci nel boccale l'olio, l'aglio e il peperoncino: 3 M T 100 V 2. Aggiungi i pomodori, i capperi, le acciughe e il sale: 15 M a T 100 V 1, con il misurino inclinato. A questo punto aggiungi 5 olive verdi e 5 olive nere a pezzetti e le rimanenti olive nere intere, lasciando insaporire a V 2 per 1 M. Condisci la pasta tipo rigatoni, cospargendola di parmigiano e pecorino. Consigli: il tempo di cottura del sugo può essere aumentato a T Varoma per ottenere la densità voluta.

3.1.2.21 Sugo alle cozze o vongole

Ingredienti: Per 4 persone 600gr. di cozze pulite, 1/2 spicchio di aglio, 1/2mis. di olio, 200gr. di pomodori pelati, peperoncino a piacere, 1 cucchiaio di prezzemolo tritato, sale q.b.

Preparazione: Inserisci nel boccale l'olio, un poco di prezzemolo, l'aglio e il peperoncino: 3 M a T 100 V 4. Aggiungi i pelati, il sale e cuoci per 5 M a T 100 V 1. Unisci le cozze e termina la cottura per altri 8 M a T 100 V 1 e alla fine aggiungi il prezzemolo rimasto. E' ottimo per condire spaghetti o linguine.

3.1.2.22 Sugo ai peperoni

Ingredienti: Per 6 persone 1 peperone rosso, 1 peperone verde, 80gr. di burro, 1mis. di panna da cucina, 1mis. di parmigiano grattugiato, sale q.b.

Preparazione: Trita i peperoni: 6 M a V 4. Unisci il burro, il sale e cuoci: 20 M T 100 V 4. Aggiungi il parmigiano e la panna: 20 M a V 4. E' ottimo per condire tortiglioni e pennette.

3.1.3 Primi piatti

3.1.3.1 Cottura della pasta

Ingredienti: Fino a 400gr. di pasta corta o spaghetti, 1 litro e 1/2 di acqua, sale q.b.

Preparazione: Fai bollire nel boccale l'acqua e il sale: 12 M a T 100 V 1. Unisci la pasta e cuoci per il tempo indicato sulla confezione a T 100 V 1. Scola utilizzando il cestello tenendolo con la spatola, o il Varoma. Consigli: per evitare che la pasta si incolli puoi aggiungere un cucchiaino di olio.

3.1.3.2 Cottura del riso: con cestello

Ingredienti: Fino a 400gr. di riso Arborio, 1 lt. di acqua, sale q.b.

Preparazione: Inserisci l'acqua e il sale nel boccale e porta all'ebollizione per 10 M a T 100 V 1. Posiziona il cestello con il riso e cuoci per 15 M a T 100 V 4. Il riso bollito si può utilizzare freddo per insalate di riso e, caldo, condito con i sughi preferiti.

3.1.3.3 Cottura del riso: con farfalla

Ingredienti: Fino a 500gr. di riso Arborio

Preparazione: Questo particolare sistema di cotturaè ideale per tutti risotti, seguendo le nostre e le tue personali ricette.

3.1.3.4 Pasta e fagioli

Ingredienti: Per 6 persone 2 scatole di fagioli borlotti (sgocciolati), 50gr. di olio, 1/2 cipollina o 1/2 spicchio d'aglio, 30gr. di pancetta, 1mis. di passata di pomodoro, alcuni aghi di rosmarino, 1 litro di acqua, 1 cucchiaio di dado Bimby, 200gr. di pasta (ditaloni), sale e pepe o peperoncino q.b.

Preparazione: Inserisci nel boccale l'olio, la cipolla (o l'aglio), la pancetta, il rosmarino: 3 M a T 100 V 4. Unisci l'acqua, il dado, metà dei fagioli, la passata di pomodoro e cuoci: 8 M a T 100 V 4. Aggiungi la pasta, sale, pepe e continua la cottura per il tempo necessario per la cottura della pasta, T 100 V 1. 5 M prima del termine aggiungi i fagioli rimasti. Aggiusta di sale e servi con un filo di olio extravergine di oliva.

3.1.3.5 Pasta e ceci

Ingredienti: Per 6 persone 500gr. di ceci lessati, 90gr. di olio, 1 spicchio di aglio, poco rosmarino, peperoncino, alloro a piacere, 1 litro di acqua, 250gr. di pasta, sale q.b.
Preparazione: Inserisci nel boccale l'olio, l'aglio, il peperoncino e il rosmarino: 3 M a T 100 V 4. Aggiungi i ceci e insaporiscili: 5 M a T 100 V 1. Unisci l'acqua, il sale e cuoci per 10 M a T 100 V 1. Aggiungi la pasta e continua la cottura per il tempo indicato sulla confezione.

3.1.3.6 Minestrone con pasta

Ingredienti: 500gr. di verdure miste, 90gr. di olio, 1/2 cipolla, 1 litro di acqua, 1 cucchiaio di dado Bimby, 250gr. di pasta.
Preparazione: Inserisci nel boccale l'olio e la cipolla: 3 M a T 100 V 4. Aggiungi le verdure e tritale per 10 S a V 3. Unisci l'acqua e il dado e cuoci 15 M a t 100 V 1. Versa poi la pasta e termina la cottura per il tempo necessario a V 1. Consigli: se desideri puoi sostituire la pasta con il riso e cuocerlo per 15 M a T 100 V 1.

3.1.3.7 Minestra a crudo

Ingredienti: Per 4 persone 1/2 litro di acqua, 1 cucchiaio di dado Bimby 2 patate, 1 zucchina piccola, 1 pezzetto di sedano, 1 carota piccola, 3 foglie di lattuga, 1 pezzettino di cipolla, 3 foglie di basilico e 1 ciuffo di prezzemolo.
Preparazione: Insedsci nel boccale l'acqua, il dado e le patate tagliate a tocchi: 12 M a T 100 V 4. Senza fermare l'apparecchio, unisci dal foro del coperchio tutte le altre verdure e omogeneizza prima 1 M a V 4, poi 1 M a V 9. Aggiungi un filo di olio crudo e servi con parmigiano e crostini. Consigli: a tuo gusto puoi usare tutte le verdure che si possono mangiare crude.

3.1.3.8 Minestra di fave

Ingredienti: Per 4 persone 350gr. di fave bianche, 500gr. di acqua, 50gr. di olio di oliva, sale q.b.
Preparazione: Fai ammorbidire le fave in acqua per 12 ore, scolale e inseriscile nel boccale con l'acqua. Cuoci per 30 M a T 100 V 1. Unisci olio e sale: 5 M T 100 V 4. Servila con un filo di olio extra vergine di oliva.

3.1.3.9 Pasta e piselli con zucchine farcite

Ingredienti: per 6 persone Per le zucchine farcite: 3 zucchine grosse, 50gr. di prosciutto cotto, 50gr. di parmigiano, 1 panino secco, 1 uovo, sale, pepe, prezzemolo. Per la pasta e piselli: 40gr. di olio, 1/2 cipollina, 50gr. di pancetta, 300gr. di piselli, 2 pomodori pelati, 800gr. di acqua, 1 cucchiaio di dado Bimby, 250gr. di ditaloni, sale q.b.
Preparazione: Inserisci nel boccale il parmigiano, il pane e il prezzemolo: 10 S a V Turbo. Taglia le zucchine per la lunghezza e privale della polpa. Unisci la polpa al trito, aggiungi il prosciutto, l'uovo, il sale, il pepe ed amalgama il tutto per 20 S a V 5. Farcisci con il composto le zucchine, sistemandole nel Varoma. Inserisci nel boccale olio, cipolla e pancetta: 3 M a T 100 V 4. Unisci i pelati sminuzzati, l'acqua, il dado e i piselli: chiudi il boccale, posiziona il Varoma e cuoci per 20 M a T Varoma V 1. Togli il Varoma, unisci la pasta, riposiziona il Varoma e continua la cottura a V 1 T Varoma per il tempo indicato sulla confezione della pasta. Disponi le zucchine in un piatto da portata, aggiusta di sale la pasta e portala in tavola. E' ottima.

3.1.3.10 Gamberoni con riso pilaf al curry

Ingredienti: per 6 persone 1,2 lt. di acqua, 1 cucchiaio di dado Bimby, 400gr. di riso, 400gr. di gamberoni. Per la salsa curry: 1/2 cipollina, 40gr. di olio, 1mis. di panna fresca, 30gr. di farina, 1 cucchiaino di curry

Preparazione: Inserisci nel boccale l'acqua e il dado: 10 M T 100 V 1. Posiziona il cestello con il riso. Inserisci i gamberoni nel Varoma e posizionalo sopra il coperchio del boccale; cuoci il tutto per 15 M a a T Varoma V 4. Togli il cestello, versa il riso in una ciotola, tenendolo al caldo, e tieni da parte 4mis. del liquido di cottura del riso. Sguscia i gamberoni e tienili da parte. Soffriggi nel boccale cipolla e olio: 3 M a T 100 V 4. Aggiungi l'acqua di cottura del riso, la panna fresca, la farina e il curry: 5 M a T 90 V 4. Condisci il riso con la salsina, sistemalo in uno stampo a ciambella e mettilo in forno a T 180 per 5 M circa. Sforna il riso e guarniscilo con i gamberoni.

3.1.3.11   Risotto pomodoro e basilico

Ingredienti: Per 6 persone 500gr. di riso arborio, 400gr. di polpa pronta di pomodoro, 70gr. di olio, 70gr. di parmigiano grattugiato, 800gr. di acqua, 1/2 cipolla, 7-8 foglie di basilico, 1 cucchiaio di dado Bimby.
Preparazione: Inserisci nel boccale l'olio e la cipolla: 3 M a T 100 V 4. Posiziona la farfalla sulle lame, unisci la polpa di pomodoro e cuoci: 3 M a T 100 V 1. Aggiungi il riso, l'acqua, il dado e cuoci: 13 M a T 100 V 1. A fine cottura aggiusta di sale, versa in una zuppiera e insaporisci con il parmigiano e il basilico fresco. Consigli: la quantità di riso e degli altri ingredienti può essere proporzionalmente diminuita in base al numero delle persone.

3.1.3.12   Risotto ai funghi

Ingredienti: Per 6 persone 500gr. di riso Arborio, 30gr. di funghi secchi, 40gr. di olio, 40gr. di burro, 1mis. di parmigiano grattugiato, 900gr. di acqua, 1/2 cipolla, 1 cucchiaio di dado Bimby, prezzemolo, 1mis. di vino bianco, sale q.b.
Preparazione: Fai ammorbidire i funghi secchi in acqua tiepida per circa 1/2 ora. Inserisci nel boccale olio, cipolla, metà dei funghi e cuoci: 3 M a T 100 V 3. Posiziona la farfalla unisci il riso i funghi rimasti e aggiungi il vino: 2 M a T 100 V
1. Aggiungi l'acqua e il dado: 14 M a T 100 V 1. A cottura ultimata versa il risotto in una zuppiera, con il parmigiano, il prezzemolo fresco e il burro. Prima di servirlo, mescola bene.

3.1.3.13   Risotto giallo

Ingredienti: Per 6 persone 500gr. di riso Arborio, 80gr. di burro, 1/2 cipolla, 1mis. di vino, 1 lt. e 100 di acqua, 1 cucchiaio di dado Bimby, 1 bustina di zafferano, 40gr. di parmigiano grattuggiato, sale q.b.
Preparazione: Inserisci nel boccale metà burro e la cipolla: 3 M a T 100 V 4. Posiziona la farfalla, inserisci il riso: 1 M T 100 V 1 e unisci il vino: 1 M a T a00 V
1. Aggiungi ora 1 lt. di acqua, il dado e cuoci per 14 M a T 100 V 1. 2 M prima del termine, aggiungi l'acqua rimasta e lo zafferano. Ultimata la cottura, versa in una zuppiera e manteca con burro e parmigiano.

3.1.3.14   Risotto ai frutti di mare

Ingredienti: Per 6 persone 400gr. di riso, 300gr. di frutti di mare freschi o scongelati, 2 spicchi di aglio, 1 cipollina, 60gr. di olio d'oliva, 30gr. di vino bianco, 2 pomodori maturi, 1/2mis. di passata di pomodoro, 900gr. di acqua, 2 pizzichi di sale, 1 cucchiaino di prezzemolo tritato, pepe q.b.
Preparazione: Inserisci nel boccale l'olio, l'aglio e la cipolla: 3 M T 100 V 4. Posiziona la farfalla, e unisci i frutti di mare 3 M a T 100 V 1. Aggiungi il vino: 2 M a T 100 V 1 e poi il pomodoro: 3 M a T 100 V 1. Aggiungi l'acqua, lo zafferano e il riso: 14 M T 100 V 1. Versa in una risottiera, aggiusta di sale, aggiungi il prezzemolo, il pepe fresco e amalgama bene. Lascia riposare qualche minuto prima di servire.

3.1.3.15   Maccheroni gratinati

Ingredienti: per 6 persone 150gr. di prosciutto cotto tritato, 1 dose di besciamella, 200gr. di provola, 1mis. di parmigiano grattugiato, 80gr. di burro, 1 lt e 1/2 di acqua, 500gr. di pennette, sale q.b.

Preparazione: Trita la provola: 5 S a V 4 e mettila da parte. Fai lo stesso con il prosciutto cotto. Prepara la besciamella, incorpora metà del parmigiano, metà del prosciutto tritatO e metti da parte. Fai bollire nel boccale 1 litro e mezzo di acqua salata: 12 M a T 100 V 1. Unisci la pasta e cuoci per il tempo indicato sulla confezione a T 100 V 1. Scola la pasta, versala in una pirofila, ricoprila con la besciamella, la provola, il restante prosciutto cotto, il parmigiano e alcuni fiocchi di burro. Metti in forno a gratinare a T 200 C per 10 M circa. Consigli: questa ricettaè ottima anche per riutilizzare pasta avanzata.

3.1.3.16   Gnocchi alla romana

Ingredienti: per 4 persone 250gr. di semolino di grano, 1 lt. di latte, 60gr. di burro, 40gr. di parmigiano grattugiato, 2 tuorli, 2 cucchiaini di sale fino, noce moscata a piacere.
Preparazione: Inserisci nel boccale latte, sale, noce moscata, 20 g. di burro e porta all'ebollizione per 7 M a T 100 V 1. Unisci a pioggia dal foro del coperchio con lame in movimento V 4, gli ingredienti rimasti, meno il burro: 7 M a T 90 V 1. Stendi il composto ottenuto sulla spianatoia dando 1 cm. circa di spessore. Quando sarà freddo, ritaglia, utilizzando il misurino, tanti dischetti, e disponili leggermente sovrapposti in una pirofila imburrata. Cospargi con fiocchetti di burro e altro parmigiano. Cuoci in forno già caldo a T 200 per 20 M circa.

3.1.3.17   Polenta

Ingredienti: 450gr. di farina gialla Bramata, 1 cucchiaio di olio, 1 cucchiaio di sale grosso, 1 lt. e 1/2 di acqua.
Preparazione: Inserisci nel boccale l'acqua il sale, l'olio e porta all'ebollizione per 12 M a T 100 V 1. Aggiungi dal foro del coperchio con lame in movimento V 3 la farina e cuoci per 40 M a T 100 V 1. Lascia inserita la spatola e quando la polenta si addensa, diminuisci la T a 90 e la V a 1. Di tanto in tanto spatola a fondo. Consigli: se vuoi una polenta più morbida diminuisci la farina. Se vuoi diminuire i tempi di cottura puoi utilizzare farina a cottura rapida.

3.1.4   *Carni*

Carne alla pizzaiola
Ingredienti: Per 6 persone 500gr. di fettine di carne tenera, 40gr. di olio, 400gr. di polpa di pomodoro, origano, 1 spicchio d'aglio, sale q.b. Preparazione Disponi nel Varoma e nel vassoio del Varoma le fettine di carne condite con olio, sale, origano. Soffriggi nel boccale l'olio e l'aglio: 3 M a T 100 V 3. Aggiungi la polpa pronta e il sale: 20 M a T Varoma V 1 e dopo 5 M posiziona il Varoma con la carne. A metà cottura rivolta le fettine. Terminata la cottura disponi le fettine in un piatto da portata e ricoprile con un poco del loro sugo. Con il sugo rimasto puoi condire pasta o riso e servire come piatto unico.

3.1.4.1   Spezzatino con piselli

Ingredienti: Per 4 persone 500gr. di bocconcini di vitello, 40gr. di olio, 1/2 cipolla, 1/2mis. di acqua, 1mis. di vino bianco, 2 pelati sgocciolati (o 2 pomodori), peperoncino a piacere, 200gr. di piselli surgelati, sale q.b.
Preparazione: Inserisci nel boccale l'olio e la cipolla: 3 M a T 100 V 4. Posiziona la farfalla, unisci i bocconcini di vitello infarinati e insaporiscili con il vino bianco per 10 M a T 100 V 1. Aggiungi i pelati, il sale e cuoci: 40 M a T 100 V 1, unendo a metà cottura i piselli. Consigli: se vuoi utilizzare bocconcini di pollo o tacchino, diminuisci il tempo di cottura.

3.1.4.2   Polpettone farcito

Ingredienti: Per 4 persone 2 uova, 1 cucchiaino di sale, 1 cucchiaio di pangrattato, 2 spicchi di aglio, prezzemolo, 4 sottilette, 2 fette di prosciutto cotto, 500gr. di carne macinata, 1/2 lt. di acqua, 50gr. di parmigiano grattugiato, pepe q.b.

Preparazione: Inserisci nel boccale dal foro del coperchio con lame in movimento a V 6 aglio e prezzemolo: 3 S V 6. Aggiungi il pangrattato, il parmigiano, la carne, il sale e il pepe e mescola per 15 S a V 2. Stendi il composto ottenuto su carta stagnola e farciscilo con il prosciutto e le sottilette. Avvolgilo aiutandoti con la stagnola e sistemalo nel Varoma unto di olio, togliendo la stagnola. Inserisci nel boccale l'acqua: 6 M a T 100 V 1. Posiziona il Varoma e cuoci per 30 M a V 1 T Varoma. Consigli: a piacere nel boccale al posto dell'acqua, si può cuocere una minestra o un sugo.

3.1.4.3   Polpette al vino

Ingredienti: Per 5/6 persone 500gr. di carne macinata, 1 uovo, 1 panino ammollato nel latte, 1 ciuffo di prezzemolo, 30gr. di parmigiano grattugiato, 40gr. di olio, 2mis. di vino, 300gr. di acqua, 1 cucchiaio di dado Bimby, 1/2 cipollina, poco rosmarino, farina, sale e pepe q.b. Preparazione Trita il parmigiano e il prezzemolo per 10 S a V Turbo. Unisci la carne, l'uovo, il pane ammollato, il sale e il pepe: 30 S a V 3. Forma delle polpettine, passale nella farina e sistemale nel Varoma e nel suo vassoio, unti di olio. Inserisci nel boccale l'olio, il rosmarino e la cipolla: 3 M a T 100 V 4. Aggiungi il vino, l'acqua, il dado: 30 M a T Varoma V 4. Dopo 5 M posiziona il Varoma e termina la cottura. Disponi le polpette in un piatto da portata e servile con il sugo di cottura.

3.1.4.4   Polpettone freddo estivo

Ingredienti: Per 4 persone 400gr. di carne macinatata, 1 uovo, 1 peperone, 1 cipolla, 1mis. di pangrattato, 1/2mis. di latte, 30gr. di parmigiano, prezzemolo, 1 lt. di acqua, sale e pepe q.b.,
Preparazione: Inserisci nel boccale dal foro del coperchio con lame in movimento V 6, il peperone, il prezzemolo, la cipolla e continua per 3 M. Aggiungi pangrattato, formaggio, latte, uovo, sale e pepe e amalgama per 10 S a V 6. Unisci la carne: V 5 per 15 S, spatolando. Forma il polpettone e sistemalo nel Varoma unto di olio. Inserisci nel boccale l'acqua: 30 M a T Varoma V 3. Dopo 6 M posiziona il Varoma sul coperchio e termina la cottura; togli il Varoma e lascia raffreddare. Quando il polpettone sarà completamente freddo, taglialo a fettine sottili e servilo con maionese e altre salse a piacere. Consigli: se vuoi prima di tagliarlo a fette, puoi gratinarlo in forno a T 200 C per 10 M circa.

3.1.4.5   Involtini al prosciutto

Ingredienti: Per 6 persone 600gr. di magatello di vitello (12 fettine molto sottili), 30gr. di parmigiano, 100gr. di prosciutto crudo, prezzemolo, basilico, 1/2mis. di acqua, 450gr. di pomodori pelati, 1/2 spicchio d'aglio, 40gr. di olio, sale e pepe q.b. Preparazione Inserisci nel boccale il prezzemolo, il basilico, l'aglio e il parmigiano: 10 S a V 9. Con questo trito farcisci ogni fetta di carne, aggiungendo una fettina di prosciutto e poco sale. Forma degli involtini e sistemali in piedi nel cestello unto di olio. Metti nel boccale l'olio, i pomodori, l'acqua, il sale e il pepe; inserisci il cestello e cuoci per 20 M a T 100 V 4 e10 M a T Vroma V 4. Disponi gli involtini sul piatto di portata e servili con il loro sugo.

3.1.4.6   Petti di pollo alla salvia

Ingredienti: 500gr. di petti di pollo a fettine piccole, 4 foglie di salvia, 1/2 cipolla, 30gr. di burro, 200gr. di acqua, 1 dado, 200gr. di latte, 50gr. di fontina o emmenthal, 1 tuorlo d'uovo, sale e pepe e farina q.b. Preparazione Inserisci nel boccale la cipolla e il burro: 3 M a T 100 V 4. Aggiungi il latte, l'acqua, il sale, il pepe, il dado e cuoci: 7 M T 100 V 1. Nel frattempo infarina le fettine di pollo e disponile con la salvia nel Varoma e nel suo vassoio. Posizionalo sul coperchio e cuoci per 15 M a T Varoma V 1. A cottura ultimata sistema il pollo in una pirofila. Al fondo di cottura unisci il tuorlo e il formaggio: 10 S a V 6 e versa il tutto sui petti di pollo. Mettili a gratinare in forno caldo a T 180 C per 20 M circa.

3.1.4.7   Tacchino agli agrumi

Ingredienti: Per 5 persone 700 gr.di bocconcini di tacchino, 40gr. di olio, 1/2 cipollina, sale e pepe, succo di 1/2 limone, succo di 1/2 arancio, succo di 1/2 pompelmo, 1/2mis. di panna

Preparazione: Soffriggi nel boccale l'olio e la cipolla per 3 M a T 100 V 4. Posiziona la farfalla, unisci i bocconcini di tacchino e insaporiscili: 3 M ! T 100 V 1. Aggiungi il succo degli agrumi, il sale, il pepe e cuoci: 15 M a T 100   V 1. Alla fine incorpora la panna e termina la cottura per altri 2 minuti.

3.1.4.8   Pollo alle mandorle

Ingredienti: per 6 persone 600gr. di petti di pollo, 150gr. di mandorle pelate, 30gr. di farina, 50gr. di cipolla, 40gr. di olio, 2mis. di brodo, sale e pepe q.b. Preparazione Taglia il pollo a bocconcini e infarinali. Trita metà delle mandorle a V 3 e unisci le restanti intere con 2 cucchiai di olio: 3 M a T 90 V 1. Toglile e posale su carta assorbente. Soffriggi il rimanente olio con la cipolla: 3 M a T 100 V 4. Disponi la farfalla sulle lame, unisci i bocconcini di pollo e cuoci 3 M a T 100 V 1. Aggiungi il brodo e termina la cottura per 12 M V 1. Aggiusta di sale, pepe, unisci le mandorle e cuoci ancora per 2 minuti. Disponilo in un piatto da portata e servilo ben caldo.

3.1.5   *Pesci*

3.1.5.1   Polipetti affogati

Ingredienti: per 4 persone: 500gr. di polipetti piccoli, 90gr. di olio, 1 spicchio di aglio, 1/2 scatola di polpa di pomodoro, 1/2mis. di vino bianco, prezzemolo tritato, peperoncino, sale q.b.

Preparazione: Inserisci nel boccale l'olio, l'aglio, il peperoncino, i polipetti e cuoci: 20 m a T 100 V 1. Irrora col vino bianco e lascia evaporare per 2 minuti. Unisci la polpa di pomodoro e termina la cottura per altri 5 M a T 100 V 1, aggiungendo sale a piacere. A fine cottura unisci il prezzemolo tritato. Il tempo di cottura può variare perchè dipende dalla qualità del pesce.

3.1.5.2   Merluzzo con olive

Ingredienti: Per 4 persone 400gr. di merluzzo scongelato (a temperatura ambiente), 30gr. di farina, 1 spicchio di aglio, 1 manciata di prezzemolo, 1/2mis. di pangrattato, olive nere a piacere, 1mis. di vino bianco, 150gr. di acqua, 40gr. di olio, sale q.b.

Preparazione: Inserisci nel boccale il pangrattato, l'aglio e il prezzemolo: 10 S a V 6 e metti da parte. Infarina e sala il merluzzo ben asciutto e disponilo verticalmente nel cestello intervallandolo con strati del trito messo da parte. Unisci le olive e un po' di olio. Versa nel boccale il vino bianco, l'acqua, l'olio rimasto e il sale. Posiziona il cestello e cuoci: 30 M a T 100 V 4. A cottura ultimata sistema il pesce nel piatto da portata e coprilo con il suo sugo.

3.1.5.3   Spigole all'acqua pazza con patate

Ingredienti: per 4 persone 2 spigole da 300gr. ciascuna, 400gr. di acqua, 40gr. di olio, 2 pomodorini, sale, pepe, 3 o 4 patate, 2 spicchi di aglio, 1 manciata di pRezzemolo.

Preparazione: Inserisci nel boccale l'acqua, l'olio, 1 spicchio d'aglio, il przzemolo, i pomodorini, sale e pepe. Sistema nel vassoio del Varoma le spigole farcite con il rimanente aglio, olio, prezzemolo, sale e pepe e metti le patate nel Varoma Posizionalo sul coperchio del boccale e cuoci per 30 M a T Varoma V 1. Servi il pesce condito con parte del sugo di cottura e contornato dalle patate Consigli: volendo, puoi utilizzare anche altro pesce a piacere.

3.1.5.4   Seppie con piselli

Ingredienti: Per 4 persone 500gr. di seppie, 300gr. di piselli freschi o surgelati, 40gr. di olio, peperoncino a piacere, 1 cucchiaio di prezzemolo tritato, 1/2 spicchio d'aglio, 1mis. di vino bianco, 2 pomodori pelati sale q.b.

Preparazione: Inserisci nel boccale l'Olio, l'aglio e il peperoncino: 3 M a T 100 V 4. Unisci le seppie e insaporisci per 3 M a T 100 V 1. Irrora con il vino bianco, unisci i pomodori pelati sminuzzati, il sale e cuoci per 30 M a T 100 V 1, unendo a metà cottura i piselli. A fine cottura cospargi di prezzemolo e servi. Consigli: se ritieni necessario addensare il sugo continua la cottura a temperatura Varoma per il tempo necessario, secondo le tue esigenze.

3.1.5.5   Bauletti di sogliola

Ingredienti: Per 4 persone 600gr. di filetti di sogliola, 1 uovo, 40gr. di pangrattato, 30gr. di parmigiano grattugiato, 1/2 spicchio d'aglio, un ciuffo di prezzemolo, 150gr. di vino bianco, 150gr. di acqua, 1 cucchiaio di farina, 50gr. di olio, sale e pepe q.b.
Preparazione: Inserisci nel boccale 1 soglioletta, l'uovo, il pangrattato, il sale, il pepe, il prezzemolo e il parmigiano: 20 S a V 6. Spalma i filetti di sogliola col composto, arrotolali e sistemali nel vassoio del Varoma unto di olio. Metti nel boccale il vino, l'acqua, la farina, il prezzemolo, l'aglio e il sale; posiziona il Varoma e cuoci: 20 M a T Varoma V 3. 5 M prima del termine della cottura solleva il Varoma e aggiungi l'olio dal foro del coperchio. A cottura ultimata adagia i bauletti in un piatto da portata. Se necessario addensa un poco il liquido di cottura, facendolo evaporare per qualche minuto a T Varoma. Irrora quindi i bauletti con il sugo rimasto e guarnisci con fettine di limone.

3.1.5.6   Filetti di pesce brodettati

Ingredienti: per 4/5 persone 700gr. di filetti di pesce (nasello, sampietro, persico), 2 spicchi di aglio, 4 pomodori pelati, 1 ciuffo di prezzemolo, 1mis. di vino bianco, 40gr. di olio, 250gr. di acqua, sale e pepe q.b.
Preparazione: Inserisci nel boccale l'olio, 1 spicchio d'aglio, 1 pomodoro, poco prezzemolo e 100gr. di acqua. Disponi nel Varoma i filetti di pesce conditi con il restante pomodoro, il prezzemolo, l'aglio, il sale e il pepe, e posizionalo nel boccale. Cuoci il tutto per 25 M a T Varoma V 2. Durante la cottura irrora il pesce prima col vino bianco e poi con l'acqua rimasta. Servi il pesce con il suo sughetto o utilizza il sughetto per condire spaghetti o linguine.

3.1.5.7   Pesce spada alla ghiotta

Ingredienti. Per 4/5 persone 800gr. di tranci di pesce spada, 1 cipolla media, 1 gambo di sedano con le foglie, 1/2mis. di acqua, 90gr. di olio, 15 olive verdi snocciolate, 2 cucchiai di capperi, 700gr. di passata di pomodoro, sale e pepe q.b.
Preparazione: Inserisci nel boccale la cipolla e il sedano e tritali per 15 S a V 4. Unisci l'acqua e cuoci per 3 M a T 100 V 1. Unisci 60gr. di olio, i capperi e le olive: 3 M a T 100 V 1. Alterna nel Varoma e nel suo vassoio le fette di pesce spada, qualche cucchiaio di pomodoro, parte del sughetto già preparato e irrora col rimanente olio. Inserisci nel boccale la passata di pomodoro rimasta, poco sale e pepe e cuoci per 25 M a T Varoma V 3 e dopo 5 M posiziona il Varoma. A metà cottura rigira le fette di pesce. Terminata la cottura disponi il pesce in un piatto da portata con un poco di sugo e usa il sugo rimasto per condire spaghetti o linguine.

3.1.5.8   Molluschi al Varoma

Ingredienti: Per 4/5 persone 1 kg. di cozze, vongole, ecc... 1 lt. di acqua, 1 limone, pepe q.b. Preparazione Inserisci l'acqua nel boccale e portala all'ebollizione per 10 M a T 100 V 1. Disponi il pesce nel Varoma con abbondante pepe e posizionalo sul coperchio: 20 M a T Varoma V 1. A cottura ultimata servi i molluschi con spicchi di limone.

3.1.6   Uova e verdure

3.1.6.1   Carciofi trifolati

Ingredienti: Per 6 persone 5/6 carciofi, 40gr. di olio, 1 spicchio di aglio, prezzemolo tritato, 1/2mis. di acqua, sale e pepe q.b.

Preparazione: Pulisci i carciofi e tagliali a spicchi. Posiziona la farfalla e inseriscili nel boccale con l'olio, l'aglio, l'acaua, il sale e il pepe e cuoci per 20 M a T 100 V 1. Alla fine cospargi con il prezzemolo e servi. Consigli: il tempo di cottura può variare in funzione della qualità dei carciofi, e del gusto personale.

3.1.6.2   Puré

Ingredienti: Per 4/5 persone
Preparazione: 1 kg. di patate mondate e a pezzi, 400gr. di latte, 50gr. di burro, 50gr. di parmigiano, sale q.b. Preparazione Posiziona la farfalla nel boccale, inserisci le patate, il latte, il sale e metti in cottura per 25 M a T 100 v 1. Al termine unisci il burro, il parmigiano e amalgama per 20 S a V 3. Consigli: se necessario, durante la cottura, puoi aggiungere un poco di latte, e prolungare il tempo di cottura se la qualità delle patate lo richiede.

3.1.6.3   Spinaci per contorno

Ingredienti: Per 4/5 persone 500gr. di spinaci, 300gr. di acqua, parmigiano q.b.
Preparazione: Inserisci nel boccale l'acqua e il sale e fai bollire: 3 M a T 100 V 1. Aggiungi gli spinaci e cuoci: 5 M a T 100 V 1. Scolali utilizzando il cestello e strizzali bene. Puoi condirli con olio e limone, o passarli nel burro fuso e cospargerli di parmigiano. Utilizzando spinaci surgelati, puoi scongelarli nel Varoma, e utilizzarli come credi.

3.1.6.4   Funghi trifolati

Ingredienti: Per 4/5 persone 500gr. di funghi Champignon, 40gr. di olio, 1 spicchio di aglio, prezzemolo tritato, sale e pepe q.b.
Preparazione: Inserisci nel boccale l'aglio e l'olio: 3 M T 100 V 3. Posiziona la farfalla sulle lame, aggiungi i funghi tagliati a fettine e cuoci per 10 M a T 100 V 1. Aggiungi il sale e il pepe e cuoci per altri 5 M a T 100 V 1, tenendo il misurino inclinato. A fine cottura cospargili con il prezzemolo. Se il sugo risultasse troppo liquido, addensalo sempre a T Varoma per il tempo che ritieni necessario.

3.1.6.5   Caponata

Ingredienti: Per 4 persone 1 cipolla, 40gr. di olio, 2 patate, 1 peperone, 1 zucchina, 1 melanzana tagliate a tocchi, 1/2 scatola di pelati, basilico, sale e pepe q.b.
Preparazione: Inserisci nel boccale l'olio e la cipolla: 3 M T 100 V 1. Posiziona la farfalla, unisci le verdure a tocchi e i pelati: 15 M T 100 V 1. Insaporisci con il basilico, il sale, il pepe e lascia riposare il tutto per qualche minuto ad apparecchio spento. Consigli: se il sugo risultasse troppo liquido addensalo a temperatura Varoma per il tempo necessario.

3.1.6.6   Tortino di uova e zucchine

Ingredienti: Per 4 persone 500gr. di zucchine a fette, 3 uova, 150gr. di latte, 30gr. di burro, 1 cucchiaio di farina, 1/2mis. di parmigiano, 1 ciuffo di prezzemolo o 10 foglie di menta, sale e pepe q.b.
Preparazione: Disponi la farfalla sulle lame, poi inserisci il latte, il burro, il sale, il pepe, le zucchine a fette e cuoci per 15 M a T 100 V 1 tenendo il misurino inclinato. Sistema le zucchine in una pirofila imburrata. Metti nel boccale la farina, il parmigiano prezzemolo e le uova: 10 S a V 4. Versa il composto sulle zucchine e cuoci il tortino in forno a T 180 per 30 M circa. A piacere guarnisci con foglie di menta o prezzemolo.

3.1.6.7   Soufflé di formaggio

Ingredienti: Per 4 persone 150gr. di emmenthal, 30gr. di parmigiano, 400gr. di latte, 100gr. di farina, 80gr. di burro, 3 uova intere + 1 tuorlo, sale q.b.

Preparazione: Trita l'emmenthal e il parmigiano: 10 S a V 8 e mettili da parte. Inserisci nel boccale il latte, la farina, il burro e il sale: 5 M T 90 V 4. Aggiungi i formaggi: 20 S V 4 e lascia raffeddare. Dal foro del coperchio con lame in movimento V 5, unisci le uova una alla volta, poi porta per 10 S a V 8 e 10 S a V Turbo. Ungi e cospargi di pangrattato uno stampo da forno alto 10 cm. Versaci il composto e cuocilo in forno caldo a T 180 per 20 M e a 200 per altri 20 M. Il soufflè và servito subito.

3.1.6.8   Cipolline in agrodolce

Ingredienti: Per 4 persone 450gr. di cipolline, 500gr. di acqua, 40gr. di olio, 1/2mis. d'aceto, 2 cucchiai di zucchero, sale e pepe q.b.

Preparazione: Inserisci nel boccale l'acqua e il sale, poi il cestello con le cipolline e cuoci: 20 M a T 100 V 4. Togli il contenuto e metti da parte le cipolline. Inserisci l'olio nel boccale e soffriggi per 3 M a T 100 V 1. Posiziona la farfalla, unisci le cipolline e cuoci: 10 M a T 100 V 1 tenendo il misurino inclinato. Aggiungi l'aceto, lo zucchero e termina la cottura per altri 5 M a T Varoma V 1.

3.1.6.9   Zuppa di patate con peperoni ripieni

Ingredienti: per 6 persone Per i peperoni: 3 peperoni, 50gr. di parmigiano, 100gr. di prosciutto cotto, prezzemolo, 2 panini raffermi, 100gr. di latte, olive, capperi, 1 uovo, sale, pepe, aglio. Per la zuppa di patate: 40gr. di olio, 1 cipolla grande, 1 scatola di pelati da 400 gr., 600gr. di acqua, 1 cucchiaio di dado Bimby, 800gr. di patate a pezzi, origano, sale q.b.

Preparazione: Trita il parmigiano, il pane, l'aglio e il prezzemolo per 10 S a V Turbo. Unisci il latte, il sale, il pepe, il prosciutto, l'uovo, le olive e i capperi: 10 S a V 3. Farcisci con questo composto i peperoni tagliati a metà e sistemali nel Varoma. Soffriggi nel boccale olio e cipolla per 3 M a T 100 V 4. Unisci i pelati: 5 S a V 8. Posiziona la farfalla aggiungi l'acqua, il dado e cuoci per 40 M a T Varoma V 1. Dopo 5 minuti posiziona il Varoma e dopo 10 minuti aggiungi nel boccale le patate. A fine cottura aggiusta di sale la zuppa di patate e cospargila di origano fresco. Disponi i peperoni in una pirofila e mettili a gratinare in forno per alcuni minuti.

3.1.6.10   Tris ai funghi

Ingredienti: 6 persone Per il sugo: 1 bustina di funghi secchi, 2 scatole di pelati sgocciolati da 400 gr., sale, pepe, 1/2mis. di vino bianco, 40gr. di olio. Per il gratin: i gambi dei funghi, 100gr. di pane secco, prezzemolo, aglio, sale, pepe. Per gli involtini: 500gr. di fesa di vitello a fette sottili, 100gr. di prosciutto cotto o pancetta. Per il Varoma: 12/18 cappelle di funghi Champignon.

Preparazione: Fai ammorbidire i funghi secchi in acqua tiepida per circa 1/2 ora. Trita gli ingredienti del gratin per 20 S a V Turbo e utilizzane una parte per farcire le cappelle dei funghi. Prepara gli involtini con le fette di prosciutto, il restante gratin e inseriscili verticalmente nel cestello. Fai il soffritto con aglio, olio, i funghi ammorbiditi e strizzati: 3 M a T 100 V 4. Aggiungi i pelati: 10 S a V 4. Inserisci nel boccale il cestello con gli involtini disposti verticalmente, aggiungi sale e pepe e irrorali con il vino bianco. Chiudi il boccale, posiziona il Varoma con le cappelle dei funghi e cuoci per 30 M a T Varoma V 2. A fine cottura, se necessario, addensa il sugo per 5 M T Varoma V 2, tenendo il misurino inclinato. Disponi in un piatto da portata gli involtini e le cappelle dei funghi, cosparsi con un poco di sugo. Utilizza il sugo rimasto per condire pasta o riso.

3.1.7   Pizze e torte salate

3.1.7.1   Focaccia con cipolle

Ingredienti: 1 dose di pasta per pizza, 1 patata cotta da lavorare con l'impasto, 90gr. di olio, 500gr. di cipolle, sale q.b.

Preparazione: Prepara l'impasto pizza con la patata cotta e lascialo lievitare per 1 ora circa. Sgonfiala con le mani e stendila in una teglia unta di olio. Nel boccale fai stufare le cipolle affettate con 40gr. di olio e un po' di sale per 10 M a T 100 V 1. Disponile sulla pasta! irrorale con il restante olio e cuoci in forno caldo a 220 per 30 M circa. Consigli: invece di cuocere le cipolle, puoi disporle crude e affettate sulla pasta, poi irrorale con 1/2mis. di olio, 1/2mis. di acqua e sale lavorati per 5 S V 4. Cuoci come sopra.

3.1.7.2   Pizza Margherita

Ingredienti: 1 dose di pasta per pizza, 400gr. di pomodori maturi o una scatola di pelati, 250gr. di mozzarella, 40gr. di olio di oliva, 6 o 7 foglioline di basilico, sale q.b.

Preparazione: Prepara l'impasto pizza e lascialo lievitare finchè avrà raddoppiato il volume. Sgonfialo e stendilo in una teglia unta di olio. Disponi sull'impasto la mozzarella precedentemente tritata in Bimby, i pomodori scolati e spezzettati e termina con basilico, sale, e olio. Cuoci in forno caldo a 220C per 10 M e a 200C per altri 15 M circa.

3.1.7.3   Pizza al prosciutto

Ingredienti: 1 dose di pasta per pizza, 400gr. di pomodori maturi o una scatola di pelati, 250gr. di mozzarella, 100gr. di prosciutto cotto a listarelle.

Preparazione: Procedi come per la ricetta precedente, aggiungendo naturalmente alla farcitura, il prosciutto.

3.1.7.4   Pane alle olive

Ingredienti: 1 dose di pasta per pane, 150gr. di olive nere snocciolate

Preparazione: Trita le olive: 5 S a V 3 e mettile da parte. Prepara l'impasto, unisci le olive, e disponilo in una tortiera col buco, unta di olio. Lascia lievitare, in un luogo tiepido per almeno 30 M poi cuoci in forno caldo per 15 M a T 220C e per 25 M circa a T 180C.

3.1.7.5   Pane alle erbe

Ingredienti: 1 dose di pasta per pane, erbe aromatiche a piacere (basilico, salvia, rosmarino, ecc.)

Preparazione: Prepara un trito di erbe aromatiche (salvia, rosmarino, prezzemolo, basilico, maggiorana, erba cipollina) per pochi S V Turbo. Unisci gli ingredienti dell'impasto e procedi come indicato nella ricetta precedente.

3.1.7.6   Quiche Lorraine

Ingredienti: 1 dose di pasta brisé, 150gr. di pancetta affumicata a dadini, 100gr. di gruviera, 3 uova, 100gr. di latte, 1mis. di panna, 30gr. di parmigiano grattugiato, 2 cucchiai di olio, sale e pepe q.b.

Preparazione: Trita il gruviera per 5 S a V 5 e mettilo da parte. Prepara la pasta brisé come da ricetta e mettila in frigorifero. Inserisci nel boccale la pancetta affumicata con l'olio e cuoci per 3 M a T 100 V 1. Fodera una teglia con la pasta brisé e ricoprila prima con la pancetta affumicata, poi con il gruviera. Frulla nel boccale le uova con il latte, la panna, il parmigiano, il sale e il pepe per 10 S a V 5 e versa il composto sulla quiche. Cuoci in forno caldo per 40 M a T 180C.

3.1.7.7   Quiche di carciofi

Ingredienti: 1 dose di pasta brisé, 4 carciofi, 40gr. di olio, 100gr. di ricotta, 2 uova, 100gr. di latte, 30gr. di parmigiano grattugiato, sale e pepe q.b.

Preparazione: Prepara la pasta brisé (come da ricetta a pag. 19) e mettila in frigorifero. Pulisci i carciofi, affettali e mettili a bagno in acqua acidulata con limone. Scolali e cuocili nel boccale con l'olio, il sale e il pepe per 10 M a T 100 V 1, poi mettili da parte. Inserisci nel boccale le uova, il latte, la ricotta, il parmigiano, il sale e il pepe: 10 S a V 5. Fodera una teglia con la pasta brisé, disponi i carciofi, irrora con il composto e cuoci in forno caldo per 40 M a 180C.

3.1.7.8   Tortano napoletano

Ingredienti: 200gr. di acqua tiepida, 100gr. di latte, 50gr. di pecorino grattugiato, 1 cucchiaino di sale, 1 cucchiaino di zucchero, 25gr. di lievito di birra, 500gr. di farina, 150gr. di provolone, 150gr. di salame piccante, 50gr. di burro o strutto Preparazione: Metti nel boccale l'acqua, il latte, il pecorino, il sale, lo zucchero e il lievito: 10 S aV 4. Unisci la farina: 40 S a V 6. Togli l'impasto e lascialo lievitare per 1 ora. Trita il provolone e il salame: 10 S a V 6. Stendi la pasta in un rettangolo 30 x 40, spalmala con il burro e cospargila con il trito di salame e formaggio. Arrotola la pasta, forma una ciambella e lasciala lievitare ancora per 1 ora. Cuocila in forno caldo per 20 M a T 220C e per 30 M a T 180C.

3.1.7.9   Treccia rustica

Ingredienti: 1 dose di pasta per pizza, 300gr. di zucchine a fette, 1/2 cipolla, 2 cucchiai di olio, 100gr. di lattuga romana, 1 cespo di insalata belga, 100gr. di prosciutto crudo o speek, 150gr. di fontina.
Preparazione: Prepara la pasta per pizza e lascia lievitare. Disponi la farfalla sulle lame, poi aggiungi l'olio, le zucchine, l'insalata tagliata a listarelle, il sale e cuoci: 20 M a T 100 V 1. Togli e metti da parte a raffreddare. Stendi la pasta su carta forno e forma un rettangolo. Disponi lungo la fascia centrale il prosciutto crudo, la fontina a fette e le verdure cotte. Fai dei tagli obliqui sui lati del rettangolo e richiudi le strisce ottenute in modo da formare una treccia. Lascia lievitare ancora per 1 ora, spennella con un poco di latte e cuoci in forno caldo a T 200C per 30 M circa.

3.1.8   *Dolci e biscotti*

3.1.8.1   Torta di mele

Ingredienti: 600gr. di mele golden o renette, 200gr. di zucchero, 50gr. di nocciole, 1 limone, 3 uova, 1 vasetto di yogurt, 70gr. di margarina, 200gr. di farina, 1 bustina di lievito per dolci, 1 pizzico di sale.
Preparazione: Sbuccia e affetta le mele, poi irrorale con succo di limone. Inserisci nel boccale lo zucchero, la scorza di limone e le nocciole: 10 S a V Turbo. Unisci le uova, lo yogurt, la margarina, la farina, il sale e il lievito: 30 S a V 7. Versa metà impasto in una tortiera imburrata (del diametro di 26 cm.), fai uno strato di mele, ricopri con il restante impasto e termina con un altro strato di mele. Cuoci in forno caldo per circa 50 M a 180C.

3.1.8.2   Torta di carote

Ingredienti: 300gr. di mandorle, 300gr. di carote a pezzetti, 300gr. di zucchero, scorza di limone, 4 uova, 80gr. di farina, 1/2 bustina di lievito, 1 pizzico di sale Preparazione: Polverizza le mandorle per 20 S a V Turbo e mettile da parte. Inserisci nel boccale lo zucchero e la scorza di limone: 20 S a V Turbo. Unisci dal foro del coperchio con le lame in movimento a V 6, le carote e porta a V Turbo per 20 S. Poi raccogli il composto sul fondo con la spatola. Aggiungi le uova: 10 S a V 7 ed infine la farina, le mandorle, il sale e per ultimo il lievito: impasta per altri 30 S a V 7. Versa il composto in una tortiera (diametro 26 cm.) imburrata e infarinata e cuoci in forno caldo 10 M a 160C e per 40 M circa a 180C.

3.1.8.3   Torta di rose

Ingredienti: 1 cucchiaio di zucchero, scorza di limone, 150gr. di latte, 1 cubetto di lievito di birra, 3 cucchiai di olio, 3 tuorli d'uovo, 350gr. di farina, 1 pizzico di sale. Farcitura: 150gr. di burro, 150gr. di zucchero.

Preparazione: Inserisci nel boccale lo zucchero e la scorza di limone: 15 S a V Turbo. Unisci il latte, l'olio, il lievito, i tuorli: 10 S a V 7, poi la farina e il sale: 30 S a V 6 e 30 S a V Spiga. Stendi la pasta in una sfoglia piutosto sottile su carta da forno formando un rettangolo. Prepara la farcitura lavorando nel boccale il burro e lo zucchero per 1 M a V 3, poi stendila in modo uniforme sulla pasta. Arrotola la sfoglia su se stessa, formando un cilindro. Taglia dei tronchetti alti 4 cm., chiudili nella parte inferiore, sistemali in una teglia distanziati l'uno dall'altro e lasciali lievitare per 1 ora circa. Cuoci in forno preriscaldato per 25 M a T 200C e per altri 25 M circa a 180C.

3.1.8.4 Torta di rose alla marmellata

Ingredienti: Vedi ricetta precedente Farcitura: 100gr. di mandorle tritate grossolanamente, 200gr. di marmellata
Preparazione: Procedi come per la ricetta precedente

3.1.8.5 Torta di rose alle mele

Ingredienti: Vedi ricetta precedente Farcitura: 300gr. di mele renette sbucciate e a pezzi, 150gr. di zucchero, 1 pizzico di cannella.
Preparazione: Prepara la farcitura inserendo tutti gli ingredienti nel boccale: 10 S V 6 e cuoci per 10 M a T 90 V 4. Terminata la cottura metti da parte in una ciotola e lascia raffreddare. Procedi poi come per la ricetta precedente.

3.1.8.6 Torta di ricotta

Ingredienti: 500gr. di ricotta, 150gr. di zucchero, 30gr. di farina, 1 uovo, 1 bustina di vanillina, 50gr. di latte, 1 bustina di lievito, 100gr. di uvetta, 1/2mis. di brandy, 1 pizzico di sale.
Preparazione: Metti a bagno l'uvetta nel brandy. Inserisci nel boccale tutti gli altri ingredienti e impasta per 30 S a V 6. Sgocciola l'uvetta e uniscila al composto delicatamente. Versa il tutto in una tortiera unta e infarinata (diametro 24 cm.) e cuoci in forno caldo a 160C per 40 M circa senza mai aumentare il calore del forno.

3.1.8.7 Plumcake all'arancia

Ingredienti: 250gr. di farina, 250 di zucchero, 170gr. di burro o margarina, 4 uova, 1/2mis. di latte, succo e scorza di un'arancia, 1 bustina di lievito
Preparazione: Metti nel boccale lo zucchero, la scorza dell'arancia e porta a V 9 per 10 S. Aggiungi il burro, le uova e lavora a V 4 per 20 S. Porta a V 5 e aggiungi dal foro del coperchio il latte, il succo dell'arancia e la farina: 30 S V 5. Per finire aggiungi la bustina di lievito, sempre con le lame in movimento per pochi secondi. Versa il composto in uno stampo da plumcake imburrato e cuoci in forno preriscaldato a 170C per 45 M circa.

3.1.8.8 Plumcake al limone

Ingredienti: Sostituisci la scorza e il succo dell'arancia con la scorza e il succo di 1 limone.
Preparazione: Procedi come per la ricetta precedente.

3.1.8.9 Torta di amaretti

Ingredienti: 230gr. di fecola di patate, 200gr. di zucchero, 150gr. di amaretti, 4 uova, 90gr. di olio di semi, 1 bustina di lievito, 1 pizzico di sale.
Preparazione: Inserisci nel boccale gli amaretti e polverizzali per 10 S a V 3, poi mettili da parte. Metti ora nel boccale tutti gli altri ingredienti meno il lievito e impasta per 1 M a V 3. Aggiungi gli amaretti e il lievito e mescola per 10 S a V 4. Ungi e infarina una tortiera, versa l'impasto e cuoci in forno caldo a 180C per 40 M circa e a 200C per 10 M circa.

3.1.8.10 Crostata di frutta

Ingredienti: 1 dose di pasta frolla, 1 dose di crema Bimby, frutta fresca a piacere, 1 bustina di gelatina di frutta per dolci.

Preparazione: Prepara la pasta frolla come da ricetta e fodera una tortiera (diametro 28 cm.) imburrata e infarinata. Punzecchia la pasta con la punta di una forchetta. Coprila con carta forno o stagnola, poi cuocila in forno caldo per 25 M a T 180C. Sforna ed elimina la carta forno. Prepara la crema Bimby, come da ricetta e versala sulla torta e lasciala raffreddare. Decora a piacere con frutta fresca e ricopri con un velo di gelatina di frutta. Servila ben fredda.

3.1.8.11 Crostata di marmellata

1 dose di pasta frolla, 200gr. di marmellata.

Preparazione: Prepara la pasta frolla seguendo le indicazioni e fodera una tortiera imburrata e infarinata con 2/3 dell'impasto. Spalma la marmellata e decora con striscioline di pasta, ricavate dal rimanente impasto, disposte incrociate. Cuoci in forno caldo per 45 M a 180C.

3.1.8.12 Babà

Ingredienti: 300gr. di farina, 1/2mis. scarso di zucchero, 4 uova, 100gr. di margarina o burro morbido, 1 cubetto di lievito di birra, 1 pizzico di sale. Per lo sciroppo: 350gr. di acqua, 150gr. di zucchero, 1mis. e 1/2 di rhum, scorza di 1 limone.

Preparazione: Inserisci nel boccale le uova, lo zucchero, la margarina, il sale e il lievito: 30 S V 7. Unisci la farina e impasta per alti 30 S a V 7. Lascia lievitare l'impasto per mezz'ora nel boccale. Lavora di nuovo l'impasto per 10 S a V 7, poi sistemalo nello stampo per babà, lascimdolo lievitare ancora per 1 ora circa, finché raddoppia di volume. Cuoci in forno caldo per 10 M a 220C e per 25 M a 180C. Prepara lo sciroppo: meti nel boccale l'acqua, lo zucchero e la scorza di limone: 5 M a T 60 V 1, poi togli la scorza e unisci il rhum. Inzuppa più volte il babà, appena sfornato, con tutto lo sciroppo e servilo con panna montata.

3.1.8.13 Profiteroles

Pasta per beignets: 250gr. di acqua, 150gr. di farina, 100gr. di burro, 4 uova, un pizzico di sale. Farcitura: 1 dose di salsa al cioccolato, 1 dose di crema Bimby, 500gr. di panna montata

Preparazione: Metti nel boccale acqua, sale e burro e cuoci per 10 M a T 100 V 3. Al termine aggiungi dal foro del coperchio la farina e impasta per 20 S a V 4 o più fino a quando l'impasto si stacca bene dalle pareti. Lascia raffreddare, poi unisci dal foro del coperchio con lame in movimento V 6 una per volta le uova: 20 S V 6. Disponi la pasta a cucchiaini su carta forno e cuoci per 15 M a 180C e per 15 M a T 200C. Farcisci i beignets a piacere con crema o panna e disponili a cascata su un piatto da portata. Ricoprili con salsa al cioccolato e guarnisci con ciuffi di panna montata.

3.1.8.14 Pasta di mandorle

Ingredienti: 200gr. di mandorle pelate, 200gr. di zucchero, 1 albume scarso, 1 bustina di vanillina, 2 cucchiaini di maraschino.

Preparazione: Polverizza lo zucchero per 30 S a V Turbo, poi unisci le mandorle e polverizza per altri 30 S sempre a V Turbo. Unisci l'albume, il maraschino e la vanillina: 30 S a V 3. Puoi utilizzare questo impasto per farcire datteri, prugne secche, fichi, noci o per formare bonbon da aromatizzare a piacere.

3.1.8.15 Mele all'amaretto

Ingredienti: per 6 persone 6 mele golden, 10/15 amaretti, 50gr. di uvetta, 1/2mis. di liquore amaretto, 3mis. di vino bianco, 2 chiodi di garofano, scorza di 1/2 limone.

Preparazione: Trita gli amaretti per 10 S a V Turbo e mettili da parte. Svuota le mele con il levatorsoli, tagliale a metà, farciscile con gli amaretti e l'uvetta, irrorale di liquore e sistemale nel Varoma. Nel boccale inserisci il vino, la scorza di limone e i chiodi di garofano. Chiudi il boccale, posiziona il Varoma e cuoci per 25 M circa a T Varoma V 1. Disponi le mele in un piatto da portata e ricoprile con il sughetto di cottura.

3.1.8.16 Pesche all'amaretto

Ingredienti: per 6 persone Sostituisci le 6 mele con 6 belle pesche
Preparazione: Procedi come per la ricetta precedente.

3.1.8.17 Baci di dama

Ingredienti: 100gr. di mandorle, 100gr. di zucchero, 100gr. di burro morbido, 150gr. di farina, 1 bustina di vanillina, 1 pizzico di sale, 150gr. di cioccolato fondente.
Preparazione: Polverizza mandorle e zucchero: 30 S a V Turbo. Unisci tutti gli altri ingredienti tranne il cioccolato: 10 S a V 3. Forma con l'impasto ottenuto tante palline, disponile sulla placca del forno e cuocile per 30 M a 160C. Lascia raffreddare. Trita il cioccolato 20 S a V Turbo poi fondilo per 5 M a T 50 V 4. Sistema un cucchiaino di cioccolato fuso tra due biscotti e mettili in frigorifero a rapprendere.

3.1.8.18 Brutti ma buoni

Ingredienti: 300gr. di mandorle spellate, 300gr. di zucchero, 3 albumi
Preparazione: Inserisci nel boccale lo zucchero e gli albumi e montali per 3 M t T 40 V 6. Aggiungi le mandorle: 10 S a V 6. Lascia raffreddare il composto, poi metilo a cucchiaini sulla placca del forno ricoperta da carta forno e cuocili in forno caldo a T 180C per 15 M circa.

3.1.8.19 Tartufi al rhum

Ingredienti: 50gr. di pavesini o amaretti, 150gr. di cioccolato fondente, 75gr. di margarina o burro morbido, 50gr. di zucchero, 1/2 mis di rhum, 30gr. di cacao amaro.
Preparazione: Trita i biscotti: 5 S a V Turbo e mettili da parte. Inserisci nel boccale il cioccolato e tritalo per 10 S a V Turbo, poi unisci il burro e lo zucchero: 3 M T 50 V 4. Unisci i biscotti tritati e il rhum: 20 S a V 3. Fai raffreddare l'impasto in frigorifero poi forma delle palline, passale nel cacao amaro e disponile in un vassoio.

3.1.8.20 Biscotti al cocco

Ingredienti: 170gr. di farina di cocco, 200gr. di zucchero, 40gr. di farina, 2 uova, 1 pizzico di sale. Premazione: Inserisci tutti gli ingredienti nel boccale: 20 S a V 3. Forma con l'impasto ottenuto tante palline e cuocile in forno caldo per 10 M a T 140C.

3.1.8.21 Biscotti sablé

Ingredienti: 250gr. di farina, 150gr. di zucchero, 125gr. di burro morbido, 2 cucchiai di latte, 3 tuorli d'uovo, 1 pizzico di sale.
Preparazione: Inserisci nel boccale prima la farina, poi tutti gli altri
Ingredienti: 30 S a V 3. Lascia riposare l'impasto per 15 M in frigorifero. Stendi l'impasto col mattarello lasciandolo alto 1 cm. circa, taglialo con formine a piacere e cuoci i biscotti ottenuti in forno caldo a T 160C per 15 M circa.

3.1.8.22 Lingue di gatto

Ingredienti: 4 albumi, 120gr. di burro morbido, 100gr. di zucchero, 150gr. di farina, 1 bustina di vanillina, 1 bustina di lievito, 1 pizzico di sale.
Preparazione: Inserisci tutti gli ingredienti nel boccale: 5 S a V 8. Disponi il composto a cucchiaini ben distanziati, sulla placca del forno ricoperta da carta forno e cuoci in forno caldo a T 160C per 15 M circa. Lasciali intiepidire prima di staccarli, disponili in un vassoio e servili con un buon semifreddo.

3.1.9 *Creme e bevande calde*

3.1.9.1 Crema Bimby

Ingredienti: 500gr. di latte, 100gr. di zucchero, 2 uova, 1mis. scarso di farina, 1 bustina di vanillina o scorza di limone, 1 cucchiaio colmo di cacao amaro Preparazione: Polverizza lo zucchero e la scorza di limone per 20 S a V Turbo. Unisci gli altri ingredienti e cuoci: 7 M a T 80 V4. Versa metà della crema in una ciotola, unisci il cacao alla crema rimasta e mescola per: 10 S a V 4. Versala accanto alla crema gialla. Consigli: puoi raddoppiare la dose aumentando a 12 M il tempo di cottura.

3.1.9.2 Zabaione

Ingredienti: 2 uova intere + 2 tuorli, 1mis. e 1/2 di marsala, 1mis. di vino bianco, 150gr. di zucchero

Preparazione: Inserisci tutti gli ingredienti nel boccale e cuoci: 5 M a T 70C V 4. Consigli: si può servire caldo o freddo accompagnato da biscottini, o utilizzarlo per semifreddi o come farcitura.

3.1.9.3 Crema pasticcera

1/2 litro di latte, 4 tuorli, 1/2mis. di farina o fecola, 100gr. di zucchero, 1 bustina di vanillina.

Preparazione: Polverizza lo zucchero e la scorza di limone per 20 S a V Turbo. Unisci tutti gli altri ingredienti e cuoci: 7 M a T 80C V 4. Travasa subito e lascia raffreddare.

3.1.9.4 Crema inglese

Ingredienti: 6 tuorli, 200gr. di zucchero, 400gr. di latte, 1 bustina di vanillina, 1 pizzico di sale.

Preparazione: Inserisci tutti gli ingredienti nel boccale e cuoci per 6 M a T 80 V 4. Travasa subito in una ciotola e lascia raffreddare.

3.1.9.5 Salsa di fragole

Ingredienti: 200gr. di fragole, 100gr. di zucchero, succo di mezzo limone Preparazione: Inserisci tutti gli ingredienti nel boccale: 4 M a T 80C V 4. Questa salsa si può usare su semifreddi, panna cotta o gelati e torte, a piacere.

3.1.9.6 Crema gianduia

Ingredienti: 60gr. di nocciole tostate, 100gr. di cioccolato fondente, 100gr. di zucchero, 70gr. di burro, 100gr. di latte.

Preparazione: Polverizza nel boccale lo zucchero e le nocciole per 30 S a V Turbo. Unisci il cioccolato e porta per altri 20 S a V Turbo. Aggiungi il latte e il burro: 5 M a T 50 V 4. Travasala subito in un vasetto, chiudilo ermeticamente e conservalo in frigorifero.

3.1.9.7 Crema gianduia al cacao

Ingredienti: 60gr. di nocciole tostate, 250gr. di zucchero, 80gr. di burro, 3 uova, 1mis. scarso di cacao amaro

Preparazione: Polverizza nel boccale lo zucchero e le nocciole: 30 S a V Turbo. Unisci tutti gli altri ingredienti: 3 M T 60 V 1. Travasala subito in un vasetto, chiudilo ermeticamente e conservalo in frigorifero.

3.1.9.8 Salsa al cioccolato

Ingredienti: 150gr. di cioccolato fondente, 100gr. di latte, 20gr. di burro, 1 bustina di vanillina

Preparazione: Trita il cioccolato per 30 S a V Turbo. Unisci il latte, il burro e la vanillina: 4 M a T 50 V 4. Questa salsa si può usare per accompagnare o farcire torte, ciambelle, pandoro, gelati, ecc...

3.1.9.9   Cappuccino

Ingredienti: 3mis. di latte, 1 cucchiaio di zucchero, 1 cucchiaio di caffè solubile oppure 1mis. di caffè
Preparazione: Inserisci tutti gli ingredienti nel boccale: 3 M T 70 V 3.

3.1.9.10   Cioccolata

Ingredienti: per 4 persone 6mis. di latte, 100gr. di zucchero, 1/2mis. di cacao amaro, 1/2mis. di farina (o fecola).
Preparazione: Inserisci tutti gli ingredienti nel boccale e scalda per 8 M a T 80 V 3. Servila bollente, in tazza, ricoperta da panna montata.

3.1.9.11   Caffé irlandese

Ingredienti: per 4 persone 250gr. di latte, 80gr. di zucchero, 1/2mis. di nescafé, 1/2mis. di whisky.
Preparazione: Inserisci tutti gli ingredienti nel boccale e scalda per 3 M a T 70 V 4. Provalo subito!!

3.1.9.12   Bicerin

Ingredienti: per 8 persone 500gr. di latte, 1mis. di nescafé, 150gr. di zucchero, 1/2mis. di cacao amaro.
Preparazione: Inserisci tutti gli ingredienti nel boccale e scalda per 5 M a T 80 V 4. Al termine porta lentamente aV Turbo per 5 S. ...per scaldarti il cuore...

3.1.10   Semifreddi e gelati

3.1.10.1   Panna cotta

Ingredienti: 500gr. di panna fresca, 250gr. di latte, 150gr. di zucchero, 1 bustina di vanillina, 4 fogli di gelatina per dolci (20 gr.), 1mis. di Cognac (facoltativo).
Preparazione: Ammolla la gelatina in acqua fredda e tienila da parte. Inserisci nel boccale tutti gli ingredienti eccetto il liquore: 5 M T 80 V 4. Unisci alla fine la gelatina strizzata, il liquore e rimescola per pochi S a V 4. Versa il composto in uno stampo leggermente unto e poni in frigorifero a rassodare per almeno 3 ore. Servi con un velo di zucchero caramellato, o con la salsa di fragola.

3.1.10.2   Panna cotta al caffè

Ingredienti: 500gr. di panna fresca, 250gr. di latte, 150gr. di zucchero, 1 bustina di vanillina, 4 fogli di gelatina per dolci (20 gr.), 1mis. scarso di Nescafè
Preparazione: Procedi come per la ricetta precedente, unendo alla fine il Nescafè, invece del liquore.

3.1.10.3   Panna cotta alla frutta

Ingredienti: 500gr. di panna fresca, 250gr. di latte, 150gr. di zucchero, 1 bustina di vanillina, 4 fogli di gelatina per dolci (20 gr.), 300gr. di fragole.
Preparazione: Procedi come per la ricetta precedente, unendo alla fine le fragole. Servila con la salsa di fragola.

3.1.10.4   Mousse al cioccolato

Ingredienti: 200gr. di cioccolato fondente, 100gr. di latte, 4 uova, 125gr. di burro morbido, 250gr. di panna fresca (per guarnire).
Preparazione: Trita il cioccolato: 20 S a V Turbo, poi unisci il latte e cuoci per 2 M a T 70 V 4. Dal foro del coperchio con le lame in movimento, aggiungi il burro a pezzi e i tuorli, uno alla volta, lavorando per 20 S a V 7. Versa in una ciotola e lascia raffreddare. Nel frattempo lava e asciuga il boccale, disponi la farfalla sulle lame e monta gli albumi con un pizzico di sale per circa 2 M a V 2-3. Unisci delicatamente gli albumi montati al composto, versa in uno stampo e poni in frigorifero. Monta la panna, guarnisci la mousse e servila ben fredda.

3.1.10.5 Bavarese all'ananas

Ingredienti: 250gr. di panna fresca, 400gr. di ananas fresco o sciroppato, 150gr. di zucchero, 3 tuorli d'uovo, 4 fogli di gelatina per dolci (20 gr.), 1 cucchiaio di succo di limone, 1 bustina di vanillina, 1 pizzico di sale.

Preparazione: Nel boccale ben freddo inserisci la farfalla e monta la panna per circa 45 S a V 2-3 e mettila da parte. Ammolla i fogli di gelatina in acqua fredda. Trita l'ananas per 15 S a V 3, poi unisci lo zucchero, i tuorli, la vanillina, il succo di limone, il sale e per ultimo la gelatina strizzata: 5 M T 80 V 4. Fai raffreddare il composto, poi amalgama delicatamente la panna montata. Versa il tutto in uno stampo e ponilo in frigorifero a rassodare per almeno 3 ore, prima di servirlo.

3.1.10.6 Bavarese alle fragole

Ingredienti: Sostituisci agli ingredienti della bavarese all'ananas, l'ananas con 300gr. di fragole.

Preparazione: Procedi come per la ricetta precedente.

3.1.10.7 Semifreddo allo zabaione

Ingredienti: 300gr. di panna fresca, 3 uova intere + 3 tuorli, 2mis. di marsala, 200gr. di latte, 200gr. di zucchero, 1 pizzico di sale.

Preparazione: Inserisci nel boccale ben freddo la farfalla e monta la panna per circa 45 S a V 2-3, e mettila da parte. Metti nel boccale tutti gli altri

Ingredienti: 8 M a T 70C V 4; alla fine porta lentamente a V 8 per 3 S. Travasa il composto in una ciotola e lascialo raffreddare. Incorpora delicatamente la panna montata al composto, versa in uno stampo da plum-cake e ponilo in freezer a congelare, per almeno 10 ore. Se vuoi puoi servirlo con le lingue di gatto. riutilizzando così gli albumi avanzati.

3.1.10.8 Semifreddo torronato

Ingredienti: 300gr. di panna fresca, 3 uova intere + 3 tuorli, 2mis. di marsala, 200gr. di latte, 200gr. di zucchero, 1 pizzico di sale, 50gr. di cioccolato fondente tritato, 100gr. di torrone tritato.

Preparazione: Procedi come per la ricetta precedente, ma prima di versare il composto nello stampo, unisci delicatamente il cioccolato e il torrone.

3.1.10.9 Gelato alla crema

Ingredienti: 2 tuorli, 250gr. di latte, 250gr. di panna, 150gr. di zucchero, 1 buwstina di vanillina, 1 pizzico di sale. Per aromatizzare 1 bastoncino di cannella, 2 chiodi di garofano (facoltativo).

Preparazione: Inserisci tutti gli ingredienti nel boccale (eccetto gli aromi) e cuoci per 5 M a T 80 V 4. Versa il contenuto in un recipiente di stagnola, aggiungi la cannella, i chiodi di garofano e lascia raffreddare. Elimina gli aromi e metti a congelare per almeno 3 ore in freezer. Togli il gelato dal freezer, taglialo in grossi pezzi, inseriscili nel boccale e manteca per 20 S a V 7 e 10 Sa V 4, spatolando.

3.1.10.10 Gelato al cioccolato

Ingredienti: Unisci agli ingredienti del gelato alla crema 1mis. di cacao amaro e togli gli aromi

Preparazione: Procedi come per la ricetta precedente, inserendo tutti gli ingredienti nel boccale.

3.1.10.11 Gelato al caffè

Ingredienti: Unisci agli ingredienti del gelato alla crema 1/2mis. di nescafé e togli gli aromi.

Preparazione: Procedi come per la ricetta precedente.

3.1.10.12 Gelato malaga

Ingredienti: 2 tuorli, 350gr. di latte, 150gr. di Marsala (o Porto), 100gr. di zucchero, 50gr. di uva passa (ammollata nel Marsala o nel Porto), 1 pizzico di sale fino.

Preparazione: Inserisci nel boccale tutti gli ingredienti eccetto l'uvetta: 5 M a T 80C V 4. Versa il composto in un recipiente di stagnola e mettilo in freezer a congelare per almeno 3 ore. Togli il gelato dal freezer, taglialo in grossi pezzi, mettilo nel boccale e manteca per 20 S a V 7 e per 10 S a V 4. Alla fine unisci l'uvetta strizzata e manteca ancora per 2 S V 4, spatolando. Servilo in coppe unendo a piacere un po' di Porto. Consigli: se vuoi puoi diminuire la quantità di latte sostituendolo con la stessa quantità di panna.

3.1.10.13   Coppa del nonno

Ingredienti: 100gr. di zucchero, 1/2mis. di nescafé, 500gr. di panna fresca, 1 uovo (facoltativo).

Preparazione: Metti nel boccale l'uovo, lo zucchero e il nescafé: 20 S V 9. Disponi la farfalla sulle lame, aggiungi la panna e monta per 60 S circa a V 2-3. Versa il gelato in coppe singole. Mettile in frigorifero e servile ben fredde. Consigli: se il composto non si presentasse sufficientemente consistente, aumenta il tempo di qualche secondo. Un buon risultato si può ottenere anche con panna vegetale.

3.1.10.14   Spumone al caffè

Ingredienti: 400gr. di ghiaccio a cubetti, 100gr. di zucchero, 1/2mis. di nescafé, 1mis. scarso di latte magro.

Preparazione: Polverizza lo zucchero e il nescafé per 10 S a V Turbo. Unisci tutti gli ingredienti e lavora per 5 M a V 5 finché lo spumone sarà ben montato.

3.1.10.15   Sorbetto di pere e grappa

Ingredienti: 800gr. di pere congelate a pezzi, 100gr. di zucchero, succo di 1 limone, grappa a piacere

Preparazione: Togli le pere dal freezer 10 minuti prima dell'uso. Fai lo zucchero a velo: 10 S a V Turbo. Unisci le pere e il succo di limone, sminuzzale con 2 colpi di Turbo, poi manteca per 1 M da V 6 a V 9, spatolando. Servi il sorbetto in coppette con grappa a piacere.

3.1.10.16   Sorbetto di limone

Ingredienti: 400gr. di acqua, 200gr. di zucchero, 150gr. di succo di limone (tre limoni circa), 1 pezzetto di scorza gialla di limone

Preparazione: Metti nel boccale acqua, zucchero e la scorza di limone e scalda per 2 M a T 50 V 1. Lasciare raffreddare completamente, poi unisci il succo di limone e togli la scorza. Versa il tutto in un recipiente largo e basso (contenitore di stagnola) e metti in congelatore per almeno una notte. Al momento di servire, dividilo in pezzi e mettilo nel boccale. Mantecalo bene aiutandoti con la spatola, per 10 S a V 9 e per altri 20 S a V 4. Servi subito.

3.1.11   *Cucina sana tutto l'anno*

3.1.11.1   Dado di carne Bimby

Ingredienti: 400gr. di carne macinata, 250gr. di verdure miste (sedano, carote, cipolle, salvia, rosmarino, aglio, 1 pomodoro), 200gr. di sale grosso, 3 cucchiai di vino rosso, 1 foglia di alloro, 1 chiodo di garofano

Preparazione: Trita le verdure nel boccale per 5 S a V 4. Unisci il sale, la carne, il vino, l'alloro, il chiodo di garofano e cuoci per 30 M a T 100 V 2. Alla fine porta lentamente a V 6 per 30 S e successivamente omogeneizza il tutto, portando lentamente a V Turbo per 1 M. Se necessario puoi addensare il dado a T Varoma per il tempo che ritieni necessario a V 2.

3.1.11.2   Dado vegetale Bimby

Ingredienti: 200gr. di sedano, 2 carote, 1 cipolla, 1 pomodoro, 1 zucchina, 1 spicchio d'aglio, 1 manciata di funghi freschi, 1 foglia d'alloro, poche foglie di basilico, salvia, rosmarino, 1 ciuffo di prezzemolo, 1 cucchiaio di olio, 1mis. di sale grosso, 50gr. di parmigiano grattugiato

Preparazione: Trita tutte le verdure nel boccale per 10 S a V 4. Unisci il sale, l'olio e cuoci per 20 M a T 100 V 4 tenendo il misurino inclinato. Se necessario puoi addensare il dado a T Varoma per il tempo necessario a V 2. Alla fine aggiungi il parmigiano e porta lentamente a V 6. Successivamente omogeneizza il tutto portando lentamente a V Turbo per 1 M. Se necessario puoi addensare ulteriormente il dado a T Varoma per il tempo che ritieni necessario a V 2

3.1.11.3 Conserva di pomodoro cotta

Ingredienti: 1 kg. di pomodori maturi, 1 cipollina, 1 spicchio di aglio, 1 gambo di sedano, 1 mazzetto di prezzemolo, 5 foglie di basilico, timo e maggiorana a piacere, 1 cucchiaino di sale
Preparazione: Lava i pomodori, sgocciolali e mettili nel boccale con tutti gli altri Ingredienti: 1 M a V Turbo. Cuoci per 30 M a T 100 V 1 tenendo il misurino inclinato. Versa la salsa bollente in vasetti ben puliti, chiudili ermeticamente e sterilizzali mediante ebollizione per circa 10 M

3.1.11.4 Conserva di pomodoro cruda

Ingredienti: 1 kg. e mezzo di pomodori maturi, 1 mazzetto di basilico
Preparazione: Lava i pomodori, sgocciolali, tagliali a pezzi e mettili nel boccale: 1 M a V Turbo. Versa la salsa in vasetti ben puliti, introduci 2 foglie di basilico e chiudili ermeticamente. Sterilizza come nella ricetta precedente.

3.1.11.5 Succo di mele

Ingredienti: 3 grosse mele sbucciate, 200gr. di zucchero, 1 lt. di acqua, succo di 1 limone
Preparazione: Prepara nel boccale lo sciroppo inserendo l'acqua e lo zucchero e cuoci per 10 M a T 100 V 1. Aggiungi la frutta a pezzi e porta lentamente da V 1 a V 7, e successivamente a V Turbo per 25 S. Aggiungi il succo di limone e mescola per 10 S a V 2. Consigli: la quantità di zucchero e acqua può variare a secondo dei gusti. Per conservare i succhi a lungo utilizza bottiglie resistenti al calore, tappa ermeticamente e sterilizza mediante ebollizione.

3.1.11.6 Succo di pere

Ingredienti: Sostituisci agli ingredienti della ricetta precedente, le mele con le pere
Preparazione: Procedi come per la ricetta precedente.

3.1.11.7 Succo di pesche

Ingredienti: Sostituisci agli ingredienti della ricetta precedente, le pere con 5 pesche
Preparazione Procedi come per la ricetta precedente.

3.1.11.8 Succo di albicocche

Ingredienti: Sostituisci agli ingredienti della ricetta precedente, le pesche con 1/2 kg di albicocche
Preparazione: Procedi come per la ricetta precedente.

3.1.11.9 Succo d'uva

Ingredienti: 500gr. di chicchi d'uva, succo di 1/2 limone
Preparazione: Lava i chicchi d'uva e inseriscili nel boccale con il succo di limone: 5 S a V 5. Filtra il composto d'uva col cestello posizionato su una caraffa larga, rimestando con la spatola finché tutto il succo venga ben filtrato. Servi subito. Consigli: un bicchiere al mattino a digiuno per 15 giorniè un'ottima cura disintossicante.

3.1.11.10 Marmellata di albicocche

Ingredienti: 500gr. di albicocche mature, 400gr. di zucchero, 2 cucchiai di succo di limone

Preparazione: Metti nel boccale tutti gli ingredienti e cuoci per 30 M a T 100 V 4. Versala ancora calda in barattoli, chiudili ermeticamente e conservali in frigorifero. La marmellata sarà pronta quando ponendo due gocce in un piattino rimarrà ben aderente. Consigli: se ritieni necessario, per aumentare la densità, continua la cottura a T Varoma per il tempo che ritieni necessario.

3.1.11.11 Marmellata di pesche

Ingredienti: Sostituisci agli ingredienti della ricetta precedente, le albicocche con le pesche
Preparazione: Procedi come per la ricetta precedente.

3.1.11.12 Marmellata di fragole

Ingredienti: Sostituisci agli ingredienti della ricetta precedente, le pesche con le fragole
Preparazione: Procedi come per la ricetta precedente.

3.1.11.13 Marmellata di mele cotogne

Ingredienti: 500gr. di mele cotogne sbucciate e a pezzi, 500gr. di zucchero, 100gr. di acqua
Preparazione: Metti nel boccale l'acqua e le mele e cuoci per 10 M a T 100 V 4. Aggiungi lo zucchero e termina la cottura per 20 M a T 100 V 4.

3.1.11.14 Marmellata di arance

Ingredienti 500gr. tra arance e 1 limone (già sbucciati), 350gr. di zucchero, 1 carota
Preparazione: Pela a vivo le arance e il limone e tieni da parte 60gr. di scorza mista senza la parte bianca. Inserisci nel boccale la frutta, le scorze, lo zucchero e la carota: V da 0 a Turbo per 1 M. Cuoci per 30 M a T 100 V 3. A piacere unisci 2 cucchiai di Rhum. Consigli: se lo ritieni opportuno, per aumentare la densità continua la cottura per il tempo necessario.

3.1.11.15 Marmellata di mandarini

Ingredienti: 500gr. di mandarini non trattati, 1 carota, 1 limone, 350gr. di zucchero, 500gr. d'acqua
Preparazione: Lava e sbuccia i mandarini. Inserisci le bucce lavate nel boccale e tritale per 1 M a V 5. Unisci l'acqua e cuoci: 10 M a T 100 V 1. Scola il composto e mettilo da parte. Inserisci nel boccale la carota: V 5 per pochi S. Togli ai mandarini tutti i filamenti e i nocciolini e aggiungili alle carote con il limone pelato a vivo e cuoci per 20 M a T 100 V1. Aggiungi quindi lo zucchero, le bucce tenute da parte e termina la cottura per 10 M a T 100 V 1. A piacere unisci 2 cucchiai di Rhum. Consigli: se lo ritieni opportuno, per aumentare la densità puoi continuare la cottura per il tempo necessario.

3.1.12 Alimentazione infantile

3.1.12.1 Prima colazione

Ingredienti: 200gr. di latte, 5gr. di zucchero, 2 fette biscottate
Preparazione: Inserisci tutti gli ingredienti nel boccale e cuoci per 3 M a T 90 V 3; alla fine porta lentamente a V 9 per pochi S.

3.1.12.2 Prima pappa

Ingredienti: 50gr. di patate sbucciate, 50gr. di carote, 40gr. di vitello, 20gr. di crema di riso isantanea, 250gr. di acqua, 1 cucchiaino di olio extravergine
Preparazione: Inserisci nel boccale dal foro del coperchio con lame in movimento a V 7, la carne e le verdure. Aggiungi l'acqua e cuoci per 12 M a T 90 - 100 V 2. A cottura ultimata unisci dal foro del coperchio la crema di riso e amalgama il tutto: 40 S a V 6. Versa la pappa e aggiungi 1 cucchiaino di olio.

3.1.12.3 Brodo vegetale

Ingredienti: 1 patata media, 1 carotina, 1 pezzetto di sedano, 1 zucchina, 2 o 3 foglie di spinaci o erbette o lattuga, 500gr. di acqua

Preparazione: Inserisci nel boccale l'acqua e le verdure tagliate in grossi pezzi e cuoci per 20 M a T 100 V 1. Filtra e utilizza il brodo per preparare le varie pappe. -

3.1.12.4 Brodo di carne

100gr. di manzo o pollo a pezzetti, 100gr. di verduRe miste, 500gr. di acqua

Preparazione: Procedi come per la ricetta precedente.

3.1.12.4.1 *Crema di prosciutto*

Ingredienti: 120gr. di patate sbucciate, 20gr. di proseiutto cotto magro, 2 foglie di lattuga, 20gr. di semolino di grano istantaneo, 250gr. di acqua, 1 cucchiaino di olio extravergine

Preparazione: Inserisci nel boccale la lattuga e le patate a pezzetti: 20 S portando lentamente da V 1 a V 8. Aggiungi l'acqua e cuoci per 12 M a T 90 -100 V 2. Terminata la cottura inserisci dal foro del coperchio il prosciutto a pezzetti e il semolino: 20 S a V 4 e 15 S a V 8. Versa la crema e aggiungi 1 cucchiaino di olio.

3.1.12.4.2 *Pappa di tacchino*

Ingredienti: 40gr. di carote, 40gr. di patate sbucciate, 40gr. di tacchino, 150gr. di latte 50gr. di acqua, 1 cucchiaino di olio extravergine

Preparazione: Inserisci nel boccale dal foro del coperchio con lame in movimento a V 7, la carne. Unisci patate e carote: 20 S a V 3. Riunisci il composto con la spatola, aggiungi l'acqua, il latte e cuoci per 13 M a T 90 V 2. Terminata la cottura amalgama il tutto per 20 S a V 6. Versa la pappa e aggiungi 1 cucchiaino di olio.

3.1.12.4.3 *Semolino con l'uovo*

Ingredienti: 200gr. di brodo di carne o vegetale, 25gr. di semolino istantaneo, 1 uovo, 1 cucchiaino di olio extravergine

Preparazione: Inserisci nel boccale il brodo: 5 M a T 100 V 3. Unisci il semolino, il tuorlo e amalgama 40 S a V 6. Versa la pappa e aggiungi 1 cucchiaino di olio.

3.1.12.4.4 *Passato di verdure*

Ingredienti: 200gr. di verdure (zucchine, sedano, carote, patate), 3mis. di acqua, 1 cucchiaino di olio d'oliva extravergine Preparazione Trita le verdure: 30 S da V 1 a V 8. Unisci l'acqua: 15 M a T 100 V 4. Versa la pappa e aggiungi 1 cucchiaino di olio.

3.1.12.4.5 *Pappa di sogliola*

Ingredienti: 100gr. di carote, 50gr. di patate sbucciate, 50gr. di filetti di sogliola, 20gr. di semolino di grano istantaneo, 400gr. di acqua, 1 cucchiaino di olio extravergine

Preparazione: Inserisci nel boccale dal foro del coperchio con lame in movimento aV 6 le patate, le carote e la sogliola. Aggiungi l'acqua e cuoci per 12 M a T 90 -100 V 2. A cottura ultimata unisci dal foro del coperchio il semolino: 40 S a V 6. Versa la pappa e aggiungi 1 cucchiaino di olio.

3.1.12.4.6 *Dessert di mela*

Ingredienti: 1 mela, 1/2mis. tra acqua e succo di limone

Preparazione: Inserisci nel boccale la mela a tocchi: 10 S a V 4. Aggiungi l'acqua e il succo di limone e cuoci per 5 M a T 90 V 4. A fine cottura amalgama per 20 S a V 6. Servi il dessert fresco.

3.1.12.4.7 *Mousse di mela e kiwi*

Ingredienti: 1 mela, 1 kiwi, 50gr. di zucchero, 1 cucchiaino di limone Preparazione Procedi come per la ricetta precedente.

3.1.12.4.8 *Frullato*

Ingredienti: 150gr. di frutta (mela o banana), 80gr. di acqua, 3 biscotti, succo di limone Preparazione: Dopo aver inserito tutti gli ingredienti nel boccale, dal foro del coperchio con lame in movimento a V 6, frulla per 1 M a V 6. VORWERK Realizzazione a cura di Francesca Tommasini Progetto Grafico: Cancellieri & Donzelli Fotografie: Studio Izzi Fotolito e Stampa: Grafiche Gelmini-Milano 4A Edizione a cura di Grazia Zampese Finito di stampare nel mese di maggio 1998 Supervisione: Clotilde Mancini, Elena Ruggiero Hanno collaborato: Francesca Bugada, Concetta Falanga, Carmela Scammacca, Anna Saracino VORWERK Contempora Tutti i diritti di questa pubblicazione sono proprietà esclusiva della Vorwerk Contempora S.r.l. assolutamente vietata la riproduzione.

3.1.13 Appendice - Ricette tratte dalle schede di "Noi Bimby".

3.1.13.1 Quiche di spinaci e scampi

Ingredienti: per la pasta 200gr. di farina; 100gr. di burro morbido; 1 misurino scarso di latte freddo; sale q. b. per il ripieno 250gr. di spinacini; 16 scampi (anche surgelati). per crema di uova 10gr. di burro; 20gr. di farina; un quarto di litro di latte; 4 uova (3 intere piu' un tuorlo). Preparazione della pasta Nel boccale tutti gli ingredienti per 30 sec. a Vel.3/5. mettere la pasta a riposare in frigorifero per 30 minuti. scottare a varoma gli spinaci: nel boccale 1 l. di acqua, un pizzico di sale 10 min. temp. varoma. mettere gli spinaci puliti e lavati nel varoma e farli scottare per 10 min. a temp. varoma. In una pentola con acqua bollente salata, cuocere per 5 min. gli scampi. Levarli e sgusciarli conservando le chele. preparare la crema di uova, mettendo nel boccale il burro, la farina, il latte, le uova, cuocere per 7 min. 80 gradi Vel.4. Unire gli spinaci e tritarli 30 sec. a Vel.3/5. montare l'albume e unirlo alla crema e spinaci. Stendere la pasta e foderare una teglia di 24 cm. di diametro senza eliminare la pasta in eccedenza, bucherellare la pasta, riempire di due terzi la teglia con la crema e spinaci, affondarvi gli scampi, decorare con le relative chele. Rifinire il bordo della tortiera e infornare a 200 gradi per 30 minuti circa.

3.1.13.2 Pizza con carciofi e mozzarella

Ingredienti: per la pasta 500gr. di farina; 200gr. di acqua; 100gr. di latte; un cubetto di lievito di birra; un cucchiaio d'olio d'oliva; un pizzico di zucchero per sale q. b. per la farcitura 8 carciofi; 300gr. di mozzarella (o sottilette filanti); 2 uova; sale, pepe; 50gr. di parmigiano grattugiato; mezzo misurino di olio d'oliva; 1 spicchio d'aglio.
Preparazione: Inserite nel boccale, l'olio, il lievito, l'acqua e il latte tiepido 5 sec. a Vel.3/6 poi 1 min. a Vel.spiga. Preparate l'impasto per pizza e mettetelo a crescere. nel frattempo pulite i carciofi, tagliateli a fette e metteteli in acqua e limone per 10 min. Inserite nel boccale la farfalla, olio e aglio. Soffriggete per 3 min. 100 gradi Vel.1. Inserite i carciofi (sgocciolati) e fate cuocere 15 min. 100 gradi vel.1. Stendete la metà dell'impasto in una teglia (22 cm. di diametro oleatamettete i carciofi distribuendoli in tutto l'impasto steso, aggiungete la mozzarella a pezzetti, un uovo battuto, il parmigiano e spolverizzate di pepe. Richiudete con l'altra metà dell'impasto unendo bene il bordo, punzecchiate con una forchetta e spennellate con l'altro uovo sbattuto, in modo da dare colore e lucentezza. infornate per circa 40 min. a 180 gradi.

3.1.13.3 Torta salata

Ingredienti: (dosi per 6 persone) per la pasta 250gr. di farina; 150gr. di burro; 1 uovo; 1 cucchiaino di lievito per torte salate; 30gr. di acqua freddissima; mezzo cucchiaino di sale fino. per la farcitura 100gr. di riso; 200gr. di piselli sgranati; 100gr. di chicchi di mais in scatola sgocciolati; 150gr. di emmenthal; 100gr. di panna fresca;70gr. di parmigiano grattugiato; 30gr. di burro; 1 piccolo peperone rosso; 2 uova; 1 cipollotto; 1 cucchiaio di prezzemolo tritato; sale e pepe q. b.

Preparazione: Mettere nel boccale la farina, il lievito e il sale: 5 sec. a Vel.4. Aggiungere il burro, l'uovo e l'acqua: Vel.5 per 20 sec. Avvolgete l'impasto nella pellicola e lasciatelo riposare in frigorifero per piu' di un'ora. Mettete nel boccale 700gr. di acqua e sale: 6 min. 100 gradi Vel.2. Inserite il cestello con i piselli e il riso: 14 min. 100 gradi Vel.2. Lavate e tagliate il peperone a dadini e metteteli in una ciotola. Togliete il cestello dal boccale e lasciate scolare il tutto. Svuotate il boccale, mettete il cipollotto e il burro: 2 min. 90 gradi a Vel.4. Aggiungete i piselli con il riso, i chicchi di mais e mescolate delicatamente con la spatola. Travasate nella ciotola dei peperoni. Mettete nel boccale le uova, la panna, il parmigiano e il prezzemolo, sale e pepe: vel 4 per 20 sec. Imburrare e infarinare una tortiera di 24 cm. circa; foderare con i 3 quarti dell'impastoriempite con le verdure, il riso, il composto di uova e l'emmenthal tritato. stendete la pasta a cerchio. e ricoprite la torta.fate un piccolo taglio al centro e ripiegate i lembi. cuocete in forno caldo a 190/200 gradi per circa 45 min.

3.1.13.4 Cartoccio primavera

Ingredienti: (dose per 6 persone) 500gr. fesa di tacchino (4 fette sottili); 250gr. piselli sgranati; 150gr. prosciutto cotto; 150gr. fontina dolce; 100gr. ricotta; 100gr. panna fresca; 2 uova; 1 piccolo scalogno; 30gr. burro; poca erba cipollina; sale e pepe q. b.

Preparazione: Lessate i piselli per una decina di minuti in acqua bollente salata; scolateli. Tritate nel boccale grossolanamente il prosciutto, poi la fontina con due colpi turbo e tenete da parte. Inserite nel boccale lo scalogno e il burro: 2 min. 90-100 gradi Vel.4. Aggiungete i piselli, tranne una cucchiaiata da tenere interi. Frullate a Vel.6 per 20 sec. aggiungete le uova, la panna, la ricotta, il sale e il pepe: Vel.4 per 15 sec. Irrorate con un filo d'olio le fette di tacchino e salatele leggermente. Foderate il varoma con un foglio di carta stagnola. Ricoprite il fondo con 2 fette di tacchino. Cospargete con una parte di prosciutto cotto e fontina. Aggiungete il composto di piselli, il rimanente di prosciutto e fontina e il resto dei piselli. Insaporite con erba cipollina e coprite il tutto con le altre due fette di tacchino e qualche pezzettino di burro. Chiudete il cartoccio alle due estremità dando la forma di un rettangolo, lasciando socchiusa la parte centrale. Inserite nel boccale 600gr. di acqua: 6 min. 100 gradi a Vel.2. Posizionate il varoma e cuocete il tutto per 40 min. a varoma a Vel.2. Servite lo sformato tiepido affettandolo e accompagnandolo con un'insalatina di stagione.

3.1.13.5 Crema di cipolla bianca all'aceto balsamico

Ingredienti: (dosi per 6 persone) per la crema 250gr. di cipolla bianca fresca; 1 litro di brodo ristretto di cappone; 200gr. di patate; 5 cl. di aceto balsamico; 20gr. di burro; 20gr. di olio extravergine di oliva; sale e pepe q. b. per le gallette 40gr. di parmigiano reggiano; 10gr. di maizena; 30gr. di burro morbido.

Preparazione: Tritate le cipolle nel bimby: nel boccale aggiungete l'olio e il burro e brasate le cipolle per 5 min. a 80 gradi Vel.3. Unite la metà del brodo di cappone (o gallina), sbucciate le patate e tagliatele a dadini, mettetele nel cestello e inseritelo nel boccale, 15 min. 100 gradi Vel.1. Unite le patate alle cipolle e omogeneizzate a Vel.da 3 a 9 per 2 min. Unire il rimanente brodo, aggiustare di sale e pepe, cuocere ancora per 5 min. a 100 gradi a Vel.2. Per le gallette: miscelare tutti gli ingredienti con le mani; formando una pasta, stenderla poi in piccoli stampini rotondi e cuocere in forno per 5 min. a 200 gradi. Servire la crema di cipolle in piatti fondi, adagiare una galletta per piatto e rifinire con l'aceto balsamico e un filo d'olio.

3.1.13.6 Spaghetti con carciofi

Ingredienti: 5 carciofi; una cipolla; 50gr. di pancetta; mezzo misurino d'olio; 50gr. di burro; sale, pepe; 1 dado per brodo; parmigiano grattugiato; 400gr. di spaghetti.
Preparazione: Pulire i carciofi, tagliateli in piccole fette e fateli marinare in acqua e limone per circa 10 min. quindi scolateli. Inserite nel boccale olio, burro e cipolla; rosolate per 3 min. 100 gradi Vel.1. Aggiungete la pancetta (tritata) ed i carciofi e fateli rosolare ancora per 3 min 100 gradi Vel.1. Salate, pepate e aggiungete mezzo bicchiere di brodo e lasciate cuocere per 20 min. 100 gradi Vel.1. Intanto lessate gli spaghetti e scolateli al dente, mettete in padella, condite con i carciofi e spolverizzate col parmigiano, spadellando. Serviteli caldi.

3.1.13.7 Asparagi allo zabaione salato

Ingredienti: 500gr. di asparagi freschi; per lo zabaione salato: 4 tuorli d'uovo; sale; un bicchiere di vino bianco secco; 40gr. di burro.
Preparazione: Spezzettate ogni asparago con le due mani tenendolo per le estremità: il punto in cui si rompe naturalmente divide la parte tenera da quella fibrosa. Dopo averli lavati, disponete gli asparagi nel varoma (questo tipo di cottura evita agli asparagi di impregnarsi di acqua e li rende molto saporiti). Nel boccale mettete un litro di acqua e sale e meglio ancora sarebbe preparare nel boccale il dado vegetale contemporaneamente alla cottura degli asparagi. Nell'una o nell'altra maniera cuocete per 30 min. temp. varoma Vel.2. Terminata la cottura togliete il varoma e lasciatelo chiuso. Terminate di preparare il dado vegetale. Liberate il boccale, sciacquatelo e preparate uno zabaione con tuorli, burro, vino e sale: 5 min. 70 gradi Vel.4. Disponete gli asparagi su un piatto da portata e serviteli con lo zabaione salato.

3.1.13.8 Orzo con asparagi e peperoni

Ingredienti: (per 4 persone) 80gr. di orzo perlato; 40gr. di dado vegetale; 700gr. di acqua (brodo vegetale); 500gr. di asparagi verdi; 40gr. di olio extravergine di oliva; 1 peperone rosso; 1 rametto di timo e una foglia di alloro. Preliminare: sciacquare l'orzo e tenerlo per una mezz'ora sotto un filo di acqua corrente. Spezzare ogni asparago con le due mani tenendolo per le estremità: il punto in cui si rompe naturalmente divide la parte tenera da quella fibrosa. Lavateli con acqua abbondante per togliere ogni residuo di terra. Lavate bene anche il peperone.
Preparazione: (si puo' raddoppiare la dose) tagliate a dadini il peperone rosso e disponete gli asparagi divisi in tronchetti nel varoma. Nel boccale scaldate l'olio per 2 min. 100 gradi Vel.1. Inserite la farfalla e rosolatevi i dadini di peperone con timo e alloro (da togliere), sale e pepe: 3 min. 100 gradi Vel.1. Il peperone deve risultare croccante. Mettete da parte il peperone e senza lavare il boccale rimettete la farfalla con acqua, dado e l'orzo ben scolato. Chiudete il boccale con il suo coperchio ed appoggiatevi sopra il varoma con gli asparagi a pezzettini: 45 min. 100 gradi Vel.1. L'orzo deve cuocere per quel tempo, ma controllate gli asparagi perche' devono rimanere piuttosto consistenti (20 min.). A cottura ultimata scolate l'orzo e mettetelo in una ciotola aggiungendo le punte degli asparagi e i peperoni a dadini. Mescolate e guarnite con foglie di timo fresco.

3.1.13.9 Patate salmonate

Ingredienti: 400gr. di salmone (tagliato sottilissimo per carpaccio); 4 patate medie; 2 rametti di maggiorana; un'acciuga; timo e basilico; mezzo spicchio di aglio; prezzemolo tritato; un pizzico di peperoncino piccante; sale q. b.; 50gr. di olio d'oliva extravergine.
Preparazione: Sbucciate e lavate le patate, tagliatele a fette sottilissime, mentre le tagliate mettetele direttamente in acqua fredda per evitare che anneriscano. Inserite nel boccale 700gr. di acqua con un pizzico di sale, sistemate le patate nel varoma e cuocete per 10 min. a temp varoma. Sistematele in un piatto di portata e conditele con olio e sale, adagiatevi sopra le fette di salmone. Nel boccale inserite le erbe aromatiche, lavate e asciugate, l'acciuga, l'olio, il succo di limone, l'aglio, il peperoncino, sale per 20 sec. Vel.da 3 a 9. Versate questa emulsione sulle patate e salmone, decorate con fettine di limone e qualche foglia di prezzemolo. Fate riposare in frigorifero e toglietele 10 min. prima di servire in tavola.

3.1.13.10 Pomodori ripieni

Ingredienti: 400gr. di riso; 10 pomodori grossi (estivi da riempire); 1 melanzana; 10 olive nere snocciolate; 1 spicchio d'aglio; 150gr. di provola affumicata; un cucchiaino di basilico tritato.

Preparazione: Mettere nel boccale 1 l. di acqua per 8 min. 100 gradi Vel.1. Versate il riso e cuocete per 14 min. a 100 gradi Vel.1. Scolate il riso, raffreddatelo con acqua fredda e tenetelo a parte. Dopo aver ben lavato i pomodori tagliate la parte alta, cioè la calotta, svuotateli della polpa, tenendo questa a parte, salateli e capovolgeteli facendoli scolare della loro acqua. Nel frattempo tagliate a dadini la melanzana. Nel boccale mettete 1 misurino di olio, l'aglio e la melanzana, 6 min. 100 gradi Vel.1. Aggiungete la polpa dei pomodori, unitevi un po' di basilico tritato, sale q.b. per 10 min. 100 gradi Vel.2. Unitelo al riso amalgamando insieme anche la provola tagliata a dadini, le olive snocciolate e il rimanente basilico. Riempite i pomodori e metteteli in una pirofila a cuocere in forno per 15 min. a 180 gradi. servite tiepidi o freddi a piacere.

3.1.13.11 Fantasie di pesche al moscato

Ingredienti: 4 pesche gialle; 120gr. di fragoline di bosco; 80gr. di panna fresca; 20 nocciole tostate e tritate grossolanamente; 10 amaretti; 180gr. di zucchero; 30gr. di farina; 500gr. di moscato; 2 tuorli piu' un uovo intero.

Preparazione: Mettere nel boccale 200gr. di moscato, 100gr. di zucchero e mezzo misurino di acqua: 10 min. 100 gradi Vel.2. Travasate in una ciotola. Immergete le pesche in acqua bollente per qualche minuto, sbucciatele, tagliatele a spicchi e mettetele nello sciroppo. Lavate le fragoline e tenetele da parte. Nel boccale inserite la farfalla, mettete 300gr. di moscato, 80gr. di zucchero, la farina e le uova: 7 min. 80 gradi Vel.4. Terminata la cottura aggiungete la panna e qualche pezzetto di pesca: per 10 sec. vel 4. Prendete 6 bicchieri a calice e versatevi la crema trattenendone una piccola parte che servirà alla fine. Lasciate raffreddare.Riempite ogni calice a piacere mettendo sopra alla crema gli spicchi di pesca, un amaretto sbriciolato, delle fragoline, ancora un cucchiaio di crema e infine le nocciole spezzettate.

3.1.13.12 Gelo di anguria

Ingredienti: Mezza anguria; una bustina di vanillina; 350gr. di zucchero; 125gr. di maizena;100gr. di cioccolato a pezzetti; 100gr. di zucca candita; 50gr. di pistacchi; cannella. Tempo di preparazione 20 min., tempo di cottura 10 min., difficoltà minima.

Preparazione: Svuotate l'anguria con un cucchiaio facendo attenzione che non si rompa e mettetela in frigo a raffreddare (deve servire da ciotola). Eliminate i semi dalla polpa e mettetela nel boccale, unite lo zucchero, la maizena, la vanillina e cuocete per 10 min. 80 gradi Vel.4. Fate raffreddare il composto ed unire la metà circa della zucca candita tagliata a dadini, il cioccolato a pezzetti ed i pistacchi. Mescolate delicatamente con la spatola, versate il preparato nell'anguria svuotata e fate raffreddare il tutto per alcune ore in frigorifero. Al momento di servire guarnite con zucca candita e spolverizzate di cannella. Questa preparazione e' di grande effetto su una tavola imbandita per una cena estiva.

3.1.13.13 Grongo in umido

Ingredienti: 1 kg. di grongo (anguilla o capitone); mezzo misurino di vino bianco;300gr. di acqua; 1 spicchio di aglio; timo, origano, peperoncino; 600gr. di polpa di pomodoro; un quarto di cipolla; 2 cucchiai di aceto; 3 quarti di misurino di olio.

Preparazione: Pulite i gronghi, liberateli delle interiora e delle branchie, lavateli in acqua corrente, quindi tagliateli a pezzi. Inserite nel boccale con le lame in movimento vel 6 la cipolla e l'aglio 10 sec. Spingete gli aromi con la spatola verso il fondo del boccale, aggiungete l'olio e lasciate cuocere 3 min. 100 gradi vel. 1. Aggiungete il vino e lasciate evaporare 1 min. 100 gradi Vel.1. Aggiungete la polpa di pomodoro, il peperoncino, l'origano, il timo, l'acqua, l'aceto e il sale, disponete nel varoma i pezzi di grongo, ponete il varoma sul boccale ed azionate 20 min. 100 gradi Vel.2. Nel frattempo tagliate in diagonale le fette di pan carré e fatele leggermente friggere in una padella con poco olio senza farle annerire. Disponete il pane sul fondo di ciascuna fondina e ponete a tavola. Adagiate in una terrina i pezzi di grongo e versate sopra il sugo. Lasciate insaporire per 5 minuti. Servite nelle fondine, accompagnate con ciro'.

3.1.13.14 Filetto di merluzzo alla birra

Ingredienti: (per 4 persone) 600gr. di filetto di merluzzo; 300gr. di birra; 2 porri; 30 grammi di olio; 100gr. di formaggio tipo Asiago; mezzo limone; mezzo cucchiaino di senape in polvere; 2 cucchiai di farina; 1 cucchiaino di maizena; 4 fette di pane; sale e pepe.

Preparazione: Tagliate il filetto di merluzzo a tranci. Pulite lavate e tagliate i porri a rondelle. Tritate il formaggio nel boccale con 2 colpi turbo e tenete da parte. Mettete in un piatto la farina, la buccia di limone grattugiata e la senape: mescolate. Infarinate poi i tranci di merluzzo.Nel boccale mettete i porri a rondelle e l'olio: 2 minuti 100 gradi Vel.1. Aggiungete la birra: 3 min. 100 gradi Vel.1. Ungete il varoma, adagiate i tranci di merluzzo, salate, pepate e cuocete per 15 min. a varoma Vel.1-2. Cospargete il pesce nel varoma con il formaggio e cuocete per altri 5 min. a varoma Vel.1. Tostate le fette di pane e mettetene una su ogni piatto; adagiate quindi i tranci di merluzzo su ognuna di esse. Nel boccale aggiungete il succo di limone, la maizena e un pizzico di sale: 3 min. 100 gradi Vel.1. Versate il composto sopra i tranci di merluzzo e serviteli ben caldi.

3.1.13.15 Capesante gratinate

Ingredienti: 300gr. di pesce persico (orata o dentice); mezzo misurino di olio d'oliva; 1 spicchio d'aglio; 1 pizzico di prezzemolo tritato; un misurino scarso di cognac; un po' di pepe bianco; 2 tuorli d'uovo; alcune capesante.

Preparazione: Inserite nel boccale il pesce: 4/5 secondi Vel.3 e mettete da parte. Inserite nel boccale aglio e olio: 2 min. 100 gradi Vel.4. Aggiungete il pesce, sale, cognac e pepe: 10 min. 90 gradi Vel.1. Solo alla fine aggiungete il prezzemolo. Disponete il pesce nelle capesante appena oliate. Preparate la besciamella mettendo nel boccale 300gr. di latte, 35gr. di farina, una noce di burro, sale q. b.: 6 min. 90 gradi Vel.1. Quando la besciamella e' cotta, lasciate intiepidire e unite i tuorli. Mantecate 5 sec. Vel.4 e 5. Ricoprite le capesante con la besciamellae mettetele a gratinare in forno a 180 gradi per 15 min.

3.1.13.16 Sformatini di riso e spada

Ingredienti:(per 4 persone) il risotto: 800gr. di pesce spada; 400gr. di riso (arborio per risotti); 800gr. di fumetto di pesce spada (brodo di pesce); 40gr. di olio extravergine; 2 spicchi di aglio fresco; mezzo misurino di passata di pomodoro; sale q. b.; 4 foglie di lauro. La salsa: mezzo misurino di olio; scalogno; aceto balsamico; 3 fette di melanzana.

Preparazione: La salsa: Mettete nel boccale olio e scalogno 2 min. 90 gradi Vel.4. Aggiungete le fette di melanzana e tritate a Vel.3-5. Unite 100gr. !di fumetto di pesce che avrete ottenuto facendo bollire i ritagli del pesce spada con cipolla, sale e aglio. Frullate tutto Vel.3-9. Versate un cucchiaio di aceto balsamico e cuocete ancora 5 min. 100 gradi Vel.2. Tenete a parte in caldo. Tagliate delle fettine sottili di pesce spada per foderare gli stampini. Poi tagliate altre 4 fette di pesce spada alte circa un cm. e cuocetele in padella con un po' d'olio e le foglie di lauro. Mettete da parte.Il risotto: mettete nel boccale olio e aglio 2 min. 90 gradi Vel.4. Unite la passata di pomodoro. Tagliate il rimanente pesce a tocchetti e mettetene metà nel sugo di pomodoro. Inserite la farfalla e continuate la cottura 2 min 100 gradi Vel.1. Aggiungete il riso e fatelo tostare 2 min. 100 gradi Vel.1. Versate nel boccale il fumetto di pesce, 800gr. e cuocete 11 min. 100 gradi. Al decimo minuto di cottura unite i tocchetti di pesce rimasti e un poco di grana grattugiato. Versate il risotto negli stampini foderati di pesce e metteteli in forno a 180 gradi per 5 min. Sformate il risotto in piatti piani sui quali avrete steso precedentemente un po' di salsa. Sopra ogni sformatino adagiate la fetta di pesce cotta in padella con il lauro e l'olio. Guarnite con prezzemolo riccio e una ciliegina di pomodoro.

3.1.13.17 Toast profumo di mare

Ingredienti: 4 fette di pane per toast; 4 foglie di lattuga; qualche foglia grande di basilico; 120gr. di gamberetti sgusciati; 1 dl. di panna liquida; 2 cucchiai di passata di pomodoro; un po' di senape che, se volete, potete anche mescolare con della maionese; limone.
Preparazione: Nel boccale mettete mezzo litro di acqua e poco sale: 5 min. 100 gradi Vel.1. Inserite, ora, il cestello con dentro i gamberetti e cuocete per 8 min. 100 gradi Vel.1. togliete il cestello dal boccale e fate raffreddare. Quando il boccale e' freddo preparate la maionese come da ricettario base; toglietela dal boccale e lasciategliene un poco nel fondo. A questa aggiungete la panna liquida, la senape e la passata di pomodoro, quindi mescolate per pochi secondi a Vel.1. Mettete nei toast la lattuga, le foglie di basilico e i gamberetti cotti, ma freddi. Versatevi sopra il preparato del boccale e decorate con piccoli spicchi di limone.

3.1.13.18 Paté di acciughe

Ingredienti: 20gr. di filetti di acciughe sotto sale; 200gr. di tonno sott'olio sgocciolato; 200gr. di burro morbido.
Preparazione: Pulite bene le acciughe, lavatele sotto l'acqua corrente e asciugatele. Con le lame in movimento a Vel.2 inserite dal foro del coperchio le acciughe. Aggiungete il tonno, il burro morbido e amalgamate il tutto da Vel.da 3 a 7 spatolando. Mettete il paté in una ciotola e lasciate rassodare per qualche ora in frigorifero. Sformate il tutto e servite con crostini di pane.

3.1.13.19 Linguine alla polpa di granchio

Ingredienti: 2 scatole di polpa di granchio; 500gr. di linguine di pasta di semola; 200gr. di panna liquida; 1 scalogno; mezzo misurino di olio d'oliva extravergine; 1 cucchiaino di prezzemolo tritato; sale q. b.; mezzo misurino di cognac; 800gr. di acqua.
Preparazione: Mettete nel boccale olio e scalogno 2 min. 90 gradi Vel.4. Unite la polpa di granchio e cuocete per 3 min., a 100 gradivel. 1. Versate il cognac. Lasciatelo evaporare, quindi aggiungete 100gr. di panna. Cuocete ancora 3 min. 100 gradi Vel.1. Versate l'acqua calda nel boccale. Salate e portate a ebollizione. Quando l'acqua bolle, senza spegnere il Bimby, versate le linguine e aspettate che scendano, poi cuocete per il numero di minuti indicati sulla confezione della pasta (dovrebbero essere circa 8). A cottura ultimata unjte gli altri 100gr. di panna e lasciate riposare 1 min., quindi versate in una zuppiera. Servite con una spolverata di prezzemolo e un filo d'olio d'oliva.

3.1.13.20 Insalata di scampi con fagioli

Ingredienti: (dosi per 4 persone) 20 scampi; una scatola di fagioli cannellini; uno spicchio di aglio; una cimetta di salvia fresca; sale e pepe nero macinato al momento; olio extravergine di oliva; 4 foglie di radicchio rosso. Cottura degli scampi: togliete la testa agli scampi dopo averli ben lavati. Ponete le teste nel boccale con mezzo litro di acqua e poco sale: 5 min. 100 gradi Vel.1. Inserite ora il cestello con dentro gli scampi e cuocete 15 min. 100 gradi Vel.1.

Preparazione: Togliete il cestello con dentro gli scampi e tenetelo da parte. Eliminate l'acqua di cottura e le teste degli scampi e dopo aver sciacquato il boccale, inserite la farfalla sui coltelli poi mettete la cimetta di salvia, lo spicchio di aglio, mezzo misurino di olio e i fagioli sgocciolati dal loro liquido di conserva e ben lavati: 3 min. 100 gradi Vel.1.

Intanto sgusciate gli scampi e metteteli in una ciotola dove aggiungerete i fagioli (senza aglio e salvia) e condirete con poco sale, olio extravergine e pepe macinato al momento; mescolate e servite in piattini individuali dentro una foglia di radicchio rosso.

4 Alcune ricette base

4.1.1.1 Albumi A Neve

Ingredienti: 2 albumi, un pizzico di sale fino.
Procedimento: posizionare la farfalla nel boccale ben asciutto e introdurre gli albumi: 2min Vel.3. NOTA: per un risultato migliore impostare la temperatura a 40°.

4.1.1.2 Impasto Per Crepes

Ingredienti: 4 uova, 200gr di farina, 1\2 litro di latte, 50gr di burro morbido, un pizzico di sale
Procedimento: Mettere tutti gli ingredienti nel boccale: 20sec. Vel.4. Lasciare riposare l'impasto in una ciotola per 1\2 ora. Friggere due cucchiai di impasto per volta in una padella antiaderente del diametro di 15cm. Risulteranno circa 30 crepes.

4.1.1.3 Besciamella

Ingredienti: 1\2 litro di latte, un misurino di farina (55 g), 30gr di burro, 1\2 cucchiaino di sale, un pizzico di noce moscata, pepe
Procedimento: Inserire nel boccale tutti gli ingredienti 7min 90° Vel.4. Versare in una ciotola e utilizzare per le ricette indicate.

4.1.1.4 Maionese

Ingredienti: un uovo intero e un tuorlo, 3 mis di olio di semi, succo di 1\2 limone (o un cucchiaio di aceto), sale
Procedimento: Posizionare la farfalla e inserire nel boccale uova, limone e sale: 60sec. Vel.3 e versare contemporaneamente l'olio a filo fino ad ottenere la consistenza desiderata.

4.1.1.5 Pan Di Spagna

Ingredienti: 250gr di farina, 250gr di zucchero, 6 uova, una bustina di lievito, un pizzico di sale.
Procedimento: inserire nel boccale lo zucchero: 10sec. Vel.Turbo. Unire le uova: 20sec. Vel.4. Aggiungere dal foro del coperchio con lame in movimento Vel.3 la farina: 40sec. Vel.7. Alla fine unire il lievito: 30sec. Vel.3. Versare l'impasto in una teglia (di 25 63cm di diametro e alta 4cm.) unta e infarinata, oppure in una teglia rettangolare. Cuocere in forno preriscaldato a 160° per 10 minuti, a 180° per 15 minuti e a 200° per altri 15 minuti.

4.1.1.6 Pangrattato

Ingredienti: Pane secco o raffermo nella quantità desiderata
Procedimento: Inserire nel boccale ben asciuttom il pane a pezzi: 10sec. Vel.7 e 30sec. Vel.Turbo.

4.1.1.7 Panna Montata

Ingredienti: 250gr di panna fresca, un cucchiaio di zucchero a velo
Procedimento: porre a raffreddare il boccale in frigo. Posizionare la farfalla e introdurre la panna: 45sec. Vel.2\3. Se necessario aumentare il tempo di pochi secondi. A: si raccomanda di non superare la velocità 3 per non far impazzire la panna.

4.1.1.8 Parmigiano grattugiato

Ingredienti: 100gr. parmigiano (anche 200gr. e più se necessita)

Procedimento: Inserite nel boccale ben asciutto, il parmigiano a pezzi: 30sec. Vel.turbo.

4.1.1.9 Pasta Brisè

Ingredienti: 250gr di farina, 100gr di burro, 1\2 misurino d'acqua fredda.
Procedimento: Inserire nel boccale tutti gli ingredienti 15sec. Vel.6. Avvolgere l'impasto in uno strofinaccio e porlo in frigo per 15 minuti. E' un'ottima base per torte salate.

4.1.1.10 Pasta Frolla

Ingredienti: 200gr. di farina 00; 100gr. di farina di mandorle (se non la trovi prendi 100gr. di mandorle e le polverizzi); 1 uovo + 2 tuorli; 100gr. di burro morbido; 100gr. di zucchero.
Procedimento: Questa ricetta me l'ha regalata una carissima amica ed è così buona che ormai è entrata a far parte della mia cucina. Se preferisci invece: 3 etti di farina 00; 1 uovo+ 3 tuorli; 100gr. di zucchero; 100gr. di burro morbido. Io preferisco la prima ma tu provale entrambe. Sono collaudate

4.1.1.11 Pasta Frolla All'olio

Volevo passarvi questa ricetta di pasta frolla all'olio d'oliva sperimentata più volte con ottimo risultato.
Ingredienti: 300gr. di farina, 100gr. di zucchero, 100gr. di olio d'oliva dal fruttato leggero, 1 uovo e 1 tuorlo, 2 o 3 cucchiai di acqua fredda, un pizzico di sale, la buccia grattugiata di un limone.
Procedimento: Mettere tutti gli ingredienti nel boccale tranne l'acqua: 20sec Vel.3-5. Se si forma una palla, è inutile aggiungere l'acqua, altrimenti metterla un cucchiaio per volta impastando a Vel.5 pochisec. Far riposare in frigo almeno mezz'ora. Il risultato è una pasta friabile e di ottimo sapore. Ciao a tutti, francesca romana

4.1.1.12 Pasta Frolla Base Per Torta Di Frutta

Ingredienti: 3 uova - 6 cucchiai di zucchero - 8 cucchiai di farina - 1/2 mis. latte - 4 cucchiai di olio d'oliva - 1/2 bustina di lievito.
Procedimento: Io la preparo così: monto le uova (che non devono ASSOLUTAMENTE essere fredde di frigo) mettendo la farfalla a Vel.3 per 15min. Aggiungo poi il latte, l'olio e lievito a Vel.5 per 30' e per ultimo la farina a Vel.4 e poi circa 20' a Vel.6. Inforno a 180° per 20 minuti circa (dipende dal forno). Buon lavoro

4.1.1.13 Pasta Frolla (Anna)

Ingredienti: 200gr. di farina 00; 100gr. di farina di mandorle (se non la trovi prendi 100gr. di mandorle e le polverizzi); 1 uovo + 2 tuorli; 100gr. di burro morbido; 100gr. di zucchero. Questa ricetta me l'ha regalata una carissima amica ed è così buona che ormai è entrata a far parte della mia cucina. Se preferisci invece: 3 etti di farina 00; 1 uovo+ 3 tuorli; 100gr. di zucchero; 100gr. di burro morbido. Io preferisco la prima ma tu provale entrambe. Sono collaudate

4.1.1.14 Pasta Frolla Con Un Uovo Soltanto

Ingredienti: A tutte le patite della pasta frolla: ho trovato questa ricetta su un libro ed ho subito provato ad adattarla al Bimby con ottimi risultati, anzi oserei dire che è meglio di quella classica perchè ha una consistenza perfetta e non si sbriciola quando la si stende col mattarello. 300gr. di farina, 80gr. di zucchero, 140gr. di burro morbido, un pizzico di sale, un uovo e, a piacere, scorza di limone grattugiata.Il procedimento rimane lo stesso del ricettario base

4.1.1.15 Pasta Mezza Frolla

Ingredienti: Dal Ricettario "Idee per torte e biscotti". 300gr. farina, 120gr. burro morbido, 1 uovo intero + 2 tuorli, 50gr. zucchero, scorza di 1 limone, un pizzico di sale, 1 cucchiaino di lievito in polvere. Procedimento; Zucchero e scorza di limone 15sec. Vel.7; aggiungere tutti gli altri **ingredienti:** 30sec. Vel.5. Prima di utilizzare, avvolgere in carta forno e conservare in frigo per 1/2 ora. Vi assicuro che è ottima!

4.1.1.16 Pasta Per Strudel

Ingredienti: la ricetta per la pasta: 250gr. Farina 50gr. burro morbido 1 uovo 50gr. acqua pizzico sale.
Inserire nel boccale acqua, burro e sale: 1min. 40° Vel.1. Unire dal foro del coperchio con lame in movimento la farina e l'uovo, 30sec. Vel.5. Togliere la pasta dal boccale e farla riposare per 30 minuti, coperta. Per il ripieno procedi come ti piace. Cuocere in forno preriscaldato a 160° per 15min. e a 180 per altri 30 minuti.

4.1.1.17 Trito di prezzemolo

Ingredienti: Prezzemolo lavato e sgocciolato nella quantità desiderata **Procedimento:** Inserite nel boccale facendo cadere dal foro del coperchio a Vel.6 il prezzemolo: 20sec. Vel.6.

4.1.1.18 Zucchero A Velo

Ingredienti: Fino a 300gr. di zucchero semolato.
Procedimento: Inserire lo zucchero nel boccale: da 10 a 30sec. Vel.Turbo a secondo della quantità

4.1.1.19 Zucchero Caramellato

Ingredienti: 150gr. di zucchero, 1/2 mis. di acqua 1 cucchiaino di succo di limone.
Procedimento: In un casseruolino su fuoco moderato, fondere senza mescolare, lo zucchero con l' acqua finché avrà preso un colore mogano chiaro. Aggiungere il succo di limone ed usarlo immediatamente per rivestire stampi o per caramellare frutta fresca, secca, candita, marzapane ed altro ancora.

5 Ricette per bambini

5.1 Per ogni età

5.1.1 A 6 Mesi

5.1.1.1 Prima Pappa

Ingredienti: 50gr patate sbucciate 50gr carote 40gr vitello 20gr crema riso istantanea 250gr acqua 1 cucchiaino olio extravergine

Procedimento: Inserire dal foro con lame in movimento Vel.7 carne e verdure aggiungere l'acqua e cuocere 12min 90°-100° Vel.2 a cottura ultimata unire dal foro la crema di riso e amalgamare il tutto 40sec Vel.6 versare la pappa e aggiungere un cucchiaino olio.

5.1.1.2 Crema Di Verdure

Ingredienti: 50gr patate sbucciate 50gr carote 3 foglie lattuga 40gr petto di pollo 20gr crema riso istantanea 250gr acqua 1 cucchiaino olio extravergine **Procedimento:** Inserire dal foro con lame in movimento Vel.7 carne e verdure a pezzetti aggiungere l'acqua e cuocere 12min 90°-100° Vel.2 a cottura ultimata unire dal foro la crema di riso e amalgamare il tutto 40sec Vel.6 versare la pappa e aggiungere un cucchiaino olio.

5.1.1.3 Pappa Di Verdure

Ingredienti: 30gr patata sbucciata 30gr carota 30gr zucchina 2 foglie lattuga 1 pezzetto sedano 40gr pollo 20gr crema riso istantanea 250gr acqua 1 cucchiaino olio extravergine **Procedimento:** Inserire dal foro con lame in movimento Vel.7 il pollo la lattuga la patata la zucchina la carota e il sedano, aggiungere l'acqua e cuocere 12min 90°- 100° Vel.2 a cottura ultimata unire dal foro la crema di riso e amalgamare il tutto 40sec Vel.6 versare la pappa e aggiungere un cucchiaino olio.

5.1.1.4 Pappa Di Lattuga

Ingredienti: 100gr patate 40gr vitello 20gr semolino di grano istantaneo 2 foglie lattuga (30gr ca) 250gr acqua 1 cucchiaino olio extravergine

Procedimento: Inserire dal foro con lame in movimento Vel.7 carne e verdure a pezzetti aggiungere l'acqua e cuocere 12min 90°-100° Vel.2 a cottura ultimata unire dal foro la crema di riso e amalgamare il tutto 40sec Vel.6 versare la pappa e aggiungere un cucchiaino olio.

5.1.1.5 Pappa Con I Fagiolini

Ingredienti: 100gr fagiolini 40gr coniglio 20gr pastina 250gr acqua 1 cucchiaino olio extravergine

Procedimento: Inserire dal foro con lame in movimento Vel.7 carne e i fagiolini aggiungere l'acqua, la pastina e cuocere 12min 90°-100° Vel.2 a cottura ultimata unire dal foro la crema di riso e amalgamare il tutto 40sec Vel.6 versare la pappa e aggiungere un cucchiaino olio.

5.1.1.6 Pappa Di Mais E Tapioca

Ingredienti: 100gr fagiolini 20gr tacchino 20gr crema mais e tapioca istantanea 200grlatte
100gr acqua 1 cucchiaino olio extravergine

Procedimento: Inserire dal foro con lame in movimento Vel.7 carne e i fagiolini aggiungere l'acqua, latte e cuocere 12min 90°-vel 2 a cottura ultimata unire dal foro la crema di mais e ta pioca e amalgamare il tutto 40sec Vel.6 versare la pappa e aggiungere un cucchiaino olio.

5.1.1.7   Passata Di Pollo

Ingredienti: 120gr verdure miste 40gr pollo 20gr crema di riso istantanea 250gr acqua 1 cucchiaino olio extravergine
Procedimento: Inserire dal foro con lame in movimento Vel.7 pollo e verdure aggiungere l'acqua e cuocere 12min 90°-100° Vel.2 a cottura ultimata unire dal foro la crema di riso e amalgamare il tutto 40sec Vel.6 versare la pappa e aggiungere un cucchiaino olio.

5.1.1.8   Pappa Con Manzo

Ingredienti: 50gr patata sbucciata 50gr carota 40gr manzo 20gr pastina 300gr acqua 1 cucchiaino olio extravergine
Procedimento: Inserire dal foro con lame in movimento Vel.7 carne e verdure. Con la spatola riunire il composto aggiungere l'acqua e cuocere 15min 90°-100° Vel.2 e amalgamare il tutto 40sec Vel.6 unire la pastina e cuocere 4min 90°-100° Vel.1 versare la pappa e aggiungere un cucchiaino olio.

5.1.1.9   Crema Di Prosciutto

Ingredienti: 120gr patate sbucciate 20gr prosciutto magro 2 foglie lattuga 20gr semolino di grano istantaneo 250gr acqua 1 cucchiaino olio extravergine
Procedimento: Inserire nel boccale l'insalata e le patate a pezzetti 20sec portando lentamente da Vel.1 a Vel.8 aggiungere l'acqua e cuocere 12min 90°-100° Vel.2 terminata la cottura inserire del foro il prosciutto a pezzetti e il semolino 20sec Vel.4 e 15sec Vel.8versare la pappa e aggiungere un cucchiaino olio.

5.1.1.10   Passata Di Verdure

Ingredienti: 350gr verdure miste 500gr acqua
Procedimento: Inserire nel boccale le verdure 30sec portando lentamente da Vel.1 a Vel.8 aggiungere acqua e cuocere 15m 100° Vel.4

5.1.1.11   Semolino E Pollo

Ingredienti: 80gr. di patata sbucciata 40gr petto di pollo 2 foglie di lattuga 20gr semolino di grano istantaneo 250gr acqua 1 cucchiaino olio extravergine
Procedimento: Inserire dal foro con lame in movimento Vel.7 pollo e verdure aggiungere l'acqua e cuocere 12min 90°-100° Vel.2 a cottura ultimata unire dal foro la crema di riso e amalgamare il tutto 40sec Vel.6 versare la pappa e aggiungere un cucchiaino olio.

5.1.1.12   Pappa Con Carote E Sedano

Ingredienti: 150gr carote 50gr cuore di sedano 50gr patate sbucciate 40gr manzo cotto 20gr semolino di riso istantaneo 300gr acqua 1 cucchiaino olio extravergine
Procedimento: inserire nel boccale le verdure a pezzetti 10sec Vel.3 riunire il composto con la spatola aggiungere l'acqua e cuocere 12min 90°-100° Vel.2 amalgamare il tutto 40sec Vel.6 togliere metà del composto e aggiungere il manzo e il semolino 40sec Vel.6versare la pappa e aggiungere un cucchiaino olio

5.1.1.13   Mela Banana Passata

Ingredienti: 80gr mela sbucciata 40gr banana 75gr acqua qualche goccia di succo di limone
Procedimento: Inserire nel boccale la mela e la banana 10sec Vel.4 aggiungi acqua e limone e cuoci 5min 90° Vel.4 a fine cottura amalgama 20sec Vel.6 versare in tazza coprire e lasciare raffreddare

5.1.1.14 Dessert Di Pera E Mela

Ingredienti: 60gr mela sbucciata 60gr pera sbucciata 75gr acqua qualche goccia di succo di limone

Procedimento: Inserire nel boccale la mela e la pera 10sec Vel.4 aggiungi acqua e limone e cuoci 5min 90° Vel.4 a fine cottura amalgama 20sec Vel.6 versare in tazza coprire e lasciare raffreddare

5.1.1.15 Dessert Di Banana

Ingredienti: 120gr banana 75gr acqua qualche goccia di succo di limone **Procedimento:** Inserire nel boccale la banana 10sec Vel.4 aggiungi acqua e limone 40sec Vel.6 e 20sec Vel.8

5.1.1.16 Dessert Mela

Ingredienti: 120gr mela sbucciata 75gr acqua qualche goccia di succo di limone

Procedimento: Inserire nel boccale la mela 10sec Vel.4 aggiungi acqua e limone e cuoci 5min 90° Vel.4 a fine cottura amalgama 20sec Vel.6 versare in tazza coprire e lasciare raffreddare

5.1.1.17 Mela Grattuggiata Bimby

Ingredienti: 120gr mela sbucciata 50gr acqua 2 cucchiaini di succo di limone

Procedimento: Inserire nel boccale dal foro con lame in movimento a Vel.7 la mela a pezzetti con la spatola riunire il composto e aggiungere l'acqua e il succo di limone 40sec Vel.8 servire subito

5.1.1.18 Mele Pere Al Bimby

Ingredienti: 60gr mela sbucciata 60gr pera sbucciata 100gr acqua 1 cucchiaino di succo di limone

Procedimento: Inserire nel boccale dal foro con lame in movimento a Vel.4 la mela e la pera a pezzetti con la spatola riunire il composto e aggiungere l'acqua e il succo di limone 40sec Vel.9 servire subito

5.1.1.19 Pera E Banana Con Il Bimby

Ingredienti: 60gr mela sbucciata 60gr banana 100gr acqua 1 cucchiaino di succo di limone

Procedimento: Inserire nel boccale dal foro con lame in movimento a Vel.4 la banana e la pera a pezzetti con la spatola riunire il composto e aggiungere l'acqua e il succo di limone 40sec Vel.9 servire subito

5.1.1.20 Banana Al Limone

Ingredienti: 120gr banana 70gr acqua 1 cucchiaino di succo di limone **Procedimento:** Inserire nel boccale dal foro con lame in movimento a Vel.4 la banana a pezzetti con la spatola riunire il composto e aggiungere l'acqua e il succo di limone 40sec Vel.9 servire subito e fresco

5.1.2 A 8 Mesi

5.1.2.1 Brodo Vegetale

Ingredienti: 1 patata media sbucciata 1 pezzetto di sedano 1 zucchina 2-3 foglie di spinaci o erbette o lattuga 500gr di acqua

Procedimento: Inserire nel boccale l'acqua e le verdure tagliate a pezzi grossi e cuocere 20min 100° Vel.1 filtrare ed utilizzare il brodo per le varie pappe

5.1.2.2 Brodo Di Carne

Ingredienti: 100gr manzo o pollo a pezzetti 100gr verdure miste 500gr di acqua

Procedimento: Inserire nel boccale tutti gli ingredienti e cuocere 20min 90°- 100° Vel.1 filtrare ed utilizzare il brodo per le varie pappe

5.1.2.3 Minestra Con Platessa

Ingredienti: 150gr verdure miste 50gr platessa 400gr acqua 20gr pastina 1 cucchiaino olio extra vergine

Procedimento: Inserire nel boccale l'acqua e le verdure tagliate a pezzi grossi e il pesce 5sec Vel.7 cuocere 5min 90°-100° Vel.1 versare la pappa e aggiungere l'olio

5.1.2.4 Pappa Di Sogliola

Ingredienti: 100gr carote 50gr patate sbucciate 50gr filetti di sogliola 20gr semolino di grano istantaneo 400gr acqua 1 cucchiaino olio extra vergine **Procedimento:** Inserire nel boccale dal foro con lame in movimento a Vel.6 le patate le carote e la sogliola aggiungere acqua e cuocere 12min 90°-100° Vel.2 cottura ultimata unire dal foro il semolino e amalgamare il tutto 40sec Vel.6 versare la pappa e aggiungere un cucchiaino olio.

5.1.2.5 Pappa Di Nasello

Ingredienti: 100gr patate sbucciate 25gr crema di riso istantanea 40gr nasello 400gr acqua 1 ciuffo prezzemolo 1 cucchiaino olio extra vergine

Procedimento: Inserire nel boccale dal foro con lame in movimento a Vel.6 le patate e il pesce aggiungere acqua e cuocere 20min 90°-100° Vel.2 cottura ultimata unire dal foro la crema di riso e il prezzemolo e amalgamare il tutto 40sec Vel.6 versare la pappa e aggiungere un cucchiaino olio.

5.1.2.6 Pappa Coi Finocchi

Ingredienti: 200gr finocchio 100gr patate sbucciate 40gr filetti sogliola 25gr pastina 400gr acqua 1 ciuffo prezzemolo 1 cucchiaino olio extra vergine **Procedimento:** Inserire nel boccale dal foro con lame in movimento a Vel.6 le patate e i finocchi riunire il composto con la spatola aggiungere acqua e cuocere 10min 90°-100° Vel.2 togliere metà del composto e aggiungere la sogliola 40sec Vel.4 unire la pastina e cuocere 8min 90° Vel.1 versare la pappa e aggiungere un cucchiaino olio.

Osservazioni: il passato tenuto da parte si può utilizzare per la pappa della sera aggiungendo semolino o crema di riso

5.1.2.7 Pappa Di Spinaci

Ingredienti: 80gr patate sbucciate 40gr pollo qualche foglia di spinaci 200gr acqua 25gr maizena 1 cucchiaino olio extra vergine

Procedimento: Inserire nel boccale dal foro con lame in movimento a Vel.7 il pollo e le patate a pezzetti aggiungere acqua e cuocere 10min 90°-100° Vel.2 aggiungere a metà cottura gli spinaci terminata la cottura amalgamare 40sec Vel.4 unire la maizena dal foro e cuocere 5min 90° Vel.1 versare la pappa e aggiungere un cucchiaino olio

5.1.2.8 Crema Di Riso Al Pomodoro

Ingredienti: 100gr pomodoro sbucciato e privato dei semi 40gr petto di pollo o tacchino 25gr riso 200gr acqua 1 cucchiaino olio extra vergine

Procedimento: Inserire nel boccale dal foro con lame in movimento a Vel.6 il pollo e il pomodoro riunire il composto con la spatola aggiungere riso e acqua 25min 90°- 100° Vel.2 terminata la cottura amalgamare il tutto 10sec Vel.6 versare la pappa e aggiungere un cucchiaino olio

5.1.2.9 Nasello Con Patate

Ingredienti: 100gr patate sbucciate 40gr nasello 500gr acqua 1 cucchiaino olio extra vergine 1 cucchiaino parmigiano

Procedimento: Inserire nel boccale l'acqua e il cestello con le patate a pezzi 20min 100° Vel.1 a metà cottura aggiungere dal foro il nasello a cottura ultimata togliere il cestello e trattenere nel boccale 200gr acqua di cottura unire patate e nasello 40sec Vel.6 versare la pappa e aggiungere un cucchiaino olio1 cucchiaino parmigiano

5.1.2.10 Semolino Di Grano In Brodo

Ingredienti: 25gr semolino istantaneo 200gr brodo di carne 2 cucchiaini passata di pomodoro 1 cucchiaino olio extra vergine

Procedimento: Inserire nel boccale brodo e pomodoro 5min 90°-100° Vel.1 aggiungere dal foro del coperchio il semolino e amalgamare 40sec Vel.6 versare la pappa e aggiungere un cucchiaino olio

5.1.2.11 Semolino Di Riso In Brodo

Ingredienti: 25gr semolino di riso istantaneo 200gr brodo vegetale 80gr verdura cotta 1 cucchiaino olio extra vergine

Procedimento: Inserire nel boccale brodo 5min 90°-100° Vel.1 aggiungere dal foro del coperchio le verdure e il semolino e amalgamare 40sec Vel.6 versare la pappa e aggiungere un cucchiaino olio

5.1.2.12 Pappa Di Maizena

Ingredienti: 25gr maizena 200gr brodo di carne 1 cucchiaino olio extra vergine

Procedimento: Inserire nel boccale il brodo la maizena e cuocere 8min 80° Vel.3 versare la pappa e aggiungere un cucchiaino olio

5.1.2.13 Semolino Con L'uovo

Ingredienti: 25gr semolino di grano istantaneo 200gr brodo di carne o di verdura 1 tuorlo d'uovo sodo 1 cucchiaino olio extra vergine

Procedimento: Inserire nel boccale il brodo cuocere 5min 90°-100° Vel.1 aggiungere dal foro il semolino e il tuorlo amalgamare 40sec Vel.6 versare la pappa e aggiungere un cucchiaino olio

5.1.2.14 Semolino Di Riso

Ingredienti: 25gr semolino di riso istantaneo 200gr brodo di pollo

Procedimento: Inserire nel boccale il brodo cuocere 5min 90°-100° Vel.1 aggiungere dal foro il semolino amalgamare 40sec Vel.6 versare la pappa

5.1.2.15 Pancotto

Ingredienti: 30gr pane 200gr di brodo 1 cucchiaino di parmigiano 1 cucchiaino olio extra vergine

Procedimento: Inserire nel boccale il pane 20sec Vel.3 aggiungi brodo e cuoci 5min 80° Vel.2 versare e aggiungere olio e parmigiano

5.1.2.16 Carote Al Latte

Ingredienti: 80gr di carote 200gr latte 15gr maizena

Procedimento: Inserire nel boccale le carote 10sec Vel.9 aggiungere il latte e cuocere 15min 90° Vel.2 terminata la cottura e con le lame ancora in movimento aggiungere la maizena cuocere 5min 90° Vel.3

5.1.2.17 Composta Golosa

Ingredienti: 60 banana 60 albicocca 50gr acqua 1 cucchiaino succo limone

Procedimento: Inserire nel boccale con lame in movimento Vel.4 la frutta a pezzettini. Riunire il composto con la spatola aggiungi acqua e succo 40sec Vel.9 servire subito

5.1.2.18 Banana All'arancia

Ingredienti: 100 banana 1\2mis succo arancia 50gr acqua

Procedimento: Inserire nel boccale con lame in movimento Vel.4 la frutta a pezzettini. Riunire il composto con la spatola aggiungi acqua e succo 40sec Vel.9 servire subito

5.1.2.19 Composta Di Yogurt

Ingredienti: 2 biscotti 1\2 frutto sbucciato 1 vasetto yogurt naturale (125gr)

Procedimento: Inserire nel boccale con lame in movimento Vel.4 i biscotti Polverizzarli 30sec Vel.6 con le lame in movimento aggiungi il frutto Riunire il composto con la spatola aggiungi yogurt 5sec Vel.2 servire subito.

5.1.2.20 Frullato Di Yogurt

Ingredienti: 1 fetta biscottata 50gr banana 1 vasetto yogurt al naturale (125 gr)
Procedimento: Inserire nel boccale con lame in movimento Vel.4 la banana Riunire il composto con la spatola aggiungi yogurt 30sec Vel.5 servire subito

5.1.2.21 Yogurt Con Albicocche

Ingredienti: 50gr albicocca matura 1 vasetto yogurt al naturale 1 cucchiaino zucchero (facoltativo)
Procedimento: Inserire nel boccale con lame in movimento Vel.4 l'albicocca Riunire il composto con la spatola aggiungi yogurt e zucchero 5sec Vel.2 servire subito

5.1.2.22 Merenda Alla Frutta

1 arancia 80gr banana 80gr mela 1 cucchiaino di zucchero
Procedimento: Inserire nel boccale l'arancia a pezzetti senza semi 20sec Vel.6 aggiungi mela e banana a pezzetti 40sec Vel.6 Riunire il composto con la spatola amalgamare e zucchero 20sec Vel.8 servire subito

5.1.2.23 Yogurt Alla Carota

Ingredienti: 50gr mela 20gr carota mondata 1 vasetto di yogurt al naturale
Procedimento: Inserire nel boccale con lame in movimento Vel.4 la mela e al carota Riunire il composto con la spatola aggiungi yogurt 10sec Vel.4 servire subito

5.1.3 A 10 Mesi

5.1.3.1 Pastina Al Latte

Ingredienti: 30gr pastina 50gr acqua 100gr latte
Procedimento: Inserire nel boccale l'acqua il latte e la pastina cuocere 10min 90° Vel.1 versare la pappa e lasciare intiepidire

5.1.3.2 Pappa Di Tacchino

Ingredienti: 40gr carote 40gr patate sbucciate 40gr tacchino 150gr latte 50 acqua 1 cucchiaino olio extravergine
Procedimento: Inserire dal foro con lame in movimento Vel.7 la carne unire le verdure 20sec Vel.3 riunire il composto con la spatola aggiungere l'acqua, il latte e cuocere 13min 90°- Vel.2 a cottura ultimata amalgamare il tutto 40sec Vel.6 versare la pappa e aggiungere un cucchiaino olio.

5.1.3.3 Passata Di Zucchine

Ingredienti: 100gr zucchine 80gr patate sbucciate 200gr acqua 20gr parmigiano 1 tuorlo d'uovo 1 cucchiaino olio extravergine
Procedimento: Inserire le zucchine e le patate e l'acqua cuocere 15min 90°-100° Vel.1 aggiungere parmigiano e tuorlo d'uovo 2min 80° Vel.2 versare la pappa e aggiungere un cucchiaino olio.

5.1.3.4 Pasticcio Di Spinaci

Ingredienti: 100gr spinaci mondati e lavati 100gr patate sbucciate 400gr acqua 30gr parmigiano 50gr latte 1 cucchiaino olio extravergine
Procedimento: Inserire nel boccale prima gli spinaci e poi la patata a pezzetti 10sec Vel.6 unire acqua e latte 10min 90°100° Vel.2 aggiungere parmigiano olio e versare il composto in una piccola teglia cuocere in forno preriscaldato a 180° per 15min ca. servire tiepido.

5.1.3.5   Vellutata Di Zucca

Ingredienti: 100gr zucca 70gr patata sbucciata 150gr latte 100 acqua 1 cucchiaino olio extravergine

Procedimento: Inserire nel boccale la zucca e la patata a pezzetti 20sec Vel.5 riunire il composto con la spatola aggiungere l'acqua, il latte e cuocere 15min 90°- Vel.2 a cottura ultimata amalgamare il tutto 40sec Vel.6 versare la pappa e aggiungere un cucchiaino olio

Osservazioni: volendo si può aggiungere 10gr parmigiano

5.1.3.6   Vellutata Di Fagiolini

Ingredienti: 100gr fagiolini 300gr acqua 200gr latte 2 cucchiaini di fecola 10gr parmigiano

Procedimento: posizionare la farfalla inserire fagiolini e acqua cuocere 20min 100° vel1 togliere acqua di cottura e farfalla aggiungi parmigiano 20sec Vel.6 unire latte e fecola 25sec Vel.9 e cuocere 7min 90° Vel.2 a cottura ultimata amalgamare il tutto 40sec Vel.6 passata di pesca

Ingredienti: 120gr pesca sbucciata 50gr acqua 1 cucchiaino succo di limone

Procedimento: Inserire nel boccale dal foro del coperchio con lame in movimento Vel.4 la pesca aggiungere l'acqua e il succo cuocere 3min 90° Vel.2 Riunire il composto con la spatola e amalgamare il tutto 40sec Vel.6 servire fredda

5.1.3.7   Frullato Con Corn Flakes

Ingredienti: 20gr cornflakes 2 cucchiai rasi di marmellata 1 vasetto di yogurt al naturale (125 gr)

Procedimento: Polverizza cornflakes 50sec Vel.Turbo aggiungi altri ingredienti 10sec Vel.3 Riunire il composto con la spatola e amalgamare il tutto 5sec Vel.2

5.1.3.8   Composta Di Corn Flakes

Ingredienti: 50gr mela sbucciata 20gr cornflakes 1 vasetto di yogurt al naturale (125 gr)

Procedimento: Polverizza cornflakes 50sec Vel.Turbo aggiungi mela dal foro con lame in mov Vel.4 10sec Vel.3 Riunire il composto con la spatola e aggiungere yogurt 30sec Vel.4

N.B. volendo si può aggiungere 1 cucchiaino di miele

5.1.3.9   Yogurt Con Ananas

Ingredienti: 1 fetta ananas fresco 1 vasetto di yogurt al naturale (125 gr) 50gr latte 1 cucchiaino di zucchero

Procedimento: Tagliare la fetta d'ananas eliminando il cuore Inserire nel boccale dal foro del coperchio con lame in movimento a Vel.4 l'ananas Riunire il composto con la spatola e aggiungere latte e zucchero 30sec Vel.8 aggiungi yogurt 5sec Vel.2

5.1.3.10   Spremuta Di Pompelmo

Ingredienti: polpa di mezzo pompelmo 50gr acqua 1 cucchiaino di zucchero

Procedimento: Inserire tutti gli ingredienti nel boccale 40sec Vel.6 filtrare e servire

N.B. si può sostituire il pompelmo con l'arancia

5.1.4   Il Suo Primo Compleanno

5.1.4.1   Pan Di Spagna

Ingredienti: 250gr farina 250gr zucchero 6 uova 1 bustina di lievito un pizzico di sale

Procedimento: inserire nel boccale lo zucchero 10sec Vel.Turbo unire le uova 20sec Vel.4 aggiungere dal foro con lame in movimento. Vel.3 la farina 5min Vel.3 alla fine unire il lievito 30sec Vel.3 Versare l'impasto in una teglia (diam. 25cm e alt. 4cm ca) unta e infarinata cuocere in forno pre riscaldato a 160° per 10min a 180° per 15min e a 200° per altri 15min lasciare riposare alcuni minuti a forno spento prima di toglierla

5.1.4.2 Pan Di Spagna Senza Glutine

Ingredienti: 3mis farina senza glutine 200gr zucchero 6 uova 1 bustina di lievito consentito 1 bustina vanillina un pizzico di sale
Procedimento: Posizionare la farfalla e introdurre zucchero sale uova 6min Vel.3 senza fermare l'apparecchio aggiungi un misurino di farina alla volta la vanillina e il lievito 8min Vel.3.
Versare il composto in una tortiera precedentemente imburrata e infarinata cuocere in forno caldo a 160° per 15min 180° per 20min Lasciare riposare alcuni minuti a forno spento prima di toglierla

5.1.5 Farciture

5.1.5.1 Crema

Ingredienti: 500gr latte 2 uova intere+ 1 tuorlo 100gr zucchero 40gr farina o maizena scorza di limone o vanillina
Procedimento: inserire nel boccale tutto 5sec Vel.4 cuocere 7min 80° Vel.2 Lasciare raffreddare.
all'arancia: aggiungi il succo di 2 arance
al cioccolato: a fine cottura aggiungi 100gr cioccolato fondente
Chantilly: aggiungi alla crema fredda 200gr panna montata

5.1.5.2 Panna Montata

Ingredienti: 400gr panna fresca o vegetale
Procedimento: Posizionare la farfalla e inserire la panna ben fredda 50sec Vel.3
N.B. se si desidera la panna dolce fare prima lo zucchero a velo nella quantità desiderata
al cioccolato: aggiungere alla panna 1\2 misurino cacao amaro al
caffè: aggiungi un cucchiaio di caffè solubile

5.1.6 Decorazioni

5.1.6.1 Ghiaccia

Ingredienti: 200gr zucchero 1 albume 1 cucchiaino di succo di limone **Procedimento:** Inserire nel boccale ben asciutto lo zucchero e farlo a velo 30sec Vel.Turbo
unire l'albume e il limone 30sec Vel.4

5.1.6.2 Ghiaccia Al Cioccolato

Ingredienti: 100gr cioccolato fondente 200gr zucchero 100 rg acqua 30gr burro
Procedimento: Inserire nel boccale ben asciutto lo zucchero e farlo a velo 30sec Vel.Turbo
togliere lo zucchero e metterlo in una ciotola. Inserire dal foro con lame in movim Vel.6 il cioccolato a pezzetti unire acqua e zucchero 5min 70° Vel.1 Lasciare intiepidire e unire il burro 10sec Vel.2

5.1.6.3 Crema Di Burro

Ingredienti: 100gr burro 50gr zucchero a velo
Procedimento: Posizionare nel boccale al farfalla e inserire tutto 15sec Vel.2
N.B. volendo si può colorare la crema con coloranti da pasticceria.

5.1.7   A 12 Mesi

5.1.7.1   Pappa Dolce

Ingredienti: 20gr semolino grano istantaneo 200gr latte 100gr acqua 1 cucchiaino zucchero

Procedimento: Inserire nel boccale latte, acqua e lo zucchero 4min 90° Vel.2 Unire dal foro con lame in movimento il semolino 30sec Vel.3 versare la pappa e lasciare intiepidire

5.1.7.2   Nasello Al Vapore

Ingredienti: 70gr nasello 300gr acqua 1 cucchiaino di succo di limone 1 cucchiaino di olio extra un pizzico di sale

Procedimento: Inserire l'acqua e posizionare il cestello con il nasello a pezzi cuocere 12min 100° Vel.1 a cottura ultimata servire il nasello con olio e limone

N.B. si può sostituire con sogliola merluzzo o trota

5.1.7.3   Patate Al Vapore

Ingredienti: patate

Procedimento: Inserire nel boccale l'acqua e il cestello con le patate a pezzetti cuocere 20min 100° Vel.4 terminata la cottura togliere le patate dal cestello e, a seconda dell'età del bambino servirle condite con l'olio oppure porre le patate nel boccale a Vel.6 per 20sec aggiungendo se necessario 1\2mis d'acqua e condire con olio

5.1.7.4   Carote Al Vapore

Ingredienti: Carote in quantità variabile a seconda dell'età del bambino 500gr acqua 1 cucchiaino olio extrevergine un pizzico di sale.

Procedimento: Inserire nel boccale l'acqua e il cestello con le carote a pezzetti cuocere 25min 100° Vel.4 terminata la cottura togliere le carote dal cestello e, a seconda dell'età del bambino servirle condite con l'olio oppure porre le patate nel boccale a Vel.6 per 20sec aggiungendo se necessario 1\2mis d'acqua e condire con olio.

5.1.7.5   Vellutata Di Pomodori

Ingredienti: 50gr patate cotte 1 pomodoro maturo 100 acqua 50gr latte 1 cucchiaino olio extrevergine un pizzico di sale.

Procedimento: Inserire nel boccale il pomodoro l'acqua e il sale 20sec Vel.5 cuocere 10min 90° Vel.2 aggiungi la pata a pezzi il latte e amalgami il tutto 40sec Vel.6 versare la pappa e aggiungi un cucchiaino olio

5.1.7.6   Souffle Di Gruviera

Ingredienti: 30gr gruviera 1 uovo 50gr latte 50gr fecola di patate 1 noce di burro.

Procedimento: Inserire nel boccale dal foro con lame in movimento a Vel.4 per 30sec aggiungi gli altri ingredienti. 30sec Vel.6. Riunire il composto con la spatola e amalgama 30sec Vel.9 versa il composto in una piccola teglia (diam. 18cm) imburrata. cuocere in forno preriscaldato a 150° per 10min ca.

5.1.7.7   Souffle Di Carote

Ingredienti: 100gr carote 20gr gruviera 1 uovo 50gr latte 1 noce di burro.

Procedimento: Inserire nel boccale le carote e il formaggio a pezzi10sec Vel.4. Riunire il composto con la spatola e aggiungi latte e uova amalgama 30sec Vel.8 versa il composto in una piccola teglia (diam. 18cm) imburrata. cuocere in forno preriscaldato a 160° per 10min ca. e 10min a 180°.

5.1.7.8   Pasticcio Di Carne

Ingredienti: 100gr patata sbucciata 50gr coniglio o tacchino 50gr latte 10gr parmigiano 1 noce di burro.

Procedimento: Inserire nel boccale dal foro con lame in movimento a Vel.7 la patata e la carne a pezzetti. aggiungi gli altri ingredienti. 30sec Vel.6. Riunire il composto con la spatola e aggiungi latte e cuocere 15min 90° Vel.1 terminata la cottura aggiungi il parmigiano 40sec Vel.6 versa il composto in una piccola teglia (diam. 18cm) imburrata. cuocere in forno preriscaldato a 180° per 15min ca.

5.1.7.9 Pasticcio Di Patate

Ingredienti: 100gr patate sbucciate 10gr parmigiano 1 uovo 50gr latte. **Procedimento:** Inserire nel boccale il parmigiano 10sec Vel.9 aggiungi la patata a pezzi e l'uovo 30sec Vel.6 unire il latte 20sec Vel.4 versa il composto in una piccola teglia (diam. 18cm) unta e infarinata. cuocere in forno preriscaldato a 200° per 20min ca.

5.1.7.10 Pesce Gratinato

Ingredienti: 100gr patata sbucciata 70gr filetto di merluzzo 400gr acqua 10gr parmigiano burro q.b. un pizzico di sale

Procedimento: Inserire nel boccale l'acqua e il cestello con le patate a pezzetti e il merluzzo cuocere 20min a 100° Vel.Terminata la cottura togliere il cestello e trattenere nel boccale 100gr acqua di cottura. Aggiungi patate merluzzo sale e metà parmigiano 40sec Vel.6 versa il composto in una piccola teglia (diam. 18cm) imburrata. Cospargere con il parmigiano rimasto gratinare in forno preriscaldato a 180° per 12min.

5.1.7.11 Sogliola Al Pomodoro

Ingredienti: 100gr patate sbucciate 70gr filetti di sogliola 1 pomodoro maturo privato dei semi 300gr acqua 1 cucchiaio olio extra

Procedimento: Inserire acqua e patate a pezzetti 20min 100° Vel.1 a meta cottura inserire il cestello con la sogliola e continuare a Vel.1. Tolgiere la sogliola e scolare le patate mantenendo 1mis d'acqua di cottura. Aggiungere pomodoro e sale e amalgama 20sec Vel.6. Riunire il composto con la spatola e cuocere 3min 90°-100° Vel.2.

5.1.7.12 Tortino Di Verdure

Ingredienti: 1 patata sbucciata 1 pomodoro sbucciato privato del seme 1 zucchina 1 gambo di sedano 300 acqua 100 latte 1 pizzico di sale.

Procedimento: Inserire acqua e patate a pezzetti 20min 100° Vel.1Scolare la patata e rimetterla nel boccale con il pomodoro la zucchina il sedano il latte il sale e 15gr parmigiano 5min 90° Vel.2 versare il composto in una piccola teglia unta e infarinata cospargere con il parmigiano rimasto e mettere in forno preriscaldato a 180° per 10min

5.1.7.13 Sugo Al Prosciutto

Ingredienti: 1 pomodoro medio maturo e sbucciato 30gr prosciutto cotto 1 cucchiaino olio extra un pizzico di sale

Procedimento: Inserire nel boccale il pomodoro a pezzetti il prosciutto ed il sale 40sec Vel.6 cuocere 4min 90° Vel.1 terminata la cottura aggiungi un cucchiaino d'olio

5.1.7.14 Hamburger Al Formaggio

Ingredienti: 40gr manzo 30gr parmigiano 300gr acqua un ciuffetto di prezzemolo 1 pizzico di sale.

Procedimento: Inserire nel boccale dal foro con lame in movimento Vel.6 il prezzemolo la carne il parmigiano e tritare per 15sec. Formare con il composto dei piccoli hamburger e disporli nel cestello precedentemente unto. Inserire nel boccale l'acqua posizionare il cestello e cuocere 7min 100° Vel.4. Togliere il cestello e disporre gli hamburger nel piattino.

N.B. il brodo rimasto si può usare per una minestrina.

5.1.7.15 Prosciutto Con Spinaci

Ingredienti: 150gr spinaci 1 patata sbucciata 40gr prosciutto cotto 150gr latte una noce di burro un pizzico di sale.

Procedimento: Inserire nel boccale la patata a pezzetti il latte e cuocere 5min 90° Vel.1 aggiungi spinaci dal foro 5min 90° Vel.1 unire prosciutto 4min 90° Vel.2. Riunire il composto con la spatola e amalgamare il tutto 40sec Vel.6 servire aggiungendo burro.

5.1.7.16 Riso Al Vapore

Ingredienti: 40gr riso 400gr acqua 1 pizzico di sale

Procedimento: Inserire nel boccale l'acqua , il sale e posizionare il cestello con il riso e cuocere 20min 100° Vel.4

N.B. a cottura ultimata condire il riso con sugo di pomodoro o al prosciutto, oppure con olio e parmigiano.

5.1.7.17 Minestra Di Verdure

Ingredienti: 1\4 patata sbucciata 1\2 carota 3 foglie di spinaci 1 pezzetto di cipolla e di sedano 2 foglie di lattuga 200gr di acqua un pizzico di sale 1 cucchiaino olioextravergine.

Procedimento: Inserire nel boccale dal foro con lame in movimento Vel.6 le verdure a pezzi. Riunire il composto con la spatola, aggiungi acqua e sale: cuoci 12min 90°-100° Vel.2 e amalgamare il tutto 40sec Vel.6 servire aggiungendo olio. N.B.la verdura non deve superare mai i 100- 130gr complessivi

5.1.7.18 Pomodoro Profumato

Ingredienti: 200gr pomodori maturi sbucciati e privati dei semi 1 gambo di sedano 1 pezzetto di carota 1 ciuffetto di prezzemolo e basilico 1 pizzico di sale 1 cucchiaino olio extra

Procedimento: Inserire le verdure a pezzetti nel boccale 20sec Vel.6 salare e cuocere 12min 90° Vel.2 Riunire il composto con la spatola, amalgamare il tutto 40sec Vel.6 servire aggiungendo olio.

5.1.7.19 Sugo Di Pomodoro

Ingredienti: 100gr di pomodoro maturi sbucciati e privati dei semi 1 pizzico di sale 1 cucchiaino olio extra

Procedimento: Inserire i pomodori e il sale nel boccale 20sec vel3 cuocere 5min 80° Vel.1 aggiungi olio e fai terminare la cottura per 1min ad apparecchio fermo(se risultasse aspro aggiungi un pizzico di zucchero)

5.1.7.20 La Prima Colazione

Ingredienti: 200gr latte 2 fette biscottate 1 cucchiaino raso di zucchero **Procedimento:** Inserire tutti gli ingredienti 20sec Vel.5 riunire il composto con la spatola e cuocere 3min 70° Vel.2 a fine cottura amalgama 20sec Vel.6 versare in tazza e lasciare intiepidire.

5.1.7.21 Frullato Con Biscotti

Ingredienti: 150gr frutta (mela e banana) 80gr latte 3 biscotti un cucchiaino di succo limone

Procedimento: Inserire nel boccale dal foro del coperchio con lame in movimento a Vel.4 i biscotti Polverizzarli 30sec Vel.6 aggiungere la frutta a pezzetti il limone e il latte 40sec Vel.9

5.1.7.22 Frullato Di Banana

Ingredienti: 120gr latte 1 banana media matura

Procedimento: Inserire nel boccale dal foro del coperchio con lame in movimento a Vel.4 la banana aggiungere il latte 30sec Vel.5 riunire il composto con la spatola e cuocere 3min 80° Vel.2 terminata la cottura amalgamare il tutto 20sec Vel.6. servire tiepido o freddo.

5.1.7.23 Frullato Di Lamponi

Ingredienti: 1 cucchiaio di lamponi freschi 150gr latte
Procedimento: Inserire nel boccale dal foro del coperchio con lame in movimento a Vel.4 i lamponi aggiungere il latte 10sec Vel.5 riunire il composto con la spatola e cuocere 3min 80° Vel.3. servire tiepido o freddo.

5.1.7.24 Banana Alla Vaniglia

Ingredienti: 200gr latte 1 banana media matura 1 punta di vanillina
Procedimento: Inserire nel boccale dal foro del coperchio con lame in movimento a Vel.6 la banana e continuare per 10sec aggiungere il latte e la vanillina 40sec Vel.6. Servire temperatura ambiente o freddo.

5.1.7.25 Bibita All'arancia

Ingredienti: 1 arancia pelata e privata dei semi 100gr acqua 1 cucchiaino di zucchero o miele
Procedimento: Inserire nel boccale l'arancia a spicchi: 30sec Vel.4 aggiungi lo zucchero e l'acqua 40sec Vel.6 servire subito

5.1.7.26 Porridge Inglese

Ingredienti: 1 mis. fiocchi di avena a cottura rapida 300gr di latte 1 cucchiaino di zucchero
Procedimento: Inserire tutti gli ingredienti 20sec Vel.6 e cuocere 5min 90° Vel.2 lasciare intiepidire e servire

5.1.7.27 Prima Colazione Inglese

Ingredienti: 3 cucchiai di fiocchi di riso 1 biscotto 200gr latte
Procedimento: Inserire tutti gli ingredienti 20sec Vel.6 e cuocere 3min 90° Vel.2 lasciare intiepidire e servire

5.1.7.28 Frullato Con Fiocchi Di Riso

Ingredienti: 30gr di fiocchi di riso1 pesca sbucciata 200gr latte
Inserire nel boccale dal foro del coperchio con lame in movimento a Vel.4 i fiocchi e successivamente la pesca a pezzetti. Aggiungi il latte e cuoci 3min 100° Vel.2. A cottura ultimata riunire il composto con la spatola e amalgamare 40sec Vel.6 servire tiepido o freddo. N.B. si può sostituire la pesca con l'albicocca e fiocchi di riso con quelli ai 4 cereali.

5.1.7.29 Succo Di Frutta

Ingredienti: 3 pere mature sbucciate e private dei semi (o mele pesche o albicocche mature) 2 cucchiai di zucchero 250gr acqua un cucchiaino di succo limone
Procedimento: Inserire l'acqua e lo zucchero 3min 90° Vel.2 aggiungere la frutta e il succo di limone 20sec Vel.6 cuocere 5min 90° Vel.2 amalgama il tutto 40sec Vel.6. Servire tiepido o fresco.

5.1.8   A 24 Mesi

5.1.8.1 Pastine Fresca Per Brodo

Ingredienti: .1 uovo, 100gr farina, 20gr farina per tritare.
Procedimento: Inserire nel boccale la farina, l'uovo e impastare: 10sec. Vel.5. Inserire dal foro del coperchio con lame in movimento Vel.5 i 20gr di farina e fermare subito l'apparecchio. Versare la pastina e utilizzarla subito o lasciarla seccare su un canovaccio.

5.1.8.2 Vellutata Di Piselli

Ingredienti: 100gr piselli 100gr(1mis.)di brodo vegetale, o di brodo di carne, 50gr (1/2 mis)di latte 1 cucchiaino di olio d'oliva extravergine un pizzico di sale.

Procedimento: Inserire nel boccale tutti gli ingredienti tranne l'olio. Cuocere 12min. a 90° e Vel.2. Riunire il composto con la spatola e amalgamare il tutto: 40" Vel.6. Al momento di servire aggiungere 1 cucchiaino d'olio. Il tempo di cottura si riferisce ai pisellini novelli surgelati.

5.1.8.3   Sedano Al Forno:

Ingredienti: 100gr di sedano, 100gr di latte (1 misurino), 30gr di parmigiano, 1 cucchiaio di farina, 1 noce di burro, 1 pizzico di sale.
Procedimento: Inserire nel boccale con lame in movimento a Vel.6 il parmigiano e il sedano. Aggiungere il latte farina sale e cuocere 5' 80°vel 2 Versare il composto in una teglia piccola imburrata e gratinare in forno preriscaldato 15' 170°.

5.1.8.4   Tortino Di Spinaci

Ingredienti: 150gr spinaci sbollentati e strizzati; 60gr coniglio o tacchino; 100gr (1mis)di acqua; 100gr (1 mis) latte; 1 cucchiaio di farina; un pizzico di sale.
Procedimento: Inserire nel boccale da foro del coperchio con le lame in movimento a Vel.6 la carne. Aggiungere spinaci, farina, acqua, latte, sale e cuocere: 6min. 90°C Vel.2. Versare il composto in una piccola teglia imburrata, cospargere con il parmigiano e gratinare in forno preriscaldato: 15min. 170°C.

5.1.8.5   Carciofi Ripieni Al Forno

Ingredienti: 1 carciofo cotto intero 1/2 fetta di prosciutto cotto magro 20gr di gruviera 1 uovo sodo 50gr(1/2mis)di latte 1 ciuffo di prezzemolo un pizzico di sale.
Procedimento: Staccare le foglie esterne del carciofo e utilizzando un cucchiaio mettere da parte la polpa, eliminare la barba dal fondo e lasciarlo intero. Mettere nel boccale la polpa del carciofo, il prosciutto, il gruviera l'uovo, il latte, il prezzemolo e il sale: 30"vel 6. Riempire il fondo del carciofo con la quantità necessaria di composto. Gratinare in forno preriscaldato a 180° per 13'.
Osservazioni: con il composto avanzato si può preparare una minestrina unendo 1/2 mis. di latte, un pizzico di sale e cocendo per 5' 80° vel2

5.1.8.6   Minestra A Crudo.

Ingredienti: 350gr di brodo vegetale o di carne 1/2 patata cotta 100gr di verdure miste(sedano, carota lattuga, zucchina, pomodoro)1 cucchiaino di olio d'oliva extravergine un pizzico di sale.
Procedimento: Inserire nel boccale il brodo: 6' 100° Vel.1 Unire le verdure a pezzetti: 20" Vel.3 e 40" Vel.6.Versare e aggiungere l'olio. RAGÙ: 30gr di carne, 30gr di sedano, 30gr di carota, 100gr di pomodori pelati 1 cucchiaio di olio di oliva extravergine 1 pizzico di sale. Inserire nel boccale dal foro del coperchio con lame in movimento vel7 la carne. Aggiungere la carota, il sedano, i pomodori e il sale20" Vel.6. Cuocere 14' 90-100° Vel.2. Terminata la cottura amalgamare tutto 40" Vel.6. Prima di servire aggiungere l'olio

5.1.8.7   Ragù

Ingredienti: 30gr. di carne; 30gr. di sedano; 30gr. di carota; 100gr. di pomodori pelati; 1 cucchiaino di olio di oliva extravergine; un pizzico di sale.
Procedimento: Inserire nel boccale dal foro del coperchio con lame in movimento a Vel.7, la carne. Aggiungere la carota, il sedano, i pomodori e il sale: 20sec. Vel.6. Cuocere: 14min. 90°-100°C Vel.2. Terminata la cottura amalgamare il tutto: 40sec. Vel.6. Prima di servire aggiungere un cucchiaino di olio.

5.1.8.8   Torta Alle Fragole

Ingredienti: 100gr fragole, un cucchiaio di farina 1 uovo 150gr di latte (1mis e mezzo). 2 cucchiai di zucchero 1 punta di vanillina.
Procedimento: Inserire nel boccale l'uovo, la farina, il latte, lo zucchero e la vanillina: 15" vel5. Cuocere 3' 80° Vel.4. Ungere una piccola teglia e disporvi le fragole a pezzetti: Versare il composto sulle fragole e mettere in forno preriscaldato a 170° per 15'
Osservazioni: si possono sostituire le fragole con altra frutta a piacere.

5.1.8.9 Merenda Alle Fragole

Ingredienti: 50gr di fragole 200gr di latte 1 cucchiaino di zucchero. **Procedimento:** Inserire nel boccale le fragole e lo zucchero: 30" Vel.6. Aggiungere il latte ed amalgamare il tutto: 40" Vel.6. Servire subito.

5.1.8.10 Torta Di Biscotti

Ingredienti: 150gr di biscotti secchi 20gr di zucchero, 20gr di caffè d'orzo 1 uovo intero, 40gr di burro

Procedimento: Inserire dal foro del coperchio con lame in movimento a vel4 i biscotti. Polverizzarli 30" Vel.Turbo e toglierli dal boccale. Inserire tutti gli altri ingredienti 20" Vel.4 Con la spatola riunire il composto e cuocere 3' 70° Vel.2.Aggiungere i biscotti tritati30" Vel.5. Versare il composto in uno stampo grande o in piccoli stampi. Tenere in frigo per almeno 24 ore. Servire accompagnando la torta con crema inglese.

5.1.8.11 Crema Inglese

Ingredienti: 500gr di latte (5 mis.)50gr di zucchero 1 uovo, 10gr di maizena, 1 bustina di vanillina.

Procedimento: Inserire nel boccale tutti gli ingredienti 10" Vel.4. Cuocere 10' 80° Vel.4. Servire tiepida.

5.1.8.12 Torta Di Mele

Ingredienti: 250gr di mele sbucciate, 70gr di zucchero, 3 uova 50gr (1mis.) di farina succo di un limone e scorza di mezzo limone, 1 noce di burro.

Procedimento: Inserire nel boccale 2 cucchiai di zucchero 40"vel Turbo. Togliere lo zucchero a velo e metterlo da parte. Inserire nel boccale lo zucchero rimasto e la scorza del limone30" Vel.6. Aggiungere le mele tagliate a pezzetti, le uova, la farina e il succo del limone 30" Vel.6. Riunire il composto con la spatola e amalgamare tutto 40" Vel.6. Versare l'impasto in una teglia di 20cm di diametro imburrata e infarinata. Cuocere in forno preriscaldato a 180° per 30'. Lasciare raffreddare togliere dalla teglia e cospargere di zucchero a velo e servire.

5.1.8.13 Marmellata Di Mele

Ingredienti: 500gr di mele sbucciate e detorsolate, 200gr di zucchero il succo di un limone. **Procedimento:** Inserire nel boccale le mele a pezzetti, lo zucchero e il limone 1' Vel.Turbo. Cuocere 30' 100° Vel.3. Versare in vasetti di vetro sterilizzati e farli bollire per 10'

Osservazioni: la marmellata così ottenuta si conserva per per 2/3 settimane.

5.1.8.14 Latte Giallo

Ingredienti: 100gr di latte(1mis.)1 tuorlo d'uovo, un cucchiaino di zucchero.

Procedimento: Inserire nel boccale tutti gli ingredienti.20" Vel.6.

5.1.8.15 Bevanda Al Cioccolato

Ingredienti: 200gr (2mis) di latte, 2 cucchiaini di cacao amaro 1 cucchiaino di zucchero.

Procedimento: Inserire nel boccale tutti gli ingredienti 20" Vel.6.

Osservazioni: se si usa il cacao dolce l'aggiunta di zucchero è facoltativa.

5.1.8.16 Gelato Di Ananas.

Ingredienti: 1 ananas medio, fresco e maturo, 200gr di zucchero, 100gr di di acqua (1 mis), succo di 2 limoni.

Procedimento: Inserire nel boccale acqua e zucchero 5' 90/100° Vel.1. Versare lo sciroppo in una ciotola e lasciare raffreddare. Inserire nel boccale dal foro del coperchio con lame in movimento Vel.6 l'ananas a pezzetti e continuare per 20". Riunire il composto con la spatola, aggiungere lo sciroppo e il succo del limone 20" Vel.6 Versare in un recipiente largo e basso e porre in freezer per 5/6 ore. Al momento di servire tagliare a tocchetti e mantecare 30" Vel.8. NOTA: si può sostituire l'ananas con altra frutta a piacere

5.1.8.17   Torta Di Albumi

Ingredienti: 50gr di farina, 25gr di zucchero, 20gr di burro morbido, 1 albume 50gr di latte 1 cucchiaino di lievito in polvere.
Procedimento: Posizionare la farfalla sulle lame e montare l'albume 2' 40° Vel.2-3. Togliere la farfalla e l'albume, inserire senza lavare il boccale lo zucchero, il burro e il latte 40" Vel.5. Riunire il composto con la spatola, aggiungere farina e lievito 30" Vel.5 Unire al composto l'albume montato a neve 30" Vel.2.Ungere una teglia di 16cm di diametro, versarvi il composto e metterla in forno preriscaldato 20' 180°.Volendo si possono aggiungere 2 cucchiaini di cacao.

5.1.8.18   Sorbettone Di Frutta Mista.

Ingredienti: 700gr di frutta mista pelata e congelata(2 mele, 1 banana, 1 arancia, 1 kiwi) 150gr di zuchero, 2 limoni sbucciati.
Procedimento: Inserire nel boccale lo zucchero 15" Vel.Turbo Aggiungere i limoni a pezzetti, 15" Vel.Turbo. Unire la frutta e mantecare 45" Vel.7, spatolando. Si consiglia di usare frutta di stagione.

5.1.8.19   Ciambelline

Ingredienti: 250gr di farina, 100gr di zucchero, 1 uovo, 450gr di latte 50gr di burro, scorzetta gialla di limone, 1 pizzico di cannella, 1 pizzico di sale. Per la doratura: 1 tuorlo, 1 cucchiaino di latte.
Procedimento: Mettere a bollire dell'acqua in un tegame largo. Inserire nel boccale con lame in movimento Vel.5 la scorzetta di limone e continuare 20". Unire tutti gli altri ingredienti 10" Vel.6. Togliere l'impasto dal boccale, formare delle ciambelline, del diametro di 4-5cm. e metterle via, via nell'acqua bollente. Appena salgono in superficie, toglierle con un mestolo forato, e disporle sulla placca del forno imburrata. Pennellare le ciambelline con uovo sbattuto, con latte e cuocerle in forno preriscaldato a 180° per 30'. La bollitura consente di conservare le ciambelline per diversi giorni. Ovviamente si possono realizzare anche evitando questo procedimento

5.1.8.20   Torta Margherita.

Ingredienti: 200gr di zucchero, 6 uova, 125gr di farina, 125gr di fecola, succo di 1/2 limone, 1 bustina di lievito, 1 bustina di vanillina, 1pizzico di sale, burro qb.
Procedimento: Inserire nel boccale lo zucchero: 20" Vel.9.Unire le uova 20" vel4. Inserire dal foro con lame in movimento vel5 la farina, la fecola, il sale, il succo di limone, e la vanillina: 40" Vel.5.Unire il lievito 10" Vel.4. Versare l'impasto in 1 teglia di 24cm imburrata e infarinata. Cuocere in forno preriscaldato a 160° per 10', a 180° per 15', e infine 15' a 200°.

5.1.8.21   Bibita Integrale

Ingredienti: 1/2 limone, 1/2 arancia sbucciati e privati dei semi, 50gr di zucchero 150gr di acqua.
Procedimento: Inserire nel boccale la frutta tagliata a pezzetti e lo zucchero 30" Vel.3 e 30"vel 9. Aggiungere l'acqua 40" Vel.6. Servire subito. La stessa bibita si può fare con altri tipi di frutta mantenendo come base il limone

5.1.8.22   Biscotti Di Pasta Frolla

Ingredienti: 300gr di farina, 50gr di zucchero, 130gr di burro, 1 uovo intero più 2 tuorli, la scorza di 1 limone, 1 pizzico di sale.

Procedimento: Inserire nel boccale la scorza del limone, lo zucchero e 100gr di farina 30" Vel.Turbo. Aggiungere la farina rimasta, le uova, il burro e il sale 25" Vel.3. Avvolgere l'impasto in carta oleata e farlo riposare in frigo per 10'.Stendere 1 sfoglia dello spessore di 1/2cm. sul piano infarinato e ritagliare tante formine a piacere. Disporle sulla placca del forno unta o su carta da forno e cuocere in forno preriscaldato a 160° per 15'. Toglierli ancora tiepidi.

5.2 Le Più Comuni Intolleranze

5.2.1 Intolleranza Al Glutine

5.2.1.1 Farina Di Riso Precotta Bimby

Ingredienti: 200gr di riso
Procedimento: inserire nel boccale il riso e polverizzare 1min Vel.Turbo tostare 30min 100° Vel.4
Osservazioni: questo metodo consente di polverizzare e tostare qualsiasi cereale.

5.2.1.2 Pastina Per Brodo

Ingredienti: 250gr di farina senza glutine 2 uova da 70 gr(se sono più piccole, mettere un poco più di acqua) 20gr di acqua 30gr di olio extravergine di oliva.
Procedimento: Inserire nel boccale tutti gli ingredienti 30" Vel.3. Togliere l'impasto dal boccale e suddividerlo in 4 salsicciotti. Inserire dal foro con lame in movimento Vel.4 per 6/7" uno dei salsicciotti, e fermare immediatamente l'apparecchio. Versare la pastina così ottenuta su un canovaccio e ripetere l'operazione fino ad esaurimento dell'impasto.
Osservazioni: facendo asciugare bene la pastina, si può conservare per alcuni giorni.

5.2.1.3 Impasto Per Pane

Ingredienti: 350gr di farina senza glutine, 150gr di acqua e 150gr di latte, 1 bustina di lievito consentito dalla dieta (14gr)1 cucchiaio di olio d'oliva extravergine 1 pizzico di zucchero, sale q.b.
Procedimento: Inserire nel boccale acqua, latte e lievito 2' 40° Vel.3.Aggiungere farina, sale, zucchero e olio 30" Vel.4 poi 1' Vel.spiga. Con la spatola togliere l'impasto e porlo a lievitare per almeno 1 ora in luogo tiepido. Terminata la lievitatura con le mani infarinate formare dei piccoli panini della forma desiderata. Disporre su una teglia da forno precedentemente unta e fare lievitare ancora in forno preriscaldato a 30° fino a quando avranno raddoppiato il loro volume. Togliere i panini dal dorno e coprirli con 1 canovaccio mentre si preriscalda il forno a 200°. Cuocere per 35' circa.

5.2.1.4 Impasto Per La Pasta Fresca

Ingredienti: 200gr farina senza glutine, 2 uova, 1 cucchiaio di olio di oliva extravergine, sale q.b.
Procedimento: Inserire nel boccale tutti gli ingredienti 30" Vel.4, poi 40" Vel.spiga. Togliere l'impasto ottenuto, tirarlo a sfoglia e tagliarlo a piacere.
Osservazioni: la compattezza dell'impasto dipende dalla dimensione delle uova.

5.2.1.5 Torta Di Mele

Ingredienti: 4mis di farina senza glutine, 3 mele renette (400 gr) 100gr di zucchero, 1 fialetta di essenza di limone, 3uova, 3 cucchiai di olio extravergine di oliva, 100gr di latte 1 bustina di lievito consentito burro e zucchero q.b. per cospargere la torta.

Procedimento: Posizionare la farfalla e inserire nel boccale lo zucchero, l'essenza del limone e le uova: 4' Vel.2. Senza fermare l'apparecchio, aggiungere dal foro con lame in movimento a vel1 olio, latte, farina e lievito. Portare a Vel.2 e continuare a lavorare fino ad arrivare ad un tempo totale di 8'.Nel frattempo sbucciare le mele e tagliarle a spicchi. Imburrare 1 teglia di 20.22cm di diametro, versarvi il composto e sistemare le fette di mela a raggiera. Cospargere di zucchero e fiocchetti di burro. Cuocere in forno preriscaldato a 180° per 40' circa. Lasciar riposare la torta in forno spento per 5' prima di toglierla.

5.2.1.6   Camille Bimby

Ingredienti: 250gr di carote, 120gr di zucchero, 100gr di farina senza glutine, 1 bustina di lievito consentito(10gr), 50gr di mandorle sbucciate, 2 uova piccole scorza di limone.
Procedimento: Inserire nel boccale mandorle, zucchero e scorza di limone, 20" Vel.Turbo. Aggiungere dal foro del coperchio con lame in movimento Vel.8 le carote a pezzetti. Portare a Vel.Turbo per 25". Riunire il composto con la spatola e unire le uova: 5" Vel.4. Sempre dal foro del coperchio e lame in movimento introdurre farina e lievito: 30" Vel.7. Ungere 6 pirottini di carta, riempirli per metà e cuocerli in forno caldo a 180° per 30' circa.
Osservazioni: la stessa ricetta si può eseguire sostituendo la farina senza glutine con 100gr di fecola e 50gr di farina di mais, ottenendo un risultato migliore. Comunque le Camille si mantengono morbide per diversi giorni

5.2.1.7   Mousse Di Mele Verdi

Ingredienti: 3 mele verdi con la buccia 30gr di fecola di patate 100gr di zucchero succo di un limone.
Procedimento: Inserire nel boccale tutti gli ingredienti 30" Vel.7. Riunire il composto con la spatola e cuocere 7' 90° Vel.2. Terminata la cottura amalgamare il tutto 40" Vel.6. Versare in coppette e porre in frigorifero.

5.2.1.8   Gelatina Di Frutta

Ingredienti: 300gr di succo di arancia e di 1 limone 200gr di mele renette sbucciate 2 cucchiaini di miele d'acacia, 20gr di gelatina in fogli.
Procedimento: Inserire nel boccale il succo d'arancia, il limone, le mele a pezzetti e il miele.30" Vel.4. Cuocere 5' 80° Vel.2. Unire la gelatina precedentemente ammollata e strizzata 2' 80° Vel.3.Terminata la cottura amalgamare il tutto 30" vel6. Versare in uno stampo inumidito e lasciare addensare in frigorifero per almeno 4 ore.

6 Ricette per la pasta

6.1 Farina, Uova E Fantasia

6.1.1.1 Lasagne Al Forno

Ingredienti: (Dose per 6 persone) 1 dose di pasta per lasagne -pag.10 1 dose e ½ besciamella – pag.18 1 dose ragù – pag.25 150gr. parmigiano burro per ungere la pirofila
Procedimento: Grattugiare il parmigiano: 20sec. Vel.turbo e mettere da parte. Preparare l'impasto. Preparare la besciamella e metterla da parte. Preparare il ragù. Mentre

6.1.1.2 Risotto Con Trevisana

Ingredienti: (Dose per 5-6 persone) 500gr. riso 200gr. radicchio di Treviso ½ cipollina 40gr. olio oliva 100gr. vino rosso 100gr. acqua 1 cucchiaio di dado Bimby 30gr. burro 40gr. parmigiano
Procedimento: Inserire nel boccale radicchio e cipolla 10sec. Vel.5, + olio 3min. 100° Vel.1. Posizionare la farfalla, + riso e vino 2min. 100° Vel.1. Unire acqua, dado e cuocere per 15min. 100° Vel.1. Terminata la cottura, versare nella risottiera,
+ burro e parmigiano, amalgamare bene e lasciar riposare qualche minuto prima di servire.

6.1.1.3 Pasta Cavata

Ingredienti: (dose per 6 persone) 400gr. farina 1 patata (100gr.) 200gr. (2 mis.) di acqua 25gr. lievito di birra 1 cucchiaino di sale
Procedimento: Inserire nel boccale 1 mis. acqua e la patata a pezzi: 10min. 100° Vel.1. Terminata la cottura aggiungete 1 mis. di acqua e il lievito: 5sec. Vel.4 Unite farina, sale e impastate: 1min. Vel.6. Versate l'impasto sulla spianatoia infarinata e formate tanti bastoncini del diametro di ½ cm. Tagliateli a tronchetti lunghi 3 cm. e con tre dita cavateli facendoli strisciare sulla spianatoia infarinata. Fate asciugare la pasta cavata sulla spianatoia.

6.1.1.4 Pasta Per Stupire Gli Amici

Ingredienti: (Dose per 8 persone) 250gr. farina 00 300gr. farina di semola 3 uova (da 60gr.) 100gr. (1 mis.) di acqua 1 cucchiaino di sale 60gr. foglie di basilico, prezzemolo sedano, cipolla
Procedimento: Inserite nel boccale le due farine: 10sec. Vel.6 Aggiungete acqua, uova e impastate: 30sec. Vel.6 e 30sec. Vel.Spiga. Dividete l'impasto in sei pezzi e lavorate un pezzo per volta. Stendete la sfoglia e fate una striscia dello spessore di 1 mm. Mettetela sulla spianatoia infarinata e disponete su una metà le foglie a 1 cm. di distanza una dall'altra. Premete ogni foglia con le dita. Spennellate l'altra metà della sfoglia con l'acqua e ripiegatela sulel foglie, premendo bene con il palmo della mano per togliere l'aria. Ripassatele con il matterello. Proseguite fino ad esaurimento degli ingredienti. Con l'apposita rotella tagliate la sfoglia a quadrati di 5 cm. di lato.

6.1.1.5 Pastina Fresca Per Brodo

Ingredienti: (Dose per 6 persone) 250gr. farina 00 2 uova (da 60gr.) 30gr. farina di semola per tritare
Procedimento: Inserire nel boccale farina e uova: 30sec. Vel.4. Togliere l'impasto, dividetelo in quattro pezzi e lasciatelo asciugare per 10 minuti. Fate cadere dal foro del coperchio con lame in movimento Vel.5, un pezzetto di pasta e un cucchiaio di semola: 5sec. Vel.5. Togliere la pastina dal boccale e stendetela su un canovaccio infarinato. Ripetere l'operazione con gli altri pezzi di pasta.

6.2   Cuociamo La Pasta

Con Bimby TM21 potete cuocere la pasta direttamente nel boccale. Fino a un quantitativo di 200gr. di pasta sarà sufficiente portare ad ebollizione 700gr. di acqua con aggiunta di sale. Quando l'acqua bolle fermate l'apparecchio, pesate la pasta, impostate la cottura: 100° Vel.1 per il tempo indicato sulla confezione della pasta. Potete cuocere fino a 500gr. di spaghetti o di pasta di formato medio portando ad ebollizione 1 litro e ½ di acqua. Si potrà scolare la pasta utilizzando il cestello o il varoma.

6.2.1.1   Prepariamo il pangrattato

Ingredienti: Pane secco o raffermo nella quantità desiderata
Procedimento: Inserire nel boccale ben asciuttom il pane a pezzi: 10sec. Vel.7 e 30sec. Vel.Turbo.

6.2.1.2   Prepariamo il trito di prezzemolo

Ingredienti: Prezzemolo lavato e sgocciolato nella quantità desiderata **Procedimento:** Inserite nel boccale facendo cadere dal foro del coperchio a Vel.6 il prezzemolo: 20sec. Vel.6.

6.2.1.3   Prepariamo il parmigiano grattugiato

Ingredienti: 100gr. parmigiano (anche 200gr. e più se necessita)
Procedimento: Inserite nel boccale ben asciutto, il parmigiano a pezzi: 30sec. Vel.turbo.

6.3   Idee Per Sughi E Primi Piatti

6.3.1.1 Pasta Per Tagliatelle O Lasagne

Ingredienti: (Dose per 6 persone) 400gr. farina 4 uova (da 60gr.)
Procedimento: Inserire nel boccale uova e farina: 20sec. Vel.5 Continuate 30sec. Vel.Spiga. Togliete l'impasto e lasciatelo riposare 15 minuti avvolto in un canovaccio.

6.3.1.2 Pasta Leggera Per Tagliatelle

Ingredienti: (Dose per 8 persone) 300gr. farina 00 300gr. farina di semola 3 uova (da 60gr.) 100gr. (1 mis) acqua 1 cucchiaio di olio di oliva 1 cucchiaino di sale fine
Procedimento: Inserire nel boccale le farine e il sale: 10sec. Vel.6 Unire uova, acqua, olio e impastare: 30sec. Vel.6 e 30sec. Vel.Spiga. Togliete l'impasto e lasciatelo riposare 15 minuti avvolto in un canovaccio.

6.3.1.3 Pasta Senza Uova

Ingredienti: (Dose per 4 persone) 200gr. farina di semola 3 uova (da 60gr.) 100gr. (1 mis) acqua 1 cucchiaino di olio di oliva 1 pizzico di sale fine
Procedimento: Inserire nel boccale la farina. Unite dal foro del coperchio con lame in movimento Vel.3 acqua, olio e sale: 40sec. Vel.5 Togliete l'impasto e lasciatelo riposare 15 minuti avvolto in un canovaccio. N.B. Questa pasta si adatta a minestroni e a sughi di pesce

6.3.1.4 Pasta Per Ravioli

Ingredienti: (Dose per 8 persone) 300gr. farina 00 200gr. farina 0 30gr. olio 2 uova (da 60gr.) 150gr. (1 mis. e ½) di acqua
Procedimento: Inserire nel boccale farina, uova e acqua: 15sec. Vel.5 e 1min. Vel.Spiga. Togliete l'impasto e lasciatelo riposare 15 minuti avvolto in un canovaccio.

6.3.1.5 Pasta Verde Per Lasagne

Ingredienti: (Dose per 8 persone) 250gr. farina 00 250gr. farina di semola 4 uova (da 60gr.) 100gr. spinaci lessati e strizzati 1 cucchiaino di olio di oliva 1 cucchiaino di sale
Procedimento: Inserire nel boccale gli spinaci strizzati: 30sec. Vel.7. Riunite con la spatola il composto sul fondo del boccale. Aggiungete uova, olio, farina e sale: 40sec. Vel.6 e 1min. Vel.spiga. Togliete l'impasto e lasciatelo riposare 15min. avvolto in un canovaccio.

6.3.1.6 Pasta Per Orecchiette

Ingredienti: (Dose per 6 persone) 300gr. farina 00 200gr. farina semola 150gr. (1 mis. e ½) acqua
Procedimento: Inserire tutti gli ingredienti nel boccale: 30sec. Vel.6 e 1min. Spiga Dividete la pasta a pezzetti e formate con il palmo delle mani dei cilindretti di 2 cm. circa di diametro. Lasciateli riposare, coperti con 1 canovaccio per ½ ora. Tagliate dai cilindretti dei pezzettini di pasta e, con l'indice della mano, strisciateli sulla spianatoia infarinata e rovesciateli sul dito pollice per ottenere dei dischetti concavi. Fate asciugare le orecchiette ben distanziate sulla spianatoia e cosparsa di farina.

6.3.1.7 Rigatoni Al Ragù Di Verdure

Ingredienti: (Dose per 6 persone) 500gr. di rigatoni Per il sugo: 1 scatola di pelati 850gr. 1 cipolla 2 carote (150gr.) 1 costa di sedano 1 ciuffo di prezzemolo 30gr. burro 40gr. olio di oliva 1 cucchiaio di dado Bimby 1 mis. vino bianco sale e pepe q.b.
Procedimento: Inserire nel boccale i pomodori: 10sec. Vel.6 e metterli da parte. Introdurre le verdure: 10sec. Vel.4 Unire olio e burro: 5min. 100° Vel.1 + vino: 5min. 100° Vel.1 Unire pomodori, dado e pepe: 20min. 100° Vel.1 Versare il sugo sui rigatoni e servirli co abbondante parmigiano. **Note:** Questo sugo è ideale per condire anche cicatelli foggiani o tagliatelle.

6.3.1.8 Maccheroni Dell'ortolano

Ingredienti: (Dose per 6 persone) 500gr. di maccheroni Per il sugo: 400gr. spinaci mondati 3 porri (40gr.) 1 cipollina 100gr. burro 50gr. olio di oliva parmigiano a piacere sale e pepe q.b.
Procedimento: Tritare grossolanamente gli spinaci in due volte: 20sec. Vel.4 spatolando e mettere da parte. Tritare i porri: 5sec. Vel.4 e mettere da parte Inserire cipolla, olio e burro: 3min. 100° Vel.4 Unire porri, spinaci sale e pepe: 15min. 100° Vel.2 Condire la pasta con il sugo, cospargere con parmigiano e servire.

6.3.1.9 Bucatini Saltincelo

Ingredienti: (Dose per 6 persone) 500gr. di bucatini Per il sugo: 200gr. cipolle bianche dolci 200gr. prosciutto cotto in una sola fetta 40gr. burro 40gr. olio di oliva 1 rametto di rosmarino 4 foglio di salvia parmigiano grattugiato a piacere sale e pepe q.b.
Procedimento: Inserire nel boccale metà burro, metà olio e il prosciutto tagliato a dadini: 4min. 100° Vel.1 e mettere da parte. Introdurre nel boccale il restante burro e olio, il rametto di rosmarino e la salvia: 1min. 100° Vel.1. Unire le cipolle tagliate sottili, sale e pepe: 10min. 100° Vel.1. Terminata la cottura, togliere il rosmarino e la salvia. Unire il prosciutto precedentemente messo da parte e cuocere ancora: 2min. 100° Vel.1. Condire i bucatino e servirli cosparsi di parmigiano.

6.3.1.10 Rigatoni Alle Zucchine

Ingredienti: (Dose per 6 persone) 500gr. di rigatoni Per il sugo: 400gr. zucchine 50gr. burro 100gr. panna ½ cipolla 100gr. parmigiano reggiano sale e pepe q.b.
Procedimento: Inserire nel boccale burro e cipolla: 3min. 100° Vel.3 Unire le zucchine tagliate e mezze rondelle, sale e pepe: 15min. 100° Vel.1 Aggiungere la panna: 5sec. Vel.2 Condire i rigatoni, cospargere di parmigiano e servire **Note:** a piacere gratinare in forno preriscaldato a 200° per 10min.

6.3.1.11 Orecchiette Con Cavolfiore

Ingredienti: (Dose per 6 persone) Per il sugo: 400gr. cavolfiore mondato 3 acciughe 20 olive nere snocciolate 1 spicchio d'aglio 80gr. olio di oliva 1 pizzico di peperoncino parmigiano reggiano o pecorino sale q.b.

Procedimento: Inserire nel boccale aglio, olio, acciughe e peperoncino: 3min. 100° Vel.4 Aggiungere le olive: 2min. 100° Vel.1 e versare il tutto in un tegame. Senza lavare il boccale aggiungere 1 lt di acqua e il sale: 15min. 100° Vel.1 Posizionare il cestello con le cimette di cavolfiore: 10min. 100° Vel.2 Togliere il cestello e unire le cimette di cavolfiore al sughetto tenuto da parte. Riportare ad ebollizione l'acqua, versarvi le orecchiette con un cucchiaio di olio e cuocere per il tempo necessario a 100° vel 1. Scolarle versarle nel tegame e farle saltare a fuoco vivace per qualche minuto. Servire con parmigiano o pecorino a piacere. **Variante**: al posto del cavolfiore si possono usare broccoletti o cime di rapa.

6.3.1.12 Pennette Capricciose

Ingredienti: (Dose per 6 persone) 500gr. di pennette Per il sugo: 200gr. mascarpone 160gr. salsiccia spellata 50gr. cipolla 300gr. piselli surgelati 30gr. olio di oliva 1 mis e ½ acqua ½ mis. brandy parmigiano a piacere sale q.b.

Procedimento: Inserire nel boccale dal foro del coperchio con lame in movimento Vel.6 la cipolla: 7sec. Vel.6. Unire l'olio: 3min. 100° Vel.1 Dal foro del coperchio introdurre la salsiccia: 1min. 100° Vel.1. Versare il brandy: 1min. 100° Vel.1 senza misurino. Aggiungere acqua, piselli e sale: 15min. 100° Vel.1 senza misurino. Unire il mascarpone e amalgamare: 10sec. Vel.2. Condire le pennette e cospargere di parmigiano. Servire subito. **Variante**: Si possono sostituire i piselli con funghi porcini. Sono ottime entrambe.

6.3.1.13 Nuvole Al Fumo

Ingredienti: (Dose per 6 persone) 500gr. di nuvole (o conchiglie) Per il sugo: 100gr. pancetta affumicata tagliata a dadini 250gr. panna liquida 300gr. passata di pomodoro 40gr. olio di oliva 1 pezzetto di peperoncino 1 cucchiaino di prezzemolo tritato sale e pepe q.b.

Procedimento: Inserire nel boccale olio, pancetta e peperoncino: 5min. 100° Vel.1 Aggiungere pomodoro e sale: 10min. 100° Vel.1 Un minuto prima del termine della cottura unire la panna dal foro del coperchio. Condire le nuvole aggiungere il prezzemolo e servire.

6.4 La Pasta Ripiena

La pasta all'uovo destinata ad essere farcita deve risultare piuttosto morbida per poter essere tirata molto sottile.

Il tipo di impasto per la pasta ripiena non è ancora stato codificato ed è spesso spunto di piacevoli discussioni tra "amatori". Suggeriamo quindi alcune varianti alla ricetta di base: Si diminuisce il numero delle uova, aggiungendo la quantità necessaria di acqua, un po' di olio e, in alcuni casi, di vino bianco. Farcitura della sfoglia Per preparare le paste ripiene, la sfoglia non deve asciugare, quindi utilizzzatela subito, non appena spianata e tenete coperta con il canovaccio quella che deve ancora essere spianata. Confezionate quindi la pasta ripiena secondo la ricetta prescelta, tagliando e ripiegando la sfoglia secondo le indicazioni, ma ricordatevi di saldare bene i due strati facendo pressione con le dita perchè non esca il ripieno durante la cottura. Se la sfoglia fosse un po' secca bagnatene i bordi con un po' di acqua o di albume sbattuto.

6.4.1.1 Tortelli alla bolognese

Ingredienti: (Dose per 6 persone) Pasta per tagliatelle Ripieno per tortellini

Procedimento: Spianate, ritagliate a quadratini di 4 cm. di lato la sfoglia e distribuite su ciascun quadrato un poco di ripieno. Ripiegate diagonalmente e formate dei piccoli triangoli. Saldate la pasta di ciascun triangolo premendo l'indice e il pollice tutt'intorno. Arrotolate intorno all'indice i triangolini di pasta lasciando all'esterno la punta centrale e spingendola verso l'alto per conferire la caratteristica forma. Sovrapponete i due angoli opposti schiacciandoli per farli rimanere uniti e allineate i tortelli sulla spianatoia infarinata. Copriteli con un canovaccio fino al momento della cottura.

6.4.1.2 Ravioli

Ingredienti: (Dose per 8 persone) Pasta per ravioli Ripieno per ravioli di carne ripieno per ravioli di magro

Procedimento: Spianate la sfoglia e distribuite il ripieno su metà della sfoglia formando tanti mucchietti equidistanti. Ricoprite con l'altra mezza sfoglia premendo con le dita attorno ai mucchetti di ripieno per saldare la pasta. Ritagliate i ravioli con l'apposita rotellina formando dei quadrati. premete bene i bordi di ciascun raviolo tra indice e pollice e allineateli sulla spianatoia infarinata. Nota: Potete accelerare la preparazione dei ravioli utilizzando l'apposito stampo e preparando la sfoglia con la macchinetta. Mettete la sfoglia sullo stampo infarinato e premete con le mani per segnare gli incavi. Disponete un cucchiaino di ripieno su ogni incavo e ricoprite con l'altra sfoglia. premete con le mani per saldare bene, roesciate sulla spianatoia e tagliate i singoli ravioli con la rotellina. Ripetete l'operazione fino ad esaurimento del ripieno e della sfoglia.

6.4.1.3 Prepariamo le crepes

Ingredienti: (Dose per 6 persone) 4 uova 200gr. farina ½ litro (5 mis.) di latte 50gr. burro morbido 1 pizzico di sale

Procedimento: Mettete tutti gli ingredienti nel boccale: 20sec. Vel.4. Lasciate riposare l'impasto in una ciotola per mezz'ora Friggete due cucchiai di impasto per volta in una padella anti-aderente del diametro di 15 cm. Risulteranno circa 30 crepes.

6.4.1.4 Prepariamo la besciamella

Ingredienti: (Dose per 6 persone) ½ litro (5 mis.) di latte 55gr. (1 mis.) di farina 30gr. burro ½ cucchiaino di sale 1 pizzico di noce moscata pepe a piacere **Procedimento:** Inserite nel boccale tutti gli **ingredienti:** 7min. 90° Vel.4. Versate in una ciotola e utilizzatela per le ricette indicate

6.4.1.5 Prepariamo il dado di carne Bimby

Ingredienti: 400gr. carne trita scelta 250gr. verdure miste (sedano, carota, cipolla, aglio, salvia, rosmarino e 1 pomodoro) 200gr. sale grosso 3 cucchiai di vino rosso 1 foglia di alloro 1 chiodo di garofano a piacere

Procedimento: Inserite nel boccale le verdure: 10sec. Vel.4. Aggiungete sale, carne, vino, alloro e chiodo di garofano: 30min. 100° Vel.2. Terminata la cottura omogeneizzate: 1min. portando lentamente a Vel.Turbo. Versate il dado in vasetti, chiudeteli bene e conservateli in frigorifero.

6.4.1.6 Prepariamo il dado vegetale Bimby

Ingredienti: 200gr. sedano 2 carote 1 cipolla e 1 spicchio di aglio 1 pomodoro 1 manciata di funghi freschi 1 foglia di alloro alcune foglie di basilico salvia, rosmarino 1 ciuffo di prezzemolo 1 cucchiaio di olio di oliva 1 mis. di sale grosso **Procedimento:** Inserite nel boccale tutte le verdure e tritate: 10sec. Vel.4. Unite sale e olio: 15min. 100° Vel.4. Omogeneizzate tutto: 1min. Vel.turbo. Versate il dado in vasetti, chiudeteli bene e conservateli in frigorifero. **Note:** Per rendere il dado più consistente potete aggiungere 2 cucchiai di farina di soia o maizena insieme a sale e olio, o prolungare la cottura a temp. Varoma senza misurino, per il tempo che ritenete necessario.

6.5 Un Sugo Per Ogni Pasta

I tempi di cottura indicati possono variare in funzione della qualità delle verdure, della quantità degli ingredienti e delle temperature di utilizzo degli stessi (temperatura ambiente, frigorifero, freezer).

6.5.1.1 Tagliatelle con ragù alla bolognese

Ingredienti: (Dose per 6 persone) 500gr. tagliatelle fresche o 350gr. tagliatelle secche **Per il sugo:** 200gr. salsiccia o lonza di maiale tritata 300gr. manzo tritato 70gr. pancetta 80gr. tra sedano, carota e cipolla 700gr. passata di pomodoro 1mis. vino bianco 50gr. olio d'oliva 20gr. burro sale e pepe q.b.

Procedimento: Inserire nel boccale le verdure: 20sec. Vel.6 Aggiungere la pancetta: 10sec. Vel.6 Posizionare la farfalle e aggiungere l'olio: 4min. 100° Vel.1. Unire carne e salsiccia: 4min. 100° Vel.1 Aggiungere il vino: 2min. 100° Vel.1 togliendo il misurino per permettere l'evaporazione. Inserire il pomodoro, sale e pepe: 2min. 100° Vel.1., tenendo il misurino inclinato. A cottura ultimata aggiungere il burro, condire le tagliatelle e servire. Questo ragù è ideale anche per lasagne al forno. Se si vuole la carne del ragù più fine non usare la farfalla durante la cottura. E' facoltativo aggiungere uno spicchio di aglio, oppure sostituire la cipolla con lo scalogno.

6.5.1.2 Rigatoni al ragù di bracioletti

Ingredienti: (Dose per 6 persone) 500gr. rigatoni **Per il sugo:** 400gr. fettine di vitello 500gr. pomodori maturi 50gr. prosciutto crudo 40gr. olio di oliva ½ mis. di vino bianco 1 spicchio di aglio 1 cipollina alcune foglie di basilico 30gr. parmigiano sale q.b.

Procedimento: Inserire nel boccale dal foro del coperchio con lame in movimento Vel.5, parmigiano, aglio, basilico e prosciutto: 10sec. Vel.5 e mettere da parte. Cospargere con questo trito le fettine di carne precedentemente salate, unte di olio, arrotolarle e fissarle con mezzo stecchino. Introdurre nel boccale olio e cipolla: 3min. 100° Vel.3. Posizionare la farfalla e inserire i bracioletti: 5min. 100° Vel.1. Aggiungere il vino: 5min. 100 ° Vel.1 senza misurino. Inserire pomodori e sale: 30min. 100° Vel.1. Condire la pasta con il ragù e altro parmigiano a piacere **Note:** Si può aggiungere ½ peperoncino per renderlo piccante.

6.5.1.3 Spaghetti con ragù dietetico

Ingredienti: (Dose per 6 persone) 500gr. spaghetti **Per il sugo:** 300gr. carne trita 1 scatola di pelati o 500gr. pomodori maturi 1mis. vino bianco 1 pezzetto di sedano 1 cipolla sale e pepe q.b.

Procedimento: Inserire nel boccale sedano, cipolla, vino e sale: 3min. 100° Vel.4. Aggiungere la carne e i pelati: 20min. 100° Vel.1. Condire gli spaghetti e servire La pasta non fa ingrassare se consumata in giuste proporzioni. 100gr. pasta con le sue 380 calorie, cui bisogna sommare quelle fornite da un condimento leggero può raggiungere una media del 25% del fabbisogno calorico giornaliero.

6.5.1.4 Pennette alla pizzaiola

Ingredienti: (Dose per 6 persone) 500gr. pennette **Per il sugo:** 400gr. fettine sottili di manzo 40gr. olio di oliva 1 spicchio di aglio 1 cucchiaino di origano 2 cucchiai di capperi 1 scatola di pelati o 500gr. pomodori maturi sale e pepe q.b.

Procedimento: Inserire nel boccale i pomodori, posizionare il cestello con la carne a strati, alternata a capperi, olio, sale, pepe, origano e aglio: 35min. 100° Vel.4. A fine cottura travasare la carne nel boccale e tritare: 5sec. portando lentamente dal Vel.1 a Vel.5. Condire le pennette e servire.

6.5.1.5 Maccheroni alla puttanesca

Ingredienti: (Dose per 6 persone) 500gr. maccheroni **Per il sugo:** 400gr. pomodori maturi o pelati 2 filetti di acciughe 10 olive nere snocciolate 5 olive verdi snocciolate 1 cucchiaio di capperi 1 spicchio di aglio 1 pezzetto di peperoncino 1 pizzico di origano 40gr. olio di oliva 40gr. parmigiano grattugiato 1 cucchiaio di pecorino gratt. sale q.b.
Procedimento: Inserire nel boccale olio, aglio e peperoncino: 3min. 100° Vel.3. Aggiungere pomodori, capperi, acciughe e origano: 10min. 100° Vel.1. Unire le olive: 5sec. Vel.3 e aggiustare di sale. Condire i maccheroni, cospargere di parmigiano, pecorino e servire

6.5.1.6 Tortiglioni al sugo del cilento

Ingredienti: (Dose per 6 persone) 500gr. tortiglioni **per il sugo:** 500gr. pomodori 1 peperone 1 cipollina 1 spicchio aglio alcune foglie di basilico 1 pezzetto di peperoncino 80gr. olio di oliva sale q.b.
Procedimento: Inserire nel boccale aglio, cipolla, pomodori, peperone, peperoncino e sale: 10sec. Vel.4 e poi 15min. 100° Vel.1 A fine cottura unire olio e basilico: 2sec. Vel.1. Versare il sugo sui tortiglioni e servire caldo. **Note:** Si possono sostituire i tortiglioni con penne rigate.

6.5.1.7 Spaghetti alle vongole

Ingredienti: (Dose per 6 persone) 500gr. spaghetti **Per il sugo:** 400gr. pomodorini lavati e privati dei semi o una scatola di pelati 250gr. vongole fresche sgusciate o surgelate 50gr. olio di oliva 1 spicchio di aglio 50gr. prezzemolo mondato un pizzico di peperoncino sale q.b.
Procedimento: Inserire nel boccale dal foro del coperchio, con lame in movimento Vel.6, il prezzemolo e metterlo da parte. Introdurre olio e aglio: 3min. 100° Vel.4 Unire le vongole: 1min. 100° Vel.1. Aggiungere i pomodori, sale e peperoncino: 10min. 100° Vel.1. A fine cottura aggiungere il prezzemolo. Condire gli spaghetti e lasciarli insaporire per 2-3min. prima di servire. **Note:** Se il sugo risulta un po' liquido continuare la cottura per ancora 4min. temp. Varoma Vel.1 senza misurino.

6.5.1.8 Fusilli al tonno

Ingredienti: (Dose per 6 persone) 500gr. fusilli **Per il sugo:** 500gr. polpa di pomodori 300gr. tonno sgocciolato 4 aggiughe 50gr. prezzemolo mondato 50gr. olio di oliva 1 spicchio di aglio peperoncino a piacere sale q.b.
Procedimento: Inserire nel boccale dal foro del coperchio con lame in movimento Vel.6 il prezzemolo, tritarlo, e metterlo da parte. Introdurre olio, aglio e acciughe: 3min. 100° Vel.4 Aggiungere pomodori e sale: 12min. 100° Vel.2. Unire tonno, peperoncino e prezzemolo: 2min. 100° Vel.1. Condire i fusilli e lasciarli insaporire per 2-3 minuti prima di servire

6.5.1.9 Fettuccine al pomodoro e basilico

Ingredienti: (Dose per 6 persone) 500gr. fettuccine **per il sugo:** 800gr. polpa di pomodoro o pomodori freschi 1 spicchio aglio 60gr. olio di oliva basilico parmigiano grattugiato a piacere sale q.b.
Procedimento: Inserire nel boccale aglio e olio: 3min. 100° Vel.4. Unire pomodoro e sale: 15min. 100° Vel.1 Qualche minuto prima del termine della cottura, aggiungere il basilico. Condire le fettuccine, guarnirle con qualche foglia di basilico e servirle con abbondante parmigiano. **Note:** Si possono sostituire le fettuccine con gli spaghetti. Si puo' sostituire l'aglio con la cipolla, aggiungere il peperoncino e sostituire il parmigiano con ricotta salata.

6.5.1.10 Pennette alla crema di scampi

Ingredienti: (Dose per 6 persone) 500gr. pennette **Per il sugo:** 350gr. scampi 1 cipollina 1 spicchio di aglio 50gr. olio di oliva 1 cucchiaino di farina ½ misurino di vino bianco 4 pelati 200gr. panna 1 pizzico di peperoncino sale q.b. ½ mis. di acqua di cottura degli scampi

Procedimento: Inserire nel boccale gli scampi con ½ mis. di acqua: 5min. 100° Vel.1. Sgusciarli e tenere da parte l'acqua di cottura. Introdurre nel boccale aglio, cipolla, olio, peperoncino e due scampi sgusciati: 3min. 100° Vel.4. Aggiungere farina e vino: 2min. 100° Vel.4. Unire gli altri scampi, l'acqua di cottura, il sale e i pelati: 5min. 100° Vel.1. Aggiungere dal foro del coperchio con lame in movimento Vel.2 la panna. Condire le pennette e servire subito.

6.5.1.11 Fusilli con sugo alla salsiccia

Ingredienti: (Dose per 6 persone) 500gr. fusilli per il sugo 500gr. polpa di pomodoro 300gr. salsiccia spellata ½ peperone rosso ½ cipolla 1 porro 4-5 foglie di basilico 40gr. olio di oliva ½ mis. vino rosso sale q.b.

Procedimento: Inserire nel boccale cipolla, porro, peperone: 5sec. Vel.4. Unire l'olio: 3min. 100° Vel.1. Aggiungere la salsiccia a pezzetti e il vino: 5min. 100° Vel.1. Unire pomodoro e sale: 15min. 100° Vel.1. A fine cottura aggiungere il basilico, condire i fusilli e servire.

6.5.1.12 Spaghetti alle cozze

Ingredienti: (Dose per 6 persone) 500gr. spaghetti **per il sugo:** 500gr. cozze fresche pulite 500gr. polpa di pomodoro ½ cipollina 1 spicchio di aglio 40gr. olio di oliva peperoncino a piacere sale e pepe q.b. prezzemolo tritato a piacere **Procedimento:** Inserire nel boccale olio, aglio, cipolla e peperoncino: 3min. 100° Vel.4. Aggiungere pomodori, sale e pepe: 10min. 100° Vel.1. Unire le cozze: 5min. 100° Vel.1. Condire gli spahetti e servirli a piacere con prezzemolo tritato. **Note:** Se si preferisce un sugo più denso, portare a temperatura varoma gli ultimi minuti di cottura.

6.5.1.13 Conchiglie ai peperoni

Ingredienti: (Dose per 6 persone) 500gr. conchiglie **per il sugo:** 1 peperone rosso mondato 1 peperone verde mondato 80gr. burro 50gr. parmigiano grattugiato 100gr. panna sale q.b.

Procedimento: Inserire nel boccale i peperoni a pezzi: 6sec. Vel.4. Unire burro e sale: 18min. 100° Vel.3. Aggiungere il parmigiano: 30sec. Vel.7. Unire la panna: 20sec. Vel.2. Condire le conchiglie e servire.

6.5.1.14 Bucatini all'amatriciana

Ingredienti: (Dose per 6 persone) 500gr. bucatini **per il sugo:** 400gr. polpa di pomodoro 70gr. guanciale tagliato a dadini 70gr. pancetta affumicata tagliata a dadini 1 cipolla piccola 30gr. olio di oliva ½ mis. di vino bianco 1 pezzetto di peperoncino 50gr. pecorino grattugiato sale e pepe q.b.

Procedimento: Inserire nel boccale cipolla e peperoncino: 10sec. Vel.5. Unire olio, pancetta e guanciale: 4min. 100° Vel.1 Aggiungere il vino: 3min. 100° Vel.1 senza misurino. Introdurre pomodori, sale e pepe: 10min. 100° Vel.1. Condire i bucatini e servirli cosparsi di pecorino.

6.5.1.15 Rotelle al pomodoro crudo

Ingredienti: (Dose per 6 persone) 500gr. rotelle per il sugo 500gr. pomodori rossi e maturi 40gr. olio di oliva extravergine 4 o 5 foglie di basilico 50gr. parmigiano grattugiato sale e pepe q.b.

6.5.1.16 Maccheroni al pomodoro e mozzarella

Ingredienti: (Dose per 6 persone) 500gr. maccheroni per il sugo 500gr. pomodori rossi e maturi 40gr. olio di oliva extravergine 4 o 5 foglie di basilico 50gr. parmigiano grattugiato sale e pepe q.b. 1 spicchio di aglio 1 mozzarella rucola **Procedimento:** Inserire nel boccale basilico e pomodori a pezzi: 5sec. Vel.5. Aggiungere ai pomodori e basilico, 1 spicchio di aglio, 1 mozzarella a dadini e alcune foglie di rucola: 5sec. Vel.5. Versare subito sui maccheroni bollenti, aggiungendo olio di oliva extravergine e parmigiano

6.5.1.17 Pennette primavera

Ingredienti: (Dose per 6 persone) 500gr. pennette per il sugo 100gr. piselli freschi o surgelati 100gr. funghi coltivati 50gr. pancetta 1 cicollina 1 carota 1 gambo di sedano 1 zucchina 2 pomodori 1 ciuffo di prezzemolo 100gr. burro 50gr. parmigiano grattugiato 1 cucchiaio di dado Bimby sale e pepe q.b.

Procedimento: Inserire nel boccale prezzemolo, pancetta, cipolla, carota e sedano: 10sec. Vel.4. Introdurre 50gr. burro: 2min. 100° Vel.1. Unire piselli, pomodori, funghi a fettine e zucchine a tocchetti: 3min. 100° Vel.1. Aggiungere sale, pepe e dado: 15min. 100° Vel.1. Condire le pennette con il sugo, aggiungere il restante burro, il parmigiano e servire. Il Condimento deve essere "intonato" alle differenti forme di pasta. Con i formati grandi, tipo rigatoni, penne, ecc. è più indicato un sugo a base di carne, funghi o verdure in genere. Per le paste lunghe non forae, è indicato un sugo a base di pomodoro, condimenti come olio, aglio, frutti di mare con o senza pomodoro. Infine i sughi "bianchi", fatti con besciamella, burro, panna, si adattano soprattutto ai formati corti e alle paste all'uovo.

6.5.1.18 Spaghetti alla provenzale

Ingredienti: (Dose per 6 persone) 500gr. spaghetti **per il sugo:** 600gr. pomodori pelati 30gr. funghi secchi 100gr. olive nere ½ cipolla 80gr. olio di oliva 50gr. parmigiano grattugiato sale e pepe q.b.

Procedimento: Mettere i funghi a bagno in acqua tiepida. Inserire nel boccale cipolla e olio: 5sec. Vel.3 e soffriggere: 3min. 100° Vel.4. Aggiungere i funghi strizzati: 3min. 100° Vel.1. Versare ½ mis. di acqua di ammollo dei funghi, pomodori pelati, sale e pepe: 10min. 100° Vel.1. Alla fine unire le olive e condire gli spaghetti aggiungendo parmigiano.

6.5.1.19 Vermicelli allo scoglio

Ingredienti: (Dose per 6 persone) 500gr. vermicelli **per il sugo:** 500gr. pesce misto (a scelta vongole, cozze, gamberi, merluzzo, totani) 2 spicchi aglio 1 ciuffo di prezzemolo 50gr. olio di oliva 1 mis. vino bianco 2 cucchiai di salsa di pomodoro o 3 pomodori maturi 1 pizzico di peperoncino sale q.b.

Procedimento: Inserire nel boccale aglio, olio, prezzemolo e peperoncino: 3min. 100° Vel.4. Posizionare la farfalla, aggiungere il pesce e il vino: 2min. 100° Vel.2. Unire pomodoro, sale e terminare la cottura: 6min. 100 ° Vel.1. Condire i vermicelli e servire

6.5.1.20 Bavette con le seppioline

Ingredienti: (Dose per 6 persone) 500gr. bavette **per il sugo:** 500gr. seppioline fresche o surgelate 400gr. polpa di pomodoro 40gr. olio di oliva 1 pezzetto di cipolla 1 spicchio di aglio 1 ciuffo di prezzemolo sale q.b.

Procedimento: Inserire nel boccale olio, aglio, cipolla e prezzemolo: 3min. 100° Vel.4. Aggiungere le seppioline: 1min. 100° Vel.1 Unire pomodori e sale: 30min. 100° Vel.1. Condire le bavette e guarnirle con ciuffi di prezzemolo.

6.5.1.21 Pasta cavata con rucola e patate

Ingredienti: (Dose per 6 persone) pasta cavata (ricetta pag. **per il sugo:** 400gr. patate a pezzetti 200gr. rucola mondata 1 spicchio di aglio 4 pelati 50gr. olio di oliva 1 pizzico di peperoncino sale q.b.

Procedimento: Inserire nel boccale olio, aglio e peperoncino: 3min. 100° Vel.1. Aggiungere le patate: 2min. 100° Vel.1. Unire rucola, sale, pelati e 1 mis. acqua: 15min. 100° Vel.1. Scolare la pasta e condirla con sugo.

6.5.1.22 Trenette al pesto

Ingredienti: (Dose per 6 persone) 500gr. trenette **Per il sugo:** 100gr. basilico lavato e sgocciolato 50gr. pinoli 2 spicchi di aglio 100gr. parmigiano 50gr. pecorino sardo 150gr. olio extravergine di oliva sale q.b.

Procedimento: Inserire nel boccale parmigiano, pecorino, aglio e pinoli: 30sec. Vel.9 Aggiungere basilico e sale: 15sec. Vel.6 spatolando Unire l'olio: 1min. Vel.7 Condire le trenette aggiungendo, se necesario, mezzo misurino di acqua di cottura della pasta **Note:** Si consiglia di conservare in frigorifero il pesto non utilizzato, coperto di olio.

6.5.1.23 Linguine alle vongole e peperoni

Ingredienti: (Dose per 6 persone) 500gr. linguine **per il sugo:** 1, 5 kg. di vongole fresche 1 peperone giallo grande 2 spicchi di aglio 1 pezzetto di cipolla 200gr. passata di pomodoro 80gr. olio di oliva peperoncino sale q.b. 1 cucchiaio di prezzemolo tritato
Procedimento: Lavare le vongole e metterle in una padella a fuoco vivace per farle aprire. Sgusciarle e filtrare l'acqua che si è formata. Tgliare il peperone a listarelle. Inserire nel boccale olio, aglio e cipolla: 4min. 100° Vel.1. Posizionare la farfalla, aggiungere i peperoni e cuocere: 5min. 100° Vel.1. senza misurino. Aggiungere le vongole di cui alcune col guscio: 2min. 100° Vel.1. senza misurino. Unire l'acqua delle vongole, pomodoro, sale e peperoncino: 8min. 100° Vel.1. tenendo il misurino inclinato. Condire le linguine con il sugo e una spolverata di prezzemolo fresco tritato. Si possono sostituire le vongole fresche con 300gr. di vongole surgelate sgusciate. Questo sugo è ideale anche per condire spaghetti e bavettine

6.5.1.24 Pipe al pesto di tonno

Ingredienti: (Dose per 6 persone) 500gr. di pipe **per il sugo:** 240gr. tonno 150gr. latte (1 mis e ½) 80gr. parmigiano grattugiato sale, pepe q.b.
Procedimento: Inserire nel boccale tutti gli ingredienti, escluso il parmigiano: 6min. 90° Vel.4. Versare il sugo sulla pasta e cospargere di parmigiano. **Variante:** Si puo' sostituire il sale, aggiungendo a fine cottura 3 o 4 capperi sotto sale, amalgamandoli per 10sec. a velocità 6.

6.5.1.25 Ravioli di magro con salsa di noci

Ingredienti: (Dose per 6 persone) ravioli di magro **per il sugo:** 200gr. gherigli di noci 100gr. parmigiano grattugiato 50gr. mollica di pane bagnata in acqua e strizzata 200gr. panna sale q.b.
Procedimento: Inserire nel boccale noci e mollica di pane: 10sec. Vel.4. Aggiungere tutti gli altri **ingredienti:** 20sec. Vel.6 Riunire il composto con la spatola e versarlo sui ravioli, preparati come da indicazioni a pagina Guarnire con gherigli di noce e servire. **Note:** Se la salsa risulta troppo densa aggiungere 1 mis. di acqua di cottura dei ravioli

6.5.1.26 Pennette al sugo di ricotta

Ingredienti: (Dose per 6 persone) 500gr. pennette **per il sugo:** 200gr. ricotta 50gr. burro ½ peperoncino piccante 100gr. latte 50gr. parmigiano grattugiato sale q.b.
Procedimento: Inserire nel boccale: latte, burro, peperoncino e sale: 3min. 100° Vel.2 Unire ricotta e parmigiano: 15sec. Vel.4. Riunire il composto con la spatola, condire le pennette e servire subito. **Note:** Si consiglia di conservare 1 mis. di acqua di cottura della pasta per diluire il sugo, se necessario.

6.5.1.27 Tagliatelle con sugo alle cipolle

Ingredienti: (Dose per 6 persone) tagliatelle fresche **per il sugo:** 400gr. di cipolle bianche dolci 30gr. burro 30gr. olio di oliva 1 cucchiaio di salsa di pomodoro 200gr. panna 30gr. parmigiano grattugiato sale e pepe q.b.
Procedimento: Inserire nel boccale burro e olio: 2min. 100° Vel.1 Unire le cipolle: 10sec. Vel.4. Cuocere: 8min. 100° Vel.1. Aggiungere pomodoro, panna, sale e pepe: 4min. 90° Vel.1. Condire le tagliatelle e servirle cosparse di parmigiano.

6.5.1.28 Fusilli all'erba cipollina

Ingredienti: (Dose per 6 persone) 500gr. fusilli **per il sugo:** 50gr. erba cipollina 1 cucchiaio di pinoli 100gr. olio di oliva 200gr. ricotta 30gr. parmigiano sale e pepe q.b.

Procedimento: Inserire nel boccale erba cipollina, pinoli e parmigiano: 30sec. Vel.7 Unire olio, sale e pepe: 10sec. Vel.4 Aggiungere la ricotta: 20sec. Vel.3. Condire i fusilli con il sugo, guarnire con erba cipollina e servire. **Note:** Si consiglia di conservare 1 mis. di acqua di cottura della pasta per diluire il sugo, se necessario.

6.5.1.29   Maccheroncini ai 4 formaggi

Ingredienti: (Dose per 6 persone) 500gr. maccheroncini **per il sugo:** 50gr. burro 50gr. parmigiano 50gr. gorgonzola 50gr. emmenthal 50gr. mozzarella, 100gr. latte 50gr. panna sale q.b.

Procedimento: Inserire nel boccale il burro: 1min. 80° Vel.1. Aggiungere tutti i formaggi a pezzetti, il latte e il sale: 10sec. Vel.9. Cuocere: 4min. 80° Vel.1. Unire la panna e amalgamare: 10sec. Vel.1. Non appena terminata la preparazione versare la salsa sui maccheroncini, mescolare e servire. **Note:** le qualità dei formaggi possono variare a piacere, consentendo di utilizzare avanzi vari. Una pasta di buona qualità deve essere fragile e dura al tempo stesso, avere odore e sapore gradevoli, privi completamente di acidità. Il colore deve avvicinarsi il più possibile al giallo ambra (quella di grano tenero è più biancastra) e la superficie deve essere uniforme, lucente e compatta.

6.5.1.30   Maltagliati allo zafferano e funghi

Ingredienti: (Dose per 6 persone) 400gr. maltagliati **per il sugo:** 300gr. funghi coltivati 60gr. burro 2 bustine di zafferano 1 spicchio aglio ½ mis. di latte 1 cucchiaio di prezzemolo tritato sale e pepe q.b.

Procedimento: Inserire nel boccale funghi, burro e aglio: 3min. 100° Vel.1. Aggiungere latte, sale e pepe: 5min. 100° Vel.1. Unire zafferano e prezzemolo: 15sec. Vel.1. Condire i maltagliati e servire subito. **Note:** Si possono utilizzare altri tipi di pasta come penne, o mezzi rigatoni.

6.5.1.31   Conchiglie con zafferano e prosciutto

Ingredienti: (Dose per 6 persone) 500gr. conchiglie **per il sugo:** 150gr. prosciutto cotto 250gr. panna 100gr. burro 2 tuorli 1 bustina zafferano 50gr. parmigiano gratt. 1 ciuffo di prezzemolo sale e pepe q.b.

Procedimento: Inserire nel boccale prosciutto e burro: 10sec. Vel.4. Soffriggere 2min. 100° Vel.1. Unire panna, tuorli, zafferano, sale, pepe e amalgamare: 1min. 100° Vel.2. Versare la salsa sulle conchiglie, aggiungere parmigiano e prezzemolo, mescolare bene e servire.

6.5.1.32   Spaghetti al sugo di mollica

Ingredienti: (Dose per 6 persone) 500gr. spaghetti **per il sugo:** 200gr. pane raffermo 7 filetti di acciuga 1 spicchio di aglio 1 ciuffo di prezzemolo 200gr. olio di oliva sale e pepe q.b.

Procedimento: Inserire nel boccale il pane a pezzi: 30sec. Vel.8. Abbrustolirlo 5min. 100° Vel.3. Unire tutti gli altri ingredienti e per ultimo l'olio: 10sec. Vel.5. Condire gli spaghetti e servire con una macinata di pepe nero. **Note:** Si consiglia di conservare 1 mis. di acqua di cottura della pasta per diluire il sugo, se necessario.

6.5.1.33   Trenette al gorgonzola

Ingredienti: (Dose per 6 persone) 500gr. di trenette **per il sugo:** 170gr. gorgonzola 200gr. ricotta 50gr. burro 1 mis. latte parmigiano grattugiato a piacere sale e pepe q.b.

Procedimento: Inseire nel boccale gorgonzola, ricotta, burro, latte, sale e pepe: 40sec. Vel.6. Condire le trenette con la salsa e parmigiano a piacere.

6.5.1.34   Eliche con champignons

Ingredienti: (Dose per 6 persone) 500gr. eliche **per il sugo:** 350gr. champignons 1 spicchio di aglio 50gr. olio di oliva 50gr. burro 100gr. panna ½ mis. di brandy 50gr. parmigiano grattugiato sale e pepe q.b.

Procedimento: Inserire nel boccale aglio, olio e 25gr. di burro: 3min. 100° Vel.1. Posizionare la farfalla e aggiungere i funghi tagliati a fettine, brandy, sale e pepe: 15min. 100° Vel.1, togliendo il misurino. Versare sulle eliche bollenti i funghi, aggiungere il rimanente burro, la panna e il parmigiano. Mescolare bene e servire. **Note:** per rendere più saporita questa salsa, è consigliabile aggiungere 30gr. di funghi porcini secchi precedentemente ammollati.

6.5.1.35 Farfalle con panna e piselli

Ingredienti: (Dose per 6 persone) 500gr. farfalle **per il sugo:** 300gr. piselli freschi o surgelati 100gr. prosciutto cotto ½ cipolla 80gr. burro 200gr. panna 40gr. parmigiano grattugiato sale q.b.

Procedimento: Inserire nel boccale dal foro del coperchio sulle lame in movimento Vel.4, la cipolla e prosciutto: 10sec. Vel.4. Aggiungere 40gr. burro: 3min. 100° Vel.1. Unire i piselli, 1 mis. di acqua e il sale: 15min. 100° Vel.1. Terminata la cottura versare dal foro del coperchio la panna: 1min. Vel.1. Condire le farfalle con il sugo, il burro rimasto e il parmigiano: mescolare bene e servire subito.

6.5.1.36 Farfalle con salsa al salmone

Ingredienti: (Dose per 6 persone) 500gr. farfalle **per il sugo:** 1 scatoletta di salmone al naturale 50gr. salmone affumicato 200gr. panna 50gr. cipolline novelle un ciuffo di prezzemolo 80gr. burro sale, pepe q.b.

Procedimento: Inserire nel boccale cipolline e burro: 3min. 100° Vel.4. Aggiungere i salmoni, sale e pepe: 3min. 100° Vel.2. Unire la panna e amalgamare: 10sec. Vel.2 Condire le farfalle con il sugo e servire subito.

6.5.1.37 Tagliolini ai cuori di carciofi

Ingredienti: (Dose per 6 persone) 500gr. tagliolini **per il sugo:** 8 cuori di carciofo freschi 1 spicchio di aglio 1 mis. vino bianco 200gr. panna 100gr. olio di oliva 30gr. burro 1 manciata di prezzemolo parmigiano a piacere sale e pepe q.b.

Procedimento: Tagliare a fettine i cuori di carciofo e metterli a bagno in acqua e limone per mezz'ora. Inserire nel boccale, dal foro del coperchio con lame in movimento Vel.6, metà del prezzemolo e aglio: 7sec. Vel.6. Unire l'olio: 3min. 100° Vel.3. Posizionare la farfalla e introdurre i carciofi: 5min. 100° Vel.1. Aggiungere vino, sale e pepe: 10min. 100° Vel.1. A fine cottura unire la panna e il rimanente prezzemolo: 40sec. Vel.2. Mettere il burro a pezzetti in una zuppiera calda, versare i tagliolini, i carciofi, il parmigiano, almagamare bene e servire. **Note:** Se non avete carciofi freschi potete utilizzare i surgelati mantenendo il tempo di cottura indicato sulla confezione. Questi carciofi sono ottimi anche come contorno.

6.5.1.38 Pennette ai sardoncini

Ingredienti: (Dose per 6 persone) 500gr. pennette **per il sugo:** 500gr. sardoncini lavati e spinati 300gr. polpa di pomodoro 2 spicchi di aglio 80gr. olio di oliva ½ mis. di vino 1 manciata di prezzemolo peperoncino sale q.b.

Procedimento: Tagliare a pezzetti i sardoncini. Inserire nel boccale olio, aglio e peperoncino: 4min. 100° Vel.4. Posizionare la farfalla e aggiungere i sardoncini: 2min. 100° Vel.1. Unire il vino: 2min. 100° Vel.1, senza misurino. Aggiungere pomodoro, sale e prezzemolo: 10min. 100° Vel.1., senza misurino. Condire le pennette e servire, **Note:** Questa salsa è ottima per condire anche orecchiette e sedanini.

6.5.1.39 Rigatoni alle melanzane

Ingredienti: (Dose per 6 persone) 500gr. rigatoni **per il sugo:** 350gr. melanzane a tocchetti 600gr. polpa di pomodoro fresca o in scatola 1 spicchio di aglio 80gr. olio di oliva 1 manciata di prezzemolo 1 manciata di basilico parmigiano o ricotta salata a piacere sale e pene nero q.b.

Procedimento: Inserire nel boccale, dal foro del coperchio con lame in movimento Vel.6, prezzemolo e aglio: 7sec. Vel.6. Unire la polpa di pomodoro: 7sec. Vel.4. Aggiungere le melanzane, olio e sale: 25min. 100° Vel.1. A fine cottura unire pepe, basilico tritato e amalgamare: 5sec. Vel.1. Versare il sugo sui rigatoni e servire con il formaggio preferito.

6.5.1.40   Lasagne al forno

Ingredienti: (Dose per 6 persone) 1 dose di pasta per lasagne ricetta pag. 1 dose e ½ di besciamella ricetta pag. 1 dose di ragù ricetta pag. 150gr. parmigiano burro per ungere la pirofila

Procedimento: Grattugiare il parmigiano: 20sec. Vel.turbo e mettere da parte. Preparare l'impasto. Preparare la besciamella e metterla da parte. Preparare il ragù. Mentre cuoce il ragù, preparare la sfoglia, tagliarla a rettangoli e cuocerli in acqua bollente salata per 2min. Scolarli e stenderli su un canovaccio bagnato. Ungere la pirofila con burro, disporre uno strato di pasta, uno strato di besciamella, un poco di ragù e parmigiano. Continuare fino ad esaurimento degli ingredienti. Cuocere in forno preriscaldato a 200° per 30 min., fino ad ottenere una crosticina dorata.

6.5.1.41   Lasagne al pesto

Ingredienti: (Dose per 6 persone) 1 dose di impasto per lasagne ricetta pagina 1 dose per besciamella ricetta pagina 1 dose di pesto ricetta pag. 100gr. parmigiano grattugiato

Procedimento: Bollire pochi per volta i rettangoli di pasta in acqua salata per 2min. Scolarli e stenderli su un canovaccio bagnato. Disporre un primo strato di pasta in una teglia rettangolare precedentemente imburrata. Ricoprire con alcuni cucchiai di besciamella e pesto, cospargere di parmigiano e procedere così fino ad esaurimento degli ingredienti. Cuocere in forno preriscaldato a 200° per 30 min., fino ad ottenere una crosticina dorata.

6.5.1.42   Tortelli alla bolognese

Ingredienti: (Dose per 6 persone) 1 dose di impasto per tagliatelle ricetta pag. 150gr. mortadella 200gr. lombo a fettine 150gr. petto di tacchino 150gr. parmigiano grattugiato 1 foglia di alloro 30gr. burro 1 uovo noce moscata a piacere sale q.b.

Procedimento: Rosolare in padella la carne a pezzi con burro e alloro. Inserire nel boccale dal foro del coperchio con lame in movimento Vel.5, la mortadella: 5sec. Vel.5. e metterla da parte. Usare o stesso procedimento per tritare la carne. Unire mortadella, parmigiano, uovo, sale e noce moscata: 20sec. Vel.8. Preparare i tortelli come da indicazioni a pagina Si possono servire in brodo o con sugo a piacere.

6.5.1.43   Ravioli con ripieno di magro

Ingredienti: (Dose per 6 persone) 1 dose di impasto per ravioli ricetta pag. per il ripieno 200gr. spinaci lessati e strizzati 200gr. ricotta 50gr. parmigiano grattugiato ¼ cipolla 30gr. burro 1 uovo 1 pizzico di noce moscata sale e pepe q.b. **Procedimento:** Inserire nel boccale burro e cipolla: 3min. 100° Vel.4. Unire dal foro del coperchio con lame in movimento Vel.3, gli spinaci: 20sec. Vel.3. Aggiungere tutti gli altri **ingredienti:** 20sec. Vel.3. Preparare i ravioli come da indicazioni a pagina Condire a piacere con burro fuso e salvia o con salsa alle noci (vedi ricetta a pag,)

6.5.1.44   Ravioli con ripieno di carne

Ingredienti: (Dose per 8 persone) 1 dose di impasto per ravioli ricetta pag. per il ripieno 250gr. polpa di vitello 200gr. lonza di maiale 2 cosce di coniglio disossate 150gr. prosciutto cotto 100gr. spinaci lavati e mondati 1 uovo intero 100gr. parmigiano grattugiato 40gr. olio di oliva 60gr. burro 1 spicchio di aglio mezza cipolla 1 mis. vino bianco secco alcuni aghi di rosmarino noce moscata a piacere sale e pepe q.b.

Procedimento: Posizionate la farfalla nel boccale. Inserire l'olio: 5min. 100° Vel.1. Dopo 1 minuto aggiungere cipolla, aglio e rosmarino. Unire la carne di vitello divisa in due pezzi: 10min. 100° Vel.1. Togliere il vitello e introdurre le cosce di coniglio: 8min. 100° Vel.1. Se necessario aggiungere mezzo mis. di vino. Togliere il coniglio e inserire la carne di maiale: 5min. 100° Vel.1. Terminata la cottura mettere nel boccale i tre tipi di carne con il loro sugo di cottura: 20min. 100° Vel.1. Unire il restante vino. Togliere la carne e inserire il burro, spinaci e aglio: 5min. 100° Vel.1. Togliere gli spinaci dal boccale e eliminare l'aglio. Inserire nel boccale dal foro del coperchio con lame in movimento Vel.8 le carni: 30sec. Vel.4. Toglierle e metterle da parte. Introdurre sempre dal foro del coperchio con lame in movimento Vel.8, gli spinaci e il prosciutto. Unire le carni tritate precedentemente, l'uovo, il parmigiano e gli aromi. Amalgamare il tutto: 30sec. Vel.2. Si possono condire con burro fuso, salvia e parmigiano o con sugo a piacere.

6.5.1.45   Ravioli di spinaci

Ingredienti: (Dose per 6 persone) 1 dose di pasta per ravioli ricetta pag. per il ripieno 300gr. spinaci lessati e strizzati 200gr. ricotta 50gr. parmigiano 1 cipollina 1 tuorlo d'uovo 30gr. burro sale, pepe, noce moscata q.b.
Procedimento: Inserire nel boccale burro e cipolla: 3min. 100° Vel.4. Introdurre dal foro del coperchio con lame in movimento Vel.6, gli spinaci: 20sec. Vel.6. Aggiungere ricotta, parmigiano, tuorlo d'uovo, sale, pepe e noce moscata: 25sec. Vel.4., spatolando. Versare il composto in una ciotola. Preparare i ravioli secondo le indicazioni di pag. Condire i ravioli con burro fuso e parmigiano o con sugo di pomodoro fresco.

6.5.1.46   Timballo di riso al latte

Ingredienti: (Dose per 8 persone) 500gr. di riso 300gr. scamorza 200gr. salsiccia secca piccante 500gr. (5 mis.) di latte 80gr. di burro 3 uova 50gr. parmigiano grattugiato 50gr. pangrattato sale q.b.
Procedimento: Tritare grossolanamente la salsiccia e la scamorza: 10sec. Vel.9 e mettere da parte. Inserire nel boccale 1 lt. di acqua e 250gr. di latte: 10min. 100° Vel.1. Aggiungere il riso e cuocere: 12min. 100° Vel.1. Scolare e mettere in una terrina aggiungendo il rimanente latte, il burro a pezzetti, le uova battute, il parmigiano, la scamorza, la salsiccia e il sale. Mescolare bene e versare il tutto in uno stampo alto col foro centrale, precedentemente imburrato e cosparso di pangrattato. Mettere in forno preriscaldato a 200° per 30min. circa. Lasciare riposare ancora 15 minuti in forno spento, capovolgere su un piatto da portata e servire con al centro un sugo o verdure a piacere.

6.5.1.47   Corona di riso alla fonduta

Ingredienti: (Dose per 6 persone) per la fonduta 200gr. di fontina Valdostana 30gr. burro 1 mis. latte 2 tuorli d'uovo sale e pepe q.b. per il risotto: risottino bianco ricetta pag.
Procedimento: Preparare il risottino come da ricetta, pag. Imburrare uno stampo rotondo dai bordi alti e con il buco. Versare il risotto nello stampo e metterlo in forno preriscaldato a 180° per 10min. Nel frattempo preparare la fonduta: Inserire nel boccale la fontina: 10sec. Vel.4. Aggiungere latte, burro, sale e pepe: 4min. 80° Vel.4. Unire dal foro del coperchio con lame in movimento Vel.4, i tuorli: 1min. Vel.5. Versarla subito sulla corona di riso capovolta su un piatto da portata rotondo. Servire subito **Note:** Se volete dare un tocco più raffinato, servitela con scagliette di tartufo.

6.5.1.48   Ziti al gratin

Ingredienti: (Dose per 6 persone) 500gr. di ziti 300gr. mozzarella 100gr. parmigiano grattugiato 1 dose e ½ di besciamella 2 cucchiai di pangrattato sale e pepe q.b.

Procedimento: Inserire nel boccale la mozzarella a pezzi: 7sec. Vel.4. e metterla in una ciotola. Preparare la besciamella come da ricetta a pag. Condire tutta la pasta con metà besciamella e disporre metà in una teglia da forno precedentemente imburrata. Cospargere con parmigiano, mozzarella e qualche cucchiaio di besciamella. Sovrapporre il secondo strato di pasta, cospargere con mozzarella, parmigiano, besciamella e pangrattato Disporre alcuni fiocchetti di burro e mettere in forno preriscaldato a 200° per 15min. circa. Servire caldo. **Note:** si puo' utilizzare anche pasta avanzata. Volendo alla mozzarella si può aggiungere 50gr. di prosciutto cotto tritato.

6.5.1.49 Sformato di tagliatelle ai funghi porcini

Ingredienti: (Dose per 10 persone) 1 dose di impasto per tagliatelle ricetta pag. ½ dose di besciamella 1 dose di ragù alla bolognese 30gr. funghi secchi 300gr. piselli 250gr. scamorza 100gr. burro 100gr. parmigiano grattugiato sale e pepe q.b.
Procedimento: Mettere in ammollo i funghi, preparare le tagliatelle, il ragù, la besciamella e tenere il tutto da parte. Inserire nel boccale i funghi ben strizzati con 30gr. di burro: 3min. 100° Vel.1. Aggiungere i piselli: 7min. 100° Vel.1. Scolare le tagliatelle ben al dente, condirle con un poco di burro e un poco di ragù. Imburrare una pirofila e disporre a strati tagliatelle, ragù, besciamella, funghi e piselli, scamorza a fette, parmigiano, teminando con fiocchetti del burro avanzato. Mettere in forno preriscaldato a 200° per ½ ora e lasciare nel forno spento ancora ½ prima di servire. **Note:** Volendo utilizzare funghi porcini freschi si dà ancora più importanza a questo stupendo piatto

6.5.1.50 Gnocchi alla romana

Ingredienti: (Dose per 6 persone) 250gr. di semolino di grano 1 litro di latte 2 tuorli d'uovo 60gr. burro 2 cucchiaini di sale fino 40gr. parmigiano grattugiato noce moscata a piacere
Procedimento: Inserire nel boccale latte, tuorli, sale, noce moscata e 20gr. di burro: 7min. 100° Vel.1. Versare a pioggia dal foro del coperchio con lame in movimento Vel.4 il semolino e il parmigiano: 7min. 90°Vel.1. Stendere l'impasto dello spessore di un centimetro su carta forno. Quando l'impasto sarà freddo utilizzando il misurino, formare tanti dischetti e disporli leggermente sovrapposti in una teglia da forno imburrata. Disporre fiocchetti di burro e cospargere di parmigiano. Cuocere in forno preriscaldato a 200° per 20 minuti circa. Servire caldi.

6.5.1.51 Gnocchi di spinaci

Ingredienti: (Dose per 6 persone) 500gr. spinaci lessati e ben strizzati 250gr. ricotta 1 uovo 20gr. pangrattato 1 cucchiaino di farina bianca 50gr. parmigiano sale, pepe e noce moscata q.b. 100gr. farina bianca per infarinare gli gnocchi **Procedimento:** Inserire nel boccale tutti gli **ingredienti:** 20sec. Vel.6, spatolando. Formare gli gnocchi della grandezza di una noce, passandoli poi nella farina bianca. Lessare gli gnocchi mettendoli in una pentola con acqua bollente salata e scolarli quando vengono a galla. Disporli in una pirofila e condirli a piacere con burro fuso o sugo di pomodoro e basilico **Note** Se necessario aggiungere un po' di pangrattato, se l'impasto degli gnocchi dovesse risultare troppo morbido. Si possono lessare gli gnocchi in tre riprese nel boccale... l'operazione è lunga ma valida per chi non vuole usare altro tegame per la cottura.

6.5.1.52 Gnocchi di pane

Ingredienti: (Dose per 6 persone) per gli gnocchi: 300gr.. di pane raffermo a pezzetti 400gr. di latte 150gr. di farina 1 uovo intero noce moscata e sale q.b. **per il sugo:** 60gr. di burro ½ mis. di parmigiano 1 spicchio di aglio a piacere pepe q.b.

Procedimento: Inserire nel boccale pane e latte e farlo rinvenire: 10min. Vel.1. Aggiungere uovo, sale, pepe e noce moscata: 30sec. Vel.7 spatolando. Unire dal foro del coperchio con lame in movimento Vel.7 la farina: 40sec. Vel.7 spatolando. L'impasto dovrà risultare ben denso; se troppo liquido aggiungere farina, se troppo denso, latte. Aiutandosi con due cucchiaini prendere il composto a palline della grandezza di una nocciola, e farle cadere in acqua bollente salata. Come gli gnocchi vengono a galla, colarli e disporli su un piatto da portata. Condirli con burro fuso e parmigiano e servirli caldi.

6.5.1.53   Gnocchi di patate

Ingredienti: (Dose per 4 persone) 800gr. patate mondate e a pezzetti 700gr. acqua 200gr. farina sale q.b.

Procedimento: Inserire nel boccale acqua, sale e posizionare il Varoma con le patate a pezzetti: 30min. 100° Vel.4 Eliminare l'acqua di cottura, asciugare il boccale, inserire subito le patate e un pizzico di sale: 10sec. Vel.4. spatolando. Aggiungere la farina: 20sec. Vel.6 aiutandosi con la spatola, se necessario. Disporre l'impasto su una spianatoia, formare dei rotoli e tagliarli a pezzetti di 2 cm. circa di lunghezza, passarli sui rebbi di una forchetta e cuocerli in acqua bollente salta. Condirli con pesto o ragù o sughi a piacere.

Note: La quantità di farina può aumentare, se si utilizzano patate novelle. L'ideale è utilizzare patate farinose a pasta bianca. Se si desiderano gnocchi più sodi si può aggiungere 1 uovo e circa 100gr. di farina in più

6.5.1.54   Rotolo di spinaci

Ingredienti: (Dose per 6 persone) per l'impasto 150gr. farina 1 cucchiaio di olio di oliva 1 mis. acqua tiepida sale q.b. per il ripieno 200gr. spinaci lessati e strizzati 300gr. ricotta fresca 50gr. parmigiano grattugiato 1 uovo intero 30gr. pangrattato sale q.b. pepe e noce moscata a piacere per condire 50gr. burro fuso 50gr. parmigiano grattugiato

Procedimento: Inserire nel boccale farina, olio, sale e acqua: 5sec. Vel.5. Togliere l'impasto, tirare una sfoglia sottile a forma di rettangolo e adagiarla su un canovaccio. Mettere nel boccale tutti gli ingredienti per il ripieno: 20sec. Vel.5., spatolando. Distribuire in modo uniforme il ripieno sulla sfoglia. Arrotolare delicatamente aiutandosi con il canovaccio. Lasciare avvolto il rotolo nel canovaccio e legarlo bene alle estremità con lo spago. Adagiare il rotolo in una pentola capace, coprire di acqua e portare lentamente ad ebollizione. Lasciare cuocere per mezz'ora. Togliere dalla pentola, adagiare il rotolo su un tagliere e lasciarlo raffreddare bene. Tagliarlo a fette dello spesso di mezzo centimetro e sistemarle, leggermente sovrapposte, in una pirofila. Condire con burro fuso, cospargere di parmigiano e cuocere in forno riscaldato a 200° per 10 minuti circa. Servire caldo.

6.5.1.55   Crepes ai formaggi

Ingredienti: (Dose per 6 persone) 30 crepes 1 dose di besciamella 100gr. fontina 100gr. gruviera tritato 80gr. parmigiano grattugiato 50gr. ricotta

Procedimento: Preparare le crepes. Inserire nel boccale fontina, gruviera e parmigiano: 30sec. Vel.7 e mettere da parte. Preparare la besciamella come da ricetta base. Travasare metà besciamella in una ciotola e a quella rimasta nel boccale, aggiungere i formaggi tritati e la ricotta: 30sec. Vel.4. Mettere una cucchiaiata di impasto su ogni crepes, arrotolarla e adagiarla in una pirofila imburrata. Cospargere con il resto di besciamella e fiocchetti di burro. Cuocere in forno preriscaldato a 200° per 15min.

6.5.1.56   Crepes di ricotta e asparagi

Ingredienti: (Dose per 8 persone) 45 crepes 600gr. asparagi 450gr. ricotta frecsa 70gr. parmigiano grattugiato 70gr. burro 3 uova sale e pepe q.b.

Procedimento: Preparare le crepes, seguendo la ricetta base ma utilizzando 6 uova. Inserire nel boccale, ricotta, parmigiano, uova, sale e pepe: 10sec. Vel.4. Aggiungere le punte degli asparagi lessati e tritare grossolanamente: 5sec. Vel.2. Mettere un cucchiaio di impasto su goni crepes. Ripiegarle in 4, disporle in una pirofila imburrata e cospargerle con fiocchi di burro. Cuocere in forno preriscaldato a 200° per 15 minuti circa.

6.5.1.57 Crepes ai carciofi

Ingredienti: (Dose per 6 persone) 30 crepes per la besciamella: 3 mis. di latte 20gr. farina 40gr. burro 1 uovo intero e 1 tuorlo sale e pepe q.b. per il ripieno: 6 cuori di carciofo 300gr. ricotta 1 spicchio di aglio 50gr. parmigiano 30gr. olio di oliva
Procedimento: Preparare le crepes come da ricetta. Mettere nel boccale olio e aglio: 3min. 100° Vel.4. Unire i cuori di carciofo a spicchi: 12min. 100° Vel.1 e aggiungere dopo i primi 5min. ½ mis. di acqua, sale e pepe. Terminata la cottura incorporare la ricotta: 30sec. Vel.1. e tenere da parte il ripieno. Preparare la besciamella inserendo tutti gli ingredienti nel boccale: 7min. 90° Vel.4. Mettere una cucchiaiata di ripieno su ogni crepes, arrotolarle e disporle in una pirofila imburrata. Cospargere con la besciamella e gratinare in forno preriscaldato a 200° per 20 minuti circa.

6.5.1.58 Taglierini di crepes

Ingredienti: (Dose per 6 persone) 30 crepes sugo al pomodoro 5 sottilette 60gr. parmigiano grattugiato burro q.b.
Procedimento: Preparare le crepes come da ricetta base. Quando sono fredde tagliarle a striscioline come tagliatelle. Preparare il sugo come da ricetta Mettere in una pirofila unta di burro i taglierini di crepes, cospargerli di parmigiano, ricoprirli di sottilette e versarvi il sugo. Completare con fiocchetti di burro. Cuocere in forno preriscaldato a 200° per 10min. circa

6.5.1.59 Rotolo al semolino

Ingredienti: (Dose per 8 persone) per l'impasto: 1 lt. di latte 250gr. semolino 60gr. burro 2 tuorli d'uovo 40gr. parmigiano pepe a piacere sale q.b. per il ripieno: 300gr. spinaci lessati e strizzati 200gr. ricotta 50gr. parmigiano grattugiato sale e pepe q.b.
Procedimento: Inserire nel boccale latte, tuorli, sale, pepe e 20gr. di burro: 7min. 100° Vel.1. Versare a pioggia dal foro del coperchio con lame in movimento vel 4 semolino e parmigiano: 7min. 100° Vel.1 Terminata la cottura stendere l'impasto in modo uniforme su un rettangolo di carta forno. Inserire nel boccale tutti gli ingredienti per il ripieno: 20sec. Vel.4, spatolando. Stendere il ripieno sul semolino ancora tiepido. Aiutandosi con il foglio di carta forno, arrotolare il tutto delicatamente. Lasciare avvolto nella carta e mettere in frigorifero a raffreddare, per 2 ore circa. Togliere la carta e tagliare fette dello spessore di mezzo centimetro. Disporle leggermente sovrapposte, in una pirofila precedentemente unta di burro. Cospargere con fiocchetti di burro e parmigiano. Cuocere in forno preriscaldato a 200° per 20min. circa.

6.5.1.60 Polenta

Ingredienti: (Dose per 6 persone) 450gr. farina gialla 1 cucchiaino di olio di oliva 1 cucchiaio raso di sale grosso 1lt. e ½ di acqua
Procedimento: Inserire nel boccale l'acqua, il sale e l'olio: 12min. 100° Vel.1. Aggiungere dal foro del coperchio con lame in movimento Vel.3, la farina: 40min. 100° Vel.3. Posizionare la spatola e quando la polenta si addensa, diminuire la temperatura a 90° e la Vel.a 1. Versare sul tagliere e servire. **Note:** la densità della polenta dipende dal tipo di farina utilizzata. Per ridurre i tempi di cottura si può utilizzare la farina precotta e cuocere per il tempo indicato sulla confezione.

6.5.1.61 Polenta pasticciata

Ingredienti: (Dose per 6 persone) polenta 1 dose di besciamella 300gr. salsicce spellate 400gr. pomodori o 1 scatola di pelati ½ cipollina 50gr. olio di oliva extravergine 1 cucchiaino di dado bimby 50gr. parmigiano grattugiato sale q.b.

Procedimento: Preparare la polenta come da ricetta, versarla sul tagliere e farla raffreddare. Inserire nel boccale cipolla e olio: 3min. 100° Vel.4. Aggiungere la salsiccia: 3sec. Vel.4 e cuocere: 3min. 100° Vel.1. Unire pomodorini e sale: 20sec. 100° Vel.1. Togliere il sugo dal boccale e metterlo da parte. Senza lavare il boccale fare la besciamella come da ricetta. Amalgamare il sugo alla besciamella: 20sec. Vel.2. Disporre la polenta a fette in una pirofila, alternandola con il sugo. Spolverizzare con il parmigiano e mettere in forno a 180° per 15 minuti. **Note:** per questa ricetta si può utilizzare polenta avanzata

6.6 "C'era Una Volta"

6.6.1.1 Sugo Alla Papalina

Ingredienti: 200gr. di piselli sgranati freschi (o surgelati)
200gr. di prosciutto crudo a listarelle
80gr. di burro
1 pezzetto di cipolla 2
uova intere
80gr. di parmigiano grattugiato sale
e pepe q.b.
Procedimento: Fate soffriggere nel boccale il burro e la cipolla per 3min. a 100° Vel.4. Posizionate la farfalla, unite i piselli, poco sale, un misurino di acqua e lasciate cuocere per 20min. a 100°, Vel.1: unite ora il prosciutto e lasciatelo insaporire per 2min. a 100°, Vel.2. Versate il composto in una zuppiera, unite la pasta cotta al dente, ben scolata, e mescolate bene. Inserire subito nel boccale le uova con 2 cucchiai di parmigiano: 20sec. Vel.6; versatele sulla pasta con il restante parmigiano e una spruzzata di pepe macinato. Mescolate bene e servite subito.
CONSIGLIO: per questo piatto di antica tradizione sono consigliate le fettuccine all'uovo. Se non avete piselli freschi, potete utilizzare quelli surgelati, lasciandoli prima parzialmente scongelare.

6.6.1.2 Spaghetti Alla Gricia

Ingredienti: 150gr. Guanciale
40gr. di olio di oliva
1 spicchio d'aglio
1 peperoncino rosso piccante
50gr. di pecorino grattugiato
Procedimento: Tagliate il guanciale a dadini e mettetelo nel boccale con l'olio, l'aglio e il peperoncino. Fatelo rosolare bene: 10min. a 100°, Vel.1. Scolate gli spaghetti in un piatto da portata caldo e conditeli con il soffritto dal quale avrete tolto l'aglio e il peperoncino. Spolverizzateli generosamente con il pecorino e gustate la forza del loro sapore.
VARIANTE: gli spaghetti si possono sostituire ottimamente con i bucatini. Il guanciale a piacere può essere sostituito con la salsiccia.

6.6.1.3 Pisellini Alla Semplice

Ingredienti: 400gr. di pisellini teneri sgranati (o surgelati) 2 cipolle novelle 70gr. di olio extra vergine di oliva pecorino grattugiato sale e pepe q.b.
Procedimento: Mettete nel boccale le cipolle e tritatele grossolanamente per 20sec. a Vel.3. Aggiungete l'olio e fate soffriggere per 4min. a 100° sempre a Vel.3. Posizionate la farfalla, unite i piselli e continuate a soffriggere per 3min., a 100°, Vel.1: salate, aggiungete 2 misurini e mezzo di acqua (meglio se tiepida) e cuocete per 20min. a 100°, Vel.1. A 2min. dal termine della cottura, controllate il sale e aggiungete il pepe. Condite con questo semplice e delizioso sugo qualsiasi tipo di pasta: aggiungere il pecorino è facoltativo e dipende esclusivamente dal gusto personale.
Consiglio: Se al termine della cottura il sugo si presentasse ancora un poco acquoso, togliete il misurino e continuate la cottura per altri 2 o 3 minuti.

6.6.1.4 Spaghetti Cacio E Pepe

Ingredienti: 100gr. di cacio (pecorino romano)
pepe nero macinato al momento a piacere
Procedimento: Grattugiate il cacio nel Bimby, dando 2 o 3 colpi di Turbo e portando a Vel.9 per 30sec. Dopo aver cotto gli spaghetti, scolateli, ma non troppo, in un piatto da portata caldo, Cospargeteli con il cacio grattugiato, mescolateli e serviteli lasciando che ognuno dei commensali si macini il pepe da solo, nella quantità desiderata. Nella sua semplicità è un grande piatto.

6.6.1.5 Sciambrotti

Ingredienti: 400gr. di cimette di broccoli romani (verdi)
300gr. di pendette rigate
150gr. di guanciale a dadini 150gr.
di porri
90gr. di olio di oliva
50gr. di pecorino grattugiato
pepe nero a piacere
sale q.b.
Procedimento: Mettete nel boccale 800gr. di acqua e portatela a ebollizione: 12min. a 100° Vel.1. Aggiungete il sale e le cimette di broccoli: 5min. a 100°, Vel.1. Unite le pendette e lasciatele cuocere insieme ai broccoli per il tempo indicato sulla confezione. Potete utilizzare anche altri tipi di pasta corta come sedanini e ditaloni. Scolate pasta e broccoli, disponeteli in una pirofila da portata calda e copritela. Mettete ora nel boccale l'olio con il porro e tritatelo grossolanamente per 30sec. a Vel.3; unite il guanciale e fate rosolare il tutto per 8min. a 100°, Vel.1. Versate il soffritto sulla pasta e broccoli, mescolando bene. Spolverate con il pecorino, pepe macinato al momento e servite.

6.6.1.6 Rigatoni All'amatriciana

Ingredienti: 200gr. guanciale a dadini
90gr. olio d'oliva
1 cipolla piccola
600gr. pomodori pelati sgocciolati o freschi 1
peperoncino piccante
pecorino grattuggiato a piacere sale
quanto basta.
Procedimento: Mettete nel boccale l'olio e la cipolla per il soffritto: 3min. 100°, Vel.4.Unite il guanciale e fatelo rosolare per 5min. 100°, Vel.1.Aggiungete ora i pomodori ben sgocciolati, il peperoncino, il sale e cuocete per 18min. 100°, Vel.1.Se desiderate un sugo ben denso, durante la cottura portate la temperatura a Varoma, tenendo il misurino inclinato.Condite i rigatoni e serviteli. A piacere si possono arricchire con pecorino grattuggiato.

6.6.1.7 Sugo Alle Fave

Ingredienti: 1, 5 kg.di fave fresche (o 350 g.sgusciate)
200gr. Ricotta
2 cipolline fresche
50 g.olio extra vergine di oliva
1 cucchiaino di prezzemolo tritato 50
g.pecorino grattugiato
pepe bianco a piacere sale
quanto basta.
Procedimento: Dopo aver sgusciato le fave, mettete nel boccale le cipolline e tritatele per 6sec. a Vel.4: unite l'olio e fatele dorare per 3min. 100°, Vel.1.Posizionate la farfalla e aggiungete le fave, il prezzemolo, 3 mis.di acqua e il sale: 15min. 100°, Vel.1.Quando la cottura sara' terminata, unite la ricotta e amalgamate bene il tutto per 30sec. Vel.1.Aggiustate di sale e versate il sugo ottenuto sulla pasta cotta al dente, mescolando con attenzione e spolverizzandola con il pecorino e il pepe macinato al momento.

6.6.1.8   Spaghetti Verdi

Ingredienti: 500gr. di zucchine 50gr. di olio extra vergine di oliva 50gr. di guanciale
1 spicchio d'aglio
pecorino romano grattugiato a piacere sale q.b.

Procedimento: Lavate, tagliate le zucchine a tocchetti e tenetele da parte. Tagliate a dadini il guanciale, inseritelo nel boccale con l'aglio e l'olio e fatelo soffriggere leggermente per 3min. a 100°, Vel.1. Aggiungete le zucchine tenute da parte, mezzo misurino di acqua, il sale e mettete in cottura per 18min. a 100°, Vel.1. Al termine aggiustate di sale e versate il sugo ottenuto sugli spaghetti fumanti; cospargeteli con il pecorino.

6.7   "Il Lazio In Cucina"

6.7.1.1   Spaghetti Con Le Acciughe

Ingredienti: 90gr. di olio extra vergine di oliva 4 acciughe salate, (o 8 filetti)
2 spicchi d'aglio
1 manciata di prezzemolo mondato 1 piccolo peperoncino rosso

Procedimento: Lavate, diliscate le acciughe e tenetele da parte. Tritate il prezzemolo, l'aglio ed il peperoncino, inserendoli nel boccale dal foro del coperchio sulle lame in movimento a Vel.6 per 12sec. Riunite il trito sul fondo del boccale con la spatola, aggiungete l'olio, le acciughe e fate rosolare per 4min. a 100°, Vel.2. Versate questa deliziosa salsina sugli spaghetti scolati e servite.

SEGRETO: per evitare che la pasta si attacchi mentre cuoce, è consigliabili aggiungere all'acqua un cucchiaio di olio. Per fermare la cottura invece, basta un bicchiere di acqua fredda al momento opportuno.

6.7.1.2   Spaghetti Alla Carbonara

Ingredienti: 100gr. di guanciale o pancetta tesa 1 cucchiaio di olio
1 cucchiaio di vino bianco 1 spicchio d'aglio
1 spicchio di cipolla 4 uova
40gr. di pecorino 40gr. di parmigiano pepe nero
a volontà sale q.b.

Procedimento: Tagliate il guanciale a dadini. Grattugiate con Bimby pecorino e parmigiano, portando le lame per 20sec. a Vel.Turbo. Aggiungete le uova il sale e abbondante pepe nero già macinato: 20sec., Vel.4 e versate poi il tutto in una bella zuppiera. Senza lavare il boccale, inserite l'aglio e la cipolla, e tritateli per 10sec. a Vel.6; unite il guanciale, l'olio, e fate rosolare per 3min. a temp. 100, Vel.1; dal foro del coperchio aggiungete un cucchiaio di vino e fatelo evaporare per 1min. a temp. 100, Vel.3. Quando gli spaghetti saranno cotti e ben scolati, versateli nella zuppiera e terminate di condirli con il contenuto del boccale. Mescolate energicamente e servite.

CONSIGLIO: questa è la ricetta con le dosi proposte dalla cucina tradizionale: seguendo le moderne tendenze dell'alimentazione è comunque possibile diminuire il numero delle uova, senza che il gusto ne soffra.

6.7.1.3   Sugo Di Zucchine Alla Menta

Ingredienti: 3 zucchine medie 2 peperoni gialli 1 cipolla bianca media 60gr. di olio extra vergine di oliva 1 cucchiaio di prezzemolo tritato 4 o 5 foglie di menta tritata sale e pepe q.b.

Procedimento: Tagliate le zucchine a rondelle e i peperoni a striscioline, dopo averli ben lavati. Mettete nel boccale l'olio, la cipolla e fatela rosolare tritandola: 3min. a 100°, Vel.4. Posizionate la farfalla, unite i peperoni e iniziate la cottura: 8min. a 100°, Vel.1 Solo ora aggiungete le zucchine (hanno un tempo di cottura più breve) e continuate la cottura per altri 10min. a 100°, Vel.1; a metà cottura salate e, se occorre, aggiungete mezzo misurino di acqua. Condite con questo sugo la pasta prescelta, aggiungendo il prezzemolo, la menta ed il pepe macinato al momento.

6.7.1.4   Spaghetti Ajo E Ojo

Ingredienti: 180gr. di olio extra vergine di oliva 4spicchi d'aglio
Procedimento: Mentre cuociono gli spaghetti, mettete nel boccale l'olio e l'aglio e fateli rosolare per 6min. a temp. Varoma, Vel.1. Eliminate l'aglio e condite gli spaghetti: sono veramente appetitosi. **Variante:** gli spaghetti "ajo eojo" si possono mangiare anche freddi, aggiungendo succo di limone Un'altra interessante proposta, ottima durante l'inverno, si ottiene dimezzando la quantità di olio e aggiungendo due cucchiai di melanzane sott'olio. Tempi e modalità di preparazione rimangono invariati. Se poi vi piacciono i sapori di fuoco, potete unire all'olio e aglio 4 o 5 peperoncini piccanti, ottenendo così gli spaghetti al diavolicchio, decisamente stimolanti.

6.7.1.5   Spaghetti In Salsa E Ricotta

Ingredienti: 400gr. di pomodoro da sugo maturi
150gr. di ricotta
50gr. di olio di oliva 2
spicchi d'aglio
1 manciata di prezzemolo mondato
30gr. di parmigiano grattugiato sale e
pepe q.b.
Procedimento: Spellate i pomodori dopo averli scottati per qualche minuto nel Varoma, tagliateli a pezzi e teneteli da parte in uno scolapasta. Mettete nel boccale l'olio con i due spicchi d'aglio: 3min. a 100°, Vel.1. Togliete l'aglio, inserite i pomodori, il prezzemolo e riducete i pomodori in passata per 30sec. a Vel.4. Salate, aggiungete il pepe e mettete in cottura per 15min. a 100°, Vel.1. Al termine aggiustate di sale, aggiungete la ricotta e amalgamatela al sugo per 20sec. a Vel.2. Dopo aver cotto gli spaghetti, disponeteli in un piatto da portata, spruzzateli di parmigiano e conditeli con il sugo.
Consiglio: questo sugo è veramente ottimo, ma se privilegiate la comodità al gusto, potete tranquillamente utilizzare pomodori pelati ben sgocciolati: sarà ugualmente buono!

6.7.1.6   Pipe Rigate In Insalata

Ingredienti: 3 carote tenere 3
zucchine piccole
1 cetriolo
3 pomodori maturi e ben sodi 2
cipolle novelle
1 cucchiaio di aceto al timo 80gr. i
olio extra vergine di oliva 80gr. di
pecorino tenero
1 pizzico di coriandolo in polvere (facoltativo) sale
e pepe q.b.
Procedimento: Mettete il pecorino a pezzi nel boccale, tritatelo per 5 o 6sec. a Vel.6 e mettetelo da parte. Senza lavare il boccale, inserite tutte le verdure e date 2 o 3 colpi di Turbo. Poi continuate per 1min. a Vel.4 spatolando: salate, pepate e unite l'aceto al timo. Dopo aver lessato la pasta, scolatela e raffreddatela. In una ciotola capiente conditela con l'olio crudo, il coriandolo, le verdure preparate ed il pecorino tenuto da parte.

CONSIGLI: è il classico piatto freddo per le gite fuori porta, ma sicuramente meno scontato. Se non avete l'aceto al timo, potete usare qualsiasi buon aceto di vino bianco o altri aceti aromatici. Se non avete le pipe rigate, vanno benissimo anche ditaloni, orecchiette o farfalle.

6.7.1.7 Rigatoni Alla Pajata

Ingredienti: 500gr. di pajata (budella di vitello da latte)
400gr. di passata di pomodoro
1 piccola cipolla
1 spicchio d'aglio
1 mazzetto di prezzemolo
90gr. di olio di oliva
1 misurino di vino bianco
pecorino grattugiato a piacere sale
q.b.

Procedimento: Spellate, lavate le budella e tagliatele a pezzi lunghi circa 20cm. Chiudete ogni pezzo a ciambellina, infilando un'estremità nell'altra e fermatele con del filo gastronomico. Inserite nel boccale la cipolla, l'aglio, il prezzemolo e tritate il tutto per 10sec. a Vel.6; riunite con la spatola il trito sul fondo, aggiungete l'olio e fate rosolare per 3min. a 100°, Vel.1. Posizionate la farfalla, aggiungete i rotolini di budella, salate e bagnate con il vino: 3min. a 100°, Vel.1. Aggiungete la passata di pomodoro, 1 misurino di acqua e fate cuocere per 25min. a 100° Vel.1. Terminata la cottura, versate la pajata sui rigatoni cotti al dente, mescolando bene. A parte servire 1 pecorino.
Segreto: per un sapore ancora più pronunciato, inserite all'interno della pajata l'aglio, il prezzemolo e la crosta del pecorino, quindi pepate a volontà. Se durante la cottura il sugo asciugasse troppo, aggiungete mezzo misurino per volta di acqua calda.

6.7.1.8 Spaghetti Di Mezzanotte

Ingredienti: 150gr. di porcini freschi
40gr. di guanciale a cubetti
60gr. di ventresca di tonno
90gr. di olio extra vergine d'oliva 1
spicchio d'aglio
sale e pepe q.b.

Procedimento: Pulite bene i funghi senza lavarli, eliminando la parte terrosa dei gambi e strofinandoli bene con un panno umido. Tagliateli a fettine non troppo sottili e teneteli da parte. Inserite l'olio nel boccale con l'aglio, il guanciale e fate soffriggere per 5min. a 100°, Vel.1. Posizionate la farfalla, unite i funghi, la ventresca, poco sale e mettete in cottura per 10min. a 100°, Vel.1. Al termine aggiustate di sale, unite il pepe e con questo profumatissimo sugo condite gli spaghetti cotti al dente o qualsiasi altra pasta lunga.

6.8 "Carciofi & Company"

6.8.1.1 Pulizia Dei Carciofi

Per pulire i carciofi occorre una certa attenzione. Vanno tolti i gambi, le foglie più dure, l'eventuale fieno, e ovviamente le punte spinose. La parte più tenera va tagliata a fettine e lasciata immersa nell'acqua acidulata al limone fino al momento dell'utilizzo, per evitare che annerisca. I tempi di cottura possono variare leggermente in relazione alla qualità di carciofi che scegliete.

6.8.1.2 Delizia Con Carciofi

Ingredienti: 6 carciofi romani 1
cipolla novella
50gr. di burro
200gr. di ricotta romana
50gr. di parmigiano grattugiato

maggiorana noce
moscata sale q.b.
50gr. di parmigiano grattugiato
pepe nero a piacere

Procedimento: Pulire i carciofi, mettere nel boccale la cipolla e tritarla grossolanamente: 10sec., Vel.3; con l'aiuto della spatola raccogliete la cipolla sul fondo del boccale, aggiungere il burro e fare rosolare per 3min. a 100°, Vel.4. Posizionare la farfalla, inserire i carciofi, aggiungere il sale far insaporire per 3min. a 100°, Vel.1; unite 1 misurino abbondante di acqua, la maggiorana e lasciate cuocere per 20min. a 100°, Vel.1. In una terrina capiente mettere la ricotta con la noce moscata, schiacciarla con i rebbi della forchetta e diluirla con mezzo misurino di acqua di cottura della pasta; aggiungere i carciofi ben caldi, compreso il fondo di cottura, ed amalgamarli alla crema di ricotta. Versare nella terrina la pasta, mescolate bene, cospargerla con il parmigiano ed il pepe macinato al momento. Per valorizzare questo sugo, sono indicate conchiglie, penne ed orecchiette.

6.8.1.3   Bavette Con Carciofi E Panna

Ingredienti: 6 carciofi romani 40gr.
di olio extra vergine di oliva 200gr. di
panna da cucina
pepe nero a piacere
sale.b.

Procedimento: Pulite i carciofi e inserite nel boccale l'olio: 3min. a 100°, Vel.1. Posizionate la farfalla, aggiungete i carciofi e fateli insaporire per 5 mi. a 100°, Vel.1. Unite 1 misurino di acqua, salate e lasciate cuocere per 15min. a 100°, Vel.1. Terminata la cottura, unite la panna e amalgamatela bene mescolando a Vel.2 per qualche secondo. Condite con questo semplicissimo sugo le bavette ben scolate e servite immediatamente. L'aggiunta del pepe sarà una scelta dei commensali

6.8.1.4   Penne Al Sugo Di Carciofi E Tonno

Ingredienti: 6 carciofi romani
200gr. di tonno sott'olio
40gr. di olio di oliva 1
mis. di vino bianco 2
spicchi d'aglio
400gr. di pomodori pelati 1
ciuffo di prezzemolo sale
peperoncino q.b.

Procedimento: Pulite i carciofi e tritate il prezzemolo inserendolo nel boccale dal foro del coperchio sulle lame in movimento a Vel.6. Riunitelo con la spatola sul fondo del boccale, aggiungete l'olio, l'aglio, il peperoncino e fate soffriggere per 3min. a 100°, Vel.1. Posizionate la farfalla, unite al soffritto i cuori di carciofo e fateli insaporire per 3min. a 100°, Vel.3. Unite il vino, e lasciatelo evaporare per 5min. a 100°, Vel.1. alla fine unite i pelati sgocciolati, poco sale e mettete in cottura per 15min. a 100°, Vel.1. Terminata la cottura, aggiungete il tonno a pezzetti e mescolate per 5sec. a Vel.2. Versate il sugo sulle penne cotte al dente e ben scolate. **Variante:** Cospargere le penne di prezzemolo tritato e pepe nero macinato al momento renderà questo piatto più colorito ed appetitoso. Con questo sugo potete utilizzare qualsiasi tipo di pasta, sia corta che lunga

6.8.1.5   Vermicelli Alla Romana

Ingredienti: 5 carciofi romani 1
piccola cipolla
2 uova
succo di mezzo limone
50gr. di burro
60gr. di olio di oliva 100gr.
di pecorino tenero sale e pepe
q.b.

Procedimento: Pulite i carciofi e inserite nel boccale la cipolla, l'olio ed il burro per il soffritto: 3min. a 100°, Vel.4. Posizionate la farfalla, unite i carciofi e fateli insaporire per 5min. a 100°, Vel.1.; aggiungete mezzo misurino di acqua, il succo di limone, il sale e ponete in cottura per 15min. a 100°, Vel.1. Aggiustate di sale, aggiungete il pepe e versate il sugo ottenuto in una pirofila riscaldata. Senza sciacquare il boccale, sminuzzate il pecorino con le uova: 30sec., Vel.3 e versate il tutto nel sugo. Mescolate con cura, prima di aggiungere i vermicelli ben scolati. Servite subito.

6.8.1.6 Spaghetti Ai Carciofi E Acciughe

Ingredienti: 6 carciofi romani 140gr.
di olio extra vergine di oliva 2 spicchi
d'aglio
4 filetti di acciughe salate
100gr. di olive di Gaeta
1 cucchiaio di capperi salati
1 cucchiaio di prezzemolo tritato 1
peperoncino
sale e pepe q.b.

Procedimento: Pulite i carciofi, lavate e diliscate le acciughe, togliete il sale ai capperi e snocciolate le olive. Mettete ora nel boccale l'olio, il peperoncino e l'aglio: 5min. a 100°, Vel.1; a due minuti dal termine aggiungete le acciughe dal foro del coperchio. Ora posizionate la farfalla, unite i carciofi, i capperi, le olive e fate insaporire per 4min. a 100°, Vel.1; aggiungete 1 mis. di acqua, poco sale e lasciate cuocere per 15min. a 100°, Vel.1. Cospargete gli spaghetti cotti al dente ben scolati con il trito di prezzemolo, il pepe (meglio se macinato al momento) e conditeli con il sugo ottenuto.

Variante: Questo sugo può essere considerato anche un ottimo contorno per carni bianche o pesce cotto a Varoma.

6.8.1.7 Linguine Ai Carciofi E Pecorino

Ingredienti: 6 carciofi romani
40gr. d'olio
30gr. capperi salati
50gr. olive di Gaeta 1
spicchio d'aglio
1 cipollina novella 1
misurino di vino
1 bel ciuffo di prezzemolo
100gr. pecorino romano sale
q.b.

Procedimento: Pulire i carciofi, lavare i cappero e snocciolare le olive. Mettere nel boccale pecorino e prezzemolo triturare grossolanamente per 20sec. a Vel.6 e mettere da parte. Senza lavare il boccale, inserire olio, cipollina e aglio: 3min 100° Vel.1. Posizionare la farfalla, unire i carciofi (a pezzetti) i capperi e le olive, fare insaporire 3min 100° Vel.1. Unire il vino, poco sale e cuocere 15min 100° Vel.1. Se occorre aggiungere qualche cucchiaio d'acqua (io l'ho fatto). Terminata la cottura condire le linguine con il sugo cospargere di pecorino verde. Buon appetito

6.9 "Profumo divino"

6.9.1.1 Puttanesca Antica (Quella Vera)

Ingredienti: 700gr. di passata di pomodoro
50gr. di olio di oliva
2 spicchi d'aglio
1 cucchiaio di prezzemolo tritato
100gr. di olive di Gaeta
50gr. di capperi
50gr. di gherigli di noce 30gr. di
pinoli

30gr. di uvetta sale
q.b.

Procedimento: Snocciolate le olive e tenetele da parte. Tritate le noci per 10sec. a Vel.3 e tenetele anch'esse da parte. Senza sciacquare il boccale, fate rosolare nell'olio l'aglio, le olive, i capperi, i pinoli e l'uvetta per 3min. a 100°, Vel.1 Unite la passata di pomodoro, il prezzemolo ed il sale: 20min. a 100°, Vel.1; per addensare meglio il sugo, negli ultimi 10min. portate la temperatura a *Varoma* e tenete il misurino inclinato. Al termine unite le noci tenute da parte. Con questo antico sugo potete condire qualsiasi tipo di pasta lunga.

6.9.1.2   Rigatoni Alla Norcina

Ingredienti: 300gr. di salsiccia di maiale 80gr.
di olio di oliva
1 piccola cipolla
2 cucchiai di crema al tartufo
mezzo misurino di vino bianco 1
peperoncino rosso piccante 50gr.
di pecorino grattugiato

Procedimento: Spellate la salsiccia e tagliatela a pezzetti. Nel boccale inserite la cipolla e tritatela.: 5sec. Vel.4. Riunitela sul fondo del boccale, aggiungete l'olio, il peperoncino, la salsiccia e fate rosolare il tutto per 5min. a 100°, Vel.1. Aggiungete il vino bianco dal foro del coperchio e fatelo evaporare: 5min. a 100°, Vel.1. Unite la crema di tartufo e amalgamate bene per qualchesec. a Vel.2. Condite con questo robusto sugo i rigatoni, dopo averli cosparsi di pecorino.

Consiglio: La crema di tartufo può essere ovviamente sostituita con tartufo nero affettato e aggiunto al sugo durante la cottura, in modo che liberi tutto il suo aroma.

6.9.1.3   Farfalle Ai Carciofi E Prosciutto

Ingredienti: 4 carciofi romani
100gr. di prosciutto cotto 100gr. di
panna da cucina
2 tuorli
2 foglie di menta 2
spicchi d'aglio
90gr. di olio extra vergine di oliva 1
mis. di vino bianco
1 mazzetto di prezzemolo
parmigiano o pecorino a piacere sale
e pepe q.b.

Procedimento: Pulite i carciofi e mettete nel boccale il prezzemolo, l'aglio, la menta il prosciutto e tritateli grossolanamente per 7sec. a Vel.6. Posizionate la farfalla e unite l'olio, il vino, i carciofi ben scolati il sale e mettete in cottura: 15min. a 100°, Vel.1. Nel frattempo sbattete in una zuppiera i tuorli con la panna, il pepe e il formaggio prescelto: versatevi infine le farfalle ben scolate ed il sugo di carciofi, mescolate bene e servite.

Segreto: quando dovete fare dei triti misti, ricordatevi sempre di introdurre nel boccale prima le verdure in foglie, poi gli altri ingredienti per evitare che i primi volino e non vengano quindi presi dalle lame.

6.9.1.4   Spaghetti Profumati

Ingredienti: 400gr. di pomodori pelati ben sgocciolati
40gr. di olio extra vergine di oliva
1 cipolla media
1 spicchio d'aglio
1 cucchiaio di maggiorana
1 mis. e mezzo di vino bianco
50gr. di pecorino grattugiato sale
e pepe q.b.

Procedimento: Mettete nel boccale l'aglio, la cipolla, l'olio e fateli ben rosolare: 3min. sempre a 100° Vel.1; quindi aggiungete i pelati ben sgocciolati, la maggiorana, il sale ed il pepe: 10min. a 100°, Vel.1. Per restringerlo al meglio, continuate la cottura per altri 5min. a temp. Varoma, tenendo il misurino inclinato. Condite con questo sugo gli spaghetti spolverizzati di pecorino.

Variante: questo sugo si può arricchire con 50gr. di grasso di prosciutto crudo e può condire qualsiasi tipo di pasta lunga.

6.9.1.5 Pennette Con Punte Di Asparagi

Ingredienti: 500gr. di punte di asparagi verdi
90gr. di olio extra vergine di oliva
400gr. di pomodori pelati ben sgocciolati sale
e pepe q.b.

Procedimento: Dopo aver pulito e lavato gli asparagi, utilizzate solo la parte verde delle punte. Posizionate la farfalla e mettete nel boccale l'olio e le punte di asparagi: 2min. a 100°, Vel.1. Aggiungete i pomodori, il sale e cuocete per 10min. a 100°, Vel.1. Aggiustate di sale, aggiungete poco pepe e condite le pendette o altro tipo di pasta corta e liscia

6.10 "Primizie Di Stagione"

6.10.1 Primavera

6.10.1.1 Maccheroncini Stuzzicanti

Ingredienti: 400gr. di pomodori ben maturi e sodi o pelati sgocciolati
250gr. di tonno sott'olio sgocciolato
6 filetti di acciuga sott'olio
40gr. di olio di oliva
2 cipolle bianche medie 1
mis. di vino bianco
1 mazzetto di erba cipollina sale
e pepe q.b.

Procedimento: Lavate, spellate e private dei semi i pomodori, tagliateli a pezzi e lasciateli sgocciolare. Lavate e tagliuzzate l'erba cipollina. Mettete le cipolle bel boccale e tritatele grossolanamente per 5sec. a Vel.4. Unite l'olio, le acciughe e fatele sciogliere per 3min. a 100°, Vel.1: aggiungete il tonno ed il vino: 7min. a 100°, Vel.1. Amalgamate bene il tutto per 40sec. a Vel.6. Aggiungete i pomodori, l'erba cipollina, il sale e lasciate cuocere per 10min. a 100°, Vel.1. Con questo sugo condite i maccheroncini cotti al dente e serviteli cosparsi di pepe nero macinato al momento.

6.10.1.2 Bucatini Di Primavera

Ingredienti: 450gr. di fave fresche sgranate
250gr. di coppa a listarelle sottili
200gr. di cipollotti novelli
60gr. di olio extra vergine di oliva
timo a piacere
sale e pepe nero q.b.

Procedimento: Togliete dai cipollotti le foglie verdi, tagliateli, metteteli nel boccale con l'olio e fateli rosolare per 6min. a 100°, Vel.4. Posizionate la farfalla, aggiungete le fave e, dopo averle salate (poco), lasciatele insaporire per 3min. a 100°, Vel.1. Unite 2 mis. di acqua, il timo e fate cuocere per 15min. a 100°, Vel.1. Se durante la cottura il sughetto si asciugasse troppo, aggiungete qualche cucchiaio di acqua di cottura della pasta. Negli ultimi 5min. di cottura, unite la coppa. Aggiustate di sale e con il sugo ottenuto condite i bucatini, non dimenticando una generosa macinata di pepe nero.

6.10.1.3 Linguine Agli Asparagi

Ingredienti: 300gr. di punte di asparagi sottili

50gr. di prosciutto cotto a dadini
50gr. di burro
20gr. di olio di oliva
100gr. di parmigiano grattugiato sale
q.b.

Procedimento: Mettete nel boccale 600gr. di acqua e portatela a ebolizzione: 8min. a temp. Varoma, Vel.1. Nel frattempo pulite gli asparagi, togliete le parti legnose e distribuite le punte nel Varoma. Quando l'acqua bolle, posizionate bene i *Varoma* e lasciate cuocere per 15min. a temp. Varoma, Vel.1. Al termine, togliete le parti più tenere e tenetele da parte. Mettete ora nel boccale l'olio, il burro, il prosciutto e fate rosolare per 3min. a 100°, Vel.1; unite il sale, le punte di asparagi e lasciateli insaporire per 3min. a 100° Vel.1.

6.10.1.4 Spaghetti Uova E Zucchine

Ingredienti: 6 piccole zucchine 1
spicchio di aglio
1 cipolla piccola 90gr.
di olio
1 cucchiaio di prezzemolo tritato 1
tuorlo
40gr. di parmigiano grattugiato a scaglie a piacere
30gr. di burro
sale e pepe q.b.

Procedimento: Lavate le zucchine, tagliatele a rondelle e tenetele da parte. Fate un soffritto con l'olio, l'aglio e la cipolla: 3min. a 100°, Vel.4. Posizionate la farfalla, unite le zucchine e cuocetele per 20min. a 100°, Vel.1; a 3min. dal termine della cottura, aggiungete sale, prezzemolo e pepe. In una ciotola capiente mettete il tuorlo, sbattetelo leggermente con il parmigiano, unite il burro, gli spaghetti ben scolati ed il sugo di zucchine. Mescolate bene e guarnite con scaglie di parmigiano.

6.10.2 Estate

6.10.2.1 Sugo Alla Seaside

Ingredienti: 600gr. di pomodori perini maturi e sodi 1
cipolla
5/6 foglie di basilico
100gr. di burro
1 cucchiaio di origano
80gr. di parmigiano grattugiato 1
peperoncino (facoltativo) sale q.b.

Procedimento: Lavate, spellate, private dei semi e dei torsoli i pomodori e inseriteli nel boccale con la cipolla, il basilico, il peperoncino ed il sale: cuocete 12min. a 100°, Vel.1 tenendo il mis. inclinato. Lasciate intiepidire e poi omogeneizzate molto lentamente, portando le lame da Vel.1 a Turbo per 1min.: Rimettete in cottura per altri 10min. a temp. Varoma, Vel.1 senza misurino. Scolate la pasta, e mettetela in una terrina calda: conditela con il burro, abbondante origano e mescolate bene, Aggiungete il sugo, 1 parmigiano, mescolate e servitela caldissima per meglio apprezzare il sapore classico di questo sugo. La pasta più indicata sono le penne o le pipe rigate.

6.10.2.2 Penne D'estate

Ingredienti: 350gr. di pomodori ben maturi
120gr. di mozzarella
2 melanzane medie
1 cipolla media
50gr. di burro
50gr. di olio di oliva 1
spicchio d'aglio 5/6
foglie di basilico

sale e pepe q.b.

Procedimento: Lavate le melanzane, tagliatele a dadini, salatele e lasciatele a riposare in uno scolapasta per almeno un'ora. Mettete i pomodori spellati e privati dei semi nel boccale, tritateli grossolanamente per 10sec. a Vel.6 e teneteli da parte; senza lavare il boccale tritate la mozzarella per 10sec. A Vel.6 e tenete anche questa da parte. Inserite ora nel boccale l'olio, il burro, la cipolla e fatela rosolare per 3min. a 100°, Vel.4. Posizionate la farfalla, unite le melanzane sciacquate e strizzate e, dopo averle fatte insaporire per 10min. a 100°, Vel.1, unite i pomodori tenuti da parte, il sale ed il pepe: Lasciate cuocere per 20min. a 100°, Vel.1. Terminata la cottura, aggiungete l'aglio ed il basilico, In un piatto da portata condite le penne con questo sugo e con la mozzarella tenuta da parte: guarnite con delle belle foglie di basilico.

6.10.2.3   Capriccio D'estate

Ingredienti: 10 pomodori ben maturi e sodi 5gr.
di pistacchi sgusciati e non salati
50gr. di olio extra vergine di oliva 3
cucchiai di panna
1 ciuffo di prezzemolo 1
mazzetto di basilico 1
tuorlo
sale e pepe q.b.

Procedimento: Lavate, spellate, private dei semi e dei torsoli i pomodori e inseriteli nel boccale: 30sec. vlel. 5; unite tutti gli altri ingredienti, tranne il tuorlo e una decina di foglie di basilico, amalgamate per 30sec. Vel.4, fino ad ottenere una crema morbida ed omogenea. Mettete il tuorlo in una terrina e sbattetelo con una forchetta: unite la pasta appena scolata e mescolate velocemente. Condite poi con la salsa preparata, guarnite con il basilico e portate subito in tavola.

Consiglio: Questo sugo profumato e veloce, è perfetto per condire le farfalle.

6.10.2.4   Lumache Ai Pomodori E Rucola

Ingredienti: 300 g. di pomodorini pachino "ciliegia rossa" 50gr. di rucola tagliuzzata 2 spicchi d'agli 40gr. di olio extra vergine d'oliva sale q.b.

Procedimento: Lavate e tagliate i pomodorini a metà, eliminate grossolanamente i semi e lasciateli sgocciolare. Mettete nel boccale l'olio, l'aglio e fate un soffritto: 3min. a 100°, Vel.1: unite i pomodorini, il sale e fateli cuocere per 5min. a 100°, Vel.1; poi unite la rucola e lasciatela cuocere per non più di 2min. sempre a 100°, Vel.1 Questo sugo è per la pasta corta ben scolata. Se si vuole, si può aggiungere il pecorino grattugiato.

6.10.3   Autunno

6.10.3.1   Sugo Di Speck E Noci

Ingredienti: 200gr. di speck a dadini
200gr. di gherigli di noce spellati 200gr.
di panna da cucina
50gr. di burro sale
q.b.

Procedimento: Inserite nel boccale i gherigli di noce, tritateli per 10sec. a Vel.6 e metteteli da parte. Senza lavare il boccale, inserite ora il burro, lo speck, e fate soffriggere per 3min. a 100°, Vel.1. Unite le noci tenute da parte, la panna il sale ed amalgamate bene per 10sec. a Vel.1. Se il sugo si presentasse troppo denso, potete diluirlo con altra panna o mezzo misurino di latte. Le farfalle come tipo di pasta sono le più indicate.

Consiglio: per spellare i gherigli di noce è sufficiente scottarli per pochi secondi in acqua bollente, ma se andate di fretta lasciateli con la pellicina e tritateli per qualchesec. in più a Vel.9

6.10.3.2 Sugo Con Verza E Funghi

Ingredienti: 250gr. del cuore di un cavolo di verza
150gr. del cuore di una scarola
150gr. del cuore di una lattuga
150gr. di funghi freschi
1 cipolla piccola
90gr. di olio extra vergine di oliva 40gr. di
pinoli
20gr. di uvetta
1 mis. di vino bianco
1 cucchiaio di dado Bimby vegetale sale e
pepe q.b.
parmigiano grattugiato a piacere.

Procedimento: Pulite bene i funghi, eliminando la parte terrosa dei gambi e strofinandoli bene con un panno umido. Tagliateli a fettine non troppo sottili e teneteli da parte. Lavate la lattuga e la scarola, tagliatela a striscioline e tenetela da parte. Lavate la verza tenendo le foglie più tenere: tagliatele a striscioline e mettetele nel cestello. Inserite nel boccale 800gr. di acqua, un poco di sale, posizionate il cestello con la verza e mettete in cottura per 15min. a 100°, ve. 4. Al termine, travasate nel boccale la verza cotta, unite la cipolla e tritate grossolanamente per 5sec. a Vel.7; aggiungete l'olio, la lattuga, la scarola e fate insaporire tutto per 3min. a 100°, Vel.1: unite infine i funghi, i pinoli, l'uvetta, il vino, il dado e cuocete per 10min. a 100à, Vel.1. In una zuppiera sbattete leggermente l'uovo con il pepe ed il parmigiano; unite la pasta prescelta ben scolata, mescolate velocemente e alla fine unite il sugo che avete preparato. Servitela fumante. La pasta più adatta per gustare questo sugo sono le pennette lisce.

6.10.3.3 Pesce Del Boscaiolo

Ingredienti: 200gr. di tonno sott'olio
250gr. di funghi freschi
400gr. di polpa di pomodoro 3
spicchi d'aglio
70gr. di olio extra vergine di oliva 1
cucchiaio di prezzemolo tritato sale e
pepe q.b.

Procedimento: Pulite bene i funghi, eliminando la parte terrosa dei gambi e strofinandoli bene con un panno umido. Tagliateli a fettine non troppo sottili e teneteli da parte. Inserite nel boccale l'olio, l'aglio, 1 cucchiaio di prezzemolo tritato e fate rosolare per 5min. a Vel.1, 100°. Eliminate gli spicchi d'aglio, posizionate la farfalla, unite i funghi e fateli insaporire per 3min. a 100°, Vel.1; unite la polpa di pomodoro, il sale e lasciate cuocere per 25min. a 100°, Vel.1. Aggiungete il tonno e continuate la cottura per 5min. a 100°, Vel.1. Condite con questo sugo la pasta, completando con il prezzemolo rimasto ed il pepe macinato al momento.

CONSIGLIO: Penne rigate o rigatoni sono le paste più indicate a questo sugo. Fuori stagione potete sostituire i funghi freschi con 40gr. di funghi secchi ammollati e strizzati.

6.10.3.4 Sugo Funghi E Bresaola

Ingredienti: 300gr. di funghi porcini 50gr.
di bresaola a striscioline sottili 50gr. di
olio di oliva
50gr. di burro
100gr. di panna
1 cucchiaio di prezzemolo tritato 1
grattugiata di scorza di limone sale e
pepe q.b.

Procedimento: Pulire bene i funghi eliminando la parte terrosa dei gambi e strofinandoli bene con un panno umido. Tagliateli a fettine non troppo sottili e teneteli da parte. Posizionate la farfalla, inserite nel boccale il burro, l'olio, i funghi e fateli rosolare per 8min. a 100°, Vel.1; unite la bresaola, salate pochissimo e fate insaporire per 2min. a 100°, Vel.1. Aggiungete infine la panna con poca scorza di limone grattugiata e amalgamate bene per 30sec., Vel.1. Condite la pasta (conchiglie o eliche) spolverizzandola con il prezzemolo ed abbondante pepe nero macinato al momento.

6.10.4 Inverno

6.10.4.1 Sugo Speck E Radicchio

Ingredienti: 150 g. di speck tagliato a listarelle 150
g. di radicchio rosso tagliato a listarelle 70gr. di
burro
1 cipollina
1 peperoncino piccante sale
q.b.

Procedimento: Mettere nel boccale il burro, la cipollina e fatela rosolare per 3min. a 90°, Vel.4. Dal foro del coperchio unite lo speck: 3min. a 100°, Vel.1; aggiungete il radicchio, poco sale, il peperoncino e cuocete ancora per 5min. a 100° Vel.2 o fino a quando il sugo si presenterà ben asciutto, secondo la vostra consuetudine. E' ottimo per condire qualsiasi tipo di pasta lunga.

6.10.4.2 Champignon Rosati

Ingredienti: 300gr. di funghi champignon
300gr. di polpa di pomodoro
1 cipolla media
2 spicchi d'aglio
60gr. di olio extra vergine d'oliva 1/2
misurino di latte
1 cucchiaio di prezzemolo tritato
sale e pepe q.b.

Procedimento: Pulite bene i funghi, lavateli in acqua fredda e spruzzateli di limone; tagliateli a fettine non troppo sottili e teneteli da parte. Inserite nel boccale la cipolla e tritatela per 10sec. a Vel.3; unite l'olio, l'aglio e fate rosolare per 3min. a 100°, Vel.1. Eliminate gli spicchi d'aglio, unite i funghi e fateli insaporire per 5min. a 100°, Vel.1 quindi aggiungete la polpa di pomodoro, sale, pepe e fate cuocere per 20min. a 100°, Vel.1: dopo 10min. unite il latte e lasciate terminare la cottura. Per valorizzare al meglio questo delicato sugo, potete abbinarlo a garganelli o farfalle, ma prima di condire cospargete il prezzemolo tritato.

6.10.4.3 Spaghetti Affumicati

Ingredienti: 200gr. di prosciutto di Praga in un'unica fetta
400gr. di passata di pomodoro
2 spicchi d'aglio 90gr. di
olio di oliva
1 misurino di vino bianco 1
cucchiaio di origano
30gr. di pecorino grattugiato sale
e pepe q.b.

Procedimento: Tagliate in grossi pezzi il prosciutto e mettetelo nel boccale per tritarlo grossolanamente: 7sec. a Vel.4 e tenetelo da parte. Inserite ora nel boccale l'olio e l'aglio: 2min. a 100°, veò 1: aggiungete poi dal foro del coperchio il prosciutto e lasciatelo insaporire permin. a 100°, Vel.1. Aggiungete il vino, la passata di pomodoro, l'origano, il sale, il pepe e mettete in cottura per 15 min, . a 100°, Vel.1. Aggiustate di sale, eliminate l'aglio, versate il sugo ottenuto sugli spaghetti e portateli in tavola cosparsi di pecorino.

6.10.4.4 Sugo Spinaci E Prosciutto

Ingredienti: 250gr. di spinaci
100gr. di prosciutto cotto in una sola fetta
40gr. di burro
30gr. di olio extra vergine di oliva 1
spicchio d'aglio
40gr. di parmigiano grattugiato sale
q.b.

Procedimento: Lavate gli spinaci e tagliate a listarelle il prosciutto, mentre portate all'ebollizione 400gr. di acqua in 5min. a 100°, Vel.1 Unite gli spinaci, salate e fateli cuocere per 5min. a 100°, Vel.1: scolateli bene e teneteli da parte. Eliminate l'acqua di cottura degli spinaci, inserite nel boccale l'olio, il burro, l'aglio e fate rosolare per 3min. a 100°, Vel.4. Unite il prosciutto e fatelo insaporire: 2min. a 100°, Vel.1; è ora la volta degli spinaci: 4min. a 90°, Vel.1, aggiungendo, se necessario, due cucchiai dell'acqua di cottura della pasta.

Consiglio: per questa ricetta si sconsiglia di usare spinaci surgelati. Se volete presentarla al meglio, servitela con sedanini di parmigiano.

6.10.5 "Pasta Per Ogni Occasione"

6.10.5.1 Paglia E Fieno Al Cavolfiore Verde

Ingredienti: 500gr. di cime di cavolfiore verde
90gr. di olio di oliva
1 spicchio d'aglio
2 acciughe sotto sale 1
peperoncino
1 mis. di vino sale
q.b.
pecorino a piacere

Procedimento: Dopo aver lavato e diliscato le acciughe, lavato e preparato le cime di cavolfiore, mettete nel boccale l'olio, l'aglio e il peperoncino e fate il soffritto: 3min. a 100°, Vel.3; unite quindi il cavolfiore, le acciughe, il vino e lasciate cuocere per 25min. a 100°, Vel.1. Al termine aggiustate di sale e condite la pasta, mescolando delicatamente. Servitela cosparsa di pecorino.

Variante: per arricchire la presentazione di questo singolare sugo, oltre che con il pecorino, si può cospargere il tutto con pane tostato grattugiato e abbondante pepe nero.

6.10.5.2 Penne Ai Peperoncini Verdi Dolci

Ingredienti: 500gr. di polpa pronta di pomodoro
10/12 peperoncini verdi dolci
60gr. di olio extra vergine di oliva 1
cipolla piccola
1 spicchio d'aglio 5/6
foglie di basilico sale
q.b.

Procedimento: Lavate, private dei semi i peperoncini, tagliateli in due o tre pezzi e teneteli da parte. Mettete nel boccale l'aglio, e la cipolla: 10sec. Vel.3; unite l'olio e fate rosolare per 3min. a 100°, Vel.4. Aggiungete i peperoncini e fateli insaporire per 5min. a 100°, Vel.1. Unite la polpa di pomodoro, salate e mettete in cottura per 20min. a 100°, Vel.1; durante gli ultimi due minuti, inserite dal foro del coperchio il basilico spezzettato. Condite le penne ben scolate, mescolate bene e servite.

Variante: Per rendere questo piatto ancora più appetitoso, potete aggiungere un peperoncino piccante.

6.10.5.3 Conchigliette Ai Fagiolini E Rucola

Ingredienti: 500gr. di pomodori pelati
200gr. di fagiolini
60gr. di rucola

70gr. di olio extra vergine di oliva 1
spicchio d'aglio
1 peperoncino piccante
100gr. di pecorino tenero 5/6
foglie di basilico
sale q.b.

Procedimento: Lavate e spezzettate i fagiolini; lavate la rucola e spezzettatela. Triturate grossolanamente il pecorino per 30sec. a Vel.4 e tenetelo da parte. Inserite nel boccale l'olio, l'aglio, il peperoncino e fate rosolare per 3min. a 100°, Vel.4. Unite i pomodori e rompeteli con 3 o 4 colpi di Turbo; aggiungete i fagiolini e mettete in cottura per 20min. a 100°, Vel.1. Dopo 5 minuti, senza fermare l'apparecchio, unite dal foro del coperchio la rucola, il sale e completate la cottura. Condite la pasta con questo gradevolissimo sugo e, prima di servirla, aggiungete il pecorino tenuto da parte ed il basilico crudo spezzettato.

CONSIGLIO: Il sapore amarognolo della rucola, quello dolce dei fagiolini ed il piccante del peperoncino ben si sposano in questo sugo grazie al sapiente dosaggio degli ingredienti. Attenetevi quindi alle dosi indicate.

6.10.5.4 Farfalle Del Podere

Ingredienti: 4 carciofi
300gr. di fave fresche sgusciate
200gr. di pomodori da sugo
40gr. di prosciutto crudo in una sola fetta 80gr.
di salsiccia
1 cipolla media 50gr. di
olio di oliva
1 ciuffo di prezzemolo sale
q.b.

Procedimento: Private della pelle e dei semi i pomodori, tagliateli grossolanamente e teneteli da parte in uno scolapasta. Pulite i carciofi, Tagliate a dadini il prosciutto e spellate la salsiccia spezzettandola. Inserite ora nel boccale il prezzemolo, la cipolla e tritate grossolanamente per 5sec. a Vel.4. Riunite il trito sul fondo del boccale, unite il prosciutto, la salsiccia, l'olio e fate rosolare per 3min. a 100°, Vel.1. Posizionate la farfalla, unite i carciofi ben sgocciolati e fateli insaporire per 5min. a 100°, Vel.1; aggiungete le fave e continuate a cuocere: 5min. a 100°, Vel.1. Unite ora i pomodori, il sale e continuate la cottura per altri 15min. a 100°, sempre a Vel.1. Condite le farfalle o altro tipo di pasta corta con questo sugo che potrebbe diventare all'occorrenza un magnifico contorno a un bel piatto di formaggi italiani.

6.10.5.5 Tortiglioni Con Pomodori E Cicoria

Ingredienti: 400gr. di polpa pronta di pomodoro
200gr. di cicoria tenera pulita e tagliuzzata
70gr. di olio extra vergine di oliva 3
spicchi d'aglio
1 peperoncino piccante 20
olive nere di Gaeta sale
q.b.

Procedimento: Mettete nel boccale l'olio, l'aglio, il peperoncino e fate rosolare bene per 5min. a 100° Vel.1. Eliminate l'aglio, unite la polpa di pomodoro, il sale e lasciate cuocere per 20min. a 100°, Vel.1. Unite la cicoria e cuocete ancora per 20min. a 100°, Vel.1. Negli ultimi cinque minuti di cottura, inserite dal foro del coperchio le olive (col nocciolo). Condite i tortiglioni e servite.

Consiglio: Volendo potete sostituire la cicoria con della catalogna dolce.

6.10.5.6 Eliche Dell'ortolano

Ingredienti: 300gr. di fave fresche 200gr.
di pisellini sgranati
2 cipolle novelle succo
di un limone
scorza gialla di mezzo limone

70gr. di olio extra vergine di oliva 2
cucchiai di semi di sesamo
sale e pepe q.b.

Procedimento: Inserite nel boccale le cipolle e la scorza di limone: 20sec. Vel.4: unite l'olio e fate rosolare per 3min. a 100°, Vel.4. Aggiungete le fave, i piselli, i semi di sesamo, il sale e fate insaporire per 5min. a 100°, Vel.1; infine unite mezzo mis. di acqua di cottura della pasta, il succo di limone, e lasciate cuocere per 8min. a 100°, Vel.1. Versate il sugo preparato sulle eliche cotte al dente e ben scolate, mescolate bene e portatele in tavola con una macinata di pepe nero.

Consiglio: Se non è stagione, potete realizzare questo sugo con fave e pisellini surgelati. I piselli più teneri, dolci, succosi sono i cosiddetti precoci, raccolti soltanto in primavera.

6.10.5.7   Rigatoni Gagliardi

Ingredienti: 150gr. di prosciutto crudo affettato
500gr. di pomodori maturi
90gr. di olio extra vergine di oliva 1
spicchio d'aglio
2 peperoncini piccanti
1 cucchiaio di prezzemolo tritato 10
foglie di basilico
50gr. di parmigiano grattugiato sale
e pepe q.b.

Procedimento: Private della pelle e dei semi i pomodori, tagliateli in piccoli pezzi e teneteli da parte in uno scolapasta. Nel boccale inserite l'aglio, l'oli, il peperoncino, il prezzemolo, il prosciutto e fate rosolare per 3min. a 100°, Vel.4; unite i pomodori e lasciateli cuocere per 15min. a 100°, Vel.1. Aggiustate di sale, unite il basilico, e condite i rigatoni. Mescolate bene, unite il parmigiano, il pepe nero macinato al momento, guarnite con qualche foglia fresca di basilico e servite subito.

6.10.5.8   Tagliolini Alle Rose Rosa

Ingredienti: 50gr. di petali di rose non trattate
150gr. di prosciutto cotto in una sola fetta 70gr. di
burro
200gr. di panna da cucina sale
q.b.

Procedimento: Per prima cosa tritate grossolanamente il prosciutto per 5sec. a Vel.4 e tenetelo da parte. Inserite ora il burro nel boccale e fatelo sciogliere: 30sec. a 90°, Vel.1; unite il prosciutto tenuto da parte e fatelo insaporire per 3min. a 90°, Vel.1. Unite la panna e fatela amalgamare bene per 2min. a 100°, Vel.1; aggiustate di sale, aggiungete i petali di rosa tagliati alla julienne e mescolate per 30sec. a Vel.1. Dopo aver cotto i tagliolini, conditeli con questo prezioso sugo e decorateli con i petali di rosa più belli.

Consiglio: Sconsigliamo di prepararlo in anticipo e di tentare di conservarlo.

6.10.5.9   Vermicelli Alla Siracusana

Ingredienti: 300gr. di pomodori maturi
90gr. di olio di oliva
1 spicchio d'aglio
2 acciughe salate
1 melanzana
1 peperone gialla abbrustolito e spellato 8
olive nere e sgocciolate
1 cucchiaio di capperi
qualche foglia di basilico sale
q.b.

Procedimento: Lavate la melanzana, tagliatela a dadoni, salatela e lasciatela riposare in uno scolapasta per almeno un'ora. Lavate il peperone, togliete i semi, tagliatelo a listarelle e tenetelo da parte. Diliscate e lavate le acciughe, dissalate i capperi e tenete il tutto da parte. Private della pelle e dei semi i pomodori, tagliateli a pezzetti e teneteli da parte in uno scolapasta. Introducete ora nel boccale l'olio, l'aglio, le acciughe e fate soffriggere per 2min. a 100°, Vel.1. Posizionate la farfalla, unite i dadi di melanzana ben risciacquati e fateli insaporire: 7min. a 100°, Vel.1; metteteli da parte in una ciotola. Senza lavare il boccale e lasciando la farfalla, inserite il pomodoro: 10 min, 100°, Vel.1; unite i peperoni, la melanzana tenuta da parte, le olive, il sale e ponete in cottura per 10min., 100°, Vel.1. A due minuti dal termine della cottura, unite il basilico, i capperi, ed aggiustate di sale. Condite i vermicelli cotti al dente con questo delizioso sugo che sprigiona i tipici sapori della classica tradizione siciliana.

Segreto: I capperi sia sotto sale che in salamoia vanno ben lavati prima dell'utilizzo e vanno sempre aggiunti a fine cottura.

6.10.5.10 Spaghettoni Alla Corte D'assise

Ingredienti: 500gr. di pomodori ben maturi 1
cipolla
80gr. di burro
1 cucchiaio di prezzemolo tritato 4/5
peperoncini piccanti
1 spicchio d'aglio
5/6 foglie di basilico spezzettate
60gr. di parmigiano grattugiato sale
q.b.

Procedimento: Lavate, private dei semi e dei torsoli i pomodori, inseriteli nel boccale con la cipolla, il sale e metteteli in cottura per 10min. a 100°, Vel.1; lasciate intiepidire e poi omogeneizzate molto lentamente, portando le lame da Vel.1 a Turbo per un minuto. Rimettete in cottura per 10min. a temp. Varoma, Vel.1, senza misurino; al termine mettete la passata da parte. Risciacquate il boccale, inserite ora il burro, prezzemolo, i peperoncini, l'aglio e fate rosolare per 4min. a 90°, Vel.4; controllate che il tutto sia finemente tritato e aggiungete la passata tenuta da parte: 10min. a 100°, Vel.1. Quando il sugo sarà quasi freddo, unite il parmigiano, il basilico e mescolate bene per 30sec. a Vel.3. Condite gli spaghettoni cotti al dente e ben scolati con questo sugo, ottimo per chi ama i sapori molto, ma molto piccanti

…

6.10.5.11 Bavette Al Limone

Ingredienti: 50gr. di prosciutto crudo a listarelle 2
scalogni
50gr. di burro
200gr. di panna
mezzo mis. di succo di limone
2 cucchiai di passata di pomodoro
30gr. di parmigiano grattugiato sale e
pepe q.b.

Procedimento: Mettete nel boccale lo scalogno e tritatelo per 5sec. a Vel.4; unite il burro e fatelo ben rosolare: 3min. a 90°, Vel.1. Unite il prosciutto, la passata di pomodoro il sale ed il pepe: 4min. a 100°, Vel.1. Quando le bavette saranno cotte e ben scolate, spruzzatele con il succo di limone e aggiungete la panna: mescolate bene prima di aggiungere il sugo preparato ed il parmigiano.

Consiglio: con questo sugo veloce, inusuale e stuzzicante sono indicate tutte le paste lunghe ma sottili

6.10.5.12 Spaghetti Infernali

Ingredienti: 300gr. di funghi porcini freschi 100gr.
di lardo a dadini
500gr. di pomodori maturi
50gr. di burro

2 spicchi d'aglio
1 peperoncino piccante
50gr. di parmigiano e pecorino grattugiato sale
q.b.

Procedimento: Private della pelle e dei semi i pomodori, tagliateli in grossi pezzi e teneteli da parte in uno scolapasta. Pulite bene i funghi, eliminando la parte terrosa dei gambi e strofinandoli bene con un panno umido. Tagliateli a fettine non troppo sottili e teneteli da parte. Ora inserite nel boccale il burro, l'aglio, il lardo e fate un soffritto: 3min. a 90°, Vel.1. Posizionate la farfalla, unite i pomodori, i funghi, il peperoncino, il sale e lasciate cuocere per 18min. a 100°, Vel.1. Non rimane altro che condire con questo sugo e i formaggi gli spaghetti cotti al dente.

Segreto: Oggi il lardo non viene più molto usato in cucina, ma se trovate il lardo COLONNATA, vale veramente la pena di fare un peccato di gola

6.10.5.13 Orecchiette Alle Cime Di Rapa

Ingredienti: 500gr. di cime di rapa al netto 4
acciughe salate
900gr. di olio extra vergine di oliva 1
peperoncino
2 spicchi d'aglio
1/2 misurino di vino bianco sale e
pepe q.b.

Procedimento: Eliminate dalle cime di rapa i gambi, le foglie più dure e lavatele bene. Lavate e diliscate le acciughe. Inserite nel boccale l'olio, l'aglio, il peperoncino, le acciughe e fate rosolare per 3min. a 100°, Vel.4. Posizionate la farfalla, aggiungete le cime di rapa non molto sgocciolate, il sale e fatele insaporire per 5min. a 100°, Vel.1; unite il vino e lasciatelo evaporare per 5min. a 100°, Vel.1. Aggiungete ora 1 misurino di acqua e lasciate cuocere per 10min. a 100°, Vel.1. Condite con questo sugo le orecchiette e completate con una spolverata di pepe nero macinato al momento.

6.10.5.14 Trenette Ai Fiori Di Zucca E Zafferano

Ingredienti: 12 fiori di zucca 1
cipolla media
50gr. di olio extra vergine di oliva 1
cucchiao di prezzemolo tritato
1 bustina di zafferano
1 cucchiaio di dado vegetale Bimby 1
tuorlo
40gr. di parmigiano e pecorino grattugiato sale
e pepe q.b.

Procedimento: Lavate e tagliate a striscette i fiori di zucca. Mettete nel boccale la cipolla e tritatela per 10sec. a Vel.3; aggiungete l'olio, il prezzemolo e fate rosolare per 3min. a 100° Vel.4. Posizionate la farfalla, unite i fiori di zucca e tagliateli a listarelle, lo zafferano, mezzo misurino di acqua e ponete in cottura per 10min. a 100°, Vel.1; unite ancora mezzo misurino di acqua, il dado e continuate la cottura ancora per 6min. a 100°, Vel.1. Terminata la cottura aggiustate di sale e aggiungete il formaggio prescelto e il tuorlo dal foro del coperchio sulle lame in movimento a Vel.1 per 30sec.

6.11 Sua Maesta' La Pasta

6.11.1.1 Linguine Ai Totanetti Rossi

Ingredienti: 300gr. di totanetti o calamaretti 300gr.
di passata di pomodoro
80gr. di olio extra vergine di oliva 2
spicchi d'aglio
1 mis. di vino bianco 5 o 6
foglie di basilico sale e
pepe q.b.

Procedimento: Tagliate a pezzetti i tentacoli dei totani e le sacche ad anello. Tritate i tentacoli inserendoli nel boccale dal foro del coperchio con le lame in movimento a Vel.6 e continuate per 5sec. a Vel.8; aggiungete le sacche e ponete in cottura per 10min. a 100°, Vel.1. Al termine estraete i molluschi e teneteli da parte. Inserite ora nel boccale l'olio, l'aglio e fatelo rosolare per 3min., a 100°, Vel.4; unite i totani tenuti da parte e fateli insaporire per 3min. a 100°, Vel.1. Aggiungete il vino e fatelo evaporare per 5min. a 100°, Vel.1; completate aggiungendo la passata di pomodoro, il sale ed il pepe: 20min. a 100°, Vel.1. Negli ultimi 2 minuti di cottura unite il basilico spezzettato. Condite le linguine cotte al dente e ben scolate.

6.11.1.2   Tagliolini Arlecchino

Ingredienti: 1 peperone rosso abbrustolito e spellato
100gr. di piselli teneri freschi o surgelati
100gr. di prosciutto cotto
mezza cipollina fresca 40gr.
di olio di oliva 20gr. di burro
100gr. di panna
parmigiano grattugiato a piacere sale
q.b.

Procedimento: Tagliate il prosciutto ed il peperone a striscioline e teneteli da parte. Inserite nel boccale l'olio, il burro, la cipolla e fate rosolare per 3min. a 100°, Vel.4. Aggiungete i piselli, 1 mis. di acqua, il sale e ponete in cottura per 15min. a 100°, Vel.1; al termine unite il peperone, il prosciutto, la panna ed amalgamate a Vel.1 per 15sec. Condite i tagliolini o altri tipi di pasta a piacere e serviteli con il parmigiano a parte. Questo sugo dal sapore delicato dà ai tagliolini profumi e colori tali da renderli sofisticati e irresistibili.

Consiglio: E' sempre bene assaggiare un pezzetto di peperone prima di cucinarlo; il grande numero di varietà ed il conseguente diverso contenuto di sostanze piccanti possono riservare delle spiacevoli sorprese.

6.11.1.3   Rigatoni Del Pirata

Ingredienti: 500gr. di pomodori maturi
50gr. di olio di oliva
1 spicchio d'aglio 80gr. di
tonno sott'olio
100gr. di olive nere di Gaeta
50gr. di capperi sotto sale 80gr.
di acciughe sotto sale
1 cucchiaio di prezzemolo tritato 1
cucchiaino di origano
4/5 foglie di basilico sale
q.b.

Procedimento: Private della pelle e dei semi i pomodori, tagliateli a pezzi e teneteli da parte in uno scolapasta. Lavate e diliscate le acciughe; lavate i capperi, snocciolate le olive e togliete il tonno dal suo olio. Mettete ora nel boccale a soffriggere l'olio e l'aglio: 3min. a 100°, Vel.1; aggiungete i pomodori, il tonno, le olive, i capperi, le acciughe, l'origano ed il prezzemolo. Ponete in cottura per 10min. a 100°, Vel.1. Al termine, aggiustate di sale, unite il basilico spezzettato e mescolate per qualche secondo a Vel.1. I rigatoni vanno serviti al dente.

Consiglio: Per snocciolare più velocemente le olive, utilizzate l'apposito attrezzo; se proprio non avete tempo, servitevi di olive snocciolate, ma lasciatele scolare bene prima di utilizzarle.

6.11.1.4   Ruote Filanti Ai Wurstel

Ingredienti: 150gr. di wurstel
100gr. di fontina
200gr. di latte
20gr. di farina
30gr. di burro

20/25 olive nere di Gaeta
noce moscata a piacere sale e
pepe q.b.

Procedimento: Tagliate la fontina a pezzi, i wurstel a rondelle e snocciolate le olive. Triturate la fontina: 30sec. Vel.3 e tenetela da parte. Senza lavare il boccale, inserite il latte, il burro, la farina, il sale e preparate una besciamella: 6min. a 80°, Vel.3; unite la fontina, i wurstel, le olive e amalgamate il tutto per 2min. a 60°, Vel.1. Condite con questo sugo le ruote che avrete ben scolato e servitele calde dopo averle spolverizzate con il pepe e la noce moscata

6.11.1.5 Farfalle Sfiziose

Ingredienti: 100gr. di speck tagliato a listarelle
200gr. di mascarpone
100gr. di pistacchi sgusciati 70gr.
di burro
sale q.b.

Procedimento: Tritate i pistacchi con il Bimby per 10sec. a Vel.4 e teneteli da parte, Mettete ora nel boccale il burro, lo speck, e fate rosolare per 3min. a 100°, Vel.1. Aggiungete il mascarpone e i pistacchi tenuti da parte: 45sec. a Vel.2. Aggiustate di sale e condite con questo sugo eccezionale le farfalle, servendo il parmigiano a parte solo per chi lo desidera.

6.11.1.6 Gnocchetti Sardi Ai Caprini E Salsiccia

Ingredienti: 200gr. di salsiccia
150gr. di caprini
90gr. di olio
1 cipolla media sale
e pepe q.b.

Procedimento: Spellate la salsiccia e spezzettatela. Inserite nel boccale l'olio, la cipolla, e fatela rosolare per 2min. a 100°, Vel.4; unite la salsiccia e mettete in cottura per 5min. a 100°, Vel.1 e per 4min. a temp. *Varoma* sempre a Vel.1. Al termine unite i caprini, poco sale, il pepe ed amalgamate il tutto per 1min. a Vel.2. Condite con questo sugo particolare i gnocchetti o altri tipi di pasta corta. SEGRETO: I caprini migliori, fatti esclusivamente di latte di capra sono quelli della Sardegna, quelli della Valle d'Aosta, di Cuneo, della Valsassina il Lombardia, della Valle d'Arroscia in Liguria.

6.11.1.7 Sugo Del Sultano

Ingredienti: 400gr. di pomodori pelati sgocciolati
50gr. di uvetta sultanina
30gr. di pinoli
6 acciughe salate 50gr.
di olio di oliva

Procedimento: Lavate, diliscate e inserite le acciughe nel boccale con l'olio, l'uvetta ed i pinoli: portate a cottura per 3min. a 100°, Vel.1. Aggiungete i pelati e lasciate cuocere per 15min. a 100°, Vel.1. Chi preferisce il sugo più denso, può utilizzare la temp. *Varoma* negli ultimi 5min. di cottura. L'insolito abbinamento delle acciughe con pinoli ed uvetta dona al sugo un sapore assolutamente particolare che si presta ad insaporire degnamente tagliatelle, tagliolini o fettuccine.

6.11.1.8 Fusille E Polpettine

Ingredienti: 150gr. di lonza di maiale macinata
150gr. di polpa di vitello macinata
2 uova
50gr. di pancarrè
1 bel ciuffo di prezzemolo 1
ciuffetto di basilico 20gr. di
parmigiano
30gr. di provola affumicata 400gr.
di passata di pomodoro

100gr. di olio di oliva 1
cipolla piccola farina
bianca
sale e pepe q.b.

Procedimento: Inserite nel boccale il pancarrè, il prezzemolo, i formaggi e tritate il tutto per 10sec. a Vel.6; unite le carni, le uova, poco sale, il pepe ed amalgamate bene per qualche secondo sempre a Vel.6. Con l'impasto ottenuto fate delle polpette piccolissime, infarinatele e disponetele nel cestello. Senza lavare il boccale, introducete l'olio, la cipolla e fatela rosolare per 3min. a 100°, Vel.4; unite la passata di pomodoro, 1 mis. di acqua, il basilico, il sale, posizionate il cestello con le polpettine e fate cuocere per 10min. a 100°, Vel.2 e per altri 20min. a temp. *Varoma* Vel.1. Scolate i fusilli, versateli in una zuppiera e conditeli con le polpettine ed il loro sugo. Spolverizzateli con il pepe macinato al momento e guarniteli con qualche foglia di basilico fresco.

6.11.1.9   Sugo Alle Sette Erbe

Ingredienti: 400gr. di pomodori maturi
50gr. di olio extra vergine di oliva
1 spicchio d'aglio
1 rametto di rosmarino 1
rametto di maggiorana 1
rametto di timo
1 manciata di foglie di prezzemolo 1
ciuffetto di prezzemolo
1 ciuffetto di basilico 3
foglie di salvia
1 pizzico di origano sale
e pepe q.b.

Procedimento: Private della pelle e dei semi i pomodori, tagliateli a pezzi e teneteli da parte in uno scolapasta. Tritate il prezzemolo, il basilico, la salvia, la maggiorana e il rosmarino inserendoli nel boccale dal foro del coperchio sulle lame in movimento: 10sec., Vel.5 e teneteli da parte. Senza lavare il boccale, inserite ora l'olio e l'aglio e fate rosolare per 3min. a 100°, Vel.1; aggiungete i pomodori, il sale e lasciate cuocere per 15min. a 100°, veò. 1. Al termine unite le erbe precedentemente tritate, il timo, l'origano, il pepe e mescolate bene per 10sec. Vel.2.

6.11.1.10   Sugo Azzurro

Ingredienti: 400gr. di alici fresche 4
pomodori maturi
40gr. di olio extra vergine di oliva 1
cipolla rossa (ca. 40gr.)
1 peperoncino
1 cucchiaio di prezzemolo tritato
sale q.b.

Procedimento: Private della pelle e dei semi i pomodori, tagliateli a pezzi e teneteli da parte in uno scolapasta, Diliscate le alici, lavatele e asciugateli a pezzettini di 1cm. circa. Inserite nel boccale la cipolla a pezzi con il peperoncino e tritatela per 5sec. a Vel.4; unite l'olio e fate rosolare per 3min. a 100° Vel.1. Posizionate la farfalla, inserite i pomodori, le alici, il prezzemolo, il sale e ponete il tutto in cottura per 10min. a 100°, Vel.1; e poi per altri 5min. a temp. Varoma, tenendo il mis. inclinato. Aggiustate di sale e condite dei bucatini o altra pasta lunga.

Consiglio: quando dovete spellare i pomodori, ricordatevi di utilizzare il Varoma. Dopo averli scottati per 2min. immergeteli subito in acqua fredda: la pelle si toglierà molto facilmente e questo **procedimento** non intaccherà la freschezza della polpa.

6.12   Sapore Di Mare

6.12.1.1   Nuvole Ai Calamari E Bottarga

Ingredienti: 100gr. di calamari

50gr. di bottarga fresca 1
scalogno
50gr. di olio extra vergine di oliva 1
cucchiaio di prezzemolo
sale e pepe q.b.

Procedimento: Lavate i calamari e taglateli a listarelle. Inserite nel boccale lo scalogno, il prezzemolo, l'olio e fate rosolare bene per 4min. a 100°, Vel.4; unite i calamari, salate e lasciate cuocere per 20min. a 100°, Vel.1. Condite le nuvole con il sugo, cospargetele con pepe nero macinato al momento, bottarga macinata e guarnitele con lamelle di bottarga. **SEGRETO:** La bottarga migliore è quella di cefalo o quella di spigola, molto rara, ma delicata quasi quanto quella di cefalo.

6.12.1.2   Bavette Mari E Monti

Ingredienti: 300gr. di moscardini o seppioline
300gr. di gamberetti
600gr. di cozze
300gr. di funghi freschi 40gr.
di burro
50gr. di olio di oliva 1
spicchio d'aglio
2 pomodori ben maturi
1 cucchiaio di prezzemolo tritato mezzo
mis. di Brandy
sale e pepe q.b.

Procedimento: Preparate il pesce: lavate i moscardini e sgusciate i gamberetti. Lavate e spazzolate bene le cozze per togliere ogni residuo di sabbia; posizionate la farfalla e mettete nel boccale per farle aprire: 5min. a 100°, Vel.1 e togliete i molluschi dalle valve. Lavate, spellate, togliete i semi ai pomodori, tagliateli in piccoli pezzi e teneteli da parte in uno scolapasta. Pulite bene i funghi, eliminando la parte terrosa dei gambi e strofinandoli bene con un panno umido. Tagliateli a fettine non troppo sottili e teneteli da parte. Inserite nel boccale l'olio, il burro, l'aglio e fate soffriggere per 3min. a 100°, Vel.1. Riposizionate la farfalla, unite i funghi, i moscardini, il Brandy e lasciate insaporire per 10min. a 100°, Vel.1; unite i pomodori, il sale e cuocete ancora per 15min. a 100°, sempre a Vel.1, tenendo il mis. inclinato. Infine aggiungete i gamberetti, le cozze, il prezzemolo e terminate la cottura: 3min. a 100°, Vel.1. Condite la bavette ben scolate, spolverizzatele con pepe nero macinato al momento e servite.

6.12.1.3   Linguine Al Ragù Di Triglie

Ingredienti: 250gr. di fileti di triglie di scoglio
40gr. di olio di oliva
1 spicchio d'aglio
1 pizzico di peperoncino in polvere 1
cucchiaio di finocchietto tritato
3 cucchiai di concentrato di pomodoro 3
fette di pancarrè
sale q.b.

Procedimento: Eliminate la crosta del pancarrè e tritatelo: 20sec., Vel.6; fatelo poi tostare per 5min. a 100°, Vel.1 e tenetelo da parte. Inserite nel boccale i filetti di triglia, tritateli grossolanamente per 20sec. a Vel.6 e teneteli da parte. Mettete ora nel boccale l'aglio, l'olio, e fatelo dorare per 4min. a 100°, Vel.1; togliete lo spicchio di aglio, aggiungete le triglie con il peperoncino e fatele insaporire per 4min. a 100°, Vel.1. Unite ora il concentrato di pomodoro, il finocchietto, mezzo mis. di acqua, il sale e lasciate cuocere per 10min. a 100°, Vel.1 Il sugo è ora pronto per condire le linguine cotte al dente, che servirete cosparse con il pancarrè tostato. Assaporatele: sono veramente squisite

6.12.1.4   Rigatoni Dei "4 Ladroni"

Ingredienti: 200gr. di pesce misto da frittura 1
cipolla

1 carota
1 gambo di sedano 2
chiodi di garofano
200gr. di pomodori a cubetti 50gr.
di olio di oliva
1 spicchio d'aglio
1 cucchiaio di prezzemolo tritato sale e
pepe q.b.

Procedimento: Coprite le lame del boccale con acqua e portatela all'ebollizione: 6min. a 100°, Vel.1. Nel frattempo predisponete nel *Varoma* il pesce pulito, i chiodi di garofano e le verdure a pezzi. Quando l'acqua bolle, posizionate il *Varoma* sul boccale e lasciate cuocere per 10min. a temp. Varoma, Vel.1. Al termine, togliete l'acqua dal boccale e spinate il pesce togliendo solo le teste e la spina dorsale. Inserite ora nel boccale l'olio, l'aglio e fate rosolare per 3min. a 100°, Vel.1: unite il pomodoro, il pesce, le verdure e tritatele per 30sec. a Vel.7. Salate e lasciate cuocere per 15min. a 100°, Vel.1: se il sugo non si presentasse ben denso continuate la cottura a temp. *Varoma* per qualchemin. Aggiustate di sale e condite i rigatoni ben scolati. Prima di servirli, spolverizzateli con una generosa macinata di pepe bianco e il prezzemolo tritato.

Consiglio: Questa ricetta è tratta da uno studio della Accademia della Cucina Italiana

6.12.1.5 Linguine Con Scorfano E Ciliegine

Ingredienti: 600gr. di scorfano fresco 15
pomodori ciliegina
1 mis. e mezzo di vino bianco secco 2
filetti di acciughe salate
4 spicchi d'aglio
70gr. di olio extra vergine di oliva 2
cucchiai di prezzemolo tritato pepe
nero a piacere
sale q.b.

Procedimento: Lavate i pomodorini, tagliateli a metà e privateli dei semi. Disponete nel cestello il pesce lavato e tagliato a tranci (testa inclusa). Lavate, diliscate le acciughe e mettetele nel boccale con l'olio, l'aglio, 1 cucchiaio di prezzemolo tritato e fate soffriggere per 5min. a 100°, Vel.1. Eliminate gli spicchi d'aglio, unite i pomodorini, poco sale e posizionate il cestello con il pesce ed un rametto di prezzemolo: ponete in cottura per 20min. a 100°, Vel.1 e dopo 5min. unite il vino dal foro del coperchio. A cottura ultimata estraete il cestello, spinate il pesce e dividetelo a pezzetti. Posizionate la farfalla, unite il pesce al sugo, controllate il sale e rimettete in cottura per 2min. a 100°, Vel.1. Condite delle linguine e portatele in tavola dopo averle cosparse con il prezzemolo tritato rimasto e con una bella spolverata di pepe macinato al momento.

Consiglio: Se non trovate lo scorfano fresco, potete utilizzare 400gr. di scorfano surgelato. Se non avete le acciughe salate, potete sostituirle con sei filetti di acciughe sott'olio o con due cucchiai di pasta d'acciuga. Per questo sugo sono indicati anche spaghettini o gnocchetti sardi.

6.12.1.6 Ziti Salmone E Spinaci

Ingredienti: 300gr. di salmone fresco a tranci
300gr. di spinaci freschi
100gr. di burro
200gr. di panna da cucina
1 cucchiaio di gherigli di noce 1
pizzico di noce moscata
sale e pepe q.b.

Procedimento: Lavate il salmone, tagliate ogni trancio in tre o quattro pezzi, lasciatelo scolare, asciugatelo con carta da cucina e tenetelo da parte. Lavate gli spinaci e disponete le foglie nel cestello; inserite 500gr. di acqua nel boccale, posizionate il cestello e fate cuocere gli spinaci per 8min. a 100°, Vel.1. Togliete il cestello ed eliminate l'acqua di cottura. Strizzate bene gli spinaci, inseriteli nel boccale con le noci e triturateli grossolanamente per 10sec. a Vel.8; unite 50gr. di burro, il sale e fateli insaporire per 5min. a 100°, Vel.1. Aggiungete la panna, la noce moscata, e amalgamate per qualche secondo a ve. 2, aiutandovi con la spatola; versate il tutto in un piatto da portata caldo. Senza lavare il boccale inserite il burro rimasto, poco sale, il pepe, il salmone, fatelo rosolare, sbriciolandolo, per 5min. a 100°, Vel.2 e aggiungetelo agli spinaci. Mescolate bene il sugo prima di versarvi gli ziti ben scolati e mescolate ancora. Serviteli guarniti con gherigli di noce interi ed una spolverata di pepe nero.

Consiglio: L'accostamento tra salmone e spinaci è davvero inedito e invitante. Se non avete il salmone fresco potete utilizzarlo surgelato. Non è così per gli spinaci: quelli surgelati non hanno lo stesso sapore.

6.12.1.7 Linguine Al Nero Di Seppia

Ingredienti: 300gr. di seppie con la vescichetta del nero
80gr. di olio extra vergine di oliva
1 spicchio d'aglio
mezzo mis. di vino bianco
1 cucchiaio di prezzemolo tritato 4
fettine di limone
sale e pepe q.b.

Procedimento: Togliete le vescichette con l'inchiostro dalle seppie e mettetele da parte; dividete i tentacoli dalle sacche: tagliuzzate i tentacoli e tagliate ad anelli sottili le sacche. Inserite nel boccale l'olio, l'aglio e fate rosolare per 3min. a 100°, Vel.1; unite le seppie e fatele insaporire per 5min. a 100°, Vel.1. Irrorate con il vino e mettete in cottura per 15min. a 100°, Vel.1. Dopo 5 minuti, unite dal foro del coperchio il sale, il pepe ed il prezzemolo; terminato il tempo di cottura, se il sugo non fosse ben ristretto continuate per qualchemin. a temp. Varoma, tenendo il mis. inclinato. Versate ora dal foro del coperchio "l'inchiostro" delle seppie e lasciate insaporire il sugo per 3min. a 100°, Vel.1 Scolate le linguine, conditele con il sugo e guarnitele con foglioline di prezzemolo e con le fettine di limone. **CONSIGLIO:** La funzione dell'inchiostro prodotto dalle ghiandole delle seppie e di altri molluschi è esclusivamente protettiva, in quanto confonde la visuale di eventuali aggressori e ne annulla temporaneamente l'olfatto.

6.12.1.8 Farfalle Alle Seppie E Acciughe

Ingredienti: 300gr. di seppie fresche
400gr. di passata di pomodoro
40gr. di olio di oliva 1
spicchio d'aglio
2 filetti di acciughe sott'olio
1 cucchiaio di prezzemolo tritato sale e
pepe q.b.

Procedimento: Lavate le seppie e tagliatele a striscioline. Mettete nel boccale a rosolare l'olio e l'aglio per 3min. a 100°, Vel.1; unite le seppie, il sale, il pepe e fatele insaporire per 3min. a 100°, Vel.1. Aggiungete le acciughe, la passata di pomodoro e lasciate cuocere per 18min. a 100°, Vel.1. Aggiustate di sale e pepe, unite il prezzemolo e condite le farfalle o la pasta che preferite.

Segreto: Passare un batuffolo di cotone imbevuto del succo fresco di prezzemolo è un ottimo rimedio per attenuare le lentiggini.

6.12.1.9 Pasta Con Le Sarde

Ingredienti: 50gr. di sarde freschissime 1
cucchiaio di pinoli
40gr. di olio extra vergine di oliva 2
spicchi d'aglio

mezzo peperoncino piccante
mezzo mis. di vino bianco sale
q.b.

Procedimento: Sviscerate, lavate e diliscate le sarde. Inserite nel boccale l'olio, l'aglio, il peperoncino e fate rosolare per 3min. a 100°, Vel.1. Posizionate la farfalla, unite delicatamente le sarde, il vino, i pinoli e lasciate cuocere per 10min. a 100°, Vel.1. Aggiustate di sale e condite subito la pasta prescelta.

Consiglio: Economico, semplice e gustosissimo, questo sugo è indicato per condire paste corte.

6.12.1.10   Tagliatelle Nere Ai Gamberi E Vongole

Ingredienti: 350gr. di gamberi freschi già sgusciati
150gr. di vongole veraci già private delle valve 200gr.
di panna da cucina
50gr. di burro
1 spicchio d'aglio
1 cucchiaio di prezzemolo spezzettato 1
peperoncino
sale q.b.

Procedimento: Inserite nel boccale il burro, l'aglio, il peperoncino e fate il soffritto: 3min. a 100°, Vel.4; unite il prezzemolo, le vongole, i gamberi, il sale e lasciateli cuocere per 5min. a 100°, Vel.1. Aggiungete la panna, e amalgamate bene: 15sec. Vel.1. Aggiustate di sale e condite le tagliatelle colorate al nero di seppia ben scolate e cotte al dente. Questo sugo è un po' laborioso, ma ottimo e di sicuro effetto.

Segreto: I sughi con crostacei o molluschi si abbinano sempre con paste lunghe e non forate, più o meno sottili a seconda della delicatezza o della "robustezza" del sugo.

6.12.1.11   Spaghetti Al Cartoccio

Ingredienti: 1 palombo da 500gr.
50gr. di olio extra vergine di oliva
mezza costa di sedano
1 piccola cipolla
1 carota piccola
6 pomodori perini maturi 4/5
foglie di basilico
1 mis. di vino bianco
origano
sale e pepe q.b.

Procedimento: Lavate, spellate e togliete i semi ai pomodori; tagliateli a pezzetti e teneteli da parte in uno scolapasta. Lavate e pulite il pesce, dividetelo in piccoli pezzi e tenetelo da parte. Inserite nel boccale l'olio, il sedano, la carota, la cipolla e fate rosolare per 3min. a 100°, Vel.4. Posizionate la farfalla, unite i pomodori, l'origano ed il sale: cuocete per 30min. a 100°, Vel.1, tenendo il misurino inclinato. A metà cottura unite il palombo ed il vino bianco e, a un minuto dal termine, il basilico. Scolate e versate in una ciotola gli spaghetti cotti molto al dente, conditeli con il sugo e spolverizzateli con pepe nero macinato al momento. In una pirofila adagiate un grande foglio di alluminio per alimenti: versatevi gli spaghetti e chiudete ermeticamente, a cartoccio. Mettete per 10min. in forno preriscaldato a 200°. Servite aprendo il cartoccio in tavola davanti ai vostri commensali

6.12.1.12   Fusilli Al Sugo Di Polipi

Ingredienti: 500gr. di polipi
400gr. di pelati
40gr. di olio di oliva 1
spicchio d'aglio
1 peperoncino piccante
1 cucchiaio di prezzemolo tritato sale
q.b.

Procedimento: Lavate e pulite bene i polipi, asciugateli con un foglio di carta da cucina, poi tagliateli a listarelle. Inserite tutti gli ingredienti nel boccale, tranne il prezzemolo, e lasciate cuocere per 30min. a 100°, ve. 1, tenendo il mis. inclinato. Aggiustate di sale, unite il prezzemolo, mescolate per 3sec. a Vel.1 e condite i fusilli o il tipo di pasta preferito; spolverizzarli con il pepe nero sarà una scelta personale.

6.12.1.13   Tagliolini Verde Rosa

Ingredienti: 400gr. di gamberi sgusciati (freschi o surgelati)
400gr. di zucchine piccole
90gr. di olio di oliva 1/2
cipolla piccola
5 pomodorini a grappolo 100gr.
di panna da cucina sale e pepe
q.b.

Procedimento: Lavate, togliete i semi ai pomodorini. Divideteli in quattro pezzi e teneteli da parte in uno scolapasta. Lavate e tagliate a rondelle sottili le zucchine. Mettete nel boccale la cipolla, con l'olio e fatela soffriggere per 3min. a 100°, Vel.4. Posizionate la farfalla, aggiungetele zucchine, il sale e lasciate cuocere per 10min. a 100°, Vel.1. Unite infine i gamberi e i pomodorini: 10min. a 100° Vel.1. Al termine unite la panna, una macinata di pepe e amalgamate bene per pochi secondi a Vel.2. Scolate i tagliolini cotti al dente, metteteli in una zuppiera riscaldata e conditeli subito mescolando delicatamente.

6.12.1.14   Spaghettini Ai Gamberetti E Pomodori Crudi

Ingredienti: 200gr. di pomodori maturi e ben sodi
300gr. di gamberetti freschi
70gr. di olio extra vergine di oliva 3
spicchi d'aglio
sale, pepe, prezzemolo q.b.

Procedimento: Sgusciate i gamberetti e teneteli da parte. Togliete il torsolo e i semi ai pomodori, metteteli nel boccale, triturateli grossolanamente per 30sec. a Vel.3 e teneteli da parte. Senza lavare il boccale, inserite ora l'aglio, l'olio e fate soffriggere per 3min. a 100°, Vel.1. Eliminate l'aglio, posizionate la farfalla, inserite i gamberetti, il sale e fateli insaporire per 3min. a 100°, Vel.1; aggiungete i pomodori: 3min. a 100°, Vel.1. Versate gli spaghettini appena scolati in una terrina calda, ricopriteli con il sugo, mescolate delicatamente e cospargeteli con prezzemolo tritato e con una spolverata di pepe macinato al momento. **CONSIGLIO:** Questo sugo può condire anche linguine o tagliolini. Se non avete i gamberetti freschi, potete usare anche quelli congelati, sono buoni lo stesso.

6.13 Primi Sul Filo Dei Secondi

6.13.1.1   Salsa Al Limone

Ingredienti: 90gr. di olio extra vergine di oliva
succo di 1 limone
30gr. di foglie di prezzemolo sale e
pepe q.b.

Procedimento: Inserite tutti gli ingredienti nel boccale: 15sec. Vel.8. Questa salsa veloce, dietetica, sana e leggera, è pronta. Può condire paste rigate sia calde che fredde, da servire sempre con una generosa spolverata di pepe nero macinato al momento.

6.13.1.2   Salsa A Crudo

Ingredienti: 500gr. di pomodori ben maturi
100gr. di olio extra vergine di oliva
1 ciuffo di basilico sale
e pepe q.b.

Procedimento: Spellate i pomodori, togliete i semi e metteteli nel boccale: 10sec. a Vel.6. Unite il basilico, l'olio, il sale e scaldate il tutto per 3min. a 80°, Vel.1. Aggiustate di sale ed unite il pepe. Con questa salsa, un vero e proprio concentrato di vitamine, potete condire vermicelli o altro tipo di pasta lunga, cotta al dente e ben scolata.

6.13.1.3   Linguine Dolci-Salate

Ingredienti: 40gr. di olio di oliva 100gr.
di uvetta
100gr. di pinoli sale
q.b.

Procedimento: Fate ammollare per qualche minuto l'uvetta in acqua tiepida. Inserite nel boccale i pinoli e tritateli per 15sec. a Vel.5; aggiungete il sale, l'olio e fate soffriggere per 3min. a 100°, Vel.1. Al termine unite l'uvetta ben strizzata e amalgamatela al soffritto: 10sec. a Vel.1 Un sugo ottimo per chi ama questo particolare connubio di sapori.
CONSIGLIO: Chi ama una sapore meno dolce, può tritare con i pinoli un po' di erba cipollina, qualche foglia di basilico e aumentare di 1min. il tempo del soffritto.

6.13.1.4   Sedanini Al Gorgonzola

Ingredienti: 300gr. di gorgonzola piccante 3
tuorli
100gr. di panna da cucina pepe
nero a piacere

Procedimento: Inserite nel boccale il gorgonzola: 5sec. Vel.4; unite tutti gli altri **ingredienti:** mescolateli prima con la spatola, poi per 10sec. Vel.4; unite 1/2 misurino dell'acqua di cottura della pasta e amalgamate bene per 30sec. Vel.2. Condite i sedanini, o altri tipi di pasta corta, e serviteli con pepe nero macinato al momento. Variante: questo sugo è ottimo anche utilizzando gorgonzola dolce. La quantità di acqua di cottura della pasta da aggiungere varia a seconda del tipo di formaggio utilizzato. Ciao, Anna

6.13.1.5   Pesto Alle Mandorle

Ingredienti: 50 g. mandorle spellate 1
spicchio aglio
scorza di 1/4 di limone 40
g. parmigiano
50 g. rucola
3 rametti timo fresco 180 g.
olio extra vergine sale e
pepe q.b.

Procedimento: Tritare le mandorle lasciandole cadere insieme all'aglio ed alla buccia di limone nel boccale dal foro del coperchio sulle lame in movimento: 20sec. Vel.9 e mettete il tutto da parte. grattugiate il parmigiano 20sec. Vel.8 e sempre a Vel.8 con le lame in movimento aggiungete rucola e le foglie di timo 20sec. Vel.8; unite sale pepe olio a filo dal foro del coperchio ancora a Vel.8 continuate quindi per 30sec. Vel.6. Per ultimo unite la farina di mandorle aromatizzata amalgamandola bene per 50sec. Vel.5.

6.13.1.6   Burro Savonese

Ingredienti: 100gr. di burro morbido 3
spicchi d'aglio
10gr. di foglie di prezzemolo 3
grosse foglie di salvia 10gr. di
foglie di basilico sale q.b.

Procedimento: Sulle lame in movimento a Vel.5 inserite nel boccale dal foro del coperchio prezzemolo, salvia, basilico, aglio e sale: 30sec., Vel.5. Unite il burro a pezzi e amalgamate bene per 1min., Vel.3. Otterrete così un burro composto molto aromatico che potrete anche conservare ed utilizzare al momento opportuno.

CONSIGLIO: Le trenette liguri sono il tipo di pasta più adatto per assaporare questo condimento.

6.13.1.7 Salsa Allo Yogurt

Ingredienti: 250gr. di crema di yogurt magro
50gr. di burro
1 peperoncino piccante
100gr. di parmigiano reggiano una
grattugiata di noce moscata sale q.b.
Procedimento: Grattugiate il parmigiano per 30sec. a Vel.Turbo e mettetelo da parte. Senza sciacquare il boccale inserite lo yogurt, la noce moscata, il peperoncino, il burro, il sale e amalgamate bene per 30sec., Vel.3. Cuocete al dente la pasta lunga che preferite, conditela con la salsa e servitela cosparsa di parmigiano.

6.13.1.8 Farfalle Ai Capperi

Ingredienti: 120gr. di capperi salati 2
spicchi d'aglio
2 filetti di acciughe sott'olio
succo di 1 limone
40gr. di olio extravergine di oliva
Procedimento: Dissalate e lavate i capperi. tritare l'aglio facendolo cadere dal foro sulle lame in movimento a Vel.5 per 5sec. unite tutti gli altri **ingredienti:** 15sec. Vel.3. scolate le farfatte cotte al dente, raffreddatele e conditele con questa salsa veloce e appetitosa.

6.13.1.9 Spaghetti Alle Uova E Noci

Ingredienti: 100gr. di gherigli di noce 3
uova sode
200gr. di panna da cucina 50gr.
di burro morbido
1 cucchiaio di prezzemolo tritato 40gr.
di parmigiano grattugiato sale e pepe
q.b.
Procedimento: Inserite nel boccale i gherigli di noce, tritateli per 10sec. a Vel.Turbo e teneteli da parte in zuppiera. Tritate ora le uova sode per 10sec. a Vel.8 e uniteli alle noci. Aggiungete, sempre nella zuppiera, il burro, la panna, il prezzemolo, il sale e amalgamate bene con gli altri ingredienti prima di aggiungere gli spaghetti cotti al dente e ben scolati. Mescolateli con cura, aggiungete il parmigiano e portateli in tavola dopo averli spolverizzati con una buona macinata di pepe nero.

6.13.1.10 Mozzarella Capricciosa

Ingredienti: 250gr. di mozzarella di bufala 8
filetti di acciughe salate
12 olive nere di Gaeta
50gr. di burro
50gr. di parmigiano grattugiato
pepe q.b.
Procedimento: Snocciolate le olive e tenetele da parte. Triturate grossolanamente la mozzarella per 20sec. a Vel.4 e tenetela da parte. Inserite ora nel boccale il burro e i filetti di acciuga: 3min. a 100°, Vel.3. Condite immediatamente la pasta prescelta con il contenuto del boccale, mescolate, unite la mozzarella, il parmigiano, le olive e mescolate ancora. Servite con una spolverata di pepe macinato al momento.

6.14 Seduzioni A Lume Di Candela

6.14.1.1 Sugo Con Aragosta

Ingredienti: 1 aragosta del mediterraneo da 600gr. Circa 400 gr, di pomodori maturi
2 cipolle piccole
1 ciuffo di prezzemolo 1 foglia di alloro
5/6 foglie di basilico 1 piccolo peperoncino
40gr. di olio extra vergine di oliva
50gr. di burro
sale e pepe q.b.

Procedimento: Immergete subito in una pentola con acqua bollente l'aragosta legata e lasciatela cuocere per 20min. circa. Nel frattempo lavate, spellate, togliete i semi ai pomodori, tagliateli in piccoli pezzi e teneteli da parte in uno scolapasta. Terminata la cottura, sgusciate l'aragosta, tagliate la polpa a pezzetti regolare e tenetela da parte. Inserite ora nel boccale l'olio, le cipolle, il prezzemolo, l'alloro, il peperoncino e fate rosolare il tutto per 5min. a 100°, Vel.4; unite i pomodori, il burro il sale e lasciate cuocere per 15min., a 100°, Vel.2. Aggiungete l'aragosta e fatela insaporire per 5min. a 90°, Vel.1; durante l'ultimo minuto di cottura, aggiungete il basilico. Condite la pasta prescelta con questo prezioso sugo: servitela con una generosa macinata di pepe nero e guarnita con qualche foglia di basilico e di alloro.

6.14.1.2 Spaghetti Gialli Al Profumo Di Scoglio

Ingredienti: 500gr. di cozze 1 scalogno (30gr. circa)
90gr. di olio extra vergine di oliva 1 mis. di vino bianco
mezzo mazzetto di erba cipollina 2 ciuffi di prezzemolo
mezzo mis. di panna 1 bustina di zafferano
sale e pepe bianco q.b.

Procedimento: Lavate e spazzolate bene le cosse per togliere ogni residuo di sabbia; posizionate la farfalla, inserite le cozze nel boccale e fatele aprire: 5min. a 100°, Vel.1. Togliete i molluschi dalle valve, avendo cura di trattenerne alcune per la decorazione. Sciacquate il boccale e inserite ora lo scalogno, il prezzemolo, l'erba cipollina e tritate a Vel.Turbo per 10sec. Con la spatola riunite il trito sul fondo del boccale, unite l'olio e fate insaporire per 2min. a 100°, Vel.1 Aggiungete le cozze ed il vino: 6min. a 100°, Vel.1, tenendo il mis. inclinato; infine aggiungete la panna, lo zafferano, il sale e terminate la cottura: 2min. a 90°, Vel.1. Condite gli spaghetti ben scolati con questo sugo, spolverizzateli con una generosa macinata di pepe e guarniteli con foglioline di prezzemolo e le cozze che avete tenuto da parte.

6.14.1.3 Sugo D'agosto

Ingredienti: 6 gamberoni 60gr. di funghi champignon
60gr. di prosciutto cotto in una sola fetta
40gr. di burro
10gr. di olio di oliva 1 spicchio d'aglio
200gr. di panna da cucina 1 mis. di vino bianco mezzo
mis. di Brandy
1 cucchiaio di prezzemolo tritato sale e pepe q.b.

Procedimento: Lavate i gamberoni, eliminate le teste e sgusciate le code che terrete da parte. Pulite bene i funghi, lavateli in acqua fredda e spruzzateli di limone, tagliateli a fettine non troppo sottili e teneteli da parte. Mettete nel boccale il prosciutto e tritatelo grossolanamente: 5sec. Vel.6 e mettetelo da parte. Senza lavare il boccale, inserite l'olio, il burro, l'aglio e fatelo soffriggere per 3min. a 100°, Vel.1. Togliete l'aglio, aggiungete i funghi, il prosciutto, il vino, il sale, il prezzemolo e fate cuocere per 10min. a 100°, Vel.1. Aggiungete i gamberoni, il Brandy e continuate la cottura senza misurino per 10min. a 100°, Vel.1. Al termine, controllate il sale e la consistenza del sugo, prolungando di qualche minuto la cottura se si presentasse ancora un poco acquoso. Infine unite la panna, il pepe ed amalgamate bene per 20sec. a Vel.1

Consiglio: Ottimo per condire sia spaghetti che sedanini o pendette.

6.14.1.4   Sugo Dell'amore

Ingredienti: 1 Kg. di cozze nere 1 spicchio d'aglio 90gr. di olio extra vergine di oliva 1 mazzetto di rucola mezzo mis. di sugo dei molluschi pepe nero a piacere sale q.b.

Procedimento: Lavate e spazzolate bene le cozze per togliere ogni residuo di sabbia: posizionate la farfalla e mettetele nel boccale per farle aprire: 5min. a 100°, Vel.1. Togliete i molluschi dalle valve, avendo cura di trattenerne alcuni interi per la decorazione e mettete da parte, dopo averlo filtrato, il loro sugo. Sulle lame in movimento a Vel.6 inserite nel boccale dal foro del coperchio la rucola: 5sec. a Vel.7. Togliete metà rucola e tenetela da parte. Nel boccale aggiungete l'olio, l'aglio, e fate rosolare per 5min. a 100°, Vel.1; unite le cozze, la rucola tenuta da parte, poco sale, il sugo dei molluschi e cuocere ancora per 2min. sempre a 100°, Vel.1. Scolate la pasta preferita (meglio spaghetti sottili), disponetela in un piatto da portata, conditeli con il sugo e spolverizzateli con abbondante pepe macinato al momento. Guarnite il piatto con cozze intere, qualche fogliolina di rucola, accompagnatelo con vino.

6.14.1.5   **Linguine All'ostrica**

Ingredienti: 250gr. di funghi porcini 40gr.
di burro
succo di limone
mezzo cucchiaino di scorza di limone grattugiata 1
cucchiaio di prezzemolo tritato
40gr. di olio extra vergine di oliva sale
e pepe q.b.

Procedimento: Pulite bene i funghi, eliminando la parte terrosa dei gambi e strofinandoli bene con un panno umido. Tagliateli a fettine non troppo sottili e teneteli da parte. Posizionate la farfalla, inserite nel boccale il burro, i funghi, il sale e lasciate cuocere per 12min. a 100°, Vel.1. A cottura ultimata, unite il prezzemolo tritato, la scorza di limone, 2 cucchiai di succo di limone e mescolate per 10sec. a Vel.1. Scolate le linguine cotte al dente, conditele con l'olio crudo, i funghi, abbondante pepe macinato al momento. Servite il tutto. A piacere potete aggiungere ancora un poco di succo di limone.

6.14.1.6   **Farfalle Ai Gamberi E Curry**

Ingredienti: 300gr. di gamberi sgusciati 200 g.
di burro
1 mis. di vino bianco mezzo
cucchiaio di curry
Per il court-bouillon (brodo di pesce):
1 pomodorino maturo
mezza carota
1 cipollina e pochissimo sedano 2
cucchiai di vino bianco qualche
grano di pepe nero

Procedimento: Preparate il court-boullino, come indicato nella prima ricetta di questo capitolo. Inserite nel boccale il burro ed i gamberetti e fateli rosolare per 3min. a 100°, Vel.1; aggiungete 1 mis. di court-bouillon e lasciate cuocere per 10min. a 100°, Vel.1. Unite il vino e fate evaporare: 5min. temp. Varoma, Vel.1, tenendo il mis. inclinato; aggiungete il sale, il curry e lasciate addensare a temp. Varoma, Vel.1, fino ad ottenere una salsa densa e scorrevole.

Consiglio: Se non avete il tempo per preparare il brodo di pesce, potete sostituirlo con la medesima quantità di acqua di cottura della pasta: il sugo però ne soffre un poco.

6.14.1.7   Sugo Ai Tre Formaggi E Sedano

Ingredienti: 150gr. di sedano bianco (cuore)
150gr. di ricotta
100gr. di gorgonzola dolce 30gr. di
burro
30gr. di latte
parmigiano reggiano a piacere sale
e pepe q.b.

Procedimento: Lavate e tagliate il sedano togliendo i filamenti più duri delle coste. Dal foro del coperchio con lame in movimento inserite nel boccale a Vel.7 il sedano: 10sec. Vel.8. Aggiungete il sale, il latte e riscaldate per 2min. a 100°, Vel.4; unite alla crema di sedano il gorgonzola, la ricotta e fate amalgamare bene per 1min. a 800°, Vel.4. Condite con questo sugo la pasta preferito in una zuppiera calda e servitela spolverizzata di pepe nero macinato al momento e guarnita generosamente con scaglie di parmigiano.

Consiglio: Potete condire ruote, maccheroncini rigati o altra pasta corta.

6.14.1.8   Sugo Gamberetti E Fiori Di Zucca

Ingredienti: 300gr. di gamberetti 20 fiori di zucca 3/4 pomodori ciliegina 70gr. di olio extra vergine un cucchiaio di prezzemolo tritato 1 spicchio di aglio sale e pepe q.b. Per il court-bouillon (brodo di pesce): un pomodorino maturo 1/2 carota 1 cipollina e pochissimo sedano 2 cucchiai di vino bianco qualche grano di pepe nero. **Procedimento:** Sgusciate i gamberetti, teneteli da parte e mettete nel cestello i gusci e le teste. Preparate quindi il court-bouillon. Mettete nel boccale 300gr. di acqua, poco sale e tutti gli ingredienti indicati; posizionate il cestello con i gusci e mettete in cottura: 10' a 100° Vel.2. Al termine della cottura, versate il brodo ottenuto in una piccola ciotola, filtrandolo attraverso il cestello; strizzate bene il tutto e tenete il court-bouillon da parte. Inserite ora nel boccale l'olio, l'aglio e fate rosolare per 3' a 100° Vel.4. unite i fiorni di zucca tagliati a listarelle, i pomodorini privati dei semi e a pezzetti, il sale e mettete in cottura per 12' a 100° Vel.1. Trascorsi 6' aggiungete 1 misurino di brodo di pesce. Al termine unite i gamberetti sgusciati: 3' a 100° Vel.1; e se lo ritenete necessario aggiungete qualche cucchiaio ancora di court-bouillon. Versate il sugo sulla pasta prescelta cotta al dente e ben scolata; mescolate delicatamente, cospargetele con il prezzemolo tritato, spolverizzate con pepe nero macinato al momento e guarnite con qualche gamberetto tenuto da parte. Questo sugo è perfetto per condire delle farfalle.

6.14.1.9 Sugo Alla Polpa Di Granchio

Ingredienti: 2 confezioni di polpa di granchio (450gr. circa) mezzo scalogno 1 mis. e mezzo di brodo vegetale 15gr. di farina 1 spruzzata di worchester mezzo mis. di Brandy 40gr. di olio di oliva 30gr. di burro 1 cucchiaio di erba cipollina tritata 1 cucchiaio di dado vegetale Bimby pepe nero a piacere sale q.b.

Procedimento: Inserite nel boccale la polpa di granchio ben scolata, tritatela per 5sec. a Vel.4 e tenetela da parte. Inserite nel boccale l'olio, il burro, lo scalogno, e fate soffriggere per 5min. a 100°, Vel.4. Unite tutti gli altri ingredienti, il dado vegetale e 1 mis. e mezzo di acqua e lasciate cuocere per 10min. a 100°, Vel.1. Al termine unite una macinata di pepe nero, aggiustate di sale e mescolate bene per qualche secondo a Vel.1. Al termine potete arricchire il tutto con 100gr. di panna ma è buono anche senza.

6.14.1.10 Sugo Afrodisiaco

Ingredienti: 200gr. di salmone fresco 50gr. di burro 1 porro 1 cucchiaio di caviale 1 misurino di vodka 100gr. di panna da cucina

Procedimento: Lavate il salmone, asciugatelo e tagliatelo a dadoni e tenetelo da parte. Inserire nel boccale la parte bianca del porro e tritatela 30sec. Vel.6; riunite il trito con la spatola sul fondo del boccale, unite il burro e fatelo soffriggere 6min. 100° Vel..1; unite il salmone e fatelo insaporire per 2min. 100° Vel.1. Unite la vodka e continuate la cottura per 10min. a 100° Vel.1 tenendo il misurino inclinato. Al termine unite la panna, il caviale e amalgamate il tutto per pochi secondi Vel.1. **Consiglio:** Con questo sugo condite dei tagliolini. Indispensabile gustarli a lume di candela.

6.15 Minestre, Minestrine o Minestroni

6.15.1.1 Minestra a crudo

Ingredienti: (Dose per 4 persone) 2 patate 1 zucchina 1 gambo di sedano 1 carota 4 foglie di lattuga ½ cipolla 1 spicchio aglio (se piace) 4 foglie di basilico 1 ciuffo di prezzemolo 500gr. (5 mis.) di acqua 1 cucchiaio di dado bimby olio extra vergine di oliva

Procedimento: Inserire nel boccale le patate a pezzi: 10sec. Vel.4. Aggiungere acqua e dado: 12min. 100° Vel.1. Terminata la cottura unire tutte le altre verdure: 1min. Vel.4, poi portare lentamente a Vel.turbo per 1 minuto. Versare la minestra in una zuppiera, servirla con un filo di olio di oliva extra vergine, parmigiano e crostini.

6.15.1.2 Minestrone rustico

Ingredienti: (Dose per 6 persone) 250gr. pasta tipo ditalini 700gr. di verdure miste ½ cipolla 100gr. pancetta 60gr. olio di oliva 1 lt. di acqua 1 cucchiaio di dado bimby sale e pepe q.b.

Procedimento: Inserire nel boccale, olio, cipolla e pancetta: 3min. 100° Vel.4. Aggiungere le verdure: 10sec. Vel.3, spatolando. Unire acqua e dado: 20min. 100° Vel.1. Al termine versare dal foro del coperchio la pasta e terminare la cottura sempre a 100° Vel.1 per il tempo indicato sulla confezione. Aggiustare di sale e pepe, versare in una zuppiera e servire. **Note:** Se si desidera un minestrone più brodoso, aggiungere due misurini di acqua. Se si desidera un minestrone senza pasta, utilizzare 1 kg. di verdure miste.

6.15.1.3 Minestrone di legumi e cereali surgelati

Ingredienti: (Dose per 4 persone) 450gr. cereali e legumi surgelati 1 spicchio di cipolla 50gr. pancetta a pezzetti 40gr. olio di oliva 2 piccoli pomodori 600gr. acqua 1 cucchiaio di dado bimby pepe q.b.

Procedimento: Inserire nel boccale olio, cipolla e pancetta: 3min. 100° Vel.2. Unire i pomodori: 1min. 100° Vel.1. Aggiungere acqua, dado, cereali e legumi: 40min. 100° Vel.1. Servire il minestrone caldo con un filo di olio extravergine e una manciatina di pepe.

6.15.1.4 Pasta e fagioli

Ingredienti: (Dose per 6 persone) 500gr. fagioli lessati (o in scatola) 150gr. pasta tipo ditalini ½ cipolla 1 spicchio di aglio aghi di rosmarino 70gr. pancetta 100gr. passata di pomodoro (o 2 pelati) 50gr. olio 2 cucchiaini di dado bimby sale e pepe
q.b. Inserire nel boccale, dal foro del coperchio con lame in movimento Vel.4, cipolla, aglio, rosmarino, pancetta: 10sec. Vel.4. Aggiungere l'olio: 3min. 100° Vel.1. Unire i pomodori e metà dei fagioli: 30sec. Vel.5. Introdurre l'acqua e il dado: 20min. 100° Vel.1. Dopo i primi 10min. inserire dal foro del coperchio la pasta, i fagioli rimasti e terminare la cottura. Versare in una zuppiera e aggiustare di sale e pepe. E' ottima servita tiepida, condita con olio extravergine di oliva.

6.15.1.5 Pasta e ceci

Ingredienti: (Dose per 6 persone) 240gr. ceci precotti e sgocciolati 200gr. pomodori 200gr. pasta tipo conchigliette rigate 20gr. olio oliva 1 spicchio aglio 1 gambo di sedano 800gr. acqua 1 cucchiaio di dado bimby sale q.b.
Procedimento: Inserire nel boccale olio, aglio e sedano: 2min. 100° Vel.1. Aggiungere i pomodori: 10min. 100° Vel.1. Togliere l'aglio e il sedano e introdurre l'acqua e il dado: 10min. 100° Vel.1. Aggiungere pasta, ceci, sale e continuare la cottura sempre a 100° Vel.1. per il tempo indicato sulla confezione.

6.15.1.6 Minestra di fave fresche

Ingredienti: (Dose per 6 persone) 250gr. ditaloni 500gr. fave sgusciate 50gr. prosciutto crudo 1 cipolla piccola 1 litro di acqua 50gr. olio di oliva sale q.b.
Procedimento: Inserire nel boccale cipolla, prosciutto e olio: 3min. 100° Vel.4. Aggiungere acqua, sale e fave: 10min. 100° Vel.1. Unire la pasta e terminare la cottura sempre a 100° Vel.1. per il tempo indicato sulla confezione. Servire con un filo di olio di oliva extravergine e una macinata di pepe nero.

6.15.1.7 Vellutata di asparagi

Ingredienti: (Dose per 6 persone) 500gr. asparagi mondati 50gr. burro 100gr. farina ½ cipollina 1 lt. acqua 1 cucchiaio di dado bimby 100gr. panna 50gr. parmigiano grattugiato sale q.b.
Procedimento: Inserire nel boccale cipolla e metà burro: 3min. 100° Vel.4 Unire gli asparagi: 10sec. Vel.9 Aggiungere acqua, dado e farina: 15min. 90° Vel.4. Unire il restante burro, panna e parmigiano: 10sec. Vel.2. Aggiustare di sale e servire con crostini di pane **Note:** Si possono utilizzare anche asparagi surgelati

6.15.1.8 Crema di patate

Ingredienti: (Dose per 6 persone) 500gr. patate a pezzetti 1 cipollina o 1 porro 600gr. (6 mis.) acqua 1 cucchiaio di dado bimby 400gr. (4 mis.) latte 100gr. panna 50gr. burro 50gr. farina 50gr. parmigiano grattugiato 1 ciuffo di prezzemolo sale q.b.
Procedimento: Inserire nel boccale burro e cipollina: 3min. 100° Vel.4. Aggiungere latte, farina e sale: 4min. 100° Vel.4. Unire le patate: 20sec. Vel.7. Introdurre acqua e dado: 20min. 100° Vel.4. Unire panna, prezzemolo e aggiustare di sale: 20sec. Vel.2. Servire bollente cosparsa di parmigiano. CREMA DI CAROTE: sostituire le patate con lo stesso quantitativo di carote

6.15.1.9 Vellutata di funghi

Ingredienti: (Dose per 6 persone) 500gr. di funghi porcini o champignons 50gr. olio di oliva 30gr. burro ½ cipollina 1 spicchio aglio 100gr. farina bianca 60gr. parmigiano grattugiato 100gr. panna 1 lt. acqua 1 cucchiaio dado bimby 1 ciuffo di prezzemolo tritato sale e pepe q.b.
Procedimento: Inserire nel boccale cipolla, aglio e olio: 3min. 100° Vel.1. Aggiungere dal foro del coperchio con lame in movimento Vel.5 i funghi: 20sec. Vel.5. Introdurre acqua, dado, farina, sale e pepe: 15min. 100° Vel.3. Unire prezzemolo, panna, parmigiano e burro: 10sec. Vel.2. Servire con crostini di pane abbrustolito.

6.15.1.10 Vellutata di pomodoro

Ingredienti: (Dose per 6 persone) 600gr. polpa di pomodoro fresco o in scatola 300gr. (3 mis.) latte 600gr. (6 mis.) acqua 100gr. farina 100gr. panna 80gr. burro 50gr. parmigiano grattugiato 5 foglie di basilico fresco 1 cucchiaino di sale pepe q.b. Inserire nel boccale la polpa di pomodoro: 2sec. Vel.6. Unire latte, farina, sale, pepe e acqua: 15min. 100° Vel.1. Dal foro del coperchio unire panna, parmigiano, basilico e burro: 30sec. Vel.3. Guarnire ogni piatto con una foglia di basilico e crostini di pane.

6.15.1.11 Crema di piselli

Dose per 6 persone 450gr. piselli freschi o surgelati 30gr. pancetta 50gr. burro 60gr. farina ½ cipolla 1.200 lt. acqua 1 cucchiaio di dado bimby un ciuffo di prezzemolo 60gr. parmigiano grattugiato sale q.b. Inserire nel boccale metà del burro, pancetta e cipolla: 3min. 100° Vel.4. Unire i piselli: 3min. 100° Vel.4 e successivamente 30sec. Vel.6. Aggiungere acqua, dado e farina: 25min. 100° Vel.4. Aggiungere prezzemolo, parmigiano e burro: 30sec. Vel.3. Aggiustare di sale, versare in una zuppiera e servire.

6.15.1.12 Vellutata di zucchine

Dose per 6 persone 400gr. zucchine mondate e lavate 50gr. burro 80gr. farina 1 lt. acqua 1 cucchiaio di dado bimby ½ cipollina 2 cucchiaini di prezzemolo tritato 100gr. panna 60gr. parmigiano grattugiato sale e pepe q.b. Inserire nel boccale metà del burro e la cipollina: 3min. 100° Vel.4. Unire le zucchine: 20sec. Vel.6. Aggiungere farina, acqua e dado: 15min. 100° Vel.4. Un minuto prima del termine della cottura, introdurre dal foro del coperchio, il rimanente burro, il parmigiano, la panna e il prezzemolo tritato. Aggiustare di sale e servire con crostini di pane e una macinata di pepe.

6.15.1.13 Crema di scampi

Dose per 6 persone: 250gr. scampi sgusciati e 50 per guarnire 20gr. olio di oliva 1 cipollina 1 spicchio aglio 50gr. maizena 1 pomodoro maturo o 2 pelati 1 bustina di zafferano 1 cucchiaino di prezzemolo tritato 1 pizzico di erbe di Provenza 1 lt. di acqua 100gr. panna 1 cucchiaino di sale Inserire nel boccale olio, aglio e cipolla: 3min. 100° Vel.1. Aggiungere scampi e pomodori: 20sec. Vel.4 e 20sec. Vel.9. Unire acqua, sale, zafferano e erbe di Provenza: 15min. 100° Vel.3. Terminata la cottura introdurre panna, prezzemolo e gli altri scampi: 2min. 90° Vel.2. Versare nella zuppiera, guarnire con ciuffi di prezzemolo e servire.

6.15.1.14 Crema di biete

Dose per 6 persone: 150gr. foglie di biete mondate 100gr. farina 400gr. (4 mis.) latte 800gr. (8 mis.) di acqua 50gr. burro 2 cucchiaini di dado bimby parmigiano a piacere sale q.b. Inserire nel boccale, latte, acqua, farina, burro e dado: 12min. 100° Vel.4. Aggiungere dal foro del coperchio con lame in movimento Vel.4, le biete: 5min. 90° Vel.4. Unire il parmigiano, aggiustare di sale e servire con crostoni di pane.

6.15.1.15 Crema di pollo

dose per 6 persone: 250gr. petto di pollo 50gr. burro 50gr. farina 500gr. (5 mis) latte 600gr. (6 mis) acqua 1 cucchiaio di dado bimby 2 tuorli 100gr. panna 50gr. parmigiano grattugiato sale q.b. Inserire nel boccale dal foro del coperchio con lame in movimento Vel.7 il pollo: 20sec. Vel.7. Unire latte, acqua, dado e farina: 15min. 100° Vel.4. Aggiungere tuorli, parmigiano, burro, panna e sale: 30sec. Vel.4. Versare in una zuppiera e servire ben caldo.

6.15.1.16 Vellutata di zucca

Dose per 6 persone 800gr. zucca mondata 1 patata 1 cipollina 80gr. burro 100gr. panna 60gr. parmigiano grattugiato 30gr. farina bianca 800gr. acqua 1 cucchiaio di dado bimby sale q.b. Inserire nel boccale cipolla e metà burro: 3min. 100° Vel.4. Introdurre nel boccale dal foro del coperchio con lame in movimento Vel.5, la zucca e la patata a pezzi: 1min. Vel.6. Aggiungere acqua, dado e farina: 25min. 100° Vel.4. In ultimo aggiungere panna, burro, parmigiano e aggiustare di sale: 20sec. Vel.2. Servire con crostini di pane tostati.

6.15.1.17 Zuppa di cipolle

dose per 6 persone: 400gr. cipolla bianca tagliata a fette 70gr. burro 70gr. farina 1 lt. acqua 2 cucchiaini di dado bimby 100gr. di gruviera sale e pepe q.b. 12 fette di pane per crostoni   Inserire nel boccale il gruviera: 10sec. Vel.9 e metterlo da parte. Introdurre burro e farina: 2min. 90° Vel.2. Aggiungere acqua, dado, cipolle, sale e pepe: 20min. 100° Vel.1. Abbrustolire in forno le fette di pane e quando sono dorate disporle nei piatti e cospargerle con il gruviera. Versare infine la zuppa di cipolle in ogni piatto e servire. **Note**: si puo' servire la zuppa in cocci di terracotta, e passarli in forno a gratinare per alcuni minuti.

6.15.1.18 Vellutata di porri e patate

Dose per 6 persone: 250gr. porro mondato e a pezzi 300gr. patate mondate e a pezzi 40gr. olio di oliva 700gr. acqua 300gr. latte 60gr. farina 2 cucchiaini di dado bimby parmigiano e pepe a piacere sale q.b.   Inserire nel boccale l'olio e 50gr. di porro: 3min. 100° Vel.4. Aggiungere i restanti porri e le patate: 20sec. Vel.3. Unire latte, acqua, dado e farina: 20min. 100° Vel.4. Aggiungere pepe, parmigiano e aggiustare di sale: 10sec. Vel.4. Servire con crostini caldi e un filo di olio extravergine di oliva

6.15.1.19 Minestra di riso e prezzemolo

Dose per 6 persone 200gr. riso 50gr. cipolla 20gr. olio di oliva 1 lt. e ¼ di acqua 2 cucchiaini di dado Bimby 2 cucchiaini di prezzemolo tritato parmigiano a piacere sale q.b.   Inserire nel boccale olio e cipolla: 3min. 100° Vel.4. Aggiungere acqua, dado e 1 cucchiaino di prezzemolo tritato: 18min. 100° Vel.. Dopo 6min. aggiungere il riso dal foro del coperchio. Terminata la cottura, aggiustare di sale, versare in una zuppiera con il restante prezzemolo tritato, il parmigiano e a piacere un poco di burro.

6.15.1.20 Minestra di riso e zucchine

Dose per 6 persone: 200gr. riso 200gr. zucchine 50gr. olio di oliva 1 lt. acqua 1 cucchiaio di dado bimby parmigiano a piacere sale e pepe q.b.   Inserire nel boccale le zucchine a pezzetti: 5sec. Vel.3. Posizionare la farfalla, e unire l'olio: 3min. 100° Vel.2. Aggiungere acqua e dado: 18min. 100° Vel.1. Dopo 6min. aggiungere dal foro del coperchio il riso. Terminata la cottura, aggiustare di sale, versare in una zuppiera, aggiungere il parmigiano e a piacere una macinata di pepe nero.

6.15.1.21 Passatelli in brodo

Dose per 6 persone: 3 uova 150gr. parmigiano grattugiato 100gr. pangrattato 1 lt. e ½ acqua 2 cucchiaini di dado bimby 1 pizzico di noce moscata sale q.b. Inserire nel boccale uova, parmigiano, pangrattato, noce moscata e sale: 20sec. Vel.6, spatolando. Togliere il composto e senza lavare il boccale, inserire l'acqua e il dado: 12min. 100° Vel.1. Nel frattempo inserire il composto nell'apposito utensile (o nello schiacciapatate). Quando il brodo bolle, introdurre i passatelli dal foro del coperchio, con lame in movimento Vel.1. Versare nella zuppiera e servire.

6.15.1.22 Pallottoline In Brodo

Dose per 6 persone per le pallottoline: 400gr. carne macinata mista 60gr. pane raffermo 50gr. parmigiano 1 uovo intero più 1 tuorlo 1 ciuffo di prezzemolo 1 spicchio di aglio sale e pepe q.b. per il brodo: 1 patata media 2 pomodori maturi ½ zucchina 1 pezzetto di sedano ¼ cipolla 1 ciuffo di prezzemolo 1 lt. acqua 1 cucchiaio di dado bimby 20gr. olio di oliva sale q.b. Inserire nel boccale pane, parmigiano, prezzemolo e aglio: 20sec. Vel.turbo. Aggiungere tutti gli altri **ingredienti:** 20sec. Vel.4. spatolando. Formare delle pallottoline della grandezza di una biglia e sistemarle nel cestello. Inserire nel boccale tutte le verdure per il brodo: 10sec. Vel.5. Aggiungere acqua e dado, posizionare il cestello e cuocere 30min. 100° Vel.2. A cottura ultimata versare il tutto in una zuppiera e servire.

6.15.1.23 Polpette Di Ricotta In Brodo

dose per 6 persone: 400gr. ricotta romana 150gr. mollica di pane 2 uova intere 1 cucchiaio di prezzemolo tritato 1 Lt. e ½ acqua 1 cucchiaio di dado di carne bimby 30gr. farina per infarinare le polpette   Inserire nel boccale pane e prezzemolo: 10sec. Vel.6. Aggiungere uova, pepe, sale e ricotta: 30sec. Vel.4. Formare delle polpettine grandi come una noce, infarinarle e disporle su un canovaccio. Introdurre nel boccale l'acqua e il dado: 15min. 100° Vel.1. Unire dal foro del coperchio con lame in movimento Vel.1 le polpettine: 6min. 100° Vel.1. Versare in una zuppiera e servire.

6.15.1.24 Minestra Di Spinaci E Ricotta

Dose per 6 persone 600gr. spinaci lavati e sgocciolati 1 spicchio di cipolla 40gr. burro 60gr. pancetta 150gr. ricotta 1 lt. e ½ acqua 1 cucchiaio di dado vegetale bimby 250gr. riso   Inserire nel boccale gli spinaci: 10sec. Vel.6 e metterli da parte. Introdurre nel boccale, burro, cipolla e pancetta: 3min. 100° Vel.4. Aggiungere gli spinaci tritati 2min. 100° Vel.1. Unire acqua e dado: 5min. 100° Vel.1. Unire il riso: 15min. 100° Vel.1. Versare in una zuppiera, cospargere di ricotta sbriciolata e servire calda. **Note:** A piacere, aggiungere la ricotta sbriciolata nei piatti individuali

6.15.1.25 Zuppa Di Pesce

Dose per 4 persone: 500gr. pesce misto per zuppa (scongelato) 2 spicchi di aglio 1 ciuffo di prezzemolo 50gr. olio di oliva 1 pezzetto di peperoncino 1 mis. di vino bianco 250gr. pomodori pelati sale q.b. Inserire nel boccale olio, aglio e peperoncino: 3min. 100° Vel.4. Posizionare la farfalla unire pesce, sale e vino: 10min. 100° Vel.1. senza misurino. Unire i pomodori e 1 mis. di acqua: 15min. 100° Vel.1. Versare in una zuppiera, cospargere di prezzemolo tritato e servire con fette di pane tostato.

6.15.1.26 Minestra D'orzo

dose per 6 persone 200gr. orzo perlato ammollato 100gr. pancetta 40gr. prosciutto cotto 50gr. olio di oliva 50gr. porri 100gr. patate mondate 100gr. sedano 100gr. carote 1 foglia di alloro 2 foglie di salvia 200gr. fagioli lessati 1 lt. di acqua 1 cucchiaio di dado bimby sale e pepe q.b. Inserire nel boccale, dal foro del coperchio su lame in movimento Vel.4., porro, pancetta e prosciutto: 10sec. Vel.4. Aggiungere l'olio: 3min. 100° Vel.4. Unire tutte le altre verdure: 15sec. Vel.4. Aggiungere fagioli, orzo, acqua e dado: 60min. 100° Vel.1. Versare in una zuppiera, aggiustare di sale e servire con l'aggiunta di pepe e olio extravergine di oliva.

7 Riso divino

7.1.1 Il Riso E I Suoi Risotti

7.1.1.1 Risotto Pomodoro E Basilico

dose per 6 persone: 500gr. riso 400gr. polpa di pomodoro 50gr. olio di oliva ½ cipolla 800gr. acqua 1 cucchiaio di dado bimby 80gr. parmigiano basilico sale q.b. Inserire nel boccale olio e cipolla: 3min. 100° Vel.4. Posizionare la farfalla, aggiungere pomodoro, acqua e dado: 5min. 100° Vel.2. Aggiungere il riso e cuocere: 15min. 100° Vel.1. Versare in una risottiera, aggiustare di sale e insaporire con parmigiano e basilico. **Note:** Per arricchire questo risotto si possono aggiungere dadini di mozzarella.

7.1.1.2 Risotto Al Peperone

dose per 6 persone 450gr. di riso 1 peperone rosso 100gr. piselli freschi o surgelati 1 pezzetto di cipolla 1 spicchio di aglio 50gr. olio di oliva 900gr. di acqua 100gr. latte 1 cucchiaio di dado bimby 40gr. burro parmigiano a piacere sale q.b. Inserire nel boccale il peperone a pezzi: 4sec. Vel.4 e metterlo da parte. Introdurre nel boccale, cipolla, aglio, olio: 3min. 100° Vel.4. Posizionare la farfalla e aggiungere acqua e dado: 5min. 100° Vel.1. Unire riso, peperoni e piselli: 15min. 100° Vel.1. A metà cottura aggiungere dal foro del coperchio il latte, spatolando. Terminata la cottura versare il contenuto in una risottiera, aggiustare di sale, mantecare con burro e parmigiano e lasciare riposare qualche minuto prima di servire.

7.1.1.3 Risotto Al Limone

dose per 6 persone 500gr. riso scorzetta gialla e succo di 1 limone 1, 100 lt. acqua 1 cucchiaio di dado bimby 3 tuorli 50gr. parmigiano 50gr. burro sale q.b. Inserire nel boccale dal foro del coperchio con lame in movimento Vel.4 la scorzetta di limone: 10sec. Vel.8 Posizionare la farfalla, unire acqua dado e il succo di limone: 6min. 100° Vel.1. Aggiungere il riso e cuocere: 13min. 100° Vel.1 . Mettere in una risottiera burro, parmigiano, tuorli, versarvi il risotto, aggiustare di sale e mescolare rapidamente. Lasciare riposare qualche minuto prima di servire.

7.1.1.4 Risotto Ai Frutti Di Mare

dose per 6 persone: 400gr. riso 300gr. frutti di mare scongelati 1 spicchio di aglio 1 pezzetto di cipolla 40gr. olio di oliva ½ mis. di vino bianco 2 pomodori maturi o 1 mis. passata di pomodoro 800gr. acqua 1 cucchiaio di dado vegetale bimby 1 bustina di zafferano 1 cucchiaino di prezzemolo tritato sale q.b. Inserire nel boccale olio, aglio e cipolla: 3min. 100° Vel.4. Unire 1/3 dei frutti di mare: 2min. 100° Vel.1. Aggiungere il vino: 2min. 100° Vel.1. Introdurre acqua, dado, pomodoro e zafferano: 8min. 100° Vel.1. Posizionare il cestello con i frutti di mare rimasti e il riso: 20min. 100° Vel.4. Versare in una risottiera, aggiustare di sale, aggiungere il prezzemolo, amalgamare bene e lasciare riposare qualche minuto prima di servire.

7.1.1.5 Risotto Con Piselli

Dose per 6 persone 400gr. riso 150gr. piselli freschi o surgelati ½ cipollina 1 spicchio aglio 40gr. olio di oliva 800gr. acqua 1 mis. vino bianco 1 cucchiaio di dado bimby 40gr. burro parmigiano a piacere sale e pepe q.b.Inserire nel boccale, cipolla, aglio e olio: 3min. 100° Vel.4. Posizionare la farfalla, aggiungere riso e vino: 2min. 100° Vel.1. senza misurino Unire acqua, dado, piselli, e cuocere: 15min. 100° Vel.1. con il misurino Versare in una risottiera, aggiustare di sale e pepe, mantecare con burro e parmigiano e servire.

7.1.1.6 Risotto Alla Milanese

Dose per 6 persone 500gr. riso 50gr. midollo di bue a pezzetti 80gr. burro 1 cipolla piccola 1.100 lt. di acqua 1 cucchiaio di dado bimby 1 bustina di zafferano 80gr. parmigiano grattugiato sale q.b. Inserire nel boccale midollo, cipolla e metà burro: 3min. 100° Vel.4. Posizionare la farfalla nel boccale, unire il riso e tostare: 3min. 100° Vel.1. Aggiungere acqua, dado e cuocere: 15min. 100° Vel.1. Due minuti prima di fine cottura unire lo zafferano dal foro del coperchio. Terminata la cottura versare in una risottiera, aggiustare di sale, aggiungere il restante burro e parmigiano, mescolare bene e servire.

7.1.1.7 Risotto Ai Carciofi

Dose per 6 persone 400gr. riso 3 carciofi grndi 60gr. burro ½ mis. vino bianco 1 lt. acqua 1 cucchiaio di dado bimby 50gr. parmigiano grattugiato sale q.b. Posizionare la farfalla nel boccale, inserire i carciofi mondati e tagliati a spicchi sottili e il burro: 4min. 100° Vel.1. Unire vino e riso: 2min. 100° Vel.1 Aggiungere acqua e dado: 15min. 100° Vel.1. Versare in una risottiera, aggiustare di sale, unire il parmigiano e servire.

7.1.1.8 Risotto Alla Provola Affumicata

Dose per 6 persone 500gr. riso 200gr. provola affumicata 1 cipollina 50gr. olio di oliva 1 mis. vino bianco 1 lt. acqua 1 cucchiaio di dado bimby sale q.b. Inserire nel boccale la provola: 5sec. Vel.4. e metterla da parte Introdurre olio e cipolla: 3min. 100° Vel.4. Posizionare la farfalla, unire riso e vino: 2min. 100° Vel.1 Aggiungere acqu, dado e cuocere: 15min. 100° Vel.1 Unire metà della provola dopo 10min. Terminata la cottura aggiungere la provola restante: 5sec. Vel.1. Versare in una risottiera, aggiustare di sale, lasciare riposare qualche minuto e servire.

7.1.1.9 Risotto Ai Porri

Dose per 6 persone 500gr. riso 300gr. porri mondati 40gr. olio di oliva 2 mis. vino 800gr. acqua 1 cucchiaio di dado bimby 60gr. pecorino grattugiato 2 cucchiai di panna 20gr. burro sale q.b. Inserire nel boccale i porri: 20sec. Vel.4. Posizionare la farfalla e introdurre l'olio: 3min. 100° Vel.1. Aggiungere il riso e il vino: 2min. 100° Vel.1. Unire acqua e dado: 15min. 100° Vel.1. Versare in una risottiera, aggiustare di sale, unire burro, panna e pecorino, amalgamare bene e servire.

7.1.1.10 Risotto Alla Paesana

dose per 6 persone 400gr. riso 200gr. patate 100gr. zucchine 100gr. verza 70gr. piselli 1 pezzetto di cipolla 1 pezzetto di sedano 80gr. burro 20gr. olio di oliva 1 lt. acqua 1 cucchiaio di dado bimby 50gr. parmigiano grattugiato sale q.b. Inserire nel boccale: olio, sedano e cipolla: 3min. 100° Vel.4. Disporre tutte le altre verdure tagliate a pezzetti nel Varoma. Introdurre nel boccale acqua e dado e posizionare il cestello con il riso. Posizionare il varoma sul boccale: 25min. temperatura Varoma Vel.1. A cottura ultimata disporre in una risottiera le verdure e il risotto. Condire con burro e parmigiano, aggiustare di sale, mescolare bene e servire. **Note**: A piacere si può sostituire il parmigiano con il pecorino.

7.1.1.11 Risotto Ai Funghi

dose per 6 persone 500gr. riso 50gr. funghi secchi ½ cipolla 80gr. burro 1 mis. vino bianco 1 lt. acqua 1 cucchiaio di dado bimby 60gr. parmigiano grattugiato 1 cucchiaino di prezzemolo tritato sale q.b. Rinvenire i funghi secchi in acqua tiepida per ½ ora. Inserire nel boccale metà dei funghi strizzati, metà burro e cipolla: 3min. 100° Vel.3. Posizionare la farfalla e unire il vino: 2min. 100° Vel.1. Aggiungere acqua e dado: 6min. 100° Vel.1. Unire il riso e i restanti funghi: 13min. 100° Vel.1. Versare nella risottiera, aggiustare di sale, unire burro, parmigiano, prezzemolo, mescolare bene e servire

7.1.1.12   Risotto Al Melone

Dose per 6 persone 400gr. riso 500gr. melone 30gr. buro 1 pezzetto di sedano 1 cipollina 1 spicchio di aglio 1 mis. vino bianco 2 tuoli d'uovo 500gr. di acqua 1 cucchiaino di dado bimby 1 cucchiaio di pressemolo tritato e un ciuffetto per guarnire 1 cucchiaio di senape sale q.b. Inserire nel boccale il melone a pezzi, privato dei semi e della buccia: 10sec. Vel.3 e metterlo da parte. Introdurre dal foro del coperchio Vel.4 sedano, cipolla, aglio: 10sec. Vel.4. Unire il vino bianco: 4min. 100° Vel.1. Posizionare la farfalla e mettere il riso: 2min. 100° Vel.1. Unire acqua e dado: 15min. 100° Vel.1. Aggiungere il melone dopo 10min. di cottura. Versare nella risottiera, aggiustare di sale, incorporare burro, uova, senape e prezzemolo. Mantecare bene, guarnire con ciuffi di prezzemolo, o di menta e lasciarlo riposare due minuti prima di servire.

7.1.1.13   Risotto Della Contadina

Dose per 4 persone 250gr. riso 100gr. carote a dadini 150gr. piselli freschi o surgelati 150gr. funghi coltivati o surgelati 2 carciofi a spicchi 1 scalogno o cipollina ½ mis di vino bianco 40gr. olio di oliva una noce di burro 700gr. acqua 1 cucchiaio di dado bimby parmigiano a piacere sale e pepe q.b.   Inserire   nel boccale olio e scalogno o cipollina: 10sec. Vel.4. Posizionare la farfalla, introdurre le carote: 10min. 100° Vel.1. Dopo 3 minuti unire dal foro del coperchio i carciofi, dopo altri 3 minuti i piselli, i funghi e il dado. Allo scadere dei 10 minuti aggiungere il riso, bagnare con il vino, aggiungere l'acqua e cuocere: 13min. 100° Vel.1., e, se necessario, aggiungere altra acqua calda. Versare in una risottiera, aggiustare di sale, aggiungere una noce di burro, il parmigiano e servire.

7.1.1.14   Risotto Alle Fragole

Dose per 6 persone 500gr. riso 150gr. fragole 60gr. burro 50gr. parmigiano grattugiato 20gr. cipolla 300gr. panna 1, 100 lt acqua 1 cucchiaio dado bimby sale q.b. Inserire nel boccale cipolla e burro: 3min. 100° Vel.4. Posizionare la farfalla e aggiungere acqua e dado: 6min. 100° Vel.1. Unire il riso e cuocere: 13min. 100° Vel.1 Versare il riso nella risottiera. Togliere la farfalla e inserire nel boccale panna e fragole: 2min. 90° Vel.3. Condire il riso con la salsina, aggiustare di sale, aggiungere il parmigiano guarnire con mezze fragole e servire.

7.1.1.15   Risotto Con Salsiccia

Dose per 6 persone 500gr. riso 350gr. salsiccia spellata 1 cipolla piccola 1 spicchio aglio a piacere 30gr. olio di oliva 1 lt. di acqua 1 cucchiaio di dado bimby 1 mis. e ½ di vino bianco 40gr. parmigianoInserire nel boccale, olio e cipolla: 2min. 100° Vel.1. Aggiungere salsiccia e vino: 5min. 100° Vel.1. Posizionare la farfalla, unire acqua, dado, riso e cuocere: 15min. 100° Vel.1 A cottura ultimata versare in una risottiera, aggiungere il parmigiano e mescolare bene. Lasciare riposare qualche minuto prima di servire.

7.1.1.16   Risotto Al Gorgonzola

Dose per 6 persone 500gr. riso 50gr. burro 1 pezzetto di cipolla 1 mis. di vino bianco 250gr. panna 50gr. gorgonzola piccante 50gr. gorgonzola dolce 1 lt. acqua 1 cucchiaio di dado bimby Inserire nel boccale burro e cipolla: 2min. 100° Vel.4. Posizionare la farfalla, introdurre vino e riso: 2min. 100° Vel.1 Aggiungere acqua, dado, e cuocere: 16min. 100° Vel.1 Tre minuti prima di terminare la cottura unire dal foro del coperchio la panna e il gorgonzola a pezzetti. Versare in una risottiera e lasciare riposare qualche minuto prima di servire.

7.1.1.17   Risottino Bianco

Dose per 6 persone 500gr. riso ½ cipollina 50gr. burro 1 mis. vino bianco 1 lt. acqua 1 cucchiaio di dado bimby 50gr. parmigiano Inserire nel boccale 20gr. burro e cipolla: 3min. 100° Vel.4. Posizionare la farfalla, e unire il riso: 2min. 100° Vel.1. Aggiungere acqua, vino e dado: 15min. 100° Vel.1 Versare in una risottiera, mantecare con burro e parmigiano. Lasciare riposare qualche minuto prima di servire.

7.1.1.18 Risotto Al Salmone

dose per 6 persone 500gr. riso 100gr. salmone affumicato 1 cipolla media 80gr. burro 1 mis e ½ di vino 100 g. panna 800gr. acqua 1 cucchiaio dado bimby 1 pizzico di pepe Inserire nel boccale il burro e la cipolla tagliata in due pezzi: 3min. 100° Vel.1. Togliere la cipolla, posizionare la farfalla, aggiungere riso e vino: 2min. 100° Vel.1 Unire acqua, dado e cuocere: 15min. 100° Vel.1 Dopo 10min. aggiungere dal foro del coperchio panna e salmone a pezzetti. Versare nella risottiera, unire il pepe e guarnire con listarelle di salmone.

7.1.1.19 Risotto Alle Zucchine In Fiore

dose per 4 persone: 300gr. riso 4 zucchine piccole con il fiore 8 fiori di zucca 1 scalogno 80gr. burro 60gr. parmigiano grattugiato 1 mis. vino bianco 1 bustina zafferano 700gr. acqua 1 cucchiaio di dado bimby sale e pepe q.b. Inserire nel boccale metà burro e lo scalogno: 3min. 100° Vel.3. Posizionare la farfalla con il riso e il vino: 2min. 100° Vel.1. Aggiungere acqua, dado e le zucchine tagliate a dadini: 12min. 100° Vel.1. Unire lo zafferano e fiori di zucca tagliati a metà 2 minuti prima di fine cottura. Versare nella risottiera, aggiungere il rimanente burro e parmigiano, aggiustare di sale e pepe e servire. **Note** a piacere guarnire il piatto con i fiori di zucca

7.1.1.20 Risotto Con Asparagi

dose per 6 persone 500gr. riso 400gr. asparagi 1 pezzetto di cipolla 40gr. di olio di oliva ½ mis. di vino bianco 1 litro di acqua 1 cucchiaio di dado bimby 1 mis. latte 30gr. di burro 50gr. di parmigiano grattugiato sale q.b.   Tagliate le punte agli asparagi e metterle da parte. Inserire nel boccale olio, cipolla e gambi di asparagi: 3min. 100° Vel.3 Posizionare la farfalla con il riso, le punte di asparagi e il vino: 2min. 100° Vel.1. Aggiungere acqua e dado: 15min. 100° Vel.1. Unire il latte dopo 10min. e, terminata la cottura, versare in una risottiera, aggiustare di sale, aggiungere il burro e parmigiano. Amalgamare bene e lasciare riposare qualche minuto prima di servire.

7.1.1.21 Risotto Al Rosmarino

Dose per 6 persone 500gr. riso ½ cipollina 1 rametto di rosmarino 50gr. burro 1 mis. vino bianco 1 lt. acqua 1 cucchiaio di dado bimby 50gr. parmigiano 20gr. burro sale q.b.   Inserire nel boccale cipolla, rosmarino e burro: 3min. 100° Vel.4. Posizionare la farfalla e aggiungere acqua, vino e dado: 5min. 100° Vel.1 Unire il riso e cuocere: 15min. 100° Vel.1. Versare nella risottiera, aggiustare di sale, mantecare con burro e parmigiano e lasciare riposare qualche minuto prima di servire.

7.1.1.22 Insalata Di Riso

dose per 8 persone 300gr. riso parboiled 200gr. pisellini 1 lt. acqua 1 cucchiaino di sale 240gr. tonno 200gr. fontina a dadini olive verdi, peperoni sott'olio, funghetti sott'olio, capperi e sott'aceti misti a piacere olio extravergine di oliva succo di limone Inserire nel boccale acqua e sale: 8min. 100° Vel.1. Posizionare il cestello con riso e piselli: 14min. 100° Vel.4. Togliere il cestello e raffreddare il riso sotto acqua corrente. Versare in una insalatiera, unire il tonno a pezzetti, dadini di formaggio e tutti gli altri ingredienti. Condire con olio e succo di limone. Lasciare in frigorifero un paio d'ore prima di servire.

7.1.1.23   Insalata Di Riso Piccante

dose per 8 persone 400gr. riso parboiled 1 lt. acqua 1 cucchiaio di sale grosso per la salsa 40gr. capperi all'aceto 60gr. cetriolini all'aceto 50gr. acciughe diliscate 80gr. olio extra vergine di oliva 250gr. yogurt ½ mis. di succo di limone 1 cucchiaio di senape piccante poco sale per guarnire 3 uova sode 4 pomodorini Inserire nel boccale capperi, cetriolini e acciughe: 10sec. Vel.3. Introdurre yogurt, succo di limone, olio e senape: 30sec. Vel.2. e versare la salsina in una ciotola. Inserire nel boccale acqua e sale: 8min. 100° Vel.1. Posizionare il cestello con il riso: 14min. 100° Vel.4. Togliere il cestello, raffreddare il riso sotto acqua corrente, versare in una insalatiera, unire la salsina e mescolare bene. Lasciare in frigorigero per circa due ore e guarnire con i pomodorini e le uova sode tagliate a rondelle prima di servire.

7.1.2   Preziosi Piemontesi

7.1.2.1   Risotto Con Nocciole, Uva E Gorgonzola

Ingredienti: 4 persone: 300 g. di riso Carnaroli; 100 g. di gorgonzola; 1 grappolo di uva bianca; 50 g. di nocciole; 40 g. di burro; 1 scalogno; dado vegetale Bimby; 1 misurino di vino bianco; 700 g. di acqua. Tagliare a metà gli acini di uva privandoli dei semi. Tritare le nocciole a Vel.4 per pochi secondi e mettere da parte. Far stufare lo scalogno con il burro: 2min 30sec. a 90° Vel.3. Posizionare la farfalla e aggiungere il riso e le nocciole: 2min. 100° Vel.1-2. Versare il vino: 1min. 100° Vel.1-2, un cucchiaio di dado vegetale e l'acqua: per 6min. 100° Vel.1. Unire l'uva e il gorgonzola tagliato a fettine e lasciare in autocottura per 10min.

7.1.2.2   Panissa Vercellese

Ingredienti: 4 persone: 350 g. di riso Arborio; 50 g. di olio extravergine di oliva; 1 porro; 70 g. di lardo; 1 misurino di vino rosso corposo; 900 g. di brodo bollente; 1 cipolla; 1 salame di tipo sotto grasso; 50 g. di parmigiano grattugiato; 2 foglioline di salvia; pepe q.b.. Nel boccale tritare la cipolla, il porro, il lardo, la salvia per 10sec. Vel.5. Soffriggere con l'olio per 3min. Posizionare la farfalla. Versare il riso, rosolarlo per 2min. 100° a Vel.1 sfumando con il vino rosso, aggiungere il salame sminuzzato, versare il brodo bollente e continuare la cottura per 6min. 100° Vel.1 e 10min. di autocottura. Versare in risottiera, lasciare riposare per 2min., aggiustare con pepe e servire con parmigiano a parte.

7.1.2.3   Risotto Al Campo Antico

Ingredienti: 4 persone: 400 g. di riso; 100 g. di polpa di pomodoro; 1 cipolla; 200 g. di funghi porcini o di coltura; 80 g. di burro; 80 g. di parmigiano grattugiato; 1 tartufo bianco; zafferano a piacere; 1 dl di vino bianco secco; 900 g. di brodo; sale e pepe q.b.. Mettere nel boccale 30 g. di burro: 5min. 100° Vel.1, dopo 1min. gettare la cipolla a Vel.4-5 e farla rosolare, unire i funghi a fettine, insaporirli bene. Posizionare la farfalla, mettere il riso, sale, pepe e vino bianco e sfumare per 2min. 100° Vel.1. Versare il brodo bollente con lo zafferano e il pomodoro: 6min. 100° Vel.1. Lasciare ancora in autocottura per 10min.. Versare nella risottiera, cospargere con il parmigiano, il rimanente burro a tocchetti e il tartufo tagliato a lamelle finissime.

7.1.2.4   Risotto Alla Piemontese

Ingredienti: 4 persone: 350 g. di riso; 1 cipolla; 1 costa di sedano; 1 carota; 50 g. di pancetta; 30 g. di olio extra vergine di oliva; 2 noci di burro; 150 g. di carne di manzo tritata; 4 fegatini di pollo; 1 bicchiere di vino rosso; 500 g. di brodo bollente; 3 cucchiai di salsa di pomodoro; 2 cucchiai di parmigiano grattugiato. Mettere nel boccale l'olio, la pancetta per 5min. 100° Vel.1. Dopo 2min. unire a Vel.5 il sedano, la cipolla e la carota. Terminare la cottura a Vel.3. Posizionare la farfalla, unire la carne e i fegatini tagliati a tocchetti, rosolare per 2min. 100° Vel.1, bagnare con il vino, lasciare evaporare. Aggiungere la salsa di pomodoro e una misura di brodo: 10min. 100° Vel.1. Unire il riso ed il rimanente brodo: 7min. 100° Vel.1, lasciare 10min. in autocottura. Versare nella risottiera unendo il burro ed il parmigiano.

7.1.2.5 Risotto Con Crema Di Topinambur

Ingredienti: 4 persone: 300 g. di riso; 650 g. di acqua con dado Bimby; 300 g. di Topinambur; 1 misurino di vino bianco secco; 1 cipolla; 40 g. di olio extra vergine di oliva; 20 g. di burro; 30 g. di parmigiano grattugiato; 20 g. di prezzemolo tritato. Pulire accuratamente i Topinambur, inserirli nel boccale e tritarli per 5sec. Vel.4. Metterne metà da parte, aggiungere olio e cipolla: 3min. 100° Vel.4. Posizionare la farfalla, unire il riso, i Topinambur messi da parte, il vino e far evaporare senza misurino: 2min. 100° Vel.1. Aggiungere l'acqua ed il dado Bimby: 6min. 100° Vel.1 e 10min. in autocottura. A cottura ultimata, versare il risotto in una zuppiera, aggiungere il parmigiano, il burro ed il prezzemolo fresco. Mescolare bene prima di servire. E' un risotto molto delicato.

7.1.2.6 Riso Nei Peperoni A Varoma

Ingredienti: 4 persone: 3 peperoni carnosi; 250 g. di riso; 1 misurino di olio extra vergine di oliva; 300 g. di tonno sott'olio; 3 acciughe dissalate e diliscate; 1 spicchio di aglio; 1 ciuffo di prezzemolo tritato. Nel boccale soffriggere olio e aglio per 3min. 100° Vel.3. Unire il tonno, le acciughe e il prezzemolo e rimescolare a Vel.3 per 10sec. Togliere dal boccale e mettere da parte. Senza lavare il boccale versare l'acqua (120 cl.), il sale e far cuocere per 10min. 100° Vel.1. Versare il riso e cuocere per 10min.. A termine cottura, scolarlo e aggiungere al composto. Rimettere nel boccale 1 l. d'acqua e cuocere per 7 minuti temperatura *Varoma* Vel.1. Nel frattempo tagliare i peperoni a metà per il lungo eliminando semi e filamenti bianchi, lavarli, asciugarli e riempirli di riso. Sistemare i peperoni nel *Varoma* (3 sul fondo di acciaio, 3 sul vassoio) e posizionare il *Varoma* sul boccale. Cuocere 15min. temperatura *Varoma* Vel.1.

7.1.2.7 Risotto Al Latte

Ingredienti: 4 persone: 250 g. di riso Razza 77; 30 g. di burro; 700 g. di latte: 1 spruzzata di cannella; sale q.b. Nel boccale posizionare la farfalla a 7min. 100° Vel.1, versare il latte e aggiungere il riso, il sale e cuocere 14min. 100° Vel.1. A fine cottura versare in una zuppiera, unire il burro e profumarlo con una spruzzata di cannella.

7.1.2.8 Risotto Ai Porri

Ingredienti: 4 persone: 400 g. di porri puliti tagliati a rondelle; 350 g. di riso Carnaroli; 60 g. di burro; 800 g. di brodo bollente; 50 g. di parmigiano grattugiato. Mettere nel boccale 40 g. di burro: 6min. 90° Vel.1: dopo 1min. unire i porri e terminare la cottura. Posizionare la farfalla, mettere il riso ed insaporire per 3min a 100° Vel.1. Aggiungere il brodo bollente: 7min. a 100° Vel.1. Lasciare in autocottura altri 10min. poi versare nella risottiera e mantecare con il restante burro e parmigiano. Coprire e lasciare riposare 2 minuti prima di servire.

7.1.2.9 Riso E Patate

Ingredienti: 4 persone: 300 g. di patate; 400 g. di riso; sedano; sale q.b. o dado Bimby; 150 g. di pomodoro; 50 g. di olio extra vergine di oliva; cipolla; parmigiano grattugiato. Nel boccale soffriggere l'olio, il sedano e la cipolla: 2min. 100° Vel.1. Aggiungere pomodoro, dado: 2min. 100° Vel.1. Posizionare la farfalla. Inserire le patate tagliate a cubetti e 1 litro e 200 circa di acqua: 15min. 100° Vel.1. Spolverare Con Abbondante Parmigiano.

7.1.2.10 Risotto Al Cavolo

Ingredienti: 4 persone: 300 g. di riso Violone nano; 300 g. di cavolo tagliato a pezzetti; 150 g. di burro; 20 g. di parmigiano grattugiato; 4-5 foglioline di salvia; dado bimby; sale q.b.; 660 g. di acqua. Nel boccale posizionare la farfalla, inserire il cavolo e 50 g. di burro: 3min. 100° Vel.1. Unire il riso, tostare: 2min. 100° Vel.1, aggiungere l'acqua bollente e il dado. Cuocere per 6min. 100° Vel.1 e lasciare 10min. in autocottura. A cottura ultimata versare il risotto in una pirofila e unire il restante burro che avrete fuso con le foglioline di salvia. Aggiungere il parmigiano.

7.1.2.11 Risotto All'astigiana

400gr riso 1"gr regaglie di pollo 100gr di burro 80gr di parmigiano 50gr funghi 20gr cipolla tritata 1 piccolo salamino trito di sedano, carota e prezzemolo brodo sale e pepe q.b. Inserire nel boccale 50gr di burro 1min. 100° Vel.1. Unire con le lame in movimento a Vel.5 sedano, cipolla, carota, prezzemolo e funghi; cuocere 5min. 100° Vel.1. Dopo 2min. aggiungere il salamino e le regaglie di pollo tagliate a pezzetti e terminare la cottura. Inserire la farfalla, versare il riso, salare e pepare; insaporire per 1min. poi unire il brodo bollente e cuocere 6min. 100° Vel.1 e 10min. in autocottura. Versare nella risottiera con burro e formaggio.

7.1.2.12 Insalata Di Riso Alla Novarese

Ingredienti: 4 persone: 350g di riso di Novara; I tartufo di Alba; 6 cucchiai di olio extravergine di oliva; 4 acciughe; 1 bicchiere di vino bianco secco; una manciata di prezzemolo; 1 spicchio d'aglio; 2 limoni; sale q.b. Versare nel boccale 1 litro d'acqua e sale, portare ad ebollizione: 10min. 100° Vel.1. Versare il riso, cuocere per 10min. 100° Vel.1. Scolare il riso, posizionare nel boccale la farfalla, mettere un cucchiaio d'olio, il vino, scaldare per 3min 100°Vel.1. Unire il riso: 2min. 100° Vel.1. In un recipiente, disporre strati di riso e fettine sottilissime di tartufo. Nel boccale mettere il restante olio, l'aglio schiacciato, le acciughe sfilettate e cuocere per 4min. 90° Vel.1. Lasciare raffreddare e unire il succo dei limoni e il prezzemolo tritato, mescolare bene e condire il riso.

7.1.2.13 Risotto Alla Cannella

Ingredienti: 4 persone: 350g di riso; 5Og di prosciutto cotto; 5Og di prosciutto crudo; 40g di burro; 100gr di fegatini di pollo; 800g di brodo di pollo (o di dado); cannella; vino bianco; salvia; 1 cipolla; sale q.b.; Parmigiano grattugiato Tritare nel boccale grossolanamente i due tipi di prosciutto: 2-3 colpi di Turbo e metterli da parte. Tritare nello stesso modo i fegatini e la cipolla: 2-3 colpi di Turbo. Inserire la farfalla. Unire il burro ed il prosciutto e farli rosolare 3min. 100° Vel.2. Aggiungere il riso, profumare con la cannella e qualche foglia di salvia 2min. •100° Vel.1. Bagnare con il vino e far evaporare. Unire il brodo bollente e cuocere il riso 6min. 100° Vel.1.Versare in una risottiera, mantecare con una noce di burro e il Parmigiano.

7.1.2.14 Risotto Ai Fagioli Borlotti

Ingredienti: 4 persone: 400g di riso; 200g di fagioli borlotti precotti; 2OOg dipolpa di pomodoro; 1 pezzetto di cipolla; 20g di olio extra vergine d'oliva; 40g di pancetta a dadini; 1 misura di vino rosso; 30g di Parmigiano grattugiato; 800g di brodo di carne preparato con dado Bimby; sale q.b. Inserire nel boccale la cipolla con lame in movimento a Vel.5. Aggiungere olio, pancetta e stufare per 3min. a 100° Vel.1. Unire i pomodori cuocere per 4min. a 100° Vel.1. Posizionare la farfalla, unire il riso e tostare per 2min. a 100° Vel.1. Sfumare con il vino, aggiungere il brodo bollente: 7min. 100° Vel.1 e 10min. in autocottura. Qualche minuto prima della fine della cottura aggiungere i fagioli.Servire con Parmigiano.

7.1.2.15 Risotto Con Le Rane

Ingredienti: 4 persone: 400g di riso Carnaroli; 400g di rane; 1 manciata difunghi secchi; 1 spicchio d'aglio; 1 foglia di alloro; prezzemolo tritato; 1 misura di vino bianco secco; 30g di burro; olio; sale q.b.; pepe bianco in grani. Pulire bene e lavare le rane. Nel boccale versare 1 l di acqua, sale, pepe, alloro, e 1 misurino di vino bianco: 10min. temperatura *Varoma* Vel.1. Posizionare il *Varoma* sul coperchio e mettervi le rane: 20min. temperatura *Varoma* Vel.1. Terminata la cottura, spolpare le rane e mettere il brodo ottenuto in un recipiente, aggiungendo le ossa; mantenere al caldo. Nel boccale mettere l'olio e l'aglio schiacciato: 5min. 100° Vel.1. Dopo 1min. togliere l'aglio, unire i funghi ammollati e tritarli a Vel.5. Terminare la cottura a Vel.1. Posizionare la farfalla, unire il riso e sfumare il rimanente vino: 2min. 100°Vel.1, aggiungere il brodo bollente delle rane (900g), la polpa e cuocere 7min. 100° Vel.I e 10min. in autocottura. Servire mantecando con prezzemolo, burro e una manciata di pepe bianco.

7.1.2.16 Risotto Al Barolo

Ingredienti: 4 persone: 300g di riso Carnaroli; 400g di vino; 400g di brodo bollente; 60g di burro; 1 cipolla; 1 cucchiaino di prezzemolo tritato; 20 acini d'uva nera divisi a metà, lasciati in infusione con vino e pepe nero. Nel boccale tritare la cipolla per 10sec. a Vel.5. Aggiungere il burro e soffriggere per 3min. a 100° Vel.1. Posizionare la farfalla e aggiungere il riso. Rosolarlo per 3min. a 100° Vel.1. Sfumare con 1 misurino di vino. Quando questo sarà assorbito bagnare con il rimanente vino e brodo bol-lente. Continuare la cottura per 6min. 100° Vel.1 e 10min. in autocottura. Infine aggiungere il prezzemolo, versare in una risottiera e decorare con gli acini d'uva.

7.1.2.17 Paniscia Novarese

Ingredienti: 4 persone: 400g di riso Carnaroli; 1 salame tipo sotto grasso; 50g di cotenne; 50g di lardo; 5Og di burro; 100g di vino rosso corposo; 200g di fagioli freschi; 1gr di sedano; 1 carota; 1 verza piccola; 2 pomodori pelati. Nel boccale tritare grossolanamente per 10 sec, Vel.5 il sedano, la carota, la verza, i pomodori. Aggiungere i fagioli e scolare, cuocere per 30min. a 100°Vel.1 e mettere da parte. Nel boccale tritare per 10sec. a Vel.5 il lardo, la cipolla, il salamino, aggiungere il burro e soffriggere per 3min. Posizionare la farfalla, rosolare il riso e bagnarlo con il vino rosso. Aggiungere le verdure bollenti e proseguire la cottura per 8min. 100° Vel.1. Aggiustare di pepe, lasciare 8min. in autocottura. Versare nella risottiera e far riposare coperta per 3min. prima di servire.

7.1.2.18 Torta Di Riso E Nocciole

Ingredienti: 130gr di riso Ribe, 170gr di zucchero, 10gr di nocciole tostate o granella di nocciole, 100gr burro a temperatura ambiente, 4 uova, vaniglia o cannella, 1 bustina di lievito per dolci Versare nel boccale il riso e, poggiando sul foro del coperchio un canovaccio ben piegato, tritare per 40sec. a Vel.Turbo. Triturare nel boccale le nocciole e 50gr di zucchero: 30sec. Vel.Turbo. Unire il riso polverizzato, amalgamare un poco con la spatola, poi: 10min. Vel.Turbo. Aggiungere tutti gli altri **ingredienti:** 30sec. Vel.6. Infornare a 180°7200° in una teglia unta di 15-20cm. per 40/45min. Non aprire prima di mezz'ora. Servire freddo. Ottimo in inverno con tè, cioccolata calda, caffè oppure con zabaione caldo o crema gianduia.

7.1.2.19 Pomodori Ripieni Di Riso

Ingredienti: 1 kg di pomodori grossi e rossi, 150gr di riso, 20gr di parmigiano, sale e pepe, prezzemolo abbondante, basilico abbondante, 3-4 filetti di acciuga, 1 cucchiaio di capperi, 1 scatola di tonno sott'olio da 80gr., 2 spicchi d'aglio, olio extravergine d'oliva, 300gr acqua, 1 bustina di zafferano Cuocere nel cestello il riso con lo zafferano e lasciare raffreddare. Svuotare i pomodori. Inserire nel boccale l'aglio, il basilico, le acciughe, il prezzemolo, il tonno. Tritare per 20sec. Vel.3-4. Aggiunger eil riso, un cucchiaio d'olio, i capperi, il parmigiano, sale e pepe, mescolare per 15sec. Vel.1. Riempire i pomodori col ripieno ottenuto e posizionarli nel Varoma. Nel boccale inserire l'aglio e olio: 2min. 100° Vel.4. Aggiungere acqua, prezzemolo, basilico, posizionare il Varoma. Quando l'acqua avrà raggiunto la temperatura *Varoma* cuocere 20min. Vel.1 a temperatura Varoma. Disporre i pomodori ripieni su un piatto e irrorare con la salsa di cottura.

7.1.2.20 Risotto Con Trippa

Ingredienti: 350gr RISO Carnaroli, 300gr trippa precotta, 80gr pancetta affumicata a dadini, 80gr parmigiano grattugiato, 40gr burro, 1 cipollina, 1 carotina, 1 gambo sedano, prezzemolo tritato, olio, sale e pepe, 800gr brodo Mettete nel boccale la pancetta e 2 cucchiai di olio 5min. 100° Vel.1. Dopo 2min. aggiungere a Vel.5 la cipolla, la carota, il sedano e terminare la cottura a Vel.3. Posizionare la farfalla, unire il riso e la trippa a pezzetti, il sale e il pepe: 3min. 100° Vel.1. Versare il brodo bollente: 7min. 100° Vel.1 e 10min. di autocottura. Prima di servire mantecare con burro, parmigiano e prezzemolo tritato.

7.1.2.21   Risotto Ai Cardi Con Salsa Fonduta

Ingredienti: dosi per 4 persone Ingredienti per il risotto: 350gr di riso, 300gr di cardo crudo e pulito, 800gr di brodo bollente, succo di 1 limone, 400gr di acqua, 1 cucchiaio difarina bianca, 1 misurino di acqua di cottura del cardo, 1 misurino di olio extravergine di oliva, una manciata di prezzemolo, 80gr di pancetta coppata, 1 mis. di vino bianco, 30gr di burro, 30gr di parmigiano grattugiato, sale e pepe, noce moscata. per la fonduta: 20gr di burro, 20gr di farina bianca, 200gr di latte, 200gr di panna liquida, 100gr di fontina, noce moscata, sale.q.b. preparazione privare un piccolo cardo gobbo dei filamenti e delle foglioline, sbucciare il torsolo e tenerlo a bagno in acqua acidula con succo di limone, tagliarlo a dadini e metterlo nel cestello. versare 400gr di acqua nel boccale, sale e 1 cucchiaio di farina bianca, posizionare il cestello e cuocere a temp. *varoma* per 20min Vel.1. conservare 1 misurino di acqua di cottura. nel boccale pulito con lame in movimento a Vel.7, una manciata di prezzemolo per 1min. circa, aggiungere olio e pancetta a dadini, soffriggere: 3min. 100° Vel.3. inserire la farfalla, unire il cardo bollito e far insaporire per 2min. 100° Vel.1, aggiungere 1 misurino di brodo bollente e cuocere: 5min. 100° Vel.1. versare il riso, tostare 1min. 100° Vel.1. sfumare con il vino bianco: 1min. 100° Vel.1. aggiungere il rimanente brodo bollente e cuocere 13-15 minuti 100° Vel.1. mantecare il riso in una ciotola, con burro e parmigiano, versarlo poi in uno stampo a ciambella ben imburrato, rovesciare su un piatto da portata e irrorare con la salsa calda. salsa fonduta: frullare la fontina per 5sec. Vel.4 e metterla da parte. senza lavare il boccale versare il burro, la farina, il latte, la panna e fare la besciamella: 10min. 90° Vel.1. unire la fontina e proseguire la cottura per 3min. 80° Vel.3. profumare con noce moscata. segreto: la salsa fonduta viene usata dai piemontesi in molte altre ricette. con questa potete riempire i vol au vent.

7.1.3   *Single: Conquistare E Fare In Fretta*

7.1.3.1   Torta Di Riso Alla Turca

Ingredienti: 100gr riso fino Ribe, 100gr mandorle, 4 uova, 90gr zucchero, 80gr uva passa, 1/2 l latte, 50gr burro, 30gr zucchero a velo, 1/2 misurino di Rhum, 1 bustina di vanillina, buccia grattugiata di un'arancia, una presa di cannella, sale q.b. Ammollare l'uvetta in acqua calda. Tritare le mandorle a Vel.Turbo per 25sec. circa e metterle da parte in una ciotola. Mettere nel boccale la zucchero e la buccia d'arancia: polverizzare a Vel.Turbo per 30sec. Aggiungere il latte, il burro, la vanilina e il sale e portare ad ebollizione per 6min. a *Varoma* Vel.1. Posizionare la farfalla e unire il riso; far cuocere per 15min. 90° Vel.1. Lasciar raffreddare, quindi unire la cannella, il rhum e le mandorle e amalgamare a Vel.2-3. Asciugare bene l'uvetta, incorporarla al composto, aggiungere le uova una per volta e mescolare a Vel.2 per qualche secondo. Imburrare una teglia di 24cm di diametro e infornare in forno già caldo a 180° per 30min. circa, dopo aver cosparso il composto con fiocchetti di burro. Circa 10min. prima del termine della cottura cospargere la torta di zucchero a velo.

7.1.3.2   Riso Filante

Ingredienti: 300gr riso per risotti, 200gr mozzarella, 200gr prosciutto crudo, 400gr latte, 400gr acqua, basilico e pepe a piacere Tritare la mozzarella con due colpi a Vel.Turbo e porla in una pirofila. Con le lame in movimento tritare il prosciutto 6sec. a Vel.3-4 e unirlo alla mozzarella. Inserire la farfalla, mettere nel boccale il latte e scaldare 8min. 100° Vel.1. Aggiungere il riso e cuocere in autocottura 8min. 100° Vel.1, senza aggiungere sale. A cottura ultimata scolare il riso, versare nella pirofila, unire il basilico e il pepe; amalgamare tutto e servire ben caldo.

7.1.3.3 Riso Freddo Ai Mandaranci

Ingredienti: 300gr riso Valone nano, 2 mandaranci, 150gr prosciutto cotto, 2 gocce tabasco, ½ cucchiaino di curry, ½ cucchiaino di paprika piccante, 2 cetrioli sott'aceto, 3 cucchiai di maionese, sale, 1500gr acqua. Sbucciare e tagliare a dadini i mandaranci, il prosciutto cotto e i cetrioli. Metterli in una zuppiera con la salsa tabasco, il curry, la paprika piccante, la maionese e il sale. Inserire la farfalla, versare l'acqua e portare ad ebollizione 6min. 100° Vel.1. Unire il riso e cuocere 10min. 100° Vel.1. Scolare al dente e incorporare agli ingredienti nella zuppiera. Servire

7.1.3.4 Riso All'orientale Al Pistacchio Riso

Ingredienti: 4 persone 400g. di riso 100g. di burro 500g. di acqua 50g. di pistacchi 1 peperone verde 1 mazzetto di prezzemolo sale q.b. **Procedimento:** Lavare il riso e metterlo nel cestello. Versare nel boccale l'acqua e portare ad ebollizione: 8min. a temperatura *Varoma* Vel.1. Posizionare il cestello con il riso e cuocere per 15min. a 100° Vel.2, mescolando di tanto in tanto. Sgocciolare il riso dopo 18min. , sgranarlo con una forchetta, condirlo con il burro e il peperone tagliato a filetti e cospargerlo con il prezzemolo tritato. Ma i pistacchi quando si mettono???? A guardare la fotografia del libro sembrerebbero essere stati aggiunti alla fine ma non posso giurarlo.... Nella ricetta non vi è traccia...mah!!!

7.1.3.5 Riso Dolce All'arancia

Ingredienti: 100gr riso, 3 arance, 500gr latte, 250gr panna da montare, 10gr colla di pesce, 50gr zucchero, 1 limone, ½ mis. Grand Marnier, 1 bustina zucchero vanigliato, una presa di sale Mettere a bagno in acqua fredda la colla di pesce. Posizionare la farfalla nel boccale ben freddo, unire la panna e montarla: da 40 a 90sec. Vel.2-3 e metterla da parte. Lavare e asciugare bene il boccale. Polverizzare lo zucchero e la buccia del limone: 10sec. Vel.Turbo. Posizionare la farfalla e aggiungere il latte, portare ad ebollizione 6min. 100° Vel.1. Unire il riso e cuocere 6min. 100° e 10min. autocottura. Aggiungere la colla di pesce strizzata, lo zucchero vanigliato, il succo d'arancia e mescolare 2min. a Vel.4. Lasciar raffreddare in frigorifero per qualche ora. Prima di servire incorporare la panna montata.

7.1.3.6 Risotto Alla Birra

Ingredienti: 4 persone 350g. di riso arborio 1 bottiglia di birra doppio malto 50g. di Emmental 1 cipolla piccola 200g. di panna 50g. di burro 40g. di olio extra vergine di oliva 1 cucchiaio di dado bimby 450g. di acqua bollente sale e pepe q.b. Preparazione Tritare l'Emmental: 10sec. Vel.4 e metterlo da parte. Inserire nel boccale olio cipolla e burro: 3min. a 100° Vel.4. Inserire la farfalla e unire il riso: 2min. a 100° Vel.1. Unire la birra e il dado e cuocere senza misurino: 4min. a 100° Vel.1. e 8min. in autocottura. Porre la panna e l'Emmental in una risottiera, mescolare ed unire il riso, mantecare e servire. SEGRETO: la birra è un liquido di cottura interessante: il calore fa sparire la componente amara e gli aromi passano alle vivande. Va usata per cotture lente e si sposa bene con i piatti di pesce.

7.1.3.7 Risotto All'arancia

Ingredienti: 4 persone 400g. di riso 2arance 90g. di burro 1cipollina 3 coste di sedano 2 rametti di timo 800g. di acqua 1 manciata di mandorle (facoltativo) sale e pepe q.b. Preparazione Inserire nel boccale le bucce delle arance e tritare: 20sec. a Vel.6 e metterle da parte. Spremere le arance sbucciate e unire il succo alle bucce tritate. Inserire nel boccale burro, sedano e cipolla: 30min. a 100° Vel.4 per tritare e oi a Vel.3. inserire la farfalla e versare nel boccale il succo di arancia con le scorze grattugiate, l'acqua, il sale e il timo: 10min. a 100° Vel.1. Versare il riso e far cuocere 8min. a 100° Vel.1 e 10min. un autocottura, versare nella risottiera, pepare e guarnire con le mandorle (volendo si possono tritare grossolanamente e mischiare al risotto) Variante: preparate la stessa ricetta mettendo da parte però il succo delle arance, che aggiungerete solo alla fine, prima di servire. L'aroma degli agrumi risulterà più intenso.

7.1.3.8 Risotto All'aceto Balsamico

Ingredienti: 4 persone 400g. di riso 800g. di brodo 100g. di butto 70g. di parmigiano grattugiato 2 cucchiai di aceto balsamico Preparazione Inserire nel boccale il burro e scaldare 2min. a 100° Vel.1.Inserire la farfalla quindi aggiungere il riso e far mantecare 2min. a 100g. vel1. Aggiungere il brodo e cuocere: 14min. a 100° Vel.1. A cottura ultimata, aggiungere l'aceto balsamico ed il rimanente burro: 30sec. a 100° Vel.1. Infine aggiungere il Parmigiano e mantecare 20sec. Vel.1.

7.1.3.9 Risotto Timido

Ingredienti: 4 persone 350g. di riso razza77 o Carnaroli 50g. di midollo di bue 2 mis. Vino rosso (Barbera) 1 cucchiaio di salsa di pomodoro 30 g. di olio extravergine di oliva 30 g. di burro 1 porro foglioline di salvia 1 rametto di rosmarino Parmigiano grattugiato Pepe nero e sale q.b. Preparazione Inserire nel boccale porro (con il suo verde), rosmarino, midollo, salvia: 20sec. a Vel.6. Aggiungere l'olio e soffriggere: 2min. a 100° Vel.1. Inserire la farfalla e unire il riso: 2min. a 100° Vel.1. Sfumare con metà vino rosso, aggiungere brodo bollente, la salsa ed il rimanente vino rosso. Cuocere per 7min. a 100° Vel.1. 10min. in autocottura- Servire decorando con riccioli di burro, qualche fogliolina di salvia, rosmarino e Parmigiano Consiglio è ottimo servito con i fegatini di pollo precedentemente cotti in un soffritto di salvia, burro e frattaglie di pollo, sminuzzate bagnate con Marsala. quando cuoci il riso non farlo in autocottura ma cuocilo il tempo indicato a Vel.1. il nuovo ricettario riso divino èstato modificato e hanno tolto l 'autocottura e secondo me è meglio.

7.1.3.10 Risotto Alla Zarina

Ingredienti: 4 persone 400g. di riso 200g. di salmone affumicato 2 cucchiaini di caviale o uova di lompo 820g. di acqua 30 g. di olio extravergine di oliva aglio cipolla 1 cucchiaio di dado vegetale 1 misurino di vino bianco 1 misurino di Vodka Preparazione Soffriggere aglio e cipolla nell'olio 2min. a 100° vel6. Aggiungere il salmone 2min. a 90° vel4. Inserire la farfalla unire il riso e bagnare con la Vodka. Rosolare per 3min. a 100° Vel.1. Aggiungere brodo o acqua e dado vegetale e terminare la cottura: 6min. a 100° Vel.1 e 10min. in autocottura. Mantecare con i caviale poco prima di servire. Segreto: Per la cottura, usate pure le uova di lompo. Volendo potete servire prima il caviale sui crostini di pane tostato appena imburrati accompagnati da un bicchierino di Vodka secca, E' questa la vera liturgia del caviale

7.1.4 Chicche Di Montagna

7.1.4.1 Risotto Alle Mele Della Val Di Non

Ingredienti: 400gr riso arboreo, 3 mele, 1 cipolla, 2 cucchiai di dado bimby, 900gr acqua, parmigiano grattugiato, prezzemolo, sale e pepe Soffriggere la cipolla 5min. 100° Vel.3. Dopo 2min. Dal foro del coperchio, con le lame in movimento, inserire le mele sbucciate e tagliate a pezzetti, spruzzare con il vino bianco. Inserire la farfalla, versare il riso e insaporire per 2min. 100° Vel.1. Unire il brodo bollente e cuocere 6min. 100° Vel.1 e 10min. In autocottura. Versare nella risottiera e mantecare con prezzemolo tritato e parmigiano.

7.1.4.2 Risotto Agli Spinaci Selvatici

Ingredienti: 350gr riso carnaroli, 200gr spinaci, 50gr burro, 80gr toma di montagna, 1 cipollina, 800gr brodo bollente, pepe Mettere nel boccale 1 l di acqua con il dado: 10min. A temperatura *Varoma* Vel.1. Posizionare sul coperchio il *Varoma* con gli spinaci: 4-5min. Temperatura *Varoma* Vel.1. Versare il liquido di cottura in un recipiente mantenendolo caldo; nel boccale mettere 30gr di burro 4min. 90° Vel.1 e dopo 1min. Con le lame in movimento a Vel.5 gettare la cipolla, gli spinaci e terminare la cottura. Inserire la farfalla, unire il riso, tostare: 2min. 100° Vel.1. Versare il liquido lasciato in disparte, 800gr, e cuocere 7min. 100° Vel.1 e 10min. In autocottura, aggiungendo a motore spento il formaggio, il rimanente burro e il pepe

7.1.4.3 Minestra Di Riso, Patate E Ortiche

Ingredienti: 200gr riso, 300gr patate, 100gr ortiche, 1 cipollina, poco prezzemolo, 20gr olio, formaggio grattugiato, 1, 5 l acqua, dado, sale e pepe Inserire nel boccale l'olio 5min. 100° Vel.1. Dopo 1min. con le lame in movimento a Vel.5 gettare le cipolle e le ortiche; tornare a Vel.1 e terminare la cottura. Inserire la farfalla, unire le patate a tocchetti, l'acqua, il dado e cuocere 30min. a 100° Vel.1. Aggiungere il riso e cuocere ancora per 10min. 100° Vel.1. Versare nella zuppiera, cospargere col prezzemolo spezzato a mano e il pepe; coprire e lasciar riposare 3-4min. prima di servire.

7.1.4.4 Riso In Dadolata Di Capriolo

Ingredienti: 400gr riso Carnaroli, 600gr di capriolo a piccoli dadini, 50gr pancetta a dadini, brodo, 1 mis. E ½ di vino rosso, alloro, 30gr olio ex., 20gr burro, sale e pepe q.b. PER LA MARINATA: vino rosso quanto basta per coprire il tutto, 3 foglie di salvia, 1 rametto rosmarino, 1 rametto di timo, 3 chiodi di garofano. Marinare la carne per 24 ore. Nel boccale mettere la pancetta, l'olio e 20gr di burro 5min. 100° Vel.1. Inserire la farfalla; unire il capriolo sgocciolato dalla marinatura: 15min. temperatura *Varoma* Vel.1. Bagnare con un misurino di vino rosso, salare e pepare; aggiungere le foglie di alloro e 3 mis. Di brodo bollente; cuocere 40-50min. 100° Vel.1. Terminata la cottura versare il contenuto nel *Varoma* foderato di carta da forno o stagnola e chiudere a pacchetto. Nel boccale mettere 30gr di olio, 1 piccola cipola 3min. 100° Vel.1. Inserire la farfalla, unire il riso e tostare: 2min. 100° Vel.1, bagnando con ½ mis. Di vino. Aggiungere il brodo bollente: 8min. 100° Vel.1. Mettere sul coperchio il *Varoma* per mantenere calda la dadolata. Lasciare in autocottura per 10min., poi mantecare con il formaggio a piacere e burro; versare in uno stampo a ciambella. Dopo 2-3min. rovesciare su un piatto rotondo fondo il riso e completare con la dadolata di capriolo, versandola nel foro centrale.

7.1.4.5 Risotto Al Miele Di Castagno O Acacia

Ingredienti: 300gr riso Carnaroli, 60gr miele, 30gr scalogno, 30gr olio ex., 50gr burro, 50gr parmigiano, 100gr vino bianco, 700gr acqua, 1 cucchiaio dado di carne Introdurre nel boccale il parmigiano 20sec. Vel.Turbo e mettere da parte. Introdurre nel boccale lo scalogno e l'olio: 3min. 100° Vel.3. Inserire la farfalla, quindi il riso ed il vino bianco: 3min. 100° Vel.1. Aggiungere il dado e l'acqua bollente 6min. 100° Vel.1 e 10min. autocottura. Mettere il risotto in una risottiera, mantecarlo col burro, parmigiano, miele e servire subito.

7.1.4.6 Minestra Di Riso, Latte E Castagne Alla Valsusina

Ingredienti: 200gr riso, 200gr castagne fresche, 1 l latte scremato (o ½ di latte intero e ½ d'acqua) 1 noce di burro, sale. Mettere nel boccale il latte e il sale 8min. 100° Vel.1. Inserire la farfalla, aggiungere le castagne 10min. 100° Vel.1. Unire il riso e il burro e cuocere 10min. 100° Vel.1.

7.1.4.7 Risotto Alle Castagne

Ingredienti: 4 persone: 400gr di riso per risotti, 300gr di castagne già cotte e pelate, 1 scalogno, un cucchiaio di dado Bimby, 150gr di Quark a ricotta, 40gr di olio, 900gr di acqua, sale e pepe q.b..
Procedimento: Tritare lo scalogno con lame in movimento a Vel.5; unire l'olio e cuocere per 3min. 100° Vel.3. Aggiungere metà delle castagne e tritarle con un colpo di Turbo. Inserire la farfalla, aggiungere le restanti castagne, il dado, l'acqua bollente ed il riso. Cuocere: 13-15min. 100° Vel.1. Versare nella risottiera e incorporare il formaggio delicatamente ed aggiustare con sale e pepe. VARIANTE: potete preparare le castagne come semplici caldarroste, da unirle allo stesso risotto per esaltarne il gusto.

7.1.4.8 Riso Dolce Ai Frutti Di Bosco

Ingredienti: 300gr riso, 300gr frutti di bosco, 600gr latte, 300gr panna da montare, 200gr zucchero, succo e buccia gialla del limone Mettere nel boccale 150gr di zucchero e la buccia del limone: 20sec. Vel.Turbo. Porre in una ciotola. Nel boccale mettere il latte e 2 cucchiaini di zucchero aromatizzato al limone. Inserire la farfalla 7min. 100° Vel.1. Unire il riso e cuocere 12min. 100° Vel.1. Versare in una ciotola e lasciare raffreddare. Raffreddara bene il boccale, inserire la farfalla e mettere la panna con il restante zucchero; montare a Vel.3 per pochi secondi, controllando dal foro la consistenza. Incorporare delicatamente il riso ormai freddo, mescolando con un cucchiaio di legno dal basso verso l'alto. Nel frattempo, macerare i frutti di bosco con succo di limone e zucchero. Servire in coppette, alternando riso e frutti di bosco, terminare col riso e guarnire a piacere.

7.1.4.9 Zuppa Di Riso E Crescione

Ingredienti: 1 l latte, 2 pugni di crescione tagliato fine, 200gr riso, 150gr panna liquida, sale e pepe. Nel boccale mettere il latte e il sale 10min. 100° Vel.1. Unire il riso e cuocere per 15min. 100° Vel.3. Aggiungere il crescione (lasciandone un po' da parte(, la panna e mescolare 10sec. Vel.3. Servire con pepe macinato e il crescione rimasto.

7.1.4.10 Risotto Ai Germogli Di Luppolo

Ingredienti: 350gr riso Carnaroli, 300gr germogli di luppolo. 1 piccola cipolla, 1 mis. Birra, 800gr brodo bollente, 40gr olio ex., sale e pepe. Mettere nel boccale 1 l d'acqua 10min. temp. *Varoma* Vel.1. Posizionare il *Varoma* coi germogli per 6- 8min. a T. *Varoma* Vel.1. Versare il liquido di cottura in un recipiente e mantenerlo al caldo. Nel boccale mettere l'olio e scaldare5min. 100° Vel.1. Dopo 1min., con le lame in movimento a Vel.5., aggiungere la cipolla e terminare la cottura a Vel.2. Posizionare la farfalla, unire il riso, 3min. 100° Vel.1, bagnando con la birra; lasciar evaporare, aggiungere il brodo (acqua di cottura) per 7min. 100° Vel.1. A 1min. dal termine della cottura unire il luppolo precedentemente tritato e lasciare 10min. in autocottura. Salare e pepare prima di servire.

7.1.4.11 Riso E Cinghiale

Ingredienti: 350gr riso Carnaroli, 200gr polpa magra di cinghiale, 100gr polpa di manzo, 800gr brodo, 1 cipolla, 1 carota, 2 foglie alloro, 2-3 bacche di ginepro, 1 mis. Vino rosso, 50gr olio ex., 2 cucchiai concentrato di pomodoro, peperoncino e sale. Mettere nel boccale l'olio: 5min. 100° Vel.1; dopo 2min. con le lame in movimento a Vel.5 unire la cipolla, la carota, il sedano e terminare la cottura a Vel.2. Unire la carne tritata grossa e rosolare: 10min. temp. *Varoma* Vel.1. Sfumare col vino rosso, aggiungere la salsa di pomodoro con 1 mis. Di brodo caldo; salare e aggiungere il peperoncino con alloro e ginepro e cuocere per 30min. 100° Vel.1. Inserire la farfalla e aggiungere il riso col restante brodo bollente per 8min. 100° Vel.1 e 10min. autocottura.

7.1.5 Vecchia Fattoria

7.1.5.1 Risotto Con Formaggio E Noci

Ingredienti: 350gr riso, 100gr gorgonzola, 50gr robiola, 50gr parmigiano, 1 mis. vino bianco secco, 750gr brodo vegetale, 30gr burro, 1 cipolla, 15 noci, sale e pepe scaldare nel boccale il burro: 1min. 100° Vel.1. Aggiungere la cipolla e rosolare: 3min. 100° Vel.3. Inserire la farfalla, aggiungere il riso, bagnarlo col vino e far tostare: 1min. 100° Vel.1. Versare il brodo, salare e cuocere: 10min. 100° Vel.1. A cottura ultimata versare in una risottiera, aggiungere i formaggi tagliati a dadini, coprire e lasciar riposare qualche minuto affinchè i formaggi si sciolgano completamente. Guarnire il risotto coi gherigli di noce tritati grossolanamente e servire subito.

7.1.5.2 Il Cappello Del Cardinale

Ingredienti: 500gr riso Carnaroli, 300gr provola, 100gr fontina, 100gr emmenthal, 250gr prosciutto cotto tagliato a fette lunghe, 50gr burro, 20gr olio extrav., 1 uovo, 1 l brodo di dado bimby, ½ cipolla Nel boccale tritare grossolanamente fontina, provola e emmenthal con 2-3 colpi di Turbo. Mettere da parte. Scaldare nel boccale 20gr burro e l'olio per 1min. 100° Vel.4. Inserire la farfalla, unire il riso e farlo insaporire per 1min. 100° Vel.1. Unire il brodo e far cuocere 6min. 100° Vel.1 e 10min. autocottura. Incorporare al risotto i formaggi tritati e l'uovo per 30sec. Vel.1. ungere col restante burro uno stampo da zuccotto e rivestirlo col prosciutto, disponendo le fette a raggera e facendone debordare una piccola parte. Versare il composto di riso e formaggio, ripiegare tutte le fette di prosciutto verso l'interno e chiudere il cappello con le restanti fettine. Far cuocere in forno caldo a 170° per 15 min, quindi sformare su un piatto da portata e servire.

7.1.5.3 Risotto Alle Zucchine E Mascarpone

Ingredienti: x4: 300gr di riso, 200gr mascarpone, 1 porro ben pulito, 300gr di zucchine tagliate a rondelle, 50gr di burro, 700gr di acqua bollente, dado bimby, ½ misurino di vino bianco secco, sale q. b. Preparare: inserire nel boccale il burro: 1min 100° vel1. Aggiungere il porro e cuocere 3min 100° vel4. Inserire la farfalla e le zucchine e cuocere 4min 100° vel1. Unire il riso e il vino e tostare 2min 100° vel1. Aggiustare l'acqua, il dado e cuocere 6min 100° vel1 e 10min in autocottura. A cottura ultimata unire il mascarpone e mescolare 30sec. vel1. Versare in una risottiera e servire. Variante: potete sostituire il mascarpone con altrettanta ricotta fresca.

7.1.5.4 Anello Di Riso Salato

Ingredienti x4: 350gr di riso, 40gr di burro, 1 misurino di parmigiano grattugiato, 100gr di prosciutto crudo a fette. Per la salsa: 50gr emmenthal, 50gr di fontina, 2 cucchiai di parmigiano grattugiato, 1 tuorlo, ½ litri di acqua, ½ cucchiaio di dado bimby, 50gr di farina, 40gr di burro.

Procedimento: versare nel boccale 1 litro di acqua bollente e il riso a cuocere: 12min 100° vel1. Scolare il riso, condire con burro e parmigiano e pressare in uno stampo a ciambella foderato di prosciutto crudo; cuocere in forno a 180° per 20min. Preparare la salsa: tritare i formaggi con tre colpi di Turbo e aggiungere il parmigiano e il tuorlo: 20sec. vel6. Togliere il composto e metterlo da parte. Mettere nel boccale ½ litro di acqua: 6min 100° vel1. Aggiungere il dado, la farina e il burro: 6min 100° vel4. Unire il formaggio precedentemente tritato e amalgamare bene. Versare il composto in un piatto, leggermente fondo e sformare l'anello di riso. Consiglio: per essere tritati bene, i formaggi devono essere freddi di frigorifero.

7.1.5.5 Tortino Di Riso E Cavolfiore

Ingredienti: x4: 300gr di riso integrale precotto, 200gr di formaggio a pasta semidura (tipo montasio), 1 piccolo cavolfiore, 1 scalogno, trito aromatico, semi di papavero, noce moscata, olio extravergine.

Procedimento: tritare il formaggio: 10sec. vel5 e mettere da parte. Inserire nel boccale 1 litro di acqua e il sale: 8min temp. *Varoma* vel1. Inserire nel cestello con il riso: 20min temp. *Varoma* vel1. Posizionare sul coperchio il *varoma* con il cavolfiore diviso in cimette. Togliere il riso e condirlo con il formaggio e la noce moscata. Far rosolare lo scalogno con 20gr di olio e 20gr di acqua: 2min 100° vel4. Aggiungere il cavolfiore: 30sec. vel4. In una tortiera imburrata e cosparsa di trito aromatico versare metà del riso, il cavolfiore e coprire con il restante riso; spennellare con olio, cospargere di semi di papavero e gratinare in forno a 190° per 10-15min. Consiglio: per preparare questo tortino potete utilizzare il riso integrale.

7.1.5.6 Risotto Dell'eremita

Ingredienti: x4: 300gr di riso, 300gr di gamberi sgusciati, ½ misurino di cognac, 650gr di brodo vegetale bollente, 200gr di panna liquida fresca, 1 carota piccola, 1 scalogno, aglio, prezzemolo tritato finemente, olio extravergine, sale e pepe q. b.

Procedimento: scaldare l'olio nel boccale: 1min 100° vel1. Con le lame in movimento vel5, unire lo scalogno, l'aglio e la carota e cuocere 3min 100° vel3. Inserire la farfalla, aggiungere i gamberi e il cognac e lasciar evaporare senza misurino: 2min 100° vel1. Unire il riso e tostare: 1min 100° vel1. Aggiungere il brodo e cuocere: 6min 100° vel1 e 10min in autocottura. In una zuppiera versare la panna, aggiungere il prezzemolo, il pepe e mescolare; infine unire il riso e mantecare. Servire caldo. Variante: per rendere questo risotto più leggero, potete sostituire la panna con altrettanto latte magro.

7.1.5.7   Risotto Al Gorgonzola E Basilico

Ingredienti x4: 350gr di riso, 200gr di gorgonzola, 1 dl di panna liquida fresca, 1 cipolla piccola, 50gr di burro, 700gr di acqua bollente, 1 misurino di vino bianco, basilico tritato, 1 cucchiaino di dado bimby.

Procedimento: porre nel boccale il burro: 1min 100° vel1. Con le lame in movimento a vel5, inserire la cipolla e cuocere 3min 100° vel3. Inserire la farfalla, unire il riso e bagnare con il vino: 1min 100° vel1. Unire acqua e dado: 6min 100° vel1 e 10min in autocottura. In una zuppiera schiacciare il gorgonzola con una forchetta e unire la panna. A cottura ultimata, aggiungere al risotto la crema di gorgonzola e il basilico tritato. Mantecare e servire guarnendo con foglioline di basilico e fettine di gorgonzola. Consiglio: affinché il basilico conservi tutto il suo profumo, potete spezzettarlo grossolanamente con le mani anziché tritarlo con le lame.

7.1.5.8   Risotto Al Prosciutto E Madera

Ingredienti x4: 350gr di riso, 300gr di prosciutto cotto, 50gr di formaggio grattugiato, 30gr di burro, 800gr di acqua bollente, 1 scalogno, ½ misurino di olio extravergine, 1 misurino di vino madera, 1 cucchiaio di dado bimby, sale e pepe q.b.

Procedimento: con le lame in movimento tritare il prosciutto: 7sec. Vel5 e mettere da parte. Soffriggere nel boccale olio, burro e scalogno: 3min 100° vel3. Unire il riso e tostarlo: 3min 100° vel1. Bagnare con il madera: 3min 100° vel1. Aggiungere l'acqua e il dado e cuocere: 6min vel1. Unire il prosciutto e lasciare 7min in autocottura. A cottura ultimata unire il formaggio e mescolare bene. Servire subito. Variante: il madera è il tipico vino portoghese, usato in molte ricette anche italiane. Potete però sostituirlo egregiamente con del marsala secco, invecchiato.

7.1.5.9   Risotto Raffinato Al Mascarpone

Ingredienti x4: 300gr di riso, 1 cipolla piccola, 100gr di prosciutto di Praga, 1 misurino di vino bianco secco o spumante, 650gr di acqua, 1 cucchiaino di dado carne bimby, 50gr di burro, 100gr di mascarpone, 50gr di parmigiano grattugiato, sale e pepe q.b.

Procedimento: inserire nel boccale il prosciutto: 5sec. vel4 e mettere da parte. Fondere il burro nel boccale: 1min 100° vel1. Aggiustare la cipolla: 3min 100° vel1. Inserire la farfalla, aggiungere il riso e insaporire per 20sec. vel1. Aggiungere l'acqua bollente e il dado, far cuocere per 6min 100° vel1 e 10min in autocottura. Unire il prosciutto. A fine cottura aggiungere il mascarpone e far amalgamare per qualche secondo a vel1. Servire cospargendo con parmigiano grattugiato e pepe nero. Consiglio: per una presentazione ad effetto servire con turtufo nero tagliato a fettine.

7.1.5.10   Risotto Allo Champagne

Ingredienti x4: 350gr ri riso, 100gr di parmigiano, 50gr di burro, 400gr di champagne, 400gr di brodo di carne, 1 dl di panna fresca liquida, 1 scalogno, sale q.b.

Procedimento: inserire nel boccale il burro: 1min 100° vel1. Con le lame in movimento a vel5, unire lo scalogno e rosolarlo per 3min 100° vel3. Inserire la farfalla, aggiungere il riso e tostare: 3min 100° vel1. Sfumare il riso con ½ misurino di champagne, unire 400gr di brodo bollente e il rimanente champagne: 5min 100° vel1 e 10min in autocottura. Mescolare la panna e il formaggio in una risottiera, versatevi il riso e mantecare. Variante: visto l'alto prezzo dello champagne, potete utilizzare degli spumanti italiani secchi, altrettanto buoni e con lo stesso risultato finale.

7.1.6 *In Campagna: Fior Di Risotti*

7.1.6.1 Risotto Alle Erbe

Ingredienti x4: 400gr di riso, 1 misurino di vino bianco, qualche foglia di maggiorana, salvia, timo e rosmarino, 50gr di olio extravergine, 30gr di burro, 850gr di brodo bollente, 50gr di parmigiano grattugiato, sale e pepe q.b.

Procedimento: tritare le erbe con il parmigiano: 20sec. vel8 e mettere da parte. Senza lavare il boccale, versare l'olio: 3min 100° vel1. Inserire la farfalla, unire il riso e rosolare: 3min 100° vel1, sfumando con il vino; aggiungere il brodo: 7min 100° vel1 e 10min in autocottura. Versare nella risottiera e mantecare con il burro e il trito di erbe e parmigiano. Far riposare coperto per 2min prima di servire. Segreto: per esaltare tutte le proprietà delle erbe aromatiche, è bene utilizzarle sempre fresche. Essiccate perdono quasi del tutto i loro aromi.

7.1.6.2 Risotto Con Cicoria

Ingredienti x4: 300gr di riso arborio, 200gr di cicoria ben lavata e tritata, 80gr di lardo, 1/2 cipolla, 1 spicchio di aglio, 1 gambo di sedano, 2 pomodori tagliati a pezzetti e privi di semi, 1/2 misurino di olio. 50gr di pecorino, 1 ciuffetto di prezzemolo, 660gr di acqua bollente e dado vegetale bimby, sale e pepe q.b.

Procedimento: inserire nel boccale la cipolla, l'aglio, il sedano e il prezzemolo: 10sec. vel7-8. Unire l'olio e il lardo: 3min 100° vel1. Inserire la farfalla, aggiungere i pomodori e la cicoria: 5min 100° vel1. Versare il riso e il brodo bollente: 10min 100° vel1. Versare il risotto in una zuppiera, aggiungere il pecorino e servire.

7.1.6.3 Risotto Con Zucca E Spinaci

Ingredienti x4: 400gr di riso arborio, 350gr di polpa di zucca, 200gr di spinaci, ½ cipolla, 40gr di olio extravergine, 30gr di parmigiano, 30gr di burro, 900gr di brodo acqua e dado bimby.

Procedimento: porre nel boccale cipolla, olio e 100gr di zucca: 3min 100° vel4. Inserire la farfalla, aggiungere la restante zucca a dadini e cuocere 5min 100° vel1. Unire il riso, il dado e gli spinaci tagliati grossolanamente: 2min 100° vel1. Versare 900gr di brodo bollente e cuocere 6min 100° vel1 e 10min in autocottura. Presentare il risotto in una pirofila, cosparso di burro e parmigiano.

7.1.6.4 Risotto Con Mele E Curry

Ingredienti x4: 300gr di riso carnaroli, 100gr di mele disidratate, 1 cucchiaio di curry, 700gr di brodo (acqua e dado vegetale), 1 misurino di vino bianco, 60gr di burro, 1 porro.

Procedimento: nel boccale soffriggere metà burro e il porro: 3min 100° vel4. Inserire la farfalla, versare le mele e il riso, tostare 3min 100° vel1 sfumando con il vino bianco. Bagnare con il brodo bollente e cuocere 7min 100 vel1; un minuto prima di spegnere, unire il curry e lasciare 10min in autocottura. Mantecare con il rimanente burro e servire. Variante: potete sostituire le mele disidratate con tre mele renette, tagliate a cubetti.

7.1.6.5 Risotto Con Il Coniglio

Ingredienti x4: 300gr di riso, 200gr di carne di coniglio già disossata e tagliata a pezzi, 80gr di burro, 2 spicchi di aglio, 1 misurino di vino bianco, prezzemolo tritato, 700gr di acqua bollente, 1 cucchiaio di dado bimby.

Procedimento: nel boccale scaldare 30gr di burro: 2min 100° vel1 con aglio e rosmarino. Aggiungere il coniglio e rosolare 5min a temperatura *varoma* vel1, salando. Sfumare con il vino bianco e continuare la cottura per altri 5min 100° vel1. Togliere il coniglio dalboccale, lasciando il fondo di cottura. Posizionare la farfalla, aggiungere il riso e farlo tostare: 2min 100° vel1. Versare il brodo bollente e continuare la cottura per 8min e 10min in autocottura. Versare il riso nela risottiera, disporvi al centro il coniglio e decorare con prezzemolo tritato. Consiglio: può essere un piatto unico, da accompagnare con un'insalata di stagione per fornire il giusto apporto di sali minerali e fibre.

7.1.6.6   Riso E Fave

Ingredienti x4: 300gr di riso arborio, 250gr di fave novelle, 50gr di pancetta, 1 cipollina, 1 ciuffo di prezzemolo tritato, 1 carota, 1 gambo di sedano, ½ misurino di olio extravergine, 40gr di burro, ½ misurino di vino bianco, sale e pepe q.b., parmigiano grattugiato.

Procedimento: scaldare l'olio nel boccale: 5min 100° vel1; dopo 1 minuto, con lame in movimento vel5, unire la pancetta, carota, sedano, cipolla e terminare la cottura a vel3. Inserire la farfalla e unire le fave, il vino e il pepe: 3min 100° vel1. Aggiungere il riso, tostare 3min 100° vel1; versare il brodo bollente, cuocere 8min 100° vel1 e 10 minuti in autocottura. Servire in una risottiera, con burro, prezzemolo e parmigiano.

7.1.6.7   Risotto Al Finocchio Fresco

Ingredienti x4: 350gr di riso carnaroli, 2 finocchi, 1 misurino di vino bianco, 80gr di parmigiano grattugiato, 800gr di brodo di pollo, 1 cipollina, 80gr di burro, qualche rametto di foglie di finocchio tritate.

Procedimento: mettere nel boccale 30gr di burro e 50gr di acqua: 3min 100° vel1. Inserire la farfalla, unire i finocchi affettati sottili e cuocere 10min 100° vel1. Togliere una parte dei finocchi tenendoli in disparte, unire nel boccale il riso: 3min 100° vel1, sfumando con il vino bianco. Aggiungere il brodo bollente e cuocere 7min 100° vel1. Unire i finocchi lasciati in disparte e lasciare in autocottura 10 minuti. Versare nella risottiera e mantecare con il rimanente burro. Unire il parmigiano e il finocchio tritato; coprire e lasciare riposare 2min.

7.1.6.8   Risotto Verde Primavera

Ingredienti: 350gr riso, 1 bustina zafferano, 1 cipolla, 200gr pisellini, 4 cuori di carciofo tagliati a spicchi, 1 mazzetto di finocchietto selvatico, 200gr fontina a dadini, 40gr olio ex., 50gr burro, ½ mis. Di Brandy, 800gr brodo vegetale bollente Porre nel boccale l'olio e metà burro: 5min. 100° Vel.1.; dopo 1min. con le lame in movimento a Vel.5 gettare la cipolla e il finocchio e terminare la cottura a Vel.2. Aggiungere i carciofi: 2min. 100° Vel.1. Inserire la farfalla, unire i piselli 2min. 100° Vel.1; versare poi il brodo: 5min. 100° Vel.1. Unire poi il riso e lo zafferano: 6min. 100° Vel.1 e 10min. autocottura. Versare nella risottiera e mantecare con la fontina e il burro.

7.1.6.9   Riso Alla Zucca

Ingredienti: 300gr riso Arboreo, 300gr zucca tagliata a fettine, 150gr ricotta, 50gr burro, 660gr acqua, 1 scalogno, 1 cucchiaio di dado, 1 mis. Vino bianco, 4-5 aghi di rosmarino, sale e pepe bianco q.b. Inserire nel boccale il burro: 3min. 100° Vel.1. Dopo 1min. aggiungere a Vel.5 rosmarino e scalogno e portare a Vel.3; terminare la cottura. Aggiungere la zucca: 6sec. Vel.4. Inserire la farfalla e cuocere 5min. 100° Vel.1. Versare il riso 2min. 100° Vel.1 e sfumare col vino bianco. Aggiungere acqua e dado bollente, sale e pepe e cuocere 6min. 100° Vel.1 e 10min. in autocottura. Mettere in una zuppiera la ricotta, versare il risotto e mantecare. Aggiungere parmigiano a piacere.

7.1.6.10   Risotto Con Pasta Di Salame Al Cartoccio

Ingredienti: 350gr riso Carnaroli, 4 salamelle, 800gr brodo, parmigiano, 50gr burro, sale
Inserire nel boccale brodo e cestello per 8min. 100° Vel.1. quando bolle versare il riso per 18min. 100° Vel.1. togliere il cestello e versare il riso nel *Varoma* foderato con carta da forno; coprire. Nel boccale pulito mettere il burro 6min. 100° Vel.1.; dopo 1min. unire la pasta sbriciolata delle salamele e terminare la cottura. Unire al riso e mescolare bene, aggiungendo il parmigiano; chiudere bene il cartoccio. Versare nel boccale 500gr acqua calda, 12min. temp. *Varoma* Vel.1. Posizionare sul coperchio il *Varoma* contenente il cartoccio, scaldarlo; far insaporire qualche minuto e servire.

7.1.6.11   Minestra Di Riso E Funghi

Ingredienti: 100gr riso originario, 40gr olio, 150gr funghi, 150gr asparagi, 1 carota, 2 patate, 1 cipolla, 1 costa di sedano, dado Bimby, 1 l acqua, sale e pepe. Soffriggere la cipolla, ½ carota, ½ costa di sedano e l'olio: 3min. 100° Vel.4. Aggiungere la patata e dare 3 colpi di Turbo. Inserire la farfalla, aggiungere l'acqua, il dado, il resto delle verdure, il sale, il pepe, gli asparagi e i funghi e cuocere per 35min. 100° Vel.1. Lasciare 10min. in autocottura.

7.1.7   *Perle Di Mare*

7.1.7.1   Paella Ai Frutti Di Mare

Ingredienti: 350gr riso Carnaroli, 800gr misto mare (arselle col guscio, vongole col guscio, scampi, cozze col guscio, calamari, gamberi, gamberetti), 100gr piselli, 1 peperone rosso, 1 pomodoro, 700gr brodo di dado, 1 spicchio d'aglio, 1 bustina di zafferano, 1 cipolla Scaldare l'olio nel boccale 2min. 100° Vel.1. Versare, con le lame in movimento a Vel.4-5 l'aglio e la cipolla e cuocere 3min. 100° Vel.1. Unire il pomodoro e il brodo: 40min. temp. *Varoma* Vel.1. Posizionare il *Varoma* con il pesce e porre nel vassoio il riso coi piselli e il peperone a quadretti; a 5min. dal termine della cottura versare il riso e lo zafferano nel boccale (dopo aver inserito la farfalla) e terminare la cottura. Lasciare ancora 10min. in autocottura, poi versare in un largo piatto da portata, decorare coi crostacei e servire caldissimo.

7.1.7.2   Riso Estivo Con Mazzancolle

Ingredienti: Dosi per 4 persone: 250gr di riso, 500gr di mazzancolle freschissime, 1 lt. di acqua, 2 foglioline di salvia, 1 barbabietola cotta in forno, 1 limone, 1 foglia di lauro, 1 cucchiaino di mostarda bruna o senape, 1 cucchiaino di salsa piccolo (Worcester o Del Duca di Urbino), alcuni cetriolini sott'aceto, 1 mazzetto di prezzemolo, olio extra vergine d'oliva, sale e pepe q.b.
Procedimento: versare l'acqua nel boccale e un pizzico di sale: 8min., 100°, Vel.2. Inserire il cestello con il riso e cuocere: 13min., 100°, Vel.2. Nel cestello, in acqua bollente, lessare le mazzancolle con prezzemolo, salvia, lauro, pepe e sale: 10min., 100°, Vel.2. Scolarle, sfilare la polpa dal guscio e tagliarla a dadini. Unire il riso e condire con una salsina preparata con olio, succo di limone, mostarda e sale. Guarnire con fettine di barbabietole e cetriolini sott'aceto. Curiosità: le mazzancolle sono una varietà di gamberi, riconoscibili dal loro colore scuro, quando non ancora cotti. In Italia sono solo importati

7.1.7.3   Involtini Di Pesce Con Crema Di Riso E Carciofi

Ingredienti: 200gr riso, 4 filetti di cernia, 500gr acqua, 6 carciofi, ½ cipolla piccola, 2 spicchi d'aglio, 80gr olio ex., 3 cucchiai parmigiano, ½ limone, prezzemolo tritato.

Procedimento: Preparare i carciofi trifolati come da ricetta libro base. A fine cottura tritarli 20sec. Vel.6. aggiungere il parmigiano. Mettere un cucchiaio di composto su ogni filetto di pesce, arrotolare e adagiare sul Varoma, cospargendole di prezzemolo, olio e limone. Tenere da parte un po' di salsa. Fare un soffritto con olio, cipolla e aglio 3min. 100° Vel.4. Inserire la farfalla, aggiungere l'acqua e cuocere per 30min. temp. *Varoma* Vel.1. terminata la cottura aggiungere il riso, salare, mettere il *Varoma* sul coperchio e cuocere 8min. 100° Vel.1 e 6-7min. in autocottura. Quando il riso è cotto, versarlo su un vassoio, adagiarvi sopra il pesce e irrorare con la salsa rimasta.

7.1.7.4 Riso E Cozze Al Pomodoro

Ingredienti: 300gr riso, 1 kg di cozze, 400gr patate, 500gr pomodori da sugo, 1 spicchio d'aglio, ½ cipolla, 1 mis. Di olio ex., sale e pepe

Procedimento: Pulire bene le cozze e metterle nel Varoma. Mondare, lavare e affettare le patate. Scottare i pomodori e privarli della buccia. Metterli nel boccale e tritarli grossolanamente con 2-3 colpi di Turbo. Toglierli dal boccale e tenerli da parte. Rosolare l'olio per 3min. 100° Vel.1; dopo 1min. aggiungere aglio e cipolla. Inserire la farfalla, aggiungere i pomodori e dopo 5min. le patate, pepare e salare poco. Aggiungere 3 mis. Di acqua, posizionare il *Varoma* sul boccale e cuocere le cozze 20min. a temp. Varoma. Aggiungere quindi il riso 6min. 100° Vel.1 e 10 in autocottura. Se occorre aggiungere un po' di acqua. Al termine servire con le cozze sgusciate.

7.1.7.5 Ciambella Di Riso Ai Frutti Di Mare

Ingredienti: 250gr riso, 250gr cozze, 250gr vongole, 100gr gamberetti, 500gr acqua, 1 cucchiaino di dado vegetale, 80gr passata di pomodoro, ½ cipolla, 40gr olio ex., 1 spicchio d'aglio, sale e pepe

Procedimento: Porre nel boccale mezzo litro di acqua 7min. temp. *Varoma* Vel.1. Posizionare il *Varoma* con le vongole e le cozze 15min. temp. *Varoma* Vel.2. Togliere il Varoma, versare il liquido di cottura e le cozze in un recipiente. Versare nel boccale l'olio 3min. 100° Vel.1. Unire il riso e la passata di pomodoro 3min. 100° Vel.1. Aggiungere il liquido di cottura e il dado 6min. 100° Vel.1. e 6min. autocottura. Versare il tutto in uno stampo meglio con cerniera, unto di olio e cuocere in forno preriscaldato a 180° per 10min. Decorare con prezzemolo e cozze.

7.1.7.6 Risotto Totani E Carciofi

Ingredienti: 350gr riso Arboreo, 400gr totani, 2 carciofi, 1 bicchiere vino bianco secco, 1 spicchio d'aglio, 1 cipolla, prezzemolo, olio ex., peperoncino a piacere, 800gr acqua, dado di pesce.

Procedimento: Soffriggere nel boccale l'olio, la cipolla, l'aglio e il peperoncino 3min. 100° Vel.1. Inserire la farfalla, unire i totani a fettine e cuocere 20min. 100° Vel.1. Unire i carciofi a spicchi e cuocere 10min. 100° Vel.1. (Bagnare con un po' d'acqua se necessario). Unire il riso e sfumare col vino 3min. 100° Vel.1. Unire l'acqua bollente, il dado di pesce e cuocere 6min. 100° Vel.1 e 10 in autocottura.

7.1.7.7 Risotto Al Salmone

Ingredienti: 400gr riso, 150gr salmone affumicato, 30gr olio, 1 ciuffo di prezzemolo, 1 mis. Vino bianco, dado vegetale, burro, sale, 1 spicchio d'aglio **Procedimento:** Inserire nel boccale con lame in movimento l'aglio, metà salmone e prezzemolo: 15sec. Vel.5. Soffriggere l'olio 3min. 100° Vel.3. Inserire la farfalla, mettere il riso e bagnare col vino bianco: 2min. 100° Vel.1. Aggiungere 900gr di acqua bollente, 1 cucchiaio di dado, il rimanente salmone a pezzetti e cuocere 8min. 100° Vel.1 e 10min. autocottura. Mettere in una risottiera e amalgamare col burro.

7.1.7.8 Risotto Di Nero

Ingredienti: 300gr riso arborio, 400gr seppioline, ½ mis. Olio, 1 cipollina, 2 spicchi d'aglio, 1 mis. Vino bianco secco, 1 cucchiaio prezzemolo tritato, 1 peperoncino, 700gr acqua bollente, sale

Procedimento: Tritare nel boccale l'aglio e la cipolla: 10sec. Vel.7-8. Unire l'olio 3min. 100° Vel.1. Inserire la farfalla; unire le seppie ben pulite e tagliate a filetti (tenere da parte 3-4 vescichette contenenti il nero), il sale, il peperoncino e il vino: 8min. 100° Vel.1. Aggiungere le vescichette nere: 6min. 100° Vel.1. Unire il riso, insaporire bene, versare l'acqua e cuocere per 7min. 100° Vel.1 e 10 in autocottura. A cottura ultimata aggiungere il prezzemolo.

7.1.7.9 Risotto Ai Gamberi

Ingredienti: 400gr riso, 50gr olio, 250gr gamberi scongelati (meglio se freschi), 7 mis. Acqua, ½ mis. Spumante secco o vino bianco, 1 spicchio d'aglio, 1 pezzetto di cipolla, dado bimby, prezzemolo, sale e pepe

Procedimento: Versare nel boccale l'olio 3min. 100° Vel.1; dopo 1min portare a 3 la velocità e aggiungere l'aglio e la cipolla. Inserire la farfalla, aggiungere i gamberi, bagnare con lo spumante 5min. 100° Vel.1. Unire il riso 2min. 100° Vel.1.. Aggiungere il brodo bollente e cuocere per 6min. 100° Vel.1 e 10 in autocottura. A cottura ultimata versare in una risottiera, cospargere di prezzemolo e pepe e servire caldo.

7.1.7.10 Timballo Di Riso Con Gamberetti E Zucchine

Ingredienti: 500gr riso, 500gr gamberetti, 500gr zucchine, 40gr olio, 30gr farina, 40gr burro, 500gr latte, 1 cipolla, noce moscata, paprika, dado bimby, 1 lt. Acqua, sale Inserire nel boccale l'acqua, il dado, il sale e il cestello vuoto: 10min. temp. Varoma.

Procedimento: Posizionare il *Varoma* con le zucchine tagliate a fettine e cuocere per 10min. temp. *Varoma* Vel.2. Nel frattempo mettere i gamberetti sgusciati n el vassoio del Varoma. Trascorso il tempo, inserire dal foro del coperchio il riso, posizionare il *Varoma* con le zucchine e il vassoio coi gamberetti e cuocere 15min. temp. *Varoma* Vel.4. Ungere d'olio lo stampo per il timballo, bagnarlo con un po' di acqua di cottura e conservare il resto. Nel boccale fare il soffritto con olio e cipolla: 3min. 80° Vel.4. aggiungere il prezzemolo, la paprika e gli ingredienti per la besciamella come ricetta libro base. Si può utilizzare l'acqua di cottura del riso e poi aggiungere il latte fino a 500gr di liquido. A fine cottura aggiungere i gamberetti, mescolare qualchesec. A Vel.1. Capovolgere il riso e gli zucchini su un grande vassoio e condire con besciamella e gamberetti.

7.1.7.11 Risotto Con Le Ostriche

Ingredienti: 400gr riso, 30gr burro, 16 grosse ostriche, 2-3 spicchi d'aglio, 1 scalogno, 850gr brodo di pesce, olio, sale e pepe

Procedimento: Aprire le ostriche e versare i molluschi, insieme alla loro acqua, in una terrina, quindi tagliarli a pezzi. Inserire nel boccale 1 spicchio d'aglio con 20gr d'olio: 3min. 100° Vel.1. Versare il liquido delle ostriche filtrato: 3min. temp. *Varoma* Vel.1. Aggiungere i molluschi: 1min. 100° Vel.1.; mettere da parte e eliminare l'aglio. Senza lavare il boccale inserire 20gr d'olio 3min. 100° Vel.1. Inserire lo scalogno con le lame in movimento a Vel.4-5, aggiungere l'aglio rimasto: 3min. 100° Vel.1. Eliminare l'aglio, posizionare la farfalla, unire il riso e far tostare per 3min. 100° Vel.1. Aggiungere il brodo di pesce bollente: 5min. 100° Vel.1. Unire quanto messo da parte e lasciare in autocottura per 10min. Versare in una risottiera e mantecare col burro.

7.1.7.12 Risotto Germana Allo Storione

Ingredienti: 300gr riso Arborio, 300gr storione fresco, 1 cucchiaio caviale, 1 porro, ½ mis. Vodka, 100gr panna, 50gr burro, 700gr acqua, sale

Procedimento: Porre nel boccale il porro: 10sec. Vel.6. Unire l'olio: 3min 100° Vel.1. Inserire la farfalla, aggiungere il sale, lo storione spezzettato, il riso e insaporire per 2min. 100° Vel.1. Aggiungere l'acqua bollente 6min. 100° Vel.1. e 10 in autocottura. Durante la cottura unire la vodka. Prima di servire unire la panna e il caviale.

7.1.7.13   Risotto Gamberetti E Rucola

Ingredienti: Sempre dalla Scuola di cucina a cui ho partecipato: 1 mazzetto di rucola, 300gr gamberetti sgusciati, 1 spicchio aglio e 1 scalogno, 500gr riso, 60gr olio oliva, 50gr vino bianco, 1 lt e 100gr acqua, 2 dadi oppure 2 cucchiai dado bimby

Procedimento: Inserire nel boccale aglio, scalogno, olio: 3min. 100° Vel.4. Inserire la farfalla sulle lame. Versare il riso, qualche gamberetto: 2min. 100° Vel.1. Aggiungere il vino e fare evaporare: 2min. 100° Vel.1. A seguire + acqua, e dadi e cuocere: 13min. 100° Vel.1. Finire la cottura aggiungendo i restanti gamberetti: 3min. 100° Vel.1. A cottura ultimata e dopo aver tolto il risotto dal boccale aggiungere la rucola a piacere

7.1.7.14   Risotto Vongole E Peperone

Ingredienti: 300gr riso Arboreo, 300gr vongole, 1 peperone verde, 2 spicchi d'aglio, 1 mis. Olio extrav., 1 peperoncino, 1 cucchiaio prezzemolo tritato, 700gr acqua, sale. bimby

Procedimento: Mettere nel boccale l'aglio e il peperone: 10sec. Vel.5. Unire l'olio e il peperoncino: 3min. 100° Vel.1. Inserire la farfalla e aggiungere il riso e le vongole: 2min. 100° Vel.1. Aggiungere l'acqua e cuocere 8min. 100° Vel.1 e 10min. autocottura. A cottura avvenuta aggiungere il prezzemolo.

7.1.7.15   Riso Al Curry Con Gamberi

Ingredienti: 400gr di gamberi, 400gr di riso, ½ l. acqua, dado Bimby, ½ cipollina, 1 mis. Di panna, 30gr di farina, olio, curry.

Procedimento:: Inserisci nel boccale acqua e dado: 10 minuti 100° Vel.1. Posiziona il cestello con il riso, inserisci i gamberi nel Varoma: 15min temp. *Varoma* Vel.4. Togli il cestello e tieni il riso al caldo tenendo da parte 4 misurini del liquido di cottura. Soffriggi olio e cipolla: 3min. 90° Vel.4, aggiungi acqua, panna, farina e curry: 5min 90° Vel.4. Condisci il riso con la salsa, sistemalo in uno stampo a ciambella e mettilo in forno a 180° per 5 minuti. Rovesciarlo su un piatto da portata e guarnire con i gamberi.

7.1.8   *Per I Piu Piccoli E Non Solo*

7.1.8.1   Budino Di Riso Con Salsa Di Ribes E Prugne

Ingredienti: 4 persone: 650gr di latte, 200gr di riso, ½ baccello di vaniglia, 50gr di zucchero, ½ l. Di panna da montare, sale q.b.. Per la salsa: 200gr di prugne, 200gr di ribes

Procedimento: Montare la panna (vedi libro base) e mettere da parte. Preparare la salsa di prugne e ribes (vedi libro di base) e mettere da parte. Inserire nel boccale la farfalla, il riso, il latte, la vaniglia, il sale, lo zucchero e cuocere: 16min. 100°Vel.1. Poi rovesciare su un vassoio e lasciar raffreddare. Quando il riso è freddo, unire delicatamente la panna, uniformare in una tortiera, rovesciare su un piatto da portata. Servire cosparso di salsa

Variante: potete sostituire egregiamente i ribes e le prugne con fragole o mirtilli per preparare la salsina.

7.1.8.2   Riso Di Ciampi

Ingredienti: 4 persone: 200gr di riso Carnaroli, 100gr di fagiolini puliti e tagliati a ttoccherai 3 carote, 4 cucchiai di parmigiano grattugiato, 3 tuorli d'uovo sodi, 500gr di acqua, 30gr di burro, sale q.b.

Procedimento: Mettere nel boccale le carote e tritarle per 6sec. Vel.4. Inserire la farfalla unire l'acqua il sale e cuocere: 8min. 100° ve. 1. Aggiungere i fagiolini e farli cuocere: 5min. 100° Vel.1. Unire il burro ed il parmigiano. Versarlo su di un piatto formando al centro una montagnola, cospargetevi sopra i rossi d'uovo passati in un colino. Segreto: è un modo simpatico per inculcare nei bambini l'amor patrio e soprattutto per invogliarli a mangiare anche le verdure.

7.1.8.3 Sformato Di Riso Arcobaleno

Ingredienti: 4 persone: 300gr di riso, 50gr di olio extravergine di oliva, 500gr di zucchine, 100gr di parmigiano grattugiato, 1 ciuffo di prezzemolo, 1 rametto di rosmarino, salvia, 1 cipolla, 1 mozzarella, 1 bustina di zafferano, 1 cucchiaio di concentrato di pomodoro, dado Bimby, 650gr di acqua bollente, sale e pepe q.b.

Procedimento: Con lame in movimento a Vel.5 inserire, prezzemolo, salvia e rosmarino, tritare per pochi secondi e mettere da parte. Inserire la farfalla, aggiungere zucchine, olio, cipolla, sale e pepe: 5min. 100° Vel.1. Aggiungere gli aromi cuocendo ancora per 1min. togliere dal boccale sia la farfalla che il composto. Fare un soffritto con 30gr di olio e cipolla: 3min. 100° Vel.4. Inserire nuovamente la farfalla, l'acqua e il dado: 8min. 100° Vel.1. Aggiungere il riso e procedere la cottura per 12min. 100° Vel.1. Dividere il risotto in 2 parti: nella prima incorporate lo zafferano disciolto in un po' di brodo caldo e metà del parmigiano. All'altra metà del risotto incorporare il concentrato di pomodoro ed il rimanente parmigiano. Ungere con olio uno stampo a ciambella. Versarvi il riso giallo e pareggiarlo con il dorso di un cucchiaio inumidito. Ricoprire con le zucchine trifolate e la mozzarella tagliata a dadini, terminare con il risotto rosso. Infornare in forno preriscaldato a 200° per 10min. servirlo dopo averlo capovolto su un piatto da portata. Curiosità: è un piatto unico, ricco di tutti gli ingredienti necessari a un pasto completo.

7.1.8.4 Riso Di Fiaba

Ingredienti: 4 persone: 300gr di riso da insalata, 4 fette di salmone affumicato, succo di 1 limone, 4 cucchiai di olio extraverine di oliva, 50gr di olive nere o verdi, 1 litro di acqua, sale q.b.

Procedimento: Nel boccale inserire il cestello e 1 litro di acqua: 10min. 100° Vel.1; salare, versare il riso e cuocere: 15min. 100° Vel.1. nel frattempo, tagliare a listarelle il salmone e, a parte, tagliare anche le olive a rondelline. Togliere il cestello con il riso, passrlo sotto l'acqua fredda e versarlo in una ciotola. Condire con olio e limone, unire il salmone e mescolare delicatamente; solo alla fine unire le olive precedentemente preparate. Consiglio: Per aiutare il bambino a mangiare anche il pesce, parliamogli dell'alta percentuale di fosforo che contiene, utile per conservare la memoria e tenere sveglia la sua fantasia.

7.1.8.5 Risotto Al Melograno

Ingredienti: 4 persone: 300gr di riso da risotto, 2 melograni "Sgranati" 1 scalogno, 30gr di lardo, 30gr di burro, dado vegetale Bimby, 450gr di acqua, 250gr di Arneis (o altro vino bianco secco) sale q.b. parmigiano grattugiato.

Procedimento: scaldare nel boccale burro e lardo: 2min. 100° Vel.1, aggiungere lo scalogno: 2min. 100° Vel.4. Inserire la farfalla, unire il riso e l'Arneis, insaporire: 2min. 100° Vel.1. Aggiungere l'acqua bollente e il dado, procedere alla cottura: 13min. 100° Vel.1. Qualche minuto prima del termine della cottura incorporare i chicchi di melograno, aggiungere il parmigiano, versare nella risottiera, lasciare riposare 2min. e servire ben caldo. Curiosità: Il melograno è un frutto ricchissimo di vitamina C, che matura in inverno, proprio quando si fanno sentire i primi sintomi dei raffreddori.

7.1.8.6 Gnocchi Di Riso

Ingredienti: 4 persone: 400gr di riso, 400gr di acqua, 400gr di latte, 2 uova, 80gr di pangrattato, 120gr di farina, 1 cucchiaio di sale grosso. Per condire: salsa di pomodoro, parmigiano grattugiato, sale q.b..

Procedimento: Inserire nel boccale acqua, latte, sale e cuocere: 6min. 100° Vel.4. Posizionare il cestello con il riso: 15min. 100° Vel.4. Togliere il cestello per fare intiepidire il riso, lasciando il fondo di cottura nel boccale. Inserire la farfalla, aggiungendo il riso già cotto, le uova, la farina, il pangrattato, amalgamare per 30sec. A Vel....(MI SPIACE IL LIBRO NON RIPORTA LA VELOCITA).

Spolverizzare con farina il piano di lavoro. Versarvi il composto ottenuto. Formare dei salamini e tagliarli a toccherai. Cuocerli in acqua bollente salata per pochi minuti, scolarli come vengono a galla. Segreto: quando non avete le patate per preparare gli gnocchi, questa è una buona alternativa, pià semplice e anche più veloce.

7.1.8.7   Crostata Di Riso

Ingredienti: 6 persone: 1 dose di pasta frolla, 1 buccia di limone (solo la parte gialla), 600gr di latte intero, 200gr di riso da minestra, 120gr di zucchero, 30gr di uvetta, 50gr di mandorle bianche spellate e tritate grossolanamente, 1/2 stecca di vaniglia o vaniglina, 1 uovo intero, 1 presa di sale, zucchero a velo vanigliato, 20gr di burro.

Procedimento: Nel boccale inserire latte, buccia di limone, vaniglia e sale e portare a ebollizione: 7min. 100° Vel.3. Unire il risoe cuocere: 15min. Vel.2 cominciando a 100° e portando poi a 90° la temperatura. Incorporare zucchero, mandorle e uovo, mescolare. Lasciare intiepidire. Intanto stendere molto sottilmente la pasta frolla, foderare una teglia imburrata, riempirla con il composto, unire l'uvetta ammorbidita e ben lavata decorare con listarelle di pasta frolla. Infornare a 180° per 30-40min. servire fredda cosparsa con abbondante zucchero a velo. Curiosità: contrariamente a quanto si pensa, l'uvetta non è così ricca di calori. 100gr forniscono infatti 280 Kcal. Non molte, soprattutto considerando che i quantitativi utilizzati per la preparazione sono, di solito, molto limitati.

7.1.8.8   Salame Di Riso

Ingredienti: 6 persone: 200gr di riso, 500gr di latte, 250gr di mascarpone, 100gr di zucchero, 80gr di burro, 2 tuorli d'uovo, 75gr di cacao, 200gr di amaretti, 200gr biscotti secchi, 1 bustina di vaniglian

Procedimento: inserire la farfalla, versare nel boccale latte e riso e far cuocere 15min. 100° Vel.1, unire la vaniglina poi mettere da parte. Inserire nel boccale i tuorli, lo zucchero, il burro ammorbidito, il mascarpone e il cacao: 1min. Vel.3. Versare il composto in una terrina, unire il riso freddo, gli amaretti e i biscotti rotto grossolanamente. Modellare come un salame e tenere in frigo per almento 3 ore. Variante: potete usare lo stesso impasto per formare delle palline grosse quanto una noce da passare nella granella di nocciole o nelle scagliette di cocco. Gli stessi bambini saranno felici di darvi una mano.

7.1.8.9   Biscotti Con Farina Di Riso

Ingredienti:: 150gr di burro, 150gr di zucchero, 1 uovo, 150gr di riso, 200gr di farina bianca, 1 bustina di vanillina, 1 bustina di lievito, 1 pizzico di sale, 100gr di latte.

Procedimento: Inserire nel boccale il riso e polverizzarlo per 2min. a Vel.Turbo. Mettere da parte la farina ottenuta e porre nel boccale il burro, lo zucchero e lavorarli a Vel.3 per 40sec. Aggiungere 1 uovo, la farina di riso, il sale, la farina bianca, lavorare il tutto per 30sec. a Vel.4. Aggiungere il latte per ottenere un impasto morbido, aggiungere la vanillina e in ultimo il lievito, sempre a Vel.4. Con una sacca da pasticcere formare su carta da forno tanti biscottini. Infornare a 180° per 20min., sformarli e lasciarli raffreddare.

7.1.8.10   Dolcetti Di Riso

Ingredienti:: 100gr di farina "00", 15gr di lievito di birra, 100gr di riso originario, 1 albume, 50gr di uvetta, la scorza grattugiata di 1 limone, 600gr di latte, 1 pizzico di sale, 40gr di zucchero (o 2 cucchiaini di fruttosio).

Procedimento: Far rinvenire l'uvetta in una ciotola con acqua tiepida per mezz'ora. Nel boccale versare 100gr di latte: 40sec. a 100° Vel.1; aggiungere il lievito, 1 pizzico di zucchero, 40gr di farina: 30sec. a Vel.3. Mettere da parte e lasciar lievitare il composto per mezz'ora coperto da un canovaccio. Versare nel boccale il latte rimasto con il sale e far cuocere 7min. a 100° Vel.1, inserire la farfalla e aggiungere il riso: 30min. a 90° Vel.1. Versare in una terrina e lasciar intiepidire. Incorporare la farina rimasta, l'albume, il composto lievitato, l'uvetta sgocciolata e perfettamente asciutta, la scorza di limone e 20gr di zucchero. Mescolare bene. Suddividere il composto a cucchiaiate su una teglia foderata di carta da forno e cuocere in forno a 190° per 15-20min.. Cospargere di zucchero a velo. CONSIGLIO: i metodi di preparazione dell'uvetta sultanina sono talvolta poco igienici, soprattutto quelli che prevedono l'essicazione al sole. E' sempre bene lavarla con cura prima di utilizzarla.

7.1.8.11 Sformato Di Riso Dolce

Ingredienti:: 300gr di riso, 1 litro di acqua. 3 uova, 50gr di burro, 200gr di zucchero, 250gr di ricotta, 1 misurino di liquore, 100gr di latte, 1 limone (solo buccia).
Procedimento: Nel boccale asciutto polverizzare per 20sec. Vel.turobo lo zucchero e la scorza del limone e mettere da parte. Inserire la farfalla. Mettere nel boccale l'acqua, portare a ebollizione 10min. 100° Vel.1. Aggiungere il riso e cuocere 10min. 100° Vel.1. Scolare il riso. Nel boccale, aggiungere il latte e burro. Uova, liquore ricotta: 20sec. Vel.4. Aggiungere il riso e lo zucchero con la scorza di limone trattata. Spatolare per 10sec. A Vel.2. Versare il composto in una teglia e cuocere in forno a 200° per 40min. Variante: per velocizzare i tempi di cottura in forno, potete usare degli stampini monodose e lasciarli cuocere solo la metà del tempo in forno caldo.

7.1.8.12 Risotto Mimosa

Ingredienti: 4 persone: 350gr di riso da risotto, 16 gamberetti, 50gr di parmigiano 100gr vino bianco, 800gr di acqua, 1 cucchiaio di dado vegetale 5 tuorli, 40gr olio extra vergine di oliva 1 bustina di zafferano aglio 1 spicchio, rosmarino e salvia, sale q.b.
Procedimento: Nel boccale soffriggere l'olio, aglio, la salvia ed il rosmarino per 3min. 100° Vel.4. Inserire la farfalla, versare il riso e i gamberetti. Bagnare con il vino bianco e tostare per 3min. 100° Vel.1. Aggiungere l'acqua bollente ed il dado, proseguire la cottura per 13min. 100° Vel.1. Nella risottiera amalgamare i tuorli con lo zafferano ed il parmigiano, unire quindi il riso e mantenere. Servire ben caldo Consiglio: tenete da parte due uova che preparerete sode e grattugerete per creare l'effetto mimosa sui piatti singoli.

7.1.9 Nonni, Segreti E Saggezza

7.1.9.1 Risotto Alla Grappa E Pere

Ingredienti: 4 persone: 350gr Di riso, 40gr Di burro, 1 scalogno, 2 pere non molto dolci (Abate), 80gr Di grappa, 70gr Di yogurt naturale, 100gr Di yogur naurale 100gr Di taleggio 800gr Di acqua bollente, 1 cucchiaio di dado Bimby vegetale, sale e pepe q.b.
Procedimento: Inserire nel boccale il burro e lo scalogno: 2min. 90° Vel.4 e poi 2. Aggiungere le pere sbucciate e tagliate a tocchetti: 3min. 90° Vel.1. Mettere da parte metà delle pere. Inserire la farfalla unire il riso: 3min. 100° Vel.1. Sfumando con la grappa. A questo punto aggiungere l'acqua il dado e cuocere: 13min. 100° Vel.1. Unire le pere, lo yogurt e il taleggio a dadini, sale e pepe. Lasciare a riposo 2 minunti prima di servire. Curiosità: Il taleggio è detto anche Quartirolo, perché originariamente in autunno le vacche riportate a valle si alimentavano con l'erba del quarto taglio.

7.1.9.2 Risotto Al Baccala'

Ingredienti: 4 persone: 350gr Di riso, 300gr Di baccalà ammollato, 50gr Di olio extravergine di oliva, 1 cipolla, peperoncino rosso, 100gr Di vino bianco, 250gr Di pomodori pelati, 800gr di brodo, parmigiano grattugiato, sale q.b.., prezzemolo tritato.
Procedimento: Nel boccale mettere olio, cipolla e peperoncino: 3min. 100° Vel.4. Inserire la farfalla e unire il baccalà ammollato a tocchetti e rosolare: 3min. 100° Vel.1. Unire il vino e sfumare: 3min. 100° Vel.1, aggiungere i pomodori: 5min. 100° Vel.1. Versare il riso e il brodo bollente, cuocere: 14min. 100° Vel.1. Versare in una risottiera, mantecare con il burro cospargere di prezzemolo tritato, e parmigiano. Lasciare riposare 1 minuto prima di servire. Variante: si può eliminare il formaggio grattugiato e cospargere il riso con il prezzemolo tritato e una buccia di limone grattugiato.

7.1.9.3 Risotto Alle Olive

Ingredienti: 4 persone: 300gr di riso, 300gr di olive verdi, 200gr di bresaola a fette spesse, prezzemolo, 4 cucchiai d'olio extravergine di oliva, 1 litro di acqua, pepe q.b.
Procedimento: Snocciolare le olive nel boccale: 5sec. Vel.3. Togliere i noccioli e unire 2 cucchiai di olio e tritare fino ad ottenere un paté: 30sec. Vel.6-7. Svuotare il boccale e senza lavarlo inserire la bresaola e il prezzemolo: 30sec. Vel.6-7. Unire il tutto alle olive nel piatto da portata. Versare nel boccale 1 litro di acqua e bollire per 10min. 100° Vel.1. Unire i riso e cuocere 13-15min. 100° Vel.1. A cottura ultimata scolare, mescolare e aggiustare di pepe e unire agli altri ingredienti. Consiglio: questo piatto è ottimo anche freddo con l'aggiunta di succo di limone. Ricordatevi di salare poco il riso in cottura perché bresaola e olive sono già molto saporite.

7.1.9.4 Risotto Mediterraneo

Ingredienti: 4 persone: 300gr di riso Carnaroli, 100gr di olive nere snocciolate, 200gr di pomodori o pelati, 1 cucchiaio di capperi, 1 o 2 filetti di acciughe già pulite, 1 spicchio di aglio, 1 peperoncino rosso, 20gr di prezzemolo tritato, 1 scalogno piccolo, 100gr di vino bianco, 600gr di acqua, 1 cucchiaio di dado di carne Bimby, 60gr di olio extravergine di oliva, 50gr di parmigiano grattugiato.
Procedimento: Nel boccale mettere parmigiano e prezzemolo: 20sec. Vel.Turbo e mettere da parte. Tritare aglio, capperi, peperoncino, acciughe e pomodori: 30sec. Vel.5, aggiungere 30gr di olio e le olive snocciolate: 10min. 100° Vel.1. Togliere dal boccale il sugo e tenere a parte. Soffriggere 30gr di olio e scalogno: 3min. 100° Vel.4. Inserire la farfalla, aggiungere il riso e tostare: 2min. 100° Vel.1, sfumare con il vino: 1min. 100° Vel.1 Versare l'acqua bollente e il dado, cuocere: 13-15min. 100° Vel.1. Unire la salsa, mescolare 20sec. Vel.1. Versare nella risottiera mantecare con il parmigiano e il prezzemolo e servire all'onda. Variante: Per rendere questa ricetta veramente mediterranea, potete sostituire il Parmigiano con Ricotta secca e salata.

7.1.9.5 Riso In Crema Di Lamponi

Ingredienti: 4 persone: 200gr di riso, 250gr di ricotta, 150gr di zucchero, 300gr di lamponi o fragole, 1 scorza di limone grattugiata, 250gr di latte, 100gr di panna, 1 bustina di vaniglina, 200gr di acqua.

Procedimento: Porre nel boccale la scorza di limone, 50gr di zucchero e la vaniglina: 20sec. Vel.Turbo e mettere da parte. Frullare nel boccale i lamponi (lasciandone da parte qualcuno per decorare): 25sec. Vel.6 e mettere da parte. Inserire la farfalla. Aggiungere il latte e 200gr di acqua, zucchero aromatizzato e cuocere: 8min. 100° Vel.1. Aggiungere il riso e cuocere: 13min. 100° Vel.1 far raffreddare stendendolo su un vassoio. Nel boccale con la farfalla inserita, aggiungere la ricotta, lo zucchero e la panna lavorare 30sec. Vel.3. Unire il riso ormai raffreddato. Condire la metà del composto ottenuto con la salsa di lamponi. Mettere in coppette alternando strati di riso rosa e di riso bianco e terminare con uno strato di riso bianco. Decorare con i lamponi interi, prima di servire far raffreddare. CuriositàI lamponi hanno buone proprietà diuretiche e lassative. Sono ricchi di vitamine e sali minerali. Per queste ragioni sono particolarmente adatti all'alimentazione degli anziani.

7.1.9.6   Risotto Per Suppli'

Ingredienti: 4 persone: 500gr di riso per supplì, 400gr di macinato misto, ½ cipolla, 1 carota, sedano, 500gr di passato di pomodoro, 5 uova, 100gr di parmigiano grattugiato, 50gr di olio extravergine di oliva, 800gr di brodo bollente, sale e pepe, q.b.
Procedimento: Inserire nel boccale gli odori (sedano, carota e cipolla): 10sec. Vel.4. Raccogliere il composto con la spatola e tritare altri 10sec. Fare un soffritto: 3min. 100° Vel.1. Aggiungere la carne e cuocere 6min. 100° Vel.1. Aggiungere il pomodoro e cuocere 6min. Temp. Varoma. Inserire la farfalla il riso, e il brodo bollente: 15min. 100° Vel.1. Far raffreddare in una pirofila e amalgamare con uova e parmigiano. Dare con le mani una forma allungata, passarla nel pane grattugiato e friggere in olio bollente. Variante: per rendere più semplice la cottura durante la friggitura, potete preparare delle palline con il riso come per gli arancini, dentro cui metterete una pallina di mozzarella fresca.

7.1.9.7   Torta Degli Addobbi

Ingredienti: 4 persone: 100.gr di riso, 600gr di latte, 150gr di zucchero, 40gr di cedro candito o arancia candita 60gr di mandorle spellate 4 uova, 1 bustina di vaniglina, cannella (facoltativa) burro per ungere la teglia, farina. Per il caramello: 50gr di zucchero, 1 cucchiaio di acqua.
Procedimento: Nel boccale tritare le mandorle: 20sec. Vel.Turbo e metterle da parte. Versare nel boccale il latte: 8min. 90°. Aggiungere il riso e cuocere 16min. 90° Vel.1 Togliere e fare raffreddare. Con 50gr di zucchero e 1 cucchiaio di acqua preparare il caramello, farlo raffreddare su carta da forno eridurlo in pezzettini. Inserire nel boccale pulito le uova, lo zucchero, la vaniglina, e, a piacere, i canditi spezzati, la cannella: 20sec. Vel.1. Spatolando. Unire il riso con il latte, le mandorle e il caramello. Mescolare con la spatola. Versare l'impasto in una tortiera imburrata e infarinata e cuocere in forno caldo a 170° per un 'ora circa. Quando raffredda cospargere con zucchero a velo. Segreto: se il caramello risulta dolce, sostituire il cucchiaio d'acqua con un cucchiaio di aceto di vino

7.1.9.8   Riso Appetitoso

Ingredienti: 4 persone: 350gr di riso Carnaroli, 800gr di brodo di pesce (o vegetale) 2 scalogni o 1 cipolla, 40gr di olio extravergine di oliva, 6 acciughe fresche dislicate, 1 mazzetto di prezzemolo, 2 cucchiai di Marsala secco sale e pepe q.b., parmigiano grattugiato.
Procedimento:: Nel boccale mettere scalogno (o cipolla) olio: 3min. 100° Vel.4. Unire le acciughe disliscate: 1min. 100° Vel.1. Inserire la farfalla e aggiungere il riso: tostare 2min. 100° Vel.1, sfumare il il Marsala; 1min. 100° Vel.1. Versare il brodo bollente, cuocere: 10-13min. 100° Vel.1. Aggiungere il prezzemolo tritato, controllare di sale e pepe. Servire con parmigiano a parte.

7.1.9.9   **Minestra Tricolore**

Ingredienti: per 4 persone: 200gr di riso originario, 1 litro di brodo vegetale, 100gr di piselli, 100gr di asparagi, 1 porro, 2 foglie di salvia, 50gr di carne affumicata a tocchetti, 5 pomodorini sminuzzati, 20gr di olio extra vergine di oliva 1 cucchiaio di prezzemolo tritato parmigiano grattugiato sale e pepe q.b.

Procedimento:: Tritare nel boccale porro e salvia: 5sec. Vel.5. Aggiungere l'olio, gli asparagi, privati delle punte, e far cuocere 2min 100° Vel.2. Inserire la farfalla, aggiungere il brodo bollente. Unire il riso, la carne affumicata, i piselli e cuocere 12min. 100° Vel.1, e 5min. a 90°. 10min. Prima ddella cottura aggiungere le punte degli asparagi, i pomodori e il prezzemolo servire con parmigiano e pepe a parte. Curiosità: è un tipico risotto primaverile, molto leggero, adatto come disintossicante dell'organismo, dopo la super alimentazione invernale.

7.1.9.10   **Minestra Di Riso E Sedano Rapa**

Ingredienti: 4 persone: 150gr di riso originario, ½ cipolla, 40gr di olio extravergine di oliva, 200gr di zucca, 300gr di senao rapa a dadini 1-2 patate, dado bimby, 1 litro di acqua, 2 cucchiai di passata di pomodoro.

Procedimento: Inserire nel boccale la cipolla, l'olio, 100gr di zucca e soffriggere: 3min. 100° Vel.3. Aggiungere la restante zucca a dadini, le patate a tocchetti, il sedano rapa la passata di pomodoro, un cucchiaio di dado Bimby e l'acqua. Cuocere per 30min. 100° Vel.1. Aggiungere il riso e cuocere 13min. 100° Vel.1. Lasciare riposare 2-3min. Prima di servire Curiosità: Titti i tipi d sedano hanno delle sostanze non nutritive, le cumanine, utili nella prevenzione del cancro. Inoltre tonificano il sistema vascolare e abbassano la pressione.

8 Ricette di mare

8.1 Libro del pesce

8.1.1.1 Crema Di Vongole E Pomodoro

Ingredienti: 1 kg. Di vongole grosse; 1 kg. Di brodo di pesce; 450gr. di pomodori pelati; 30gr. di burro; 30gr. di farina; peperoncino e sale q.b.

Procedimento: mettere le vongole nel Varoma. Mettere nel boccale, prima la farina e il burro (2' a 100° VEL.4) e poi i pomodori e il peperoncino (1' Vel.4). Aggiungere il brodo, posizionare il *Varoma* sul coperchio e cuocere per 15' a temp. Varoma, Vel.1. Quando le vongole si saranno aperte, estrarre il frutto e unirlo al sugo (30'' Vel.1). Servire la crema con crostini di pane.

8.1.1.2 Cozze Ripiene

Ingredienti: 20 cozze; 100gr. di mortadella; 100gr. di pangrattato; 100gr. di salame piccante; 100gr. di auricchio; 100gr. di fontina; 100gr. di formaggio pecorino grattugiato; 2 uova; 250gr. di pomodori pelati; 50gr. di olio; 100gr. di porri.

Procedimento: mettere nel boccale il salame e tritare per 5'' Vel.4. Aggiungere i formaggi e la mortadella (5'' Vel.4). Infine aggiungere le uova, il pangrattato e il pecorino e impastare per 20'' Vel.4. togliere il composto dal boccale. Inserire nel boccale olio, porri e soffriggere 3' 100° Vel.4. Aggiungere i pelati e cuocere 15' 100° Vel.1. Aprire le cozze con un coltello lasciando le valve attaccate da un lato. Riempire con l'impasto. Posizionare la farfalla. Aggiungere al sughetto le cozze e cuocere 10' 100° Vel.1 Lasciare riposare in una zuppiera e guarnire con prezzemolo.

8.1.1.3 Sugo Alle Vongole Veraci

Ingredienti: 800gr. di vongole veraci; 100gr. di olio di oliva; 150gr. di pomodorini; 500gr. di spaghetti; aglio; prezzemolo; sale e pepe q.b.

Procedimento: mettere nel boccale 100gr. di olio con uno spicchio di aglio e poco prezzemolo (3' 100° Vel.3); unire i pomodorini, salare e inserire nel boccale il cestello riempito con le vongole precedentemente lavate (15', 100° Vel.1). Cuocere la pasta al dente, versarla su un piatto da portata e cospargerla con il sugo alle vongole. Aggiungere il prezzemolo tritato e il pepe macinato al momento. S può aggiungere alle vongole anche qualche scampo: il sugo sarà ottimo anche per condire le linguine.

8.1.1.4 Tagliatelle Con Zucchine E Cozze

Ingredienti: 200gr. di tagliatelle all'uovo; 350gr. di zucchine; 800gr. di cozze; 100gr. di cipolla; 1 scalogno; 100gr. di olio; 500gr. di acqua; prezzemolo; basilico; sale e pepe q.b.

Procedimento: versare l'acqua nel boccale, posizionare il *Varoma* sul coperchio, dopo averlo riempito con le cozze, e cuocere per15' a temp. Varoma, Vel.1. Quando le cozze si saranno aperte, togliere il frutto. Buttare il liquido conservandone 2 misurini. Asciugare il boccale e tritare il prezzemolo (20'' Vel.4); aggiungere la cipolla, lo scalogno e l'olio e soffriggere per 3' a 100° Vel.4. Dopo aver posizionato la farfalla, versare le zucchine tagliate a listerelle e i due misurini di acqua e far insaporire per 5' a 100° Vel.1. Unire il frutto delle cozze e cuocere per 3' a 100° Vel.1. Nel frattempo cuocere le tagliatelle, condirle con questo sugo e profumarle con basilico fresco.

8.1.1.5 Tubettini Con Cozze In Bianco

Ingredienti: 200gr. di tagliatelle all'uovo; 350gr. di zucchine; 800gr. di cozze; 100gr. di cipolla; 1 scalogno; 100gr. di olio; 500gr. di acqua; prezzemolo; basilico; sale e pepe q.b.
Procedimento: versare l'acqua nel boccale, posizionare il *Varoma* sul coperchio, dopo averlo riempito con le cozze, e cuocere per15' a temp. Varoma, Vel.1. Quando le cozze si saranno aperte, togliere il frutto. Buttare il liquido conservandone 2 misurini. Asciugare il boccale e tritare il prezzemolo (20'' Vel.4); aggiungere la cipolla, lo scalogno e l'olio e soffriggere per 3' a 100° Vel.4. Dopo aver posizionato la farfalla, versare le zucchine tagliate a listerelle e i due misurini di acqua e far insaporire per 5' a 100° Vel.1. Unire il frutto delle cozze e cuocere per 3' a 100° Vel.1. Nel frattempo cuocere le tagliatelle, condirle con questo sugo e profumarle con basilico fresco.

8.1.1.6 Aragosta In Bellavista

Ingredienti: 1 kg. Di aragosta (2 da 500 grammi); 30gr. di cipolla; 50gr. di carota; 50gr. di sedano; 4 uova; 1 dose di maionese; 6 pomodorini; 20gr. di Ketchup; 10gr. di salsa Worcester; 1 limone; 1 bustina di gelatina; lattuga; 850gr. di acqua; sale e pepe q.b.
Procedimento: preparare la maionese (ricetta base). Mettere nel boccale 600gr. di acqua, due pomodorini, il sedano, la carota, la cipolla, il sale; sul coperchio posizionare il Varoma, in cui si sono adagiate le due aragoste e le uova; e cuocere per 30' a temp. *Varoma* Vel.1. Quando le aragoste si sono raffreddate, sgusciarle e tagliare la polpa a rondelle. Mettere nel boccale 250gr. di acqua e una bustina di gelatina e cuocere per 5' 100° Vel.3; unire quindi il succo di limone. Tagliare le uova sode in due parti e separare i tuorli dall'albume. Mettere nel boccale pulito la maionese, la salsa Worcester e la salsa Ketchup (5'' Vel.4); unire i tuorli delle uova sode e amalgamare per 5'' a Vel.4. Versare questo composto in una tasca per dolci e spremerlo sui pomodori, precedentemente lavati, tagliati a metà e salati, e all'interno dei mezzi albumi sodi. Disporre le rondelle di aragosta sulla lattuga e intorno mettere le uova e i pomodori. Lucidare con la gelatina le rondelle e la testa dell'aragosta, e, prima di servire, guarnire con foglie di prezzemolo.

8.1.1.7 Ciambotto Pugliese

Ingredienti: 200gr. di gamberetti; 200gr. di scampi; 200gr. di moscardini (o polipetti); 200gr. di cicale di mare; ½ misurino di passata di pomodoro; 400gr. di acqua.
Procedimento: preparare un soffritto con l'olio, l'aglio e il prezzemolo (3', 100° Vel.4). Aggiungere la passata di pomodoro, il pesce e l'acqua e cuocere per 20' a 100° Vel.1. Servire il ciambotto brodoso, accompagnato da crostini di pane. Se si preferisce il ciambotto poco brodoso: togliere il pesce dal sugo e cuocervi 250gr. di tubettini per 8' a 100° Vel.- 1.

8.1.1.8 Zuppa Di Gamberi E Ceci

Ingredienti: 500gr. di gamberetti sgusciati; 500gr. di ceci già lessati; 30gr. di cipolla 30gr. di carota; 250gr. di ditalini; 500gr. di acqua.
Procedimento: tritare l'aglio, la cipolla e la carota (20'' Vel.4), aggiungere l'olio e soffriggere per 3' a 100° Vel.4. Dopo aver posizionato la farfalla unire i gamberetti e fare insaporire per 2' a 100° Vel.1. Mettere nel boccale l'acqua e i ceci già lessati, portare a ebollizione (5', 100° Vel.1), quindi buttare la pasta e cuocere per 9' a 100° Vel.1. Aggiustare sale e pepe e servire la zuppa calda.

8.1.1.9 Pennette Alla Golosa

Ingredienti: 500gr. di penne; 350gr. di gamberetti sgusciati; 1 spicchio d'aglio; 300gr. di piselli primavera; 1 gambo di sedano; prezzemolo; 4 foglie di basilico; 1 mis. Di parmigiano; 30gr. di cipolla o scalogno; 6 pomodorini pelati; 20gr. di olio; 30gr. di burro; peperoncino e sale q.b.

Procedimento: tritare l'aglio, il prezzemolo, il sedano, la cipolla, il basilico e il peperoncino: 10'' Vel.4. Aggiungere l'olio e soffriggere per 3' a 100° Vel.3. Dopo aver posizionato la farfalla, aggiungere i piselli e cuocere per 6' a 100° Vel.1. Unire i gamberetti: 5', 100° Vel.1. A cottura ultimata togliere il sugo dal boccale e senza lavarlo, mettere l'acqua e il sale e portare a ebollizione: 10', 100° Vel.1. Cuocere la pasta (10', 100°, Vel.1), scolarla e condirla con il sugo. Spolverizzare di parmigiano grattugiato e servire.

8.1.1.10   Scampi Ai Funghi

Ingredienti: 500gr. di scampi; 500gr. di funghi coltivati; 50gr. di olio; 10gr. di brodo (acqua e dado Bimby); 50gr. di aceto; 2 spicchi di aglio; 2 pomodori pelati; 30gr. di farina; sale e pepe q.b.; foglie di lattuga per guarnir e.

Procedimento: lavare e tagliare a fette sottili i funghi. Tritare l'aglio (5'' Vel.5), aggiungere l'olio e soffriggere per 3' a 100° Vel.1. Posizionare la farfalla, unire gli scampi, farli cuocere per 15' a 100° Vel.1, e metterli da parte. Lasciando inserita la farfalla, mettere nel boccale i funghi e il brodo, preparato con acqua e dado Bimby (10', 100° Vel.1); aggiungere l'aceto, la farina e un pizzico di zucchero (3' 100° Vel.1). Adagiare gli scampi sulle foglie di lattuga, precedentemente disposte sui piatti, e coprirli con la salsa ai funghi ancora bollente.

8.1.1.11   Linguine Agli Scampi

Ingredienti: 500gr. di code di scmpi; 50gr. diolio; 1 scatola di pomodoro a pezzetti: 1 spicchio d'aglio; 100gr. di cipolla; 50gr. di panna da cucina; 50gr. di vino bianco e brandy; un ciuffo di prezzemolo; peperoncino a piacere.

Procedimento: soffriggere nell'olio l'aglio e la cipolla (3' 100° Vel.4); aggiungere le code degli scampi e cuocere per 3' a 100° Vel.1, versando, di tanto in tanto, il brandy e il vino. Unire poi i pomodori e il sale (20', 100° Vel.1) e, 2' prima del termine della cottura, incorporare la panna e il peperoncino. Con questo sugo condire le linguine e servire con abbondante prezzemolo tritato.

8.1.1.12   Trenette Con Polpa Di Granchio

Ingredienti: 150gr. di trenette; 100gr. di polpa di granchio; 200gr. di zucchine; 100gr. di salsa di pomodoro; 1 spicchio d'aglio; 1 litro e ¼ di brodo di pesce ; maggiorana; sale e pepe q.b.

Procedimento: tritare nel boccale la polpa di granchio per 10'' Vel.3 e metterla da parte. Sminuzzare l'aglio e la maggiorana (20'' Vel.3), aggiungere il brodo di pesce e cuocere per 10' a 100° Vel.1. Unire prima le zucchine tagliate a dadini (5', 100° Vel.1); e poi le trenette tagliate in 3 parti, e la polpa di granchio (9' 100° Vel.1). Servire la minestra calda dopo averla salata.

8.1.1.13   Crespelle Con Gamberetti In Salsa Tonnata

Ingredienti: il ripieno: 300gr. di gamberetti freschi; 1 dose di salsa tonnata; salsa Worcester; prezzemolo; 500gr. di acqua.

Procedimento: preparare la pastella per le crespelle secondo la ricetta base e lasciarla riposare per circa 30'. Nel frattempo dedicarsi al ripieno. Preparare la salsa tonnata (ricetta base) aggiungendo, alla fine, poche gocce di salsa Worcester e versarla in una ciotola. Mettere l'acqua nel boccale e immergervi il cestello riempito con i gamberetti: 10' 100° Vel.3. Sgusciare i gamberetti, farli raffreddare e unirli alla salsa tonnata. In una apposta padella far riscaldare il burro, versarvi qualche cucchiaiata di pastella e lasciare dorare da una parte, rigirare e far dorare anche dall'altra. Procedete così fino a esaurimento della pastella. Queste le crepes si sono raffreddate farcirle con il ripieno, arrotolarle e disporle su un piatto da portata.

8.1.1.14   Trofie Alla Salsa D'estate

Ingredienti: 500gr. di trofie; 200gr. di gamberetti; 500gr. di pomodoro; 100gr. di ricotta marzoica; 30gr. di olio d'oliva; pesto alla genovese; olive bianche snocciolate; basilico; sale q.b.

Procedimento: mettere nel boccale i pomodori, l'olio, il basilico e il sale, tritare grossolanamente 10'' Vel.3 e mettere da parte. Preparare poi il pesto (secondo la ricetta base). Mettere 500gr. d'acqua nel boccale (dopo averlo lavato), immergervi il cestello riempito con i gamberetti e cuocere per 10' a 100° Vel.4. Sgusciare i gamberetti. Far bollire nel boccale 1 litro e ½ di acqua (12' 100° Vel.1) quindi buttare la pasta e cuocerla per 5' a 100° Vel.1. Una volta cotta versarla in una zuppiera e condirla con il pesto, le olive tagliate a rondelle, la ricotta grattugiata e i gamberetti. Prima di portarla a tavola guarnire con foglie di basilico.

8.1.1.15   Risotto Con Gamberi E Gorgonzola

Ingredienti: 500gr. di riso; 300gr. di gamberetti già sgusciati; 50gr. di burro; 20gr. di cipolla; 1 spicchio di aglio; 1 mis. Di vino bianco; 1 litro di acqua; dado; 100gr. di gorgonzola e mascarpone; prezzemolo; pepe q.b.

Procedimento: mettere, con le lame in movimento l'aglio e la cipolla nel boccale: 10'' Vel.4, aggiungere il burro e soffriggere per 3' a 100° Vel.1. Posizionare la farfalla, versare il riso, il vino e i gamberetti e far tostare per 2' a 100° Vel.1. Aggiungere il brodo (acqua e dado) e continuare la cottura per 20' a 100° Vel.1. Durante l'ultimo minuto inserire il gorgonzola, versare il risotto nella risottiera e guarnire con il prezzemolo e il pepe.

8.1.1.16   Scampi In Salsa Piccante

Ingredienti: 24 scampi; 50gr. di olio di semi; 100gr. di olio d'oliva; peperoncino; 8 spicchi d'aglio; 1 limone; alloro.

Procedimento: tritare nel boccale 5 spicchi di aglio per 30'' Vel.5, aggiungere l'olio d'oliva, qualche goccia di succo di limone e il sale: 30'' Vel.5. Si ottiene una salsina omogenea che va messa da parte. Privare gli scampi della testa. Soffriggere nel boccale, senza lavarlo, i rimanenti spicchi d'aglio, il peperoncino e l'alloro nell'olio di semi (3' a 100° Vel.4). Unire gli scampi e far cuocere per 10' a 100° Vel.1. Aggiungere ancora qualche goccia di succo di limone e qualche cucchiaiata di salsina e amalgamare per 10'' a Vel.1. Adagiare gli scampi su un piatto da portata e servirli con la salsina rimasta.

8.1.1.17   Coda Di Rospo O Pescatrice Al Vino Bianco

Ingredienti: 4 tranci di coda di rospo; 250gr. di vino bianco; 500gr. di pomodori pelati; 100gr. di copolla; prezzemolo; timo; maggiorana, sale e pepe q.b.

Procedimento: affettare la cipolla sottile e tagliare grossolanamente i pomodori. Mettere nel varoma, dopo averlo unto di olio, un po' di cipolle, una parte dei pomodori, il sale, il pepe, il timo, la maggiorana e adagiarvi i tranci di coda di rospo. Coprire il pesce con le cipolle e i pomodori rimasti. Mettere nel boccale il vino, posizionare il *varoma* sul coperchio e cuocere per 30' a temp. VAroma, Vel.1. Per far insaporire ancora di più il pesce si può travasarlo in una pirofila da forno, aggiungere il liquido di cottura e infornare per 10' a temp. 180°.

8.1.1.18   Filetti Di Rombo Alla Salsa Di Funghi

Ingredienti: 2 filetti di rombo; 200gr. di funghi; 30gr. di cipolla; 1 spicchio di aglio; 50gr. di sedano; 50gr. di carota; prezzemolo; 250gr. di polpa di pomodoro; 1 mis. di polpa di pomodoro; 1 mis. di olio d'oliva; origano; sale e pepe q.b.

Procedimento: Ungere di olio il *Varoma* e il vassoio e adagiare su ciascuno un filetto di rombo. Nel boccale tritare la carota, la cipolla, l'aglio, il sedano e il prezzemolo: 30'' Vel.4. Aggiugnere l'olio e soffriggere per 4' a 100° Vel.1. Posizionare la farfalla e unire i funghi, la polpa di pomodoro, l'origano, il sale e il pepe. Posizionare il *Varoma* sul coperchio e cuocere per 20' a temp. Varoma, Vel.1. Adagiare i filetti di rombo su un piatto da portata e condire con la salsa ai funghi.

8.1.1.19 Orata Farcita Con Zuppa Di Patate

Ingredienti: 1 kg. di orata; 50gr. di cipolla; 40gr. di olio o burro; 200gr. di funghi; 100gr. di vino bianco; 70gr. di pane raffermo; 50gr. di latte; 1 uovo intero; prezzemolo e rosmarino; alloro; sale e pepe. Per la zuppa di patate: 50gr. di cipolla; 40gr. di olio; 200gr. di polpa di pomodoro; 600gr. di acqua; 800gr. di patate; origano; sale q.b.

Procedimento: soffriggere nel boccale la cipolla con l'olio per 3' a 100° Vel.4, unire prima i funghi, il prezzemolo e il rosmarino 5", Vel.4 e poi il vino per 10' 100° Vel.1. Aggiungere il pane, il latte, l'uovo, il sale e il pepe: 10", Vel.4. Togliere la lisca all'orata e farcirla con questo composto, poi adagiarla nel *Varoma* con le foglie di alloro. Senza lavare il boccale, soffriggere la cipolla nell'olio per 3' a 100°, Vel.4 e versare la polpa di pomodoro: 10", Vel.5. Posizionare la farfalla. Mettere nel boccale l'acqua e portarla a ebollizione 10', 100° Vel.1, quindi aggiungere le patate tagliate a pezzetti e il sale. Posizionare il *Varoma* sul coperchio e cuocere per 30' temp. Varoma, Vel.1. A fine cottura adagiare l'orata e le patate condite con l'origano, su un piatto da portata e servire.

8.1.1.20 Dado Di Pesce

Ingredienti: 500gr. di pesce misto (gamberetti sgusciati, merluzzo, scampi, ecc); 300gr. di sale grosso.

Procedimento: lavare bene il pesce e lasciarlo sgocciolare, quindi metterlo nel boccale e tritare per 1' a Vel.6. Aggiungere il sale e cuocere per 29' a 100° Vel.1, quindi omogeneizzare per 1' a Vel.Turbo.

8.1.1.21 Risotto Con Filetti Di Pesce San Pietro E Carciofi

Ingredienti: 500gr. di riso; 3 carciofi; 3 filetti di pesce san pietro; 1 spicchio di aglio; 30gr. di cipolla; 1/2 mis. di olio di oliva; 1/2 mis. di vino bianco; 100gr. di panna; 1 litro di brodo; prezzemolo; dragoncello; sale e pepe q.b.

Procedimento: tagliare a fettine i carciofi e a pezzetti i filetti di pesce. Soffriggere nel boccale l'aglio, la cipolla e l'olio per 3' a 100° Vel.4. Posizionare la farfalla, versare i carciofi tagliati a fettine e i filetti di pesce San Pietro tagliati a pezzetti e rosolare per 5' a 100° Vel.1. Aggiungere il riso, bagnare con il vino bianco e farlo tostare per 5' a 100° Vel.1. Unire infine il brodo e cuocere per 20' a 100° Vel.1. Travasare il risotto in una zuppiera e amalgamare la panna e il dragoncello fresco. Guarnire con prezzemolo tritato.

8.1.1.22 Crema Delicata Di Branzino Al Dragoncello

Ingredienti: 600gr. di filetti di branzino; 30gr. di carota; 30gr. di sedano; 30gr. di scalogno; 1 foglia di alloro; 4 grani di pepe rosa; 30gr. di vino bianco; 1 tuorlo d'uovo; 600gr. di acqua; 60gr. di panna; salvia; succo di limone; dragoncello; sale e pepe q.b.

Procedimento: adagiare i filetti di branzino nel *Varoma* precedentemente unto di olio. Mettere nel boccale la carota, il sedano, lo scalogno e tritare per 30'' a Vel.5 poi aggiungere l'acqua e immergervi il cestello riempito con l'alloro, la salvia, il prezzemolo e il pepe. Sistemare il *Varoma* sul coperchio e cuocere per 30' a temp. Varoma, Vel.2. Estrarre il cestello e mettere nel boccale la panna, i tuorli d'uovo, il sale, il pepe, i pezzetti di filetto di branzino cotti a vapore, il succo di limone e il dragoncello: 10' 100° Vel.3. Travasare la crema in una zuppiera e servirla accompagnata da crostini di pane.

8.1.1.23 Risotto Al Branzino

Ingredienti: 500gr. di riso; 400gr. di polpa di branzino; 30gr. di cipolla; 1 spicchio di aglio; 2 filetti di acciuga; ½ mis. Di vino bianco; ½ mis. Di olio; 100gr. di panna; 1 lt. Di brodo.

Procedimento: sistemare il branzino nel Varoma, precedentemente unto di olio. Mettere nel boccale il brodo, posizionare il *Varoma* sul coperchio e cuocere per 15' a temp. Varoma, Vel.1. Mettere da parte il brodo. Pulire il branzino e ridurre la polpa a pezzetti. Nel boccale soffriggere l'aglio, la cipolla e l'olio, 3', 100° Vel.4 e aggiungere i filetti di acciuga, 1', 100° Vel.1. Posizionare la farfalla e versare il riso, tostare per 3', 100° Vel.1. Aggiungere il vino banco e farlo evaporare per 3' a 100° Vel.1. Unire il brodo di cottura del branzino e cuocere per 15' a 100° Vel.1. SE il liquido non bastasse aggiungere altra acqua. Versare il risotto in una zuppiera, mantecare con la panna, una noce di burro e condire con pepe. Guarnire con prezzemolo fresco e buccia di limone grattugiata. Al posto del branzino intero si possono utilizzare i filetti.

8.1.1.24 Calamari Ripieni

Ingredienti: 1kg di totani o calamari 4 pomodori maturi 1 filetto di acciuga 2 panini raffermi 1 uovo 50 parmigiano 250 latte i misurino di olio 2 spicchi di aglio 1 litro di passata di pomodoro prezzemolo.

Procedimento: Mettere i panini a bagno nel latte. Tagliare a pezzi i tentacoli dei calmari e rosolarli nel boccale con 50gr. olio e i spicchio di aglio per 3min. 100 Vel.1. unire il pane strizzato il prezzemolo l'uovo il sale i lpomodoro e il filetto di acciuga 10sec. Vel.3. Con questo composto riempire i calamri e chiuderli con uno stuzzicadenti salarli e adagiarli nel varoma. Soffriggere nel boccale 1 spicchio di aglio e 50gr. olio 3min. 100 Vel.4 unire il pomodoro passato e posizionare il *varoma* sul coperchio 30min temp *varoma* Vel.1. Aggiustare di sale tagliare a fette i calmari adagiarli su un piatto di portata e coprirli con il sugo.

8.1.1.25 Calamari Ripieni... In Arrivo

1kg di totani o calamri 4 pomodori maturi 1 filetto di acciuga 2 panini raffermi 1 uovo 50 parmigiano 250 latte i misurino di olio 2 spicchi di aglio 1 litro di passata di pomodoro prezzemolo. Mettere i panini a bagno nel latte. Tagliare a pezzi i tentacoli dei calmari e rosolarli nel boccale con 50gr. olio e i spicchio di aglio per 3min. 100 Vel.1. unire il pane strizzato il prezzemolo l'uovo il sale i lpomodoro e il filetto di acciuga 10sec. Vel.3. Con questo composto riempire i calamri e chiuderli con uno stuzzicadenti salarli e adagiarli nel varoma. Soffriggere nel boccale 1 spicchio di aglio e 50gr. olio 3min. 100 Vel.4 unire il pomodoro passato e posizionare il *varoma* sul coperchio 30min temp *varoma* Vel.1. Aggiustare di sale tagliare a fette i calmari adagiarli su un piatto di portata e coprirli con il sugo.

8.1.1.26 Occhiata Al Limone

Ingredienti: 1 kg. Di occhiata; 300gr. di cipolle; 4 spicchi di aglio; 100gr. di olio d'oliva; 200gr. di pane raffermo; 1 limone; 1 litro di acqua; sale e pepe q.b.

Procedimento: praticate sul pesce dei tagli e introdurvi delle fette semicircolari di limone. Nel *Varoma* preparare un letto di cipolle affettate e adagiarvi il pesce. Mettere nel boccale il pane raffermo, il sale, l'aglio, la buccia di limone e il pepe (30'' Vel.4). Cospargere il pesce e le cipolle con un po' di questo trito (il rimanente metterlo da parte). Senza lavare il boccale versarvi l'acqua, posizionare il *Varoma* sul coperchio e cuocere per 15' a temp. Varoma, Vel.2. Condire con il trito rimasto e cuocere ancora per 20' a temp. Varoma, Vel.2

8.1.1.27 Frittelle Di Alghe

Ingredienti: 300gr. di farina (Manitoba o americana); 250gr. di acqua; 20gr. di olio; 25gr. di lievito di birra; un pugnetto di alghe; sale quanto basta; olio per friggere.

Procedimento: inserire nel boccale l'acqua, l'olio, il lievito e il sale (20'' Vel.1), poi unire la farina: 30'' Vel.6. Con le lame in movimento inserire le alghe dal foro del coperchio. Lasciare lievitare il composto in una ciotola per 1 ora dopodiché, servendosi di un cucchiaio bagnato nell'acqua, prendere l'impasto a cucchiaiate e friggerlo in abbondante olio bollente fino a che non dora. Adagiare le frittelle su carta assorbente e servire calde. Sono deliziose e stuzzicheranno l'appetito di tutti i vostri ospiti

8.1.1.28   Filetto Di Pesce San Pietro E Carciofi

Ingredienti: 2 filetti di pesce San Pietro; 3 carciofi; 30gr. di cipolla; 50gr. di panna da cucina; 100gr. di olio di oliva; 200gr. di brodo vegetale; 30gr. di burro; 30gr. di farina; rosmarino; sale e pepe q.b.

Procedimento: adagiare i filetti di pesce nel *Varoma* (uno sul vassoio e uno all'interno). Nel boccale tritare il prezzemolo e il rosmarino (30'' Vel.5), aggiungere la cipolla e l'aglio e rosolare per 3' a 100°, Vel.4. Unire i carciofi tagliati a fettine e il brodo vegetale. Posizionare il *Varoma* sul coperchio e cuocere per 20' a temp. Varoma, Vel.4. Quando il pesce è cotto toglierlo dal coperchio, versare nel boccale la panna e omogeneizzare per 3' a Vel.7. Versare la crema ottenuta sui filetti di pesce e servire il piatto caldo

8.1.1.29   Triglie Alla Livornese

Ingredienti: 8 triglie piccole; 250gr. di pomodori pelati; 50gr. di olio; 2 spicchi di aglio; prezzemolo; sale e pepe q.b.

Procedimento: ungere con l'olio il *Varoma* e il vassoio e sistemare su ciascuno 4 triglie. Buttare nel boccale, con le lame in movimento a Vel.4, il prezzemolo e l'aglio; aggiungere l'olio e soffriggere per 3' a 100° Vel.4. Unire i pomodori pelati, il sale e il pepe e, dopo aver posizionato il *Varoma* sul coperchio, cuocere per 20' a temp. Varoma, Vel.3. Adagiare le triglie su un piatto da portata, condirle con il sughetto e cospargerle di prezzemolo fresco

8.1.1.30   Polpette Di Cuori Di Merluzzo

Ingredienti: 500gr. di filetti di merluzzo; 1 uovo intero; 2 panini; 250gr. di latte; 1 mis. Di parmigiano; sale q.b; pangrattato; olio per friggere.

Procedimento: mettere il pane in una ciotola con il latte e lasciarlo ammorbidire. Inserire l'acqua nel boccale con alcune fette di limone. Adagiare i filetti di merluzzo, insaporiti con il sale, nel *Varoma* precedentemente unto di olio. Posizionare il *Varoma* sul coperchio e far cuocere per 20' a temp. Varoma, Vel.1. A fine cottura buttare l'acqua e mettere nel boccale il pesce lessato, il pane ben strizzato, il prezzemolo, il parmigiano, l'uovo, il sale e il pepe. Impastare per 20'' a Vel.4. Formare con le mani delle palline e rotolarle nel pane grattugiato, poi friggerle in olio bollente

8.1.1.31   Pesce Spada Alla Ghiotta

1kg di pesce spada 400 pomodori pelati 100 olio 50 cipolla 1 spicchio di aglio 20gr. capperi 50gr. olive snocciolate bianche 50gr. olive snocciolate nere. Mettere nel *varoma* il pesce spada tagliato a fette il sale il prezzemolo. Nel boccale soffriggere la cipolla e l'aglio nell'olio per 3min. 100 Vel.4. Quindi unire i pomodori le olive i capperi. Posizionare il *varoma* sul coperchio e cuocere per 3omin. *varoma* Vel.1. Una volta cotto adagiare il pesce su un piatto di portata e coprirlo con il sugo e guarnire con il prezzemolo

8.1.1.32   Involtini Di Lattuga

Ingredienti: 400gr. di polpa di pesce (pescatrice, palombo, pesce spada); 2 acciughe sott'olio; 1 spicchio di aglio; 50gr. di cipolla; 100gr. di mollica di pane; 1 uovo intero; 50gr. di olio; 300gr. di brodo di pesce; sale e pepe q.b.; 8 foglie di lattuga; salsa di pomodoro; una manciata di prezzemolo.

Procedimento: bagnare la mollica di pane con 50gr. di brodo di pesce e poi strizzarla. Scottare le foglie di lattuga in acqua bollente salata e stenderle su un canovaccio. Tritare il prezzemolo (30'' Vel.5) e metterlo da parte. Soffriggere nel boccale (senza lavarlo) l'aglio e la cipolla nell'olio, 2', 100° Vel.4; aggiungere la polpa di pesce e rosolare per 3' a 100° Vel.1. Lasciar raffreddare, aggiungere il prezzemolo tritato, le acciughe sott'olio tagliate a pezzetti, la mollica di pane bagnata e strizzata, le uova, il sale e il pepe e impastare per 1' a Vel.6. Con questo composto, che deve risultare omogeneo, formare 8 polpettine ovali, avvolgerle nelle foglie di lattuga e legarle con un filo bianco. Mettere il brodo di pesce nel boccale, adagiare gli involtini nel Varoma, posizionarlo sul coperchio e cuocere per 15' a temp. Varoma, Vel.1. Servire con salsa di pomodoro

8.1.1.33 Farfalle Con Filetti Di Sogliola

Ingredienti: 500gr. di farfalle; 2 filetti di sogliola; 20gr. di pasta alle olive nere; 50gr. di olive nere; 30gr. di cipolla; 6 pomodorini perini; prezzemolo; basilico; 1 spicchio d'aglio; 1 mis. Di olio d'oliva; 150gr. di vino bianco; sale e pepe q.b.

Procedimento: mettere nel *Varoma* i filetti di sogliola conditi con sale e pepe. Preparare il soffritto con l'olio, l'aglio e la cipolla (3', 100°, Vel.4), unire i pomodori e tritare per 10'' Vel.Turbo. Condire con sale e pepe e aggiungere l'acqua e il vino. Posizionare il *Varoma* sul coperchio e cuocere per 20' a temp. Varoma, Vel.1. Togliere il Varoma, aggiungere al sugo la pasta di olive nere, le olive intere, il prezzemolo tritato e il basilico: 5', 100° Vel.1. Tagliare i filetti di sogliola a quadratini, farli insaporire nel sugo per 1' a 100° Vel.1. Svuotare il boccale e, senza lavarlo, mettere l'acqua e il sale (12', 100°, Vel.1). Quando l'acqua bolle buttare la pasta e cuocere per i minuti necessari a 100° Vel.1. Scolare e condire il sugo di sogliole

8.1.1.34 Cernia Ai Frutti Di Mare

Ingredienti: 1 kg. Di filetti di cernia; 350gr. di frutti di mare; 50gr. di olio; 50gr. di latte; 1 tuorlo d'uovo; ½ misurino di farina; 250gr. di cozze; prezzemolo; sale e pepe q.b.

Procedimento: mettere l'acqua nel boccale e posizionare il Varoma, riempito con le cozze, sul coperchio (10', temp. Varoma, Vel.1). Quando le cozze si sono aperte, scolarle, recuperando l'acqua di cottura ed estrarre il frutto dal guscio. Nel boccale inserire il tuorlo d'uovo, il latte, la farina e 2 mis. Di acqua filtrata delle cozze. Mettere la cernia nel *Varoma* e posizionarlo sul coperchio (20', temp. Varoma, Vel.2). Adagiare la cernia e i frutti di mare su un piatto da portata e condire con la salsina.

8.1.1.35 Risotto Con Pesce Spada E Olive Nere

Ingredienti: 500gr. di riso; 250gr. di pesce spada; 15 olive nere snocciolate; 30gr. di cipolla; 50gr. di olio; 3 pomodori pelati; 1 l. di brodo di pesce o vegetale; prezzemolo; sale e pepe q.b.

Procedimento: tagliare a cubetti il pesce spada, dopo averlo privato della pelle. Soffriggere nel boccale la cipolla nell'olio per 3' a 100°, Vel.4. Posizionare la farfalla, aggiungere i cubetti di pesce spada e i pomodori tagliati a pezzi e lasciare insaporire per 2' a 100° Vel.1. Dopo aver messo il brodo nel boccale cuocere per 20' a 100°, Vel.1. e, durante l'ultimo minuto, unire le olive snocciolate, il prezzemolo tritato e un po' di pepe

8.1.1.36 Filetti Di Sogliola Ai Pinoli

Ingredienti: 600gr. di filetti di sogliola (4 filetti); 35gr. di pinoli; 50gr. di olio d'oliva; 1 l. d'acqua; prezzemolo; succo di un limone; sale e pepe q.b.

Procedimento: ungere il *Varoma* e adagiarvi la sogliola. Mettere nel boccale l'acqua e posizionare il *Varoma* sul coperchio: 15', temp. Varoma, Vel.2. Disporre le sogliole su di un piatto da portata, togliere l'acqua dal boccale, asciugarlo bene e introdurvi l'olio (2', 100°, Vel.1). Aggiungere i pinoli e farli dorare per 5' a 100°, Vel.1 poi versare il trito di prezzemolo. Condire i pesci con i pinoli e il succo di un limone

8.1.1.37 Crema Di Sogliole Con Erbette

Ingredienti: 3 filetti di sogliola; 1 spicchio di aglio; 30gr. di cipolla; 50gr. di olio; 50gr. di farina; 50gr. di vino bianco; 500gr. di brodo (pesce o vegetale); 500gr. di latte; 200gr. di panna; dragoncello secco; sale e pepe q.b.

Procedimento: mettere i filetti di sogliola nel *Varoma* precedentemente unto di olio. Nel boccale preparare un soffritto con l'olio, l'aglio e la cipolla (3', 100°, Vel.4) poi aggiungere il vino bianco e lasciare evaporare (1', 100°, Vel.3). Mettere nel boccale il brodo e il latte, posizionare il *Varoma* sul coperchio e cuocere per 15' a temp. Varoma, Vel.2. A cottura ultimata tagliare i filetti di sogliola a pezzetti, metterli nel boccale e amalgamare per 5' a 100° Vel.4. Ne risulterà una crema liscia e omogenea a cui va aggiunta la panna e il dragoncello (1', Vel.5). Versare in una terrina e servire con crostini di pane.

8.1.1.38   Palline Di Sogliola

Ingredienti: 500gr. di filetti di sogliola; 50gr. di parmigiano; 50gr. di pangrattato; 20gr. di uvetta sultanina; 20gr. di pinoli; 1 uovo intero; prezzemolo; sale e pepe q.b.
Procedimento: tritare finemente il prezzemolo, i pinoli e l'uvetta (1', Vel.5), aggiungere i filetti di sogliola (30'' Vel.5), il parmigiano, il pangrattato, l'uovo, il sale e il pepe (1', Vel.5). Con l'impasto ottenuto formare delle palline, passarle nella farina e friggerle in olio ben caldo rigirandole delicatamente. Se l'impasto risultasse troppo morbido aggiungere un pochino di pangrattato. Questo piatto sarà gustato anche da chi non ama particolarmente il pesce

8.1.1.39   Vellutata Di Cernia

Ingredienti. 300gr. di filetti di cernia; 250gr. di patate; 1 spicchio di aglio; 750gr. di latte; 200gr. di panna; 100gr. di cipolla; zafferano; dado bimby di pesce o vegetaLE; 1 mis. Di salsa di pomodoro; prezzemolo.
Procedimento: tritare nel boccale le cipolle per 30'' a Vel.4. posizionare la farfalla e aggiungere le patate pelate e tagliate a dadini, il latte e il dado. Ungere di olio il Varoma, adagiarvi i filetti di cernia e posizionarlo sul coperchio (15' temp. Varoma, Vel.1). Quando i filetti di cernia saranno cotti, sminuzzarli. Mettere nel boccale la panna, lo zafferano, la salsa di pomodoro e amalgamare per 5' a 100° Vel.3. Aggiungere i pezzetti di pesce, aggiustare di sale e pepe e continuare la cottura per 2' a 80° Vel.1. Profumare con prezzemolo tritato e servire la vellutata con crostini di pane

8.1.1.40   Cannelloni Di Pesce Spada

Ingredienti: 300gr. di pesce spada; 100 g. ge. Di zucchine; 20gr. di timo secco; 50gr. di vino bianco; 100gr. di olio di oliva; 350gr. di polpa di pomodoro; 50gr. di ciolla; 1 spicchio di aglio; cannelloni.
Procedimento: preparare il sugo facendo rosolare la cipolla in 50gr. di olio per 3' a 100°, Vel.4; aggiungere poi il pomodoro e il sale e cuocere per 15' a 100° Vel.3. Togliere il sugo dal boccale e, senza lavarlo inserirvi l'aglio, l'olio, il pesce spada tagliato a pezzetti e le zucchine. 5' 100° Vel.4. Bagnare con il vino e cuocere ancora per 5' a 100° Vel.4. Dopo aver riempito i cannelloni con questo composto adagiarli in una pirofila, coprirli con la salsa di pomodoro e cuocerli in forno caldo per 8' a 170°. Servire caldi

8.1.1.41   Filetti Di Pesce Persico Al Pepe Rosa

Ingredienti: 400gr. di filetti di pesce persico; 70gr. di olio; 100gr. di panna; 1 scalogno piccolo (o 20gr. di cipolla); 50gr. di vino bianco; 6 granelli di pepe rosa; 30gr. di aceto bianco; ½ litro di brodo (di pesce o vegetale); succo di limone; prezzemolo, sale q.b.
Procedimento: ungere il vassoio e il *Varoma* di olio e adagiarvi i filetti di pesce. Mettere nel boccale l'acqua e il dado, posizionare il *Varoma* sul coperchio e cuocere per 15' temp. Varoma, Vel.1. Disporre i filetti di pesce su un piatto da portata e conservare il brodo. Nel boccale tritare lo scalogno 30'', Vel.4, aggiungere prima il vino e l'aceto (7', 100°, Vel.2) e poi la panna (3', 80°, Vel.2). Durante l'ultimo minuto inserire il succo di limone e il pepe rosa. Versare la salsina sui filetti di pesce persico e guarnire con il prezzemolo. Servire immediatamente

8.1.1.42   Delizia Di Pesce

Ingredienti: 300gr. di gallinelle; 300gr. di scampi; 200gr. di cozze; 200gr. di vongole; 2 spicchi di aglio; 30gr. di olio; 100gr. di polpa di pomodoro; peperoncino q.b.

Procedimento: mettere nel cestello le gallinelle e gli scampi, nel *Varoma* le cozze e le vongole. Preparare nel boccale il soffritto con l'olio e l'aglio 3' 100° Vel.4). Aggiungere la polpa di pomodoro e il peperoncino, quindi immergere il cestello nel boccale; posizionare il *Varoma* sul coperchio e cuocere per 15' a temp. Varoma, Vel.2. A cottura ultimata disporre, in un piatto da portata, le vongole al centro, le cozze, gli scampi e le gallinelle introno. Condire con la salsina e servire

8.1.1.43   Anguilla Al Lauro

Ingredienti: 12 pezzi di anguilla; 15 foglie di alloro; 30gr. di olio; 500gr. di brodo (pesce o vegetale); succo di 2 limoni; sale e pepe q.b.

Procedimento: tagliare a pezzi l'anguilla. Mettere nel boccale l'olio, il limone, il sale, il pepe e 3 foglie di alloro: 1' Vel.4. Con questa marinata bagnare uniformemente i pezzi di anguilla e lasciarli riposare per 1 ora circa. Avvolgere i pezzi di anguilla nelle foglie di alloro e fissarle con un filo incolore. Sistemare questi involtini nel *Varoma* precedentemente unto di olio. Mettere il brodo nel boccale. Posizionare il *Varoma* sul coperchio e cuocere per 30' a temp. Varoma, Vel.1. Durante la cottura girare l'anguilla più volte con l'aiuto di una paletta. Servire il piatto caldissimo, dopo aver eliminato il filo

8.1.1.44   Zuppa Anconetana

Ingredienti: 500gr. di pesce (spigole, merluzzetti, sogliole, triglie e cefali); 200gr. di seppioline; 200gr. di moscardini; 200gr. di calamaretti; 1 spicchio di aglio; 50gr. di cipolla; 50gr. di carota; 50gr. di sedano; 50gr. di passata di pomodoro; 50gr. di aceto: 50gr. di olio; 300gr. di acqua; 1 pane in cassetta; rosmarino; prezzemolo; peperoncino; sale e pepe q.b.

Procedimento: tagliare il pesce a pezzi e adagiarlo nel Varoma. Tagliare le seppie e i calamari a listerelle. Tritare nel boccale il prezzemolo (20'', Vel.4), aggiungere il sedano, la carota, la cipolla, l'aglio e il peperoncino (30'', Vel.4), unire l'olio e il rosmarino e soffriggere per 3' a 100° Vel.4. Versare l'aceto e lasciare evaporare per 2' a 100° Vel.3, poi mettere la salsa di pomodoro: 1', 100° Vel.3. Aggiungere le seppie, i moscardini, i calamari, l'acqua, il sale e il pepe; posizionare il *Varoma* sul coperchio e cuocere per 20', temp. Varoma, Vel.1. Tostare le fette di pane in cassetta, strofinarle con uno spicchio d'aglio e versare sopra il brodetto di pesce

8.1.1.45   Nasello Alla Siciliana

Ingredienti: 500gr. di filetto di nasello; 300gr. di zucchine; 20gr. di capperi; 300gr. di pomodori; 30gr. di cipolla; 50gr. di olio d'oliva; 70gr. di olive verdi; sale e pepe q.b. Tagliare a rondelle le zucchine e la cipolla. Ungere il *Varoma* con olio e introdurre nell'ordine: uno strato di cipolle, uno di zucchine affettate, i filetti di nasello e i pomodori a pezzetti, un secondo strato di zucchine e infine le olive tagliate a rondelle e i capperi. Insaporire con un pizzico di sale e pepe. Mettere nel boccale l'aglio e l'olio (3', 100°, Vel.3), aggiungere i pomodori, posizionare il *Varoma* sul coperchio e far cuocere per 20' a temp. Varoma, Vel.2. Adagiare su un piatto da portata il nasello e le verdure e condire con il sughetto

8.1.1.46   Baccala' Alla Livornese

Ingredienti: 700gr. di baccalà bagnato; 500gr. di pomodoro pelato; 100gr. di sedano; 100gr. di cipolla; olive nere snocciolate, sale e pepe q.b.

Procedimento: ungere il *Varoma* con l'olio e adagiarvi i pezzi di baccalà; mettere poi nel boccale le carote, le cipolle, il sedano e tritare (10'', Vel.4). Aggiungere i pomodori pelati e le olive nere, posizionare il *Varoma* sul coperchio e far cuocere per 20' a temp. Varoma, Vel.2. Adagiare i filetti di baccalà su un piatto da portata e condire con il sugo

8.1.1.47 Filetti Di Pesce Persico Con Pomodorini Ciliegia

Ingredienti: 500gr. di filetti di pesce persico; 500gr. di acqua; 12 pomodorini a ciliegia; 1 spicchio d'aglio; 50gr. di vino bianco; prezzemolo; sale q.b.

Procedimento: adagiare i filetti di pesce persico nel Varoma, precedentemente unto di olio, e condirli con i pomodorini tagliati a metà, il sale e l'aglio tritato. Mettere nel boccale l'acqua e il vino bianco. Posizionare il *Varoma* sul coperchio e cuocere per 20' a temp. Varoma, Vel.1. Servire i filetti conditi con l'olio crudo e cospargere di prezzemolo tritato

8.1.1.48 Filetti Di Nasello All'arancia

Ingredienti: 4 filetti di nasello; 100gr. di olive nere snocciolate e sgocciolate; 50gr. di cipolla; 1 spicchio di aglio; 100gr. di olio; succo di un'arancia; succo di 1 limone; buccia di un'arancia; sale e pepe q.b.

Procedimento: ungere i filetti di nasello con l'olio e disporli nel *Varoma* conditi con sale e pepe. Inserire nel boccale le olive, l'aglio, la cipolla e la buccia dell'arancia (10'', Vel.4). Aggiungere il succo dell'arancia e del limone (30'', Vel.3). Mettere da parte la salsina. Senza lavare il boccale inserire l'acqua, posizionare il *Varoma* sul coperchio e far cuocere per 30' a temp. Varoma, Vel.1. Rivestire un piatto da portata con foglie di lattuga, adagiarvi i filetti di nasello e condirli con la salsina di arancia

8.1.1.49 Baccala' Mantecato

Ingredienti: 800gr. di baccalà bagnato; 50gr. di olio di oliva; 80gr. di acciughe sott'olio; 30gr. di cipolla; 300gr. di latte; 1 spicchio di aglio; 50gr. di vino bianco; prezzemolo; sale q.b.

Procedimento: inserire nel boccale la cipolla e l'aglio e far soffriggere nell'olio per 3' a 100°, Vel.4. Aggiungere il baccalà tagliato a pezzi spellato e spinato, il vino bianco e le acciughe: 10', 90°, Vel.1. Infine incorporare il latte e il sale: 20', 100°, Vel.1. A fine cottura, mettere il composto in una teglia da forno, cospargere di prezzemolo tritato e cuocere in forno preriscaldato per 5' a 180°

8.1.1.50 Naselli In Umido Con Salsa Di Funghi

Ingredienti: 4 filetti di nasello (o merluzzetti o sgombri); 300gr. di acqua; 50gr. di cipolla; 20gr. di capperi; 20gr. di funghi secchi ammollati; 1 spicchio di aglio; 2 acciughe salate; 20gr. di farina; prezzemolo.

Procedimento: adagiare i filetti di nasello nel *Varoma* precedentemente unto di olio. Tritare il prezzemolo (30'' Vel.4), aggiungere la cipolla, l'aglio e l'olio (3', 100° Vel.4), quindi unire le acciughe tagliate a pezzi, i capperi e i funghi (2', 100°, Vel.1). Versare l'acqua nel boccale, posizionare il *Varoma* sul coperchio e cuocere per 20' a temp. Varoma, Vel.1. Quando i filetti sono cotti adagiarli sopra un piatto da portata. Fare addensare il sughetto di funghi aggiungendo la farina (2', 100° Vel.2) e condire i filetti. Spolverizzare di prezzemolo tritato

8.1.1.51 Bauletti Di Nasello

Ingredienti: 500gr. di filetti di nasello; 100gr. di prosciutto cotto; 30gr. di sedano; 30gr. di carota; 30gr. di cipolla; 50gr. di olio; 200gr. di acqua; 200gr. di vino bianco; 1 spicchio d'aglio.

Procedimento: tagliare i filetti di nasello a pezzi più o meno della stessa grandezza, avvolgerli con il prosciutto cotto e sistemarli nel *Varoma* precedentemente unto d'olio. Mettere nel boccale la cipolla, la carota, il sedano e l'aglio (10'' Vel.6). Aggiungere l'olio e soffriggere per 3' a 100° Vel.2. Aggiungere l'acqua e il vino, posizionare il *Varoma* sul coperchio e cuocere per 30' a temp. Varoma, Vel.1. Ultimata la cottura, sistemate i bauletti sopra un piatto da portata e condirli con la salsina

8.1.1.52 Zuppa Di Trota Salmonata

Ingredienti: 250gr. di filetti di trota salmonata e salmone; 1 l. di brodo di pesce (acqua e dado); 300gr. di patate; 50gr. di cipolla; 200gr. di panna da cucina; 20gr. di burro; prezzemolo; sale e pepe q.b.

Procedimento: tagliare a pezzetti i filetti di pesce e a dadini le patate. Buttare, con le lame in movimento, la cipolla e tritare per 10'' Vel.4. Posizionare la farfalla. Aggiungere prima il brodo e le patate (15', 100°, Vel.1); e unire i pezzetti di pesce, e cuocere per 10' a 100° Vel.1. Durante l'ultimo minuto di cottura unire la panna, il prezzemolo tritato, il sale, il pepe e il burro. Servire caldo

8.1.1.53 Fusilli Al Salmone E Pisellini

Ingredienti: 500gr. di fusilli; 200gr. di salmone; 200gr. di pisellini surgelati; 30gr. di cipolla; 30gr. di olio; 2 pomodori pelati; 100gr. di vino bianco; prezzemolo; sale e pepe q.b.

Procedimento: soffriggere la cipolla nell'olio (3', 100°, Vel.4), aggiungere i pomodori, il sale e il pepe (2' 100° Vel.3). Unire i piselli (5' 100°, Vel.1). Irrorare con il vino bianco e far evaporare per 10' a 100° Vel.1. Nel frattempo pulire il salmone fresco e tagliarlo grossolanamente, quindi versarlo nel sugo e cuocere per 10' a 100° Vel.1. Togliere il sugo dal boccale, senza lavarlo, mettere l'acqua e il sale (12', 100° Vel.1). Quando l'acqua bolle aggiungere la pasta e cuocere per i minuti richiesti a 100° Vel.1. Si possono usare i piselli freschi al posto di quelli surgelati, ma bisogna aggiungere un po' di acqua durante la cottura

8.1.1.54 Trotelle In Insalata

Ingredienti: 2 filetti di trota salmonata; 3 uova sode, un mis. Di olio; un mazzetto di asparagi; 50gr. di panna da cucina; 20gr. di aceto bianco; 1 porro; 50gr. di carota; 2 foglie di alloro; 1 limone; prezzemolo; 500gr. di acqua; sale e pepe q.b.

Procedimento: ungere il vassoio del *Varoma* e il Varoma, quindi adagiare su ciascuno un filetto di trota e un po' di asparagi. Mettere nel boccale l'acqua, le carote tagliate a fette, il porro, la scorretta di limone; posizionare il *Varoma* sul coperchio e cuocere per 20' a temp. Varoma, Vel.1. A cottura ultimata, sminuzzare i filetti di trota e gli asparagi e adagiarli sopra un piatto da portata precedentemente rivestito con foglie di lattuga. Dopo aver tolto dal boccale l'acqua con le verdure, tritare il prezzemolo (20'', Vel.4) e metterlo da parte. Senza lavare il boccale versare l'olio, la panna, l'aceto, il sale e il pepe (20'' ve. 4). Versare questa emulsione sulle trote aiutandosi con un cucchiaio e cospargere di prezzemolo tritato. Guarnire il piatto con le uova sode tagliate a spicchi

8.1.1.55 Trote Al Vapore Con Patate

Ingredienti: 4 trote; 700gr. di patate; 800gr. di acqua; rosmarino; salvia; alloro; sale e pepe q.b.

Procedimento: adagiare le trote, condite con gli aromi, nel *Varoma* precedentemente unto di olio. Mettere nel boccale l'acqua, immergervi il cestello riempito con le patate tagliate a dadini e posizionare il *Varoma* sul coperchio (30', temp. Varoma, Vel.3). Adagiare su un piatto da portata le trote e le patate

8.1.1.56 Salmone Al Grattino

Ingredienti: 4 tranci di salmone 50gr. pane duro 30gr. capperi prezzemolo peperoncino 1 spicchio aglio 50gr. olio 500gr. acqua origano sale pepe.adagiare il salmone nel varome precedentemente unto di olio tritare nel boccale il pane i capperi il prezzemolo il peperoncino l'aglio il sale il pepe e l'origano 20sec. Vel.6 aggiungere l'olio e amalgamare 10 sec, Vel.6.spalmare questa salsina sui tranci di salmone.Senza lavare il boccale mettere l'acqua posizionare il *varoma* e cuocere per 20min. temp. *varoma* Vel.2.

8.1.1.57 Salmone In Insalata

Ingredienti: 700gr. di salmone; 200gr. di funghi; 50gr. di carota; 50gr. di sedano; 30gr. di cipolla; olio; succo di limone; sale e pepe q.b.

Procedimento: affettare sottilmente i funghi e metterli a macerare per 20' in una emulsione preparata con olio, succo di limone, prezzemolo fresco, sale e pepe. Tagliare a pezzi la verdura e metterla nel boccale insieme con l'acqua. Adagiare i tranci di salmone nel *Varoma* precedentemente unto di olio; posizionarlo sul coperchio e cuocere per 15' a temp. Varoma, Vel.1. A fine cottura spinare e spellare il salmone e unirlo ai funghi marinati. Lasciare insaporire per 30' quindi servire freddo e guarnito con scaglie di parmigiano

8.1.1.58   Trota Farcita

Ingredienti: 300gr. di trota salmonata; 50gr. di vino bianco; 1 l. di brodo (acqua e dado); 200gr. di insalata russa; 50gr. di maionese (come ricetta base).
Procedimento: sistemare la trota nel *Varoma* precedentemente unto di olio. Mettere nel boccale il vino bianco e il brodo di pesce. Posizionare il *Varoma* sul coperchio e cuocere per 20', temp. Varoma, Vel.1. Lasciare raffreddare la trota, quindi aprirla delicatamente a metà, togliere la spina dorsale ed eliminare le lische. Spalmare la trota di insalata russa, ricomporla e decorarla con maionese e ciuffi di prezzemolo

8.1.1.59   Salmone Al Pepe E Al Ginepro

Ingredienti: 4 tranci di salmone fresco; 4 bacche di ginepro; 100gr. di vino bianco; 100gr. di acqua; 1 spicchio di aglio; prezzemolo, basilico; sale e pepe in gran q.b.
Procedimento: adagiare i filetti di salmone nel *Varoma* precedentemente unto di olio. Distribuire uniformemente sul salmone il pepe in grani, le bacche di ginepro schiacciate, il prezzemolo e il basilico tritati. Mettere nel boccale il vino e l'acqua; posizionare il *Varoma* sul coperchio e cuocere per 20' a temp. Varoma, Vel.1. Adagiare i tranci di salmone sopra un piatto da portata e servirli caldissimi

8.1.1.60   Salmone Mimosa

Ingredienti: 700gr. di filetto di salmone fresco; 4 uova sode; 50gr. di olio; 2 spicchi di aglio; 20gr. di cipolla; 50gr. di carota; 2 foglie di alloro; succo di un limone; 1 l. di acqua; sale e pepe q.b.
Procedimento: frullare per 40'' a Vel.6 il limone, l'olio, il sale, il pepe e il prezzemolo. Mettere da parte. Tritare grossolanamente per 30'' Vel.3 le uova sode e metterle da parte. Disporre filetti di salmone nel cestello. Senza lavare il boccale versarvi l'acqua, il sale, le carote a pezzi, la cipolla, l'aglio e l'alloro; immergere il cestello e cuocere per 10' a 100° Vel.2. A fine cottura togliere il cestello, scolare bene e sistemare i filetti di salmone sopra un piatto da portata. Distribuire uniformemente le uova sode tritate sul salmone e condire con la salsina di limone. Spolverizzare di pepe

8.1.1.61   Salmone Decorato

Ingredienti: 1 kg.- di tranci di salmone; 100gr. di vino bianco; ½ litro di brodo di pesce (acqua e dado bimby); 100gr. di carote; 50gr. di cipolla; 5'0gr. di sedano; 100gr. di burro; 200gr. di gamberetti; 50gr. di panna da cucina; 30gr. di farina; 250gr. di latte; 1 limone; sale e pepe in grani q.b.
Procedimento: adagiare il salmone nel *Varoma* e i gamberetti nel cestello. Mettere nel boccale il brodo di pesce e il vino bianco, quindi immergervi il cestello e posizionare il *Varoma* sul coperchio (30', temp. Varoma, Vel.2). Terminata la cottura adagiare il salmone su un piatto da portata. Lasciare nel boccale 250gr. di brodo e unirvi il burro e 50gr. di gamberetti (30'' Vel.6). Aggiungere la farina e il latte e cuocere per 7' a 80° Vel.3. A fine cottura amalgamare la panna (2' Vel.3), salare e pepare. Versare un po' di questa salsina sul pesce dopo averlo decorato con fette di limone e contornato di gamberetti. Mettere la rimanente salsina in una salsiera e servire

8.1.1.62   Trota Farcita Al Prosciutto

Ingredienti: 1 kg. Di trote (4 trote piccole); prezzemolo; prosciutto crudo 8 fette; 1 mis. Di aceto; 300gr. di carote; 1 mis. Di parmigiano grattugiato; 300gr. di acqua; peperoncino; sale q.b.

Procedimento: tritare nel boccale il prezzemolo (30'' Vel.4), aggiungere il parmigiano, il peperoncino, il sale, l'aceto e l'olio (30'' Vel.5). Con questo impasto farcire le trote, avvolgerle nelle fette di prosciutto crudo e adagiarle nel Varoma. Tagliare a rondelle spesse le carote, metterle nel cestello, versare l'acqua nel boccale e inserire il cestello. Posizionare il *Varoma* sul coperchio e cuocere per 30' a temp. Varoma, Vel.3. Servire le trote insieme con le carote condite con sale, pepe e un filo d'olio crudo

8.1.1.63   Trota Salmonata A Varoma

Ingredienti: 1 trota salmonata; 400gr. di acqua; 40gr. di olio; 2 pomodori; 1 spicchio di aglio; 500gr. di patate; 20gr. di maizena; timo; sale q.b.

Procedimento: tritare il prezzemolo. Mettere nel boccale l'acqua, l'aglio, l'olio, i pomodori, il timo e il sale. Tagliare a fettine le carote e sistemarle nel cestello. Sistemare la trota sul vassoio e le patate tagliate a pezzi nel Varoma. Inserire il cestello nel boccale e posizionare il *Varoma* sul coperchio (30' temp. Varoma, Vel.1). A fine cottura togliere il *Varoma* e il cestello. Aggiungere al brodetto la maizena e cuocere per 2' a 80° Vel.3. Servire il pesce condito con la salsina e cosparso di prezzemolo tritato (20'' Vel.4). Accompagnare con un contorno di patate e carote

8.1.1.64   Filetti Di Trota Al Vino

Ingredienti: 4 filetti di trota; 100gr. di vino bianco; 1 porro; 20gr. di cipolla; 30gr. di carota; ½ spicchio di aglio; 50gr. di olio di oliva; timo, prezzemolo; alloro; sale e pepe q.b.

Procedimento: tritare nel boccale l'aglio, la cipolla, la carota a pezzi e il porro (30'' Vel.6). Unire l'olio e soffriggere (3' a 100°, Vel.3). Mettere i filetti di trota nel *Varoma* precedentemente unto di olio, conditi con il prezzemolo tritato, il timo e le foglie di alloro. Aggiungere nel boccale il vino, posizionare il *Varoma* e cuocere per 15' a temp. Varoma, Vel.3. Adagiare i filetti di trota sopra un piatto da portata e condirli con la salsa. Servirli caldi

8.1.1.65   Orata Alla Pugliese

Ingredienti: 2 orate (600gr. circa); 1 kg. Di patate; 3 spicchi di aglio; prezzemolo; 50gr. di pecorino grattugiato; 60gr. di olio; 100gr. di vino bianco; 200gr. di acqua; sale e pepe q.b.

Procedimento: buttare, con le lame in movimento, il prezzemolo e l'aglio e tritare per 20'' a Vel.6. Versare in una ciotola metà del trito. Mettere nel boccale l'olio e preparare il soffritto: 3' 100°, Vel.1. Intanto preparare nel *Varoma* uno strato di patate tagliate a fette e condite con il prezzemolo tritato e il pecorino, quindi adagiarvi le orate salate e pepate. Ricoprire il pesce con un altro strato di patate condite come prima. Mettere nel boccale il vino bianco e l'acqua, posizionare il *Varoma* sul coperchio e far cuocere per 20' a temp. Varoma, Vel.1. Servire le orate condite con il sughetto di cottura

8.1.1.66   Riso Con Salsa Di Acciughe

500gr. di riso; 600gr. di acciughe fresche; 30gr. di scalogno (o cipolla); ½ mis. Di vino bianco; 2 spicchi di aglio; 50gr. di olio d'oliva; 1 litro di brodo; (acqua e dado di pesce o vegetale bimby); prezzemolo.

Procedimento: pulire le acciughe, lavarle e tagliarle a pezzetti. Mettere nel boccale l'aglio, lo scalogno, il peperoncino e l'olio (3', 100° Vel.4); unire i pezzetti di acciuga e far insaporire per 2' a 100° Vel.1. Dopo aver posizionato la farfalla aggiungere il riso e tostarlo per 5' a 100° Vel.1. Versare il vino bianco e farlo evaporare per 1' a Vel.1. Unire il brodo e cuocere per 15' a 100°, Vel.1. Prima di servire il risotto, guarnire con prezzemolo fresco tritato

8.1.1.67 Crocchette Di Pesce Con Salsa Di Pomodoro

Ingredienti: 500gr. di filetto di nasello; 2 uova intere; 1 spicchio di aglio; 50gr. di parmigiano; 50gr. di pangrattato. Per la besciamella: 30gr. di burro; 50gr. di farina; ½ litro di latte; sale e pepe q.b. Per la salsa: 500gr. di pomodori pelati; 1 spicchio di aglio; 50gr. di olio; 30gr. di cipolla. **Procedimento:** sistemare i filetti di nasello nel *Varoma* precedentemente unto di olio. Soffriggere nel boccale l'olio, l'aglio e la cipolla (3' 100° Vel.4); aggiungere i pomodori pelati e schiacciati, il sale e il pepe; posizionare il *Varoma* sul coperchio e cuocere per 20' a temp. Varoma, Vel.3. Togliere il sugo dal boccale e metterlo da parte e sistemare il nasello su un piatto. Senza lavare il boccale preparare la besciamella con il burro, la farina, il latte (7' 80° Vel.2). Salare e pepare. Far raffreddare e aggiungere i tuorli d'uovo, la polpa di pesce sminuzzata, il formaggio e il prezzemolo tritato (30'', Vel.4). Con l'impasto ottenuto, che deve risultare omogeneo, preparare delle palline; passarle nell'albume leggermente sbattuto e nel pangrattato. Friggere le crocchette in abbondante olio. Allineare le crocchette in un piatto da portata e coprirle con la salsa di pomodoro. Guarnire con prezzemolo fresco tritato

8.1.1.68 Zuppa Del Pescatore

Ingredienti: 1 kg. Di frutti di mare misti (cozze e vongole); 200gr. di patate; 50gr. di cipolla; 30gr. di burro; 200gr. di panna da cucina; prezzemolo; 1 l. di acqua; chiodi di garofano; sale q.b. **Procedimento:** soffriggere nel boccale la cipolla con il burro (3' 100° Vel.4), aggiungere le patate pelate e tagliate a cubetti e rosolare per 2' a 100° Vel.1. Versare l'acqua, posizionare il Varoma, riempito con i frutti di mare, sul coperchio e cuocere per 15' a temp. Varoma, Vel.1. Quando le cozze si saranno aperte togliere i frutti dal guscio, versarne la metà circa nel boccale e tritare per 1' a 100° Vel.4. Unire la panna (30'' Vel.4) e mettere in una zuppiera insieme con le cozze rimaste intere. Profumare con il prezzemolo tritato e i chiodi di garofano

8.1.1.69 Filetti Di Sogliola Al Dragoncello

Ingredienti: 4 filetti di sogliola; 50gr. di cipolla o scalogno; 50gr. di olio; 200gr. di vino bianco; 100gr. di panna; 50gr. di farina; 2 tuorli d'uovo; 20gr. di dragoncello essiccato; succo di limone; sale e pepe q.b. **Procedimento:** d adagiare i filetti di sogliola nel *Varoma* precedentemente unto di olio. Soffriggere la cipolla con l'olio (3', 100°, Vel.4); aggiungere il vino bianco. Posizionare il *Varoma* sul coperchio e far cuocere per 10' a temp. Varoma, Vel.2. Mettere i filetti di sogliola in una teglia. Nel boccale aggiungere al liquido di cottura del pesce, la farina e la panna: 5' 90°, Vel.3. Infine unire i tuorli d'uovo, il dragoncello e poche gocce di succo di limone (20'', Vel.4). Versare questa salsa sui filetti di sogliola e infornare per 12' a 180°. Servire caldi

8.1.1.70 Risotto Con Seppioline

Ingredienti: 600gr. di seppioline; 500gr. di riso; 100gr. di vino bianco; 900gr. di acqua; 50gr. di cipolla; 1 spicchio di aglio; 1 mis. Di passata di pomodoro (o 6 pomodori pelati); 100gr. di olio; prezzemolo tritato; sale e pepe q.b.
Procedimento: soffriggere l'aglio e la cipolla nell'olio (3' 100° Vel.3); aggiungere la passata di pomodoro e cuocere per 5' 100° Vel.1. Posizionare la farfalla. Aggiungere le seppie e cuocerle per 5' a 100° Vel.1. Infine versare l'acqua: 15' 100° Vel.1. Salare q.b.. Versare in una risottiera e guarnire con prezzemolo tritato. Spolverizzare di pepe

8.1.1.71 Pate' Di Trota In Gelatina

Ingredienti: 200gr. di filetti di trota affumicata; 50gr. di formaggio cremoso; 150gr. di formaggio di capra; 50gr. di burro; 2 scalogni medi; 50gr. di olio di oliva; ½ mis. Di acqua; succo di ½ limone; poche gocce di tabasco; 20gr. di capperi; prezzemolo; zenzero in polvere; 1 confezione di gelatina granulare.

Procedimento: preparare la gelatina seguendo le istruzioni riportate sulla confezione. Prendere una pirofila di media grandezza e coprirne il fondo, facendo uno strato di un paio di centimetri di gelatina. Mettere nel congelatore e aspettare che si addensi. Nel frattempo far ammorbidire gli scalogni (precedentemente tritati a Vel.7 per 20'') con olio e acqua 5', 100°, Vel.1. Salare. Aggiungere tutti gli altri ingredienti rimasti e omogeneizzare per 30'' a Vel.5. A questo punto prendere la pirofila dal freezer e mettere uno strato di paté sulla gelatina, quindi versare un altro strato di gelatina e far rapprendere in freezer. Procedere così finchè saranno finiti gli ingredienti

8.1.1.72 Pescatrice Ai Funghi

Ingredienti: 800gr. di pescatrice; 400gr. di funghi; 100gr. di cipolla; 150gr. di carote; 100gr. di vino bianco; 50gr. di olio; 6 pomodorini; 1 spicchio di aglio;: 10 olive nere snocciolate; prezzemolo; sale e pepe q.b.

Procedimento: tritare le carote, la cipolla e l'aglio (10'' Vel.4); aggiungere l'olio e soffriggere per 3' a 100° Vel.4. Posizionare la farfalla e versare i funghi e il vino. Ungere il *Varoma* di olio e adagiarvi la pescatrice condita con il prezzemolo tritato, i pomodorini tagliati a pezzi, le olive il sale e il pepe. Posizionare il *Varoma* sul coperchio e cuocere per 30' a temp. Varoma, Vel.1. Adagiare la pescatrice sopra un piatto da portata e condire con il sughetto ottenuto

8.1.1.73 Insalata Di Mare

Ingredienti: 300gr. di cozze; 200gr. di gamberi; 100gr. di moscardini; 100gr. di seppioline; 200gr. di anelli di calamari; prezzemolo; 50gr. di olio; 20gr. di cipolla; 2 spicchi di aglio; 100gr. di vino bianco; 100gr. di acqua; succo di limone; sale e pepe q.b.

Procedimento: inserire nel boccale la cipolla, l'aglio e l'olio (3' 100° Vel.4); aggiungere i moscardini, le seppioline e gli anelli di calamari e far insaporire per 2' a 100° Vel.1. Bagnare con il vino (1' 100° Vel.1); quindi aggiungere l'acqua. Posizionare il *Varoma* sul coperchio e cuocere per 20' a temp. Varoma, Vel.1. Foderare una ciotola di vetro con le foglie di lattuga e versarvi le cozze con tutto il guscio, i moscardini, le seppioline, i calamari e i gamberi sgusciati. Condire con il pepe, il prezzemolo, il succo di limone e un filo di olio crudo. Controllare il liquido di cottura. Se fosse necessario aggiungere l'acqua

8.1.1.74 Filetto Di Rombo Alla Pugliese

Ingredienti: 1 kg. Di filetti di rombo (2 rombi); ½ mis. Di olio; 1 spicchio di aglio; 150gr. di acqua; 600gr. di pomodorini; prezzemolo; sale q.b.

Procedimento: adagiare un filetto di rombo nel *Varoma* e uno sul vassoio. Tritare l'aglio e il prezzemolo (1', Vel.4); aggiungere l'olio e il peperoncino e soffriggere per 3' 100° Vel.1. Unire i pomodorini: 10'' Vel.3. Versare l'acqua, posizionare il *Varoma* sul coperchio e cuocere per 20' a temp. Varoma, Vel.1. Adagiare i filetti di rombo sopra un piatto da portata e condire con la salsina preparata

8.1.1.75 Ravioli Con Sugo Di Pesce Al Porto

Ingredienti: 400gr. di ravioli con ripieno di pesce; 300gr. di cozze; 16 capesante; 1 scatola di polpa di granchio al naturale; 50gr. di olio; 30gr. di scalogno (o cipolla); 1 spicchio di aglio; 1 bustina di zafferano; 150gr. di panna da cucina; aneto; sale e pepe q.b.

Procedimento: mettere l'acqua nel boccale e posizionare il Varoma, riempito di cozze e di capesante sul coperchio (10' temp. Varoma, Vel.1). Quando le cozze si saranno aperte, togliere il frutto dal guscio. Buttare l'acqua della cottura. Soffriggere nel boccale lo scalogno con l'olio e l'aglio (3' 100° Vel.4); posizionare la farfalla; versare le cozze e le capesante e insaporire per 10' a 80° Vel.1. Unire la panna, lo zafferano, la polpa di granchio tagliata a pezzetti e cuocere per 5' a 80°, Vel.1. Lessare i ravioli in acqua salata, condirli con il sugo e spolverizzare con aneto tritato

8.1.1.76   Seppioline Gratinate

Ingredienti: 1 kg. Di seppioline; 1 uovo; 100gr. di pane raffermo; 1 spicchio di aglio; prezzemolo; 10 cozze nere; 500gr. di acqua.

Procedimento: mettere l'acqua nel boccale e posizionare il Varoma, riempito con le cozze: 15', temp. Varoma, Vel.2. Estrarre il frutto delle cozze e metterlo da parte insieme con l'acqua di cottura. Tritare il prezzemolo, il pane e l'aglio (10'', . Vel.Turbo), pi mettere da parte 3 cucchiai di questo gratin, nel restante aggiungere il frutto delle cozze e l'uovo (10'' Vel.5). Riempire le seppie con l'impasto ottenuto e disporle nel Varoma. Versare nel boccale l'acqua delle cozze ed eventualmente aggiungere dell'altra (in tutto deve essere 500gr.). Posizionare il *Varoma* sul coperchio e cuocere per 20', temp. Varoma, Vel.1. Nel frattempo spargere un po' di gratin, condito con un filo d'olio d'oliva crudo, sul fondo di una teglia, adagiare le seppie, e spargere il rimanente gratin. Condire ancora con un filo d'olio e infornare per 10' a 180°.

8.1.1.77   Ravioli Di Pesce

Ingredienti: l'impasto: 200gr. di farina; 2 uova; 20gr. di olio. Per il ripieno: 300gr. di polpa di nasello o coda di rospo; 1 panino raffermo; 150gr. di burro; 20gr. di parmigiano grattugiato; 2 spicchi di aglio; prezzemolo, sale e pepe q.b.; noce moscata; 1 uovo; 500gr. di acqua.

Procedimento: mettere nel boccale la farina, le uova e l'olio: 20'' Vel.6. Avvolgere la pasta ottenuta in un tovagliolo e lasciare riposare per 20'. Ammollare la mollica di pane nell'acqua e poi strizzarla. Adagiare la polpa del pesce nel Varoma, precedentemente unto di olio. Mettere nel boccale l'acqua, posizionare il *Varoma* sul coperchio e cuocere per 15' a temp. Varoma, Vel.1. Togliere l'acqua dal boccale e scolare il pesce. Amalgamare nel boccale l'uovo, il sale, il pepe e la noce moscata (10'' Vel.5); aggiungere la polpa del pesce e tritare per 30'' a Vel.5. Unire la mollica di pane e il parmigiano grattugiato (30'' Vel.6). Dividere la pasta a metà e preparare due sfoglie sottili. Su una delle due distribuire, formando delle file regolari, dei mucchietti di ripieno (grandi quanto un cucchiaino da caffè). Coprire con l'altra sfoglia di pasta e tagliare i ravioli. Lessarli e condire semplicemente con un soffritto di burro e aglio: 3', 100° Vel.1. Cospargere di prezzemolo fresco tritato prima di servire

8.1.1.78   Seppie E Carciofi

Ingredienti: 1 kg. Di seppie; 4 carciofi; 60gr. di olio; 30gr. di cipolla; 100gr. di vino bianco; 1 spicchio di aglio; prezzemolo; peperoncino; sale q.b.

Procedimento: tagliare a listerelle le seppie. Pulire i carciofi e tagliarli a spicchi. Mettere nel boccale l'aglio, l'olio e la cipolla: 3' a 100° Vel.4. Unire i carciofi a rosolare per 3' a 100° Vel.1. Posizionare la farfalla. Aggiungere le listerelle di seppie (5', 100° Vel.1). Bagnare con il vino bianco, aggiungere il peperoncino tritato e continuare la cottura per 20' a 100° Vel.1. Cospargere di prezzemolo crudo tritato finemente, spruzzare con succo di limone e servire.

8.2 Scampi e gamberi

8.2.1.1 Scampi In Salsa Piccante

Ingredienti: 24 scampi; 50gr. di olio di semi; 100gr. di olio d'oliva; peperoncino; 8 spicchi d'aglio; 1 limone; alloro.

Procedimento: tritare nel boccale 5 spicchi di aglio per 30'' Vel.5, aggiungere l'olio d'oliva, qualche goccia di succo di limone e il sale: 30'' Vel.5. Si ottiene una salsina omogenea che va messa da parte. Privare gli scampi della testa. Soffriggere nel boccale, senza lavarlo, i rimanenti spicchi d'aglio, il peperoncino e l'alloro nell'olio di semi (3' a 100° Vel.4). Unire gli scampi e far cuocere per 10' a 100° Vel.1. Aggiungere ancora qualche goccia di succo di limone e qualche cucchiaiata di salsina e amalgamare per 10'' a Vel.1. Adagiare gli scampi su un piatto da portata e servirli con la salsina rimasta.

8.2.1.2 Linguine Agli Scampi

Ingredienti: 500gr. di code di scmpi; 50gr. diolio; 1 scatola di pomodoro a pezzetti: 1 spicchio d'aglio; 100gr. di cipolla; 50gr. di panna da cucina; 50gr. di vino bianco e brandy; un ciuffo di prezzemolo; peperoncino a piacere.

Procedimento: soffriggere nell'olio l'aglio e la cipolla (3' 100° Vel.4); aggiungere le code degli scampi e cuocere per 3' a 100° Vel.1, versando, di tanto in tanto, il brandy e il vino. Unire poi i pomodori e il sale (20', 100° Vel.1) e, 2' prima del termine della cottura, incorporare la panna e il peperoncino. Con questo sugo condire le linguine e servire con abbondante prezzemolo tritato.

8.2.1.3 Fricassea Di Scampi

Ingredienti x 4: 16 scampi giganti freschi, 2 finocchi, olio, sale, pepe. Per la salsa al limone: 30gr. di succo di limone, 40gr. d'olio, un cucchiaio di vermouth secco, 10 olive nere di Grecia snocciolate, sale, pepe.

Procedimento Preparare la salsa al limone: inserire nel boccale dal foro del coperchio con lame in movimento Vel.4 le olive: 40sec. Vel.4. Posizionare la farfalla e inserire tutti gli altri ingredienti della salsa: 2min Vel.3 e mettere da prate. Inserire ora nel boccale un lt d'acqua e portare ad ebollizione: 10min 100° Vel.1. Lavare i finocchi, affettarli per il lungo e disporli sul fondo del varoma. Aprire a libro le code degli scampi e disporli sopra i finocchi: salare, pepare e spennellare con l'olio. Quando l'acqua bolle posizionare il varoma: 15min *varoma* Vel.2. Al termine disporre scampi e finocchi in un piatto da portata, irrorarli con la salsa e servire subito. Si può sostituire la salsa al limone con la salsa olandese delle "TROTE CON PATATE ".

8.2.1.4 Quiche Di Spinaci E Scampi

Ingredienti: la pasta: 200gr. di farina, 100gr. di burro morbido, un misurino scarso di latte freddo, sale. Per il ripieno: 250gr. di spinacini, 16 scampi (anche surgelati). Per la crema di uova: 10gr. di burro, 20gr. di farina, 1\4 di lt di latte, 3 uova intere + 1 albume.

Procedimento: Mettete nel boccale tutti gli ingredienti per la pasta: 30sec. Vel.3\5. Fate riposare in frigo per 30 minuti. Scottate a *Varoma* gli spinaci: mettete nel boccale un lt d'acqua e un pizzico di sale: 10min temp varoma. Mettete gli spinaci puliti nel *varoma* e fateli scottare 10min a temp varoma. in una pentola con acqua bollente salata fate cuocere 5 minuti gli scampi, levateli e sgusciateli conservando le chele. Preparate la crema di uova mettendo nel boccale burro, farina, latte e uova: 7min 80° Vel.4. Unite gli spinaci e tritateli 30sec. Vel.3\5. Montate l'albume e unitelo alla crema e spinaci. Stendete la pasta e foderate una teglia di 24cm di diametro senza eliminare la pasta in eccedenza. bucherellate la pasta, riempite di 2\3 con la crema di spinaci e affondatevi gli scampi decorando con el chele. Rifinite il bordo della tortiera e infornate a 200° per 30 minuti.

8.2.1.5 Insalata Di Scampi Con Fagioli

Ingredienti: 20 scampi, una scatola di fagioli cannellini, uno spicchio d'aglio, una cimetta di salvia fresca, sale, pepe nero macinato al momento, olio, 4 foglie di radicchio rosso. Cottura degli scampi: togliete la testa agli scampi dopo averli ben lavati. Ponete le teste nel boccale con mezzo litro d'acqua salata: 5min 100° Vel.1. Inserite ora il cestello con gli scampi e cuocete 15min 100° Vel.1.

Procedimento: togliete il cestello con gli scampi e tenetelo da parte. Eliminate l'acqua di cottura e le teste degli scampi e dopo aver sciacquato il boccale, inserite la farfalla, poi mettete la cimetta di salvia, lo spicchio d'aglio, mezzo misurino d'olio e i fagioli sgocciolati e lavati: 3min 100° Vel.1. Intanto sgusciate gli scampi e metteteli in una ciotola dove aggiungerete i fagioli (senza aglio e salvia) e condirete con poco olio, sale e pepe macinato al momento: mescolate e servite in piattini individuali dentro una foglia di radicchio rosso.

8.2.1.6 Crema Di Scampi

Ingredienti x 6: 250gr. di scampi sgusciati e 50gr. per guarnire, 20gr. d'olio, una cipollina, uno spicchio d'aglio, 50gr. di maizena, un pomodoro maturo o due pelati, una bustina di zafferano, un cucchiaio di prezzemolo tritato, un pizzico di erbe di Provenza (?), un lt d'acqua, 100gr. di panna, un cucchiaino di sale.

Procedimento Inserite nel boccale olio, aglio e cipolla: 3min 100° Vel.1. Aggiungete scampi e pomodori: 20sec. Vel.4 e 20sec. Vel.9. Unite acqua, sale, zafferano ed erbe di Provenza: 15min 100° Vel.3. Terminata la cottura introdurre panna, prezzemolo e gli altri scampi: 2min 90° Vel.2. versate nell zuppiera, guarnite con ciuffi di prezzemolo e servite.

8.2.1.7 Farfalle Ai Gamberi E Curry

Ingredienti: 300gr. di gamberi sgusciati, 200 g. di burro, 1 mis. di vino bianco, mezzo cucchiaio di curry. Per il court-bouillon (brodo di pesce): 1 pomodorino maturo, mezza carota, 1 cipollina e pochissimo sedano, 2 cucchiai di vino bianco, qualche grano di pepe nero.

Procedimento: Preparate il court-boullino, come indicato nella prima ricetta di questo capitolo. Inserite nel boccale il burro ed i gamberetti e fateli rosolare per 3min. a 100°, Vel.1; aggiungete 1 mis. di court-bouillon e lasciate cuocere per 10min. a 100°, Vel.1. Unite il vino e fate evaporare: 5min. temp. Varoma, Vel.1, tenendo il mis. inclinato; aggiungete il sale, il curry e lasciate addensare a temp. Varoma, Vel.1, fino ad ottenere una salsa densa e scorrevole. CONSIGLIO: Se non avete il tempo per preparare il brodo di pesce, potete sostituirlo con la medesima quantità di acqua di cottura della pasta: il sugo però ne soffre un poco.

8.2.1.8 Tagliatelle Nere Ai Gamberi E Vongole

Ingredienti: 350gr. di gamberi freschi già sgusciati, 150gr. di vongole veraci già private delle valve, 200gr. di panna da cucina, 50gr. di burro, 1 spicchio d'aglio, 1 cucchiaio di prezzemolo spezzettato, 1 peperoncino, sale q.b.

Procedimento: Inserite nel boccale il burro, l'aglio, il peperoncino e fate il soffritto: 3min. a 100°, Vel.4; unite il prezzemolo, le vongole, i gamberi, il sale e lasciateli cuocere per 5min. a 100°, Vel.1. Aggiungete là panna, e amalgamate bene: 15sec. Vel.1. Aggiustate di sale e condite le tagliatelle colorate al nero di seppia ben scolate e cotte al dente. Questo sugo è un po' laborioso, ma ottimo e di sicuro effetto. SEGRETO: I sughi con crostacei o molluschi si abbinano sempre con paste lunghe e non forate, più o meno sottili a seconda della delicatezza o della "robustezza" del sugo.

8.2.1.9 Salsa Di Gamberetti

Ingredienti: 250gr. di gamberetti lessati e 50gr. per guarnire, 2 uova, olio di semi, sale, pepe, succo di un limone, 2 cucchiai di ketchup, 5 gocce di tabasco, 2 cucchiai di yogurt, una goccia d'aceto.

Procedimento: Inserire nel boccale uova, succo di limone, ketchup, tabasco, yogurt e aceto: 45sec. Vel.8 versando l'olio a filo. Aggiungere i gamberetti: 7sec. Vel.4. Disporre in una coppa e guarnire con i gamberetti.

8.2.1.10 Risotto Con Gamberi E Gorgonzola

Ingredienti: 500gr. di riso; 300gr. di gamberetti già sgusciati; 50gr. di burro; 20gr. di cipolla; 1 spicchio di aglio; 1 mis. Di vino bianco; 1 litro di acqua; dado; 100gr. di gorgonzola e mascarpone; prezzemolo; pepe q.b

Procedimento: mettere, con le lame in movimento l'aglio e la cipolla nel boccale: 10'' Vel.4, aggiungere il burro e soffriggere per 3' a 100° Vel.1. Posizionare la farfalla, versare il riso, il vino e i gamberetti e far tostare per 2' a 100° Vel.1. Aggiungere il brodo (acqua e dado) e continuare la cottura per 20' a 100° Vel.1. Durante l'ultimo minuto inserire il gorgonzola, versare il risotto nella risottiera e guarnire con il prezzemolo e il pepe.

8.2.1.11 Crespelle Con Gamberetti In Salsa Tonnata

Ingredienti: il ripieno: 300gr. di gamberetti freschi; 1 dose di salsa tonnata; salsa Worcester; prezzemolo; 500gr. di acqua.

Procedimento: preparare la pastella per le crespelle secondo la ricetta base e lasciarla riposare per circa 30'. Nel frattempo dedicarsi al ripieno. Preparare la salsa tonnata (ricetta base) aggiungendo, alla fine, poche gocce di salsa Worcester e versarla in una ciotola. Mettere l'acqua nel boccale e immergervi il cestello riempito con i gamberetti: 10' 100° Vel.3. Sgusciare i gamberetti, farli raffreddare e unirli alla salsa tonnata. In una apposta padella far riscaldare il burro, versarvi qualche cucchiaiata di pastella e lasciare dorare da una parte, rigirare e far dorare anche dall'altra. Procedete così fino a esaurimento della pastella. Queste le crepes si sono raffreddate farcirle con il ripieno, arrotolarle e disporle su un piatto da portata.

8.2.1.12 Zuppa Di Gamberi E Ceci

Ingredienti: 500gr. di gamberetti sgusciati; 500gr. di ceci già lessati; 30gr. di cipolla 30gr. di carota; 250gr. di ditalini; 500gr. di acqua.

Procedimento: tritare l'aglio, la cipolla e la carota (20'' Vel.4), aggiungere l'olio e soffriggere per 3' a 100° Vel.4. Dopo aver posizionato la farfalla unire i gamberi e fare insaporire per 2' a 100° Vel.1. Mettere nel boccale l'acqua e i ceci già lessati, portare a ebollizione (5', 100° Vel.1), quindi buttare la pasta e cuocere per 9' a 100° Vel.1. Aggiustare sale e pepe e servire la zuppa calda.

8.2.1.13 Gamberetti Con Pannocchiette Di Granoturco

Ingredienti x 4: 300gr. di pannocchiette in vasetto, 2 gambi di sedano, 4 cipolline primavera, 1\2 cespo d'insalata belga, 300gr. di gamberetti sgusciati, un cucchiaio di scorza grattugiata di limone, un cucchiaio di succo di limone, qualche goccia di tabasco, sale. Per la marinata: uno spicchio d'aglio schiacciato, 3 cucchiai di sherry, 3 cucchiai di salsa di soia.

Procedimento: Pulire le verdure, togliere le pannocchiette dal vasetto, tagliarle a metà per il lungo, tagliare le cipolline a fettine sottili e il sedano e la belga in piccoli pezzetti. Mescolare aglio, sherry, salsa di soia in una ciotola e immergervi le pannocchiette, mescolare bene e lasciare a marinare coperto per 2 ore. Disporre ora cipolla, sedano, pannocchiette tolte dalla marinata (che va conservata) nel varoma, con sopra l'insalata belga. Posizionare i gamberetti nel vassoio e salarli. Inserire nel boccale 500gr. d'acqua: 6min 100° Vel.1. Quando l'acqua bolle posizionare sul boccale il *varoma* ben chiuso e cuocere: 20min *varoma* Vel.1. Al termine cospargere i gamberetti con la scorza di limone grattugiata. Disporre tutto in un piatto, condire con la marinata rimasta, il tabasco, il succo di limone e mescolare distribuendo con garbo le pannocchiette. Questo piatto è ottimo servito con riso al vapore.

8.2.1.14 Cocktail Di Gamberetti

Ingredienti (per 6 persone) 1 cespo di lattuga, 500gr. di gamberetti lessati, olio, limone e sale q.b. 1 dose di maionese, 1 cucchiaio di salsa Worchester, 2 cucchiai di ketchup, 2 cucchiai di brandy

Procedimento Inserire tutti gli ingredienti, tranne la lattuga e i gamberetti: 20sec. Vel.2. Insaporire i gamberetti con olio e limone. Scegliere dal cespo di lattuga 6 belle foglie bianche lavate e asciugate che serviranno da base nelle coppe. Tagliare le rimanenti foglie a listarelle finissime e stenderne un sottile strato su ogni singola foglia. Versare nelle coppe i gamberetti e ricoprirli con la salsa cocktail.

8.2.1.15 Riso Con Gamberetti

Procedimento Fare il soffritto (carota, cipolla, zucchina, sedano), 30gr. di olio, 4' 100° Vel.1. Metto il riso, 1 bicchiere di vino bianco secco e cucino per 3-4' a Vel.1 a temp. 100°. A questo punto aggiungo il resto dell'acqua, il dado, i gamberetti e cucino ancora per altri 8' circa, controllando poco prima del termine, se il riso è bello asciutto. Tieni presente che i gamberetti tendono a restringersi se cucinati troppo. L'ideale sarebbe quindi, farli lessare in precedenza o col *Varoma* mentre cucini il riso e, aggiungerli al riso solo durante gli ultimi 2' di cottura. Questa è una scelta che devi fare tu.

8.2.1.16 Spaghettini Ai Gamberetti E Pomodori Crudi

Ingredienti: 200gr. di pomodori maturi e ben sodi, 300gr. di gamberetti freschi, 70gr. di olio extra vergine di oliva, 3 spicchi d'aglio, sale, pepe, prezzemolo q.b.
Procedimento: Sgusciate i gamberetti e teneteli da parte. Togliete il torsolo e i semi ai pomodori, metteteli nel boccale, triturateli grossolanamente per 30sec. a Vel.3 e teneteli da parte. Senza lavare il boccale, inserite ora l'aglio, l'olio e fate soffriggere per 3min. a 100°, Vel.1. Eliminate l'aglio, posizionate la farfalla, inserite i gamberetti, il sale e fateli insaporire per 3min. a 100°, Vel.1; aggiungete i pomodori: 3min. a 100°, Vel.1. Versate gli spaghettini appena scolati in una terrina calda, ricopriteli con il sugo, mescolate delicatamente e cospargeteli con prezzemolo tritato e con una spolverata di pepe macinato al momento. CONSIGLIO: Questo sugo può condire anche linguine o tagliolini. Se non avete i gamberetti freschi, potete usare anche quelli congelati, sono buoni lo stesso.

8.2.1.17 Zuppa Di Ceci E Gamberetti

Ingredienti 250gr gamberetti 300gr di riso, una scatola di ceci, 1 scalogno, 1 mis di vino bianco, 30gr. di olio, sale e peperoncino qb, uno spicchio d'aglio, aghi di rosmarino. Ù
Procedimento inserire nel boccale olio, aglio, scalogno e qualche ago di rosmarino 3' 100° Vel.4. Aggiungete metà della scatola di ceci e frullate qualche secondo: vel 4/5.Aggiungete il vino bianco e rosolate 2' 100° Vel.3. Inserite la farfalla, i gamberetti, i ceci rimasti e 650gr. di acqua e dado. Cocete 15' 100° Vel.1.Versate il riso e cocete 13' 100° Vel.1. Spolverizzate con peperoncino e servite calda.

8.2.1.18 Riso Con Gamberetti E Verdurine

Ingredienti: verdure in abbondanza per soffritto; 20gr. di olio extravergine; 200gr. di gamberetti sgusciati tenerissimi; 1 dado oppure un cucchiaino di dado bimby; formaggio grattugiato a volontà; una noce di burro.
Procedimento: Tritare a Vel.4 tutte le verdure per il soffritto (carota, sedano, cipolla, zucchina), far cuocere con l'olio a Vel.1 e a temp. 100°. Mettere la farfalla, 320gr. di riso (3 misurini interi), 620gr. di acqua (se il riso piace più liquido aggiungere 20gr. di acqua, a me piace piuttosto asciutto), il dado e i gamberetti e cuocere a 1oo° Vel.1 per 11'. A questo punto aggiungere nel boccale il parmigiano grattugiato e il burro, quindi, cuocere per altri 2'. Controllare adesso il livello di cottura del riso, se è troppo liquido cuocere ancora 1' a Vel.1 temp. Varoma, per asciugarlo, e se è ancora al dente, lasciare in autocottura ancora per un altro minuto. Attenzione a non eccedere con i minuti di cottura, in genere la porzione per 4 richiede circa 14' in tutto, ma dipende molto dal tipo di riso. Il riso è molto gustoso e risulta cremoso grazie al burro e al formaggio aggiiunti a fine cottura.

8.2.1.19 Riso Al Curry Con Gamberi

Ingredienti: 400gr. di gamberi, 400gr. di riso, ½ l. acqua, dado Bimby, ½ cipollina, 1 mis. Di panna, 30gr. di farina, olio, curry.

Procedimento: Inserisci nel boccale acqua e dado: 10 minuti 100° Vel.1. Posiziona il cestello con il riso, inserisci i gamberi nel Varoma: 15min temp. *Varoma* Vel.4. Togli il cestello e tieni il riso al caldo tenendo da parte 4 misurini del liquido di cottura. Soffriggi olio e cipolla: 3min. 90° Vel.4, aggiungi acqua, panna, farina e curry: 5min 90° Vel.4. Condisci il riso con la salsa, sistemalo in uno stampo a ciambella e mettilo in forno a 180° per 5 minuti. Rovesciarlo su un piatto da portata e guarnire con i gamberi.

8.2.1.20 Risotto Allo Spumante E Gamberetti

Ingredienti. 30gr. di burro (o olio), 30gr. di gamberetti in salamoia, 200gr. di riso, 280gr. di vino spumante brut, 20/30gr. di acqua, sale.

Procedimento Inserire burro e cipolla 3min. 100° Vel.4. Posizionare la farfalla aggiungere i gamberetti e il riso 1min. 100° Vel.1. Unire lo spumante e far andare 10min. 100° Vel.1 controllando il liquido, quando è evaporato aggiungere se serve l'acqua per finire la cottura con altri 5min. A mio marito è piaciuto molto più che a me, io avrei messo meno spumante; forse 250 sarebbe stato suff. e poi se volete renderlo un pò più cremoso forse si potrebbe aggiungere della panna a fine cottura. Io, come ho detto, ero a corto di ingredienti e ho usato solo questi. Provate e sappiateci dire. Se per caso più avanti lo riprovo vi aggiorno su eventuali modifiche. (Non so se avete notato: io uso 200gr. di riso per 2 persone e sinceramente mi sembra ancora poco!)

8.2.1.21 Mezze Penne Con Zucca E Gamberi

Ingredienti: 500gr. di zucca pulita, 500gr. di mezze penne, 500gr. di code di gambero, 50gr. di burro, 1 scalogno piccolo, 2 foglie di salvia, 1 mis. di latte, 800gr. di acqua, 1 pizzico di noce moscata, sale q.b., parmigiano, prezzemolo- **Procedimento:** Inserire nel boccale burro, scalogno, salvia e circa 200gr. di zucca: 3min. 100°C Vel.4. Aggiungere la restante zucca: 10sec. Vel.4. Unire il latte e cuocere 5min. 90°C Vel.1. Porre la farfalla sulle lame e aggiungere l'acqua: 6min. 100°C Vel.1. Introdurre la pasta nel boccale e cuocere per il tempo indicato nella confezione più 2min. A tremin. dal termine aggiungere dal foro del coperchio i gamberi ed una grattatina di noce moscata. Versare in una pirofila e servire cosparsa di parmigiano "verde". E' ottima!! Attenzione al tipo di pasta, questa ricetta è adatta a pennette con tempo di cottura attorno ai 12min. altrimenti bisogna diminuire il quantitativo di acqua.

8.2.1.22 Sugo Gamberetti E Fiori Di Zucca

Ingredienti: 300gr. di gamberetti; 20 fiori di zucca; 3/4 pomodori ciliegina; 70gr. di olio extra vergine; un cucchiaio di prezzemolo tritato; 1 spicchio di aglio; sale e pepe q.b-. Per il court-bouillon (brodo di pesce): un pomodorino maturo; 1/2 carota; 1 cipollina e pochissimo sedano; 2 cucchiai di vino bianco; qualche grano di pepe nero.

Procedimento: sgusciate i gamberetti, teneteli da parte e mettete nel cestello i gusci e le teste. Preparate quindi il court-bouillon. Mettete nel boccale 300gr. di acqua, poco sale e tutti gli ingredienti indicati; posizionate il cestello con i gusci e mettete in cottura: 10' a 100° Vel.2. Al termine della cottura, versate il brodo ottenuto in una piccola ciotola, filtrandolo attraverso il cestello; strizzate bene il tutto e tenete il court-bouillon da parte. Inserite ora nel boccale l'olio, l'aglio e fate rosolare per 3' a 100° Vel.4. unite i fiorni di zucca tagliati a listarelle, i pomodorini privati dei semi e a pezzetti, il sale e mettete in cottura per 12' a 100° Vel.1. Trascorsi 6' aggiungete 1 misurino di brodo di pesce. Al termine unite i gamberetti sgusciati: 3' a 100° Vel.1; e se lo ritenete necessario aggiungete qualche cucchiaio ancora di court-bouillon. VErsate il sugo sulla pasta prescelta cotta al dente e ben scolata; mescolate delicatamente, cospargetele con il prezzemolo tritato, spolverizzate con pepe nero macinato al momento e guarnite con qualche gamberetto tenuto da parte. Questo sugo è perfetto per condire delle farfalle.

8.3　I sapori del mediterraneo

8.3.1　Il Pesce Azzurro

8.3.1.1　Maccheroncini Con Acciughe E Prezzemolo

Ingredienti: 400gr di maccheroncini; 1 peperone rosso e 1 giallo; 8 filetti di acciuga; 1spicchio di aglio; 100gr di olio; 100gr di cipolla; 4 pomodorini perini; peperoncino; sale q.b.; prezzemolo e basilico.

Procedimento: soffriggere l'aglio e la cipolla nell'olio per 3' a 100° Vel.4; aggiungere poi i filetti di acciuga sminuzzati (2' 100° Vel.1), i peperoni tagliati a quadratini (10'; 100° Vel.1), il sale e il peperoncino. Incorporare i pomodori perini tagliati e continuare la cottura per15' a 100° Vel.1. Con questo sughetto condire la pasta aggiungendo all'ultimo, prezzemolo e basilico.

8.3.1.2　Zuppa Di Acciughe

Ingredienti: 900gr di acciughe fresche; 1 mis. di olio; 50gr di scalogno (o cipolla); 1spicchio di aglio; 50gr di carota; 50gr di sedano; 6 pomodorini perini; 20gr di conserva di pomodoro; 1 litro di acqua; prezzemolo; sale e pepe q.b..

Procedimento: lavare e asciugare le acciughe dopo aver tagliato loro testa e coda edeliminato le viscere. Nel boccale tritare per 30" Vel.5 lo scalogno, l'aglio, la carota e ilsedano, aggiungere l'olio e soffriggere per 3'. a 100° Vel.4. Unire i pomodori schiacciati: 5'a 100° Vel.4; la conserva di pomodoro, l'acqua e i pezzetti di acciughe: 30', 100° Vel.3;infine salare e pepare. Guarnire la zuppa con prezzemolo fresco tritato e servirla accompagnata da crostini di pane tostati.

8.3.1.3　Sgombro In Umido Con Verdure

Ingredienti: 1 kg. di filetti di sgombro; 800gr di patate; 200gr di pomodori; 1 peperone;80gr di olio d'oliva; 100gr di acqua; 2 spicchi di aglio; 30gr di cipolla; sale e peperoncino q.b.

Procedimento: pelare e tagliare a cubetti le patate; tagliare a listerelle i peperoni. Far soffriggere nell'olio l'aglio e il peperoncino (3', 100°, Vel.4); quindi posizionare la farfalla e aggiungere i pomodori tagliati a pezzettoni, le patate pelate e tagliate a cubetti, il peperone tagliato a listerelle, l'acqua e il sale. Ungere il *Varoma* con l'olio e adagiarvi i filetti di pesce, poi posizionarlo sul coperchio e far cuocere tutto per 15' a temperatura Varoma, Vel.1. A fine cottura mettere il pesce su un piatto da portata e condirlo con il sughetto di verdure.

8.3.1.4　Alici Al Pomodoro

Ingredienti: 600gr di alici; 250gr di pomodori pelati; 2 spicchi di aglio; 50gr di olio; 30gr. di cipolla; peperoncino; prezzemolo; sale q.b.

Procedimento: pulire le alici, privarle della testa e delle lische, lavarle e metterle in una ciotola con acqua salata. Dopo aver tritato la cipolla e l'aglio nel boccale (10" Vel.5)aggiungere l'olio e soffriggere per 3' a 100° Vel.1. Unire i pelati, il peperoncino e il sale: 10', 100° Vel.1. Nel frattempo disporre le alici nel Varoma, posizionarlo sul coperchio e cuocere per 10' a temp. Varoma, Vel.1. Ultimata la cottura, versare la salsa in un piatto da portata, sistemare le alici a raggiera e decorare con prezzemolo tritato.

8.3.1.5　Mousse Fredda Di Aringhe

Ingredienti: 150gr di filetti di aringa affumicata; 1 spicchio di aglio; 150gr di ricotta; 30gr. di cipolla; 250gr di latte; pepe q.b.

Procedimento: dopo aver eliminato eventuali lische dai filetti di aringa, metterli in una ciotola con il latte e lasciarli macerare per 2 ore circa girandoli ogni tanto. Con le lame in movimento inserire nel boccale l'aglio, la cipolla e le aringhe precedentemente scolate e asciugate con un canovaccio: 10" Vel.6. Aggiungere la ricotta e frullare per 1' a Vel.6quindi insaporire con il pepe. Versare questo composto, che deve risultare liscio e omogeneo, in uno stampo foderato con un foglio di pellicola trasparente e porlo in frigorifero per 10-12 ore. CApovolgere la mousse di aringa sul piatto da portata, eliminare la pellicola trasparente, decorare a piacere e servire fredda.

8.3.1.6 Involtini Di Tonno

Ingredienti: 8 fette di tonno fresco; 100gr di tonno fresco; 100gr di latte; 50gr di mollica di pane raffermo; 1 spicchio di aglio; 2 uova; 20gr di pecorino; 1 mis. di olio; 20gr di cipolla; 300gr di pomodori pelati; sale e pepe q.b.

Procedimento: tritare il tonno per 30" Vel.3 e metterlo da parte. Mettere nel boccale l'aglio, il prezzemolo e l'uovo sodo (20" Vel.4); quindi aggiungere il sale, il pepe, il pecorino, il tonno tritato, la mollica del pane, precedentemente bagnata nel latte e strizzata, e 1 uovo intero. Impastare per 40" Vel.4. Spalmare il composto ottenuto sulle fette di tonno, arrotolarle e fissarle con due stecchini. Adagiare gli involtini nel *Varoma* e, senza lavare il boccale, soffriggere la cipolla nell'olio per 3' a 100° Vel.1; unire poi i pomodori, il sale e il pepe e amalgamare per 30" Vel.4. Posizionare il *Varoma* sul coperchio e cuocere per 25'a temp. Varoma, Vel.1. Adagiare gli involtini in un piatto da portata e condirli con il sugo e un trito di prezzemolo fresco.

8.3.1.7 Acciughe Ripiene

Ingredienti: 16 acciughe fresche; 30gr di mollica di pane; 20gr di parmigiano grattugiato;20gr di olio di oliva.

Procedimento: pulire le acciughe, privarle delle lische, lavarle ripetutamente e asciugarle. Mettere nel boccale l'aglio e il prezzemolo (20" Vel.4); poi unire la mollica di pane, il parmigiano, poco sale e il pepe (30" Vel.5); infine incorporare l'olio (30" Vel.5). Riempire la pancia delle acciughe con questo composto, poi schiacciarle leggermente tra i palmi delle mani in modo da far fuoriuscire il ripieno in eccedenza. Adagiarle in una pirofila, cospargerle con pane grattugiato e gratinare in forno per 20' a 100°.

8.3.1.8 Polpette Sarde

Ingredienti: 500gr di sarde fresche; 1 uovo; 30gr di pinoli e uvetta; 50gr di pangrattato;50gr di parmigiano; prezzemolo; sale e pepe q.b.

Procedimento: pulire bene le sarde e privarle delle lische. Mettere nel boccale, con le lame in movimento, il prezzemolo (30" Vel.4); unire tutti gli altri ingredienti e amalgamare(30" Vel.2-3). Togliere dal boccale il composto, formare le palline, infarinarle, friggerle, e servirle accompagnate da salsa verde. Attenzione a non confondere la sarda con la comune sardina, si tratta infatti di specie diverse.

8.3.1.9 Aguglie Al Limone

Ingredienti: 800gr di aguglie piccole; 100gr di vino bianco; 1 spicchio di aglio; prezzemolo; 50gr di olio; sale e pepe q.b.; 100gr di acqua; succo di 2 limoni.

Procedimento: Eliminare testa e coda alle aguglie, poi lavarle, sgocciolarle bene e adagiarle nel Varoma. Soffriggere nel boccale l'aglio e il prezzemolo nell'olio per 3' a 100° Vel.1. Aggiungere il vino, l'acqua e il succo di limone; poi posizionare il *Varoma* sul coperchio e cuocere per 15' a temp. Varoma, Vel.1. Sistemare le aguglie sopra un piatto da portata e guarnirle con prezzemolo.

8.3.1.10 Filetto Di Aguglie Alla Pizzaiola

Ingredienti: 4 filetti di aguglia; 400gr di pomodori pelati; 30gr di cipolla; 1 spicchio d'aglio; 50gr di olio; prezzemolo; origano; sale e pepe q.b.

Procedimento: sistemare i filetti di aguglia nel *Varoma* precedentemente unto di olio. Nel boccale preparare un soffritto con la cipolla, l'aglio e l'olio (3' 100°, Vel.4), aggiungere i pomodori pelati e schiacciati, il sale, il pepe e un pizzico di origano. Posizionare il *Varoma* sul coperchio e cuocere per 20' a temp. *Varoma* Vel.2. Una volta cotti, adagiare i filetti su di un piatto da portata, ricoprirli con la salsa profumata all'origano e guarnire con prezzemolo fresco tritato.

8.3.1.11   Rotoli Di Sardine In Salsa

Ingredienti: 500gr di sardine; 300gr di pomodori; 50gr di olio; 50gr di ricotta; 50gr di parmigiano; 1 tuorlo d'uovo; 1 spicchio di aglio; prezzemolo; sale e pepe q.b.
Procedimento: eliminare la testa alle sardine, aprirle e togliere le lische. Mettere nel boccale, con le lame in movimento, il prezzemolo e l'aglio e tritare per 30" Vel.4. Aggiungere la ricotta, il tuorlo d'uovo, il parmigiano e impastare per 30" a Vel.4. Spalmare questo composto sui filetti di sardine; arrotolarli, fissarli con uno stecchino e adagiarli sul *Varoma* precedentemente unto con olio. Soffriggere nel boccale l'aglio nell'olio per 3' a 100° Vel.4; aggiungere i pomodori. Posizionare il *Varoma* sul coperchio e cuocere per 15' a temp. Varoma, Vel.3. Adagiare i rotoli di sardine in una pirofila da forno, coprirli con la salsa di pomodoro e infornare a 180° per 10'.

8.3.1.12   Tagliolini Mare E Monti

Ingredienti: 200gr di sardoni; 2 alici sott'olio; 500gr di pelati; 150gr di funghi; 30gr di cipolla; 1 spicchio di aglio; 50gr di vino bianco; sale e peperoncino quanto basta; prezzemolo.
Procedimento: dopo aver preparato il soffritto con l'aglio e la cipolla e l'olio (3', 100° Vel.4), posizionare la farfalla, inserire nel boccale i funghi tagliati a fette e trifolare per 10' a 100° Vel.1. Aggiungere le acciughe e i sardoni tagliati a pezzi, il sale e il peperoncino: 5' 100° Vel.1. Unire infine i pelati tagliati a pezzi e cuocere per 20' a 100°, Vel.1. Con questo sugo condire i tagliolini e, prima di portarli in tavola, spolverarli con prezzemolo fresco. **Osservazioni::** sardone è il termine dialettale per indicare l'acciuga.

8.3.2   I Molluschi

8.3.2.1   Guazzetto Di Moscardini E Favette

Ingredienti: 500gr di moscardini; 200gr di fave fresche sgranate; 200gr di pomodori a pezzettoni; 1 mis. di vino bianco; 2 scalogni o 50gr di cipolla; 50gr di olio d'oliva; prezzemolo tritato; 500gr di acqua; sale e pepe q.b..
Procedimento: inserire nel boccale l'acqua, immergervi il cestello riempito con le fave e cuocere per 10' a 100° Vel.1. Scolare bene le fave (buttando l'acqua di cottura) e togliere le pellicine. Soffriggere nel boccale l'olio, lo scalogno e il peperoncino (3', 100° Vel.4). Posizionare la farfalla, versare i moscardini e farli insaporire per 2', 100° Vel.1. Aggiungere il vino (e farlo evaporare per 3' a 100° Vel.1); e le fave (10', 100°, Vel.1). Versare il guazzetto in una zuppiera e cospargere con prezzemolo tritato. Servire caldo.

8.3.2.2   Zuppa Alla Cambusa

Ingredienti: 400gr di moscardini; 300gr di patate; 250gr di ditaloni rigati; 100gr di pelati sgocciolati; 1 spicchio d'aglio; 20gr di cipolla; prezzemolo; 450gr di acqua; 40gr di olio d'oliva; 50gr di vino bianco; sale q.b.
Procedimento: soffriggere nel boccale l'olio, l'aglio e la cipolla: 2' 100° Vel.3. Posizionare la farfalla, aggiungere i moscardini e rosolare per 2' a 100° Vel.1. Bagnare poi con il vino, fare insaporire per 2' a 100° Vel.1 e unire le patate pelate e tagliate a cubetti, i pelati, l'acqua: 10' 100° Vel.1. Buttare infine la pasta e continuare la cottura per 10' a 100° Vel.1. All'ultimo momento condire con olio crudo e prezzemolo tritato.

8.3.2.3 Seppie Ripiene Con Patate

Ingredienti: 12 seppie; 200gr di pane raffermo; 2 spicchi di aglio; 300gr di acqua; 100gr di olio d'oliva; 250gr di pomodorini; 500gr di patate; prezzemolo; sale e pepe q.b.

Procedimento: inserire nel boccale 1 spicchio di aglio 10" Vel.6, aggiungere un po' di prezzemolo, il pane raffermo e 100gr di acqua e impastare per 30" Vel.6. Con il soffice impasto ottenuto riempire le seppie, adagiarle sul vassoio del *Varoma* e condirle con una parte dei pomodori tagliati a pezzi, sale e un filino di olio. Mettere nel *Varoma* le patate precedentemente pelate e tagliate a pezzetti. Rosolare nel boccale (senza lavarlo) l'olio, l'aglio e il prezzemolo per 3' a 100°, Vel.4; poi inserire i tentacoli delle seppie, 2' 100° Vel.1. Aggiungere infine 200gr di acqua, posizionare il *Varoma* e il suo vassoio sul coperchio e far cuocere per 35' a temp. Varoma, Vel.1. A fine cottura adagiare sopra un piatto le seppioline e le patate e condire con qualche cucchiaio di sugo. il sughetto avanzato è ottimo per condire trofiette, cavatelli o ditaloni. Per gustare un ottimo primo piatto basta aggiungere 500gr di acqua, farla bollire 12' 100° Vel.1, quindi versare la pasta e scolarla seguendo i tempi di cottura richiesti più 2' circa.

8.3.2.4 Moscardini Alla Siracusana

Ingredienti: 800gr di moscardini; 50gr di olio; 100gr di cipolla; 100gr di vino bianco; 1 spicchio di aglio; origano; sale e pepe q.b.

Procedimento: mettere nel boccale la cipolla e l'aglio e tritare per 20" a Vel.4; aggiungere l'olio e soffriggere per 5' a 100° Vel.2. Posizionare la farfalla e aggiungere i moscardini, il sale, il pepe il vino bianco e cuocere per 30' a 100° Vel.1. Insaporire con un pizzico d'origano e servire tiepidi.

Osservazioni: x: Per distinguere i moscardini dai polipetti basta guardare le ventose sui tentacoli: i primi ne hanno una sola fila, che arriva fino alla punta dei tentacoli, mentre i secondi ne hanno due file.

8.3.2.5 Linguine Alle Seppie

Ingredienti: 500gr di linguine; 500gr di seppie; 80gr di olio; 4 pomodori pelati; 50gr di pane grattugiato; 50gr di cipolla; 1 litro di brodo (acqua e dado Bimby); peperoncino q.b.

Procedimento: mettere nel boccale 20gr di olio e scaldare per 3' a 100° Vel.1, aggiungere il pane grattugiato, farlo tostare per 2' a 100° Vel.3 e versare tutto in una ciotola. Mettere nel boccale, senza lavarlo, 50gr di olio, la cipolla e il peperoncino: 3' 100° Vel.4. Aggiungere i pomodori pelati e le seppie e cuocere per 15' a 100° Vel.1; poi versare l'acqua e il dado 10' 100° Vel.1. Inserire, dal foro del coperchio, la pasta e cuocere per 9' a 100° Vel.1. Versare sopra un piatto da portata e condire con il pane tostato.

8.3.2.6 Seppie Con Gallinacci

Ingredienti: 1 kg. di seppie; 600gr di funghi gallinacci; 100gr di cipolla; 3 pomodori pelati; 2 spicchi di aglio; 10 mondarle tostae; 100gr di vino bianco; 100gr di olio; sale e pepe q.b.

Procedimento: tritare nel boccale due spicchi di aglio e le mandorle (precedentemente tostate nel forno) per 10" Vel.6, quindi versare il composto in una ciotola, diluirlo con il vino bianco e fare marinare. Con le lame in movimento a Vel.4, buttare la cipolla e sminuzzarla per 10"; aggiungere l'olio e soffriggere per 3' a 100° Vel.1. Posizionare la farfalla, unire le seppie tagliate a listerelle (10' 100° Vel.1), i pomodorini (3' 100° Vel.1), i funghi e il sale (10', 100° Vel.1). Infine aggiungere la marinata di mandorle e aglio e cuocere ancora per 10' a 100° Vel.1.

8.3.2.7 Seppioline Con Salsa Tonnata Magra

Ingredienti: 750gr di seppioline; 170gr di tonno sott'olio; 125gr di yogurt magro; 1 acciuga sott'olio; 20gr di capperi; 500gr di acqua; sale q.b.

Procedimento: mettere le seppioline nel cestello. Tritare per 20" a Vel.6 i capperi, l'acciuga e il tonno; aggiungere lo yogurt e amalgamare per 20" a Vel.8. Togliere questa salsa dal boccale e, senza lavarlo, versare l'acqua. Posizionare poi il cestello e cuocere per 25' a 100° Vel.3. Scolare le seppioline e condirle con la salsina tonnata.

8.3.2.8 Polpo Alla Nizzarda Con Patate

Ingredienti: 1kg polpo 1kg di patate, 1 kg di cipolle 2 spicchi di aglio 20gr farina 2 misurini di salsa di pomodoro 100gr vino pepe e prezzemolo. Pelare e tagliare a tocchetti le patate e mettere nel *varoma* condite con il sale e il pepe. Buttare nel boccale con le lame in movimento l'eglio e la cipolla (10sec. Vel.5, aggiungere l'olio e soffriggere 3min. 100 Vel.4.Posizionare la farfalla e unire il polpo tagliato a pezzi 5min. 100 Vel.1. Bagnare con il vino bianco e lasciarlo evaporare per 2min. 100 Vel.1. Versare la salsa di pomodoro posizionare il *varoma* sul coperchio e far cuocere per 20min. *varoma* Vel.1. Durante l'ultimo minuto per far addensare la salsa aggiungere la farina. Versare le patate e il polpo in una zuppiera mescolare bene e servire.

8.3.2.9 Ditali Al Polpo

Ingredienti: 1kg di cozze nere, 1 kg di polpo, 250 di ditali 1 spicchio di aglio, 1 cipolla 4 pomodori pelati 1 peperoncino 50gr olio 100 di vino, prezzemolo. Sistemare le cozze nel *varoma* condite con il prezzemolo e l'aglio. Soffriggere nel boccale olio aglio cipolla e peperoncino 3min. 100 Vel.4. Aggiungere il polpo tagliato a pezzi e il vino 10min. 100 Vel.1, unire i pomodori e il prezzemolo posizionare il *varoma* sul coperchio e cuocere per 20min. temp.*varoma* Vel.1 a fine cottura togliere il *varoma* inserire la pasta nel boccale e cuocere per 9min. a 100 Vel.1

8.3.2.10 Insalata Russa Di Mare

Ingredienti: 200gr di gamberetti; 250gr di tottani; 150gr di piselli; 15 olive verdi snocciolate; 20gr di capperi; aceto; 1 dose di maionese (come da ricetta base); 400gr di acqua.
Procedimento: tagliare a pezzi i totani e tritare le olive e i capperi per 20" Vel.4. Dopo aver preparato la maionese, toglierla dal boccale e, senza lavarlo, aggiungere l'acqua e una spruzzata di aceto. Mettere i totani e i gamberetti nel cestello, i piselli nel Varoma. Posizionare il cestello nel boccale e il *Varoma* sul coperchio: 20' temp. Varoma, Vel.4. Far raffreddare il pesce e i piselli, quindi amalgamare la maionese e aggiungere i capperi e le olive. Guarnire con ciuffi di prezzemolo.

8.3.2.11 Linguine Ai Calamari

Ingredienti: 350gr di linguine; 300gr di calamari; 400gr di pomodori pelati; 2 spicchi di aglio; 50gr di olio d'oliva; 30gr di capperi; 8 olive bianche snocciolate; prezzemolo; sale e pepe q.b. **Ingredienti:** tritare nel boccale il prezzemolo e l'aglio 20" Vel.6, versare l'olio e soffriggere per 3' a 100° Vel.1. Unire i capperi, le olive, i calamari tagliati a listerelle e cucere per 3' a 100° Vel.1. Infine aggiungere i pomodori pelati, il sale e il peperoncino 25' 100° Vel.1, Condire con questo sugo le linguine e guarnire con prezzemolo fresco tritato.

8.3.2.12 Risotto Con Seppioline E Ruchetta

Ingredienti: 600gr di seppie tenere; 500gr di riso; 1 mis. di vino bianco; 900gr di acqua; 1 cipolla media; 1 spicchio di aglio; 1ualche foglia di ruchetta; 1 mis. di passata di pomodoro (oppure 5 o 6 pomodorini); prezzemolo tritato; 1 mis. di olio; sale e pepe q.b.

Procedimento: tagliare le seppie in pezzi quadrati. Soffriggere nel boccale l'aglio, l'olio e la cipolla 3' 100° Vel.4, posizionare la farfalla e unire le seppie: 5' 100° Vel.1. Bagnare con il vino e farlo evaporare, lasciando il coperchio senza il misurino, per 3' a 100° Vel.1. Aggiungere l'acqua e il riso 20' 100° Vel.1, sale q.b. Versare in una risottiera, mescolare e, dopo aver aggiunto le foglie di ruchetta tagliate a pezzetti, aggiustare di pepe. Se il liquido di cottura non fosse sufficiente aggiungere, a metà cottura, 2 mis. di acqua calda.

8.3.2.13   Calamari Ripieni

Ingredienti: 1kg di totani o calamri 4 pomodori maturi 1 filetto di acciuga 2 panini raffermi 1 uovo 50 parmigiano 250 latte i misurino di olio 2 spicchi di aglio 1 litro di passata di pomodoro prezzemolo.

Procedimento: Mettere i panini a bagno nel latte. Tagliare a pezzi i tentacoli dei calmari e rosolarli nel boccale con 50gr olio e i spicchio di aglio per 3min. 100 Vel.1. unire il pane strizzato il prezzemolo l'uovo il sale i lpomodoro e il filetto di acciuga 10sec. Vel.3. Con questo composto riempire i calamri e chiuderli con uno stuzzicadenti salarli e adagiarli nel varoma. Soffriggere nel boccale 1 spicchio di aglio e 50gr olio 3min. 100 Vel.4 unire il pomodoro passato e posizionare il *varoma* sul coperchio 30min temp *varoma* Vel.1. Aggiustare di sale tagliare a fette i calmari adagiarli su un piatto di portata e coprirli con il sugo.

8.3.3   Molluschi Con Guscio

8.3.3.1   Spaghetti Al Cartoccio

Ingredienti: 350gr di spaghetti; 200gr di totani; 200gr di moscardini; 200gr di cozze; 50gr di cipolla; 50gr di vino bianco; 2 spicchi di aglio; 400gr di pomodori pelati; prezzemolo; 50gr di olio; sale e pepe q.b.

Procedimento: mettere le cozze nel Varoma. Tritare nel boccale il prezzemolo (20" Vel.4), aggiungere la cipolla, l'aglio, l'olio e soffriggere per 3' a 100° Vel.4. aggiungere i totani tagliati a listerelle e i moscardini e far insaporire per 3' a 100° Vel.1. Bagnare con il vino bianco, 3' 100° Vel.1; posizionare il *Varoma* sul coperchio e cuocere per 15' a temp. Varoma, Vel.1. Quando le cozze si saranno aperte estrarre il frutto, unirlo al sughetto e far insaporire per 5' a 100° Vel.1. Nel frattempo, lessare gli spaghetti abbastanza al dente e condirli con questo sugo. Tagliare 4 pezzi di carta stagnola, e su ognuno sistemare una porzione di spaghetti. Chiudere bene il cartoccio e passare in forno per 10' a 200°

8.3.3.2   Ditalini Con Cozze E Patate

Ingredienti: 500gr di cozze; 200gr di ditalini; 300gr di patate; 1 spicchio di aglio; peperoncino; 60gr di olio di oliva; 500gr di acqua; sale q.b.

Procedimento: mettere l'acqua nel boccale, posizionare il Varoma, riempito con le cozze ben lavate, sul coperchio e cuocere per 12' a temp. *Varoma* Vel.1. Versare il brodo in una zuppiera e togliere il frutto delle cozze dai gusci. Preparare poi il soffritto con l'olio, l'aglio e il peperoncino 3' 100° Vel.4, posizionare la farfalla, unire i frutti delle cozze e insaporire per 2' a 100°, Vel.1. Aggiungere l'acqua delle cozze ben filtrata e farla bollire 10', 100° Vel.1; quindi versare le patate tagliate a dadini e cuocere per 5' a 100° Vel.1. Infine mettere la pasta 9' 100° Vel.1 e il sale q.b.

8.3.3.3   Penne, Cozze E Zafferano

Ingredienti: 1 kg. di cozze; 350gr di penne; 150gr di vino bianco secco; 30gr di burro; 50gr di cipolla; 100gr di funghi; 1 bustina di zafferano; 200gr di panna da cucina; 1 tuorlo; 500gr di acqua; prezzemolo; basilico; pepe, sale q.b.

Procedimento: mettere l'acqua nel boccale, posizionare il *Varoma* riempito con le cozze sul coperchio e cuocere per 20' a temp. Varoma, Vel.1. Poi lasciare marinare le cozze con un po' di vino bianco e prezzemolo. Nel frattempo rosolare nel boccale il burro e la cipolla per 3' a 100° Vel.4; posizionare la farfalla e aggiungere i funghi: 5', 100° Vel.1. Profumare con vino bianco, pepe, sale e zafferano; infine unire la panna, le cozze scolate e insaporire per 3' a 100°, Vel.1. In una zuppiera mettere il tuorlo d'uovo, aggiungere il sugo e amalgamare. Cuocere le penne, condirle con questo sugo e guarnire con prezzemolo tritato.

8.3.3.4 Barchette Del Porticciolo

Ingredienti: 1 dose di pasta brisè; 300gr di cozze; 200gr di gamberetti; 50gr di olio; 30gr di farina; 250gr di latte; 500gr di acqua; 1 tuorlo; 50gr di vino bianco; maggiorana; timo; sale e pepe q.b.

Procedimento: preparare una dose di pasta brisè (ricetta base) e farla riposare. Intanto mettere l'acqua nel boccale. Immergervi il cestello con i gamberetti e posizionare, sul coperchio, il *Varoma* riempito con le cozze il prezzemolo, l'alloro e il timo (20', temp. Varoma, Vel.3). A fine cottura scolare e sgusciare i gamberi; togliere il frutto delle cozze dai gusci e filtrare il brodo. Preparare una besciamella con il burro, la farina e il latte (7', 80°d Vel.2) e condirla con sale, pepe e maggiorana. Lasciarla intiepidire e unire il tuorlo d'uovo (30" Vel.5), aggiungere i gamberetti e il frutto delle cozze (30" Vel.2). Controllare il sale. Fare le sfoglie di pasta brisè, adagiarle in formine antiaderenti e cuocerle in forno per 10' a 180°. Farcirle con il composto precedentemente preparato, adagiarle sulla placca del forno e cuocerle ancora per 10' a 180°. Servire ben calde. E' un ottimo antipasto.

8.3.3.5 Cavatelli Mediterranei

Ingredienti: 1 kg. di cozze; 400gr di fagioli cannellini lessati; 300gr di cavatelli freschi; 1 spicchio di aglio; 40gr di olio di oliva; 250gr di pomodori pelati; 500gr di acqua; prezzemolo.

Procedimento: mettere nel boccale 250gr di acqua, posizionare il Varoma, riempito con le cozze, sul coperchio e cuocere per 15' a temp. *Varoma* Vel.1. Scolare le cozze, che nel frattempo si saranno aperte, conservando l'acqua. Nel boccale preparare un soffritto con l'aglio, l'olio e il peperoncino 3' 100° Vel.1; aggiungere poi i pomodori pelati e l'acqua delle cozze 10' 100° Vel.1. Versare i fagioli nel sugo e farli insaporire per 2' 100° Vel.1; poi aggiungere 250gr di acqua 10', 100° Vel.1 e i cavatelli per 9' 100° Vel.1. Quando mancano 2' alla fine aggiungere le cozze e il prezzemolo tritato.

8.3.3.6 Cozze Marinate

Ingredienti: 1 kg. di cozze; 1 mis. di olio; 3 mis. di vino bianco; 100gr di cipolla; succo di limone; prezzemolo.

Procedimento: mettere le cozze nel Varoma. Tritare la cipolla e il prezzemolo 10" Vel.5, aggiungere l'olio e soffriggere per 3' a 100° Vel.1. Unire il vino, posizionare il *Varoma* sul coperchio e cuocere per 20' temp. *Varoma* Vel.1. A fine cottura mettere le cozze in un piatto da portata e condire con succo di un limone e con del prezzemolo tritato.

8.3.3.7 Cozze Farcite

Ingredienti: 1 kg. Di cozze; 3 uova; prezzemolo; peperoncino; 1 spicchio di aglio; 250gr di pane raffermo; 800gr di pomodoro; 1 mis. Di grana grattugiato.

Procedimento: lavare le cozze, aprirle e lasciarle sgocciolare per 10' recuperando l'acqua. Inserire nel boccale il pane, l'aglio, il prezzemolo, il peperoncino e frullare per 10'' a Vel.Turbo. Aggiungere le uova, il formaggio e 1 mis. Di acqua delle cozze (10'' Vel.6 spatolando). Con questo composto riempire le cozze e metterne una parte nel cestello e una nel Varoma. Versare nel boccale la salsa di pomodoro e 1 mis. Di acqua delle cozze (7', 100°, Vel.1), immergervi il cestello e posizionare il *Varoma* sul coperchio (20' temp. Varoma, Vel.2). A fine cottura sistemare le cozze in una zuppiera, ricoprirle con il sugo di cottura e servirle con crostini di pane.

8.3.3.8 Crema Di Vongole E Pomodoro

Ingredienti: 1 kg. di vongole grosse; 1 kg. di brodo di pesce; 450gr di pomodori pelati; 30gr di burro; 30gr di farina; peperoncino e sale q.b.

Procedimento: mettere le vongole nel Varoma. Mettere nel boccale, prima la farina e il burro (2' a 100° Vel.4) e poi i pomodori e il peperoncino (1' Vel.4). Aggiungere il brodo, posizionare il *Varoma* sul coperchio e cuocere per 15' a temp. Varoma, Vel.1. Quando le vongole si saranno aperte, estrarre il frutto e unirlo al sugo (30'' Vel.1). Servire la crema con crostini di pane.

8.3.3.9 Cozze Ripiene

Ingredienti: 20 cozze; 100gr di mortadella; 100gr di pangrattato; 100gr di salame piccante; 100gr di auricchio; 100gr di fontina; 100gr di formaggio pecorino grattugiato; 2 uova; 250gr di pomodori pelati; 50gr di olio; 100gr di porri.

Procedimento: mettere nel boccale il salame e tritare per 5'' Vel.4. Aggiungere i formaggi e la mortadella (5'' Vel.4). Infine aggiungere le uova, il pangrattato e il pecorino e impastare per 20'' Vel.4. togliere il composto dal boccale. Inserire nel boccale olio, porri e soffriggere 3' 100° Vel.4. Aggiungere i pelati e cuocere 15' 100° Vel.1. Aprire le cozze con un coltello lasciando le valve attaccate da un lato. Riempire con l'impasto. Posizionare la farfalla. Aggiungere al sughetto le cozze e cuocere 10' 100° Vel.1 Lasciare riposare in una zuppiera e guarnire con prezzemolo.

8.3.3.10 Sugo Alle Vongole Veraci

Ingredienti: 800gr di vongole veraci; 100gr di olio di oliva; 150gr di pomodorini; 500gr di spaghetti; aglio; prezzemolo; sale e pepe q.b.

Procedimento: mettere nel boccale 100gr di olio con uno spicchio di aglio e poco prezzemolo (3' 100° Vel.3); unire i pomodorini, salare e inserire nel boccale il cestello riempito con le vongole precedentemente lavate (15', 100° Vel.1). Cuocere la pasta al dente, versarla su un piatto da portata e cospargerla con il sugo alle vongole. Aggiungere il prezzemolo tritato e il pepe macinato al momento. S può aggiungere alle vongole anche qualche scampo: il sugo sarà ottimo anche per condire le linguine.

8.3.3.11 Tagliatelle Con Zucchine E Cozze

Ingredienti: 200gr di tagliatelle all'uovo; 350gr di zucchine; 800gr di cozze; 100gr di cipolla; 1 scalogno; 100gr di olio; 500gr di acqua; prezzemolo; basilico; sale e pepe q.b.

Procedimento: versare l'acqua nel boccale, posizionare il *Varoma* sul coperchio, dopo averlo riempito con le cozze, e cuocere per15' a temp. Varoma, Vel.1. Quando le cozze si saranno aperte, togliere il frutto. Buttare il liquido conservandone 2 misurini. Asciugare il boccale e tritare il prezzemolo (20'' Vel.4); aggiungere la cipolla, lo scalogno e l'olio e soffriggere per 3' a 100° Vel.4. Dopo aver posizionato la farfalla, versare le zucchine tagliate a listerelle e i due misurini di acqua e far insaporire per 5' a 100° Vel.1. Unire il frutto delle cozze e cuocere per 3' a 100° Vel.1. Nel frattempo cuocere le tagliatelle, condirle con questo sugo e profumarle con basilico fresco.

8.3.3.12 Tubettini Con Cozze In Bianco

Ingredienti: 1 litro e 1/2 di acqua; 1 kg. di cozze; 50gr di vino bianco; 1 spicchio di aglio; 40gr di olio di oliva; 500gr di tubettini rigati; prezzemolo; peperoncino; sale e pepe q.b.

Procedimento: lavare le cozze, aprirle, lasciarle sgocciolare per 10' recuperando l'acqua e infine estrarre il frutto. Mettere nel boccale, con le lame in movimento, il prezzemolo, tritarlo (30" Vel.5) e metterlo da parte. Soffriggere l'aglio, l'olio e il peperoncino per 3' a 100° Vel.4, aggiungere le cozze e il vino e cuocere per 4' a 100°, Vel.1. VErsare il composto in una zuppiera. Inserire nel boccale l'acqua e portare a ebollizione 10', 100° Vel.1, versare i tubettini e il sale e cuocere per 6' a 100° Vel.1. Scolare la pasta e metterla nella zuppiera con le cozze. Aggiungere l'acqua filtrata delle cozze e guarnire con prezzemolo tritato.

8.3.4   Crostacei

8.3.4.1   Aragosta In Bellavista

Ingredienti: 1 kg. Di aragosta (2 da 500 grammi); 30gr di cipolla; 50gr di carota; 50gr di sedano; 4 uova; 1 dose di maionese; 6 pomodorini; 20gr di Ketchup; 10gr di salsa Worcester; 1 limone; 1 bustina di gelatina; lattuga; 850gr di acqua; sale e pepe q.b.

Procedimento: preparare la maionese (ricetta base). Mettere nel boccale 600gr di acqua, due pomodorini, il sedano, la carota, la cipolla, il sale; sul coperchio posizionare il Varoma, in cui si sono adagiate le due aragoste e le uova; e cuocere per 30' a temp. *Varoma* Vel.1. Quando le aragoste si sono raffreddate, sgusciarle e tagliare la polpa a rondelle. Mettere nel boccale 250gr di acqua e una bustina di gelatina e cuocere per 5' 100° Vel.3; unire quindi il succo di limone. Tagliare le uova sode in due parti e separare i tuorli dall'albume. Mettere nel boccale pulito la maionese, la salsa Worcester e la salsa Ketchup (5'' Vel.4); unire i tuorli delle uova sode e amalgamare per 5'' a Vel.4. Versare questo composto in una tasca per dolci e spremerlo sui pomodori, precedentemente lavati, tagliati a metà e salati, e all'interno dei mezzi albumi sodi. Disporre le rondelle di aragosta sulla lattuga e intorno mettere le uova e i pomodori. Lucidare con la gelatina le rondelle e la testa dell'aragosta, e, prima di servire, guarnire con foglie di prezzemolo.

8.3.4.2   Ciambotto Pugliese

Ingredienti: 200gr di gamberetti; 200gr di scampi; 200gr di moscardini (o polipetti); 200gr di cicale di mare; ½ misurino di passata di pomodoro; 400gr di acqua.

Procedimento: preparare un soffritto con l'olio, l'aglio e il prezzemolo (3', 100° Vel.4). Aggiungere la passata di pomodoro, il pesce e l'acqua e cuocere per 20' a 100° Vel.1. Servire il ciambotto brodoso, accompagnato da crostini di pane. Se si preferisce il ciambotto poco brodoso: togliere il pesce dal sugo e cuocervi 250gr di tubettini per 8' a 100° Vel.1.

8.3.4.3   Zuppa Di Gamberi E Ceci

Ingredienti: 500gr di gamberetti sgusciati; 500gr di ceci già lessati; 30gr di cipolla 30gr. di carota; 250gr di ditalini; 500gr di acqua.

Procedimento: tritare l'aglio, la cipolla e la carota (20'' Vel.4), aggiungere l'olio e soffriggere per 3' a 100° Vel.4. Dopo aver posizionato la farfalla unire i gamberetti e fare insaporire per 2' a 100° Vel.1. Mettere nel boccale l'acqua e i ceci già lessati, portare a ebollizione (5', 100° Vel.1), quindi buttare la pasta e cuocere per 9' a 100° Vel.1. Aggiustare sale e pepe e servire la zuppa calda.

8.3.4.4   Aragosta In Salsa Rosa

Ingredienti: 1 Kg. di aragosta (2 da 500gr); 20gr di concentrato di pomodoro; 100gr di latte scremato; 50gr di carota; 50gr di cipolla; 30gr di brandy; 50gr d'olio d'oliva; 10gr. di farina; 600gr di acqua; alloro; prezzemolo; limone; chiodi di garofano; sale e pepe.

Procedimento: mettere nel boccale 500gr di acqua e dopo aver sistemato le due aragoste nel Varoma, posizionarlo sul coperchio: 20' temp. Varoma, Vel.2. Liberare la polpa dell'aragosta dal guscio e tagliarla a fette spesse. Recuperare anche la polpa della testa e delle zampe. Togliere dal boccale l'acqua e inserire la cipolla, la carota e l'olio: 3' 100° Vel.4. Unire il concentrato di pomodoro, 100gr di acqua, l'alloro, i chiodi di garofano (legati insieme per poterli togliere a fine cottura), il sale, il pepe e cuocere per 12' a 100° Vel.2. Togliere l'alloro e i chiodi di garofano, aggiungere la farina, la buccia di limone grattugiata, il latte e fare addensare per 5', 90° Vel.3. Versare la salsa bollente sull'aragosta e cospargere di prezzemolo tritato.

8.3.4.5 Pennette Alla Golosa

Ingredienti: 500gr di penne, 350gr di gamberetti sgusciati, 1 spicchio di aglio, 300gr di piselli primavera, 1 gambo di sedano, prezzemolo, 4 foglie di basilico, 1 misurino di parmigiano, 30gr di cipolla o scalogno, 6 pomodorini pelati, 20gr di olio, 30gr di burro, peperoncino e sale q.b.

Procedimento: Tritare l'aglio, il prezzemolo, il sedano, la cipolla, il basilico e il peperoncino: 10sec. Vel.4. Aggiungere l'olio e soffriggere per 3min. 100° Vel.3. Dopo aver posizionato la farfalla, aggiungere i piselli e cuocere per 6min. 100° Vel.1. Unire i gamberetti: 5min. 100° Vel.1. A cottura ultimata togliere il sugo dal boccale e, senza lavarlo, mettere l'acqua e il sale e portare ad ebollizione: 10min. 100° Vel.1. Cuocere la pasta (10min. 100° Vel.1), scolarla e condirla con il sugo. Spolverizzare di parmigiano grattugiato e servire.

8.3.4.6 Scampi Ai Funghi

Ingredienti: 500gr di scampi; 500gr di funghi coltivati; 50gr di olio; 10gr di brodo (acqua e dado Bimby); 50gr di aceto; 2 spicchi di aglio; 2 pomodori pelati; 30gr di farina; sale e pepe q.b.; foglie di lattuga per guarnire.

Procedimento: lavare e tagliare a fette sottili i funghi. Tritare l'aglio (5'' Vel.5), aggiungere l'olio e soffriggere per 3' a 100° Vel.1. Posizionare la farfalla, unire gli scampi, farli cuocere per 15' a 100° Vel.1, e metterli da parte. Lasciando inserita la farfalla, mettere nel boccale i funghi e il brodo, preparato con acqua e dado Bimby (10', 100° Vel.1); aggiungere l'aceto, la farina e un pizzico di zucchero (3' 100° Vel.1). Adagiare gli scampi sulle foglie di lattuga, precedentemente disposte sui piatti, e coprirli con la salsa ai funghi ancora bollente.

8.3.4.7 Linguine Agli Scampi

Ingredienti: 500gr di code di scampi; 50gr di olio; 1 scatola di pomodoro a pezzetti; 1 spicchio d'aglio; 100gr di cipolla; 50gr di panna da cucina; 50gr di vino bianco e brandy; un ciuffo di prezzemolo; peperoncino a piacere.

Procedimento: soffriggere nell'olio l'aglio e la cipolla (3' 100° Vel.4); aggiungere le code degli scampi e cuocere per 3' a 100° Vel.1, versando, di tanto in tanto, il brandy e il vino. Unire poi i pomodori e il sale (20', 100° Vel.1) e, 2' prima del termine della cottura, incorporare la panna e il peperoncino. Con questo sugo condire le linguine e servire con abbondante prezzemolo tritato.

8.3.4.8 Trenette Con Polpa Di Granchio

Ingredienti: 150gr di trenette; 100gr di polpa di granchio; 200gr di zucchine; 100gr di salsa di pomodoro; 1 spicchio d'aglio; 1 litro e ¼ di brodo di pesce ; maggiorana; sale e pepe q.b.

Procedimento: tritare nel boccale la polpa di granchio per 10'' Vel.3 e metterla da parte. Sminuzzare l'aglio e la maggiorana (20'' Vel.3), aggiungere il brodo di pesce e cuocere per 10' a 100° Vel.1. Unire prima le zucchine tagliate a dadini (5', 100° Vel.1); e poi le trenette tagliate in 3 parti, e la polpa di granchio (9' 100° Vel.1). Servire la minestra calda dopo averla salata. Crespelle Con Gamberetti In Salsa Tonnata Ingredienti per il ripieno: 300gr di gamberetti freschi; 1 dose di salsa tonnata; salsa Worcester; prezzemolo; 500gr di acqua.

Procedimento: preparare la pastella per le crespelle secondo la ricetta base e lasciarla riposare per circa 30'. Nel frattempo dedicarsi al ripieno. Preparare la salsa tonnata (ricetta base) aggiungendo, alla fine, poche gocce di salsa Worcester e versarla in una ciotola. Mettere l'acqua nel boccale e immergervi il cestello riempito con i gamberetti: 10' 100° Vel.3. Sgusciare i gamberetti, farli raffreddare e unirli alla salsa tonnata. In una apposta padella far riscaldare il burro, versarvi qualche cucchiaiata di pastella e lasciare dorare da una parte, rigirare e far dorare anche dall'altra. Procedete così fino a esaurimento della pastella. Queste le crepes si sono raffreddate farcirle con il ripieno, arrotolarle e disporle su un piatto da portata.

8.3.4.9 Trofie Alla Salsa D'estate

Ingredienti: 500gr di trofie; 200gr di gamberetti; 500gr di pomodoro; 100gr di ricotta marzoica; 30gr di olio d'oliva; pesto alla genovese; olive bianche snocciolate; basilico; sale q.b.

Procedimento: mettere nel boccale i pomodori, l'olio, il basilico e il sale, tritare grossolanamente 10'' Vel.3 e mettere da parte. Preparare poi il pesto (secondo la ricetta base). Mettere 500gr d'acqua nel boccale (dopo averlo lavato), immergervi il cestello riempito con i gamberetti e cuocere per 10' a 100° Vel.4. Sgusciare i gamberetti. Far bollire nel boccale 1 litro e ½ di acqua (12' 100° Vel.1) quindi buttare la pasta e cuocerla per 5' a 100° Vel.1. Una volta cotta versarla in una zuppiera e condirla con il pesto, le olive tagliate a rondelle, la ricotta grattugiata e i gamberetti. Prima di portarla a tavola guarnire con foglie di basilico.

8.3.4.10 Risotto Con Gamberi E Gorgonzola

Ingredienti: 500gr di riso; 300gr di gamberetti già sgusciati; 50gr di burro; 20gr di cipolla; 1 spicchio di aglio; 1 mis. Di vino bianco; 1 litro di acqua; dado; 100gr di gorgonzola e mascarpone; prezzemolo; pepe q.b.

Procedimento: mettere, con le lame in movimento l'aglio e la cipolla nel boccale: 10'' Vel.4, aggiungere il burro e soffriggere per 3' a 100° Vel.1. Posizionare la farfalla, versare il riso, il vino e i gamberetti e far tostare per 2' a 100° Vel.1. Aggiungere il brodo (acqua e dado) e continuare la cottura per 20' a 100° Vel.1. Durante l'ultimo minuto inserire il gorgonzola, versare il risotto nella risottiera e guarnire con il prezzemolo e il pepe.

8.3.4.11 Scampi In Salsa Piccante

Ingredienti: 24 scampi; 50gr di olio di semi; 100gr di olio d'oliva; peperoncino; 8 spicchi d'aglio; 1 limone; alloro.

Procedimento: tritare nel boccale 5 spicchi di aglio per 30'' Vel.5, aggiungere l'olio d'oliva, qualche goccia di succo di limone e il sale: 30'' Vel.5. Si ottiene una salsina omogenea che va messa da parte. Privare gli scampi della testa. Soffriggere nel boccale, senza lavarlo, i rimanenti spicchi d'aglio, il peperoncino e l'alloro nell'olio di semi (3' a 100° Vel.4). Unire gli scampi e far cuocere per 10' a 100° Vel.1. Aggiungere ancora qualche goccia di succo di limone e qualche cucchiaiata di salsina e amalgamare per 10'' a Vel.1. Adagiare gli scampi su un piatto da portata e servirli con la salsina rimasta.

8.3.5 Pesce Di Scoglio

8.3.5.1 Coda Di Rospo O Pescatrice Al Vino Bianco

Ingredienti: 4 tranci di coda di rospo; 250gr di vino bianco; 500gr di pomodori pelati; 100gr di cipolla; prezzemolo; timo; maggiorana, sale e pepe q.b.

Procedimento: affettare la cipolla sottile e tagliare grossolanamente i pomodori. Mettere nel varoma, dopo averlo unto di olio, un po' di cipolle, una parte dei pomodori, il sale, il pepe, il timo, la maggiorana e adagiarvi i tranci di coda di rospo. Coprire il pesce con le cipolle e i pomodori rimasti. Mettere nel boccale il vino, posizionare il *varoma* sul coperchio e cuocere per 30' a temp. Varoma, Vel.1. Per far insaporire ancora di più il pesce si può travasarlo in una pirofila da forno, aggiungere il liquido di cottura e infornare per 10' a temp. 180°.

8.3.5.2 Filetti Di Rombo Alla Salsa Di Funghi

Ingredienti: 2 filetti di rombo; 200gr di funghi; 30gr di cipolla; 1 spicchio di aglio; 50gr di sedano; 50gr di carota; prezzemolo; 250gr di polpa di pomodoro; 1 mis. di polpa di pomodoro; 1 mis. di olio d'oliva; origano; sale e pepe q.b.

Procedimento: Ungere di olio il *Varoma* e il vassoio e adagiare su ciascuno un filetto di rombo. Nel boccale tritare la carota, la cipolla, l'aglio, il sedano e il prezzemolo: 30'' Vel.4. Aggiungere l'olio e soffriggere per 4' a 100° Vel.1. Posizionare la farfalla e unire i funghi, la polpa di pomodoro, l'origano, il sale e il pepe. Posizionare il *Varoma* sul coperchio e cuocere per 20' a temp. Varoma, Vel.1. Adagiare i filetti di rombo su un piatto da portata e condire con la salsa ai funghi.

8.3.5.3 Orata Farcita Con Zuppa Di Patate

Ingredienti: 1 kg. di orata; 50gr di cipolla; 40gr di olio o burro; 200gr di funghi; 100gr di vino bianco; 70gr di pane raffermo; 50gr di latte; 1 uovo intero; prezzemolo e rosmarino; alloro; sale e pepe. Per la zuppa di patate: 50gr di cipolla; 40gr di olio; 200gr di polpa di pomodoro; 600gr di acqua; 800gr di patate; origano; sale q.b.

Procedimento: soffriggere nel boccale la cipolla con l'olio per 3' a 100° Vel.4, unire prima i funghi, il prezzemolo e il rosmarino 5", Vel.4 e poi il vino per 10' 100° Vel.1. Aggiungere il pane, il latte, l'uovo, il sale e il pepe: 10", Vel.4. Togliere la lisca all'orata e farcirla con questo composto, poi adagiarla nel *Varoma* con le foglie di alloro. Senza lavare il boccale, soffriggere la cipolla nell'olio per 3' a 100°, Vel.4 e versare la polpa di pomodoro: 10", Vel.5. Posizionare la farfalla. Mettere nel boccale l'acqua e portarla a ebollizione 10', 100° Vel.1, quindi aggiungere le patate tagliate a pezzetti e il sale. Posizionare il *Varoma* sul coperchio e cuocere per 30' temp. Varoma, Vel.1. A fine cottura adagiare l'orata e le patate condite con l'origano, su un piatto da portata e servire.

8.3.5.4 Dado Di Pesce

Ingredienti: 500gr di pesce misto (gamberetti sgusciati, merluzzo, scampi, ecc); 300gr di sale grosso.

Procedimento: lavare bene il pesce e lasciarlo sgocciolare, quindi metterlo nel boccale e tritare per 1' a Vel.6. Aggiungere il sale e cuocere per 29' a 100° Vel.1, quindi omogeneizzare per 1' a Vel.Turbo.

8.3.5.5 Risotto Con Filetti Di Pesce San Pietro E Carciofi

Ingredienti: 500gr di riso; 3 carciofi; 3 filetti di pesce san pietro; 1 spicchio di aglio; 30gr di cipolla; 1/2 mis. di olio di oliva; 1/2 mis. di vino bianco; 100gr di panna; 1 litro di brodo; prezzemolo; dragoncello; sale e pepe q.b.

Procedimento: tagliare a fettine i carciofi e a pezzetti i filetti di pesce. Soffriggere nel boccale l'aglio, la cipolla e l'olio per 3' a 100° Vel.4. Posizionare la farfalla, versare i carciofi tagliati a fettine e i filetti di pesce San Pietro tagliati a pezzetti e rosolare per 5' a 100° Vel.1. Aggiungere il riso, bagnare con il vino bianco e farlo tostare per 5' a 100° Vel.1. Unire infine il brodo e cuocere per 20' a 100° Vel.1. Travasare il risotto in una zuppiera e amalgamare la panna e il dragoncello fresco. Guarnire con prezzemolo tritato.

8.3.5.6 Crema Delicata Di Branzino Al Dragoncello

Ingredienti: 600gr di filetti di branzino; 30gr di carota; 30gr di sedano; 30gr di scalogno; 1 foglia di alloro; 4 grani di pepe rosa; 30gr di vino bianco; 1 tuorlo d'uovo; 600gr di acqua; 60gr di panna; salvia; succo di limone; dragoncello; sale e pepe q.b.

Procedimento: adagiare i filetti di branzino nel *Varoma* precedentemente unto di olio. Mettere nel boccale la carota, il sedano, lo scalogno e tritare per 30'' a Vel.5 poi aggiungere l'acqua e immergervi il cestello riempito con l'alloro, la salvia, il prezzemolo e il pepe. Sistemare il *Varoma* sul coperchio e cuocere per 30' a temp. Varoma, Vel.2. Estrarre il cestello e mettere nel boccale la panna, i tuorli d'uovo, il sale, il pepe, i pezzetti di filetto di branzino cotti a vapore, il succo di limone e il dragoncello: 10' 100° Vel.3. Travasare la crema in una zuppiera e servirla accompagnata da crostini di pane.

8.3.5.7 Risotto Al Branzino

Ingredienti: 500gr di riso; 400gr di polpa di branzino; 30gr di cipolla; 1 spicchio di aglio; 2 filetti di acciuga; ½ mis. di vino bianco; ½ mis. di olio; 100gr di panna; 1 lt. di brodo.

Procedimento: sistemare il branzino nel Varoma, precedentemente unto di olio. Mettere nel boccale il brodo, posizionare il *Varoma* sul coperchio e cuocere per 15' a temp. Varoma, Vel.1. Mettere da parte il brodo. Pulire il branzino e ridurre la polpa a pezzetti. Nel boccale soffriggere l'aglio, la cipolla e l'olio, 3', 100° Vel.4 e aggiungere i filetti di acciuga, 1', 100° Vel.1. Posizionare la farfalla e versare il riso, tostare per 3', 100° Vel.1. Aggiungere il vino banco e farlo evaporare per 3' a 100° Vel.1. Unire il brodo di cottura del branzino e cuocere per 15' a 100° Vel.1. Se il liquido non bastasse aggiungere altra acqua. Versare il risotto in una zuppiera, mantecare con la panna, una noce di burro e condire con pepe. Guarnire con prezzemolo fresco e buccia di limone grattugiata. Al posto del branzino intero si possono utilizzare i filetti.

8.3.5.8   Occhiata Al Limone

Ingredienti: 1 kg. di occhiata; 300gr di cipolle; 4 spicchi di aglio; 100gr di olio d'oliva; 200gr di pane raffermo; 1 limone; 1 litro di acqua; sale e pepe q.b.

Procedimento: praticate sul pesce dei tagli e introdurvi delle fette semicircolari di limone. Nel *Varoma* preparare un letto di cipolle affettate e adagiarvi il pesce. Mettere nel boccale il pane raffermo, il sale, l'aglio, la buccia di limone e il pepe (30'' Vel.4). Cospargere il pesce e le cipolle con un po' di questo trito (il rimanente metterlo da parte). Senza lavare il boccale versarvi l'acqua, posizionare il *Varoma* sul coperchio e cuocere per 15' a temp. Varoma, Vel.2. Condire con il trito rimasto e cuocere ancora per 20' a temp. Varoma, Vel.2.

8.3.5.9   Frittelle Di Alghe

Ingredienti: 300gr di farina (Manitoba o americana); 250gr di acqua; 20gr di olio; 25gr di lievito di birra; un pugnetto di alghe; sale quanto basta; olio per friggere.

Procedimento: inserire nel boccale l'acqua, l'olio, il lievito e il sale (20'' Vel.1), poi unire la farina: 30'' Vel.6. Con le lame in movimento inserire le alghe dal foro del coperchio. Lasciare lievitare il composto in una ciotola per 1 ora dopodiché, servendosi di un cucchiaio bagnato nell'acqua, prendere l'impasto a cucchiaiate e friggerlo in abbondante olio bollente fino a che non dora. Adagiare le frittelle su carta assorbente e servire calde. Sono deliziose e stuzzicheranno l'appetito di tutti i vostri ospiti.

8.3.5.10   Filetto Di Pesce San Pietro E Carciofi

Ingredienti: 2 filetti di pesce San Pietro; 3 carciofi; 30gr di cipolla; 50gr di panna da cucina; 100gr di olio di oliva; 200gr di brodo vegetale; 30gr di burro; 30gr di farina; rosmarino; sale e pepe q.b.

Procedimento: adagiare i filetti di pesce nel *Varoma* (uno sul vassoio e uno all'interno). Nel boccale tritare il prezzemolo e il rosmarino (30'' Vel.5), aggiungere la cipolla e l'aglio e rosolare per 3' a 100°, Vel.4. Unire i carciofi tagliati a fettine e il brodo vegetale. Posizionare il *Varoma* sul coperchio e cuocere per 20' a temp. Varoma, Vel.4. Quando il pesce è cotto toglierlo dal coperchio, versare nel boccale la panna e omogeneizzare per 3' a Vel.7. Versare la crema ottenuta sui filetti di pesce e servire l piatto caldo.

8.3.5.11   Triglie Alla Livornese

Ingredienti: 8 triglie piccole; 250gr di pomodori pelati; 50gr di olio; 2 spicchi di aglio; prezzemolo; sale e pepe q.b.

Procedimento: ungere con l'olio il *Varoma* e il vassoio e sistemare su ciascuno 4 triglie. Buttare nel boccale, con le lame in movimento a Vel.4, il prezzemolo e l'aglio; aggiungere l'olio e soffriggere per 3' a 100° Vel.4. Unire i pomodori pelati, il sale e il pepe e, dopo aver posizionato il *Varoma* sul coperchio, cuocere per 20' a temp. Varoma, Vel.3. Adagiare le triglie su un piatto da portata, condirle con il sughetto e cospargerle di prezzemolo fresco.

8.3.5.12   Polpette Di Cuori Di Merluzzo

Ingredienti: 500gr di filetti di merluzzo; 1 uovo intero; 2 panini; 250gr di latte; 1 mis. di parmigiano; sale q.b; pangrattato; olio per friggere.

Procedimento: mettere il pane in una ciotola con il latte e lasciarlo ammorbidire. Inserire l'acqua nel boccale con alcune fette di limone. Adagiare i filetti di merluzzo, insaporiti con il sale, nel *Varoma* precedentemente unto di olio. Posizionare il *Varoma* sul coperchio e far cuocere per 20' a temp. Varoma, Vel.1. A fine cottura buttare l'acqua e mettere nel boccale il pesce lessato, il pane ben strizzato, il prezzemolo, il parmigiano, l'uovo, il sale e il pepe. Impastare per 20'' a Vel.4. Formare con le mani delle palline e rotolarle nel pane grattugiato, poi friggerle in olio bollente.

8.3.6   Pesce A Tranci E A Filetti

8.3.6.1   Pesce Spada Alla Ghiotta

Ingredienti: 1kg di pesce spada 400 pomodori pelati 100 olio 50 cipolla 1 spicchio di aglio 20gr capperi 50gr olive snocciolate bianche 50gr olive snocciolate nere.

Procedimento: Mettere nel *varoma* il pesce spada tagliato a fette il sale il prezzemolo. Nel boccale soffriggere la cipolla e l'aglio nell'olio per 3min. 100 Vel.4. Quindi unire i pomodori le olive i capperi. Posizionare il *varoma* sul coperchio e cuocere per 3omin. *varoma* Vel.1. Una volta cotto adagiare il pesce su un piatto di portata e coprirlo con il sugo e guarnire con il prezzemolo.

8.3.6.2   Involtini Di Lattuga

Ingredienti: 400gr di polpa di pesce (pescatrice, palombo, pesce spada); 2 acciughe sott'olio; 1 spicchio di aglio; 50gr di cipolla; 100gr di mollica di pane; 1 uovo intero; 50gr di olio; 300gr di brodo di pesce; sale e pepe q.b.; 8 foglie di lattuga; salsa di pomodoro; una manciata di prezzemolo.

Procedimento: bagnare la mollica di pane con 50gr di brodo di pesce e poi strizzarla. Scottare le foglie di lattuga in acqua bollente salata e stenderle su un canovaccio. Tritare il prezzemolo (30'' Vel.5) e metterlo da parte. Soffriggere nel boccale (senza lavarlo) l'aglio e la cipolla nell'olio, 2', 100° Vel.4; aggiungere la polpa di pesce e rosolare per 3' a 100° Vel.1. Lasciar raffreddare, aggiungere il prezzemolo tritato, le acciughe sott'olio tagliate a pezzetti, la mollica di pane bagnata e strizzata, le uova, il sale e il pepe e impastare per 1' a Vel.6. Con questo composto, che deve risultare omogeneo, formare 8 polpettine ovali, avvolgerle nelle foglie di lattuga e legarle con un filo bianco. Mettere il brodo di pesce nel boccale, adagiare gli involtini nel Varoma, posizionarlo sul coperchio e cuocere per 15' a temp. Varoma, Vel.1. Servire con salsa di pomodoro.

8.3.6.3   Farfalle Con Filetti Di Sogliola Alla Salsa Di Olive Nere

Ingredienti: 500gr di farfalle; 2 filetti di sogliola; 20gr di pasta alle olive nere; 50gr di olive nere; 30gr di cipolla; 6 pomodorini perini; prezzemolo; basilico; 1 spicchio d'aglio; 1 mis. di olio d'oliva; 150gr di vino bianco; sale e pepe q.b.

Procedimento: mettere nel *Varoma* i filetti di sogliola conditi con sale e pepe. Preparare il soffritto con l'olio, l'aglio e la cipolla (3', 100°, Vel.4), unire i pomodori e tritare per 10'' Vel.Turbo. Condire con sale e pepe e aggiungere l'acqua e il vino. Posizionare il *Varoma* sul coperchio e cuocere per 20' a temp. Varoma, Vel.1. Togliere il Varoma, aggiungere al sugo la pasta di olive nere, le olive intere, il prezzemolo tritato e il basilico: 5', 100° Vel.1. Tagliare i filetti di sogliola a quadratini, farli insaporire nel sugo per 1' a 100° Vel.1. Svuotare il boccale e, senza lavarlo, mettere l'acqua e il sale (12', 100°, Vel.1). Quando l'acqua bolle buttare la pasta e cuocere per i minuti necessari a 100° Vel.1. Scolare e condire il sugo di sogliole.

8.3.6.4   Cernia Ai Frutti Di Mare

Ingredienti: 1 kg. Di filetti di cernia; 350gr di frutti di mare; 50gr di olio; 50gr di latte; 1 tuorlo d'uovo; ½ misurino di farina; 250gr di cozze; prezzemolo; sale e pepe q.b.

Procedimento: mettere l'acqua nel boccale e posizionare il Varoma, riempito con le cozze, sul coperchio (10', temp. Varoma, Vel.1). Quando le cozze si sono aperte, scolarle, recuperando l'acqua di cottura ed estrarre il frutto dal guscio. Nel boccale inserire il tuorlo d'uovo, il latte, la farina e 2 mis. Di acqua filtrata delle cozze. Mettere la cernia nel *Varoma* e posizionarlo sul coperchio (20', temp. Varoma, Vel.2). Adagiare la cernia e i frutti di mare su un piatto da portata e condire con la salsina.

8.3.6.5 Cernia Alla Pizzaiola

4 filetti di cernia (600gr circa) 250 pomodori pelati, 1 spicchio aglio 50gr olio prezzemolo basilico 20gr capperi 20gr pangrattato sale pepe origano.Buttare con le lame in movimento il prezzemolo il basilico l'aglio 10sec. Vel.5. mettere questo trito da parte. Soffriggere nel boccale l'olio e un po' di aglio 3min. 100 Vel.3 poi aggiungere i pelati, adagiare i filetti di cernia salati nel *varoma* precedentemente unto posizionare sul coperchio 20min. temp *varoma* Vel.1. ultimata la cottura disporre i filetti in una teglia da forno. Versare nel boccale il trito di aromi e amalgamare per 2min. 100 Vel.1 cospargere la cernia con il pangrattato coprirla con il sughetto e gratinarla al forno a 200 per 5 minuti.

8.3.6.6 Filetti Di Sogliola Con Zucchine E Funghi Porcini

Ingredienti: 4 filetti di sogliola; 100gr di funghi porcini; 100gr di zucchine; 2 pomodori perini; ½ spicchio d'aglio; 100gr di olio; 300gr di brodo; prezzemolo; sale e pepe q.b.
Procedimento: lavare e tagliare a fettine i porcini e a dadini le zucchine. Adagiare i filetti di sogliola nel *Varoma* già unto di olio. Mettere nel boccale il brodo e posizionare il *Varoma* sul coperchio (15' temp. Varoma, Vel.1). Quando i filetti di sogliola saranno cotti disporli su di un piatto da portata e buttare il brodo. Versare nel boccale, con le lame in movimento, il prezzemolo (30'' Vel.4), inserire poi l'aglio e l'olio e soffriggere (3' 100° Vel.4). Posizionare la farfalla, aggiungere le zucchine e i funghi e rosolare per 5' a 100° Vel.1. Infine mettere i pomodori e cuocere ancora per 5' a 100° Vel.1. Con questo composto condire i filetti di sogliola e guarnirli con prezzemolo fresco e, volendo, con ravanelli a fiore.

8.3.6.7 Risotto Con Pesce Spada E Olive Nere

Ingredienti: 500gr di riso; 250gr di pesce spada; 15 olive nere snocciolate; 30gr di cipolla; 50gr di olio; 3 pomodori pelati; 1 l. di brodo di pesce o vegetale; prezzemolo; sale e pepe q.b.
Procedimento: tagliare a cubetti il pesce spada, dopo averlo privato della pelle. Soffriggere nel boccale la cipolla nell'olio per 3' a 100°, Vel.4. Posizionare la farfalla, aggiungere i cubetti di pesce spada e i pomodori tagliati a pezzi e lasciare insaporire per 2' a 100° Vel.1. Dopo aver messo il brodo nel boccale cuocere per 20' a 100°, Vel.1. e, durante l'ultimo minuto, unire le olive snocciolate, il prezzemolo tritato e un po' di pepe.

8.3.6.8 Filetti Di Sogliola Ai Pinoli

Ingredienti: 600gr di filetti di sogliola (4 filetti); 35gr di pinoli; 50gr di olio d'oliva; 1 l. d'acqua; prezzemolo; succo di un limone; sale e pepe q.b.
Procedimento: ungere il *Varoma* e adagiarvi la sogliola. Mettere nel boccale l'acqua e posizionare il *Varoma* sul coperchio: 15', temp. Varoma, Vel.2. Disporre le sogliole su di un piatto da portata, togliere l'acqua dal boccale, asciugarlo bene e introdurvi l'olio (2', 100°, Vel.1). Aggiungere i pinoli e farli dorare per 5' a 100°, Vel.1 poi versare il trito di prezzemolo. Condire i pesci con i pinoli e il succo di un limone.

8.3.6.9 Crema Di Sogliole Con Erbette

Ingredienti: 3 filetti di sogliola; 1 spicchio di aglio; 30gr di cipolla; 50gr di olio; 50gr di farina; 50gr di vino bianco; 500gr di brodo (pesce o vegetale); 500gr di latte; 200gr di panna; dragoncello secco; sale e pepe q.b.

Procedimento: mettere i filetti di sogliola nel *Varoma* precedentemente unto di olio. Nel boccale preparare un soffritto con l'olio, l'aglio e la cipolla (3', 100°, Vel.4) poi aggiungere il vino bianco e lasciare evaporare (1', 100°, Vel.3). Mettere nel boccale il brodo e il latte, posizionare il *Varoma* sul coperchio e cuocere per 15' a temp. Varoma, Vel.2. A cottura ultimata tagliare i filetti di sogliola a pezzetti, metterli nel boccale e amalgamare per 5' a 100° Vel.4. Ne risulterà una crema liscia e omogenea a cui va aggiunta la panna e il dragoncello (1', Vel.5). Versare in una terrina e servire con crostini di pane.

8.3.6.10   Palline Di Sogliola

Ingredienti: 500gr di filetti di sogliola; 50gr di parmigiano; 50gr di pangrattato; 20gr di uvetta sultanina; 20gr di pinoli; 1 uovo intero; prezzemolo; sale e pepe q.b.
Procedimento: tritare finemente il prezzemolo, i pinoli e l'uvetta (1', Vel.5), aggiungere i filetti di sogliola (30'' Vel.5), il parmigiano, il pangrattato, l'uovo, il sale e il pepe (1', Vel.5). Con l'impasto ottenuto formare delle palline, passarle nella farina e friggerle in olio ben caldo rigirandole delicatamente. Se l'impasto risultasse troppo morbido aggiungere un pochino di pangrattato. Questo piatto sarà gustato anche da chi non ama particolarmente il pesce.

8.3.6.11   Vellutata Di Cernia

Ingredienti. 300gr di filetti di cernia; 250gr di patate; 1 spicchio di aglio; 750gr di latte; 200gr di panna; 100gr di cipolla; zafferano; dado bimby di pesce o vegetale; 1 mis. di salsa di pomodoro; prezzemolo.
Procedimento: tritare nel boccale le cipolle per 30'' a Vel.4. posizionare la farfalla e aggiungere le patate pelate e tagliate a dadini, il latte e il dado. Ungere di olio il Varoma, adagiarvi i filetti di cernia e posizionarlo sul coperchio (15' temp. Varoma, Vel.1). Quando i filetti di cernia saranno cotti, sminuzzarli. Mettere nel boccale la panna, lo zafferano, la salsa di pomodoro e amalgamare per 5' a 100° Vel.3. Aggiungere i pezzetti di pesce, aggiustare di sale e pepe e continuare la cottura per 2' a 80° Vel.1. Profumare con prezzemolo tritato e servire la vellutata con crostini di pane.

8.3.6.12   Cannelloni Di Pesce Spada

Ingredienti: 300gr di pesce spada; 100gr di zucchine; 20gr di timo secco; 50gr di vino bianco; 100gr di olio di oliva; 350gr di polpa di pomodoro; 50gr di cipolla; 1 spicchio di aglio; cannelloni.
Procedimento: preparare il sugo facendo rosolare la cipolla in 50gr di olio per 3' a 100°, Vel.4; aggiungere poi il pomodoro e il sale e cuocere per 15' a 100° Vel.3. Togliere il sugo dal boccale e, senza lavarlo inserirvi l'aglio, l'olio, il pesce spada tagliato a pezzetti e le zucchine. 5' 100° Vel.4. Bagnare con il vino e cuocere ancora per 5' a 100° Vel.4. Dopo aver riempito i cannelloni con questo composto adagiarli in una pirofila, coprirli con la salsa di pomodoro e cuocerli in forno caldo per 8' a 170°. Servire caldi.

8.3.7   *Pesce Di Sabbia*

8.3.7.1   Baccalà Alla Vicentina

Ingredienti: 600gr di baccalà bagnato; 100gr di acciughe salate; 50gr di cipolla; 2 spicchi di aglio; 100gr di olio; 30gr di burro; 1 l. di latte; 50gr di farina; prezzemolo.
Procedimento: tagliare a pezzi il baccalà e sistemarlo nel *Varoma* precedentemente unto di olio. Mettere nel boccale l'aglio, la cipolla e l'olio e soffriggere per 3' a 100° Vel.4. Aggiungere il latte, il burro e la farina, posizionare il *Varoma* sul coperchio e cuocere per 20' a temp. Varoma, Vel.3. Travasare il composto ottenuto in una teglia, e metterlo in forno per 10' a 200°. Guarnire con prezzemolo tritato e servire caldo, accompagnato da polenta o pane tostato.

8.3.7.2   Filetti Di Pesce Persico Al Pepe Rosa

Ingredienti: 400gr di filetti di pesce persico; 70gr di olio; 100gr di panna; 1 scalogno piccolo (o 20gr di cipolla); 50gr di vino bianco; 6 granelli di pepe rosa; 30gr di aceto bianco; ½ litro di brodo (di pesce o vegetale); succo di limone; prezzemolo, sale q.b.

Procedimento: ungere il vassoio e il *Varoma* di olio e ad agiarvi i filetti di pesce. Mettere nel boccale l'acqua e il dado, posizionare il *Varoma* sul coperchio e cuocere per 15' temp. Varoma, Vel.1. Disporre i filetti di pesce su un piatto da portata e conservare il brodo. Nel boccale tritare lo scalogno 30'', Vel.4, aggiungere prima il vino e l'aceto (7', 100°, Vel.2) e poi la panna (3', 80°, Vel.2). Durante l'ultimo minuto inserire il succo di limone e il pepe rosa. Versare la salsina sui filetti di pesce persico e guarnire con il prezzemolo. Servire immediatamente.

8.3.7.3   Delizia Di Pesce

Ingredienti: 300gr di gallinelle; 300gr di scampi; 200gr di cozze; 200gr di vongole; 2 spicchi di aglio; 30gr di olio; 100gr di polpa di pomodoro; peperoncino q.b.

Procedimento: mettere nel cestello le gallinelle e gli scampi, nel *Varoma* le cozze e le vongole. Preparare nel boccale il soffritto con l'olio e l'aglio 3' 100° Vel.4). Aggiungere la polpa di pomodoro e il peperoncino, quindi immergere il cestello nel boccale; posizionare il *Varoma* sul coperchio e cuocere per 15' a temp. Varoma, Vel.2. A cottura ultimata disporre, in un piatto da portata, le vongole al centro, le cozze, gli scampi e le gallinelle introno. Condire con la salsina e servire.

8.3.7.4   Anguilla Al Lauro

Ingredienti: 12 pezzi di anguilla; 15 foglie di alloro; 30gr di olio; 500gr di brodo (pesce o vegetale); succo di 2 limoni; sale e pepe q.b.

Procedimento: tagliare a pezzi l'anguilla. Mettere nel boccale l'olio, il limone, il sale, il pepe e 3 foglie di alloro: 1' Vel.4. Con questa marinata bagnare uniformemente i pezzi di anguilla e lasciarli riposare per 1 ora circa. Avvolgere i pezzi di anguilla nelle foglie di alloro e fissarle con un filo incolore. Sistemare questi involtini nel *Varoma* precedentemente unto di olio. Mettere il brodo nel boccale. Posizionare il *Varoma* sul coperchio e cuocere per 30' a temp. Varoma, Vel.1. Durante la cottura girare l'anguilla più volte con l'aiuto di una paletta. Servire il piatto caldissimo, dopo aver eliminato il filo.

8.3.7.5   Zuppa Anconetana

Ingredienti: 500gr di pesce (spigole, merluzzetti, sogliole, triglie e cefali); 200gr di seppioline; 200gr di moscardini; 200gr di calamaretti; 1 spicchio di aglio; 50gr di cipolla; 50gr di carota; 50gr di sedano; 50gr di passata di pomodoro; 50gr di aceto: 50gr di olio; 300gr di acqua; 1 pane in cassetta; rosmarino; prezzemolo; peperoncino; sale e pepe q.b.

Procedimento: tagliare il pesce a pezzi e adagiarlo nel Varoma. Tagliare le seppie e i calamari a listerelle. Tritare nel boccale il prezzemolo (20'', Vel.4), aggiungere il sedano, la carota, la cipolla, l'aglio e il peperoncino (30'', Vel.4), unire l'olio e il rosmarino e soffriggere per 3' a 100° Vel.4. Versare l'aceto e lasciare evaporare per 2' a 100° Vel.3, poi mettere la salsa di pomodoro: 1', 100° Vel.3. Aggiungere le seppie, i moscardini, i calamari, l'acqua, il sale e il pepe; posizionare il *Varoma* sul coperchio e cuocere per 30', temp. Varoma, Vel.1. Tostare le fette di pane in cassetta, strofinarle con uno spicchio d'aglio e versare sopra il brodetto di pesce.

8.3.7.6   Nasello Alla Siciliana

Ingredienti: 500gr di filetto di nasello; 300gr di zucchine; 20gr di capperi; 300gr di pomodori; 30gr di cipolla; 50gr di olio d'oliva; 70gr di olive verdi; sale e pepe q.b.

Procedimento: Tagliare a rondelle le zucchine e la cipolla. Ungere il *Varoma* con olio e introdurre nell'ordine: uno strato di cipolle, uno di zucchine affettate, i filetti di nasello e i pomodori a pezzetti, un secondo strato di zucchine e infine le olive tagliate a rondelle e i capperi. Insaporire con un pizzico di sale e pepe. Mettere nel boccale l'aglio e l'olio (3', 100°, Vel.3), aggiungere i pomodori, posizionare il *Varoma* sul coperchio e far cuocere per 20' a temp. Varoma, Vel.2. Adagiare su un piatto da portata il nasello e le verdure e condire con il sughetto.

8.3.7.7 Baccalà Alla Livornese

Ingredienti: 700gr di baccalà bagnato; 500gr di pomodoro pelato; 100gr di sedano; 100gr di cipolla; olive nere snocciolate, sale e pepe q.b.

Procedimento: ungere il *Varoma* con l'olio e adagiarvi i pezzi di baccalà; mettere poi nel boccale le carote, le cipolle, il sedano e tritare (10'', Vel.4). Aggiungere i pomodori pelati e le olive nere, posizionare il *Varoma* sul coperchio e far cuocere per 20' a temp. Varoma, Vel.2. Adagiare i filetti di baccalà su un piatto da portata e condire con il sugo.

8.3.7.8 Filetti Di Pesce Persico Con Pomodorini Ciliegia

Ingredienti: 500gr di filetti di pesce persico; 500gr di acqua; 12 pomodorini a ciliegia; 1 spicchio d'aglio; 50gr di vino bianco; prezzemolo; sale q.b.

Procedimento: adagiare i filetti di pesce persico nel Varoma, precedentemente unto di olio, e condirli con i pomodorini tagliati a metà, il sale e l'aglio tritato. Mettere nel boccale l'acqua e il vino bianco. Posizionare il *Varoma* sul coperchio e cuocere per 20' a temp. Varoma, Vel.1. Servire i filetti conditi con l'olio crudo e cospargere di prezzemolo tritato.

8.3.7.9 Filetti Di Nasello All'arancia

Ingredienti: 4 filetti di nasello; 100gr di olive nere snocciolate e sgocciolate; 50gr di cipolla; 1 spicchio di aglio; 100gr di olio; succo di un'arancia; succo di 1 limone; buccia di un'arancia; sale e pepe q.b.

Procedimento: ungere i filetti di nasello con l'olio e disporli nel *Varoma* conditi con sale e pepe. Inserire nel boccale le olive, l'aglio, la cipolla e la buccia dell'arancia (10'', Vel.4). Aggiungere il succo dell'arancia e del limone (30'', Vel.3). Mettere da parte la salsina. Senza lavare il boccale inserire l'acqua, posizionare il *Varoma* sul coperchio e far cuocere per 30' a temp. Varoma, Vel.1. Rivestire un piatto da portata con foglie di lattuga, adagiarvi i filetti di nasello e condirli con la salsina di arancia.

8.3.7.10 Baccalà Mantecato

Ingredienti: 800gr di baccalà bagnato; 50gr di olio di oliva; 80gr di acciughe sott'olio; 30gr di cipolla; 300gr di latte; 1 spicchio di aglio; 50gr di vino bianco; prezzemolo; sale q.b.

Procedimento: inserire nel boccale la cipolla e l'aglio e far soffriggere nell'olio per 3' a 100°, Vel.4. Aggiungere il baccalà tagliato a pezzi spellato e spinato, il vino bianco e le acciughe: 10', 90°, Vel.1. Infine incorporare il latte e il sale: 20', 100°, Vel.1. A fine cottura, mettere il composto in una teglia da forno, cospargere di prezzemolo tritato e cuocere in forno preriscaldato per 5' a 180°.

8.3.7.11 Naselli In Umido Con Salsa Di Funghi

Ingredienti: 4 filetti di nasello (o merluzzetti o sgombri); 300gr di acqua; 50gr di cipolla; 20gr di capperi; 20gr di funghi secchi ammollati; 1 spicchio di aglio; 2 acciughe salate; 20gr di farina; prezzemolo.

Procedimento: adagiare i filetti di nasello nel *Varoma* precedentemente unto di olio. Tritare il prezzemolo (30'' Vel.4), aggiungere la cipolla, l'aglio e l'olio (3', 100° Vel.4), quindi unire le acciughe tagliate a pezzi, i capperi e i funghi (2', 100°, Vel.1). Versare l'acqua nel boccale, posizionare il *Varoma* sul coperchio e cuocere per 20' a temp. Varoma, Vel.1. Quando i filetti sono cotti adagiarli sopra un piatto da portata. Fare addensare il sughetto di funghi aggiungendo la farina (2', 100° Vel.2) e condire i filetti. Spolverizzare di prezzemolo tritato.

8.3.7.12 Bauletti Di Nasello

Ingredienti: 500gr di filetti di nasello; 100gr di prosciutto cotto; 30gr di sedano; 30gr di carota; 30gr di cipolla; 50gr di olio; 200gr di acqua; 200gr di vino bianco; 1 spicchio d'aglio.

Procedimento: tagliare i filetti di nasello a pezzi più o meno della stessa grandezza, avvolgerli con il prosciutto cotto e sistemarli nel *Varoma* precedentemente unto d'olio. Mettere nel boccale la cipolla, la carota, il sedano e l'aglio (10'' Vel.6). Aggiungere l'olio e soffriggere per 3' a 100° Vel.2. Aggiungere l'acqua e il vino, posizionare il *Varoma* sul coperchio e cuocere per 30' a temp. Varoma, Vel.1. Ultimata la cottura, sistemate i bauletti sopra un piatto da portata e condirli con la salsina.

8.3.8 Pesce Di Acqua Dolce O Di Fiume

8.3.8.1 Zuppa Di Trota Salmonata

Ingredienti: 250gr di filetti di trota salmonata e salmone; 1 l. di brodo di pesce (acqua e dado); 300gr di patate; 50gr di cipolla; 200gr di panna da cucina; 20gr di burro; prezzemolo; sale e pepe q.b.

Procedimento: tagliare a pezzetti i filetti di pesce e a dadini le patate. Buttare, con le lame in movimento, la cipolla e tritare per 10'' Vel.4. Posizionare la farfalla. Aggiungere prima il brodo e le patate (15', 100°, Vel.1); e unire i pezzetti di pesce, e cuocere per 10' a 100° Vel.1. Durante l'ultimo minuto di cottura unire la panna, il prezzemolo tritato, il sale, il pepe e il burro. Servire caldo.

8.3.8.2 Fusilli Al Salmone E Pisellini

Ingredienti: 500gr di fusilli; 200gr di salmone; 200gr di pisellini surgelati; 30gr di cipolla; 30gr di olio; 2 pomodori pelati; 100gr di vino bianco; prezzemolo; sale e pepe q.b.

Procedimento: soffriggere la cipolla nell'olio (3', 100°, Vel.4), aggiungere i pomodori, il sale e il pepe (2' 100° Vel.3). Unire i piselli (5' 100°, Vel.1). Irrorare con il vino bianco e far evaporare per 10' a 100° Vel.1. Nel frattempo pulire il salmone fresco e tagliarlo grossolanamente, quindi versarlo nel sugo e cuocere per 10' a 100° Vel.1. Togliere il sugo dal boccale, senza lavarlo, mettere l'acqua e il sale (12', 100° Vel.1). Quando l'acqua bolle aggiungere la pasta e cuocere per i minuti richiesti a 100° Vel.1. Si possono usare i piselli freschi al posto di quelli surgelati, ma bisogna aggiungere un po' di acqua durante la cottura.

8.3.8.3 Trotelle In Insalata

Ingredienti: 2 filetti di trota salmonata; 3 uova sode, un mis. Di olio; un mazzetto di asparagi; 50gr di panna da cucina; 20gr di aceto bianco; 1 porro; 50gr di carota; 2 foglie di alloro; 1 limone; prezzemolo; 500gr di acqua; sale e pepe q.b.

Procedimento: ungere il vassoio del *Varoma* e il Varoma, quindi adagiare su ciascuno un filetto di trota e un po' di asparagi. Mettere nel boccale l'acqua, le carote tagliate a fette, il porro, la scorretta di limone; posizionare il *Varoma* sul coperchio e cuocere per 20' a temp. Varoma, Vel.1. A cottura ultimata, sminuzzare i filetti di trota e gli asparagi e adagiarli sopra un piatto da portata precedentemente rivestito con foglie di lattuga. Dopo aver tolto dal boccale l'acqua con le verdure, tritare il prezzemolo (20'', Vel.4) e metterlo da parte. Senza lavare il boccale versare l'olio, la panna, l'aceto, il sale e il pepe (20'' ve. 4). Versare questa emulsione sulle trote aiutandosi con un cucchiaio e cospargere di prezzemolo tritato. Guarnire il piatto con le uova sode tagliate a spicchi.

8.3.8.4 Trote Al Vapore Con Patate

Ingredienti: 4 trote; 700gr di patate; 800gr di acqua; rosmarino; salvia; alloro; sale e pepe q.b.

Procedimento: adagiare le trote, condite con gli aromi, nel *Varoma* precedentemente unto di olio. Mettere nel boccale l'acqua, immergervi il cestello riempito con le patate tagliate a dadini e posizionare il *Varoma* sul coperchio (30', temp. Varoma, Vel.3). Adagiare su un piatto da portata le trote e le patate.

8.3.8.5 Salmone Al Grattino

Ingredienti: 4 tranci di salmone 50gr pane duro 30gr capperi prezzemolo peperoncino 1 spicchio aglio 50gr olio 500gr acqua origano sale pepe.

Procedimento: adagiare il salmone nel *varoma* precedentemente unto di olio tritare nel boccale il pane i capperi il prezzemolo il peperoncino l'aglio il sale il pepe e l'origano 20sec. Vel.6 aggiungere l'olio e amalgamare 10 sec, Vel.6.spalmare questa salsina sui tranci di salmone.Senza lavare il boccale mettere l'acqua posizionare il *varoma* e cuocere per 20**min.** temp. *varoma* Vel.2.

8.3.8.6 Salmone In Insalata

Ingredienti: 700gr di salmone; 200gr di funghi; 50gr di carota; 50gr di sedano; 30gr di cipolla; olio; succo di limone; sale e pepe q.b.

Procedimento: affettare sottilmente i funghi e metterli a macerare per 20' in una emulsione preparata con olio, succo di limone, prezzemolo fresco, sale e pepe. Tagliare a pezzi la verdura e metterla nel boccale insieme con l'acqua. Adagiare i tranci di salmone nel *Varoma* precedentemente unto di olio; posizionarlo sul coperchio e cuocere per 15' a temp. Varoma, Vel.1. A fine cottura spinare e spellare il salmone e unirlo ai funghi marinati. Lasciare insaporire per 30' quindi servire freddo e guarnito con scaglie di parmigiano.

8.3.8.7 Trota Farcita

Ingredienti: 300gr di trota salmonata; 50gr di vino bianco; 1 l. di brodo (acqua e dado); 200gr di insalata russa; 50gr di maionese (come ricetta base).

Procedimento: sistemare la trota nel *Varoma* precedentemente unto di olio. Mettere nel boccale il vino bianco e il brodo di pesce. Posizionare il *Varoma* sul coperchio e cuocere per 20', temp. Varoma, Vel.1. Lasciare raffreddare la trota, quindi aprirla delicatamente a metà, togliere la spina dorsale ed eliminare le lische. Spalmare la trota di insalata russa, ricomporla e decorarla con maionese e ciuffi di prezzemolo.

8.3.8.8 Salmone Al Pepe E Ginepro

Ingredienti: 4 tranci di salmone fresco; 4 bacche di ginepro; 100gr di vino bianco; 100gr di acqua; 1 spicchio di aglio; prezzemolo, basilico; sale e pepe in gran q.b.

Procedimento: adagiare i filetti di salmone nel *Varoma* precedentemente unto di olio. Distribuire uniformemente sul salmone il pepe in grani, le bacche di ginepro schiacciate, il prezzemolo e il basilico tritati. Mettere nel boccale il vino e l'acqua; posizionare il *Varoma* sul coperchio e cuocere per 20' a temp. Varoma, Vel.1. Adagiare i tranci di salmone sopra un piatto da portata e servirli caldissimi.

8.3.8.9 Salmone Mimosa

Ingredienti: 700gr di filetto di salmone fresco; 4 uova sode; 50gr di olio; 2 spicchi di aglio; 20gr di cipolla; 50gr di carota; 2 foglie di alloro; succo di un limone; 1 l. di acqua; sale e pepe q.b.

Procedimento: frullare per 40'' a Vel.6 il limone, l'olio, il sale, il pepe e il prezzemolo. Mettere da parte. Tritare grossolanamente per 30'' Vel.3 le uova sode e metterle da parte. Disporre filetti di salmone nel cestello. Senza lavare il boccale versarvi l'acqua, il sale, le carote a pezzi, la cipolla, l'aglio e l'alloro; immergere il cestello e cuocere per 10' a 100° Vel.2. A fine cottura togliere il cestello, scolare bene e sistemare i filetti di salmone sopra un piatto da portata. Distribuire uniformemente le uova sode tritate sul salmone e condire con la salsina di limone. Spolverizzare di pepe.

8.3.8.10 Salmone Decorato

Ingredienti: 1 kg.- di tranci di salmone; 100gr di vino bianco; ½ litro di brodo di pesce (acqua e dado bimby); 100gr di carote; 50gr di cipolla; 5'0gr di sedano; 100gr di burro; 200gr di gamberetti; 50gr di panna da cucina; 30gr di farina; 250gr di latte; 1 limone; sale e pepe in grani q.b.

Procedimento: adagiare il salmone nel *Varoma* e i gamberetti nel cestello. Mettere nel boccale il brodo di pesce e il vino bianco, quindi immergervi il cestello e posizionare il *Varoma* sul coperchio (30', temp. Varoma, Vel.2). Terminata la cottura adagiare il salmone su un piatto da portata. Lasciare nel boccale 250gr di brodo e unirvi il burro e 50gr di gamberetti (30'' Vel.6). Aggiungere la farina e il latte e cuocere per 7' a 80° Vel.3. A fine cottura amalgamare la panna (2' Vel.3), salare e pepare. Versare un po' di questa salsina sul pesce dopo averlo decorato con fette di limone e contornato di gamberetti. Mettere la rimanente salsina in una salsiera e servire.

8.3.8.11 Tranci Di Salmone All'imperiale

Ingredienti: 4 fette di salmone; 100gr di vino bianco; 250gr di brodo (acqua e dado bimby); 30gr di cipolla; 70gr di burro; 2 uova sode; 30gr di fecola; 1 limone.
Procedimento: ungere il *Varoma* di olio e adagiarvi i tranci di salmone conditi con il prezzemolo tritato. Mettere nle boccale il prezzemolo, il dragoncello, la cipolla e il sale; posizionare il *Varoma* sul coperchio e cuocere per 30' a temp. Varoma, Vel.1. Filtrare il brodo di cottura e metterlo da parte. Mettere nel boccale i tuorli d'uovo sodi, il succo di limone, la fecola e il burro (10'', Vel.4); aggiungere il brodo e amalgamare per 15'' Vel.4. Disporre i tranci di salmone in una teglia da forno, versare il sugo preparato, e infornare per 10' in forno preriscaldato a 180°. Guarnire con ciuffi di prezzemolo.

8.3.8.12 Trota Farcita Al Prosciutto

Ingredienti: 1 kg. di trote (4 trote piccole); prezzemolo; prosciutto crudo 8 fette; 1 mis. di aceto; 300gr di carote; 1 mis. di parmigiano grattugiato; 300gr di acqua; peperoncino; sale q.b.
Procedimento: tritare nel boccale il prezzemolo (30'' Vel.4), aggiungere il parmigiano, il peperoncino, il sale, l'aceto e l'olio (30'' Vel.5). Con questo impasto farcire le trote, avvolgerle nelle fette di prosciutto crudo e adagiarle nel Varoma. Tagliare a rondelle spesse le carote, metterle nel cestello, versare l'acqua nel boccale e inserire il cestello. Posizionare il *Varoma* sul coperchio e cuocere per 30' a temp. Varoma, Vel.3. Servire le trote insieme con le carote condite con sale, pepe e un filo d'olio crudo.

8.3.8.13 Trota Salmonata A Varoma

Ingredienti: 1 trota salmonata; 400gr di acqua; 40gr di olio; 2 pomodori; 1 spicchio di aglio; 500gr di patate; 20gr di maizena; timo; sale q.b.
Procedimento: tritare il prezzemolo. Mettere nel boccale l'acqua, l'aglio, l'olio, i pomodori, il timo e il sale. Tagliare a fettine le carote e sistemarle nel cestello. Sistemare la trota sul vassoio e le patate tagliate a pezzi nel Varoma. Inserire il cestello nel boccale e posizionare il *Varoma* sul coperchio (30' temp. Varoma, Vel.1). A fine cottura togliere il *Varoma* e il cestello. Aggiungere al brodetto la maizena e cuocere per 2' a 80° Vel.3. Servire il pesce condito con la salsina e cosparso di prezzemolo tritato (20'' Vel.4). Accompagnare con un contorno di patate e carote.

8.3.8.14 Filetti Di Trota Al Vino

Ingredienti: 4 filetti di trota; 100gr di vino bianco; 1 porro; 20gr di cipolla; 30gr di carota; ½ spicchio di aglio; 50gr di olio di oliva; timo, prezzemolo; alloro; sale e pepe q.b.
Procedimento: tritare nel boccale l'aglio, la cipolla, la carota a pezzi e il porro (30'' Vel.6). Unire l'olio e soffriggere (3' a 100°, Vel.3). Mettere i filetti di trota nel *Varoma* precedentemente unto di olio, conditi con il prezzemolo tritato, il timo e le foglie di alloro. Aggiungere nel boccale il vino, posizionare il *Varoma* e cuocere per 15' a temp. Varoma, Vel.3. Adagiare i filetti di trota sopra un piatto da portata e condirli con la salsa. Servirli caldi.

8.3.9   Consigli Dalle Tre Sedi Pugliesi

8.3.9.1   Orata Alla Pugliese

Ingredienti: 2 orate (600gr circa); 1 kg. Di patate; 3 spicchi di aglio; prezzemolo; 50gr di pecorino grattugiato; 60gr di olio; 100gr di vino bianco; 200gr di acqua; sale e pepe q.b.

Procedimento: buttare, con le lame in movimento, il prezzemolo e l'aglio e tritare per 20'' a Vel.6. Versare in una ciotola metà del trito. Mettere nel boccale l'olio e preparare il soffritto: 3' 100°, Vel.1. Intanto preparare nel *Varoma* uno strato di patate tagliate a fette e condite con il prezzemolo tritato e il pecorino, quindi adagiarvi le orate salate e pepate. Ricoprire il pesce con un altro strato di patate condite come prima. Mettere nel boccale il vino bianco e l'acqua, posizionare il *Varoma* sul coperchio e far cuocere per 20' a temp. Varoma, Vel.1. Servire le orate condite con il sughetto di cottura.

8.3.9.2   Riso Con Salsa Di Acciughe

Ingredienti: 500gr di riso; 600gr di acciughe fresche; 30gr di scalogno (o cipolla); ½ mis. di vino bianco; 2 spicchi di aglio; 50gr di olio d'oliva; 1 litro di brodo; (acqua e dado di pesce o vegetale bimby); prezzemolo.

Procedimento: pulire le acciughe, lavarle e tagliarle a pezzetti. Mettere nel boccale l'aglio, lo scalogno, il peperoncino e l'olio (3', 100° Vel.4); unire i pezzetti di acciuga e far insaporire per 2' a 100° Vel.1. Dopo aver posizionato la farfalla aggiungere il riso e tostarlo per 5' a 100° Vel.1. Versare il vino bianco e farlo evaporare per 1' a Vel.1. Unire il brodo e cuocere per 15' a 100°, Vel.1. Prima di servire il risotto, guarnire con prezzemolo fresco tritato.

8.3.9.3   Crocchette Di Pesce Con Salsa Al Pomodoro

Ingredienti: 500gr di filetto di nasello; 2 uova intere; 1 spicchio di aglio; 50gr di parmigiano; 50gr di pangrattato. Per la besciamella: 30gr di burro; 50gr di farina; ½ litro di latte; sale e pepe q.b. Per la salsa: 500gr di pomodori pelati; 1 spicchio di aglio; 50gr di olio; 30gr di cipolla.

Procedimento: Sistemare i filetti di nasello nel *Varoma* precedentemente unto di olio. Soffriggere nel boccale l'olio, l'aglio e la cipolla (3min. 100° Vel.4); aggiungere i pomodori pelati e schiacciati, il sale e il pepe; posizionare il *Varoma* sul coperchio e cuocere per 20**min.** a temp. *Varoma* Vel.3. Togliere il sugo dal boccale e metterlo da parte e sistemare il nasello su un piatto. Senza lavare il boccale preparare la besciamella con il burro, la farina, il latte (7min. 80° Vel.2). Salare e pepare. Far raffreddare e aggiungere i tuorli d'uovo, la polpa di pesce sminuzzata, il formaggio e il prezzemolo tritato (30sec. Vel.4). Con l'iimpasto ottenuto, che deve risultare omogeneo, preparare delle palline; passarle nell'albume leggermente sbattuto e nel pangrattato. Friggere le crocchette in abbondante olio. Allineare le crocchette in un piatto da portata e coprirle con la salsa di pomodoro. Guarnire con prezzemolo fresco tritato.

Osservazioni: Per questa preparazione possiamo utilizzare anche altri tipi di pesci bianchi bolliti.

8.3.9.4   Zuppa Del Pescatore

Ingredienti: 1 kg. di frutti di mare misti (cozze e vongole); 200gr di patate; 50gr di cipolla; 30gr di burro; 200gr di panna da cucina; prezzemolo; 1 l. di acqua; chiodi di garofano; sale q.b. **Procedimento:** soffriggere nel boccale la cipolla con il burro (3' 100° Vel.4), aggiungere le patate pelate e tagliate a cubetti e rosolare per 2' a 100° Vel.1. Versare l'acqua, posizionare il Varoma, riempito con i frutti di mare, sul coperchio e cuocere per 15' a temp. Varoma, Vel.1. Quando le cozze si saranno aperte togliere i frutti dal guscio, versarne la metà circa nel boccale e tritare per 1' a 100° Vel.4. Unire la panna (30'' Vel.4) e mettere in una zuppiera insieme con le cozze rimaste intere. Profumare con il prezzemolo tritato e i chiodi di garofano.

8.3.9.5 Filetti Di Sogliola Al Dragoncello

Ingredienti: 4 filetti di sogliola; 50gr di cipolla o scalogno; 50gr di olio; 200gr di vino bianco; 100gr di panna; 50gr di farina; 2 tuorli d'uovo; 20gr di dragoncello essiccato; succo di limone; sale e pepe q.b. **Procedimento:** d adagiare i filetti di sogliola nel *Varoma* precedentemente unto di olio. Soffriggere la cipolla con l'olio (3', 100°, Vel.4); aggiungere il vino bianco. Posizionare il *Varoma* sul coperchio e far cuocere per 10' a temp. Varoma, Vel.2. Mettere i filetti di sogliola in una teglia. Nel boccale aggiungere al liquido di cottura del pesce, la farina e la panna: 5' 90°, Vel.3. Infine unire i tuorli d'uovo, il dragoncello e poche gocce di succo di limone (20'', Vel.4). Versare questa salsa sui filetti di sogliola e infornare per 12' a 180°. Servire caldi.

8.3.9.6 Risotto Con Seppioline

Ingredienti: 600gr di seppioline; 500gr di riso; 100gr di vino bianco; 900gr di acqua; 50gr di cipolla; 1 spicchio di aglio; 1 mis. di passata di pomodoro (o 6 pomodori pelati); 100gr di olio; prezzemolo tritato; sale e pepe q.b.

Procedimento: soffriggere l'aglio e la cipolla nell'olio (3' 100° Vel.3); aggiungere la passata di pomodoro e cuocere per 5' 100° Vel.1. Posizionare la farfalla. Aggiungere le seppie e cuocerle per 5' a 100° Vel.1. Infine versare l'acqua: 15' 100° Vel.1. Salare q.b.. Versare in una risottiera e guarnire con prezzemolo tritato. Spolverizzare di pepe.

8.3.9.7 Paté Di Trota In Gelatina

Ingredienti: 200gr di filetti di trota affumicata; 50gr di formaggio cremoso; 150gr di formaggio di capra; 50gr di burro; 2 scalogni medi; 50gr di olio di oliva; ½ mis. di acqua; succo di ½ limone; poche gocce di tabasco; 20gr di capperi; prezzemolo; zenzero in polvere; 1 confezione di gelatina granulare.

Procedimento: preparare la gelatina seguendo le istruzioni riportate sulla confezione. Prendere una pirofila di media grandezza e coprirne il fondo, facendo uno strato di un paio di centimetri di gelatina. Mettere nel congelatore e aspettare che si addensi. Nel frattempo far ammorbidire gli scalogni (precedentemente tritati a Vel.7 per 20'') con olio e acqua 5', 100°, Vel.1. Salare. Aggiungere tutti gli altri ingredienti rimasti e omogeneizzare per 30'' a Vel.5. A questo punto prendere la pirofila dal freezer e mettere uno strato di paté sulla gelatina, quindi versare un altro strato di gelatina e far rapprendere in freezer. Procedere così finchè saranno finiti gli ingredienti.

8.3.9.8 Pescatrice Ai Funghi

Ingredienti: 800gr di pescatrice; 400gr di funghi; 100gr di cipolla; 150gr di carote; 100gr di vino bianco; 50gr di olio; 6 pomodorini; 1 spicchio di aglio;: 10 olive nere snocciolate; prezzemolo; sale e pepe q.b.

Procedimento: tritare le carote, la cipolla e l'aglio (10'' Vel.4); aggiungere l'olio e soffriggere per 3' a 100° Vel.4. Posizionare la farfalla e versare i funghi e il vino. Ungere il *Varoma* di olio e adagiarvi la pescatrice condita con il prezzemolo tritato, i pomodorini tagliati a pezzi, le olive il sale e il pepe. Posizionare il *Varoma* sul coperchio e cuocere per 30' a temp. Varoma, Vel.1. Adagiare la pescatrice sopra un piatto da portata e condire con il sughetto ottenuto.

8.3.9.9 Insalata Di Mare

Ingredienti: 300gr di cozze; 200gr di gamberi; 100gr di moscardini; 100gr di seppioline; 200gr di anelli di calamari; prezzemolo; 50gr di olio; 20gr di cipolla; 2 spicchi di aglio; 100gr di vino bianco; 100gr di acqua; succo di limone; sale e pepe q.b.

Procedimento: inserire nel boccale la cipolla, l'aglio e l'olio (3' 100° Vel.4); aggiungere i moscardini, le seppioline e gli anelli di calamari e far insaporire per 2' a 100° Vel.1. Bagnare con il vino (1' 100° Vel.1); quindi aggiungere l'acqua. Posizionare il *Varoma* sul coperchio e cuocere per 20' a temp. Varoma, Vel.1. Foderare una ciotola di vetro con le foglie di lattuga e versarvi le cozze con tutto il guscio, i moscardini, le seppioline, i calamari e i gamberi sgusciati. Condire con il pepe, il prezzemolo, il succo di limone e un filo di olio crudo. Controllare il liquido di cottura. Se fosse necessario aggiungere l'acqua.

8.3.9.10 Filetti Di Rombo Alla Pugliese

Ingredienti: 1 kg. di filetti di rombo (2 rombi); ½ mis. di olio; 1 spicchio di aglio; 150gr di acqua; 600gr di pomodorini; prezzemolo; sale q.b.

Procedimento: adagiare un filetto di rombo nel *Varoma* e uno sul vassoio. Tritare l'aglio e il prezzemolo (1', Vel.4); aggiungere l'olio e il peperoncino e soffriggere per 3' 100° Vel.1. Unire i pomodorini: 10'' Vel.3. Versare l'acqua, posizionare il *Varoma* sul coperchio e cuocere per 20' a temp. Varoma, Vel.1. Adagiare i filetti di rombo sopra un piatto da portata e condire con la salsina preparata.

8.3.9.11 Ravioli Con Sugo Di Pesce Al Porto

Ingredienti: 400gr di ravioli con ripieno di pesce; 300gr di cozze; 16 capesante; 1 scatola di polpa di granchio al naturale; 50gr di olio; 30gr di scalogno (o cipolla); 1 spicchio di aglio; 1 bustina di zafferano; 150gr di panna da cucina; aneto;sale e pepe q.b.

Procedimento: mettere l'acqua nel boccale e posizionare il Varoma, riempito di cozze e di capesante sul coperchio (10' temp. Varoma, Vel.1). Quando le cozze si saranno aperte, togliere il frutto dal guscio. Buttare l'acqua della cottura. Soffriggere nel boccale lo scalogno con l'olio e l'aglio (3' 100° Vel.4); posizionare la farfalla; versare le cozze e le capesante e insaporire per 10' a 80° Vel.1. Unire la panna, lo zafferano, la polpa di granchio tagliata a pezzetti e cuocere per 5' a 80°, Vel.1. Lessare i ravioli in acqua salata, condirli con il sugo e spolverizzare con aneto tritato.

8.3.9.12 Seppioline Gratinate

Ingredienti: 1 kg. di seppioline; 1 uovo; 100gr di pane raffermo; 1 spicchio di aglio; prezzemolo; 10 cozze nere; 500gr di acqua.

Procedimento: mettere l'acqua nel boccale e posizionare il Varoma, riempito con le cozze: 15', temp. Varoma, Vel.2. Estrarre il frutto delle cozze e metterlo da parte insieme con l'acqua di cottura. Tritare il prezzemolo, il pane e l'aglio (10'', . Vel.Turbo), pi mettere da parte 3 cucchiai di questo gratin, nel restante aggiungere il frutto delle cozze e l'uovo (10'' Vel.5). Riempire le seppie con l'impasto ottenuto e disporle nel Varoma. Versare nel boccale l'acqua delle cozze ed eventualmente aggiungere dell'altra (in tutto deve essere 500gr). Posizionare il *Varoma* sul coperchio e cuocere per 20', temp. Varoma, Vel.1. Nel frattempo spargere un po' di gratin, condito con un filo d'olio d'oliva crudo, sul fondo di una teglia, adagiare le seppie, e spargere il rimanente gratin. Condire ancora con un filo d'olio e infornare per 10' a 180°.

8.3.9.13 Ravioli Di Pesce

Ingredienti: l'impasto: 200gr di farina; 2 uova; 20gr di olio. Per il ripieno: 300gr di polpa di nasello o coda di rospo; 1 panino raffermo; 150gr di burro; 20gr di parmigiano grattugiato; 2 spicchi di aglio; prezzemolo, sale e pepe q.b.; noce moscata; 1 uovo; 500gr di acqua.

Procedimento: mettere nel boccale la farina, le uova e l'olio: 20'' Vel.6. Avvolgere la pasta ottenuta in un tovagliolo e lasciare riposare per 20'. Ammollare la mollica di pane nell'acqua e poi strizzarla. Adagiare la polpa del pesce nel Varoma, precedentemente unto di olio. Mettere nel boccale l'acqua, posizionare il *Varoma* sul coperchio e cuocere per 15' a temp. Varoma, Vel.1. Togliere l'acqua dal boccale e scolare il pesce. Amalgamare nel boccale l'uovo, il sale, il pepe e la noce moscata (10'' Vel.5); aggiungere la polpa del pesce e tritare per 30'' a Vel.5. Unire la mollica di pane e il parmigiano grattugiato (30'' Vel.6). Dividere la pasta a metà e preparare due sfoglie sottili. Su una delle due distribuire, formando delle file regolari, dei mucchietti di ripieno (grandi quanto un cucchiaino da caffè). Coprire con l'altra sfoglia di pasta e tagliare i ravioli. Lessarli e condire semplicemente con un soffritto di burro e aglio: 3', 100° Vel.1. Cospargere di prezzemolo fresco tritato prima di servire.

8.3.9.14   Seppie E Carciofi

Ingredienti: 1 kg. di seppie; 4 carciofi; 60gr di olio; 30gr di cipolla; 100gr di vino bianco; 1 spicchio di aglio; prezzemolo; peperoncino; sale q.b.

Procedimento: tagliare a listerelle le seppie. Pulire i carciofi e tagliarli a spicchi. Mettere nel boccale l'aglio, l'olio e la cipolla: 3' a 100° Vel.4. Unire i carciofi a rosolare per 3' a 100° Vel.1. Posizionare la farfalla. Aggiungere le listerelle di seppie (5', 100° Vel.1). Bagnare con il vino bianco, aggiungere il peperoncino tritato e continuare la cottura per 20' a 100° Vel.1. Cospargere di prezzemolo crudo tritato finemente, spruzzare con succo di limone e servire.

9 Dolci

9.1 Preparazioni Di Base

9.1.1.1 Albumi A Neve

Ingredienti: da 1 a 6 albumi 1 pizzico di sale fino. Posizionare la farfalla ed inserire gli ingredienti nel boccale ben asciutto: 2min. Vel.2-3. Per un miglio risultato è possibile impostare la temperatura a 40°

9.1.1.2 Cioccolato: Come Utilizzare Quello Delle Uova Di Pasqua

120gr. di nocciole e 80gr. di mandorle, 400gr. di cioccolato al latte, 50gr. di zucchero, 60gr. di burro, 180\200gr. di latte: il procedimento è lo stesso della Nutella e il sapore lo stesso ottimo (forse lo zucchero è ancora un pò troppo): vengono tre vasetti piccoli della Bormioli (me ne è rimasto solo uno a forza di cucchiaiate per assaggiarlo. non solo da me, intendiamoci!). E poi ho fatto un bel

salame di cioccolato: per l'impasto di base: 50 gr di burro, 50 gr di cioccolato, 1 cucchiaio di miele (o, se non piace, di panna). Per farcire: biscotti sbriciolati, frammenti di cioccolato (anche bianco, o di diversi tipi), frutta secca frantumata (mandorle, uvetta). Fate sciogliere il burro a fuoco molto basso con il cioccolato tritato e, quando avete ottenuto una crema liscia, spegnete il fuoco e unite il miele. Unite subito gli altri ingredienti (per un totale di circa 100/150 gr) lavorando bene con un cucchiaio per amalgamare. Quando la consistenza e' giusta (malleabile, non liquida) avvolgete in un foglio di carta stagnola o da forno per dare la forma di un salame e riponete in freezer. Come ogni salame che si rispetti, va servito a fette. Lo stesso impasto si presta ad essere arrotolato in piccoli tartufi, da passare poi nel cacao.

9.1.1.3 Creme Caramel 1

Mezzo litro di latte intero, 300gr. di latte condensato, un cucchiaino raso di maizena, 3 uova intere. Caramellate 2 misurini di zucchero in una teglia antiaderente e versate nello stampo coprendolo uniformemente. Inserite nel boccale il latte condensato, la maizena, le uova: omogeneizzate per qualche secondo e cuocete per 10 min 90° vel 3. Versate la crema nello stampo caramellato e lasciate raffreddare, poi mettete in frigo.

9.1.1.4 Creme Caramel 2

Ingredienti: 250gr. di latte intero 1 uovo intero 2 tuorli 120gr. di zucchero I pizzico di vaniglia (facoltativo) 1/2 dose di zucchero caramellato.
Procedimento: Preparare il caramello e distribuirlo bene sul fondo e sulle pareti di 4 stampini per crème caramel Inserire nel boccale lo zucchero rimasto e tutti gli altri ingredienti. 2 sec. veL 8 e 60 sec. vel. 1. Versare il composto ottenuto negli stampini e disporli nel Varoma. Sciacquare il boccale e inserire 1/2 lt. d' acqua: 6 min. IOO° , vel. I. Quando l'acqua bolle, posizionare il *Varoma* e cuocere: 30 min. temp. *Varoma* vel. 1. Al termine, lasciare intiepidire e mettere poi gli stampini in frigorifero per un paio di ore Sformarli e servirli in piattini individuali

9.1.1.5 Creme Caramel 3

Ingredienti: 250gr. di latte intero 1 uovo intero 2 tuorli 120gr. di zucchero I pizzico di vaniglia (facoltativo) 1/2 dose di zucchero caramellato
Tempo di **Procedimento:** TM21 37min.

Procedimento: Preparare il caramello e distribuirlo bene sul fondo e sulle pareti di 4 stampini per crème caramel Inserire nel boccale lo zucchero rimasto e tutti gli altri ingredienti. 2sec. Vel.8 e 60sec. Vel.1. Versare il composto ottenuto negli stampini e disporli nel Varoma. Sciacquare il boccale e inserire 1/2 lt. d' acqua 6min. IOO° , Vel.I. Quando l'acqua bolle, posizionare il *Varoma* e cuocere: 30min. temp. *Varoma* Vel.1. Al termine, lasciare intiepidire e mettere poi gli stampini in frigorifero per un paio di ore Sformarli e servirli in piattini individuali.

9.1.1.6 Caramello Sempre Pronto

Ingredienti: 500 gr di zucchero, 250 gr di acqua, 1 cucchiaino di aceto di mele o succo di limone.

Procedimento: Inserire nel boccale 200 gr di zucchero, 150 gr di acqua: 5 min. 90° vel. 1. Contemporaneamente in una casseruola antiaderente fondere senza mescolare, a fuoco moderato, 300 gr di zucchero con 100 gr di acqua, finché avrà preso un bel colore mogano chiaro. Aggiungere l' aceto o il succo di limone e aggiungere il tutto immediatamente allo sciroppo nel boccale. Cuocere a 100° con le lame in movimento a vel 4 o 5, finchè la schiuma scompare (3 min. ca.). Travasare il caramello così ottenuto, in un barattolo di vetro a chiusura ermetica. I consigli di Mina P.: Il caramello così ottenuto ha la consistenza del miele, si conserva a lungo ed è praticissimo

9.1.1.7 Crema Chantilly

Ingredienti: 250 di panna fresca 100gr. di zucchero a velo.

Procedimento: Posizionare la farfalla ed inserire gli ingredienti nel boccale ben freddo: 45sec. Vel.2-3. Se necessario aumentare il tempo di pochi secondi.

9.1.1.8 Crema Inglese

Ingredienti: 6 tuorli, 200gr. di zucchero, 400gr. di latte, 1 bustina di vanillina, 1 pizzico di sale. Inserire tutti gli ingredienti nel boccale: 5min. 80° Vel.3. Travasare subito la crema in una ciotola e lasciare raffreddare. N.B. La crema inglese è una preparazione molto nota che si può usare come accompagnamento a vari tipi di gelati, ma si può servire anche come dessert, con savoiardi o biscotti.

9.1.1.9 Crema Pasticcera

Ingredienti: 4 tuorli, 40gr. di maizena o fecola di patate, 150gr. di zucchero, 400gr. di latte, 1 bustina di vanillina, 1 pizzico di sale.

Procedimento: Inserire tutti gli ingredienti nel boccale 7min. 80° Vel.3. Travasare subito la crema in una ciotola e lasciare raffreddare.

9.1.1.10 Latte Condensato 1

3 misurini di latte intero in polvere (4 se scremato), 3 misurini di zucchero (300 g), un misurino e 1\2 d'acqua (150 g). Inserite nel boccale latte in polvere e zucchero a vel turbo per qualche secondo. Raccogliete con la spatola e aggungete l'acqua 10 min 90° vel 3. Dura in frigo 10 giorni chiuso in un contenitore.

9.1.1.11 Latte Condensato 2

140gr. di latte in polvere intero (180 se scremato), 180gr. di zucchero, 150gr. d'acqua. Inserite nel boccale zucchero e latte in polvere: 8 sec vel turbo. Raccogliete il composto con la spatola e aggiungete l'acqua: 10 min 80° vel.3

9.1.1.12 Pan Di Spagna Di Mamma (Tradizionale)

Ingredienti: 200gr. Fecola di Patate (oppure 100 Fecola e 100 Farina OO), 200gr. zucchero, 3 uova intere, 1 cucchiaio di latte, 1 bustina lievito

Procedimento: Lavorare bene uova, zucchero e latte fino a che diventano quasi bianchi, aggiungere la fecola e lavorare per altri 10 minuti, amalgamare bene il lievito e mettere in una tortiera imburrata (più è grande, max 25cm, più rimane basso adatto per mascarpone o basi da decorare) e porre in forno riscaldato 170° per 25° circa (Non deve scurirsi! Deve fare solo una piccola crosticina dorata). Per usarlo come base da farcire fare dose doppia o mettere in una tortiera più piccola. E' delizioso anche da mangiare così.... parola di "figlia". Ciao da Elena

9.1.1.13 Panna Montata

Ingredienti: da 200 a 600gr. di panna fresca e ben fredda.
Procedimento: Posizionare la farfalla nel boccale ben freddo ed inserire la panna: da 45 a 90sec. Vel.2-3. Controllare la consistenza e, se necessario, aumentare il tempo di pochi secondi.

9.1.1.14 Pan Di Spagna

Ingredienti: 6 uova, 250gr. di farina, 250gr. di zucchero, 1 bustina di vanillina, ½ bustina di lievito in polvere, 1 pizzico di sale. Inserire nel boccale uova e zucchero: 20sec. Vel.4 Versare dal foro del coperchio farina, vanillina, sale e per ultimo il lievito: 40sec. Vel.7. Versare in una tortiera unta ed infarinata del diam. di 26cm. e cuocere in forno preriscaldato a 160° per 10min. poi 15min. a 180° e 15min. a 200°

9.1.1.15 Pasta Frolla

Ingredienti: 200gr. di farina 00; 100gr. di farina di mandorle (se non la trovi prendi 100gr. di mandorle e le polverizzi); 1 uovo + 2 tuorli; 100gr. di burro morbido; 100gr. di zucchero.
Procedimento: Questa ricetta me l'ha regalata una carissima amica ed è così buona che ormai è entrata a far parte della mia cucina. Se preferisci invece: 3 etti di farina 00; 1 uovo+ 3 tuorli; 100gr. di zucchero; 100gr. di burro morbido. Io preferisco la prima ma tu provale entrambe. Sono collaudate

9.1.1.16 Pasta Frolla All'olio

Volevo passarvi questa ricetta di pasta frolla all'olio d'oliva sperimentata più volte con ottimo risultato.
Ingredienti: 300gr. di farina, 100gr. di zucchero, 100gr. di olio d'oliva dal fruttato leggero, 1 uovo e 1 tuorlo, 2 o 3 cucchiai di acqua fredda, un pizzico di sale, la buccia grattugiata di un limone.
Procedimento: Mettere tutti gli ingredienti nel boccale tranne l'acqua: 20sec Vel.3-5. Se si forma una palla, è inutile aggiungere l'acqua, altrimenti metterla un cucchiaio per volta impastando a Vel.5 pochisec. Far riposare in frigo almeno mezz'ora. Il risultato è una pasta friabile e di ottimo sapore. Ciao a tutti, francesca romana

9.1.1.17 Pasta Frolla Base Per Torta Di Frutta

Ingredienti: 3 uova - 6 cucchiai di zucchero - 8 cucchiai di farina - 1/2 mis. latte - 4 cucchiai di olio d'oliva - 1/2 bustina di lievito.
Procedimento: Io la preparo così: monto le uova (che non devono ASSOLUTAMENTE essere fredde di frigo) mettendo la farfalla a Vel.3 per 15min. Aggiungo poi il latte, l'olio e lievito a Vel.5 per 30' e per ultimo la farina a Vel.4 e poi circa 20' a Vel.6. Inforno a 180° per 20 minuti circa (dipende dal forno). Buon lavoro

9.1.1.18 Pasta Frolla (Anna)

Ingredienti: 200gr. di farina 00; 100gr. di farina di mandorle (se non la trovi prendi 100gr. di mandorle e le polverizzi); 1 uovo + 2 tuorli; 100gr. di burro morbido; 100gr. di zucchero. Questa ricetta me l'ha regalata una carissima amica ed è così buona che ormai è entrata a far parte della mia cucina. Se preferisci invece: 3 etti di farina 00; 1 uovo+ 3 tuorli; 100gr. di zucchero; 100gr. di burro morbido. Io preferisco la prima ma tu provale entrambe. Sono collaudate

9.1.1.19   Pasta Frolla Con Un Uovo Soltanto

Ingredienti: A tutte le patite della pasta frolla: ho trovato questa ricetta su un libro ed ho subito provato ad adattarla al Bimby con ottimi risultati, anzi oserei dire che è meglio di quella classica perchè ha una consistenza perfetta e non si sbriciola quando la si stende col mattarello. 300gr. di farina, 80gr. di zucchero, 140gr. di burro morbido, un pizzico di sale, un uovo e, a piacere, scorza di limone grattugiata.Il procedimento rimane lo stesso del ricettario base

9.1.1.20   Pasta Mezza Frolla

Ingredienti: Dal Ricettario "Idee per torte e biscotti". 300gr. farina, 120gr. burro morbido, 1 uovo intero + 2 tuorli, 50gr. zucchero, scorza di 1 limone, un pizzico di sale, 1 cucchiaino di lievito in polvere. Procedimento; Zucchero e scorza di limone 15sec. Vel.7; aggiungere tutti gli altri **ingredienti:** 30sec. Vel.5. Prima di utilizzare, avvolgere in carta forno e conservare in frigo per 1/2 ora. Vi assicuro che è ottima!

9.1.1.21   Pasta Per Strudel

Ingredienti: la ricetta per la pasta: 250gr. Farina 50gr. burro morbido 1 uovo 50gr. acqua pizzico sale.
Inserire nel boccale acqua, burro e sale: 1min. 40° Vel.1. Unire dal foro del coperchio con lame in movimento la farina e l'uovo, 30sec. Vel.5. Togliere la pasta dal boccale e farla riposare per 30 minuti, coperta. Per il ripieno procedi come ti piace. Cuocere in forno preriscaldato a 160° per 15min. e a 180 per altri 30 minuti.

9.1.1.22   Scorzette Di Arancia Candite

Ingredienti: scorza di 1/2 kg. di arance non trattate, succo di 1/2 limone.
Procedimento: Tagliare a spicchi non troppo sottili le scorze delle arance e metterle a bagno in un recipiente per qualche ora, cambiando spesso l' acqua. Inserire nel boccale 1 litro di acqua 10min. 100° Vel.1 Aggiungere le scorze: 10min. 100° Vel.1. Scolarle, tagliarle a striscette, pesarle e metterle da parte. Inserire nel boccale lo stesso peso di zucchero 2min. 90° Vel.1 senza misurino. Unire le scorzette: 10min. 90° Vel.1 e 20min. 100° Vel.1, sempre senza misurino. Quando manca 1/2 minuto al termine della cottura, aggiungere dal foro del coperchio il succo di limone. Versare subito il tutto su carta oleata o su un piano unto di olio e staccare le scorzette, con l' aiuto di due cucchiai. Farle raffreddare e conservarle in frigorifero.

9.1.1.23   Zucchero A Velo

Ingredienti: Fino a 300gr. di zucchero semolato.
Procedimento: Inserire lo zucchero nel boccale: da 10 a 30sec. Vel.Turbo a secondo della quantità

9.1.1.24   Zucchero Caramellato

Ingredienti: 150gr. di zucchero, 1/2 mis. di acqua 1 cucchiaino di succo di limone.
Procedimento: In un casseruolino su fuoco moderato, fondere senza mescolare, lo zucchero con l' acqua finché avrà preso un colore mogano chiaro. Aggiungere il succo di limone ed usarlo immediatamente per rivestire stampi o per caramellare frutta fresca, secca, candita, marzapane ed altro ancora.

9.2 Biscotti, Budini, Gelati, Marmellate e resto

9.2.1 Biscotti

9.2.1.1 Biscotti

Ingredienti: Io faccio colazione con questi biscotti che preparava mia nonna. Vi assicuro che sono ottimi. Provare per credere. **Ingredienti:** 3 uova, 150gr. di zucchero, 500gr. di farina, 75gr. di strutto, scorza di un limone, 1 bustina di lievito, 15gr. di ammoniaca per dolci, 1 bustina di vanillina, latte. **Procedimento:** lavorare le uova con lo zucchero, poi aggiungere gli altri ingredienti fino ad ottenere un impasto che si stacca dalle pareti. Solo se ti accorgi che l'impasto è troppo duro o non "lega" aggiungi un pò di latte, ma questo dipende dalla grandezza delle uova. Stendere la pasta e ritagliarla con una formina per biscotti (io li faccio rettangolari tipo savoiardi). Spennellare la parte superiore dei biscotti con un pò di latte e passarla in un piattino contenete zucchero semolato. Cuocere in forno a 200° \ 220° per 15 minuti circa. Si conservano a lungo fraganti (io li conservo in un contenitore di latta). Le dosi si possono raddoppiare e con 1 kg di farina vengono circa un centinaio di biscotti

9.2.1.2 Biscotti Alla Ricotta

Ingredienti: 250gr. ricotta; 250gr. di farina bianca; 100gr. Burro morbido; 1 bustina lievito; un pizzico di sale; nutella o marmellata.
Procedimento: Inserire nel boccale ricotta, farina, burro, lievito e sale. 20min. Vel.3. Togliere l'impasto e farlo riposare in frigo x 30min. Stendere una sfoglia e con un bicchiere ricavare dei cerchi. mettere un pò di nutella o marmellata e chiudere a raviolo. Infornare in forno caldo a 140° x 20-25 minuti. Spolverare abbondantemente di zucchero a velo

9.2.1.3 Biscotti Al Cioccolato

Ingredienti: 80gr. di burro morbido, 125gr. di zucchero di canna, un cucchiaio di vaniglia in polvere, un uovo, 125gr. di farina, 100gr. di cioccolato fondente.
Procedimento: Accendete il forno a 180°. Mettete nel boccale il cioccolato e date 4 colpi di Turbo, per ottenere dei piccoli pezzetti di cioccolato. Togliete e tenete da prate. Mettete il burro, lo zucchero, la vaniglia e l'uovo: un minutoVel.5. Aggiungete la farina: 4 osecVel.5. Introducete il cioccolato e un cucchiaio di latte: 20sec Vel.1. Sulla placca imburrata mettete dei mucchietti di composto ben distanziati tra loro e infornate per 12\15 minuti

9.2.1.4 Biscotti Sable'

Ingredienti: 300gr. di farina, 150gr. di zucchero, 125gr. di burro morbido, 3 tuorli, 2 cucchiai di latte, 2 cucchiai di maraschino, 1 pizzico di sale.
Procedimento: Inserire nel boccale prima la farina, poi tutti gli altri **ingredienti:** 30sec. Vel.3 e 10sec. Vel.6. Lasciare riposare l'impasto in frigorifero per 20min. Stendere l'impasto, dello spessore di 1cm. circa, su un piano infarinato. Ricavare i biscotti con formine a piacere e cuocerli in forno preriscaldato a 160° per 15min. circa

9.2.1.5 Biscotti Al Cacao

Ingredienti: 1 dose di pasta frolla, 50gr. di cacao
Procedimento: Preparare la frolla aggiungendo all'impasto il cacao. Stenderlo, dello spessore di ½cm. circa, su un piatto infarinato. Ricavare tante formine a piacere, disporle sulla placca da forno ricoperta di carta forno e cuocere in forno preriscaldato a 160° per 15min. circa. Staccarli dalla carta da forno quando sono ancora tiepidi.

9.2.1.6 Biscotti Con Farina Di Riso

Ingredienti: tratto dal libro del riso. 150 burro 150 zucchero 1 uovo 150 riso 200 farin abianca 1 bustina vanillina 1 bustina lievito 1 pizzico di sale 1 misurino latte. Inserire il riso nel boccale e polverizzare 2min. Vel.Turbo, togliere la farina ottenuta e porre nel boccale il burro e lo zucchero e lavorareVel.3 40sec. inserire un uovo la farina di riso e la farina bianca lavorare il tutto per 30sec. Vel.4 aggiungi 1 misurino di latte o poco più fino ad ottenere un impasto morbido e aggiungere per ultimo il lievito, formare con una sacca da pasticcere su un foglio di carta forno tanti biscottini e infornare a 180 per 20 min

9.2.1.7 Biscotti Alla Ricotta

Ingredienti: ricetta adattata. 250gr. ricotta; 250gr. di farina bianca; 100gr. Burro morbido; 1 bustina lievito; un pizzico di sale; nutella o marmellata. Inserire nel boccale ricotta, farina, burro, lievito e sale. 20min. Vel.3. Togliere l'impasto e farlo riposare in frigo x 30min. Stendere una sfoglia e con un bicchiere ricavare dei cerchi. mettere un pò di nutella o marmellata e chiudere a raviolo. Infornare in forno caldo a 140° x 20-25 minuti. Spolverare abbondantemente di zucchero a velo.

9.2.1.8 Biscotti Con Gocce Di Cioccolato

Ricetta inedita. **Ingredienti:** 120gr. di burro morbido, 120gr. di zucchero di canna, 60gr. di zucchero, un uovo, mezzo cucchiaino di vaniglia, 180gr. di farina, mezzo cucchiaino di bicarbonato di sodio, mezzo cucchiaino di sale, 120gr. di gocce di cioccolato fondente, 60gr. di noci. (Dose per 24 biscotti circa) Mettete zuccheri e noci nel boccale e polverizzate per 20sec dalVel.6 a Turbo, controllando. Aggiungete il burro, l'uovo e la vaniglia: 20sec Vel.4. Setacciate la farina col bicarbonato e il sale e inseritela dal foro del coperchio con lame in movimento a Vel.6, unite anche la cioccolata: 20sec Vel.6. L'impasto dev'essere omogeneo. Preriscaldate il forno a 190° (ma non troppo!), mettete la carta forno o imburrate le teglie e fate cadere l'impasto a cucchiaiate a distanza di ca 5cm l'una dall'altra. fate cuocere 10\12 minuti fino a quando i biscotti avranno un bel colore. fateli raffreddare sulle stesse teglie 5 minuti, poi toglieteli con una paletta e fateli raffreddare su una griglia. Dovrebbero risultare croccanti fuori e più morbidi internamente

9.2.2 *Bavarese*

9.2.2.1 Bavarese All'ananas

400gr. di ananas sciroppato, 150gr. di zucchero, 3 tuorli, 3 albumi montati a neve, un cucchiaio di succo di limone, una bustina di vanillina, 4 fogli di gelatina per dolci (20 g). per guarnire: fettine di ananas e ciliegine candite. Mettete i fogli di gelatina ad ammollare in acqua fredda. Inserite nel boccale l'ananas: 15 sec vel 4. Unite zucchero, tuorli e succo di limone: 5 min 80° vel 4. Unite la gelatina ben strizzata e la vanillina: 30 sec vel 6. Versate il composto in una ciotola e lasciatelo intiepidire. Incorporate delicatamente gli albumi montati a neve alla crema d'ananas. Versate il composto in uno stampo leggermente unto con olio di semi e mettete in frigo a rassodare. Sformate e guarnite con fettine d'ananas e ciliegine candite.

9.2.2.2 Bavarese Alle Albicocche

Dose per 6 persone **Ingredienti:** 400gr. di albicocche ben mature e snocciolate 150 gr di zucchero 3 tuorli 3 albumi montati a neve 1 cucchiaio di succo di limone 1 bustina di vanillina 4 fogli di gelatina per dolci (20gr) Per guarnire: fettine di albicocche.

Procedimento: Mettere i fogli di gelatina ad ammollare in acqua fredda. Inserire nel boccale le albicocche: 15 sec. vel. 6. Unire zucchero tuorli e succo di limone: 5 min. 8°° vel.3. Unire la gelatina ben strizzata e vanillina: 30 sec. vel.6. Versare il composto in una ciotola e lasciarlo intiepidire. Montare gli albumi a neve e incorporarli delicatamente alla crema di albicocche. Versare il tutto in uno stampo leggermente unto con olio di semi o di mandorle e riporlo in frigorifero a rassodare per il tempo necessario. Sformare in un piatto da portata, guarnire connettine di albicocche tagliate a mezza luna e servire. I consigli di Giovanna sono gli stessi della bavaresi precedenti

9.2.2.3 Bavarese Alle Fragole

Dose per 6 persone **Ingredienti:** 40Ogr. di fragole mature o surgelate scongelate 150gr. di zucchero 3 tuorli 3 albumi montati a neve 1 cucchiaio di succo di limone 1 bustina di vanillina 4 fogli di gelatina per dolci (20gr.) Per guarnire. fragoline di bosco e foglioline di menta.

Procedimento: Mettere i fogli di gelatina ad ammollare in acqua fredda. Inserire nel boccale le fragole: 15 sec. veL 6. Unire zucchero tuorli e succo di limone: 5 min. 80° veL3. Unire la gelatina ben strizzata e vanillina: 30, vel. veL 6. Versare il composto in una ciotola e lasciarlo intiepidire. Montare gli albumi a neve. e incorporarli delicatamente alla crema di fragole. Versare il tutto in uno Stampo leggermente unto con olio di semi o di mandorle e riporlo in frigorifero a rassodare per il tempo necessario. Sformare in un piatto da portata, guarnire con fragole e foglioline di merita, e servire. Le bavaresi possono essere preparate e servite, anche in singole coppette. Si può sostituire sia gli albumi montati a neve che i tuorli con 250gr. di panna montata

9.2.2.4 Bavarese Ai Lamponi

Dose per 6 persone **Ingredienti:** 400gr. di lamponi 150gr. di zucchero 3 tuorli 3 albumi montati a neve 1 cucchiaio di succo di limone 1 bustina di vanillina 4 fogli di gelatina per dolci (20gr.) Per guarnire: lamponi e fettine di cedro candito Tempo di preparazione TM21 8 min.

Procedimento: Mettere i fogli di gelatina ad ammollare in acqua fredda. Inserire nel boccale i lamponi. 15 sec. veL 6. Unire zucchero tuorli e succo di limone: 5 min. 8O°C vel.3. Unire la gelatina ben strizzata e vanillina: 30 sec. vel. 6 e versare il composto in una ciotola e lasciare intiepidire. Montare gli albumi a neve e incorporarli delicatamente alla crema di lamponi. Versare il tutto in uno stampo leggermente unto con olio di semi o di mandorle e riporlo in frigorifero a rassodare(per il tempo necessario. Sformare in un Piatto da portata, guarnire con lamponi, fettine di cedro candito, e servire. 1 Consoli di Giovanna B.: Personalmente il frullato di lamponi prima di utilizzarlo lo passo attraverso un colino. Come per la bavarese all'ananas, anche in questa ricetta si possono sostituire gli albumi montati a neve con 250gr. di panna montata

9.2.2.5 Bavarese Al Caffè

Dose per 8 persone **Ingredienti:** 3 tuorli 120gr. di zucchero 250gr. di panna montata 250gr. di latte 4 fogli di colla gelatina per dolci (10 gr) I/2 mis. di caffè solubile Per guarnire: amaretti, chicchi di caffè o panna montata Tempo di preparazione TM21 7 min.

Procedimento: Mettere i fogli & gelatina ad ammollare in acqua fredda. Montare la panna i mettere da parte in frigorifero. Inserire nel boccale care solubile e zucchero: 20 sec. vel. Turbo. Aggiungere tuorli e latte: á min. 80° reL3. Incorporare la gelatina ben strizzata: 20 sec. veL4 e lasciare intiepidire. Incorporare con delicatezza la panna montata e versate il tutto in uno stampo da bavarese, precedentemente spennellato con liquore o olio di mandorle. Lasciare riposare in frigorifero per almeno 3 ore. Al momento & servire, capovolger lo stampo sul piatto da portata e decorare con amaretti, chicchi d caffè o ciuffetti di panna montata.

9.2.3   Budino

9.2.3.1   Budino Al Cioccolato

Dose per 8 persone.

Ingredienti: 1 l. di latte, 110gr. di farina, 150gr. di zucchero, 80gr. di burro, 80gr. di cacao amaro, 1 bustina di vanillina, liquore per lo stampo.

Procedimento: Inserire nel boccale tutti gli **ingredienti:** 12min. 80° Vel.3. Bagnare di liquore uno stampo grande da budino, rigirandolo bene da tutte le parti. Versare la crema ottenuta, lasciarla intiepidire e metterla in frigorifero per almeno 3 ore. E' molto gradevole accompagnato da panna montata.

9.2.3.2   Budino Al Cioccolato

Ingredienti: 1/2 lt. di latte, 4 uova, 150gr. di zucchero, 3 cucchiai di cacao amaro, una bustina di vanillina. **Procedimento:** inserire nel boccale tutti gli ingredienti e frullare a Vel.4/5 x 20sec. ; predisporre la temperatura a 80° e cuocere a Vel.1 x 15min. ; versare il tutto in uno stampo da budino e porre lo stampo all'interno del Varoma. Riempire il boccale con 1, 5 lt. di acqua, sistemare il *Varoma* sul boccale e cuocere il budino x 1 ora a temperatura *Varoma* (dovrà rassodarsi). Lasciar raffreddare e servire.

9.2.3.3   Budino Al Cioccolato

1/2 lt. di latte, 4 uova, 150gr. di zucchero, 3 cucchiai di cacao amaro, una bustina di vanillina. Procedimento: inserire nel boccale tutti gli ingredienti e frullare a vel. 4/5 x 20 sec.; predisporre la temperatura a 80° e cuocere a vel. 1 x 15 min.; versare il tutto in uno stampo da budino e porre lo stampo all'interno del Varoma. Riempire il boccale con 1, 5 lt. di acqua, sistemare il *Varoma* sul boccale e cuocere il budino x 1 ora a temperatura *Varoma* (dovrà rassodarsi). Lasciar raffreddare e servire.

9.2.3.4   Budino Al Limone

Dose per 4 persone.

Ingredienti: 2 limoni di media grandezza non trattati, 80gr. di zucchero, 6 uova, 1 cucchiaino di zucchero vanigliato, ½ mis. di gin, burro per lo stampo.

Procedimento: Cuocere i limoni in acqua per 1 ora. Pungerli con una forchetta per assicurarsi che siano ben ammollati e rinfrescarli in abbondante acqua fredda per eliminare l' amaro. Tagliarli a pezzi, togliere i semi e inserirli nel boccale con zucchero, 3 uova intere, 3 tuorli, zucchero vanigliato e liquore: 1min. Vel.Turbo. Versare in uno stampo da budino imburrato e cuocere in forno preriscaldato a 170° per 30min. ca. Far intiepidire e tenere in frigorifero per almeno 2 ore prima di sformarlo in un piatto da portata e servirlo ben freddo, guarnito a piacere.

9.2.3.5   Budino All' Albicocca

Dose per 4 persone.

Ingredienti: 60gr. di zucchero, scorza di 1 limone non trattato, 70gr. di burro, 80gr. di marmellata di albicocche o altra frutta, 5 uova, 1 punta di cannella in polvere, 1 pizzico di sale, 1 cucchiaino di Brandy.

Procedimento: Inserire nel boccale ben asciutto zucchero e scorza di limone: 20sec. Vel.Turbo. Unire burro e marmellata 30sec. lentamente da Vel.1 a Vel.4. Aggiungere tutti gli altri **ingredienti:** 1min. Vel.7. Inserire nel boccale ½ l. d' acqua 6min. 100° Vel.1. Versare la crema ottenuta in uno stampo imburrato, coprirlo con la stagnola e metterlo nel varoma. Quando l' acqua bolle, posizionare il *varoma* sul coperchio 30min. temp. *varoma* Vel.1. Al termine togliere lo stampo, fare intiepidire poi mettere in frigorifero per almeno 2 ore a rassodare. Sformare in un piatto da portata, guarnire con fettine di albicocche fresche o sciroppate e servire.

9.2.3.6 Budino Alla Carota

Ingredienti: X 6: 600gr. di carote, 200gr. di panna fresca, 50gr. di zucchero, un cucchiaino di miele, un baccello di cardamomo, una bustina di zafferano, 1\2 cucchiaino di cannella, 2 uova, 15gr. di burro per imburrare lo stampo, 2 cucchiai di mandorle sfilettate.

Procedimento: Tagliare le carote a rondelle e disporle nel varoma. Inserire nel boccale un lt d'acqua: 30min. *varoma* Vel.1. Dopo 10 minuti posizionare il *varoma* sul boccale e continuare la cottura. Al termine lasciare raffreddare le carote e inserirle nel boccale: 1 minVel.5. Unire panna, zafferano, miele, zucchero, uova, cannella e cardamomo: un minVel.7. Versare il composto in uno stampo d'alluminio da 1 lt circa, precedentemente imburrato e coprirlo con carta forno. Inserite 1 lt d'acqua nel boccale: 30min. *varoma* Vel.1. Dopo 10 minuti disporre lo stampo nel varoma, posizionarlo sul boccale e continuare la cottura. Terminata la cottura, lasciar raffreddare il budino in frigorifero per 2\3 ore. Sformarlo, cospargerlo di mandorle e servirlo. Si presenta ancora meglio se preparato in ramequin individuali di porcellana

9.2.3.7 Budino All' Uvetta

Dose per 6 persone.

Ingredienti: 50gr. di uvetta, rhum quanto basta, 4 uova, 70gr. di zucchero, ½ l. di latte 150gr. di biscotti frollini.

Procedimento: Lasciare ad ammollare l' uvetta nel rhum per almeno ½ ora. Inserire nel boccale uova e zucchero: 30sec. Vel.7. Unire latte e biscotti: 10sec. Vel.7. Aggiungere l' uvetta ben strizzata: 10sec. Vel.2. Versare il composto in uno stampo imburrato e cuocere in forno preriscaldato a 150° per 45min. ca. Lasciare intiepidire il budino e tenerlo in frigorifero per almeno 2 ore prima di sformarlo in un piatto da portata e servirlo ben freddo

9.2.3.8 Budino Alla Vaniglia

Inserire nel boccale 3 uova intere, mezzo litro di latte, 1 misurino di zucchero, 1 misurino di farina, 1 bustina di vainiglia, cuocere 6' 90° vel.2.

9.2.3.9 Budino Bimby

Ingredienti: 100gr. di cioccolato fondente; 30gr. di cacao amaro; 170gr. di zucchero; 500gr. di latte; 30gr. di burro; 60gr. di farina; 50gr. di liquore (amaretto o misto per dolci); 100gr. di uvetta (facoltativo); 3 tuorli; 1 uovo intero; 1 presa di sale. Procedimento: tritare il cioccolato a vel. 5 per 6"; aggiungere tutti gli altri ingredienti, tranne le uvette; Cuocere per 8' a 80° vel. 4. Infine aggiungere le uvette precedentemente ammollate nel liquore. Versare il composto in coppette e guarnire prima di servirle con panna montata.

9.2.3.10 Budino Bonet

Dose per 8 persone.

Ingredienti: 75gr. di amaretti, 240gr. di zucchero, scorza di ½ limone, 6 uova, 6 tuorli montati a neve, 750gr. di latte, 30gr. di rhum, 1 cucchiaio colmo di cacao amaro o 90gr. di cioccolato fondente tritato, 1 bustina di vanillina, 2 cucchiai d' acqua.

Procedimento: Inserire nel boccale ben asciutto gli amaretti: 10sec. Vel.8 e metterli da parte. Introdurre nel boccale 200gr. di zucchero e la scorza di limone: 20sec. Vel.6. Raccogliere il composto con la spatola: 20 lentamente da 0 a Turbo. Posizionare la farfalla e introdurre i tuorli 5min. Vel.2. Nel frattempo far caramellare 40gr. di zucchero con 2 cucchiai d' acqua in uno stampo da budino, inclinandolo velocemente in tutti i sensi per distribuire il caramello sulle pareti, immergerlo un attimo in acqua fredda e metterlo da parte. Aggiungere al composto nel boccale latte, rhum, amaretti, cacao e vanillina: 30sec. Vel.3 e travasare il tutto in una terrina molto capace. Montare gli albumi a neve. Amalgamare delicatamente gli albumi al composto e versare il tutto nello stampo precedentemente preparato. Inserire nel boccale ½ l. d' acqua: 6min. 100° Vel.1. Versare la crema ottenuta in uno stampo imburrato, coprirlo con la stagnola e metterlo nel varoma. Quando l' acqua bolle, posizionare il *varoma* sul coperchio: 60min. temp. varoma. Al termine, togliere lo stampo, fare intiepidire e poi mettere in frigorifero almeno 3 ore. Sformare sul piatto da portata e guarnire, a piacere, con piccoli amaretti e ciuffetti di panna montata. Si può ottenere un budino di colore più scuro, usando, al posto del cacao, il cioccolato fondente grattugiato.

9.2.3.11 Budino Di Amaretti

Ingredienti: (per 6 persone) 500gr. di arance non trattate, 100gr. di amaretti secchi, 150gr. di zucchero, 2 uova. Per guarnire: panna montata

Procedimento: Lavare le arance, disporle in un pentolino coperte d'acqua fredda e farle bollire per 5min. Nel frattempo, inserire nel boccale gli amaretti: 8sec. da Vel.4 a Vel.Turbo e metterli da parte. Inserire ora nel boccale le arance scolate, tagliate a metà e private dei semi: 10sec. Vel.6 e 10sec. Vel.9. Aggiungere gli amaretti, 100gr. di zucchero e le uova: 20sec. Vel.6. Con lo zucchero rimasto e 1 cucchiaino d'acqua fare il caramello, metterlo in uno stampo d'alluminio o in stampini individuali facendolo aderire bene alle pareti. Versare il composto di arance e mettere lo stampo nel Varoma. Senza lavare il boccale, inserire 1 lt.di acqua: 10min. 100°C Vel.1. Quando l'acqua bolle, posizionare il *Varoma* sul boccale e cuocere: 60min. temp.*Varoma* Vel.1. Servire il budino accompagnato da panna montata oppure da panna acida o yogurt greco

9.2.3.12 Budino Di Carote

Dose per 4 persone

Ingredienti: 600gr. di carote di media misura 1 arancia 150gr. di zucchero 1 cucchiaio di zucchero vanigliato 1/2 mis. di Grand Marnier 40gr. di burro morbido 50gr. di amaretti 50gr. di mandorle pelate e tostate scagliette di cioccolato.

Procedimento: Inserire nel boccale 500gr. di acqua leggermente salata: 6min. 100°C Vel.1. Nel frattempo pulire le carote, tagliarle per il lungo a bastoncino anche irregolari e disporli nel aroma. Quando l'acqua bolle, posizionare il *Varoma* sul coperchio: 20min. temp. *Varoma* Vel.I. Versare le carote cotte nel boccale asciutto, unire zucchero, zucchero vanigliato e scorza sottile d'arancia: 20sec. Vel.7. Raccogliere il composto con una spatola e cuocere: 20min. 100°C Vel.2, tenendo il misurino inclinato. Versare il liquore in 4 coppette di cristallo, bagnare bene le pareti e versarlo nel boccale, al termine della cottura, con il burro e gli amaretti sbriciolati grossolanamente. 30sec. Vel.Turbo. Versare il composto nelle coppette, lasciarle raffreddare e poi rnetterle in Frigorifero per almeno 2 ore. Prima di servire, decorare ogni coppetta con scagliette di cioccolato e mandorle. E' eccezionale. I consigli di Renata R.: Si può variare il sapore del budino mettendo un diverso liquore: Grappa, Kirsch, Whisky, ecc.

9.2.3.13 Budino Di Ciliegie

Dose per 6 persone

Ingredienti: 600gr. di ciliegie snocciolate 80gr. di mollica di pane 70gr. di burro morbido I 00gr. di zucchero 3 albumi montati a neve 3 tuorli 100gr. di latte 200gr. di vino rosso 5 0gr. di Kirsch

Tempo di Procedimento: TH21 1 ora e 20min.

Procedimento: In una ciotola mettere a macerare la mollica di pane nel latte. Montare a neve gli albumi e metterli da parte in frigorifero. Mettere nel boccale ciliegie, vino e 30gr. di zucchero: 5min. 80° Vel.1. Scolare il vino e tenerlo da parte cosi come le ciliegie. Inserire ora nel boccale, ben raffreddato, la mollica di pane ben strizzata, e il burro: 20sec. veL4. Unire tuorli e lo zucchero rimasto: 1min. Vel.4. Aggiungere le ciliegie, tenendone da parte 100gr. per la salsina: 20sec. Vel.4. Aggiungere delicatamente gli albumi. 30sec. Vel.I. Versare il composto ottenuto in uno stampo rettangolare, precedentemente imburrato, e disporlo nel Varoma. Inserire ora 1 It. di acqua nel boccale e portarla ad ebollizione: 8min. 1OO°C Vel.1. Quando l'acqua, bolle posizionare il *Varoma* e cuocere: 60min. temp. *Varoma* Vel.1. Al termine togliere lo stampo e lasciarlo in frigorifero a raffreddare per almeno 3 ore. Nel frattempo preparare la salsina di ciliegie: inserire nel boccale le ciliegie tenute da parte e il Kirsch: 4min. 8°° Vel.4. Quando il budino sarà ben freddo, sformarlo in un piatto rettangolare cospargerlo con la salsina e servirlo guarnito con rametti di ciliegie.

9.2.3.14   Budino Di Mandorle

Ingredienti: 250 g. di mollica di pane 150gr. di zucchero 150gr. di mandorle spellate 100gr. di burro morbido 3 tuorli 3 albumi montati a neve ric. pag. 6 800gr. di latte pangrattato e sale q. b.

Tempo di Procedimento: Tm21 3min. Forno 1 ora

Procedimento: Montare a neve gli albumi con un pizzico di sale, e metterli da parte. Inserire nel boccale le mandorle: 20sec. Vel.loro e metterle da parte. Inserire ora tuorli e zucchero: 10sec. Vel.6. Aggiungere la mollica di pane e il latte: 10sec. Vel.6. Unire le mandorle tritate: 10sec. veL6 e infine il burro: 30sec. veL4. Incorporare delicatamente gli albumi a neve, aiutandosi con la spatola. Versare il composto in uno stampo precedentemente imburrato e cosparso di pangrattato. Cuocere in forno preriscaldato a 180° per 1 ora e più. Terminata la cottura, sformare il budino dopo qualche minuto, oppure, se è stata usata una pirofila, si può servirlo nella stessa, sia tiepido che freddo.

9.2.3.15   Budino Di Mele

Ingredienti: 6 grosse mele renette, 100gr. di zucchero, 50gr. di burro, 4 cucchiai di farina, un limone, 4 uova. Sbucciate le mele e tenetele da parte. Inserite nel boccale la buccia del limone e lo zucchero: 20sec. Vel.Turbo. Unite le mele e tritate a Vel.3 per 30sec. Cuocete 10min. 100° Vel.2. Lasciate raffreddare il composto. Inserite la farfalla sulle lame e montate gli albumi. Poi unite i tuorli, la farina e il composto di mele. Mescolate a Vel.2 per 20sec. Versate in uno stampo da sufflè a bordi alti e cuocete in forno caldo a150° per 40\50 minuti. Il budino è cotto quando inserendo uno stecchino questo esce asciutto.

9.2.3.16   Budino Di Mirtilli

Ingredienti: 500gr. di mirtilli 170gr. di zucchero 1/2 mis. di fecola 250gr. di panna montata 1 cucchiaio di Whisky 1 mis. di acqua 1 pizzico di cannella

Tempo di **Procedimento:** T3121 7min.

Procedimento: Montare la panna e metterla da parte in frigorifero. Inserire nel boccale mirtilli e cannella: 10sec. Vel.4. Aggiungere lo zucchero: 30sec. Vel.6. Unire 1 mis. di acqua, la fecola e cuocere: 5min. 8°° Vel.4; il composto deve risultare liscio e omogeneo. Lasciare raffreddare, quindi incorporare delicatamente la panna montata e il whisky. Versare in uno stampo leggermente unto e metterlo in frigorifero servendolo dopo un'oretta, sformato su un piatto da portata guarnito con ciuffetti di panna e qualche mirtillo, a piacere.

9.2.3.17 Budino Di Panettone

Ingredienti: 150gr. panettone avanzato, ¼ di mis di marsale, ¼ di mis di rhum, 2 uova, 500gr. latte, scorza di ½ limone, 1 pizzico di cannella, 75gr. di zucchero. Porre le fette di panettone in una ciotola, spruzzarle con il rhum e il marsale e lasciarle riposare. Posizionare la farfalla nel boccale e inserire gli albumi: 2min. Vel.2-3; togliere e mettere in una ciotola in frigorifero. Senza lavare il boccale introdurre latte, scorza di limone, cannella, tuorli e zucchero: 7min. 80°C Vel.4. Aggiungere il panettone: 4sec. Vel.3 e lasciare raffreddare. Incorporare gli albumi, mescolando delicatamente con la spatola. Versare il composto in uno stampo imburrato e cuocere a bagnomaria in forno preriscaldato a 180°C per 40min. circa. Servire freddo.

9.2.3.18 Budino Di Ricotta

600gr. di ricotta di pecora, 6 uova, 130gr. di zucchero, 50gr. di scorza d'arancia e cedro canditi, 30gr. di farina, scorza di 2 limoni, 100gr. di rhum, una bustina di cannella in polvere, sale. Mettete la farfalla e inserite nel boccale ben asciutto 5 albumi: 2 min 40° vel 3, togliete e mettete da parte. Inserite 100gr. di zucchero, un uovo e 5 tuorli, la scorza dei limoni, la scorza d'arancia e il cedro: 40 sec vel 6. Aggiungete ricotta, farina, metà cannella e il rhum: 1 min vel 6. Versate l'impasto in una ciotola e unite delicatamente gli albumi montati a neve. Versate il composto in uno stampo a ciambella di 24 cm precedentemente unto e cuocete a bagnomaria in forno preriscaldato a 170° per 40 minuti. Sfornate, lasciate raffreddare e spolverizzate con cannella e zucchero avanzati, guarnite con panna montata e ciliegine sotto spirito. Tenete in frigo e gustatelo il giorno dopo.

9.2.3.19 Budino Di Ricotta

Ingredienti: 450gr. di ricotta 100gr. di zucchero 40gr. dì uvetta 3 tuorli 3 albumi montati a neve scorza giallo di un piccolo limone grattugiato 1/2 mis. di Rhum **Tempo di Procedimento:** Tm21 5min. Forno 40min. Mettere a bagno l'uvetta in una parte del Rhum. Montare gli albumi a neve e metterli da parte. Inserire nel boccale tuorli e zucchero: 1min. Vel.8. Unire la ricotta: 40sec. Vel.6. Aggiungere l'uvetta ben strizzata e amalgamare bene. 50sec. Vel.I. Unire delicatamente il Rhum rimasto, gli albumi montati a neve e la scorza grattugiata del limone: 20sec. Vel.1aiutandosi.con la spatola. Versare d composto in uno stampo per budino, ben imburrato e infarinato e cuocerlo in forno preriscaldato a 160° per 40min. circa. A cottura ultimata sformare il budino ancora caldo, spolverizzarlo con zucchero a velo mischiato a un poco di cannella e servirlo sia caldo che freddo, a piacere

9.2.3.20 Budino Di Ricotta

Ingredienti: 600gr. di ricotta di pecora, 6 uova, 130gr. di zucchero, 50gr. di scorza d'arancia e cedro canditi, 30gr. di farina, scorza di 2 limoni, 100gr. di rhum, una bustina di cannella in polvere, sale. Mettete la farfalla e inserite nel boccale ben asciutto 5 albumi: 2min. 40° Vel.3, togliete e mettete da parte. Inserite 100gr. di zucchero, un uovo e 5 tuorli, la scorza dei limoni, la scorza d'arancia e il cedro: 40sec. Vel.6. Aggiungete ricotta, farina, metà cannella e il rhum: 1min. Vel.6. Versate l'impasto in una ciotola e unite delicatamente gli albumi montati a neve. Versate il composto in uno stampo a ciambella di 24cm precedentemente unto e cuocete a bagnomaria in forno preriscaldato a 170° per 40 minuti. Sfornate, lasciate raffreddare e spolverizzate con cannella e zucchero avanzati, guarnite con panna montata e ciliegine sotto spirito. Tenete in frigo e gustatelo il giorno dopo.

9.2.3.21   Budino Di Ricotta Con Salsa Di Fragole

Ingredienti: x 6\8: 300gr. di ricotta, 100gr. di zucchero, 100gr. di mandorle spellate, 3-4 mandorle amare (facoltativo), 4 uova intere, 2 scorze di limone. Per la salsa: succo di 1\2 limone, 500gr. di fragole, 100gr. di zucchero, foglie di menta. Inserire nel boccale zucchero, mandorle e scorza di limone: 1 minVel.Turbo. Unire la ricotta: 1 minVel.4; aggiungere una alla volta le uova e lavorare ancora: 1 minVel.4. Versare la crema in uno stampo da budino col foro centrale (diam 20 alt 7cm), ben imburrato, coprirlo con la stagnola lasciando libero il centro e posizionarlo nel varoma. Inserire nel boccale 600gr. d'acqua: 7min. 100°Vel.2. Posizionare il varoma: 30min. *varoma* Vel.1. Togliere lo stampo, lasciarlo intiepidire e sformare in un piatto da portata. Eliminare l'acqua di cottura e inserire nel boccale 300gr. di fragole, lo zucchero e il succo del limone: 4min. 70°Vel.5. Prima di servire, disporre al centro le fragole rimaste, polverizzate di zucchero. Versare attorno la salsa e guarnire con foglie di menta. Per la cottura si possono usare anche stampini monodose. La salsa può essere preparata anche con lamponi, frutti di bosco, kiwi, ecc…

9.2.3.22   Budino Di Ricotta E Cioccolato

Dose per 6 persone
Ingredienti: 150gr. di ricotta 500gr. di latte 150gr. di zucchero a velo, 2 uova 3 fogli di colla di pesce (15 gr) 1 bustina di vanillina 1 cucchiaio di Rhum 100gr. di cioccolato fondente a scaglie
Tempo di **Procedimento:** TM21 8min.
Procedimento: Mettere a bagno la colla di pesce in acqua fredda. Posizionare la farfalla nel boccale e inserire la ricotta, 25gr. di zucchero e il Rhum: 30sec. Vel.3 e mettere da parte. Senza lavare d boccale inserire ora latte, vanillina, lo zucchero rimasto e le uova. 7min. 80° Vel.3. Aggiungere la colla di pesce ben strizzata la spuma di ricotta messa da parte e amalgamare bene. 15sec. veL4. Versare il tutto in uno stampo leggermente unto e mettere in frigorifero a rassodare per il tempo necessario. Sformare il budino su un piatto da portata e servirlo completamente ricoperto dalle scaglie di cioccolato.

9.2.3.23   Budino Di Riso

Dose per 8 persone.
Ingredienti: 250gr. di riso, 75gr. di mandorle spellate e tostate, 100gr. di zucchero, 50gr. di burro morbido, 4 tuorli, 4 albumi montati a neve, 1 lt. di latte, 1 stecca di vaniglia, 2 cucchiai di Brandy, 50gr. di cedro candito, 50gr. di ciliegine candite, 50gr. di arance candite, scorza gialla di ½ limone. Per la salsa 150gr. di zucchero, 400gr. di fragole, 1 cucchiaio di vino Malaga, ½ mis. di Kirsch.
Procedimento: Inserire nel boccale le mandorle 30sec. Vel.Turbo e metterle da parte. Inserire ora nel boccale zucchero e scorza di limone: 30sec. Vel.Turbo. Unire il latte e la vaniglia 3min. 100° Vel.1.Aggiungere il riso 20min. 100° Vel.1 Terminata la cottura, aggiungere dal foro del coperchio, sempre a Vel.1, il burro, i tuorli, uno alla volta, le mandorle tritate, il cedro tagliato a pezzetti, ed il Brandy 50sec. Vel.1. Versare in una ciotola e lasciare raffreddare completamente. Montare gli albumi a n eve, quando il budino sarà freddo, incorporarli delicatamente. Ricoprire il fondo di uno stampo ovale e leggermente unto con le arance e le ciliegine candite tagliate in piccoli pezzi. Riempirlo con il composto premendo bene per farlo aderire completamente alle pareti, coprirlo con la carta stagnola e metterlo nel varoma. Inserire nel boccale 1 lt. d' acqua: 7min. 100° Vel.1. Quando l' acqua bolle, posizionare il *varoma* e cuocere 30min. temp. *Varoma* Vel.1. Al termine togliere lo stampo e quando sarà ben freddo, sformare il dolce in un piatto da portata. Preparare la salsa: Inserire nel boccale 50gr. di zucchero e ½ mis. di acqua: 4min. 100° Vel.1. Unire il rimanente zucchero, le fragole e il vino malaga: 25min. 100° Vel.3. fino a quando tenderà ad addensare. Profumare la salsa con il Kirsch, metterla in una salsiera e servire il budino con la salsa a parte. I consigli di Germana A piacere si può sostituire la cottura a *varoma* con la cottura in forno a bagnomaria per 30/40min. a 180°.

9.2.3.24 Budino Di Semola Alle Arance Amare

Ingredienti: x 6: 50gr. di semolino, 50gr. di cioccolato fondente, 20gr. di uvetta, 300gr. di latte, un uovo, 20gr. di zucchero, 15gr. di burro, 100gr. di gelatina di arance amare.

Procedimento: Inserire il latte nel boccale: 4min. 100°Vel.1. Aggiungere dal foro del coperchio con lame in movimentoVel.2 il semolino a pioggia: 7min. 80°Vel.2. Aggiungere il cioccolato a pezzi, lo zucchero e l'uvetta: 20sec Vel.1. Versare la crema in una ciotola, lasciarla intiepidire e aggiungere un tuorlo mescolando energicamente. Nel boccale perfettamente pulito posizionare la farfalla e inserire l'albume: 2 minVel.2\3. Aggiungere delicatamente l'albume montato a neve alla crema. Inserire nel boccale 500gr. d'acqua: 5min. 100°Vel.1. Pennellare 6 stampini in alluminio col burro, riempirli con la crema tenuta da parte, chiuderli ermeticamente con un dischetto d'alluminio e disporli nel varoma. Quando l'acqua bolle posizionare il *varoma* sul boccale: 20min. *varoma* Vel.1. Diluire la gelatina di arance con 4 cucchiai d'acqua in una salsiera e riscaldarla ponendola sopra al *varoma* negli ultimi minuti di cottura. Sformare i budini e servirli ancora caldi con la salsa di arance

9.2.3.25 Budino Di Semolino Con Canditi

Ingredienti: x 6: 500gr. di latte, una stecca di vaniglia, 100gr. di semolino, 2 tuorli, 3 albumi montati a neve, 70gr. di zucchero, 40gr. di burro, 50gr. di nocciole tritate, 50gr. di frutta candita (arancia, limone, cedro), 10cm di angelica, sale, una dose di salsa di frutta a piacere (vedi ricetta in "preparazioni di base")

Procedimento: inserire nel boccale il latte e la stecca di vaniglia incisa su due lati: 5min. 100°Vel.1. Togliere la vaniglia. Unire il semolino dal foro del coperchio con lame in movimentoVel.2: 3min. 100°Vel.2. Aggiungere sale, zucchero e burro: 10sec Vel.2-3. Incorporare tuorli, nocciole, canditi: 10sec Vel.4. Inserire gli albumi a neve e con la spatola mescolare delicatamente. Imburrare uno stampo d'alluminio e versarvi la preparazione, battendo lo stampino sul piano per colmare i vuoti. Inserire un lt d'acqua nel boccale e portare ad ebollizione: 10min. 100°Vel.1. Sistemare lo stampo nel *varoma* e quando l'acqua bolle posizionarlo ben chiuso sul boccale: 30min. *varoma* Vel.1. Quando sarà freddo sformare il budino in un piatto da portata e cospargerlo di salsa di frutta. Decorare con nocciole e angelica tagliata a bastoncini finissimi

9.2.3.26 Budino Di Semolino In Salsa

Dose per 8 pers.

Ingredienti: 600gr. di latte, 100gr. di semolino, 100gr. di zucchero, 1 uovo, 100gr. di uvetta. Per servire salsa di fragole.

Procedimento: Inserire nel boccale latte e zucchero: 6min. 100° Vel.1. Con le lame in movimento Vel.4, unire dal foro del coperchio l' uovo, e il semolino: 4min. 100° Vel.4. Lasciare riposare ad apparecchio spento per 5min. Aggiungere l' uvetta, precedentemente ammollata e asciugata, ed incorporarla bene: 10sec. Vel.2. Versare il composto ottenuto in uno stampo leggermente unto, lasciarlo intiepidire e poi metterlo in frigorifero a raffreddare completamente. Preparare la salsa alle fragole, seguendo la ricetta. Prima di portarlo in tavola, sformare il budino in un piatto, irrorato con la salsa e servire. Note E' ottimo anche con lo zucchero caramellato in sostituzione della salsa.

9.2.4 Creme

9.2.4.1 Consigli Per Le Creme

Per tutte le creme che in genere servono per farcire dolci, metto 60gr. di farina. Ritengo che come quantitativo sia più giusto. Se invece, tu volessi realizzare una salsa al caffè, che può servirti per guarnire i profiteroles, ripieni di panna, usa gli stessi ingredienti, ma non mettere le uova.

9.2.4.2 Cioccolaccio

300gr. di zucchero, 100gr. di cacao amaro, 100gr. di cioccolato fondente, 60gr. di farina, mezzo litro di latte, una bustina di cannella, 50gr. di cioccolato fondente a scaglie per decorare. Inserite nel boccale dal foro del coperchio con lame in movimento vel 5 il cioccolato fondente: 20 sec vel 8. Unite cacao amaro e zucchero: 30 sec vel turbo. Aggiungete latte e farina: 8 min 90° vel 4. Versate in una ciotola e lasciate raffreddare, decorate con cioccolato a scaglie, cannella e servite con biscotti secchi.

9.2.4.3 Cioccolata In Tazza

560 gr di latte – 560 gr di acqua – 9 cucchiai di cacao amaro(90 gr) –18 cucchiai di zucchero (360 gr)-4 cucchiaini e mezzo di farina. Mettere la farfalla, inserire tutti gli ingredienti e cuocere 25 minuti a 100° vel. 3 Finire la cottura per 5 minuti a temp. Varoma.

9.2.4.4 Corona Di Riso Alle Fragole

Dose per 8 persone.

Ingredienti: 750gr. di latte, 200gr. riso per risotti, 150gr. di zucchero. Per la composta di frutta 200gr. di albicocche o altra frutta sciroppata, 50gr. di zucchero, 100gr. di rhum. Per guarnire 300gr. di fragoloni.

Procedimento: Mettere a macerare le albicocche con lo zucchero ed il rhum. Inserire nel boccale il latte 4min. 100° Vel.1. Unire il riso ben lavato e scolato: 20min. 80° Vel.1. Quando il riso ha assorbito tutto il latte, togliere la temperatura e aggiungere lo zucchero: 30sec. Vel.2. Lasciare riposare il tutto per 5min. poi versare in uno stampo ad anello (diam. 24cm.), leggermente imburrato. Riporre in frigorifero per almeno 3 ore. Preparare la composta di frutta: inserire nel boccale pulito la frutta messa a macerare e il suo sughetto: 10min. 70° Vel.1. Sformare il riso in un piatto da portata leggermente fondo. Mettere nel foro centrale le fragole e versare sopra le fragole e sulla corona di riso la composta di frutta. Servire ben fredda

9.2.4.5 Crema

3 tuorli, 5 misurini di latte, un misurino di zucchero, vanillina, un misurino scarso di farina, scorza di limone grattugiata. Inserite tutti gli ingredienti nel boccale 7 min vel 1 80°.

9.2.4.6 Crema Al Latte

3 tuorli;5 mis. latte;1 mis. zucchero; 1 bust. vaniglina;1 mis.scarso di farina; scorza di limone. Inserire tutti gli ingredienti nel boccale, 7 min. 80° vel 1

9.2.4.7 Crema Al Latte Per La Paradiso

Polverizzare 100gr. di zucchero con una bustina di vainillina 30 s. Vel.Turbo.Unire 500gr. di latte 1 uovo 1 misurino di farina e cuocere 8 m. 80°C Vel.4.Farla raffreddare ed aggiungere 3 cucchiai di panna montata 20 s. Vel.3.Questa crema ha un sapore molto delicato ed è molto buona per la kinder paradiso, molte persone farciscono questa torta con la panna, ma con questa crema ha un sapore ancora più delicato

9.2.4.8 Crema Al Limone

Per 6 persone: **Ingredienti:** 450gr. di latte, 100gr. di zucchero, 50gr. di succo di limone, scorza gialla di un limone, 60gr. di farina 2 uova, 1 pizzico di sale.

Procedimento: Inserire nel boccale zucchero e scorza di limone: 30sec. Vel.9. Unire latte, farina, uova, succo di limone e sale 6min. 80° Vel.4. Versare il composto ottenuto in coppette e lasciate raffreddare. Servire con biscottini. Se volete potete sostituire il succo e la scorza del limone con succo e scorza di arancia.

9.2.4.9 Crema Al Formaggio

Dose per 6 persone: **Ingredienti:** 200gr. di formaggi caprini freschi, 200gr. di panna montata, 80gr. di cioccolato fondente, 70gr. di zucchero a velo, 20gr. di maraschino e per guarnire lingue di gatto.Inserire nel boccale il cioccolato: 3sec. Vel.Turbo e metterlo da parte, conservando 3 cucchiai per decorare.Montare la panna e mettere da parte.Inserire nel boccale i caprini: 40sec. vel, 2.Aggiungere zucchero, maraschino e cioccolato: 1min. Vel.2-3.Versare il composto ottenuto nella ciotola della panna e incorporarlo delicatamente.Lasciare riposare la crema ottenuta in frigo per almeno 2 ore.Servirla con lingue di gatto e guarnita con il cioccolato tritato.

9.2.4.10 Crema All'arancia

Dose per 8 persone: **Ingredienti:** 500gr. di latte, 3uova, 120gr. di zucchero, 3 arance, 3 cucchiai di *Grand Marnier*, 30gr. di farina, 300gr di panna montata, 1 bustina di vanillina, 1 foglio colla di pesce(40gr).Nel boccale ben freddo montare la panna, e metterla da parte nel frigo.Ammollare la colla ci pesce in acqua fredda.Inserire nel boccale pulito e ben asciutto scorza d'arancia e zucchero: 30sec. Vel.Turbo.Aggiungere latte, uova, farina e vanillina: 10min. 80°C Vel.3.Al termine unire la colla di pesce ben strizzata, il liquore e fare raffreddare bene.Incorporare la crema alla panna mescolando delicatamente dall'alto verso il basso.Versare la crema in 8 coppe e porle in frigo a raffreddare per almeno 2 ore.Al momento di servire guarnire con scorzette d' arancia leggermente caramellate o candite. I consigli di Sabrina. Volete servire questa crema in coppette di cioccolato? Fate così: tagliate a pezzi 300gr. di cioccolato fondente ed inseritelo nel boccale 30sec. Vel.Turbo e 5min. 50° Vel.4. Ungete con olio le coppette, foderatele con pellicola da cucina e spennellate con il cioccolato fuso fino a raggiungere uno spessore di 3 millimetri. Quando il cioccolato sarà indurito, rovesciate le coppette, togliete la pellicola e…. voilà!!

9.2.4.11 Crema Alle Prugne

Dose per 6 persone.
Ingredienti: 500gr. di yogurt, 200gr. di prugne secche snocciolate, alcune mandorle spellate e tritate, 2 cucchiai di miele, 1 pizzico di cannella, 1 pizzico di sale, qualche pinolo.
Procedimento: Lasciare in ammollo le prugne per qualche ora (il tempo di ammollo dipende dalla qualità delle prugne). Posizionare la farfalla nel boccale ed inserire prugne e sale: 10min. 80° Vel.2. Se occorre, aggiungere durante la cottura 1/2 mis. di acqua tiepida. Togliere dal boccale, scolarle e lasciarle raffreddare. Inserire le prugne nel boccale: 15sec. Vel.6. Unire, dal foro del coperchio con lame in movimento Vel.4, yogurt e miele: 20sec. Vel.4. Versare il composto ottenuto in coppette e guarnirle con le mandorle tritate grossolanamente, qualche pinolo intero ed un pizzico di cannella. Lasciarle in frigorifero per qualche ora, prima di servire.

9.2.4.12 Crema Bianca

70 gr di zucchero, 100 gr di mandorle pelate, 150 gr di cioccolato bianco, 30 gr di burro, 100 gr di latte.Inserire nel boccale zucchero e mandorle: 20-30" vel.9.riunite il composto con la spatola e frullate per 10" vel.9.dal foro del coperchio buttate il cioccolato a pezzi: vel.5 Fermare e aggiungere il burro e il latte: 4' 50° vel.4.Travasare la crema in vasetti e riporla in frigo.

9.2.4.13 Cremone Bimby

Per 8 persone **Ingredienti:** 1 lt. latte, 200gr. di zucchero, 4 uova, 90gr. di farina, 2 bustine di vanillina o scorza di 1/2 limone, 2 cucchiai colmi di cacao amaro.
Procedimento: Inserire nel boccale zucchero e scorza di limone 20sec. Vel.Turbo. Unire tutti gli altri ingredienti(meno il cacao) 12min. 80° Vel.3. Versare metà della crema in una ciotola, mantenendola inclinata. Aggiungere il cacao alla crema rimasta nel boccale: 20sec. Vel.4 e versarla nella ciotola accanto alla crema gialla. Lasciare intiepidire e servire.

9.2.4.14 Crema Brasilera

Ingredienti: Dal libro DOLCI AL CUCCHIAIO.Dose per 6 persone: 400gr di mascarpone, 150gr di zucchero, 3 tuorli, 2 mis di caffè freddo ristretto, 1 cucchiaino di rhum, 12 amaretti.

Procedimento: Inserire nel boccale gli amaretti: 3sec Vel.Turbo e mettere da parte.Posizionare la farfalla e inserire tuorli e zucchero: 6min. Vel., aggiungere il mascarpone: 2min. Vel.2.Unire, dal foro del coperchio con il misurino inserito e lame in movimento Vel.2, caffè e rhum: 30sec. Vel.2.Unire gli amaretti sbriciolati: 10sec. Vel.2.riporre la crema in una ciotola o in coppette individuali e farla raffreddare in frigorifero per almeno 2 ore.Al momento di servire, guarnirla con amaretti interi, chicchi di caffè, o meglio ancora chicchi di caffè ricoperti di cioccolato.

9.2.4.15 Crema Capricciosa

Ingredienti: 500gr. di panna montata, 300gr. di lamponi freschi o congelati, 100gr. di zucchero al velo, 100gr. di meringa. Per guarnire lamponi e panna montata.

Procedimento: Lasciare macerare i lamponi con lo zucchero per 1/2 ora ca. Montare la panna. Aggiungere i lamponi con il loro sughetto e la meringa sbriciolata. Servirla ben fredda in coppette individuali, guarnire con i lamponi tenuti da parte e ciuffetti di panna. I consigli di Paola P.: Se volete fare le meringhe, ecco vi la ricetta: Inserire nel boccale 100gr. di albumi e 30gr. di zucchero: 1min. e 30sec. 40° Vel.1. Posizionare la farfalla nel boccale 15-18min. Vel.2 fino a far risultare il composto ben sodo. In una placca da forno ricoperta di cartaforno, con il cucchiaino o una siringa, fare dei piccoli mucchietti distanziati fra loro. Cuocere in forno preriscaldato a 100° per ca. 35/40 minuti.

9.2.4.16 Crema Chantilly

Ingredienti: 250gr. dipanna fresca, 100 gr di zucchero al velo.

Procedimento: Posizionare la farfalla ed inserire gli ingredienti nel boccale ben freddo: 45 sec. vel. 2-3. Se necessario aumentare il tempo di pochi secondi.

9.2.4.17 Crema Di Amaretti

Dose per 6 persone.

Ingredienti: 200gr. di amaretti, 500gr. di latte, 40gr di maizena, 4 tuorli, 150gr. di zucchero, 2 cucchiai di liquore all'amaretto.Inserire nel boccale gli amaretti lasciandone da parte 6: 10sec. Vel.Turbo. Aggiungere tutti gli ingredienti tranne il liquore: 9min. 80°CVel.3.Quando manca 1min. al termine della cottura aggiungere il liquore.Versare la crema ottenuta in 6 coppette e farla raffreddare in frigo.Servire mettendo al centro di ogni coppa un amaretto intero o sbriciolato.Questa crema è indicata anche per farcire una crostata.

9.2.4.18 Crema Di Pesche Ed Amaretti

Dose per 4 persone.

Ingredienti: 250gr. di latte, 1 uovo, 50gr. di zucchero, scorza gialla di 1/2 limone 30gr. di farina, 25gr. di burro, 3 pesche mature, 50gr. di amaretti, 4 cucchiai di maraschino.

Procedimento: Inserire nel boccale gli amaretti. 10sec. Vel.6 e metterli da parte. Sbucciare e privare del nocciolo le pesche. Inserire nel boccale zucchero e scorza di limone: 30sec. Vel.Turbo. Unire gli altri ingredienti, tranne gli amaretti ed il liquore: 8min. 90° Vel.3. Versare la crema ottenuta in coppette e porle in frigorifero a raffreddare. Servirle cosparse di amaretti tritati e liquore a piacere.

9.2.4.19 Crema Di Banane

Per 4 persone.

Ingredienti: 300gr. di banane sbucciate, 200gr. di latte, 100gr. di panna, 60gr. di savoiardi, 1 cucchiaio di Rhum, 80gr. di zucchero, 1 pizzico di vanillina, scorzetta di arancia.

Procedimento: Inserire nel boccale i savoiardi: 20sec. Vel.8. Unire le banane a pezzi: 15sec. Vel.5. Aggiungere panna, latte, vanillina, Rhum e zucchero: 2min. Vel.5. Dividere la crema ottenuta in 4 coppette e guarnire con la scorza di arancia finemente grattugiata. E' ottima servita così ma anche ghiacciata.

9.2.4.20 Crema Di Caffè

Per 4 persone

Ingredienti: 500gr. di mascarpone, 5 cucchiaini di caffè solubile, 1 cucchiaino di Rhum, 80gr. di zucchero, 1/2 bustina di vanillina, 4o5 lingue di gatto, chicchi di caffè per decorare.

Procedimento: Inserire nel boccale zucchero e caffè solubile: 10sec. Vel.Turbo. Posizionare la farfalla, aggiungere il mascarpone e mantecare: 2min. Vel.3. Unire, dal foro del coperchio 15sec. prima del termine, il Rhum e la vanillina. Dividere il composto in 4 coppette con lo stelo alto e tenute a raffreddare in frigorifero per qualche minuto. Servire decorate con chicchi di caffè ed accompagnate da lingue di gatto.

9.2.4.21 Crema Di Fragole

Dose per 6 persone: **Ingredienti:** 500gr. di fragole, 4 fogli di colla di pesce(12gr.), 1 limone, 250gr. di zucchero, 1 cucchiaio di cannella, 2 mis.di vino rosso.Per guarnire: panna montata. Ammollare la colla di pesce in acqua fredda.Inserire n el boccale zucchero, succo di limone e cannella: 4min. 40°C Vel.1 e mettere da parte in una ciotola a raffreddare.Pulire le fragole, lasciandone da parte 6 e inserirle nel boccale: 30sec. da Vel.8 a Vel.Turbo. Unire il vino freddo: 15sec. Vel.2.Versare la crema in 6 coppette e fare rassodare in frigo per almeno 4 ore.Servire decorando ogni coppa con un ciuffo di panna e una fragola tagliata a ventaglio.

9.2.4.22 Crema Di Latte

Mettere nel boccale 100 gr di zucchero con una bustina di vainiglia: 30" vel.turbo. Unire 500 gr di latte 1 uovo, 1 misurino di farina, e cuocere 8' 80° vel.4.farla raffreddare e aggiu8ngere 3 cucchiai di panna montata: 20" vel 3.Crema delicata e buona per farcire la kinder paradiso.

9.2.4.23 Crema Di Mandorle Al Porto

Ingredienti: 500gr. di ricotta, 150gr. di mandorle tritate, 100gr. di panna fresca, 100gr. di zucchero, vanillina, scorza di mezzo limone, un misurino e 1\2 di Porto.

Procedimento: Inserite nel boccale zucchero e scorza di limone 1 min turbo. Aggiungete ricotta, panna e vanillina 15 sec vel 2. Unite il Porto 10 sec vel 6 e infine aggiungete le mandorle tritate 15 sec vel 6, disponete la crema in 6 coppette e guarnite con mandorle. Mettete in frigo.

9.2.4.24 Crema Di Mascarpone 1

Dose per 6 persone.

Ingredienti: 250gr. di mascarpone, 3 uova, 50gr. di zucchero, 1 mis. di liquore dolce.

Procedimento: Inserire nel boccale zucchero e uova: 5min. Vel.4. Aggiungere, dal foro del coperchio con lame in movimento Vel.3 il mascarpone: 30sec. Vel.4, fino ad ottenere una crema soffice. Aggiungere il liquore: 10sec. Vel.3. Versare la crema ottenuta in coppette e porle in frigorifero per qualche ora. Servire la crema spolverizzata con cacao amaro. Volendo si può aggiungere della panna montata.

9.2.4.25 Crema Di Mascarpone 2

Per 6 persone.

Ingredienti: 250gr. di mascarpone, 3 tuorli, 3 albumi montati a neve, 100gr. di zucchero, 50gr. di cioccolato fondente, 1/2 misurino di Brandy, 200gr. di savoiardi, 1 mis. e 1/2 di caffè forte, 1 mis. di latte.

Procedimento: Montare gli albumi a neve e metterli da parte in frigorifero. Inserire nel boccale il cioccolato: 15sec. Vel.8 e metterlo da parte. Senza lavare il boccale, inserire tuorli e zucchero: 2min. Vel.9. Aggiungere il mascarpone: 30sec. Vel.2. Unire il brandy, gli albumi montati a neve ed amalgamare bene: 30sec. Vel.2. In una fondina mettere il caffè, allungarlo con il latte, bagnarvi velocemente i savoiardi e sistemarli in parti uguali sul fondo di 6 coppette. Versare sopra i biscotti la crema al mascarpone, dividendo anche questa in parti uguali. Spolverizzare la superficie con il cioccolato tritato tenuto da parte e riporre le coppette in frigorifero per almeno 3 ore prima di servirle.

9.2.4.26 Crema Di Mascarpone Di Bosco

Dose per 6 persone.

Ingredienti: 1 dose crema al mascarpone, 250gr. di panna montata, 50gr. lamponi freschi, 50gr. di ribes di bosco, 100gr. di fragoline di bosco fresche, 50gr. di mirtilli freschi, 50gr. di zucchero vanigliato, succo di 1/2 limone, 1/2 mis. di Maraschino.

Procedimento: Mettere la frutta lavata e asciugata in una ciotola a macerare con il liquore, il succo di limone e lo zucchero vanigliato per un paio di ore. Montare la panna e mettere da parte. Preparare la crema al mascarpone e quando sarà pronta aggiungere la frutta macerata lasciando da parte qualche frutto per guarnire: 30sec. Vel.3, aiutandosi con la spatola. Aggiungere la panna montata: 20sec. Vel.3 fino a quando il composto sarà perfettamente amalgamato. Distribuirlo nelle coppette, guarnirle con qualche frutto e conservarle in frigorifero fino al momento di servire.

9.2.4.27 Crema Di Nocciole

4 tuorli; 150gr. di nocciole; 50gr. di farina; 1/2 litro di latte; 200gr. di zucchero; Procedimento: mettere nel boccale lo zucchero e le nocciole, fino a polverizzarle, circa 20" da velocità 6 a Turbo. Quando il tutto è polverizzato aggiungere i tuorli e far andare le lame a velocità 4 per altri 20". Aggiungere il resto degli ingredienti (latte e farina). Cuocere senza farfalla a vel. 4 e temp. 80° per 8'. Se al termine della cottura la crema non risultasse abbastanza densa, aggiungere altri 20gr. di farina e lasciare cuocere per 1 altro minuto. Adatta per farcire dolci e come dessert.

9.2.4.28 Crema Di Pesche Ed Amaretti

Dose per 4 persone. **Ingredienti:** 250 gr di latte, 1 uovo, 50 gr di zucchero, scorza gialla di 1/2 limone 30 gr di farina, 25 gr di burro, 3 pesche mature, 50 gr di amaretti, 4 cucchiai di maraschino.

Procedimento: Inserire nel boccale gli amaretti. 10 sec. vel. 6 e metterli da parte. Sbucciare e privare del nocciolo le pesche. Inserire nel boccale zucchero e scorza di limone: 30 sec. vel. Turbo. Unire gli altri ingredienti, tranne gli amaretti ed il liquore: 8 min. 90° vel. 3. Versare la crema ottenuta in coppette e porle in frigorifero a raffreddare. Servirle cosparse di amaretti tritati e liquore a piacere.

9.2.4.29 Crema Di Ricotta

per 4 persone.

Ingredienti: 250gr. di ricotta romana, 2 cucchiai di Rhum, 3 albumi montati a neve, 3 tuorli, 100gr. di zucchero a velo, 8 ciliegine candite, 1 pizzico di sale.

Procedimento: Montare a neve gli albumi con un pizzico di sale e metterli da parte in frigorifero. Posizionare nuovamente la farfalla ed inserire nel boccale tuorli e zucchero: 2min. Vel.2-3. Unire la ricotta ed il Rhum: 1min. Vel.3. Incorporare delicatamente gli albumi 1min. Vel.1 aiutandosi con la spatola. Dividere la crema ottenuta in 4 coppette, guarnirle con le ciliegine candite e porre in frigorifero per 30min. ca. prima di servire.

9.2.4.30 Crema Di Ricotta Al Cioccolato

Dose per 6 persone

Ingredienti: 500gr. di ricotta romana fresca, 150gr. di zucchero, 100gr di cioccolato fondente, 1 tuorlo, 2 albumi montati a neve, 50gr di scorza di arancia candita a dadini o macedonia di canditi, 60gr. di nocciole, 1 cucchiaino di cannella in polvere, 1 bustina di vanillina, sale q.b. Inserire nel boccale le nocciole: 5sec. Vel.6 e mettere da parte.Inserire ora nel boccale, dal foro del coperchio con lame in movimento Vel.6.il cioccolato a pezzi 6sec. Vel.6 e mettere da parte.Nel boccale pulito montare a neve gli albumi e metterli in frigorifero.Senza lavare il boccale inserire ricotta, zucchero.sale, vanillina e tuorlo: 30sec. Vel.5.Aggiungere cioccolato, canditi e cannella: 10sec. vel2.Incorporare delicatamente gli albumi: 20sec. Vel.2.spatolando.Versare la crema in 6 coppette e fare raffreddare bene.Servirla cosparsa di nocciole.E' una crema molto sostanziosa, indicata più per una merenda che per un dessert.

9.2.4.31 Crema Di Vaniglia

500gr. di latte, 2 cucchiai di maizena, 100gr. di zucchero, una bustina di vanillina, 2 tuorli. Inserite tutto nel boccale e omogeneizzate 20 sec a vel turbo. Cuocete 7 minuti 90° vel 3.

9.2.4.32 Crema Di Zabaione

(per 4 persone).
Ingredienti: 1 dose di zabaione, 300gr. di panna montata 4 violette candite.
Procedimento: Preparare lo zabaione come indicato nella precedente ricetta e metterlo da parte a raffreddare. Montare la panna. Quando lo zabaione si sarà ben raffreddato, unire delicatamente la panna montata mescolando dall' alto verso il basso. Versare la crema ottenuta in coppette singole e decorarle con un ciuffo di panna al centro e con una violetta candita. Lasciare in frigorifero una decina di minuti e servire con biscottini di pasticceria fine.

9.2.4.33 Crema Frangipane

Dose per 4 persone.
Ingredienti: 500gr. di latte, 30gr. di farina, 100gr. di zucchero, 2 tuorli, 2 pezzetti di scorza di limone, 150gr. di mandorle spellate e tostate.
Procedimento: Inserire nel boccale le mandorle: 5sec. Vel.6 e metterle in una ciotola. Inserire nel boccale zucchero e scorza di limone 10sec. Vel.Turbo. Unire farina e uova: 8min. 80° Vel.3. Terminata la cottura unire le mandorle precedentemente tritate: 30sec. Vel.2. Versare la crema in 6 coppette, lasciarla raffreddare e servirla accompagnata da frutta di stagione o da una bella macedonia.

9.2.4.34 Crema Gianduia

Dose per 400gr.
Ingredienti: 60gr. di nocciole, 100gr. di cioccolato fondente, 100gr. di zucchero, 50gr. di burro morbido, 100gr. di latte.
Procedimento: Inserire nel boccale zucchero e nocciole: 10sec. Vel.9. Unire il cioccolato: 10sec. Vel.6. Aggiungere latte e burro 2min. 50° Vel.3. E' ottima da spalmare su fette di pane o biscotti e come farcia per torte e bignè. Si può conservare in frigorifero in un vasetto a chiusura ermetica

9.2.4.35 Crema Gianduia Alle Pesche Ed Amaretti

Dose per 500gr.
Ingredienti: 150gr. di cioccolato fondente, 100gr. di zucchero, 50gr. di amaretti, 60gr. di nocciole, 100gr. di latte, 50gr. di burro morbido, 1 pesca sbucciata e snocciolata o sciroppata.
Procedimento: Inserire nel boccale zucchero, nocciole e amaretti: 20sec. Vel.9. Aggiungere il cioccolato: 20sec. Vel.7. Unire latte, burro e pesca: 5min. 50° Vel.4. Versare il composto in un barattolo di vetro a chiusura ermetica e conservare in frigorifero. E' ottima sul pane o per farcire crepes.

9.2.4.36 Crema Golosa

Dose per 8 persone.

Ingredienti: 150gr. di cioccolato fondente, 150gr. di burro, 150gr. di zucchero, 100gr. di mandorle tostate, 3 tuorli, 3 albumi montati a neve. Per guarnire biscottini leggeri.

Procedimento: Montare gli albumi e metterli da parte in frigorifero. Inserire nel boccale le mandorle: 4 o 5sec. Vel.6 e mettere da parte. Inserire il cioccolato 2 o 3sec. Vel.Turbo e mettere da parte. Inserire ora burro e zucchero: 2min. Vel.3 e aggiungere i tuorli uno alla volta dal foro del coperchio con lame in movimento Vel.3: 30sec. Vel.8 fino a che saranno ben amalgamati al composto. Aggiungere le mandorle ed il cioccolato 30sec. Vel.1 Unire al composto ottenuto gli albumi, mescolando delicatamente. Servire la crema ben fredda in coppette individuali guarnite con biscottini. I consigli di Paola: Questa crema si può utilizzare per fare un semifreddo, mettendola in uno stampo rettangolare rivestito di pavesini imbevuti nel caffè. Deve restare in frigorifero per un' intera giornata: in questo modo si potrà tagliare a fette

9.2.4.37 Crema Inglese

Ingredienti: 6 tuorli, 200 gr di zucchero, 400 gr di latte, 1 bustina di vanillina, 1 pizzico di sale. Inserire tutti gli ingredienti nel boccale: 5 min. 80° vel. 3. Travasare subito la crema in una ciotola e lasciare raffreddare. La crema inglese è una preparazione nota che si può usare come accompagnamento a vari tipi di gelati, ma si può servire anche come dessert, con savoiardi o biscotti

9.2.4.38 Crema Moka

(per 4 persone). **Ingredienti:** 500 gr di latte, 2 uova, 40 gr di farina, 150 gr di zucchero, 1/2 misurino di caffè solubile, 30 gr di cioccolato fondente, 1 bustina di vanillina. Per guarnire: panna montata o amaretti.

Procedimento: Inserire nel boccale latte, uova, farina e zucchero: 7 min. 80° vel 3. Terminata la cottura con lame in movimento a vel 3 aggiungere caffè, vanillina e cioccolato: 15 sec. vel. 3 Versare in una ciotola, far raffreddare, guarnire con panna montata o amaretti sbriciolati e servire.

9.2.4.39 Crema Mou

50 gr di burro, 100 gr di miele, 100 gr di cioccolato fondente. Mettere nel boccale il cioccolato a pezzi: 20" vel.5.Aggiungere gli altri ingredienti: 10'80° vel.3 Versare il composto in vasetti da conservare in frigo.

9.2.4.40 Crema Pasticcera 1

1 litro di latte, 4 tuorli, 70gr. di farina, 270gr. di zucchero, scorza grattugiata di limone o mezza fialetta d'aroma al limone. Cuoci tutto per 30 minuti 100° vel 4. Quando è ancora calda sciogliete del cioccolato fondente: otterrete un'ottima crema al cioccolato.

9.2.4.41 Crema Pasticcera 2

metto 4 tuorli, 1/2 litro di latte 65 gr farina 100 gr zucchero e faccio andare per 30 sec. a vel 4, poi inserisco la farfalla la buccia intera del limone e eventuale vanillina e faccio andare 7 min. 80 vel 1

9.2.4.42 Crema Pasticcera 3

Ingredienti: 4 tuorli, 40 gr di maizena o fecola di patate, 150 gr di zucchero, 400 gr di latte, 1 bustina di vanillina, 1 pizzico di sale.

Procedimento: Inserire tutti gli ingredienti nel boccale 7 min. 80° vel. 3. Travasare subito la crema in una ciotola e lasciare raffreddare.

9.2.4.43 Crema Spagnola

5 tuorli di uova - 1 1/2 ciotole di zucchero 100 gr - 5 ciotole di latte 150 gr - 1 cucchiaiata di farina di granoturco(a scelta) preparazione 1. si tritura lo zucchero con la buccia di limone ben asciutta, passando da una velocità 4-8-12 fino a che non è completamente grattugiato. 2. Si aggiungono gli ingredienti rimanenti e programmiamo velocità 1 temperatura 100° tempo 8 minuti, 3. Passati 3 minuti, ridurre la temperatura a 90° e alzare la velocità a 4. 4. Quando finisce la cottura, lasci girare un paio di secondi, aggiunga un poco di latte freddo e metta rapidamente nello stampo affinché le creme non si taglino.

9.2.4.44 Crema Yogurt Esotica

Dose per 8 persone.
Ingredienti: 1 dose di crema pasticcera, 250gr. di yogurt bianco intero compatto, 1 mango o 1 banana, 2 kiwi, 2 fette di ananas, 1 cucchiaio di Cherry. Per guarnire: fettine di frutta, foglioline di menta.
Procedimento: Preparare la crema pasticcera e farla raffreddare. Tagliare la frutta a piccoli dadi e irrorarla con lo Cherry. Quando la crema sarà fredda unire lo yogurt 10sec. Vel.2 e la frutta: 20sec. Vel.3. Mettere il composto in coppette, farle raffreddare in frigorifero per 2 ore ca. Decorare con fettine di frutta e foglioline di menta.

9.2.4.45 Cremini Al Mapo

Ingredienti: X 4: 300gr. di succo di mapo (6 mapo circa), un cucchiaio di maizena, 140gr. di zucchero, 2 uova, 4 cucchiai di panna fresca, Per guarnire: un cestino di ribes o lamponi, 100gr. di panna montata fresca.
Procedimento: inserire nel boccale il succo di mapo e lo zucchero: 3min. 80°Vel.1 e mettere da parte. Inserire ora nel boccale, dal foro del coperchio con lame in movimentoVel.4, uova, maizena e il succo caldo di mapo: 3min. 80°Vel.4. Quando la crema si addenserà leggermente, incorporare la panna: 1 minVel.4. Versare la crema in 4 coppette resistenti al calore, coprirle con carta d'alluminio e metterle nel varoma. Inserire nel boccale un lt d'acqua: 10min. 100°Vel.1. Quando l'acqua bolle posizionare il *varoma* sul coperchio e cuocere 30 minuti *varoma* Vel.1. Terminata la cottura lasciare intiepidire le coppette, poi metterle in frigo per almeno 3 ore. Decorare i cremini con il ribes o i lamponi e servirli accompagnati da panna montata fresca. Questi cremini si possono preparare anche con altri agrumi, come arance, pompelmi o mandarini

9.2.4.46 Cremone Bimby

Per 8 persone **Ingredienti:** 1 lt. latte, 200 gr di zucchero, 4 uova, 90 gr di farina, 2 bustine di vanillina o scorza di 1/2 limone, 2 cucchiai colmi di cacao amaro.
Procedimento: Inserire nel boccale zucchero e scorza di limone: 20 sec. vel Turbo. Unire tutti gli altri ingredienti(meno il cacao): 12 min. 80° vel. 3. Versare metà della crema in una ciotola, mantenendola inclinata. Aggiungere il cacao alla crema rimasta nel boccale: 20 sec. vel. 4 e versarla nella ciotola accanto alla crema gialla. Lasciare intiepidire e servire

9.2.4.47 Fruttolo

Per il fruttolo potete usare del formaggio mascarpone da aromatizzare con frutta a piacere e zucchero. Prima ridurre in purea la frutta che si desidera e poi aggiungerla al formaggio insieme a zucchero magari a velo.

9.2.4.48 Nutella 1

100gr. cioccolato fondente, 100gr. cioccolato bianco, 50gr. Burro, 80gr. Latte, 60gr. nocciole tostate (e spellate), 80gr. Zucchero,
Procedimento: polverizza nel boccale lo zucchero e le nocciole per 30" vel. turbo. Unisci il cioccolato e porta per altri 20" a vel. turbo. Aggiungi il latte ed il burro 5 min. 50° vel. 4. Travasala subito in un vasetto, lascia raffreddare e chiudilo ermeticamente conservalo in frigo.

9.2.4.49 Nutella 2

90gr. di nocciole tostate, 100gr. di cioccolato fondente, 100gr. di cioccolato al latte, 90gr. d'olio di semi, 150gr. di zucchero, 200gr. di latte. Polverizzate le nocciole e lo zucchero per 2 minuti a vel turbo. Tritate il cioccolato a vel 5 per 30 sec, aggiungete il latte e l'olio e cuocete 5 min 50° vel 4. Omogeneizzate un minuto a vel turbo.

9.2.4.50 Nutella 3

60gr. di nocciole tostate, un biscotto Oro Saiwa, 80gr. di cioccolato fondente, 20gr. di cioccolato al latte, 100gr. di zucchero, 100gr. di latte, 50gr. di burro. Inserite nel boccale le nocciole tostate e lo zucchero, inserite il cestello vuoto per ridurre lo spazio e tritate 30 sec vel 4. Togliete il cestello e unite il biscotto e le cioccolate: 30 sec vel turbo. Unite il latte: 5 min 50° vel 4. Unite il burro: 30 sec vel 4. Versate in un barattolo, fate raffreddare completamente, coprite e tenete in frigo.

9.2.4.51 Panna Cotta

Dose per 6 persone.
Ingredienti: 500gr. di panna fresca, 250gr. di latte, 150gr. di zucchero, 1 bustina di vanillina, 4 fogli di gelatina per dolci (12gr.) 1 mis di Brandy facoltativo. Per guarnire zucchero caramellato o salsa di fragole.
Procedimento: Mettere la gelatina in ammollo in una ciotola con acqua fredda. Inserire tutti gli altri ingredienti, tranne il liquore 5min. 80° Vel.3. Unire la gelatina strizzata ed il liquore: 10sec. Vel.4. Versare il composto ottenuto in uno stampo unto e porlo a rassodare in frigorifero (almeno 10 ore). Sformare e servire con un velo di zucchero caramellato e con la salsa alla fragola. Capovolgete su un piatto e decorate con frutti di bosco così preparati: Fate caramellare 2 cucchiai di zucchero con poco limone, tuffateci i frutti di bosco e cuocete 3 minuti a seconda della consistenza.

9.2.4.52 Panna Cotta Alla Frutta

Dose per 6 persone.
Ingredienti: 500gr. di panna fresca, 250gr. di latte, 150gr. di zucchero, 1 bustina di vanillina, 4 fogli di gelatina per dolci (12gr.) 300gr. di frutta di stagione. **Per servire:** salsa alla marmellata o una salsa alla frutta a piacere.
Procedimento: Preparare la frutta lavata sbucciata e a pezzi. Mettere la gelatina in ammollo in una ciotola con acqua fredda. Inserire tutti gli altri ingredienti, tranne la frutta e la gelatina 5min. 80° Vel.3. Unire la frutta e la gelatina ben strizzata: 10sec. Vel.4. Versare il composto ottenuto in uno stampo unto e porlo a rassodare in frigorifero. Sformare e servire con una salsa alla frutta o alla marmellata e, volendo, guarnire con pezzetti di frutta a piacere.

9.2.4.53 Panna Cotta Al Caffè

Dose per 6 persone.
Ingredienti: 500gr. di panna, 250gr. di latte, 150gr. di zucchero, 1 bustina di vanillina, 4 fogli di colla di pesce (12 gr), 1 mis. scarso di caffè solubile. **Per guarnire:** salsa al caffè e chicchi di caffè.
Procedimento: Mettere la gelatina in ammollo in una ciotola con acqua fredda. Inserire nel boccale tutti gli ingredienti tranne il caffè solubile: 5min. 80° Vel.3. Unire il caffè e la gelatina ben strizzata 10sec. Vel.4. Versare il contenuto in uno stampo leggermente unto e porlo in frigorifero a rassodare. Sformare, servire con un velo di salsa al caffè e guarnire con chicchi di caffè.

9.2.4.54 Panna Cotta All' Uva

Dose per 6 persone.
Ingredienti: 500gr. di panna, 100gr. di zucchero, 12gr. di gelatina in fogli, 500gr. di uva bianca. **Per decorare:** chicchi d' uva bianca e nera e piccole foglie di vite.

Procedimento: Mettere la gelatina in ammollo in una ciotola con acqua fredda. Lavare i chicchi d' uva e inserirli nel boccale 5sec. Vel.5. Filtrare il composto ottenuto utilizzando il cestello appoggiato sopra una larga caraffa e rimestando con la spatola, finché il succo sarà completamente filtrato. Inserire nel boccale panna e zucchero 5min. 80° Vel.3, unite il succo d' uva e gelatina ben strizzata: 10sec. Vel.4. Versare metà del composto ottenuto in uno stampo leggermente unto e porlo in frigorifero a rassodare. Ricoprire la superficie rassodata con chicchi d'uva bianca e versare sopra delicatamente il composto rimasto. Porre di nuovo lo stampo in frigorifero per il tempo necessario. Sformare delicatamente, decorare con fettine di chicchi di uva nera, qualche piccola fogliolina di vite e servire. Volendo questo delizioso dolce può essere anche preparato e servito in coppette singole.

9.2.4.55 Zabaione

Ingredienti: 2 uova, 2 tuorli 300gr. di marsala 150gr. di zucchero.

Procedimento: Inserire tutti gli ingredienti nel boccale 5min. 70° Vel.3, terminata la cottura portare a Vel.8 per 1 secondo. A piacere si può servire caldo o freddo con biscottini o lingue di gatto. I consigli di Teresa M. A seconda dei gusti si può dimezzare la quantità di marsala, sostituendolo con vino bianco secco.

9.2.5 Crepes

9.2.5.1 Crepes

Dose per 30 crepes circa

Ingredienti: 4 uova 25Ogr. di farina 500gr. di latte 1 cucchiaino di zucchero 50gr. di burro morbido o 1 cucchiaio di olio di semi di girasole 1 pizzico di sale **Procedimento:** Inserire tutti gli ingredienti nel boccale: 10sec. Vel.4. Travasare il composto in una ciotola e lasciarlo riposare in frigorifero per 30 mia. ca. Ungere di burro una piccola padella antiaderente e quando è ben calda aggiungere un mestolino d pastella. Far dorare le due parti e realizzare così tante piccole frittate sottili (crepes) da utilizzare nelle diverse preparazioni.

I consigli di Daniela M.: Per delle crepes più leggere e per una dose inferiore a volte faccio la pastella con 3 uova, 75gr. di farina, 150gr. di latte, 30gr. di burro fuso e il solito pizzico di sale: provatela.

9.2.5.2 Crepes Alla Marmellata

Dose per 8 persone

Ingredienti: 1 dose di impasto per crepes 100gr. di marmellata di albicocche scorza gialla di 1/2 limone o arancia 50gr. di zucchero 1/2 mis. di Brandy 2 cucchiai di acqua zucchero a velo a piacere

Procedimento: Preparare le crepes e tenerle in caldo. Inserire nel boccale la scorza di limone (o di arancia) e lo zucchero: 10, sec. veL9. Unire l'acqua, la marmellata e cuocere: 3min. 80° veL3. Aggiungere il Brandy ed amalgamarlo bene: 4sec. Vel.3. Spalmare questo composto sulle crepes, piegarle a ventaglio e disporle in un grande piatto. Al termine spolverizzarle con zucchero a velo e servirle calde. A piacere si può effettuare un flambé con zollette di zucchero bagnate di Cointreau e accese all' ultimo momento.

9.2.5.3 Crepes Ai Fichi

Dose per 8 persone

Ingredienti: 1 dose di impasto per crépes 20 fichi freschi e buoni 100gr. di Rhum o Grappa 60gr. di zucchero

Procedimento: , Preparare le crepes e tenerle in caldo. Inserire nel boccale Rhum, zucchero e i fichi puliti e divisi in quattro: 8min. 8° Vel.2, spatolando di tanto in tanto. Travasare in una ciotola e lasciare intiepidire. Farcire le crepes con i fichi, ripiegarle a ventaglio e disporle in una pirofila ben calda. Servirle tiepide irrorate col sughetto rimasto e cosparse di zucchero a velo

9.2.5.4 Crepes Alla Panna

Dose per 8 persone

Ingredienti: 1 dose di impasto per crepes 1 00gr. di mandorle spellate 300gr. di panna 100gr. di caramello

Procedimento: Preparare le crepes. Inserire nel boccale il caramello, la panna e le mandorle: 1min. 70° Vel.6. Farcire le crepes con la crema ottenuta e servirle come sempre calde, spolverizzate con poco cacao amaro

9.2.5.5 Crepes Suzette

Dose per 8 persone

Ingredienti: .1 dose di impasto per crepes 30gr. di liquore all' arancia Per la suzette: 125gr. di burro morbido 125gr. di zucchero scorza e succo di un'arancia non trattata Brandy

Procedimento: Preparare le crepes, aggiungendo alla fine alla pastella il liquore all' arancia. Preparare la suzette: Inserire nel boccale zucchero e scorza d'arancia. 20sec. Vel.Turbo. Aggiungere burro e succo d'arancia: 25sec. veL4. Farcire le crepes con la crema, ripiegarle in quattro e disporle in un piatto da portata ben caldo. Spolverizzare con zucchero a velo, irrorare con il Brandy e fiammeggiare. Servire subito col.. fuoco! I consigli di Adriana M.: Per una preparazione più leggera si può sostituire la suzette con 250gr. di marmellata di albicocche fatta sciogliere a 80° con 4 cucchiai di liquore all' arancia.

9.2.5.6 Crepes Alla Crema Pasticcera

Dose per 8 persone

Ingredienti: I dose di impasto per crepes 1 dose di crema pasticcera **Procedimento:** Preparare le crepes. Preparare la crema pasticcera e lasciarla raffreddare. Spalmare le crepes con un cucchiaio di crema e ripiegarle in due. In una grossa pirofila, sciogliere una noce di burro, un po' di zucchero vanigliato e dare una spruzzata di Brandy. Adagiarvi una decina di crepes farcite e scaldare bene il tutto. Spolverizzare con altro zucchero vanigliato e servire. Proseguire allo stesso modo per le crepes rimaste. I consigli di M. Queste crépes si possono gustare anche fredde, irrorate con salsa di fragole o salsa al coccolato.

9.2.5.7 Crepes Alla Crema Gianduia

Dose per 8 persone

Ingredienti: 1 dose di impasto per crepes crema gianduia zucchero a velo

Procedimento: Preparare le crepes. Spalmare la crema gianduia su ogni crepes, disporle su un piatto da forno e tenerle in caldo. Al momento di servire, spolverizzarle con lo zucchero a velo, spruzzarle con il Cointreau e fiammeggiare. I consigli di Daniela M.. Queste crépes sono ottime anche spolverizzate con nocciole tostate e tritate o arricchite con i pinoli all'interno. Le crépes, che sono sempre molto gradite, possono essere farcite anche con qualsiasi crema di quelle proposte nel relativo capitolo.

9.2.5.8 Crepes

Dose per 30 crepes circa

Ingredienti: 4 uova 25Ogr. di farina 500gr. di latte 1 cucchiaino di zucchero 50gr. di burro morbido o 1 cucchiaio di olio di semi di girasole 1 pizzico di sale **Procedimento:** Inserire tutti gli ingredienti nel boccale: 10 sec. vel. 4. Travasare il composto in una ciotola e lasciarlo riposare in frigorifero per 30 mia. ca. Ungere di burro una piccola padella antiaderente e quando è ben calda aggiungere un mestolino d pastella. Far dorare le due parti e realizzare così tante piccole frittate sottili (crepes) da utilizzare nelle diverse preparazioni. I consigli di Daniela M.: Per delle crepes più leggere e per una dose inferiore a volte faccio la pastella con 3 uova, 75gr. di farina, 150gr. di latte, 30gr. di burro fuso e il solito pizzico di sale.

9.2.5.9 Crepes Alla Marmellata

Dose per 8 persone

Ingredienti: 1 dose di impasto per crepes 100gr. di marmellata di albicocche scorza gialla di 1/2 limone o arancia 50gr. di zucchero 1/2 mis. di Brandy 2 cucchiai di acqua zucchero a velo a piacere

Procedimento: Preparare le crepes e tenerle in caldo. Inserire nel boccale la scorza di limone (o di arancia) e lo zucchero: 10, sec. veL9. Unire l'acqua, la marmellata e cuocere: 3 min. 80° veL3. Aggiungere il Brandy ed amalgamarlo bene: 4 sec. vel.3. Spalmare questo composto sulle crepes, piegarle a ventaglio e disporle in un grande piatto. Al termine spolverizzarle con zucchero a velo e servirle calde. A piacere si può effettuare un flambé con zollette di zucchero bagnate di Cointreau e accese all' ultimo momento

9.2.5.10 Crepes Alla Crema Gianduia

Dose per 8 persone

Ingredienti: 1 dose di impasto per crepes crema gianduia zucchero a velo

Procedimento: Preparare le crepes. Spalmare la crema gianduia su ogni crepes, disporle su un piatto da forno e tenerle in caldo. Al momento di servire, spolverizzarle con lo zucchero a velo, spruzzarle con il Cointreau e fiammeggiare. I consigli di Daniela M.. Queste crépes sono ottime anche spolverizzate con nocciole tostate e tritate o arricchite con i pinoli all'interno. Le crépes, che sono sempre molto gradite, possono essere farcite anche con qualsiasi crema di quelle proposte nel relativo capitolo

9.2.5.11 Crepes Alla Crema Pasticcera

Dose per 8 persone

Ingredienti: I dose di impasto per crepes 1 dose di crema pasticcera **Procedimento:** Preparare le crepes. Preparare la crema pasticcera e lasciarla raffreddare. Spalmare le crepes con un cucchiaio di crema e ripiegarle in due. In una grossa pirofila, sciogliere una noce di burro, un po' di zucchero vanigliato e dare una spruzzata di Brandy. Adagiarvi una decina di crepes farcite e scaldare bene il tutto. Spolverizzare con altro zucchero vanigliato e servire. Proseguire allo stesso modo per le crepes rimaste. I consigli di M. Queste crépes si possono gustare anche fredde, irrorate con salsa di fragole o salsa al cioccolato

9.2.5.12 Crepes Suzette

Dose per 8 persone

Ingredienti: 1 dose di impasto per crepes 30gr. di liquore all' arancia *Per la suzette:* 125 gr di burro morbido 125gr. di zucchero scorza e succo di un'arancia non trattata Brandy **Procedimento:** Preparare le crepes, aggiungendo alla fine alla pastella il liquore all' arancia. Preparare la suzette: Inserire nel boccale zucchero e scorza d'arancia. 20 sec. vel.turbo. Aggiungere burro e succo d'arancia: 25 sec. veL4. Farcire le crepes con la crema, ripiegarle in quattro e disporle in un piatto da portata ben caldo. Spolverizzare con zucchero a velo, irrorare con il Brandy e fiammeggiare. Servire subito col.. fuoco! I consigli di Adriana M.: Per una preparazione più leggera si può sostituire la suzette con 250gr. di marmellata di albicocche fatta sciogliere a 80° con 4 cucchiai di liquore all' arancia

9.2.5.13 Crepes Alla Panna

Dose per 8 persone

Ingredienti: 1 dose di impasto per crepes 1 00gr. di mandorle spellate 300gr. di panna 100gr. di caramello

Procedimento: Preparare le crepes. Inserire nel boccale il caramello, la panna e le mandorle: 1 min. 70° veL 6. Farcire le crepes con la crema ottenuta e servirle come sempre calde, spolverizzate con poco cacao amaro

9.2.5.14 Crepes Ai Fichi

Dose per 8 persone

Ingredienti: 1 dose di impasto per crépes 20 fichi freschi e buoni 100gr. di Rhum o Grappa 60 gr di zucchero

Procedimento: Preparare le crepes e tenerle in caldo. Inserire nel boccale Rhum, zucchero e i fichi puliti e divisi in quattro: 8 min. 8°° veL2, spatolando di tanto in tanto. Travasare in una ciotola e lasciare intiepidire. Farcire le crepes con i fichi, ripiegarle a ventaglio e disporle in una pirofila ben calda. Servirle tiepide irrorate col sughetto rimasto e cosparse di zucchero a velo

9.2.5.15   Panna Cotta

Ingredienti: 500gr. di panna fresca, 250gr. di latte, 150gr. di zucchero, una bustina di vanillina, 12gr. di colla di pesce (4 fogli), un misurino di brandy.
Procedimento: Mettete la gelatina in ammollo in una ciotola d'acqua fredda. Inserite nel boccale tutti gli ingredienti tranne il liquore: 5 min 80° vel 3. Unite la gelatina strizzata e il liquore: 10 sec vel 4. Versate il composto in uno stampo apposito e mettete in frigo almeno 10 ore. Capovolgete su un piatto e decorate con frutti di bosco così preparati: Fate caramellare 2 cucchiai di zucchero con poco limone, tuffateci i frutti di bosco e cuocete 3 minuti a seconda della consistenza.

9.2.5.16   Panna Cotta Al Caffe'

Ingredienti: 500gr. di panna, 250gr. di latte, 150gr. di zucchero, una bustina di vanillina, 12gr. di gelatina (4fogli), un misurino di caffè solubile.
Procedimento: Mettete la gelatina in ammollo in acqua fredda. Inserite nel boccale tutti gli ingredienti tranne il caffè: 5 min 80° vel 3. Unite il caffè e la gelatina strizzata 10 sec vel 4. Versate nello stampo apposito e fate raffreddare in frigo.

9.2.5.17   Panna Cotta Con Salsa Di Arance

Ingredienti: 500 gr panna fresca, 150 gr zucchero, 250 gr latte, 1 bust. vanillina, 20 gr colla di pesce, 1 yogurt aglia agrumi. *Per La Salsa*: 2 mis. spremuta d'arancia (anche confezionata) succo di 172 limone, 1 tuorlo, 20 gr burro, 150 gr zucchero, 1 cucchiaio di maizena.
Procedimento: ammollare la gelatina in acqua fredda, inserire nel boccale tutti gli ingredienti eccetto lo yogurt, 5 min. vel. 4 a 80°. Unire la gelatina strizzata e lo yogurt, rimescolare per pochi secondi a vel. 4. Versare in uno stampo bagnato (o coppette) e mettere in frigo. Preparate la salsa inserendo tutti gli ingredienti nel boccale 7min. 70° Vel.4. Servire la panna cotta accompagnata dalla salsa.

9.2.6   *Crostate*

9.2.6.1   Crostata Al Limone (Vera)

Ingredienti: per la pasta frolla 350 farina 150 zucchero 150 burro 2 uova 1 bustina lievito.
Procedimento: *Crema* 400 acqua 200 zucchero 50 fecola 1 uovo intero 100 succo di limone 1 buccia grattugiata. *Pasta frolla*: Mettere tutti gli ingredienti nel boccale 20sec. Vel.6. e mettere da parte. Per la crema mettere tutti gli ingredienti nel boccale 5min. 90Vel.4. Foderare uno stampo per crostata con la pasta frolla vewrsarvi sopra la crema di limone fredda coprire con un altro disco di pasta frolla chiudere bene i bordi e cuocere a 170° per 1 ora circa. Per facilitare le operazioni stendere la pasta frolla su carta forno

9.2.6.2   Crostata Di Marmellata

Ingredienti: 1 dose di pastafrolla, 200gr. di marmellata, preparare la pastafrolla come da ricetta base, e foderare una tortiera imburrata e infarinata con 2/3 dell'impasto. Spalmare la marmellata e decorare con striscioline di pasta, ricavate dal rimanente impasto, disposte incrociate. Cuocere in forno caldo per 45min. a 180°

9.2.6.3 Crostata Di Mele Del Trentino

Ingredienti: Per l'impasto: 300gr. di farina, 130gr. di burro morbido, un uovo intero e un tuorlo, 100gr. di zucchero, mezza bustina di lievito, sale. Per il ripieno: 2 mele golden affettate sottilmente, un uova, 50gr. di burro morbido, 100gr. di latte, 50gr. di farina, 100gr. di zucchero, mezza bustina di zucchero vanigliato, 30gr. di pinoli, 70gr. di mandorle tritate, sale.

Procedimento: Preparate l'impasto: Inserite tutti gli ingredienti nel boccale: 25sec Vel.6, stendete l'impasto in una teglia imburrata di 28cm di diametro e disponetevi sopra le fettine di mele. Inserite nel boccale uovo, burro, latte, sale, farina, zucchero e zucchero vanigliato 1min. 40°Vel.5. Coprite le mele con la crema della farcitura e cospargete con pinoli e mandorle. Infornate a 180° per 40min.

9.2.6.4 Crostata Speciale

Pasta A

Ingredienti: 2 etti di farina 00; 1 etto di farina di mandorle; 1 uovo + 2 tuorli; 100gr. Di burro morbido; 100gr. di zucchero.

Pasta B

Ingredienti: 3 etti di farina 00; 1 uovo + 3 tuorli; 100gr. di zucchero; 100gr. di burro morbido.

Procedimento: Metti nel bimby lo zucchero e le mandorle per la ricetta B, portare a Turbo per polverizzare il tutto. Unire gli altri ingredienti e amalgamare a Vel.4-5 per alcuni secondi. Fai una palla, infarinala e avvolgila nella pellicola. Mettila in luogo fresco per ½ (non in frigo perché diventa troppo dura). Aiutarsi con la carta forno per spostare e modellare la crostata. Con le dita fai aderire la pasta all'interno della tortiera, ripiega all'interno l'eventuale pasta in eccesso, formando un cordone. Ritaglia gli spigoli della carta forno e fai cuocere per 5' con funzione Crisp.

Il ripieno: uno strato (sottile) di gelatina d'albicocche; tante fettine di mela disposte sopra la gelatina in modo da formare 3 o 4 cerchi. Cospargi le mele con mandorle tritate grossolanamente e dai una grattatine di cioccolato fondente.

Rimetti la crostata nel forno e cuoci per 7-8'. Falla freddare bene (anche 1 giorno) e ricorda che più tempo passa e più è buona.

9.2.7 Gelati

9.2.7.1 Gelato All'amaretto

Ingredienti: 150 gr di amaretti, 200 gr di panna, 200 gr di latte intero, 100 gr di zucchero, 2 tuorli, 1 pizzico di sale 10 gr di liquore all'amaretto.

Procedimento: Polverizzare gli amaretti per 39" vel. turbo, aggiungere tutti gli altri ingredienti e cuocere 5'80° vel.4 Mettere nel congelatore e dopo 3 ore mantecare 20" vel 7 e 10" vel.4 spatolando.

9.2.7.2 Gelato Alla Crema

Ingredienti: 2 uova, 2 tuorli 300 gr latte intero 200 panna fresca 100 zucchero 2 bustine di vanillina 10 gr pregel a agaragar (è un addensante per gelati che trovate in drogherie ben fornite o rivenditori all'ingross0) 1 pizzico di sale. Inserire nel boccale latte panna e sale vanillina, 7 min. 80 vel 1

Procedimento: Inserire ora dal foro del coperchio con le lame in movimento a vel 4 uova tuorli zucchero e agar agar 7 min. 70 vel 4. Versare in un contenitore largo e basso e farlo congelare. Al momento di servire tagliare a cubetti inserirlo nel boccale e farlo mantecare 10 sec. vel 9 e 20 sec. vel 4 spatolando. Riporlo nuovamente nel freezer per una mezz'oretta e servirlo. Si può anche conservare a lungo nel freezer.

9.2.7.3 Gelato Di Rose

Ingredienti: 200gr. di petali di rosa profumata, un'arancia, 1\2 limone, 200gr. di panna montata, 400gr. di zucchero, 1\2 lt d'acqua, una bustina di vanillina.

Procedimento: Mettete nel boccale i petali di rosa ai quali avrete tolto l'attaccatura più chiara: vel 5 30 sec. Unite zucchero, acqua, vanillina e cuocete 10 min 80° vel 1. Aggiungete il succo d'arancia e di limone: 30 sec vel 1. Versate tutto in un recipiente largo e basso e mettete nel congelatore per una notte. Al momento di servire dividetelo in pezzi e mettetelo nel boccale. Mantecate bene aiutandovi con la spatola: 20 sec vel 9 e per altri 20 sec a vel 4. Incorporate delicatamente al composto la panna e servite.

9.2.7.4   Gelato Di Ricotta

Ingredienti: 500gr. di ricotta romana, 4 tuorli, 100gr. di zucchero, 100gr. di rhum o brandy, 10 ciliegie candite o sotto spirito per decorare. Inserite nel boccale tuorli e zucchero: un minuto vel 3. Aggiungete la ricotta: un minuto vel 3 e infine il liquore: 30 sec vel 3. Versate tutto in uno stampo rettangolare, livellatelo bene, coprite con carta d'alluminio e ponete in frigo per 3 ore. Sformate su un piatto da portata e decorate con le ciliegie, poi rimettete in frigo fino al momento di servire.

9.2.7.5   Gelato Alle Fragole

Ingredienti: 250 gr latte intero, 250 panna, 150 zucchero, 300 fragole mature, un pizzico di sale fino.

Procedimento: inserire nel boccale latte panna zucchero sale 4 min. temp 80 vel 1 e mettere da parte a raffreddare. senza lavare il boccale inserisci le fragole ben lavate 10 sec vel 8 aggiungi la crema messa a raffreddare e amalgama bene 10 sec. vel 4, versa in un contenitore largo e basso e metti in congelatore fino a completo congelamento. al momento di servire taglialo a cubetti inseriscilo nel boccale e mantecalo molto bene 20 sec vel 7 e 10 sec vel 4 spatolando. Puoi servirlo subito o riporlo di nuovo in congelatore. si conserva a lungo.

9.2.7.6   Gelato Alle Mele

Ingredienti: 250 di panna 150 zucchero 5 mele verdi (pulite e congelate 1 limone pelato al vico e congelato 1 buccia di limone tagliata sottile (solo la parte gialla).

Procedimento: inserire nel boccale lo zucchero e la buccia del limone 20sec. Turbo.unire le mele e il limone congelati lavorare spatolando a Vel.4 poi far cadere a filo la panna prima a Vel.5 poi a Vel.8 fino a raggiungere la Vel.Turbo

9.2.7.7   Gelato Alla Nocciola

tratto dal libro dei gelati.

Ingredienti: 500 gr di latte intero, 500 panna, 200 zucchero, 1 pizzico di sale, 2 bustine di vanillina, 1 cucchiaio di farina di agaragar o di pregel (è un addensante per gelati che trovi nei negozi specializzati o se conosci il proprietario di qualche gelateria puoi fartelo dare) 30 gr nocciole tostate. inserire nel boccale le nocciole 5 sec. vel 9 aggiungere latte panna zucchero sale, 7 min 80 vel 3, quando il composto è tiepido unire la vanillina e il pregel 5 sec. vel 2. Versare in un contenitore largo e basso e quando è freddo metterlo in congelatore. Lasciare tutta la notte dopo di che toglierlo dal congelatore e tagliarlo a cubetti inserirli nel boccale e mantecare per 10 sec, vel 9 e altri 20 sec. vel 4 spatolando, riporre di nuovo nella vaschetta e rimetterlo in congelatore per almeno una mezz'oretta e servirlo. nel congelatore si conserva a lungo.

9.2.7.8   Gelato Veloce

Ingredienti: 300 gr di frutta congelata a pezzi, 300 gr.di latte congelato nelle vaschette del ghiaccio, 150 gr di zucchero.

Procedimento: Polverizzare lo zucchero per 20" vel turbo.Unire la frutta e il latte congelato(tirata fuori 5' prima) 40" vel.7, spatolando.

9.2.7.9   Gelati Allo Yoghurt

Ingredienti: zuccherate a piacere uno yogurt naturale. .

Procedimento: Prendete mezzo bicchiere di succo d'arancia filtrato (vanno bene anche quelli naturali in commercio)e mescolatelo allo yogurt zuccherato fino ad ottenere un composto omogeneo. Con un cucchiaio versate negli stampini da gelato il composto, riempendoli fino a 3\4. Potete fare anche gelati alla Coca-Cola o ad altre bibite, riempiendo con queste gli stampini da gelato (sempre fino a 3\4) e chiudendoli ermeticamente

9.2.7.10 Gelato Al Caffè 1

Ingredienti: 2 uova, 2 tuorli, 200gr latte intero, 200gr panna fresca, 100gr di caffè ristretto, 100 gr zucchero, 1 bustina di vanillina, un pizzico di sale, 10 gr agaragar. .
Procedimento: Inserire nel boccale latte panna sale vanillina 7 min. 80°C vel 1 inserire con lame in movimento a vel 4 uova, tuorli, caffè zucchero e agaragar per7 min 70°C vel 4. fare congelare e dopo mantecare.

9.2.7.11 Gelato Al Caffè 2

Ingredienti: 2 uova, 2 tuorli, 200gr latte intero, 200gr panna fresca, 100gr di caffè ristretto, 100 gr zucchero, 1 bustina di vanillina, un pizzico di sale, 10 gr agaragar. .
Procedimento: Inserire nel boccale latte panna sale vanillina 7 min. 80°C vel 1 inserire con lame in movimento a vel 4 uova, tuorli, caffè zucchero e agaragar per7 min 70°C vel 4. fare congelare e dopo mantecare

9.2.7.12 Gelato Alle Nocciole

Ingredienti: 500 gr di latte intero, 500 panna, 200 zucchero, 1 pizzico di sale, 2 bustine di vanillina, 1 cucchiaio di farina di agaragar o di pregel (è un addensante per gelati che trovi nei negozi specia-lizzati o se conosci il proprietario di qualche gelateria puoi fartelo dare) 30 gr nocciole tostate. .
Procedimento: inserire nel boccale le nocciole 5 sec. vel 9 aggiungere latte panna zucchero sale, 7 min 80 vel 3, quando il composto è tiepido unire la vanillina e il pregel 5 sec. vel 2. Versare in un contenitore largo e basso e quando è freddo metterlo in congelatore. Lasciare tutta la notte dopo di che toglierlo dal congelatore e tagliarlo a cubetti inserirli nel boccale e mantecare per 10 sec, vel 9 e altri 20 sec. vel 4 spatolando, riporre di nuovo nella vaschetta e rimetterlo in congelatore per almeno una mezz'oretta e servirlo

9.2.7.13 Gelato Di Limone

Ingredienti: inserire 3 limoni e 1 arancia sbucciati e ricavarne il succo a vel.8. Filtrare e tenere da parte. Rimettere nel boccale la polpa senza i semi, 2 cucchiai di farina, 1 mis. e mezzo di zucchero, 1/2 l di latte e 3 tuorli: cuocere per 7'. Unire il succo dei frutti e amalgamare qualche secondo a velocità 4. Mettere a gelare nella gelatiera o procedere come da manuale.

9.2.7.14 Gelato Alla Frutta Con Yogurt

Ingredienti: 100gr. di zucchero, 10 cubetti di latte surgelato, 10 cubetti di yogurt surgelato, 10 fragole surgelate, 1\2 banana surgelata, una mela tagliata a pezzi e surgelata, un albume. Inserite lo zucchero nel boccale: 20 sec vel 9. unite tutti gli altri ingredienti 30 sec vel 6 spatolando e 1 minuto vel 9

9.2.7.15 Gelato Mou

Ingredienti: Questa è anche la ricetta del famoso"Dulce de leche" (dolce di latte) argentino.Ingr; 1 lt. di latte, 300gr. di panna fresca, 275gr. di zucchero, 1 cucchiaino e mezzo di bicarbonato di sodio, una stecca di vaniglia.
Procedimento: Aprire la stecca di vaniglia da un'estremità all'altra in senso verticale in modo che ne fuoriesca completamente l'aroma e inserirla nel boccale insieme a tutti glia altri ingredienti; 2ore 70° Vel.1. Far freddare, togliere la stecca di vaniglia e mettere in freezer.Al momemto di servire mantecare per pochi secondi a Vel.4/5. E' davvero squisito. Per chi volesse ottenere invece il dolce di latte argentino si deve far cuocere il tutto a bagno maria per 3 ore mescolando di tanto in tanto, la miscela assumerà una colorazione ambrata sempre più intensa riducendosi notevolmente di volume. Buon lavoro!!!Anna Maria Canestri

9.2.7.16 Gelato Stracciatella

Ingredienti: 500 gr latte intero, 500 gr panna, 200 gr zucchero, 1 pizzico sale, 2 bustine vanillina, 1 cucchiaio colmo di farina pregel per gelati, o agar agar, 30 gr nocciole tostate, 30 gr cioccolato fondente tritato .

Procedimento: Inserire nel boccale latte panna zucchero e sale 7 min. 80 vel 3. Quando il composto sarà tiepido unire vanillina e pregel 5 sec. vel 2. aggiungere nocciole e cioccolato 10 sec. vel 4 spatolando. Versare in un contenitore largo e basso e porlo nel congelatore fino a completo congelamento. Al momento di servirlo tagliarlo a cubetti inserire nel boccale e mantecare bene 10 sec. vel 9 e altri 20 sec. vel 4 spatolando. Riporlo nuovamente in freezer per una mezz'oretta e servire.

9.2.7.17 Gelato Torrone

Per 8 persone

Ingredienti: 1 kg.di zucchero, 2 bustine di vanillina, succo di 1 limone, 500 gr.di mandorle pelate e tostate, 500 gr.di frutta candita a tocchi, 300 gr.di cioccolato fondente.
.

Procedimento: Inserire nel boccale zucchero, succo di limone e vanillina: 3 min.60°C vel.1. Aggiungere frutta candita e mandorle: 1 min.vel.1. Disporre l'impasto sopra un foglio di carta forno bagnata con succo di limone. Pressare con le mani fino ad ottenere una forma simile al pan carrè. Lasciare riposare in frigorifero per due giorni. Inserire nel boccale il cioccolato fondente: 3 min.50°C vel.2. Ricoprire il torrone con il cioccolato fuso e con la punta di una forchetta cercare di ricreare le rughe di una corteccia.

9.2.7.18 Gelo Di Anguria

Ingredienti: 1\2 anguria, una bustina di vanillina, 350gr. di zucchero, 125gr. di maizena, 100gr. di cioccolato a pezzetti, 100gr. di zucca candita, 50gr. di pistacchi, cannella. .

Procedimento: Svuotate delicatamente l'anguria con un cucchiaio e tenetela in frigo a raffreddare, deve servire da ciotola. Eliminate i semi dalla polpa e mettetela nel boccale con zucchero, maizena, vanillina: 10 min 80° vel 4. Fate raffreddare e unite metà della zucca candita a dadini, il cioccolato a pezzetti e i pistacchi. Mescolate delicatamente con la spatola, versate il preparato nell'anguria svuotata e fate raffreddare per alcune ore in frigo. Al momento di servire guarnite col resto della zucca candita e spolverizzate di cannella.

9.2.7.19 Gelo Di Limone

Ingredienti: Inserire 500gr. di acqua e 400gr. di zucchero: 2' 100° vel.1. UNIRE 35gr. di colla di pesce ammollata in acqua fredda e ben strizzata: 20" vel 1. Togliere e raffreddare. Unire 500gr. di succo di limone, filtrare e mettere in uno stampo unico o in singoli stampini. Riporre in frigo per almeno 6 ore, prima di servire

9.2.7.20 Granita Esmeralda

Ingredienti: 2 mele verdi Grand Smith ben lavate, senza il cuore e il gambo. - 2 limoni grandini o 2 lumie (150 gr circa) ben pelati senza nessuna parte bianca. - 200 gr di zucchero - 300 gr di acqua - 800 gr di ghiaccio - 8 o 10 foglie di menta .

Procedimento: 1. Mettere tutti gli ingredienti nel bicchiere eccetto l'acqua e il ghiaccio Programmare 30 secondo a velocità 4. 2. Aggiungere circa 5 cubetti di ghiaccio e programmare 3 minuti a velocità massima affinché la triturazione sia perfetta. 3. Per ultimo aggiungere acqua e i cubetti di ghiaccio e programmare a velocità 5 fino a che non si senta rumore di cubetti grandi. NOTA: se lo desiderate potete pelare le mele, ma il sapore e il colore della granita cambia.

9.2.7.21 Sorbetto Ai Frutti Di Bosco

Ingredienti: Metti lo zucchero nel boccale e fai lo zucchero a velo.

Procedimento: Unisci un limone pelato al vivo e i frutti di bosco surgelati, volendo anche una banana non surgelata. Mescola prima a vel 5, poi gradatamente a vel 8 per un minuto e mezzo.

9.2.7.22 Sorbetto Arcobaleno

Ingredienti: 2 mele, 1 pera e mezza banana: 500gr. tagliati a pezzi e congelati oppure: 500gr. di melone (tagliato a pezzi e congelato), 500gr. di pesche (tagliate a pezzi e congelato), 500gr. di fragole (tagliate a pezzi e congelato), 500gr. di albicocche (tagliate a pezzi e congelato), 500gr. di ciliegie (tagliate a pezzi e congelato), 500gr. di kiwi (tagliato a pezzi e congelato). Per ogni 500gr. di frutta occorrono 150gr. di zucchero ed un albume.

Procedimento: Fate lo zucchero a velo: vel. 6-7 per 20 sec. Unite la frutta congelata a pezzi e l'albume: mescolate prima a vel. 8, poi a Turbo mantecando con la spatola per 1 min. circa. Togliete il sorbetto e conservatelo in freezer. Procedete con gli altri gusti. Consiglio: cominciare a mantecare dalla frutta più chiara fino ad arrivare alla più colorata così non occorre lavare il boccale ogni volta.

9.2.7.23 Sorbetto Alle Fragole

Ingredienti: 700gr. di fragole congelate, un limone pelato a vivo senza semi; 200gr. di zucchero.

Procedimento: togliere le fragole dal freezer qualche minuto prima di utilizzarle, fare lo zucchero a velo: 20" vel. Turbo; unire il limone e le fragole 40" vel. 7 e 40" vel. 5 spatolando.

9.2.7.24 Sorbetto Di Champagne

Ingredienti: Bottiglia di Champagne Benjamin o suo equivalente di un semisecco. - 2 Bicchieri di latte in polvere - 2 1/2 bicchieri di zucchero - 3 mandarini - 1 mela - ghiaccio
.

Procedimento: 1. Mettere a congelare la frutta a pezzetti 2. con il bicchiere ben asciutto glassare lo zucchero (velocità 8-12) 3. Aggiungiamo la frutta, il latte e lo Champagne (velocità 12) e aggiungiamo tanto ghiaccio quanto necessario fino ad ottenere la consistenza desiderata. 4. Servire in coppe da champagne.

9.2.7.25 Sorbetto Di Fragole E Banane

Ingredienti: 1 banana 80gr. di zucchero 570gr. di fragole surgelate. . **Procedimento:** Togliere dal surgelatore le fragole 10' prima di usarle. Mettere tutto nel boccale per 45" a vel6, spatolando continuamente per staccare il composto dalle pareti e spingerlo sulle lame.

9.2.8   Marmellate

9.2.8.1   Consigli Sulle Marmellate

La marmellata di mele cotogne è venuta perfetta .Dopo i 20 minuti suggeriti dal libro ho visto che la marmellata era un po' liquida. Allora ho messo la temperatura *VAROMA* e velocità 4, ma osservando dal buco che la marmellata si agitava troppo, ho ridotto la velocità 3 e ho visto che era quella giusta per far addensare. Quando ho visto dopo pochi minuti che la densità era quella che volevo, ho spento il Bimby. Così ho evitato eventuali bruciature.

9.2.8.2   Composta Di Albicocche

Ingredienti: x 6: 350gr. di albicocche secche, 80gr. di zucchero, una bustina di tè nero, un cucchiaio di acqua di fiori d'arancio. Per servire: yogurt greco o gelato di vaniglia, mandorle tritate 8facoltative)

Procedimento: Versare nel boccale un lt d'acqua: 10min. 100°Vel.1. Preparare nel frattempo un'abbondante tazza di tè nero. Disporre le albicocche in un contenitore d'alluminio che possa essere messo nel varoma, irrorarle col tè, e quando l'acqua bolle, posizionarlo sul boccale: 30min. *varoma* Vel.1. Scolare le albicocche. Togliere l'acqua dal boccale, inserire zucchero e albicocche: 20sec Vel.5 spatolando. Lasciare raffreddare, incorporare l'acqua di fiori d'arancio: 10sec Vel.4. Sistemare la composta in coppette individuali e lasciarle raffreddare in frigo per qualche ora. Servirle con yogurt greco o con del gelato alla vaniglia spolverizzato di mandorle tritate

9.2.8.3 Marmellata Di Patate Americane

800gr. di patate americane bollite con la pelle, 800gr. di zucchero, 100gr. di latte, una bustina di vanillina. Introducete nel boccale le patate a pezzi e tutti gli altri **ingredienti:** 30 min 100° vel 4.

9.2.8.4 Marmellata Di Castagne

1 kg di castagne, per lo sciroppo: 750 ml d'acqua, 700gr. di zucchero, 2 stecche di vaniglia, 2 cucchiai di marsala, 2 cucchiai di rum, un cucchiaio di brandy. Incidete le castagne con un coltellino e cuocetele 10 min in acqua bollente leggermente salata e con l'aggiunta di semi di finocchio. Scolatele e pelatele. Lasciatele raffreddare e frullatele. Aggiungete lo sciroppo raffreddato e portate a cottura 45 min 100° vel 1.

9.2.8.5 Marmellata Di Arance

1 kg arance pelate a vivo, 300gr. zucchero, succo di un limone e buccia di una arancia Inserire nel boccale zucchero e buccia 30 sec. vel. da 5 a turbo. Aggiungere le arance e il succo del limone, sminuzzare: 4/5 sec. vel.5, poi cuocere 30 min. temp. *varoma* vel.1 e col cestello sul coperchio per evitare gli schizzi ma evapori nello stesso tempo. Sembra molto liquida, ma raffreddando si solidifica.

9.2.8.6 Marmellata Di Pesche 1

Ingredienti: 1 cucchiaio di uva passa, 3 cucchiai liquore alla pesca, 550gr. pesche già pulite, una mela sbucciata e privata del torsolo, 1 cucchiaio di succo di limone, 300gr. di zucchero.
Procedimento: Inzuppare l'uva passa nel liquore. Inserire nel boccale le pesche pulite e la mela a pezzi. Cuocere 15min. 100°Vel.4 Aggiungere zucchero e cuocere per latri 10min. 100°Vel.4. Aggiungere uva passa con liquore e mescolare 20 minVel.1. Versare nei vasetti e lasciar riposare 1 settimana prima di consumarla.

9.2.8.7 Marmellata Di Pesche 2

Ingredienti: 900 gr di pesche lavate e tagliate in grossi pezzi (4-5); 250 gr di zucchero, una piccola mela, succo di mezzo limone, 2 cucchiai di Dietor.
Procedimento: Mettere nel boccale le pesche, la mela spezzettata grossolanamente, lo zucchero, il Dietor e il succo di limone. Chiudere il boccale, porre il misurino e sopra mettere 2 scottex inumiditi e un panno abbastanza pesante da cucina. Cuocere per 32-34 minuti a varoma, vel 1 1/2. Versare in vasetti sterilizzati.

9.2.8.8 Marmellata Di Zucca

500 gr zucca pulita e a pezzi, 200 gr zucchero, succo di un limone, mezza mela con la buccia. inserisci tutti gli ingredienti nel boccale, 1 min. vel. da zero a turbo, poi cuoci per 30 min. vel. 4 temp. varoma.

9.2.9 Mousse

9.2.9.1 Mousse Al Cioccolato

Dose per 6 persone
Ingredienti: 200gr. di cioccolato fondente 50gr. di latte 4 tuorli 4 albumi montati a neve 125gr. di burro morbido Per guarnire: scorrette d'arancia candite o ciliegine candite.
Procedimento: Inserire nel boccale il cioccolato a pezzi. 20sec. Vel.8. Unire il latte. 2min. 70° Vel.3. Al termine aggiungere dal foro del coperchio con lame in movimento Vel.4, il burro a pezzi e i tuorli. 20sec. veL4. Versare in una ciotola e lasciare raffreddare a temperatura ambiente. Montare gli albumi a neve e unirli delicatamente alla crema d cioccolato. Versare d tutto in una coppa d cristallo e riporla in frigorifero. Servire la mousse ben fredda, guarnita con ciliegine candite o scorrette d'arancia candite

9.2.9.2   Mousse Al Mascarpone

Dose per 4 persone

Ingredienti: 250gr. di mascarpone 3 tuorli 3 albumi montati a neve 70gr. di zucchero 2 cucchiai di Rhum 20gr. di cacao amaro 1 pizzico di sale

Procedimento: Montare a neve gli albumi e mettere da parte. Inserire nel boccale lo zucchero: 10sec. Vel.Turbo. Aggiungere tuorli mascarpone, cacao, sale e rhum 40sec. Vel.6 Incorporare delicatamente al composto gli albumi a neve tenuti da parte 10sec. Vel.1-2, aiutandosi con la spatola. Versare la morse ottenuta in singole coppette e tenerla in frigorifero per almeno tre ore prima di servirle, accompagnate da lingue di gatto o altri biscottini.

9.2.9.3   Mousse All' Ananas

Dose per 8 persone

Ingredienti: 300gr. di polpa di ananas 100gr. di zucchero a velo 150gr. di panna montata 3 tuorli 3 albumi montati a neve 1/2 mis. di Rhum un pizzico di sale.

Procedimento: Montare la panna e metterla da parte in frigorifero. Inserire dal foro del coperchio, con lame in movimento Vel.6, l' ananas. 30sec. Vel.6, poi alcuni secondi Vel.Turbo e mettere da parte. Inserire nel boccale zucchero e tuorli. 20sec. Vel.7. Unire la polpa d'ananas e il Rhum: 5min. 70° Vel.4 e mettere in una ciotola a raffreddare. Montare gli albumi a neve con un pizzico di sale. Unire delicatamente alla crema d'ananas fredda gli albumi e poi la panna. Versare il composto in un contenitore di alluminio e porlo nel congelatore per almeno tre ore, mescolando di tanto in tanto. Questa mousse si presenta molto bene servita nelle 2 metà dell' ananas svuotato e precedentemente congelato

9.2.9.4   Mousse Al Caffè

Ingredienti: 450gr. di latte, 200gr. di zucchero, 5 tuorli, 5 albumi montati a neve, 1 mis. di caffè solubile, 50gr. di farina, 1 bustina di vanillina.

Procedimento: Inserire ora nel boccale latte, tuorli, farina e zucchero: 7min. 8° Vel.4. Aggiungere il caffè solubile e la vanillina: 10sec. Vel.4. Versare la crema in una ciotola e lasciarla raffreddare. Montare gli albumi a neve Incorporarli delicatamente alla crema con un cucchiaio di legno. Versare la mousse ottenuta in una grande coppa o in singole coppette e tenerla in frigorifero per almeno tre ore prima di servirla, guarnita con chicchi di caffè e accompagnata da savoiardi.

9.2.9.5   Mousse Allo Yogurt

Dose per 6 persone

Ingredienti: 400gr. di yogurt alle fragole 130gr. di miele 40gr. di burro morbido 30gr. di maizena 300gr. di latte succo di 1/2 limone un pizzico di sale.

Procedimento: Inserire nel boccale miele, maizena, burro, latte e sale. 20sec. Vel.2-3 e 8min. 70° Vel.4. Lasciare raffreddare la crema ottenuta nel boccale, e, se necessario, anche in frigorifero. Quando sarà ben fredda, posizionare la farfalla e versare dal foro del coperchio lo yogurt ed il succo di limone. 40sec. Vel.2. Versare il tutto in una beffa coppa e servire la mousse ben fredda, guarnita a piacere con fragoline di bosco. 1 consigli di Anna M.: Se non vi piace il miele lo potete sostituire con 120gr. di zucchero.

9.2.9.6   Mousse Di Albicocche

Dose per 8 persone

Ingredienti 1 scatola di albicocche sciroppate 200gr. di panno montata 3 fogli di colla di pesce (1 0gr.) 1 mis. di latte condensato 1/2 mis. di Mandarinetto o Cointreau cannella q. b

Procedimento: Mettere la colla d pesce ad ammollare in acqua fredda. Montare la panna e metterla da parte in frigorifero. Inserire nel boccale le albicocche che, un misurino del loro succo e il latte condensato: 5min. 90° Vel.4. Aggiungere il liquore e la cosa di pesce ben strizzata: 15sec. Vel.4. Fare raffreddare, incorporare con delicatezza la panna montata, versare in uno stampo leggermente unto e mettere in frigorifero per almeno tre ore. Sformare, spolverizzare con un pizzico di cannella e servire con biscotti secchi.

9.2.9.7 Mousse Al Limone I

Dose per 4 persone

Ingredienti: 2 grossi limoni non trattati 130gr. di acqua 50gr. di zucchero 3 albumi montati a neve 1 cucchiaio di zucchero a velo 400gr. di latte 40gr. di maizena Per servire: 3 cucchiai di marmellata di arance 1 cucchiaio di Vodka o Rhum.

Procedimento: Inserire nel boccale l'acqua e la scorza giada dei limoni, tagliata a piccolissime listarelle: 8min. IOO° Vel.1 e mettere da parte. Montare gli albumi a neve; alla fine aggiungere un cucchiaio di zucchero a velo e metterli da parte in frigorifero. Senza lavare d boccale, inserire ora zucchero, maizena e latte: 7min. 8O° Vel.3. Lasciare intiepidire, quindi unire il liquido al limone tenuto da parte, filtrato, le scorze passate al setaccio, il succo di 1/2 limone e delicatamente gli albumi a neve: 30sec. vel2. Versare la mousse ottenuta in una coppa di cristallo e servirla freddissima con a parte la marmellata diluita con il liquore.

9.2.9.8 Mousse Al Limone Ii

Dose per 4 persone

Ingredienti: 1 grosso limone non trattato 250gr. di panna montata 4 tuorli 100gr. di zucchero a velo

Procedimento: .Montare la panna e metterla da parte in frigorifero. Inserire nel boccale zucchero a velo e tuorli. 2min. vel3. Aggiungere la scorza gialla grattugiata del limone, il succo filtrato di 1/2 limone e, a piccole dosi, la panna montata. 40sec. Vel.3. Versare il tutto in una coppa e metterla in frigorifero per qualche ora. Servire la mousse molto fredda, accompagnata da biscottini di pasta sfoglia

9.2.9.9 Mousse Di Cachi

Dose per 6 persone

Ingredienti: 300gr. di cachi sbucciati e privati dei noccioli 60gr. di succo di arancia 40gr. di succo di limone 100gr. di zucchero 150gr. di panno montata 15gr. di colla di pesce Per la salsa: 300gr. di cachi sbucciati e privati dei noccioli 60gr. di succo d'arancia 40gr. di succo di limone 30gr. di zucchero Mettere a bagno in acqua fredda la colla di pesce. Montare la panna e metterla da parte in frigorifero. Inserire ora nel boccale i cachi. 10sec. veL6. Unire il succo di arancia, di limone, lo zucchero e la colla di pesce ben.strizzata: 10sec. Vel.6. Versare la crema ottenuta in una ciotola ed incorporare delicatamente la panna montata tenuta da parte. Porla in frigorifero e lasciarla almeno per un paio d' ore. Preparare la salsa: inserire tutti gli ingredienti nel boccale: 1 0sec. Vel.6 e versarla in una salsiera. Servire la mousse in coppette individuali guarnite con ciuffetti di panna e accompagnata dall' ottima salsa precedentemente preparata.

9.2.9.10 Mousse Al Caffe'

120g cioccolato fondente, una tazzina di caffè ristretto, 50g latte, 2 uova, 200 ml di panna. PROCEDIMENTO: Trita il cioccolato 20"velturbo, poi unisci il caffè, il latte e cuoci per 2' a 70° vel 4. Aggiungere i tuorli con lame in movimento e lavorare 20"vel7. Versa in una ciotola e lascia raffreddare. Nel frattempo monta gli albumi nel boccale perfettamente pulito e asciutto come da ricetta a pag 15 e uniscili al composto. Monta la panna dopo aver di nuovo lavato, asciugato e raffreddato il boccale.(ric pag 15) Unisci delicatamente la panna alla mousse, lasciane un po' da parte per decorare, e fai raffreddare in frigo per due ore ca. E' buonissima!Io ho messo due cucchiaini di caffè solubile in una tazzina, ed ho aggiunto l'acqua.

9.2.9.11 Mousse D'arancia

400gr. di succo d'arancia, una dose di latte condensato bimby, 5 fogli di colla di pesce. Diluite la gelatina in un misurino d'acqua bollente. Inserite tutti gli ingredienti nel boccale: 15 sec vel 6. Versate in una ciotola e lasciate raffreddare.

9.2.9.12 Mousse Di Crema Al Limone Con Salsa Di Fragole

500gr. di panna vegetale zuccherata, 140\150gr. di tuorli d'uovo (circa 6\7 uova), 120gr. di zucchero, 100\120gr. di succo di limone, un foglio di gelatina o 30gr. di maizena, 300gr. di latte, una bustina di vanillina. Montate la panna: vel 7\8 spatolando. Versatela in una terrina capiente. Inserite nel boccale la farfalla e unite ituorli con lo zucchero: 2 min vel 3\4, unite il succo di limone e montate ancora 2 min vel 3. Togliete la farfalla, versate latte, vanillina e il foglio di colla di pesce: 6 min 80° vel 4. Lasciate raffreddare, poi amalgamate piano il composto alla panna montata. Ingredienti per la salsa di fragole: 200gr. di fragole fresche o surgelate, 100gr. di zucchero, succo di 1\2 limone. Inserite nel boccale tutti gli **ingredienti:** 4 min 80° vel 4. Servite la mousse in coppette irrorando con la salsa di fragole e accompagnate con biscottini o sfogliatine.

9.2.9.13 Mousse Al Limone 1

Dose per 4 persone 2 grossi limoni non trattati 130gr. di acqua 50gr. di zucchero 3 albumi montati a neve 1 cucchiaio di zucchero a velo 400gr. di latte 40gr. di maizena Per servire: 3 cucchiai di marmellata di arance 1 cucchiaio di Vodka o Rhum Inserire nel boccale l'acqua e la scorza giada dei limoni, tagliata a piccolissime listarelle: 8 min. IOO° vel 1 e mettere da parte. Montare gli al bumi a neve; alla fine aggiungere un cucchiaio di zucchero a velo e metterli da parte in frigorifero. Senza lavare d boccale, inserire ora zucchero, maizena e latte: 7 min. 8O° vel. 3. Lasciare intiepidire, quindi unire il liquido al limone tenuto da parte, filtrato, le scorze passate al setaccio, il succo di 1/2 limone e delicatamente gli albumi a n eve: 30 sec. vel2. Versare la mousse ottenuta in una coppa di cristallo e servirla freddissima con a parte la marmellata diluita con il liquore.

9.2.9.14 Mousse Al Limone 2

Dose per 4 persone **Ingredienti:** 1 grosso limone non trattato 250gr. di panna montata 4 tuorli 100gr. di zucchero a velo
Procedimento: .Montare la panna e metterla da parte in frigorifero. Inserire nel boccale zucchero a velo e tuorli. 2 min. vel3. Aggiungere la scorza gialla grattugiata del limone, il succo filtrato di 1/2 limone e, a piccole dosi, la panna montata. 40 sec. vel. 3. Versare il tutto in una coppa e metterla in frigorifero per qualche ora. Servire la mousse molto fredda, accompagnata da biscottini di pasta sfoglia

9.2.9.15 Mousse Di Albicocche

Dose per 8 persone
Procedimento: 1 scatola di albicocche sciroppate 200gr. di panno montata 3 fogli di colla di pesce (10 gr.) 1 mis. di latte condensato 1/2 mis. di Mandarinetto o Cointreau cannella q. b
Procedimento: Mettere la colla d pesce ad ammollare in acqua fredda. Montare la panna e metterla da parte in frigorifero. Inserire nel boccale le albicocche che, un misurino del loro succo e il latte condensato: 5 min. 90° vel.4. Aggiungere il liquore e la cosa di pesce ben strizzata: 15 sec. vel.4. Fare raffreddare, incorporare con delicatezza la panna montata, versare in uno stampo leggermente unto e mettere in frigorifero per almeno tre ore. Sformare, spolverizzare con un pizzico di cannella e servire con biscotti secchi

9.2.9.16 Mousse Allo Yogurt

Dose per 6 persone **Ingredienti:** 400gr. di yogurt alle fragole 130gr. di miele 40gr. di burro morbido 30gr. di maizena 300gr. di latte succo di 1/2 limone un pizzico di sale.
Procedimento: Inserire nel boccale miele, maizena, burro, latte e sale. 20 sec. vel. 2-3 e 8 min. 70° vel.4. Lasciare raffreddare la crema ottenuta nel boccale, e, se necessario, anche in frigorifero. Quando sarà ben fredda, posizionare la farfalla e versare dal foro del coperchio lo yogurt ed il succo di limone. 40 sec. vel.2. Versare il tutto in una beffa coppa e servire la mousse ben fredda, guarnita a piacere con fragoline di bosco. 1 consigli di Anna M.: Se non vi piace il miele lo potete sostituire con 120gr. di zucchero

9.2.9.17 Mousse Al Caffè

Ingredienti: 450 gr di latte, 200 gr di zucchero, 5 tuorli, 5 albumi montati a neve, 1 mis. di caffè solubile, 50 gr di farina, 1 bustina di vanillina.

Procedimento: Inserire ora nel boccale latte, tuorli, farina e zucchero: 7 min. 8° vel. 4. Aggiungere il caffè solubile e la vanillina: 10 sec. vel. 4. Versare la crema in una ciotola e lasciarla raffreddare. Montare gli albumi a neve Incorporarli delicatamente alla crema con un cucchiaio di legno. Versare la mousse ottenuta in una grande coppa o in singole coppette e tenerla in frigorifero per almeno tre ore prima di servirla, guarnita con chicchi di caffè e accompagnata da savoiardi

9.2.9.18 Mousse All' Ananas

Dose per 8 persone **Ingredienti:** 300gr. di polpa di ananas 100 gr di zucchero a velo 150gr. di panna montata 3 tuorli 3 albumi montati a neve 1/2 mis. di Rhum un pizzico di sale.

Procedimento: Montare la panna e metterla da parte in frigorifero. Inserire dal foro del coperchio, con lame in movimento vel. 6, l' ananas. 30 sec. vel. 6, poi alcuni secondi vel. turbo e mettere da parte. Inserire nel boccale zucchero e tuorli. 20 sec. vel. 7. Unire la polpa d'ananas e il Rhum: 5 min. 70° vel.4 e mettere in una ciotola a raffreddare. Montare gli albumi a neve con un pizzico di sale. Unire delicatamente alla crema d'ananas fredda gli albumi e poi la panna. Versare il composto in un contenitore di alluminio e porlo nel congelatore per almeno tre ore, mescolando di tanto in tanto.

9.2.9.19 Mousse Al Mascarpone

Dose per 4 persone **Ingredienti:** 250gr. di mascarpone 3 tuorli 3 albumi montati a neve 70gr. di zucchero 2 cucchiai di Rhum 20gr. di cacao amaro 1 pizzico di sale

Procedimento: Montare a neve gli albumi e mettere da parte. Inserire nel boccale lo zucchero: 10 sec. vel. turbo. Aggiungere tuorli mascarpone, cacao, sale e rhum 40 sec vel 6 Incorporare delicatamente al composto gli albumi a neve tenuti da parte 10 sec. vel. 1-2, aiutandosi con la spatola. Versare la mousse ottenuta in singole coppette e tenerla in frigo per almeno tre ore prima di servirle, accompagnate da lingue di gatto o altri biscottini

9.2.9.20 Mousse Al Cioccolato

Dose per 6 persone **Ingredienti:** 200gr. di cioccolato fondente 50gr. di latte 4 tuorli 4 albumi montati a neve 125gr. di burro morbido Per guarnire: scorrette d'arancia candite o ciliegine candite.

Procedimento: Inserire nel boccale il cioccolato a pezzi. 20 sec. vel. 8. Unire il latte. 2 min. 70° vel. 3. Al termine aggiungere dal foro del coperchio con lame in movimento vel. 4, il burro a pezzi e i tuorli. 20 sec. veL4. Versare in una ciotola e lasciare raffreddare a temperatura ambiente. Montare gli albumi a neve e unirli delicatamente alla crema d cioccolato. Versare d tutto in una coppa d cristallo e riporla in frigorifero. Servire la mousse ben fredda, guarnita con ciliegine candite o scorrette d'arancia candite

9.2.10 Salse

9.2.10.1 Salsa Di Fragole

Ingredienti: 200gr. di fragole 100gr. di zucchero succo di 1/2 limone. **Procedimento:** Inserire tutti gli ingredienti nel boccale: 4min. 80° Vel.4. E' ottima su gelati, semifreddi, panna cotta, budini e altro a piacere. Salsa all' arancia **Ingredienti:** 400gr. di succo d' arancia 50gr. di succo di limone 1 tuorlo, 20gr. di burro 200gr. di zucchero 1 cucchiaino di fecola.

Procedimento: Inserire tutti gli ingredienti nel boccale: 7min. 80° Vel.3. E' ottima su gelati, semifreddi, panna cotta budini ed altro a piacere.

9.2.10.2 Salsa Al Cioccolato

Ingredienti: 150gr. di cioccolato fondente100gr. di latte 20gr. di burro1 bustina di vanillina

Procedimento: Inserire nel boccale il cioccolato: 30sec. Vel.Turbo. Unire gli altri **ingredienti:** 4min. 50° Vel.3. E' ottima per accompagnare gelati, semifreddi e quant' altro si desidera.

9.2.10.3 Salsa Al Limone

Ingredienti: 200gr. di succo di limone 200gr. di acqua 1 tuorlo, 20gr. di burro200gr. di zucchero, 1 cucchiaino di fecola.

Procedimento: Inserire tutti gli ingredienti nel boccale: 7min. 80° Vel.3. E' ottima per accompagnare gelati, semifreddi e quant' altro si desidera.

9.2.10.4 Salsa Alla Marmellata

Ingredienti: 400gr. di marmellata a piacere 1 cucchiaio di liquore (Brandy o Rhum) 50gr. di acqua.

Procedimento: Inserire tutti gli ingredienti nel boccale 3min. 60° Vel.3. E' ottima su gelati, semifreddi, panna cotta, budini e altro a piacere.

9.2.10.5 Salsa Al Caffè

Ingredienti: 50gr. di zucchero 120gr. di acqua, ½ bustina di vanillina, 3 cucchiai di caffè solubile 2 albumi montati a neve.

Procedimento: Inserire nel boccale zucchero ed acqua: 10min. 100° Vel.1 senza misurino. Unire il caffè solubile: 10sec. Vel.6. e mettere a raffreddare in una ciotola. Nel boccale perfettamente pulito, montare a neve gli albumi. Al termine, con lame in movimento a Vel.3 aggiungere dal foro del coperchio la vanillina e lo sciroppo di caffè precedentemente preparato. Questa salsa è ottima per accompagnare la panna cotta o un gelato.

9.2.10.6 Salsa All' Ananas

Ingredienti: 4 fette di ananas sciroppato 250gr. di zucchero 4 tuorli, 500gr. di acqua1 stecca di vaniglia.

Procedimento: Inserire nel boccale ananas, zucchero, acqua e stecca di vaniglia: 40min. tempo. *Varoma* Vel.1 tenendo il misurino inclinato; mettere da parte e togliere la stecca di vaniglia. Inserire ora nel boccale i tuorli e versare a filo dal foro del coperchio, con lame in movimento Vel.2 lo sciroppo tenuto da parte dopo averlo filtrato: 20min. 80° Vel.2. Far raffreddare la salsa e unire l' ananas a pezzetti, rimasto nel filtro. I consigli di Tiziana P. Questa salsa accompagna deliziosamente il gelato all' ananas, ma anche il gelato alla banana e può servire come copertura per un dolce all' ananas.

9.2.10.7 Salsa Al Punch

Ingredienti: 100gr. di zucchero al velo, 1 bustina di vanillina, 200gr. di Rhum, 200gr. di acqua, 20gr. di fecola o maizena, scorza gialla di ½ limone trattato.

Procedimento: Inserire nel boccale acqua, zucchero, fecola e vanillina: 5min. 80° Vel.3. Unire la scorza di limone lavata ed il Rhum: lasciare raffreddare, togliere la scorza di limone e conservare in frigorifero. E' ottima per personalizzare un gelato classico. NOTE In frigorifero si conserva perfettamente per almeno tre giorni.

9.2.10.8 Salsa Allo Cherry

Ingredienti: 1 scatola di ciliegie visciola, 100gr. di zucchero, 200gr. di Cherry.

Procedimento: Inserire lo zucchero nel boccale: 20sec. Vel.Turbo. Unire le ciliegie: 10sec. Vel.Turbo e cuocere: 8min. 80° Vel.4. Aggiungere lo Cherry: 10sec. Vel.2 e lasciare raffreddare. Questa salsa è ottima per arricchire panna cotta, dolci e gelati.

9.2.10.9 Salsa Alla Marmellata

Ingredienti: 400 gr di marmellata a piacere, 1 cucchiaio di liquore (Brandy o Rhum) 50 gr di acqua.
Procedimento: Inserire tutti gli ingredienti nel boccale 3 min. 60° vel. 3. E' ottima su gelati, semifreddi, panna cotta, budini e altro a piacere

9.2.10.10 Salsa Al Limone 1

Ingredienti: 200 gr di succo di limone, 200 gr di acqua, 1 tuorlo, 20 gr di burro, 200 gr di zucchero, 1 cucchiaino di fecola.
Procedimento: Inserire tutti gli ingredienti nel boccale: 7 min. 80° vel. 3. E' ottima per accompagnare gelati, semifreddi e quant' altro si desidera.

9.2.10.11 Salsa Al Limone 2

4 misurini di succo di limone, 1 mis. di succo d'arancia, 1 uovo, 1 noce di burro, 2 mis. di zucchero, 1 cucchiaino di fecola. Tutto insieme nel boccale e far cuocere per 7' o finché si è addensata

9.2.10.12 Salsa Al Cioccolato

Ingredienti: 150 gr di cioccolato fondente, 100 gr di latte, 20 gr di burro, 1 bustina di vanillina.
Procedimento: Inserire nel boccale il cioccolato: 30 sec. vel Turbo. Unire gli altri **ingredienti:** 4 min. 50° vel. 3. E' ottima per accompagnare gelati, semifreddi e quant'altro si desidera

9.2.10.13 Salsa All' Arancia

Ingredienti: 400 gr di succo d' arancia, 50 gr di succo di limone, 1 tuorlo, 20 gr di burro, 200 gr di zucchero, 1 cucchiaino di fecola.
Procedimento: Inserire tutti gli ingredienti nel boccale: 7 min. 80° vel. 3. E' ottima su gelati, semifreddi, panna cotta budini ed altro a piacere.

9.2.10.14 Salsa Di Fragole

Ingredienti: 200 gr di fragole, 100 gr di zucchero, succo di 1/2 limone. **Procedimento:** Inserire tutti gli ingredienti nel boccale: 4 min. 80° vel. 4. E' ottima su gelati, semifreddi, panna cotta, budini e altro a piacere

9.2.10.15 Salsa Allo Cherry

Ingredienti: 1 scatola di ciliegie visciola, 100 gr di zucchero, 200 gr di Cherry.
Procedimento: Inserire lo zucchero nel boccale: 20sec. vel. Turbo. Unire le ciliegie: 10 sec. vel. Turbo e cuocere: 8 min. 80° vel. 4. Aggiungere lo Cherry: 10 sec. vel. 2 e lasciare raffreddare. Questa salsa è ottima per arricchire panna cotta, dolci e gelati.

9.2.10.16 Salsa Al Punch

Ingredienti: 100 gr di zucchero al velo, 1 bustina di vanillina, 200 gr di Rhum, 200 gr di acqua, 20 gr di fecola o maizena, scorza gialla di ½ limone trattato.
Procedimento: Inserire nel boccale acqua, zucchero, fecola e vanillina: 5 min. 80° vel. 3. Unire la scorza di limone lavata ed il Rhum: lasciare raffreddare, togliere la scorza di limone e conservare in frigorifero. E' ottima per personalizzare un gelato classico. NOTE In frigorifero si conserva perfettamente per almeno tre giorni,

9.2.10.17 Salsa All' Ananas

Ingredienti: 4 fette di ananas sciroppato, 250 gr di zucchero, 4 tuorli, 500 gr di acqua, 1 stecca di vaniglia.

Procedimento: Inserire nel boccale ananas, zucchero, acqua e stecca di vaniglia: 40 min. tempo. *Varoma* vel. 1 tenendo il misurino inclinato; mettere da parte e togliere la stecca di vaniglia. Inserire ora nel boccale i tuorli e versare a filo dal foro del coperchio, con lame in movimento vel. 2 lo sciroppo tenuto da parte dopo averlo filtrato: 20 min. 80° vel. 2. Far raffreddare la salsa e unire l' ananas a pezzetti, rimasto nel filtro. Questa salsa accompagna deliziosamente il gelato all' ananas, ma anche il gelato alla banana e può servire come copertura per un dolce all' ananas.

9.2.10.18   Salsa Al Caffè

Ingredienti: 50 gr di zucchero, 120 gr di acqua, ½ bustina di vanillina, 3 cucchiai di caffè solubile, 2 albumi montati a neve.

Procedimento: Inserire nel boccale zucchero ed acqua: 10 min. 100° vel. 1 senza misurino. Unire il caffè solubile: 10 sec. Vel. 6. e mettere a raffreddare in una ciotola. Nel boccale perfettamente pulito, montare a neve gli albumi. Al termine, con lame in movimento a vel. 3 aggiungere dal foro del coperchio la vanillina e lo sciroppo di caffè precedentemente preparato. Questa salsa è ottima per accompagnare la panna cotta o un gelato.

9.2.11   Soufflè

9.2.11.1   Soufflé Finto All'arancia

Dose per 6 persone **Ingredienti:** 150gr. di zucchero 4 tuorli 4 albumi montati a neve 4 fogli di colla di pesce (20 gr.) scorza dì 1 arancia scorza di 1/2 limone 1 mis. e 1/2 di succo di arancia 1/2 m is. di succo di limone 1 bustina di vanillina 200gr. di panna montata Per guarnire: 8 spicchi di arancia ciliegine sciroppate Ammollare la colla di pesce in acqua fredda. Inserire nel boccale lo zucchero e con lame in movimento vel 4, la scorza di arancia e di limone (solo la parte esterna, completamente priva del bianco) portando lentamente a veL 9 per 30 sec. Unire i tuorli e il succo di arancia e di limone: 4 min. 90° vel. 3. Al termine unire la vanillina la colla di pesce ben strizzata: 7 sec. vel 6. Versare la crema ottenuta in un' ampia ciotola e lasciarla raffreddare, rimestando di tanto in tanto. Nel frattempo montare la panna e gli albumi a neve. Incorporare delicatamente alla crema, una cucchiaiata per volta, prima gli albumi e poi la panna. Versare il tutto in uno stampo (cap. 1 lt.) precedentemente unto e riporlo in frigorifero a rassodare per il tempo necessario. Al momento di servire, stornare in un piatto da portata e guarnire con gli spicchi di arancia e le ciliegine

9.2.11.2   Soufflé Alla Vaniglia

Dose per 6 persone **Ingredienti:** 300gr. di latte 10°gr. di farina 50gr. di zucchero 4 tuorli 1 bustina di vanillina 3 albumi montati a neve 1 pizzico di sale 2 cucchiai di liquore a piacere (facoltativo)

Procedimento: Inserire nel boccale latte, farina, zucchero, vanillina, sale e l'eventuale liquore: 5 min. 900° vel. 3. Togliere il boccale e lasciare intiepidire. Nel frattempo ungere e infarinare una pirofila da soufflé (díam.cm.16, alt. cm. 8). Disporre nuovamente il boccale nel Bimby e unire, dal foro del coperchio con lame in movimento veL 6, i 4 tuorli, uno per volta: 10 sec. veL6. Montare a neve gli albumi e incorporarli delicatamente al composto. Versare il tutto in una pirofila e cuocere inforno preriscaldato 10 min. a 160' e a 18O° per altri 30 min. circa. Servire il soufflé caldo nella pirofila di cottura, accompagnato da salsa di fragole o altra salsa a piacere

9.2.11.3   Soufflé Al Cioccolato

Dose per 6 persone **Ingredienti:** 100gr. di cioccolato fondente 300gr. di latte 10Ogr. di farina 100gr. di zucchero 4 tuorli 1 bustina di vanillina 3 albumi montati a neve 1 pizzico di sale 2 cucchiai di liquore a piacere facoltativo). Esec, Inserire nel boccale il cioccolato: 10 sec. vel.9 e fonderlo: 3 min. 50° veL4. Unire latte, farina, zucchero, vanillina sale e l'eventuale liquore. 5 min. 8O° vel.3. Togliere il boccale e lascialo intiepidire. Nel frattempo ungere e infarina una pirofila da soufflé (diam cm 16, alt cm 8). Riposizionare il boccale e unirei dal foro del coperchio con lame in movimento vetl6, i 4 tuorli, uno per volta: 10 sec. vel. 6, spatolando e mettere da parte. Montare a neve gli albumi e incorporarli delicatamente al composto. Versare d tutto in una pirofila e cuocere in forno preriscaldato a 16°'Per 10 min. e a I8O° Per altri 30 min. circa Servire il soufflé caldo nella pirofila di cottura accompagnato da panna montata.

9.2.11.4   Soufflé Di Mandorle Al Brandy

Dose per 6 persone. **Ingredienti:** 60gr. di zucchero 4 tuorli 4 albumi montati a neve 50gr. di farina 250gr. di latte scorza di 1 limone scorza di 1 arancia 70gr. di mandorle 1 mis. di Brandy una noce di burro.

Procedimento: Mettere a macerare la scorza degli agrumi (solo la parte esterna, priva del bianco) nel Brandy per 2 ore. Inserire nel boccale latte, burro e farina. 5 min. 80° vel. 4 e mettere da parte. Lavare il boccale, asciugarlo bene e inserire le mandorle: 30 sec. da vel.3 a vel. turbo. Aggiungere dal foro del coperchio, con lame in movimento vel.4, le scorze scolate dal Brandy30 sec. vel.4. Unire lo zucchero: 15 sec. vel.5 e quindi i tuorli ed il liquore: 40 sec. vel.5. Infine aggiungere la crema tiepida tenuta da parte: 40 sec. vel. 3 e versare il tutto in una ciotola. Montare a neve gli albumi e incorporarli delicatamente con frusta al composto. Imburrare e spolverizzare di zucchero uno stampo da soufflé, versarvi il composto e cuocere in forno preriscaldato a 180° per 20 min. e a 200° per altri 20 min. circa. Sfornare il soufflé, spolverizzarlo con lo zucchero, bagnarlo con un poco di Brandy e portare subito in tavola.

9.2.11.5   Soufflé Al Cognac

Dose per 6 persone **Ingredienti:** 6 tuorli 6 albumi montati a neve 700gr. di latte 90gr. di zucchero 50gr. di farina 4 cucchiai di Brandy 80gr. di burro 50gr. di fecola un pizzico di sale

Procedimento: Inserire nel boccale il burro: 1 min. 50° veL I. Unire la farina e aggiungere dal foro del coperchio con lame in movimento veL 3, il latte: 5 min. 70° veL 3. Aggiungere zucchero, fecola e cognac: 30 sec. vel 3. Unire i tuorli e amalgamare bene: 30 sec. vel. 3 e mettere a raffreddare in una ciotola. Montare gli albumi con un pizzico di sale a neve ben ferma Quando il composto si sarà raffreddato, unire delicatamente gli albumi e versare il tutto in una pirofila da soufflé a bordi alti. Cuocere in forno preriscaldato a 180°per 15 min. e a 200 'per altri 15 min. circa. Durante la cottura dei soufflé.

9.2.12   *Semifreddo*

9.2.12.1   Semifreddo Allo Zabaione

Dose per 8 persone

Ingredienti: 500gr. di panna montata 3 uova intere 3 tuorli 200gr. di Marsala secco 200gr. di zucchero 1 pizzico di sale

Procedimento: Preparare la panna montata e metterla da parte in frigorifero. Senza lavare il boccale, inserire tutti gli altri ingredienti 6min. 70° Vel.2 e alla fine portare lentamente a Vel.8 per alcuni secondi. Versare il composto in una ciotola e quando sarà raffreddato, incorporare delicatamente la panna tenuta da parte. Versare il composto ottenuto in uno stampo rettangolare oppure ovale e porlo nel congelatore per almeno una notte. Sformarlo e servirlo guarnito con scagliette di cioccolato fondente o amaretti sbriciolati o altro a piacere.

9.2.12.2 Semifreddo Alle Pesche

Dose per 6 persone

Ingredienti: 500gr. di polpa di pesche 200gr. di panna montata 200gr. di zucchero sacco di 1/2 limone 8 amaretti sbriciolati

Procedimento: Preparare la panna montata e tenerla da parte in frigorifero. Senza lavare d boccale, inserire tutti gli altri ingredienti 60sec. Vel.8. Aggiungere delicatamente la panna tenuta da parte e versare d composto in uno stampo da plum-cake, precedentemente unto. Riporre lo stampo in congelatore per almeno una notte e toglierlo 1/2 ora prima di servirlo.

9.2.12.3 Semifreddo Alle Fragole

Dose per 6 persone

Ingredienti: 500gr. di polpa di fragole 200gr. di panna montata 200gr. di zucchero succo di 1/2 limone

Procedimento: Preparare la panna montata e tenerla da parte in frigorifero. Senza lavare il boccale, inserire tutti gli altri ingredienti. 1min. Vel.4. Aggiungere delicatamente la panna tenuta da parte e versare il composto in uno stampo da plum-cake, precedentemente unto. Riporre lo stampo in congelatore per almeno una notte e toglierlo 1/2 ora prima di servirlo decorato con ventaglietti di fragole e ciuffi di panna montata.

9.2.12.4 Semifreddo Al Limone

Dal libro dolci al cucchiaio.

Ingredienti: 6 tuorli 6 albumi montati a neve 200gr. di zucchero a velo 400gr. di panna montata scorza grattugiato di 2 limoni non trattati succo di 5 limoni 1 pizzico di sale Per servire scorzette di limone caramellate ciuffi di panna montata **Procedimento:** Montare gli alburni a neve con 50gr. di zucchero. Travasarli in una ciotola e tenerli da parte in frigorifero. Senza lavare il boccale e lasciando la farfalla, inserire lo zucchero rimasto e i tuorli. 4min. 50° Vel.2. Aggiungere la scorza grattugiata dei 2 limoni il sale e d succo di 5 limoni 1min. Vel.2. Travasare d composto ottenuto in una ciotola piuttosto grande e lasciarlo raffreddare a temperatura ambiente. Montare la panna e quando il composto si sarà raffreddato, aggiungere delicatamente, prima gli albumi a neve, poi la panna mescolando con una frusta. Foderare bene con la pellicola trasparente uno stampo da plum-cake, (30cm.) versarvi il composto, coprirlo e porlo nel congelatore per almeno 8 ore, prima di consumarlo, lasciarlo per 1 ora nel frigorifero. Al momento di servire, sformarlo, togliere delicatamente la pellicola e decorarlo con le scorzette caramellate e ciuffi di panna montata.

9.2.12.5 Semifreddo Al Kiwi

Dose per 6 Persone

Ingredienti: 2 kiwi 2 tuorli 100gr. di zucchero 400gr. di panna montata 9Ogr. di Marsala 60gr. di Brandy.

Procedimento: Posizionare la farfalla nel boccale e inserire tuorli e zucchero: 4min. Vel.3. Aggiungere dal foro del coperchio, con lame in movimento Vel.2 il Marsala., 7min. 70° Vel.2 e mettere da parte a raffreddare. Montare la panna, e al termine unire delicatamente a Vel.1 lo zabaione: 20sec. Vel.1. Versare il composto in uno stampo rettangolare (30cm.), foderato di pellicola trasparente e metterlo nel congelatore per il tempo necessario e prima di servirlo, lasciarlo 1 ora nel frigorifero. Sbucciare i kiwi, affettarli bene, cospargerli con un poco di zucchero e irrorarli con il Brandy. Disporli sul fondo di coppette individuali completandole con palline di semifreddo e decorando con 1/2fettine di kiwi e ciuffetti di panna.

9.2.12.6 Semifreddo Al Caffè

Dose per 6 persone

Ingredienti: 20gr. di caffè liofilizzato 5 tuorli 5 albumi montati a neve 160gr. di zucchero 300gr. di panna montata.

Procedimento: Montare la panna e metterla da parte in frigorifero. Inserire nel boccale tuorli e zucchero: 5 mia. 70° Vel.3. Lasciare raffreddare e aggiungere il caffè. 1min. Vel.3 e far raffreddare. Aggiungere dal foro del coperchio con lame in movimento Vel.1, la panna a cucchiaiate e mettere da parte In una ciotola. Montare gli albumi a neve ben ferma, e aggiungerli delicatamente alla crema di caffè. Versare il tutto in uno stampo precedentemente bagnato e lasciarlo nel congelatore almeno per una notte. Toglierlo 1/2 ora prima di servirlo, sformarlo e decorarlo con fiocchetti di panna e chicchi di caffè.

9.2.12.7 Semifreddo Al Cioccolato

Dose per 8 persone

Ingredienti: 25/30 savoiardi 100gr. di cioccolato fondente 100gr. di burro morbido 100gr. di zucchero 3 tuorli 3 albumi montati a neve 2 mis. di Whisky Per decorare: 1/2 dose di crema pasticcera ciliegine condite vermicelli di cioccolato **Procedimento:** Inserire nel boccale il cioccolato. 30sec. Vel.Turbo e metterlo da parte. Montare gli albumi a neve teneri da parte in frigorifero. Senza lavare il boccale, inserire 1/2 mis. di Whisky. 5min. 50° Vel.2. Trascorsi 2min., inserire dal foro del coperchio il cioccolato tritato e, alternativamente, cubetti di burro e cucchiai di zucchero, fino a d esaurimento degli ingredienti. Al termine della cottura, si otterrà una crema untuosa e brillante. Sempre a Vel.2, unire ora uno alla volta i tuorli. 40sec. Vel.2. Travasare la crema ottenuta in una termina e lasciarla intiepidire. Diluire il Whisky rimasto con 4 cucchiaiate di acqua, inzuppare velocemente i savoiardi e con questi foderare uno stampo da plumcake, ben imburrato. Unire delicatamente gli albumi alla crema di cioccolato tiepida e versare il tutto nello stampo foderato di biscotti. Ricoprire con i biscotti rimasti, sempre inzuppati nello sciroppo. Mettere sopra lo stampo un piatto e un peso e lasciarlo in frigorifero fino al giorno seguente. Preparare la crema pasticcera Al momento di servire passare il fondo dello stampo sotto un getto di acqua calda e sformarlo in un piatto da portata. Ricoprirlo con la crema pasticcerai decorarlo con ciliegine candite, vermicelli di cioccolato e servire.

9.2.12.8 Semifreddo Agli Amaretti

Dose per 6 persone

Ingredienti: 3 tuorli 3 albumi montati a neve 200gr. di panna montata 100gr. di zucchero 150gr. di mascarpone 200gr. di amaretti 1 mis. di liquore all'amaretto 1 pizzico di sale **Procedimento:** montare la panna e metterla da parte in frigorifero. Montare a neve gli albumi, e metterli da parte in frigorifero. Inserire nel boccale gli amaretti. 5sec. Vel.6 e metterla da parte. Senza lavare il boccale inserire tuorli e zucchero: 30sec. Vel2. Aggiungere mascarpone, sale, amaretti tritati e il liquore: 30sec. Vel.4, spatolando. Incorporare ora delicatamente al composto la panna montata e per ultimo gli albumi a neve aiutandosi con la spatola. Travasare il composto ottenuto in uno stampo da budino leggermente unto di olio e riporlo nel congelatore per almeno una notte. Toglierlo dal congelatore 1/2 ora prima di servirlo e decorarlo con amaretti interi e sbriciolati.

9.2.12.9 Semifreddo Al Limone

Ingredienti: 6 tuorli 6 albumi montati a neve 200gr. di zucchero a velo 400gr. di panna montata scorza grattugiato di 2 limoni non trattati succo di 5 limoni 1 pizzico di sale Per servire scorzette di limone caramellate ciuffi di panna montata

Procedimento: Montare gli alburni a neve con 50gr. di zucchero. Travasarli in una ciotola e tenerli da parte in frigorifero. Senza lavare il boccale e lasciando la farfalla, inserire lo zucchero rimasto e i tuorli. 4 min. 50° vel. 2. Aggiungere la scorza grattugiata dei 2 limoni il sale e d succo di 5 limoni: 1 min. vel.2. Travasare d composto ottenuto in una ciotola piuttosto grande e lasciarlo raffreddare a temperatura ambiente. Montare la panna e quando il composto si sarà raffreddato, aggiungere delicatamente, prima gli albumi a neve, poi la panna mescolando con una frusta. Foderare bene con la pellicola trasparente uno stampo da plum-cake, (30 cm.) versarvi il composto, coprirlo e porlo nel congelatore per almeno 8 ore, prima di consumarlo, lasciarlo per 1 ora nel frigorifero. Al momento di servire, sformarlo, togliere delicatamente la pellicola e decorarlo con le scorzette caramellate e ciuffi di panna montata.

9.2.12.10 Semifreddo Alle Fragole

Dose per 6 persone **Ingredienti:** 500gr. di polpa di fragole 200gr. di panna montata 200gr. di zucchero succo di 1/2 limone

Procedimento: Preparare la panna montata e tenerla da parte in frigorifero. Senza lavare il boccale, inserire tutti gli altri ingredienti. 1 min. vel. 4. Aggiungere delicatamente la panna tenuta da parte e versare il composto in uno stampo da plum-cake, precedentemente unto. Riporre lo stampo in congelatore per almeno una notte e toglierlo 1/2 ora prima di servirlo decorato con ventaglietti di fragole e ciuffi di panna montata

9.2.12.11 Semifreddo Alle Pesche

Dose per 6 persone **Ingredienti:** 50Ogr. di polpa di pesche 200gr. di panna montata 200gr. di zucchero sacco di 1/2 limone 8 amaretti sbriciolati

Procedimento: Preparare la panna montata e tenerla da parte in frigorifero. Senza lavare d boccale, inserire tutti gli altri ingredienti 60 sec. vel. 8. Aggiungere delicatamente la panna tenuta da parte e versare d composto in uno stampo da plum- cake, precedentemente unto. Riporre lo stampo in congelatore per almeno una notte e toglierlo 1/2 ora prima di servirlo

9.2.12.12 Semifreddo Torronato

Dose per 8 persone **Ingredienti:** 500gr. di panno montata 3 uova 3 tuorli 200 gr di Marsala secco 200gr. di zucchero I pizzico di sale 50gr. di cioccolato fondente tritato 100gr. di torrone tritato

Procedimento: Preparare la panna montata e metterla da parte in frigorifero. Senza lavare il boccale, inserire uova, zucchero, Marsala e il sale: 6 min. 70° vel. 3 e alla fine portare a vel. 8 per alcuni secondi. Versare la crema in una ciotola e quando sarà raffreddata, incorporare delicatamente il cioccolato e il torrone tritati, e la panna tenuta da parte. Versare il composto ottenuto in uno stampo rettangolare oppure ovale e porlo nel congelatore per almeno una notte. Sformarlo e servirlo guarnito con scagliette di cioccolato fondente e mandorle spezzettate a piacere

9.2.12.13 Semifreddo Allo Zabaione

Dose per 8 persone **Ingredienti:** 500gr. di panna montata 3 uova intere 3 tuorli 200gr. di Marsala secco 200gr. di zucchero 1 pizzico di sale

Procedimento: Preparare la panna montata e metterla da parte in frigorifero. Senza lavare il boccale, inserire tutti gli altri ingredienti 6 min. 70° vel. 2 e alla fine portare lentamente a vel. 8 per alcuni secondi. Versare il composto in una ciotola e quando sarà raffreddato, incorporare delicatamente la panna tenuta da parte. Versare il composto ottenuto in uno stampo rettangolare oppure ovale e porlo nel congelatore per almeno una notte. Sformarlo e servirlo guarnito con scagliette di cioccolato fondente o amaretti sbriciolati o altro a piacere

9.2.12.14 Semifreddo Della Nonna

Dose per 8 persone **Ingredienti:** 250gr. di savoiardi 1 dose di crema inglese 60gr. di cioccolato fondente 2 mis. di Marsala 1 mis. di acqua

Procedimento: Inserire nel boccale il cioccolato a pezzi. 20 sec. vel 7 e metterlo da parte. Preparare la crema inglese, . Versarne una metà in una ciotola e a quella rimasta nel boccale aggiungere il cioccolato tritato: 1 min. 50° vel.3 e lasciarla nel boccale. Bagnare con il Marsala rimasto diluito con l' acqua, in una ciotola. Bagnare velocemente un savoiardo per volta nel Marsala e, con questi foderare bene il contenitore, prestando bene attenzione che non rimangano spazi vuoti. Versare uno strato di crema gialla, disporre uno strato di savoiardi inzuppati, versare ora la crema al cioccolato ed ancora savoiardi. Continuare così fino ad avere esaurito tutti gli ingredienti, terminando con uno strato di savoiardi. Lasciare in frigorifero per almeno una notte. Sformare il semifreddo in un piatto da portata rettangolare, decorarlo con panna e scagliette di cioccolato e servire

9.2.12.15   Semifreddo Ai Frutti Di Bosco

Dose per 10 persone **Ingredienti:** 100gr. di fragole 1 00gr. di lamponi 100gr. di more 100gr. di ribes 100gr. di mirtilli 150gr. di zucchero 60gr. di Kirsch 600gr. di panna montata lingue di gatto o altri biscottini a piacere

Procedimento: Lavare la frutta e mondarla di piccioli e rametti. Inserire nel boccale lo zucchero e tutti i frutti. 3 mia. 60° vel. 1 e lasciare raffreddare nel boccale. Quando il composto sarà freddo, frullarlo: 20 sec. vel. 7 e 1 min. vel turbo e mettere da parte la purea ottenuta. Montare la panna 6 e al termine unire delicatamente la purea di frutta: 20 sec. vel. 1. Irrorare uno stampo da budino con il Kirsch, versarvi il composto ottenuto e metterlo nel congelatore per il tempo necessario per rassodare bene. Toglierlo da congelatore e tenerlo in frigorifero per un'oretta prima di sformare il semifreddo ottenuto in un p" da portata Servirlo guarnito con frutti di bosco freschi e accompagnato da lingue di gatto. Il risultato è ottimo anche utilizzando una confezione di frutti di bosco surgelati.

9.2.12.16   Semifreddo Alle Noci

Dose per 6 persone **Ingredienti:** 2 tuorli 2 albumi montati a neve 250gr. di panna montata 100gr. di zucchero vanigliato 100gr. di gherigli di noce 100gr. di cioccolato fondente 100gr. di biscotti secchi 1 mis. di Rhum 1/2 mis. di acqua gherigli di noce interi per guarnire

Procedimento: Sbriciolare i biscotti e metterli in una ciotola con il Rhum e l'acqua. Inserire nel boccale i gherigli di noce: 10 sec. vel. 8 e metterli da parte. Montare la panna e metterla da parte in frigorifero. Montare gli albumi a neve e metterli da parte in frigorifero. Posizionare la farfalla e inserire nel boccale uova e zucchero: 4 min. 50'° vel. 2 e lasciare raffreddare. Unire poi al composto i gherigli di noce e i biscotti macerati nel rhum: 30 sec. veL2-3, spatolando. Aggiungere, delicatamente, la panna montata e per ultimo gli albumi. 30 sec. vel. 2, aiutandosi con la spatola. Travasare il composto ottenuto in uno stampo da budino leggermente unto di olio e tenerlo nel congelatore per almeno una notte. Toglierlo dal congelatore e tenerlo in frigorifero per un' oretta prima di sformarlo in un piatto da portata. Preparare la copertura: inserire nel boccale il cioccolato a pezzi. 10 sec. vel. 7 e fonderlo: 2 min. 50° vel. 3. Guarnire il semifreddo con alcuni gherigli di noce interi e versarvi sopra qualche cucchiaiata del cioccolato sciolto. Riporlo nuovamente in frigorifero fino al momento di servire.

9.2.12.17   Semifreddo Agli Amaretti

Dose per 6 persone **Ingredienti:** 3 tuorli 3 albumi montati a neve 200gr. di panna montata 100gr. di zucchero 150gr. di mascarpone 200gr. di amaretti 1 mis. di liquore all'amaretto 1 pizzico di sale

Procedimento: Montare la panna e metterla da parte in frigorifero. Montare a neve gli albumi, e metterli da parte in frigorifero. Inserire nel boccale gli amaretti. 5 sec. veL 6 e metterla da parte. Senza lavare il boccale inserire tuorli e zucchero: 30 sec. veL2. Aggiungere mascarpone, sale, amaretti tritati e il liquore: 30 sec. vel. 4, spatolando. Incorporare ora delicatamente al composto la panna montata e per ultimo gli albumi a neve aiutandosi con la spatola. Travasare il composto ottenuto in uno stampo da budino leggermente unto di olio e riporlo nel congelatore per almeno una notte. Toglierlo dal congelatore 1/2 ora prima di servirlo e decorarlo con amaretti interi e sbriciolati

9.2.12.18 Semifreddo Al Cioccolato

Dose per 8 persone **Ingredienti:** 25/30 savoiardi 100gr. di cioccolato fondente 100gr. di burro morbido 100gr. di zucchero 3 tuorli 3 albumi montati a neve 2 mis. di Whisky Per decorare: 1/2 dose di crema pasticcera ciliegine condite vermicelli di cioccolato

Procedimento: Inserire nel boccale il cioccolato. 30 sec. vel. turbo e metterlo da parte. Montare gli albumi a neve tenerli da parte in frigorifero. Senza lavare il boccale, inserire 1/2 mis. di Whisky. 5 min. 50° vel.2. Trascorsi 2 min., inserire dal foro del coperchio il cioccolato tritato e, alternativamente, cubetti di burro e cucchiai di zucchero, fino a d esaurimento degli ingredienti. Al termine della cottura, si otterrà una crema untuosa e brillante. Sempre a vel. 2, unire ora uno alla volta i tuorli. 40 sec. vel. 2. Travasare la crema ottenuta in una termina e lasciarla intiepidire. Diluire il Whisky rimasto con 4 cucchiaiate di acqua, inzuppare velocemente i savoiardi e con questi foderare uno stampo da plum-cake, ben imburrato. Unire delicatamente gli albumi alla crema di cioccolato tiepida e versare il tutto nello stampo foderato di biscotti. Ricoprire con i biscotti rimasti, sempre inzuppati nello sciroppo. Mettere sopra lo stampo un piatto e un peso e lasciarlo in frigorifero fino al giorno seguente. Preparare la crema pasticcera Al momento di servire passare il fondo dello stampo sotto un getto di acqua calda e sformarlo in un piatto da portata. Ricoprirlo con la crema pasticcerai decorarlo con ciliegine candite, vermicelli di cioccolato e servire

9.2.12.19 Semifreddo Al Caffè

Dose per 6 persone **Ingredienti:** 20gr. di caffè liofilizzato 5 tuorli 5 albumi montati a neve 160gr. di zucchero 300gr. di panna montata.

Procedimento: Montare la panna e metterla da parte in frigorifero. Inserire nel boccale tuorli e zucchero: 5 mia. 70° vel.3. Lasciare raffreddare e aggiungere il caffè. 1 min. vel.3 e far raffreddare. Aggiungere dal foro del coperchio con lame in movimento vel. 1, la panna a cucchiaiate e mettere da parte In una ciotola. Montare gli albumi a neve ben ferma, e aggiungerli delicatamente alla crema di caffè. Versare il tutto in uno stampo precedentemente bagnato e lasciarlo nel congelatore almeno per una notte. Toglierlo 1/2 ora prima di servirlo, sformarlo e decorarlo con fiocchetti di panna e chicchi di caffè.

9.2.12.20 Semifreddo Torronato

Dose per 8 persone

Ingredienti: 500gr. di panno montata 3 uova 3 tuorli 200gr. di Marsala secco 200gr. di zucchero I pizzico di sale 50gr. di cioccolato fondente tritato 100gr. di torrone tritato

Procedimento: Preparare la panna montata e metterla da parte in frigorifero. Senza lavare il boccale, inserire uova, zucchero, Marsala e il sale: 6min. 70° Vel.3 e alla fine portare a Vel.8 per alcuni secondi. Versare la crema in una ciotola e quando sarà raffreddata, incorporare delicatamente il cioccolato e il torrone tritati, e la panna tenuta da parte. Versare il composto ottenuto in uno stampo rettangolare oppure ovale e porlo nel congelatore per almeno una notte. Sformarlo e servirlo guarnito con scagliette di cioccolato fondente e mandorle spezzettate a piacere.

9.2.13 Torte

9.2.13.1 Torta Di Mele Veloce

Ricetta adattata.

Ingredienti: 3 mele, 3 cucchiai di farina, 3 cucchiai di zucchero, una bustina di lievito, una bustina di vanillina, 2 uova intere, un misurino di latte tiepido, un cucchiaio d'olio, 20gr. di burro, buccia di un limone. cannella

Procedimento: Mettete nel boccale zucchero e buccia di limone: 20sec Vel.Turbo. Unite tutti gli altri ingredienti meno il burro: 30sec Vel.5. Lasciate riposare nel boccale per 30 minuti. Fate andare qualche secondo a Vel.5, poi unite le mele tagliate a dadini: 10sec Vel.1, aiutandovi con la spatola. Imburrate e infarinate una tortiera, versate l'impasto, disponete sopra i 20gr. di burro a fiocchetti e infornate a 180° per 30 minuti. E' buona tiepida

9.2.13.2 Torta Semplice Per Il The

Ingredienti: 250gr. di zucchero, 100gr. di burro morbido, 3 uova, 100gr. di latte, 30gr. di farina, 150gr. di fecola di patate, 1 bustina di vanillina, 1 bustina di lievito, 1 pizzico di sale

Procedimento: Inserire nel boccale lo zucchero: 30sec. Vel.Turbo. Unire il burro, uova, latte, vanillina e sale: 30sec. Vel.6. Aggiungere, dal foro del coperchio con lame in movimento Vel.4, farina e fecola: 15sec. Vel.4 e 15sec. Vel.7. Unire il lievito: 6sec. Vel.4. Aiutandosi con la spatola, amalgamare l'impasto e versarlo in una teglia (diam. 24cm.) imburrata ed infarinata. Cuocere in forno preriscaldato a 180° per 40 min

9.2.13.3 Torta All'arancia

Ingredienti: 1 yogurt magro-200gr. zucchero-100gr. olio di semi-250gr. farina- scorza sottile di 1 arancia-polpa di 1 arancia senza pellicina-2 uova intere-1 bustina di lievito per dolci-1 pizzico di sale. cannella

Procedimento: inserire nel boccale zucchero e scorza d'arancia: 10se.Vel.Turbo, aggiungere tutti gli altri ingredienti 30sec. Vel.5.Versare in una teglia o in uno stampo per ciambellone imburrati e infarinati. Infornare in forno già caldo a 180° per 30/35 minuti. Cospargere di zucchero a velo e servire con la salsa. SALSA ALL'ARANCIA: 2 mis.di succo d'arancia-succo di mezzo limone-1 tuorlo d'uovo- 20gr. di burro-150gr. di zucchero-1 cucchiaio di maizena. Battere l'uovo con lo zucchero a Vel.3 per pochi secondi aggiungere la fecola e il succo delle arance inserire la farfalla e cuocere per 5min. 80Vel.1 fino a che non addensa. mettere la crema ancora calda nella torta tagliata a metà.

9.2.13.4 Torta Allo Yogurt 1

Ingredienti: inserisco nel boccale il contenuto di un vasetto di yogurt intero poi tengo il vasetto come dosatore e aggiungo un vasetto di olio di mais, uno e mezzo di zucchero, tre di farina, la scorza grattuggiata di un limone, tre uova e infine una bustina di lievito, 30-35sec. Vel.5. nel frattempo con un pò di olio ungo una teglia (24cm. di diametro) la infarino, verso il composto e inforno a 180° per circa 40', quando è cotta la lascio raffreddare e la ricopro con zucchero a velo. prova è leggera e soffice!!ciao

9.2.13.5 Torta Allo Yogurt 2

Ingredienti: 100gr. di yogurt, 90gr. di olio di semi, 50gr. di cacao amaro, 160gr. di farina, 150gr. di zucchero, 2 uova, 1 bustina di lievito, 1 pizzico di sale.

Procedimento: inserire tutti gli ingredienti nel boccale: 50sec. Vel.6, spatolando. Versare l'impasto in una teglia (diam. 24cm.), imburrata ed infarinata e cuocere in forno caldo a 180° per 40min. circa Servire la torta spolverizzata di zucchero a velo.

9.2.13.6 Torta Allo Yogurt 3

Ingredienti: 80gr. di burro e 200gr. zucchero 20sec. Vel.4; aggiungere 3 uova(4 se sono piccole) e la scorza di mezzo limone(o aroma al limone)e un pizzico di sale. 20sec. Vel.4;poi un vasetto di yogurt bianco (da 125gr.)15sec. Vel.4. Aggiungere 300gr. farina con il lievito(io uso quella della Spadoni, in quanto la farina e' già mischiata al lievito) 30sec. Vel.6. Infornare per 40min. 180°(attenzione pero' alla cottura perche' ogni forno è a sè, comunque non apritelo prima di mezz'ora altrimenti c'e' rischio che la torta si sgonfi.)

9.2.13.7 Torta Alla Zucca

Ingredienti: ricetta inedita non so se l'ho già trascritta un po di tempo fa. 350gr. zucca fresca fatta sbollentare in acqua salata. 300 farina 300 zucchero (anche un po meno) 3 uova intere 100 burro a temp. ambiente 1 bustina lievito buccia di arancia o in mancanza di limone. polverizzare lo zucchero e la buccia di arancia 30sec. Turbo. mettere tutti gli ingredienti tranne la farina e il lievito 30sec. Vel.5/6, aggiungere la farina e il lievito 30sec. 6. infornare a 170 per 30/40min.

9.2.13.8 Torta Della Nonna

Ingredienti:: 400 g. di farina, 150 g. di zucchero, 150 di burro, 2 uova, 2 bustine di pinoli, crema pasticcera (come da ricettario), scorza grattugiata di limone, vanillina, 1 busta di lievito per dolci.

Procedimento: mettere nel boccale lo zucchero, il burro, la farina, le uova, il limone grattugiato e il lievito Vel.6/7 per 20sec. circa. stendere nella pirofila imburrata e infarinata circa 3/4 dell' impasto sollevando i bordi. versare la crema pasticcera (a temperatura ambiente), ricoprire col rimanente impasto, mettere i pinoli. cuocere in forno caldo 30min. 180°. quando è fredda spolverizzare con zucchero a velo.

9.2.13.9 Torta Moresco

Ingredienti: 1 hg burro morbido, 1 hg cioccolato fondente in stecca, 3 hg farina, 2 hg zucchero, 2 hg latte 3 uova 1 bustina lievito, 1 pizzico sale.

Procedimento:: tritare cioccolato 10sec. Vel.Turbo. aggiungere tutti gli altri ingredienti 30sec. Vel.5 e per ultimo il lievito 10sec. Vel.5 spatolando. mettere il composto in teglia diam. 24cm prec. imburrata e cuocere in forno caldo a 160° per 40min.

9.2.13.10 Torta Speziata

(non è tratta da nessun libro ma è stata trasportata da me sul bimby).

Ingredienti: 300gr farina, 250 zucchero, 200 nocciole tritate, 80 cioccolato fondente grattugiato 3 cucchiai di cacao amaro 1 cucchiaino di cannella e 1 bustina scarsa di lievito. tritate prima le nocciole a Turbo poi aggiungete tutti gli ingredienti più 4 uova, 180gr. burro fuso e una tazzina di caffe forte dove avrete sciolto gli 80 grammi di cioccolato. andate per 30/40sec a velocita 6 mettete nella teglia e via.. in forno a 180 gradi per circa 50 minuti......

9.2.13.11 Torta Di Pane

Ingredienti: 150gr. di pane secco. 100gr. di biscotti secchi. 100gr. di zucchero. 1 cucchiaio di cacao amaro, 1 uovo, 50gr. di uvetta, 30gr. di pinoli, 400gr. di latte, brandy a piacere

Procedimento: Far macerare il pane secco a pezzetti in un ciotola coperto con il latte. Tritare i biscotti, 10sec. Vel.9. Unire pane inzuppato con il latte, cacao, zucchero e uovo: 50sec. Vel.6 spatolando. Aggiungere l'uvetta precedentemente ammorbidita con un po' di brandy, i pinoli e amalgamare il tutto con la spatola. Versare il composto in una teglia (diam. 26cm.) imburrata ed infarinata. Cuocere in forno caldo a 180° per 1 h. circa.

9.2.13.12 Torta Al Mandarino

Questa torta io non l'ho ancora fatta, ma visto che siamo nel periodo giusto dei mandarini, vi invio la ricetta:

Ingredienti: 500gr. di farina, 200gr. di zucchero, 2 uova, 6 mandarini, 1 bustina di lievito, 3 cucchiai di cannella, 150gr. di buro morbido, 50gr. di zucchero a velo (fatto con il Bimby).

Procedimento: Spremere i mandarini. Inserire nel boccale il succo e la scorza degli stessi: 1min. Vel.Turbo. Aggiungere farina, uova, zucchero, burro, cannella e lievito: 1min. Vel.6. Versare il composto in una teglia rotonda (diam. 26cm). o rettangolare, imburrata ed infarinata e cuocere in forno caldo a 180° per 30min. circa. Quando sarà fredda, spolverizzarla con zucchero a velo.

9.2.13.13 Torta Sacher

Ingredienti: 180gr. ciocc.fondente 150 zucchero, 150 burro morbido, 100 mandorle tostate, 70 farina, 6 uova Per la farcitura; 6 cucc.marmellata albicocche, 1 cucc.maraschino Per la glassa: 150 ciocc.fondente, 60 zucchero velo, 40 burro morbuido, 2 cucch. latte.

Montare gli albumi a neve e metterli da parte. Introdurre. nel boccale mandorle e 80gr. zucch.: 40sec. Vel.Turbo e mettere da parte. Tritare ciocc.10sec. Turbo e fonderlo: 2min. 60° ve.3, lasciarlo raffreddare. Aggiungere burro: 30sec. Vel.3, inserire riman. zucch., mandorle e tuorli: 1min. Vel.3 e per ultimo la farina: 30sec. Vel.4. Amalgamare delicat. albumi aiutandosi con la spatola. Versare l'impasto ottebuto in una teglia del diametro di 24cm. Cuocere in forno prerisc. a 160° per 50 minuti, sfornarla, capovolgerla sula griglia e lasciarla raffreddare. Prep. glassa: inserire nel boccale il cioccolato: 4sec. Turbo. Aggiungere burro, latte e zucchero. (min. 70° Vel.3 e mettere da parte. Dividere a metà orizz. la torta e disporre su un vassoio il disco sup. capovolto. Prep. farcitura diluendo la marmellata con il maraschino e spalmarne metà sul primo disco di torta. Appoggiare l'altro disco e ricoprirlo, bordi compresi con la marmellata rimasta e la glassa di cioccolato, livellandola con una spatola. Conservare in frigorifero. E' ottima servita fredda. Il libro della Torte e biscotti è molto bello. Ci sono anche delle fotografie. Vale la pena di acquistarlo.

9.2.13.14 Torta Fiorita

MenùTM21 13min. + forno 40 min pan di spagna Per farcire 3 uova 100gr mandorle pelate leggermente tostate – 150gr. di zucchero 700gr. di latte 50gr. di farina scorza di 1 limone Per guarnire50gr. di zucchero a velo 800gr. di panna5 o 6 gocce di colore rosso per dolci confettini rosa o fiorellini di zuccheroi

Preparare un pan di spagnaInserire nel boccale le mandorle e la scorza di limone10sec. Vel.7. Unire latte, farina, zucchero e uova10min. 80° C Vel.4 versare in una ciotola e lasciare raffreddare. Tagliare il pan di spagna orizzontalmentee formare due dischi, farcire il primo con metà dellacrema, ricomporre la torta e ricoprirla con la restantecrema. Preparare la panna montata aggiungendo a piacere alcune gocce di coloranteRicoprire tutta la torta e decorare con confettini fiorellini di zucchero a propria fantasia

9.2.13.15 Torta Rustica

Ricetta inedita.

Ingredienti: 250gr. di pane raffermo con poca crosta, 2 mele golden sbucciate e tagliate a spicchi, mezzo litro di latte tiepido, 130gr. di zucchero di canna, 2 uova, 80gr. di burro morbido, 100gr. di uvetta ammollata nell'acqua tiepida e scolata, un limone non trattato, un cucchiaio di cannella in polvere. Spezzettate il pane e mettetelo 10min. a bagno nel latte, mescolando di tanto in tanto per disfarlo. Mettete nel boccale zucchero e scorza di limone: 20sec Vel.Turbo. Unite il burro, le uova, la cannella e il pane: 50sec Vel.6. Aggiungete l'uvetta e amalgamate con la spatola. Versate il composto in una tortiera imburrata e infarinata e disponete sopra gli spicchi di mela e infornate a 180° per un'ora ca. Dopodichè portate a 220° e continuate fino a che la superficie sarà dorata (ca. 10 min). Ciao.

9.2.13.16 Torta All'ananas

Da "idee per i tuoi menù":

Ingredienti: una scatola di ananas sciroppato da 500 g, 200gr. di zucchero, 50gr. di zucchero di canna, 5 uova, 200gr. di farina, 70gr. di burro, una bustina di lievito, scorza di 1\2 limone, 1\2 misurino di succo d'ananas, un pizzico di sale. Mettete il burro in una tortiera di 24cm di diametro e fatelo sciogliere nel forno tiepido. Disponete sul burro sciolto lo zucchero di canna, distribuendolo in modo uniforme e adagiate su di esso le fette di ananas. Inserite nel boccale zucchero e scorza: 20sec Vel.8. Unite uova, farina, sale e succo d'ananas: 40sec Vel.4. Aggiungete il lievito: 10sec Vel.5. Versate il composto nella teglia sopra le fette d'ananas. Mettete in forno già caldo a 180° per 10 minuti e a 200° per 30 minuti. Capovolgete la torta su un piatto da portata quando è ancora calda. Servitela ben fredda guarnita con ciliegie candite. Si può preparare il giorno prima e conservare in frigo coperta. Io non l'ho provata, ma mi sembra semplice e d'effetto. Saluti Linda.

9.2.13.17 Torta Di Grano Saraceno

Ingredienti: (per 8 persone) 250gr. di farina di grano saraceno, 250gr. di burro morbido, 250gr. di nocciole, 250gr. di zucchero, 1 bustina di lievito, 1 bustina di zucchero vanigliato, 8 uova, 2 mele sbucciate, qualche goccia di limone, sale q.b., marmellata di mirtillo rosso a piacere, zucchero a velo, panna montata Inserire nel boccale le nocciole: 20sec. Vel.7 e mettere da parte. Posizionare la farfalla e introdurre gli 8 albumi: 2min. 40°C Vel.2-3 e metterli da parte. Inserire nel boccale le mele con qualche goccia di limone: 10sec. Vel.7 e metterle da parte. Posizionare la farfalla e introdurre tuorli, zucchero, burro, zucchero vanigliato e un pizzico di sale: 1min. e 30sec. Vel.2. Aggiungere, dal foro del coperchio con lame in movimento Vel.6, farina, nocciole, mele e lievito: 1min. Vel.6 e 1min. e 1/2 Vel.Spiga. Versare il composto in una capiente terrina e unire delicatamente gli albumi a neve. Ungere e infarinare una tortiera (diam.28cm.), versarvi il composto e cuocere in forno preriscaldato a 180°C per 50min. circa. Quando il dolce sarà freddo tagliarlo a metà e farcirlo con la marmellata di mirtillo. Servire la torta cosparsa di zucchero a velo e guarnita di panna montata

9.2.13.18 Torta Ricca Di Ricotta

Ingredienti: 250 ricotta 200 farina, 200 zucchero 50 burro morbido 50 uvetta 50 cioccolato fondente 50 frutta candita a pezzi, 2 uova 1 bustina vanillina 1 bustina lievito 1 pizzico di sale. Inserire nel boccale il cioccolato fondente 10sec. Vel.5 e mettere da parte. introdurre uova zucchero burro ricotta e sale 30sec. Vel.4 spatolando. Far cadere a pioggia dal foro del coperchio con le lame in movimento a Vel.4 farina vanillina e lievito in polver 40sec. Vel.4.Unire l'uvetta precedentemente messa a bagno in un po di brandy il cioccolato e la frutta 20sec. Vel.2 spatolando.Versare in uno stampo da 24cm e cuocere in forno preriscaldato a 170/180 per 35/45 minuti.

9.2.13.19 Torta Stella

Rivista Bimby.
Ingredienti: 150gr. di cioccolato fondente, 100gr. di mandorle pelate, 30gr. di zucchero, 250gr. di burro morbido, 4 uova, 250gr. di farina, 1 bustina di lievito, 1/2mis. di latte, 50gr. di cacao dolce, zucchero a velo, 1 pizzico di sale.
Procedimento: Tritare cioccolato e mandorle: 10sec. Vel.6 e mettere da parte. Inserire nel boccale zucchero e burro: 10sec. Vel.5. Aggiungere uova, farina, lievito, latte e sale: 30sec. Vel.5. Unire mandorle e cioccolato tritati: 10sec. Vel.5. Riunire il composto con la spatola e versarlo in una teglia (diam. 26cm.) imburrata ed infarinata. Cuocere in forno caldo a 180° per 50min. circa. Lasciare raffreddare e spolverizzare con il cacao. Su un disco di cartone, grande come la torta, disegnare delle stelle e ritagliarle. Mettere il disco sopra la torta e cospargere con zucchero a velo. Togliere il cartone e servire

9.2.13.20 Torta Di Frutta

Ingredienti: 200 farina 150 zucchero di canna burro 80 grammi lievito 1 cucchiaino mescolare tutti questi ingredienti a Vel.6 per 40 secondi verrà un composto polveroso. Versare metà del composto in una teglia e porre sopra la frutta a pezzettini e poi l'altra parte dell'impasto Forno 20 minuti a 200 gradi mescolare nel boccale 1 yogurt 200 panna 2 uova 100 grammi di meleVel.6 per 20 secondi verso sulla torta e faccio cuocere per 40 minuti a 180°

9.2.13.21 Torta Con Amaretti

Ricetta adattata.
Ingredienti: 120gr. di zucchero, 100gr. di burro morbido, 120gr. di farina, 200gr. di amaretti, 50gr. di cioccolato fondente, 4 uova, un cucchiaino di lievito, 1\2 bicchierino di liquore all'amaretto. Tritate separatamente e grossolanamente gli amaretti e il cioccolato e metteli da parte. Amalgamate il burro morbido con lo zucchero a Vel.4 per 20 secondi, unite i rossi e continuate a Vel.4 per altri 20 secondi, versate il liquore e date altri 10 secondi a Vel.4. Poi mettete la farina, il lievito, gli amaretti e il cioccolato: 30sec Vel.5. Montate a neve gli albumi e amalgamateli delicatamente al composto. Versate in una tortiera imburrata e infarinata e infornate a 170\180° per 45 minuti

9.2.13.22 Torta Moka 1

fa sempre parte delle mie fotocopie quindi penso non si trovi sui volumi bimby.
Ingredienti: 200 burro 200 zucchero 120 farina 4 uova 80 fecola di patate 1 tazza di caffe 1 bustina Inserire nel boccale uova zucchero 30sec. Vel.6 Unire caffe burro 10sec. Vel.6 Aggiungere la farina la fecola 30sec. Vel.6 alla fine unire il lievito e continuare ancora per pochi secondi a Vel.6 versare in uno stampo infarinato e imburrato cuocere in forno caldo a 180/200 per 30/40 minuti.

9.2.13.23 Torta Moka 2

Non so la ricetta della torta di Greta ma ti dò una ricetta che ho adattato io utilizzando gli ingredienti della torta di yogurt
Ingredienti: (utilizza il vasetto dello yogurt per dosare): 1 vasetto di yogurt bianco, 1 vasetto di olio di semi, 1 vasetto di zucchero, 2 vasetti di farina, 1/2 vasetto di caffè solubile, due uova e una bustina di lievito. Amalgama tutti gli ingredienti (a parte il lievito) a Vel.5 e regola il timer per 70 secondi; dopo 40 secondi aggiungi la bustina di lievito senza fermare le lame. Metti in forno caldo a 160°/180° per 40 minuti circa. Una volta raffreddata la riempio con crema al caffè. Non viene una torta altissima ma molto soffice e a mio parere anche molto buona.

9.2.13.24 Torta Al Caffe'

Ingredienti: 300gr. di farina, 170gr. di zucchero, 100gr. di burro morbido, 2 uova, 2 tazzine di caffè (io metto dentro tutto il caffè di una normale caffettiera da 3), 100gr. di latte, 1 bustina di lievito vanigliato, 1 pizzico di sale, zucchero a velo q.b.
Procedimento: Inserire nel boccale burro, zucchero, uova, caffè, latte e sale: 30sec. Vel.4. Aggiungere, con lame in movimento la farina: 20sec. Vel.6 e il lievito: 10sec. Vel.6. Mettere il composto in una teglia (diam. 24cm.) imburrata ed infarinata e cuocere in forno pre-riscaldato a 180° per 35 minuti. Lasciare riposare la torta in forno per 5 minuti. Servirla spolverizzata con zucchero a velo. (A me piace molto e mi hanno pure chiesto la ricetta!!!). Fatemi sapere! Ciao Greta

9.2.13.25 Torta Leggera Alle Pere

Ingredienti: 2 pere grandi (io ho usato le abate), 120gr. farina, 80gr. zucchero, 2 uova, 100gr. latte, ½ mis di liquore (x es Amaretto), scorza gialla di 1 limone, ½ bustina di lievito, una spruzzata di cannella se piace, 2/3 cucchiai di uvetta.

Procedimento: zucchero e buccia di limone 20sec Vel.Turbo aggiungere latte, farina, liquore, uova e cannella 30sec Vel.6 aggiungere lievito e uvetta 10sec Vel.2 versare metà del composto in una teglia ricoperta di carta da forno, sbucciare ed affettare sottilmente le pere, disporle (alla 'come capita capita') e fare un bello strato (viene spessino ma il buono sta proprio lì), ricoprire con il rimanente impasto (che rimane piuttosto liquido, ma poi solidifica, non preoccupatevi) mettere in forno preriscaldato a 180° per 45min. Servire tiepida, ma rimane buonissima anche fredda!

9.2.13.26 Torta Di Pangrattato

Ingredienti: 200gr. di pangrattato, 100gr. di cioccolato fondente, 100gr. di zucchero, 200gr. di amaretti, 3 uova, 250gr. di panna fresca, 1 bustina di lievito, 1 pizzico di sale.
Procedimento: Sbriciolare gli amaretti: 20sec. Vel.5 e metterli da parte. Tritare il cioccolato: 20sec. Vel.5 e metterlo da parte. Inserire nel boccale zucchero e uova: 20sec. Vel.4 Aggiungere dal foro del coperchio, con lame in movimento Vel.3, pangrattato, panna, amaretti, cioccolato e sale: 1min. e 1/2, Vel.5, spatolando. Aggiungere il lievito: 10sec. Vel.4, spatolando. Riunire il composto e versarlo in una teglia (diam. 24cm.) imburrata ed infarinata. Cuocere in forno caldo a 180° per 50min. circa

9.2.13.27 Torta Rovesciata Di Ananas

Dal libro "Idee per torte e biscotti": 7
Ingredienti: 70gr. burro morbido, 50gr. zucchero canna, 500gr. ananas siropp., 200gr. zucchero, scorza 1/2 limone, 5 uova, 200gr. farina, 1 pizz. sale, 1/2 misurino succo ananas, 1 bust. lievito. Mettere burro in una tortiera (diam. 28cm.) e scioglierlo in forno tiepido. Disporre sul burro sciolto lo zucchero di canna, distribuendolo in modo uniforme e adagiarvi le fette di ananas sgocciolate. Inserire nel boccale zucchero e scorza limone: 20sec. Vel.8. Unire uova, farina, succo ananas e sale: 40sec. Vel.4. Aggiungere lievito: 10sec. Vel.5. Versare il composto in una teglia, sopra le fette di ananas. Cuocere in forno preriscald. a 180° per 10min. ed a 200° per 30min. circa

9.2.13.28 Torta Paradiso

Ingredienti: 300gr. di fecola di patate; 300gr. di zucchero; 200gr. di burro morbido; 6 uova; 1 bustina di lievito; 1 pizzico di sale; zucchero a velo q.b. **Procedimento:** inserire nel boccale lo zucchero: 15" Vel.Turbo e aggiungere le uova: 1' Vel.5. Unire il burro: 20" Vel.5 e 30" Vel.7. Aggiungere fecola, sale e lievito: 30" Vel.5. Versare il composto in una tortiera (diam. 28cm), imburrata e infarinata e cuocere in forno preriscaldato a 160° per 10', a 180° per 15' e a 200° per 10'. Sfornare il dolce, lasciarlo riposare pochi minuti, capovolgerlo su un piatto da portata e spolverizzare con zucchero a velo. Servire con una buona tazza di the.

9.2.13.29 Torta Di Lamponi

Ingredienti: 70gr. di farina, 80gr. di fecola, 150gr. di zucchero, 40gr. di burro morbido, 4 uova, ½ bustina di lievito, 1 pizzico di sale Per farcire: 200gr. di lamponi, 150gr. di marmellata di lamponi, 20gr. di zucchero a velo, 200gr. di panna, ½ mis. di cherry, brandy Montare a neve ben ferma due albumi e metterli da parte. Lasciare la farfalla, inserire lo zucchero, due tuorli e due uova: 2min. Vel.3 Aggiungere dal foro del coperchio con lame in movimento Vel.3, burro, farina, fecola, sale e lievito: 40sec. Vel.3. Incorporare delicatamente gli albumi: 20sec. Vel.1. Versare in una tortiera (diam. 24cm.), imburrata ed infarinata, e cuocere in forno preriscaldato a 170° per 20min. e a 180° per 10min. Lasciare raffreddare la torta, sfornarla e tagliarla a metà orizzontalmente: Spalmare la metà sottostante con la marmellata diluita con il liquore, ricomporla e ricoprirla con i lamponi. Montare la panna, aggiungere lo zucchero a velo e con l'aiuto di una siringa decorare la superficie della torta.

9.2.13.30 Torta Pannarello Leggera

Ingredienti: Usare il contenitore dello yogurt come misurino: 1 yogurt bianco da 125, 3 misurini di farina 2 mis di zucchero, 1 mis olio, 1 bustina lievito, fialetta di mandorla se si fa senza farcitura, altrimenti al limone, 4 uova

Montate gli albumi a neve come da ricetta del libro base e metteteli da parte. Mettete nel boccale lo zucchero: 20sec Vel.Turbo, poi unire olio, yogurt, fialetta e i tuorli 10 s vel4 Unite la farina setacciata col lievito: 20sec Vel.6. Incorporate delicatamente gli albumi montati a neve(in una terrina usando un cucchiaio di legno e facendo sempre lo stesso movimento dal basso in alto per non smontare gli albumi) e versate tutto in una tortiera imburrata e infarinata. cuocere in forno caldo a 190° per circa30min. Io la farcisco con il lemon curd.

9.2.13.31 Torta Saracena

Ingredienti: 250g zucchero, 250gr. burro, 150g farina di grano saraceno, 100g fecola di patate, 250g mandorle tritate, 6 uova, 1 bustina di lievito per dolci. Tritare le mandorle e metterle da parte. Amalgamare bene il burro con lo zucchero a Vel.4, aggiungere i tuorli 20sec Vel.4, le due farine, 30sec Vel.6, le mandorle e il lievito, spatolando. Unire gli albumi precedentemente montati a neve, 30sec Vel.1. Versare in una teglia imburrata di 28cm di diametro e cuocere a 180° per 40min. circa. Farcire con marmellata di mirtilli.

9.2.13.32 Torta Di Pangrattato

Ingredienti:: 200gr. di pangrattato, 100gr. di cioccolato fondente, 100gr. di zucchero, 200gr. di amaretti, 3 uova, 250gr. di panna fresca, 1 bustina di lievito, 1 pizzico di sale.
Procedimento: Sbriciolare gli amaretti: 20sec. Vel.5 e metterli da parte. Tritare il cioccolato: 20sec. Vel.5 e metterlo da parte. Inserire nel boccale zucchero e uova: 20sec. Vel.4 Aggiungere dal foro del coperchio, con lame in movimento Vel.3, pangrattato, panna, amaretti, cioccolato e sale: 1min. e 1/2, Vel.5, spatolando. Aggiungere il lievito: 10sec. Vel.4, spatolando. Riunire il composto e versarlo in una teglia (diam. 24cm.) imburrata ed infarinata. Cuocere in forno caldo a 180° per 50min. circa

9.2.13.33 Torta Di Carote

Autore: Anna. E-mail: Annaelivi@libero.it
Ricetta personale, non esistente sui ricettari se non in forma diversa.
Ingredienti: 400gr. di carote; 100-150gr. di mandorle; 50gr. di burro; 2-3- uova (dipende se piccoline); cannella; noce moscata; 100gr. di zucchero; 150gr. di farina; esenza di limone o scorza grattugiata; 1 pizzico di sale; mezza bustina di lievito. Procedimento: Polverizzare le mandorle 20" Vel.Turbo e toglierle dal boccale. Inserire lo zucchero e la scorza di limone: 20" Vel.Turbo. Con le lame in movimento a Vel.6 unire le carote tagliate a tocchetti e portare a Vel.Turbo per 20". Raccogliere il composto con la spatola in modo che si riversi tutto sul fondo del boccale. Aggiungere le uova: 10" Vel.7 poi la farina, le mandorle polverizzate, il sale, la cannella e la noce moscata (mezzo cucchiaino per ogni spezia o anche di più se piace)e il burro ammorbidito. Il lievito sempre per ultimo per ultimo quindi: 30" Vel.7. Versare il composto in una toritera imburrata e cuocere nel forno tradizionale per 40' circa a 180° oppure nel microonde a 650W per 16' circa. Rispetto alla ricetta del ricettario base è molto più leggera e le spezie la rendono...sublime

9.2.13.34 Torta Ricca Di Ricotta

Ingredienti: 250 ricotta 200 farina, 200 zucchero 50 burro morbido 50 uvetta 50 cioccolato fondente 50 frutta candita a pezzi, 2 uova 1 bustina vanillina 1 bustina lievito 1 pizzico di sale. Inserire nel boccale il cioccolato fondente 10sec. Vel.5 e mettere da parte. introdurre uova zucchero burro ricotta e sale 30sec. Vel.4 spatolando. Far cadere a pioggia dal foro del coperchio con le lame in movimento a Vel.4 farina vanillina e lievito in polver 40sec. Vel.4.Unire l'uvetta precedentemente messa a bagno in un po di brandy il cioccolato e la frutta 20sec. Vel.2 spatolando.Versare in uno stampo da 24cm e cuocere in forno preriscaldato a 170/180 per 35/45 minuti.

9.2.13.35 Torta Caprese

Ingredienti: x 10 persone: 250gr. di mandorle non pelate, 250gr. di cioccolato fondente, 150gr. di burro morbido, 250gr. di zucchero, 5 uova, 2 cucchiaini di lievito, un cucchiaio di farina, un cucchiaio di cacao, rhum a piacere, un pizzico di sale, zucchero a velo.
Procedimento: tritare le mandorle: 30sec Turbo e mettere da parte. Tritare il cioccolato: 20sec Turbo e unirlo alle mandorle. Inserire nel boccale burro, zucchero e uova, farina, cacao, sale e lievito: 15sec Vel.5. unire cioccolato e mandorle: 20sec Vel.5, spatolando. Versare in una teglia rettangolare (24x32), imburrata e infarinata e cuocere in forno preriscaldato a 160° per 50min. circa. Quando il dolce è ancora tiepido bagnare la superficie con rhum e quando sarà freddo, cospargerlo di zucchero a velo

9.2.13.36 Torta Di Mele Light

Ingredienti: 230gr. farina, 200gr. zucchero, 3 uova intere, 20gr. ruhm, i bustina di lievito, 4-5 mele sbucciate a fettine.
Procedimento: Inserire la farfalla sulle lame e lavorare le uova con 180gr. di zucchero per 3min. Vel.3, aggiungere il ruhm 20sec. Vel.3. Togliere la farfalla ed aggiungere la farina ed il lievito 1min. Vel.4 Versare la metà dell'impasto che deve risultare piuttosto cremoso in una teglia imburrata ed infarinata. Appoggiarvi sopra le fettine di mele. Unire l'altra metà dell'impasto e terminate con le restanti mele. Spolverizzare con 20gr. di zuchero semolato ed infornare 180° per 35/40min.

9.2.13.37 Torta Gialla Con Pezzetti Di Cioccolato

Ricetta inedita.
Ingredienti: 2 uova intere, 2 bicchieri di zucchero; 1 vasetto di yogurt agli agrumi; 2 cucchiai di amaretto; 2 cucchiai di olio o burro fuso; 1/2 bustina di Novollina (per rendere l'impasto giallo); 1/2 bustina di lievito chimico; 3 bicchieri di farina; 1 sbarra di cioccolato fondente tagliato a pezzettini. **Procedimento:** prendere la cioccolata e spezzettarla nel bimby a Vel.3-4 per pochi secondi, fino a quando avrà raggiunto le dimensioni di piccoli pezzetti non troppo piccoli (anche perchè poi nella cottura si fonde, meglio pezzi più grossi), togliere dal boccale e mettere da parte. Unire lo zucchero e le uova e amalgamare a Vel.3 per 20", unire tutti gli altri **ingredienti:** 25" Vel.6. Controllare che l'impasto sia tutto sul fondo altrimenti aiutarsi con la spatola, tirare giù e rimescolare per qualche secondo. Imburrare una tortiera, mettervi il composto e mescolarvi metà della cioccolata a pezzetti, facendola passare nell'impasto con l'aiuto di un cucchiaio. Mettere i rimanenti pezzi di cioccolato sulla superficie della torta e infornare a 180° per circa 40-45' (fare sempre la prova stecchino un po' prima del termine della cottura. Oppure cuocere nel forno a microonde potenza 650 W per 16' circa. La torta è soffice e buonissima, sono anni che la preparo e non ci stanchiamo mai di mangiarla. Ciao, Anna

9.2.13.38 Torta Di Grano Saraceno

Ingredienti: 250gr. di farina di grano saraceno, 250gr. di burro morbido, 250gr. di nocciole, 250gr. di zucchero, una bustina di lievito, una bustina di zucchero vanigliato, 8 uova, 2 mele sbucciate, qualche goccia di succo di limone, sale, marmellata di mirtillo rosso a piacere, zucchero a velo, panna montata.

Procedimento: Inserite nel boccale le nocciole: 20sec Vel.7 e mettetele da parte. Posizionate la farfalla e mettete 8 albumi: 2min. 40°Vel.2-3 e metteteli da parte. Inserite nel boccale le mele con qualche goccia di limone: 10sec Vel.7 e mettetele da parte. Posizionate la farfalla e mettete tuorli, , zucchero, burro, zucchero vanigliato, sale: unmin. e 1\2Vel.2. Aggiungete dal foro del coperchio con lame in movimentoVel.6 farina, nocciole, mele e lievito: un minVel.6 e unmin. e 1\2Vel.spiga. Versate il composto in una capiente terrina e unite delicatamente gli albumi a neve. Ungete e infarinate una tortiera di 28cm, versate il composto e cuocete in forno preriscaldato a 180° per 50min. Quando sarà freddo tagliatelo a metà e farcitelo con la marmellata. Servite la torta cosparsa di zucchero a velo e guarnita di panna montata.

9.2.13.39   Torta Fresca Di Limone

Ingredienti: una dose di pasta frolla del libro base, per il ripieno: 3 uova, 180gr. di zucchero, una vaschetta di mascarpone, 110gr. di burro, 2 limone
Procedimento:: Montare a neve ben ferma gli albumi e mettere da parte, inserire nel boccale la farfalla e montare i tuorli e lo zucchero a Vel.6 per 1min. in modo da renderli gonfi e spumosi, aggiungere il burro molto morbido sempre per 1min. a Vel.6, unire al composto il succo e la buccia che avrete grattugiato finemente del limone adoperando sempre la stessa velocita', quindi unire il mascarpone, quando il composto è ben omogeneo fermare il bimby ed unire gli albumi montati a neve 1min. Vel.2/3. Foderare una teglia con la pasta frolla lasciando un poco d'impasto da parte, versarvi dentro il ripieno che risultera' abbastanza liquido, con la pasta rimasta fare una sfoglia molto sottile e coprire il composto, (anche se la pasta si rompera' non è un problema perche' con la cottura non si vedra' niente)mettere in forno a 180°C per 45/50 minuti.quando la torta e cotta e ben fredda stemperare con zucchero a velo vanigliato.E' molto fresca e saporita.

9.2.13.40   Torta Meringata

Ingredienti: 100gr. di albume a temp.ambiente, 320gr. di zucchero semolato (non superare mai la dose di 180gr. di albume con relativo zucchero ricalcolato in proporzione)perchè si rischia di mettere troppo sotto sforzo il motore.
Procedimento: Inserire len boccale l'albume, lo zucchero semolato e un pizzico di sale: 2min. 40° Vel.2. Al termine togliere la temperatura e proseguire sempre a Vel.2 per altri 8/10/12min. (il tempo può variare in funzione della freschezza delle uova), comunque in genere bastano 8min. e a volte l'apparecchio si ferma anche prima come se stesse sotto sforzo e questo perchè l'albume si è addensato a sufficienza. Con una sacca da pasticcere mettere una parte del composto lavorandolo a spirale in una teglia antiaderente (o di carta tipo Cuki o in silicone)alzando con altri giri il bordo esterno e l'altra parte in un'altra teglia lavorandolo di nuovo a spirale questa volta soltanto sul fondo della teglia(questo sarà il coperchio della torta). Cuocere in forno a 100° per un'ora se il forno è ventilato e per 2 ore se il forno è statico.A parte lavorare 1 uovo, 100gr. di zucchero, 250gr. di panna fresca, 500gr. di panna vegetale proseguendo come per la coppa del nonno(vedi libro base). Volendo si può aromatizzare questa crema con un pò di nescafè come ho fatto io, oppure con limone o vaniglia o con qualsiasi altro gusto. Una volta freddata la meringa mettere la crema ottenuta nel disco col bordo alto e coprire con l'altro disco di meringa e porre in freezer per almeno 3-4 ore. Togliere dal freezer qualche minuto prim

9.2.13.41   Torta Sabbiosa

Ingredienti: x 8. 150gr. di farina, 150gr. di fecola di patate, 300gr. di burro morbido, 300gr. di zucchero, 4 uova, 1 bustina di lievito, 1 pizzico di sale **Procedimento:** Montare a neve gli albumi e metterli da parte. Inserire nel boccale burro e zucchero: 1min., Vel.3 e aggiungere uno per volta i tuorli: 1min. Vel.3. Unire farina, fecola e lievito: 1min. e Vel.3. Incorporare delicatamente aiutandosi con la spatola, gli albumi e versare l'impasto in una teglia (diam. 26), imburrata ed infarinata. Cuocere in forno preriscaldato a 180° per 30 minuti. E' ottima servita fredda, spolverizzata di zucchero a velo

9.2.13.42 Torta Di Frutta

Ingredienti: 100gr. di zucchero, 2 uova, 250gr. di farina, aroma di arancio, mezza bustina di lievito, burro e pangrattato solo per infarinare la tortiera, 1kg di frutta di stagione a scelta, 2 dl di latte

Procedimento: montare prima le uova, aggiungere la farina e il latte, quindi il lievito per dolci, incorporare la frutta tagliata a pezzi, mettere nella tortiera e cuocere per un'ora a 180 gradi. spolverizzare di zucchero a velo.

9.2.13.43 Torta Di Cocco

Ingredienti: x 6. 150gr. di farina di cocco, 150gr. di zucchero, 3 uova, 100gr. di burro morbido, 50gr. di fecola di patate, 1 bustina di vanillina, scorza di ½ limone, 1 cucchiaio di rhum, 1 bustina di lievito, 1 pizzico di sale

Procedimento: Inserire nel boccale zucchero e scorza di limone: 10sec. Vel.9. Unire tutti gli altri ingredienti tranne il lievito: 20sec. Vel.6 ed aggiungere il lievito: 10sec. Vel.6 spatolando. Versare il composto in una tortiera (diam. 24cm.), imburrata ed infarinata e cuocere in forno caldo a 160° per 20min. e a 180° per 15min. circa.

9.2.13.44 Torta Di Mele Della Nonna Malchus

Ingredienti: Impasto: 250gr. Burro, 170gr. Zucchero, 1 pizzico di sale, 1 bustina vanilina, 6 Uova, 500gr. Farina, 1 Bustina lievito per dolci Farcitura: 1 Kg. Mele, 1 Pizzico di cannella, 1 bustina zucchero vanigliato, 70gr. zucchero, 1 pizzico di sale per decorare: Uvetta passa e zucchero a velo

Procedimento: Far sciogliere il burro 1 Min/40°/ Vel.2. Unire tutti gli altri ingredienti per l'impasto, 20sec. a Vel.4 spatolando. Mettere 1/3 dell'impasto in un sacco da pasticciere, il resto stenderlo su una teglia bassa da forno ca. 40 X 50 imburrata e cosparsa con pane grattugiato, aiutandosi con una spatola bagnandola di tanto in tanto. Mettere tutti gli ingredienti per la farcitura 20sec. a Vel.6 nel contenitore, poi 5min. 100° a Vel.3 e lasciare raffreddare. Spalmare la farcitura sull'impasto cospargere di uvetta passa. Con la pasta nel sacco formare una grata sulla farcitura. Mettere in forno a 175° per ca. 30 minuti finche sarà dorata. Sfornare e cospargere con zucchero a velo. Alle Mele possono essere sostituite le pere.

9.2.13.45 Torta Paradiso

Ingredienti: 300gr. di fecola di patate; 300gr. di zucchero; 200gr. di burro morbido; 6 uova; 1 bustina di lievito; 1 pizzico di sale; zucchero a velo q.b. **Procedimento:** inserire nel boccale lo zucchero: 15" Vel.Turbo e aggiungere le uova: 1' Vel.5. Unire il burro: 20" Vel.5 e 30" Vel.7. Aggiungere fecola, sale e lievito: 30" Vel.5. Versare il composto in una tortiera (diam. 28cm), imburrata e infarinata e cuocere in forno preriscaldato a 160° per 10', a 180° per 15' e a 200° per 10'. Sfornare il dolce, lasciarlo riposare pochi minuti, capovolgerlo su un piatto da portata e spolverizzare con zucchero a velo. Servire con una buona tazza di the.

9.2.13.46 Torta Di Mele Caramellata

Ingredienti: (per 6 persone) 800gr. di mele renette, 1/2 mis.di fecola, 120gr. di zucchero, succo di 1/2 limone, 2 cucchiai di panna, 1 mis.scarso di latte, 4 uova, 1 cucchiaino di cannella in polvere, 100gr. di zucchero per il caramello.

Procedimento: Sbucciare le mele e tagliarle a pezzi tranne una, che va affettata e lasciata a macerare nel succo di limone. Inserire nel boccale 500gr. di acqua: 6min. 100°C Vel.1. Disporre nel *Varoma* le mele a pezzi e, quando l'acqua bolle, posizionare nel boccale il *Varoma* e cuocere: 8min. temp.*Varoma* Vel.1Eliminare l'acqua di cottura e inserire nel boccale le mele cotte, zucchero, fecola, cannella, panna e latte: 30sec. Vel.4. Aggiungere ora, dal foro del coperchio con lame in movimento Vel.4, le uova: 30sec. Vel.4. Preparare il caramello sul fuoco e versarlo in uno stampo (diam.20cm.alt.7cm.). Distribuirlo bene sul fondo e sui lati. Disporre le fettine di mele, ricoprirle con il composto di mele, livellarlo bene, coprirlo con un foglio di alluminio e disporlo nel Varoma. Inserire nel boccale 1 lt.di acqua: 10min. 100°C Vel.1. Quando l'acqua bolle, posizionare il *Varoma* sul boccale e cuocere: 50min. Temp.*Varoma* Vel.1. Lasciare raffreddare e sformare. Servire la torta così o accompagnata da crema inglese

9.2.14 *Tiramisù*

9.2.14.1 Tiramisu Al Cocco E Cioccolato

Ingredienti: Dose per 4 persone: 8 panetti di Philadelphia (si possono sostituire con il mascarpone), 150gr. di zucchero, 4 uova 50gr. di cacao amaro, 200gr. di savoiardi, 50gr. di cocco essiccato grattugiato un bicchiere di rum.
Procedimento: Montare gli albumi a neve e al termine unire zucchero e tuorli, 2min. Vel.3. Unire delicatamente mascarpone e ½ bicchiere di Rhum. 20sec. Vel.2, lavorare il composto per ancora 1min. a Vel.2. La crema ottenuta è da dividere in 2 parti, ad una spargere sopra il cacao (alla fine) nell'altra il cocco essiccato. Al resto dello zucchero aggiungere ½ bicchiere d'acqua e ½ bicchiere di Rhum, fare bollire il liquido per qualche minuto; dopo averlo fatto raffreddare inzuppare i savoiardi, che disporrete sul fondo di una gran coppa. Distribuirvi sopra la crema al cocco, poi fare un altro strato con i savoiardi inzuppati di sciroppo che ricoprirete di nuovo con la crema di cioccolato. Porre la coppa in frigo per almeno 2 ore prima di servire.

9.2.14.2 Tiramisù Al Mascarpone

Ingredienti: Dose per 8 persone 1 pan di Spagna 6 tuorli 6 albumi montati a neve 500gr. di mascarpone 1/2 mis. di Rhum 200gr. di zucchero a velo 50gr. di cacao amaro 5 mis. di caffè ristretto
Procedimento: Preparare il pan di Spagna, preferibilmente il giorno prima. Montare gli albumi a neve e al termine unire zucchero e tuorli, 2 min. veL3. Unire delicatamente mascarpone e Rhum. 20 sec. vel.2, aiutandosi con la spatola. Tagliare a fettine sottili il pan di Spagna, inzupparlo nel caffè e disporlo in una grande coppa, alternandolo con la crema al mascarpone. Continuare fino all' esaurimento degli ingredienti e terminare con la crema al mascarpone. Ricoprire con cacao amaro, fatto scendere da un colino e tenere in frigorifero fino al momento di servire.

9.2.14.3 Tiramisù Al Limone

Ingredienti: Dose per 6 persone 4 tuorli 4 albumi montati a neve 400gr. di savoiardi 500gr. di mascarpone 120gr. di zucchero a velo 2 fialette di essenza di limone o 2 cucchiai di estratto di limone 50gr. di cioccolato bianco Per inzuppare: 500gr. di acqua 120gr. di zucchero 1/2 mis. di limoncello succo di 2 limoni **Procedimento:** Montare gli albumi a neve e al termine unite zucchero e tuorli. 2 min. vel.3. Unire delicatamente mascarpone e l'essenza di limone: 30 sec. vel.2, aiutandosi con la spatola e mettere da parte. Senza lavare il boccale preparare lo sciroppo: inserire acqua, zucchero e il succo di limone: 4 min. 50° vel.2 e 20 sec. prima del termine, unire il limoncello. Inzuppare i savoiardi nello sciroppo ottenuto, disporli in vassoio rettangolare, alternandoli con la crema al mascarpone. Continuare fino all' esaurimento degli ingredienti e terminare con la crema. Decorare la superficie con scagli di cioccolato bianco e foglie di limone. Riporlo in frigorifero ed attendere almeno 3 ore prima di servirlo.

9.2.14.4 Tiramisù Allo Zabaione

Ingredienti: Dose per 8 persone 1 dose di zabaione 400gr. di savoiardi 300gr. di panna montata 5 mis. di caffè ristretto 50gr. di zucchero cacao amaro a piacere **Procedimento:** Montare la panna e metterla da parte in frigorifero. Preparare lo zabaione e metterlo a raffreddare in un ciotola. Mettere il caffè in una fondina e zuccherarlo. Inzuppare velocemente i savoiardi nel caffè e disporli in modo regolare in un vassoio rettangolare (50 x 30 cm.). Incorporare la panna montata allo zabaione e ricoprire i savoiardi con il composto ottenuto e un poco di cacao. Continuare fino all' esaurimento degli ingredienti e terminare con la crema allo zabaione. Ricoprire con cacao amaro, fatto scendere da un colino e tenere in frigorifero fino al momento di servire.

9.2.15 Altri dolci

9.2.15.1 Lemon Curd

Procedimento: Mettete nel boccale 225gr. di zucchero e la buccia di un limone un min vel turbo. Aggiungete 50gr. di burro morbido e il succo di 2 limoni 2 min 60° vel 4. Aggiungete 3 uova 4 min 80° vel 5.

9.2.15.2 Monte Bianco

Ingredienti: 3 albumi, 300gr. di zucchero a velo, una scatola di marron glacé a pezzi, 400gr. di panna fresca da montare, granella di nocciole.

Procedimento: Nel boccale pulito montate gli albumi a neve, poi aggiungete lo zucchero. Mettete in una tasca da pasticcere il composto e su una teglia foderata di carta da forno fate 3 rettangoli delle stesse dimensioni. Fate cuocere 3 ore in forno a 60° con la porta leggermente aperta: devono essere perfettamente asciutte. Montate la panna senza zucchero, come da libro base, ma senza perderla di vista. Mettete uno strato di meringa, uno strato di panna montata, uno strato di marron glacé sbriciolati e continuare con gli strati terminando con i marron glacé più interi per decorare. Cospargete il tutto con granella di nocciole.

9.2.15.3 Coppa Primavera

Ingredienti: 100 gr burro, 1 litro latte, 100 gr zucchero, 70 gr maizena, 100 gr savoiardi, 2 tuorli, vanillina, 1/2 mis. alchermes, 2 cucchiai cacao amaro, maraschino q.b. panna MONTATA.

Procedimento: Introdurre nel boccale: latte, zucchero, burro e maizena: 10 min. 90° vel.4. Dividere il composto in tre parti. Metterne una nel boccale, aggiungere i tuorli: 20' vel. 6. Bagnare una coppa di vetro e versarvi la crema. Porre nel boccale un'altra parte di crema e unirvi il cacao: 10' vel.6. Bagnare i savoiardi nel maraschino e acqua e disporli sulla prima crema, versarvi sopra la seconda al cioccolato. Lavare il boccale, porvi dentro la terza crema, unire l'Alchermes: 10' vel.6. Disporre nella coppa altri savoiardi imbevuti nel maraschino e versare su tutto la crema rosa. Decorare con panna montata .

9.2.15.4 Banane Con Crema Al Cocco

Ingredienti: 4 grosse banane, 2 misurini di zucchero, un misurino di farina, mezzo litro di latte, mezzo misurino di cocco essiccato, un cucchiaino di cannella.

Procedimento: Togliete le estremità alle banane e, senza pelarle mettetele nel *varoma* con acqua bollente a cuocere. Toglietele e sbucciatele, svuotate il boccale e mettete gli altri ingredienti e cuocete 7 min 90° vel 4. Versate la salsa sulle banane e servite.

9.2.15.5 Biancomangiare

Ingredienti: 250 gr di mandorle dolci, 2 mandorle amare, 4 dl di acqua, 3 dl di latte, 100 gr di zucchero, 12 fogli di colla di pesce, un cucchiaio di kirsh, 4 dl di panna.

Procedimento: Triare le mandorle 30" vel turbo e metterle da parte a macerare nell'acqua per 3 ore. Mettere il composto in un telo pulito e torcerlo accuratamente conservando il liquido uscito. Versare lo zucchero nel latte e mescolare a lungo. Ammorbidire la colla di pesce in acqua fredda, strizzarla e farla sciogliere nel latte riscaldato. Aggiungere il liquido delle mandorle e profumare con il kirsh. Montare la panna ed unirla al composto quando si sarà raffreddato: versare il tutto in uno stampo bagnato emettere in frigo per 8 ore. sformare e servire.

9.2.15.6 Meringhe Con Fragole E Panna

Ingredienti: 100gr. di albume, 300gr. di zucchero, un pizzico di sale fino, 200gr. di panna montata, 200gr. di fragole a fettine.

Procedimento: Inserite la farfalla e fate attenzione che il boccale sia ben pulito e asciutto. Mettete gli albumi, lo zucchero e un pizzico di sale: un min 40° vel 2. Poi continuate a frullare per altri 10\15 min vel 2. Preriscaldate il forno a 140° Coprite la placca del forno con carta forno e versatevi l'albume così montato, formando due cerchi con lo stesso diametro o facendone tanti più piccoli. L'altezza non deve superare il centimetro, livellateli con la spatola. Cuocete a 100° per un'ora. Dopodiché controllate la cottura e se è necessario fate cuocere ancora un po'. Montate ora la panna come da ricettario base, pag 15. Sistemate la meringa, o le meringhe in un piatto da portata, coprite il primo strato con la panna e le fettine di fragole. Mettete l'altro strato di meringa e finite di guarnire con panna e fragole.

9.2.15.7 Pesche Al Moscato

Ingredienti: 4 pesche gialle, 120gr. di fragoline di bosco, 80gr. di panna fresca, 20 nocciole tostate e tritate grossolanamente, 10 amaretti, 180gr. di zucchero, 30gr. di farina, 500gr. di moscato, 2 tuorli + un uovo intero.

Procedimento: Mettete nel boccale 200gr. di moscato, 100gr. di zucchero e mezzo misurino d'acqua: 10 min 100° vel 2. Travasate in una ciotola. Mettete le pesche in acqua bollente per qualche minuto, sbucciatele, tagliatele a spicchi e mettetele nello sciroppo. Nel boccale inserite la farfalla, mettete 300gr. di moscato, 80gr. di zucchero, la farina e le uova: 7 min 80° vel 4. Terminata la cottura aggiungete la panna e qualche pezzetto di pesca: 10 sec vel 4. Prendete 6 bicchieri a calice e versatevi la crema trattenendone una piccola parte. Lasciate raffreddare. Riempite ogni calice a piacere mettendo sopra alla crema gli spicchi di pesca, un amaretto sbriciolato, delle fragoline, ancora un cucchiaio di crema e infine le nocciole spezzettate.

9.2.15.8 Tocino Del Cielo

Ingredienti: 250 gr di acqua, 500 gr di zucchero, 11 tuorli, 1 uovo intero, caramello liquido per lo stampo;1 lt.di acqua da mettere nel bicchiere.

Procedimento: uno stampo che stia dentro il "Varoma": preparare uno sciroppo con l'acqua e lo zucchero: 15'Temp.*varoma* vel.2 far raffreddare: Mettere la farfalla sulle lame programmare la vel 2 e aggiungere i tuorli e l'uovo intero per 15-20". Ricoprire lo stampo con caramello e versarvi il preparato.Mettere lo stampo nel Varoma, chiudendolo con carta da forno.Mettere l'acqua nel bicchiere e programmare 45' temp.Varoma, vel.2. Trascorso il tempo verificare che il tocino sia cotto pungendolo con uno spillo, se non è cotto programmare alcuni minuti in più alla stessa temp. E vel,: lasciatelo raffreddare prima di toglierlo dallo stampo.

9.2.15.9 Pere Helene

Ingredienti: 4 pere, succo di mezzo limone, 4 palle di gelato (vaniglia, panna o crema). Per la salsa al cioccolato: mezzo litro di panna fresca, 30gr. di miele, mezza buccia di vaniglia, 200gr. di cioccolato da cucina.

Procedimento: Pelate le pere, dimezzatele e bagnatele col succo di limone. Mettetele nel *varoma* con mezzo litro d'acqua nel boccale per 20 min temp *varoma* vel 1. Per la salsa: Mettete panna, miele e vaniglia nel contenitore per 4 minuti 90° vel 2. Spegnete. Mettete la cioccolata a pezzi dal foro del coperchio e lasciate andare ancora un minuto 40° vel 4, spatolando. Mettete due mezze pere in un piatto da dessert con una palla di gelato e cospargete con la salsa al cioccolato ancora calda.

9.2.15.10 Spuma Di Fragole In Coppa

Ingredienti: (x 4\5 pers.)300gr. di fragole, 200gr. di panna fresca da montare, 2 albumi, 60gr. di zucchero, 2 cucchiai di pistacchi tritati grossolanamente, 5gr. di colla di pesce, 2 cucchiai di meringhe sbriciolate, un cucchiaino di succo di limone. **Procedimento:** Ammollate la colla di pesce in una tazza d'acqua tiepida e succo di limone. Montate la panna ben fredda nel boccale a vel 3 con la farfalla. Travasate in una ciotola grande e tenetela in frigo. Mettete nel boccale 3 fragole e la colla di pesce ben strizzata: 2 min 40° vel 4. Aggiungete lo zucchero e le rimanenti fragole (meno 4 che serviranno per decorare): vel 6\7 per 30 sec. Travasate in una ciotola. Sciacquate il boccale, montate gli albumi a neve e travasateli nella ciotola con la panna aggiungendo anche il frullato di fragole. Versate la spuma di fragole nelle singole coppette e tenetele in frigo per 2 ore. Al momento di servire decorate con pistacchi tritati, meringhe sbriciolate e le fragole tagliate a metà.

9.2.15.11 Delicatezze Alle Pesche

Ingredienti: 1 confezione di savoiardi 1 scatola di pesche sciroppate 2 uova 500gr. di latte 100gr. di zucchero 50gr. di farina 1 scorzetta di limone
Procedimento: Sbriciolare 2 savoiardi a vel. Turbo e mettere da parte. Disporre i savoiardi in una pirofila. Inserire le pesche sciroppate e lo sciroppo nel boccale (tenere 2 metà di pesche da parte per la decorazione): 3 min 80° vel. 4. Al termine portare lentamente a velocità 7 per 30 secondi. Versare lo sciroppo sui savoiardi. Senza lavare il boccale inserire latte, uova, zucchero, farina e scorzetta di limone; cuocere 7 minuti 80° cel. 4 Versare la crema sui savoiardi. Lasciare raffreddare un po' e poi versare i savoiardi sbriciolati e decorare con le 2 pesche tenute da parte formando un fiore.

9.2.15.12 Scorzette Di Arancia Candite

Questa è l' ultima ricetta del 1° capitolo dedicato alle preparazioni di base. Tratto dal libro dolci al cucchiaio.
Ingredienti: scorza di 1/2 kg. di arance non trattate, succo di 1/2 limone.
Procedimento Tagliare a spicchi non troppo sottili le scorze delle arance e metterle a bagno in un recipiente per qualche ora, cambiando spesso l' acqua. Inserire nel boccale 1 litro di acqua: 10 min. 100° vel. 1 Aggiungere le scorze: 10 min. 100° vel. 1.
Scolarle, tagliarle a strisciette, pesarle e metterle da parte. Inserire nel boccale lo stesso peso di zucchero: 2 min. 90° vel. 1 senza misurino. Unire le scorzette: 10 min. 90° vel. 1 e 20 min. 100° vel. 1, sempre senza misurino. Quando manca 1/2 minuto al termine della cottura, aggiungere dal foro del coperchio il succo di limone. Versare subito il tutto su carta oleata o su un piano unto di olio e staccare le scorzette, con l' aiuto di due cucchiai. Farle raffreddare e conservarle in frigorifero.

9.2.15.13 Charlotte Alle Fragole

Dose per 8 persone
Ingredienti: 30 savoiardi 1 dose di crema pasticcera 500gr. di fragole lavate e asciugate
Per lo sciroppo: 100gr. di zucchero 150gr. di acqua 100gr. di Brandy o Maraschino
Procedimento Preparare lo sciroppo: inserire nel boccale acqua, zucchero e Brandy.

Procedimento: 3 min. 100° Vel 1 e metterlo da parte in una ciotola a raffreddare. Preparare la crema pasticcera, e lasciarla raffreddare. Pulire le fragole, te-nere da parte le più belle per la decorazione e le altre a pezzetti, unirle delicatamente alla crema pasticcerai Foderare uno stampo rotondo (diam. 22 cm.) con carta forno, facendo un disco per il fondo e una striscia per i bordi. Rivestire prima la base con savoiardi tagliati a misura e successivamente le pareti, sistemando i biscotti ben diritti, uno accanto all'altro, tenendo la parte bombata verso l'esterno. Con l'aiuto di una pennellessa inzuppare i 1 savoiardi con lo sciroppo tenuto da parte. Versare nello stampo metà del composto preparato, quindi coprire con savoiardi inzuppati nello sciroppo, unire l'altra parte del composto e terminare con un ulteriore strato di savoiardi inzuppati. Appoggiare sopra lo stampo un piatto e un peso e lasciare il dolce in frigorifero per almeno 12 ore. Al momento di servire, sformare la charlotte su un piatto da portata e decorarla con ciuffi di panna e fragole. 1 consigli di Gianfranca S. Questo dolce, io lo preparo anche con ananas o ciliegie e se vi sono bambini a astemi inzuppo i savoiardi nel latte. Per una preparazione decisamente estiva, si può sostituire la crema pasticcera con gelato alla vaniglia e ovviamente porre la charlotte ne congelatore.

9.2.15.14   Charlotte Alle Noci

Dose per 8 persone
Ingredienti: 30 biscotti savoiardi 200gr. di noci 50gr. di latte 50gr. di burro morbido 2 tuorli 2 albumi montati a neve 200gr. di zucchero Per lo sciroppo 150gr. di acqua 150gr. di Maraschino 100gr. di zucchero

Procedimento: Preparare lo sciroppo: Inserire nel boccale acqua, zucchero e Maraschino 3 min. IOO° veL 1 e mettere da parte lasciando raffreddare. Montare a neve gli albumi, e metterli da parte in frigorifero. Inserire nel boccale lo zucchero: 30 sec. veL Turbo. Con le lame in movimento a vel.8, aggiungere dal foro del coperchio le noci 30 sec. vel. turbo. Unire il latte e il burro: 1 min. veL3 e sempre con le lame in movimento, unire dal foro del coperchio i tuorli. 40 sec. veL3. Incorporare delicatamente al composto ottenuto, gli albumi a neve. Foderare uno stampo rotondo (diam. 22 cm.) con cartaforno, facendo un disco per il fondo e una striscia per i bordi. Rivestire prima la base con savoiardi tagliati a misura e successivamente le pareti, sistemando i biscotti ben diritti uno accanto all'altro, tenendo la parte bombata verso l' esterno. Con l'aiuto di una pennellessa inzuppare i savoiardi con lo sciroppo tenuto da parte. Versare nego stampo metà del composto preparato, quindi coprire con savoiardi inzuppati nello sciroppo, unire l'altra parte del composto e terminare con un ulteriore strato di savoiardi inzuppati Appoggiare sopra lo stampo un piatto e un peso e lasciare in frigorifero per almeno 12 ore. Al momento di servire, sformare la charlotte su un piatto da portata e decorarla con ciuffi di panna e gherigli di noci.

9.2.15.15   Charlotte Semplice

Dose per 6 persone **Ingredienti:** 1 dose di pan di Spagna 100gr. di marmellata di amarene 100gr. di nocciole tritate 1 dose di Cremone Bimby Per lo sciroppo: 200gr. di acqua 200gr. di zucchero 1 mis. di Rhum 1 bustina di vanillina

Procedimento: Preparare il pan di Spagna, cuocerlo in una tortiera rettangolare e tagliarlo a fette dello spessore di 1/2 cm. Preparare lo sciroppo, inserendo nel boccale tutti gli ingredienti. 4 min. IOO° vel 1 e metterlo da parte. Preparare il cremone Bimby. Mentre cuoce, rivestire internamente uno stampo per charlotte (cap. 2 It.) con cartaforno; disporre le fette di pari di Spagna sul fondo e sulle pareti dello stampo, sovrapponendole leggermente a raggio l'una all'altra, dal centro alle pareti. Bagnarle con lo sciroppo aiutandosi con una pennellessa. Disporre metà della crema ancora tiepida nello stampo, cospargere con il trito di nocciole, marmellata e 2 fette sbriciolate di pan di Spagna. Versarvi sopra la crema rimasta e Scoprire il tutto con altre fette di pan di Spagna imbevute nello sciroppo. Tenere in frigorifero per non meno di 3 ore, prima di servire. Sformare la charlotte su un piatto da portata, togliere la carta da forno e guarnire a piacere. Note: è possibile sostituire il pan di Spagna con ca. 300 gr di savoiardi.

9.2.15.16 Diplomatica Ai Marroni

Dose per 8 persone **Ingredienti:** 400gr. di marroni glassati sbriciolati 400gr. di panna montata 100gr. di zucchero a velo 250gr. di savoiardi Per lo sciroppo: 150gr. di acqua 100gr. di zucchero 100gr. di brandy o altro liquore a piacere Per guarnire salsa al cioccolato 6 marron glacé interi

Procedimento: Preparare lo sciroppo: inserire nel boccale acqua, zucchero e Brandy. 3 min. 100 'C veL 1 e metterlo in una ciotola a raffreddare. Preparare la crema chantilly, montando la panna con lo zucchero a velo, come da tic. pag. 6. Unire delicatamente alla panna i marroni sbriciolati. Inzuppare velocemente, uno alla volta3 i savoiardi nello sciroppo e, disponendoli verticalmente, foderare uno stampo da charlotte, unto di burro (diam. cm. 15, alt. cm. 20). Riempire l'interno dello stampo con la crema digr. alternata ad altri savoiardi inzuppati, avendo cura che lo stampo sia riempito in modo uniforme e porlo in frigorifero per almeno una notte. Poco prima di servirla, sformare la charlotte in un piatto da portata, lapparla con la salsa al cioccolato e guarnirla con i marron glacé interi.

9.2.15.17 Clafoutis Alle Ciliegie

Dose per 6 persone **Ingredienti:** 10Ogr. di farina o maizena 100gr. di zucchero 500gr. di latte 2 uova 1 bustina di vanillina o scorza di limone 500gr. di ciliegie

Procedimento: Lavare le ciliegie, togliere il picciolo, snocciolarle e depone sul fondo di una pirofila imburrata. Inserire nel boccale lo zucchero: 30 sec. veL turbo. Unire dal foro del coperchio, con lame in movimento veL4, le uova: 30 sec. veL 4. Aggiungere latte, farina e vanillina: 60 sec. veL4. Distribuire uniformemente il composto ottenuto sulle ciliegie. Cuocere in forno preriscaldato a 190° per 45 min. circa. Il clafoutis dovrà presentarsi ben dorato e uno stuzzicadenti infilato al centro dovrà uscire perfettamente asciutto. Sfornare, cospargerlo di zucchero a velo e servirlo tiepido. I consigli di Gianfranca S.: Questo dolce può essere fatto con qualsiasi tipo di frutta e può essere cotto anche a vapore nel *Varoma* sfruttando la cottura di una marmellata o quant'altro richieda una cottura di un'ora circa.

9.2.15.18 Coppette Di Mascarpone

Per 6 persone.

Ingredienti: 250 gr di mascarpone, 3 tuorli, 3 albumi montati a neve, 100 gr di zucchero, 50 gr di cioccolato fondente, 1/2 misurino di Brandy, 200 gr di savoiardi, 1 mis. e 1/2 di caffè forte, 1 mis. di latte.

Procedimento: Montare gli albumi a neve e metterli da parte in frigorifero. Inserire nel boccale il cioccolato: 15 sec. vel. 8 e metterlo da parte. Senza lavare il boccale, inserire turoli e zucchero: 2 min. vel. 9. Aggiungere il mascarpone: 30 sec. vel. 2. Unire il brandy, gli albumi montati a neve ed amalgamare bene: 30 sec. vel. 2. In una fondina mettere il caffè, allungarlo con il latte, bagnarvi velocemente i savoiardi e sistemarli in parti uguali sul fondo di 6 coppette. Versare sopra i biscotti la crema al mascarpone, dividendo anche questa in parti uguali. Spolverizzare la superficie con il cioccolato tritato tenuto da parte e riporre le coppette in frigorifero per almeno 3 ore prima di servire.

9.2.15.19 Nutella Fatta Con Le Uova Di Pasqua

Per consumare la cioccolata delle tante uova di Pasqua....

Ingredienti: 6o gr di mandorle tostate 6o gr di zucchero vanigliato(ne va poco, perché la cioccolata kinder è già tanto dolce) 150 gr di cioccolato Kinder 50 gr di cioccolato fondente 30 gr di burro 90 gr di latte scremato. Polverizzare le mandorle e lo zucchero per 30" a turbo;aggiungere il cioccolato 20" turbo; unire tutti gli altri ingredienti e cuocere 5', 50°, vel 4. Versare in un barattolo e lasciare raffreddare.

9.2.15.20 Zabaione

Ingredienti: 2 uova, 2 tuorli 300 gr di marsala 150 gr di zucchero.

Procedimento: Inserire tutti gli ingredienti nel boccale: 5 min. 70° vel. 3, terminata la cottura portare a vel. 8 per 1 secondo. A piacere si può servire caldo o freddo con biscottini o lingue di gatto. Si può dimezzare la quantità di marsala, sostituendolo con vino bianco secco.

9.2.15.21 Zabaione Al Vino Rosso

Ingredienti: Dose per 6 persone: 3 uova intere + 1 tuorlo 250gr. di vino rosso un po' corposo 150gr. di zucchero Mettere tutti gli ingredienti nel boccale e far cuocere per 5 minuti a vel. 4 70°. Mettere in coppette individuali e servire subito.

9.2.15.22 Dessert Delicato

Ingredienti: Inserire 120gr. di zucchero: 20" Turbo. Aggiungere 500gr. di ricotta, 50gr. di cacao amaro e 1 tazzina di caffè: 2' vel.4/5. Versare il composto in coppette individuali e decorare con panna montata

9.2.16 Dolci appunti

9.2.16.1 Angel Cake

Ingredienti: questa è la mia ricetta del ciambellone americano adattata al bimby. 8 uova 430 zucchero 400 farina 1 bicchiere di acqua fredda (come quello della nutella con i pupazzetti) 1 bicchiere di olio di semi 1 bustina di lievito la buccia e il succo di un limone.
Procedimento: mettere nel boccale 100gr. zucchero e la buccia del limone e polverizzare a Turbo.poi aggiungere tutti gli altri ingredienti nel boccale tranne il bianco dell'uovo che andra montato a parte con un pizzico di sale e qualche goccia di limone.Lavorare il tutto per 30/35sec. Vel.6 aggiungere il lievito e lavorare ancora qualche secondo a Vel.6, dopo di che versare il composto del boccale nel bianco e mescolare, mettere nello stampo speciale senza ungere e cuocere in forno appena acceso per 1 ora a 160/170 (a seconda del tipo di forno).... spero VI riesca....
ciao Vera

9.2.16.2 Banane Con Crema Al Cocco

Ingredienti: 4 grosse banane, 2 misurini di zucchero, 1 misurino di farina, ½ litro latte, ½ mis, cocco essiccato, 1 cucchiaino cannella.
Procedimento: Priva le banane delle estremità, lavale e senza pelarle mettile a cuocere nel *Varoma* con acqua bollente a Temp. Varoma. Toglile e sbucciale, svuota il boccale, metti gli altri ingredienti e cuoci per 7min. 90° Vel.4 Versa la salsa sulle banane e servi

9.2.16.3 Boganza (Dolce Friulano)

Ingredienti: 4 uova, 170gr. di latte, 2 cucchiai d'olio, 90gr. di lievito di birra (3 cubetti e 1\2), 2 bustine di vanillina, buccia di un'arancia e di un limone, 230gr. di zucchero, 730gr. di farina, 400gr. di noci, 400gr. di cioccolato fondente, 700gr. di miele. Sono dosi per 2 dolci.
Procedimento: Nel boccale inserire 170gr. di latte, 2 cucchiai d'olio, lievito di birra: 20sec Vel.4. Unire la vanillina, buccia di limone e arancia, zucchero, 4 tuorli: 2 minVel.4, unire gli albumi a n eve: 10sec Vel.4. Con lame a Vel.4 unire la farina: 2min. spatolando e 1, 30 minVel.spiga. Mettere in una grossa ciotola e lasciar lievitare almeno 6 ore. Stendere la pasta su un canovaccio. Tritare cioccolato e noci grossolanamente e metterle sulla pasta, versare il miele a filo tenendolo lontano dai bordi. Arrotolare e chiudere a ciambella. Lasciare lievitare tutta una notte, spennellare con rosso d'uovo sbattuto col latte. Mettere in forno caldo ventilato a 160° per 30 minuti

9.2.16.4 Cake Al Limone
Ricetta inedita.

Ingredienti: 500gr. di farina, 150gr. di burro morbido, 250gr. di zucchero, 60gr. di uvetta ammollata in acqua tiepida e scolata, 5 uova, 2 limoni non trattati. **Procedimento:** Mettete nel boccale zucchero e scorza dei limoni: 15sec Vel.Turbo. Unite burro morbido e tuorli: 20sec Vel.4. portate a Vel.5 e versate dal foro del coperchio il succo dei limoni e la farina, amalgamate x 30sec. A Vel.1 amalgamate l'uvetta per 10sec. Montate gli albumi a neve ben ferma con un pizzico di sale e incorporateli delicatamente al composto. Imburrate e infarinate uno stampo da plum cake, versate il composto e livellatelo bene. Infornate a 180° per 50min. ca.

9.2.16.5 Camille Bimby

Ingredienti: tratte dal libro dell'infanzia. 250 di carote 120 di zucchero 100 fecola 50 farina di mais una bustina di lievito 50gr. mandorle 2 uova piccole scorza di limone grattugiato.

Procedimento: inserire nel boccale mandorle zucchero e buccia di limone 20sec. Vel.Turbo. Aggiungere dal foro del coperchio con le lame in movimento a Vel.8 le carote a pezzi. Portare a a Turbo per 25sec.. Riunire il composto con la spatola e unire le uova. Sempre dal foro del coperchio e con le lame in movimento introdurre le farine e il lievito 30sec. Vel.7. ungere 6 pirottini di carta riempirli per meta e cuocere in forno caldo a 180 per 30 minuti circa. Volendo al posto delle due farine si può unire 100gr di *FARINA SENZA GLUTINE*

9.2.16.6 Caramelle Di Sfoglia Salate E Dolci

Ingredienti: Si stende la sfoglia abbastanza sottile, si taglia a rettangoli e si farcisce con polpettine, olive, prosc. e quant'altro, oppure si spolvera di zucchero e si farcisce con cubetti di frutta rotolata nello zucchero. Si arrotola a forma di caramella, si spennella di tuorlo e acqua e si cuoce a 200° per 10/15min.

9.2.16.7 Cartocci Di Frutta Alle Spezie

Ingredienti: x 4: 2 banane, 4 fichi secchi, 2 pere decana, un cucchiaino di succo di limone, un baccello di cardamomo, 1\2 cucchiaino di cannella, un cucchiaio di zucchero, 2 cucchiai di liquore all'amaretto, 4 Palline di gelato al cocco.

Procedimento: Preparare 4 quadrati di carta speciale per dolci, bagnata e strizzata o carta forno. In una ciotola porre le banane sbucciate e tagliate a rondelle spesse e le pere sbucciate, affettate non troppo finemente. Bagnare la frutta col succo di limone, spolverizzarla di zucchero, aromatizzarla con la cannella e i semi di cardamomo pestati (si ottengono rompendo l'involucro del cardamomo): mescolare e lasaciar riposare tutto per 30 m. Distribuire 1\4 della preparazione in ogni cartoccio. Porre al centro di ognuno un fico secco inciso a croce, spruzzare col liquore all'amaretto, chiudere bene i cartocci e disporli nel varoma. Inserire nel boccale 1 lt d'acqua: 10min. 100°Vel.1. Quando l'acqua bolle posizionare il varoma: 10min. *varoma* Vel.1. A questo punto togliere il coperchio del varoma, aprire leggermente i cartocci e continuare la cottura per 3 minuti. Mettere un cartoccio su ogni piatto, aprirlo, mettere al centro una pallina di gelato appena tolto dal freezer e servire subito

9.2.16.8 Cenci

Ingredienti: 200gr. di farina, 2 uova, 1 cucchiaio di olio, 1 cucchiaio di grappa, 2 cucchiaini di zucchero, 1 pizzico di sale

Procedimento: Inserite tutti gli ingredienti nel boccale: 30sec., Vel.5 spatolando. Far riposare l'impasto per 30min. circa. Tirare una sfoglia piuttosto sottile e tagliarla a rombi irregolari. Friggere in abbondante olio bollente. Scolare con un mestolo forato e cospargere di zucchero a velo.

9.2.16.9 Charlotte Di Pesche

Ingredienti: x 8: 5 pesche bianche, un pacco di savoiardi da 300 g, 6 cucchiai di zucchero, 100gr. di burro, salsa all'uva fragola **Procedimento:** Sbucciare e tagliare le pesche a spicchi. Inserire il burro nel boccale: 4min. 40°Vel.1 e metterlo da prate. Inserire nel boccale 1, 200 lt d'acqua e portare ad ebollizione: 12min. 100°Vel.1. Spennellare con un po' di burro fuso, uno stampo da charlotte e foderarlo con carta forno (il burro serve da collante tra la carta e lo stampo). Appoggiare sul fondo uno strato di pesche, cospargerle di zucchero e irrorarle con una prate del burro sciolto. Coprire con una prate di savoiardi sagomati a misura dello stampo. Procedere alternando le pesche col burro e lo zucchero ai biscotti e terminare con questi ultimi. Coprire con un foglio d'alluminio e sistemare lo stampo nel varoma. Quando l'acqua bolle, posizionare il *varoma* sul boccale e cuocere: 60min. 100° *varoma* Vel.1. Al termine lasciare raffreddare e sformare la charlotte in un piatto da portata. Servirla ben fredda con salsa all'uva fragola. Come stampo si può utilizzare quelli d'alluminio usa e getta di forma ovale che si adatta perfettamente al varoma. Per arricchire questo pudding, tra le pesche e i biscotti, si può mettere uno strato di crema pasticcera

9.2.16.10 Chiacchere Dell'elvira

Ingredienti: 250gr. di farina, 200gr. di panna liquida, 1 cucchiaio di zucchero, 1 pizzico di sale
Procedimento: inserite tutti gli ingredienti nel boccale: 20sec. Vel.6. Lasciare riposare l'impasto per 1 ora circa. Tirare una sfoglia piuttosto sottile, tagliarla in tante strisce regolari, annodarle e friggerle in olio bollente. Scolarle con un mestolo forato e cospargerle con zucchero a velo

9.2.16.11 Ciambella

Ingredienti: Ricetta adattata. 100gr. burro morbido, 200gr. zucchero, 2 uova, 1/2 bicchiere di latte, 300gr. di farina, scorza di limone grattugiata, lievito per torte.Fare andare il burro morbido più lo zucchero a Vel.4 velocemente, poi unire le due uova e fare andare a Vel.4; unire il latte, a Vel.4, unire farina e limone, Vel.6 velocemente; infine il lievito aiutandosi con la spatola.Cuocere a 180° per 40min.

9.2.16.12 Ciambella Allo Yogurt Con Pesche

Ricetta adattata.
Ingredienti: 150gr. di farina, 50gr. di fecola, 2 pesche, 125gr. di yogurt naturale, 2 uova, 130gr. di zucchero, 80gr. di burro morbido, scorza di 1\2 limone, una bustina di lievito, sale.
Procedimento: Mettete nel boccale zucchero e scorza di limone: 20sec Vel.Turbo. Unite le uova: 30sec Vel.4, il burro morbido: 20sec Vel.5, lo yogurt: 20sec Vel.5, poi la farina, la fecola, il lievito e un pizzico di sale: 30sec Vel.5. Dovete ottenere un composto cremoso. Versate in uno stampo a ciambella di 22cm imburrato e infarinato e livellate la superficie. lavate e tagliate a spicchi le pesche senza sbucciarle. Disponetele sul dolce premendo leggermente per farle affondare, in modo che si veda appena il dorso dello spicchio. Cuocete in forno caldo a 180° per 40\45 minuti. Lasciate raffreddare e sformatela su un piatto

9.2.16.13 Ciambella Al Cioccolato Anticolesterolo

Ingredienti: 250gr. di zucchero; 200gr. di farina; 250gr. di latte; 75gr. di cacao amaro; 1 bustina di lievito. Inserire lo zucchero nel boccale: 20sec. a Vel.Turbo. Unire gli altri ingredienti tranne il lievito: 30sec. Vel.5. Unire il lievito: 40sec. Vel.6.Versare in una tortiera a cerniera e spargere sopra un po' di zucchero a velo, infornare a forno preriscaldato a 180° per 35min. c.a. Spero di avervi fatto cosa gradita, specialmente alle golosone di cacao come me Liliana Vr

9.2.16.14 Ciambella Bolognese

Rivista bimby.

Ingredienti: 500gr. di farina, 200gr. di zucchero, 150gr. di burro freddo da frigo, 2 uova, una bustina di lievito, scorza grattugiata di limone, 50gr. di latte, un pizzico di sale.
Procedimento: Inserite nel boccale zucchero, uova, burro e sale: 40sec Vel.3. Unite farina, limone, lievito, latte e impastate a Vel.6 per il tempo necessario ad amalgamare gli ingredienti. Formate con la pasta due cilindri, spennellate con albume e cospargete di zucchero. Infornate a 180° per 30 minuti

9.2.16.15 Ciambella Alla Ricotta

Ricetta adattata.
Ingredienti: 400gr. di ricotta, un limone, 300gr. di zucchero, 300gr. di farina, 3 uova, una bustina di lievito, sale.
Procedimento: Mettete nel boccale zucchero e scorza di limone: 10\15sec Vel.Turbo. Unite i tuorli, la ricotta e il succo di limone: 20sec Vel.4 spatolando. portate a velocità 5 e dal foro del coperchio con lame in movimento versate la farina mescolata al lievito: 30sec Vel.5. Montate a neve ben ferma le chiare con un pizzico di zucchero e unitele delicatamente all'impasto. Accendete il forno a 180°. Versate il composto in uno stampo imburrato e infarinato e infornate per circa un'ora. lasciatela riposare per 5 minuti, sformatela e lasciatela raffreddare

9.2.16.16 Ciambella Di Arancia Con La Buccia

Ingredienti: Un'arancia intera lavata bene, 2 misurini e 1\2 di zucchero, 3 uova, un misurino d'olio, 400gr. di farina, una bustina di lievito, 1 misurino e 1\2 di succo d'arancia.
Procedimento: Inserite nel boccale l'arancia a pezzetti e lo zucchero e omogeneizzate a Vel.Turbo. Poi portate a Vel.3 50° per un minuto. Aggiungete l'olio, le uova e lasciate lavorare 1 o 2 minuti a Vel.Turbo. Riportate a Vel.5 e versate la farina, il lievito e il succo d'arancia. Infornate a forno caldo a 180° per 30\40 minuti.

9.2.16.17 Ciambella Alle Nocciole

Ingredienti: 200 nocciole 100 fecola 100 farina 150 zucchero 150 burro 3 uova 1 bustina lievito
Procedimento: Inserire nel boccale zucchero e nocciole 1min. Vel.Turbo, aggiungere le uova e il burro 20sec. Vel.6, unire tutti gli ingrdienti rimasti tranne il lievito 30sec. Vel.6 infine il lievito 10sec. Vel.6.Portare a zero e dare due colpi di Turbo. versare l'impasto in uno stampo a ciambella e cuocere 180 per 40 minuti circa.

9.2.16.18 Ciambella Al Cioccolato

Io l'ho provata ed è buona anche senza burro e uova. PROVARE PER CREDERE!
Ingredienti: 250gr. di zucchero; 200gr. di farina; 250gr. di latte; 75gr. di cacao amaro; 1 bustina di lievito.
Procedimento: Inserire lo zucchero nel boccale: 20sec. a Vel.Turbo. Unire gli altri ingredienti tranne il lievito: 30sec. Vel.5. Unire il lievito: 40sec. Vel.6.Versare in una tortiera a cerniera e spargere sopra un po' di zucchero a velo, infornare a forno preriscaldato a 180° per 35min. c.a. Spero di avervi fatto cosa gradita, specialmente alle golosone di cacao come me. Ciao.

9.2.16.19 Ciambella Alle Noci

Ricetta inedita.
Ingredienti: 200 zucchero 250 farina 1 misurino olio semi 3 uova intere 1 bustina 1 cucchiaino di cannella
Procedimento: impastare tutto questo per 30sec. Vel.5/6 poi aggiungere 2 manciate di noci 100 cioccolato dondente a pezzi 3 mele bianche a pezzi amalgamare 30sec. Vel.2/3 spatolando. Infornare per circa

9.2.16.20 Ciambelline

Ingredienti: 500gr. di farina, 200gr. di zucchero, 180gr. di olio, 2 uova, ½ mis. di vino bianco, ½ bustina di lievito, scorza di un limone

Procedimento: Inserire nel boccale zucchero e scorza di limone: 30sec. Vel.Turbo. Unire uova, olio, vino bianco, farina e lievito: 1min., Vel.6, spatolando. Rovesciare l'impasto e lasciarlo riposare per 15min. Staccare piccoli pezzetti di pasta, ricavarne dei cilindretti e con questi formare delle ciambelline. Spolverizzare la superficie delle ciambelline con lo zucchero e disporle su una placca coperta da carta da forno. Cuocere in forno preriscaldato a 200° per 20min.

9.2.16.21 Cioccolaccio

Ingredienti: 300gr. di zucchero; 100gr. di cacao amaro; 100gr. di cioccolato fondente; 60gr. di farina; 1/2 li. di latte; 1 bustina di cannella. Per decorare: 50gr. di cioccolato fondente a scaglie.

Procedimento: inserire nel boccale, dal foro del coperchio con lame in movimentoVel.5, il cioccolato fondente: 20" Vel.8. Unire il cacao amaro e zucchero: 30" Vel.4 VErsare in una bella ciotola, lasciare raffreddare, decorare con cioccolato a scaglie, cannella e servire con biscotti secchi o con chiacchere. Ciao, Anna

9.2.16.22 Clafoutis Di Pere

Ingredienti: gr. 120 farina, gr. 300 pere (oppure 150 fragole e 150 ciliegi senza nocciolo), ml. 250 di latte scremato, 2 uova, 50gr. zucchero. Preparare sbucciate a fette abbastanza sottili le pere. Mettere nel boccale la farina, il latte, le uova e lo zucchero: 30sec. Vel.5-6. Adagiare la frutta sul fondo di una tortiera di 26-28cm. e quindi versare il composto preparato nel Bimby. Metetre in forno già caldo a 180° per 40 minuti. Servire tiepido se si vuole ricoperto di zucchero a velo.

9.2.16.23 Clafoutis Di Lamponi

Ingredienti: x 4: 300gr. di latte, 2 cucchiai di panna fresca, 2 uova e 2 tuorli, 50gr. di maizena, 150gr. di zucchero, una bustina di vanillina, 400gr. di lamponi freschi o surgelati, 20gr. di burro.

Procedimento: Inserire nel boccale uova e tuorli, 120gr. di zucchero, maizena e vanillina: 10sec Vel.5. Aggiungere dal foro del coperchio can lame in movimentoVel.5, panna e latte: 10sec Vel.5 e mettere da prate il composto ottenuto. Inserire ora nel boccale un lt d'acqua: 10min. 100°Vel.1. Nel frattempo ungere con poco burro piccoli ramequins individuali d'alluminio o porcellana, da porre internamente al varoma; disporvi i lamponi, versarvi sopra il composto tenuto da prate e porli nel varoma. Quando l'acqua bolle posizionare il *varoma* sul boccale e cuocere: 40min. *varoma* Vel.1. Al termine togliere i ramequins, spolverizzare la superficie con lo zucchero rimasto e servirli caldi o tiepidi. Si può servire caldo accompagnato da gelato alla vaniglia o alla panna. Contemporaneamente alla cottura di questo dessert nel boccale si può preparare una marmellata

9.2.16.24 Colomba Classica

Ingredienti: 300gr. farina, 100gr. burro, 100gr. zucchero, 80gr. scorzette di arancia candita, la buccia raschiata di 1 arancia, 25gr. lievito di birra, 30gr. latte, 50gr. acqua tiepida, 80gr. uvetta, 2 uova intere, 2 tuorli. Inserire nel boccale lievito e latte: 3secVel.4. Aggiungere 60gr. farina 20sec Vel.5 spatolando, coprire con il misurino e far lievitare per un'ora. Azionare il bimby 3sec vel5 e versare dal foro del coperchio 50gr. acqua tiepida e 100gr. farina: 20sec Vel.5 spatolando.Coprire con il misurino e far lievitare ancora 1 ora e 1/2. Aggiungere dal foro le uova intere e i tuorli, il burro, lo zucchero 10sec Vel.5. Con le lame in movimento a Vel.5 far cadere la restante farina 10sec Vel.5 e 5 minVel.SPIGA. Aggiungere la frutta candita infarinata l'uvetta e la buccia d'arancia 20sec Vel.3. Versare l'impastoin una terrina coprire e lievitare per 6-7 ore meglio se tutta la notte. Versare l'impasto in una teglia da colomba e far rilievitare finchè non riempie la forma e mettere in forno per 1 ora a 180°. Alla fine spennellare con bianco d'uovo, cosprgere con granella di zucchero e mandorle a scaglie e cuocere finchè le mandorle non sono dorate

9.2.16.25 Colomba Veloce (Monica)

Ingredienti: 300gr. farina, 250gr. zucchero, 80gr. olio, 50gr. mandorle intere e pelate, 50gr. mandorle tritate, 6 uova, scorza di limone, granella di zucchero.

Inserire nel boccale zucchero, scorza di limone, uova (tenere da parte 2 cucchiai di albume) e olio e portare lentamente da Vel.1 a Vel.9 per 50sec. Aggiungere dal foro del coperchio con le lame in movimento a Vel.7 la farina e il lievito per 50sec. Imburrate uno stampo da colomba, versare l'impasto e cuocere in forno già caldo a 180° per 20min. e a 200° per altri 15'. Spalmare la colomba con l'albume, cospargerla di granella di zucchero, sistemare le mandorle e cuocere a 180° per pochi minuti. NOTA: si può avere anche la colomba al cioccolato: tritare 100gr. di cioccolato fondente, unire 30gr. di burro 5min. 50°Vel.4 e ricoprire la colomba appena cotta poi guarnire con le mandorle.

9.2.16.26 Colomba Classica

Ingredienti: 300gr. farina, 100gr. burro, 100gr. zucchero, 80gr. scorzette di arancia candita, la buccia d'arancia (1 arancia), 25gr. lievito di birra, 30gr. latte, 50gr. acqua tiepida, 80gr. uvetta, 2 uova intere, 2 tuorli. limone

Procedimento: Inserire nel boccale lievito e latte: 3secVel.4. Aggiungere 60gr. farina 20sec Vel.5 spatolando, coprire con il misurino e far lievitare per un'ora. Azionare il bimby 3sec vel5 e versare dal foro del coperchio 50gr. acqua tiepida e 100gr. farina: 20sec Vel.5 spatolando.Coprire con il misurino e far lievitare ancora 1 ora e 1/2. Aggiungere dal foro le uova intere e i tuorli, il burro, lo zucchero 10sec Vel.5. Con le lame in movimento a Vel.5 far cadere la restante farina 10sec Vel.5 e 5 minVel.SPIGA. Aggiungere la frutta candita infarinata l'uvetta e la buccia d'arancia 20sec Vel.3. Versare l'impastoin una terrina coprire e lievitare per 6-7 ore meglio se tutta la notte. Versare l'impasto in una teglia da colomba e far rilievitare finchè non riempie la forma e mettere in forno per 1 ora a 180°. Alla fine spennellare con bianco d'uovo, cosprgere con granella di zucchero e mandorle a scaglie e cuocere finchè le mandorle non sono dorate

9.2.16.27 Colomba Pasquale

Ingredienti: 550gr. Farina, 120gr. Burro, 125gr. Zucchero, 100gr. scorzette di arancio candite (infarinate), 35gr. lievito di birra, 50gr. Latte, 100gr. uvetta (ammollata e asciugata nel canovaccio), 4 uova intere limone

Procedimento: Inserire nel boccale il lievito con il latte: 3sec. 40 gradi scarsi Vel.3. Aggiungere 100gr. farina 20sec. Vel.5; coprire con il misurino e lasciare lievitare per 1 ora. Azionare 3sec. Vel.5 e versare dal foro 70gr. acqua e 150gr. di farina 20sec. Vel.5, spatolando. Coprire con il misurino e lasciare lievitare per 1 ora e mezza.Aggiungere poi, dal foro del coperchio, le uova intere, il burro e il sale: 10sec. Vel.5. Con le lame in movimento fate cadere dal foro del coperchio la restante farina: 10sec. Vel.5. Lavorare poi a Vel.spiga 5min. Ad apparecchio fermo aggiungere dal foro del coperchio la frutta candita passata nella farina, l'uvetta e la buccia raschiata di un'arancia 20sec. Vel.3. Versate l'impasto in una terrina, copritela e lasciatela lievitare per 6 o 7 ore, meglio l'intera notte. Versate poi una parte dell'impasto in una teglia a forma di colomba del diametro di circa 25cm. e il rimanente in una più piccola.(Non preoccupatevi se non trovate la forma di colomba perchè è così buona che prenderà il volo anche senza ali. Lasciate lievitaare finchè non riempie l'intera forma, infornare a 180° per circa 40 / 50 minuti. Guarnite la colomba spalmandola appena uscita dal forno con chiara d'uova non montata. Cospargetela con granella di zucchero e filetti di mandorle tostate e rimettete in forno per 5 minuti. Bmary

9.2.16.28 Cornetti

Ingredienti: gr. 500 farinagr. 150 zuccherogr. 150 burro morbido 4 uova se grandi 3gr. 50 di latte 1 cubetto di lievito un pizzico di sale. Inserire nel boccale il latte e riscaldarlo per 1min. temp. 40 Vel.1. Aggiungere il lievito e scioglierlo nel latte 10sec. Vel.5, inserire le uova il burro lo zucchero e la farina con un pizzico si sale e amalgamare per 30sec. a Vel.6. Poi impastare per 30sec. Vel.spiga. Lasciar lievitare l'impasto nel boccale, dopo la lievitazione togliere l'impasto porlo su una spianatoia infarinata e stenderlo in un rettangolo, tagliarlo a triangoli se si vogliono i cornetti già farciti porre sul lato largo la farcitura voluta (nutella, crema, marmellata) arrotolarli fino ad arrivare alla punta del triangolo curvarli a mò di mezzaluna farli lievitare nuovamente e porli in forno caldo a 200° per circa 10min. cospargerli con zucchero a velo. Se si congelano toglierli dal congelatore la sera prima lasciarli lievitare tutta la notte e al mattina infornarli. sono buonissimi

9.2.16.29 Creme Caramel

Ingredienti (per 4 persone) 250gr. di latte, 1 uovo intero, 2 tuorli, 120gr. di zucchero, 1 pizzico di vaniglia (facoltativo)

Procedimento: Versare in un pentolino 70gr. di zucchero con un cucchiaino di acqua e farlo caramellare su fuoco basso fino al caratteristico colore biondo. Versare il caramello in 4 stampini da crème caramel, inclinarli velocemente in tutti i sensi per distribuire il caramello sulle pareti e immergerli un attimo in acqua fredda per farlo aderire alle pareti. Versare nel boccale il rimanente zucchero e tutti gli altri **ingredienti:** 40sec. Vel.4. Versare il composto negli stampini e disporli nel Varoma. Sciacquare il boccale e inserire 1/2 lt.di acqua: 6min. 100°C Vel.1. Quando l'acqua bolle posizionare il *Varoma* ben chiuso e cuocere: 30min. temp.*Varoma* Vel.1. Togliere il *Varoma* dal boccale e lasciare intiepidire. Mettere poi gli stampini in frigorifero per un paio d'ore. Si servono capovolti in piattini individuali

9.2.16.30 Crescia Dolce

Ingredienti: E' una ricetta di mia nonna.15 uova, 1/2 kg.di pasta pane(mi ha detto che la prendeva dal fornaio), 3etti di margherina, 3 etti canditi, 3 etti di uva sultanina, 7 etti di zucchero, 3 etti e 1/2 di lievito di birra, 2 kr. di farina, un pizzico di anici.Ora sta a te adattarla ciao

9.2.16.31 Delicatezza Di Pesche

Ingredienti: 1 confezione di savoiardi 1 scatola di pesche sciroppate 2 uova 500gr. di latte 100gr. di zucchero 50gr. di farina 1 scorza di limone

Procedimento: Sbriciolare 2 savoiardi a Vel.Turbo e mettere da parte. Disporre i savoiardi in una pirofila. Inserire le pesche sciroppate e lo sciroppo nel boccale (tenere 2 metà di pesche da parte per la decorazione): 3min. 80° Vel.4. Al termine portare lentamente a velocità 7 per 30 secondi. Versare lo sciroppo sui savoiardi. Senza lavare il boccale inserire latte, uova, zucchero, farina e scorzetta di limone; cuocere 7 minuti 80° cel. 4 Versare la crema sui savoiardi. Lasciare raffreddare un pò e poi versare i savoiardi sbriciolati e decorare con le 2 pesche tenute da parte formando un fiore. Consiglio: la crema va versate subito sul dolce perchè (per fortuna) si addensa molto velocemente. Se vuoi una crema un pochino più leggera puoi usare 1 uovo intero + 1 albume.

9.2.16.32 Dolce Di Cioccolata Al Varoma

Ingredienti: 100gr. di nocciole tostate e spellate, 3 uova, 300gr. di cioccolato fondente, 100gr. di panna fresca, 100gr. di burro, 60gr. di zucchero, 1 cucchiaio di fecola di patate, zucchero a velo.

Procedimento: Tritare le nocciole: 5sec. Vel.5 e tenetele da parte. Tritate il cioccolato 20sec. Vel.Turbo, aggiungete la panna e il burro e cuocete: 4min. 60°, Vel.4. Travasate il tutto in una ciotola e sciacquate il boccale. Inserite i 3 tuorli e lo zucchero e montate 1min. Vel.3; con le lame in movimento a Vel.3 inserite dal foro del coperchio la fecola, il cioccolato e le nocciole e lasciate a Vel.3 per qualche secondo. Travasate il tutto in una ciotola. Inserite la farfalla sulle lame e montate gli albumi aggiungendo n pizzico di sale: 2min. Vel.3 Incorporate gli albumi al composto di cioccolato con un cucchiaio o un forchettone di legno, con movimenti non circolari ma dal basso verso l'alto. Inserite nel boccale 1/2 litro di acqua e portate ad ebollizione. Foderate il vassoio del *Varoma* con un foglio di carta da forno e travasateci il composto preparato. Chiudete il *Varoma* ed appoggiatelo sul coperchio quando comincia ad uscire il vapore. Cuocete 30min. temp. *Varoma* Vel.1. Al termine della cottura il dolce si sarà gonfiato e rassodato. Rovesciate su un piatto da portata (possibilmente ovale) e lasciate raffreddare. Tagliatelo poi a quadretti o losanghe di circa 2x2cm. e cospargete con zucchero a velo. Servite 2 pezzettini per persona accompagnando il dolce con crema inglese o salsa alla frutta o panna semi-montata

9.2.16.33 Dolce Di Fragole E Panna

Ingredienti: Montare 500gr. di panna con 90gr. di zucchero, 28sec. Vel.3 (utilizzare la farfalla), porre poi la panna montata in frigo. cannella

Procedimento: Frullare 400gr. di fracole con 130gr. di zucchero, 20sec. Vel.6/7. Preparare una crema pasticcera fluida (o altra crema a piacere) e farla raffreddare. Disporre dei biscotti savoiardi in una pirofila e inzuppare gli stessi prima con la salsa di fragole poi con la crema pasticcera fredda. Ricoprire il dolce con la panna montana e guarnire con pezzi di fragola

9.2.16.34 Dolce Pan Polenta

Ingredienti: questa è una ricetta che ho trovato nelle fotocopie della mia presentatrice. 5 uova 300 farina 150 farina gialla (finissima) 300 zucchero 300 burro morbido 1 bustina di lievito 1 bustina di vanillina 1 misurino di liquore strega. metti nel boccale uova zucchero burro vanillina liquore pochisec. Vel.4. Aggiungi dal foro del coperchio la farina bianca e quella gialla un pizzico di sale la bustina 30sec. Vel.6/7 e 30sec. Vel.spiga imburra e infarina una ruoto a cupola e se avete quelli di carta a forma di stella o di albero e infornate a 180 per circa 1 ora.-

9.2.16.35 Dolce Al Cioccolato

Ingredienti: 300gr. farina, 75 cacao, 100 burro, 200gr. zucchero, latte q.b.(quasi 1/2 litro, un pò di liquore a piacere (io metto il Borsci), 1 bustina di lievito, 1 bustina di vaniglina, un pizzico di sale. **Procedimento:** mescolare farina, sale, cacao e zucchero per togliere eventuali grumi.Aggiungere il burro fuso freddo, e poi versare il latte a filo finchè la consistenza non sembra giusta (deve venire come quella del pan di Spagna). Aggiungere il liquore, la bustina di lievito e quella di vaniglina. Infornare a 170 gradi per 35 minuti. Lo puoi farcire, senza bagnarlo (è già umido) mescolando panna, cioccolato bianco fuso e pezzetti di marron glacees (le dosi sono "ad occhio"!). Spero ti piaccia!Adriana

9.2.16.36 Dolcetti Di Dattero

Ingredienti: x 4: 350gr. di datteri freschi, 60gr. di miele, 70gr. di pistacchi sgusciati, 180gr. di fiocchi d'avena precotti, 30gr. di sesamo, un cucchiaio e 1\2 d'acqua di rose per dolci, scorza di un'arancia non trattata, olio di arachidi.
Procedimento: Immergere i pistacchi in acqua bollente per 30min. e strofinarli tra le dita per eliminare bene tutte le pellicine. Farli asciugare, tritarli grossolanamente con 2\3 colpi di Turbo e metterli da prate. Tritare finemente i datteri privati del nocciolo inserendoli nel boccale dal foro del coperchio con lame in movVel.6: 30sec Vel.6. Unire l'acqua di rose: 15sec Vel.3. Aggiungere miele, fiocchi d'avena e metà dei pistacchi tritati: 30sec Vel.3, spatolando. Con le mani leggermente unte d'olio di arachidi formare dei dolcetti a forma di ciambelline e disporli, con la scorza d'arancia tagliata sottile, nel *varoma* leggermente unto. Senza sciacquare il boccale inserire 750gr. d'acqua: 8min. 100°Vel.7. Posizionare il *varoma* sul coperchio e cuocere: 12min. *varoma* Vel.2. Tostare i semi di sesamo in una padella antiaderente per 3min. circa, mescolando, facendo attenzione che non si scuriscano troppo e unirli ai piastacchi tenuti da prate. Servire i dolcetti dopo averli passati, ancora tiepidi, nel sesamo e nei pistacchi rimasti. Sono più buoni se gustati il giorno dopo

9.2.16.37 Dolci Delizie

Ingredienti: prendere 100gr. di farina e 100 cl di latte mettere nel bimby e frullare per 4 minuti a bassa velocità, aggiungere 4 pesche sbucciate e 20gr. di zucchero, frullare nuovamente a bassa velocità;cuocere per 3 minuti a 100° Versare in una tortiera imburrata e cuocere per 30' a 180-200°. Sformate e servite con zucchero a velo.

9.2.16.38 Fichi Con Salsa Di Fragoline Selvatiche

Ingredienti: x 6: 16 fichi maturi e sodi, 200gr. di fragoline di bosco, 2 cucchiai di zucchero, un foglio di colla di pesce, un cucchiaio di creme de fraise (liquore di fragole selvatiche).
Procedimento: Mettere a bagno la colla di pesce in un bicchier d'acqua fredda. Scolarla, strizzarla bene e inserirla nel boccale con fragole, zucchero e liquore: 20sec Vel.4 e 1 minVel.Turbo. Togliere e mettere da parte. Inserire nel boccale 1 lt d'acqua: 12min. 100°Vel.1. Nel frattempo lavare i fichi, asciugarli e adagiarli in un contenitore di pirex o d'alluminio a bordi alti che entri nel varoma, irrorarli con la salsa precedentemente preparata e coprire il tutto con un foglio d'alluminio sigillando bene il contenitore. Quando l'acqua bolle, posizionare il *varoma* sul boccale: 30min. *varoma* Vel.1. Terminata la cottura, lasciarlo intiepidire e riporre in frigo fino al giorno dopo. E' un ottimo dessert. In mancanza di fragoline selvatiche e di creme de fraise, la salsina della ricetta può essere sostituita con la seguente: 100gr. di zucchero, 200gr. di fragole, succo di 1\2 limone: 4min. 80°Vel.4. A piacere potete anche sostituire il limone con 1\2 mis di grappa o cognac.

9.2.16.39 Flan Delle Antille All'arancia

Ingredienti: . 300gr. di panna, 100gr. di latte, 100gr. di succo d'arancia, 150gr. di zucchero, 60gr. di farina di noce di cocco, scorza di 1/2 arancia non trattata (solo la parte gialla), 3 uova intere, 2-3 cucchiai di marmellata d'arancia. Per la guarnizione: panna montata, 1 arancia.

Procedimento: Inserire nel boccale zucchero e scorza d'arancia: 1min. Vel.Turbo. Unire le uova intere: 2min. Vel.4. Aggiungere panna, latte, succo d'arancia: 1min. Vel.4. Unire la farina di cocco: 30sec. Vel.6. Imburrare uno stampo ad anello col foro, mettere sul fondo la marmellata e versare la preparazione. Mettere nel boccale 600gr. di acqua: 7min. 100°C Vel.2. Posizionare il *Varoma* e cuocere: 30min. temp.*Varoma* Vel.2. Togliere lo stampo, lasciarlo raffreddare e sformarlo in un piatto di portata. Guarnire tutto attorno con mezze fette d'arancia, la scorza a filetti, e mettere al centro la panna montata. E' un dolce molto delicato, buono e semplice da realizzare

9.2.16.40   Focaccia Delicata

Ingredienti: 3 uova, 200gr. di zucchero, 350gr. di farina, una bustina di lievito, un bicchiere di latte, un bicchiere d'olio, scorza di un'arancia. mettete nel boccale scorza e zucchero: 20sec Vel.Turbo. unite uova, latte e olio: 30sec Vel.4. Dal foro del coperchio con lame in movimentoVel.4 unite la farina: 15sec Vel.4 e 15sec Vel.6. mettete il lievito: 10sec Vel.6. Imburrate e infarinate uno stampo da ciambella e versate il composto. Infornate a 170° per 50min. Quando è freddo cospargete di zucchero a velo.

9.2.16.41   Focaccia Di Mirtilli

Ingredienti: x 6. 200gr. di farina, 600gr. di mirtilli, 120gr. di zucchero, 3 uova, 40gr. di burro morbido, 250gr. di latte, 30gr. di zucchero a velo, scorza grattugiata di un limone, 1 bustina di lievito.

Procedimento: Lavare e asciugare i mirtilli e disporli in una teglia (diam. 20cm.), imburrata. Inserire nel boccale le uova, 10sec. Vel.8 e aggiungere tutti gli altri **ingredienti:** 1min. Vel.9. Versare l'impasto sui mirtilli e cuocere in forno preriscaldato a 108° per 40 minuti. Sformare e cospargere di zucchero a velo. Servire fredda

9.2.16.42   Frollini Al Limone

Ingredienti: 110gr. di burro morbido; 30gr. di zucchero; scorza di 1 limone; 150gr. di farina.

Procedimento: Inserire nel boccale zucchero e scorza di limone: 20" Vel.Turbo. Aggiungere tutti gli altri ingredienti 20sec. Vel.4. Stendere una sfoglia di circa 3 mm. di spessore e con gli appositi stampini ritagliare i biscotti. Sistemarli su una placca foderata con carta forno e cuocerli in forno preriscaldato a 160° per 15' circa, finchè i biscotti si presentino dorati. La dose può essere raddoppiata e si possono conservare per una decina di giorni in una scatola a chiusura ermetica.

9.2.16.43   Gelatina Di Menta

Ingredienti: Inserire 200gr. di acqua+200gr. di zucchero+una manciata di foglie di menta: 10'100°Vel.1. Filtrare e immergere in questo sciroppo le fette di una scatola di ananas per 30" e poi toglierle. Unire 30gr. di gelatina in fogli, rinvenuta in acqua e strizzata: 4"Vel.6. Unire il succo di ananas e 4 cucchiaini di sciroppo di menta: 3"Vel.6. Non appena la gelatina comincerà a raffreddarsi, versarla in uno stampo, alternandola a foglie di menta e a fette di ananas. Riporre in frigo e servire a fette

9.2.16.44   Gelato Di Rose

Riviste 2000. **Ingredienti:** 200gr. di petali di rosa profumata, un'arancia, 1\2 limone, 200gr. di panna montata, 400gr. di zucchero, 1\2 lt d'acqua, una bustina di vanillina. Mettete nel boccale i petali di rosa ai quali avrete tolto l'attaccatura più chiara: Vel.5 30sec. Unite zucchero, acqua, vanillina e cuocete 10min. 80°Vel.1. Aggiungete il succo d'arancia e di limone: 30sec Vel.1. Versate tutto in un recipiente largo e basso e mettete nel congelatore per una notte. Al momento di servire dividetelo in pezzi e mettetelo nel boccale. Mantecate bene aiutandovi con la spatola: 20sec Vel.9 e per altri 20sec a Vel.4. Incorporate delicatamente al composto la panna e servite

9.2.16.45 Germknodel (Canederli)

Ingredienti: x 4: 160gr. di farina, 40gr. di latte, 15gr. di lievito di birra, un uovo (50 g), 10gr. di zucchero, 20gr. di burro, 3 prugne snocciolate, un cucchiaio d'olio di semi di mais, sale. Per la copertura: 40gr. di semi di papavero, 20gr. di zucchero, 100gr. di zucchero.

Procedimento: inserire nel boccale zucchero e 20gr. di semi di papavero: 30sec Vel.Turbo e mettere da parte. Inserire ora lievito, 30gr. di farina e latte: un minuto 40°Vel.3. Aggiungere la rimanente farina, l'uovo, lo zucchero tenuto da parte, il burro e il sale: un minuto e 1\2Vel.spiga. Con l'impasto ottenuto formare 8 palline e inserire all'interno di ognuna 1\3 di ogni prugna; disporle nel *varoma* unto d'olio facendo attenzione a lasciare libere le fessure. Lasciare lievitare in luogo tiepido per 30min. circa. Lavare il boccale e inserire 600gr. d'acqua: 8min. 100°Vel.1. Posizionare il varoma: 30min. *varoma* Vel.1. Mentre cuociono i canederli posizionare sul coperchio del *varoma* un piatto da portata col burro. Terminata la cottura disporre i canederli nel piatto da portata, rigirarli nel burro fuso, cospargerli con i semi di papavero rimasti, lo zucchero e servirli caldi. I semi di papavero possono essere sostituiti con cannella in polvere

9.2.16.46 Glassa Per La Colomba

Ingredienti: questa è fantastica identica a quelle che compri, solo che non l'ho ancora adattata al bimby comunque non dovrebbe essere difficile. 50gr. di zucchero in granella 10 mandorle intere 40gr. mandorle polverizzate 3 albumi 1 cucchiaio di zucchero semolato 30gr. zucchero a velo. tritate finemente le mandorle e unitevi lo zucchero a velo. Montate a neve le chiare e incorporatevi poco alla volta lo zucchero semolato e il composto di mandorle, spalmate il tutto sulla colomba, posate qua e la qualche mandorla intera e cospargete di zucchero a granella. ciao Vera

9.2.16.47 Girella Bimby

Ingredienti: 125 zucchero a velo 3 uova intere 3 cucchiai di acqua 125 farina 1/2 bustina lievito Fare lo zucchero a velo 20sec. Vel.Turbo. unire le uova e l'acqua 30sec. Vel.2, aggiungere la farina ed il lievito 1min. Vel.4. versare in una teglia imburrata infornare a 160 per 10min. Capovolgere su uno strofinaccio umido e arrotolare, quando è fredda srotolare farcire con crema o marmellata e arrotolare di nuovo.

9.2.16.48 Kinder Delice

Ingredienti: Eccovi la mia Kinder Delice: mattere nel boccale 8 uova con 350gr. di zucchero 3m. v.6, aggiungere 150gr. di burro con 150gr di latte 3m. v.6, se il composto è amalgamato bene(questa ricetta è adattata quindi vi regolate voi)aggiungere 350gr. di farina 4m. v.7 versate a fontana 75gr. di cioccolato in polvere sempre v.7 ed infine 2 bust. lievito per dolci pane angeli.Versare in una tortiera e cuocere in forno a 180°C per 40 m. Quando la torta è fredda dividerla per meta' spalmare sulla prima meta' mezzo barattolo di nutella poi aggiungere 250gr. di panna montata prima di comporla mettere sull'altra meta' il restante cioccolato(nutella)chiuderla e spolverizzarla con zucchero a velo o farcirla con panna montata oppure con una glassa di cioccolata(l'ideale)servire fredda.Fatemi sapere

9.2.16.49 Krapfen

Ingredienti: 550gr. di farina, 180gr. di latte, 40gr. di zucchero, 20gr. di burro, 2 uova, 1 lievito di birra, 1 cucchiaino di sale.

Procedimento: Inserire nel boccale latte, burro, zucchero e lievito: 1min. 50° Vel.4.Aggiungere le uova, la farina ed il sale: 1min. Vel.6 + 1min. Vel.SPIGA. Versare l'impasto in una ciotola leggermente oleata coprire con un telo umido e lasciare riposare per 2 ore. Schiacciare la pasta con le mani, stenderla con il matterello, per uo spessore di 1cm. circa. Ritagliare tanti dischi del diametro di 6cm. Distribuire su di un disco 1 cucchiaino di crema o 1 di nutella o 1 di marmellata a piacere, coprire con un altro disco, bagnare leggermente i bordi e premere per saldare i due dischi. Lasciare lievitare i krapfen ottenuti per 30min. circa, coperti da un canovaccio, friggerli in olio caldo e, ancora tiepidi spolverizzarli con lo zucchero

9.2.16.50 Krumiri

Ingredienti: 250gr. farina di granturco 180gr. farina bianca, 250gr. burro morbido, 150gr. zucchero, 4 tuorli, 1 pizzico vanillina, 1 pizzico di sale.
Procedimento: Inserire nel boccale la farina di granturco 20sec Vel.8. Poi la farina bianca e zucchero 10sec Vel.4. Unire il burro, tuorli, vanillina e sale 30sec Vel.4. Coprire l'impasto e lasciarlo riposare una ventina di minuti. Dividere la pasta in 2-3 pezzi, formare dei salsicciotti e metterli nella sirnga da pasticcere con la bocchetta a stella. Disporre sullaplacca del forno dei bastoncini di circa 10cm ai quali si darà la forma un pò incurvata. Cuocere in forno preriscaldato a 220° per 20min. circa. Dopo 10min. di cottura coprire i biscotti con carta forno in modo che non si scuriscano troppo

9.2.16.51 Lemon Pie

Ingredienti: 1 dose di pasta brisé, 3 uova, 300gr. di zucchero, 100gr. di burro morbido, 1 mis. di succo di limone, scorza di un limone.
Procedimento: Preparare la pasta brisé, stenderla e foderare uno stampo rettangolare (30x20) imburrato. Inserire nel boccale zucchero e scorza di limone: 1min. Vel.Turbo. Posizionare la farfalla e unire uova e burro: 1min. Vel.2. Aggiungere il succo di limone: 30sec. Vel.2 Versare il composto sulla torta e cuocere in forno pre-riscaldato a 180° per 45min. circa.

9.2.16.52 Macedonia Di Frutta Allo Spumante

Ingredienti: x 4: 700gr. di frutta mista, 50gr. di zucchero, 300gr. di spumante, un cucchiaino di cannella in polvere, 3 chiodi di garofano. Inserire nel boccale 200gr. d'acqua, lo spumante, i chiodi di garofano e la cannella e portare ad ebollizione: 6min. 100°Vel.1. Sbucciare e tagliare in quarti la frutta e disporla a corona nel *varoma* spolverizzandola di zucchero. Quando l'acqua bolle, posizionare il *varoma* sul boccale e cuocere: 15min. *varoma* Vel.1. Servire la macedonia tiepida, bagnandola con pochissima acqua del fumetto di cottura

9.2.16.53 Macedonia D Estate

Ingredienti: x 4: 3 albiccocche, 3 pesche, 50gr. di lamponi, 50gr. di zucchero, scorze di 2 limoni. Inserire nel boccale 500gr. d'acqua, le scorze di limone e portare ad ebollizione: 6min. 100°Vel.1. Sbucciare le pesche e disporle con le albicocche nel varoma, dopo averle tagliate in quarti. Spolverizzarle con lo zucchero, coprire e quando l'acqua bolle posizionare sul boccale: 12min. *varoma* Vel.1. Terminata la cottura disporre la frutta cotta in coppette, unire i lamponi e bagnarla con pochissima acqua del fumetto. Servirla fredda con gelato alla vaniglia

9.2.16.54 Meringhe

Ingredienti: 3 albumi (110gr. ca.), 330gr. zucchero, un pizzico di sale. **Procedimento:** Inserire la farfalla nel boccale pulito, aggiungere albumi, zucchero e sale. Lavorare 1min. 40° Vel.2 al termine spegnere la temp. e lavorare ancora 7min. Vel.2. Fermare il bimby per 5/10min. poi lavorare altri 7min. a Vel.2 (oltre questa Vel.si smontano). Versare il composto in una tasca da pasticceria formare dei mucchietti distanziati (perchè devono raddoppiare) ed infornare per circa 1 ora in forno a 100°/140°. Chiusi in un contenitore si conservano molto a lungo

9.2.16.55 Meringhe Con Fragole Alla Panna

Ingredienti: 100gr. di albume, 300gr. di zucchero, un pizzico di sale fino, 200gr. di panna montata, 200gr. di fragole a fettine.

Procedimento: Inserite la farfalla e fate attenzione che il boccale sia ben pulito e asciutto. Mettete gli albumi, lo zucchero e un pizzico di sale: unmin. 40°Vel.2. Poi continuate a frullare per altri 10\15 minVel.2. Preriscaldate il forno a 140° Coprite la placca del forno con carta forno e versatevi l'albume così montato, formando due cerchi con lo stesos diametro o facendone tanti più piccoli. L'altezza non deve superare il centimetro, livellateli con la spatola. Cuocete a 100° per un'ora. Dopodichè controllate la cottura e se è necessario fate cuocere ancora un pò. Montate ora la panna come da ricettario base, pag 15. Sistemate la meringa, o le meringhe in un piatto da portata, coprite il primo strato con la panna e le fettine di fragole. Mettete l'altro strato di meringa e finite di guarnire con panna e fragole

9.2.16.56 Migliaccio

Ingredienti: x 8. 300gr. di latte, scorza di 1 limone, 40gr. di burro morbido, 1 pizzico di sale, 60gr. di semolino, 6 uova, 300gr. di ricotta, 300gr. di zucchero, 1 cucchiaio di anice, 1 fila di aroma mille fiori

Procedimento: Inserire nel boccale latte, burro, scorza di limone e sale: 6min., 90°, Vel.4. Aggiungere il semolino: 1min. e ½ 90°, Vel.4. Unire le uova, ricotta, zucchero e aromi: 40sec. Vel.6 e 2sec. Vel.Turbo. Versare il composto in una teglia (diam. 26cm.), imburrata ed infarinata e cuocere in forno caldo a 180° per 55min. circa. Servire freddo cosparso di zucchero a velo

9.2.16.57 Pan Di Zucca

Ingredienti:: zucca 700 g, zucchero semolato 80 g, 20 amaretti secchi, 1 pacchetto di fette biscottate(circa 15) oppure equivalente di pangrattato aumentando a 120gr. lo zucchero, 2 uova, la scorza di un limone, liquore all'amaretto 3 cucchiai e 3 cucchiai di uvetta. Inserire nel boccale, nell'ordine: Zucchero e scorza limone 30sec Vel.Turbo. Fette biscottate e amaretti 20sec Vel.Turbo. Zucca a pezzi, cruda (senza semi e filamenti, naturalmente) e tutti gli altri ing. (tranne l'uvetta) 40sec Vel.6, spatolando. Uvetta 5sec Vel.3. Rovesciare in una tortiera rivestita di carta forno. Forno a 180° per 90 minuti.

9.2.16.58 Pan Nociato

Ingredienti: base dell'impasto per pizza + 100gr. di farina, 100gr. di noci sgusciate, 50gr. di mandorle a filetti, un pugnetto di uvetta, 100gr. di fichi a pezzetti, un uovo, 100gr. di zucchero, cannella.

Procedimento: Mettete nel boccale metà noci e zucchero: 15sec Vel.Turbo. unite tutti gli altri **ingredienti:** 20sec Vel.6 e un minuto a spiga. Fate dei maritozzi e lasciate lievitare al caldo. Spennellate con un rosso d'uovo e cuocete in forno preriscaldato a 200° per 25\30 minuti. P.S. Non l'ho provata Linda

9.2.16.59 Panettone

Ingredienti: Dose x 8 persone. 350gr. di farina, 110gr. di burro morbido, 100gr. di zucchero, 1 uovo intero e 2 tuorli, 80gr. di uvetta, 50gr. di cedro candito a pezzetti, 200gr. di latte, 1 cubetto di lievito di birra (25 gr) scorza di un limone, 1 pizzico di sale. Mettere a bagno l'uvetta in acqua tiepida x 10min. Polverizzare nel boccale zucchero e scorza di limone: 30sec. Vel.Turbo. Aggiungere il burro: 20sec. Vel.6. Sciogliere il lievito nel latte e versarlo nel boccale, unire la farina dal foro del coperchio, con lame in movimento a Vel.4: 20sec. Vel.5, spatolando.Aggiungere infine l'uvetta strizzata e infarinata, il cedro ed amalgamare il tutto delicatamente.Versare l'impasto in uno stampo da panettone, coprire con un canovaccio bagnato e ben strizzato e lasciarlo lievitare fino a quando non raggiunge il bordo. Cuocere in forno caldo a 180° x 45min. circa.Lasciarlo raffreddare, sfornarlo e servire.Fammi sapere se viene bene oppure facciamo prima a comprarlo,

9.2.16.60   Pasticceria Svizzera 1

Ingredienti: per la pasta: 350 farina; 20 lievito di birra; 1/2 tazza di latte (1/8 l); 50 burro liquido; 1 uovo; 3 cucchiai di zucchero; 1/2 cucchiaino da caffé di sale limone
Procedimento: Mescolare il lievito con poco latte. Far sciogliere il burro in pentola, levare dal fuoco ed aggiungervi il latte freddo. Mettere il tutto nella farina. Sbattere bene la pasta e lavorarla finchè sia elastica. Lasciare aumentare almeno il doppio. Mettere la pasta in una tortiera rettangolare imburrata aiutandovi con le mani bagnate. Passarvi sopra un po' di tuorlo d'uovo sbattuto e quanto segue: 60 burro; 60 zucchero; 60 mandorle; cannella; 30 farina. Lavorare il burro finchè sia morbido e quasi bianco, aggiungervi lo zuchero, le mandorle tritate grossolanamente, cannella e farina. Mischiare bene il tutto e strofinando le mani lasciar cadere le pallottoline che si formeranno sulla superficie della pasta preparata come sopra. Infornare 10 minuti in forno caldo (180 - 200 gradi) e poi cospargervi subito la glassa seguente: 100 burro, 100 zucchero , 100 mandorle, 1 cucchiaio di latte. Glassa: Far cuocere tutto assieme finchè avrete una massa omogenea, lasciarla raffreddare un poco. Spargerla sopra la pasta già infornata precedentemente per 10 minuti e lasciare ancora in forno per altri 20 minuti a calore sostenuto. E una delizia, provare per credere!!!

9.2.16.61   Pasticceria Svizzera 2

Ingredienti: Per la pasta: 180gr. di farina, 100gr. di burro, 1 cucchiaio di zucchero, 1 presa di sale. limone
Procedimento: Per la crema di noci: 150gr. di gherigli di noci, 2 cucchiai di miele, 20 cl di panna fresca, 2 tuorli, 75gr. di zucchero. Preparare la pasta: impastare rapidamente gli ingredienti, a mano o nel mixer, aggiungendo al bisogno qualche goccia d'acqua. Avvolgere nella pellicola trasparente e lasciar riposare al fresco (non in frigorifero). Preparare la crema di noci: mettere da parte qualche gheriglio intero che servirà a decorare la torta. Mettere gli altri in un sacchetto da congelazione e schiacciarli con il mattarello - meglio non usare il mixer, che li riduce in farina. Fare fondere lo zucchero con mezzo bicchiere d'acqua fino ad ottenere un caramello chiaro; aggiungere la panna (intiepidita, altrimenti il caramello, a contatto del freddo, indurisce; se succede, lasciare su fuoco basso finché è sciolto), il miele e le noci. Rimescolare bene e, fuori dal fuoco, aggiungere i tuorli. Scaldare il forno a 180°. Foderare con la pasta una tortiera da crostata imburrata, versare la crema di noci sulla pasta. Cuocere 30 minuti circa. Decorare con i gherigli tenuti da parte

9.2.16.62   Pere Helene

Ingredienti: x 6: 6 pere da 200gr. l'una, succo e scorza di un limone, 250gr. di zucchero, un chiodo di garofano, un pizzico di cannella. Per la salsa al cioccolato: 2 cucchiai di fecola, 20gr. di cacao amaro, un cucchiaio di zucchero, 150gr. di cioccolato fondente, 150gr. di latte o panna.
Procedimento: Inserire nel boccale 500gr. d'acqua, zucchero, scorza di limone, chiodo di garofano e cannella: 6min. *varoma* Vel.1. Nel frattempo sbucciare le pere, lasciando il picciolo, irrorarle con succo di limone e disporle in piedi nel varoma. Quando l'acqua bolle, posizionare il *varoma* sul boccale: 15min. *varoma* Vel.1. Terminata la cottura togliere le pere dal *varoma* e disporle in un piatto da portata. Togliere lo sciroppo rimasto nel boccale e metterlo da parte. Preparare la salsa: inserire nel boccale asciutto il cioccolato fondente: 3secVel.Turbo. Aggiungere tutti gli altri **ingredienti:** 7min. 80°Vel.2. Versare la salsa sulle pere e servirle fredde con una pallina di gelato alla vaniglia. NOTE: Lo sciroppo di cottura rimasto, potete utilizzarlo come base per qualunque tipo di sorbetto. Se le pere fossero più grosse, aumentate il tempo di cottura di una decina di minuti

9.2.16.63 Pesche Con Purea Di More

Ingredienti: x 4: 4 pesche non troppo mature, 500gr. di more, 4 cucchiai di zucchero, panna per guarnire. Sbucciare le pesche, tagliarle a metà e disporle nel varoma. Inserire nel boccale 400gr. d'acqua, disporre le more nel cestello, posizionarlo nel boccale e cuocere 5min. 100°Vel.1. Posizionare ora il *varoma* con le pesche sul boccale e continuare la cottura: 20min. *varoma* Vel.1. Mettere da prate il *varoma* con le pesche, eliminare l'acqua dal boccale e inserire le more con lo zucchero: 20sec Vel.Turbo. Lasciare raffreddare la purea di more e disporla sul fondo di 4 coppette. Mettere in ogni coppetta una pesca sulla purea e servirle fredde con fiocchetti di panna. Si possono sostituire le pesche con pere williams e le more con ribes o lamponi, fragole, ecc.. aggiungendo un cucchiaino di zucchero in più

9.2.16.64 Plum-Cake Alle Fragole

Riviste 2000.
Ingredienti: un uovo, 100gr. di zucchero, una bustina di zucchero vanigliato, una bustina di lievito, 200gr. di farina, 50gr. di fecola di patate, 50gr. di mandorle in polvere, 500gr. di fragole, 70gr. di burro, un pizzico di sale. Mettete nel boccale burro, zucchero e zucchero vanigliato: 10 se cVel.6. Aggiungete l'uovo e frullate ancora per pochi secondi. Unite metà delle fragole, farina e fecola: pochisecVel.6, unite il lievito e un pizzico di sale: 10sec Vel.6. Imburrate uno stampo per plum- cake, cospargete di polvere di mandorle e rovesciate il composto, livellandolo bene. Infornate a 180° per 45 minuti, mettendolo nella parte bassa del forno. Fate raffreddare, poi spalmate di marmellata la superficie e decorate con le fragole rimaste tagliate a fettine

9.2.16.65 Plum-Cake Di Yogurt E Cocco

Ingredienti: Ricetta adattata. **Ingredienti:** 125gr. di yogurt, 120gr. di cocco fresco, 170gr. di zucchero, 3 uova, 100gr. di burro morbido, 60gr. di fecola, 120gr. di farina, una bustina di lievito. Eliminate la buccia scura del cocco, mettete la polpa nel boccale e fate arrivare lentamente a Turbo per pochi secondi. Quando è ben tritato unite lo yogurt e fate andare pochi secondi a Vel.3. Unite tutti gli altri ingredienti meno il lievito: 30sec Vel.5. Unite il lievito: 5sec Vel.5. Versate in uno stampo da plum-cake imburrato e infarinato e cuocete in forno già caldo a 160° per un'ora

9.2.16.66 Pudding Di Mele

Ingredienti: 150gr. di farina miscelata con lievito; 2 uova; 50gr. di latte; 80gr. di zucchero; 100gr. di burro morbido; 50gr. di uvetta bionda; 50gr. di cognac; 450gr. di mele renette; 2 cucchiai di miele; 1 cucchiaio di cannella; 50gr. di zucchero di canna. **Procedimento:** mettere in ammollo l'uvetta nel cognac.
Procedimento: Sbucciare le mele, tagliarle a fettine, disporle in un piatto, aggiungere le uvette, la cannella, e lo zucchero di canna. Mescolare il tutto. Inserire nel boccale farina, uova, latte, zucchero e burro: 1' portando lentamente da Vel.2 a Vel.4. Deve risultare un impasto compatto ma morbido. Imburrare uno stampo di alluminio (18 x 22cm. alt. 6cm), versa sul fondo il miele, poi uno strato di impasto, uno di mele, uno d'impasto ed infine ancora uno di mele. Chiudere lo stampo con carta forno e porlo nel Varoma. Inserire nel boccale 1 lt. e 1/2 di acua: 12' 100° Vel.1. Quando l'acqua bolle, posizionare il VAroma: 1 ora e 10' temp. VAroma, Vel.1. Terminata la cottura, lasciare raffreddare, sformare e servire

9.2.16.67   Pudding Di Frutta Secca

Ingredienti: x 6: 100gr. di fichi secchi, 100gr. di datteri freschi, 60gr. di uvetta, 100gr. di farina, 80gr. di burro, 2 piccole uova, un cucchiaio di pangrattato, 25gr. di mandorle, un cucchiaio di rum, succo e scorza di 1\2 limone, 2 cucchiai di latte, un pizzico di sale, un cucchiaino scarso di lievito in polvere. Per servire: crema inglese, zenzero a piacere. Inserire nel boccale, dal foro del coperchio, con lame in mov Vel.6, le mandorle: 20sec Vel.6 e mettere da prate. Tagliare a pezzettini fichi e datteri e metterli con l'uvetta in una terrina e bagnarli col rum. Inserire nel boccale 1\2 lt d'acqua: 6min. 100°Vel.1. Nel frattempo disporre nel *varoma* la terrina con la frutta secca e, quando l'acqua bolle, posizionarlo sul boccale: 5min. *varoma* Vel.1. Spostare leggermente il coperchio del *varoma* e lasciar gonfiare la frutta secca ancora per 10min. *varoma* Vel.1. Infine unire alla frutta il burro, il succo e la scorza di limone grattugiata, mescolare bene e mettere tutto in una vaschetta domopak (cap. 1 lt). Raffreddare il boccale, posizionare la farfalla e inserire uova e sale: 40sec Vel.3; aggiungere la farina mescolata al lievito, il pangrattato e le mandorle tritate e il latte: 20sec Vel.1. Versare il composto ottenuto sopra la frutta, coprire con un foglio di carta forno e sistemare la vaschetta nel varoma. Inserire nel boccale 1, 200 lt d'acqua: 12min. 100°Vel.1. Posizionare il varoma: 60min. *varoma* Vel.1. Lasciare intiepidire il pudding, sformarlo e servirlo con crema inglese profumata con un cucchiaino di zenzero candito tritato

9.2.16.68   Ripieno Per Strudel

Ingredienti: 1 kg.mele ranette 100gr. zucchero 80gr. Pangrattato 100gr. Uvetta 50gr. Marsala 50gr. gherigli di noci 50 pinoli scorza e succo di 1/2 limone 1 tuorlo 50gr. burro morbido 1/2 cchiaino cannella zucchero a velo.

Mettere a bagno l'uvetta nel marsala. Intanto preparare la pasta come già detto. Quando la pasta è pronta, mettere nel boccale zucchero e scorsa limone. 30sec. Vel.Turbo. Unire mele e succo limone: 6sec. Vel.3 Aggiungere pinoli, uvetta scolata, noci, cannella e pangrattato. 1min. Vel.1-2 spatolando. Stendere una sfoglia molto sottile sopra un canovaccio pulito e infarinato, spennellarla con burro liquefatto e ricoprirla con ripieno, lasciando libero di bordo di 3cm. Servendosi del canovaccio arrotolare lo strudel e chiuderlo bene ai bordi e comprimere le estremità. Sistemare lo strudel in una teglia sopra carta forno, dare forma di ferro di cavallo e spennellarlo col rosso d'uovo. Cuocere in forno preriscaldato a 180° per 20 min. e a 200 per altri 30min. Servire tiepido cosparso di zucchero a velo e cannella.

9.2.16.69   Rotolo

Ingredienti: ricetta inedita. 85gr. zucchero 75 farina 50 burro (sciolto tiepido) 4 uova limone grattugiato 1 cucchiaio di lievito. metti la buccia di limone e un po di zucchero a vai a Turbo unisci tutti gli altri ingredienti e fai 30/40sec. Vel.6 metti in una teglia quadrata e cuoci per 7 minuti a 200 (o comunque secondo le abitudini del tuo forno) rovescialo su un canovaccio umido e arrotolalo quando è freddo srotola delicatamente e farciscilo come vuoi e riarrotola.

9.2.16.70   Sbrisolona Alla Nutella

Ricetta adattata:

Ingredienti: 100gr. zucchero, 300gr. farina 00, 120gr. burro morbido, 1 bustina lievito, nutella, 1 uovo **Procedimento:** Inserire nel boccale zucchero, farina, burro, bustina di lievito e 1 uovo a 30sec. Vel.7. Poi fare 40sec. Vel.spiga. Togli dal boccale ed amalgama un attimo l'impasto con le mani. Dividi l'impasto in due parti. Imburra la tortiera e con una delle due parti di impasto fodera la tortiera e stendila bene con le mani. Stendi ora la nutella sull'impasto facendo attenzione di non metterla lungo i bordi. Ora stendi bene l'altra parte di impasto aggiungendo un po' di farina. Poi questa parte mettila sopra al resto già sistemato nella tortiera. Mettere in forno già caldo per circa 35min. a 160 gradi. E'un dolce delizioso da accompagnare ad una tazza fumante di te. Ciao

9.2.16.71   Sbrisolona

Ingredienti: (per 6 persone) 200gr. di farina bianca, 200gr. di farina gialla fine, 100gr. di mandorle, 100gr. di burro morbido, 100gr. di strutto morbido, 100gr. di zucchero, scorza di 1/2 limone, 1 cucchiaino di anice, zucchero a velo Inserire nel boccale 50gr. di zucchero e scorza di limone: 20sec. Vel.Turbo. Aggiungere tutti gli altri **ingredienti:** 16sec. Vel.6, spatolando. Versare l'impasto in una teglia (diam.24cm.), imburrata e infarinata con la farina gialla, premendo bene con le nocche. Cuocere in forno preriscaldato a 170°C per 30min. circa. Sformare e lasciare raffreddare. E' ottima servita fredda, spolverizzata di zucchero a velo

9.2.16.72   Sformato Alla Panna

Riviste 2000.

Ingredienti: 200gr. di farina gialla, 100gr. di burro, un lt di latte, 3 uova intere + una chiara, panna liquida, sale. Mettete il latte nel boccale e fate bollire: 7min. 100°Vel.1. versate la farina con le lame in movimento e fate cuocere 30min. 100°Vel.3. Salate e unite 50gr. di burro. Fate cuocere altri 10min. 100°Vel.3. Nel frattempo dividete i tuorli dalle chiare e montate queste a neve. Portate la temp a 0° e aggiungete uno alla volta i tuorli a Vel.6. Aggiungete sufficiente panna per ottenere un composto piuttosto molle, sempre a Vel.6. Aggiungete le chiare montate. Versate la polenta in uno stampo imburrato e fate cuocere in forno a 180° fino a quando sarà ben dorata. Sformate su un piatto e cospargete con poca panna.

9.2.16.73   Spuma Di Fragole In Coppa

Ingredienti: (x 4\5 pers.)300gr. di fragole, 200gr. di panna fresca da montare, 2 albumi, 60gr. di zucchero, 2 cucchiai di pistacchi tritati grossolanamente, 5gr. di colla di pesce, 2 cucchiai di meringhe sbriciolate, un cucchiaino di succo di limone. **Procedimento:** Ammollate la colla di pesce in una tazza d'acqua tiepida e succo di limone. Montate la panna ben fredda nel boccale a Vel.3 con la farfalla. Travasate in una ciotola grande e tenetela in frigo. Mettete nel boccale 3 fragole e la colla di pesce ben strizzata: 2min. 40°Vel.4. Aggiungete lo zucchero e le rimanenti fragole (meno 4 che serviranno per decorare): Vel.6\7 per 30sec. Travasate in una ciotola. Sciacquate il boccale, montate gli albumi a neve e travasateli nella ciotola con la panna aggiungendo anche il frullato di fragole. Versate la spuma di fragole nelle singole coppette e tenetele in frigo per 2 ore. Al momento di servire decorate con pistacchi tritati, meringhe sbriciolate e le fragole tagliate a metà.

9.2.16.74   Sorbetto Di Caffe'

Ingredienti: un piccolo barattolo di latte condensato, un misurino di nescafè, mezzo misurino di brandy, 2 vassoietti di ghiaccio. Mettete tutti gli ingredienti nel boccale e spatolando mandate a Vel.7 fino a che non ci sono più pezzetti di ghiaccio

9.2.16.75   Strudel Di Mele Alla Viennese (Wiener Apfelstrudel)

Ingredienti: Per l'impasto: 200gr. Di farina, 80gr. Di di acqua tiepida 20gr. Di olio di oliva extravergine mezzo cucchiaio di aceto bianco un pizzico di sale.Per il ripieno: 5 mele renette 1 limone 30gr. Di rhum 50gr. Di uva sultanina imbevuta nel rhum, 30gr. Di pinoli 60gr. Di zucchero 50gr. Di pane grattugiato una noce di burro polvere di cannella q.b.

Procedimento: Mettere tutti gli ingredienti nel boccale 30sec. A Vel.3 e 1min. a spiga. Unire bene l'impasto spennellarlo con l'olio e farlo riposare coperto tra due piatti caldi per 30min. a temperatura ambiente. Infarinare bene un canovaccio e stendere la sfoglia sottilissima con il matterello. In ultimao entrare con le mani tra canovaccio e sfoglia e tirarla il più sottile possibile (aggiustare le parti rimaste più alte). Per il ripieno: Sbucciare le mele e tagliarle a fettine sottilissime, spruzzarle col succo di limone. Il rhum e la buccia di limone. Lasciare riposare per 10 minuti. Unire uva, pinoli zucchero e cannella. Rosolare nel boccale il pane grattugiato e il burro 4min. a 90°Vel.1. versare sulla metà della sfoglia il pane e il ripieno e arrotolate lo strudel su se stesso servendosi del canovaccio, chiuderlo bene ai bordi e comprimere le estremità. Sistemare lo strudel su una teglia da forno ricoperta da carta e spennellarlo col burro fuso. Cuocere in forno preriscaldato a 180°gr. Per 50min. circa

9.2.16.76 Tagliatelle Alle Fragole (Ricetta Dolce)

Ingredienti: 600gr. di fragole, 2 uova, 100gr. di farina, 250gr. di latte, 30gr. di burro, un pizzico di sale, 3 cucchiai di zucchero, 50gr. di pistacchi pelati, 75gr. di mandorle pelate. Mettete nel boccale uova, 1 cucchiaio di zucchero, farina, latte, sale e burro: 20sec Vel.6. lasciate riposare l'impasto per 30 min, poi preparate delle crepes sottili e fatele raffreddare. lavate e mondate le fragole. Mettete nel boccale metà delle fragole e due cucchiai di zucchero: 7min. 100°Vel.4, fino ad ottenere uno sciroppo. Versatelo in una ciotola, amalgamate l'altra metà di fragole a filetti e mettete da parte. Riducete le crepes in tagliatelle, versatevi sopra un pò di sciroppo con le fragole e i pistacchi. Cospargete di mandorle grattugiate finemente

9.2.16.77 Terrina Fondente Di Cioccolato

Ingredienti: x 6: 300gr. di cioccolato fondente, 250gr. di burro, una tazzina di caffè ristretto, 100gr. di zucchero, 50gr. di farina, 100gr. di nocciole, 6 uova.

Procedimento: inserire nel boccale dal foro del coperchio con lame in movimentoVel.5 il cioccolato e 50gr. di nocciole: 10sec Vel.5. Unire la tazzina di caffè: 4min. 40°Vel.1. Lasciare raffreddare per 2 minuti e aggiungere il burro a pezzetti e lo zucchero: 2 minVel.3. Unire dal foro del coperchio con lame in movimentoVel.3 le uova una ad una e la farina a pioggia: 20min. 60°Vel.4. Versare il composto e le nocciole avanzate in uno stampo da plum cake. Portare ad ebollizione un lt d'acqua nel boccale: 12min. 100°Vel.1, quindi posizionare il *varoma* con lo stampo inserito e cuocere: 60min. *varoma* Vel.1. Lasciare intiepidire il dolce, sformarlo, tagliarlo a fette e servirlo con crema inglese o salse di frutta

9.2.16.78 Treccine Dolci

Ingredienti: 300gr. di farina, 150gr. di latte, 50gr. di burro morbido, 50gr. di zucchero, 1 pizzico di sale, 1 lievito di birra

Procedimento: Inserire nel boccale il latte, lo zucchero, il lievito ed il burro: 1min. 50° Vel.4.Aggiungere gli altri ingredienti ed impastare per 30sec. a Vel.6 + 1min. a Vel.SPIGA. Fare le treccine, ognuna con tre cilindretti di pasta e lasciarle lievitare per 2 ore circa.Spennellare con il latte e lo zucchero e mettere in forno preriscaldato a 200° per 20min. circa.

9.2.16.79 Tronchetto Di Castagne E Noci

Ingredienti: 750gr. di castagne, 125gr. di burro, 125gr. di zucchero, 100gr. cioccolato fondente, 10 noci.

Procedimento: mentre bollite le castagne intere, riducete lo zucchero in polvere 30sec a Vel.Turbo e mettetelo da parte. Pelate le castagne e fatene un purè 1min. Vel.6. Fate fondere il cioccolato 30sec a Vel.8 e poi 1, 5min. Vel.3. Aggiungete tutti gli altri ingredienti (tranne le noci) e mescolate 1 imin. Vel.3. versate su una carta da forno imburrata, dategli la forma di un tronchetto, striate i fianchi con la forchetta. Decorate con le noci divise a metà. Deponete in frigo.

10 Focacce

10.1.1.1 Focaccia Con Stracchino (Ines)

Ingredienti: dose per 4 pers.: 150 g. farina grano duro, 150 g. farina grano tenero, 500gr. Crescenza, 150 g. acqua, 40 g. olio extra vergine, sale
Esecuzione: inserire nel boccale olio, acqua, e sale: 1min. Vel.7. Unire la farina poi miscelare a Vel.7 per 1 minuto. Dividere l'impasto in 2 parti e stenderle in 2 sfoglie sottilissime. Disporre una sfoglia in una teglia lasciando i bordi alti, disporvi la crescenza a pezzetti e ricoprire con l'altra sfoglia sigillando bene i bordi ed eliminando l'eccesso di pasta. Irrorare con olio, incidere a tratti la superficie cuocere in forno preriscaldato 250° per 10 minuti

10.1.1.2 Pizza Di Patate (Anna Rita)

Ingredienti: la pizza di patate, si fa dopo aver preparato il purè, aggiungervi 2 uova, una mozzarella o del gruviera tritati ed un po' di prosciutto. Oliare una teglia, cospargerla di pane grattato e versarvi sopra il composto. Mettere altro pan grattato ed olio ed infornare.

10.1.1.3 Focaccia Fatta In Casa (Donata Pr)

Procedimento: Dopo aver steso la pasta (io la lascio un po' alta e sotto ci metto la carta forno) fai tante fossette con le dita poi versaci sopra una emulsione fatta con ½ misurino di olio, ½ misurino di acqua e il sale lavorati per 5sec. A Vel.4. Ti do un consiglio per la cottura: io ho il forno ventilato e per non fare seccare troppo il pane, o la focaccia, metto sul fondo un contenitore con un po' di acqua.

10.1.1.4 Focaccia Alle Zucchine (Giulia)

Ingredienti e Procedimento:: Fare la pasta da pane come da ricettario base. Mentre la pasta lievita introdurre nel Bimby una cipollina non tanto grossa e 50gr. di olio e fare il soffritto (3 minuti 100° Vel.4). Inserire poi la farfalla e introdurre le zucchine (4 o 5 medie) tagliate a rondelle e un po' di sale. Fare cuocere per 5' Vel.1 a 100°. Poi introdurre dei pomodori (3 medi) non troppo acquosi tagliati a pezzetti e far cuocere per 10' Vel.1 100° senza misurino in modo che l'acqua del pomodoro evapori un po'. Togliere quindi il composto dal boccale e fare intiepidire. Nel frattempo tirate la pasta da pane e foderate una pirofila; bordi alti circa ¾cm. Quando il composto zucchine pomodoro è tiepido introdurre due uova crude strapazzate con formaggio grattugiato(circa 50gr.) e una manciatina di prezzemolo tritato. Mettere il tutto nella pirofila e introdurre in forno a 200° per mezz'ora.

10.1.1.5 Pizza Con Patate Salata

Ingredienti: 800gr. di patate, 700gr. d'acqua, 400gr. di farina, 50gr. d'olio, 80gr. di parmigiano, sale, pepe.
Procedimento: Inserite nel boccale l'acqua, disponete le patate a pezzi nel cestello e posizionate questo ultimo nel boccale 25min. 100° Vel.4. Eliminate l'acqua e inserite nel boccale patate e farina: 30sec. Vel.7 e 30sec. Vel.spiga, ottenendo così un impasto molto morbido. Aggiungete sale, pepe e 40gr. di parmigiano, 15sec. Vel.6. Stendete l'impasto in una teglia di 20x30, precedentemente unta, lasciate riposare qualche minuto, irrorate con olio, distribuite il restante parmigiano e cocete in forno a 250° per 20min. Servite a piacere calda o fredda.

10.1.1.6 Focaccia Di Granturco (Federica Ge)

Ingredienti: 100gr. di granturco (mais), 100gr. di latte, 180gr. d'acqua, un cubetto di lievito di birra, 400gr. di farina, 10gr. di sale, 40gr. d'olio.

Procedimento: Mettete il granturco nel boccale un minuto Vel.Turbo (otterrete la farina di mais) aggiungete latte, acqua e lievito 30sec. 40° Vel.1 più 4sec. Vel.3. Aggiungete la farina, sale, olio 30sec. Vel.6 più unmin. Vel.spiga. Lasciate lievitare un'ora nel boccale, poi impastate di nuovo e fate lievitare 30 minuti. Stendete l'impasto su carta da forno e pizzicatelo con le dita. Infornate a 180° per 35 minuti.

10.1.1.7 Focaccia (Anna Maria)

Per sei persone: 200gr. di farina, 50gr. di burro liquido, 2 uova, 25gr. di lievito di birra, sale, 200gr. di prosciutto cotto, 200gr. di gruviera.

Procedimento: Inserite nel boccale lievito, burro, sale, uova: 20sec. lentamente da Vel.3 a Vel.6. Dal foro con lame in movimento a Vel.6 unite la farina: 20sec. Vel.spiga. L'impasto deve essere elastico e soffice. Imburrate e infarinate una teglia di 24cm e stendetevi metà impasto, aiutandovi con le mani unte d'olio. Distribuite prosciutto e groviera tritati precedentemente con qualche colpetto di Turbo, e ricoprite con la pasta rimanente. Lasciate lievitare per 2 ore coperta e al caldo e cuocere in forno caldo a 200° per 25\30 minuti.

10.1.1.8 Focaccia Con Olio E Rosmarino (Lorenza)

Ingredienti: 500gr. farina, 1 cubetto lievito birra, 2 cucchiaio olio extra vergine, 3 misurini acqua, rosmarino, sale fino e grosso.

Procedimento: Inserire nel boccale farina, lievito, 2 cucchiaio. olio. Impostare 20sec. Vel.6 e nello stesso tempo cominciare ad inserire l'acqua appena tiepida. Poi fare 1min. Vel.spiga. Lasciare lievitare l'impasto. Stenderlo poi in una teglia unta di olio e cosparsa di sale fino. Pizzicare la superficie della focaccia con le dita, spargere sopra di sale grosso ed olio e mettere in forno già caldo a 180° per 20min. Sfornare e servire la focaccia caldissima cosparsa di rametti di rosmarino. Da noi in Romagna viene usata accompagnata con il prosciutto.

10.1.1.9 Focaccia Con La Salvia

Ingredienti: 500gr. di farina, 20gr. di salvia, 200gr. di latte, 150gr. d'acqua, un cucchiaio d'olio, un cubetto di lievito, 2 cucchiaini di sale fino, un pugno di sale grosso.

Procedimento: Inserite nel boccale farina, salvia e sale fino: 30sec. da Vel.5 a Turbo e mettete da prate. Introducete nel boccale lievito, un cucchiaio d'olio, latte e acqua: 8sec. Vel.6. Aggiungete la farina aromatizzata: 30sec. Vel.6 e 1min. e 1\2 Vel.spiga, fino ad ottenere un impasto molto morbido. Stendete l'impasto in una teglia unta di 28cm di diametro e lasciate òlievitare in luogo tiepido per 2 ore circa. Formate sulla superficie della pasta delle fossette e sistematevi un po' di sale grosso, irrorate con olio e cuocete in forno caldo a 200° per 30 minuti. Sfornate e ungete nuovamente la superficie e servite la focaccia tiepida. A piacere tagliatela a quadretti e servitela con l'aperitivo.

10.1.1.10 Focaccia (Elena)

Ingredienti: 2/3 e Procedimento: (se raddoppi le dosi tieni 1 cub di lievito) Metti nel boccale 150gr. acqua, 1 cucchiaino zucchero, 10gr. olio: Vel.1 40° 1min. Metti Lievito di birra: Vel.4 per 5/8sec. Aggiungi sale e 300gr. Farina, impasta Vel.5/6 per 20sec. Poi se necessario raccogli con la spatola e Vel.6/7 per 10sec. Termina con Vel.Spiga per 2min. Questa è una base, se la metti a lievitare in un tegame unto chiuso, poi puoi reimpastarla con altri ingredienti, oppure puoi stenderla sulla placca e lasciarla lievitare così e infornarla direttamente per fare la focaccia semplice, oppure puoi condirla come per la pizza al momento di cuocerla. Poi inforna a 180° per 20/25min.

10.1.1.11 Focaccine Integrali Con Olive (Mia Adattata)

Ingredienti: 200gr. di farina integrale, 200gr. di farina bianca, una bustina di lievito liofilizzato, zucchero, un rametto di salvia, 100gr. di olive verdi snocciolate, olio, sale, peperoncino in polvere, 2 misurini d'acqua.

Procedimento: Mettete nel boccale le farine, il lievito, un pizzico di zucchero, un cucchiaino di sale e un pizzico di peperoncino: 10sec. Vel.6. Unite 2 cucchiai d'olio e i due misurini d'acqua: 20sec. Vel.6 e un minuto e 1\2 Vel.spiga. Formate una palla, incidetela a croce e mettetela in una terrina a lievitare, coperta, in un luogo tiepido per un'ora. Mettete nel boccale le olive e le foglie di salvia e date due colpetti di Turbo per sminuzzare il tutto. Rimettete la pasta nel boccale: un minuto a Vel.spiga. Quindi suddividetela in panetti da 50gr. ciascuno. Tirate ogni pezzo col mattarello fino ad ottenere delle focaccine tonde di uncm di spessore. Appoggiatele sulla placca foderata di carta forno unta d'olio e infornate a 220° per 15 minuti. Spennellatele con un velo d'olio e servitele tiepide.

10.1.1.12   Focaccia Di Patate (Mia Adattata)

Ingredienti: 300gr. di farina, 500gr. di patate, 15gr. di lievito di birra, 5 cucchiai d'olio.
Procedimento: Inserite nel boccale 600gr. d'acqua, disponete nel cestello le patate a tocchetti: 25min. 100° Vel.4. Eliminate l'acqua e inserite le patate nel boccale: 30sec. Vel.7. Travasatele in una terrina. Mettete un misurino d'acqua e il lievito: 30sec. 40° Vel.1. Unite la farina, il sale e le patate: 20sec. Vel.6 e 3min. Vel.spiga. Dovete ottenere un composto molle ed omogeneo. Ungete una teglia e adagiatevi l'impasto. Copritelo con un panno e lasciatelo lievitare almeno un'ora e 1\2. Spennellate d'olio la superficie e infornate a 180° per 30 minuti circa.

10.1.1.13   Focaccia Alle Cipolle Rosse (Mia Adattata)

Ingredienti: 4 cucchiai d'olio, uno spicchio d'aglio, 350gr. di farina, un cucchiaino di sale, una bustina di lievito per torte e focacce, un cucchiaio di pesto, 200 ml d'acqua tiepida, una cipolla rossa a spicchi, 10 olive nere, un cucchiaio di sale naturale, farina per la teglia.
Procedimento: Oliate leggermente una teglia quadrata di 18cm e strofinateci sopra lo spicchio d'aglio tagliato a metà. Mettete nel boccale farina, sale e lievito: 20sec. Vel.6. Unite il pesto, l'acqua, un cucchiaio e 1\2 d'olio: 20sec. Vel.6 e unmin. Vel.spiga. Dovete ottenere un impasto morbido. Mettete la pasta nella teglia, coprite con un tovagliolo e lasciate lievitare al caldo per 15 minuti. Scaldate il forno a 230° e disponete, premendoli leggermente, gli spicchi di cipolla e le olive sulla superficie della pagnotta. Coprite e lasciate riposare altri 20 minuti. Versate sopra il rimanente olio e spolverizzate col sale. Infornate 25\30min, fino a quando la pasta sarà ben lievitata e dorata. Togliete delicatamente la pagnotta dalla teglia e rimettetela in forno per altri 5min, finché si formi lungo i bordi una crosta croccante. Servitela calda.

10.1.1.14   Focaccia (Elena)

Ingredienti e Procedimento: 300gr. Farina, 1 cucchiaio olio (anche meno), 1 cucchiaino zucchero, 1 cucchiaino sale, 150 acqua, 1 cubetto lievito birra. Acqua, olio e zucchero nel boccale temp. 40° Vel.1 per 1min. Poi Farina e sale e Vel.5/6 per 10-15sec., poi Vel.5/6 per altri 20sec. (se serve (dipende dalla farina) raccogliere prima con la spatola) quindi 2min. Vel.Spiga. Per tirala fuori dal boccale: un po' di farina sulla teglia, un po' sulle mani poi rovescio il boccale ed aiutandomi con spatola e mani la faccio scendere, i piccoli residui li tolgo con 2 colpi di Turbo, con le mani infarinate ben bene faccio la palla del pizzaiolo e comincio stenderla con le mani un po' in aria, un po' sulla teglia, un po' la tiro ecc. cercando di schiacciarla poco, poi prendo un foglio di stagnola lo ungo (pochissimo) e lo metto sopra la pasta coprendola, metto in forno spento e... vado al lavoro, quando torno tolgo dal forno e lo pre riscaldo con un piatto d'acqua dentro a 200° poi metto la focaccia (ovvio senza l'alluminio) e quando comincia a dorare la tolgo ca. 15/20min. Io al massimo prima di infornarla metto un po' di rosmarino, andrebbe anche il sale grosso ed un filo d'olio per renderla più gustosa.

10.1.1.15   Focaccia Con Patate (Annarita)

Ingredienti: 250gr. Di patate lesse, 600gr. Di farina, 1 lievito di birra, 300gr. Di acqua, 20gr. Di sale, 6 cucchiai di olio.

Procedimento: Inserire nel boccale acqua, lievito e olio: 1min. 50° Vel.4. Aggiungere le patate: 10sec. Vel.6. Aggiungete, ancora, la farina ed il sale e impastate per 1min. a Vel.6 + 1min. Vel.Spiga. Lasciate lievitare l'impasto per 1 ora, in una ciotola, oliate una teglia abbastanza grande, sistematevi l'impasto aiutandovi con le mani, mettete ancora olio sull'impasto, pomodorini ed origano. Infornate in forno molto caldo per circa 1\2 ora.

10.1.1.16   Focaccia Al Rosmarino (Caterina)

Ingredienti: 500gr. Di farina (oppure se piace 400gr. Di farina bianca + 100gr. Di farina di crusca) 200gr. Di acqua 100gr. Di late 1 cubetto di lievito di birra 20gr. Di olio di oliva 10gr. Di sale 10gr. Di zucchero 2 rametti di rosmarino

Procedimento: sciogliere il cubetto di lievito con lo zucchero nel misurino (come ho scritto nel precedente messaggio) Inserire nel boccale quando è ben liquido con l'acqua, l'olio: 5sec. Vel.4-5. Aggiungere il sale, la farina, il latte ed il rosmarino: 50sec. Vel.6 + 1min. Vel.Spiga. Togliere l'impasto dal boccale e lasciare lievitare (vi assicuro che 20-30 minuti sono sufficienti!) Prima di stendere l'impasto nella teglia lavorarlo un po' con le mani per far entrare un po' di aria all'interno poi spalmare di olio l'impasto e far cuocere 180° per 20 minuti circa. Per toglierlo da boccale, se l'impasto risulta un po' appiccicoso non preoccupatevi, tiratelo fuori comunque dopo aver immerso le mani nella farina; a me è successo perché avevo esagerato un pochino con le dosi del latte ma mi è venuto benissimo lo stesso. Io l'ho tagliata a metà e l'ho farcita con il prosciutto crudo.

10.1.1.17   Farinata Di Ceci (Eliana Ge)

(la farinata non la preparo con il bimby ma alla vecchia maniera ligure) **Ingredienti:** 250gr. Farina di ceci, 1 litro di acqua, sale q.b., pepe e circa mezzo bicchiere di olio extravergine d'oliva.

Procedimento: in una terrina amalgamare con una frusta la farina di ceci con l'acqua. Salare e lasciare riposare per un'ora mescolando ogni tanto. Ungere con l'olio una grande teglia e versarvi il composto mescolando in modo da miscelare bene l'olio al composto. Mettere in forno preriscaldato a 220°, fino a quando non si forma una crosticina dorata. Togliere dal forno e cospargere con abbondante pepe. E' davvero buona provala.

10.1.1.18   Focaccia Alla Genovese (Rita A)

Ingredienti 300gr di latte, 1 cubetto di lievito di birra, 90gr. Di olio di oliva, 20gr. Di zucchero, 10gr. di sale fino, 500gr. Di farina.

Procedimento: Inserire nel boccale lievito, latte, olio e zucchero: 40sec. Vel.1. Versare la farina e il sale: 20sec. Vel.5 e 2 minuti a Vel.spiga. Mettere a lievitare in un recipiente per circa 40 minuti. Stendere sulla placca del forno leggermente unta e aspettere che si rilieviti per altri 30/40 minuti, poi formare i buchi con la punta delle dita spargere il sale e l'olio e spruzzare sopra mezzo misurino di acqua, quindi infornare per circa 20 minuti in forno caldo a 200°.

10.1.1.19   Focaccia Alla Ligure (Esecuzione Renata Ricco)

Ingredienti: 500gr. Di farina, 1 bustina di Mastro Fornaio, 1 cucchiaino di sale, 5 cucchiai d'olio d'oliva, 280-300gr. D'acqua, 350gr. Di stracchino, basilico, sale.

Procedimento: Inserire nel boccale acqua, zucchero, lievito e olio: 1min. 40° Vel.3. Unire la farina ed il sale 30sec. Vel.6 + 1min. Vel.Spiga. Lasciare lievitare l'impasto per 40min. Oliare una teglia da forno, dividere l'impasto in due parti e ricavarne due sfoglie. Disporre la prima sfoglia nella teglia distribuire lo stracchino a pezzi, il basilico e salare. Ricoprire con l'altra sfoglia, chiudendo bene i bordi e pungere con la forchetta. Infornare a 220° circa, per 30min.

10.1.1.20   Focaccia Di Farina Di Mais Ed Erbe (Elena)

Ingredienti: 400gr. di farina 00, 100gr. di farina di mais bramata, 300gr. di acqua, 1 cubetto di lievito di birra, sale, mezzo cucchiaino di zucchero, 30gr. di origano e basilico secchi.

Procedimento: Mettere nel boccale 100gr. di acqua, lo zucchero e il lievito, 10sec. Vel.3. Aggiungere le farine bianca e gialla, la restante acqua, le spezie e 10gr. di sale. Impastare lentamente da 1 a 5-6, lasciando al Bimby il tempo di raccogliere bene la farina e formare una palla (30sec. di cui circa 8 alla velocità finale). Impastare poi a Vel.Spiga per 45 secondi. Versare in una ciotola e lasciar lievitare per 1 ora circa. Stendere la pasta per riempire una sola placca da forno, in modo che risulti una focaccia spessa, adagiare l'impasto sulla placca unta e aggiungere sale e rosmarino. Lasciar lievitare per 20 minuti circa. Cuocere in forno preriscaldato a 180° per 20.25 minuti. E' ottima con prosciutto e stracchino….invenzione del giorno!!

10.1.1.21   Focaccia Di Recco Doc (Bimba)

Ingredienti: 250gr. di farina 00 250gr. farina manitoba 200gr. di acqua non calcarea 4 cucchiai di olio poco latte pizzicone sale 600gr. di crescenza (stracchino) **Procedimento:** accendere il forno a 250°280° mettere la farina nel boccale e aggiungere olio e acqua, sale e farina impastare per 20" a velocità 6 e poi 1min. a velocità spiga fare una palla e la sciare riposare per 30 minuti suddividere la pasta in due e preparare due dischi sottilissimi da mettere in una teglia antiaderente tonda di 40cm, stendere prima col mattarello e poi con le mani, ungere o infarinare la teglia, meglio se antiaderente, e mettere il primo disco di pasta aggiungere poi lo stracchino a mucchietti ravvicinati, coprire con l'altro disco di pasta facendolo aderire bene e sigillare i bordi, bucare la superficie della pasta e bagnare la superficie con un emulsione fatta con latte olio e poco sale infornare a 250°-280° nella parte bassa del forno per 10' in forno ventilato e per 15' in forno statico, servire calda. La pasta deve essere molto sottile.

10.1.1.22   Crescenta Bolognese Condita

Ingredienti: 600gr. farina 0, 1/2 bustina lievito secco (mastro fornaio o simili), 1 cucchiaino zucchero, 2 cucchiaini sale, 1/2 misurino olio, 2, 5 misurini acqua, olive o prosciutto crudo a dadini o speck a dadini, poco olio e acqua per spennellare, **Procedimento:** Mettere nel boccale 1/2 misurino di acqua e lo zucchero, 30" 40° Vel.4, poi unire il lievito, 10" Vel.4 e una parte della farina, circa 100/150 g, 50" Vel.5. Mettere in una ciotola, coprire con pellicola e mettere in un luogo riparato 1 ora, ma anche tutta la notte. Quando il panetto sarà bello gonfio mettere nel boccale il resto della farina, il sale, l'olio, il panetto lievitato e il resto dell'acqua, 50" Vel.5 poi 1' a Vel.Spiga. Mettere in una ciotola coprire con pellicola e lasciar lievitare per un'ora. Unire una manciata di olive o qualche cucchiaiata di prosciutto o speck a dadini piccoli, incorporare l'ingrediente lavorando poco l'impasto poi appoggiarlo nella leccarda del forno unta, appiattirlo un po' con le mani e bucherellarlo infilandoci le dita, stile pianista. Deve essere alto circa 2cm e molto irregolare in superficie. Lasciar riposare mezz'ora, intanto accendere il forno, poi mescolare nel misurino 2 cucchiai di olio e due di acqua, spennellare la superficie e cuocere a 180° per 45'. Servire a quadrotti come merenda, o a quadretti più piccoli con l'aperitivo.
Allungando i tempi di lievitazione si può usare pochissimo lievito e il sapore migliora. Il panetto base si può preparare anche la sera prima.

10.1.1.23   Focaccia Al Formaggio Senza Lievito

Ingredientigr. 300 frumento, gr. 400 fontina, olio d'oliva, sale
Procedimento: Inserite il frumento nel boccale e macinatelo a Vel.da 1 a Turbo. Aggiungetegr. 200 di acqua e il sale ed impastate per 30sec. a Vel.6 e 1 minuto a Vel.Spiga. Dividete l'impasto in 2 e formate due sottili sfoglie. Con una ricoprite una teglia unta con l'olio, cospargete il formaggio tagliato a cubetti, e ricoprite con l'altra sfoglia, schiacciando i bordi con le dita. Infornate a 200° e cocete per 20 minuti. Servite calda.

10.1.1.24   La Vera Ruota Di Focaccia Alla Barese

Ingredienti: -300gr. di acqua-500gr. farina 00-1 cubetto di lievito-1 cucchiaio di sale fino (non colmo)-1/2 cucchiaio di zucchero-pomodori, origano, olive -olio extravergine di oliva

Procedimento: inserire nel boccale l'acqua 30sec. 50° Vel.1; aggiungere il lievito 10sec. Vel.7; farina, sale, zucchero 30sec. Vel.7; tocco "magico" 1min. spiga. Formare una "pagnotta" (palla), e adagiarla al centro in una teglia antiaderente di diametro 28 o 30cm (più rustica quella di alluminio), con il fondo PIENO di olio extravergine di oliva, lasciare "riposare" la pagnotta per 10min (è preferibile che la teglia venga chiusa lontano da correnti d'aria -importantissimo, altrimenti non lievita- magari con un'altra teglia a campana). Dopo, rigirare la pagnotta nell'olio, stenderla con la punta delle dita partendo dal centro. Condire con pomodori, olive e origano, attendere la seconda lievitazione per più di un'ora. Preriscaldare il forno, portarlo a 200° (più è caldo, migliore sarà la nostra "ruota" di focaccia. Cuocere per circa 15min, visivamente la ruota dovrà essere molto "dorata". Se avete un forno elettrico ventilato, è l'ideale. E' l'ideale anche per un party improvvisato con amici: se accompagnata con stuzzichini, provolone, salami e sott'oli...)

10.1.1.25 Focaccia D'autunno (Sara)

Ingredienti 530g farina, 100g latte P.S., 200g acqua, 25g lievito di birra, 6 cucchiaini di zucchero, 3 cucchiai d'olio ex.v. di oliva, (niente sale), 2 cucchiaini di semi di anice, 100g di gherigli di noce, 500g di uva bianca.

Procedimento Preriscaldare il forno a 70°. Nel boccale il latte, l'acqua ed il lievito per 1 minuto 50° Vel.1 (se il lievito è surgelato Vel.2/3) quindi aggiungere un cucchiaino di semi di anice, 2 cucchiai d'olio, 4 cucchiaini di zucchero e la farina: 1, 30min. Vel.5 poi 1, 30min. Vel.Spiga. Stendere la pasta in una teglia rettangolare antiaderente (così non metto l'olio, perché la pasta si stacca da sola appena cuoce) spennellarla utilizzando l'ultimo cucchiaio d'olio, e metterla in forno dopo averlo spento. dopo circa 30minuti o comunque quando è cresciuta il giusto, toglierla dal forno. Ricoprirla con gli acini d'uva lavati ed asciugati tagliati a metà e nettati degli eventuali semini ed i gherigli di noce, e spolverizzare con l'altro cucchiaino di semi di anice precedentemente mischiato in una tazzina con i due cucchiaini di zucchero rimasti. A questo punto se la preferite ancora più alta riaccendere il forno a 180° solo quando dopo aver infornato la focaccia (io ho fatto così), altrimenti se la lievitazione appena compiuta vi sembra sufficiente fate preriscaldare il forno a 180°, mentre farcite la focaccia e quando è caldo solo allora infornatela. cuocere nel ripiano basso del forno finché non dora sopra

(Suggeriamo di seguire la Ricetta "Pasta per pane e pizza" pag. 8 L.B. Quando la pasta è pronta per essere ricoperta spruzzare delle gocce di acqua con la mano prima di ricoprirla degli ingredienti come da Ricetta di sara)

10.1.1.26 Ciabattine Alle Olive (R100)

Ingredienti 150gr. farina 00, 300gr. farina manitoba, 50gr. semola grano duro, 180gr. acqua, 80gr. latte parz.screm., 3 cucchiai olio oliva, 1 cucchiaino zucchero, 1/2 cubetto lievito birra, 160gr. olive snocciolate, 12gr. sale fino, poco peperoncino in polvere a piacere

Procedimento Sgocciolare le olive e metterle in un piatto con carta assorbente. Inserire nel boccale il latte, l'acqua, lo zucchero e l'olio: 35sec. 40° Vel.1. Azzerare la temperatura e inserire il lievito: 6sec. Vel.5. Aggiungere le farine, il sale e il peperoncino dal foro del coperchio con lame in movimento a Vel.3 e poi portare a Vel.4 per circa 1 minuto. (l'impasto vi sembrerà duretto, ma con il successivo inserimento delle olive, si ammorbidirà il giusto) Poi inserire le olive versandone un cucchiaio alla volta con lame in movimento a Vel.Spiga e impastare per 1min. e 1/2. Lasciare l'impasto a riposare nel boccale chiuso per circa 20min. Versare poi l'impasto sul ripiano del tavolo infarinato con semola di grano duro e formare 4 o 5 ciabattine e posarle sulla teglia del forno foderata di carta forno (io uso 2 teglie). Lasciarle lievitare per 1 ora e 1/2-2 ore circa coperte da un tovagliolo nel forno intiepidito (preriscaldato a 40° e poi spento). Cucinare in forno preriscaldato a 220° per circa 10-14min. a seconda della grandezza delle ciabattine.(comunque fino a brunitura)

(Il tempo di lievitazione deve essere quello indicato da R100. Abbiamo messo il peperoncino a pezzetti: 1/2 cucchiaino)

10.1.1.27   Focaccia Tricolore (Sara)

Ingredienti 550g di farina, 25g lievito di birra, 100g di latte, 200g d'acqua, 3 cucchiai d'olio ex.v.d'oliva, 1 cucchiaino di zucchero, una bella presa di sale, 2 pomodori maturi, un panetto di stracchino, un mazzetto di rucola, sale pepe e un filo d'olio
Procedimento Preriscaldare il forno a 70°, nel Bimby preparare l'impasto per la pizza con l'acqua il latte il lievito di birra 1min 50° Vel.1/2, quindi aggiungere 2 cucchiai d'olio, lo zucchero la presa di sale e la farina impastare 1min a Vel.5 e 1.30min a spiga. stendere in una teglia rettangolare grande e ungere in superfice con il rimanente olio spegnere il forno ed infornare. quando è cresciuta il giusto toglierla dal forno ed accenderlo a 250° quindi guarnire la pizza con le fettine di pomodori salare pepare e finire con un filino d'olio. quando il forno è caldo infornare nel ripiano basso. quando sotto sembra cotta togliere dal forno e mettere qua e la pezzetti di stracchino e poi rinfornarenel ripiano un po' più in alto. quando la focaccia è dorata mettere sopra la rucola lavata asciugata e tritata e infornare di nuovo per un minuto quindi sforNare e sforMare tagliare e servire subito.

10.1.1.28   Focaccia Gialla Alle Cipolle

Ingredienti: 500gr. di farina, 1 bustina di lievito istantaneo per pizza, 2 bustine di zafferano, 10gr. di zucchero, 10gr. di sale, 120gr. di mozzarella, 2 cucchiai di olio, 250gr. di acqua, 250gr. di cipolle rosse, 30gr. di pinoli, 3 cucchiai di olio d'oliva, sale q.b.
Procedimento: Inserire nel boccale la mozzarella tagliata a tocchetti, Vel.6 per 3sec. poi conservarla. Inserire nel boccale farina, lievito, zafferano, olio e acqua, Vel.6 per 30". Aggiungere la farina, Vel.3 Spiga per 1min. Tagliare le cipolle a rondelle e metterle a scolare con un apresa di sale per 10'. Stendere l'impasto su di una grande teglia unta di olio poi coprire con le cipolle tagialte. Salare leggermente, aggiungere i pinoli e l'olio. Cuocere in forno preriscaldato a 180° per 25' circa.

10.1.1.29   Focaccia Salata Di Patate Farcita

Ingredienti: la focaccia: 250gr. di patate lessate, 200gr. di acqua, 100gr. di olio, 1 cucchiaino di sale, ½ cucchiaino di zucchero, 1 cubetto di lievito di birra, 550gr. di farina. per la salsa tonnata: vedi Ricettario di Base pag. 33 per la salsa piccante al peperone rosso: 250gr. di peperoni, 4 peperoncini secchi, 70gr. di capperi, 50gr. di acciughe, 150gr. di aceto, 100gr. di vino bianco secco, 1 cucchiaino di sale, 100gr. di olio extra vergine di oliva
Procedimento: Per la focaccia: Inserite tutti gli ingredienti (tranne la farina e il sale) nel boccale del bimbi: 10sec. Vel.4; aggiungere la farina e sparolare salendo di velocità e tornando indietro, il tutto per 20sec. Mettere l'impasto in due tortiere di 28cm. di diametro E fare lievitare per circa 45min. Cuocere per 20min. in forno già caldo a 250°. Lasciare raffreddare e farcire con salsa tonnata e salsa piccante al peperone rosso. Per la salsa tonnata: vedi ricetta Per la salsa piccante ai peperoni rossi: inserire nel boccale aceto, vino e sale: 5min. 100° Vel.1, unire i peperoni a pezzi 3min. 100° Vel.1, scolarli col cestello e metterli a parte. Inserire nel boccale capperi, acciughe e peperoncini 20sec. Vel.6 aggiungere i peperoni 20sec. Vel.4, unire infine l'olio 10sec. Vel.1

11 Sfizi e sfarzi

11.1.1.1   Aioli

Ingredienti: Dal libro SFIZI E SFARZI. Dose per 8 persone: 1 uovo e 1 tuorlo, 40gr.di succo di limone, 4 mis.di olio, 10gr di aceto, 1 punta di senape(facoltativo), 8 spicchi d'aglio spremuti(30gr.circa), sale e pepe q.b.
Procedimento: Inserire nel boccale la spremuta di aglio, uova, limone, aceto, senape e sale: 40sec. Vel.3 e continuare a Vel.4, versando l'olio a filo dal foro del coperchi tenendo il misurino inserito, fino ad ottenere la densità voluta.E'ottima con ogni tipo di verdura cotta o cruda

11.1.1.2   Maionese

Ingredienti: Dal libro SFIZI E SFARZI.Dose per 8 persone: 1 tuorlo e 1 uovo, 40gr di succo di limone, 4 mis.di olio, 10gr di aceto, 1 punta di senape(facoltativo), sale e pepe q.b.
Procedimento: Inserire nel boccale uova limone, senape e sale: 20sec. Vel.3 e continuare a Vel.4 versando l'olio a filo dal foro del coperchi tenendo il misurino inserito, fino ad ottenere la densità voluta

11.1.1.3   Salsina Per Verdure

Ingredienti: Dal libro SFIZI E SFARZI.Dose per 6 persone: un mazzetto di basilico, 2 spicchi d'aglio, 2 cucchiai d'aceto bianco, 100gr. d'olio, un pezzetto di peperoncino piccante secco, sale q.b..
Procedimento: Inserire nel boccale olio, aceto, basilico, sale e peperoncino: 10sec vel 5 e inserire, contemporaneamente dal foro del coperchio, l'aglio: 30sec con velocità progressiva da 5 a Turbo. E' ottima servita con verdure alla griglia o crude in pinzimonio.

11.1.1.4   Salsa Di Noci

Ingredienti: Dose per 6 persone: 100gr di gherigli di noci, 1/2 misurino.di pecorino romano grattuggiato, 1 misurino di parmiggiano grattuggiato, 90gr di olio di semi, 50gr di mollica di pane(bagnata e strizzata), 150gr di latte, 1 pizzico di maggiorana, sale e pepe q.b.
Procedimento: Inserire nel boccale noci e formaggi: 20sec Vel.5.Aggiungere la mollica di pane, olio, latte e maggiorana: 30sec. Vel.6.Riunire con la spatola il composto, salare e pepare: 1min. Vel.3, portando lentamente a vel, Turbo.Se la salsa risultasse troppo densa, aggiungere 1/2 misurino di latte.E'squisita sevita con un arrosto, ma è ottima anche per condire lasagne o ravioli di magro.

11.1.1.5   Salsina Festosa

Ingredienti: Dal libro SFIZI E SFARZI.Dose per 6 persone: 2 tuorli d'uovo sodo, 1 vasetto di yogurt magro, 3 cucchiai di ketchup, 1 cucchiaino di tabasco, 1 cucchiaio d'olio extravergine, 1 ciuffo di prezzemolo.
Procedimento: Sbriciolare con una forchetta i tuorli e inserire tutti gli ingredienti nrl boccale: 40sec. Vel.5.Servirla con pesce lessato, carni e verdure lessate.NOTE: a piacere si può sostituire il prezzemolo con timo fresco

11.1.1.6   Salsa Per Pesce

Ingredienti: Da sfizi e sfarzi.Dose per 8 persone: 1 tuorlo, 150gr di aringhe affumicate, 5 olive verdi snocciolate, 1/2 mis.di pangrattato, 1/2 mis.di aceto, 1 cucchiaio di pinoli, 10 capperi, 1 spicchio di aglio, 1/2 limone spremuto, 1 ciuffo di prezzemolo, 100.gr.di olio, sale e pepe q.b.

Procedimento: Inserire nel boccale prezzemolo, aceto e pangrattato: 10sec. Vel.4.Aggiungere dal foro del coperchio con lame in movimento Vel.6.aringhe, olive, pinoli, capperi e aglio: 20.sec. Vel.6.Unire sale, pepe, olio, tuorlo e succo di limone: 10sec. Vel.4.La salsa deve risultare piuttosto compatta.E'ottima per accompagnare pesci alla griglia

11.1.1.7 Salsa Tapenade

Ingredienti: Dose per 6 persone: 30 gr.di acciughe, 1 spicchio d'aglio, 100 gr.di olive nere snocciolate, 20 gr.di capperi, 30 gr.di tonno sott'olio, succo di 1/2 limone, 50 gr.di olio extra vergine di oliva.

Procedimento: Inserire dal foro del coperchio con lame in movimento Vel.5, aglio, olive tonno, capperi acciughe e limone: 1min. Vel.5.Aggiungere l'olio a filo.30.sec. Vel.5 e 10sec. Vel.Turbo.Raccoliere il composto con la spatola: 10sec. Vel.Turbo.Questa salsa è ottima con verdure crude, uova sode, carni o pesci bolliti e per farcire crostini

11.1.1.8 Salsa Al Formaggio

Ingredienti: Dose per 6 persone: 100gr. di formaggio cremoso, 120 gr.di panna da cucina, 100 gr.di latte, 1 ciuffo di prezzemolo, 1 ciuffo di cerfoglio, 1 ciuffo di cedronella, sale e pepe q.b.

Procedimento: Inserire nel boccale, dal foro del coprechio con lame in movimento Vel.5, prezzemolo, cerfoglio e cedronella;10sec. Vel.5.Aggiungere il formaggio, sale e pepe: 20sec. Vel.5.Unire la panna e il latte: 20sec. Vel.4.Questa salsa è particolarmente indicata per accompagnare asparagi lessati

11.1.1.9 Scorzonera All'acciuga

Tipo: Sfizi e sfarzi
Tempo di Procedimento: TM21 24min.

Ingredienti: (per 8 persone) 500 gr.di scorzonera (radici amare), 1 lt.di acqua salata e acidulata, 2 acciughe lavate e diliscate, 40 gr.di olio, 1 cucchiaio di capperi, 2 cucchiai di aceto bianco, sale q.b

Procedimento: Pelare la scorzonera e tagliare a fettine la parte tenera tralasciando quella centrale più legnosa. Inserire nel boccale acqua e sale, posizionare il cestello con la scorzonera e cuocere: 20min. 100°C Vel.1. Scolare, disporre la scorzonera su un piatto da portata e tenerla al caldo. Inserire nel boccale olio e acciughe: 3min. 90°C Vel.4. Unire capperi e aceto: 1min. Vel.1. Versare questa salsa sulla scorzonera e servirla tiepida

11.1.1.10 Tomini Al Verde

Tipo: Sfizi e sfarzi
Tempo di Procedimento: TM21 40sec.

Ingredienti: (per 8 persone) 8 tomini, 80 gr.di olio extravergine di oliva, 40 gr.di prezzemolo in foglie, 2 cucchiai di capperi, 2 cucchiai di aceto, 3 acciughe diliscate, sale q.b

Procedimento: Mettere tutti gli ingredienti nel boccale, tranne i tomini: 40sec. Vel.4, dando contemporaneamente 3 colpi di Turbo. Disporre i tomini in una pirofila da tavola con bordo alto e coprirli con la salsa. Lasciarli riposare alcune ore in frigorifero prima di servirli. Sono ottimi.

11.1.1.11 Salsa Stuzzicante

Tipo: Sfizi e sfarzi
Tempo di Procedimento: TM21 3min.

Ingredienti: (per 6 persone) 2 acciughe, 2 spicchi d'aglio, 1 cucchiaio di capperi, 30 gr.di pinoli, 3 tuorli sodi, 10 olive verdi snocciolate, 1 ciuffo di prezzemolo, 1 cucchiaio di aceto, 100 gr.di olio extravergine di oliva, 30 gr.di pangrattato, sale q.b

Procedimento: Inserire nel boccale, dal foro del coperchio con lame in movimento Vel.5, aglio, prezzemolo, pinoli, capperi, acciughe, olive e tuorli: 1min. Vel.5. Unire aceto, olio, pangrattato e sale: 1min. a velocità progressiva da 4 a Turbo. Raccogliere il composto con la spatola: 30sec. Vel.Turbo. Questa salsa è ottima servita fredda con carni e pesci lessati

11.1.1.12   Salsa Di Noci

Tipo: Sfizi e sfarzi
Tempo di Procedimento: TM21 2min.
Ingredienti: (per 6 persone) 100 gr.di gherigli di noci, 1/2 mis.di pecorino romano grattugiato, 1 mis.di parmigiano grattugiato, 90 gr.di olio di semi, 150 gr.di latte, 50 gr.di mollica di pane (bagnata e strizzata), 1 pizzico di maggiorana, sale e pepe q.b.
Procedimento: Inserire nel boccale noci e formaggi: 20sec. Vel.5. Aggiungere la mollica di pane, olio, latte e maggiorana: 30sec. Vel.6. Riunire con la spatola il composto, salare e pepare: 1min. Vel.3, portando lentamente a Vel.Turbo. Se la salsa risultasse troppo densa, aggiungere 1/2 mis.di latte. E' squisita servita con un arrosto, ma è ottima anche per condire lasagne o ravioli di magro

11.1.1.13   Burro Ai Gamberi

Tipo: Sfizi e sfarzi
Tempo di Procedimento: TM21 12min.
Ingredienti: (per 8 persone) 200 gr.di burro morbido, 200 gr.di gamberetti surgelati, acqua e sale q.b
Procedimento: Posizionare la farfalla, coprire le lame con acqua e aggiungere sale e gamberetti: 10min. 100°C Vel.1. Scolare i gamberetti con il cestello e lasciarli raffreddare. Togliere la farfalla e a boccale freddo inserire dal foro del coperchio i gamberetti: 1min. Vel.8. Riposizionare la farfalla e inserire burro e sale: 40sec. Vel.3. Conservare in frigorifero. E' ottimo per tartine, crostini, crostacei alla griglia e per condire spaghetti. Usando il burro Bimby il gusto è più delicato.

11.1.1.14   Salsa Piccante Ai Peperoni Rossi

Tipo: Sfizi e sfarzi
Tempo di Procedimento: TM21 9min.
Ingredienti: (per 8 persone) 250 gr.di peperoni rossi, 4 peperoncini secchi, 70 gr.di capperi, 50 gr.di acciughe, 150 gr.di aceto, 100 gr.di vino bianco secco, 1 cucchiaino di sale, 100 gr.di olio extra vergine di oliva
Procedimento: Inserire nel boccale aceto, vino e sale: 5min. 100°C Vel.1. Unire i peperoni a pezzi: 3min. 100°C Vel.1, scolarli col cestello e metterli da parte. Inserire nel boccale capperi, acciughe e peperoncini: 20sec. Vel.6. Aggiungere i peperoni: 20sec. Vel.4. Unire infine l'olio: 10sec. Vel.1. Questa salsa è molto piccante ed è ottima servita con crostini di pane integrale; si può conservare in frigorifero per alcuni giorni, in un vasetto ben chiuso

11.1.1.15   Patè Di Mare

Tipo: Sfizi e sfarzi
Tempo di Procedimento: TM21 29min.
Ingredienti: (per 8 persone) 250 gr.di filetti di pesce bianco (persico, o coda di rospo, o merluzzo), 250 gr.di gamberi crudi sgusciati, 150 gr.di seppioline, 50 gr.di burro, 3 cipollini novelli, 1 spicchio di aglio, 1 cucchiaio di Brandy, 1 cucchiaio di succo di limone, 80 gr.di panna liquida, 1 cucchiaio di paprika, 1 pizzico di pepe cayenna o peperoncino, sale q.b.

Procedimento: Pulire e lavare il pesce, tagliare i filetti a dadini e le seppie a listarelle. Inserire nel boccale cipolline, burro e aglio: 4min. 100°C Vel.1 e 30sec. Vel.4. Posizionare la farfalla e aggiungere le seppioline: 5min. 100°C Vel.1. Unire la coda di rospo: 5min. 100°C Vel.1 e per ultimo i gamberetti: 10min. temp.*Varoma* Vel.1. Aggiustare di sale, unire il Brandy e lasciare evaporare: 3min. temp.*Varoma* Vel.1. Con lame in movimento Vel.1, inserire panna, succo di limone, paprika e pepe: 10sec. Vel.1. Togliere la farfalla e lasciare raffreddare il tutto nel boccale. Omogeneizzare bene: 1min. Vel.9, spatolando. Versare il composto in uno stampo (capacità 1 lt.), foderato di pellicola e riporlo in frigorifero per almeno 2 ore. Servire il patè guarnito con fette di limone, gamberi e accompagnarlo con cracker o costole tenere di sedano

11.1.1.16   Patè Di Tonno Alle Erbe

Tipo: Sfizi e sfarzi
Tempo di Procedimento: TM21 3min.
Ingredienti: (per 8 persone) 400 gr.di tonno al naturale, 100 gr.di burro, 4 cetriolini, 10 olive nere, 1 cucchiaiata di capperi, 1 mazzetto di erbe aromatiche (basilico, erba cipollina e prezzemolo), 3 cucchiai di maionese, sale e pepe. Per guarnire: 2 uova sode, cetriolini e olive nere.
Procedimento: Unire tutti gli ingredienti nel boccale: 30sec. Vel.6 e 30sec. Vel.Turbo. Imburrare uno stampo da plum cake (15x25) e versarvi il composto pressandolo bene. Mettere in frigorifero per un paio d'ore. Al momento di servire sformare il patè e decorarlo con uova sode a rondelle, briciole di albume e tuorli sodi, cetrioli e olive nere

11.1.1.17   Mousse Di Gamberetti

Tipo: Sfizi e sfarzi
Tempo di Procedimento: TM21 21min.
Ingredienti: (per 8/10 persone) 300 gr.di gamberetti, 100 gr.di latte, 1 lt.di acqua, 1/2 mis.di farina, 20 gr.di burro, succo di 1/2 limone, 1 cucchiaio di aceto, 1/2 compressa di gelatina, 1/4 di dado, sale q.b
Procedimento: Pulire i gamberetti e posizionarli nel cestello. Inserire nel boccale l'acqua e il sale: 7min. 100°C Vel.1. Posizionare il cestello: 4min. 100°C Vel.1, toglierlo e metterlo da parte. Utilizzare un misurino e mezzo dell'acqua usata per la cottura, per sciogliere la gelatina: 4min. Vel.4. Aggiungere l'aceto, travasare in una ciotola e lasciare intiepidire. Inserire nel boccale latte, burro, farina e dado: 5min. 90°C Vel.5. Versare dal foro del coperchio, con lame in movimento a Vel.5, 250 gr.di gamberetti e poi portare per 10sec. a Vel.8. Aggiungere la gelatina e il succo di limone: 20sec. Vel.Turbo. Travasare il composto in uno stampo bagnato e passare in frigorifero per almeno 12 ore. Sformare, decorare con gamberetti interi, spicchi di limone e servire.

11.1.1.18   Terrina Di Pollo Con Le Mandorle

Tipo: Sfizi e sfarzi
Tempo di Procedimento: TM21 3min. +forno 1 ora.
Ingredienti: (per 10 persone) 750 gr.di pollo disossato, 250 gr.di carne di maiale macinata, 100 gr.di mandorle tostate e tritate, 25 gr.di burro, 1 cipolla piccola, 1 cucchiaio di dado Bimby, 2 cucchiai di panna, 2 cucchiai di cognac, pepe q.b
Procedimento: Tritare le mandorle: 10sec. Vel.Turbo e mettere da parte. Inserire dal foro del coperchio con lame in movimento Vel.4, la cipolla: 10sec. Vel.4. Aggiungere il dado e il burro: 2min. 100°C Vel.1. Inserire dal foro del coperchio con lame in movimento Vel.5, il pollo: 10sec. Vel.5. Quindi inserire la carne di maiale, il cognac, le mandorle, la panna e il pepe: 10sec. Vel.6 e 30sec. Vel.Turbo, spatolando. Versare l'impasto in uno stampo da plum cake unto (lung.20 cm.), pressarlo bene, coprire con un foglio di carta alluminio e cuocere in forno preriscaldato a 180°C per 30min. circa. Togliere l'alluminio e cuocere per altri 30min. circa. Lasciarla intiepidire, sformarla su di un piatto da portata e decorarla con mandorle, fettine di limone e ciuffetti di prezzemolo. Servirla tiepida o fredda

11.1.1.19   Salsa Piccante

Tipo: Sfizi e sfarzi
Tempo di Procedimento: TM21 28min.
Ingredienti: (per 6 persone) 100 gr.di cipolla, 60 gr.di burro, 30 gr.di farina, 250 gr.di vino bianco secco, 250 gr.di aceto di vino, 1 cucchiaio di prezzemolo tritato, 1 ciuffo di cerfoglio, 1 cucchiaio di dragoncello, 2 cetrioli sott'aceto, 1 cucchiaio di dado Bimby, sale e pepe q.b.
Procedimento: Inserire nel boccale la cipolla: 10sec. Vel.4. Aggiungere il burro: 4min. 100°C Vel.2. Unire la farina: 2min. 100°C Vel.2. Aggiungere vino, aceto e dado: 9min. 100°C Vel.3. Unire, infine, cetrioli, cerfoglio, dragoncello, prezzemolo, sale e pepe: 10min. temp.*Varoma* Vel.3. Portare lentamente a Vel.Turbo: 2min. 100°C Vel.Turbo. Servire questa salsa con arrosto di maiale, prosciutto di Praga o con arrosti avanzati

11.1.1.20   Delicatezze Di Tonno In Salsa

Tipo: Sfizi e sfarzi
Tempo di Procedimento: TM21 21min.
Ingredienti: (per 8 persone) 400 gr.di tonno, 100 gr.di parmigiano, 1 pugno di prezzemolo, 1/2 lt.di acqua, 2 uova. Per la salsa: 1 mis.di olio di oliva, 1 cucchiaio di capperi, 2 cucchiai di succo di limone, 4 acciughe, 1 ciuffo di prezzemolo
Procedimento: Inserire nel boccale prezzemolo e parmigiano: 10sec. Vel.Turbo. Unire tonno e uova: 30sec. Vel.4, spatolando. Avvolgere il composto in una garza e metterlo nel cestello. Senza lavare il boccale, inserire l'acqua e posizionare il cestello: 20min. 100°C Vel.4. Togliere il composto, farlo raffreddare, tagliarlo a fettine e disporre le stesse su un vassoio. Preparare la salsa: inserire nel boccale, dal foro del coperchio con lame in movimento Vel.3, tutti gli **ingredienti:** 30sec. Vel.3. Versare sulle fettine e servire

11.1.1.21   Salsa Per Barbecue

Tipo: Sfizi e sfarzi
Tempo di Procedimento: TM21 25min.
Ingredienti: (per 8 persone) 120 gr.di burro, 1 cipolla, 1 spicchio di aglio, 60 gr.di vino rosso, 1 cucchiaino di zucchero di canna, 1/2 cucchiaino di peperoncino in polvere, 4 gocce di tabasco, 2 cucchiai di salsa worcester, 2 cucchiai di ketchup, sale e pepe q.b
Procedimento: Inserire nel boccale aglio, cipolla e burro: 4min. 90°C Vel.4 e 20sec. Vel.Turbo. Aggiungere tutti gli altri **ingredienti:** 5min. 100°C Vel.1 e 15min. 90° Vel.2. La salsa così ottenuta, riposta in frigorifero in un contenitore a chiusura ermetica, si conserverà 2/3 settimane. E' ottima con carni rosse, pollo, agnello e per marinare

11.1.1.22   Canapè Al Salmone Rosso

Tipo: Sfizi e sfarzi
Tempo di Procedimento: TM21 30sec.
Ingredienti: (per 6 persone) 220 gr.di salmone rosso in scatola sgocciolato, 1/2 cucchiaino di paprika, 1 pizzico di pepe, 30 gr.di panna fresca, 30 gr.di burro, 3 grandi fette di pane scuro, 1 avocado, 1/2 mis.di succo di limone, uova rosse di lompo
Procedimento: Inserire nel boccale salmone, succo di limone, paprika e sale: 20sec. Vel.6. Aggiungere dal foro del coperchio con lame in movimento Vel.4, la panna: 10sec. Vel.4. Tagliare in 4 ogni fetta di pane e spalmarla con il burro. Distribuirvi sopra il composto al salmone e lisciare la superficie con il coltello. Tagliare a metà l'avocado eliminando il nocciolo, pelarlo e tagliarlo a fettine. Guarnire con uova di lompo e fettine di avocado

11.1.1.23   Patè Di Olive

Tipo: Sfizi e sfarzi
Tempo di Procedimento: TM21 2min.

Ingredienti: (per 10 persone) 300 gr.di olive nere snocciolate e cotte al forno, 90 gr.di olio di oliva, 1 spicchio di aglio, 1 cucchiaio di origano, sale q.b **Procedimento:** Inserire nel boccale, dal foro del coperchio con lame in movimento Vel.6, olive e aglio: 20sec. Vel.6. Raccogliere il trito con la spatola e unire 60 gr.di olio, sale e origano: 1min. Vel.3 o più, finché il composto sarà ben amalgamato. Mettere in un vasetto, coprire con il restante olio e conservare in frigorifero. E' ottimo per tartine, bruschette, canapè ed è straordinario per condire spaghetti

11.1.1.24   Salsa Bernese

Tipo: Sfizi e sfarzi
Tempo di Procedimento: TM21 10min.
Ingredienti: (per 6 persone) 50 gr.di scalogno, 1/2 mis.scarso di aceto bianco, 1/2 mis.di vino bianco, 120 gr.di burro morbido tagliato a cubetti, 1 uovo e 2 tuorli, 4 rametti di dragoncello, 1 pizzico di cerfoglio, sale e pepe q.b
Procedimento: Inserire nel boccale 50 gr.di scalogno, 2 foglie di dragoncello, vino e aceto: 5min. 100°C Vel.4. Raffreddare facendo scorrere l'acqua all'esterno del boccale per 2min. circa. Riposizionare il boccale e unire il burro: 2min. 60°C Vel.4, salare e pepare. Aggiungere le uova: 2min. e 30sec. 85°C Vel.5; 10sec. prima del termine, aggiungere il rimanente dragoncello e il cerfoglio. Togliere subito la salsa dal boccale e porla in una salsiera. Questa salsa è indicata per accompagnare scampi, astice, aragosta e carni rosse grigliate

11.1.1.25   Salsa Californiana

Tipo: Sfizi e sfarzi
Tempo di Procedimento: TM21 9min.
Ingredienti: (per 6 persone) 120 gr.di acqua, 60 gr.di burro, 30 gr.di farina, 40 gr.di zucchero di canna, succo di 2 grossi limoni, 60 gr.di uvetta, un pizzico di sale
Posizionare la farfalla e inserire nel boccale acqua, burro, zucchero e sale: 3min. 40°C Vel.3. Unire dal foro del coperchio con lame in movimento Vel.4, la farina e il succo dei limoni: 5min. 80°C Vel.3. A fine cottura unire l'uvetta (lasciata in ammollo e strizzata molto bene): 20sec. Vel.1. Travasare la salsa in una salsiera calda. Guarnirla con fettine di limone e servirla con pesce alla griglia

11.1.1.26   Salsa Alle Mele

Tipo: Sfizi e sfarzi
Tempo di Procedimento: TM21 11min.
Ingredienti: (per 6 persone) 500 gr.di mele gialle, 30 gr.di burro, 2 cucchiai di succo di limone, 1 chiodo di garofano, 1 cucchiaio di zucchero, 2 pizzichi di cannella
Procedimento: Sbucciare le mele, tagliarle a fettine e inserirle nel boccale con il burro, il succo di limone ed il chiodo di garofano: 10min. 100°C Vel.1. Togliere il chiodo di garofano e unire cannella e zucchero: 30sec. Vel.Turbo. Questa salsa è ottima servita calda con arrosti di maiale, anatra, oca o pollo

11.1.1.27   Salsa Dell'amore

Tipo: Sfizi e sfarzi
Tempo di Procedimento: TM21 1min.
Ingredienti: (per 6 persone) 100 gr.di peperoncini verdi sott'aceto ben mondati, 60 gr.di parmigiano, 40 gr.di pecorino, 90 gr.di olio di oliva, 1 cucchiaio di aceto, 1/2 cucchiaino di pepe, sale q.b.
Procedimento: Inserire tutti gli ingredienti nel boccale: 1min. Vel.9, dando qualche colpo di Turbo. Questa salsa è squisita servita con un bel bollito misto

11.1.1.28   Salsa Newburg

Tipo: Sfizi e sfarzi
Tempo di Procedimento: TM21 6min.
Ingredienti: (per 6 persone) 50 gr.di burro, 250 gr.di panna da cucina, 30 gr.di Sherry dry, 1/2 cucchiaino di pepe di cayenna, 3 tuorli d'uovo, 1/2 cucchiaino di sale, 20 gr.di farina

Procedimento: Inserire tutti gli ingredienti nel boccale tranne lo sherry: 6min. 80°C Vel.4. Aggiungere, dal foro del coperchio con lame in movimento Vel.2, lo sherry. Servirla ancora calda con aragosta, gamberoni, molluschi oppure con verdure lesse come cavolfiori, broccoli o asparagi

11.1.1.29   Triangolini Alla Ricotta

Tipo: Sfizi e sfarzi
Tempo di Procedimento: TM21 22min.
Ingredienti: (per 10 triangolini) 6 uova, 1 lt.di acqua, 1 noce di burro, 180 gr.di ricotta, 3 cipollini novelli tritati, 4 cucchiai di prezzemolo tritato, 1/2 peperone rosso tagliato a striscioline, 2 cucchiaini di capperi scolati e tritati, sale q.b.
Procedimento: Inserire nel boccale 1 cucchiaio di acqua, sale e 4 uova: 20sec. Vel.4. Con questo composto e con il burro, fare 4 frittatine sottili in una padella (diam.15 cm.) Senza lavare il boccale, introdurre i cipollini, prezzemolo e capperi: 40sec. Vel.5. Aggiungere le uova rimaste, 1 cucchiaino di sale e la ricotta: 30sec. Vel.7. Sistemare una frittatina sul vassoio del Varoma, spalmarla con il composto alla ricotta e con alcune striscioline di peperone rosso. Coprire con una seconda frittatina e ripetere l'operazione fino a terminare gli ingredienti. Inserire nel boccale 1 lt.di acqua, chiudere il *Varoma* e posizionarlo sul coperchio: 20min. temp.*Varoma* Vel.1. Sformare, lasciare intiepidire e tagliare il tortino ottenuto a triangolini. Servirli tiepidi o ben freddi

11.1.1.30   Frittatine Alle Erbe

Tipo: Sfizi e sfarzi
Tempo di Procedimento: TM21 9min.
Ingredienti: (per 6 persone) 6 uova, 10 gr.di pangrattato, 6 foglie di basilico, 6 foglie di menta, 1 ciuffo di prezzemolo, 1 rametto di maggiorana (o finocchio), 1 spicchio di aglio, 1 cipollina, 1 pomodoro maturo, 10 gr.di olio di oliva, sale e pepe
q.b. Per guarnire: foglie di lattuga
Procedimento: Inserire nel boccale, dal foro del coperchio con lame in movimento Vel.7, le erbe lavate ed asciugate e l'aglio: 7sec. Vel.7. Aggiungere uova, sale, pepe e pangrattato: 13sec. Vel.5. Togliere il composto ottenuto e metterlo in una terrina. Sciacquare il boccale e inserire olio e cipolla: 3min. 100°C Vel.3. Aggiungere il pomodoro: 5min. 100°C Vel.3. Unire quest'ultimo al composto nella terrina e mescolare bene. Con il composto ottenuto cuocere 6 frittatine in una padella (diam.20 cm.). Guarnire un piatto da portata con alcune foglie di lattuga, disporvi le frittatine a forma di ventaglio e servire.

11.1.1.31   Torta Di Riso Salata

Tipo: Sfizi e sfarzi
Tempo di Procedimento: TM21 12min. +forno 40min.
Ingredienti: (per 10 persone) Per l'impasto: 1 dose di pasta brisé: 250 gr.di farina, 100 gr.di burro morbido, 1/2 mis.di acqua fredda, sale q.b. Per il ripieno: 150 gr.di riso, 100 gr.di burro, 100 gr.di parmigiano, 50 gr.di pecorino sardo, 1 limone non trattato, 5 uova, 1/2 lt.di latte, 1 spicchio di aglio, 1 ciuffo di prezzemolo, acqua e sale q.b., maggiorana e noce moscata
Procedimento: Preparare la pasta brisé: inserire nel boccale prima la farina e poi gli altri ingredienti e impastare: 15sec. Vel.6, aiutandosi con la spatola. Avvolgere l'impasto in un canovaccio e lasciarlo riposare in frigorifero per 15min. Inserire nel boccale l'acqua che copra le lame, il sale, quindi posizionare il cestello con il riso: 10min. 100°C Vel.4. Togliere il cestello con il riso e metterlo da parte. Asciugare il boccale, inserire i formaggi a pezzi, l'aglio, il prezzemolo asciutto e la scorza gialla del limone: 10sec. Vel.Turbo. Aggiungere tutti gli altri **ingredienti:** 10sec. Vel.4. Stendere l'impasto e foderare una teglia unta d'olio (diam.30 cm.), distribuirvi uniformemente il riso e versarvi sopra il contenuto del boccale. Cuocere in forno preriscaldato a 200°C per 40min. Servire la torta tagliata a triangoli o a rombi

11.1.1.32   Terrina Di Verdure

Tipo: Sfizi e sfarzi
Tempo di Procedimento: TM21 21min. +forno 45min.

Ingredienti: (per 10 persone) 500 gr.di spinaci lessati, 400 gr.di zucchine, 2 carote grosse, 1 scalogno, 2 albumi, 200 gr.di prosciutto cotto affumicato, 1/2 mis.di brodo Bimby, 20 gr.di parmigiano, 50 gr.di pangrattato, 50 gr.di olio, 1 noce di burro, alloro, noce moscata, sale e pepe q.b

Procedimento: Tagliare le carote a listarelle molto sottili e metterle nel Varoma. Inserire nel boccale olio, scalogno, alloro e sale: 3min. 100°C Vel.4. Unire le zucchine a rondelle, il brodo e posizionare il *Varoma* con le carote: 15min. temp.*Varoma* Vel.1. A fine cottura aggiungere nel boccale gli spinaci: 2min. 100°C Vel.2 e lasciare intiepidire. Aggiungere ora prosciutto, parmigiano, noce moscata, pepe e albumi: 15sec. Vel.5, spatolando. Unire il pangrattato: 20sec. Vel.3. Stendere 1/3 del composto sul fondo di una terrina imburrata (24x12 cm.) e allineare sopra, nel senso della lunghezza, metà delle listarelle di carote. Fare un secondo strato di composto, uno di listarelle di carote e terminare con il composto. Coprire con un foglio di carta da forno imburrato e cuocere la terrina a bagnomaria in forno preriscaldato a 200°C per 45min. circa. Far intiepidire, sformare e servire con fonduta oppure lasciarla in frigorifero per 12 ore e servirla con maionese

11.1.1.33 Palline Di Formaggio Alle Olive

Tipo: Sfizi e sfarzi
Tempo di Procedimento: TM21 30sec.
Ingredienti: (per 6 persone) 250 gr.di formaggio fresco (tipo philadelphia), 100 gr.di olive nere o verdi snocciolate, 15 gr.di burro morbido, 100 gr.di noci Procedimento: Inserire nel boccale le noci: 5sec. Vel.5 e metterle da parte. Sciacquare il boccale e inserire le olive: 10sec. Vel.3. Aggiungere formaggio e burro: 10sec. Vel.2. Togliere il composto, ricavarne delle palline e passarle nelle noci tritate. Metterle in frigorifero per qualche ora e, una volta indurite, servirle infilzate su stuzzicadenti

11.1.1.34 Sedani Farciti

Tipo: Sfizi e sfarzi
Tempo di Procedimento: TM21 3min.
Ingredienti: (Per 8 persone) 150 gr.di sedano bianco di Verona. Per la crema alle olive: 50 gr.di burro, 100 gr.di formaggio philadelphia, 50 gr.di olive verdi snocciolate, 2 cucchiai di maionese. Per la crema roquefort: 150gr di roquefort oppure gorgonzola, 1 mis.di yogurt naturale, 1 mis.di ricotta oppure panna, 1 cucchiaio di Cognac o Brandy, 1 pizzico di pepe verde 1 cucchiaio di succo di limone, aglio in polvere

Procedimento: Preparare la crema alle olive: inserire nel boccale burro e formaggio: 2min. portando lentamente la velocità a 8. Aggiungere dal foro del coperchio con lame in movimento Vel.8, le olive: 10sec. Vel.8. Unire 2 cucchiai di maionese e amalgamare bene: 10sec. Vel.1, spatolando. Preparare la crema roquefort: inserire tutti gli ingredienti nel boccale: 8sec. Vel.Turbo. Raccogliere il composto con la spatola e amalgamare bene: 20sec. Vel.1. Farcire con queste creme i gambi più teneri del sedano, privati dei filamenti, lavati e asciugati. Disporli a raggiera su un piatto da portata e decorare con foglioline di sedano

11.1.1.35 Uova Con Salsa Remolada

Tipo: Sfizi e sfarzi
Tempo di Procedimento: TM21 1min.
Ingredienti: (per 6 persone) 6 uova sode, 30 gr.di cipolla, 2 cetriolini sott'aceto, 1 uovo, succo di 1/2 limone, 1 cucchiaino di senape, sale e pepe q.b., 3 rametti di prezzemolo, 1 cucchiaio di capperi, 250 gr.di olio di semi, 1/2 cucchiaino di pasta di acciughe, 100 gr.di panna acida (oppure 1 yogurt naturale)

Procedimento: Inserire dal foro del coperchio con le lame in movimento Vel.6 la cipolla e i cetriolini: 10sec. Vel.6. Unire tutti gli altri ingredienti escluso l'olio: 15sec. Vel.6 portando lentamente a Vel.9 per altri 15sec. Aggiungere l'olio: 20sec. Vel.6. Affettare le uova e disporle leggermente sovrapposte su un vassoio rettangolare, ricoprirle con la salsa e decorare con ciuffetti di prezzemolo e capperi prima di servire

11.1.1.36 Burro All'acciuga

Tipo: Sfizi e sfarzi
Tempo di Procedimento: TM21 6min.
Ingredienti: (per 8 persone) 200 gr.di burro morbido, 100 gr.di acciughe sotto sale
Procedimento: Pulire, diliscare e lavare bene le acciughe, asciugarle e metterle nel boccale: 20sec. Vel.8 spatolando e metterle da parte. Inserire il burro: 3min. , passando da Vel.1 a Vel.3 e viceversa. Aggiungere le acciughe messe da parte: 2min. Vel.3. Togliere il tutto e passarlo attraverso un setaccio. Mettere il burro composto sulla carta stagnola, formare un salamino e conservarlo in frigorifero o nel congelatore. Servirlo con pesce o carne alla griglia

11.1.1.37 Pesce Di Tonno E Gamberetti

Tipo: Sfizi e sfarzi
Tempo di Procedimento: TM21 11min.
Ingredienti: (per 12 persone) 200 gr.di tonno, 100 gr.di gamberetti, 2 fogli di colla di pesce, 200 gr.di acqua, 1 uovo sodo, 1 cucchiaio di brandy, 1 cucchiaio di ketchup, 1 spruzzata di salsa worchester, sale e olio q.b. Per guarnire: foglie di lattuga, maionese
Procedimento: Inserire nel boccale i fogli di colla di pesce: 20sec. Vel.4. Aggiungere brandy, acqua e gamberetti: 10min. 100°C Vel.1. Unire il tonno sgocciolato, l'uovo sodo, sale, ketchup e worchester: 40sec. Vel.7. Travasare in uno stampo a forma di pesce (capacità 1/2 lt.), precedentemente unto con olio. Lasciare raffreddare a temperatura ambiente e infine mettere in frigorifero per almeno 2 ore prima di servire. Sformare su un letto di lattuga e servire con maionese.

11.1.1.38 Rotoli Di Primavera Al Tonno

Tipo: Sfizi e sfarzi
Tempo di Procedimento: TM21 25sec.
Ingredienti: (per 6 persone) Per le frittate: 3 uova, 1/2 mis.di parmigiano grattugiato, sale q.b. Per il ripieno: 100 gr.di tonno, 1 cucchiaio di capperi, qualche foglia di prezzemolo, 150 gr.di ricotta, 50 gr.di burro morbido, 2 cucchiai di maionese, sale q.b
Procedimento: Inserire nel boccale uova, parmigiano, sale: 10sec. Vel.6. Friggere due frittate in una padella (diam.25 cm.), cercando di farle il più sottile possibile. Preparare il ripieno: inserire dal foro del coperchio con lame in movimento Vel.5, tonno, capperi e prezzemolo. Unire burro, ricotta, maionese e sale: 10sec. Vel.5. Spalmare il composto sulle frittatine e arrotolarle. Avvolgere quindi la carta di alluminio e metterle in frigorifero per almeno 2 ore. Mezz'ora prima di servirle, tagliarle a fettine e disporle su un piatto da portata

11.1.1.39 Palline Di Formaggio Alla Ricotta

Tipo: Sfizi e sfarzi
Tempo di Procedimento: TM21 1min.
Ingredienti: (per 8 persone) 250 gr.di ricotta, 50 gr.di fontina, 50 gr.di gruviera, 1 mis.di parmigiano, 50 gr.di gorgonzola, 50 gr.di mandorle pelate, oppure curry, noci o altro
Procedimento: Inserire le mandorle nel boccale: 15sec. Vel.6 e metterle da parte. Ora inserire fontina e gruviera: 10sec. Vel.8. Aggiungere ricotta, gorgonzola e parmigiano: 10sec. Vel.4. Togliere il composto dal boccale e lasciarlo in frigorifero per 15min. Con le mani bagnate formare delle mini palline passandole subito nel trito di mandorle, oppure nel curry o in noci tritate o altro e servirle infilzate su stuzzicadenti con l'aperitivo

11.1.1.40 Tartine Al Patè Verde

Tipo: Sfizi e sfarzi
Tempo di Procedimento: TM21 2min.
Ingredienti: (per 10 persone) 150 gr.di olive verdi snocciolate, 50 gr.di olio, 1 cucchiaio da tavola di mascarpone, 1/2 spicchio di aglio, 1/2 cucchiaino di origano, pane o pan carrè, sale q.b

Procedimento: Inserire nel boccale dal foro del coperchio con lame in movimento Vel.6, olive e aglio: 20sec. Vel.6. Raccogliere il trito con la spatola sul fondo del boccale e unire olio, sale, origano, mascarpone e amalgamare: 1min. Vel.3. Spalmare il patè su pane tostato e guarnire con dadini di pomodoro

11.1.1.41 Aspic Variopinto

Tipo: Sfizi e sfarzi

Tempo di Procedimento: TM21 1min.

Ingredienti: (per 8 persone) 1, 5 lt.di gelatina, 150 gr.di tonno sott'olio, 4 filetti di acciuga, 1 cucchiaio di capperi, 75 gr.di burro morbido, 3 uova sode, 100 gr.di cetriolini, 50 gr.di olive preferibilmente farcite, 100 gr.di peperone rosso a listarelle, 150 gr.di prosciutto cotto a fette

Procedimento: Preparare la gelatina con uno dei prodotti in commercio seguendo le istruzioni e lasciarla raffreddare senza che indurisca. Inserire nel boccale dal foro del coperchio con lame in movimento Vel.5, tonno, filetti di acciuga e capperi: 10sec. Vel.5. Unire il burro: 20sec. Vel.5 e mettere da parte. Versare uno strato di gelatina alto 1 cm.nel fondo di uno stampo (largo cm.20 e alto cm.6) e farlo indurire in frigorifero. Al centro appoggiare una fetta di uovo sodo e formare intorno una corona con le altre fette di uovo, alternandole con ventaglietti di cetriolini sott'aceto, olive e listerelle di peperone. Versare poca gelatina e rimettere in frigorifero a indurire. Disporre il prosciutto cotto e altra gelatina. Mettere la spuma di tonno tenuta da parte in una siringa e appena la gelatina si sarà rassodata, fare uno strato di spuma, avendo cura di non arrivare ai bordi dello stampo. Versare la rimanente gelatina e riporre tutto in frigorifero per almeno tre ore. Per sformare l'aspic, immergere velocemente lo stampo in acqua bollente e capovolgere sul piatto da portata. Guarnire il bordo del piatto con cetriolini tagliati a ventaglio e listarelle di peperone rosso

11.1.1.42 Salsa Vellutata Ai Funghi

Tipo: Sfizi e sfarzi

Tempo di Procedimento: TM21 7min.

Ingredienti: (per 6 persone) 500 gr.di acqua, 20 gr.di dado Bimby, 50 gr.di farina, 20 gr.di prezzemolo (lavato e ben asciugato), 25 gr.di burro, 100 gr.di funghi freschi, 1 tuorlo, noce moscata e pepe q.b

Procedimento: Inserire nel boccale funghi e prezzemolo: 10sec. Vel.9. Unire tutti gli altri ingredienti tranne il tuorlo: 7min. 90°C Vel.4. Dopo 6min. aggiungere il tuorlo. E' ottima calda, servita con crostini, scaloppine o bistecche

11.1.1.43 Salatini Al Formaggio Lievitati

Tipo: Sfizi e sfarzi

Tempo di Procedimento: TM21 40sec. + forno 20min.

Ingredienti: (per 6 persone) 250 gr.di farina, 150 gr.di parmigiano grattugiato, 100 gr.di burro, 1 uovo, 15 gr.di lievito di birra, 1/2 mis.di latte, sale q.b

Procedimento: Inserire nel boccale latte e lievito: 10sec. Vel.6. Aggiungere tutti gli altri **ingredienti:** 30sec. Vel.4, aiutandosi con la spatola. L'impasto ottenuto deve risultare sodo e omogeneo. Stenderlo con spessore di 1 cm. e tagliare delle strisce larghe 2 dita da attorcigliare e annodare, oppure ritagliare dei quadrati e dei triangoli da arrotolare su se stessi in modo da ottenere delle piccole brioche. Cuocere in forno preriscaldato a 180°C per 20min. circa, finchè i salatini si presentino ben dorati

11.1.1.44 Terrina Di Salmone Alle Erbe Aromatiche

Tipo: Sfizi e sfarzi

Tempo di Procedimento: TM21 23min.

Ingredienti: (per 6 persone) Per il court-bouillon: 1 costa di sedano, 1 carota, 1/2 cipollina, prezzemolo, 2 chiodi di garofano, 1 foglia di alloro (facoltativa), 1 lt.di acqua, sale q.b., pepe in grani. 800 gr.di salmone, 1 dose di maionese di 1 uovo, 1 dado per gelatina, 1 ciuffo di prezzemolo, 1 ciuffo di cerfoglio, 1 ciuffo di dragoncello, 1 ciuffo di crescione, fette di limone, sale q.b

Procedimento: Preparare la gelatina e lasciarla intiepidire senza che si rapprenda. Inserire nel boccale acqua, sedano, carota, cipollina steccata con i chiodi di garofano, prezzemolo, 2-3 grani di pepe, sale e foglia di alloro. Nel cestello sistemare il salmone in trance alternato a foglioline di prezzemolo, sale e fettine di limone. Posizionare il cestello nel boccale e cuocere: 20min. 100°C Vel.3. Lasciare raffreddare il pesce nel cestello immerso nel court-bouillon. Lavare le erbe aromatiche (cerfoglio, dragoncello e crescione) e sbiancarne la metà immergendole per 2min. in acqua bollente. Mettere, sul fondo di una terrina, un velo di gelatina e lasciarla rassodare. Scolare il salmone, sfogliarlo e metterlo nella terrina alternandolo alle restanti erbe aromatiche crude. Coprire il tutto con la gelatina rimasta e porre in frigorifero per qualche ora. Nel boccale mettere le erbe aromatiche lessate e ben strizzate: 30sec. Vel.6. Unirle alla maionese, metterla in una salsiera e servirla a completamento della terrina

12 Menù & Menù

12.1 Primi Menù

12.1.1 In Famiglia

(X 5 PERSONE)

12.1.1.1 Insalata Spiritosa

Ingredienti: 2 finocchi teneri, 2 cespi di insalata belga, 2 arance pelate al vivo, 12 gherigli di noce, 100gr. di yogurt intero, 60gr. di maionese, 1\2 misurino di succo d'arancia, sale q.b. Affettare finocchi e insalata, unire le arance a pezzetti, i gherigli di noce divisi in 4 e disporre in un'insalatiera. Inserire nel boccale yogurt, maionese, sale e succo d'arancia: 10sec. Vel.2. Versare la salsina sull'insalata e guarnire con alcuni gherigli di noce.

12.1.1.2 Ravioli Di Magro Al Limone

Ingredienti: Per l'impasto: 500gr. di farina, 4 uova, 50gr. di vino bianco secco; per il ripieno: 500gr. di spinaci mondati, 300gr. di ricotta fresca, 100gr. di parmigiano, 80gr. di burro, scorza di un limone, sale q.b.
Procedimento: Inserire nel boccale farina, uova e vino: 30sec. Vel.6 e unmin spiga. Coprire l'impasto con un canovaccio e lasciar riposare. Inserire gli spinaci nel boccale dopo averli lavati: 10min 100° Vel.1. A cottura ultimata scolarli e strizzarli. Introdurre nel boccale parmigiano e ricotta: 10sec. Vel.4. Con lame in movimento Vel.4 aggiungere il sale e poco alla volta gli spinaci: 10sec. Vel.6. Tirare la sfoglia, farcire con l'impasto e ritagliare dando al raviolo la forma desiderata. Cuocere i ravioli in acqua bollente salata 7\8 minuti. Inserire nel boccale con lame in movimento Vel.6 la scorza di limone. Condire i ravioli con burro fuso, la scorzetta tritata e parmigiano. Usando la farfalla si possono cuocere i ravioli nel boccale e per il ripieno si possono sostituire gli spinaci con bietole o borragine.

12.1.1.3 Risotto Al Peperone

Ingredienti: 450gr. di riso, un peperone rosso, 100gr. di piselli freschi o surgelati, un pezzetto di cipolla, uno spicchio d'aglio, 50gr. d'olio, 900gr. d'acqua, 100gr. di latte, un cucchiaio di dado bimby, 40gr. di burro, parmigiano grattugiato a piacere, sale q.b.
Procedimento: Inserire nel boccale il peperone a pezzi: 10sec. Vel.4. Toglierne la metà e metterla da pare. Inserire nel boccale cipolla, aglio, olio: 3min 100° Vel.4. Posizionare la farfalla e unire il riso: 30sec. Vel.1. Aggiungere acqua, dado, piselli e i peperoni tenuti da parte: 14min 100° Vel.1. A metà cottura aggiungere dal foro del coperchio il latte. Terminata la cottura versare il risotto in una risottiera, mantecare con burro, parmigiano e aggiustare di sale. Lasciare riposare qualche minuto prima di servire.

12.1.1.4 Involtini A Modo Mio

Ingredienti: Per gli involtini: 5 fettine sottili di fesa di vitello, una manciata di prezzemolo, 2 panini raffermi, 100gr. di latte, 100gr. di salsiccia, 450gr. di piselli surgelati (o 600gr. di piselli freschi), 30gr. di burro, uno spicchio d'aglio. Per la salsina: 100gr. di latte, 100gr. d'acqua, 2 cucchiai di farina, succo di 1\2 limone, sale q.b.

Procedimento: Introdurre nel boccale il pane raffermo tagliato a pezzi, inzupparlo col latte, aggiungere prezzemolo, salsiccia, sale e aglio: 20sec. da Vel.1 a 6. Cospargere le fettine di carne con sale, un pezzetto di burro e una pallina di ripieno. Arrotolare la carne, fermarla con uno stecchino e adagiarla nel Varoma. Aggiungere i piselli e salarli. Inserire nel boccale un litro d'acqua e posizionare il Varoma: 45 minuti Varoma, Vel.1. Sistemare carne e piselli in una pirofila e senza lavare il boccale, inserire latte, acqua, farina, limone e sale: 3min 90° Vel.3. Versare la salsa su involtini e piselli e servire. NOTE: Il tempo di cottura della carne varia a seconda dello spessore delle fettine. Si può sostituire la carne di vitello con fettine di fesa di tacchino tagliate sottili.

12.1.1.5 Composta Di Mele

Ingredienti: 200gr. di pane integrale raffermo, 100gr. di zucchero, un misurino d'acqua, 750gr. di mele renette, 50gr. di uva passita, 50gr. di mandorle sbucciate, 50gr. di burro o margarina.

Procedimento: Introdurre nel boccale 50gr. di zucchero: 20sec. Vel.Turbo. Aggiungere il pane: 15sec. Vel.5. Travasate il tutto in una ciotola. Inserire nel boccale le mele sbucciate e tagliate a pezzetti, un misurino d'acqua, l'uvetta precedentemente ammollata e le mandorle: 15min 100° Vel.1. Imburrare uno stampo da forno, fare uno strato con metà del pane sbriciolato, ricoprirlo con l'impasto di mele e terminare col rimanente pane. Cospargere col restante zucchero e completare con fiocchetti di burro. Mettere in forno preriscaldato a 200° per 20 minuti circa. Servire freddo.

12.1.1.6 Gelato Alla Banana

Ingredienti: 300gr. di banane a pezzetti surgelate, 300gr. di latte congelato a cubetti, 100gr. di zucchero, succo di 1\2 limone. Togliere dal congelatore gli ingredienti 5 minuti prima di lavorarli. Inserire nel boccale lo zucchero: 20sec. Vel.Turbo. Unire banane, latte, succo di limone: 40sec. Vel.7 e 20sec. Vel.4 spatolando. Servire subito. VARIANTE: La banana si p uò sostituire con altra frutta a piacere.

12.1.2 Con I Parenti

(X 6 PERSONE)

12.1.2.1 Mandarino Drink

Ingredienti: 2 limoni, 4 mandarini, un misurino di zucchero, un misurino di gin, 2 lattine d'acqua tonica, 10 cubetti di ghiaccio.

Procedimento: Pelare a vivo la frutta e privarla dei semi. Inserirla nel boccale con zucchero e ghiaccio: 30sec. Vel.3. Aumentare gradualmente la velocità fino ad arrivare a Turbo per un minuto. Unire ad apparecchio fermo l'acqua tonica, il gin e mescolare a Vel.1 per qualche secondo e filtrare. Servire freddo e guarnire con una fettina di limone.

12.1.2.2 Cozze E Sgombri In Bellavista

Ingredienti: 500gr. di cozze, 500gr. di sgombri, 500gr. d'acqua, 180gr. d'olio, 40gr. di prezzemolo, 4 spicchi d'aglio, 1\2 misurino di succo di limone, sale q.b. Inserire nel boccale l'acqua: 5min 100° Vel.1.

Procedimento: Posizionare il *Varoma* con gli sgombri e le cozze disposti sul vassoio. Cuocere 30 minuti *Varoma* Vel.1. Eliminare l'acqua di cottura, sgusciare le cozze, spinare gli sgombri e disporli su un piatto da portata. Preparare la salsina inserendo nel boccale aglio e prezzemolo: 20sec. Vel.5. Raccogliere il composto con la spatola, aggiungere sale, olio, limone: 1min 100° Vel.4. Versare la salsina sul pesce e servire. NOTE: Si può guarnire il piatto con ciuffi di prezzemolo e alcune cozze nei loro gusci.

12.1.2.3 Risotto Al Profumo Di Mare

Ingredienti: 500gr. di riso arborio, 50gr. d'olio, uno spicchio d'aglio, 1 lt di liquido, di cui una parte di brodetto della "Zuppa Gioconda" (Ricetta seguente), un ciuffo di prezzemolo tritato, una parte dei frutti di mare della "Zuppa Gioconda", sale. Inserire dal foro del coperchio con lame in movimento Vel.4 l'aglio e tritare per pochi secondi. Posizionare la farfalla, aggiungere olio e riso: 5min 100° Vel.1. Versare il brodetto del pesce, l'acqua necessaria per arrivare ad un litro di liquido: 12min 100° Vel.1. Due minuti prima del termine della cottura aggiungere alcuni scampi, cozze, vongole, seppie, della Zuppa Gioconda, prezzemolo e sale. Versare in una risottiera e servire.

12.1.2.4 Zuppa Gioconda

Ingredienti: 400gr. di seppia (polpo o calamaro), 500gr. di scampetti, 200gr. di vongole col guscio, 200gr. di cozze col guscio, 1 kg di pesce da brodetto (merluzzo, triglia, coda di rospo, ecc), 500gr. di pomodori pelati, 200gr. d'olio, 2 spicchi d'aglio, una manciata di prezzemolo tritato, sale. Inserire nel boccale olio, aglio: 3min 100° Vel.4. Aggiungere le seppie e cuocere: 3min 100° Vel.1. Versare nel boccale il pomodoro, sale e posizionare il cestello con gli scampi. Posizionare il *Varoma* con cozze e vongole e sul vassoio del *Varoma* il restante pesce: 35min *Varoma* Vel.1. A cottura ultimata disporre il pesce in una zuppiera, versare il sugo e guarnire con prezzemolo tritato. Tenere in caldo la zuppa fino al momento di servire. NOTE: Si può utilizzare una parte del sugo con un po' di seppie, scampi, vongole e cozze per cuocere il riso della ricetta precedente.

12.1.2.5 Petto Di Pollo In Salsa

Ingredienti: 600gr. di petto di pollo, 40gr. di burro, 30gr. d'olio, 1\2 cipolla, 50gr. di prosciutto crudo, 30gr. di farina, 250gr. di vino bianco secco, 150gr. d'acqua, 2 tuorli, un ciuffo di prezzemolo, succo di 1\2 limone, sale, pepe. Tagliare il pollo in pezzi piuttosto piccoli, infarinarli e sistemarli nel cestello con sale e pepe. Inserire nel boccale cipolla, metà burro, olio e prosciutto crudo: 3min 100° Vel.4. Aggiungere vino, acqua, poco sale e posizionare il cestello: 40min 100° Vel.3. Ultimata la cottura togliere il cestello e disporre la carne su un piatto da portata. Aggiungere al sugo di cottura un cucchiaio di farina, i tuorli, il resto del burro, limone e prezzemolo: 3min 80° Vel.3. Versare la salsa ottenuta sulla carne, guarnire con ciuffetti di prezzemolo, fettine di limone e servire.

12.1.2.6 Palline Al Cocco

Ingredienti: 150gr. di zucchero, 3 uova, 150gr. di farina di cocco, una bustina di lievito per dolci, 300gr. di farina, 50gr. di burro morbido. Inserire nel boccale lo zucchero: 10sec. Vel.Turbo. Aggiungere burro e uova: 30sec. Vel.6. Unire farine e lievito: 30sec. Vel.spiga. Formare delle palline della grandezza di una noce e disporle sulla piastra del forno precedentemente imburrata. Cuocere in forno preriscaldato a 140° per 10 minuti circa. Lasciare intiepidire prima di toglierle dalla piastra.

12.1.2.7 Praline Al Cioccolato.

Ingredienti: 125gr. di cioccolato fondente, 50gr. di latte, 15gr. di burro, un tuorlo, 50gr. di biscotti secchi, 50gr. di mandorle tostate, 100gr. di farina di cocco. Inserire nel boccale i biscotti: 10sec. Turbo e mettere da parte. Inserire nel boccale le mandorle: 15sec. Turbo e mettere da parte. Introdurre nel boccale il cioccolato: 10sec. Vel.5. Aggiungere il latte: 3min 50° Vel.1. Unire burro, biscotti, tuorlo, mandorle e farina: 10sec. Vel.3 spatolando. Mettere il composto in frigo e far raffreddare. Formare delle palline, rotolarle nella farina di cocco, metterle in pirottini di carta e disporle su un vassoio.

12.1.2.8 Pere Alla Vodka

Ingredienti: 800gr. di pere a tocchetti surgelate, 100gr. di zucchero, succo di un limone, vodka a piacere. Inserire nel boccale lo zucchero: 10sec. Vel.Turbo. Unire pere e succo di limone: 20sec. Vel.4 e un minuto passando da velocità 7 a Turbo spatolando. Servire il sorbetto in coppette con un pò di vodka a piacere

12.1.3 Con Gli Amici

(X 8 PERSONE)

12.1.3.1 Mousse Al Prosciutto Con Affettati Misti

Ingredienti: 500gr. di prosciutto cotto, 250gr. di panna, 150gr. di besciamella composta da: 20gr. di burro, 150gr. di latte, un cucchiaio di farina, sale. Posizionate la farfalla nel boccale, precedentemente raffreddato in frigorifero. Inserite la panna: 40sec. Vel.3 e mettere da parte. Introdurre ora farina, burro, latte e sale: 5min 90° Vel.4 e lasciare riposare qualche minuto. Inserire dal foro del coperchio con lame in movimento Vel.3 il prosciutto: 20sec. Vel.3 e un minuto Vel.8 spatolando. Aggiungere la panna: 30sec. Vel.3. Versare in uno stampo imburrato e porlo in frigo per qualche ora. Capovolgere su un piatto da portata e servire freddo accompagnato da crostini di pane.

12.1.3.2 Ditaloni Alle Melanzane

Ingredienti: 500gr. di ditaloni, una grossa melanzana sbucciata, 250gr. di pomodori pelati, 1\2 cipolla, uno spicchio d'aglio, 30gr. d'olio, 50gr. di parmigiano grattugiato, peperoncino a piacere, sale, pepe. Inserire nel boccale cipolla, aglio e olio: 3min 100° Vel.2. Unire dal foro del coperchio con lame in movimento Vel.4 la melanzana a pezzi: 40sec. Vel.4. Aggiungere pelati, sale, pepe e peperoncino: 20min 100° Vel.1. Cuocere la pasta per il tempo indicato sulla confezione e condirla con il sugo. Servire con parmigiano grattugiato.

12.1.3.3 Salsa Mornay

Ingredienti: 300gr. di latte, 200gr. di panna, 100gr. di gruviera, 30gr. di farina, 50gr. di burro, 2 tuorli, sale, noce moscata. Inserire nel boccale il gruviera: 15sec. Turbo e mettere da parte. Introdurre nel boccale latte, panna, farina, sale, noce moscata e burro: 7min 90° Vel.4. A cottura ultimata, unire il gruviera e i tuorli: 10sec. Vel.4. NOTE: questa salsa serve per gratinare polpettine, petti di pollo, verdure lessate e pasta.

12.1.3.4 Polpettine Al Vino Bianco Con Finocchi

Ingredienti: 300gr. di carne trita di vitello, 200gr. di carne trita di maiale, un panino ammorbidito nel latte, 30gr. di parmigiano grattugiato, 250gr. di vino bianco, 250gr. d'acqua, 2 uova, 4 finocchi, un cucchiaio di dado bimby, 2 cucchiai di farina di semola, sale, pepe. Inserire nel boccale parmigiano, carne, uova, pane ammorbidito, sale, pepe: 40sec. Vel.3. Formare delle piccolissime polpette, passarle nella semola di grano duro e sistemarle nel *Varoma* unto d'olio. Disporre i finocchi lavati e affettati nel vassoio del varoma. Inserire nel boccale vino, acqua, dado, posizionare il *Varoma* e cuocere: 40min *varoma* Vel.4. A fine cottura sistemare le polpettine al centro di una pirofila e contornare con i finocchi. Cospargerle con la salsa Mornay e farle gratinare in forno per 10 minuti prima di servire.

12.1.3.5 Torta All'ananas

Ingredienti: una scatola di ananas sciroppato da 500 g, 200gr. di zucchero, 50gr. di zucchero di canna, 5 uova, 200gr. di farina, 70gr. di burro, una bustina di lievito, scorza di 1\2 limone, 1\2 misurino di succo d'ananas, un pizzico di sale. Mettete il burro in una tortiera di 24cm di diametro e fatelo sciogliere nel forno tiepido. Disponete sul burro sciolto lo zucchero di canna, distribuendolo in modo uniforme e adagiate su di esso le fette di ananas. Inserite nel boccale zucchero e scorza: 20sec. Vel.8. Unite uova, farina, sale e succo d'ananas: 40sec. Vel.4. Aggiungete il lievito: 10sec. Vel.5. Versate il composto nella teglia sopra le fette d'ananas. Mettete in forno già caldo a 180° per 10 minuti e a 200° per 30 minuti. Capovolgete la torta su un piatto da portata quando è ancora calda. Servitela ben fredda guarnita con ciliegie candite.

12.1.3.6 Coppa Moka

Ingredienti: 4 tuorli, 150gr. di zucchero, 400gr. di latte, 100gr. di panna, 80gr. di caffè liofilizzato, un pizzico di sale fino Inserire tutti gli ingredienti nel boccale: 5min 80° Vel.3. Versare la crema in un recipiente largo e basso e porlo in congelatore per almeno 3 ore. Al momento di servire dividerlo in pezzi, metterli nel boccale e mantecare 10sec. Vel.9 e 30sec. Vel.6. Servirlo in coppe e guarnire con qualche chicco di caffè.

12.1.4 Guardando La Tv

Ingredienti: (X 8\10 PERSONE) 500gr. di ananas sciroppato e sgocciolato, 10 cubetti di ghiaccio, una bottiglia di spumante dolce. Mettere nel boccale l'ananas e il ghiaccio: 10sec. Vel.7 e un minuto Vel.Turbo. Unire lo spumante: 5sec. Vel.1. Versare il tutto in una caraffa e servire ben freddo.

12.1.4.1 Bibita Alla Frutta

Ingredienti: 400gr. di frutta di stagione a scelta, un limone pelato a vivo, un litro d'acqua, 5 cubetti di ghiaccio, zucchero a piacere. Inserire nel boccale il ghiaccio: 20sec. Vel.7. Aggiungere frutta e limone: 40sec. Vel.7 e 50sec. Vel.Turbo. Aggiungere acqua e zucchero: 20sec. Vel.2. Filtrare, versare in una caraffa e servire.

12.1.4.2 Pane, Amore E Fantasia

Ingredienti: Per il pane: 500gr. di farina, 200gr. d'acqua, 100gr. di latte, 1\2 cubetto di lievito di birra, un cucchiaio d'olio, un cucchiaino di sale, un cucchiaino di zucchero. Per il ripieno: 100gr. di parmigiano, 100gr. di pistacchi, 100gr. di gherigli di noci, 100gr. di Emmental. Inserire nel boccale acqua, latte, lievito, sale, zucchero e olio: 10sec. Vel.4. Aggiungere la farina: 30sec. Vel.6 e 30sec. Vel.spiga. Mettere l'impasto in una terrina, coprirlo e farlo lievitare 1\2 ora. Senza lavare il boccale, inserire il parmigiano: 10sec. Turbo e togliere. Introdurre noci, pistacchi ed Emmental: 15sec. Vel.5 e togliere. Stendere l'impasto lievitato, coprire la sfoglia ottenuta con il ripieno, arrotolare tutto e dare la forma desiderata. Ungere una teglia quadrata, disporre l'impasto e cuocere in forno preriscaldato a 200° per 30 minuti circa. E' ottimo tiepido e a fettine.

12.1.4.3 Quiche Di Carciofi

Ingredienti: una dose di pasta brisé (vedi libro base), 500gr. di cuori di carciofo freschi o surgelati, uno spicchio d'aglio, 50gr. d'olio, 50gr. di olive nere snocciolate, mezzo misurino d'acqua, 150gr. di provola a cubetti, sale, pepe q.b. Fate la pasta brisé e riponetela in frigo per mezz'ora. Nel frattempo inserite nel boccale olio e aglio: 2min 100° Vel.1. Posizionate la farfalla, aggiungete i carciofi tagliati a spicchi sottili, mezzo misurino d'acqua, olive, sale, pepe e cuocete: 20min 100° Vel.1. Con l'impasto foderate una teglia unta di 30cm di diametro, disponete i carciofi, la provola, ripiegate bene i bordi e spennellateli con olio. Cuocete in forno preriscaldato a 250° per 20 minuti.

12.1.4.4 Palline Del Danubio

Ingredienti: per l'impasto: 550gr. di farina, 3 uova, 100gr. di latte, 100gr. di burro, 25gr. di lievito di birra, un cucchiaino di sale, un cucchiaino di zucchero, un cucchiaino di parmigiano grattugiato. Per il ripieno: 200gr. di prosciutto cotto, 200gr. di Emmental, un tuorlo. Inserire nel boccale prosciutto ed Emmental: 10sec. Vel.4 e mettere da parte. Introdurre tutti gli ingredienti dell'impasto: 45sec. Vel.6 e 25sec. Vel.spiga. Con l'impasto, che non deve risultare troppo asciutto, formare delle palline non troppo grandi. Farcirle col prosciutto e l'Emmental tritati, e disporle sulla placca da forno imburrata e infarinata. Spennellarle col tuorlo e farle lievitare un'ora. Cuocere in forno preriscaldato a 200° per 25 minuti.

12.1.4.5 Baba' Rustico

Ingredienti: 500 farina, 100 parmigiano, 150 burro, 6 uova, 25 lievito birra, 1 mis.latte, 2 cucchiaini di sale, 1/2 cucchiaino di pepe, 200gr. emmenthal, 150gr. di prosciutto cotto. Tritare il parmigiano 15 sec, Vel.Turbo e mettere da parte. tritare il prosciutto cotto e l'emmenthal 10sec. Vel.4 mettere da parte. Inserire nel boccale il burro le uova il lievito latte 20sec. Vel.4 Aggiungere il sale il parmigiano e la farina 55sec. Vel.6 unire il prosciutto e l'emmenthal 15sec. Vel.5 spatolando. Versare l'impasto in uno stampo da baba imburrato e infarinato e lasciarlo lievitare per 1 ora circa. Cuocere 1 180 per 30 minuti.

12.1.4.6 Mousse Delicata Di Fragole

Ingredienti: 300gr. di panna da montare, 300gr. di philadelphia, 100gr. di miele, 300gr. di fragole. Posizionare nel boccale la farfalla e introdurre la panna: 45sec. Vel.2. Togliere la farfalla e mettere da parte la panna montata. Inserire nel boccale philadelphia e miele: 15sec. Vel.3. Aggiungere le fragole: 20sec. Vel.4. Unire la panna montata: 20sec. Vel.2. Mettere il composto ottenuto in coppette e porre in frigo per almeno 2 ore prima di servire.

12.1.4.7 Crostata Di Amaretti

Ingredienti: Per l'impasto: 400gr. di farina, 170gr. di zucchero, 200gr. di burro morbido, 2 uova intere + un tuorlo, un cucchiaino di lievito in polvere, scorzetta di un limone, un pizzico di sale. Per il ripieno: 300gr. di ricotta, 150gr. di zucchero, 200gr. di amaretti, 3 tuorli, 1\2 misurino di Grand Marnier o liquore a piacere. Inserire nel boccale zucchero e scorza di limone: 20sec. da Vel.1 a 9 lentamente. Aggiungere tutti gli altri ingredienti per l'impasto: 30sec. Vel.6; avvolgerlo in carta oleata e lasciarlo riposare al fresco per 20 minuti. Stendere l'impasto dello spessore di 1\2cm e foderare una tortiera con i bordi a cerniera, di 26cm di diametro, tenendo i bordi laterali della pasta alti 2cm. Mettere tutti gli altri ingredienti del ripieno: 40sec. Vel.5 spatolando. Versare il composto nella teglia pareggiandolo bene. Cuocere in forno preriscaldato a 180° per 20 minuti e 200° per 20 minuti. Togliere la teglia dal forno, aprire la cerniera e lasciar raffreddare bene la torta. Disporla su un piatto e servirla guarnendola con qualche amaretto intero inzuppato nel liquore.

12.2 Menù rapidi

12.2.1 *Tornando Dal Lavoro*

(X 6 PERSONE)

12.2.1.1 Orange Cooler

Ingredienti: 3 arance pelate a vivo 150gr. Di gin 100gr. Di vermut rosso 10 cubetti di ghiaccio 1 bottiglia di prosecco ben freddo. Inserire nel boccale tutti gli ingredienti tranne il prosecco: 30sec. Vel.6 e 60sec. Vel.Turbo. Filtrare in una caraffa, aggiungere il prosecco e servire ben freddo

12.2.1.2 Risottino Con Petit Pois

Ingredienti: 400gr. di riso arborio, 100gr. di pisellini surgelati, una cipolla media, 80gr. di burro, 1\2 misurino di vino bianco secco, 900gr. d'acqua, un cucchiaio di dado bimby, un misurino di parmigiano grattugiato. Inserire la metà del burro e la cipolla tagliata in quarti: 3min 100° Vel.4. Aggiungere acqua e dado: 5min 100° Vel.1. Posizionare il cestello con riso e pisellini: 20min 100° Vel.4. Versare in una risottiera, mantecare col restante burro e parmigiano, aggiustare di sale e servire.

12.2.1.3 Filetti Di Trota Salmonata In Salsa Sublime

Ingredienti: 500gr. di filetti di trota salmonata (senza pelle), 150gr. di foglie verdi di lattuga (private della costola dura), 250gr. di zucchine, 600gr. di acqua, un ciuffo di prezzemolo, qualche foglia di basilico, 200gr. di panna, 1\2 misurino di succo di limone o aceto, sale, pepe. Foderare il *Varoma* con la lattuga spezzettata grossolanamente. Mettere i filetti di trota lavati, asciugati e unti leggermente d'olio sulla lattuga. Nel vassoio superiore mettere i nastri di zucchine (Si ottengono tagliandole nel senso della lunghezza col pelapatate). Inserire nel boccale l'acqua: 5min 100° Vel.1. Posizionare il *Varoma* completo e cuocere: 25min *Varoma* Vel.1. A cottura ultimata disporre i filetti su un piatto caldo. Nel boccale pulito mettere la lattuga su cui si erano cotti i filetti, unire panna, basilico, prezzemolo, limone, sale e pepe: 20sec. Vel.6 e 40sec. Vel.Turbo. Versare la salsa sui filetti, aggiustare intorno ai piatti i nastri di zucchine e servire.

12.2.1.4 Zuppa Dolce All'arancia

Ingredienti: un pacco di savoiardi, 4 misurini di succo d'arancia, un tuorlo, 2 uova intere, 20gr. di burro, 300gr. di zucchero, un cucchiaino di fecola di patate, 40gr. di farina, la buccia di un'arancia, senza il bianco, 1\2 litro di latte. Inserire nel boccale il succo d'arancia, tuorlo, burro, fecola e 200gr. di zucchero: 7min 80° Vel.4. In una pirofila da portata, mentre cuoce la salsa, fare due strati di savoiardi. Versare la salsa sul primo e secondo strato e ricoprirli con la salsa stessa. Mettere nel boccale il restante zucchero e la buccia d'arancia: 20sec. Vel.Turbo. Unire uova, farina e latte: 7min 80° Vel.4. Versare la crema sui savoiardi, che si saranno già imbevuti di salsa all'arancia. Lasciare raffreddare e servire.

12.2.2 Non Tutti Alla Stessa Ora

(X 6 PERSONE)

12.2.2.1 Zucchine Marinate

Ingredienti: 400gr. di zucchine piccole, 1\2 spicchio d'aglio, 100gr. d'aceto, 4 acciughe, 100gr. d'olio, 2 uova sode, sale. Inserire nel boccale aglio, aceto, acciughe, olio: 20sec. Vel.8. Aggiungere le uova sode: 10sec. Vel.4 e mettere da parte. Tagliare a rondelle sottili le zucchine, disporle su un piatto da portata e condirle con la salsina. Lasciare marinare per due ore prima di servire.

12.2.2.2 Maccheroni Gratinati

Ingredienti: 500gr. di maccheroni, una dose di besciamella, un misurino di panna, 200gr. di ricotta, 150gr. di prosciutto cotto, 80gr. di burro, 50gr. di parmigiano, 30gr. di pecorino, sale. Inserire nel boccale il prosciutto cotto: 5sec. Vel.4 e mettere da parte. Preparare la besciamella come da ricettario base e alla fine unire panna, metà formaggio, ricotta e metà prosciutto: 10sec. Vel.2. Nel frattempo cuocere al dente i maccheroni e condirli col burro. Disporli in una pirofila, unta di burro, e ricoprirli con la besciamella. Cospargerli col rimanente prosciutto e formaggio. Cuocere in forno caldo a 200° per 20 minuti circa.

12.2.2.3 Pangrattato Aromatizzato

Ingredienti: 2 panini raffermi, uno spicchio d'aglio, origano, rosmarino, maggiorana, salvia, prezzemolo e sale. Inserire nel boccale tutti gli **ingredienti:** 20sec. da Vel.5 a Vel.Turbo. Metterlo da parte e utilizzarlo per riempire i pomodorini della ricetta seguente, o altro a piacere. POLPETTINE AL SUGO CON POMODORI AROMATIZZATI **Ingredienti:** 300gr. di pollo, 100gr. di mortadella, 100gr. di pangrattato, 100gr. di latte, un uovo intero, uno spicchio d'aglio, 50gr. d'olio, 300gr. di passata di pomodoro, un mis. D'acqua, origano e sale, 10 pomodorini, 30gr. di pangrattato aromatizzato. Inserire nel boccale con lame in movimento Vel.6 pollo e mortadella: 20sec. Vel.6. Aggiungere pangrattato, uovo, latte e sale: 20sec. Vel.4. Formare delle polpettine e disporle nel cestello. Tagliare a metà i pomodorini, privarli dei semi, riempirli col pangrattato aromatizzato e posizionarli nel Varoma. Introdurre nel boccale aglio, olio, origano e sale: 3min 100° Vel.4. Unire la passata di pomodoro, l'acqua, inserire il cestello con le polpettine e posizionare il *Varoma* con i pomodorini ripieni: 30min *varoma* Vel.4. Terminata la cottura sistemare tutto in un piatto da portata e servire.

12.2.2.4 Salsa Tonnata

Ingredienti: un uovo intero, un tuorlo, 300gr. di olio di semi, succo di un limone, sale, 80gr. di tonno, un cucchiaino di capperi, 3 filetti d'acciuga. Inserire nel boccale tutti gli ingredienti e versare a filo dal foro del coperchio, con lame in movimento Vel.4 l'olio fino alla quantità desiderata. Tenerla da parte fino al momento di utilizzarla.

12.2.2.5 Involtini E Verdure A Vapore

Ingredienti: per gli involtini: 500gr. di fettine di vitello, 500gr. d'acqua, un cucchiaino di dado bimby, un misurino d'aceto, un ciuffo di prezzemolo, uno spicchio d'aglio, un misurino di pangrattato. Per le verdure: 2 carote a dadini, un finocchio a spicchi, 2 cuori di carciofo a spicchi, 300gr. di spinaci mondati, sale, pepe. Preparare ben battute e tagliate regolari le fettine di vitello. Inserire prezzemolo, aglio e pangrattato nel boccale: 10sec. Vel.6. Disporre un po' di questo trito al centro di ogni fetta, arrotolarle strette, ungerle con poco olio e sistemarle verticalmente nel cestello. Introdurre nel boccale acqua, dado e aceto: 5min 100° Vel.1. Sistemare nel *Varoma* carote, finocchi, carciofi e sul vassoio gli spinaci. Posizionare il cestello con gli involtini e il *Varoma* con le verdure: 35min *Varoma* Vel.1. Terminata la cottura, sistemare gli involtini ben allineati su un piatto da portata e ricoprirli con la salsa tonnata della ricetta precedente. Disporre le verdure su un piatto e condirle con olio, limone, sale e pepe.

12.2.2.6 Torta Ricca Di Ricotta

Ingredienti: 250 ricotta, 200 farina, 200 zucchero, 50 burro morbido, 50 uvetta, 50 cioccolato fondente, 50 frutta candita a pezzi, 2 uova, 1 bustina vanillina, 1 bustina lievito, 1 pizzico di sale. Inserire nel boccale il cioccolato fondente: 10sec. Vel.5 e mettere da parte. Introdurre uova, zucchero, burro, ricotta e sale: 30sec. Vel.4 spatolando. Far cadere a pioggia dal foro del coperchio con le lame in movimento a Vel.4 farina vanillina e lievito in polver 40sec. Vel.4. Unire l'uvetta precedentemente messa a bagno in un po di brandy il cioccolato e la frutta: 20sec. Vel.2 spatolando. Versare in uno stampo da 24cm di diametro precedentemente unta e infarinata e cuocere in forno preriscaldato a 170° per 15 minuti e a 180\200° per 30 minuti. Servire fredda.

12.2.3 Il Marito In Cucina

(X 4 PERSONE)

12.2.3.1 Quadratini Al Pesto Di Rucola

Ingredienti: per il pesto: 130gr. foglie di rucola lavata e asciugata, 60 parmigiano a pezzi, 30gr. di pinoli, 1 spicchio di aglio, 30gr. d'olio d'oliva, 10gr. d'olio di semi. 4 fette di pancarrè tagliato a quadratini, 12 dadini di peperone rosso. Inserire nel boccale parmigiano, pinoli, aglio: 30sec. Vel.Turbo; unire le foglie di rucola, olio, sale e pepe: 20sec. Vel.4 e 20 a Turbo. Togliere il composto dal boccale, metterne da parte due cucchiai e versare il rimanente in una zuppiera. Spalmare il pesto sui quadratini di pancarrè e decorare con dadini di peperone rosso.

12.2.3.2 Fusilli Alla Rucola E Uova Al Varoma

Ingredienti: 300gr. di fusilli, un cucchiaio di aceto di vino rosso, un peperone rosso di media grandezza tagliato a dadini, sale, pepe, 1 lt d'acqua, 4 uova, foglie di rucola lavate, quante ne bastano per coprire con uno strato il fondo del Varoma, un filo d'olio per condire. Aggiungere al pesto della ricetta precedente i dadini di peperone e l'aceto. Mettere un litro d'acqua nel boccale (senza lavarlo) e disporre il *Varoma* con le foglie di rucola: 7min *Varoma* Vel.1. Togliere ilv aroma e dal foro del coperchio inserire la pasta e salare. Riposizionare il Varoma, rompere delicatamente le uova adagiandole sulla rucola e aggiungere un filo d'olio. Cuocere a temp *Varoma* per il tempo di cottura indicato sulla confezione della pasta. A fine cottura scolare i fusilli, condirli col pesto e il peperone e portare in tavola il Varoma, utilizzando il coperchio come sottopiatto.

12.2.3.3 Fusilli Al Pistacchio

Ingredienti: 300gr. di fusilli 60gr. di pistacchio sgusciato 20gr. di pinoli 150gr. di prosciutto crudo (in una sola fetta e tagliata a dadini) 30gr. di burro 100gr. di polpa di pomodoro 100gr. di Brandy 200gr. di panna 1 cucchiaio abbondante di pesto alla rucola 30gr. di parmigiano grattugiato Tritare pistacchio e pinoli: 10sec. Vel.5 e metterli da parte. Inserire nel boccale i dadini di prosciutto crudo, il burro e cuocere: 3min. 90° C Vel.1. Dal foro del coperchio aggiungere il Brandy e la polpa di pomodoro: 5min. 100° C Vel.1 tenendo il misurino inclinato. Terminata la cottura unire panna, pesto alla rucola e trito di pistacchio e pinoli: 20sec. Vel.2. Condire i fusilli e servirli con parmigiano grattugiato

12.2.3.4 Spezzatino Di Patate E Uova

Ingredienti: 800gr. di patate pelate e tagliate a pezzi, uno spicchio d'aglio, una manciata di prezzemolo, 50gr. d'olio, 400gr. d'acqua, 4 uova, sale, pepe. Inserire nel boccale olio, aglio, prezzemolo: 3min 100° Vel.3. Dal foro del coperchio unite patate, sale e pepe: 3min 100° Vel.1. Aggiungere l'acqua e cuocere: 15min 100° Vel.1. A fine cottura unite le uova dal foro del coperchio rompendo il guscio sul bordo del medesimo: 2min 90° Vel.1. Versare in un piatto da portata e servire guarnendo con ciuffetti di prezzemolo.

12.2.3.5 Dolcetti Verdi Di Mio Marito

Ingredienti: 130gr. di pistacchi sgusciati e spellati, 130gr. di zucchero, 2 albumi, un pizzico di sale. Inserire nel boccale zucchero e pistacchi: 30sec. Vel.Turbo e mettere da parte. Posizionare la farfalla, unire gli albumi e un pizzico di sale: 2min 40° Vel.3. Togliere la farfalla e dal foro del coperchio unire lentamente zucchero e pistacchi, lavorando a Vel.3 fino ad esaurimento. Distribuire il composto a cucchiaini sulla placca del forno imburrata, avendo cura di disporre i dolcetti ben distanziati uno dall'altro. Cuocere in forno preriscaldato a 100° finché non si saranno rappresi. Volendo si possono sostituire i pistacchi con nocciole o mandorle.

12.2.3.6 Sorbetto Affogato

Ingredienti: un limone pelato a vivo, 100gr. di zucchero, 20 cubetti di ghiaccio (300gr. circa), 4 fette di ananas sciroppato, 8 cucchiaini di vodka ghiacciata. Inserire nel boccale lo zucchero: 20sec. Vel.Turbo. Aggiungere limone e ghiaccio: 40sec. Vel.5 e un minuto Vel.Turbo, spatolando. Mettere in ogni coppa una fetta d'ananas, il sorbetto e irrorare con 2 cucchiai di vodka. Servirlo subito, accompagnandolo con i dolcetti al pistacchio.

12.2.4 Ospiti Improvvisi

(X 6 PERSONE)

12.2.4.1 Friend's Club

Ingredienti: 2 cucchiai di zucchero, un misurino di succo d'arancia, un misurino di succo di limone, 1\2 misurino di rhum, 1\2 misurino di gin, 2 cubetti di ghiaccio. Mettere tutti gli ingredienti nel boccale: 6sec. Vel.5. Versare in una caraffa, aggiungere il ghiaccio e servire.

12.2.4.2 Pate' Gustoso

Ingredienti: 1 scatola di fagioli borlotti, 70gr. Di speck, 80gr. Di burro, 3 rametti piccoli di rosmarino, 1 spicchio d'aglio, 50gr. Di marsala o brandy, sale e pepe q.b. Inserire nel boccale 20gr. Di burro, rosmarino, aglio, speck 3min. 70° Vel.3. Unire i borlotti sgocciolati, il brandy, poco sale e pepe 5min. 70° Vel.3 Lascaire raffreddare. Aggiungere il restante burro 30sec. Vel.4 e 1min a Vel.7. Versare in uno stampo e mettere in frigorifero a rassodare per un paio d'ore. Servire su crostoni di pane integrale tostato

12.2.4.3 Tagliatelle Alla Boscaiola

Ingredienti: 400gr. di tagliatelle, 150gr. di panna, 100gr. d'olio, 50gr. di pancetta, 100gr. di peperoni o melanzane a dadini, 100gr. di piselli freschi, 40gr. di funghi secchi ammollati, un pezzetto di cipolla, parmigiano grattugiato a piacere, sale. Inserire nel boccale pancetta e cipolla: 10sec. Vel.5. Aggiungere l'olio: 4min 100° Vel.4. Unire le verdure: 15min 100° Vel.1 senza misurino. A cottura ultimata aggiungere la panna: 5sec. Vel.1. Condire le tagliatelle e servirle cosparse di parmigiano.

12.2.4.4 Tortino Di Uova E Zucchine

Ingredienti: 500gr. di zucchine piccole, 3 uova, 150gr. di latte, 30gr. di burro, un cucchiaio di farina, 50gr. di parmigiano, 10 foglie di menta (facoltativo), sale, pepe. Posizionare nel boccale la farfalla e inserire il burro e le zucchine a rondelle: 15min 100° Vel.1. Toglierle e disporle in una pirofila unta di burro. Mettere nel boccale uova, latte, farina, parmigiano, sale, pepe e foglie di menta: 20sec. Vel.6. Versare il composto sulle zucchine. Cuocere in forno preriscaldato a 180° per 30 minuti circa.

12.2.4.5 Dessert Alle Fragole

Ingredienti: 500gr. di latte, 150gr. di zucchero, 90gr. di farina, 2 tuorli + 1 uovo intero, 1 bustina di vanillina, 300gr. di fragole fresche, 1\2 misurino di maraschino. Mettere 100gr. di fragole intere in una coppa di cristallo con 1\2 misurino di zucchero e il maraschino. Inserire tutti gli ingredienti e le restanti fragole: 7', 90°, velocità 4. Lasciare intiepidire la crema e versarla sulle fragole. Lasciarla raffreddare e servirla accompagnata da biscottini.

12.3 Menù rustici

12.3.1 Seduti In Un Prato

(X 8 PERSONE)

12.3.1.1 Pere Al Prosecco

Ingredienti: un kg di pere sbucciate, 2 misurini di zucchero, 7 misurini d'acqua, succo di un limone, 7 misurini di prosecco ben freddo. Inserire nel boccale acqua e zucchero: 9min 100° Vel.3. Versare lo sciroppo in una caraffa e lasciar raffreddare. Introdurre nel boccale succo di limone e pere: 30sec. da Vel.3 a Turbo. Cuocere 7min 90° Vel.4. Unire questo composto allo sciroppo, mescolare e lasciar raffreddare. Aggiungere il prosecco, mescolare e servire ben ghiacciato. VARIANTE: Si possono sostituire le pere con altra frutta a piacere

12.3.1.2 Tramezzini

Ingredienti: Pan carrè bianco e pan carrè integrale, Salsa al tonno: 100g robiola e 100gr. tonno. Salsa alle noci: 30gr. gherigli di noci, 100gr. formaggio verde al mascarpone. Salsa al basilico: 2 caprini, basilico, un ciuffo di erba cipollina odori vari. Inserire nel boccale robiola e tonno: 10sec. Vel.3 e 10sec. Vel.4 e mettere da parte. Introdurre le noci 10sec. Vel.4, aggiungere il formaggio verde al mascarpone 10sec. Vel.3 e mettere da parte. Inserire nel boccale erbetta, basilico e caprini 10sec. Vel.3. Dividere le fette di pan carrè a rettangoli e farcirle con le tre salse e a piacere con prosciutto crudo. Disporre in un vassoio alternando i tramezzini integrali con quelli bianchi.

12.3.1.3 Miniquiche Di Verdure

Ingredienti: Per la pasta brisè: 400gr. di farina, 200gr. di burro, un mis d'acqua, un pizzico di sale. Salsa ai peperoni: 100gr. di peperoni, 30 gd'olio, 20gr. di cipolla, 30gr. di panna, un uovo, un cucchiaio di parmigiano, sale, pepe. Salsa alle zucchine: una zucchina lessata, 30gr. di panna, un cucchiaio di parmigiano, un uovo, sale, pepe. Salsa agli asparagi: 5 asparagi, 30gr. di panna, un cucchiaio di parmigiano, un uovo, sale, pepe. Salsa agli spinaci: 100gr. di spinaci lessati, 30gr. di panna, un cucchiaio di parmigiano, un uovo, sale, pepe. Preparare la pasta brisè: inserire nel boccale tutti gli **ingredienti:** 20sec. Vel.5 spatolando. Lasciar riposare in frigo 30min. Inserire nel boccale olio, peperoni, cipolla: 5min 100° Vel.3. Aggiungere panna, uovo e parmigiano, sale e pepe: 10sec. Vel.5 e 20sec. Vel.7. Mettere da parte. Inserire nel boccale una o due zucchine lessate, panna, parmigiano, uovo, sale e pepe: 10sec. Vel.5 e 20sec. Vel.7. Ripetere lo stesso procedimento per asparagi e spinaci, sempre lessati. Tirare la pasta fine, ritagliare 28 dischetti e foderare degli stampini imburrati e infarinati. Riempirne 7 per ogni salsa e cuocere in forno preriscaldato a 190° per 15 minuti. Prima di sformarle lasciarle intiepidire e servirle fredde.

12.3.1.4 Pennette Primavera

Ingredienti: 500gr. di pennette 700gr. di pomodori a pezzettoni e privi di semi 150gr. di panna timo, maggiorana, basilico, salvia, rosmarino 40gr. di olio di oliva 250gr. di tonno a pezzetti 100gr. di ricotta salata sale e pepe q.b. Inserire nel boccale timo, maggiorana, basilico, salvia e rosmarino: 20sec. Vel.6 e mettere da parte. Inserire l'olio: 3min. 100° C Vel.1. Aggiungere i pomodori: 3sec. Vel.4 e cuocere: 5min. 100° C Vel.1, salare e pepare. Versare il sugo in una ciotola, aggiungere la panna e il trito aromatico. Scolare la pasta, versarla in una pirofila, condirla con il sugo, aggiungere tonno e ricotta salata grattugiata, mescolare bene e servirla fredda.

12.3.1.5 Rotolo Di Tacchino

Ingredienti: 1 kg di petto di tacchino, 500gr. di ricotta, un uovo, 100gr. di grana, 200gr. di speck, salvia, burro, olio, vino bianco, sale, pepe. Inserire nel boccale dal foro del coperchio con lame in movimento Vel.6, la fesa di tacchino a pezzetti, i 3 volte: 50sec. Vel.8. Rimetterla tutta nel boccale, aggiungere ricotta, tuorlo, grana, sale, pepe e amalgamare: 1min Vel.4 spatolando. Versare l'impasto sul piano di lavoro e formare un rotolo. Avvolgerlo completamente con fette di speck fermate da una fogliolina di salvia e uno stuzzicadenti. Adagiarlo in una pirofila con burro e olio, cuocere in forno preriscaldato a 180° per 45 minuti circa. A metà cottura bagnare con vino bianco. NOTE: Se l'impasto dovesse risultare troppo denso, per miscelarlo bene impastarlo in due volte.

12.3.1.6 Pinzimonio In Cesto Di Pane

Ingredienti: 500gr. di farina, 1\2 cubetto di lievito di birra, 2 misurini d'acqua, un misurino di latte, un cucchiaio d'olio, sale, verdure per pinzimonio. Inserire nel boccale acqua, latte, olio e lievito: 5sec. Vel.6. Aggiungere farina e sale: 30sec. Vel.6 e 1min Vel.spiga. Lasciar lievitare 1\2 ora. Stendere l'impasto e tagliarlo a strisce; capovolgere una terrina ed alzarla. Appoggiare sulla terrina le strisce d'impasto in senso orizzontale, poi in senso verticale intrecciandole tra loro. Formare così un cesto, ungerlo d'olio e tuorlo d'uovo sbattuto col latte. Metterlo in forno preriscaldato a 180° per 45 minuti circa. Sistemare nel cesto: sedani, carote, ravanelli, zucchine e altre verdure a piacere. Preparare scodelline individuali con olio, sale e pepe per il pinzimonio.

12.3.1.7 Torta Rustica

Ingredienti: 200gr. di farina, 200gr. di zucchero, un uovo, 200gr. di mandorle sbucciate, 150gr. di burro, 1\2 mis di liquore all'amaretto, una bustina di lievito, zucchero a velo, burro per lo stampo, sale. Inserire nel boccale le mandorle: 11sec. Turbo. Unire farina, burro, zucchero, sale, uovo, lievito e 1\2 misurino di liquore: 20sec. Vel.4. Versare l'impasto in una tortiera imburrata e cuocere in forno preriscaldato a 200° per 30min circa. Sfornare e lasciar raffreddare la torta su una gratella prima di capovolgerla. Servirla spolverizzata con zucchero a velo.

12.3.2 Davanti Al Camino

(X 8 PERSONE)

12.3.2.1 Aperitivo Eva

Ingredienti: 3 mele verdi, 6 cubetti di ghiaccio, una bottiglia di prosecco, 4-5 gocce di angostura Inserire nel boccale il ghiaccio e le mele tagliate a pezzi: 3min da Vel.1 a Vel.Turbo. Mettere le mele omogeneizzate in una caraffa, aggiungere il prosecco freddo e l'angostura. Mescolare e servire. BOCCONCINI RUSTICI **Ingredienti:** 500gr. di farina, 50gr. di ciccioli di maiale, 50gr. di prosciutto crudo, un uovo, un cubetto di lievito di birra, 2 mis d'acqua tiepida, un cucchiaino di sale, un pizzico di zucchero. Inserire nel boccale i ciccioli e il prosciutto: pochisec. Vel.Turbo. Aggiungere acqua, sale, zucchero, uovo, lievito sbriciolato e farina: 30sec. Vel.6 e 30sec. Vel.spiga. Adagiare l'impasto in un canovaccio e lasciarlo lievitare 2 ore circa. Fare dei piccoli bocconcini, disporli sulla placca del forno e farli lievitare ancora un'ora. Cuocere in forno preriscaldato a 180° per 25 minuti.

12.3.2.2 Tagliatelle Autunnali

Ingredienti: Per le tagliatelle: 450gr. di farina di castagne, 300gr. di farina bianca, 350gr. d'acqua (3 mis e 1\2), farina di mais q.b.. Per il sugo: 500gr. di ricotta di pecora, 50gr. di burro, sale, pepe. Inserire nel boccale le farine: 30sec. Vel.3. Versare dal foro del coperchio l'acqua a filo: 30sec. Vel.4 e 30sec. Vel.spiga. Stendere l'impasto servendosi di un matterello, usando la farina di mais. Arrotolare la sfoglia e tagliare delle tagliatelle larghe 1cm. Cuocerle in abbondante acqua bollente salata. Posizionare la farfalla nel boccale e inserire ricotta, sale e pepe: 1min Vel.3. Aggiungere un mestolo dell'acqua di cottura della pasta: 15sec. Vel.2. Scolare le tagliatelle, versarle in un piatto da portata e condirle prima col burro, poi con la ricotta e servire.

12.3.2.3 Spezzatino Brasato

Ingredienti: 1 kg di polpa di vitellone a cubetti, 80gr. d'olio, una cipollina, 1\2 carota, uno spicchio d'aglio, 4 bacche di ginepro, qualche grano di pepe verde, un misurino di passata di pomodoro, un misurino e 1\2 di vino rosso corposo, sale, pepe. Inserite nel boccale olio, cipolla, aglio, carota a pezzetti: 5min 100° Vel.1. A fine cottura tritate tutto: 10sec. Vel.7. Aggiungete la carne, il vino, ginepro, pepe verde, sale, pepe: 6min 100° Vel.1. Aggiungete dal foro del coperchio la passata di pomodoro: 30min 100° Vel.1 tenendo il misurino inclinato. Disporre su un piatto da portata e servire

12.3.2.4   Peperoni In Agrodolce

Ingredienti: 600gr. di peperoni gialli e rossi, 2 spicchi d'aglio, 1 mis. d'olio d'oliva, 1/2 mis. d'aceto, 3 cucchiai di zucchero, 1 chiodo di garofano sale e pepe q.b. Inserire nel boccale olio, aglio e chiodo di garofano 5min. 100° Vel.1 Posizionare la farfalla e aggiungere i peperoni tagliati a listarelle 15min. 100° Vel.1 Unire aceto, sale, pepe e zucchero 5min. temp. *Varoma* Vel.1 Disporre sul piatto da portata e servire.

12.3.2.5   Salsa Peperina

Ingredienti: 300gr. di pomodori maturi a pezzi, 60gr. di cipolla, 30gr. di sedano, 200gr. di peperoni, 10gr. di sale, 10gr. di zucchero, 1\2 mis d'aceto, un cucchiaio di senape. Inserire tutti gli ingredienti tagliati a pezzi nel boccale: 20min 100° Vel.1 tenendo il misurino inclinato. A fine cottura tritare per pochi secondi a Vel.5 fino ad ottenere la tritatura desiderata. Questa salsa è ottima per accompagnare carne alla brace.

12.3.2.6   Pane Dell'amicizia

Ingredienti: 700gr. di farina bianca, 1 cubetto di lievito di birra, 10gr. di sale, 50gr. di olio, 450gr. di acqua tiepida. Mettere nel boccale farina, sale, lievito sbriciolato e olio. Introdurre dal foro del coperchio con lame in movimento a Vel.6, lentamente l'acqua a filo: 40 secondi Vel.6, poi un minuto Vel.spiga. Metterlo in uno stampo da plum-cake e lasciar riposare finché raddoppia il volume. Infornare a forno freddo e cuocere prima a 250° per 10 minuti e altri 35 minuti a 200°. NOTA: prima di infornare mettere sul pane una manciata di farina: darà al pane un aspetto rustico. Affettato è ottimo per la bruschetta.

12.3.2.7   Torta Della Nonna

Ingredienti: Per l'imapsto: 250gr. di farina, 100gr. di zucchero, 50gr. di burro, un uovo, 1\2 bustina di lievito vanigliato, un pizzico di sale, la scorza di un limone. Per la farcitura: 80gr. di nocciole, 50gr. di mandorle, 100gr. di cioccolato fondente, 150gr. di zucchero, 70gr. di burro morbido, un misurino di latte, 3 uova, una bustina di vanillina, un misurino di anice o mandorla amara. Inserire nel boccale la buccia di limone, lo zucchero e 50gr. di farina: 15sec. Turbo e mettere da parte. Introdurre il burro e ammorbidirlo: 1min 50° Vel.1. Aggiungere l'uovo, lo zucchero e il limone precedentemente polverizzati: 2min Vel.3. Unire un pizzico di sale, la restante farina e il lievito: 30sec. Vel.4. Stendere l'impasto per foderare una teglia di 26cm di diametro, precedentemente imburrata. Dalla sfoglia ricavare alcune striscioline che serviranno a decorare la torta, formando dei rombi. Mettere il disco di pasta nella teglia imburrata avendo cura di sollevare i bordi di circa 2cm. Inserire nel boccale nocciole, mandorle e zucchero: 30sec. Vel.Turbo. Unire il cioccolato a pezzi: 20sec. Vel.6. Aggiungere tutti gli altri **ingredienti:** 4min 50° Vel.4. Lasciare raffreddare e stendere la farcia sull'impasto. Terminare decorando con i rombi di pasta. Cuocere in forno preriscaldato a 180° per 45 minuti. Quando la torta sarà fredda fare qualche foro con uno stuzzicadenti e irrorarla con un misurino d'anice o mandorla amara.

12.3.2.8   Macedonia D'inverno

Ingredienti: 2 mele, 2 pere, 2 banane, 2 arance, 2 mandarini, 100gr. di cioccolato fondente, 10 noci, un bicchierino di maraschino. Inserire nel boccale il cioccolato a pezzi e i gherigli di noce: 10sec. Vel.4. Sbucciare la frutta e tagliarla a pezzetti e irrorarla col maraschino. Disporre la frutta in coppette e guarnire col cioccolato e le noci tritate.

12.4 Menù per una sera d'estate

12.4.1   In Campagna

(X 8 PERSONE)

12.4.1.1 Mangia E Bevi Al Prosecco

Ingredienti: 4 limoni 500gr. di ghiaccio 150gr. di zucchero scorza di limone a piacere 2 mis. di prosecco Inserire nel boccale lo zucchero e la scorza di limone: 30sec. Vel.4 e 1min. Vel.Turbo. Unire i limoni pelati a vivo, privi di semi e il ghiaccio: 1min. da Vel.4 a Vel.7. Aggiungere il prosecco: 5sec. Vel.1. Servire subito.

12.4.1.2 Stuzzichini Campestri

Ingredienti: l'impasto: 500gr. di farina, 200gr. d'acqua, 100gr. di latte, 1 cubetto di lievito di birra, un cucchiaio d'olio, sale. Per il ripieno: 250gr. di olive verdi snocciolate e tritate grossolanamente, un mis d'olio, origano, sale grosso. Inserire nel boccale acqua, latte, lievito e olio: 5sec. Vel.6. Aggiungere farina e sale: 30sec. Vel.6 e 1min spiga. Togliere l'impasto e farlo lievitare coperto fino a che sia raddoppiato di volume. Stendere l'impasto dello spessore di 1\2cm, distribuire il trito di olive sulla superficie e passare il matterello premendo leggermente per farle penetrare dentro l'impasto. Irrorare con olio, qualche granello di sale grosso e origano. Mettere in forno preriscaldato a 250° per 25 minuti circa. La pasta dovrà risultare croccante e, se necessario, proseguire la cottura per qualche minuto in più. Lasciar raffreddare e servire gli stuzzichini tagliati a quadrotti.

12.4.1.3 Quiche Di Scarola

Ingredienti: una dose di pasta brisè, 1 kg di scarola sbollentata e strizzata, 30 olive nere snocciolate, 15 gherigli di noci, 80gr. di pecorino, 50gr. d'olio, sale, pepe. Fare la pasta brisè come da ricettario e lasciarla riposare in frigo per 30 minuti. Posizionare la farfalla nel boccale e inserire la scarola, 2 cucchiai d'olio, olive snocciolate, sale e pepe: 30min 100° Vel.1 senza misurino. Stendere l'impasto, ungere una teglia da forno e foderare il fondo e il bordo con la pasta. Disporre uniformemente la scarola sull'impasto, guarnire con gherigli di noci e pecorino a lamelle. Irrorare con olio e cuocere in forno preriscaldato a 200° per 25 minuti.

12.4.1.4 Orecchiette Alla Rucola

Ingredienti: 500gr. di orecchiette, un mazzetto di rucola, 2 spicchi d'aglio, 1\2 misurino d'olio, 300gr. di polpa di pomodori freschi rossi, 100gr. di ricotta stagionata grattugiata, peperoncino a piacere, sale Inserire nel boccale olio, aglio e peperoncino: 3min 100° Vel.1. Eliminare l'aglio e aggiungere i pomodori a pezzi: 10min 100° Vel.2. Negli ultimi 4 minuti aggiungere qualche foglia di rucola fresca. Nel frattempo far bollire in una pentola acqua salata con qualche foglia di rucola per colorarla e cuocere la pasta. Nel piatto da portata spezzettare la restante rucola, versare la pasta, il sugo, la ricotta stagionata, mantecare e servire. Note: in mancanza di pomodori freschi si possono usare i pelati.

12.4.1.5 Nuvole Del Mediterraneo

Ingredienti: 500gr. di nuvole, 400gr. di pomodori pelati, 40gr. di olive nere snocciolate, un cucchiaio di capperi, 2 spicchi d'aglio, 1\2 misurino d'olio., peperoncino, origano, sale, parmigiano grattugiato (facoltativo) Inserire nel boccale olio, aglio e peperoncino: 3min 100° Vel.4. Aggiungere i pelati, sale e origano: 2sec. Vel.4. Cuocere 10min 100° Vel.1. Nel frattempo cuocere al dente la pasta in abbondante acqua salata, scolarla, versarla in una capace pirofila e unire il sugo, le olive e i capperi. A piacere aggiungere parmigiano grattugiato. Mescolare e servire.

12.4.1.6 Cupole Del Buongustaio

Ingredienti: 6 pomodori grandi, 100gr. di ricotta, 50gr. di cracker, 140gr. di gorgonzola al mascarpone, un albume, sale. Svuotare i pomodori, salarli e riporli testa in giù nel cestello a sgocciolare. Posizionare la farfalla nel boccale e inserire l'albume dell'uovo: unmin 40° Vel.2-3 e mettere da parte. Tritare nel boccale i cracker: 10sec. Vel.3. Incorporare la ricotta, il gorgonzola, sale e l'albume a neve: 20sec. Vel.3. Riempire i pomodori col composto e mettere in forno preriscaldato a 180° per 20min. Servire le cupole tiepide o fredde.

12.4.1.7   Involtini Aromatici

Ingredienti: 600gr. di petto di pollo a fettine, 50gr. di parmigiano grattugiato, scorza di 1\2 limone, 2 spicchi d'aglio, erbe aromatiche: prezzemolo, salvia, rosmarino, maggiorana, 1\2 cipolla, 40gr. d'olio, 2 misurini di vino bianco, 2 misurini d'acqua, un cucchiaio di dado bimby, un cucchiaio di farina, sale, pepe. Inserire nel boccale le erbe aromatiche, parmigiano, scorza di limone, aglio, sale e pepe: 20sec. Vel.6. Farcire col trito i filetti di pollo e formare dei piccoli involtini. Infarinarli e sistemarli nel *Varoma* con mazzetti aromatici a piacere. Nel boccale inserire cipolla e olio: 3min 100° Vel.3. Aggiungere acqua, vino, dado ed erbe aromatiche, posizionare il *Varoma* e cuocere: 25min *Varoma* Vel.4. A cottura ultimata sistemare gli involtini in una pirofila e addensare il sughetto con un cucchiaio di farina: 3min 90° Vel.3. Versare la salsina ottenuta sugli involtini e servirli caldi.

12.4.1.8   Crostata D'estate

Ingredienti: l'impasto: 250gr. di farina, 120gr. di burro morbido, un cucchiaio d'acqua, sale. Per il ripieno: 750gr. di albicocche mature, 250gr. di ciliegie, 100gr. di zucchero di canna, una bustina di vanillina, 3 uova, 250gr. di panna liquida, 30gr. di zucchero, un pizzico di sale, marmellata di albicocche a piacere. Inserire nel boccale farina, acqua, burro e sale: 30sec. Vel.6. Togliere e mettere al fresco per 20 minuti. Levare i noccioli alle albicocche e alle ciliegie. Stendere la pasta dello spessore di 1\2cm e foderare una teglia di 25cm di diametro. Disporre le albicocche tagliate a metà e mettere in ognuna una ciliegia. Mescolare lo zucchero di canna con la vanillina e versarlo a pioggia sulla torta. Fate cuocere in forno preriscaldato a 200° per 40 minuti. Mettere nel boccale panna, uova, zucchero e poco sale: 10sec. Vel.4 e versare il composto sulla torta quando sarà a metà cottura (dopo 25 minuti). A fine cottura spennellate con un po' di marmellata di albicocche intiepidita. Servire la torta ben fredda.

12.4.1.9   Bavarese Alle More

Ingredienti: 40gr. di farina, 90gr. di zucchero, 3 uova, 1\2 litro di latte, 300gr. di panna, un pizzico di sale, una bustina di vanillina zuccherata, 4 fogli di gelatina da 5 gr, 2 cucchiaiate di marmellata di more, alcune more intere per guarnire. Ammorbidire i fogli di gelatina in acqua fredda. Posizionare la farfalla nel boccale ben freddo e inserire la panna: unmin Vel.2-3 e mettere da parte. Introdurre uova, zucchero, farina e sale: 10sec. Vel.6. Aggiungere latte, marmellata e cuocere: 7min 80° Vel.4. Incorporare i fogli di gelatina ben strizzati: 20sec. Vel.6 e lasciare intiepidire. Unire delicatamente la panna alla crema. Versare il composto in uno stampo per ciambella di 20cm di diametro, striato di marmellata. Lasciar riposare in frigo per un'ora. Al momento di servire capovolgere lo stampo sul piatto da portata e guarnire con le more.

12.4.1.10   Marmellata Di More

Ingredienti: 200gr. di zucchero per ogni 1\2 kg di more. Inserire nel boccale le more ben lavate e cuocere: 10min 100° Vel.7. Passarle al setaccio, pesare il succo e aggiungere lo zucchero necessario. Cuocere: 20min *Varoma* Vel.2. Mettere subito in vasi di vetro e chiuderli ermeticamente. Se si vuole conservare la marmellata, sterilizzare i vasi in acqua bollente per 15 minuti. Note: la marmellata sarà pronta quando una goccia posata sul piattino rimarrà ben aderente.

12.4.2   Al Mare

(X 6-8 PERSONE)

12.4.2.1   Sedano Fizz

Ingredienti: 3 coste di sedano, un limone pelato a vivo, scorza di un limone, un misurino di gin, un misurino di zucchero, 1\2 litro d'acqua. Inserite tutti gli ingredienti nel boccale 5sec. Vel.6-7. Filtrate e servite.

12.4.2.2 Seppie Al Profumo Di Mare

Ingredienti: 1kg.di seppie giganti pulite, 350gr. di peperoni, 150gr. sedano, 600gr. acqua, sale q.b. Per condire: olio extravergine, prezzemolo tritato, 2 limoni, sale, aromi: 1 foglia di alloro, sedano, 1 pezzetto di cipolla, mezzo limone, 1/2 mis. di vino bianco, 1/2 carota. Disporre nel *Varoma* i peperoni e il sedano tagliati sottili.Posizionare la farfalla, inserire nel boccale l'acqua con gli aromi, le seppie, il sale e posizionare il Varoma: 40min. temp.*varoma* Vel.1. Terminata la cottura scolare le seppie e metterle con le verdure in un piatto da portata;condire con olio, limone e prezzemolo tritato.

12.4.2.3 Salsa Di Gamberetti

Ingredienti: 250gr. di gamberetti lessati e 50gr. per guarnire, 2 uova, olio di semi, sale, pepe, succo di un limone, 2 cucchiai di ketchup, 5 gocce di tabasco, 2 cucchiai di yogurt, una goccia d'aceto. Inserire nel boccale uova, succo di limone, ketchup, tabasco, yogurt e aceto: 45sec. Vel.8 versando l'olio a filo. Aggiungere i gamberetti: 7sec. Vel.4. Disporre in una coppa e guarnire con i gamberetti.

12.4.2.4 Salsa Pazza

Ingredienti: 2 panini secchi a pezzetti, salvia, rosmarino, aglio, prezzemolo, un peperoncino, 2 cucchiai di ketchup, un cucchiaio di senape, un mis d'olio d'oliva. Inserire nel boccale pane e aromi: 15sec. Vel.Turbo. Aggiungere ketchup, senape e olio: 20sec. Vel.6. Versare in una coppa e guarnire con ciuffi di prezzemolo.

12.4.2.5 Salsa Di Tonno

Ingredienti: 250gr. di tonno sott'olio sgocciolato, 100gr. di burro morbido, 3 acciughe diliscate, succo di 1\2 limone, un pizzico di sale. Inserire nel boccale dal foro del coperchio con lame in movimento Vel.6, tonno e acciughe: 20sec. Vel.6. Aggiungere succo di limone, burro e sale: 30sec. vle 4. Riunire il composto con la spatola: 30sec. Vel.6. Versare in una coppa, lasciare in frigo 3 ore.

12.4.2.6 Salsa Piccante Ai Peperoni Rossi

Ingredienti: 500gr. di peperoni rossi, 10 peperoncini piccanti di 1\2cm l'uno, 150gr. di capperi, 100gr. d'acciughe, 3 mis d'aceto, 2 misurini di vino bianco secco, un cucchiaio di sale grosso, 2 mis d'olio. Inserire nel boccale aceto, vino e sale: 5min 100° Vel.1. Unire i peperoni a pezzi: 3min 100° Vel.1 e scolarli col cestello. Inserire nel boccale capperi, acciughe e peperoncini: 20sec. Vel.6. Introdurre i peperoni: 20sec. Vel.4 (devono restare a pezzetti). Aggiungere l'olio e mescolare a Vel.1 per pochisec. Servire fredda. NOTE: Queste quattro salse si possono conservare in frigo per alcuni giorni, in un vasetto ben chiuso. Il poker di salse è ottimo servito con crostini di pane integrale.

12.4.2.7 Linguine Alla Polpa Di Granchio

Ingredienti: 400gr. di linguine, 15 bastoncini di polpa di granchio Surimi, 400gr. di pomodori pelati, 2 peperoncini piccanti, salvia e rosmarino, 1\2 mis d'olio, 3 misurini di vino bianco, 200gr. di panna, sale, pepe. Inserire nel boccale olio, salvia, rosmarino e peperoncino: 3min 100° Vel.4. Aggiungere i pelati, la polpa di granchio tagliata a rondelle, vino, sale, pepe: 8min 100° Vel.2. Unire la panna: 20sec. Vel.1. Mettere il composto nel piatto da portata, versarvi le linguine bollenti, e servirle guarnite con rondelle di granchio.

12.4.2.8 Seppioline Ripiene

Ingredienti: 700gr. di seppioline pulite e lavate, 700gr. di patate pelate e a pezzi, 600gr. d'acqua, 50gr. d'olio, un cucchiaio di prezzemolo tritato. Per il ripieno: 3 panini secchi, un ciuffo di prezzemolo, salvia, rosmarino, uno spicchio d'aglio, un peperoncino, 50gr. di parmigiano grattugiato, 100gr. d'olio. Inserire nel boccale tutti gli ingredienti del ripieno, tranne l'olio: 20sec. Turbo. Aggiungere l'olio: 10sec. Vel.6. Riempire le seppioline col composto e sistemarle nel Varoma. Mettere le patate nel cestello. Inserire l'acqua nel boccale, posizionare il cestello e il Varoma: 35min *Varoma* Vel.4. Terminata la cottura disporre le seppioline al centro di una pirofila e gratinare in forno a 200° per 15 minuti. Servire contornate dalle patate condite con olio e prezzemolo.

12.4.2.9 Sorbetto Ai Tre Frutti

Ingredienti: 300gr. di fragole congelate, 300gr. di ananas a pezzi congelato, 2 limoni pelati al vivo e congelati, 1 mis e 1\2 di zucchero. Inserire lo zucchero nel boccale: 10sec. Turbo. Introdurre la frutta ghiacciata: 30sec. Vel.7 spatolando. Servire subito.

12.4.3 In Montagna

(X 6 PERSONE)

12.4.3.1 Aperitivo Al Lampone

Ingredienti: 50gr. lamponi, 6 misurini di spumante secco, 3 misurini di vodka, 1\2 misurino di bitter Campari, scorza di 1 limone, cubetti di ghiaccio. Inserire tutti gli ingredienti nel boccale, tranne la scorza di limone: 30sec. da Vel.1 a Turbo. Filtrare in una caraffa, inserire la scorza di limone, cubetti di ghiaccio e servire.

12.4.3.2 Crostini Ai Fegatini Di Pollo

Ingredienti: 600gr. di fegatini di pollo, 80gr. d'olio, 1\4 di cipolla, uno spicchio d'aglio, 1 mis di vino bianco, noce moscata, 1 chiodo di garofano, rosmarino, salvia, alloro, sale, pepe. Inserire nel boccale cipolla, aglio, olio: 3min 100° Vel.4. Aggiungere i fegatini, sale, pepe, noce moscata, rosmarino, salvia, alloro, 1 chiodo di garofano e un misurino di vino bianco: 25min 100° Vel.1 tenendo il misurino inclinato. Omogeneizzare: 20sec. da Vel.1 a Turbo. Spalmare il patè ottenuto su crostini di pane casareccio tostati in forno o sulla piastra.

12.4.3.3 Penne Allo Speck E Noci

Ingredienti: 500gr. penne, 50 burro, 80 speck, 100 gherigli di noci 200gr. panna noce moscata sale q.b. Tritare le noci 8sec. Vel.5 e metterle da parte. Inserire nel boccale 1 litro e mezzo di acqua e sale 12min. 100 Vel.1 (il tempo diminuisce se l'acqua è calda e bolle prima) aggiungere la pasta 12min. 100 Vel.1 a cottura ultimata scolare la pasta e metterla da parte. Inserire nel boccale burro speck tagliato a dadini e un po' di noce moscata 3min. 100 Vel.1 Posizionare la farfalla aggiungere la pasta e la panna 20sec. Vel.1 versare in una zuppiera e cospargere con le noci e servire subito

12.4.3.4 Carre' Di Maiale Al Bimby

Ingredienti: 500gr. di arista di maiale in un pezzo unico, 80gr. di olio d'oliva, 1 mis di vino bianco, 500gr. di latte, 30gr. di farina bianca, 1/2 mis di brandy, 1 cucchiaio di funghi trifolati, 1 foglia di alloro, salvia e rosmarino, sale e pepe q.b. Salare, pepare la carne, e inserirla nel cestello con alloro, salvia e rosmarino. Posizionare il cestello nel boccale, introdurre dal foro del coperchio l'olio, il latte (1 mis), il vino e cuocere 60min 100° Vel.1. Ogni 10min versare 1 mis di latte per 4 volte. A fine cottura togliere la carne, tagliarla a fette e disporla in una teglia da forno. Al sugo rimasto nel boccale aggiungere la farina, il brandy e i funghi: 3min 90° Vel.4. Versare la salsa sulla carne, passare in forno preriscaldato a 150° per 30min.

12.4.3.5   Pure' Di Patate

Ingredienti: 1 kg di patate mondate e a pezzi, 400gr. di latte, 40gr. di burro, parmigiano grattugiato a piacere, sale. Posizionare la farfalla nel boccale e inserire patate e latte e sale: 20min 100° Vel.1. Unire burro e parmigiano: 20sec. Vel.3. NOTE: Se necessario durante la cottura aggiungere un misurino di latte.

12.4.3.6   Crauti E Salsicce

Ingredienti: 6 piccole salsicce, 800gr. di crauti in scatola, 1\4 di cipolla, 1\2 misurino d'olio, un cucchiaio di dado bimby. Mettere le salsicce nel cestello. Inserire nel boccale 1 lt d'acqua, posizionare il cestello e cuocere: 25min 100° Vel.1. Togliere il cestello e tenerlo da parte. Buttare l'acqua di cottura. Introdurre nel boccale cipolla e olio: 3min 100° Vel.4. Aggiungere i crauti lavati e scolati, 2 mis e 1\2 d'acqua, il dado e riposizionare il cestello con le salsicce: 40min 100° Vel.1, tenendo il mis inclinato. A fine cottura disporre in una pirofila i crauti e adagiarvi le salsicce.

12.4.3.7   Polenta

Ingredienti: 500gr. di farina gialla, un cucchiaino d'olio, un cucchiaio raso di sale grosso, 1 lt e 1\2 d'acqua. Inserire nel boccale acqua, sale e olio: 12min 100° Vel.1. Aggiungere dal foro del coperchio con lame in movimento Vel.3, la farina: 40min 100° Vel.3. Posizionare la spatola e quando la polenta si addensa, diminuire la temperatura a 90° e la velocità a 2. Travasare sul tagliere e lasciarla raffreddare. Tagliarla a fette e abbrustolirle al momento di servire.

12.4.3.8   Strudel Di Mele

Ingredienti: l'impasto: 250gr. di farina, 50gr. di burro, un uovo + un tuorlo, un pizzico di sale, 1\2 mis d'acqua. Per il ripieno: 1 kg di mele renette, 20 amaretti sbriciolati, 50gr. di gherigli di noci, 1 mis e 1\2 di zucchero, 1\2 cucchiaino di cannella in polvere, 50gr. di pinoli, 100gr. di uvetta (ammollata per un'ora), 1\2 mis di marsala secco, scorza di limone grattugiata. Inserire nel boccale burro, uova, sale e acqua: 20sec. Vel.4. Aggiungere la farina: 30sec. Vel.6 e 30sec. spiga. Versare la pasta in una terrina e lasciarla riposare un'ora ben coperta. Nel frattempo preparare il ripieno: sbucciare le mele, privarle del torsolo e inserirle nel boccale dal foro del coperchio con lame in movimento Vel.3: 30sec. Vel.3. Travasare in una terrina e aggiungere tutti gli altri ingredienti del ripieno, amalgamando bene. Mettere la pasta sulla spianatoia e stenderla in una sfoglia molto sottile e disporla su un canovaccio infarinato. Inserire nel boccale il burro: 1min 80° Vel.1. Spennellare la sfoglia col burro e ricoprirla col ripieno, lasciando libero un bordo di 3cm. Servendosi del canovaccio arrotolare lo strudel su sé stesso, chiuderlo bene sul bordo e comprimere le estremità. Disporlo sulla piastra del forno imburrata, dandogli la forma di mezzaluna e spennellarlo col rosso d'uovo. Cuocere in forno preriscaldato a 180° per 10min e a 200° per altri 30min. Spolverare con lo zucchero a velo e servire tiepido.

12.5 Menù per le feste

12.5.1 *Pranzo Di Natale*

(X 12 PERSONE)

12.5.1.1   Christmas Dry

Ingredienti: 200gr. di brandy, 1\2 mis di bitter all'arancia, una bottiglia di champagne. Inserire nel boccale il bitter e il brandy: 20sec. Vel.5. Sistemare in ogni flute una zolletta di zucchero, una prate della mistura del boccale e colmare i bicchieri con lo champagne. Decorare con una scorzetta d'arancia tagliata a spirale. Servire subito.

12.5.1.2   Bocconcini Di Formaggio

Ingredienti: 50gr. di tomino 100gr. di caprino 50gr. di parmigiano grattugiato 25 olive verdi snocciolate qualche goccia di cognac corn flakes pepe q.b. Inserire nel boccale con lame in movimento Vel.3 il tomino: 10sec. Vel.6. Aggiungere gli altri formaggi e il pepe: 20sec. Vel.4 l'impasto dovrà risultare compatto. Toglierlo dal boccale e lasciarlo riposare in frigorifero per qualche ora. Formare delle palline mettendo al centro una oliva. Far rotolare ogni pallina sui corn flakes sbriciolati. Disporre su un piatto da portata e servire con l'aperitivo.

12.5.1.3   Sedani Ripieni

Ingredienti: 200gr. di gorgonzola, 100gr. di burro morbido, 12 coste di sedano, 12 foglie di sedano, 12 gherigli di noci. Per guarnire: ravanelli, foglioline di radicchio rosso, gherigli di noci. Inserire nel boccale burro e gorgonzola: 20sec. Vel.4. Lasciar riposare il composto 15- 20 minuti. Riempire le coste di sedano con la crema di formaggio. Disporle a corona su un piatto da portata, infilare una foglia di sedano su ogni punta, sotto la crema di formaggio. Al centro di ogni costa mettere un gheriglio di noce. Infine decorare il piatto con ravanelli tagliati a forma di fiore e qualche fogliolina di radicchio.

12.5.1.4   Fiori Di Belga Con Mousse Al Prosciutto

Ingredienti: 250gr. di prosciutto cotto a fette, 250gr. di mascarpone, 24 foglie di insalata belga, pepe, Per guarnire: ravanelli e foglioline di insalata verde. Inserire nel boccale il prosciutto: 15sec. Vel.6. Aggiungere mascarpone e pepe: 25sec. Vel.6 spatolando. Versare il composto in una ciotola e lasciarla in frigo qualche ora. Mettere la mousse in una tasca da pasticcere. Riempire le foglie d'insalata, e adagiarle su un piatto da portata, decorando il centro con foglioline d'insalata verde e qualche ravanello a forma di fiore.

12.5.1.5   Palline Di Ricotta In Brodo

Ingredienti: 400gr. di ricotta, 130gr. di pane secco, 2 uova intere, un ciuffo di prezzemolo, brodo, sale, pepe. Inserire nel boccale il pane: 20sec. Vel.Turbo. Con lame in movimento Vel.6, aggiungere il prezzemolo: 5sec. Vel.6. Unire tutti gli altri **ingredienti:** 30sec. Vel.4. Togliere il composto dal boccale e lasciarlo riposare in frigo 30 minuti. Formare delle piccole palline con le mani unte d'olio e cuocerle in brodo caldo per 5 minuti. Versare in una zuppiera e servire con abbondante parmigiano.

12.5.1.6   Risotto Con Radicchio Di Treviso

Ingredienti: 500gr. di riso, 200gr. di radicchio, 200gr. di panna, 50gr. di pancetta, uno scalogno, 20gr. d'olio, un misurino di vino bianco, un lt d'acqua, un cucchiaio di dado bimby, una noce di burro, parmigiano grattugiato, sale, pepe. Inserire nel boccale lo scalogno: 5sec. Vel.4. Aggiungere la pancetta a dadini e l'olio: 3min 100° Vel.3. Unire il radicchio: 5sec. Vel.4. Posizionare la farfalla, inserire il riso e bagnarlo col vino: 3min 100° Vel.1. Unire acqua e dado: 15min 100° Vel.1. Qualche minuto prima del termine della cottura unire la panna e aggiustare di sale. Versare in una risottiera, mantecare con burro e parmigiano, guarnire con un ciuffetto di radicchio e servire ben caldo.

12.5.1.7   Crepes Di Natale

Ingredienti: una dose di crepes, 350gr. di prosciutto cotto, 200gr. di fontina, una dose di besciamella, 4 cucchiai di passata di pomodoro, una noce di burro, parmigiano grattugiato. Preparare le crepes come da ricetta. Inserire nel boccale il prosciutto: 10sec. Vel.4 e togliere. Senza lavare il boccale preparare la besciamella come da ricetta, versarla in una ciotola e lasciarla intiepidire. Unire metà della besciamella al prosciutto tritato e mescolare bene. Mettere al centro di ogni crepes un cucchiaio del composto e un bastoncino di fontina. Arrotolare le crepes e adagiarle in una pirofila imburrata. Aggiungere alla besciamella rimasta la passata di pomodoro. Versarla sulle crepes, cospargere con fiocchetti di burro e abbondante parmigiano grattugiato. Gratinare in forno preriscaldato a 200° per 20 minuti circa.

12.5.1.8 Fesa Di Tacchino Al Forno

Ingredienti: 1 kg e 1\2 di fesa di tacchino, 150gr. di prosciutto cotto a fette, 2 cipolle o scalogno, 2 mis di vino bianco, 200gr. di panna, 3 foglie d'alloro, un pezzetto di cannella, un cucchiaio di brandy, 80gr. d'olio, sale, pepe. Legare bene la fesa, dandogli una forma arrotondata, salare, pepare e metterla in una teglia da forno, con la cipolla a fettine, alloro, cannella e olio. Avvolgere la fesa con le fette di prosciutto, coprire con carta d'alluminio e passare in forno preriscaldato a 160° per 40 minuti. Bagnare col vino e continuare la cottura per altri 30 minuti a 180°. Togliere la fesa dalla teglia e metterla da parte. Inserire nel boccale il prosciutto e il sughetto rimasto nella teglia, eliminando l'alloro: 20sec. Vel.7. Unire panna e brandy: 5min 90° Vel.1. Quando è fredda tagliare a fettine la fesa, adagiarla in una pirofila, versare sopra la salsina e passare in forno preriscaldato a 180° per 10 minuti.

12.5.1.9 Aspic Di Verdura

Ingredienti: 400gr. di cimette di cavolfiore, 300gr. di carote a dadini, 300gr. di fagiolini teneri, 300gr. di pisellini, 200gr. di peperone rosso a listarelle, 400gr. di patate a pezzetti, 600gr. d'acqua, un mis di succo di limone, 40gr. d'olio, sale. Per la gelatina: 500gr. d'acqua, un dado per gelatina. Preparare la gelatina e lasciarla intiepidire senza che indurisca. Mondare e tagliare le verdure, disporre patate e carote nel cestello, fagiolini e peperoni nel Varoma, cavolfiore e piselli nel vassoio. Inserire nel boccale acqua, sale e posizionare cestello e Varoma: 35min *Varoma* Vel.3. Lasciar raffreddare le verdure. Versare un primo strato di gelatina sul fondo di uno stampo a pareti alte e mettere in frigo a rassodare. Disporre le verdure precedentemente insaporite con olio, sale e limone a strati nello stampo. Versare la gelatina rimasta in modo che ricopra completamente le verdure. Porre in frigo per alcune ore, sformare su un piatto da portata e guarnire con sott'aceti a piacere.

12.5.1.10 Zabaione Allo Spumante

Ingredienti: 2 uova intere e due tuorli, 150gr. di zucchero, 4 mis di spumante. Inserire tutti gli ingredienti nel boccale: 5min 70° Vel.3. Terminata la cottura portare per 10sec. a Vel.6 e versare subito in una salsiera. Servire il panettone o il pandoro con una cucchiaiata di zabaione ancora caldo.

12.5.2 San Silvestro

(X 8 PERSONE)

12.5.2.1 Cocktail Di San Silvestro

Ingredienti: 8 mandarini, un'arancia, 1\2 limone, 50gr. di zucchero, alcuni cubetti di ghiaccio, un mis di martini dry, una bottiglia di Pinot Chardonnay ghiacciato Inserire nel boccale gli agrumi sbucciati a vivo e privati dei semi, zucchero, ghiaccio, Martini dry e 3 mis di Pinot: 10sec. Vel.5. Filtrare in una brocca, unire il restante Pinot e servire.

12.5.2.2 Roselline Rustiche

Ingredienti: 350gr. farina, 150gr. latte, 1 cubetto lievito di birra, 3 tuorli, 2 cucchiai di zucchero, 50gr. olio oliva, 1 cucchiaino di sale. Farcitura: 125gr. di burro, 200gr. di speck. Inserire nel boccale zucchero, olio, latte, tuorli, sale e lievito: 10sec. Vel.7 Unire la farina. 30sec. Vel.6 ed 1min. Vel.spiga Togliere l'impasto dal boccale e dividerlo in due parti. Tirare due sfoglie di forma rettangolare. Preparare la farcitura: inserire dal foro del coperchio con lame in movimento Vel.6 lo speck e il burro: 1min. Vel.6. Stendere la crema ottenuta sulle sfoglie, arrotolarle su se stesse e tagliare dei tronchetti larghi duecm. Chiudere la parte inferiore e sistemarli sulla placca del forno, ricoperta da carta forno, distanziati l'uno dall'altro. Lasciare lievitare almeno un'ora e cuocere in forno preriscaldato a 200° per 25min. circa.

12.5.2.3 Mousse Al Salmone

Ingredienti: 200gr. di salmone affumicato, 400gr. di ricotta, 100gr. di panna, 10gr. di colla di pesce, 6\8 foglie di basilico, 50gr. di parmigiano, sale, pepe. Mettere a bagno la colla di pesce in acqua fredda. Inserire nel boccale il parmigiano: 10sec. Turbo. Unire panna, colla di pesce ben strizzata, sale, pepe: 2min 70° Vel.2. Quando il composto sarà freddo aggiungere ricotta e basilico: 10sec. Vel.5. Foderare uno stampo rettangolare con pellicola trasparente, rivestirlo con alcune fette di salmone e sistemarvi metà del composto. Al composto rimasto nel boccale aggiungere il resto del salmone: 20sec. Vel.6. Versarlo nello stampo, livellarlo con un cucchiaio bagnato, ricoprirlo con la pellicola trasparente e lasciarlo in frigo per 3 ore. Sformarlo al momento di andare in tavola e servirlo con fette di salmone affumicato e crostini di pancarrè caldi.

12.5.2.4 Tortino Di Crepes Alla Fonduta

Ingredienti: una dose di crepes. Per farcire: 200gr. di parmigiano grattugiato, 250gr. di panna, 4 uova, 60gr. di burro. Per guarnire fare la fonduta: 200gr. di fontina valdostana, 30gr. di burro, un mis di latte, 2 tuorli, sale, pepe. Preparare 18\20 crepes come da ricetta, utilizzando una padella di 18cm di diametro. Inserire nel boccale uova, panna, sale e pepe: 20sec. Vel.4 e togliere. Ungere una pirofila del diametro di 18cm e alta 10cm. Disporre sul fondo una crepes, cospargerla con un cucchiaio di parmigiano, due cucchiai di composto e qualche fiocchetto di burro. Ricoprire con un'altra crepes e procedere fino ad esaurimento degli ingredienti. Cuocere in forno preriscaldato a 180° per 30 minuti circa. Nel frattempo preparare la fonduta: inserire nel boccale la fontina: 10sec. Vel.4. Aggiungere latte, burro, sale e pepe: 4min 80° Vel.4. Unire con lame in movimento Vel.4 i tuorli: 1min Vel.5. Capovolgere il tortino su un piatto da portata dai bordi un po' alti, ricoprire con la fonduta calda e servire.

12.5.2.5 Risotto Alla Provola E Spumante

Ingredienti: 500gr. di riso, 300gr. di provola dolce, 400gr. di spumante secco, 700gr. d'acqua, un cucchiaio di dado bimby, 250gr. di panna, 100gr. di burro. Inserire nel boccale la provola: 1min Vel.3 e toglierla. Posizionare la farfalla e introdurre metà burro, 200gr. di spumante e il riso: 5min 100° Vel.1. Aggiungere acqua dado e cuocere: 16min 100° Vel.1. Unire il rimanente spumante e la panna: 2min 100° Vel.1. Versare in una risottiera e aggiungere, mescolando, la provola, il rimanente burro e lasciar riposare un minuto prima di servire.

12.5.2.6 Stinco Di Vitello Al Forno

Ingredienti: uno stinco di vitello da 2 kg circa, 2 misurini di vino bianco, 30gr. d'olio, noce moscata, sale, pepe. Lavare e asciugare lo stinco, salare, pepare, ungerlo con l'olio, cospargerlo con noce moscata e irrorarlo col vino bianco. Avvolgerlo in carta da forno e disporlo in una teglia rettangolare. Cuocere in forno preriscaldato a 180° per 2 ore e 1\2 circa. A metà cottura togliere la carta forno e, se necessario, aumentare la temp a 200° perché possa colorire e dorarsi in modo uniforme. Servirlo con la salsina ai peperoni.

12.5.2.7 Salsina Ai Peperoni

Ingredienti: 3 peperoni rossi, una cipolla, una carota, un piccolo pomodoro, un cucchiaio di zucchero, un cucchiaio di aceto, 80gr. d'olio, prezzemolo, sale. Inserire nel boccale tutti gli ingredienti, tranne lo zucchero e l'aceto: 10sec. Vel.4. Cuocere 10min 90° Vel.4. Aggiungere zucchero e aceto: 10sec. Vel.2. Utilizzarla fredda per accompagnare lo stinco.

12.5.2.8 Lenticchie E Cotechino

Ingredienti: un cotechino di 800 g, 750gr. di lenticchie lessate, 80gr. d'olio, uno scalogno, una carota, un gambo di sedano, un cucchiaio di concentrato di pomodoro, un misurino d'acqua, sale, pepe. Mettere il cotechino in una casseruola ovale con acqua fredda e cuocere a fuoco basso. Inserire nel boccale olio, scalogno, carote e sedano: 3min 100° Vel.4. Posizionare la farfalla e introdurre le lenticchie, il concentrato diluito con un misurino d'acqua, sale, pepe e cuocere: 12min 100° Vel.1. Terminata la cottura disporre le lenticchie in un piatto da portata ponendo al centro il cotechino affettato.

12.5.2.9 Tronchetto Di Capodanno

Ingredienti: 100gr. di zucchero, 125gr. di farina, 4 uova, 1\2 bustina di lievito in polvere, scorza gialla di limone. Per la farcitura: 500gr. di latte, 100gr. di zucchero, 50gr. di farina, 3 tuorli, 400gr. di panna, 30gr. di cacao amaro, mandorle e gherigli di noci a piacere. Inserire nel boccale zucchero e scorza di limone: portare lentamente a Vel.Turbo per un minuto. Aggiungere uova e farina: un minuto Vel.5. Unire il lievito: 10sec. Vel.4. Stendere su una placca da forno un foglio di carta forno e versarvi il composto allargandolo fin tanto che copra tutta la superficie. Cuocere in forno preriscaldato a 200° per 10 minuti. Sfornare il pan di Spagna, ricoprirlo con un altro foglio di carta forno e arrotolarlo. Mettere nel boccale latte, zucchero, farina e uova: 7min 80° Vel.4. Srotolate il pan di Spagna, togliere il foglio superiore di carta forno e stendervi la crema ancora calda. Arrotolarlo nuovamente, avvolgerlo in carta stagnola e lasciarlo raffreddare. Posizionare la farfalla nel boccale ben freddo e introdurre la panna: 2min Vel.2-3. Mettere la panna in una siringa da pasticcere e decorare il tronchetto ottenuto. Spolverizzare con cacao amaro in polvere e guarnire con mandorle e gherigli di noci.

12.5.3 Carnevale

(X 10 PERSONE)

12.5.3.1 Grapes

Ingredienti: un litro di succo d'uva, 3 misurini di grappa, un litro di moscato. Inserire nel boccale il succo d'uva e la grappa: 10sec. Vel.4. Versare in una brocca e aggiungere il moscato ben freddo. Servire in coppe e guarnire con chicchi d'uva.

12.5.3.2 Mezzelune Alle Acciughe

Ingredienti: 300gr. di farina 100gr. di burro morbido 100gr. di acqua 1 uovo origano sale q.b. Per il ripieno: 150gr. di olive nere di Gaeta snocciolate 10 filetti di acciuga 150gr. di scamorza Inserire nel boccale tutti gli ingredienti per l'impasto: 30sec. Vel.6. Avvolgerlo in carta forno e lasciarlo riposare. Inserire nel boccale olive e acciughe: 20sec. Vel.3 e 20sec. Vel.7. Unire la scamorza a pezzi: 10sec. Vel.5. Tirare la sfoglia, spolverizzarla con origano e ricavare utilizzando il misurino tanti dischetti. Spalmare al centro di ogni dischetto un cucchiaino di ripieno, ripiegarli su se stessi e pressare bene i contorni. Cuocere in forno preriscaldato a 180° C per 20min. circa.

12.5.3.3 Farfalle Colorate In Crosta

Ingredienti: una dose di pasta brisé, 500gr. di pasta tipo farfalle colorate, 30gr. di funghi porcini secchi, 200gr. di prosciutto cotto a fette spesse, 100gr. di burro, 200gr. di panna, 400gr. d'acqua, un cucchiaio di dado bimby, 50gr. di farina, un mis di parmigiano grattugiato, 4 tuorli, una scatola di pisellini, 1\2 limone Preparare la pasta brisé e metterla in frigo. Rinvenire i funghi in acqua tiepida. Inserire nel boccale il prosciutto: 10sec. da Vel.1 a Turbo. Unire metà burro: 3min 100° Vel.1. Aggiungere farina, 4 mis d'acqua, dado e panna: 2min 100° Vel.1. Ad apparecchio fermo unire i tuorli e il succo di limone: pochisec. Vel.4. Versare la salsa in una ciotola e tenerne da parte un po' che si utilizzerà per le "polpettine a vapore". Introdurre nel boccale il restante burro e i funghi: 7min 100° Vel.1. Negli ultimi due minuti di cottura, aggiungere la salsa e, ad apparecchio fermo, i piselli. Condire con questo sugo le farfalle cotte al dente. Mentre cuoce la pasta stendere 3\4 della pasta brisé e foderare una teglia del diametro di 26cm. Versare le farfalle nella teglia, ricoprirle col resto della brisé facendola aderire bene ai bordi. Con i ritagli formare delle decorazioni come foglie o roselline. Cuocere in forno preriscaldato a 200° per 20 minuti circa.

12.5.3.4 Sformato Di Tagliolini Al Latte

Ingredienti: 500gr. di farina, 5 uova, un cucchiaio d'olio, 1\2 cucchiaino di zafferano, sale. Per condire: 1 lt e 1\4 di latte, 2 misurini di parmigiano grattugiato, 150gr. di Emmental, 4 uova, 50gr. di burro, sale. Inserire nel boccale farina, uova, olio, zafferano e sale: 20sec. Vel.6 e 30sec. Vel.spiga. Stendere la pasta e fare i tagliolini. Portare ad ebollizione in una pentola il latte con poco sale, versare i tagliolini e cuocerli al dente a fuoco vivo (Sono pronti quando il latte si è assorbito). Mentre cuoce la pasta inserire nel boccale i formaggi: 20sec. a Turbo. Aggiungere le uova: 10sec. Vel.4. Condire i tagliolini col composto ottenuto e il burro. Imburrare uno stampo a ciambella, cospargerlo di pangrattato, adagiarvi i tagliolini e farli gratinare in forno preriscaldato a 200° per 20 minuti.

12.5.3.5 Carre' Di Maiale All'ananas

Ingredienti: un carrè di maiale, un ananas fresco a fette, 80gr. di burro, 80gr. d'olio, 2 cucchiai di pangrattato, erbe aromatiche per arrosto, 1\2 cucchiaino di pepe, sale. Far tagliare il carrè a fette sottili senza però staccarle dall'osso (deve restare un pezzo unico). Inserire nel boccale burro, erbe aromatiche, pepe e pangrattato: 15sec. Vel.4. Disporre in una pirofila antiaderente il maiale, cospargerlo con questa salsa, inserire tra una fetta e l'altra una fetta di ananas, aggiungere l'olio e cuocere in forno preriscaldato a 200° per un'ora fino che si presenta ben dorato. NOTA: durante la cottura, se necessario, aggiungere un po' di succo d'ananas.

12.5.3.6 Polpettine Al Vapore

Ingredienti: 500gr. di carne macinata di vitello, un panino raffermo intriso nel latte, prezzemolo, 1\2 mis di parmigiano grattugiato, 2 uova, sale. Inserire nel boccale tutti gli **ingredienti:** 20sec. Vel.4. Formare delle piccole polpettine e adagiarle nel Varoma. Introdurre nel boccale 1\2 litro d'acqua e 1\2 limone a pezzetti compresa la buccia. Posizionare il Varoma: 20min *Varoma* Vel.3. Adagiare le polpettine su un piatto da portata, coprire con la salsa messa da parte usata per le farfalle colorate. Guarnire con bucce di limone tagliate a fettine sottilissime.

12.5.3.7 Insalata Tre Colori

Ingredienti: radicchio rosso, lattuga, belga o finocchi, vinaigrette: 4 cucchiai d'aceto o succo di limone, un mis d'olio, un cucchiaino di sale, pepe macinato un cucchiaino di senape. Pulire, lavare e preparare l'insalata e disporla in un'insalatiera. Inserire nel boccale aceto, sale, pepe e senape: 20sec. Vel.4. Aggiungere a filo, dal foro del coperchio con lame in movimento Vel.4, l'olio: 20sec. Vel.4. Versare sull'insalata al momento di servire.

12.5.3.8 Arlecchinata Di Castagnole

Ingredienti: 400gr. di farina, 2 uova, 80gr. di zucchero, 30gr. d'olio, 30gr. d'anice, scorza grattugiata di 1\2 limone, 1\2 bustina di lievito in polvere, un pizzico di sale, olio per friggere, zucchero a velo Mettere nel boccale lo zucchero e la buccia di limone: 20sec. Turbo. Aggiungere gli altri **ingredienti:** 40sec. Vel.6. Lasciar riposare l'impasto per 1\2 ora. Ricavare delle palline e friggerle in abbondante olio. Scolarle e cospargerle di zucchero a velo.

12.5.3.9 Arlecchinata Di Frittelle Di Frutta

Ingredienti: 200gr. di farina, 2 uova, 2 cucchiai d'olio, 50gr. di zucchero, scorza grattugiata di un limone, una bustina di vanillina, un pizzico di sale, 2 mis di vino bianco secco, un kg di frutta (mele, pere, pesche, albicocche secche ammollate in acqua tiepida), zucchero a velo, olio per friggere. Mettere nel boccale tutti gli ingredienti eccetto la frutta e gli albumi: 30sec. Vel.6 e far riposare mezz'ora. Tagliare la frutta, montare a neve le chiare d'uovo come da ricetta. Aggiungere delicatamente alla pastella la frutta e gli albumi montati. Friggere a cucchiaiate in abbondante olio. Scolare e cospargere con zucchero a velo.

12.5.3.10 Arlecchinata Di Chiacchiere

Ingredienti: 500gr. di farina, 400gr. di panna liquida, 50gr. di zucchero, un pizzico di sale, olio per friggere, zucchero a velo. Inserire tutti gli ingredienti nel boccale: 20sec. Vel.6 e 30sec. Vel.spiga. Lasciare riposare l'impasto per almeno 1 ora. Tirare una sfoglia piuttosto sottile, tagliarla a strisce, annodarle e friggerle in olio bollente. Scolarle con un mestolo forato e cospargerle con abbondante zucchero a velo.

12.5.3.11 Coppe Di Macedonia In Crema

Ingredienti: Per la crema: 500gr. di latte, 4 tuorli d'uovo, 1\2 mis di fecola, 100gr. di zucchero, una bustina di vanillina. Inserire nel boccale tutti gli ingredienti per la crema: 7min 80° Vel.4 e lasciare intiepidire. Tagliare a dadini la frutta e mescolarla con zucchero e succo di limone. Porre un poco di crema in coppette trasparenti e su questa mettere due cucchiai di macedonia ed ancora la crema. Adornare con una fettina di arancia e mettere in frigo.

12.5.4 *Pasqua*

(X 6 PERSONE)

12.5.4.1 Lemon Pesca Dry

Ingredienti: una scatola di pesche sciroppate, succo di 1\2 limone, un limone a fettine, un mis di martini rosso, 6 cubetti di ghiaccio Inserire nel boccale il ghiaccio e le pesche sgocciolate: 30sec. Vel.7. Unire lo sciroppo delle pesche, succo di limone e il martini: 20sec. Vel.5. Servire subito in flute, decorati con una fetta di limone.

12.5.4.2 Cestini Variopinti

Ingredienti: 6 pomodori uguali, 160gr. di tonno, 2 tuorli di uova sode, prezzemolo, sale, pepe. Incidere i pomodori da un lato e dall'altro in modo da ottenere la forma di un cestino e salarli. Inserire nel boccale il tonno, i due tuorli, pepe e sale: 10sec. Vel.5. Riempire i pomodori col composto ottenuto e decorare con ciuffi di prezzemolo. Servire disponendoli su un vassoio ricoperto con foglie di lattuga.

12.5.4.3 Barchette A Vela

Ingredienti: 3 limoni, un pacchetto di cracker, 100gr. di prezzemolo, 6 filetti d'acciughe, 80gr. d'olio, 1\2 spicchio d'aglio, mollica di un panino, 2 tuorli di uova sode, 6 olive verdi snocciolate, 2 cucchiai d'aceto, sale, pepe. Preparare le barchette: tagliare i limoni nel senso della lunghezza ed estrarre la polpa, aiutandosi con un cucchiaino, fino ad ottenere la scorza vuota. Inserire nel boccale aceto e mollica: 5sec. Vel.5. Aggiungere tutti gli altri ingredienti tranne l'olio: 5sec. Vel.4. Utilizzare il composto ottenuto per riempire le barchette. Decorare con un cracker, posto a triangolo in modo da formare una vela.

12.5.4.4 Crepes In Salsa Rosa

Ingredienti: una dose di pasta per crepes, una dose di besciamella. Per il sugo: 500gr. di pomodori pelati, 80gr. d'olio, un pizzico di sale. Per il ripieno: 400gr. di spinaci, 2 tuorli, 80gr. di parmigiano, 50gr. di burro, sale, pepe. Preparare le crepes come da ricetta. Preparare la besciamella come da ricetta. Senza lavare il boccale inserire i pomodori: 5sec. Vel.6. Aggiungere olio e sale: 10min 100° Vel.1. Togliere il sugo. Introdurre nel boccale spinaci, burro, sale e pepe: 5min 100° Vel.4. Lasciare intiepidire, aggiungere uova e 50gr. di parmigiano: 10sec. Vel.4 spatolando. Versare su ogni crepes il quantitativo necessario di ripieno, arrotolarle e disporle in una teglia unta di burro. Ricoprirle con la besciamella, il sugo e il parmigiano rimasto. Cuocere in forno preriscaldato a 180° per 20 minuti circa.

12.5.4.5 Agnello Gustoso Con Verdure Al Varoma

Ingredienti: 1 kg di costolette d'agnello, un ciuffo di prezzemolo, 2 spicchi d'aglio, 2 mis di vino bianco, 80gr. d'olio, succo di un limone, un rametto di rosmarino, 3 patate a fette, 4 carciofi a spicchi, 250gr. di piselli, 30gr. di burro, un cucchiaio di prezzemolo tritato, sale, pepe. Mettere a marinare le costolette d'agnello e lasciarle mezz'ora nel vino con uno spicchio d'aglio, un ciuffo di prezzemolo, succo di limone e il rametto di rosmarino. Inserire nel boccale olio e uno spicchio d'aglio: 3min 100° Vel.1. Unire l'agnello con un mis della marinata, sale, pepe e cuocere 40min *Varoma* Vel.1. Dopo 10 minuti posizionare il *varoma* con le verdure precedentemente preparate e i piselli. A fine cottura disporre l'agnello e le verdure in una pirofila, salarle, cospargerle con fiocchetti di burro e prezzemolo tritato. Passare in forno per 15min a 180°.

12.5.4.6 Colomba Pasquale

Ingredienti: 300gr. di farina, 6 uova, 250gr. di zucchero, 80gr. d'olio, una bustina di lievito per dolci, 100gr. di cioccolato fondente, scorza di un limone. Per guarnire: 50gr. di mandorle intere e spellate, 50gr. di mandorle tritate, 100gr. di cioccolato fondente, 30gr. di burro. Inserire nel boccale 100gr. di cioccolato: 20sec. Vel.6 e togliere. Introdurre zucchero, scorza di limone, uova, olio e portare lentamente da Vel.1 a 9 per 50sec. Aggiungere dal foro del coperchio con lame in movimento Vel.7, farina e lievito: 50sec. Vel.7. Imburrare e infarinare uno stampo per colomba, versare l'impasto e distribuire sulla superficie il cioccolato tritato. Cuocere in forno preriscaldato a 180° per 20 minuti e a 200° per altri 15 minuti. Per guarnire: introdurre il burro e il cioccolato e fonderli: 5min 50° Vel.4. A cottura ultimata disporre la colomba su un vassoio, ricoprirla col cioccolato fuso, distribuendolo uniformemente. Guarnire con mandorle tritate e mandorle intere.

12.5.4.7 Uova In Camicia

Ingredienti: 500gr. di panna, 50gr. di zucchero, una scatola di pesche sciroppate. Inserire nel boccale lo zucchero: 20sec. Vel.Turbo. Posizionare la farfalla e aggiungere nel boccale ben freddo la panna: 90sec. Vel.2-3. Mettere 3 cucchiai di panna montata nelle coppette e disporre al centro la pesca sciroppata.

12.6.1   *Per Il Compleanno Dei Figli*

(X 10 PERSONE)

12.6.1.1   Ape Maia Drink

Ingredienti: 750gr. di yogurt intero freddo, una bottiglia di spumante brut, 1\2 mis di bitter, 2 cucchiai di miele. Inserire nel boccale yogurt, miele, bitter: 20sec. Vel.4. Versare in una caraffa, unire lo spumante ben freddo, mescolare e servire.

12.6.1.2   Pan Brioche

Ingredienti: 100gr. di burro, 100gr. di latte, un cubetto di lievito di birra, 200gr. di farina, 200gr. di semola, 2 patate lesse, 4 uova, 30gr. di zucchero, 10gr. di sale. Inserite nel boccale lievito, latte, zucchero e patate: 5sec. Vel.6. Aggiungete 80gr. di farina: 15sec. Vel.6 e fate lievitare nel boccale per 30min circa. Avviate l'apparecchio a Vel.4 e aggiungete dal foro del coperchio tutti gli altri **ingredienti:** 30sec. Vel.6 e 30sec. Vel.spiga. Versate in uno stampo alto 20cm e largo 18 e lasciate lievitare in un luogo tiepido per un'ora. Cuocete in forno preriscaldato a 200° per 40min circa. Quando è freddo tagliatelo e servite le fette farcite con patè e salse varie.

12.6.1.3   Pate' Di Pollo

Ingredienti: 1 kg di pollo, odori per brodo (carota, prezzemolo, sedano), 3 cucchiai di maionese, 3 foglie di salvia fresca, 6 cetriolini sott'aceto, un cucchiaio di giardiniera. Lessare il pollo con gli odori per il brodo. Privarlo delle ossa e inserire la polpa nel boccale: 40sec. Vel.5. Aggiungere salvia, maionese, cetriolini e giardiniera: 1min dal Vel.1 a Vel.Turbo, spatolando.

12.6.1.4   Quiche Ai Formaggi

Ingredienti: Una dose di pasta brisè, 250gr. prosciutto cotto, 3 uova, 100g groviera, 200g latte, sale e pepe qb. Stendere la pasta brisè e foderare una tortiera di 26cm imburrata. Mettere nel boccale il prosciutto e il formaggio 10" Vel.5 e versare sulla sfoglia. Inserire nel boccale il latte le uova il sale ed il pepe per 15" a Vel.6 e disporre uniformemente sopra al formaggio. Cuocere in forno preriscaldato a 180° per 30'.

12.6.1.5   Rolle' Gratinato

Ingredienti: 300gr. di farina, 3 uova, un cucchiaio d'olio, 2 cucchiai di brandy, una dose di besciamella, 4 tuorli, 400gr. di prosciutto cotto, 900gr. di funghi misti surgelati, burro, parmigiano. Inserire nel boccale gli ingredienti per l'impasto: 30sec. Vel.6 e 30sec. Vel.spiga. Mettere l'impasto su una spianatoia e stenderlo in strisce della lunghezza di 40cm. Lessarle e adagiarle su un canovaccio. Preparare la besciamella come da ricetta e alla fine aggiungere il parmigiano grattugiato: 5sec. Vel.4 e togliere. Senza lavare il boccale introdurre il prosciutto: 5sec. Vel.7 e togliere. Inserire nel boccale funghi, olio, aglio e prezzemolo: 15min 100° Vel.2, scolare il sugo e mettere da parte. Unire ai funghi rimasti nel boccale la besciamella, il prosciutto e i tuorli: 30sec. Vel.2. Stendere sulle sfoglie uno strato sottile di composto. Arrotolare le sfoglie aiutandosi col canovaccio e formare dei rollè. Lasciarli risposare in frigo per 2 ore circa. Tagliare i rollè a fette e disporli in una pirofila imburrata, irrorarli col sughetto dei funghi, cospargerli con ciuffetti di burro e parmigiano grattugiato. Gratinare in forno preriscaldato a 150° per 10min circa. Servire tiepido.

12.6.1.6   Piccoli Messicani

Ingredienti: 800gr. di fettine di vitello tagliate sottilissime (6cm x 4cm), 200gr. di salsiccia fresca spellata, 100gr. di mortadella, , scorza di un limone grattugiato, un tuorlo, noce moscata, 80gr. d'olio, 2 spicchi d'aglio, qualche fogliolina di salvia, 400gr. d'acqua, un cucchiaio di dado bimby, un mis di brandy, 30gr. di farina. Inserire nel boccale mortadella e scorza di limone: 10sec. Vel.6. Unire la salsiccia sbriciolata, il tuorlo e la noce moscata: 30sec. Vel.3. Disporre un cucchiaino di ripieno sulle fettine di vitello, arrotolarle, ungerle e disporle nel varoma. Introdurre nel boccale olio, aglio, salvia: 3min 100° Vel.4. Unire brandy, acqua dado e posizionare il cestello con i messicani: 40min 100° Vel.1. Terminata la cottura disporli su un piatto da portata. Al sugo rimasto nel boccale aggiungere la farina: 2min 90° Vel.2. Ricoprire con la salsina ottenuta i messicani e servirli caldi.

12.6.1.7   Torta Croccante

Ingredienti: 6 uova, 250gr. di farina, 250gr. di zucchero, una bustina di lievito, un pizzico di sale. Per lo zabaione: 500gr. di panna, 200gr. di zucchero, 4 uova intere, 4 tuorli, 2 mis di marsala, 2 mis di vino bianco. Per il croccante: 400gr. di zucchero, 300gr. di mandorle pelate. Per lo sciroppo: 400gr. d'acqua, 200gr. di zucchero, grand marnier o maraschino a piacere. Preparare il pan di spagna inserendo nel boccale zucchero e uova: 40sec. Vel.4. Aggiungere dal foro del coperchio con lame in mov Vel.4, farina, sale e lievito: 40sec. Vel.7. Disporlo in una tortiera imburrata del diametro di 26cm e cuocere in forno preriscaldato: 10min a 160°, 15min a 180° e 15min a 200°. Preparare la panna montata come da ricetta e lo zabaione inserendo nel boccale zucchero, uova, marsala e vino bianco: 40sec. Vel.7 e 7min 70° Vel.4. Versarlo in una ciotola, lasciarlo raffreddare e aggiungere delicatamente i 2\3 della panna montata. Preparare il croccante facendo caramellare in un tegamino antiaderente lo zucchero e le mandorle. Versarlo su un foglio di carta forno e lasciarlo raffreddare. Metterlo a pezzi nel boccale e tritarlo. 20sec. Vel.6. Preparare lo sciroppo inserendo nel boccale acqua e zucchero: 5min 90° Vel.1, metterlo in una ciotola, lasciarlo raffreddare e aggiungere il liquore. Tagliare il pan di Spagna in 3 dischi, inzupparli con lo sciroppo e farcirli con zabaione e croccante. Infine ricoprire con zabaione e qualche fiocchetto di panna. Distribuire il restante croccante e lasciare in frigo fino al momento di servire.

12.6.2   Per Il Nostro Compleanno

(X 12 PERSONE)
APERITIVO AL LIMONCELLO **Ingredienti:** 6 limoni pelati a vivo; 100gr. zucchero; 4 misurini Limoncello (liquore); 1 misurino Gin; 1 lt. acqua; 12 cubetti ghiaccio. Inserire nel boccale lo zucchero: 30sec. Vel.Turbo. Aggiungere i limoni e l'acqua: 15sec. Vel.Turbo. Filtrare e mettere in una caraffa. Aggiungere i liquori, i cubetti di ghiaccio e servire.

12.6.2.1   Roselline In Pasta Brise'

Ingredienti: Una dose di pasta brisé. Per il ripieno: 100gr. di prosciutto crudo, 100gr. di parmigiano. Preparare la pasta brisé e metterla in frigo per mezz'ora. Inserire nel boccale prosciutto e formaggio e tritare grossolanamente: 10sec. Vel.5. Dividere la pasta in due parti. Stenderne una parte ricavandone una sfoglia quadrata dello spessore di 1\2cm. Farcirla con metà del ripieno, pressarlo con le mani, arrotolarlo e tagliare tronchetti lunghi 3cm circa. Prendere ogni tronchetto, chiuderlo da una parte e aprire a fiore i lembi esterni della parte superiore. Disporre le roselline ottenute sulla placca del forno unta. Ripetere lo stesso procedimento per l'altra metà della pasta. Infornare a 180° per 20 m.

12.6.2.2   Raviole'

Ingredienti: per l'impasto: 300gr. di farina, 50gr. di burro morbido, 100gr. di ricotta, un cucchiaino di lievito in polvere per pizza, 1\2 mis di vino bianco, sale Per il ripieno: 100gr. di funghi misti surgelati, 100gr. di parmigiano. Mettere tutti gli ingredienti dell'impasto nel boccale: 30sec. Vel.6. Togliere l'impasto che deve risultare morbido ed elastico. Inserire nel boccale formaggio e funghi e tritare grossolanamente: 15sec. Vel.4. Mettere l'impasto su una spianatoia e stenderlo in una sfoglia di 1\2cm. Con uno stampino ricavare dei dischetti smerlati di 3cm di diametro. Mettere su ogni dischetto un cucchiaino di ripieno, ripiegarlo a raviolo e chiuderlo ai bordi. Spennellare i raviolè ottenuti con un uovo sbattuto, appoggiarli su una teglia foderata con carta forno e cuocere in forno preriscaldato a 200° per 15min.

12.6.2.3   Pane Al Sesamo

Ingredienti: 700gr. di farina, 20gr. di semi di sesamo, un cubetto di lievito di birra, 4 mis d'acqua, 30gr. d'olio d'oliva, un pizzico di zucchero, sale. Inserire nel boccale olio, acqua, sale e zucchero: 1min 40° Vel.1. Aggiungere il lievito: 5sec. Vel.7. Unire la farina: 30sec. Vel.6 e 2min Vel.spiga. Mettere l'impasto in una ciotola, coprirlo e lasciarlo lievitare mezz'ora. Formare con l'impasto varie forme di pane, cospargerle con i semi di sesamo e disporle sulla placca del forno. Coprirle con un telo e lasciar lievitare in un luogo tiepido per mezz'ora. Cuocere il pane in forno preriscaldato a 200° per 20min circa.

12.6.2.4   Crema Di Carciofi

Ingredienti: 500gr. di cuori di carciofo surgelati, 1\2 cipolla, 20gr. d'olio d'oliva, 200gr. di latte, 500gr. d'acqua, un cucchiaio di dado bimby, un mis di parmigiano, uno spicchio d'aglio, un mis di farina, 200gr. di panna, 30gr. di burro. Inserire nel boccale cipolla, aglio, olio: 10sec. Vel.6. Cuocere 3min 100° Vel.3. Aggiungere i cuori di carciofo, latte, acqua, dado e farina: 30sec. portando lentamente da Vel.1 a Vel.9. Cuocere: 14min 100° Vel.4. Unire panna, parmigiano e burro: 4min 90° Vel.4. Versare in una zuppiera e servire con crostini di pane messi al forno o saltati in padella con pochissimo burro.

12.6.2.5 Cesto Di Tortellini Primavera

Per il cesto: doppia dose di pasta brisé (vedere ricetta). Per la pasta dei tortellini: 400gr. Di farina, 4 uova (da 60gr.). Per il ripieno: 450gr. di lombo di maiale , 100gr. di mortadella, 100gr. gambuccio di prosciutto crudo, 150gr. di parmigiano grattugiato, 30gr. di olio di oliva, 1 mis.di vino bianco, noce moscata a piacere sale
q. b. Per il sugo: 100gr. di pancetta dolce, 100gr. di pancetta affumicata, 1 spicchio di cipolla, 350gr. di pisellini primavera surgelati, 30gr. di olio di oliva, ½ mis. di vino bianco secco , 1 mis. di acqua, 1 cucchiaino di dado Bimby. **Per il cesto**: preparare la pasta brisé come da ricetta e lasciarla in frigorifero per almeno mezz'ora. Stenderla con il mattarello, imburrare uno stampo pertimballi con il bordo alto 10-12cm. E foderarlo interamente con la pasta. Posare all'interno un altro stampo imburrato esternamente, di misura leggermente inferiore; questo consentirà alla pasta di rimanere aderente alle pareti del primo stampo mentre cuoce Cuocere in forno preriscaldato a 200°C per 30 minuti A cottura ultimata sfornare, capovolgere e staccare delicatamente lo stampo esterno dalla pasta. Lasciare raffreddare il cesto così capovolto. Quando sarà freddo togliere anche lo stampo interno e mettere il cesto così ottenuto su un piatto da portata. **Esecuzione dei tortellini e del ripieno:** Inserire nel boccale uova e farina: 20sec. Vel.5 e 30sec. Vel.Spiga. Togliere l'impasto e lasciarlo riposare 15 minuti avvolto in un canovaccio. Far arrostire a fuoco vivace in una casseruola la carne con l'olio per 10 minuti. Aggiungere il vino e lasciare cuocere per altri 30 minuti. A fine cottura sgrassarla lasciarla intiepidire e tagliarla a pezzi Inserire nel boccale la carne: 30sec. Da Vel.5 a Vel.8 e versare il trito in una grande terrina. Introdurre nel boccale mortadella e prosciutto a tocchi: 30sec. Da Vel.5 a Vel.8 e unire alla carne. Aggiungere il parmigiano, aggiustare di sale e amalgamare bene tutti gli ingredienti. Mettere la pasta su una spianatoia e stendere una sfoglia sottile. Ritagliare dei quadratini di 4cm. Di lato, distribuire su ognuno un cucchiaino di ripieno e formare i tortellini. Esecuzione del sugo: Inserire nel boccale pancetta e cipolla: 20sec. Vel.6 Unire l'olio: 4min. 100°C Vel.3. Posizionare la farfalla e aggiungere piselli, vino, acqua e dado: 15min. 100°C Vel.1. A fine cottura tenere da parte un poco di sugo per farcire i nidi di purè. Mentre cuoce il sugo cuocete anche i tortellini al dente. Scolateli, versateli in una ciotola, conditeli con il sugo e teneteli in caldo. Al momento di servirli disporli nel cesto di pasta brisé.

12.6.2.6 Cosciotto Di Tacchino All'agro

Ingredienti: 2 kg di cosciotto di tacchino, una cipolla, 2 mis di vino bianco secco, un mis brandy, 80gr. d'olio, 30gr. di burro, sale, pepe. Per la salsa: uno spicchio d'aglio, un rametto di rosmarino fresco, 10 gherigli di noci, una cipolla, un mis di succo di limone, un pizzico di peperoncino, 150gr. d'olio, sale Disporre in una teglia da forno uno strato di cipolla a fette, bagnarle con l'olio e adagiarvi il cosciotto. Salare, pepare, irrorare con brandy e fiocchetti di burro. Cuocere in forno preriscaldato a 180° per 30 minuti. Aggiungere il vino e lasciar cuocere ancora un'ora a 200°. Inserire nel boccale con lame in movimento Vel.6, aglio, rosmarino e noci: 20sec. Vel.6. Riunire gli ingredienti con la spatola, aggiungere cipolla, succo di limone, peperoncino, olio e sale: 20sec. Vel.6. Metterla in una salsiera e lasciarla riposare per 2 ore. Disporre il cosciotto su un piatto da portata, guarnire con fettine di limone e servire con la salsina all'agro.

12.6.2.7 Nidi Di Pure'

Ingredienti: 800gr. di patate, mondate e tagliate a pezzi, 200gr. di latte, 40gr. di burro, 50gr. di parmigiano grattugiato, 3 sottilette, 3 tuorli d'uovo, pisellini al sugo (vedi ricetta CESTO DI TORTELLINI PRIMAVERA: sugo), sale. Inserire nel boccale patate, latte e sale: 18min 100° Vel.1. A cottura ultimata aggiungere burro, parmigiano, uova e mantecare: 20sec. Vel.4 spatolando. Disporre in una pirofila imburrata dei mucchietti di purè, fare un piccolo incavo al centro e mettere un cucchiaio di pisellini al sugo. Gratinare in forno preriscaldato a 180° per 10min. A cottura ultimata ricoprire ogni nido di purè con un quadratino di sottiletta. Servire tiepido.

12.6.2.8   Torta Glasse' All'arancia

Ingredienti: Per la torta: succo di 3 grosse arance, scorzetta di 3 arance, private completamente della prate bianca, 300gr. di zucchero, 250gr. di burro morbido, 400gr. di farina, una bustina di lievito per dolci, 6 uova intere, un pizzico di sale. Per la glassa: 400gr. di zucchero, un mis di succo d'arancia rossa. Inserire nel boccale zucchero e scorze d'arance: 20sec. Vel.9. Aggiungere il burro:. 15sec. Vel.5. Unire uova, farina, sale, succo d'arancia: 30sec. Vel.6. Aggiungere il lievito: 10sec. Vel.4. Versare l'impasto in una teglia unta e infarinata di 26cm di diametro. Cuocere in forno preriscaldato a 180° per 20min e a 200° per 10min. Terminata la cottura sformare su un piatto. Inserire nel boccale lo zucchero: 50sec. Vel.Turbo. Unire il succo d'arancia: unmin Vel.7. Versare la glassa ottenuta in modo uniforme sulla torta ancora calda. Guarnire con fiori di zucchero o ciuffetti di panna o fettine d'arancia.

12.6.2.9   Sorbetto Blu Di Curacao

Ingredienti: 800gr. d'acqua, 400gr. di zucchero, 3 mis di succo di limone, Curacao q.b. Mettere nel boccale acqua e zucchero: 4min 50° Vel.3. Lasciare raffreddare e unire il succo di limone: 10sec. Vel.4. Versare in un contenitore di stagnola largo e basso, e mettere nel congelatore per diverse ore. Al momento di servire dividerlo a tocchetti, metterli nel boccale e mantecare: 40sec. Vel.6 spatolando e 30sec. Vel.9. Preparare nei flut un cucchiaio di curacao e aggiungere il sorbetto. Servire guarnendo con mezza fetta di limone sul bordo dei flut.

12.6.2.10   Caffe' Irlandese Al Cioccolato

Ingredienti: un mis e 1\2 di caffè solubile, un mis e 1\2 di zucchero, un mis e 1\2 di whisky, 4 mis e 1\2 di latte scremato, 100gr. di cioccolato fondente a pezzi. Mettere tutti gli ingredienti nel boccale: 7min 70° Vel.4. Servire ben caldo.

12.6.3   *Per Un Giorno Importante*

(X 14-15 PERSONE)

12.6.3.1   Drink Al Pompelmo

Ingredienti: 3 pompelmi rosa, un lime o un limone, 70gr. di zucchero, una bottiglia d'acqua tonica (750 gr), una bottiglia di Chardonnay. Pelare al vivo i pompelmi e metà di un limone, lasciando la buccia all'altra metà, e inserire tutto nel boccale con lo zucchero: 15sec. Vel.4. Aggiungere acqua tonica e Chardonnay: 5sec. Vel.3. Lasciare insaporire per almeno un minuto, filtrare in una caraffa e servire.

12.6.3.2   Spuma Di Salmone

Ingredienti: 100gr. di salmone affumicato, una scatola di salmone al naturale, 200gr. di panna, un dado di gelatina, 300gr. d'acqua, un cucchiaio di succo di limone, sale. Mettere nel boccale acqua e gelatina: 6min 100° Vel.2. Aggiungere panna, succo di limone, sale e salmoni: 15sec. Vel.4 e 15sec. Vel.8. Versare in uno stampo a forma di pesce o rettangolare, lasciare raffreddare e riporre in frigo per alcune ore.

12.6.3.3 Rolle' Di Pollo

Ingredienti: 500gr. di petto di pollo, 200gr. di burro, una carota, una cipollina, una gamba di sedano, 60gr. di parmigiano grattugiato, 40gr. di brandy, una manciata di pistacchi leggermente tostati, 200gr. di panna, 200gr. di prosciutto crudo, foglie di lattuga. Inserire nel boccale 20gr. di burro e programmare la cottura: 30min 100° Vel.1. Dopo 1min aggiungere la cipolla tagliata in 4 parti e soffriggere: 2min a Vel.1. Unire le verdure e la carne a pezzettoni e terminare la cottura. Alla fine tritare il tutto: 20sec. Vel.5 e 20sec. Vel.8. Lasciare intiepidire ed aggiungere il restante burro, la panna, il brandy e amalgamare: 15sec. Vel.4. Aggiungere i pistacchi: 4sec. Vel.2. Disporre su un foglio di carta forno le fette di prosciutto leggermente sovrapposte e stendervi in modo uniforme il composto. Arrotolare le fette di prosciutto col composto, formando un salame e avvolgerlo nella carta forno. Lasciare in frigorifero per almeno un giorno. Servire il rollè tagliato a fettine disposte su un letto di lattuga e accompagnato da pane tostato.

12.6.3.4 Tagliatelle Gratinate

Ingredienti: 800gr. di tagliatelle all'uovo. Per il sugo: 200gr. di prosciutto cotto in due fette, 200gr. di piselli o punte di asparagi, 60gr. di burro, una cipollina, sugo d'arrosto q.b. Per la salsa: 100gr. di sbrinz o parmigiano grattugiato, 3 uova, 3 cucchiaini di senape, succo di un limone, 200gr. di ricotta, 60gr. d'olio, sale, pepe. Inserire nel boccale burro e cipolla: 3min 100° Vel.4. Unire piselli o asparagi: 10min 100° Vel.1. Trascorsi 5min aggiungere il prosciutto a listarelle e lasciarlo insaporire, unire il sugo d'arrosto e terminata la cottura, versare il sugo in una ciotola e mettere da parte. Cuocete le tagliatelle al dente. Nel frattempo posizionare la farfalla nel boccale e montare a neve gli albumi: 2min 40° Vel.3 e mettere da parte. Senza lavare il boccale inserire la ricotta, tuorli, limone, senape, olio, sale, pepe: 1min Vel.3. Aggiungere formaggio e albumi: 10sec. Vel.1. Condire col sugo le tagliatelle, disporle in una pirofila da forno e cospargerle con la salsa. Gratinare in forno preriscaldato a 200° per 10 minuti circa.

12.6.3.5 Crepes Delicate

Ingredienti: una dose di pasta per crepes, 300gr. di piselli, 2 carote, 2 zucchine, 2 mozzarelle di bufala, 200gr. di sbrinz o parmigiano grattugiati, 40gr. di burro. Preparare le crepes come da ricetta. Inserire nel boccale le mozzarelle a pezzetti: 5sec. Vel.3 e metterle nel cestello per eliminare il siero. Tagliare a dadini le verdure e disporle nel Varoma. Inserire un lt d'acqua nel boccale, , posizionare il *Varoma* e cuocere: 20min *Varoma* Vel.1. Terminata la cottura togliere l'acqua dal boccale e inserire il burro: 2min 100° Vel.1. Aggiungere la cipolla: 4min 100° Vel.4. Unire le verdure cotte al Varoma: unmin Vel.1. Versare il tutto in una ciotola, lasciar raffreddare e aggiungere la mozzarella e parte del formaggio grattugiato. Farcire le crepes col ripieno e piegarle in 4 a forma di ventaglio. Adagiarle in una pirofila da forno imburrata, cospargerle col restante formaggio, burro a fiocchetti e cuocere in forno preriscaldato a 180° per 20 minuti.

12.6.3.6 Carre' In Crosta Con Salsa Castelmagno

Ingredienti: 2 kg di lonza di maiale, latte q.b. bacche di ginepro, 2 cucchiai d'aceto balsamico, 50gr. d'olio, pepe bianco, salvia, rosmarino, sale. Per la crosta: 300gr. di pane raffermo, 3 albumi, 200gr. di latte, erbe di provenza, sale. Mettere la lonza in una terrina, ricoprirla col latte, aggiungere le bacche di ginepro e pepe e lasciar marinare per almeno 10 ore, girandola una volta. Toglierla, asciugarla con un canovaccio e metterla in una casseruola a rosolare con olio a fuoco vivace; bagnare con un mis di latte e aceto, unire salvia, rosmarino e sale. Coprire bene con la stagnola e cuocere in forno preriscaldato a 180\200° per 1 ora e 30min. Terminata la cottura avvolgere la carne nella stagnola, chiudere bene e lasciare raffreddare. Il sughetto potrà servire per le tagliatelle della precedente ricetta. Per la crosta: inserire nel boccale il pane raffermo: 30sec. Vel.8. Aggiungere le erbe, gli albumi, il latte, il sale: unmin Vel.4. Versare il composto su un foglio di carta forno unto d'olio, coprire con un altro foglio unto per poter stendere il composto prima con le mani, poi col mattarello fino a formare un rettangolo che contenga la carne. Togliere il primo foglio di carta forno, adagiare la carne senza stagnola, farla rotolare e avvolgerla col composto, aiutandosi col foglio di carta sottostante. Sempre aiutandosi con la carta forno adagiare delicatamente il rotolo in una pirofila imburrata. Spennellare con un uovo sbattuto e mettere in forno preriscaldato a 200° per 20 minuti finché la crosta risulti dorata.

12.6.3.7 Salsa Castelmagno

Ingredienti: 200gr. di formaggio Castelmagno o groviera, 200gr. di panna, 100gr. di burro morbido, un cucchiaio di prezzemolo tritato, sale, pepe. Inserire nel boccale il formaggio: 10sec. Vel.4 e aggiungere il burro: 4min 80° Vel.2. Unire panna, prezzemolo, sale, pepe: 3min 80° Vel.2. Versare nella salsiera e servirla caldissima con l'arrosto in crosta.

12.6.3.8 Verdure Gratinate

Ingredienti: 300gr. finocchi, 200gr. carote, 200gr. zucchine, 100gr. cipolle, 200gr. cimette di cavolfiore Per gratinare: 150g pane raffermo, 1/2 spicchio d'aglio, 1 rametto di rosmarino, 5 foglie di salvia, 1 ciuffo di prezzemolo, 30gr. burro sale q.b. Pulire, lavare e tagliare a spicchi le verdure e disporle nel *Varoma* Inserire 1 lt d'acqua nel boccale 30min temp *Varoma* Vel.1. A cottura terminata disporre le verdure in una pirofila imburrata. Tritare il pane con gli aromi 30sec. Vel.9. Cospargere le verdure con il trito, alcuni fiocchetti di burro e gratinare in forno preriscaldato a 180° per 20min circa.

12.6.3.9 Torta Fiorita

Ingredienti: un pan di spagna come da ricetta. Per farcire: 3 uova, 100gr. mandorle pelate leggermente tostate, 150gr. di zucchero, 700gr. di latte, 50gr. di farina, scorza di 1 limone. Per guarnire: 50gr. di zucchero a velo, 800gr. di panna, 5 o 6 gocce di colore rosso per dolci, confettini rosa o fiorellini di zucchero. Preparare un pan di Spagna. Inserire nel boccale le mandorle e la scorza di limone 10sec. Vel.7. Unire latte, farina, zucchero e uova 10min. 80° C Vel.4, versare in una ciotola e lasciare raffreddare. Tagliare il pan di Spagna orizzontalmente formare due dischi, farcire il primo con metà della crema, ricomporre la torta e ricoprirla con la restante crema. Preparare la panna montata aggiungendo a piacere alcune gocce di colorante. Ricoprire tutta la torta e decorare con confettini fiorellini di zucchero a propria fantasia.

12.6.3.10 Spiedini Alla Frutta

Ingredienti: un ananas non troppo maturo, uva bianca, uva nera, banane, kiwi, fragole, limone. Per la crema: 600gr. di latte, 150gr. di zucchero, 3 tuorli, 50gr. di burro, 30gr. di farina, una bustina di vanillina. Lavare la frutta, tagliarla a cubetti, metterla in una ciotola e cospargerla con succo di limone. Inserire nel boccale tutti gli altri ingredienti per la salsa: 10min 80° Vel.4. Versarla in una salsiera e lasciarla intiepidire. Infilzare la frutta in stecchi per spiedini alternando i colori e servirli accompagnati dalla crema.

12.6.3.11 Sorbetto Al Moscato

Ingredienti: 500gr. d'acqua, 400gr. di zucchero, 500gr. di vino moscato, 100gr. di succo di limone. Inserire nel boccale acqua e zucchero: 10min 90° Vel.1 e lasciare intiepidire. Aggiungere vino e succo di limone: 4sec. Vel.1. Versare in un contenitore largo e basso o nelle vaschette del ghiaccio e mettere nel congelatore per alcune ore. Al momento di servire inserire nel boccale il composto ghiacciato a pezzi e mantecarlo: 1min Vel.3. Servire subito.

12.6.4 A Lume Di Candela

(X 2 PERSONE)

12.6.4.1 Intermezzo D'amore

Ingredienti: un pompelmo rosa, 1\2 finocchio, 5 cubetti di ghiaccio, 1\2 lattina d'acqua tonica, 2 mis di vodka. Spremere il pompelmo e inserire il succo nel boccale col finocchio a pezzi, il ghiaccio, l'acqua tonica e portare lentamente a Vel.8 per 40sec. Aggiungere la vodka: 10sec. Vel.3 e filtrare. Versarlo in flut guarniti con la buccia di pompelmo a ricciolo e servirlo ghiacciato.

12.6.4.2 Avocados Ai Gamberetti

Ingredienti: 2 avocados, un cucchiaio d'aceto, 30gr. d'olio, succo di 1\2 limone, un cucchiaino di worcester sauce, 150gr. di panna, sale, pepe, 150gr. di gamberetti lessati per guarnire. Tagliare a metà gli avocados, privarli del nocciolo e togliere la polpa, conservando intatte le scorze. Posizionare la farfalla nel boccale ben freddo e inserire la panna: 50sec. Vel.2-3 e togliere. Introdurre la polpa degli avocados nel boccale: 20sec. Vel.5. Unire tutti gli altri **ingredienti:** 30sec. Vel.4. Mettere il composto in una ciotola e incorporare delicatamente la panna montata. Riempire col composto gli avocados, guarnire con i gamberetti e conservare in frigo fino al momento di servire.

12.6.4.3 Palline Al Pistacchio

Ingredienti: 2 grosse patate pelate e tagliate a pezzi, una manciata di prezzemolo, un cucchiaio di capperi, 2 filetti d'acciuga, 50gr. di prosciutto cotto, 30gr. di parmigiano grattugiato, 100gr. di latte, 200gr. di pistacchi sgusciati, sale, pepe. Inserire nel boccale i pistacchi: 30sec. Vel.5 e toglierli. Introdurre il prosciutto: 30sec. Vel.5 e togliere. Inserire dal foro del coperchio con lame in movimento Vel.6 il prezzemolo, i capperi e le acciughe: 20sec. Vel.6 e togliere. Senza lavare il boccale introdurre patate, latte, sale e pepe: 10min 90° Vel.3. Quando le patate saranno tiepide unire il composto di prezzemolo, il prosciutto e il parmigiano: 15sec. Vel.6 spatolando fino ad ottenere un composto compatto ed omogeneo. Toglierlo e metterlo in frigo per 1 ora. Formare delle palline, passarle nel trito di pistacchi e disporle su un piatto da portata.

12.6.4.4 Vellutata Di Sedano Con Coda Di Rospo

Ingredienti: 120gr. di sedano, 1\2 cipollina, 50gr. d'olio, 30gr. di farina, 200gr. di bocconcini di coda di rospo, 1\2 scalogno, sale, pepe, timo, 4 mis di fumetto di pesce (ottenuto facendo bollire 10min in 1\2 lt d'acqua salata un pezzettino di carota, sedano, cipolla, 1\2 mis di vino bianco, pepe e la testa della coda di rospo. Filtrare il fumetto prima di utilizzarlo) Introdurre nel boccale lo scalogno con 30gr. d'olio: 3min 100° Vel.3. Posizionare la farfalla, introdurre i bocconcini di pesce, sale, pepe, timo: 3min 100° Vel.1 senza misurino. Toglierli e metterli in una piccola ciotola. Inserire nel boccale la cipollina con 20gr. d'olio: 3min 90° Vel.4. Unire il sedano: 10sec. Vel.5. Aggiungere farina e fumetto di pesce: 10min 100° Vel.4 e contemporaneamente posizionare il *Varoma* con la ciotola contenente i bocconcini di pesce, per tenerli al caldo. A fine cottura amalgamare portando lentamente da Vel.1 a Turbo per 30sec. Togliere il varoma, versare la vellutata in una zuppiera e aggiungere i bocconcini di pesce. Servirla accompagnata da crostini a piacere.

12.6.4.5   Crespelle Allo Storione

Ingredienti: 1\2 dose di crepes, 200gr. di panna, 150gr. di storione fresco, 1\2 zucchina, 1\2 porro, un albume, un cucchiaio d'olio, burro q.b. sale, pepe. Preparare le crepes come da ricetta. Inserire nel boccale porro e zucchina: 10sec. da Vel.1 a 6. Aggiungere sale, pepe, un cucchiaio d'olio e un cucchiaio d'acqua: 6min 100° Vel.1. A fine cottura unire lo storione, 50gr. di panna, l'albume, sale, pepe: 40sec. Vel.7. Spalmare il ripieno sulle crespelle, arrotolarle, tagliarle a fettine larghe 3cm, disporle in una pirofila imburrata, irrorare con 150gr. di panna e passarle in forno a gratinare per 20min a200°.

12.6.4.6   Branzino Al Cartoccio Con Asparagi

Ingredienti: 2 branzini puliti e lavati, olio, sale, pepe, salvia q.b. 10 punte d'asparagi Per la salsa: succo di 1 limone, 2 cucchiai di acqua, 30gr. di olio d'oliva, sale, pepe, origano, rosmarino q.b. Preparare 2 cartocci con la stagnola, disporvi i branzini, spennellati con olio, pepe, sale e alcune foglie di salvia, chiudere i cartocci e sistemarli nel Varoma. Inserire nel boccale 500gr. di acqua salata e posizionare il *Varoma* 25min temp *Varoma* Vel.4. Dopo 10min unire le punte d'asparagi nel Varoma. A cottura ultimata sistemare i branzini in un piatto da portata con le punte di asparagi e preparare la salsa al limone, inserendo nel boccale tutti gli ingredienti 40sec. Vel.4. Versare la salsina sui branzini e gli asparagi e servire.

12.6.4.7   Cuori Di Panna

Ingredienti: 250gr. di ricotta romana, 200gr. di panna, 100gr. di latte, 60gr. di zucchero a velo, 2 uova, 10gr. di colla di pesce. Per la salsa: 250gr. di fragoloni, 100gr. di zucchero, succo di 1\2 limone. Mettere a bagno in acqua fredda la colla di pesce. Posizionare la farfalla nel boccale ben freddo e inserire la panna: 45sec. Vel.2-3 e togliere. Inserire gli albumi: 90sec. 40° Vel.2-3 e togliere. Introdurre il latte, i tuorli e lo zucchero: 3min 80° Vel.1. Unire la colla di pesce ben strizzata: 20sec. Vel.5. Quando il composto sarà tiepido aggiungere la ricotta: 20sec. Vel.4. Versare il composto in una ciotola, incorporare delicatamente gli albumi a neve e la panna montata. Rivestire 4 stampini a forma di cuore con pellicola trasparente, versarvi il composto e lasciare in frigo per almeno 12 ore. Preparare la salsa inserendo nel boccale fragole, limone e zucchero: 4min 80° Vel.4. Sformare i cuori in un piatto da portata disponendoli a forma di fiore, guarnirli con la salsa e i fragoloni a spicchi.

12.7   Menù colorati

12.7.1   *Fantasia In Rosso*

(X 6 PERSONE)

12.7.1.1   Aperitivo Alle Fragole

Ingredienti: 10 fragoloni, 20 cubetti di ghiaccio, 150gr. di zucchero, 1 mis di vodka, 200gr. d'acqua, succo di un limone. Inserire nel boccale zucchero e fragole: 10sec. Vel.9. Aggiungere il ghiaccio: 5sec. Vel.7. Unire limone, vodka e acqua: 20sec. Vel.Turbo. Lasciare riposare, filtrare in una caraffa e servire.

12.7.1.2   Bruschette Al Pomodoro

Ingredienti: 12 fette di pane casareccio abbrustolito, 6 pomodori maturi, 3 spicchi d'aglio, 50gr. d'olio, peperoncino, prezzemolo, sale. Inserire nel boccale con lame in movimento Vel.4, aglio e prezzemolo: 20sec. da Vel.4 a Vel.9. Unire i pomodori pelati, privati dei semi e sgocciolati: 5sec. Vel.3 (deve rimanere a pezzetti). Aggiungere olio e sale: 5sec. Vel.1. Mettere un cucchiaio del composto su ogni bruschetta e servire freddo.

12.7.1.3 Spaghetti Ai Peperoni Rossi

Ingredienti: 500gr. di spaghetti, 2 grossi peperoni rossi, una grossa cipolla, 400gr. di polpa di pomodoro, peperoncino e sale q.b. 50gr. di ricotta salata grattugiata. Affettate la cipolla e inserirla nel boccale con olio: 3min 100° Vel.1. Aggiungere i peperoni a fettine sottili, la polpa di pomodoro, sale e peperoncino: 15min 100° Vel.1 e mettere da parte. Senza lavare il boccale introdurre 1 lt e 1\2 d'acqua e sale: 10min 100° Vel.1. Inserire gli spaghetti e cuocerli al dente. A fine cottura scolare la pasta, versarla in una zuppiera, condirla con il sugo e servirla cosparsa di ricotta salata.

12.7.1.4 Merluzzo In Salsa Corallo Con Peperoni

Ingredienti: 600gr. di filetti di merluzzo, 50gr. d'olio, 100gr. di olive verdi snocciolate, 20gr. di capperi, 20gr. di pinoli, 20gr. d'uvetta, 300gr. di passata di pomodoro, 200gr. d'acqua, una cipolla, sale. Per farcire i peperoni: 4 peperoni rossi lavati e svuotati, 2 panini raffermi, una cipolla, 100gr. di olive verdi snocciolate, 100gr. di pinoli, 50gr. di uvetta, 100gr. di caciocavallo fresco, 200gr. di pomodoro a pezzi, 50gr. d'olio, sale, pepe Inserire nel boccale il pane raffermo: 20sec. Vel.6 e tostarlo: 3min 100° Vel.1 e mettere da parte. Introdurre la cipolla: 3min 100° Vel.3. Unire pomodori a pezzi, olive, pinoli, capperi, uva, caciocavallo a pezzi, olio, pane tostato, sale, pepe e amalgamare bene: 1min Vel.2 spatolando. Riempire i peperoni col composto e disporli nel Varoma. Disporre verticalmente i filetti di merluzzo nel cestello alternandoli a olive, capperi, uva passa, pinoli e sale. Inserire nel boccale la cipolla: 10sec. Vel.4 e 3min 100° Vel.1. Aggiungere la passata di pomodoro, acqua e sale. Posizionare il cestello: 30min *varoma* Vel.3. Dopo 5min posizionare il *varoma* e continuare la cottura. A fine cottura mettere i peperoni in una pirofila e gratinarli in forno preriscaldato a 200° per 10 minuti. Disporre i filetti di merluzzo su un piatto da portata, ricoprirli con la salsa corallo e contornarli con i peperoni.

12.7.1.5 Spezzatino Ai Peperoni

Ingredienti: 500gr. di spezzatino di vitello, 50gr. d'olio, una cipolla, un mis di vino bianco, 100gr. di polpa di pomodoro, un peperone rosso a listarelle, sale, pepe. Inserire nel boccale olio e cipolla: 3min 100° Vel.4. Posizionare la farfalla, infarinare i bocconcini e metterli nel boccale col vino: 30min 100° Vel.1. Dopo 5min aggiungere pomodori, peperoni, sale, pepe e continuare la cottura tenendo il misurino inclinato. Disporre i bocconcini al centro di un piatto da portata contornati dai peperoni e coperti dal sugo.

12.7.1.6 Perfetto Alle Fragole

Ingredienti: 400gr. di fragoloni maturi, 100gr. di fragoline di bosco, 6 uova, 200gr. di zucchero, 300gr. di panna, 150gr. d'acqua, sale. Inserire nel boccale ben freddo la panna e montarla: 90sec. Vel.2-3 e metterla da parte. Separare i tuorli dagli albumi. Inserire nel boccale 3 albumi e montarli a neve: 50sec. 40° Vel.2-3 e mettere da parte. Introdurre i tuorli, acqua, zucchero e sale: 5min 80° Vel.4. Unire i fragoloni: 1min portando lentamente da Vel.4 a Turbo. Versare il composto in una terrina e quando è freddo aggiungere delicatamente gli albumi a neve e la panna montata. Riempire col composto uno stampo per dolci imburrato e congelare per almeno 6 ore. Al momento di servire capovolgere su un piatto da portata e appoggiare sulla forma un panno caldo per far staccare il perfetto. Decorare con le fragoline precedentemente condite con un liquore a piacere.

12.7.1.7 Sorbetto Di Anguria

Ingredienti: 700gr. di anguria sbucciata, 100gr. di zucchero, whisky a piacere. Privare dei semi l'anguria, tagliarla a tocchetti e porla in congelatore per alcune ore. Inserire nel boccale lo zucchero: 20sec. Vel.Turbo. Unire whisky e l'anguria congelata: 40sec. Vel.4 e 40sec. Vel.9 spatolando. Servire subito in coppette aggiungendo altro whisky a piacere.

12.7.2 Fantasia In Giallo

(X 6 PERSONE)

12.7.2.1 Yellow Paradise

Ingredienti: 300gr. di succo d'arancia, 300gr. di succo d'ananas, 100gr. di sambuca, 100gr. di gin, 14 cubetti di ghiaccio. Inserire nel boccale tutti gli ingredienti, tranne il ghiaccio: 30sec. Vel.3. Versare in una brocca, unire i cubetti di ghiaccio e servire.

12.7.2.2 Nidi Alla Spuma Di Tonno

Ingredienti: 160gr. di tonno sott'olio, 200gr. di philadelphia, una spruzzata di limone, una bustina di zafferano, 8 fette di pancarrè, 100gr. di mascarpone, 6 uova sode. Inserire nel boccale tonno, philadelphia e zafferano: 15sec. Vel.6 e 20sec. Vel.Turbo aggiungendo la spruzzata di limone. Togliere il composto dal boccale, metterlo in una ciotola e porlo in frigo. Ritagliare dal pancarrè delle sagome a forma di fiore, spalmare con mascarpone e disporre al centro mezzo tuorlo d'uovo sodo. Mettere il composto in una siringa da pasticcere e decorare a piacere le tartine. Sbriciolare i tuorli d'uovo sodo restanti e cospargere le tartine.

12.7.2.3 Fiori Di Zucca Ripieni

Ingredienti: 30 fiori di zucca, 400gr. di patate pelate, 150gr. di latte, 80gr. di parmigiano grattugiato, un cucchiaio di prezzemolo tritato, 1\2 spicchio d'aglio, pangrattato, sale, pepe. Tagliare a tocchetti le patate, metterle nel boccale col latte, sale e pepe: 15min 100° Vel.1. Unire prezzemolo tritato, aglio e parmigiano grattato: 10sec. Vel.4. Riempire i fiori di zucca con l'impasto, passarli nell'uovo battuto e pangrattato e friggerli. Servire caldi.

12.7.2.4 Chifferini Alla Crema Di Zucca

Ingredienti: 500gr. di zucca a pezzi, 300gr. di pasta corta tipo chifferini, 150gr. di ricotta, un lt d'acqua, un mis di panna, una bustina di zafferano, sale, pepe Inserire nel boccale acqua, sale, zucca e zafferano: 10min 100° Vel.1. Unire la pasta e cuocere per il tempo necessario a 100° Vel.1. Scolare la pasta e la zucca e metterle in un piatto da portata con un po' d'acqua di cottura. Unire ricotta, panna, pepe e noce moscata e amalgamare delicatamente.

12.7.2.5 Riso Al Curry Con Gamberi

Ingredienti: 450gr. di riso, 300gr. di gamberi sgusciati e alcuni col guscio per guarnire, 900gr. d'acqua, un cucchiaio di dado bimby, una piccola cipolla o scalogno, 40gr. d'olio, 30gr. di burro, un mis di vino bianco secco, 50gr. di panna, un cucchiaino colmo di curry, sale, pepe. Inserire nel boccale cipolla e olio: 3min 100° Vel.4. Aggiungere i gamberi, un pizzico di sale e pepe: 2min 100° Vel.1 e travasare in una ciotola. Posizionare la farfalla, unire il riso e il vino: 2min 100° Vel.1. Unire acqua, dado e sale: 14min 100° Vel.1. 5 minuti prima del termine della cottura unire gamberi, curry, panna e burro. Versare in una risottiera e guarnire con i gamberi col guscio.

12.7.2.6 Bocconcini Di Pollo All'ananas

ingredienti: 700gr. petto di pollo tagliato a pezzi, 1 carota piccola, 1\2 cipolla, 200gr. di acqua calda, 1 cucchiaino di dado Bimby, 250gr. di ananas in scatola, 1 bustina di zafferano, 1 cucchiaio di farina, olio, sale, pepe. Inserisci nel boccale cipolla, carota, e olio: 3min 100° Vel.4. Posizionare la farfalla e unisci il pollo: 2min. 100° Vel.1. Aggiungi acqua e dado: 30min 100° Vel.1. 10min. prima della fine della cottura aggiungi farina, zafferano, sale e pepe. A fine cottura unire metà dell'ananas a pezzi: 5sec. Vel.1. Versare su un piatto da portata, decorare col restante ananas e servire.

12.7.2.7 Torta Mimosa

Ingredienti: un pan di Spagna come da ricetta, una dose di crema pasticcera come da ricetta, una scatola di ananas da 500 g, 500gr. di panna montata come da ricetta. Preparare il pan di spagna. Preparare la crema pasticcera e travasarla in una ciotola per lasciarla intiepidire. Tagliare a metà il pan di Spagna e formare due dischi. Disporre un disco sul piatto da portata, inzupparlo col succo d'ananas e ricoprirlo con la crema pasticcera. Disporre l'ananas a pezzetti su di essa e ricoprire tutto con la panna montata. Privare della crosta l'altra metà del pan di Spagna e inserire nel boccale la mollica: 2sec. Vel.3. Cospargere col trito la panna montata disposta sulla torta. Servire subito

12.7.2.8 Gelo Di Limone

Ingredienti: 500gr. di succo di limone, 500gr. d'acqua, 400gr. di zucchero, 35gr. di colla di pesce. Inserire nel boccale acqua e zucchero: 2min 100° Vel.1. Unire la colla di pesce ammollata in acqua fredda e ben strizzata: 20sec. Vel.1. Togliere e far raffreddare. Unire il succo di limone, filtrare e mettere in uno stampo o in singoli stampini. Riporre in frigo per almeno 6 ore, prima di servire.

12.7.3 Fantasia In Bianco

(X 6 PERSONE)

12.7.3.1 Gin Fizz

Ingredienti: un mis di succo di limone, 4 mis di gin, un cucchiaio di zucchero, acqua tonica a piacere, 7\8 cubetti di ghiaccio Mettere tutti gli ingredienti nel boccale tranne il ghiaccio: 30sec. Vel.9. Versare in una caraffa, unire il ghiaccio e servire.

12.7.3.2 Scagliette Di Parmigiano Reggiano E Tartufi

Preparare in un piatto da portata scagliette di parmigiano e tartufo. Condire con olio, sale, pepe a piacere.

12.7.3.3 Crostini Alla Crema Di Formaggio

Ingredienti: 150gr. di formaggio caprino, 150gr. di gruviera, 50gr. di gorgonzola dolce, 50gr. di parmigiano grattugiato, 50gr. di mandorle pelate per decorare, 12 fette di pancarrè Preparare le fette di pancarrè tagliate a triangolo e fatele tostare in forno preriscaldato a 160° per 5 minuti. Inserire nel boccale tutti i formaggi: 20sec. Vel.5 e 10sec. Vel.9. Spalmare le fette di pane col composto e decorare con le mandorle.

12.7.3.4 Vellutata Di Patate

Ingredienti: 500gr. di patate pelate, 60gr. di burro, 40gr. di parmigiano grattugiato, 150gr. di panna, 30gr. di farina, 3 porri, 800gr. d'acqua, un cucchiaio di dado bimby, noce moscata, sale, pepe, prezzemolo Inserire nel boccale burro e porri: 3min 100° Vel.4. Aggiungere la farina e le patate a tocchi: 30sec. da Vel.1 a Turbo, lentamente. Unire acqua, dado, noce moscata, sale e pepe: 30min 100° Vel.4. A fine cottura aggiungere la panna: 5sec. Vel.4. Versare in una zuppiera, guarnire con ciuffetti di prezzemolo e servire cosparso di parmigiano.

12.7.3.5 Risottino Bianco Al Tartufo

Ingredienti: 500gr. di riso, 1\2 cipollina, 50gr. di burro, un mis di vino bianco, 1 lt e 100 di acqua, un cucchiaio di dado bimby, 50gr. di parmigiano grattugiato, scagliette di tartufo, sale Inserire nel boccale 20gr. di burro e cipolla: 3min 100° Vel.4. Posizionare la farfalla e aggiungere riso e vino: 3min 100° Vel.1. Aggiungere acqua dado e sale: 14min 100° Vel.1. Versare in una risottiera, mantecare col restante burro e parmigiano, cospargere con scaglie di tartufo. Lasciare riposare qualche minuto prima di servire.

12.7.3.6 Sogliole In Crema Con Finocchi Al Burro

Ingredienti: 1 kg di filetti di sogliole, un cucchiaio di brandy, succo di un limone, un cucchiaio di aceto bianco, 150gr. di burro, 250gr. di mascarpone, 600gr. di finocchi mondati e a spicchi, 50gr. di parmigiano grattugiato, 500gr. d'acqua, sale, pepe. Inserire nel boccale acqua, sale e aceto. Posizionare il cestello con i finocchi: 20min *varoma* Vel.4. Dopo 10min posizionare il *varoma* con le sogliole. Terminata la cottura su un piatto da portata a forma di pesce, sistemare le sogliole e lasciare da parte il cestello con i finocchi. Togliere l'acqua dal boccale e inserire 70gr. di burro, mascarpone, brandy, limone, sale e pepe: 10sec. Vel.2 e 10sec. Vel.4. Ricoprire le sogliole con la salsa. Posizionare la farfalla nel boccale e introdurre il restante burro: 10min 90° Vel.1. Aggiungere i finocchi e insaporirli: 10min 90° Vel.2. Aggiustare di sale e pepe, disporli su un piatto e servirli cosparsi di parmigiano.

12.7.3.7 Mousse Di Mele

Ingredienti: 600gr. di mele sbucciate, 3 albumi, 250gr. di zucchero, una bustina di vanillina, succo di un limone, 300gr. di panna montata. Posizionare la farfalla nel boccale e inserire albumi e vanillina: 3min 40° Vel.2-3 e mettere da parte. Introdurre le mele a pezzi, succo di limone e zucchero: 5min 80° Vel.4. A fine cottura portare lentamente la velocità da 1 a Turbo. Mettere il composto in una ciotola e quando sarà freddo aggiungere delicatamente gli albumi a neve. Versare la mousse in coppette e guarnire con la panna montata.

12.7.3.8 Budino Al Cocco

Ingredienti: Polpa di una noce di cocco (lavata, raschiata e asciugata), 3 uova intere, un tuorlo, 150gr. di zucchero, 250gr. di panna, 250gr. di latte, 60gr. di farina, una bustina di vanillina, 2 cucchiai di rhum. Inserire nel boccale la noce di cocco a pezzi: 20sec. da Vel.1 a Turbo e mettere da parte. Introdurre uova e zucchero: 20sec. Vel.3. Aggiungere farina, panna, latte e vanillina: 10min 80° Vel.4. A metà cottura unire dal foro del coperchio 3\4 del cocco grattugiato e il rhum. A fine cottura frullare: 10sec. da Vel.4 a Vel.9 lentamente. Versare in uno stampo da budino precedentemente imburrato e porlo in frigo per almeno 3 ore. Sformarlo su un piatto per dolci, spolverizzare col restante cocco grattugiato e servire.

13 Ricette per il Varoma

13.1.1 Tabella dei tempi di cottura a vapore

13.1.1.1 Carni E Pollame

pezzi interi (1 kg o più)-1000\1200gr. d'acqua per un'ora o più di cottura; pezzi piccoli o polpette-500gr. d'acqua per 20\25min. di cottura; polpettoni-750gr. d'acqua per 25\30min. di cottura.

13.1.1.2 Pesci

crostacei di grandezza media- 500gr. d'acqua per 15\20min. di cottura; mitili(solo apertura)-300gr. d'acqua per 3\6 minuti di cottura; molluschi di grandezza media- 500gr. d'acqua per 15\30min. di cottura; pesci medio-piccoli-500gr. d'acqua per 10\15min. di cottura; pesci grandi- 500gr. d'acqua per 20\25 minuti di cottura.

13.1.1.3 Ortaggi E Legumi

Legumi freschi-500gr. d'acqua per 8\15min. di cottura; ortaggi interi(grandezza media)-750gr. d'acqua per 25\35min. di cottura; ortaggi a pezzi-500gr. d'acqua per 15\20min. di cottura; verdure in foglia-500gr. d'acqua per 8\15min. di cottura.

13.1.1.4 Frutta Fresca

frutta intera-500gr. d'acqua per 20\25min. di cottura; frutta a pezzi-400gr. d'acqua per 15\20min. di cottura. La cottura è calcolata da quando il vapore diventa operante.

13.1.2 Preparazioni di base

13.1.2.1 Pane Integrale 1

Ingredienti: 500 gr farina integrale, 20 gr sale, 25 gr di lievito di birra, 200 gr latte scremato, 20 gr zucchero, 30 gr olio, 100 gr acqua, semi disesamo a piacere.
Procedimento: Inserire nel boccale latte, acqua, olio, lievito e zucchero: 30sec. Vel.2 40°. Aggiungete dal foro del coperchio con lame in movimento Vel.6, farina e sale: 30sec. Vel.6 e 2min. Vel.spiga. Lasciate lievitare l'impasto nel boccale, coperto da un canovaccio, o in una terrina posta in un luogo tiepido per 2 ore. Quando l'impasto è lievitato, formare uno o più pani e disporli sulla placca del forno coperta da carta forno, ben distanziati tra loro. Con un coltello fare delle incisioni a croce su ciascun pane, ricoprire col canovaccio e fate fare una seconda lievitazione per 1 ora. Porre nel forno un contenitore con dell'acqua. pennellare il pane con acqua, cospargerlo con i semi di sesamo e cuocere in forno preriscaldato a 200° per 20 minuti. pennellate ancora con acqua e ultimate la cottura a 180° per 20 minuti circa. NOTA: Non mettete mai il sale a diretto contatto col lievito di birra perchè ne diminuisce l'efficacia. Infatti a contatto col sale si rompe (per osmosi) la membrana cellulare dei saccaromiceti, i quali, morendo, rendono inefficace il lievito!

13.1.2.2 Pane Integrale 2

Ingredienti: 300gr. di farina "00", 200gr. di grano lavato e ben asciutto, un cubetto di lievito di birra, 20gr. di sale, 20gr. di zucchero, 30gr. d'olio, 300gr. d'acqua.

Procedimento: Tritare il grano nel boccale ben asciutto: 2min. Vel.turbo. Aggiungere tutti gli altri **ingredienti:** 30sec. Vel.6 e un minuto Vel.spiga. Estrarre l'impasto dal boccale e lasciarlo riposare 30 minuti. Formare due o più pani e disporli su una teglia ben distanziati tra loro. Con un coltello fare delle incisioni a croce o in diagonale su ciascun pane, ricoprire con un canovaccio e lasciare che i pani facciano la seconda lievitazione per circa un'ora. Porre nel forno un contenitore con dell'acqua. Cuocere in forno preriscaldato a 200° per 20 minuti e a 180° per altri 20 minuti. Nota: tritando il grnao si riesce ad ottenere una miscela naturale di farina integrale.

13.1.2.3 Pane Di Soia

Ingredienti: 500gr. di farina di soia, 10gr. di zucchero, 10gr. di sale, 25gr. di lievito di birra, 200gr. di latte, 100gr. d'acqua, 30gr. d'olio, semi di cumino a piacere.
Procedimento: Inserire nel boccale farina, zucchero, lievito: 2 colpi a turbo. Aggiungere olio, latte, sale, acqua tiepida: 30sec. Vel.6 e 2min. Vel.spiga. Lasciare lievitare nel boccale coperto da un canovaccio o in una terrina posat in un luogo tiepido per 2 ore. Estrarre l'impasto, formare due o più pani, disporli sulla placca del forno coperta da carta forno, ben distanziati tra loro. Con un coltello fare delle incisioni a croce o in diagonale. Coprire nuovamente e far lievitare un'altra ora. Porre sul fondo del forno un contenitore con acqua bollente. pennellare il pane con acqua e cuocere in forno preriscaldato a 200° per 20 min. pennellare ancora con acqua e ultimare la cottura a 180° per altri 20 minuti.

13.1.2.4 Latte Di Soia

Ingredienti: per un litro e 1\2 circa di latte: 200gr. di fagioli di soia gialla.
Procedimento: Mettete a bagno per una notte i fagioli di soia in un lt e 1\2 d'acqua. Scolarli, lavarli e inserirli nel boccale con 200gr. d'acqua: 3min. Vel.5 e 2min. Vel.9. Aggiungere 800gr. d'acqua: 15min. 100° Vel.4. Mettere un colapasta sopra una terrina, coprirlo con un telo di lino o di cotone e versare il composto caldo. Formare con il telo una specie di sacchetto e lasciare uscire tutto il liquido possibile. Si ottiene in questo modo il latte di soia che potrà essere diluito e aromatizzato a piacere.

13.1.2.5 Tau-Fau O Tofu (Formaggio Di Soia)

Ingredienti x 300 g: latte di soia (Vedi ricetta precedente), caglio Nigari (o succo di 2 limoni).
Procedimento: Inserire nel boccale il latte di soia preparato e cuocere: 15min. 100° Vel.3. Sciogliere in una tazza 1\2 cucchiaino di Nigari con 200gr. d'acqua, o, se si utilizzano i limoni, spremerli e filtrare il succo con un colino. Terminato il tempo di cottura del latte, disporre sul foro del coperchio il misurino e con lame in movimento Vel.3, versare sul coperchio l'acqua con il caglio o con il succo dei limoni. Attendere che tutto il liquido entri lentamente nel boccale e continuare a rimescolare: 3min. Vel.3. Lasciare riposare 10\15 minuti. Foderare un colapasta con un telo di lino sottile o meglio con una grande garza. Versare nel colapasta tutto il latte cagliato: fare uscire il siero utilizzando la garza. Quando il liquido sarà stato eliminato quasi completamente, mettere il tofu nell'apposita scatola o in un capace colino con sopra un peso, in modo da rendere il formaggio compatto. Lasciare che venga eliminato tutto il liquido. Conservare il tofu in frigo in un contenitore immerso in acqua, per non più di una settimana. Il Nigari e la scatola per fare il Tofu sono reperibili nei negozi di alimenti naturali.

13.1.2.6 Salsa Di Soia Chiara Piccante

Dose per 300 g: 50gr. di fagioli di soia gialla, 40gr. di zucchero di canna grezzo, 2 pizzichi di sale, 5gr. di peperoncino in polvere, 25gr. di olio di soia.

Procedimento: Inserire nel boccale i fagioli di soia: unmin. Vel.turbo. Tostare la farina ottenuta: 3min. 100° Vel.2, senza misurino e mettere da parte. Inserire nel boccale zucchero e olio di soia: 5min. 100° Vel.4. Unire la farina di soia e il peperoncino: unmin. Vel.4. Aggiungere 100gr. di acqua e sale: 8min. 100° Vel.2. Unre ulteriori 250gr. d'acqua e continuare la cottura: 30min. 100° Vel.3. Portare lentamente a Vel.turbo, poi filtrare con una garza, lasciar raffreddare e conservare la salsa ottenuta in una bottiglietta chiusa in frigo.

13.1.2.7   Seitan

Dose per 300 g: 700gr. di farina di manitoba (o 350gr. di grano tenero e 350gr. di grano duro), 10 cm di alga kombu, zenzero fresco, 3 cucchiai di salsa di soia (shoyu).
Procedimento: Inserire nel boccale la farina e 400gr. d'acqua; 30sec. Vel.6 e unmin. Vel.spiga. Togliere l'impasto dal boccale e farne una palla e metterlo in una terrina coperto di acqua tiepida per 30 minuti. Passati i 30 minuti impastare ancora nell'acqua finchè questa diventa bianca, facendo attenzione che l'impasto rimanga sempre unito. Disporre l'impasto in colapasta con i fori non troppo larghi. Mettere il colapasta sotto il rubinetto, fare uscire un filo sottile d'acqua e lavorare l'impasto sotto l'acqua. Man mano che l'operazione procede, l'impasto ridurrà il suo volume acquistando una consistenza gommosa. Sarà pronto quando non usirà più amido (quando l'acqua di lavaggio non sarà più bianca) e quando, tagliandolo con un coltello, la sua sezione risulterà uniforme. Si sarà ottenuto in questo modo, il glutine che prende il nome di Seitan. Inserire nel boccale 300gr. d'acqua e l'alga kombu: 10min. 100° Vel.1. Nel frattempo dare al glutine la forma di un salamotto e disporlo nel varoma. Quando l'acqua bolle, posizionare il *varoma* sul boccale: 15min. temp *varoma* Vel.1. Terminato il tempo togliere il glutine dal varoma, tagliarlo a fette dello spessore di un cm e 1\2 e metterlo nel cestello. Aggiungere al liquido rimasto nel boccale qualche fetta di zenzero fresco e la salsa di soia. Posizionare il cestello e cuocere 60min. 100° Vel.4. Si ottiene così il seitan, che, messo in un barattolo di vetro col liquido di cottura, si conserva in frigo per una settimana.
Nota: Il Seitan (glutine o proteina vegetale o carne di soia) può essere utilizzato al posto della carne in moltissime preparazioni: spezzatini, ragù, polpettoni, spiedini, ecc..La salsa di soia e l'alga kombu si trovano in tutti i negozi di alimenti naturali e in molte erboristerie. lo zenzero fresco si trova nei negozi di primizie, di alimenti naturali e spesso nei mercati.

13.1.2.8   Riso Al Vapore All'iraniana

Ingredienti: x 6: 300gr. di riso a grana lunga, 40gr. di burro, sale.
Procedimento: Inserire nel boccale un litro d'acqua e il sale: 10min. 100° Vel.1. Quando l'acqua bolle posizionare il cestello col riso: 5min. temp *varoma* Vel.1. Nel frattempo mettere il burro in un contenitore d'alluminio (18x22) per farlo sciogliere, metterlo nel *varoma* e posizionare il *varoma* sul boccale. Passati 5 minuti estrarre il cestello col riso, versarlo nel contenitore sul burro sciolto, mescolare e ultimare la cottura: 25min. temp *varoma* Vel.1. Servire il riso con ogni tipo di pietanza. E' possibile usare anche riso integrale aumentando i tempi di cottura: 10min. nel cestello e 40min. nel varoma.

13.1.2.9   Cous-Cous Al Vapore

Ingredienti: x 6: 500gr. di cous-cous precotto, 2 cucchiai d'olio, sale. **Procedimento:** Inserire nel boccale 500gr. d'acqua e portarla ad ebollizione: 6min. 100° Vel.1. Nel frattempo mettere in una terrina grande il cous-cous e aggiungere poco per volta 3 misurini d'acqua fredda e il sale. Mescolare bene con le mani per evitare che si ammassi. Quando avrà assorbito tutto il liquido e si sarà gonfiato, aggiungere l'olio e rimescolare ancora. Sistemare ora il cous-cous nel *varoma* e nel vassoio, sgranandolo bene aiutandosi con una forchetta. Quando l'acqua bolle posizionare il *varoma* sul boccale e cuocere 10min. temp *varoma* Vel.1. A questo punto si può utilizzarlo come contorno per carni, pesci o verdure, come descritto nelle varie ricette.

13.1.2.10 Taboule'

Ingredienti: x 6: 500gr. di cous-cous, 6 grossi pomodori, 2 cipollotti freschi, 4 cucchiai di prezzemolo, 4 cucchiai di menta, succo di un limone e 1\2, 4 cucchiai d'olio e.v.o, sale. *Per guarnire:* spicchi di pomodoro, fettine di limone, olive nere, ciuffetti di foglie di menta, foglie di lattuga romana.

Procedimento: Inserire nel boccale 500gr. d'acqua e portare ad ebollizione: 6min. 100° Vel.1. Nel frattempo preparare il cous-cous. Quando l'acqua bolle posizionare sul boccale il *varoma* col cous-cous: 15min. temp *varoma* Vel.1. Durante la cottura, scottare nel vassoio del *varoma* i pomodori per uno o due minuti. Sbucciarli, eliminare i semi, spezzettarli, scolarli e metterli in un piatto da portata, mescolandoli al cou-cous già pronto. Inserire nel boccale, dal foro del coperchio con lame in movimento Vel.6, prezzemolo, menta e cipollotti. Versare tutto sul cous-cous, irrorare con succo di limone, olio e aggiustare di sale; mescolare bene e lasciare raffreddare in frigo per qualche ora. Al momento di servire disporre in un piatto da portata fondo le foglie intere di lattuga, lasciandole debordare dal piatto, come per formare un cesto. Al centro disporre il taboulè e guarnirlo con spicchi di pomodoro, fettine di limone, olive nere e ciuffetti di foglie di menta.

13.1.2.11 Vinaigrette All'indiana

Ingredienti: x 4: 90gr. d'olio e.v.o., 2 cucchiai d'aceto di vino bianco, un cucchiaio di sale, 1\2 cucchiaino di pepe macinato, uno spicchio d'aglio, una piccola cipolla, un cucchiaino di curry.

Procedimento: Inserire nel boccale sale, pepe e aceto: 30sec. Vel.4. Aggiungere 70gr. d'olio: 10sec. Vel.4. Versare tutto in una ciotola e mettere da parte. Inserire ora l'olio rimasto, aglio e cipolla: 20sec. Vel.8 e 2min. 100° Vel.4. Al termine aggiungere il curry: 2sec. Vel.4. Lasciare raffreddare 5 minuti. Unire il composto messo da parte: 10sec. Vel.4. Questa vinaigrette è ottima per condire verdure lessate o cotte al vapore.

13.1.2.12 Coulis Di Frutti Rossi

Ingredienti: 300gr. di lamponi (o fragole, o more o fragoline di bosco), 3 cucchiai di zucchero a velo, un cucchiaio di succo di limone.

Procedimento: Lavare la frutta e scolarla. Fare lo zucchero a velo: 10sec. Vel.turbo. Unire frutta e limone: 10sec. Vel.4 e 10sec. Vel.turbo. Mettere la salsina in una ciotola e tenerla al fresco fino al momento di servirla. E' ottima sui budini, terrine di cioccolato, soufflè e frutta cotta. Può essere arricchito con panna fresca montata in bimby.

13.1.2.13 Coulis Di Albicocche

Ingredienti: 400gr. di albicocche sciroppate o fresche, succo di un'arancia, un pizzico di vaniglia in polvere, un cucchiaino di zucchero.

Procedimento: Scolare le albicocche dallo sciroppo e inserirle nel boccale con vaniglia, zucchero e succo d'arancia: unmin. 40° Vel.4. Servire la salsina fredda come complemento a budini, dolci di riso e terrine di cioccolato. Sostituendo le albicocche si può variare la salsa personalizzandola a piacere.

13.1.2.14 Salsa Di Uva Fragola

Ingredienti: 500gr. di chicchi d'uva fragola o uva nera dolce, 80gr. di zucchero.

Procedimento: Inserire nel boccale 300gr. d'acqua e portarla ad ebollizione: 5min. 100° Vel.1. Nel frattempo lavare l'uva e disporre i chicchi nel varoma. Posizionare il *varoma* e cuocere: 8min. temp *varoma* Vel.1. A fine cottura togliere l'acqua dal boccale, inserire chicchi e zucchero: 10sec. Vel.4. Passare al setaccio per eliminare semi e bucce. Questa salsa è ottima calda per accompagnare ciambelle e dolci secchi, fredda per semifreddi, panna cotta e gelati.

13.1.2.15 Crema Inglese

Ingredienti: 6 tuorli, 200gr. di zucchero, 400gr. di latte, una bustina di vanillina, un pizzico di sale.

Procedimento: Inserire tutti gli ingredienti nel boccale: 5min. 80° Vel.4. Travasare subito la crema dal boccale in una ciotola e lasciarla raffreddare.

13.1.2.16 Uova Alla Coque

Ingredienti: uova di media grandezza a temperatura ambiente.
Procedimento: Inserite nel boccale 300gr. d'acqua: 5min. 100° Vel.1. Quando l'acqua bolle posizionate il *varoma* sul boccale e disporvi el uova: 7min. temp *varoma* Vel.1.

13.1.2.17 Uova Bazzotte

Ingredienti: uova di media grandezza a temp. ambiente.
Procedimento: Inserite nel boccale 300gr. d'acqua: 5min. 100° Vel.1. Quando l'acqua bolle posizionate il *varoma* sul boccale e disponete le uova: 10min. temp *varoma* Vel.1.

13.1.2.18 Uova Sode

Ingredienti: uova di media grandezza a temp ambiente.
Procedimento: Inserite nel boccale 300gr. d'acqua: 5min. 100° Vel.1. Quando l'acqua bolle posizionate il *varoma* sul boccale e disponetevi le uova: 13min. temp *varoma* Vel.1.

13.1.2.19 Salsina Per Verdure

Ingredienti: un mazzetto di basilico, 2 spicchi d'aglio, 2 cucchiai d'aceto bianco, 100gr. d'olio, un pezzetto di peperoncino piccante secco, sale.
Procedimento: Inserire nel boccale olio, aceto, basilico, sale e peperoncino: 10sec. Vel.5 e inserire, contemporaneamente dal foro del coperchio, l'aglio: 30sec. con velocità progressiva da 5 a turbo. E' ottima servita con verdure a vapore.

13.1.2.20 Salsa Al Burro

Ingredienti: 200gr. di burro, 30gr. di vermouth secco, le barbe tenere di un finocchio, dragoncello fresco o un cucchiaino secco, sale, pepe.
Procedimento: Inserire nel boccale le barbe del finocchio: 10sec. Vel.5. Mettere la farfalla e aggiungere gli altri **ingredienti:** 2min. Vel.3. E' ottima per crostacei o pesci al vapore.

13.1.2.21 Salsa Vietnamita

Ingredienti: 40gr. d'olio, uno spicchio d'aglio schiacciato, un peperoncino, succo di 1\2 limone, 2 cucchiai di Nuoc Man (Salsa di pesce in bottiglia).
Procedimento: Inserire nel boccale tutti gli **ingredienti:** 30sec. Vel.8. E' ottima per carni o verdure al vapore. In alternativa al Nuoc Man si può utilizzare 1\2 cucchiaino di pasta d'acciughe diluito in 1 cucchiaio d'acqua.

13.1.3 Contorni e verdure

13.1.3.1 Piatto Di Verdure Multicolori

Ingredienti: 150gr. di patate, 150gr. di fagiolini, 150gr. di cavolfiore, 150gr. di broccoli, 150gr. di finocchi. Per la besciamella: 500gr. di latte, 40gr. di farina, 60gr. di fontina o simile, 50gr. di burro, un pizzico di noce moscata (facoltativa), sale, pepe.

Procedimento: Pulite le verdure e tagliatele a bastoncino; dividete broccoli e cavolfiore a roselline. Inserite nel boccale 600gr. d'acqua e posizionate il cestello con fagiolini, carote e i rametti dei broccoli: 8min. 100° Vel.3. Nel frattempo disponete le altre verdure nel varoma. Quando l'acqua bolle posizionate il *varoma* e continuate la cottura per 30min. temp *varoma* Vel.3. Controllate la cottura delle verdure e al termine disponetele in una pirofila alternando i colori e tenete al caldo. Eliminate l'acqua rimasta nel boccale e inserite tutti gli ingredienti per la besciamella tranne il formaggio: 7min. 90° Vel.3. A fine cottura aggiungete dal foro del coperchio il formaggio: 30sec. Vel.5. Versate la salsa sulle verdure e gratinatele in forno preriscaldate a 180° per 10 minuti. Se avete poco tempo per preparare la besciamella, potete coprire le verdure con sottilette prima di infornarle.

13.1.3.2 Gratin Di Verdure

Ingredienti: x 4\6: 60gr. di pane raffermo, un cucchiaio di rosmarino, 5 foglie di salvia, un mazzetto di prezzemolo, uno spicchio d'aglio, 200gr. di carote, 300gr. di finocchi, 100gr. di cipolle, 200gr. di cavolfiore, 200gr. di zucchine. *Per la salsa:* 200gr. di Gouda o gruviera a pezzetti, un uovo intero, 100gr. di panna, 100gr. di latte, sale, pepe.

Procedimento: Inserire nel boccale il pane a pezzi con rosmarino, salvia, prezzemolo e aglio: 30sec. Vel.turbo e mettere da parte. Inserire nel boccale 800gr. d'acqua: 10min. 100° Vel.1. Intanto pulire le verdure e tagliare a bastoncini carote e zucchine, a fettine per il lungo cipolle e finocchi, a roselline il cavolfiore. Disporle nel *varoma* avendo cura di mettere sul fondo le verdure che richiedono una cottura più lunga. Allo scadere del tempo posizionare il *varoma* e cuocere 20min. temp *varoma* Vel.1 (le verdure devono restare al dente). Versare le verdure in una pirofila da forno. Eliminare l'acqua dal boccale e inserire: formaggio, uovo, panna, latte, sale e pepe: 30sec. Vel.4. Versare la salsa sulle verdure, cospargerla col pangrattato aromatico e gratinare in forno già caldo a 200° per 15 minuti. Servire subito.

13.1.3.3 Insalata Di Tau-Fou A Vapore

Ingredienti: x 6: 150gr. di tau-fau (vedi ricetta), 200gr. di piselli surgelati, 100gr. di funghi, 2 carotine, 2 gambi di sedano, 100gr. di teste di broccoli, 4 cipollotti verdi, 100gr. di verza. *Per la salsa:* 80gr. d'olio di soia, succo di un limone, 40gr. di salsa di soia, 50gr. di arachidi sgusciate, una cipolla, 20gr. di zucchero di canna, sale, pepe.

Procedimento: Preparare le verdure tagliandole a listarelle, lasciando i fiori dei broccoletti interi. Inserire nel boccale 500gr. d'acqua e portare ad ebollizione: 5min. 100° Vel.1. Disporre le verdure nel *varoma* e nel vassoio piselli, tau-fau a tocchetti e funghi. Quando l'acqua bolle posizionare il *varoma* completo e ben chiuso sul boccale e cuocere 20min. temp *varoma* Vel.1. Terminata la cottura sistemare le verdure in un piatto da portata. Togliere l'acqua dal boccale, inserire la cipolla a spicchi, l'olio e lo zucchero: 8min. 100° Vel.1. Unire salsa di soia, succo di limone, sale, pepe e arachidi: 2min. 80° Vel.1. Aggiungere il tau-fau: 5sec. Vel.1. Condire le verdure con la salsa ottenuta e servire. Volendo arricchire l'insalata si può cuocere contemporaneamnete nel cestello 300gr. di petto di pollo a cubetti e salato. Terminata la cottura, l'acqua rimasta nel boccale sarà un ottimo brodo per un risotto.

13.1.3.4 Verdure Ripiene Al Formaggio E Fagiolini

Ingredienti: x 6: 2 piccole melanzane, un peperóne rosso, un peperone giallo, 2 zucchine. *Per farcire:* 200gr. di bietole, una cipolla, 300gr. di ricotta romana, 100gr. di parmigiano, un uovo, peperoncino, maggiorana fresca, noce moscata, sale. *Per l'insalata:* 500gr. di fagiolini, 1\2 misurino di pangrattatao, uno spicchio d'aglio, olio, aceto, menta, 20gr. di sale, pepe nero.

Procedimento: Tagliare le melanzane in dischi di 3 cm, scavarle a nido, salarle e metterle a sgocciolare per 30 minuti. Tagliare le zucchine a tronchetti d 3 cm e scavarle a nido. Tagliare i peperoni a metà, eliminare il torsolo e il picciolo. Cospargere di sale peperoni e zucchine. Inserire nel boccale parmigiano e maggiorana: 35sec. Vel.8 e mettere da parte. Inserire ora 400gr. d'acqua: 5min. 100° Vel.1. Unire le bietole private dei gambi, la cipolla a fettine e un pizzico di sale: 5min. 100° Vel.1. Scolare e strizzare bene le bietole, eliminare l'acqua e tritarle, inserendole nel boccale dal foro del coperchio con lame in movimento Vel.6: 20sec. Vel.6. Aggiungere ricotta, parmigiano, uova, noce moscata e peperoncino: 20sec. Vel.3 e mettere da parte. Inserire nel boccale un lt d'acqua, 20gr. di sale e posizionare il cestello: 12min. 100° Vel.1. Nel frattempo sciacquare le melanzane e farcirle insieme alle altre verdure col composto tenuto da parte, sistemare le melanzane nel varoma, contornarle con i peperoni e disporre le zucchine nel vassoio. Trascorso il tempo previsto inserire nel cestello dal foro del coperchio, i fagiolini tagliati in due e posizionare il *varoma* con le verdure: 30min. temp *varoma* Vel.1. Terminata la cottura irrorare le verdure con un filo d'olio, scolare i fagiolini, condirli ancora caldi con olio, aceto, aglio tagliato a fettine, foglioline di menta e pepe. Spolverizzare con pangrattato

13.1.3.5   Crepes Con Verdure

Ingredienti: x 8: per le crepes: 4 uova, 200gr. di farina, 500gr. di latte, 50gr. di burro morbido, sale. Per il ripieno: 200gr. di parmigiano grattugiato, 250gr. di mozzarella, 300gr. di piselli, 2 carote, 2 zucchine, 1\2 misurino d'olio, una cipolla grande, burro, sale.
Preparare le crepes: inserire nel boccale tutti gli **ingredienti**: 20sec. Vel.4. Togliere il composto e lasciarlo riposare 30 min. **Preparare il ripieno:** inserire nel boccale la mozzarella a pezzi: 5sec. Vel.3 e mettere da parte. Senza lavare il boccale inserire un lt d'acqua: 10min. 100° Vel.1. Nel frattempo tagliare le verdure a listarelle e mettere carote e piselli nel *varoma* e le zucchine nel vassoio. Quando l'acqua bolle posizionare il *varoma* sul boccale: 20min. temp *varoma* Vel.1. Con l'impasto preparare le crepes molto sottili. Terminata la cottura eliminare l'acqua dal boccale ed inserire olio e cipolla: 5min. 100° Vel.4. Aggiungere le verdure già cotte e il sale: unmin. Vel.1 spatolando. unire la mozzarella e 3\4 del parmigiano: 30sec. Vel.1. Riempire le crepes col composto, piegarle a ventaglio e disporle in una pirofila unta. Cospargere col rimanente parmigiano e fiocchi di burro. Gratinare in forno a 200° per 10 min. Sono ottime anche cosparse con un sugo di pomodoro che potrete cuocere contemporaneamente alle verdure nel boccale.

13.1.3.6   Patate Novelle E Rape In Salsa

Ingredienti: x 6: 750gr. di patate novelle tagliate a tocchi, 600gr. di rape tagliate a fette. Per la salsa: 500gr. di latte, 80gr. di emmental, 30gr. di burro, 1\2 cucchiaino di pepe, 3 cucchiai di farina, 1\2 cucchiaino di sale, noce moscata.
Procedimento: Disporre le patate nel *varoma* e le rape nel cestello. Inserire nel boccale 700gr. d'acqua salata, posizionare il cestello con le rape e cuocere 35min. temp *varoma* Vel.2. Dopo 10 minuti posizionate il *varoma* con le patate e continuare la cottura. Al termine togliere *varoma* e cestello e tenere al caldo le verdure. Preparare la salsa: eliminare l'acqua dal boccale e inserire tutti gli **ingredienti**: 5sec. Vel.8 e 6min. 90° Vel.4. Disporre le patate e le rape in un piatto da portata, cospargerle con la salsa e servire.

13.1.3.7   Insalata Tricolore

Ingredienti: x 6: 300gr. di maccheroncini, 400gr. di pomodori San Marzano, 400gr. di zucchine, 10 olive snocciolate, 100gr. d'olio, 15gr. di senape, sale.

Procedimento: Inserire nel boccale un lt d'acqua salata e portare ad ebollizione: 10min. 100° Vel.1. Intanto pulire e sistemare nel *varoma* le zucchine a listarelle e nel vassoio i pomodori a fettine e le olive. Chiuderlo bene e posizionarlo sul boccale: 30min. *varoma* Vel.1. Negli ultimi 10 minuti o più, a seconda del tempo di cottura della pasta, inserire nel boccale i maccheroncini e terminare la cottura. Scolare la pasta col cestello e passare tutto sotto un getto d'acqua fredda. Disporre la pasta in un piatto da portata, aggiungere le verdure, poco olio, mescolare e lasciar raffreddare. Inserire nel boccale l'olio rimasto, la senape e sale: 30sec. Vel.5. Condire e servire. E' un piatto unico fresco e colorato.

13.1.3.8   Patate E Broccoli In Salsa Verde

Ingredienti: x 6: 600gr. di broccoli, 750gr. di patate. Per la salsa: 100gr. di prezzemolo (lavato e ben asciugato), 6 filetti d'acciughe, 1\2 spicchio d'aglio, un cucchiaio di capperi, 2 tuorli d'uovo sodo, 8 olive verdi snocciolate, 180gr. d'olio, 2 cucchiai d'aceto, mollica di un panino, sale.

Procedimento: Preparare la salsa: inserire nel boccale aceto e mollica: 5sec. Vel.6. Unire tutti gli altri ingredienti tranne l'olio: 30sec. Vel.8. Aggiungere l'olio: 10sec. Vel.3 e mettere da prate. Lavare e tagliare a roselline i broccoli e sistemarli nel vassoio del varoma. Inserire nel boccale 500gr. d'acqua: 7min. 100° Vel.1. Intanto pelare, lavare e tagliare a spicchi le patate e disporle nel varoma. Quando l'acqua bolle posizionare il *varoma* sul boccale e cuocere 30min. *varoma* Vel.1. Disporre le verdure su un piatto, condirle con la salsa e servirle calde. Se volete, potete preparare nel boccale contemporaneamente alle verdure un buon minestrone o un sughetto di pomodoro.

13.1.3.9   Patate Novelle Al Pecorino

Ingredienti: X 6: 24 patate novelle piccole, anche surgelate, 100gr. di pecorino sardo grattugiato, 10 olive nere di Gaeta snocciolate, 2 cucchiai di capperi, un cucchiaio di foglie di timo fresche, due cucchiaini di origano secco, 10 foglie di basilico, un cipollotto (facoltativo), succo di 1\2 limone, 80gr. d'olio, pepe nero macinato fresco.

Procedimento: Lavare le patate, se fresche, e metterle nel varoma. Inserire nel boccale capperi, olive, basilico e timo: 10sec. Vel.4. Aggiungere succo di limone, origano, olio e pepe: 10sec. Vel.5 e mettere da prate. Senza lavare il boccale mettere un litro d'acqua e portare ad ebollizione: 10min. 100° Vel.1. Quando l'acqua bolle posizionare il varoma: 25min. *varoma* Vel.1. A cottura ultimata tagliare in 4 le patate e sistemarle in un piatto da portata, ricoprirle col pecorino, condirle con la salsina preparata, pepe macinato fresco e servire con i filetti di merluzzo, o altro pesce, cotti contemporaneamente nel vassoio del Varoma.

13.1.3.10   Broccoli Alle Olive

Ingredienti: X 6: 800gr. di broccoletti puliti, 4 cucchiai di uvetta (facoltativa), 4-5 filetti d'acciughe sott'olio, 100gr. di olive nere snocciolate (o 3 cucchiai di patè d'olive), 1\2 misurino di succo di limone, 90gr. d'olio, sale, pepe.

Procedimento: Inserire nel boccale olio, succo di limone, olive (o patè), acciughe, sale, pepe: 20sec. Vel.4 e mettere da prate. Inserire nel boccale un litro d'acqua e portare ad ebollizione: 10min. 100° Vel.1. Intanto mondare i broccoletti, tagliare le cime e sistemarle nel varoma. Quando l'acqua bolle posizionare il *varoma* e cuocere: 30min. *varoma* Vel.1. Trasferire i broccoletti in un'insalatiera, condirli con la salsina tenuta da prate, guarnirli con l'uvetta, mescolare e servire.

13.1.3.11   Sformato Di Cipolle Al Vapore

Ingredienti: 200gr. di cipolle, 3 uova, un pomodoro, 30gr. di latte, 10gr. di dado vegetale bimby, 10gr. di zucchero, sale, pepe, 30gr. di parmigiano grattugiato.

Procedimento: Tagliate a spicchi le cipolle e inseritele nel boccale col pomodoro: 3sec. Vel.4. Unite uova, zucchero, dado e parmigiano, latte, sale e pepe: unmin. Vel.2. Versate il composto ottenuto in uno stampo d'alluminio imburrato e mettetelo nel varoma. Inserite nel boccale un litro d'acqua e fate bollire: 10min. 100° Vel.1. Posizionate il *varoma* e cuocete: 40min. *varoma* Vel.1. Lasciate intiepidire, sformate e servite.
A vostro piacere lo sformato si può fare con pomodori, zucchine, peperoni, ecc..

13.1.3.12   Sformato Di Cavolfiori

Ingredienti: X 8: 600gr. di cavolfiore, 200gr. di latte, 3 uova, un cucchiaino di maizena, 4 cucchiai di capperi sott'aceto, 8 olive nere snocciolate, 1\2 cucchiaio d'olio, sale, peperoncino in polvere.

Procedimento: Inserire nel boccale uova, maizena, latte e sale: 30sec. Vel.3. Togliere e mettere da prate in una ciotola. Inserire nel boccale un lt d'acqua: 10min. 100° Vel.2. Intanto disporre le cimette di cavolfiore nel varoma. Posizionare il *varoma* sul boccale: 15min. *varoma* Vel.1. Spennellare uno stampo di stagnola rettangolare d'olio e inserire le cimette di cavolfiore precedentemente condite con i capperi sgocciolati, le olive a rondelle, sale e peperoncino. Versare la salsa sul cavolfiore. Riposizionare il *varoma* con lo stampo e cuocere: 20min. *varoma* Vel.1. Togliere il coperchio del *varoma* e proseguire la cottura altri 5min. *varoma* Vel.1. Lasciare intiepidire, sformare e servire. Al posto dell'acqua, nel boccale si può preparare un minestrone e, o, cuocere nel cestello altre verdure come carote, fagiolini, da servire come contorno colorato allo sformato.

13.1.3.13   Asparagi Con Patate E Salsa Olandese

Ingredienti: x 4: 650gr. di patate piccole novelle, 1 kg asparagi. *Per la salsa:* 4 tuorli, 100gr. di burro, 1\2 misurino di panna, 2 cucchiai di succo di limone, sale, pepe.

Procedimento: Lavare bene le patate senza sbucciarle e metterle nel cestello. Inserire nel boccale 700gr. d'acqua e posizionare il cestello con le patate: 35min. *varoma* Vel.1. Disporre nel *varoma* le punte degli asparagi e dopo 12min. posizionarlo sul boccale e continuare la cottura. Al termine togliere *varoma* e cestello, eliminare l'acqua e sciacquare bene il boccale. Preparare la salsa: inserire tutti gli ingredienti nel boccale: 4min. 60° Vel.4. Disporre patate e asparagi in un piatto da portata e servirli con la salsa. Prosciutto crudo o cotto possono completare bene questo piatto.

13.1.3.14   Terrina Di Asparagi Ed Erbette

Ingredienti: x 6: 600gr. di grossi asparagi, 200gr. di erbette novelle (bietole), 3 uova, un cucchiaio di erba cipollina, 1\2 cucchiaio d'olio, sale, pepe macinato al momento.

Procedimento: Togliere la parte legnosa degli asparagi e sbucciare il gambo. Lavare le erbette. Inserire nel boccale l'erba cipollina e tritarla: 2sec. Vel.turbo. Aggiungere le uova: unmin. Vel.4 e mettere da aprte. Portare ad ebollizione 500gr. d'acqua: 8min. 100° Vel.1. Quando l'acqua bolle posizionare il *varoma* con gli asparagi, il vassoio con le erbette e cuocere: 10min. *varoma* Vel.1. Lasciare intiepidire le verdure, salare e pepare. Distribuire 1\3 delle foglie di erbette sul fondo di uno stampo d'alluminio della capcità di un litro, unto d'olio. Aggiungeree un primo strato d'asparagi e un pò delle uova precedentemente sbattute; coprire con 1\3 delle erbette, gli asparagi rimasti e le uova rimaste, terminare con uno strato di erbette. Coprire con un foglio d'alluminio. Nel frattempo portare ad ebollizione 500gr. d'acqua: 8min. 100° Vel.1, posizionare il *varoma* con la terrina preparata e cuocere 25min. *varoma* Vel.1. Lasciare intiepidire, sformare, tagliare in grosse fette e servire con un battuto di pomodoro fresco.

13.1.3.15   Ventagli Di Melanzane

Ingredienti: x 4: 250gr. di riso integrale, 2 melanzane medio\piccole, 2 pomodori maturi e sodi, una grossa cipolla, 2 spicchi d'aglio, una foglia d'alloro, timo, maggiorana, pinoli, foglie di basilico, olio, sale, pepe. *Per le schiacciatine:* 100gr. di speck, 100gr. di ricotta romana, 1\2 misurino di pangrattato, 1\2 misurino di parmigiano grattugiato, un uovo, pepe, sale.

Procedimento: Sbucciare le melanzane, tagliarle a fette di un cm, salarle e metterle in un colapasta per un'ora, per fargli perdere l'acqua. Mescolare in una ciotolina sale, pepe, timo, maggiorana e alloro spezzettato e tenere da parte. Inserire nel boccale, dal foro del coperchio con lame in movimento Vel.5, cipolla e aglio: 10sec. Vel.5. lavare bene le fette di melanzane, tagliarle in lunghezza lasciandole attaccate sul fondo dalla parte del gambo, formando così dei ventagli. Farcire i ventagli fra le listarelle col trito di cipolla, disporli nel varoma, irrorarli con l'olio, cospargerli con fettine di pomodoro, col rimanente trito e col sale aromatizzato. Preparare le schiacciatine: inserire nel boccale, dal foro del coperchio con lame in movimento Vel.5, lo speck: 20sec. Vel.5. Aggiungere tutti gli altri **ingredienti:** 20sec. Vel.6. Con l'impasto ottenuto formare delle piccole ruote schiacciate e disporle nel vassoio del *varoma* unto. Senza lavare il boccale inserire un litro d'acqua e posizionare il cestello col riso: 40min. *varoma* Vel.2. Dopo 15min. aggiungere 2 misurini d'acqua calda, posizionare il *varoma* completo sul boccale e continuare la cottura. A cottura ultimata adagiare il riso in un piatto caldo, disporre i vantagli di melanzane, le schiacciatine e irrorare con olio crudo. Decorare con fettine di pomodoro crudo, foglie di basilico e pinoli.

13.1.3.16   Asparagi Con Burro Al Limone

Ingredienti: x 6: 1 kg di asparagi, 6 uova fresche a temp ambiente. *Per la salsa:* 100gr. di burro morbido, succo e scorza grattugiata di un limone, un mazzetto di cerfoglio, sale e pepe bianco macinato al momento.

Procedimento: Preparare la salsa: inserire nel boccale la scorza grattugiata del limone e il burro: 50sec. Vel.3 fino ad ottenere un composto morbido e spumoso. Unire il succo del limone, sale, pepe, cerfoglio tagliato sottile: 20sec. Vel.3 e mettere da parte. Inserire ora nel boccale un lt d'acqua e portare ad ebollizione: 12min. 100° Vel.1. Nel frattempo pulire gli asparagi, togliere le parti legnose e distribuirli nel varoma. Quando l'acqua bolle, posizionare il *varoma* sul boccale e cuocere: 20min. *varoma* Vel.1. Lavare le uova e a 10min. dalla fine della cottura sistemarle nel *varoma* intere. A cottura ultimata sgusciare le uova e sistemarle con gli asparagi in un piatto da portata, versarvi sopra la salsa affinchè si sciolga e servire subito.

13.1.3.17   Finocchi Ripieni Di Formaggio

Ingredienti: x 4: 4 finocchi piccoli con molta barba, 150gr. di gorgonzola, 2 cucchiai di gherigli di noce, sale, pepe.
Procedimento: Inserire nel boccale la barba dei finocchi e i gherigli di noce: 20sec. Vel.6 e mettere da parte in una ciotola. inserire nel boccale un lt d'acqua: 10min. 100° Vel.1. Disporre i finocchi lavati e tagliati in due nel *varoma* e quando l'acqua bolle posizionarlo sul boccale: 40min. *varoma* Vel.1. Al termine della cottura salare, scavare i finocchi lasciando intatta la parte esterna: amalgamare la parte scavata al gorgonzola e con questo composto riempire i finocchi e metterli nuovamente in cottura nel varoma: 10min. temp *varoma* Vel.1. Servirli subito cospargendoli col trito messo da parte e il pepe macinato al momento.

13.1.3.18   Insalata Di Pasta E Funghi

Ingredienti: x 4: 50gr. di salsa di soia, 50gr. di olio di soia o d'oliva, succo di 2 limoni, 30gr. basilico, 30gr. prezzemolo, 300gr. finghi misti, 300gr. di pasta corta, sale, pepe.
Procedimento: Inserire nel boccale olio, prezzemolo, basilico, salsa di soia e succo di limone: 30sec. turbo. Versare la salsa in una zuppiera. Disporre i funghi lavati e tagliati nel varoma, salare e pepare. Inserire nel boccale un lt d'acqua: 10min. 100° Vel.1. Quando l'acqua bolle posizionare il *varoma* sul boccale: 15min. *varoma* Vel.1. Togliere il *varoma* e versare i funghi nella salsa e lasciar raffreddare. Dal foro del coperchio versare la pasta nel boccale e cuocere per il tempo indicato sulla confezione a 100° Vel.1. Scolarla e versarla nella zuppiera sui funghi e la salsa, mescolare bene e servire decorando con basilico fresco.

13.1.3.19   Funghi Marinati Al Pepe Verde

Ingredienti: x 6: 500gr. di champignon bianchi, un limone non trattato, 50gr. di olio, un mazzo di prezzemolo, un cucchiaio di pepe verde conservato al naturale, sale.
Procedimento: Inserire 500gr. d'acqua nel boccale: 7min. 100° Vel.1. Pulire i funghi e affettarli 1\2 cm. Adagiare nel *varoma* uno strato di prezzemolo, disporvi i funghi e, quando l'acqua bolle, posizionare il *varoma* sul boccale: 5min. *varoma* Vel.1. Togliere i funghi, asciugarli con un panno e metterli in una ciotola. Lavare e asciugare bene il boccale. Inserire ora dal foro del coperchio con lame in mov Vel.8, pepe verde e prezzemolo: 10sec. Vel.8. Unire il succo e la scorza grattugiata di 1\2 limone, sale e 3 cucchiai d'olio: 5sec. Vel.6. Versare il condimento sui funghi e lasciarli marinare al fresco qualche ora prima di servirli.

13.1.3.20 Canederli Della Boemia

Ingredienti: x 4: 350gr. di farina bianca, un panino secco a cubetti, 200gr. d'acqua, 20gr. di lievito di birra, 80gr. di parmigiano grattugiato, 50gr. di burro, un cucchiaino di sale.
Procedimento: Inserire nel boccale acqua e lievito di birra: 30sec. 40° Vel.3. Aggiungete i cubetti di pane, la farina bianca e il sale: 20sec. Vel.6 e 45sec. Vel.spiga. Togliere l'impasto dal boccale e lasciar lievitare 30min. in un luogo tiepido. Con l'impasto ottenuto formare una pagnotta ovale e metterla al centro del *varoma* avendo cura di lasciar libere le fessure. Inserire nel boccale un lt d'acqua: 10min. 100° Vel.1. Quando l'acqua bolle posizionare il *varoma* sul boccale: 15min. *varoma* Vel.1. Al termine tagliare il grosso canederlo in fette di 1\2 cm di spessore, cospargerle col parmigiano, fiocchi di burro e far gratinare in forno preriscaldato per 10 minuti.

13.1.3.21 Spinaci Alla Crema Con Maggiorana

Ingredienti: x 4: 1 kg di spinaci freschi, 150gr. di panna acida o yogurt, 2 cucchiai di foglie di maggiorana fresca, sale, pepe bianco macinato al momento.
Procedimento: Lavare bene gli spinaci e disporli nel varoma. Inserire nel boccale 500gr. d'acqua e portare ad ebollizione: 8min. 100° Vel.1. Posizionare il *varoma* sul boccale e cuocere: 20min. *varoma* Vel.1. Terminata la cottura disporre gli spinaci in una legumiera. Eliminare l'acqua dal boccale e inserire panna, sale, pepe e maggiorana: 3min. 70° Vel.4. Condire con questa salsina gli spinaci, mescolare delicatamente e servire. La panna si può sostituire con la stessa quantità di yogurt.

13.1.3.22 Pate' Di Spinaci

Ingredienti: x 8: 250gr. di pangrattato, 500gr. di spinaci, una foglia di basilico e una d'alloro, 300gr. di yogurt, 100gr. di noci, 30gr. di maizena, pepe. Per guarnire: pomodoro, maionese.
Procedimento: Inserire nel boccale yogurt e spinaci: 10min. 100° Vel.1. Terminata la cottura portare lentamente a Vel.turbo per un minuto (Se si utilizzano spinaci surgelati portare la cottura a 20 minuti) Unire tutti gli altri ingredienti tranne le noci: 3min. Vel.spiga spatolando, fino ad ottenere un composto omogeneo. Aggiungere le noci: 30sec. Vel.4 e mettere da parte. Lavare il boccale ed inserire un lt d'acqua: 10min. 100° Vel.1. Nel frattempo dividere il composto in due parti e arrotolarlo nella pellicola trasparente dando la forma di un salame. Disporre i due rotoli ottenuti nel *varoma* e quando l'acqua bolle posizionarlo sul boccale: 50min. *varoma* Vel.1. Terminata la cottura lasciar raffreddare i rotoli e porli in frigo per una notte. Servire il patè tagliato a fette di 1 cm e gurnirlo a piacere con fettine di pomodoro e ciuffetti di maionese.

13.1.3.23 Sformato Di Carote

Ingredienti: x 6: 700gr. di carote pulite, 50gr. di cipolla, 70gr. di parmigiano grattugiato, 100gr. di panna, 4 uova, noce moscata grattugiata, burro per imburrare, 4 pomodori maturi pelati e strizzati, un cucchiaino di foglie di timo, 20gr. d'olio, sale, pepe.
Procedimento: Inserire nel boccale 1\2 lt d'acqua: 6min. 100° Vel.1. Intanto disporre nel *varoma* la cipolla a fette e le carote divise in 4 nel senso della lunghezza. Posizionare il *varoma* quando l'acqua bolle: 20min. *varoma* Vel.3 e far raffreddare. Eliminare l'acqua e porre nel boccale asciutto panna, uova e parmigiano: unmin. Vel.4. Aggiungere la verdura cotta, sale, pepe e noce moscata: 20sec. Vel.4 evunmin. turbo, spatolando. Versare il composto in una vaschetta d'alluminio (1 lt) imburrata, coprire con un foglio d'alluminio e mettere nel varoma. Inserire nel boccale 700gr. d'acqua: 7min. 100° Vel.1, posizionare il varoma: 30min. *varoma* Vel.1. A 10min. dal termine togliere l'alluminio.Lasciar raffreddare orima di sformare in un piatto da portata. Inserire ora nel boccale i pomodori, sale, pepe e timo: unmin. turbo, aggiungere l'olio: 20sec. Vel.2. Cospargere lo sformato con la salsina. Con lo stesso procedimento is può fare lo sformato di zucca.

13.1.3.24 Pisellini Alla Cannella

Ingredienti: x 4: 450gr. di pisellini surgelati o freschi, 2 scalogni, 20gr. di burro, un cucchiaio di yogurt intero (facoltativo), cannella in polvere, sale, pepe nero appena macinato.

Procedimento: Inserire nel boccale dal foro del coperchio con lame in movimento Vel.6 gli scalogni puliti: 15sec. Vel.6. Togliere e mettere da parte. Senza lavare il boccale inserire un lt d'acqua: 10min. 100° Vel.1. Disporre nel *varoma* i pisellini e gli scalogni tritati. Quando l'acqua bolle posizionare il varoma: 30min. *varoma* Vel.1. A cottura ultimata trasferire i pisellini in una pirofila precedentemente riscaldata sul coperchio del varoma. Unire il burro a pezzetti, eventualmente lo yogurt, sale, pepe e due prese di cannella. Servire i piselli come contorno a piatti di carne o pesce al vapore.

13.1.3.25 Purea Di Zucchine

Ingredienti: x 6: 6 zucchine, 4 spicchi d'aglio, 40gr. d'olio, un limone, 150gr. di formaggio feta o primo sale, 20 olive verdi, un cucchiaino d'origano, un cucchiaino di cumino, sale, pepe.

Procedimento: Portare ad ebollizione 500gr. d'acqua: 5min. 100° Vel.1. Disporre le zucchine nel *varoma* tagliate a bastoncino con gli spicchi d'aglio schiacciati, ma non sbucciati, e quando l'acqua bolle posizionare il varoma: 10min. *varoma* Vel.1. Eliminare l'acqua dal boccale e lasciare scolare le zucchine. Inserire olio, limone, sale e pepe: 10sec. Vel.4. Aggiungere zucchine, origano e cumino: 30sec. Vel.4, dando contemporaneamente due colpi di turbo. Trasferire la purea in un piatto fondo e decorare con i rebbi di una forchetta. Sistemare il formaggio a bastoncini e le olive intorno e servire con crostini caldi. Nel cestello, volendo, si possono cucinare contemporaneamente verdure a dadini, oppure nel boccale preparare un risotto o un minestrone, posizionando il *varoma* negli ultimi 10 minuti della cottura prevista.

13.1.3.26 Insalata Di Lenticchie

Ingredienti: x 4: 400gr. di lenticchie lessate, un cipollotto, un mazzetto di rucola, un cucchiaino di cumino in polvere, 4 cucchiai di succo di limone, 4 cucchiai d'olio, sale, pepe.

Procedimento: Inserire nel boccale 500gr. d'acqua e portare ad ebollizione: 5min. 100° Vel.1. Nel frattempo sciacquare bene le lenticchie, sgocciolarle e disporle nel varoma. Posizionare il *varoma* quando l'acqua bolle: 10min. *varoma* Vel.1. Nel frattempo lavare e asciugare la rucola e affettarle finemente col cipollotto. Mettere le verdure preparate in un'insalatiera. Appena le lenticchie sono calde, mescolarle alle verdure crude. Condire subito con olio, sale, pepe, succo di limone e cumino.

13.1.3.27 Insalata Di Crauti Al Munster

Ingredienti: x 4: un piccolo cavolo cappuccio, un cucchiaio d'aceto, 4 cucchiai d'olio, un cucchiaio di semi di cumino in polvere, 250gr. di Munster (o Taleggio), sale e pepe macinato al momento.

Procedimento: Preparare la vinaigrette inserendo nel boccale 2 cucchiai d'olio, l'aceto e un pizzico di sale: 5sec. Vel.5 e mettere da parte. Inserire nel boccale 750gr. d'acqua e portarla ad ebollizione: 10min. 100° Vel.1. Tagliare il cavolo finemente dopo averlo pulito ed eliminato la parte del torsolo più dura, cospargerlo con il cumino in polvere, il sale e disporlo nel varoma. Quando l'acqua bolle, posizionare il varoma: 20min. *varoma* Vel.1. Negli ultimi 5min. posizionare nel *varoma* il vassoio col formaggio a dadini. A cottura ultimata disporre il cavolo in un piatto, aggiustare di sale, pepe, condire con la vinaigrette precedentemente preparata e il formaggio fuso. Questa insalata va servita calda.

13.1.3.28   Zucchine In Fiore Ripiene

Ingredienti: x 4: 12 piccole zucchine col fiore, un misurino di riso cotto al vapore, 200gr. di porcini freschi (o funghi di coltura), 1\2 spicchio d'aglio schiacciato, un cucchiaio di basilico e prezzemolo triatati, olio, parmigiano a scaglie, sale, pepe. **Per la salsa al dragoncello**: 150gr. di panna fresca, un cucchiaino di succo di limone, un cucchiaio di dragoncello tritato fine, 30gr. di burro, sale, pepe.

Procedimento: Mondare i porcini, inserirli nel boccale e tritarli grossolanamente con l'aglio, gli aromi, sale e pepe: 30sec. Vel.6. Aggiungere questo condimento al riso e con la farcia riempire i fiori delle zucchine. Disporre le zucchine col fiore attaccato nel vassoio del varoma. Portare ad ebollizione un lt d'acqua: 10min. 100° Vel.1. Quando l'acqua bolle posizionare il varoma: 25min. *varoma* Vel.1. A fine cottura trasferire con delicatezza le zucchine in un piatto da portata, cospargerle con scaglie di parmigiano e irrorarle con un filo d'olio. Preparare la salsa al dragoncello: Inserire la panna nel boccale: 5min. 90° Vel.1. Aggiungere tutti gli altri ingredienti e mescolare: 30sec. Vel.2. Versare la salsa calda sulle zucchine e servire. Sono ottime anche fredde.

13.1.3.29   Zucchine Alla Menta

Ingredienti: X 4: 800gr. di zucchine novelle, succo di 1\2 limone, poche foglie di menta fresca, un cucchiaio d'aceto rosso, 30gr. d'olio, sale, pepe nero appena macinato.

Procedimento: Inserire nel boccale 500gr. d'acqua: 10min. *varoma* Vel.1. Intanto lavare e spuntare le zucchine, tagliarle in 4 nel senso della lunghezza e poi a bastoncini e disporle nel varoma. Quando l'acqua bolle posizionare il varoma: 20min. *varoma* Vel.1. Terminata la cottura disporre le zucchine in un'insalatiera ed eliminare l'acqua rimasta. Inserire ora nel boccale limone, aceto, sale, pepe, menta e olio: 20sec. Vel.3. Versare la salsetta sulle zucchine e servirle fredde. E' un ottimo piatto estivo.

13.1.3.30   Porri In Salsa D'acciughe

Ingredienti: X 6: 12 porri medi, 4 acciughe, 30gr. di capperi, 70gr. d'olio, un cucchiaio colmo d'aceto, sale, pepe. **Preparare la salsa**: inserire nel boccale dal foro del coperchio con lame in movimento Vel.5, acciughe e capperi: 10sec. Vel.5. Aggiungere l'aceto e l'olio versandolo a filo sul coperchio, tenendo il misurino inclinato: 20sec. Vel.6. Svuotare il boccale e, senza lavarlo, inserire 700gr. d'acqua e portarla ad ebollizione: 10min. 100° Vel.1. Sistemare i porri nel varoma, salare, pepare e quando l'acqua bolle posizionarlo sul boccale: 30min. *varoma* Vel.1. Versare un fondo di salsa in ogni piatto, disporre i porri tagliati a metà, nel senso della lunghezza e servire subito.

13.1.3.31   Valigini Di Verza

Ingredienti: x 6: 6 foglie di verza, 100gr. di mortadella, 300gr. di carne tritata, 50gr. di parmigiano grattugiato, 100gr. di latte, un ciuffo di prezzemolo, un uovo, 50gr. di pangrattato, noce moscata, 1\2 spicchio d'aglio, sale. Per il sugo: 400gr. di passata di pomodoro, un misurino d'acqua, 50gr. d'olio, una cipolla piccola, basilico, sale, pepe.

Procedimento: Scegliere foglie della stessa misura, sbollentarle in acqua salata, scolarle e adagiarle su un canovaccio pulito. Togliere delicatamente la costa dura, dividerle a metà e allinearle sul piano di lavoro. Intanto preparare il ripieno inserendo nel boccale pangrattato, prezzemolo, aglio e mortadella: 20sec. Vel.5. Aggiungere carne, uovo, parmigiano, latte, noce moscata e sale: 30sec. Vel.3. Distribuire su ogni foglia un po' di ripieno e arrotolarle in modo da racchiuderlo all'interno, formando così un valigino. Sistemarli nel varoma. Inserire nel boccale olio e cipolla: 3min. 100° Vel.4. Aggiungere la passata, un misurino d'acqua, basilico e sale: 30min. *varoma* Vel.1. Dopo 8 minuti posizionare il *varoma* sul boccale e continuare la cottura. Disporre i valigini in un piatto da portata e servirli accompagnati dal sugo di pomodoro.

13.1.4 *Carni e uova*

13.1.4.1 Petto Di Pollo In Cartoccio Di Verza Con Purea Di Patate

Ingredienti: 4 foglie di verza; 350gr. di petto di pollo o tacchino; 250gr. di funghi champignon freschi; 1 ciuffetto di prezzemolo; 1 cipolla novella o scalogno; 30gr. di olio; 1 uovo; 50gr. di parmigiano, sale e pepe q.b.
Per la purea: 800gr. di patate farinose; 250gr. di latte; 30gr. di burro; 1 cucchiaino di sale; noce moscata (facoltativa); 2 cucchiai di parmigiano grattugiato.
Procedimento: Lavare e sbollentare le foglie di verza, asciugarle e tagliare con un coltello affilato il dorso duro senza rompere la foglia. Inserire nel boccale olio e cipolla: 3' 80° vel. 4. Aggiungere pane e prezzemolo: 10 sec. vel. 6. Unire funghi e parmigiano: 5 sec. vel. 4. Aggiungere uovo, sale e pepe: 10 sec. vel. 2. Ricavare dal petto di pollo 4 fettine sottili, salarle e peparle. Mettere al centro di ogni foglia un poco di ripieno, coprire con le fettine di pollo e un altro po' di ripeno. Chiudere a pacchetto e arrotolare formando degli involtini; disporli nel *Varoma* con la chiusura sul fondo. Inserire nel boccale 700gr. di acqua, 1 cucchiaino di sale e posizionare il cestello: 6' 100° Vel.1. Quando l'acqua bolle posizionare il *Varoma* sul boccale: 30' temp. *Varoma* vel.2. Sbucciare le patate, tagliarle a grossi cubetti e dopo 15' inserirle nel cestello dal foro del coperchio; portare a vel. 4 e continuare la cottura. Al termine togliere il *Varoma* mantenendo in cldo la preparazione. Preparare la purea: estrarre il cestello, eliminare l'acqua di cottura, posizionare la farfalla e mettere nel boccale le patate cotte, e tutti gli altri ingredienti per la purea: 6 sec. vel. 3. Disporre in un piatto caldo gli involtini tagliati a fette e decorare con ciuffetti di purea. Per un tocco personale cospargete tutto con 50gr. di mandorle tritate rosolate in 2 cucchiai di burro. La verza può essere sostituita con foglie di bieta.

13.1.4.2 Casseruola Di Pollo Con Verdure E Riso

Ingredienti: x 4: 4 sopracosce di pollo (800gr. circa), 3 porri (300 g), un sedano (300 g), 2 carote, 2 piccole cipolle, sale, pepe. Per la salsa: 200gr. di liquido di cottura, un cucchiaino di dado bimby, 30gr. di burro, 40gr. di farina, 100gr. di panna, 100gr. di latte, un tuorlo, un mazzetto di erbe fresche tritate (prezzemolo, erba cipollina, timo, maggiorana, ecc) pepe bianco, noce moscata. *Per il contorno:* 250gr. di riso a grana lunga.
Procedimento: Inserire nel boccale un lt d'acqua con un cucchiaino di sale e posizionare il cestello vuoto: 10min. 100° Vel.1. Intanto togliere la pelle alle sopracosce, tagliarle a metà, salarle, peparle e disporle nel *varoma* facendo attenzione a non ostruire completamente i fori. Quando l'acqua bolle posizionare il *varoma* sul boccale e cuocere 15min. *varoma* Vel.1. Nel frattempo pulire e tagliare le verdure a fettine e le carote a bastoncini. Al termine del tempo togliere il varoma, versare dal foro del coperchio il riso nel cestello e 2 misurini d'acqua calda e aggiungere le verdure attorno al pollo. Riposizionare il *varoma* e riprendere la cottura: 4min. *varoma* Vel.4 e poi 20min. *varoma* Vel.2. Terminata la cottura disporre riso, pollo e verdure in un piatto da portata e tenerlo in caldo. Preparare la salsa: usare 200gr. del liquido di cottura rimasto (se fosse di meno unire acqua fino al raggiungimento del peso). Aggiungere farina, burro, latte e dado: 5min. 80° Vel.3. Unire le erbe tritate, il tuorlo, la panna, il pepe e una grattata di noce moscata: 10sec. Vel.2. Condire il riso con la salsa e servirlo col pollo e le verdure. E' un piatto unico buonissimo.

13.1.4.3 Bocconcini Di Pollo Al Mirto

Ingredienti: x 4: 2 petti di pollo, 100gr. di pancetta affumicata tagliata in 12 bastoncini, 2 porri, 2 rametti di mirto, sale, pepe, olio.

Procedimento: Lavare i porri, tagliarli per il lungo come degli spaghetti, salarli e disporli nel vassoio del varoma. Tagliare a fettine sottili il petto di pollo ricavandone 12 fettinje circa, salarle e peparle. Inserire nel boccale 500gr. d'acqua: 5min. 100° Vel.1. Disporre su ogni fettina di carne un bastoncino di pancetta, una fogliolina di mirto, arrotolarla e fermarla con uno stecchino. Ungere il *varoma* con un filo d'olio, disporre i bocconcini, appoggiare il vassoio con i porri e, quando l'acqua bolle, posizionare il *varoma* sul boccale: 30min. *varoma* Vel.1. Servire i bocconcini e i porri conditi con olio. A piacere sipossono servire i porri condendoli con qualche goccia di salsa di soya. Se aggiungete all'acqua nel boccale una fogliolina di mirto, un pezzetto di carota, cipolla e sedano, otterrete un ottimo brodo per fare risotti o una minestrina.

13.1.4.4 Pollo Alle Melanzane

Ingredienti: x 4: 3 cosce di pollo, 500gr. di melanzane, 150gr. di polpa di pomodoro, 90gr. d'olio, 200gr. di vino bianco secco, 20 olive nere dolci, 250gr. di cipolle, 2 spicchi d'aglio, timo fresco, sale, pepe macinato al momento.

Procedimento: Tagliare a tocchi le melanzane senza sbucciarle, salarle e metterle a sgocciolare. Inserire nel boccale 50gr. d'olio, meza cipolla e uno spicchio d'aglio: 3min. 100° Vel.4. Aggiungere pomodoro, vino, 500gr. d'acqua, sale e posizionare il cestello: 60min. *varoma* Vel.1. Intanto spellare le cosce, dividerle in due parti, schiacciarle col batticarne, ungerle col rimanente olio, salarle, peparle abbondantemente, cospargerle di timo e adagiarle nel varoma, sopra metà delle cipolle e l'aglio affettati sottili. Coprire con le rimanenti cipolle e olive. Risciacquare bene le melanzane, strizzarle e dopo 5 minuti dall'inizio della cottura del sugo, inserirle dal foro del coperchio nel cestello. Trascorsi 10 minuti, posizionare il *varoma* col pollo, dopo 25 minuti rivoltare i pezzi e terminare la cottura. Disporre il pollo con le cipolle e le melanzane in un piatto da portata caldo e servire col suo sughetto. I tempi di cottura del pollo possono variare in rapporto alla qualità e alle dimensioni dello stesso.

13.1.4.5 Palline Di Carne E Finocchi In Salsa

Ingredienti: x 6: 300gr. di petto di tacchino macinato, 200gr. di lonza di maiale macinata, 1 panino, 30gr. di parmigiano grattugiato, 2 uova, 2 cucchiai di farina, 4 finocchi piccoli, 2 cucchiai di latte, 2 mis. di vino bianco, 1 cucchiaio di dado Bimby, Sale e pepe q.b. **Per la salsa:** 500gr. di latte, 80gr. di emmental, 30gr. di burro, 3 cucchiai di farina, 1/2 cucchiaino di sale, 1/2 cucchiaino di pepe, 1 pizzico di noce moscata

Procedimento: Inserire nel boccale, dal foro del coperchio con lame in movimento vel. 4, parmigiano, uova, fontina, panino latte, sale e pepe: 40 sec. vel. 5, spatolando. Unire la carne e amalgamare tutto: 15 sec. vel. 2 e mettere da parte. Senza lavare il boccale, inserire il vino, 400gr. d'acqua e il dado: 10 min. 100°C vel.
1. Nel frattempo formare, con il composto messo da prate delle palline grandi come albicocche, infarinarle e sistemarle nel vassoio del Varoma. Nel *Varoma* disporrei finocchi lavati e tagliati in fette sottili. Quandoil liquido del boccale bolle, posizionare il *Varoma* sul boccale e cuocere: 30 min. temp. *Varoma* vel. 4. Terminata la cottura, mettere le palline al centro di una pirofila con attorno i finocchi. >Preparare la salsa: Lavare il boccale ed inserire tutti gli **ingredienti:** 5 sec. vel. Turbo e 6 min. 90° vel. 4. Versare la salsa sulle palline di carne e i finocchi farli gratinare in forno preriscaldato a 200° per 15 min. circa e servire.

13.1.4.6 Polpettine Con Peperoni, Riso E Salsa Curry

Ingredienti: x 6: Per le polpettine: 400gr. di carne macinata di carne, un uovo, uno spicchio d'aglio, una cipollina, un panino raffermo, 1\2 cucchiaino di pepe, 1\2 cucchiaino di maggiorana, un cucchiaino di senape, sale. *Per la salsa:* un cucchiaino di dado bimby, 30gr. di burro, 3 cucchiai di farina, 3 cucchiaini di curry, un pizzico di zucchero, un cucchiaio di succo di limone, un misurino di panna. Per il contorno: 300gr. di riso, 600gr. di peperoni (Verdi, rossi, gialli)

Procedimento: Lavare i peperoni, tagliarli a strisce di 1 cm e disporne una parte nel varoma. Preparare le polpettine: inserire nel boccale, dal foro del coperchio con lame in movimento Vel.6, aglio e cipolla: 10sec. Vel.6. Aggiungere il panino ammorbidito nel latte e strizzato, la carne e tutti gli altri **ingredienti:** 20sec. Vel.4 spatolando. Con le mani umide formare delle polpettine e metterle nel *varoma* sui peperoni, facendo attenzione a non ostruire i fori. Sulle polpettine disporre i peperoni rimasti. Senza lavare il boccale inserire 900gr. d'acqua, salare e posizionare il cestello: 10min. 100° Vel.1. posizionare il *varoma* e cuocere: 20min. *varoma* Vel.1. Dopo 5min. inserire il riso dal foro del coperchio. terminata la cottura versare il riso in un piatto da portata e tenerlo in caldo con le polpettine e i peperoni. Con 300gr. dell'acqua rimasta nel boccale(In caso integrarla) preparare la salsa: posizionare la farfalla e inserire tutti gli ingredienti tranne la panna: 5min. 80° Vel.4. Un minuto prima del termine unire la panna dal foro: 10sec. Vel.2. Condire il riso con parte della salsa e servire tutto con la salsa rimasta a parte in una salsiera.

13.1.4.7   Tacchino Porchettato

Ingredienti: x 4: un cosciotto di tacchino piccolo (800gr. ca), 3 spicchi d'aglio, 100gr. di pancetta, 400gr. di patate, sale, pepe, rametti di rosmarino.
Procedimento: Inserire nel boccale un lt d'acqua e posizionare il cestello: 10min. 100° Vel.1. Intanto preparare il cosciotto, togliere la pelle e disossarlo, steccarlo con spicchi d'aglio e tocchetti di pancetta, salare e pepare. Su un foglio di carta d'alluminio mettere i rametti di rosmarino lavati, disporre la carne e ricoprirla con altri rametti di rosmarino. Chiudere il cartoccio, disporlo nel *varoma* e quando l'acqua bolle posizionarlo sul boccale: 50min. *varoma* Vel.1. Dopo 30min. introdurre nel cestello le patate salate, aggiungere 2 misurini d'acqua calda e continuare la cottura. Al termine aprire il cartoccio, liberare il cosciotto dal rosmarino, tagliarlo a fette e irrorarlo col liquido raccolto nel cartoccio. Servirlo contornato dalle patate. Nota: volendo ridurre i tempi di cottura potete utilizzare 800gr. di fesa di vitello usando lo stesso procedimento. A vostro gusto potete sostituire le patate con piselli e prosciutto.

13.1.4.8   Corona Di Carne Alla Campagnola

Ingredienti: x 4: 400gr. di macinato di manzo, 200gr. di spinaci freschi, 50gr. di pecorino, 2 uova, prezzemolo, scorza di 1\2 limone, un panino raffermo, 1\2 spicchio d'aglio, 400gr. di patate a pezzi, rosmarino, sale, pepe. **Per la salsa:** 6 filetti d'acciuga, 50gr. d'olio, 4 cucchiai d'aceto.
Procedimento: Inserite nel boccale il pane: 20sec. Vel.turbo e mettetene da parte due cucchiai. Aggiungete pecorino, prezzemolo, aglio, scorza di limone e rosmarino: 30sec. Vel.turbo. Unite gli spinaci: 20sec. Vel.6, poi carne, uova, sale e pepe: un minuto Vel.3 spatolando. Con l'impasto ottenuto formate una ciambella e disponetela nel vassoio del *varoma* foderato con carta forno bagnata e strizzata. Disponete le patate nel varoma. Inserite nel boccale 60gr. d'acqua: 5min. 100° Vel.1. Quando l'acqua bolle posizionate il *varoma* completo e cuocete 30min. temp *varoma* Vel.1. A cottura ultimata lavate il boccale, asciugatelo con cura e inserite le acciughe col pangrattato tenuto da parte: 10sec. Vel.4. Dal foro del coperchio con lame in movimento Vel.4 unite olio e aceto, portando lentamente a Vel.turbo per 10 secondi. Disponete la corona in un piatto da portata con le patate al centro e irrorate con la salsina. E' ottimo sia caldo che freddo.

13.1.4.9   Petti Di Tacchino Con Broccoli E Noci

Ingredienti: x 4: 400gr. di petti di tacchino a fette, 250gr. di riso a grana lunga, 300gr. di broccoli, 80gr. di noci, un cucchiaio d'olio di sesamo, un cucchiaio di semi di sesamo, 300gr. di cuori di bambù in scatola, 6 cipollotti, sale, pepe. **Per la salsa:** 2 cucchiai di dado di pollo, 3 cucchiai di fecola di mais, 70gr. di sherry secco, 100gr. di salsa di soia, 200gr. di liquido di cottura.

Procedimento: Tagliare le cipolle a strisce diagonali, fare i broccoli a roselline, togliere il liquido dai cuori di bambù, tagliarli a strisce e disporre tutto nel varoma. Salre e pepare i petti di tacchino, spennellarli con l'olio di sesamo, aggiungere i semi di sesamo, i gherigli di noci e disporli nel vassoio del varoma. Inserire nel boccale un lt d'acqua, sale, posizionare il cestello e portare ad ebollizione: 10min. 100° Vel.1, Quando l'acqua bolle posizionare il varoma: 25min. *varoma* Vel.1. 15min. prima della fine inserire nel cestello, dal foro del coperchio, il riso e terminare la cottura. Al temrine togliere *varoma* e cestello lasciando nel boccale 200gr. di liquido. Posizionare la farfalla, aggiungere sherry, salsa di soia, fecola e dado: 2min. 100° Vel.2. Disporre con cura in un vassoio il tacchino, la verdura, il riso a vapore, cospargere tutto con la salsa calda e servire

13.1.4.10   Saltimbocca Al Sugo Con Carciofi Sfiziosi

Ingredienti: x 6: 400gr. di lonza di maiale (in fette sottilissime), 30gr. di parmigiano, 70gr. di mortadella, 1 confezione di carciofi surgelati tagliati in due pezzi o freschi a spicchi, 1 uovo, noce moscata e prezzemolo a piacere, olio per ungere. *Per il sugo:* 70gr. di olio, 600gr. di polpa di pomodoro, 50gr. di cipolla, 50gr. di vino bianco, sale q.b. *Per la salsa:* 30gr. di pane raffermo, 4 cucchiai d'olio, 20gr. di pecorino, 6/7 filetti di acciughe salate, i cucchiaio di capperi, origano e prezzemolo a piacere.
Procedimento: Preparare la salsa: inserire tutti gli ingredienti nel boccale: 30 sec.vel. 8 e mettere da parte. Preparare i saltimbocca: senza lavare il boccale inserire il parmigiano: 10 sec.vel.6. Unire, dal foro del coperchio con lame in movimento vel.6, prezzemolo, noce moscata, mortadella e salsiccia: 20 sec.vel.6. Aggiungere l'uovo: 10 sec. vel. 3. Scartare le parti irregolari dalle fettine di lonza; mettere un cucchiaio di composto sulle fettine e formare degli involtini. Ungerli e sistemarli nel *Varoma* con i carciofi. Inserire nel boccale olio e cipolla: 3 min. 100° vel. 3. Unire i ritagli delle fettine: 4 min. 100° vel. 1; aggiungere il vino: 2 min. temp. *Varoma* vel.1, senza misurino. Aggiungere la polpa di pomodoro e salare: 30 min. temp. *Varoma* vel. 1. Dopo 5 min. posizionare il *Varoma* e continuare la cottura. A fine cottura disporre i carciofi in una insalatiera e condirli con la salsa tenuta da prate. In un piatto da portata disporre i saltimbocca con una prate del sugo preparato e servire. Con il sugo avanzato si possono condire delle pennette.

13.1.4.11   Arrosto Di Tacchino Farcito

Ingredienti: x 4\6: 700gr. di fesa di tacchino in un pezzo solo, 3 cucchiai di senape, 500gr. di patate sbucciate e tagliate a spicchi, un cucchiaio di miele fluido, 8 fette sottili di pancetta affumicata, 2 cucchiai di prezzemolo tritato, una piccola cipolla, un bicchierino di sherry, sale, pepe.
Procedimento: Inserire nel boccale cipolla e sherry: 3min. 100° Vel.4 e mettere da prate. Inserire ora nel boccale un lt d'acqua, posizionare il cestello con le patate e portare ad ebollizione: 10min. 100° Vel.1. Intanto mescolare senape e miele, aprire la fesa di tacchino, salarla, peparla, spalmarla con metà della senape al miele, appoggiarvi le fette di pancetta, arrotolarla e legarla. Mescolare la cipolla con la senape rimasta, prezzemolo, sale e pepe e spalmare anche l'esterno dell'arrosto. Avvolgere il tacchino nella cartaforno, metterlo nel *varoma* e, quando l'acqua bolle, posizionare il *varoma* sul boccale: 15min. *varoma* Vel.1. Togliere il cestello con le patate e metterle da prate. Girare il rotolo e continuare la cottura: 20min. *varoma* Vel.1. Terminata la cottura far dorare il tacchino in una pirofila, in forno preriscaldato a 220° per 5 minuti, rigirandolo su tutti i lati. Tagliarlo a fette e servirlo caldo con le patate e il sughetto rimasto nel cartoccio. Questo arrosto è ottimo anche farcito con 2 salsicce sbriciolate, una frittatina di due uova e due sottilette a pezzetti.

PALLINE DI CARNE DI MAIALE IN AGRODOLCE

Ingredienti: x 4: per le palline: 500gr. di macinato di lonza, un cucchiaio d'olio di sesamo, 3 cucchiai di fecola di mais, um uovo, 4 cucchiai di salsa di soia, un cucchiaio di paprika forte. *Per le verdure:* 250gr. di ananas sciroppato, una cipolla grande, un piccolo peperone verde, un piccolo peperone rosso, 2 carote, 1\2 scatola di germogli di bambù. *Per la salsa:* 220gr. di succo d'ananas, 60gr. di salsa di soia, 2 cucchiai d'aceto di vino, 50gr. di concentrato di pomodoro, 5 cucchiai di sherry secco, un cucchiaio di fecola di mais, 3 cucchiai di zucchero di canna.

Procedimento: Preparare le palline: inserire nel boccale tutti gli **ingredienti:** 20sec. Vel.4 spatolando. Col composto formare delle palline grandi come noci e disporle nel *varoma* leggermente unto d'olio, facendo attenzione a non chiudere tutti i fori. Preparare le verdure: pulire e lavare le verdure, tagliare i peperoni, le carote, i germogli di bambù a listarelle sottili e le cipolle a rondelle. Disporre tutte le verdure nel vassoio del *varoma* e adagiarvi sopra le fette di ananas. Preparare la salsa: Inserire nel boccale tutti gli ingredienti per la salsa e 2 misurini d'acqua: 40min. *varoma* Vel.1. Dopo 6 minuti posizionare il *varoma* completo sul boccale e continuare la cottura. Al termine disporre nel piatto le verdure, le fette di ananas e le palline di carne, irrorare tutto con poca salsa e mettere quella rimasta in una salsiera. Questa preparazione è ottima accompagnata di riso al vapore. Per un'ottima presentazione: mettete il riso ben pressato in uno stampo col buco leggermente unto d'olio e sformatelo su un piatto, mettete nel buco le palline di carne e mettete tutt'intorno alla ciambella di riso le verdure, decorando la stessa con le fette di ananas. Versare su tutto la salsina e portare in tavola.

13.1.4.12 Bocconcini Di Carne Ai Funghi

Ingredienti: x 6: 350gr. di vitello magro macinato, una patata 3 peperoni rossi carnosi, una cipollina, una zucchina, 100gr. di finferli o pleurotus, uno spicchio d'aglio, 2 cucchiai d'olio, un uovo, una manciata di foglie di basilico, un cucchiaio di pinoli, sale, pepe

Procedimento: Inserire nel boccale 800gr. d'acqua e posizionare il cestello con la patata tagliata a fettine, la cipolla e la zucchina: 8min. 100° Vel.1. Nel frattempo disporre nel *varoma* i peperoni a fette e posizionarlo sul coperchio: 15min. *varoma* Vel.1. Terminata la cottura togliere il cestello con le verdure e metterle da prate. Pelare i peperoni già cotti e lavarli. Inserire nel boccale ben asciutto, dal foro del coperchio con lame in movimento Vel.7, pinoli, basilico, sale grosso, peperoni ed olio: 40sec. Vel.7 e mettere da parte la salsina ottenuta. Inserire nel boccale aglio, finferli o pleurotus, olio e le altre verdure precedentemente cotte: 2min. 100° Vel.3, senz amisurino. Lasciar raffreddare e aggiungere l'uovo, sale, pepe e la carne: 20sec. Vel.1 spatolando e mettere da prate. Senza lavare il boccale inserire 600gr. d'acqua: 6min. 100° Vel.1, quando l'acqua bolle posizionare il *varoma* col vassoio precedentemente unti con olio di semi e dove sarà stato disposto il ripieno a cucchiaiate e cuocere: 15min. *varoma* Vel.1. Togliere il coperchio del *varoma* e continuare la cottura per altri 5min. *varoma* Vel.1. Disporre i bocconcini di carne in un piatto da portata e servirli con la salsa ai peperoni. Nel boccale potete preparare contemporaneamente un sugo di funghi e pomodoro per condire riso cotto a vapore o tagliolini.

13.1.4.13 Insalata Di Wurstel All'alsaziana

Ingredienti: x 4: 4 patate a tocchetti, 300gr. di cavolo verza, 150gr. di pancetta affumicata, 4 grossi wurstel, 4 cucchiai d'olio, un cucchiaio di yogurt, un cucchiaino di grani di cumino, 1\2 cucchiaino di semi di coriandolo, 2 cucchiaini di senape forte, 4 cucchiai d'aceto di mele, sale.

Procedimento: Inserite nel boccale coriandolo e cumino: 20sec. Vel.5 e portare lentamente a turbo. Unire senape, 2 cucchiai d'aceto, un cucchiaio d'acqua, olio, yogurt e sale: 30sec. Vel.5 fino ad ottenere una salsa ben legata. Toglierla e disporla in una salsiera. Affettare finemente il cavolo verza, metterlo a bagno in acqua fredda con 2 cucchiai d'aceto. Portare ad ebollizione 700gr. d'acqua: 7min. 100° Vel.1. Nel frattempo disporre nel *varoma* le patate, la pancetta a dadini e i wurstel affettati diagonalmente. Scolare la verza, asciugarla e disporla nel vassoio del varoma. Quando l'acqua bolle, posizionare il *varoma* sul boccale e cuocere: 25min. *varoma* Vel.1. Dopo 15 minuti sollevare il coperchio, posizionare il vassoio e continuare la cottura. Al termine trasferire il cavolo in un piatto da portata caldo, distribuirvi sopra i wurstel, la pancetta e le patate. Nappare tutto con la salsa e servire.

13.1.4.14   Involtini Con Foglie Di Vite

Ingredienti: x 6: 300gr. di polpa di manzo macinata, 2 piccoli scalogni (o 1 piccola cipolla), 2 spicchi di aglio, 1 piccola patata lessata, 16 foglie di vite fresche o conservate in un barattolo, 30gr. di olio, sale e pepe macinato al momento *Per la salsa vietnamita:* vedere ricetta già trascritta.

Procedimento: Inserire nel boccale scalogni, aglio e olio: 3 min100°C vel. 4. Unire la patata lessata in piccoli pezzi: 5 sec. vel. 3. Unire la carne, sale e pepe: 30 secvel. 3, spatolando. Scottare per 3 min. in acqua bollente le foglie di vite ben lavate (se fresche) e passarle sotto l'acqua fredda. Porre un po' di ripieno al centro di ogni foglia; ripiegare i tre lati sul ripieno, arrotolare formando un involtino e, se occorre, legarlo con spago da cucina. Introdurre nel boccale 1 lt. d'acqua: 10 min. 100°C vel.

1 Nel frattempo disporre gli involtini nel *Varoma* e quando l'acqua bolle, posizionarlo sul boccale 15-20 min. temp. *Varoma* vel. 1, a seconda della dimensione degli involtini. Per controllare la cottura dopo 15min. pungere un involtino con uno stuzzicadenti, il liquido che ne esce dev'essere trasparente. Terminata la cottura disporre gli involtini in un piatto da portata. Preparare la salsa vietnamita come da ricetta (Vedere altre ricette del libro che ho trascritto) e versarla sugli involtini, che si possono servire sia caldi che freddi. Se non trovate le foglie di vite vanno bene anche le foglie di lattuga. Mentre cuociono gli involtini si possono cuocere contemporaneamente nel vassoio del *varoma* o nel cestello delle carote a fiammifero e con queste arricchire la preparazione.

13.1.4.15   Filetto Di Manzo Alla Cannella

Ingredienti: x 6: 800gr. di filetto di manzo, una cipolla steccata con 3 chiodi di garofano, 2 scalogni, 2 carote, un cuore di sedano, 100gr. di cimone a mazzetti (Cavolfiore scuro), un cucchiaio di dado bimby, un porro. Per la salsa: 150gr. di panna, succo di 1\2 limone, 2 cucchiai di cerfoglio tritato fine (o prezzemolo), 30gr. di maizena, una stecca di cannella, sale, pepe.

Procedimento: Preparate le verdure mondate e tagliate per il lungo. Legare, salare la carne e disporla nel *varoma* con le verdure. Inserire nel boccale 600gr. d'acqua e il dado: 6min. 100° Vel.1, quando l'acqua bolle posizionare il *varoma* e cuocere 35min. *varoma* Vel.1. Slegare la carne, tagliarla a fette e cospargerla con pepe nero e cannella a piacere. preparare la salsa: Lasciare nel boccale 3 misurini di brodo, aggiungere la stecca di cannella e farlo restringere: 10min. *varoma* Vel.1, senza misurino. Eliminare la cannella, aggiungere panna, maizena, succo di limone, sale, pepe: 5min. 80° Vel.3. Servire filetto e verdure ben caldi irrorandoli con la salsa e cospargendoli di cerfoglio.

13.1.4.16   Coniglio Con Cipolline In Agrodolce

Ingredienti: x 4: 1 kg di coniglio tagliato in piccoli pezzi, 500gr. di patatine novelle, 500gr. di cipolline, 90gr. d'olio, 2 cucchiai di salsa di pomodoro, un misurino d'aceto, 1\2 misurino di zucchero, una cipolla, una foglia d'alloro, 5 chicchi di pepe, sale, pepe.

Procedimento: Inserire nel boccale 500gr. d'acqua, un pizzico di sale e posizionare il cestello con le cipolline, l'alloro e i chicchi di pepe: 10min. 100° Vel.4. Al termine mettere da parte le cipolline ed eliminare l'acqua, l'alloro e il pepe. Inserire nel boccale la cipolla: 20sec. Vel.4, aggiungere 40gr. d'olio: 3min. 100° Vel.4. posizionare la farfalla, aggiungere 300gr. d'acqua, l'aceto, lo zucchero, la salsa di pomodoro e un pizzico di sale: 2min. 100° Vel.1. Unire le cipolline tenute da parte: 45min. *varoma* Vel.1. Salare, pepare e ungere con l'olio rimasto i pezzi di coniglio, disporli nel *varoma* e mettere le patatine nel vassoio. Chiudere bene il *varoma* e dopo 5 minuti dall'inizio della cottura delle cipolline, posizionarlo sul boccale. Terminata la cottura servire il coniglio contornato da patatine e cipolline e irrorato col suo sugo. Se il fondo di cottura si presentasse troppo liquido, addensatelo con un cucchiaino di maizena: 3min. 80° vel3.

13.1.4.17 Lonza Alla Salvia

Ingredienti (per 6 persone) 1 kg.di lonza, 2 rametti di salvia fresca, 2 mele morgenduft (o mele farinose), 1/2 cucchiaio di olio extravergine di oliva, sale e pepe di Caienna
Procedimento: Inserire nel boccale 1 lt.di acqua: 10 min. 100° C vel.1. Cospargere la superficie della carne con sale e pepe di Caienna. Bagnare le mani con l'olio e massaggiare la carne fino a far penetrare gli aromi. Foderare il *Varoma* con carta di alluminio. Disporre una dozzina di foglie di salvia sulla carta di alluminio e sistemarvi sopra la carne. Sollevare ai lati la carta d'alluminio per lasciare liberi i fori. Quando l'acqua bolle, posizionare il *Varoma* sul boccale e cuocere: 40 min. temp. *Varoma* vel. 1. Al termine dei 40 min. disporre accanto alla carne le mele sbucciate e tagliate a spicchi e continuare la cottura: 10 min. temp. *Varoma* vel. 1. Lasciar riposare 5 min. con il *Varoma* aperto. Tagliare la carne a fette, disporle in un piatto da portata con le mele schiacciate grossolanamente e irrorare il tutto con il sugo caldo raccolto nella carta di alluminio. Se non avete problemi di colesterolo, potete aggiungere una noce di burro sulle fette di carne prima di irrorarle col sugo.

13.1.4.18 Spiedini D'agnello Con Grano

Ingredienti (X 4) 300gr. di grano spezzato (o riso integrale), 400gr. di carrè d'agnello disossato, 10 pomodorini maturi, un cucchiaio di uvette, 4 peperoncini piccanti, un mazzetto di coriandolo fresco, qualche rametto di timo fresco, un cucchiaino di semi di cumino, un cucchiaino di paprika dolce, 1\2 bicchiere di aceto di mele, olio, sale, pepe.
Procedimento: Tagliare il carrè a fette alte un dito e disporle in una terrina. Pestare i semi di cumino, mescolarli con la paprika, unire l'aceto e un bicchier d'acqua. Versare questa marinata sull'agnello e lasciar riposare per un'ora. Tagliare i pomodorini a metà, incidere i peperoncini con un taglio a croce, aprendoli come fiori ed eliminare i semi facendo attenzione a non toccarli con le dita. Sciacquare il grano spezzato sotto l'acqua corrente con molta cura e metterlo nel cestello. Inserire nel boccale un lt d'acqua e posizionare il cestello col grano spezzato: 40min. 100° Vel.4. Togliere il cestello e metterlo da prate. Nel frattempo coprire il fondo del *varoma* con metà coriandolo e tutto il timo, scolare l'agnello dalla marinata, arrotolare ogni pezzo di carne su se stesso e infilare 5 pezzi di carne ogni stecchino. Disporre nel varoma, sopra il timo e il coriandolo, gli spiedini, decorare con i pomodorini, i peperoncini piccanti e le uvette. Nel vassoio del *varoma* posizionare il grano cotto. Svuotare il boccale e inserire un lt d'acqua: 10min. 100° Vel.1. Posizionare il *varoma* completo e ben chiuso sul boccale: 15min. *varoma* Vel.1. A cottura ultimata togliere gli spidini dal varoma, salarli, peparli e cospargerli col rimanente coriandolo pestato. Condire il grano con sale, pepe e olio, appoggiarvi sopra gli spiedini e servire.

13.1.4.19   Stracotto Di Manzo All'arancia Con Patate

Ingredienti (X 6) 800gr. di polpa di manzo per brasato tagliato a fette sottili, una cipolla, uno scalogno (facoltativo), una carota, uno spicchio d'aglio, un cucchiaio di prezzemolo tritato, un cucchiaino di fecola, 4 filetti d'acciuga sott'olio, 12 olive nere da forno, una foglia d'alloro secco, qualche rametto di timo, 2 chiodi di garofano, scorza di 1\2 arancia non trattata, 300gr. di vino bianco, 40gr. d'olio, 800gr. di patate, sale, pepe.
Procedimento: Inserire nel boccale cipolla, carota, scalogno, aglio, prezzemolo, timo e alloro: 10sec. Vel.6, spatolando. Aggiungere l'olio: 3min. 100° Vel.4, quindi unire le olive snocciolate, le acciughe e i chiodi di garofano: 20sec. Vel.4 e tenerne da prate in una ciotola 3 cucchiai. Aggiungere il vino, la fecola, posizionare il cestello e portare ad ebollizione: 40min. *varoma* Vel.1. Intanto salare e pepare le fette di carne, tagliare a striscioline la scorza d'arancia e alternarla alle fette di carne e al composto tenuto da prate mentre vengono adagiate nel varoma. Dopo 5min. posizionare il *varoma* sul boccale e continuare la cottura. Nel frattempo preparare le patate a tocchetti, salarle e peparle. Dopo 15min. sollevare il varoma, inserire, dal foro del coperchio, le patate nel cestello e proseguire la cottura. Al termine disporre la carne in un piatto da portata contornata dalle patate; cospargerla col prezzemolo, irrorarla col sugo rimasto nel boccale e servire.

13.1.4.20   Vitello Alle Verdure Novelle

Ingredienti (x6) 1 kg di filetto di vitello, 4 carciofi, 100gr. di piselli freschi, 12 punte di asparagi, 4 cipollotti, 100gr. di fave fresche sgusciate, succo di 1\2 limone, prezzemolo tritato, uno spicchio d'aglio, 40gr. di burro, sale, pepe bianco.
Procedimento: Strofinare il filetto con l'aglio tagliato a metà, salare e pepare la carne massaggiandola con le mani e lasciarla riposare. Inserire nel boccale un lt d'acqua: 12min. 100° Vel.1. Nel frattempo preparare le verdure; togliere il verde ai cipollotti, tagliare i bulbi in 4, lavarli e asciugarli. Mondare i carciofi, tagliarli a spicchi e bagnarli col succo di limone. Mescolare insieme fave, cipollotti, piselli e carciofi. Disporre nel *varoma* la carne con attorno tutte le verdure, chiuderlo bene e posizionarlo sul boccale: 40min. *varoma* Vel.1. Pulire gli asparagi e posizionarli nel *varoma* gli ultimi 15 minuti di cottura. Al termine togliere la carne dal *varoma* e metterla in un piatto riscaldato, condire con sale, pepe, prezzemolo, burro a fiocchetti e mescolare delicatamente. Tagliare la carne a fette, adagiarla sopra le verdure e servire subito. Le verdure si possono anche condire con olio o con burro al limone e cerfoglio come nella ricetta degli asparagi.

13.1.4.21   Salsiccia Fresca Con Porri E Patate

Ingredienti (x 4) 4 salsicce (600 g), 350gr. di porro, 750gr. di patate a tocchetti. Per la salsa: 200gr. di panna, un mis vino bianco secco, un cucchiaio di maizena, sale alle erbe, una punta di pepe di cayenna.
Procedimento: Pulire il porro e tagliarlo per il lungo in fette uguali. Scottare le salsicce in acqua bollente, metterle nel *varoma* e ricoprirle col porro. Disporre le patate nel cestello. Inserire nel boccale un lt d'acqua: 35min. *varoma* Vel.1. Dopo 10min. posizionare il cestello nel boccale, il *varoma* sul coperchio e continuare la cottura. Al termine togliere il *varoma* e il cestello e tenerli da parte al caldo. Preparare la salsa: lavare il boccale, posizionare la farfalla e inserire tutti gli ingredienti per la salsa: 2min. 90° Vel.3. Unire i porri cotti e mescolare bene: 5sec. Vel.1. Distribuire la salsa al porro in un piatto da portata, appoggiarvi le salsicce e le patate e servire subito.

13.1.4.22   Petti D'anatra In Salsa Di Mirtilli

Ingredienti (x6) 4 petti d'anatra, 2 grosse pere william, 4 foglie d'alloro, uno scalogno, 20gr. di burro, 100gr. di mirtilli, un mis di vino rosso, un cucchiaino di zucchero, un cucchiaino di dado vegetale bimby, un cucchiaino di fecola, sale, pepe

Preparare la salsa: inserire nel boccale scalogno e burro: 3min. 100° Vel.4. Aggiungere i mirtilli e lo zucchero: 10sec. Vel.4. Inserire dado e vino: 3min. 100° Vel.1. Aggiungere la fecola: 10sec. Vel.1 e mettere da parte la salsa ottenuta mantenendola calda. Salare e pepare i petti, massaggiarli con al punta delle dita per far penetrare il condimento. Tagliare a striscioline l'alloro e distribuirlo sul fondo del varoma. Appoggiare i petti con la parte della pelle a contatto con l'alloro. Sbucciare le pere, tagliarle a metà, eliminare il torsolo, tagliarle a fettine in lunghezza senza dividerle fino in fondo, in modo che ogni mezza pera possa essere aperta a ventaglio. Sistemate le mezze pere nel vassoio del *varoma* e chiudere. Inserire un lt d'acqua nel boccale e portare ad ebollizione: 10min. 100° Vel.1. Posizionare il *varoma* sul boccale e cuocere: 30min. *varoma* Vel.1. Dopo 6 minuti aprire il varoma, togliere il vassoio con le pere e tenerle da parte. Richiudere il *varoma* e continuare la cottura. Al termine mettere in un piatto da portata i petti d'anatra tagliati a strisce grosse. Irrorarli con la salsa calda e guarnirli con i ventagli di pera leggermente pepati. Servire subito.

13.1.4.23   Girandole Di Struzzo

Ingredienti x 6: 600gr. di bistecche di struzzo, 500gr. di scarola mondata, 140gr. di prosciutto cotto, 120gr. di zucchine, 120gr. di carote, sale. **Per la salsa:** 150gr. di salsa di soia, 3 cucchiaini di aceto di riso, prezzemolo. portare ad ebollizione 500gr. d'acqua: 7min. 100° Vel.1.

Procedimento: Tagliare carote e zucchine a bastoncini. Battere la carne a fettine sottili e salarle. Disporre sulle fettine, a strati, le zucchine, il prosciutto e le carote. Arrotolarle, ricavre tre rotolini da ogni fetta e fermarli con uno stuzzicadenti. Disporre i rotolini nel *varoma* e ricoprirli con la scarola. Quando l'acqua bolle posizionare il *varoma* sul boccale: 10min. *varoma* Vel.1. Terminata la cottura trasferire la scarola in un piatto da portata, disporre al centro le girandole di struzzo. nel boccale ripulito inserire prezzemolo, salsa di soia e aceto di riso: 2min. 80° Vel.4. Servire le girandole e la scarola condite con questa salsina.

13.1.4.24   Uova Strapazzate

Ingredienti x 4: 4 uova a temperatura ambiente, qualche fiocchetto di burro, sale, pepe. Per decorare: erba cipollina e parmigiano.

Procedimento: Inserire nel boccale tutti gli **ingredienti:** 20sec. Vel.1 e mettere da parte. inserire nel boccale 1\2 lt d'acqua: 6min. 100° Vel.1. Appena raggiunta l'ebollizione, posizionare il *varoma* con la ciotola contenente le uova: 8min. *varoma* Vel.1. Decorare con erba cipollina, formaggio grattugiato e, per rendere le uova ancora più cremose, aggiungere un cucchiaio di panna. P.S. Se le uova sono appena state tolte dal frigo, aumentare di qualche minutoil tempo di cottura.

13.1.4.25   Uova In Cocotte Con Spinaci

Ingredienti x 4: 200gr. di spinaci lavati e scolati, 40gr. di burro, 4 uova a temp ambiente, 50gr. di gruyere grattugiato, sale, pepe.

Procedimento: Inserire nel boccale 30gr. di burro, gli spinaci e il sale: 10min. 100° Vel.1 tenendo il misurino inclinato e mettere da parte. Inserire nel boccale 500gr. d'acqua: 6min. 100° Vel.1. Nel frattempo distribuire gli spinaci in 4 stampini d'alluminio imburrati. Cospargerli di gruyere, rompervi sopra le uova, salare e pepare. Disporre gli stampini nel varoma. Quando l'acqua bolle posizionarlo sul boccale: 8min. *varoma* Vel.1. Servire accompagnati da bastoncini di pane dorato in forno. P.S. La cottura può variare in funzione del peso e della temp delle uova.

13.1.4.26   Uova In Cocotte Con Funghi Trifolati

Ingredienti X 4: 300gr. di funghi champignon puliti, 50gr. d'olio, 2 cucchiai di prezzemolo tritato, 4 uova a temp ambiente, 10gr. di burro, uno spicchio d'aglio, sal, pepe.

Procedimento: Inserire nel boccale aglio e olio: 3min. 100° Vel.1 ed eliminare l'aglio. Posizionare la farfalla e aggiungere i funghi affettati, sale e pepe: 15min. 100° Vel.1 senza misurino. Se necessario addensare qualche minuto a *varoma* Vel.1. A fine cottura togliere i funghi, cospargerli con una parte di prezzemolo e mettere da parte. Senza lavare il boccale inserire 500gr. d'acqua: 6min. *varoma* Vel.1. Intanto distribuire i funghi in 4 stampini d'alluminio imburrati, rompervi sopra le uova e cospargere col prezzemolo rimasto. Disporli nel *varoma* e quando l'acqua bolle posizionarlo sul boccale: 8min. *varoma* Vel.1. Servire le uova negli stampini accompagnati da bastoncini di pane dorati in forno.

13.1.5   Pesci

13.1.5.1   Pot-Pourri Di Frutti Di Mare

Ingredienti: x 4: 4 filetti di platessa, 10\12 scampi con la testa, 8 gamberoni sgusciati, 20 cozze. **Per il ripieno:** 300gr. di spinaci freschi, uno scalogno, una noce di burro, 20gr. di parmigiano, sale, pepe. **Per la salsa:** 3 misurini del fondo di cottura del riso, un cucchiaio di maizena, un cucchiaino di curry, 100gr. di panna, succo di 1\2 limone, un cucchiaio di prezzemolo tritato. **Per il contorno:** 250gr. di riso integrale, sale. **Preparare il ripieno:** inserire nel boccale gli spinaci lavati con un pizzico di sale: 6min. 100° Vel.1. Scolarli e strizzarli bene. Inserire nel boccale dal foro del coperchio con lame in movimento Vel.6, lo scalogno: 5sec. Vel.6. Unite una noce di burro: 3min. 90° Vel.4. Aggiungere gli spinaci, parmigiano, pepe e sale: 5sec. Vel.4. Distribuire questo composto sui filetti di platessa divisi in due verticalmente facendo in modo che la pelle resti all'interno e fare degli involtini. Sistemarli in piedi ai lati del varoma. Al centro disporre i gamberoni, poi gli scampi e sopra le cozze ben pulite: chiudere il varoma. Mettere nel boccale 1 lt d'acqua, sale e posizionare il cestello col riso: 35min. *varoma* Vel.1. Dopo 15min. posizionare il *varoma* sul boccale e continuare la cottura. Al termine disporre il riso in un grande piatto riscaldato e mettere al centro i pesci. Mantenere in caldo e preparare la salsa: inserire nel boccale 3 misurini di fondo di cottura del riso e la maizena: 2min. 70° Vel.4. Unire panna e curry: unmin. 70° Vel.4. Aggiungere il succo di limone e il prezzemolo: Vel.4 per pochi sec. Irrorare riso e pesce con una prate di questa salsa e il resto servirla a prate in una salsiera. Per una preparazione meno calorica potete condire con una vinaigrette fatta con 50gr. d'olio, il succo di un limone e un cucchiaio di prezzemolo tritato.

13.1.5.2   Trote Con Patate, Verdure E Salsa Olandese

Ingredienti: x 4: 350gr. di patate, 350gr. di verdure fresche a piacere, 2 trote pulite, succo di un limone, sale, pepe. **Per la salsa olandese:** 1\2 misurino del liquido di cottura, 3 tuorli, 100gr. di burro morbido, succo di 1\2 limone, sale, pepe.
Procedimento: Lavare e sbucciare le patate, tagliarle a spicchi e porle nel cestello. Versare nel boccale 800gr. d''cqua con un cucchiaino di sale: 35min. *varoma* Vel.1. Intanto pulire e lavare le verdure, tagliarle a bastoncini e disporle nel varoma. Passare le trote dentro e fuori col succo di limone, salarle, peparle e disporle nel vassoio del varoma. Dopo 10min. posizionare il cestello con le patate nel boccale, il *varoma* sul coperchio e cuocere. Al termine disporre trote e verdure in un piatto da portata e tenerle al caldo. Tenere da prate 1\2 mis del liquido di cottura, sciacquare il boccale con acqua fredda e inserire tutti gli ingredienti per la salsa eccetto il burro: 5min. 70° Vel.2. Durante la cottura unire il burro a pezzetti. Al termine versare la salsa in una salsiera e servire subito.

13.1.5.3   Filetti Di Sogliola Ai Porri

Ingredienti: x 6: 600gr. di filetti di sogliola, 3 piccoli porri, 4 cucchiai di succo di limone, 750gr. di patate, sale, pepe. *Per la salsa:* 400gr. di brodo di cottura della sogliola, 125gr. di vino bianco, 100gr. di panna, 40gr. di farina, un cucchiaio di curry in polvere, un cucchiaio di succo di limone, sale, pepe. *Per decorare:* 4 cucchiai di mandorle a pezzi, una noce di burro, un cucchiaio di prezzemolo tritato.

Procedimento: Lavare e asciugare i filetti, spruzzarli con 3 cucchiai di succo di limone, salarli e peparli. Inserire nel boccale mandorle e burro: 5min. 100° Vel.1 e mettere da prate. Lavare i porri, tagliarli a metà diagonalmente in 3 lunghi pezzi, disporli nel varoma, salarli e spruzzarli leggermente con succo di limone. Fare degli involtini con i filetti, chiuderli con uno stuzzicadenti e metterli nel vassoio del varoma. Inserire nel boccale 700gr. d'acqua e posizionare il cestello con le patate affettate: 25min. *varoma* Vel.4. Dopo 10min. posizionare il *varoma* sul boccale e continuare la cottura. Al termine disporre in un piatto caldo gli involtini con le verdure. Preparare la salsa: lasciare nel boccale 400gr. del liquido di cottura aggiungendo acqua calda se necessario, posizionare la farfalla ed inserire tutti gli ingredienti della salsa: 8 min90° Vel.3. Versare la salsa sul pesce e le verdure, guarnire con le mandorle tostate e il prezzemolo e servire subito. N.B. Per una salsa meno calorica dimezzare la quantità di brodo e sostituire la panna col latte: 200gr. di brodo di cottura del pesce, 125gr. di vino bianco, 100gr. di latte, 40gr. di farina, un cucchiaino di curry, un cucchiaio di succo di limone, sale, pepe: 8min. 90° Vel.3, posizionando la farfalla.

13.1.5.4   Turbantini Di Sogliola

Ingredienti: x 6: 700gr. di filetti di sogliola o platessa, 2 zucchine medie, un peperone rosso, 12 champignon, 30gr. di burro, un piccolo porro, 60gr. di panna, un albume, olio, timo fresco, sale, pepe.

Procedimento: Ridurre le verdure in dadolata e disporne due terzi nel varoma. Ricavare dalle sogliole 12 filetti. Spianarli con un batticarne, asciugarli con carta assorbente e avvolgerli su sé stessi, in modo che la pelle stia all'interno. Disporli nel vassoio del varoma. Inserire nel boccale la rimanente polpa delle sogliole: 20sec. Vel.8. Aggiungere la panna e l'albume: 20sec. Vel.5 e mettere da prate. Inserire nel boccale burro e porro: 3min. 100° Vel.3, aggiungere la rimanente dadolata di verdure: 5min. 100° Vel.3. Terminata la cottura, pepare, unire il composto tenuto da prate e amalgamare con la spatola. Riempire i turbantini di sogliola. Inserire nel boccale un lt d'acqua: 10min. 100°vel 1. Posizionare il *varoma* completo sul boccale: 20min. *varoma* Vel.1. Terminata la cottura disporre i turbantini di sogliola in un piatto da portata contornati dalle verdure e cosparsi di timo.

Nel boccale si può contemporaneamente preparare questo sugo:

Ingredienti: 500gr. di passata di pomodoro, 4 filetti d'acciughe salate, uno spicchio d'aglio, 50gr. d'olio, sale, pepe nero, peperoncino.

Procedimento: Inserire nel boccale olio, aglio, acciughe e peperoncino: 3min. 100° Vel.1. Aggiungere il pomodoro, 1 mis d'acqua, sale, pepe: 15min. 100° Vel.1. A questo punto posizionare il *varoma* e procedere come per la ricetta precedentemente descritta.

13.1.5.5   Filetti Di Sogliola Al Vapore Di The

Ingredienti: 8 filetti di sogliola, 2 bustine di tè di Ceylon, 1 limone sbucciato, 1 scalogno, 1 porro, 3 rametti di prezzemolo, sale e pepe q.b. *Per la salsa:* 2 cucchiai di salsa di soya-3 cucchiaini di aceto di mele-olio q.b.-1 cucchiaino di semi di sesamo

Preparare la salsa. Nel boccale introdurre tutti gli **ingredienti:** 10 sec. vel. 8 e mettere da parte Inserire nel boccale 1 lt. di acqua e portare all'ebollizione: 10 min. 100°C vel. 1. Nel frattempo sfogliare un porro lavato e sistemare le foglie nel *Varoma* e sul vassoio del Varoma, in modo che formino un lettino. Tagliare a metà i filetti di sogliola salarli, peparli, adagiarli sopra le foglie di porro ricoprire con lo scalogno, il limone tagliato a fettine e il prezzemolo. Quando l'acqua bolle, posizionare nel boccale il cestello con le bustine di tè e posizionare il *Varoma* sul boccale: 10 min. temp. *Varoma* vel. 1 chiuso e 2 min. vel. 1 con il coperchio scostato Terminata la cottura, disporre in un piatto da portata. Servire i filetti di sogliola con le verdure e irrorare il tutto con la salsa.

13.1.5.6 Salmone Al Vapore Con Salsa Di Champignon

Ingredienti: 600gr. di filetto di salmone privato della pelle, succo di 1 limone, scorza grattugiata di 1/2 limone non trattato, sale e pepe q.b., 300gr. di champignons, 2 scalogni, 1 mis. di vino bianco secco, 120gr. di panna, 120gr. di formaggio fresco, 1 pizzico di noce moscata, 50gr. di olio di oliva extra vergine **Procedimento:** Togliere eventuali lische dal salmone e tagliarlo in otto fette. Salare, pepare e spruzzare con il succo di limone i filetti di salmone, metterli nella carta forno (bagnata e strizzata) chiudendo bene il cartoccio e disporli nel vassoio del *Varoma* Tagliare i funghi a fettine e disporli nel Varoma. Inserire nel boccale 500gr. di acqua: 6 min. 100°C vel. 1. Quando l'acqua bolle posizionare il *Varoma* completo e ben chiuso sul boccale e cuocere: 15min. temp. *Varoma* vel. 1. A metà cottura girare il cartoccio Al termine della cottura togliere il *Varoma* e tenerlo in caldo. Sciacquare il boccale ed inserire scalogno e olio: 3 min. 100°C vel. 3. Posizionare la farfalla ed aggiungere vino bianco, formaggio e metà dei funghi già cotti: 3min. 100° Vel.4. Unire scorza di limone, noce moscata, panna e i funghi rimasti, sale e pepe: 30sec. Vel.1. Disporre il salmone in un piatto da portata, irrorarlo con la salsina e...buon appetito! N.B. Un riso al vapore cotto nel cestello contemporaneamente alla cottura al *varoma* dei funghi e del salmone completa molto bene questo piatto che potrete guarnire con rucola tagliata a listarelle.

13.1.5.7 Gamberetti Con Pannocchiette Di Granoturco

Ingredienti: x 4: 300gr. di pannocchiette in vasetto, 2 gambi di sedano, 4 cipolline primavera, 1\2 cespo d'insalata belga, 300gr. di gamberetti sgusciati, un cucchiaio di scorza grattugiata di limone, un cucchiaio di succo di limone, qualche goccia di tabasco, sale. **Per la marinata:** uno spicchio d'aglio schiacciato, 3 cucchiai di sherry, 3 cucchiai di salsa di soia.

Procedimento: Pulire le verdure, togliere le pannocchiette dal vasetto, tagliarle a metà per il lungo, tagliare le cipolline a fettine sottili e il sedano e la belga in piccoli pezzetti. Mescolare aglio, sherry, salsa di soia in una ciotola e immergervi le pannocchiette, mescolare bene e lasciare a marinare coperto per 2 ore. Disporre ora cipolla, sedano, pannocchiette tolte dalla marinata (che va conservata) nel varoma, con sopra l'insalata belga. Posizionare i gamberetti nel vassoio e salarli. Inserire nel boccale 500gr. d'acqua: 6min. 100° Vel.1. Quando l'acqua bolle posizionare sul boccale il *varoma* ben chiuso e cuocere: 20min. *varoma* Vel.1. Al termine cospargere i gamberetti con la scorza di limone grattugiata. Disporre tutto in un piatto, condire con la marinata rimasta, il tabasco, il succo di limone e mescolare distribuendo con garbo le pannocchiette. Questo piatto è ottimo servito con riso al vapore.

13.1.5.8 Salmone Al Trancio Con Verdure

Ingredienti: 4 tranci di salmone da 150 gr l'uno, 1 carota, 2 coste di sedano, 1 cipolla rossa, 1 scalogno, 1/2 porro, 2 rametti di prezzemolo, 1 rametto di aneto, barbe verdi di un finocchio (facoltativo) olio extra vergine di oliva a piacere, sale e pepe q.b.

Procedimento: Tagliare le verdure, lavarle e metterle nel *varoma* e nel vassoio. Nel frattempo salare e pepare il salmone. Inserire nel boccale 1 lt. d'acqua e portare ad ebollizione: 10 min. 100° vel.1. Poi posizionare sul boccale il *varoma* completo e ben chiuso: 10 min. temp.*varoma* vel.1 Poi adagiare i tranci di salmone sulle verdure, cospargere il tutto con prezzemolo, aneto e barbe di finocchio e cuocere ancora 7 min. temp. *varoma* vel.1 Portare poi in tavola su un piatto da portata aggiustato di sale e pepe e servire con un filo di olio extra vergine. E' necessario che il tempo di cottura sia molto breve, per lasciare al salmone la sua morbidezza e l'umidità naturale. Contemporaneamente alla cottura delle verdure e del pesce, nel boccale potete cuocere un buon risotto ai frutti di mare.

13.1.5.9 Scaloppe Di Salmone In Salsa Di Senape

Ingredienti: 4 fette di salmone (400gr. c.a.), 400gr. di spinaci, 1 cucchiaio di cerfoglio o prezzemolo tritati, sale e pepe q.b. **Per la salsa:** 100gr. di vino bianco, 200gr. di panna fresca, 1 cucchiaio e 1/2 di succo di limone, 80gr. di burro, 3 cucchiai di senape-sale e pepe q.b.

Preparare la salsa. Inserire nel boccale il vino: 5 min. 100°C vel. 1. Unire panna, burro a pezzetti, senape e succo di limone: 30 sec. vel. 1. Salare, pepare e tenere la salsa in caldo in una salsiera. Senza lavare il boccale, inserire 600 gr d'acqua e portare ad ebollizione: 7 min. 100° C vel. 1 Lavare gli spinaci, asciugarli delicatamente con un panno, tagliarli a grosse strisce e disporli nel Varoma: 30 min. temp. *Varoma* vel. 1. Disporre nel vassoio le fette di salmone salate e pepate; dopo 10 minuti min. posizionarlo nel *Varoma* e continuare la cottura. Sistemare in 4 piatti un letto di spinaci, salarli leggermente, adagiarvi sopra le scaloppe di salmone e napparle con la salsa precedentemente preparata. Guarnire i piatti con il cerfoglio o il prezzemolo tritati e aggiungere a piacere una macinata di pepe

13.1.5.10   Fricassea Di Scampi

Ingredienti: x 4: 16 scampi giganti freschi, 2 finocchi, olio, sale, pepe. Per la salsa al limone: 30gr. di succo di limone, 40gr. d'olio, un cucchiaio di vermouth secco, 10 olive nere di Grecia snocciolate, sale, pepe.

Preparare la salsa al limone: inserire nel boccale dal foro del coperchio con lame in movimento Vel.4 le olive: 40sec. Vel.4. Posizionare la farfalla e inserire tutti gli altri ingredienti della salsa: 2min. Vel.3 e mettere da prate. Inserire ora nel boccale un lt d'acqua e portare ad ebollizione: 10min. 100° Vel.1. Lavare i finocchi, affettarli per il lungo e disporli sul fondo del varoma. Aprire a libro le code degli scampi e disporli sopra i finocchi: salare, pepare e spennellare con l'olio. Quando l'acqua bolle posizionare il varoma: 15min. varoma Vel.2. Al termine disporre scampi e finocchi in un piatto da portata, irrorarli con la salsa e servire subito.
Si può sostituire la salsa al limone con la salsa olandese delle "TROTE CON PATATE ".

13.1.5.11   Filetti Di Rombo Alle Verdure

Ingredienti: x 4: un rombo da cui ricavre 4 filetti(400\500 g), 4 foglie di cavolo bianco, 200gr. di verdure (carote, zucchine, sedano, rapa), succo e scorza grattugiata di un limone, 180gr. d'olio, un cucchiaio di prezzemolo tritato, sale, pepe.

Procedimento: Lavare, asciugare i filetti di rombo e metterli a marinare 30min. con 90gr. d'olio, sale, pepe e la scorza grattugiata di limone. Inserire nel boccale i 200gr. di verdure e tritarle grossolanamente: 5sec. Vel.3. Toglierle e metterle da prate. Inserire ora nel boccale 90gr. d'olio, il succo di limone, sale, pepe e prezzemolo tritato: 10sec. Vel.4 e mettere da prate. Portare ad ebollizione un lt d'acqua: 10min. 100° Vel.1. Intanto sistemare ogni filetto su una foglia di cavolo. Stendervi un po' di verdure tritate e arrotolare, legare e disporre gli involtini nel varoma. Quando l'acqua bolle posizionare il *varoma* sul boccale e cuocere: 20min. *varoma* Vel.1. Terminata la cottura trasferire gli involtini su un piatto da portata e servirli caldi, nappati con la salsa al limone tenuta da prate. Si può ottenere contemporaneamente un buonissimo brodo di pesce mettendo nel boccale con l'acqua le verdure avanzate e posizionando il cestello con i ritagli di rombo. E' ottimo con i tagliolini.

13.1.5.12   Cartocci Di Pesce Con Pomodoro

Ingredienti: x 4: 8 tranci di rana pescatrice (coda di rospo) pulito e senza spine, 4 pomodori perine, 2 piccole patate senza buccia, 1\2 cipolla rossa piccola di Tropea, una foglia d'alloro fresco, un cucchiaino di timo fresco, un mazzetto di rucola a striscioline, 2 peperoncini semipiccanti messicani (Jalapegno), olio, sale, pepe.

Procedimento: Inserire nel boccale un lt d'acqua e posizionare il cestello con el patate: 10min. 100°vel 2. Intanto disporre i pomodori nel *varoma* e quando l'acqua bolle posizionarlo sul boccale: 10min. *varoma* Vel.2. Terminata la cottura togliere le patate, sbucciarle, affettarle, salarle, profumarle con il timo e metterle da prate. Spellare i pomodori, strizzarli e inserirli nel boccale con sale, pepe, timo, cipolla e peperoncino: 15sec. Vel.3. Aggiungere le foglie d'alloro a listarelle: 10sec. Vel.1 e mettere da prate. Inserire nuovamente nel boccale un lt d'acqua: 30min. *varoma* Vel.1. Preparare 8 rettangoli di carta d'alluminio, posizionarli nel *varoma* e sul vassoio e spennellarli al centro con olio di semi. Disporre al centro di ogni rettangolo qualche fettina di patata, appoggiarvi un trancio di pesce salato e pepato, sollevare i lembi di ogni rettangolo formando tanti piccoli cestini e irrorare con la salsina preparata. Dopo 10min. posizionare il *varoma* e cuocere. Al termine togliere il coperchio del *varoma* e continuare la cottura 5min. *varoma* Vel.1. Servire il pesce nei cartoccini e guarnirlo con la rucola. Nel boccale si può cuocere contemporaneamente al pesce un buon sugo di pomodoro.

13.1.5.13 Filetti Di Persico Con Burro Al Salmone

Ingredienti (per 6 persone) 16 piccoli filetti di pesce persico, 100 gr.di salmone affumicato, 80 gr.di burro morbido, 1 albume, sale e pepe bianco macinato al momento q.b

Procedimento: Inserire nel boccale il salmone affumicato: 10 sec.vel.3. Unire il burro: 40 sec.vel.4, fino ad ottenere una crema omogenea e mettere da parte. Inserire ora nel boccale 1 lt.di acqua e portare ad ebollizione: 10 min.100°C vel.1. Nel frattempo salare e pepare i filetti di persico e tagliare 8 quadrati di carta da forno (20x20 cm.). Sopra ogni quadrato mettere un filetto di persico, spalmarlo con il burro al salmone, coprirlo con un secondo filetto e avvolgerlo nella carta avendo cura di sigillare ogni cartoccio con l'albume. Continuare così fino ad esaurimento degli ingredienti. Disporre i cartocci nel *Varoma* e, quando l'acqua bolle, posizionarlo sul boccale: 7 min. temp. *Varoma* vel.1. Terminato il tempo di cottura aprire parzialmente il coperchio e continuare la cottura per altri 5 min. Trasferire i cartocci ancora chiusi in piatti da portata precedentemente riscaldati e servirli subito. Accompagnare questo piatto con pomodorini, agretti o insalatine di stagione.

13.1.5.14 Spiedini Di Pesce Con Salsa Al Curry

Ingredienti: 300 gr.di filetti di pescatrice, 8 gamberoni, 4 grosse capesante già pulite, 1 cipollotto, 120 gr.di yogurt, 1 cucchiaio di panna fresca, 1/2 cucchiaino di maizena, 1 cucchiaino di curry forte, 1/2 cucchiaino di cumino pestato, 30 gr.di olio d'oliva, succo di 1/2 limone, sale, crescione, 12 pomodorini a ciliegia per guarnire **Preparazione:** Sistemare in una ciotola i gamberoni sgusciati, la pescatrice tagliata a dadini, le capesante, il cumino e il succo di limone. Mescolare e lasciare riposare in luogo fresco per 30 min.circa. Nel frattempo inserire nel boccale il cipollotto con 2 cucchiai d'olio: 3 min.100°C vel.3. Aggiungere curry, yogurt, maizena e sale: 5 min.80°C vel.2. Al termine aggiungere la panna: 30 sec.vel.1 e mettere da parte. Senza lavare il boccale inserire 500 gr.d'acqua: 7 min.100°C vel.1. Preparare 4 spiedini unti di olio e infilarvi una capasanta, 2 gamberoni e qualche dado di pescatrice e disporli nel vassoio del Varoma. Quando l'acqua bolle, posizionare il *Varoma* e cuocere: 5min. *varoma* Vel.1 e 3min. *varoma* Vel.1 con il coperchio socchiuso. Servire gli spiedini in piatti individuali con qualche foglia di crescione, con 3 pomodorini e la salsa a prate. Per trasformarlo in un piatto unico si possono raddoppiare le dosi e accompagnare gli spiedini con insalata mista e cocco fresco grattugiato o riso cotto al vapore.

13.1.5.15 Pesce Con Salsa Allo Zenzero

Ingredienti x 4: un dentice di 1 kg, uno spicchio d'aglio, 2 rametti di timo, olio, sale, pepe. Per la salsa allo zenzero: 4 pomodori medi spellati e a pezzi, una cipolla piccola, uno spicchio d'aglio, un mazzetto di basilico, un pezzo di zenzero grosso come un pollice, un limone 30gr. d'olio, sale, peperoncino in polvere.

Procedimento: Preparare la salsa: inserire nel boccale cipolla, aglio e olio: 3min. 100° Vel.4. Unire pomodori, sale, peperoncino e succo di limone: 5min. *varoma* Vel.1, senza misurino. Versare la salsa in un contenitore, aggiungere lo zenzero sbucciato e grattugiato e il basilico spezzettato. Aggiustare di sale e tenere la salsa in caldo in una salsiera. Senza lavare il boccale inserire un lt d'acqua: 10min. 100° Vel.1. Sciacquare il pesce già pulito sotto l'acqua corrente, asciugarlo all'interno e all'esterno, salarlo, peparlo dentro e fuori, riempirlo con il timo, lo spicchio d'aglio schiacciato, e infine disporlo leggermente unto nel varoma. Quando l'acqua bolle posizionare il varoma: 20min. *varoma* Vel.1 (Il pesce è cotto quando l'occhio è bianco e sporgente). Servire il dentice caldo con l'ottima salsina allo zenzero mantenuta tiepida.

13.1.5.16   Pescatrice Alle Spezie E Al Miele

Ingredienti: 800gr. di pescatrice (coda di rospo), 2 cucchiaini di miele, un grano di anice stellato, 1\2 cucchiaino di cumino, 1\4 di noce moscata, 6 grani di pepe nero, 6 grani di pepe bianco, un chiodo di garofano, un grappolo d'uva bianca, sale.

Procedimento: Inserire nel boccale 1, 250 lt d'acqua: 15min. 100° Vel.1. Pestare in un mortaio le spezie e metterli in una ciotola con 2 cucchiai di miele. Appoggiare la ciotola nel *varoma* e porlo sul boccale per pochi minuti, per far sciogliere il miele e amalgamare tutto. Intanto incidere la pescatrice lungo la spina dorsale e staccarla senza separare completamente il pesce dai due filetti. Spennellare l'interno dei filetto col composto di spezie, salare e legare bene con lo spago ricostruendo la forma originale del pesce. Con lo stesso composto spennellare anche l'esterno, adagiare il pesce su un foglio di carta forno, tagliare la cipolla a fettine sottili e disporla intorno al pesce con la metà degli acini d'uva sbucciati. Salare, chiudere bene il cartoccio e disporlo nel varoma. Quando l'acqua bolle posizionarlo sul boccale: 40min. *varoma* Vel.1. Ultimata la cottura, togliere il cartoccio e lasciarlo riposare qualche minuto. Posizionare nel boccale il cestello con i rimanenti acini d'uva spellati: 2min. 80° Vel.1. Aprire il cartoccio, togliere lo spago alla pescatrice, tagliarla a grosse fette, disporle in un piatto da portata con gli acini d'uva, le cipolle e servire. Si può servire contornato di patate a vapore cotte contemporaneamente nel cestello negli ultimi 25min. di cottura del pesce.

13.1.5.17   Terrine Di Sgombri E Cipolle

Ingredienti: 8 piccoli filetti di sgombro, un mazzo di cipollotti, un cucchiaio di aceto e vino bianco, succo di un limone, 10gr. di burro, sale, pepe. Per servire: pane nero, burro salato.

Procedimento: Affettare i cipollotti senza gettare la prate verde. Inserire nel boccale 1 lt d'acqua salata: 10min. 100° Vel.1. Imburrare le pareti di uno stampo d'alluminio che possa entrare nel varoma, sistemare a strati i cipollotti affettati e i filetti di sgombro fino ad esaurimanto degli ingredienti, salare e pepare. Disporre nel cestello la prate verde dei cipollotti e, quando l'acqua bolle, posizionare il cestello nel boccale: 1min. 100° Vel.3, scolarli subito e raffreddarli sotto il getto dell'acqua. Decorare i bordi e la superficie della terrina con le foglie più tenere dei cipollotti. Irrorare il tutto col succo di un limone e un cucchiaio d'aceto. Disporre la terrina nel *varoma* e porlo ben chiuso sul boccale: 10min. *varoma* Vel.1. Togliere il coperchio e continuare la cottura: 5min. *varoma* Vel.1. Servire la terrina calda con pane nero affettato e burro salato.

13.1.5.18   Capitone Con Alloro

Ingredienti: 1 kg di capitone, 30 foglie d'alloro fresco, succo di un limone, un limone a spicchi, sale.

Procedimento: Inserire nel boccale un lt d'acqua: 10min. 100° Vel.1. Intanto disporre metà dell'alloro sul fondo del *varoma* e adagiarvi il capitone tagliato a tocchetti e salato. Ricoprirlo con le restanti foglie d'alloro. Quando l'acqua bolle posizionare il *varoma* sul boccale e cuocere: 20min. *varoma* Vel.1. Terminata la cottura disporre il capitone in un piatto da portata, spruzzarlo col limone e servirlo guarnito con succo di limone.

13.1.5.19   Trancio Di Tonno Ai Peperoni

Ingredienti(per 6 persone): 800 gr.di tonno fresco in tranci alti tre dita, 3 peperoni, 1 mazzettino di basilico, 60 gr.di olive verdi, sale e pepe q.b., 90 gr.di olio extravergine di oliva.

Procedimento: Salare e pepare il tonno su tutti i lati, massaggiando il condimento sui tranci con la punta delle dita. Distribuire sul fondo del *Varoma* uno strato di foglie di basilico e disporvi il tonno. Nel vassoio sistemare i peperoni lavati, asciugati e tagliati a metà. Inserire nel boccale 1 lt.di acqua e portare all'ebollizione: 10 min.100°C vel.1. Posizionare il *Varoma* completo sul boccale: 20 min. temp.*Varoma* vel.1. Trascorsi 15 min. togliere il vassoio con i peperoni e continuare la cottura del tonno. Nel frattempo spellare i peperoni, svuotarli dai semi e tagliarli a pezzi. A cottura ultimata, togliere il Varoma, eliminare l'acqua di cottura dal boccale, conservandone due cucchiai. Unire i peperoni: 10 sec.vel.8. Aggiungere il sale e l'olio a filo, dal foro del coperchio con lame in movimento vel.7: 30 sec.vel.7. Versare un fondo di salsa in ogni piatto, disporre il tonno sulla salsa, guarnire con le olive, qualche foglia di basilico e servire

13.1.5.20   Tranci Di Tonno Marinato

Ingredienti: X 6: 2 tranci di tonno fresco da 400gr. l'uno, un mazzetto di basilico, un mazzetto di prezzemolo, 2 peperoncini secchi piccanti, 3 grossi cipollotti, 3 cucchiai di capperi fini sott'aceto, 2 chiodi di garofano, olio quanto basta per coprire il tonno, sale, pepe.

Procedimento: Inserire nel boccale 700gr. d'acqua: 8min. 100° Vel.1. Nel frattempo distribuire nel *varoma* metà del prezzemolo e basilico lavati, appoggiarvi sopra i tranci di tonno e coprire con le erbe rimaste. Quando l'acqua bolle posizionare il *varoma* sul boccale: 30min. Vel.1 varoma. Terminata la cottura lasciare raffreddare completamente il tonno, ripulirlo delle lische e sfogliarlo con le mani. Affettare sottilmente la prate bianca dei cipollotti e condirli con i chiodi di garofano pestati, sale e pepe. In una ciotola profonda mettere uno strato di cipollotti, uno di tonno, poi capperi e ancora cipollotti. Sopra il tutto versare l'olio mescolato col peperoncino sbriciolato. Sigillare il recipiente con pellicola trasparente e tenere in frigo per 2\3 giorni, prima di servirlo accompagnato da patate al vapore o pomodori freschi e insalata mista.

13.1.5.21   Merluzzo Al Vapore Con Salsa Aioli'

Ingredienti: 900gr. di filetto di merluzzo sotto sale, già ammollato e dissalato-2 uova-1 kg. di garusoli o murice già lessati (facoltativo)-3 rape-100gr. di fagiolini-2 carote piccole-3 cipollotti-3 piccole patate rosse-100gr. di cimette di cavolfiore-2 zucchine piccole

Per la salsa all'aglio: 1 tuorlo-1/2 patata lessata-180gr. di olio extra vergine di oliva- 6 piccoli spicchi di aglio-sale grosso

Preparare la salsa all'aglio. Inserire nel boccale gli spicchi di aglio con il sale grosso: 15 sec. vel. Turbo. Unire il tuorlo e la patata sbucciata ancora tiepida: 10 sec. vel. 6. Unire l'olio come per la maionese dal foro del coperchio sulle lame in movimento a vel. 4: 1 min. vel. 4. Esaurito l'olio unire alla salsa 1 cucchiaio di acqua bollente sempre sulle lame in movimento a vel. 4. Versare la salsa ottenuta in una salsiera e tenere da parte. Preparare il merluzzo. Inserire nel boccale 1 lt. di acqua: 10 min. 100°C vel. 1. Nel frattempo sistemare nel *Varoma* tutte le verdure a pezzettoni (rape, fagiolini carote, cipollotti, patate rosse, cavolfiori e zucchine) e cuocere: 30 min. temp. *Varoma* vel. 1. Disporre sul vassoio del *Varoma* il merluzzo a pezzi grossi. Trascorsi 10 min. di cottura delle verdure sistemare nel *Varoma* il vassoio con il merluzzo e proseguire la cottura. Al termine togliere il vassoio con il merluzzo, sistemare tra le verdure le uova per farle rassodare, rimettere il vassoio e cuocere ancora: 10 min. temp. *Varoma* vel. 1.Disporre in un piatto da portata il merluzzo e i garusoli contornati dalle verdure e dalle uova sode sgusciate e tagliate a metà. Servire con la salsa precedentemente preparata nella quale si intingeranno di volta in volta i vari ingredienti.

13.1.5.22   Insalata Di Merluzzo

Ingredienti: X 6: 2 filetti di merluzzo (ammollato e dissalato), un mazzetto di prezzemolo, un cetriolo, 2 avocado maturi, succo di 2 limoni verdi, 80gr. d'olio, sale, pepe.

Procedimento: Inserire nel boccale 500gr. d'acqua: 7min. 100° Vel.1. Distribuire 1\3 del prezzemolo sul fondo del *varoma* e adagiarvi il pesce asciutto e cospargerlo col prezzemolo rimasto, tenendone un po' per la vinaigrette. Quando l'acqua bolle, posizionare il varoma: 20min. *varoma* Vel.1. Lasciar riposare 5 minuti, poi togliere il merluzzo e diliscarlo. Sbucciare e tagliare a fette sottili cetrioli e avocado. Eliminare l'acqua di cottura e inserire nel boccale il succo dei limoni, prezzemolo e olio: 20sec. Vel.6. In un'insalatiera disporre merluzzo, cetrioli, avocado, aggiustare di sale e pepe e condire con la vinaigrette preparata. Servire questa insalata dal gusto molto particolare ben fredda.

13.1.5.23   Capesante Al Vapore

Dose per 4 persone: 12 grosse capesante fresche , 1 cipollotto (solo il verde) , 2 cucchiai di salsa di soia 1 pezzetto di zenzero fresco (grosso come un pollice) , 4 cucchiai di olio extra vergine di oliva.

Procedimento: Inserire nel boccale 500gr. di acqua: 6 min. 100° C vel. 1. Nel frattempo aprire le capesante con un coltellino, staccare il mollusco, togliere le barbe e la sacca nera. Sciacquare i molluschi in poca acqua salata e asciugarli con un panno. Lavare bene le 6 valve concave e sistemare tre molluschi in ogni conchiglia. Sistemare le 4 conchiglie con i molluschi nel *Varoma* e quando l'acqua bolle, posizionarlo sul boccale: 6 min. temp. *Varoma* vel. 3. Togliere il *Varoma* lasciandolo però chiuso ed eliminare l'acqua di cottura. Inserire nel boccale, dal foro del coperchio con lame in movimento vel. 6, la parte verde del cipollotto, aggiungere olio, salsa di soia e zenzero: 2 min. 40° C vel. 4. Versare nelle 2 conchiglie rimaste vuote la salsina. Servire una conchiglia con le capesante a persona e al centro sistemare le conchiglie con la salsa per intingere ogni mollusco. Consigli: per un pranzo completo si può contemporaneamente preparare un risotto ai frutti di mare nel boccale, ponendo poi il *Varoma* con i molluschi negli ultimi minuti di cottura e preparando per prima cosa la salsina.

13.1.5.24   Filetti Di Branzino Farciti

Dose per 4 persone 2 branzini (1 kg. circa) squamati e sfilettati, con la pelle - 1 filetto di trota salmonata (180gr. circa) - 1 ciuffo di prezzemolo - 1 scatola di mais precotto 1 uovo - 1/2 mis. di panna da cucina - 1/2 pomodoro maturo - 5 zucchine novelle - olio extra vergine di oliva a piacere - qualche filo di erba cipollina - 10 gocce di tabasco - sale e pepe q.b.

Procedimento: Inserire nel boccale la trota e il prezzemolo: 15 sec. vel. 4. Aggiungere a filo la panna: 10 sec. vel. 4. Aggiungere uovo, sale, pepe, tabasco e erba cipollina: 20 sec. vel. 4. Tagliare a cubetti 1/2 zucchino e la parte esterna del pomodoro. Amalgamare la dadolata alla farcia: 10 sec. vel. 4 e mettere da parte. Inserire nel boccale 1 litro di acqua e portarla all'ebollizione: 10 min. 100° C vel. 1. Sistemare su un foglio di pellicola da cucina un filetto di branzino. Coprirlo con metà della farcia. Sovrapporre l'altro filetto e avvolgere il tutto nella pellicola ben stretta. Ripetere lo stesso procedimento per gli altri due filetti. Sistemare i due pesci ricomposti nel Varoma. Nel vassoio distribuire il mais scolato dal suo liquido e le zucchine tagliate a fiammifero. Quando l'acqua bolle posizionare il *Varoma* sul boccale: 15 min. temp. *Varoma* vel. 1. Girare i pesci e terminare la cottura: 15 min. temp. *Varoma* vel. 1. Scartare il pesce e tagliarlo a fette di circa 3 cm. ciascuna. Sistemare le fette di branzino al centro di un piatto da portata e intorno distribuire il mais e le zucchine alternate tra loro. Condire con sale, pepe, olio extra vergine di oliva e servire. Sono veramente speciali.

13.1.5.25   Calamari Con Carciofi E Piselli

X 4: 800gr. di calamari freschi o surgelAti, 5 carciofi, 200gr. di pisellini freschi o surgelati, 100gr. olio, un mis vino bianco secco, uno spicchio d'aglio, prezzemolo tritato, peperoncino (facoltativo), sale, pepe.

Procedimento: Pulire i calamari e tagliarli ad anelli. Inserire nel boccal aglio e olio: 3min. 100° Vel.4. Posizionare la farfalla e inserire i calamari, salare e pepare: 5min. 100° Vel.1. Aggiungere il vino: 3min. 100° Vel.1. Unire un mis d'acqua: 25min. temp *varoma* Vel.1. Disporre nel *varoma* i cuori di carciofo o fettine, nel vassoio i piselli e dopo 5min. posizionarlo sul boccale. A fine cottura disporre calamari, carciofi e piselli in un piatto da portata e irrorarli col loro sughetto. Prima di servire cospargere con prezzemolo tritato. A piacere si possono sostituire i calamari con le seppie.

13.1.5.26 Tortino Di Bianchetti

Ingredienti: x 4: 500gr. di bianchetti, 2 uova, 2 cucchiai di farina, 50gr. di pecorino grattugiato, 1\2 spicchio d'aglio, 3 patate medie, sale, prezzemolo e peperoncino. Per il sugo: 700gr. di passata di pomodoro, 8\10 filetti d'acciughe o un po' di pasta d'acciughe, 80gr. d'olio, 2 spicchi d'aglio, 30gr. di pangrattato tostato, poco peperoncino, sale, pepe.
Procedimento: Lavare bene i bianchetti e lasciarli sgocciolare. Inserire nel boccale pecorino, prezzemolo aglio e peperoncino: 20sec. Vel.6. Aggiungere farina, uova, sale e pepe: 30sec. Vel.6. Versare il preparato ottenuto sui bianchetti e amalgamare bene delicatamente. Preparare il sugo: inserire nel boccale pulito olio, aglio, peperoncino, acciughe: 3min. 100° Vel.3. Aggiungere la passata e il sale: 10min. 100° Vel.1. Disporre il composto di bianchetti preparato sul vassoio del varoma, foderato con carta forno. Disporre nel *varoma* le patate a fettine. Quando ilsugo bolle, posizionare il *varoma* completo sul boccale: 30min. varoma Vel.1. Presentare il tortino contornato dalle patate. Usare il sugo per condire spaghetti che, a piacere, potranno essere cosparsi con un po' di pangrattato tostato.

13.1.5.27 Cozze E Riso Allo Zafferano

X 4: 300gr. di riso a grana lunga, 1, 2 kg di cozze già pulite, una stecca di cannella, una grossa presa di zafferano, 3 cipollotti, una testa d'aglio, un mazzo diprezzemolo, 2 lime o limoni, olio, sale, pepe.
Procedimento: Inserire nel boccale 900gr. d'acqua salata e posizionare il cestello: 7min. 100° Vel.1. Nel frattempo disporre sul fondo del *varoma* i ciuffi del prezzemolo, le cozze, i cipollotti tagliati a metà in lunghezza, l'aglio e la stecca di cannella. Inserire dal foro del coperchio il riso e lo zafferano nel cestello, posizionare il *varoma* sul boccale: 13min. *varoma* Vel.4. Sgranare il riso sul piatto da portata e decorarlo con le cozze gli aromi di cottura. Irrorare con un filo d'olio, spruzzare con succo di limone (o lime) e servire il piatto caldo o freddo a piacere con una macinata di pepe.

13.1.5.28 Cozze E Patate

Ingredienti: x 4: 1, 2 kg di cozze, 6 patate rosse piccole, 300gr. di pomodorini sardi, un mazzetto di basilico, 2 spicchi d'aglio, 2 scalogni, 2 rametti di prezzemolo, olio, sale, pepe.
Procedimento: Inserire nel boccale 800gr. d'acqua, aglio, scalogni, prezzemolo, sale e pepe. Posizionare il cestello con le patate tagliate a metà: 10min. 100° Vel.1. Disporre le cozze ben lavate nel varoma, salarle leggermente, aggiungere i pomodori incisi a croce e qualche rametto di basilico. Posizionare il *varoma* sul boccale e continuare la cottura: 20min. *varoma* Vel.3. A fine cottura lasciare nel boccale 2 misurini del liquido di cottura, aggiungere il prezzemolo rimasto, 2 cucchiai d'olio e pepe: 30sec. Vel.6. Disporre cozze e patate in un piatto da portata, irrorare con un po' di sughetto e servire col rimanente sugo a parte.

13.1.5.29 Gianchetti Con Verdure

Ingredienti: (per 4 persone) 500 gr.di gianchetti, 1 limone, olio, sale, pepe, prezzemolo, aglio facoltativo, 800 gr.di patate, 300 gr.di carotine.

Procedimento: Pulire i gianchetti, sgocciolarli bene, salarli, peparli e disporli nel vassoio del *Varoma* precedentemente foderato di carta stagnola. Nel *Varoma* disporre le carote a bastoncini. Tagliare le patate a tocchi. Inserire nel boccale 800 gr.di acqua, 20 gr.di sale e posizionare il cestello: 25 min.temp.*Varoma* vel.2. Dopo
10 min.mettere le patate nel cestello, posizionare il *Varoma* sul boccale e completare la cottura. Al termine sistemare i gianchetti al centro di un piatto da portata e contornarli con le patate e le carotine. Irrorare con un filo d'olio, cospargere di prezzemolo, poco sale e pepe, spruzzare con il succo di limone i pesci e, a piacere, aggiungere l'aglio tritato.

13.1.5.30   Filetti Di Orata All'arancia Con Porri

Ingredienti: 500gr. di filetti di orata; 10 code di gamberoni; 50gr. di burro; 2 porri; 1 cipollotta; 200gr. di succo di arancia; 1 arancia; 1/2 min. di vermouth bianco; 2 cucchiai di olio; 1 cucchiaio di semi di finocchio; pepe macinato e sale q.b..
Procedimento: inserire nel boccale sale, pepe e semi di finocchio: 3" vel. Turbo e mettere da parte. Inserire ora b gliati a strisce e portare all'ebollizione: 5' 100° vel.
1. Nel frattempo disporre nel *Varoma* i filetti di orata, cospargerli con urro e cipolla: 3' 100° vel. 4. Unire vermouth, succo d'arancia, 200gr. di acqua e posizionare il cestello con i porri ta il trito di sale e aromi, irrorarli con l'olio e contornarli con le fettine d'arancia: distribuire i gamberoni nel vassoio. Coprire e posizionare il *VAroma* sul boccale: 15' temp. *Varoma* vel. 1. Terminata la cottura distribuire il pesce in un piatto da portata, contornarlo con le strisce di porro ed i gamberoni; irrorare con il fondo di cottura e guarnire con una julienne di scorza d'arancia.

13.1.5.31   Torta Di Pesce Spada

Ingredienti: X 4: 600\700gr. di pesce spada (4 fette), 15\20 pomodorini sodi e maturi, 130gr. di pane secco, 70gr. di parmigiano, 30gr. di pecorino, uno spicchio d'aglio, un cucchiaio abbondante di capperi dissalati, un ciuffo di prezzemolo, 90gr. d'olio, 3 filetti d'acciughe salate (facoltativi), sale, pepe. Per il sugo: 700gr. di passata di pomodoro, 60gr. d'olio, una cipolla media, 20gr. di olive verdi snocciolate, un cucchiaio di capperi dissalati, un gambo di sedano, sale, pepe.
Procedimento: Togliere la calotta superiore ai pomodorini, salarli e metterli capovolti a sgocciolare. Inserire nel boccale pane, formaggi, capperi, prezzemolo, aglio e acciughe: 30sec. Vel.8. Unire sale, pepe e 40gr. d'olio: 20sec. Vel.2 e mettere da parte. Preparare il sugo: sciacquare il boccale e inserire cipolla e sedano: 15sec. Vel.3. Unire olio, capperi e olive a fettine: 4min. 100° Vel.1. Aggiungere la passata di pomodoro, 1 misurino d'acqua, sale e pepe: 35min. *varoma* Vel.1. Nel frattempo farcire i pomodorini col composto tenuto da parte e disporli nel varoma; adagiarvi sopra le fette di pesce spada ben asciutte e unte con l'olio rimasto. Cospargerle col composto rimasto e aggiungere anche qualche fettina di pomodoro ricavata dalla calotta e qualche cappero. Dopo 15min. dall'inizio della cottura del sugo, posizionare il *varoma* sul boccale con i pomodori e il pesce e continuare la cottura per il tempo previsto. Adagiare il *varoma* su un piatto da portata, tenerlo al caldo e servirlo così, dopo un bel piatto di spaghetti conditi col sughetto preparato nel boccale.

13.1.5.32   Filetti Di Trota Salmonata

Ingredienti: x 4: 2 filetti di trota salmonata, 150gr. di ricotta magra, un cucchiaio d'olio, 150gr. di vino bianco, un azzetto di erbe profumate, crescione fresco, sale, pepe.
Procedimento: inserire nel boccale il mazzetto di erbe profumate e la ricotta: 30sec. Vel.7. Sui filetti di trota spalmare il composto ottenuto ed aggiungere sale e pepe. Posizionare i filetti nel *varoma* e cospargerli con l'olio. Inserire nel boccale 500gr. d'acqua e il vino bianco: 5min. 100° Vel.1. Posizionare il *varoma* sul boccale e cuocere: 10min. *varoma* Vel.1. In un piatto da portata presentare i filetti col crescione fresco e servire.

13.1.6 *Frutta e dolci*

13.1.6.1   Pere Helene

Ingredienti: x 6: 6 pere da 200gr. l'una, succo e scorza di un limone, 250gr. di zucchero, un chiodo di garofano, un pizzico di cannella. Per la salsa al cioccolato: 2 cucchiai di fecola, 20gr. di cacao amaro, un cucchiaio di zucchero, 150gr. di cioccolato fondente, 150gr. di latte o panna.

Procedimento: Inserire nel boccale 500gr. d'acqua, zucchero, scorza di limone, chiodo di garofano e cannella: 6min. *varoma* Vel.1. Nel frattempo sbucciare le pere, lasciando il picciolo, irrorarle con succo di limone e disporle in piedi nel varoma. Quando l'acqua bolle, posizionare il *varoma* sul boccale: 15min. *varoma* Vel.1. Terminata la cottura togliere le pere dal *varoma* e disporle in un piatto da portata. Togliere lo sciroppo rimasto nel boccale e metterlo da parte. Preparare la salsa: inserire nel boccale asciutto il cioccolato fondente: 3sec. Vel.turbo. Aggiungere tutti gli altri **ingredienti:** 7min. 80° Vel.2. Versare la salsa sulle pere e servirle fredde con una pallina di gelato alla vaniglia. NOTE: Lo sciroppo di cottura rimasto, potete utilizzarlo come base per qualunque tipo di sorbetto.
Se le pere fossero più grosse, aumentate il tempo di cottura di una decina di minuti.

13.1.6.2   Mele Al Vapore Con Zabaione Calvados

Ingredienti: X 6: 4 mele Granny Smith, succo di 1\2 limone, Per lo zabaione: 2 uova e 2 tuorli, 120gr. di zucchero, 150gr. di vino bianco secco, 1\2 mis di calvados.

Procedimento: inserire nel boccale 400gr. d'acqua: 5min. 100° Vel.1. Nel frattempo sbucciare le mele: togliere il torsolo, affettarle, spruzzarle col succo di limone e disporle nel varoma. Quando l'acqua bolle posizionare il varoma: 12min. *varoma* Vel.1. Disporre le mele su un piatto da portata e lasciarle raffreddare. Eliminare l'acqua di cottura, posizionare la farfalla e inserire nel boccale tutti gli ingredienti per lo zabaione: 5min. 70° Vel.3. Versare lo zabaione sulle mele e servirle calde o, a piacere, fredde, dopo averle riposte per qualche tempo in frigo.
NOTA: Le mele Granny Smith sono mele verdi dal sapore acidulo, ma potete sostituirle con altre varietà. Il Calvados potrà essere sostituire da grappa alle pere o ad altri gusti di frutta e, a piacere, sostituire sia la grappa che il Calvados con due misurini di Sidro.

13.1.6.3   Mele Al Vapore Di Moscato

Ingredienti: x 4: 700gr. di mele, 300gr. di moscato, 50gr. di zucchero, 2 chiodi di garofano

Procedimento: Inserire nel boccale 200gr. d'acqua col moscato e i chiodi di garofano e portare ad ebollizione: 6min. 100° Vel.1. Sbucciare le mele, tagliarle in quarti, disporle nel *varoma* e cospargerle con lo zucchero. Quando il liquido bolle, posizionare il *varoma* e cuocere 12min. *varoma* Vel.1. Servirle bagnandole con pochissimo sciroppo di cottura.

13.1.6.4   Budino Di Ricotta Con Salsa Di Fragole

Ingredienti: x 6\8: 300gr. di ricotta, 100gr. di zucchero, 100gr. di mandorle spellate, 3-4 mandorle amare (facoltativo), 4 uova intere, 2 scorze di limone. Per la salsa: succo di 1\2 limone, 500gr. di fragole, 100gr. di zucchero, foglie di menta.

Inserire nel boccale zucchero, mandorle e scorza di limone: 1min. Vel.turbo. Unire la ricotta: 1min. Vel.4; aggiungere una alla volta le uova e lavorare ancora: 1min. Vel.4. Versare la crema in uno stampo da budino col foro centrale (diam 20 alt 7 cm), ben imburrato, coprirlo con la stagnola lasciando libero il centro e posizionarlo nel varoma. Inserire nel boccale 600gr. d'acqua: 7min. 100° Vel.2. Posizionare il varoma: 30min. *varoma* Vel.1. Togliere lo stampo, lasciarlo intiepidire e sformare in un piatto da portata. Eliminare l'acqua di cottura e inserire nel boccale 300gr. di fragole, lo zucchero e il succo del limone: 4min. 70° Vel.5. Prima di servire, disporre al centro le fragole rimaste, polverizzate di zucchero. Versare attorno la salsa e guarnire con foglie di menta.

Per la cottura si possono usare anche stampini monodose. La salsa può essere preparata anche con lamponi, frutti di bosco, kiwi, ecc...

13.1.6.5 Macedonia D'estate

Ingredienti: x 4: 3 albiccocche, 3 pesche, 50gr. di lamponi, 50gr. di zucchero, scorze di 2 limoni.

Inserire nel boccale 500gr. d'acqua, le scorze di limone e portare ad ebollizione: 6min. 100° Vel.1. Sbucciare le pesche e disporle con le albicocche nel varoma, dopo averle tagliate in quarti. Spolverizzarle con lo zucchero, coprire e quando l'acqua bolle posizionare sul boccale: 12min. *varoma* Vel.1. Terminata la cottura disporre la frutta cotta in coppette, unire i lamponi e bagnarla con pochissima acqua del fumetto. Servirla fredda con gelato alla vaniglia.

13.1.6.6 Macedonia Di Frutta Allo Spumante

Ingredienti: x 4: 700gr. di frutta mista, 50gr. di zucchero, 300gr. di spumante, un cucchiaino di cannella in polvere, 3 chiodi di garofano.

Inserire nel boccale 200gr. d'acqua, lo spumante, i chiodi di garofano e la cannella e portare ad ebollizione: 6min. 100° Vel.1. Sbucciare e tagliare in quarti la frutta e disporla a corona nel *varoma* spolverizzandola di zucchero. Quando l'acqua bolle, posizionare il *varoma* sul boccale e cuocere: 15min. *varoma* Vel.1. Servire la macedonia tiepida, bagnandola con pochissima acqua del fumetto di cottura.

13.1.6.7 Pudding Di Mele

Ingredienti: 150gr. di farina miscelata con lievito; 2 uova; 50gr. di latte; 80gr. di zucchero; 100gr. di burro morbido; 50gr. di uvetta bionda; 50gr. di cognac; 450gr. di mele renette; 2 cucchiai di miele; 1 cucchiaio di cannella; 50gr. di zucchero di canna.

Procedimento: mettere in ammollo l'uvetta nel cognac. **Procedimento:** Sbucciare le mele, tagliarle a fettine, disporle in un piatto, aggiungere le uvette, la cannella, e lo zucchero di canna. Mescolare il tutto. Inserire nel boccale farina, uova, latte, zucchero e burro: 1' portando lentamente da vel. 2 a vel. 4. Deve risultare un impasto compatto ma morbido. Imburrare uno stampo di alluminio (18 x 22 cm. alt. 6 cm), versa sul fondo il miele, poi uno strato di impasto, uno di mele, uno d'impasto ed infine ancora uno di mele. Chiudere lo stampo con carta forno e porlo nel Varoma. Inserire nel boccale 1 lt. e 1/2 di acua: 12' 100° vel. 1. Quando l'acqua bolle, posizionare il VAroma: 1 ora e 10' temp. VAroma, vel. 1. Terminata la cottura, lasciare raffreddare, sformare e servire.

13.1.6.8 Torta Di Mele Caramellata

Ingredienti: (per 6 persone) 800 gr.di mele renette, 1/2 mis.di fecola, 120 gr.di zucchero, succo di 1/2 limone, 2 cucchiai di panna, 1 mis.scarso di latte, 4 uova, 1 cucchiaino di cannella in polvere,
100 gr.di zucchero per il caramello.

Procedimento: Sbucciare le mele e tagliarle a pezzi tranne una, che va affettata e lasciata a macerare nel succo di limone. Inserire nel boccale 500 gr.di acqua: 6 min.100°C vel.1. Disporre nel *Varoma* le mele a pezzi e, quando l'acqua bolle, posizionare nel boccale il *Varoma* e cuocere: 8 min.temp.*Varoma* vel.1Eliminare l'acqua di cottura e inserire nel boccale le mele cotte, zucchero, fecola, cannella, panna e latte: 30 sec.vel.4. Aggiungere ora, dal foro del coperchio con lame in movimento vel.4, le uova: 30 sec.vel.4. Preparare il caramello sul fuoco e versarlo in uno stampo (diam.20 cm.alt.7 cm.). Distribuirlo bene sul fondo e sui lati. Disporre le fettine di mele, ricoprirle con il composto di mele, livellarlo bene, coprirlo con un foglio di alluminio e disporlo nel Varoma.
Inserire nel boccale 1 lt.di acqua: 10 min.100°C vel.1. Quando l'acqua bolle, posizionare il *Varoma* sul boccale e cuocere: 50 min.temp.*Varoma* vel.1. Lasciare raffreddare e sformare. Servire la torta così o accompagnata da crema inglese.

13.1.6.9 Pesche Con Purea Di More

Ingredienti: x 4: 4 pesche non troppo mature, 500gr. di more, 4 cucchiai di zucchero, panna per guarnire.

Procedimento: Sbucciare le pesche, tagliarle a metà e disporle nel varoma. Inserire nel boccale 400gr. d'acqua, disporre le more nel cestello, posizionarlo nel boccale e cuocere 5min. 100° Vel.1. Posizionare ora il *varoma* con le pesche sul boccale e continuare la cottura: 20min. *varoma* Vel.1. Mettere da prate il *varoma* con le pesche, eliminare l'acqua dal boccale e inserire le more con lo zucchero: 20sec. Vel.turbo. Lasciare raffreddare la purea di more e disporla sul fondo di 4 coppette. Mettere in ogni coppetta una pesca sulla purea e servirle fredde con fiocchetti di panna.

Si possono sostituire le pesche con pere williams e le more con ribes o lamponi, fragole, ecc.. aggiungendo un cucchiaino di zucchero in più.

13.1.6.10 Charlotte Di Pesche

Ingredienti: x 8: 5 pesche bianche, un pacco di savoiardi da 300 g, 6 cucchiai di zucchero, 100gr. di burro, salsa all'uva fragola (vedere tra le ricette delle "preparazioni di base")

Procedimento: Sbucciare e tagliare le pesche a spicchi. Inserire il burro nel boccale: 4min. 40° Vel.1 e metterlo da prate. Inserire nel boccale 1, 200 lt d'acqua e portare ad ebollizione: 12min. 100° Vel.1. Spennellare con un po' di burro fuso, uno stampo da charlotte e foderarlo con carta forno (il burro serve da collante tra la carta e lo stampo). Appoggiare sul fondo uno strato di pesche, cospargerle di zucchero e irrorarle con una prate del burro sciolto. Coprire con una prate di savoiardi sagomati a misura dello stampo. Procedere alternando le pesche col burro e lo zucchero ai biscotti e terminare con questi ultimi. Coprire con un foglio d'alluminio e sistemare lo stampo nel varoma. Quando l'acqua bolle, posizionare il *varoma* sul boccale e cuocere: 60min. 100° *varoma* Vel.1. Al termine lasciare raffreddare e sformare la charlotte in un piatto da portata. Servirla ben fredda con salsa all'uva fragola.

Come stampo si può utilizzare quelli d'alluminio usa e getta di forma ovale che si adatta perfettamente al varoma. Per arricchire questo pudding, tra le pesche e i biscotti, si può mettere uno strato di crema pasticcera.

13.1.6.11 Pudding Di Frutta Secca

Ingredienti: x 6: 100gr. di fichi secchi, 100gr. di datteri freschi, 60gr. di uvetta, 100gr. di farina, 80gr. di burro, 2 piccole uova, un cucchiaio di pangrattato, 25gr. di mandorle, un cucchiaio di rum, succo e scorza di 1\2 limone, 2 cucchiai di latte, un pizzico di sale, un cucchiaino scarso di lievito in polvere. Per servire: crema inglese, zenzero a piacere.

Procedimento: Inserire nel boccale, dal foro del coperchio, con lame in mov Vel.6, le mandorle: 20sec. Vel.6 e mettere da prate. Tagliare a pezzettini fichi e datteri e metterli con l'uvetta in una terrina e bagnarli col rum. Inserire nel boccale 1\2 lt d'acqua: 6min. 100° Vel.1. Nel frattempo disporre nel *varoma* la terrina con la frutta secca e, quando l'acqua bolle, posizionarlo sul boccale: 5min. *varoma* Vel.1. Spostare leggermente il coperchio del *varoma* e lasciar gonfiare la frutta secca ancora per 10min. *varoma* Vel.1. Infine unire alla frutta il burro, il succo e la scorza di limone grattugiata, mescolare bene e mettere tutto in una vaschetta domopak (cap. 1 lt). Raffreddare il boccale, posizionare la farfalla e inserire uova e sale: 40sec. Vel.3; aggiungere la farina mescolata al lievito, il pangrattato e le mandorle tritate e il latte: 20sec. Vel.1. Versare il composto ottenuto sopra la frutta, coprire con un foglio di carta forno e sistemare la vaschetta nel varoma. Inserire nel boccale 1, 200 lt d'acqua: 12min. 100° Vel.1. Posizionare il varoma: 60min. *varoma* Vel.1. Lasciare intiepidire il pudding, sformarlo e servirlo con crema inglese profumata con un cucchiaino di zenzero candito tritato.

13.1.6.12 Dolcetti Di Dattero

Ingredienti: x 4: 350gr. di datteri freschi, 60gr. di miele, 70gr. di pistacchi sgusciati, 180gr. di fiocchi d'avena precotti, 30gr. di sesamo, un cucchiaio e 1\2 d'acqua di rose per dolci, scorza di un'arancia non trattata, olio di arachidi.

Procedimento: Immergere i pistacchi in acqua bollente per 30min. e strofinarli tra le dita per eliminare bene tutte le pellicine. Farli asciugare, tritarli grossolanamente con 2\3 colpi di turbo e metterli da prate. Tritare finemente i datteri privati del nocciolo inserendoli nel boccale dal foro del coperchio con lame in mov Vel.6: 30sec. Vel.6. Unire l'acqua di rose: 15sec. Vel.3. Aggiungere miele, fiocchi d'avena e metà dei pistacchi tritati: 30sec. Vel.3, spatolando. Con le mani leggermente unte d'olio di arachidi formare dei dolcetti a forma di ciambelline e disporli, con la scorza d'arancia tagliata sottile, nel *varoma* leggermente unto. Senza sciacquare il boccale inserire 750gr. d'acqua: 8min. 100° Vel.7. Posizionare il *varoma* sul coperchio e cuocere: 12min. *varoma* Vel.2. Tostare i semi di sesamo in una padella antiaderente per 3min. circa, mescolando, facendo attenzione che non si scuriscano troppo e unirli ai piastacchi tenuti da prate. Servire i dolcetti dopo averli passati, ancora tiepidi, nel sesamo e nei pistacchi rimasti. Sono più buoni se gustati il giorno dopo.

13.1.6.13 Fichi Con Salsa Di Fragoline Selvatiche

Ingredienti: x 6: 16 fichi maturi e sodi, 200gr. di fragoline di bosco, 2 cucchiai di zucchero, un foglio di colla di pesce, un cucchiaio di creme de fraise (liquore di fragole selvatiche).

Procedimento: Mettere a bagno la colla di pesce in un bicchier d'acqua fredda. Scolarla, strizzarla bene e inserirla nel boccale con fragole, zucchero e liquore: 20sec. Vel.4 e 1min. Vel.turbo. Togliere e mettere da parte. Inserire nel boccale 1 lt d'acqua: 12min. 100° Vel.1. Nel frattempo lavare i fichi, asciugarli e adagiarli in un contenitore di pirex o d'alluminio a bordi alti che entri nel varoma, irrorarli con la salsa precedentemente preparata e coprire il tutto con un foglio d'alluminio sigillando bene il contenitore. Quando l'acqua bolle, posizionare il *varoma* sul boccale: 30min. *varoma* Vel.1. Terminata la cottura, lasciarlo intiepidire e riporre in frigo fino al giorno dopo. E' un ottimo dessert.

In mancanza di fragoline selvatiche e di creme de fraise, la salsina della ricetta può essere sostituita con la seguente: 100gr. di zucchero, 200gr. di fragole, succo di 1\2 limone: 4min. 80° Vel.4. A piacere potete anche sostituire il limone con 1\2 mis di grappa o cognac.

CARTOCCI DI FRUTTA ALLE SPEZIE

Ingredienti: x 4: 2 banane, 4 fichi secchi, 2 pere decana, un cucchiaino di succo di limone, un baccello di cardamomo, 1\2 cucchiaino di cannella, un cucchiaio di zucchero, 2 cucchiai di liquore all'amaretto, 4 Palline di gelato al cocco.

Procedimento: Preparare 4 quadrati di carta speciale per dolci, bagnata e strizzata o carta forno. In una ciotola porre le banane sbucciate e tagliate a rondelle spesse e le pere sbucciate, affettate non troppo finemente. Bagnare la frutta col succo di limone, spolverizzarla di zucchero, aromatizzarla con la cannella e i semi di cardamomo pestati (si ottengono rompendo l'involucro del cardamomo): mescolare e lasaciar riposare tutto per 30 m. Distribuire 1\4 della preparazione in ogni cartoccio. Porre al centro di ognuno un fico secco inciso a croce, spruzzare col liquore all'amaretto, chiudere bene i cartocci e disporli nel varoma. Inserire nel boccale 1 lt d'acqua: 10min. 100° Vel.1. Quando l'acqua bolle posizionare il varoma: 10min. *varoma* Vel.1. A questo punto togliere il coperchio del varoma, aprire leggermente i cartocci e continuare la cottura per 3 minuti. Mettere un cartoccio su ogni piatto, aprirlo, mettere al centro una pallina di gelato appena tolto dal freezer e servire subito.

13.1.6.14 Composta Di Albicocche

Ingredienti: x 6: 350gr. di albicocche secche, 80gr. di zucchero, una bustina di tè nero, un cucchiaio di acqua di fiori d'arancio. Per servire: yogurt greco o gelato di vaniglia, mandorle tritate 8facoltative)

Procedimento: Versare nel boccale un lt d'acqua: 10min. 100° Vel.1. Preparare nel frattempo un'abbondante tazza di tè nero. Disporre le albicocche in un contenitore d'alluminio che possa essere messo nel varoma, irrorarle col tè, e quando l'acqua bolle, posizionarlo sul boccale: 30min. *varoma* Vel.1. Scolare le albicocche. Togliere l'acqua dal boccale, inserire zucchero e albicocche: 20sec. Vel.5 spatolando. Lasciare raffreddare, incorporare l'acqua di fiori d'arancio: 10sec. Vel.4. Sistemare la composta in coppette individuali e lasciarle raffreddare in frigo per qualche ora. Servirle con yogurt greco o con del gelato alla vaniglia spolverizzato di mandorle tritate.

13.1.6.15 Clafoutis Di Lamponi

Ingredienti: x 4: 300gr. di latte, 2 cucchiai di panna fresca, 2 uova e 2 tuorli, 50gr. di maizena, 150gr. di zucchero, una bustina di vanillina, 400gr. di lamponi freschi o surgelati, 20gr. di burro.

Procedimento: Inserire nel boccale uova e tuor li, 120gr. di zucchero, maizena e vanillina: 10sec. Vel.5. Aggiungere dal foro del coperchio can lame in movimento Vel.5, panna e latte: 10sec. Vel.5 e mettere da prate il composto ottenuto. Inserire ora nel boccale un lt d'acqua: 10min. 100° Vel.1. Nel frattempo ungere con poco burro piccoli ramequins individuali d'alluminio o porcellana, da porre internamente al varoma; disporvi i lamponi, versarvi sopra il composto tenuto da prate e porli nel varoma. Quando l'acqua bolle posizionare il *varoma* sul boccale e cuocere: 40min. *varoma* Vel.1. Al termine togliere i ramequins, spolverizzare la superficie con lo zucchero rimasto e servirli caldi o tiepidi.
Si può servire caldo accompagnato da gelato alla vaniglia o alla panna.
Contemporaneamente alla cottura di questo dessert nel boccale si può preparare una marmellata.

13.1.6.16 Budino Di Semolino Con Canditi

Ingredienti: x 6: 500gr. di latte, una stecca di vaniglia, 100gr. di semolino, 2 tuorli, 3 albumi montati a neve, 70gr. di zucchero, 40gr. di burro, 50gr. di nocciole tritate, 50gr. di frutta candita (arancia, limone, cedro), 10 cm di angelica, sale, una dose di salsa di frutta a piacere (vedi ricetta in "preparazioni di base")

Procedimento: inserire nel boccale il latte e la stecca di vaniglia incisa su due lati: 5min. 100° Vel.1. Togliere la vaniglia. Unire il semolino dal foro del coperchio con lame in movimento Vel.2: 3min. 100° Vel.2. Aggiungere sale, zucchero e burro: 10sec. Vel.2-3. Incorporare tuorli, nocciole, canditi: 10sec. Vel.4. Inserire gli albumi a neve e con la spatola mescolare delicatamente. Imburrare uno stampo d'alluminio e versarvi la preparazione, battendo lo stampino sul piano per colmare i vuoti. Inserire un lt d'acqua nel boccale e portare ad ebollizione: 10min. 100° Vel.1. Sistemare lo stampo nel *varoma* e quando l'acqua bolle posizionarlo ben chiuso sul boccale: 30min. *varoma* Vel.1. Quando sarà freddo sformare il budino in un piatto da portata e cospargerlo di salsa di frutta. Decorare con nocciole e angelica tagliata a bastoncini finissimi.

13.1.6.17   Budini Di Semola Alle Arance Amare

Ingredienti: x 6: 50gr. di semolino, 50gr. di cioccolato fondente, 20gr. di uvetta, 300gr. di latte, un uovo, 20gr. di zucchero, 15gr. di burro, 100gr. di gelatina di arance amare.
Procedimento: Inserire il latte nel boccale: 4min. 100° Vel.1. Aggiungere dal foro del coperchio con lame in movimento Vel.2 il semolino a pioggia: 7min. 80° Vel.2. Aggiungere il cioccolato a pezzi, lo zucchero e l'uvetta: 20sec. Vel.1. Versare la crema in una ciotola, lasciarla intiepidire e aggiungere un tuorlo mescolando energicamente. Nel boccale perfettamente pulito posizionare la farfalla e inserire l'albume: 2min. Vel.2\3. Aggiungere delicatamente l'albume montato a neve alla crema. Inserire nel boccale 500gr. d'acqua: 5min. 100° Vel.1. Pennellare 6 stampini in alluminio col burro, riempirli con la crema tenuta da parte, chiuderli ermeticamente con un dischetto d'alluminio e disporli nel varoma. Quando l'acqua bolle posizionare il *varoma* sul boccale: 20min. *varoma* Vel.1. Diluire la gelatina di arance con 4 cucchiai d'acqua in una salsiera e riscaldarla ponendola sopra al *varoma* negli ultimi minuti di cottura. Sformare i budini e servirli ancora caldi con la salsa di arance.

13.1.6.18   Budino Dolce Alla Carota

Ingredienti: X 6: 600gr. di carote, 200gr. di panna fresca, 50gr. di zucchero, un cucchiaino di miele, un baccello di cardamomo, una bustina di zafferano, 1\2 cucchiaino di cannella, 2 uova, 15gr. di burro per imburrare lo stampo, 2 cucchiai di mandorle sfilettate.
Procedimento: Tagliare le carote a rondelle e disporle nel varoma. Inserire nel boccale un lt d'acqua: 30min. *varoma* Vel.1. Dopo 10 minuti posizionare il *varoma* sul boccale e continuare la cottura. Al termine lasciare raffreddare le carote e inserirle nel boccale: 1min. Vel.5. Unire panna, zafferano, miele, zucchero, uova, cannella e cardamomo: unmin. Vel.7. Versare il composto in uno stampo d'alluminio da 1 lt circa, precedentemente imburrato e coprirlo con carta forno. Inserite 1 lt d'acqua nel boccale: 30min. *varoma* Vel.1. Dopo 10 minuti disporre lo stampo nel varoma, posizionarlo sul boccale e continuare la cottura. Terminata la cottura, lasciar raffreddare il budino in frigorifero per 2\3 ore. Sformarlo, cospargerlo di mandorle e servirlo. Si presenta ancora meglio se preparato in ramequin individuali di porcellana.

13.1.6.19   Germknodel (Canederli)

Ingredienti: x 4: 160gr. di farina, 40gr. di latte, 15gr. di lievito di birra, un uovo (50 g), 10gr. di zucchero, 20gr. di burro, 3 prugne snocciolate, un cucchiaio d'olio di semi di mais, sale. Per la copertura: 40gr. di semi di papavero, 20gr. di zucchero, 100gr. di zucchero.

Procedimento: inserire nel boccale zucchero e 20gr. di semi di papavero: 30sec. Vel.turbo e mettere da parte. Inserire ora lievito, 30gr. di farina e latte: un minuto 40° Vel.3. Aggiungere la rimanente farina, l'uovo, lo zucchero tenuto da parte, il burro e il sale: un minuto e 1\2 Vel.spiga. Con l'impasto ottenuto formare 8 palline e inserire all'interno di ognuna 1\3 di ogni prugna; disporle nel *varoma* unto d'olio facendo attenzione a lasciare libere le fessure. Lasciare lievitare in luogo tiepido per 30min. circa. Lavare il boccale e inserire 600gr. d'acqua: 8min. 100° Vel.1. Posizionare il varoma: 30min. *varoma* Vel.1. Mentre cuociono i canederli posizionare sul coperchio del *varoma* un piatto da portata col burro. Terminata la cottura disporre i canederli nel piatto da portata, rigirarli nel burro fuso, cospargerli con i semi di papavero rimasti, lo zucchero e servirli caldi. I semi di papavero possono essere sostituiti con cannella in polvere.

13.1.6.20 Cremini Al Mapo

Ingredienti: X 4: 300gr. di succo di mapo (6 mapo circa), un cucchiaio di maizena, 140gr. di zucchero, 2 uova, 4 cucchiai di panna fresca, Per guarnire: un cestino di ribes o lamponi, 100gr. di panna montata fresca.

Procedimento: inserire nel boccale il succo di mapo e lo zucchero: 3min. 80° Vel.1 e mettere da parte. Inserire ora nel boccale, dal foro del coperchio con lame in movimento Vel.4, uova, maizena e il succo caldo di mapo: 3min. 80° Vel.4. Quando la crema si addenserà leggermente, incorporare la panna: 1min. Vel.4. Versare la crema in 4 coppette resistenti al calore, coprirle con carta d'alluminio e metterle nel varoma. Inserire nel boccale un lt d'acqua: 10min. 100° Vel.1. Quando l'acqua bolle posizionare il *varoma* sul coperchio e cuocere 30 minuti *varoma* Vel.1. Terminata la cottura lasciare intiepidire le coppette, poi metterle in frigo per almeno 3 ore. Decorare i cremini con il ribes o i lamponi e servirli accompagnati da panna montata fresca. Questi cremini si possono preparare anche con altri agrumi, come arance, pompelmi o mandarini.

13.1.6.21 Flan Delle Antille All'arancia

Ingredienti: 300 gr.di panna, 100 gr.di latte, 100 gr.di succo d'arancia, 150 gr.di zucchero, 60 gr.di farina di noce di cocco, scorza di 1/2 arancia non trattata (solo la parte gialla), 3 uova intere, 2-3 cucchiai di marmellata d'arancia. Per la guarnizione: panna montata, 1 arancia.

Procedimento: Inserire nel boccale zucchero e scorza d'arancia: 1 min.vel.turbo. Unire le uova intere: 2 min.vel.4. Aggiungere panna, latte, succo d'arancia: 1 min.vel.4. Unire la farina di cocco: 30 sec.vel.6. Imburrare uno stampo ad anello col foro, mettere sul fondo la marmellata e versare la preparazione. Mettere nel boccale 600 gr.di acqua: 7 min.100°C vel.2. Posizionare il *Varoma* e cuocere: 30 min.temp.*Varoma* vel.2. Togliere lo stampo, lasciarlo raffreddare e sformarlo in un piatto di portata. Guarnire tutto attorno con mezze fette d'arancia, la scorza a filetti, e mettere al centro la panna montata. E' un dolce molto delicato, buono e semplice da realizzare.

13.1.6.22 Budino Di Amaretti

Ingredienti: (per 6 persone) 500 gr.di arance non trattate, 100 gr.di amaretti secchi, 150 gr.di zucchero, 2 uova. Per guarnire: panna montata

Procedimento: Lavare le arance, disporle in un pentolino coperte d'acqua fredda e farle bollire per 5 min. Nel frattempo, inserire nel boccale gli amaretti: 8 sec.da vel.4 a vel.Turbo e metterli da parte.
Inserire ora nel boccale le arance scolate, tagliate a metà e private dei semi: 10 sec.vel.6 e 10 sec.vel.9. Aggiungere gli amaretti, 100 gr.di zucchero e le uova: 20 sec.vel.6. Con lo zucchero rimasto e 1 cucchiaino d'acqua fare il caramello, metterlo in uno stampo d'alluminio o in stampini individuali facendolo aderire bene alle pareti. Versare il composto di arance e mettere lo stampo nel Varoma. Senza lavare il boccale, inserire 1 lt.di acqua: 10 min.100°C vel.1. Quando l'acqua bolle, posizionare il *Varoma* sul boccale e cuocere: 60 min.temp.*Varoma* vel.1. Servire il budino accompagnato da panna montata oppure da panna acida o yogurt greco.

13.1.6.23 Terrina Fondente Di Cioccolato

Ingredienti: x 6: 300gr. di cioccolato fondente, 250gr. di burro, una tazzina di caffè ristretto, 100gr. di zucchero, 50gr. di farina, 100gr. di nocciole, 6 uova.

Procedimento: inserire nel boccale dal foro del coperchio con lame in movimento Vel.5 il cioccolato e 50gr. di nocciole: 10sec. Vel.5. Unire la tazzina di caffè: 4min. 40° Vel.1. Lasciare raffreddare per 2 minuti e aggiungere il burro a pezzetti e lo zucchero: 2min. Vel.3. Unire dal foro del coperchio con lame in movimento Vel.3 le uova una ad una e la farina a pioggia: 20min. 60° Vel.4. Versare il composto e le nocciole avanzate in uno stampo da plum cake. Portare ad ebollizione un lt d'acqua nel boccale: 12min. 100° Vel.1, quindi posizionare il *varoma* con lo stampo inserito e cuocere: 60min. *varoma* Vel.1. Lasciare intiepidire il dolce, sformarlo, tagliarlo a fette e servirlo con crema inglese o salse di frutta.

13.1.6.24 Creme Caramel

Ingredienti (per 4 persone) 250 gr. di latte, 1 uovo intero, 2 tuorli, 120 gr. di zucchero, 1 pizzico di vaniglia (facoltativo)

Procedimento: Versare in un pentolino 70 gr. di zucchero con un cucchiaino di acqua e farlo caramellare su fuoco basso fino al caratteristico colore biondo. Versare il caramello in 4 stampini da crème caramel, inclinarli velocemente in tutti i sensi per distribuire il caramello sulle pareti e immergerli un attimo in acqua fredda per farlo aderire alle pareti. Versare nel boccale il rimanente zucchero e tutti gli altri **ingredienti:** 40 sec. vel.4. Versare il composto negli stampini e disporli nel Varoma. Sciacquare il boccale e inserire 1/2 lt. di acqua: 6 min. 100°C vel.1. Quando l'acqua bolle posizionare il *Varoma* ben chiuso e cuocere: 30 min. temp. *Varoma* vel.1. Togliere il *Varoma* dal boccale e lasciare intiepidire. Mettere poi gli stampini in frigorifero per un paio d'ore. Si servono capovolti in piattini individuali

13.1.7 Cucina esotica

13.1.7.1 Cous Cous D'agnello (Africa)

Ingredienti: x 6: una dose di cous cous (vedi ricetta nelle preparazioni di base), 800gr. di carrè d'agnello già tagliato, 12 cipolline, 400gr. di ceci lessati, 200gr. di polpa di pomodoro, 1\2 cucchiaino di harissa (pasta di peperoncino), 150gr. di foglie di verza tagliate a listarelle, 150gr. di carote tagliate a bastoncini, 2 chiodi di garofano, 100gr. d'olio, pepe, peperoncino e sale.

Procedimento: Inserire nel boccale 2 cipolline e 60gr. d'olio: 3min. 100° Vel.4. Posizionare la farfalla, unire la polpa di pomodoro, 700gr. d'acqua, ceci, peperoncino, harissa e sale: 10min. 100° Vel.1. Nel frattempo disporre nel *varoma* le costolette unte nel rimanente olio, salate e pepate. Disporre sopra l'agnello e le cipolline salate e i chiodi di garofano. Nel vassoio disporre le carote e le verze separate. Quando l'acqua bolle posizionare il *varoma* sul boccale: 35min. *varoma* Vel.1. Dopo 15min. aggiungere 2 misurini d'acqua calda nel boccale e terminare la cottura. Mettere ora l'agnello e le verdure in una pirofila; il brodo con i ceci in una zuppiera, aggiustare di sale e tenere in caldo. Senza lavare il boccale preparare il cous cous. Al termine disporre il cous cous in un grande piatto da portata, mettere al centro l'agnello con intorno le verdure, alternando i colori. Irrorare con un mestolo di brodo e ceci; il rimanente presentarlo a parte lasciando che ogni commnesale si serva a piacere.

13.1.7.2 Agnello Al Vapore (Africa)

Ingredienti: x 6: 1 kg di polpa d'agnello (coscia), 6 patate medie, cumino in polvere a piacere, sale, pepe.

Procedimento: Tagliare a dadi la carne, condirla con sale, pepe, cumino, massaggiando bene i pezzi con le mani, quindi disporla nel varoma. Inserire nel boccale 1 lt d'acqua: 12min. 100° Vel.1. Nel frattempo pelare, lavare e tagliare in 4 le patate e disporle nel vassoio del varoma. Quando l'acqua bolle posizionare il *varoma* completo sul boccale: 55 minuti *varoma* Vel.1. Terminata la cottura disporre l'agnello al centro di un piatto da portata contornato dalle patate e servire.

13.1.7.3 Cous Cous Di Pollo Uvetta E Ceci (Africa)

Ingredienti: x 6: un pollo intero senza pelle tagliato a pezzetti, 300gr. di ceci lessati, 100gr. di uvette secche, una bustina e 1\2 di zafferano, un cucchiaino di cumino, 3 grosse cipolle, 250gr. di cous cous (vedi ricetta nelle preparazioni di base), 3 cucchiai d'olio, sale, pepe.

Procedimento: Preparare il cous cous e mettere da parte. Salare e pepare il pollo, insaporirlo con metà del cumino. Affettare finemente le cipolle, metterne un terzo sul fondo del varoma, appoggiarvi sopra il pollo, cospragerlo di uvetta e coprire con un altro terzo delle cipolle. Inserire nel boccale 1, 200 gr d'acqua, sciogliervi lo zafferano e il cumino rimasto, aggiungere sale e pepe, le ultime cipolle, i ceci scolati e portare ad ebollizione: 10min. 100° Vel.1. Posizionare il *varoma* completo sul boccale e cuocere: 60min. *varoma* Vel.1. Dopo 30 minuti posizionare nel *varoma* il vassoio col cus cus e continuare la cottura. Al termine disporre il cous cous in un piatto da portata formando un cono con la fontana al centro. Sistemarvi il pollo con le cipolle e le uvette. Bagnare col brodo e i ceci a cui si sarà aggiunto l'olio crudo. E' un piatto gustoso e piacevole da servire caldo col resto del brodo a parte.

13.1.7.4 Pesce Al Cartoccio (Africa)

Ingredienti: x 4: 2 orate da 400gr. l'una, una cipolla, uno spicchio d'aglio, un peperoncino piccante, un ciuffetto di prezzemolo, scorza di un limone verde, noce moscata grattugiata, 2 cucchiai d'olio, sale, pepe, 4 rettangoli di foglie di banana o carta forno.

Procedimento: Inserire nel boccale cipolla, aglio, peperoncino e prezzemolo: 10sec. Vel.5. Aggiungere scorza di limone, noce moscata, sale e pepe: 10sec. Vel.5 e mettere da parte. Senza lavare il boccale inserire un litro d'acqua e portare ad ebollizione: 10min. 100° Vel.1. Disporre un'orata già pulita e asciugata su un rettangolo di carta forno (o foglie di banana) leggermente unta, cospargerla internamente col trito aromatico, chiudere bene la carta forno formando un cartoccio e ripetere l'operazione con l'altra orata. Disporre i due cartocci nel *varoma* e quando l'acqua bolle, posizionarlo sul boccale e cuocere: 30min. *varoma* Vel.1. Servire il pesce nel suo cartoccio ancora caldo.

NOTE. Se volete potete preparare nel boccale contemporaneamente alla cottura del pesce un buon sugo per condire gli spaghetti. Se invece preferite un piatto unico, contemporaneamente al pesce, potete cuocere nel vassoio del *varoma* delle patate o altre verdure a scelta. Se utilizzate foglie di banano sarà necessario legare i cartocci con rafia o spago da cucina.

13.1.7.5 Cous Cous Dolce Con Frutta Secca (Africa)

Ingredienti: x 6: 300gr. di cous cous precotto, 50gr. di datteri, 3 fichi secchi, 50gr. di albicocche secche, 60gr. di uvetta secca, 2 cucchiai di pistacchi sgusciati e pelati, 2 cucchiai di mandorle pelate, un bicchiere di vin santo o zibibbo, 100gr. di miele, scorza di 1\2 arancia grattugiata, un pizzico di zenzero in polvere, 1\2 cucchiaino di cannella in polvere, 2 cucchiai d'olio di arachidi.

Procedimento: Inserire nel boccale pistacchi e mandorle e tritarle grossolanamente: 2sec. Vel.turbo e mettere da parte. Inserire ora datteri, albicocche e fichi secchi: 6sec. Vel.5 e mettere in una terrina con vino e uvetta per 5 minuti. Introdurre nel boccale 600gr. d'acqua: 8min. 100° Vel.1. Nel frattempo mettere il cous cous in una terrina, coprirlo con una tazza d'acqua per 5 minuti e infine sistemarlo nel varoma. Strizzare bene la frutta, conservando il liquido di macerazione, e diporla nel vassoio del varoma. Quando l'acqua bolle posizionare il *varoma* sul boccale: 10min. *varoma* Vel.1. A cottura ultimata disporre la frutta, il cous cous, i pistacchi e le mandorle tritate in una zuppiera, unire l'olio e sgranare bene con una forchetta il cous cous. Inserire nel boccale miele, scorza d'arancia, zenzero, cannella e il vino di macerazione: 5min. 70° Vel.1. Versare il tutto sopra il cous cous e la frutta, amalgamare delicatamente e servire.

13.1.7.6 Bao-Tzu – Panini Ripieni Al Vapore (Cina)

Ingredienti: x 30 pezzi (10 persone): Per l'impasto: 170gr. d'acqua, 20gr. di zucchero, un pizzico di sale, una bustina di lievito secco istantaneo, 350gr. di farina. Per il ripieno: 200gr. di funghi cinesi o Plerotus, 150gr. di maiale magro macinato, 200gr. di cavolo cinese o radicchio milanese (verde), 20gr. di salsa di soia o sesamo, 10gr. di sale, pepe.
Procedimento: Inserire nel boccale, acqua, lievito e zucchero: 1min. 50° Vel.1. Aggiungere farina e sale: 40sec. Vel.5. Lasciare lievitare l'impasto in un contenitore coperto e precedentemente unto fino al raddoppio del volume. Inserire ora nel boccale carne, sale, zucchero, salsa di soia e pepe: 20sec. Vel.2. Togliere la carne dal boccale e, senza lavarlo, posizionare la farfalla e inserire il radicchio a listarelle, sale, pepe e olio di sesamo: 3min. *varoma* Vel.1 senza misurino. Aggiungere i funghi tagliati a tocchetti: 2min. *varoma* Vel.1 senza misurino. Verificare che il liquido sia stato assorbito, aggiungere la carne e amalgamare: 30sec. Vel.1 spatolando. Prendere con le mani unte l'impasto lievitato e sgonfiarlo con la spatola. Dividerlo in 30 porzioni e da queste formare dei dischetti di 5 cm di diametro. Collocare su ogni dischetto un po' di ripieno e formate un fagottino. Inserire nel boccale 500gr. d'acqua: 10min. *varoma* Vel.1. Nel frattempo ungere il *varoma* e il vassoio di olio di semi e collocarvi i panini avendo cura di non posizionarli troppo vicini per evitare che si attacchino (eventualmente cuocerli in due volte). Quando l'acqua bolle posizionare il *varoma* e cuocere: 20min. *varoma* Vel.1. Servirli caldi accompagnati da salsa di soia. Sono molto buoni. Durante la cottura dei panini nel boccale è possibile cuocere contemporaneamente una minestra.

13.1.7.7 Ravioli Cinesi Al Pesce (Cina)

Ingredienti: X 6: Per l'impasto: 200gr. di farina, 1\4 di cubetto di lievito di birra, 150gr. d'acqua. Per il ripieno: 300gr. di gamberetti sgusciati, 80gr. d'olio di semi, un cucchiaino di dado vegetale bimby, 3 fettine sottili di zenzero fresco, 2 cucchiai di vino bianco, un cucchiaino di sale, alcune foglie di verza
Procedimento: Preparare l'impasto: inserire nel boccale acqua e lievito: 15sec. Vel.2. Unire la farina: 30sec. Vel.4 e 1min. Vel.spiga. Mettere l'impasto in una ciotola, coprirlo e lasciarlo lievitare fino a che raddoppia il volume. Preparare il ripieno: inserire nel boccale lo zenzero: 3sec. Vel.turbo. Aggiungere gamberetti, vino, sale, olio e dado: 30sec. Vel.3 e mettere da parte il ripieno ottenuto. Quando l'impasto è lievitato, fare dei rotoli di pasta, tagliarli a tocchetti (30 circa) della dimensione di una noce e stenderli in dischetti (diam 8 cm circa) e dello spessore di una sfoglia per tagliatelle. Inserire nel boccale 500gr. d'acqua: 8min. 100° Vel.1. Nel frattempo confezionare i ravioli mettendo su ogni dischetto di pasta un cucchiaino di ripieno e richiuderli a raviolo in piedi. Disporre una prate dei ravioli ottenuti nel *varoma* e una parte nel vassoio dopo averli foderati con le foglie di verza. Quando l'acqua bolle, posizionare il *varoma* completo sul boccale e cuocere: 15min. *varoma* Vel.1. Servire i ravioli con salsa di soia o salsa cinese agrodolce. Se aggiungete all'acqua nel boccale un pezzetto di sedano, carota e cipolla, otterrete un buon brodo vegetale per risotti.

13.1.7.8 Ravioli Cinesi Alla Carne (Cina)

Ingredienti: x 6: per l'impasto: una dose di pasta per ravioli cinesi (vedi ricetta precedente). Per il ripieno: 300gr. di salsiccia, 60gr. di verza, 30gr. di porro, 2 cucchiai di vino bianco, 2 cucchiaini di olio di sesamo, 3 cucchiai d'olio di semi, un cucchiaino di dado di carne bimby, alcune foglie di verza, piselli surgelati per decorare.

Procedimento: Preparare l'impasto e i dischetti di pasta seguendo le indicazioni della ricetta precedente. Preparare il ripieno: Inserire nel boccale verza e porro: 15sec. Vel.4. Aggiungere la salsiccia spellata, vino, dado, olio di sesamo e olio di semi: 20sec. Vel.3 e mettere da parte. Inserire nel boccale 500gr. d'acqua: 8min. 100° Vel.1. Nel frattempo confezionare i ravioli mettendo un cucchiaino di ripieno su ogni dischetto di pasta e chiuderli a fagottino posizionando su ognuno un pisello. Foderare *varoma* e vassoio con le foglie di verza e disporre sui due piani i ravioli. Quando l''cqua bolle posizionare il *varoma* sul boccale: 15min. *varoma* Vel.1. Servire i ravioli caldi con salsa di soia o salsa agrodolce cinese.

13.1.7.9 Pacchetti Di Riso In Foglia Di Loto (Cina)

Ingredienti: X 6: 200gr. di riso cinese, 300gr. di gamberetti grigi freschi, 2 cucchiai di salsa di soia (Shoyu), 2 cucchiai di olio di sesamo, 200gr. di pollo lesso o arrosto a pezzetti, un cipollotto, 10 foglie secche di loto, sale, pepe.

Procedimento: Mettere a bagno in acqua calda le foglie di loto per 30min. circa per ammorbidirle. Inserire nel boccale 500gr. d'acqua e sale: 6min. 100° Vel.1. Nel frattempo lavare bene i gamberetti e metterli nel cestello. Quando l'acqua bolle posizionare il cestello nel boccale e cuocere: 3min. *varoma* Vel.1. Togliere i gamberetti e metterli da parte. Aggiungere nel boccale 500gr. d'acqua: 5min. 100° Vel.1. Mettere il riso nel cestello, sciacquarlo e quando l'acqua bolle posizionare il cestello nel boccale: 5min. 100° Vel.1. Al termine trasferire il riso dal cestello al *varoma* e continuare la cottura: 5min. *varoma* Vel.1. Nel frattempo sgusciare i gamberetti e metterli in una ciotola col pollo e il cipollotto affettato. Aggiungere il riso e condire con pepe, sale, olio e salsa di soia. Sciacquare le foglie di loto, dividerle a metà, fare dei coni, introdurre in ognuno un po' di ripieno, legarli con lo spago da cucina e disporli nel varoma. Inserire nel boccale 1 lt d'acqua e portarla ad ebollizione: 10min. 100° Vel.1. Posizionare il *varoma* sul coperchio: 25min. *varoma* Vel.1. Terminata la cottura disporre i pacchetti di riso in un piatto da portata e aprirli al momento di servire.

13.1.7.10 Pollo Al Vapore In Crosta Di Riso (Cina)

Ingredienti: x 6: 1 kg di pollo tagliato a pezzi molto piccoli, 2 fette di zenzero fresco tritato, un albume sbattuto, 200gr. di riso, 300gr. di fave fresche sbucciate, sale, pepe. Per la salsa: un cucchiaio d'olio, 2 cucchiai di salsa di soia, 3 cucchiai d'acqua di cottura, un cucchiaino di dado bimby, un cucchiaio di aceto di riso, un cucchiaio e mezzo di sherry, un cucchiaio di erba cipollina tritata, 2 spicchi d'aglio schiacciati.

Procedimento: inserire il riso nel boccale: 10sec. Vel.turbo. Tostare la semola di riso ottenuta: 10min. temp *varoma* Vel.2 senza misurino e mettere da parte. Salare, pepare e distribuire lo zenzero sul pollo. Lasciare riposare 10 minuti. pAssare ogni pezzo di pollo nell'albume e poi nella semola tostata. Portare ad ebollizione 1 lt d'acqua: 10min. 100° Vel.1. Disporre il pollo nel vassoio del *varoma* e nel *varoma* le fave. Quando l'acqua bolle posizionare il *varoma* sul boccale e cuocere: 30min. *varoma* Vel.1. Conservare 3 cucchiai dell'acqua di cottura rimasta nel boccale ed eliminare l'eccedenza. Inserire nel boccale tutti gli ingredienti per la salsa: 30sec. 100° Vel.4. Disporre il pollo al centro di un piatto da portata, guarnirlo con le fave, condirlo con la salsina e servire. E' veramente buono. Potete sostituire le fave con una macedonia di verdure a vostro gusto.

13.1.7.11 Pesce Allo Zenzero (Cina)

Ingredienti: X 4: un dentice o un'orata da 800gr. circa, 1 cucchiaio e mezzo di zenzero grattugiato, sale, pepe. Per il condimento: un cipollotto, 3 fettine di zenzero fresco grattugiato, 4 funghi cinesi (shitake), un cucchiaio di sherry secco, 2 cucchiai e mezzo di salsa di soia (shoyu), 1\2 misurino d'olio e.v., 200gr. d'acqua, un cucchiaio di maizena.

Procedimento: Pulire e lavare il pesce dentro e fuori e asciugarlo bene con carta da cucina. Condirlo all'interno con sale, pepe e zenzero, disporlo nel *varoma* e lasciarlo riposare al fresco per 30 minuti. Mettere a bagno i funghi cinesi. Inserire nel boccale olio e cipollotto: 2min. 100° Vel.3. Scolare i funghi, strizzarli con le mani e scartare i gambi. Sbucciare un pezzetto di zenzero e tagliarne 3 fettine. Aggiungere nel boccale funghi e zenzero: 5sec. Vel.3 e 2min. 100° Vel.1. Unire salsa di soia, sherry, acqua e maizena: 20min. *varoma* Vel.1. Dopo 6 minuti posizionare sul boccale il *varoma* col pesce e ultimare la cottura. Al termine disporre il pesce in un piatto da portata preriscaldato e servirlo accompagnato dalla salsina.E' eccezionale.

I funghi shitake e lo shoyu si trovano in tutti i negozi di alimenti naturali e in molte erboristerie. Lo zenzero fresco si trova nei negozi di primizie, di alimenti naturali e spesso nei supermercati.

13.1.7.12   Quingzheng Yu (Cina)

Ingredienti: X 4: un'orata di 1 kg (o spigola o trota), 500gr. di funghi champignons, 100gr. di prosciutto cotto, 3 cipollotti, 3 fettine di zenzero fresco, 2 cucchiai di vino di riso o sherry, un cucchiaio di olio di arachidi o mais, 2 cucchiai di salsa di soia, 250gr. di riso (tipo maratelli), sale.

Procedimento: Squamare, eviscerare, lavare e asciugare il pesce. Affettare gli champignon, tagliare a listarelle il prosciutto e a rondelle i cipollotti. Praticare sulla superficie del pesce dei tagli obliqui, salarlo uniformemente e sistemare all'interno lo zenzero. Miscelare in una ciotola salsa di soia, vino o sherry e olio di semi e spruzzare bene il pesce sia all'interno che all'esterno. Disporre sul fondo del *varoma* metà della verdure, il prosciutto, salare e adagiarvi il pesce. Ricoprire con le verdure rimaste. Nel frattempo inserire nel boccale 1 lt d''cqua salata e posizionare il cestello: 10min. 100° Vel.1. Quando l'acqua bolle, posizionare il *varoma* sul coperchio e cuocere: 20min. *varoma* Vel.1. Togliere il varoma, inserire il riso dal foro del coperchio e riprendere la cottura: 15min. *varoma* Vel.1. Servire l'orata accompagnata dal riso cotto a vapore.

Pur raggiungendo lo stesso peso, la cottura di due pesci anziché uno, prolunga di qualche minuto i tempi di cottura. Si può sostituire allo zenzero fresco la scorza di 1\2 limone grattugiata.

13.1.7.13   Nasi Goreng (Indonesia)

Ingredienti: 250gr. di riso, 200gr. di gamberetti sgusciati, 150gr. di lonza di maiale, 3 foglie di verza, 4 cipollotti puliti, 2 uova, 90gr. d'olio di mais, 2 cucchiai di ketchup, uno spicchio d'aglio, un ciuffo di prezzemolo tritato, un pezzo di peperoncino, 3 cucchiai di brodo, salsa di soia, sale, pepe, zenzero in polvere.

Procedimento: Inserite nel boccale un cipollotto: 5sec. Vel.4. Aggiungete 1\2 misurino d'acqua e il sale: 10min. 100° Vel.1 tenendo il misurino inclinato. Unite uova, pepe e un pizzico di zenzero: 10sec. Vel.5. Versate il composto nel vassoio del *varoma* foderato con carta d'alluminio unta con un cucchiaio d'olio di mais. Nel boccale pulito mettete 750gr. d'acqua salata: 10min. 100° Vel.1. Inserite il cestello col riso e posizionate il varoma: 5min. temp *varoma* Vel.4 e 10 minuti *varoma* Vel.1. A cottura ultimata passate il riso sotto l'acqua fredda e mettetelo da parte. Staccate la frittatina aiutandovi con la spatola; arrotolatela e tagliatela a listarelle. Togliete l'acqua dal boccale, inserite i 3 cipollotti rimasti: 5sec. Vel.4. Aggiungete l'olio e l'aglio: 3min. 100° Vel.1. Togliete l'aglio e aggiungete sale, pepe, peperoncino tritato e il ketchup: 1min. 100° Vel.1. Posizionate la farfalla e unite i gamberetti: 2min. 100° Vel.1. Togliete i gamberetti dal loro sugo e metteli da parte. nel sugo rimasto rosolate la verza e la lonza a listarelle sottili, aggiungendo anche un cucchiaio di salsa di soia: 10min. 100° Vel.1. Trasferite il tutto dal boccale in una padella capiente a fuoco medio sul gas. Aggiungete il riso e tostate mettendo, se necessario, 3 cucchiai di brodo. Completate la preparazione con la frittatina, i gamberetti e il prezzemolo. Regolate di sale e pepe e servite con salsa di soia. E' un ottimo piatto unico e si presenta molto bene.

13.1.7.14   Cartocci D'agnello (Armenia)

Ingredienti: X 4: 1, 300 kg d'agnello, 2 spicchi d'aglio, un pomodoro maturo, una cipolla, 100gr. di vino bianco secco, 90gr. d'olio, succo di 1 limone, 100gr. di formaggio feta, 1\2 cucchiaino di cannella in polvere, 1\2 cucchiaino di origano, 20gr. di burro, 20gr. di pepe nero, sale.

Procedimento: Scegliere preferibilmente la spalla d'agnello, disossarla e tagliarla a dadini di uguale dimensione. Sbucciare la cipolla e affettarla. Mettere il tutto in una ciotola ed aggiungere l'aglio tagliato a fettine, olio, succo di limone, vino bianco, cannella, origano, sale, pepe. Amalgamare bene e lasciare marinare per 4 ore a temperatura ambiente o anche più in frigorifero. Inserire nel boccale 1, 500 lt d'acqua: 15min. 100° Vel.1. Nel frattempo disporre 4 quadrati di carta forno di 40x40 e metterli sul piano di lavoro. Scolare l'agnello con tutti gli ingredienti, suddividerlo nei cartocci e completare con pomodoro, formaggio e qualche fiocchetto di burro. Bagnare con qualche cucchiaio della marinata. Chiudere bene i cartocci, adagiarli nel *varoma* e quando l'acqua bolle posizionarlo sul boccale: 60min. *varoma* Vel.1. Trascorso il tempo, aggiungere, se necessario, acqua nel boccale e continuare ancora: 30min. *varoma* Vel.1. Dieci minuti prima del termine praticare 5 o 6 fori per cartoccio con uno stuzzicadenti e ultimare la cottura. Porre direttamente il cartoccio in piatti individuali, aprirli in tavola e servirli con un contorno di verdure al vapore.

13.1.7.15   Crema Di Uova Ai Petti Di Pollo (Giappone)

Ingredienti: X 4: 4 gamberoni, 500gr. di petto di pollo a dadini, un cucchiaino di sakè, un cucchiaino di salsa di soia, 4 cucchiaini di zenzero grattugiato, un cucchiaino di dado vegetale bimby, 4 uova, 12 noci, sale.

Procedimento: Insaporire il pollo con sale, salsa di soia, sakè e porlo in una vaschetta d'alluminio da 1 lt imburrata. Tagliare i gamberoni a pezzetti, riservare la prate terminale, e unirli al pollo. Inserire nel boccale uova, zenzero, 6 noci e il dado: 20sec. Vel.4, versare tutto nella vaschetta col pollo e mescolare. Inserire nel boccale 500gr. d'acqua: 6min. 100° Vel.1. Quando l'acqua bolle, posizionare il *varoma* con la vaschetta sul boccale e cuocere: 20min. *varoma* Vel.1. Togliere la vaschetta, guarnire con i gherigli delle noci rimaste, le code dei gamberoni tenute da prate e servire.

NOTE: Le più indicate sono le noci di Ginko (nei negozi di alimentari giapponesi).

13.1.7.16   Pollo In Salsa Di Sesamo (Giappone)

Ingredienti: X 6: un pollo medio, un cucchiaio di sherry, un cucchiaio d'olio di mais, 2 cipollotti, 4 fettine di zenzero fresco, un cucchiaio di semi di sesamo, sale, pepe. Per la salsa: un cucchiaio di semi di sesamo, 2 cucchiai di pepe cinese, 1\2 cucchiaino di pasta di sesamo (tahine), 2 spicchi d'aglio, 1\2 cucchiaino di zucchero, 4 cucchai d'olio di mais, 1\2 cucchiaio d'olio di sesamo, 3 cucchiai di salsa di chili dolce, 1\2 cucchiaino di salsa di soia, 2 cucchiai di sherry, 1\4 di cucchiaino di sale.

Procedimento: Preparare la salsa: inserire nel boccale i semi di sesamo e il pepe cinese: 30sec. Vel.da 1 a turbo. Aggiungere tutti gli ingredienti per la salsa: 30sec. Vel.3 e mettere da parte in una salsiera. Tagliare il pollo in piccoli pezzi e condirlo con sale e pepe. Sistemarlo nel *varoma* distribuendo sopra e sotto il pollo, lo zenzero e i cipollotti a fettine sottili. Irrorare con lo sherry e l'olio. Portare ad ebollizione 1 lt d'acqua: 10min. 100° Vel.1. Quando l'acqua bolle pèosizionare il *varoma* e cuocere: 45min. *varoma* Vel.1. Nel frattempo tostare i semi di sesamo in una padella antiaderente. Terminata la cottura disossare il pollo, tagliarlo a bastoncini, sistemarlo nel piatto da portata e napparlo con 2 cucchiai di salsa e guarnirlo col sesamo tostato. Servire il pollo accompagnandolo con crostini di pane fritto e la salsa. E' un piatto ottimo per chi ama i sapori forti e contrastanti.

13.1.7.17   Seitan All'orientale (Giappone)

Ingredienti: x 6: 300gr. di seitan (vedi ricetta nelle preparazioni di base), una grossa cipolla, 1\2 mis d'olio di sesamo (o olio e.v.), un misurino di uvetta, 1\2 misurino di mandorle spellate, 200gr. di panna fresca, 200gr. di acqua di cottura del seitan o acqua naturale, un cucchiaio di salsa di soia (Shoyu), 3 cucchiai di curry in polvere, sale, pepe.

Procedimento: preparare il seitan come da ricetta. Tagliarlo a striscioline, cospargerlo con il curry e lasciarlo riposare. Mettere in ammollo l'uvetta in acqua tiepida. Inserire nel boccale olio e cipolla: 3min. 100° Vel.3. Posizionare la farfalla nel boccale e introdurre il seitan: 5min. 100° Vel.1. Aggiungere la panna, l'acqua di cottura del seitan, shoyu, uvetta ammollata e strizzata, mandorle, sale e pepe: 15min. *varoma* Vel.1. Servire con riso a vapore o couscous.

NOTE: il seitan, nel caso non si volesase preparare in casa, si trova in tutti i negozi di alimneti naturali nei quali sono reperibili anche lo shoyu e l'olio di sesamo.

13.1.7.18   Uova Al Vapore (Thailandia)

Ingredienti: X 4: 3 uova, 400gr. di brodo vegetale, un cucchiaino di pastra d'acciughe, 1\2 cucchiaino di succo di limone o lime, qualche rametto di coriandolo fresco o prezzemolo, uno spicchio d'aglio, 2 cucchiai d'olio, un cipollotto. Per la salsa di limone: 4 peperoncini, 1\2 misurino di succo di limone, 2 cucchiai d'acqua, 2 cucchiaini di pasta d'acciughe.

Procedimento: preparare la salsa: inserire nel boccale, dal foro del coperchio con lame in movimento Vel.6 i peperoncini: 10sec. Vel.turbo. Aggiungere il succo di limone e la pasta d'acciughe e due cucchiai d'acqua: 5sec. Vel.6. Mettere da parte la salsa e sciacquare il boccale. Inserire ora nel boccale, dal foro del coperchio con lame in movimento Vel.5, prezzemolo o coriandolo, aglio e cipollotto: 10sec. Vel.5. Riunire con la spatola gli ingredienti sul fondo del boccale e aggiungere l'olio: 2min. 100° Vel.3. Unire brodo, uova, pasta d'acciughe e limone: 5sec. Vel.6. Versare la preparazione in uno stampo d'alluminio e metterlo nel varoma. Senza lavare il boccale inserire un litro d'acqua: 10min. 100° Vel.1. Quando l'acqua bolle posizionare il *varoma* sul boccale e cuocere: 20min. *varoma* Vel.1. Servire le uova, nello stesso recipiente in cui sono state preparate, accompagnate dalla salsa di limone. Possono anche essere servite fredde.

13.1.7.19   Peperoni Farciti (Thailandia)

Ingredienti: X 4: 12 peperoni lunghi non troppo grossi, 125gr. di carne di maiale magra macinata, 125gr. di gamberetti freschi sgusciati, 2 spicchi d'aglio, un cucchiaino di semi di coriandolo, 1\2 cucchiaino di pasta d'acciughe diluita in un cucchiaino d'acqua, un cucchiaino e 1\2 di maizena. Per la rete d'uovo: 2 uova, un cucchiaino di farina, olio, sale. Per la salsa al lime: 4 peperoncini verdi piccanti, 1\2 misurino di succo di lime o limone, 2 cucchiaini di pasta d'acciughe.

Procedimento: Inserire nel boccale, dal foro del coperchio con lame in movimento Vel.8, l'aglio e i semi di coriandolo: 10sec. Vel.8. Riunire il trito con la spatola in fondo al boccale e aggiungere i gamberetti: 5sec. Vel.6. Aggiungere tutti gli altri ingredienti tranne i peperoni: 20sec. Vel.3 e mettere da parte. Versare nel boccale 500gr. d'acqua: 7min. 100° Vel.1. Nel frattempo incidere i peperoni, svuotarli dai semi, riempirli con la farcia e richiuderli. Disporre i peperoni nel *varoma* e cuocere: 20\30 minuti (a seconda della grandezza dei peperoni) temp *varoma* Vel.1. Togliere il *varoma* e lasciar raffreddare completamente. Preparare la rete d'uovo: sciacquare il boccale e inserire uova, farina e sale: 10sec. Vel.6. Scaldare un cucchiaio d'olio in una padella antiaderente, immergere le dita nell'uovo e poi lasciare cadere a filo la pastella che rimarrà attaccata sulla padella calda, ottenendo così una rete sottile di uovo cotto. Sistemare un peperone al centro della rete, avvolgergliela attorno e metterlo nel piatto da portata; proseguire con i restanti peperoni. Preparare la salsa al lime: inserire nel boccale tutti gli **ingredienti:** 20sec. Vel.4 e portare lentamente a turbo per altri 30 secondi. Servire i peperoni a temperatura ambiente irrorati con la salsa. E' una preparazione veramente raffinata.

NOTE: Si possono utilizzare anche peperoni gialli o rossi più grandi, considerandone uno a testa, ma si presentano meglio quelli piccoli.

13.1.7.20   Pollo Al Curry (India)

Ingredienti: X 6: un pollo, 4 cipolle, 50gr. di uvetta bionda, 100gr. di yogurt, un cucchiaio di maizena, un limone verde, 2 cucchiai di curry in polvere, un cucchiaio d'olio, sale, pepe.

Procedimento: Togliere la pelle al pollo. Tagliarlo a pezzi piccoli, salarlo e peparlo. Emulsionare un cucchiaino di curry con l'olio e con lo stesso massaggiare il pollo, irrorarlo con succo di limone e lasciarlo marinare per 30 minuti. Affettare finemente le cipolle e distribuirne metà nel varoma; disporvi sopra il pollo, cospargerlo con le uvette e coprirlo con le cipolle rimaste. Mettere nel boccale 600gr. d'acqua: 10min. 100° Vel.1. Posizionare il *varoma* sul boccale e cuocere: 30min. *varoma* Vel.1. Togliere il *varoma* col pollo e tenerlo al caldo. Lasciare nel boccale un misurino d'acqua di cottura, aggiungere yogurt, maizena, il curry rimasto, sale e pepe: 4min. 80° Vel.4. Trasferire il pollo con le cipolle in un piatto da portata, condirlo con la salsa e servirlo ben caldo.

14 Contorni

14.1.1.1 Modifica Pure' (Vera)

Per il pure di patate ci vuole la farfalla perché altrimenti le lame che gira a contatto con le patate le fanno diventare collose, infatti su ogni rivista ho sempre letto di non frullare le patate. Io comunque lo faccio sempre cosi, con una piccola modifica al libro base (che mi ha consigliato la mia dimostratrice). 900 gr patate a pezzi 500 latte 50 burro 50 parmigiano e sale. Posizionare la farfalla inserire le patate il latte e cuoci per 20/25min. temp 100 Vel.1 al termine unisci il parmigiano il burro e amalgama per poco meno di 1 minuto Vel.3. Viene liscio proprio come piace a te
!!! Inoltre se durante la cottura bolle troppo abbassa la temp a 90 e poi rialza. Inoltre puoi anche aggiungere un pochino di latte in piu se ti piace più morbido e puoi anche dimezzare la dose, sempre aggiungendo un po di latte in piu.

14.1.1.2 Patate

Tagliate a pezzi cuociono 30 minuti nel varoma, mentre nel cestello bastano 15 minuti e nel *varoma* ci si può cucinare qualcos'altro, per esempio il polpettone.

14.1.1.3 Polpettine Di Patate

lessare le patate(300gr), introdurle nel Bimby –10 secondi vel.4- Aggiungere (pane grat.+prezz. e aglio-eseguito in precedenza come da ricetta bimby)-2 uova- sale- noce moscata-2 cucchiai di parmigiano o pecorino grattugiato- amalgamare il tutto per 10 secondi- velocità 3-4. Formare delle palline-passarle nel pane grat. E friggerle in olio bollente. E'un ottimo contorno! Questo composto si può spalmare anche in un rettangolo di pasta sfoglia, metterci delle fette di prosciutto cotto, farne un rotolo e cuocerlo in forno per 20 minuti.

14.1.1.4 "Pizza" Di Patate (Annarita)

Dopo aver preparato il purè, aggiungete 2 uova, una treccia battuta tritata precedentemente ed un po' di prosciutto. Oliare una teglia, cospargerla di pane grattato e versarvi sopra il composto. Mettere altro pan grattato ed olio ed infornare.

14.1.1.5 Cipolline In Agrodolce (Mary)

Ingredienti: 500 g. cipolline pulite, 50gr. scarsi di acqua, 50gr. olio, 20gr. zucchero, metà misurino di aceto, sale.
Preparazione Posizionare la farfalla e inserire le cipolle con olio acqua e sale 15min. Vel.1. 100°. Aggiungere aceto, zucchero 5min. 100° Vel.1.

14.1.1.6 Cipolline In Agrodolce

Ingredienti: 250gr. di cipolline sbucciate, 30gr. di burro morbido, 30gr. di pancetta, 2 cucchiai d'aceto, 2 cucchiai di zucchero, sale
Mettete le cipolline a bagno in acqua fredda. Inserite nel boccale la pancetta: 15 sec Vel.6. Unite il burro: 3min. 100° Vel.4. Posizionate la farfalla e unite lo zucchero, aceto, sale e le cipolline scolate: 40min. 100° Vel.1.

14.1.1.7 Cipolle Ripiene

Ingredienti: (per 4 persone) 4 grosse cipolle (1 kg.circa), 50 gr.di burro morbido, 150 gr.di polpa di manzo tritata, 1 mis.di parmigiano grattugiato, 1 uovo, pangrattato, sale, pepe e grappa q.b.

Preparazione Pulire e lessare le cipolle intere in acqua bollente e salata per 15min. Quando le cipolle si saranno raffreddate, tagliarle a metà orizzontalmente, togliere il centro a ciascuna di esse e inserirlo nel boccale: 10 sec.vel.4. Unire 30 gr.di burro: 3 min.100°C vel.2. Aggiungere carne e sale: 5 min.90°C vel.1. Lasciare raffreddare nel boccale poi unire uovo, parmigiano e pepe: 20 sec.vel.1. Amalgamare con la spatola, controllare il sale e riempire con il composto le mezze cipolle. Distribuire su ogni cipolla una spolverata di pangrattato ed un fiocchetto di burro; spruzzare con la grappa. Disporre le cipolle in una teglia imburrata e cuocere in forno preriscaldato a 180°C per 40 min.circa. Le cipolle ripiene sono ottime sia calde che fredde.

14.1.1.8 Peperonata (Fulvia)

Ingredienti: Tagliare a velo mezza cipolla metterla nel boccale con circa 30 gr di olio far andare 4min. a 100° V1 poi posizionare la farfalla, un peperone tagliato a tocchi, mezzo bicchiere di passata di pomodoro, un cucchiaio di aceto di mele, sale e pepe chiudere e far andare per 15min. a 100° V 1 aggiungere un pugno di olive verdi e terminare la cottura per 5min. a *Varoma* V1.

14.1.1.9 Peperoni Capperi E Acciughe (Marinella)

Ingredienti: 3 Peperoni, 1 cucchiaio di capperi, 4/5 filetti di acciuga sott'olio, 40gr. Di olio, un pizzico di sale, 1 spicchio d'aglio.

Preparazione Inserisco nel boccale i filetti d'acciuga, l'olio ed i capperi e soffriggo x 3min. a temp. 100 Vel.4. Dispongo poi la farfalla e verso i peperoni tagliati in pezzi non troppo piccoli, aggiungo lo spicchio d'aglio ed il pizzico di sale, cuoccio il tutto a temp. *Varoma* per 25 minuti, Vel.2. Travaso poi i peperoni (che dovranno essere un po' croccanti) in un contenitore, tolgo lo spicchio d'aglio e verso sugli stessi il sugo di cottura. Ottimi caldi e freddi.

14.1.1.10 Peperonata In Agrod-Olce Al Tonno

Ingredienti 700gr. di peperoni, un misurino d'olio, mezzo misurino d'aceto di mele, una punta di zucchero, 160gr. di tonno, prezzemolo e aglio.

Preparazione Inserite la farfalla, poi unite i peperoni, l'olio, l'aceto il sale e lozucchero: 15min. 100° Vel.1. Cuocete altri 5min. a temp varoma. Versate in una pirofila i peperoni trattenendo nel boccale il liquido di cottura e inserite aglio e prezzemolo: 5 sec Vel.5. Aggiungete il tonno: 4 sec Vel.2. Versate questo composto sui peperoni.

14.1.1.11 Peperonata (Vera)

Presa da un libro delle dimostratrici: Ingredienti 600 peperoni rossi gialli e verdi, 500 polpa di pomodoro 40 olio 1 spicchio di aglio 1 cipolla sale q.b.

Preparazione Inserire la cipolla e l'aglio nel boccale e trita pochi sec. Vel.5. Aggiungi l'olio e soffriggi 2min. 100 Vel.4 posiziona la farfalla e aggiungi i peperoni tagliati a quadratini, i pomodori il sale e cuoci 30min. 100 Vel.1.

14.1.1.12 Sformato Di Cavolfiore (Sabrina)

Ingredienti 1 dose di besciamella – 250 gr ricotta – 1 cavolfiore da circa 1 Kg. – curry – sale.

Preparazione Cuocere il cavolfiore nel *Varoma* per 20 m. Preparare una dose di besciamella secondo la ricetta base. Aggiungere la ricotta, un pizzico di curry e sale q.b. e amalgamare a Vel.3, poi inserire nel boccale il cavolfiore a pezzetti e amalgamare a Vel.3 spatolando. Versare il composto in una pirofila imburrata e far gratinare in forno per 20 min.

14.1.1.13 Cavolfiore Al Gratin (Rivista 1998)

Ingredienti 1 cavolfiore, ½ litro d'acqua, sale q.b. Per la besciamella: 250gr. Di latte, 1 mis. Scarso di farina, 50gr. Di burro, 1 pizzico di sale, una grattuggiata di noce moscata.

Preparazione Aprite il cavolfiore separando i singoli ciuffi e disponetelo nel Varoma. Inserite nel boccale l'acqua e un pizzico di sale e cuocete 20min. temp. *Varoma* Vel.2. Togliete l'acqua dal boccale e preparate la besciamella come da ricetta base. Ungete una teglia con un po' di burro, disponete i cavolfiori sul fondo, copriteli con la besciamella e fate gratinare. In forno a 180° per 15 min.

14.1.1.14 Involtini Di Verza (Rivista 1999)

Ingredienti: 600gr. Di verza, 500gr. Di patate, 80gr. Di parmigiano, 2 uova, 30gr. Di pangrattato, 40gr. Di burro, 1 ciuffo di prezzemolo, sale e pepe q.b.

Procedimento: lessate le patate e pelatele, inseritele nel boccale 40 sec. Vel.6, unite le uova, metà parmigiano, il pangrattato, il prezzemolo tritato, il sale e il pepe e amalgamate il tutto per 1min. Vel.6. Staccate le foglie più larghe della verza e sbollentatele (devono essere ammorbidite e non cotte), asciugatele con un canovaccio, allargate ogni foglia e mettete al centro di ognuna due cucchiaiate di ripieno, arrotolate ogni foglia e, premendo, ripiegate i bordi in modo da ottenere degli involtini. Imburrate una pirofila, allineatevi gli involtini e cospargeteli con il rimanente parmigiano. Infornate a 180° per 25 min.

14.1.1.15 Cavoli Affogati

Ingredienti 800gr. di cavolfiore a pezzetti, 4 acciughe, 80gr. di pecorino a pezzetti, 4 cipolline medie fresche, 80gr. d'olio, 2 misurini di vino rosso, 1 lt d'acqua, pepe, sale

Preparazione Mondate il cavolfiore e tagliatelo a fettine sottili. Inserite nel boccale pecorino, acciughe, cipolline, pepe e sale. 10 sec Vel.2. Togliete e mettete da prate. Lasciate riposare 10 minuti. Inserite l'acqua nel boccale 10min. 100° vel1. Disponete i cavolfiori nel *varoma* e posizionatelo sul boccale 45min. temp *varoma* Vel.3. A metà cottura aggiungete il vino e alla fine l'olio. A piacere sostituire i cavolfiori con i broccoletti.

14.1.1.16 Carciofi In Salsa Champignon (Telenad)

Ingredienti 4 carciofi freschi, 4/5 funghi champignon, 2 misurini latte, 2 misurini acqua, 15gr. burro, filo d'olio, 1 tuorlo, 1 cucchiaio farina, parmigiano, sale, pepe e prezzemolo tritato 1 spicchio d'aglio schiacciato

Preparazione Pulire i carciofi e metterli a bagno in acqua acidulata con succo di limone (è davvero necessario? Io l'ho letto da qualche prate…). A boccale aperto fare il giro del fondo con un filo d'olio, metterci aglio e prezzemolo Vel.1 90° 2min. poi con lame in mov. Vel.4 mettere i funghi abbassare Vel.1 90° 3min. poi inserire latte e acqua Vel.2 a *Varoma* per 30min. Posizionare il *Varoma* con i carciofi leggermente aperti a fiore. Poi togliete il *Varoma* e lasciate chiuso, intanto scaldate il forno e preparato la besciamella (liquida): aprite il boccale e raccogliete dalle pareti, sale e pepate, chiudete e con lame in mov. Aggiungere tuorlo, burro e farina Vel.2 90° 5min. Intanto aprite *Varoma* e posizionate i carciofi aperti a fiore in una pirofila poi versateci sopra tutta la besciamella riempiendoli, spolverare con parmigiano e pepe e gratinare in forno per 10/15 min.

14.1.1.17 Champignons Ripieni (Schede Bimby)

Ingredienti 700gr. di champignons, 200gr. di Philadelphia, una scatoletta di tonno da 80 g, un cucchiaio di parmigiano, pangrattato, sale, pepe.

Preparazione Lavate i funghi, staccate i gambi e metteteli su un canovaccio ad asciugare. Disponete le cappelle dei funghi su una teglia, infornate a 180° per 10 minuti fino a farle asciugare. Inserite nel boccale i gambi: 20 sec Vel.6. Con la spatola mettete il composto sul fondo del boccale, aggiungete il Philadelphia, tonno e parmigiano, sale e pepe: 20 sec Vel.5. Col composto ottenuto farcite le cappelle dei funghi, cospargete con pangrattato e fiocchetti di burro. Gratinate in forno per 15 minuti.

14.1.1.18 Carciofi Con Piselli

Ingredienti 400gr. di piselli freschi o 450 di surgelati, 4 carciofi, 40gr. di pancetta magra, 40gr. d'olio, un pezzetto di cipolla, qualche foglia di lattuga romana, 300gr. d'acqua, dado bimby, succo di un limone, sale, pepe

Preparazione Mondate i carciofi togliendo le foglie dure, tagliateli a spicchi e immergeteli in acqua acidulata con succo di limone. Inserite nel boccale pancetta e cipolla 3 colpi a Vel.turbo. Aggiungete l'olio 2min. 100° vel4. Posizionate la farfalla e aggiungete i carciofi a spicchi 3min. 100° Vel.2. Unite i piselli, lattuga, acqua e dado 20min. 100° Vel.2. Aggiustate di sale e pepe e servite.

14.1.1.19 Carciofi In Agrodolce

Ingredienti 300gr. di cuori di carciofi, 2 carote, una costa di sedano, uno spicchio d'aglio, un cucchiaio di capperi, uno spicchio di cipolla, 100gr. di olive verdi snocciolate, 50gr. d'aceto, 90gr. d'olio, 1 piz di zucchero, sale.

Preparazione Mondate i carciofi e tagliateli a spicchi. Inserite nel boccale carote, sedano, cipolla e aglio: 10 sec Vel.4. Raccogliete tutto sul fondo del boccale e unite l'olio: 5min. 100° Vel.1. Posizionate la farfalla e aggiungete i carciofi, le olive, i capperi e sale: 20min. 100° Vel.3. 5 minuti prima del termine della cottura unite, dal foro del coperchio, aceto e zucchero.

14.1.1.20 Carciofi Con Capperi E Olive (Gio)

Ingredienti 6 carciofi romaneschi, 100 gr di olive nere, 35 gr di capperi sottosale 1 spicchio di aglio, prezzemolo olio e sale. Inserire olive denocciolate, capperi, aglio e prezzemolo con lame in movimento a Vel.5 per pochi sec. **Preparazione** Condire con il composto i carciofi aggiungere sale e pepe e versare nel varoma, posizionarlo sul boccale e cuocere per 20/30min. Al termine aggiungere olio a piacere.

14.1.1.21 Melanzane Sott'olio (Rivista Bimby)

Ingredienti: 1\2 kg di melanzane, 4 misurini d'aceto, olio, aglio, peperoncino, origano, un barattolo.

Preparazione Pelate le melanzane, tagliatele a fettine sottili e sistematele in uno scolapasta formando vari strati. Cospargete ogni strato di sale grosso. Lasciatele a spurgare per 4 ore, sistemandovi sopra un peso. Sistemate le melanzane nel cestello. Inserite nel boccale 4 misurini d'acqua e l'aceto: 3min. 100° Vel.4. Lasciate scolare le melanzane per un'ora rimettendole nello scolapasta e tenendole pressate col peso. Sul fondo del barattolo inserite uno strato d'olio, uno strato di melanzane e uno strato d'aglio, peperoncino e origano. Ripetete gli strati fino ad esaurimento delle melanzane. Chiudete il barattolo dopo aver ricoperto il contenuto d'olio.

14.1.1.22 Melanzane Alla Parmigiana (Non Fritte) (Elena)

Ingredienti x 2: 2 melanzane tonde, 30\40gr. di parmigiano, sugo di pomodoro, olio, acqua, aglio e basilico.

Preparazione Mettete nel boccale aglio a pezzetti, basilico, sugo di pomodoro e acqua q.b. per permettere 20 minuti di *varoma* e avere alla fine il sugo di pomodoro per la parmigiana, che dev'essere denso: 20 minuti, temp varoma, Vel.1. Nel frattempo pelate le melanzane col pelapatate e affettatele a fette spesse un dito, pennellate ogni fetta con un misto di 2 cucchiaini d'olio (o più), 2 spicchi d'aglio schiacciati, sale e acqua q.b. posizionate le melanzane nel *varoma* e fate andare per il tempo rimanente (dovrebbe essere ca 15 minuti). Una volta cotte componete così la pirofila: uno strato di pomodoro, uno di melanzane, parmigiano, olio (facoltativo), melanzane, pomodoro, parmigiano, olio, ecc.. Infornate a 180° per 45 minuti.

14.1.1.23 Melanzane Alla Parmigiana (Dietetiche – Sara)

Ingredienti due melanzane tonde - mozzarella circa 200 - parmigiano 100g - basilico fresco in buona quantità - passata di pomodoro 1 bottiglia - 1 costa sedano - 1 carota - 1/2 cipolla - 2 spicchi d'aglio - olio sale e pepe

Preparazione Tagliare le melanzane a fette cospargerle di sale e metterle in uno scolapasta per far si che l'acqua di vegetazione esca. Inserire nel boccale la mozzarella e dare 2 colpi di turbo e mettere da parte. Inserire carota, sedano, aglio, cipolla e basilico e dare 3 colpi di turbo. Mettere ½ mis. di acqua e 30gr. di olio 5min. 90° Vel.2. Aggiungere la passata di pomodoro e il sale 15min. 100° Vel.2. Nel frattempo dopo aver passato la salagione alle melanzane asciugarle e passarle alla griglia, o anche sulla padella di ghisa e metterle da parte. Nella teglia foderata di carta da forno bagnata e strizzata mettere prima un mestolo di sugo, le melanzane ancora sugo, parmigliano come se piovesse, mozzarella tritata col Bimby ed ancora le melanzane e così via fino alla fine degli ingredienti finendo con mozzarella e parmigiano. infornare a 220° finchè non fa una bella crosticina.

14.1.1.24 Involtini Di Melanzane (Mia)

Ingredienti: melanzane grigliate, 8 pomodori pieni e maturi, una mozzarella piccola, 4 cucchiai di pangrattato, un cucchiaio di basilico tritato con uno spicchio d'aglio, 2 cucchiai di parmigiano.

Preparazione Pelate i pomodori dopo averli scottati in acqua bollente per qualche minuto, togliete i semi e schiacciate bene la polpa con una forchetta. Mescolatela al trito d'aglio e basilico, al pangrattato e alla mozzarella a dadini, Mettete il composto al centro di ogni fetta, arrtolatela e fisssatela con uno stecchino. Mettete gli involtini in una pirofila unta d'olio, cospargeteli di parmigiano e ricoprite con un foglio d'alluminio. Infornate a 180° per 20 minuti. Ovviamente tutti i triti li fai con Bimby…!

14.1.1.25 Asparagi Con Salsa Bolzanina (Trentino)

Ingredienti: (per 6 persone) 1 kg.di punte di asparagi, 1 /2 lt.di acqua, 6 uova sode, ½ mis.di aceto, 90 gr.di olio, succo di 1 limone, 1 cucchiaio di senape, 1 mazzetto di erba cipollina, sale e pepe q.b

Preparazione Inserire nel boccale l'acqua: 40 min.temp.*Varoma* vel.1. Disporre gli asparagi nel *Varoma* e posizionarlo sul boccale dopo 10min. Terminata la cottura disporre gli asparagi in un piatto da portata e lasciarli raffreddare. Inserire nel boccale gli albumi sodi: 20 sec.vel.4 e metterli da prate. Tagliare finemente con una forbice l'erba cipollina e unirla agli albumi. Inserire nel boccale tuorli sodi, olio, aceto, senape, succo di limone, sale e pepe: 4 min.vel.3. Unire gli albumi e l'erba cipollina tenuta da prate e amalgamare delicatamente: 1 min.vel.2. Versare la salsa sugli asparagi e servire.

14.1.1.26 Involtini Di Melanzane (Liliana Vr)

Ingredienti: Grigli le melanzane, le riempi con un formaggio a piacere: ricotta oppure scamorza affumicata che è molto più saporita e si scioglie un po'. Arrotoli e ricopri con speck tagliato un po' spesso (non troppo). Rimetti sulla griglia pochissimimin. in modo da far sciogliere il formaggio ma senza bruciare lo speck.

14.1.1.27 Ceci In Zimino (Donata)

Ingredienti x 6\8: 2 scatole di ceci lessati, 100gr. di cipolla, 40gr. d'olio, 8 cubetti di spinaci surgelati, 200gr. di polpa di pomodoro, parmigiano, sale.

Preparazione Inserite nel boccale olio e cipolla: 3min. 100° Vel.3. Aggiungete gli spinaci: 10min. 100° Vel.1. Mettete la farfalla e unite la polpa di pomodoro: 10min. 100° Vel.1. Unite i ceci scolati e salate: 10min. 100° Vel.1. Servite spolverizzati di parmigiano.

14.1.1.28 Carote In Insalata (Sito Americano)

Ingredienti: 500g di carote+1\2 mis di olio d'oliva+ il succo di 1 limone+ sale e pepe+ prezzemolo tritato+ qualche goccia di Tabasco (facoltativo): 30 sec Vel.3-4 spatolando.

14.1.1.29 Carote Nel Boccale (Anna To)

Ingredienti: Questa sera ho provato comunque a far cuocere le carote nel boccale in modo semplice, olio aglio soffritti (3' 100° Vel.1), poi carote a tocchetti, prezzemolo e un po' di sale (15-18' 100° vel.1). Ho controllato spesso se ci fosse bisogno di brodo, ma non ce n'è stato bisogno, ho usato la farfalla e tutto è andato a posto.

14.1.1.30 Carote Alla Luganega

Ingredienti 400gr. di carote pulite, 150gr. di luganega, 30gr. di burro morbido, 100gr. d'acqua, un cucchiaino di dado bimby, sale, pepe.
Preparazione Affettate le carote a rondelle non troppo sottili. Mettete nel boccale burro e luganega: 5min. 100° Vel.2 e mettete da prate. Posizionate la farfalla, inserite carote, acqua e dado: 10min. 100° Vel.1. Aggiungete la luganega rosolata, sale, pepe: 5min. 100° Vel.1. Servite subito. Sono ottime servite anche come condimento per un riso in bianco.

14.1.1.31 Finocchi Gratinati (Elena)

Ingredienti: Mia ricetta adattata al Bimby: **Dosi per 2/3 porzioni,** 500gr. Finocchi (2 Finocchi grossi), Prosciutto crudo a dadini ca. 60gr. (mezza fetta), 1 cipolla grossa, 2 cucchiai colmi di farina, 300gr. Latte P.S., Parmigiano, olio e sale **Preparazione** Mettere acqua nel boccale, sfogliare i carciofi e metterli nel *Varoma* Vel.1 20/25min. temp. *Varoma* Poi svuotare il boccale mettere la cipolla e tritarla, mettere il prosciutto a dadini, e con un po' d'olio Vel.1 per 3min. a 90°, dopo mettere la farina e con lame in movimento Vel.1 mettere il latte (3 misurini = 300 g) poi cuocere 7min. Vel.2/3 temp. 90° senza tappo. Preparare un pirofila iniziando con besciamella – finocchi – besciamella – parmigiano ecc.. coprire con stagnola e mettere in forno 30/45min. temp. 180°.

14.1.1.32 Fagioli In Salsa

Ingredienti: (x 6): 400gr. di fagioli freschi lessati (o in scatola), 4 acciughe, un cucchiaio di prezzemolo tritato, 2 spicchi d'aglio, 3 cucchiai d'olio, 3 cucchiai d'aceto, sale, pepe.
Preparazione Mettete nel boccale aglio e olio: 5min. 100° Vel.2. Togliete l'aglio e mettete acciughe, prezzemolo, aceto, sale, pepe: 5min. 80° Vel.2. Versate i fagioli in una terrina e conditeli con la salsa. Lasciateli riposare coperti per almeno 10 minuti prima di servirli.

14.1.1.33 Fagioli All'uccelletto (Rivista)

Ingredienti 400gr. Di fagioli cannellini già lessati (o lenticchie), 2 spicchi d'aglio, 5 foglie di salvia, 100gr. Di salsa di pomodoro (1 mis.), ½ mis. Di vino, ½ mis. Abbondante d'olio, 1 mis. D'acqua, sale e pepe q.b.
Esecuzione: Inserire dal foro del coperchio con lame in movimento a Vel.4, la salvia e l'aglio. Fermate l'apparecchio e riunite il composto con la spatola sul fondo del boccale. Aggiungete l'olio: 3min. 100° Vel.1. Aggiungete il vino e cuocete 2min. 100° Vel.1 senza il misurino affinché il vino evapori. Inserite la salsa di pomodoro, un mis. D'acqua, il sale e il pepe e cuocete 2min. 100° Vel.1. Versate i fagioli lessati o lenticchie, mescolate con la spatola e lasciate in autocottura per almeno 10min.

14.1.1.34 Pure' Di Fave Ed Erbette (Nella)

Ingredienti 400g di fave bianche (da tenere in ammollo per una notte), 400g di acqua, 1gambo di sedano, 1 cucchiaino di sale grosso, 1 cipolla bianca, 400g di erbette.
Procedimento: Fave+acqua+sedano+cipolla+sale: 30'temp.*Varoma* vel.1 e contemporaneamente cuocere le erbette nel Varoma. Poi 30"vel.7 per fare il purè con le fave cotte. Sistemare il purè e le erbette in un piatto ovale e condirle con ottimo olio pugliese.

14.1.1.35 Scorzonera All'acciuga

Ingredienti: (per 8 persone) 500 gr.di scorzonera (radici amare), 1 lt.di acqua salata e acidulata, 2 acciughe lavate e diliscate, 40 gr.di olio, 1 cucchiaio di capperi, 2 cucchiai di aceto bianco, sale q.b

Preparazione Pelare la scorzonera e tagliare a fettine la prate tenera tralasciando quella centrale più legnosa. Inserire nel boccale acqua e sale, posizionare il cestello con la scorzonera e cuocere: 20 min.100°C vel.1. Scolare, disporre la scorzonera su un piatto da portata e tenerla al caldo. Inserire nel boccale olio e acciughe: 3 min.90°C vel.4. Unire capperi e aceto: 1 min.vel.1. Versare questa salsa sulla scorzonera e servirla tiepida.

14.1.1.36 Peperoni E Melanzane Ripieni (Elena)

Ingredienti: per 2 persone 1 melanzana, 1 peperone rosso, passata di pomodoro 2 bicchieri, 1 cipolla, 1 fetta pecorino, un pezzetto parmigiano, 2 fette biscottate (o pangrattato), origano.

Preparazione Mettere nel boccale 350gr. acqua e impostare 25min. *Varoma* Vel.1, pulire il peperone e la melanzana, tagliarli a metà per il lungo e posizionarli nel *Varoma* (devono starci ca. 20min. pieni). Togliere *Varoma* svuotare boccale poi tritare la cipolla e soffriggere con appena un filo d'olio 3min. Vel.1, nel frattempo aprire *Varoma* scavare la polpa centrale delle melanzane ed inserire con lame in mov. Vel.4, lasciare insaporire altri 2min. (accendere il forno a temp. 200°) poi aggiungere la passata di pomodoro altri 5min. Vel.1 Varoma, poi aggiungere con lame in mov. Vel.4 le fette biscottate, pecorino e parmigiano, insaporire con un po' di origano, e lasciare altri 2min. temp. 100°, mettere un po' d'acqua in una pirofila posizionare i peperoni e le melanzane e riempirli con il ripieno, filo d'olio e mettere in forno per altri 15-20min.

14.1.1.37 Pomodori Ripieni

Ingredienti: (per 4 persone) 4 pomodori maturi grandi, 40 gr.di pane raffermo, 1 ciuffo di prezzemolo, 1 piccolo spicchio di aglio, 2 uova intere, 20 gr.di olio di oliva, sale e pepe q.b.

Preparazione Dopo avere lavato e asciugato i pomodori, togliere delicatamente i semi. Salarli e metterli capovolti in un piatto.
Introdurre nel boccale pane, aglio e prezzemolo: 50 sec.da vel.2 a vel.Turbo. Aggiungere uova, sale, pepe, olio e l'acqua persa dai pomodori: 10 sec.vel.4. Suddividere il composto ottenuto nei mezzi pomodori, disporli in una teglia e irrorarli con un filo di olio. Cuocere in forno preriscaldato a 180°C per 45min. Bagnare i pomodori col sugo di cottura e servirli, a piacere, caldi o freddi.

14.1.1.38 Pomodori Ripieni (Riviste 2000)

Ingredienti: 400gr. di riso, 10 grossi pomodori (estivi, da riempire), una melanzana, 10 olive nere snocciolate, uno spicchio d'aglio, 150gr. di provola affumicata, un cucchiaio di basilico tritato.

Preparazione Mettete nel boccale un litro d'acqua: 8min. 100° Vel.1. Versate il riso: 14min. 100° Vel.1. Scolatelo, raffreddatelo e tenetelo da prate. Dopo aver ben lavato i pomodori, tagliate la calotta superiore, svuotateli della polpa, tenendola a prate, salateli e capovolgeteli per far scolare l'acqua. Tagliate a dadini la melanzana. Mettete nel boccale un misurino d'olio, l'aglio e la melanzana: 6min. 100° Vel.1, aggiungete la polpa dei pomodori, un po'di basilico tritato e sale: 10min. 100° Vel.2. Unitelo al riso amalgamando bene insieme alla provola a dadini, alle olive tagliate a metà e al resto del basilico. Riempite i pomodori e metteteli in una pirofila a cuocere in forno per 15 minuti a 180°. Serviteli tiepidi.

14.1.1.39 Verdure Ripiene Senza Carne (Paola V)

Ingredienti: per 10 cipolle ed altrettante zucchine; 200gr. Prosciutto, 200 gr.mortadella, 3 uova, maggiorana, grana gratt.q.b., sale, pepe a piacere.

Preparazione Faccio bollire in acqua salata le cipolle e le zucc.per 10 min.circa.Poi le scolo, le taglio a metà, le svuoto e tengo da prate il ricavato per il ripieno.Trito il grana, il prosciutto e la mortadella, li amalgamo alle uova alla maggiorana ed al ricavato delle verdure messo da prate, aggiusto di sale e pepe.A questo punto ungo una teglia, vi dispongo le verdure, le riempio con il composto, le cospargo di pangrattato e di fiocchetti di burro.Cuociono in forno a 180°per 30/40 minuti.

14.1.1.40 Cake Al Verde (Mia Adattata)

Ingredienti 250 ml di yogurt intero denso, 7 uova, 360gr. di farina, 2 cucchiaini di lievito in polvere per torte salate, 75gr. di burro fuso, 250gr. di piselli, 200gr. di fagiolini, 200gr. di prosciutto cotto affumicato a dadini piccoli, 2 spicchi d'aglio tritati con un cucchiaio raso di pepe verde fresco, 2 cucchiai di parmigiano, 30gr. di zucchero di canna, sale.

Preparazione Scottate le verdure per 10 minuti nel Varoma. Scolatele, asciugatele e tagliate a pezzetti i fagiolini. Mescolatele in una ciotola con aglio e pepe tritati, col formaggio e un pizzico di sale. Mettete nel boccale yogurt e zucchero: 20 sec Vel.4, unite dal foro del coperchio con lame in movimento sempre a Vel.4 le uova prima sbattute in un piatto: 10 sec Vel.4. Versate sempre con lame in movimento Vel.4 il burro, portate a Vel.6 e inserite dal foro la farina setacciata col lievito e un pizzico di sale: 30 sec Vel.6. Unite le verdure e il prosciutto: 20 sec Vel.1 per amalgamare il tutto. Imburrate e infarinate uno stampo da plum-cake e versateci il composto. Fate cuocere in forno già caldo a 180° per 45\50 minuti.

14.1.1.41 Terrina Di Verdura

Ingredienti: (x 10) 500gr. di spinaci lessati, 400gr. di zucchine, 2 carote grosse, uno scalogno, 2 albumi, 200gr. di prosciutto cotto affumicato, mezzo misurino di brodo, 20gr. di parmigiano, 50gr. di pangrattato, 50gr. d'olio, una noce di burro, alloro, noce moscata, sale, pepe

Preparazione Tagliate le carote a listarelle sottili e mettetele nel varoma. Inserite nel boccale olio, scalogno, alloro e sale: 3min. 100° Vel.4. Unite le zucchine a rondelle, il brodo e posizionate il *varoma* con le carote: 15min. temp *varoma* Vel.1. A fine cottura unite nel boccale gli spinaci: 2min. 100° Vel.2 e lasciate intiepidire. Aggiungete ora prosciutto e parmigiano, noce moscata, pepe e albumi: 15 sec Vel.5, spatolando. Unite il pangrattato: 20 sec Vel.3. Stendete 1\3 del composto sul fondo di una terrina imburrata (24x12) e allineate sopra nel senso della lunghezza, metà delle carote a listarelle. Fate un secondo strato di composto, uno di carote e terminate col composto. Coprite con un foglio di carta da forno imburrato e cuocete a bagnomaria in forno preriscaldato a 200° per 45 minuti. Fate intiepidire, sformate e servite con fonduta oppure lasciate in frigo per 12 ore e servite con maionese.

14.1.1.42 Minispiedini Con Verdure Al Vapore

Ingredienti: carne mista tipo salsiccia e tacchino circa 400 gr, verdure miste circa 350gr.

Preparazione Formare dei piccoli spiedini con gli stuzzicadenti e depositarli nel *Varoma* sopra la griglia, tagliare a fettine tutte le verdure e stenderle sul Varoma. Nel boccale inserire circa 1 litro d'acqua e puntare 35 minuti a temp. *Varoma* velocità ½.

14.1.1.43 Tortino Di Verdure

Ingredienti: (x 8) 8 carciofi, succo di un limone, uno spicchio d'aglio, 20gr. di burro morbido, 10gr. d'olio, 250gr. di cagliata (prescinsoea), 4 uova, un misurino di parmigiano, 2 rametti di maggiorana, 2 ciuffi di prezzemolo, 20gr. di pangrattato, sale, pepe.

Procedimento Pulite i carciofi, dividete ciascuno in 8 spicchi e lasciateli a bagno in acqua e limone. Inserite nel boccale prezzemolo e maggiorana: 20 sec Vel.turbo e mettete da prate. Mettete burro, aglio e olio: 3min. 100° Vel.2. Aggiungete dal foro del coperchio con lame in movimento Vel.1 carciofi, acqua, sale e pepe: 20min. 100° Vel.1. Unite cagliata, uova, il trito preparato e il parmigiano: 5 sec Vel.3. Versate il composto in una tortiera unta di 28 cm e cosparsa di pangrattato, livellate bene la superficie e irrorate con un filo d'olio. Cuocete in forno caldo a 200° per 30 minuti.

14.1.1.44   Fantasia Di Verdure

Ingredienti 700g patate, 300gr. piselli(anche surgelati), 300g dunghi porcini freschi o surgelati, 2 carote, 2 pomkodorini maturi, 1 cucchiaiocolmo di prezzemolo tritato, un pezzetto di cipolla, 1 spicchio d'aglio, 30gr. di burro 20gr. di olio, 7oog di acqua sale e pepe.

Procedimento: Mettere nel boccale l'acquae una presa di sale grosso 6' 1oo° Vel.1. Pelate lavate e tagliate a pezzi le patate. Raschiate le carote, tagliatele a bastoncini e mettete il tutto nel varoma. Quando l'acqua bolle inserite il cestello con i piselli e posizionate il *varoma* 25' temp *varoma* Vel.3-4. Durante la cottura salate la verdura nel varoma. Terminata la cottura tenete le verdure coperte; svuotate il boccale, inserite la cipolla l'aglio l'olio e il burro3' 100° Vel.4. Aggiungete i funghi i pomodori strizzati dai semi e tagliati a pezzi saleepepe 8' 100° vel1. Aggiungete il prezzemolo e i piselli, mescolate con la spatola e cuocete 3' 100° Vel.1. Terminata la cottura travasate le verdure cotte a vapore nel boccale e mescolate con la spatola, aggiustate di sale, coprite, lasciate insaporire il tutto qualche minuto a Bimby spento prima di servire. Non l'ho ancora sperimentata, ma sembra così invitante, ed è anche leggera.

14.1.1.45   Tortino Di Cipolle (Mia Adattata)

Ingredienti x 4: 4 uova, 500gr. di cipolle, 200gr. di pane raffermo, 60gr. di burro, 3 cucchiai di parmigiano, 40gr. d'olio, latte, noce moscata, pancetta a dadini e affettati misti a piacere.

Procedimento Fate ammorbidire il pane nel latte. Tritate tutti i salumi che avete a disposizione e metteteli da prate. Mettete nel boccale le uova, il formaggio, la noce moscata, sale e pepe: 10 sec Vel.5. Mettete da prate. Affettate le cipolle e stufatele con 40gr. d'olio e poco sale per 10min. 100° Vel.1. Mescolate le cipolle, il pane strizzato, 40gr. di burro fuso freddo, la pancetta, i salumi tritati e il composto di uova: 30 sec Vel.2-3. Ungete una pirofila tonda col restante burro e versate il composto. Cuocete in forno caldo a 190° per 30 minuti, fino a quando si sarà formata una crosticina dorata.

14.1.1.46   Cipolline In Agrodolce (Pina)

Ingredienti: inserisci nel boccale 50 gr d'olio, 1 spicchio d'aglio e un chiodo di garofano: 3' 100° Vel.¾. Posiziona la farfalla, 500gr. Di cipolline, sale e pepe q.b., 50gr.di aceto e 20 gr.di zucchero. Cuoci 20' 100° vel.1.

14.1.1.47   Lenticchie Con Cipolla Rossa (Puglia) (Nella)

Corso di cucina di Cecilia Vacca. Mettere 300gr. di lenticchie per 2 ore a bagno, sgocciolare e mettere nel boccale con 1200gr. di acqua: 30' 100° vel.1. A metà tempo diminuire la temperatura a 80°. Aggiungere sale q.b. Nel frattempo pulire 2 cipolle rosse di Tropea, affettarle e metterle in una coppa con acqua per 20°. A cottura ultimata, sistemare le lenticchie in una coppa, condirle con ottimo e saporito olio d'oliva e coprirle con le cipolle sgocciolate e pangrattato

14.1.1.48   Verza All'indonesiana (Riviste 2000)

Ingredienti: 400gr. di lonza di maiale, un cavolo verza, uno spicchio d'aglio, pepe, sale, 2 uova, una cipolla, 100gr. d'olio.

Procedimento Sfogliate la verza, lavatela e tagliatela a listarelle e portatela a mezza cottura in una pentola con acqua salata. Scolatela e ponetela in una terrina. Tagliate la carne a cubetti e tenetela da prate. Inserite cipolla, olio e aglio nel boccale: 3min. 100° Vel.4, mettete la farfalla, unite la carne, salate, pepate: 10min. 100°vel 1. Aggiungete la verza, un misurino d'acqua: 20min. 100° Vel.1. In una terrina sbattete le uova quel tanto che basta per unire i tuorli agli albumi. A fine cottura versate il contenuto nella terrina di portata amalgamando tutto velocemente.

14.1.1.49   Crudità Di Carote Al Tonno (Rosanna To)

Ingredienti: 600gr. di carote, 100gr. di tonno, succo di ½ limone, 1 uovo, 1 cucchiaio di senape, 1 pizzico di sale e pepe.

Procedimento: inserire tonno, senape, uovo, sale, pepe, succo di limone e 1 mis. d'olio nel boccale. Introdurre il cestello e chiudere con il coperchio. Frullare a Vel.5 per 20 sec. Versare a filo dal foro del coperchio con il mis. inserito altri 2 mis d'olio aumentando la Vel.a 8 per 30 sec. Versare in una salsiera e tenere da parte. Raschiare le carote, lavarle e tagliarle a pezzi di 5/6 cm. Metterle nel boccale (non c'è bisogno di lavarlo) tritare a Vel.3 per 10-15 sec. Presentare le carote in un piatto con la salsa al centro.

14.1.1.50   Tortino All'uovo, Patate E Funghi (Schede 2000)

Ingredienti: X 4: 5 uova, 150gr. di patate a dadini, 200gr. di champignon puliti e affettati, uno spicchio d'aglio, 2 ciuffetti di prezzemolo, 1\2 misurino di latte, 1\2 misurino d'olio, un cucchiaio di farina, un misurino di parmigiano, sale.

Procedimento Friggete i dadini di patate in una padella, fateli asciugar esu un foglio di carta assorbente con un trito di rosmarino, aglio e sale. Mettete da prate. Buttate dall'alto nel boccale il prezzemolo: 5 sec Vel.7, poi mettete da prate. Senza lavare il boccale inserite a Vel.7 l'aglio, fermate e aggiungete l'olio: 3min. 100° Vel.3. Trifolate i funghi come da ricettario base e versate la preparazione in un colino e lasciate intiepidire. Mettete ora nel boccale le uova, la farina, il parmigiano, sale e mescolate: 30 sec Vel.5. Aggiungete le patate e i funghi trifolati, mescolate delicatamente con la spatola e versate il composto nel vassoio del *varoma* foderato di carta forno. Potete aggiungere anche patate e carote a fettine. Salate e pepate nel varoma. Intanto nel boccale potete preparare il brodo o semplicemente mettere 1 lt d'acqua: 30min. *varoma* Vel.2. Questo tortino si può servire come antipasto freddo tagliato a losanghe o caldo, come secondo piatto, a pezzettoni.

14.1.1.51   Patate Strascicate (Rivista 2000)

Ingredienti: 500gr. di patate, 500gr. di cipolle, 2 spicchi d'aglio, un pezzo di peperoncino, 60gr. d'olio, sale, pepe.

Procedimento Pelate e tagliate a tocchetti le patate. Passatele sotto l'acqua corrente e mettetele nel cestello. Inserite il cestello nel boccale dopo aver messo un litro d'acqua e un pizzico di sale: 15min. 100° Vel.1. Nel boccale pulito tritate le cipolle: Vel.4-6 con lame in movimento. Inserite la farfalla. Unite l'olio, l'aglio e le patate insaporite con una presa di sale e una spolverata di pepe macinato al momento. Aggiungete il peperoncino e cuocete 10min. 100° Vel.1. Versate in un piatto da portata preriscaldato e servite.

14.1.1.52   Asparagi Con Zabaione Salato (Riviste 2000)

Ingredienti: 500gr. di asparagi freschi, 4 tuorli, sale, un bicchiere di vino bianco secco, 40gr. di burro.

Procedimento Spezzettate ogni asparago con le due mani tenendolo per le estremità, il punto in cui si rompe naturalmente divide la prate tenera da quella fibrosa. Dopo averli lavati disponeteli nel varoma. Nel boccale mettete un lt d'acqua e sale, meglio ancora sarebbe preparare nel boccale il dado vegetale contemporaneamente alla cottura degli asparagi. Nell'una o nell'altra maniera cuocete 30min. *varoma* Vel.2. Terminata la cottura togliete il *varoma* e lasciatelo chiuso. Terminate di preparare il dado vegetale. Liberate il boccale, sciacquatelo e preparate uno zabaione con tuorli, burro, vino e sale: 5min. 70° Vel.4. Disponete gli asparagi su un piatto da portata e serviteli con lo zabaione salato.

14.1.1.53   Piccolo Flan Di Verza Con Fonduta (Riviste 2000)

Ingredienti: il flan: 400gr. di cavolo verza, una cipolla, 1\2 di panna, 30gr. di burro, 3 uova, basilico, alloro, prezzemolo. **Per la fonduta**: 100gr. di fontina, 20gr. di maizena, 2 misurini di latte, pepe bianco.

Procedimento Pulite la verza, eliminate le foglie esterne più dure e il torsolo, lavatela e sgocciolatela. Nel boccale inserite burro e cipolla: 3min. 100° Vel.4, le foglie della verza e tritatele 10 sec Vel.5 spatolando. Insaporitela con sale, pepe e una foglia d'alloro. Fate stufare le verze 20min. 100° Vel.1 aggiungendo, se necessario, poco brodo, poi fate raffreddare. Togliete ora l'alloro e frullate le verze con qualche foglia di basilico e una manciata di prezzemolo, la panna e le uova: 10 sec Vel.5. Imburrate delle formine da timballo, riempitele con l'impasto e cuocetele a bagnomaria in forno a 170° per un'ora. Servite in piattini individuali cospargendo con la fonduta. Per la fonduta: inserite nel boccale la fontina: 4 sec Vel.5, unite il latte, la maizena e il pepe bianco: 4min. 80° Vel.4.

14.1.1.54   Sformato Di Fagiolini E Patate (Riviste 2000)

Ingredienti: 600gr. di patate gialle, 500gr. di fagiolini teneri, 100gr. di prosciutto cotto, 100gr. di Asiago, 2 uova, 2 scalogni (o uno spicchio d'aglio e una cipollina), 40gr. di burro, 20gr. d'olio, maggiorana, 3 cucchiai di pangrattato, un lt d'acqua, sale, pepe.

Procedimento Inserite nel boccale la farfalla: mettete l'acqua e mezzo cucchiaino di sale grosso: 8min. a *varoma* Vel.1. Mondate i fagiolini e lavateli. Sbucciate le patate e tagliatele a fette alte. Quando l'acqua bolle aggiungete i fagiolini nel boccale. Nel *varoma* mettete le patate, insapoirite con sale e magiorana: 20min. *varoma* Vel.1. Terminata la cottura scolate i fagiolini e tenete le patate nel varoma. Inserite nel boccale lo scalogno con lame in movimento a Vel.5. Spegnete e aggiungete 20gr. di burro e 20gr. d'olio: 7min. 90° Vel.1. Aggiungete i fagiolini, meno una piccola prate che servirà per guarnire, e rosolate per 2min. 90° Vel.1. Unite le uova e mescolate con la spatola. Imburrate uno stampo a ciambella di 22 cm di diametro e spolverizzatelo con pangrattato. Adagiate sul fondo dello stampo metà delle fette di patate. Aggiungete il composto di fagiolini, l'asiago a fette e coprite tutto col prosciutto. Mettete le altre patate, spolverizzate con parmigiano e riccioli di burro. Infornate a 200° per 20\25 minuti e dorate qualche minuto sotto il grill. Lasciate riposare qualche minuto, sformate tenendo la prate con le patate in superficie. Inserite i cornetti al centro e servite.

14.1.1.55   Verdure Al Varoma (Miriam)

Ingredienti: Le faccio così. Taglio a dadini due patate due carote due zucchine e le cipolle a pezzi grossi. Riempio a metà il boccale di acqua (o di minestrone) e metto sopra il *varoma* con dentro disposte tutte le verdure (Sopra quelle che cuociono più in fretta) Dopo una ventina di minuti a Vel.1 temperatura *varoma* controllo le cotture. Quando sono cotte passo le verdure in un contenitore, asciugo molto bene il boccale e inserisco un mazzetto di prezzemolo (solo foglie) 3-4 foglie di salvia, 4 grissini rubatà o un panino secco tagliato a pezzetti per 30 sec a Vel.turbo. Il composto ottenuto lo verso sulle verdure e finisco con un filo d'olio.

14.1.1.56   Patate Salmonate (Rivista 2000)

Ingredienti: 400gr. di salmone affettato sottilmente (come per carpaccio), 4 patate medie, 2 rametti di maggiorana, un'acciuga, timo e basilico, mezzo spicchio d'aglio, prezzemolo tritato, un pizzico di peperoncino, sale, 50gr. d'olio.

Procedimento Sbucciate e lavate le patate, affettatele sottilmente e mettetele man mano in acqua fredda. Inserite nel boccale 700gr. d'acqua salata, sistemate le patate nel *varoma* e cuocete 10 minuti a temp varoma. Sistematele in un piatto da portata e conditele con olio e sale, adagiatevi poi sopra le fette di salmone. Nel boccale inserite le erbe aromatiche lavate e asciugate, l'acciuga, l'olio, il succo di un limone, l'aglio, il peperoncino, sale: 20 sec da Vel.3 a 9. Versate questa emulsione sulle patate e salmone decorate con fettine di limone e qualche fogliolina di prezzemolo. Fate riposare in frigo e toglietele 10 minuti prima di servire.

14.1.1.57 Patate Povere (Da Un Sito Spagnolo)

Ingredienti: una cipolla, 800gr. di patate, 100gr. d'olio
Procedimento Scaldare l'olio: 3min. 100° Vel.1, aggiungere la cipolla: 5 sec Vel.4 e cuocere 5min. 100° Vel.1. Posizionare la farfalla e aggiungere dall'alto, senza fermare l'apparecchio, le patate affettate: 20min. 100° Vel.1.

14.1.1.58 Peperonata (Ilaria)

Ingredienti: Soffriggo una cipolla o uno scalogno con un po' di olio e poca acqua per 3min. Vel.4 temp. 100°. Aggiungo 500gr. di passata di pomodoro, 3 peperoni a listarelle, 1 dado vegetale e 2 bicchieri d'acqua. Cuocio per 20min. a Vel.1 temp. 90° misurino inclinato e poi altri 5/6min. a temp. *Varoma* senza misurino. Se è ancora liquida cuoci fino a 10min. Volendo aggiungi delle patate a dadini.

14.1.1.59 Cavolini Alla Luxembourg (Annamaria Cs)

Ingredienti.1/2 Kg.cavolini di Bruxelles - 200 g. pomodori pelati - 60 g.burro - 100 g.prosciutto cotto - 1/4 latte 50 g. parmigiano - 30 g. farina - pangrattato - limone - noce moscata - sale e pepe.
Procedimento Pulire i cavolini privandoli dalle foglie esterne e immergerli in acqua acidulata con succo di limone e lessarli 15 m.vel.1 temp.100.Preparare una besciamella seguendo il libro base ma dimezzando le dosi.ungere una pirofila e adagiarvi i cavolini coprirli con le fette di prosciutto e coprire il tutto con la besciamella. Schiacciare con una forchetta i pomodori pelati e salarli leggermente. Distribuire la salsa sulla besciamella, spelverizzare di parmigiano e pangrattato, completare con fiocchetti di burro e infornare per gratinare.Io li faccio spesso e li facevo anche prima senza bimby.

14.1.1.60 Zucchine Ripiene

Ingredienti: per 6 persone. Tagliare 800gr. di zucchine a pezzi di 7 cm poi a metà nel senso della lunghezza e scavare un po'conservando la polpa tolta. Scottare le barchette ottenute in acqua salata per 2'. Inserire nel boccale 1/2 mis di olio+1ci pollina: 3'100°vel.3. Unire la polpa delle zucchine: 5'100°vel.3. Dal foro a vel.4 inserire un ciuffo di prezzemolo, 1 spicchio di aglio, 50g di prosciutto cotto, 1/2 mis di parmigiano grattugiato 1 cucchiaio di pangrattato e 1 uovo. Lavorare spatolando 5" vel.4. Unire 150g di carne trita, sale e pepe: 5"vel.6 spatolando. Riempire le zucchine con il ripieno, disporle in una pirofila unta e cuocerle in forno caldo a 180° per 30' circa. **NOTA** con lo stesso ripieno si possono riempire peperoni o melanzane.

14.1.1.61 Caponata Di Carciofi E Patate Al Varoma (Esecuzione Di Anna Maria Tenzone)

Ingredienti: 500gr. di cuori di carciofo, 400gr. di polpa pronta di pomodoro, 1 cipolla, 1 cuore di sedano, 100gr. di olive nere, 30gr. di capperi, 30gr. di pinoli, 1\2 mis. Di olio, 1\2 mis. Di aceto, 500gr. di patate pasta gialla, sale, pepe e zucchero q. b.
Esecuzione: Inserire nel boccale cipolla e sedano e tritare per 10 sec. a Vel.3-4. Aggiungere le olive, i capperi e l'olio: 3min. 100° Vel.1. Inserire la farfalla e aggiungere i carciofi tagliati a spicchi ed i pomodori. Aggiungere l'aceto, il sale, zucchero e pepe e cuocere per 20min. *VAROMA* Vel.1. Disporre sul boccale il *varoma* con le patate tagliate a fettine sottili. Presentate la caponatina di carciofi guarnita con i pinoli ed il prezzemolo, adagiata sulle patate cotte a varoma.

14.1.1.62 Caponata Siciliana (Da Adattare)

Ingredienti: 4 melanzane Tunisine (per intenderci quelle ovali nere) 200 gr di olive verdi, 50 gr di capperi di Pantelleria (quelli salati), 2 grossi gambi di sedano, 1 mestolo di salsa di pomodoro, 2 grosse cipolle tagliate a fette sottili, 1 bicchiere di aceto, 1 cucchiaio di zucchero, qualche foglia di basilico, olio **Procedimento:** Tagliata a dadetti le melanzane e mettetele in una ciotola con acqua salata per 2 ore circa. Pulite il sedano e sbollentatelo in acqua salata per 5min. Mettete in una ciotola i capperi con acqua calda per togliere il sale e scolateli dopo qualche minuto. In una grossa padella mettete la cipolla con un po' d'olio, assieme ai capperi ed alle olive tagliate a pezzetti. Aggiungete la salsa se l'avete pronta, oppure pelate quattro pomodori maturi, privateli dei semi e tagliateli a pezzetti. Mescolate con una paletta di legno e spegnete il fuoco quando si sarà formata una salsetta densa. In un'altra padella fate friggere le melanzane strizzate accuratamente. Nello stesso olio fate friggere i gambi di sedano tagliati a tocchetti. Mettete le melanzane ed i sedani fritti nella padella con la salsa, mescolate bene e fate amalgamare i sapori per 5 minuti sul fuoco basso. Cospargere con lo zucchero, versare l'aceto e dopo qualche minuto spegnete il fuoco e coprire con il coperchio. La caponata è più buona fredda, servita in una ciotola di terracotta e guarnita con foglie di basilico.

14.1.1.63 Crocchette Di Patate (Chiara Lo)

Ingredienti: ho cotto le patate nel microonde, le ho messe nel bimby con 1 cucchiaio di parmigiano grattuggiato, poco sale 1 uovo e 1 cucchiaio di pan grattato. Ho frullato (vel 3 o 4, a occhio) risulta un po' colloso. Quando sono fredde o tiepide fai delle palline o cilindretti come preferisci e passale nel pan grattato e friggi in olio.

14.1.1.64 Pure' Ai Tre Ortaggi (Patrizia)

Ingredienti: un sedano rapa, 2 finocchi, una patata, 2 cucchiai di parmigiano, 30g di burro, 3dl di latte, noce moscata, sale, pepe.
Procedimento: Pelare il sedano rapa e la patata, pulire i finocchi, lavare e tagliare il tutto a pezzetti. Mettere nel boccale il burro, un pò di sale, noce moscata, 2 min.100° vel.1. Unire gli ortaggi, il latte tiepido, 20min. 100° vel.1. Attendere qualche minuto, portare lentamente a Vel.4 30sec. Trasferire il purè sul piatto da portata, cospargerlo con le barbe dei finocchi tritate, il parmigiano e il pepe.

14.1.1.65 Carote All'aceto Balsamico (Allen)

Ingredienti: 250gr. di carote a tocchetti 1 cucchiaio di aceto balsamico 1 cucchiaio di buon olio d'oliva 4 rametti di prezzemolo sale e pepe
Procedimento: Mettere tutti gli ingredienti assieme e spatolando per tenere le carote sulle lame portare gradualmente la velocità a 4 per 30". Servire

14.1.1.66 Caponata Di Carciofi (Gina)

Ingredienti: 1 cipollina, 1 cuore di sedano, 30 gr di capperi, 30 gr di pinoli, 100 gr di olive verdi, 500 gr di carciofi puliti e tagliati a fettine, 400 gr di pomodori pelati, ½ mis di aceto, 2 cucch di zucchero, sale **Procedimento:** Inserire nel boccale la cipollina e il cuore di sedano: 5 sec Vel.4. Fare il soffritto con 50 gr di olio 3min. 100° Vel.1. Posizionare la farfalla, aggiungere i pinoli, le olive, i capperi, i carciofi e i pelati: 20min. *Varoma* Vel.1. Alla fine della cottura regolare il sale, poi unire l'aceto, lo zucchero e far sfumare per 2min. *Varoma* Vel.1

14.1.1.67 Pure' Di Carote

Ingredienti: 600 g. carote, 2 cucchiai di panna da cucina, 450 g. acqua, sale, pepe noce moscata a piacere, un trito di prezzemolo o cerfoglio

Procedimento: Adattata da 'la mia cucina con bimby' mod. 3300. Inserire nel boccale le carote a pezzi e tritarle grossolanamente con qualche colpo tasto turbo. Trasferirle nel cestello, mettere nel boccale l'acqua con il sale, e cuocere per 25min. 100° Vel.4. Al termine della cottura, dopo aver verificato che le carote siano ben cotte, buttare via l'acqua inserire la farfalla e mettere le carote nel boccale aggiungere panna sale pepe e montare per 25 sec. Vel.2/3. servire cosparso di prezzemolo tritato o cerfoglio.

14.1.1.68 Sformatini Di Melanzana (Voi Noi Bimby...)

Ingredienti 700gr. di melanzane, 350gr. di pelati, 50gr. di cipolla, 40gr. di parmigiano, 30gr. di latte, 50gr. di olio di oliva, 50gr. di burro, qualche foglia di basilico, sale e pepe q.b., 3 fette di pancarrè, 2 uova, 1 pizzico di origano.

Preparazione Sbucciate le melanzane, tagliate 6 fette rotonde e le rimanenti a dadini. Mettetele tutte in un colapasta, salatele e lasciate che scolino. Bagnate il pancarrè nel latte, fate soffriggere nel boccale la cipolla con 30gr. di olio: 3min. 100° vel.1. Lavate sotto l'acqua corrente le melanzane a dadini, strizzatele, aggiungetele al soffritto e insaporite: 4min. 100° Vel.1. Unite sale, pepe, origano e il pancarrè ben strizzato. Frullate tutto: 20 sec., Vel.5-6. Aggiungete le uova, il parmigiano e amalgamate: 20 sec., Vel.3. Mettete da parte. In una padella antiaderente friggete con il rimanente olio le melanzane a fette e sgocciolatele su carta assorbente; imburrate e riempite con il composto preparato 6 stampini da sformato (o stampini per crème caramel), quindi coprite il fondo di ogni stampino con una delle fette di melanzana. Sistemate gli stampi nel Varoma, versate nel boccale 500gr. di acqua con un pizzico di sale, posizionate il *Varoma* e cuocete: 30min. temp. *Varoma* Vel.1. Mettete da parte gli sformatini. A boccale pulito, preparate la salsa di pomodori; sciogliete il burro: 3min. 90° Vel.1, unite la dadolata di pomodoro, sale, pepe e lasciate cuocere: 10min. 100° Vel.1. Sformate dagli stampi gli sformatini adagiandoli su un piatto da portata, contornate con la salsa preparata e decorate con foglie di basilico

14.1.1.69 Carote Alla Panna (Voi Noi Bimby...)

Ingredienti 500gr. di carote, 60gr. di burro, 1 confezione piccola di panna, 1 pizzico di cannella in polvere, prezzemolo tritato, sale q.b.

Preparazione Raschiate e lavate bene le carote. Inserite nel boccale 400gr. di acqua e 1 pizzico di sale. Adagiate le carote nel *Varoma* e cuocete 20min. temp. *Varoma* Vel.3. A cottura ultimata tagliate le carote a rondelle non troppo sottili. Nel boccale vuoto inserite il burro: 3min. 100° Vel.1. Inserite la farfalla sulle lame, aggiungete la panna, le carote e il sale: 5min. 100° Vel.1. A fine cottura adagiate le carote in una pirofila, aromatizzate con una spolverata di cannella e cospargete con una manciata di prezzemolo finemente tritato.

14.1.1.70 Crema Di Carote

Ingredienti: 500gr. di carote, 1 cipolla, 2 spicchi d'aglio, olio, prezzemolo tritato, 1 mis. di acqua, sale q.b.

Procedimento: Pulite e tagliate a rondelle le carote. Inserite nel boccale aglio e cipolla affettati e l'olio e fate soffriggere 3min. 100° Vel.1. Aggiungete le carote e continuate la cottura 5min. 100° Vel.1. Unite l'acqua e cuocete ancora 15min. 100° Vel.1. Infine omogeneizzate il tutto a Vel.Turbo per 20 sec. Aggiungete il prezzemolo tritato e aggiustate di sale. La crema di carote è ottima come contorno

14.1.1.71 Carciofi Ripieni A Varoma (Voi Noi Bimby...)

Dose per 4 persone: 6-7 carciofi, 40gr. di parmigiano, 30gr. di pecorino, 1 uovo, 1 spicchio di aglio, 50gr. di olio, 1 mazzolino di prezzemolo, 500gr. di acqua, 1 limone, sale e pepe q.b. .

Preparazione Pulite bene i carciofi, tenendo solo la parte più tenera; tagliatene una parte di punta e praticate un taglio a croce sul fondo. Metteteli a bagno in acqua acidula (con l'aggiunta di limone) per circa 30min. Nel boccale grattugiate i formaggi: 30 sec. Vel.Turbo e tenete da parte. Grattugiate il prezzemolo e l'aglio: 10 sec. Vel.5 con lame in movimento, poi unitelo ai formaggi. Amalgamate l'uovo, il prezzemolo e i formaggi nel boccale: 20 sec. Vel.3-4. Riempite i carciofi con questo composto, aprndoli bene per facilitare l'inserimento del ripieno. Adagiateli nel *Varoma* e irrorateli con metà dell'olio. Nel boccale versate l'acqua, il sale e una fetta di limone; posizionate il *Varoma* e cuocete: 40min. circa, temp. Varoma, Vel.1. Condite i carciofi con il rimanente olio di oliva e serviteli caldi.

14.1.1.72   Finocchi Al Gratin

Dose per 4 persone: 3 finocchi (1 kg. circa), 100gr. di prosciutto cotto, 150gr. di fontina, 3 uova, 150gr. di panna fresca, 30gr. di burro, 30gr. di olio di oliva, 1 scalogno, noce moscata, sale, 800gr. di acqua

Preparazione Mondate i finocchi, tagliateli a spicchi piuttosto alti, lavateli accuratamente e sistemateli nel Varoma. Mettete nel boccale 800gr. di acqua: 7min. temp. *Varoma* Vel.1. Posizionate il *Varoma* sul coperchio, salate e cuocete 20min. temp. *Varoma* Vel.1-2. Terminata la cottura imburrate una pirofila e sistematevi i finocchi. Svuotate il boccale e fate un soffritto con lo scalogno e l'olio: 3min. 100° Vel.4. Insaporite i finocchi con il soffritto. Inserite nel boccale il prosciutto e la fontina: due colpi di Turbo. Aggiungete la panna, le uova, il sale e la noce moscata: 5 sec. Vel.3. Versate il composto sui finocchi e gratinate in forno caldo a 200° per una decina di minuti.

14.1.1.73   Purè Di Patate Con Carote Gratinate

Ingredienti 500gr. di patate, 450gr. di carote, 40gr. di grana grattugiato, 50gr. di burro, 1 uovo, 2 cucchiai di panna acida, 1/2 cucchiaino di senape in polvere, sale e pepe q.b

Preparazione Pelate le patate, lavatele e tagliatele in 4 spicchi ciascuna. Spuntate e pelate le carote, lavatele e tagliatele a pezzi. Inserite nel boccale 400gr. di acqua e 1 pizzico di sale. Disponete patate e carote nel *Varoma* e cuocete: 25min. temp. *Varoma* Vel.3. A fine cottura buttate l'acqua e inserite nel boccale la metà del burro, la panna acida e la senape e mescolate 3 sec. Vel.4. Aggiungete le carote, le patate e l'uovo e fate amalgamare il tutto 2min. Vel.4. Travasate il tutto in una pirofila leggermente imburrata, cospargete con il grana grattugiato e il burro rimasto e fate gratinare a grill oppure in forno caldo per qualche minuto fino a doratura. Servite caldo

14.1.1.74   Patate Salmonate

Ingredienti 400gr. di salmone (tagliato sottilissimo per carpaccio), 4 patate medie, 2 rametti di maggiorana, 1 acciuga, timo e basilico, mezzo spicchio di aglio, prezzemolo tritato, 1 pizzico di peperoncino piccante, sale q.b., 50gr. di olio di oliva extravergine, succo di 1 limone.

Preparazione Sbucciate e lavate le patate, tagliatele a fette sottilissime, mentre le tagliate mettetele direttamente in acqua fredda per evitare che anneriscano. Inserite nel boccale 700gr. di acqua con un pizzico di slae, mettete le patate nel cestello e cuocere per 10min. 100°. Sistematele in un piatto di portata e conditele con olio e sale e adagiatevi sopra le fette di salmone. Nel boccale inserite le erbe aromatiche, lavate e asciugate, l'acciuga, l'olio, il succo di limone, l'aglio, il peperoncino e sale: 20 sec. da Vel.3 a 9. Versate questa emulsione sulle patate e salmone, decorate con fettine di limone e qualche foglia di przzemolo. Fate riposare in frigorifero e toglietele 10 minuti prima di servire in tavola.

14.1.1.75   Palline Di Broccoli Gratinate

Ingredienti 800gr. di broccoletti, 1/2 mis. di olio di oliva, 1 spicchio d'aglio, 1 uovo intero, 20gr. di parmigiano grattugiato, sale e pepe q.b.. Per la besciamella: 500gr. di latte, 50gr. di farina, 30gr. di burro, 1/2 cucchiaino di sale, 1 pizzico di noce moscata.

Preparazione Mondate elavate i broccoletti; inserite nel boccale 1 litro di acqua e sale. Portate ad ebollizione: 8min. 100° Vel.1. Inserite i broccoletti e fateli lessare 15min. 100° Vel.1. Scolateli bene. Inserite nel boccale l'olio e l'aglio e fate soffriggere 3min. 100° Vel.1. Aggiungete i broccoletti, salate e paepate e cuocete 10min. 100° Vel.1. Sbattete leggermente l'uovo con il parmigiano ed inseritelo nel boccale: mescolate 10 sec. Vel.6. Raccogliete il composto con il mestolino e formate tante palline che disporrete su un piatto da forno. Preparate la besciamella inserendo tutti gli ingredienti nel boccale: 7min. 90° Vel.4. Versate la besciamella sulle palline e gratinatele in forno già caldo a 200° per almeno 25 minuti.

14.1.1.76 Insalata Saporita Di Finocchi E Champignons

Ingredienti: per 4 persone: 2 finocchi (600gr. circa), 300gr. di champignons, 1 limone, 1 cucchiaino di senape dolce, salsa Worcester, 3 cucchiai di olio, 2 cucchiai di brandy, sale e pepe.

Procedimento: Pulite i funghi e lasciateli a bagno con acqua e il succo di 1/2 limone. Mondate i finocchi, tagliateli a rondelle partendo dalla base e lavateli. Immergeteli poi in una ciotola con acqua e l'altra metà del limone. Mettete nel boccale 700gr. di acqua: 7min. temp. *Varoma* Vel.2. Aggiungete i finocchi scolati nel *Varoma* e posizionatelo sul coperchio; salate leggermente e cuocete per 10min. temp. *Varoma* Vel.2. Tagliate i funghi a fettine sottili e metteteli nel vassoio; sistemate il vassoio nel *Varoma* e cuocete il tutto per circa 7min. temp. *Varoma* Vel.2. Terminata la cottura travasate le verdure su un piatto da portata, sistemando al centro i funghi e tutt'intorno i finocchi. Svuotate il boccale. Mettete l'olio, il brandy, un pizzico di sale, la senape e una spruzzata di Worcester: Vel.3 per 5 sec. Condite le verdure con la salsa e servite a piacere con ua macinata di pepe. NOTA: Questa insalata è ottima anche servita fredda con spicchi di uova sode o come contorno al carpaccio

14.1.1.77 Funghi Ripieni

ingredienti. 500gr. di champignon grandi 1 uovo 1 fetta di pane raffermo o una rosetta 40gr. di parmigiano 10gr. di funghi porcini secchi 1 spicchio di aglio qualche foglia di basilici un cucchiaio di prezzemolo tritato 50 gr di olio di oliva sale e pepe q.b.

Preparazione Pulire i funghi e scavare le cappelle conservando i gambi. Nel boccale ben asciutto preparare il gratin, con pane, parmigiano, funghi secchi, basilico, aglio, prezzemolo, gambi dei funghi, 20gr. d'olio, sale e pepe: 40 sec. vel.6/7. Aggiungere l'uovo: 15 sec. Vel.3/4. e amalgamare bene. Riempire con questo composto le cappelle e sistemarle nel varoma. Cuocere 20min. a *varoma* Vel.1. (questa riceta è stata fatta ponendo il *varoma* sull'arrosto al marsala, posizionandolo ovviamente dopo 20 minuti dall'inizio della cottura della carne)

14.1.1.78 Patate Novelle Al Pecorino

ingredienti X 6: 24 patate novelle piccole, anche surgelate, 100gr. di pecorino sardo grattugiato, 10 olive nere di Gaeta snocciolate, 2 cucchiai di capperi, un cucchiaio di foglie di timo fresche, due cucchiaini di origano secco, 10 foglie di basilico, un cipollotto (facoltativo), succo di 1\2 limone, 80gr. d'olio, pepe nero macinato fresco.

Procedimento: Lavare le patate, se fresche, e metterle nel varoma. Inserire nel boccale capperi, olive, basilico e timo: 10 sec Vel.4. Aggiungere succo di limone, origano, olio e pepe: 10 sec Vel.5 e mettere da prate. Senza lavare il boccale mettere un litro d'acqua e portare ad ebollizione: 10min. 100° Vel.1. Quando l'acqua bolle posizionare il varoma: 25min. *varoma* Vel.1. A cottura ultimata tagliare in 4 le patate e sistemarle in un piatto da portata, ricoprirle col pecorino, condirle con la salsina preparata, pepe macinato fresco e servire con i filetti di merluzzo, o altro pesce, cotti contemporaneamente nel vassoio del Varoma.

14.1.1.79   Cipolle Al Ripieno Di Zucchine (Calen 2003)

Ingredienti: 10 cipolle bianche, 4 zucchine medie, 100 gr di prosciutto crudo in una sola fetta, 50 gr di parmigiano gratt, 1 uovo, 1 mazzolino di prezzemolo, 1 di maggiorana, 1 cucchiaio di pane gratt.

Procedimento: pulire e lavare le cipolle, metterle nel Varoma. Inserire nel boccale 1 litro di acqua e sale: 8' 100° vel1. Posizionare il *Varoma* con le cipolle e cuocere 10' temp. *Varoma* vel1. Lasciar raffreddare le cipolle. Pulire il boccale e inserire le zucchine, tritare: 20" Vel.5 e 20" Vel.3. Togliere il composto ottenuto e strizzarlo con un canovaccio per togliere l'acqua. Rimatterlo nel boccale e aggiungere il formaggio, il pane e le erbe aromatiche: 30" Vel.5-7. Unire il prosciutto tagliato a dadini piccoli e l'uovo, amalgamare: 10" Vel.3. Sfogliare delicatamente le cipolle (oppure tagliate a metà) togliere il ciore e riepirlo con il composto. Metterle in una pirofila o teglia, oliata e cuocere in forno caldo a 180-200° per circa 15-20min. Servire le cipolle ripiene sia calde che fredde, irrorate con olio extrav e una spolverata di parmigiano.

14.1.1.80   Tortino Di Patate (Sara)

Ingredienti: 500g patate - latte p.s. quanto basta - burro 50g - 50g parmigiano/grana - 2 tuorli d'uovo. una presa di noce moscata – sale

Procedimento: Nel boccale mettere acqua fino a copertura del gruppo coltelli 7min. 100° Vel.1. Mondare le patate e tagliarle a rondelle, metterle nel Varoma. Quando l'acqua bolle, posizionare il *Varoma* 20 min.temperatura *Varoma* Vel.2. Togliere l'acqua, inserire il burro 1min. 50° Vel.1. Aggiungere le patate 3 min.100° Vel.3. Aggiungere ½ mis. di latte, i due tuorli d'uovo, il parmigiano e la noce moscata proseguire la lavorazione ancora per 2 minuti. Quando è tutto amalgamato versarlo in una teglia foderata di carta da forno bagnata e strizzata oppure unta di burro e spolverata di pangrattato. Livellare bene il composto e infornare a grill finchè sopra non scurisce. Va servito caldo servendosi di un cucchiaio.

14.1.1.81   Cestini Di Ceci E Cicoria (Calen 2003)

Ingredienti: 2 cespi di cicoria (catalogna), 300 gr di ceci sgocciolati, 2-3 cucchiai del loro liquido, 1 spicchio d'aglio, prezzemolo q.b., 50 gr di parmigiano, 3 acciughe, 20 gr di olio extravergine d'oliva, per il soffritto, 20 gr di olio extrav d'oliva, 1 pezzetto di peperoncino, 9 pomodorini ciliegia

Procedimento: pulire la cicoria, spuntarla nel gambo e lavarla. inserire nel boccale il parmigiano e il prezzemolo: 20 " da Vel.3 a turbo. aggiungere i ceci, l'olio, il liquido di governo e il sale: Vel.3-8 spatolando e mettere da parte. Senza lavare il boccale inserire l'olio, le acciughe, l'aglio e il peperoncino: 2' a 100° Vel.3. Aggiungere 100 gr di acqua e posizionare il *varoma* con la cicoria adagiata senza romperla e cuocere 15' a *Varoma* vel2. Formare dei cestini usando 4 foglie di cicoria (si otterranno 9 cestini) e sistemare nel centro la purea di ceci e decorare con i pomodorini. Oliare una pirofila e sistemarvi i cestini di cicoria. irrorare con il sughetto, spolverizzare a piacere il parmigiano, pane grattuggiato e gratinare in forno per pochi minuti.

14.1.1.82   Tortino Di Carote

Ingredienti 400 g. carote, 400 g. zucchine, 150 g. formaggio (emmenthal o fontina), 12 fettine pancetta tesa, 2 uova, 4 cucchiai parmigiano, scalogno, 30 g. burro, noce moscata, 50 g. latte, sale, pepe

preparazione inserire le carote a pezzi nel cestello e le zucchine sempre e pezzi nel varoma, mettere acqua nel boccale a coprire le lame. sistemare il cestello nel boccale chiuderlo e mettervi sopra il *varoma* cuocere per 15min. Vel.4 temp. varoma. Togliere il tutto e mettere nel boccale 30 g. di burro e le verdure farle stufare 5min. 90° vel.1 quindi unire il parmigiano, le uova, sale pepe e noce moscata, mescolare qualche secondo a Vel.1. Sistemare il composto in 6 stampini imburrati sistemare la pancetta(2 fettine incrociate in ogni stampino), riempiteli con il composto di verdure e infornateli a 180° per 40min. Intanto soffriggere con il di burro 1 scalogno 3min. Vel.3 100°, unire il formaggio e il latte e sciogliere per 20 sec. 40° Vel.3.

14.1.1.83 Bietole Con Patate

Ingredienti: Olio, aglio, un bel mazzetto di bietola, tre patate medie, dado, un bicchiere di acqua, tre cucchiai di aceto balsamico.

Procedimento: Inserire nel boccale l'olio (quanto normalmente uno ne usa per fare un soffritto) e uno o due spicchi di aglio (a seconda dei gusti). Fare soffriggere per 5 minuti Vel.1 temp. 100°. Togliere l'aglio, posizionare la farfalla ed aggiungere, alternando, la bietolina e le patate tagliate a tocchetti non troppo piccoli. Versarci un bicchere (di carta) di acqua, un pò di dado e fare cuocere per 25 minuti circa a temp. 100° Vel.1 (io verifico la cottura assaggiando, ci potrebbe volere più tempo). A fine cottura aggiungerci l'aceto balsamico e mantecare per un minuto circa.

14.1.1.84 Zucchinee Ripiene Con Patate (Sara)

ricetta tramandata da 2 generazioni presa a suo tempo da un ottimo libro di cucina

Ingredienti 7 Zucchine – sale – pepe – olio ex. v. d'oliva – una scatola grande di tonno al naturale anche sott'olio va bene purché sia sgocciolato (scatola da 160g lordo e 112g sgocciolato) – pomodoro sammarzano maturo spellato e nettato dei semi e dell'acqua di vegetazione (oppure anche un pomodoro pelato nel barattolo) – 3 uova – noce moscata – prezzemolo – pangrattato qb – parmiginano a piacere – un cucchiaio di panna da cucina

Procedimento Tagliare a metà le zucchine per il senso della lunghezza e scavarle con un cucchiaino evitando di scavarle anche sulle estremità. Tenere da parte l'interno di 3 zucchine – disporre le zucchine in una larga teglia con carta da forno senza sovrapporle salarle e bagnarle con un filo d'olio. Nel Bimby mettere il tonno il sammarzano l'interno delle zucchine messe da parte, la panna, sale pepe noce moscata il prezzemolo il parmigiano mandare per 2min a Vel.progrssiva da 1 a 4 quindi aggiungere pangrattato ma non troppo perché il ripieno deve rimanere non troppo sodo miscelare di nuovo a Vel.3 finché non ha un aspetto abbastanza omogeneo. Si è può anche provare con un po' di pane raffermo bagnato e strizzato nel latte probabilmente viene meglio. Quindi versare un cucchiaio di ripieno in ogni zucchina livellandolo. Quando il ripieno è terminato infornare nel 2° ripiano (partendo dal basso) del forno caldo a 180° finché le zucchine, punzecchiate con uno stecchino, non risultano cotte! Ottima variante con i peperoni, anche questa da non   perdere:
Tenere a bagno un panino nel latte. Tritare il prezzemolo, se asciutto è meglio, con lame in mov. a Vel.7 Aggiungere tutti gli altri ingredienti, compreso il pane ammollato, Vel.Turbo per 3 secondi. Secondo il nostro parere basta un uovo grande o due piccole.Con la panna il parmigiano va bene perché le rende più delicate. Mettere il pecorino se si vogliono più gustose. Gli ingredienti vanno dosati secondo la grandezza delle zucchine. Se c'è del ripieno in più tagliare a metà un pomodoro oppure un peperone come indica sarab74)

14.1.1.85 Carciofi Ripieni Golosi (Sara)

Ingredienti: due persone - 4 carciofi teneri - un etto di prosicutto cotto - quattro sottilette - due uova intere - 50/100g di parmigiano/grana sale pepe nocemoscata olio

Preparazione capare i carciofi facendo attenzione a togliere tutte le foglie esterne più dure e la parte più interna. tagliarli alla base di modo che possano restare in piedi agevolmente e metterli in acqua e limone con i gambi nettati della parte esterna. nel bimby frullare il prosciutto cotto le sottilette il parmigiano la noce moscata poco sale e le uova per 20 sec a Vel.4/5 il composto deve risultare abbastanza denso da poter essere messo all'interno dei carciofi senza che coli. scolare i carciofi, aprirli, salarli poco internamente ed esternamente riempirli fino all'orlo con il ripieno e metterli in una pentola con dell'olio tutti attaccati in piedi e con i loro gambi lì vicino. appena si sente sfrigolare aggiungere tanta acqua quanta ne serve per coprire il carciofo MA NON IL RIPIENO insomma il ripieno deve stare fuori dall'acqua. coperchiare e cuocere coperto a fuoco basso finchè l'acqua non si è completamente ritirata. mi piacciono moltissimo e sono buoni anche riscaldati il giorno dopo.

(Suggeriamo di aggiungere al ripieno la parte tenera dei gambi del carciofo, il ripieno acquista molto. E' sufficiente un uovo ed eventualmente un goccio di latte per renderlo morbido)

14.1.1.86 Tortino Di Broccoletti (Annamaria)

Ingredienti: dosi per 4 persone: gr. 600 di broccoletti, 1 scalogno, gr. 40 di burro, sale q. b., 4 uova, ¼ di panna fresca, alcune goccie di tabasco, noce moscata q. b., sale q, b., gr. 40 di mandorle a lamelle.

Preparazione. Fare un soffritto con il burro e lo scalogno 3 m. 100° Vel.4. Posizionare la farfalla aggiungere i brocoletti divisi a cimette e insaporire per 6/7 m. 100° Vel.1 Preparare ora il composto mettendo nel boccale le uova, la panna il tabasco, il sale e la noce moscata e amalgamare il tutto Vel.. 4 /5 per pochi secondi. Mettere i broccoletti in una teglia che poi andrà in tavola precedentemente imburrata e versare il composto d'uova sui broccoli. Disseminare sul tortino le mandorle e infornare a 200° per 30/40 minuti finchè la miscela d' uova si sarà ben rappresa

Mariella: vorrei dare un piccolo suggerimento secondo me conviene amalgamare il composto di uova panna ecc ecc prima della cottura dei broccoli per evitare che il composto si possa iniziare a rapprendere dal momento che il boccale è caldo

14.1.1.87 Palle Di Neve

Ingredienti: 500gr. di spinaci, 500gr. di ricotta, un uovo, sale, noce moscata, 40gr. di parmigiano 100gr. di fontina, 100gr. di prosciutto cotto. Gli spinaci si possono cuocere con il *Varoma* con circa 600gr. di acqua salata per 20min. vel, 2 Vanno strizzati molto bene. Anche la ricotta deve perdere del liquido.

Preparazione. Mettere nel boccale fontina e prosciutto cotto, dare un colpo di Turbo e metterne da parte poco più della metà, la rimanenza lasciarla nel boccale. Aggiungere tutti gli altri ingredienti 6 sec. vel.6. Aiutandosi con spatola e un cucchiaio formare delle palle e passarle nel pangrattato disporle in una teglia imburrata abbastanza ravvicinate. Come da L.B., fare la besciamella viene di un colore verdastro, se volete la besciamella bianca(Palle di neve) lavare il boccale. Versare la besciamella sulle palle di neve e mettere in forno a 200° per circa 20 min

14.1.1.88 Finocchi Al Varoma

Ingredienti 3-4 finocchi, 250 ml di panna da cucina (non fresca, quella piu' densa), 4 cucchiai di parmigiano grattugiato, origano e prezzemolo tritati, pane grattugiato, olio

Preparazione Tagliare i 4-5 spicchi i finocchi e disporli nel varoma. Mettere nel boccale 600 ml di acqua, 2 cucchiai di aceto e un pizzico di sale. Posizionare il *varoma* e cuocere per 30 minuti a Varoma, Vel.2. Togliere il *varoma* e l'acqua dal boccale, lavando e quindi facendo intiepidire. Preriscaldate forno combinato grill a 190°. Mettere i finocchi in una teglia leggermente unta di olio. Mettere nel boccale la panna, il parmigiano, le erbe aromatiche e un po' di sale, amalgamare 10 sec Vel.3. Distribuire il composto sui finocchi, spolverizzare di pane grattugiato e passare un filo di olio. Far dorare in forno per 15 minuti. (abbiamo aggiunto 50gr. di latte per rendere più morbido il composto)

14.1.1.89 Peperoni Trifolati

Ingredienti 1) 1 fetta di pane biscottato-30gr di parmiggiano-2filetti di acciughe-1cucchiaio di capperi - (10 olive nere snocciate)-maggiorana- origano- 2) 30 gr olio-1spicchio d'aglio- 2 peperoni tagliati a striscioline.

Preparazione Fare un trito con i primi ingredienti (1) a Vel.10" e mettere da parte. inserire nel boccale olio ed aglio e soffriggere per 3' a 100° e Vel.1, posizionare la farfalla sui coltelli, unire i peperoni cotti nel *Varoma* ed insaporire per 5' a 100° e Vel.. 1. al termne toglierli dal boccale e condirli con il trito preparato precedentemente.

14.1.1.90 Carciofi All'acqua Pazza

Ingredienti 4 carciofi, 4 cipollotti, 8 pomodori ciliegia, 1 spicchio d'aglio, 50gr. olio extravergine, 50 gr.vino bianco, 80 grammi acqua, 1 cucchiaio di dado Bimby, 1 limone, prezzemolo tritato, sale e pepe quanto basta.

Preparazione Pulite i carciofi e metteteli a bagno in acqua e limone per circa 30 minuti. Pulite e lavate i cipollotti, tenendo solo la parte bianca. Fate soffriggere nel boccale 30gr. olio, peperoncino: , aglio: 1 minuto, 90° vel.4. Inserite la farfatta, unite i carciofi (io li ho tagliati in 4 o 6 parti, dipende dalla grandezza del carciofo), i cipollotti, (ho messo la stessa quantità dei carciofi: 300gr. carciofi, 300gr. cipollotti), i pomodorini, il vino: 1min. 100° vel.1. senza misurino. Versate l'acqua calda e il dado, sale e pepe q.b. cuocere 30 minuti 100° vel.1. (per la cottura dipende dal tipo di carciofo). A fine cottura cospargete di prezzemolo tritato, irrorate con il rimanente olio e servite.

14.1.1.91 Polpettone Di Patate E Fagiolini

Ingredienti: Kg. 1 di patate, gr. 300 di fagiolini, 4 uova, gr. 30 di parmigiano, 20gr. di formaggio pecorino, gr. 30 di burro, maggiorana noce moscata sale q.b. come salsa d'accompagnamento qualche cucchiaio di pesto.

Procedimento pulire le verdure, inserire nel boccale i formaggi e grattugiarli a Vel.8 per 30-40 sec. o più se necessario, togliere dal boccale i formaggi grattugiati e metterli da parte introdurre 1 litro di acqua 7min. vel, 1 temp. varoma. Nel frattempo mettere nel *varoma* le patate tagliate a tocchetti lavare molto bene 2 uova ed inserire anche queste nel varoma. Inserire invece nel cestello i fagiolini a tempo scaduto inserire nel boccale posizionare sul coperchio il *varoma* e far andare il bimby per 30min. temp. *varoma* Vel.4. Al termine della cottura togliere il cestello con i fagiolini togliere l'acqua e inserire le patate le uova i formaggi grattugiati, burro, sale le spezie aiutandosi con la spatola far andare a Vel.5/6 per circa 30 secondi fino ad ottenere un purè aggiungere una parte del fagiolini e far andare il bimby ancora per qualche secondo. Nel frattempo rivestite di carta forno, bagnata e strizzata per bene, uno stampo da plum cake e sistemare sul fondo i fagiolini, la metà del purè, le uova rassodate e tagliate a spicchi, e finire con il purè. Porre in forno caldo a 200° per circa 30 minuti. far intiepidire il polpettone e servirlo accompagnato dal pesto diluito con un pò d'acqua.

14.1.1.92 Carciofi Con Piselli

Ingredienti: 4: 4 carciofi, 400gr. piselli freschi o 450gr. piselli surgelati, 40gr. pancetta magra, 40 olio oliva, 1 pezzetto di cipolla, qualche foglia di lattuga romana, 300gr. acqua, 1 dado Bimby, succo di 1 limone, sale e pepe.

Procedimento Pulire i carciofi, tagliarli in 4 e lasciarli in acqua e limone. Inserire nel boccale la cipolla e la pancetta e dare 3 colpi a Vel.Turbo. Aggiungere l'olio: 2min. 100° Vel.4. posizionare la farfalla e aggiungere i carciofi a spicchi: 3min. 100° Vel.2. Unire i piselli (se surgelati lasciarli per pochi secondi sotto l'acqua calda), lattuga, acqua e dado: 20min. 100° Vel.2. Aggiustare di sale e pepe e servire. **NOTE:** al posto dei carciofi freschi, fuori stagione si possono usare anche quelli surgelati e al posto dei piselli si possono utilizzare le fave. Il tempo di cottura varia a seconda della grandezza delle fave

15 Dall'antipasto al dolce... realizzati solo con Bimby

15.1.1 Antipasti

15.1.1.1 Aaa.Abbronzantissima

Fonte: Forum Contempora http: //www.contempora.it
Ingredienti: 500gr pasta sfoglia ricetta bimby 5 confezioni da 75gr di filadelfia o un formaggio spalmagile a vostra scela(5 x 75) 3 tuorli d'uovo 4 cucchiai di parmigiano e 4 di pecorino 100gr di panna da cucina gia pronta una noce di burro 400gr di carote
Procedimento: lavorare il formaggio con 2 uorli e 2 cucchiai di parmigiano e 2 di pecorino. versate nella sfoglia copritela con carta alluminio e in forno 15min per 180° trascorsi i minuti cacciatela dal forno e cospargete il formaggio con le rondelle di carote ke avrete lessato in acqua salata, le scolate e passare in padella col burro. rifinite la torta con la panna e aggiungere il resto del parmigiano e del pecorino sale pepe..spennellate col tuorlo rimasto e il forno per 15min a 190gradi..spero ke sia kiara ora ciao grazie

15.1.1.2 Babà Affumicato

Fonte: Forum Contempora http: //www. contempora. it
Ingredienti: 300gr. farina americana 130gr. margarina 30gr. zucchero 1cubetto di lievito di birra 50gr. latte 4uova 2cucchiai di parmigiano 1cucchiaio di pecorino 120gr. prosciutto cotto 1 piccola provola affumicata di circa 150gr.
Procedimento: inserire nel boccale latte e lievito: 1min. 40° Vel.4. Aggiungere uova, zucchero, un pizzico di sale parmigiano, pecorino eS burro: 30sec. Vel.6. Unire, dal foro del coperchio, con lame in movimento, Vel.4, la farina: 40sec. Vel.4, e 20sec. Vel.8. Lasciare lievitare nel boccale chiuso per 30 min;rilavorare l'impasto per circa 50sec. a Vel.8 spatolando. Versare una parte del composto in uno stampo da ciambella, imburrato e infarinato quindi adagiarvi la provola ed il prosciutto precedentemente tritati a Vel.5 5sec. Coprire con il rimanente impasto;fare lievitare per circa un'ora. Cuocere in forno a200°per 40min. circa. Si può servire con una besciamella al formaggio.
Suggerimenti Vorwerk: In questa ricetta abbiamo sostituito la margarina con 30gr. di burro. Gl'ingrediendi non sono riportati nel modo esatto. E' comunque venuto un babà molto buono. Anche se non riuscite a coprire bene il formaggio e il prosciutto il risultato, anche visivo, è ottimo.

15.1.1.3 Baba' Rustico

Ingredienti: 150gr. tra salame e mortadella 150gr. di formaggio (tipo emmenthal) 100gr. di parmigiano grattugiato 1 misurino di latte 80gr. di olio 3 uova 1 cucchiaino di zucchero 1 cucchiaino di sale 1 cubetto di lievito di birra 450gr. di farina
Inserire nel boccale salame, mortadella e formaggio: 6 sec Vel.5 e mettere da parte. Nel boccale mettere latte, olio, uova, sale e zucchero: 15 sec Vel.4 Unire il lievito: 3 sec Vel.4 Aggiungere dal foro la farina con lame in movimento: 1min. e 30 sec Vel.6. Unire i salumi, il formaggio ed il parmigiano: 10 sec Vel.4 Mescolare bene il composto spatolando. Imburrate ed infarinare uno stampo col buco, mettervi il composto ed attendere per un'ora o più la lievitazione. Infornare per 25min. a 180/200 gradi.

15.1.1.4 Bagna Cauda

Fonte: Forum Contempora http: //www. contempora. it

Ingredienti: per 6: 6 spicchi d'aglio senza anima, 150gr. di acciughe dissalate e diliscate, 300gr. di olio extravergine d'oliva, 50gr. di burro morbido.
Procedimento: Nel boccale 200gr. di olio e l'aglio: 10' 90° Vel.2. Aggiungere le acciughe e tritare: 10'' Vel.4. continuare la cottura: 10' 90° Vel.2. Unire il burro, continuare la cottura: 10' 90° Vel.2. aggiungere il restante olio, versare nell'apposita ciotola (s'cionfeta) e portare subito in tavola. DAL RICETTARIO lA CUCINA REGIONALE ITALIANA Ricetta Vorwerk tratta dal volume "La cucina regionale italiana" pag. 7

15.1.1.5 Battuto D'olive E Carciofini

Fonte: Forum Contempora http: //www. contempora. it
Ingredienti: 15 olive verdi giganti 4 5 carciofini sott'olio scolati poco olio extra vergine
Procedimento: Togliere il nocciolo dalle olive e inserire tutto con le lame in movimento a Vel.5 6, riunire con la spatola il composto sulle lame e frullare a Vel.5 aggiungendo a filo l'olio. Il tempo con precisione non lo ricordo, ma con 3 4 volte (aprendo e riunendo il composto) ho avuto un battuto discretamente fine ma soprattutto gustoso. Ottimo su crostini caldi, toast, tramezzini, panini al latte!
Suggerimenti Vorwerk: Abbiamo lavorato il doppio della dose inserendo olive e carciofini con lame in movimento a Vel.7. Il procedimento è giusto e il battuto è ottimo.

15.1.1.6 Biscotti Al Prosciutto E Finocchio

Ingredienti per 4 persone:
Gr. 150 di farinagr. 100 di burro, gr. 150 di parmiggiano reggiano grattugiato, gr. 70 di prosciutto cotto magro, 1 uovo, 2 cucchiai di semi di finocchio, Sale
Esecuzione: , Introdurre nel boccale: la farina il formaggio grattugiato e il prosciutto tritato, 1 pizzico di sale , il burro ridotto a pezzetti, Impastate gli ingredienti 20 sec. Vel.4/5, Col mattarello tirate una sfoglia dello spessore di circa
½ cm. , che ritaglierete con stampini di forme diverse , avendo cura di mantenere la spianatoia infarinarta, Disponete i biscotti nella placca con carta da forno, Penellateli con uovo sbattuto cospargeteli con semi di finocchio passateli in forno a convenzione 180° 15 minuti, Serviteli con l'aperitivo

15.1.1.7 Biscotti Salati Ala Profumo Di Basilico

Ingredienti per 4 persone 20 biscotti, 150gr. Di farina 00, 1 uovo, 50gr. Di burro,
10 belle foglie sdi basilico, 1 cucchiaio di parmiggiano oppure di pecorino gratuggiato, Sale. , cucchiai di acqua fredda
Esecuzione: Metti nel bimby la farina con il burro tagliato a dadini, una presa di sale e il basilico sminuzzato 13 sec. Vel.8 Unisci l'uovo 2 cucchiai di acqua fredda Aggiungi il formaggio 25 sec. Vel.3 fino a che l'impasto si raccoglie formando una palla Chiudi con della pellicola trasparente e mettila in frigorifero Lascia riposare per 1 ora Tira la pasta con il mattarello su un piano infarinato e ritaglia delle foglie con la rotella da pasta disegnando le nervature con il dorso della lama del coltello Deponile su di una placca coperta con carta da forno Cuoci in forno caldo 180° per 15/20 minuti

15.1.1.8 Caponata Siciliana

Tempo di Preparazione: xxx
Ingredienti: Ingredienti 4 melanzane Tunisine (per intenderci quelle ovali nere) 200gr. di olive verdi, 50gr. di capperi di Pantelleria (quelli salati), 2 grossi gambi di sedano, 1 mestolo di salsa di pomodoro, 2 grosse cipolle tagliate a fette sottili, 1 bicchiere di aceto, 1 cucchiaio di zucchero, qualche foglia di basilico, olio

Procedimento: Questa ricetta è da adattare al bimby, però prima vi consiglio di provarla nella maniera tradizionale per fare il confronto. Esiste anche una variante con i carciofi al posto delle melanzane. Tagliata a dadetti le melanzane e mettetele in una ciotola con acqua salata per 2 ore circa. Pulite il sedano e sbollentatelo in acqua salata per 5 min. Mettete in una ciotola i capperi con acqua calda per togliere il sale e scolateli dopo qualche minuto. In una grossa padella mettete la cipolla con un po' d'olio, assieme ai capperi ed alle olive tagliate a pezzetti. Aggiungete la salsa se l'avete pronta, oppure pelate quattro pomodori maturi, privateli dei semi e tagliateli a pezzetti. Mescolate con una paletta di legno e spegnete il fuoco quando si sarà formata una salsetta densa. In un'altra padella fate friggere le melanzane strizzate accuratamente. Nello stesso olio fate friggere i gambi di sedano tagliati a tocchetti. Mettete le melanzane ed i sedani fritti nella padella con la salsa, mescolate bene e fate amalgamare i sapori per 5 minuti sul fuoco basso. Cospargere con lo zucchero, versare l'aceto e dopo qualche minuto spegnete il fuoco e coprire con il coperchio. La caponata è più buona fredda, servita in una ciotola di terracotta e guarnita con foglie di basilico

15.1.1.9 Caramelle Al Wurstel

Tempo di Preparazione: 30'+cot
Ingredienti: Una dose di pasta sfoglia, 1 confezione di wurstel piccoli (vanno bene anche quelli normali tagliati in 3 parti), 1 tuorlo.
Procedimento: Prerarare la pasta sfoglia come da ricettario base (io eseguo le pieghe per 9 volte), cospargere bene di farina il piano e tirare la pasta non sottilissima. Formare dei quadrati di 6-7 cm, avvolgere un wurstel come se fosse una caramella. Posare le caramelle sulla placca del forno ricoperta dalla carta, spennellare sopra il tuorlo sbattuto con un goccio d'acqua e a forno caldo (180° ventilato)cuocere per 20-25 minuti. Servire tiepidi. Si possono cucinare e congelare, intiepiditi al forno sono ancora buonissimi

15.1.1.10 Cipolle Rosse Ripiene

Ingredienti: 4 persone
2 cipolle rosse
1 scatola di fagioli bianchi di Spagna
50gr. olio extravergine di oliva
50gr. brodo vegetale bimby 3
rametti di timo
1 spicchio di aglio
1 piccolo peperoncino sale e
pepe q.b.
Mondare le cipolle e metterle a bagno in acqua tiepida per 10 min.
Rosolare aglio, i rametti di timo, peperoncino e 30gr. olio 3min. 100° Vel.2. Aggiungere i fagioli privati della loro acqua e sciacquati, insaporire, aggiustare di sale e pepe: 3min. 100° Vel.1.
Versare il brodo vegetale bollente 10min. 100° Vel.1, togliere dal boccale i rametti di timo, frullare 1min. Vel.7-8.
Togliere il composto e mettere a parte.Aprire le cipolle a metà, sfogliarle delicatamente, riempirle con il composto e decorare con un rametto di timo, posizionarle nella campana del varoma. Versare 600gr. di acqua nel boccale un pizzico di sale, posizionare il *varoma* e cuocere: 20-30min. temp. *Varoma* Vel.2, irrorare con un filo di olio extravergine di oliva. Servire le barchette di cipolle rosse ripiene di crema di fagioli calde o completamente fredde.

15.1.1.11 Crema Di Salmone

Tempo di Preparazione: 1
Ingredienti: 400gr salmone in scatola, ½ tazza panna, 150gr. formaggio cremoso, 60gr succo di limone, 2 cucchiaini di aneto fresco, sale e pepe bianco **Procedimento:** Inserite tutti gli ingredienti nel boccale. Vel.5 25sec. Si conserva in frigo al massimo 24ore. Ottimo accompagnato da crostini caldi o verdure da pinzimonio.

Suggerimenti Vorwerk: Per ottimizzare la lavorazione di questa ricetta suggeriamo di aggiungere la panna liquida dopo aver lavorato per qualche secondo gli altri ingredienti.

15.1.1.12 Crostata Salata Al Formaggio

Ingredienti: . 260gr. di farina (mista 0 e 00), 120gr. di burro sciolto e fatto intiepidire, 250gr. di ricotta fresca, 3 mozzarelle da 125gr. (io ho messo 1 di quelle sode da 250gr. e un'altra normale), 120gr. di emmenthal, 2 cucchiai di latte, 2 uova, sale e pepe.

Procedimento: Mettere nel boccale la farina, 100gr. di ricotta scolata e il burro con 1 po' di sale, impastare 30sec. Vel.da 1 a 5. Versare in una ciotola e formare un panetto, che lascerete riposare in frigo per mezz'ora coperto da pellicola. Nel frattempo, pulire il boccale e montare i 2 albumi a neve, con farfalla e 1 pizzico di sale, 2min. e mezzo Vel.3. Mettere da parte. Mettere nel boccale i formaggi a pezzettini, aggiungere la ricotta rimasta e il latte, frullare il tutto grossolanamente 20sec. Vel.6. Aggiungere i rossi d'uovo e poco sale, 20sec. Vel.2 3. Aggiungere infine le chiare montate a neve, amalgamando con la spatola. Preriscaldare il forno a 180°. Stendere un po' piu' di metà della pasta e foderare una tortiera a bordi scanalati tipo crostata (meglio se mettete sotto un disco di carta forno fatto aderire con poco burro...dico cose ovvie?). Versare il ripieno e livellare. Coprire con l'altro disco steso (devono venire alquanto sottili, la pasta si lavora bene anche se è molto morbida grazie alla ricotta) e richiudere bene i bordi. Cuocere per 35 40 minuti.

Suggerimenti Vorwerk: Brava è stupenda. L'abbiamo mangiata con degli ospiti. La pasta è perfetta. Suggeriamo di evitare di tagliare la mozzarella, ma di sfruttare la funzione turbo dell'apparecchio.

15.1.1.13 Crostatine Salate

Fonte: Forum Contempora http: //www. contempora. it

Ingredienti: 1 dose di pasta brisè, 150gr. di Taleggio, 2 zucchine, 50gr. di formaggio bianco cremoso, 50gr. di panna fresca, pepe bianco, olio extra vergine d'oliva, noce moscata, sale, erba cipollina, pirottini da forno

Procedimento: Preparare la pasta e porla a riposare in frigo avvolta con un canovaccio pulito e privo di odore (attenzione al profumo del detersivo: rischiate di rovinare ogni preparazione!!!). Inserire nel boccale le zucchine con un po' d'olio e il sale. 20sec. Vel.4 + inserire farfalla e 2 minuti Vel.1 100°C. far raffreddare un pochino, togliere la farfalla e aggiungere taleggio, pepe e noce moscata, Vel.3 4, 1 minuto. Stendere la pasta brisè e ritagliare dei piccoli cerchi da inserire nei pirottini da forno. Aggiungere il composto a riempire il pirottino fino a circa 2/3 e inserire in forno preriscaldato a 150° per 15 minuti circa. Mentre cuociono, lavare e asciugare il boccale e inserirvi la panna con un pizzico di sale e il formaggio morbido. Vel.2 con la farfalla per 1 2 minuti o comunque finchè non si è ben montato. Servite immediatamente le crostatine guarnendole con ciuffi della spuma ottenuta e fiocchetti di erba cipollina o, in alternativa, fatele cuocere un po' meno, tiratele fuori dal forno e riscaldatele qualche momento prima di servirle, avendo però cura di conservare la spuma in frigo. Tritare le zucchine per pochi sec. altrimenti espellono troppa acqua. Oppure, con lame in mov. Vel.6 inserire le zucchine. Poi mettere la farfalla e proseguire come da ricetta. Con il taleggio il pepe e la noce moscata abbiamo aggiunto un uovo. In forno almeno 20 min.

15.1.1.14 Crostini Toscani

Fonte: Forum Contempora http: //www. contempora. it

Ingredienti: 3hg. fegatini di pollo 3hg. durelli di pollo 1hg. pollo 1 carota 1 sedano 1 cipolla sale pepe vino bianco un pugno di capperi 3 filetti di acciuga olio

Procedimento: Nel boccale le verdure tagliate a pezzi. le carni, sale e pepe 5 min. 100° Vel.1. Bagnare con 20gr. di vino bianco. , 30 min. 100° Vel.1. Se deve ancora asciugare far cuocere ancora 5 minuti a temperatura Varoma. Se il liquido è in eccesso metterlo in una ciotola, aggiungere gli altri ingredienti compresa la noce di burro e portare a Vel.6 7 lentamente, per 20 sec. Poi portare a Vel.Turbo per 1 minuto.

15.1.1.15 Crostini Alla Crema Di Carciofi E Tonno

Ingredienti: 4 persone
4 carciofi
4 fette di pane tostato
200gr. di tonno all'olio di oliva
200gr. di fagiolini fini
30gr. olio extravergine di oliva 2
coste di sedano
1 limone 500gr. di
acqua sale e pepe
q.b.

Pulire, lavare accuratamente i carciofi (solo il cuore)lasciandoli per 15min. a riposo in acqua acidula. Nel boccale inserire l a farfalla, versare l'olio e i carciofi tagliati a spicchi, cuocere 20-30min. 100° Vel.1 e mettere da parte.

Preparare nel cestello i fagiolini lavati e mondati, versare l'acqua nel boccale con un pizzico di sale, introdurre il cestello nel boccale e cuocere 30-40min. 100° Vel.1. Togliere il cestello lasciando raffreddare i fagiolini. Nel boccale pulito e raffreddato, versare i carciofi, i fagiolini, le coste di sedano, il tonno, un pizzico di sale e di pepe, frullare. Vel.5-8 per 1min. fino ad ottenere una crema. Spalmare il composto sulle fette di pane tostato e servire.

15.1.1.16 Focaccia Farina Di Mais E Erbe

Fonte: Forum Contempora http: //www. contempora. it
Ingredienti: 400gr. di farina 00, 100gr. di farina di mais bramata, 300gr. di acqua, 1 cubetto di lievito di birra, sale, mezzo cucchiaino di zucchero, 30gr. di origano e basilico secchi.
Procedimento: Mettere nel boccale 100gr. di acqua, lo zucchero e il lievito, 10sec. Vel.3. Aggiungere le farine bianca e gialla, la restante acqua, le spezie e 10gr. di sale. Impastare lentamente da 1 a 5 6, lasciando al Bimby il tempo di raccogliere bene la farina e formare una palla (30sec. di cui circa 8 alla velocità finale). Impastare poi a Vel.Spiga per 45 secondi. Versare in una ciotola e lasciar lievitare per 1 ora circa. Stendere la pasta per riempire una sola placca da forno, in modo che risulti una focaccia spessa, adagiare l'impasto sulla placca unta e aggiungere sale e rosmarino. Lasciar lievitare per 20 minuti circa. Cuocere in forno preriscaldato a 180° per 20. 25 minuti. E' ottima con prosciutto e stracchino. . invenzione del giorno!!
Suggerimenti Vorwerk: Ricetta Vorwerk Contempora approntata dalla Signora Renza Pivetti, coordinatrice del comitato di redazione per la rivista Voi. . Noi. . Bimby nel 1994

15.1.1.17 Focaccia Alla Messinese

Fonte: Forum Contempora http: //www.contempora.it
Ingredienti: per l'impasto 300gr. farina 00 300gr. semola grano duro 1 cubetto liev. 300gr. acq.60gr.olio sale zucchero per il condimento: ricciolina acciughe salate 500gr.caciocavallo qualche pomodorino sale pepe olio q.b.
Procedimento: inserire nel boccale acqua lievito zucchero ed olio 1 min. 40° veloc.3 aggiungere le farine ed il sale 50 sec. Vel.6 ed 1 minuto a spiga.Prendere l'impasto e lasciarlo riposare per 2 ore. Stendere l'impasto sulla teglia da forno oleata e lasciare riposare per una mezz'ora.Sopra la pasta mettere qualche acciughina il formaggio, la ricciolona tagliata fine ed infine qualche fettina di pomodorino.Salare pepare e metetre un filino d'olio.Infornare a forno caldissimo per 45 minuti dipende dal forno.
Suggerimenti Vorwerk: L'impasto è risultato molto buono, leggero e friabile. L'acciuga si accompagna molto bene con la ricciolina e il caciocavallo.

15.1.1.18 Gamberi Al Sedano E Mela

Ingredienti: 4 persone
600gr. di gamberi sgusciati o code di gamberi
200gr. di cuore di sedano
1 mela renetta grande

1 cuore di lattuga
50gr. olio extravergine di oliva 1
limone
500gr. di acqua
sale e pepe nero q.b.

Lavare i gamberi e metterli nel cestello. Nel boccale versare l'acqua, una fettina di limone e un pizzico di sale, portare a bollore: 6min. 100° Vel.1.

Posizionare il cestello con i gamberi e cuocere 2-3min. 100° Vel.1, togliere e lasciare raffreddare a parte.

Tagliare a dadini la mela e il sedano. Nel boccale pulito preparare una vinaigrette con succo di limone, olio, sale e pepe, emulsionare 10sec.Vel.3. In una terrina unire i gamberi sgusciati, la mela e il sedano. Sistemare al centro di ogni piatto due foglioline di lattuga, al centro di essa mettere due cucchiai di insalata di gamberi, mele e sedano, conditi con la vinaigrette.

15.1.1.19   Gamberi Al Profumo D'arancia

Ingredienti: 4 persone
350gr. di gamberi o code di scampi 2
arance
1 spicchio d'aglio
1 mazzolino di erba cipollina 1
pezzetto di zenzero
40gr. di olio extravergine di oliva 1
fetta di limone
600gr. di acqua sale
e pepe q.b.

Preparare i gamberi sgusciati e lavati nella campana del Varoma. Versare l'acqua nel boccale, il sale e la fetta di limone, posizionare il *varoma* e cuocere 10min. temp *varoma* Vel.2. Mettere da parte in un piatto da portata.

Preparare una vinaigrette: nel boccale pulito, aglio, erba cipollina, un pezzettino di zenzero, il succo di un'arancia e l'olio frullare 20sec.Vel.5-6. Versare la vinaigrette sui gamberi. Pelare a vivo l'arancia rimasta, tagliarla a fettine e contornare il piatto, unendo qualche filo di erba cipollina. Servire fresco.

15.1.1.20   Kougelhopf Alle Noci E Pancetta

Fonte: Forum Contempora http: //www. contempora. it

Ingredienti: Dosi per 6 8 persone: 375gr. di farina bianca 50gr. di lievito di birra 1/2 bicchiere di latte tiepido (100mL) 80gr. di burro fuso 1 cucchiaio di zucchero 3 uova leggermente sbattute 100gr. di noci tritate grossolanamente 150gr. di pancetta affumicata a dadini 2 cucchiaini da caffe' rasi di sale burro per lo stampo (per rendere l'idea dello stampo: tipo ciambella alto, come un panettone con il foro al centro, diametro circa 22 cm, altezza 10 cm circa)

Procedimento: Fate sciogliere il lievito di birra in una ciotola con il latte tiepido tenere in un posto caldo e lasciare lievitare. Mettete in una terrina o nel mixer la farina, aggiungere le uova leggermente battute, lo zucchero ed il sale, impastare bene e aggiungere a poco a poco il latte, versarvi il burro fuso impastare bene gli ingredienti. Mettere l'impasto in una terrina capiente coperta con un tovagliolo, in luogo tiepido fino a quando avrà raddoppiato il suo volume (45 mn.). Nel frattempo mettere la pancetta e le noci a riscaldare a fuoco lento mescolare bene senza far friggere. Imburrare lo stampo, incorporare alla pasta le noci e la pancetta. Sistemare la pasta in modo da riempirlo solo per 2/3 dell'altezza. Ponete in luogo tiepido e lasciate lievitare fino a quando la pasta arriverà al bordo dello stampo (da 45 a 60 mn.). Mettete in forno preriscaldato a 200°C per 50 60 mn abbassare la temperatura a 180°C, coprire con un foglio di carta d'alluminio e lasciare ancora 15 min. fino a quando sarà ben dorato (dipende da forno a forno)

Suggerimenti Vorwerk: Preparare tutti gli **ingredienti:** Adoperare il lievito di birra secco, ne basta una bustina da 10gr. . Mettere nel boccale le uova 10 sec. Vel.6 Aggiungere la farina, lo zucchero e il sale 20 sec. Vel.6. Con lame in movimento, sempre a Vel.6 continuare la lavorazione per altri 20 sec. aggiungere il burro fuso, continuare la lavorazione per altri 20 sec. poi il latte con il lievito. Mettere la pasta in una ciotola e far lievitare. Pulire il boccale. Tritare le noci per qualche sec. a Vel.Turbo. Aggiungere la pancetta a cubetti piccoli 5 min. 60° Vel.1. Versare nella ciotola della pasta pancetta e noci. Suggeriamo di incorporarla nella ciotola. Quindi nella teglia.

15.1.1.21 Miniquiche Al Salmone

Fonte: Forum Contempora http: //www. contempora. it
Ingredienti: pasta sfoglia (ricetta base), 125gr salmone affumicato, 100gr formaggio cremoso, 60gr panna, 2 uova.
Procedimento: ricavare dei dischetti di pasta sfoglia e metterli in stampini appositi unti con il burro. Sminuzzate il salmone ponendo ogni pezzettino in una quiche. Nel frattempo ponete tutti gli altri ingredienti nel boccale con la farfalla. 45 sec. Vel.2. Versare il composto sopra i pezzetti di salmone. Infornare per 20 minuti finchè le quiche non saranno gonfie e dorate. I ripieni riportati sono per circa 25 quiche.
Suggerimenti Vorwerk: La Vel.3 e meglio, almeno per 1 minuto. In forno a 180° per 20 min.

15.1.1.22 Mousse Di Prosciutto Cotto

Tempo di Preparazione: veloce
Ingredienti: 250gr. di prosciutto cotto, 250gr. di ricotta fresca, 2 cucchiai di pinoli, 1/2 misurino di panna o latte, 1/2 misurino di parmigiano grattuggiato, 1/4 di misurino (o più secondo i vostri gusti) di Brandy, sale e pepe.
Procedimento: Frullare i pinoli a Vel.4 per pochi secondi. Con le lame in movimento a Vel.4-5 tritare il prosciutto, spostare fino a Vel.9 per 30" circa (controllare a occhio se occorre qualche altro secondo). Aggiungere tutto il resto e amalgamare 1' a Vel.3 e 30" a Vel.7. Foderare uno stampo con carta d'alluminio e tenere in frigor diverse ore. E' ottima decisamente più magra di quella con burro e mascarpone.
Suggerimenti Vorwerk: E' decisamente più leggera.

15.1.1.23 Mousse Di Pecorino

Fonte: Forum Contempora http: //www. contempora. it
Ingredienti: 200gr. di pecorino semistagionato 100gr. di panna fresca **Procedimento:** Frullare il pecorino a turbo fino a quando si polverizza. Inserire la farfalla e a Vel.3 versare la panna dal buco del coperchio 15 secondi.
Suggerimenti Vorwerk: Tagliare il pecorino a cubetti. Con lame in movimento a Vel.6 mettere nel boccale i cubetti di formaggio e portare a Vel.Turbo per circa 30 40 sec. Posizionare la farfalla, aggiungere la panna e far lavorare per circa 15 sec. a Vel.5

15.1.1.24 Mousse Di Mortadella

Fonte: Forum Contempora http: //www.contempora.it
Ingredienti: 300 g.di mortadella in pezzo unico non a fette; 100 g. di ricotta ovina 1 o 2 cucchiai di panna da cucina
Procedimento: Tagliare la mortadella a tocchi e inserirla nel boccale con lame in movimento Vel.5.aggiungere la ricotta e la panna e portare alla massima velocità per pochi sec.Tasferire il tutto con la spatola in un contenitore tenerlo in frigo. Io lo spalmo su crostini o pan carrè tostato come antipasto
Suggerimenti Vorwerk: Noi avremmo messo meno mortadella.

15.1.1.25 Mousse Di Caprino

Ingredienti: 4 persone
250gr. di formaggio caprino fresco 3
rametti di timo

50gr. di vino bianco brut
1 mazzolino di erba cipollina 1
filone di pane tagliato a fette
1 grattugiata di zenzero a piacere
Versare il vino nel boccale, aggiungere il timo e scaldare 3min. 80° Vel.1 . Unire
il formaggio, lo zenzero e l'erba cipollina tagliata a filetti: 30sec.Vel.3. Servire la
mousse su crostini di pane caldi.

15.1.1.26   Mousse Di Mortadella

Fonte: Forum Contempora http: //www. contempora. it
Ingredienti: 2 etti di mortadella 2 etti diricotta i vasetto di jogurth bianco qualche
manciata di pistacchi
Procedimento: mettere nel boccale la ricotta la mortadella tagliata a pezzetti e lo
jogurth portare lentamente a velocità massima spatolando aggiungere alla fine i
pistacchi, mi raccomando non aggiungete sale, la mortadella è molto saporita
Suggerimenti Vorwerk: Tritare la mortadella 10 sec. Vel.3 4. Aggiungere la ricotta e
lo yogurt e continuare la lavorazione a Vel.3 4. poi portare a Vel.7 per 30 sec.
Aggiungere i pistacchi e mescolare per qualche sec. a Vel.2 se debbono rimanere interi.

15.1.1.27   Mousse Di Prosciutto Cotto

Fonte: Forum Contempora http: //www. contempora. it
Ingredienti: 250gr. di prosciutto cotto, 250gr. di ricotta fresca, 2 cucchiai di pinoli, 1/2
misurino di panna o latte, 1/2 misurino di parmigiano grattuggiato, 1/4 di misurino (o più
secondo i vostri gusti) di Brandy, sale e pepe.
Procedimento: Frullare i pinoli a Vel.4 per pochi secondi. Con le lame in movimento a
Vel.4 5 tritare il prosciutto, spostare fino a Vel.9 per 30" circa (controllare a occhio se
occorre qualche altro secondo). Aggiungere tutto il resto e amalgamare 1' a Vel.3 e 30" a
Vel.7. Foderare uno stampo con carta d'alluminio e tenere in frigor diverse ore. E' ottima
decisamente più magra di quella con burro e mascarpone.

15.1.1.28   Muffin Di Formaggio Alle Erbe

Fonte: Forum Contempora http: //www. contempora. it
Ingredienti: 225gr. farina 00, 155gr. farina integrale, 3 cucchiaini e mezzo lievito in
polvere, un pizzico di pepe di Caienna, ciuffetto di prezzemolo fresco, otto dieci fili di
erba cipollina, due rametti di timo, 125gr fontina, 2 uova, 250gr. latte, 120gr. di burro
molto morbido, un pizzico di sale.
Procedimento: Inserire nel boccale asciutto le erbe e il sale. 30 sec. Vel.4, aggiungere le
uova, il burro, 20 sec. Vel.4, aggiungere il latte, le farine, il formaggio e il lievito ed
impastare 30 sec. Vel.4 5 e 15 sec. Vel.Spiga. Preriscaldare il forno a 210° e versare il
composto in stampi da muffin unti con olio o burro fuso. Riempire gli stampi per non oltre
¾. Cuocete per 20 minuti e comunque finché lo spiedo di legno non uscirà perfettamente
asciutto. A cottura ultimata farli raffreddare su una gratella. Ideali per accompagnare
creme e zuppe.
Suggerimenti Vorwerk: Se le erbe sono fresche, asciugarle molto bene prima di tritarle.
L'erba cipollina consigliamo di tranciarla con le forbici. Risulta un pane soffice speziato
gustoso. Come lievito in polvere, abbiamo usato quello per pizze salate.

15.1.1.29   Olive Nere Condite

Fonte: Forum Contempora http: //www. contempora. it
Ingredienti: 500g di olive nere (non quelle sotto salamoia) la buccia di 1/2 arancio 1
spicchietto d'aglio 1 cucchiaino di fiori di finocchio sale pepe 4 cucchiai d'olio extra
vergine di oliva.
Procedimento: Nel boccale 1 lt. di acqua e cestello 8 10 min. 100° Vel.1. Dal foro del
coperchio introdurre le olive 2 min. 100° Vel.1. Togliere il cestello e passare sotto l'acqua
fredda. Nel boccale asciutto con lame in movimento. a Vel.7 mettere la buccia di arancia
e l'aglio, aggiungere i fiori di finocchio, il sale, il pepe e l'olio. Mescolare per qualche
sec. da Vel.1 a 7.

15.1.1.30 Panzerrotti

Fonte: Forum Contempora http: //www. contempora. it
Ingredienti: gr 500 di farina, gr. 15 di margarina, una patata medio piccola, gr. 150 di latte, 1/2 lievito, gr. 10 di sale, salsa di pomodoro, mozzarella
Procedimento: Mondare la patata, tagliarla a fette e metterla nel boccale, aggiungere il latte, 15 min. 100° Vel.1. Omogenizzare il tutto 10 sec. Vel.turbo. Attedere (circa un 15 min.) che il composto sia tiepiuccio. Aggiungere il lievito e la margarina, 5 sec. Vel.5. Aggiungere la farina e il sale, 1 min. Vel.6 (spatolando), 1min. e 30 sec. Vel.spiga. Far lievitare la pasta per circa un ora, dopo di che formare delle piccole palline stenderle col mattarello (come piccole pizzette) metterci al centro un po' di sugo, e mozzarella, chiuderli a mezza luna e friggerli in abbondante olio.
Suggerimenti Vorwerk: Squisiti. Aspettare che il latte sia tiepido e poi omogeneizzare.

15.1.1.31 Pane Dell'amicizia

Fonte: Forum Contempora http: //www. contempora. it
Ingredienti: 700gr. di farina bianca (volendo si può mettere un po' di farina integrale o semola di grano duro) 1 cubetto di lievito di birra 10gr. di sale 50gr. di olio 400gr. di acqua tiepida (o più a secondo del tipo di farina)
Procedimento: Mettere nel boccale farina, sale e lievito per 20 secondi Vel.6. Aggiungere a Vel.6 a filo (metterli sul coperchio che scendono piano piano come si fa per la maionese) l'olio e l'acqua tiepida per 40 secondi. Lavorare poi a Vel.Spiga per 1 minuto o anche 1 minuto e trenta. Metterlo in uno stampo da plum cake (grande oppure due piccoli) e lasciar riposare finché raddoppia il volume. Se si preferisce si può mettere in una pentola per lasagne e si fa una ciabatta. Per dare un tono rustico al pane si consiglia di mettere un po' di farina bianca sopra la pasta. In forno: 200° per 10 minuti e altri 35 minuti a 180°. E' un pane adatto per bruschette: si taglia a fette. Un consiglio: se si vuole dal pane morbido, quando è cotto è bene metterlo per circa 15 minuti in un canovaccio umido. E' buonissimo ! ! ! Se si vuole un pane più morbido aggiungere un cucchiaino di lecitina di soia.
Ricetta Vorwerk Contempora tratta dal Libro "Idee per i Vostri menù" pag. 87

15.1.1.32 Panettone Di Panbrioche Salato

Fonte: Forum Contempora http: //www.contempora.it
Ingredienti: 500gr. farina (250gr. Tipo 00 e 250gr. Manitoba) 100gr. latte 1 cubetto lievito 15gr. sale 4 uova 200gr. burro.
Procedimento: inserire nel boccale il latte, lievito 1 min. 40°gr. veloc. 2 lasciare raffreddare aggiungere il sale le uova 10 sec. Vel.4 aggiungere le farine 50 sec. Vel.6 ed 1 min. a spiga aggiungere 200gr. di burro morbido ed impastare per 15 minuti a spiga proprio così (io l'ho programmato per ogni 5 minuti perché non sapevo di fare bene). Lasciare l'impasto dentro il boccale per 1 ora. Successivamente 1 minuto a spiga. Togliere l'impasto dal boccale e metterlo in una ciotola coprire e lasciare lievitare 1 ora. Imburrare e infarinare uno stampo da panettone, fare una palla e disponetela nello stampo lasciare lievitare fino al doppio del volume spennellare con un po'd'uovo e mettere in forno a 180° per 45 50 minuti. Lasciare riposare 5 minuti e fare raffreddare prima di servire oppure appena freddo tagliare a strati e riempire ogni strato con gusti diversi. (gorgonzola e noci. speck ecc. ecc.)

15.1.1.33 Pate' Di Melanzana

Fonte: Forum Contempora http: //www. contempora. it
Ingredienti: 1 melanzana ovale da circa 500gr. 1 ciuffo di prezzemolo 2 cucchiai di panna densa (o 40gr. di ricotta) 2 spicchi aglio 30gr. olio oliva 1 cucchiaino di dado vegetale sale pepe peperoncino a piacere

Procedimento: Sbucciare la melanzana e tagliarla a cubetti, metterla nello scolapasta con sale grosso per circa 1 ora. Trascorso il termine inserire nel boccale l'olio e aglio a pezzetti: 10 min. 95° Vel.1. Nel frattempo, risciacquare sotto acqua corrente e spremere leggermente i cubetti. Togliere l'aglio (a chi piace, lasciatelo pure) e inserire i cubetti di melanzana e 3 cucchiai di acqua con 1 cucchiaino di dado vegetale, sale, pepe e, se piace, un pizzico di peperoncino in polvere: 15 min. 100° Vel.1. Aspettare che intiepidisca un po' e poi inserire prezzemolo e panna (o ricotta): 1 min. circa da Vel.1 a Vel.5/6. Gustare a temperatura ambiente su crostini di pan carrè tostati. Si conserva in frigo coperto da pellicola trasparente anche per due, max tre giorni. Buon appetito!

Suggerimenti Vorwerk: Praticamente l'olio a 95°, se abbiamo ben capito, assorbe tutto il profumo dell'aglio senza farlo troppo soffriggere. Se è così complimenti. La Ricetta va bene è una buona variante per crostini.

15.1.1.34 Pere Alla Crema Di Ricotta

Ingredienti: 4 persone
4 pere abate 200gr.
di acqua
100gr. vino bianco secco 1
limone (solo succo) 200gr. di
ricotta
1 cucchiaino senape
2 cucchiai di yogurt cremoso 1
cucchiaio di grappa
8 gherigli di noce
8 foglie piccole di lattuga sale
q.b.
Sbucciare le pere, tagliarle a metà e scavarle leggermente, passarle nel succo di limone e disporle nella campana del varoma.
Versare il vino e l'acqua nel boccale, posizionare il *varoma* e cuocere 20-30min. temp *varoma* Vel.2 (la cottura dipende dalle pere). Togliere e mettere da parte a raffreddare. Nel boccale pulito, ricotta, yogurt, grappa e senape, aggiustare di sale e amalgamare 30sec.Vel.3-4. con questo composto farcire le mezze pere. Preparare il piatto da portata con le foglie di, lattuga lavata ed asciugata, adagiarvi le pere farcite e decorare con sopra il gheriglio di noce. A piacere mettere il composto in una tasca per dolci con bocchetta a stella e riempire la cavità delle pere.

15.1.1.35 Pizza Meraviglia

Fonte: Forum Contempora http: //www.contempora.it
Ingredienti: 500gr di pasta brise' bimby 200gr di prosciutto cotto a striscioline 200gr di mozzarella di bufala campana<(ole'!)ahahah!!!> 2uova 1/2bikiere di panna liquida 200gr di ricotta sale pepe a piacere
Procedimento: Stendete la pasta in una teglia da pizza bukerellare con una forketta distribuirvi il proscitto la mozzarella tagliata a fettine a parte lavorate: l'uovo il pepe il sale, la panna e la ricotta, mettere il tutto amalgamato sulla pizza e in forno preriscaldato a 190° per 30min(dipende dal tipo di forno ke avete)servire fredda tagliata a tranci.
Suggerimenti Vorwerk: Fare la pasta brisé come da L.B. pag 8. Nel boccale mozzarella e prosciutto cotto, 2 o tre colpi di turbo e distribuire sulla pasta nella teglia. Nel boccale, panna, ricotta, pepe, sale.10 sec. Vel.5. versare nella teglia e infornare. Suggeriamo 180°

15.1.1.36 Pizzettine

Fonte: Forum Contempora http: //www. contempora. it
Ingredienti: Pizzettine 250g. Di farina 250gr. Di mozzarella 20gr. Di sale 60gr. Di acqua 1 cubetto di lievito 30 pomodorini a ciliegia origano e sale q. B.

Procedimento: Pizzettine ingredienti: nel boccale lievito e mozzarella 20 s. Vel.4 poi introdurre tutto il resto 30 s. V. 8(lasciare riposare una ora) formare delle palline come acini di uva introdurre con le dita nel centro di queste palline ½ pomodorino ciliegina infornarle a forno preriscaldato e spruzzarle con origano e sale a forno caldo per 10/ 15 minuti a 180 200°

15.1.1.37 Prosciutto In Salsa Tiepida

Fonte: Forum Contempora http: //www. contempora. it
Ingredienti: 8 Fette Prosciutto Crudo 8 Ciuffi Valeriana 8 Cucchiai Aceto Balsamico 250 Cc Panna 2 Cucchiai Parmigiano 1 Cucchiaiata Pinoli 1 Noce Burro
1 Presa Zucchero
Procedimento: Tostare i pinoli in un tegame antiaderente. Preparare in ogni piatto 2 fette di prosciutto, 2 ciuffi di valeriana, un cucchiaino di pinoli tostati. Mettere nel boccale il burro e l'aceto balsamico 3' 80° Vel.1 con misurino inclinato (deve restringere un po') unire una presa di zucchero, la panna e il parmigiano, scaldare 2' a 80° Vel.2, non deve bollire. Versare caldo sul prosciutto e servire subito.
Suggerimenti Vorwerk: Questa ricetta deve piacere. Secondo noi il gusto del prosciutto e della valeriana si perdono.

15.1.1.38 Quiche Ai Porri E Salmone

Fonte: Forum Contempora http: //www. contempora. it
Ingredienti: 1 dose pasta brisé 100 g. salmone affumicato (vanno bene anche i ritagli) 2 porri (solo bianco) 30 g. burro 2 uova 100 g. panna sale, pepe, noce moscata poco latte per spennellare
Procedimento: Preparare la pasta brisé secondo la ricetta base e mettere a riposare in frigorifero. Mettere nel boccale i porri, 10 sec. Vel.4, poi unire il burro, 3 min. 100° Vel.2; mettere da parte. Mettere nel boccale le uova, la panna, sale, pepe, una grattatina di noce moscata 15 sec. Vel.2 poi unire il salmone, 10 sec. Vel.4, poi i porri, 10 sec. Vel.2. Accendere il forno a 180°. Tenere una piccola parte della pasta e stendere il resto sulla carta forno, poi metterla in uno stampo rotondo da crostata, eliminando le eccedenze, aggiungere il ripieno. Con la pasta rimasta fare delle striscioline e appoggiarle sopra, spennellarle con un po' di latte e mettere in forno a 180° per circa 40 minuti. Paola

15.1.1.39 Quiche Zucchine E Gamberetti

Fonte: Forum Contempora http: //www.contempora.it
Ingredienti: Per 6 8 persone Una dose di pasta brisè come da libro base 150g di zucchine a rondelle sottili (ma anche tritate col bimby se non vi interessa che si vedano le rotelle), 200g di gamberetti (senza guscio) freschi o scongelati, 5 uova, 30g parmigiano grattugiato, 300ml panna da cucina, 100g latte ps, noce moscata un pizzico, 10g olio ex ver.oliva, uno spicchio d'aglio e un cucchiaio di prezzemolo tritato.

Procedimento: Accendere il forno a 170°C. Preparare la pasta brisè come da ricettario base e metterla da parte. Quindi versare l'olio l'aglio il prezzemolo e le zucchine e appassire per 10min. 100° Vel.1 aggiungendo mezzo misurino d'acqua per evitare che brucino, salare e pepare il giusto. Mettere da parte le zucchine e senza lavare il boccale coprire le lame con dell'acqua posizionare il cestello e versarvi i gamberetti crudi, chiudere e cuocere a varoma da quando esce il vapore dal coperchio per 10min a Vel.1. Togliere il cestello e mettere da parte i gamberetti anche se non sono del tutto cotti perchè finiranno di cuocere in forno e lasciar intiepidire un po' il bimby. Quindi mettere la farfalla e versarvi le uova, il parmigiano grattugiato, la panna da cucina, il latte ps, la noce moscata e un po' di sale. Amalgamare per 30sec. Vel.2. (questo frittatone potrà sembrare in quantità esagerata, anche io ero perplessa, ma ci sta benissimo vi assicuro). Stendere la pasta brisè sulla carta da forno e trasferire carta e pasta nella teglia (circa da 30cm con i bordi alti almeno 4cm) facendo in modo di fare il bordo di pasta un po' altino cosicché la frittata cocendo non trabocchi. Quindi adagiare le zucchine in modo più possibile uniforme poi i gamberetti e poi con l'aiuto del boccale coprire tutto con il frittatone crudo. Infornare nel ripiano basso del forno, con notevole attenzione per evitare che la frittata esca fuori e lasciarla cuocere finché la frittata ed il bordo della quiche non hanno un aspetto "cotto". Servire calda, tiepida o fredda o anche riscaldata (quindi si può preparare anche il giorno prima e conservare in frigo), si taglia più agevolmente quando è fredda secondo me. A noi è piaciuta molto.

15.1.1.40 Rape Glassate

Ingredienti: 4 persone
700gr. di piccole rape
60gr. di olio extravergine di oliva
200gr. di brodo vegetale
30gr. di zucchero semolato
Lavare le piccole rape e lasciarle intere. Nel boccale, inserire la farfalla, versare l'olio e le rape e rosolare 5min. 100° Vel.1, versare lo zucchero e il brodo vegetale continuare la cottura 30min. 100° Vel.1 (controllare che il sugo riducendosi abbia formato la glassa). Versare in una pirofila e servire sia calde che fredde.

15.1.1.41 Rotolini Con Formaggio Grana

Fonte: Forum Contempora http: //www. contempora. it
Ingredienti: 500gr. di farina 1 cubetto di lievito di birra 10gr. di sale 150gr. di strutto 200gr. di formaggio grana grattugiato 300gr. di acqua
Procedimento: Sciogliere lo strutto in un pentolino e tenere da parte. Inserire l'acqua, il lievito e un pizzico di zucchero nel boccale 5 sec. Vel.4 Aggiungere la farina e il sale 30 sec. Vel.6 poi 2 ½ minuti Vel.Spiga. Togliere l'impasto e stenderlo con il mattarello per uno spessore di circa 3 mm. Spalmare la sfoglia con lo strutto sciolto tenuto da parte e cospargere con il formaggio grattugiato. Arrotolare la sfoglia su se stessa e tagliare poi dei rotolini di circa 3 4 cm. Adagiarli su una teglia rivestita di carta da forno e fare lievitare l'impasto coperto con un canovaccio per 2 ore. Cuocere in forno preriscaldato 180 200°C per 30 35 minuti. Sfornare e servirre caldi, con affettati misti
Suggerimenti Vorwerk: Secondo il nostro parere lo strutto e il formaggio sono troppi. Basterebbero 50gr. di strutto e 150gr. di formaggio.

15.1.1.42 Salsa Di Salmone

Fonte: Forum Contempora http: //www.contempora.it
Ingredienti: 400g. di acqua, 1 cucchiaino di dado Bimby, 250g. di salmone fresco senza pelle, 30g. di burro, 60g. di formaggio Philadelphia, 2 cipollotti **Procedimento:** Mettere l'acqua nel boccale con il cestello con dentro il salmone. Cuocere a durante 10 12 min. a temp. varoma Vel.1. Togliere il salmone e buttare l'acqua. Senza lavare il boccale, rimettere il salmone cotto e tutti gli altri ingredienti e mescolare a Vel.5 durante 30 seg. con l'aiuto della spatola se é necessario. Versare in un contenitore e mettere in frigo almeno 3 hr. prima di servire. Spalmato su cracker, pane tostato o pucciarci le verdure crude é ottimo.

15.1.1.43   Salatini Alla Ricotta

Fonte: Forum Contempora http: //www. contempora. it
Ingredienti: 100gr. ricotta 200gr. farina 100gr. parmigiano grattugiato 100gr. burro ammorbidito sale(1 cucchiaino colmo) semi vari, paprika 1 uovo
Procedimento: Inserire nel boccale tutti gli ingredienti insieme, tranne l'uovo e i semi. Impastare, spatolando, 30" a Vel.4/5. Rovesciare sul tavolo, finire brevemente di impastare, stendere a rettangolo, allo spessore di 2 o 3 mm e ritagliare a fantasia, bastoncini, tondi, figure varie. Spennellare di uovo battuto e cospargere secondo i gusti: semi di papavero, sesamo, finocchio, cumino, paprika dolce o peperoncino. Infornare a 200° per 10/15'. Si conservano in scatola di latta.

15.1.1.44   Salatini D'ungheria

Fonte: Forum Contempora http: //www. contempora. it
Ingredienti: 250gr. di farina 80gr. di ricotta di pecora 130 di burro morbido 1 uovo intero e 1 tuorlo 20gr. di lievito di birra Per spennellare: 20gr. di panna liquida ½ cucchiaino di succo di limone 1 tuorlo 100gr. di formaggio affumicato (es. provola) **Procedimento:** Tritare il formaggio e Vel.5 per 10 15" e mettere da parte. Sbriciolare il lievito nel boccale, aggiungere le uova, la ricotta e il burro morbido, frullare pochi secondi a Vel.4. Inserire la farina e aiutarsi con la spatola per 30" a Vel.5. Se sembra troppo morbida aggiungere dal foro con lame in movimento un pochino di farina. Stendere la pasta su un piano infarinato ad uno spessore di circa
½ centimetro e tagliare delle piccole forme a triangolo o quadrato. Spennellare con la panna, il limone e il tuorlo sbattuti insieme, e mettere sopra il formaggio affumicato, cuocere a forno caldo 180° per 15' circa. Meglio se non lievitano troppo fuori dal forno. Buoni sia caldi che freddi.

15.1.1.45   Sandwich

Fonte: Forum Contempora http: //www. contempora. it
Ingredienti: 500gr. di farina Manitoba 150gr. di acqua 100gr. di latte a temp ambiente 90gr. di olio di semi 1 cubetto di lievito di birra 20gr. di zucchero 1 cucchiaino colmo si malto d'orzo (bene anche il miele) 10gr. di sale fino 1 uovo per pennellare
Procedimento: Nel boccale acqua, latte lievito sbriciolato, malto, olio a vel5 per 20''. Aggiungere la farina e il sale, impastare a Vel.6 per 30'', se vedete che fatica a staccarsi dalle pareti del boccale aggiungere un pochino di farina dal foro mentre è in movimento. Poi 30'' a spiga. Far lievitare 45', formare delle palline e sistemarle su carta forno distanti da loro, lasciar lievitare ancora 1 ora chiusi nel forno spento, pennellare la superficie con l'uovo battuto (così sono più belli, ma un'emulsione d'acqua e olio può sostituirlo). Cuocere a forno caldo 180° per 15 20'. Si possono fare anche i panini lunghi per hot dog. Si possono congelare e lasciar rinvenire a temperatura ambiente. Belli anche come panini mignonne (grandi come una noce) farciti sia con salato che con dolce.
Suggerimenti Vorwerk: Stupendi. Complimenti per i consigli.

15.1.1.46   Sformatini Al Formaggio

Fonte: Forum Contempora http: //www. contempora. it
Ingredienti: Per gli sformatini: 200gr. di formaggio brie; 250gr. di latte; 30gr. di parmigiano grattugiato; 30gr. di burro; 40gr. di farina; 20gr. di pangrattato; 2 uova; sale e pepe q. b. ;
Per la salsa: 2 pere kaiser; 2 cucchiai di miele; 10 gherigli di noce; 30gr. di burro; succo di 1/2 limone; una spruzzata di vino bianco; un pizzico di cannella.

Procedimento: Mettete nel boccale 30gr. di burro: 2 min. , 100° Vel.1. Aggiungete la farina: 1 min. , 90° Vel.3. Unite il latte, sale e pepe(facoltativo): 5 min. , 90° Vel.4. Aggiungere il brie a pezzetti 1 min. Vel.4. Durante la lavorazione aggiungere il parmigiano. Togliere il boccale e lasciare intiepidire il composto; inserire la farfalla e aggiungete le uova: 1 min. , Vel.3 4. Imburrate 4 stampini individuali da soufflé, spolverizzateli con pangrattato e versatevi il composto. Cuocete in forno caldo a bagnomaria per 30 min. a 170°. Preparate la salsa mettendo nel boccale il burro: 1 min. , 100° Vel.1. Aggiungete le pere tagliate a pezzi, il succo di limone e la cannella 5 min. 100° Vel.1; a metà cottura irrorare con vino bianco. Sgocciolate le pere e frullatele pochi sec. , Vel.3 fino a formare una salsa. Servite gli sformatini con la salsa di pere dopo averli cosparsi col miele e decorati con i gherigli di noce; **Suggerimenti Vorwerk:** Gli sformatini sono ottimi. Per quanto riguarda la salsa è una questione di gusto. Complimenti a Giuseppina Parini del Team redazione Vorwerk Contempora. Ricetta pubblicata sulla rivista Voi Noi Bimby (Ottobre 2001).

15.1.1.47 Sformatini Di Carciofi

Fonte: Forum Contempora http: //www. contempora. it
Ingredienti: Per gli sformatini: 350gr. di cuori di carciofi, 200gr. di ricotta, 2 uova, sale, pepe, olio. Per la salsa: 450 ml di latte, 30gr. di farina, 40gr. di burro, noce moscata.
Procedimento: Mettere nel boccale 2 cucchiai di olio, un cucchiaio di dado Bimby, 4 cucchiai di acqua, sale, pepe ed i carciofi (anche quelli scongelati). Cuocere per 15 minuti a 90° Vel.2. Far intiepidire un po' e poi aggiungere la ricotta, 40 sec. Vel.da 1 a 5. Aggiungere i tuorli, mescolare per 20sec. Vel.da1 a 5. Montare a parte le due chiare con un pizzico di sale, amalgamarle al composto spatolando delicatamente. Imburrare e infarinare leggermente 6 stampini (quelli da muffin vanno benone) e versare il composto a cucchiaiate livellando bene, fino quasi al bordo (se sono i pirottini di metallo, riempirli per metà. Preriscaldare il forno a 180° e cuocere a bagnomaria per 20 minuti. Nel frattempo, preparare una besciamella un po' lenta con gli ingredienti sopra indicati. Cuocere per 6 7 minuti a 90° Vel.2/3. Poco prima della fine, aggiungere 3 cucchiai di parmigiano Mettere gli sformatini sui piatti e condire con la besciamella, servire caldi. Figurone assicurato!

15.1.1.48 Sformato Di Taleggio

Fonte: Forum Contempora http: //www. contempora. it
Ingredienti: Latte 1/2 lt. Farina 80gr. Burro 30gr. Uova 6(chiare a parte)Taleggio 300gr. Parmigiano q. b. Sale.
Procedimento: Inserire nel boccale latte, burro, farina e un pizzico di sale 7 min. 90° Vel.4. Aggiungere a fine cottura il taleggio, 1 min. Vel.8;quando il composto si è freddato, unire i tuorli e per ultimo le chiare a neve. Il parmigiano lo si può aggiungere con il taleggio per rendere il composto più saporito. Si versa in uno stampo da soufflè o negli stampini cocendo in forno a bagno maria a 175°per circa 45 min. Si può servire con dei funghi trifolati, accompagnati da una salsa leggera al formaggio(parmigiano). Parmigiano un misurino. Ottimo risultato.

15.1.1.49 Soufflè Di Fiori Di Zucca

Fonte: Forum Contempora http: //www. contempora. it
Ingredienti: per 4 persone 3 uova 50g di latte 15g burro fuso 15gr. farina 100g panna da cucina 30g di parmigiano o grana 10 fiori di zucca erba cipollina prezzemolo 100g di emmenthal sale e pepe carta da forno 4 pirottini in metallo o altro oppure una piccola teglia, io ho usato una pentolina tutta in metallo del diametro 12cm e altezza 6 cm

Procedimento: Ho letto ieri questa ricetta su un noto giornale e allora ho fatto una corsa nell'orto ed ho colto i fiori però ho adattato le dosi rispetto alla fame che avevamo e a quello che avevo nel frigo ed il risultato mi è parso delizioso e anche carino da vedere se interessasse a qualcuno potrei inserire anche le dosi scritte nel giornale che erano per 6 persone Mettere a bagno i fiori di zucca in una terrina con dell'acqua. Nel boccale mettere l'emmenthal (io ho usato Lerd. mer) e tritarlo finemente a velocità progressiva fino a 7 e metterlo da parte. Senza lavare il boccale inserire le uova, il latte e la panna e miscelare a Vel.2/3 per 30". Aggiungere la farina con lame in movimento a Vel.3 e continuare per 1 minuto poi il burro fuso leggermente intiepidito ed il parmigiano ed il sale miscelare a Vel.3 e lasciar riposare per 10'quindi aggiuntere l'erba cipollina ed il prezzemolo tagliato grossolanamente con le forbici solo spatolando. Nel frattempo tagliare con le forbici il gambo ai fiori ed anche il pistillo possibilmente senza rompere i petali e farcirli con l'emmenthal. Foderare la pentolina o i pirottini con la carta da forno bagnata e strizzata facendola aderire bene quindi versare un poco di pastella e poi i fiori ripieni sovrapponendoli e poi il resto della pastella quindi tagliare l'eccedenza di carta da forno in modo che questa sopravanzi il soufflè ma che sia tagliata regolarmente (se vi avanza l'emmenthal non lo spolverate sopra la pastella perchè poi abbrustolisce e prende un sapore troppo forte rispetto al resto del soufflè). Io ho cotto tutto nel fornetto DeLo. hi a mezza altezza per evitare che sotto facesse crosta, preriscaldato a 180° per 40' coperto con un pezzetto di carta da forno bagnata e strizzata poi pochi minuti senza carta per gratinare. quindi sforNare e sforMare sul piatto da portata o sui piattini da antipasto dei commensali con tutta la carta (che è abbastanza d'effetto) un pizzico di erba cipollina al volo che è sempre chic ed una macinatina di pepe fresco entrambi un po' sul soufflè ed un po' sul piatto che fa molto grand gourmet e servire subito perchè si sgonfia velocemente. ciao belli miei. Suggerimenti Vorwerk: Tritare l'emmenthal da 1 a 7 per 5 6 sec. Il sistema di cottura, i tempi e i° vanno bene.

15.1.1.50   Taramosalata

Fonte: Forum Contempora http: //www. contempora. it
Ingredienti: ½ dose (scarsa) di purè Bimby, 50gr di tarama o un vasetto di uova di lompo rosse, 1 tazzina di succo di limone, ½ cucchiaio di aceto bianco, 2 cucchiai di acqua, 1 piccola cipolla, olio
Procedimento: nserite nel boccale la cipolla Vel.4 fino a turbo 35sec. aggiungete succo di limone e aceto e con la farfalla in movimento Vel.2 aggiungete due tre cucchiai di olio a filo. Fate montare ancora 1min. Vel.2. Aggiungete purè, tarama, acqua e 2 minuti Vel.2 aggiungendo eventualmente un altro cucchiaio di acqua tiepida. Deve risultare una crema morbida. Servire come antipasto in un'insalatiera guarnendo con olive, capperi ciuffi di prezzemolo e crostini di pane tostato. È una ricetta greca, modificata in grassi e adattata un po' ai nostri gusti

15.1.1.51   Tigelle

Fonte: Forum Contempora http: //www. contempora. it
Ingredienti: gr. 500 di farina, gr. 100 di strutto, 1 bustina di lievito secco o 1 panetto da 25gr. di lievito di birra, 1 cucchiaio raso di sale, latte per impastare (circa 200 ml)
Procedimento: Sciogliere il lievito in poco latte tiepido e aggiungere mezzo cucchiaino di zucchero. Lasciar riposare qualche minuto, poi aggiungere la farina, facendo una fontana, il sale, lo strutto lasciato ammorbidire e il latte tanto da ottenere un impasto morbido. Lasciare riposare per un'ora e mezza, poi riprendere e formare delle palline. Scaldare il testo per piadine e tigelle da un lato (in alternativa, si puo' usare una piastra antiaderente), girarlo e posare le palline dal lato meno caldo, prenderanno la forma consueta cuocendo col coperchio chiuso. Girare ogni tanto il testo e controllare la cottura delle tigelle che devono prendere un colore appena rosato. Per la cottura io utilizzo il fornello più grande a fiamma bassa. La cottura dura circa 10 12 minuti. Con questa dose si ottengono circa 18 tigelle.

Suggerimenti Vorwerk: Preparare tutti gli **ingredienti:** Adoperare il lievito di birra secco, ne basta una bustina da 10gr. . Mettere nel boccale le uova 10 sec. Vel.6 Aggiungere la farina, lo zucchero e il sale 20 sec. Vel.6. Con lame in movimento, sempre a Vel.6 continuare la lavorazione per altri 20 sec. aggiungere il burro fuso, continuare la lavorazione per altri 20 sec. poi il latte con il lievito. Mettere la pasta in una ciotola e far lievitare. Pulire il boccale. Tritare le noci per qualche sec. a Vel.Turbo. Aggiungere la pancetta a cubetti piccoli 5 min. 60° Vel.1. Versare nella ciotola della pasta pancetta e noci. Suggeriamo di incorporarla nella ciotola. Quindi nella teglia.

15.1.1.52 Tigelle Dietetiche

Fonte: Forum Contempora http: //www. contempora. it
Ingredienti: 1 kg di farina, 1 pacchetto di lievito di birra, 1 uovo, 1 cucchiaino di zucchero, 2 cucchiai di olio di semi, sale, acqua e latte q. b.
Procedimento: Impastare il tutto con metà acqua e metà latte tiepido. Lasciar lievitare, poi fare le tigelle. Lasciarle lievitare nuovamente, poi cuocere negli stampi.
Suggerimenti Vorwerk: Gli ingredienti sono eccessivi nelle loro dosi. Abbiamo messo 500gr. di farina, ½ cubetto di lievito di birra 1 cucchiaino di zucchero, un cucchiaio di olio di semi, un cucchiaino di sale, 150gr. di latte, 150gr. di acqua. L'uovo non l'abbiamo messo in quanto l'impasto è perfetto. Praticamente è l'impasto della pizza. Queste tigelle generalmente, vengono cotte in olio bollente e condite con miele, con vino cotto, sparse di zucchero o sparse di sale secondo i gusti personali.

15.1.1.53 Tomini Al Radicchio

Fonte: Forum Contempora http: //www.contempora.it
Ingredienti: per 4 persone 4 tomini 1 palla di radicchio rosso due cucchiai di pinoli due cucchiai di uvetta
Procedimento: Accendere il forno a 180°. Nel bimby versare il radicchio e tritarlo a Vel.3 4 quindi aggiungere 1/2 1 misurino d'acqua, poco sale e appassire per 4 5 minuti a 80°C Vel.2. Disporre il radicchio in quattro mucchietti in una teglia con carta da forno (se il radicchio è ancora acquoso scolarlo con l'aiuto del cestello), cospargere di pinoli e uvetta ogni mucchietto e adagiarvi sopra un tomino ed infornare a mezza altezza e lasciar cuocere fino a che i tomini non hanno l'aspetto di scoppiare gratinarli giusto un secondo per farli scurire un po', ma con attenzione altrimenti bruciano i pinoli e l'uvetta. Con la paletta piatta prelevare un mucchietto di insalata e tomino e metterlo nel singolo piattino da antipasto e aggiungere una fettina quadrata di Quiche zucchine e gamberetti e servire i tomini caldissimi. Se non volete fare la quiche potete anche servire il tomino da solo, a me è piaciuto molto. Ciao

15.1.1.54 Tondini Al Formaggio

Fonte: Forum Contempora http: //www.contempora.it
Ingredienti: 130g di farina, 50g di burro morbido, 1 uovo, 50gr. di parmigiano.
Procedimento: Dal libro "alla scoperta di bimby": Grattugiare il formaggio con il boccale asciutto, poi inserire tutti gli altri **ingredienti:** 10 sec. Vel.6. Stendere l'impasto su un piano e ritagliare a tondini sottili oppure della forma che desiderate, sistemarli nella teglia (o sulla carta forno) e cuocere in forno caldo a 180° per 10 min. circa. Sono ottimi da servire con patè o mousse di prosciutto. E' una ricetta da me collaudata tantissime volte e sempre riuscitissima.

15.1.1.55 Torta Di Scarola

Fonte: Forum Contempora http: //www. contempora. it
Ingredienti: Per la pasta: 200gr. farina00. 50gr. farina americana, 75gr. burro, 1uovo, 1cucchiaio di olio d'oliva, 1cucchiaio di aceto, un pizzico di sale, poca acqua tiepida per amalgamare.
Per il ripieno: 2 piante di scarola 1 spicchio d'aglio, 2cucchiai d'olio extra vergine sale q. b. pasta d'acciughe a piacere.

Procedimento: Inserire nel boccale prima la farina e poi gli altri ingredienti per 15sec. Vel.6. Lavare il boccale. Inserire 2 cucchiai d'olio e uno spicchio d'aglio 3min. 100° Vel.1. Lessata la scarola e sminuzzata farla insaporire per 3min. 100° Vel.1. Infine unire capperi, olive e sale q. b. Formare 2 dischi, stendere il primo e, bucherellarlo con i rebbi di una forchetta, versarvi la scarola ;chi vuole può aggiungervi la pasta d'acciughe;coprire con la restante pasta e infornare a 190° per circa 35 min.

Suggerimenti Vorwerk: La pasta è molto friabile e gustosa al palato. Si può anche spezzettare la scarola, metterla a cuocere con aglio e olio 10 min. 100° Vel.1. Prima di aggiungere capperi olive, sale e pasta di acciughe, colare un po' dell'acqua in eccesso che si crea durante la cottura della scarola.

15.1.1.56   Triangolini Di Mandorle

Fonte: Forum Contempora http: //www. contempora. it

Ingredienti: 100 di mandorle tostate un cucchiaio di pan grattato, prezzemolo tritato finemente in abbondanza 2 cucchiai di capperi sottosale 1/2 spicchio di aglio 10/12 cucchiai di olio extravergine di oliva un pizzico di peperoncino macinato pan carrè tagliato a triangolini

Procedimento: Inserite le mandorle nel boccale con il pan grattato e tritare Vel.6 30 sec. , aggiungete il prezzemolo, l'aglio ed i capperi e tritate Vel.5 6; con le lame in movimento aggiungete peperoncino e olio a filo. Spalmate la crema ottenuta su fette di pane leggermente tostato e decorate ogni tartina con una mandorla intera e, a piacere, un ciuffetto di prezzemolo.

Suggerimenti Vorwerk: Anche qui, debbono piacere le mandorle, il gusto è troppo forte. Tritare prima il prezzemolo ben asciutto a Vel.7 con lame in movimento.

15.1.1.57   Uova In Crema Di Carciofi

Ingredienti: 4 persone 450 gr
di fondi di carciofo 1 spicchio
d'aglio
1 cucchiaino di prezzemolo tritato 30gr.
olio extravergine di oliva
1 limone
4 uova sode
50gr. di vino bianco secco sale e
pepe q.b.

Mettere a bagno i fondi di carciofo in acqua acidula con limone, tagliarli a tocchetti. Posizionare la farfalla nel boccale, versare l'olio, i carciofi, l'aglio, il vino, il sale e il pepe, cuocere: 15-20min. 100° Vel.1. Togliere la farfalla.

Aggiungere il prezzemolo tritato e lasciare raffreddare nel boccale.

Tagliare a metà le uova sode, togliere il tuorlo e unirlo ai fondi di carciofo nel boccale, frullare: 1min. Vel.5-7. Togliere e mettere da parte. Farcire le uova con il composto di carciofi, metterli in un piatto da portata decorato con gambi di prezzemolo e fettine di limone.

15.1.1.58   Uova In Rosso

Ingredienti: 4 persone
100gr. di maionese come da ricetta base 1
cipollina bianca fresca
600gr. di acqua 4
uova
1 vasetto di uova di lombo rosse 1
cucchiaio di panna
1 cespo di lattuga sale
e pepe q.b.

Preparare una dose di maionese come da ricettario base e mettere da parte.

Mettere le uova nel cestello, l'acqua nel boccale con un pizzico di sale, inserire il cestello e cuocere: 13min. 100° Vel. 2.

A cottura ultimata, passare le uova sotto l'acqua corrente, sgusciarle, tagliarle a metà per il lungo, togliere i tuorli e mettere da parte le vaschette di albume cotto.

Nel boccale pulito con lame in movimento a Vel.3-5 tritare la cipolla finissima, portare a Vel.1 e unire 2/3 del lombo, i tuorli cotti, la maionese, la panna, salare e pepare, amalgamare 15sec.Vel.2.

Farcire le vaschette di albume con il composto. Preparare le foglie di lattuga lavate e asciugate, metterle su un piatto da portata, adagiarvi sopra le uova farcite e decorare con le uova di lombo tenute a parte.

15.1.1.59 Vellutata Di Zucca Al Curry

Fonte: Forum Contempora http: //www. contempora. it

Ingredienti: 1 kg di zucca, 2 cucchiai di farina, 2 dl di latte, 4 dl di acqua, 1 cucchiaio di dado, un po' di pepe, curry, prezzemolo fresco, 1/2 bicchiere di panna magra

Procedimento: Da adattare al Bimby. Pulire la zucca (si consiglia di metterla 10 min. in forno caldo così sarà più facile togliere la buccia). Tagliarla a dadini e metterla in una pentola con l'acqua e il dado. Lasciarla cucinare per ca. 10 min. Poi frullarla. Sciogliere in un bicchiere la farina nel latte e lentamente aggiungerla nella pentola con la zucca. Aggiungere il prezzemolo tagliato, il curry, pepe e la panna. Lasciar cucinare ancora per una decina di minuti. Gustare calda.

Adattare la propria la Ricetta come da L. B. pag. 124. "Vellutata di zucca".

15.1.1.60 Zucchine Trifolate

Ingredienti: 4 persone
1 kg di zucchine piccole e fresche 3
tuorli d'uovo
50gr. olio extravergine di oliva
30gr. aceto di vino
1 mazzolino di prezzemolo sale
e pepe q.b.

Lavare e tagliare le zucchine per il lungo. Nel boccale tritare il prezzemolo con lame in movimento Vel.5 per 15 sec, unire l'olio inserire la farfalla e le zucchine, brasare: 15min. 100° Vel.1.

Preparare in una ciotola i 3 tuorli mescolare con l'aceto, il sale e il pepe.

Togliere la farfalla, ed eliminare il liquido eccedente (lasciando le zucchine nel boccale), versare sulle zucchine il composto di uova e aceto: 5min. temp. *Varoma* Vel.1.

Le uova devono risultare leggermente coagulate. Versare il tutto su un piatto da portata e servire freddo.

15.1.2 Insalate

15.1.2.1 Insalata Di Farro E Pollo

Ingredienti: 6 persone
250gr. di farro
300gr. di petto di pollo 1
mazzetto di rucola 20gr. di
pinoli
40gr. di mandorle
40gr. di olio extravergine di oliva
succo di un limone
sale e pepe q.b.

Versare 700gr. di acqua nel boccale, un pizzico di sale e il farro.

Preparare il petto di pollo oliato nella campana del varoma, posizionarlo e cuocere 30min. temp *varoma* Vel.1 (se bolle troppo forte abbassare la temp a 100°).

A cottura ultimata, colare il farro e versarlo in una terrina, tagliare a listarelle il petto di pollo e unirlo al farro.

Ne l boccale pulito tritare le mandorle con due colpi di turbo e tostare 2min. 100° Vel.1.

Lavare a asciugare la rucola, tagliarla e unirla con i pinoli e le mandorle tostate al farro e pollo.Condire il tutto con olio, succo di limone , sale e pepe e servire.

Consiglio: questa insalata può essere utilizzata come piatto unico.

15.1.2.2 Verdure Al Profumo Di Timo E Limone

Ingredienti: 4 persone
400gr. di cavolini di Bruxelles
300gr. di zucca
3 piccoli porcini o champignons 2
rametti di timo
1 ciuffo di prezzemolo 1
spicchio di aglio
40gr. di olio extravergine di oliva 2
cucchiai di aceto
500gr. di acqua 1
fetta di limone
1 pizzico di sale e pepe

Mondare, lavare i cavolini e tagliarli in 4 parti, la zucca e mondata e tagliata a fettine.Sistemare i cavolini nella campana del varoma, la zucca nel vassoio del varoma;versare nel boccale l'acqua, il limone e un pizzico di sale. Posizionare il varoma, cuocere 20-25min. temp *varoma* Vel.1.
Terminata la cottura sistemare le verdure in un piatto grande da portata.
Pulire i funghi e tagliarli a fettine, unire alle verdure.Nel boccale pulito olio, aglio, timo, prezzemolo, aceto, sale, pepe, emulsionare 4min. 80° Vel.3.
Versare il condimento caldo sulle verdure mescolando delicatamente.
Consiglio: queste verdure sono ottime accompagnate da un pane alle noci.

15.1.2.3 Insalata Di Cavolfiori E Mandorle

Ingredienti: 4 persone
1 piccolo cavolfiore 1
spicchio di aglio 12
mandorle
1 pomodoro concassè
10 olive nere snocciolate il
succo di un limone
30gr. di olio extravergine di oliva sale
q.b.

Dividete il cavolfiore a cimette privandolo del torsolo, lavarlo e tagliare le cimette a fettine sottili e mettere in una terrina.
Nel boccale, mandorle sbucciate, olive snocciolate, spicchio di aglio e tritare 10sec.Vel.4-5 .
Aggiungere il succo di limone, l'olio , il sale 3min. 70° Vel.2 .
Versare la salsina sul cavolfiore, aggiungere il pomodoro, mescolare delicatamente e servire.

15.1.2.4 Insalata Golosa

Ingredienti: 4 persone 100gr. di
cicorino o valeriana
100gr. di funghi freschi porcini o champignons 2
zucchine freschissime
1 finocchio
2 cucchiai di gherigli di noce 1
cucchiaio di nocciole
il succo di due arance
1 mazzolino di prezzemolo
20gr. di olio extravergine di oliva sale
q.b.

Lavare il cicorino e unirlo alle altre verdure e ai funghi ben lavati e tagliati a fettine sottili.
Ne l boccale preparare una salsina tritando: noci, nocciole 10sec.Vel.5 , unire il prezzemolo con lame in movimento Vel.5 per 10 sec.
Unire il succo di arancia, l'olio, il sale e emulsionare 10sec.Vel.2. versare sulle verdure, mescolare delicatamente e servire.

15.1.2.5 Cavolfiore Agli Agrumi

Ingredienti: 4 persone
1 piccolo cavolfiore
2 limoni
2 arance
1 cucchiaio di prezzemolo tritato
20gr. di olio extravergine di oliva sale
e pepe q.b.

Mondare il cavolfiore eliminando le foglie più dure e parte del torsolo e immergere le cimette in acqua acidulata con il succo di un limone. Tagliare le cimette a fettine sottili e metterle in un piatto da portata. Preparare nel boccale una vinagrette con il succo di un'arancia e un limone, l'olio, il prezzemolo, un pizzico di sale e pepe, emulsionare 10-15sec.Vel.3, versare sulle cimette di cavolfiore.
Pelare a vivo l'altra arancia, tagliarla a fette sottili e decorare il piatto da portata.

15.1.2.6 Indivia Alle Arance E Mandorle

Ingredienti: 4 persone 2
cespi di indivia fresca 50gr.
di mandorle
2 arance pelate a vivo 1
spicchio di aglio
1 limone
1 mazzolino di erba cipollina

Lavare accuratamente le foglie di indivia e asciugarle bene.
Nel boccale aglio, erba cipollina e tritare 10sec.Vel.3-5, diluire il trito con il succo del limone, emulsionare 10sec.Vel.2 .
Tagliare a fettine le arance e mettere da parte. Disporre le foglie di indivia su un piatto da portata, cospargerle con le mandorle a filetti (o tritate), sovrapporre le fettine di arancia e condire con la salsina preparata.

15.1.2.7 Insalata Di Lattuga Romana E Acciughe

Ingredienti: 4 persone 1
cespo grosso di lattuga
100gr. di olive snocciolate
50gr. di acciughe
50gr. di capperi
30gr. di olio extravergine di oliva un
pizzico di sale
il succo di mezzo limone

Lavare accuratamente sotto l'acqua corrente la lattuga, togliere le foglie, asciugarle tenendole capovolte su un telo in modo che si soclino bene.
Spezzettare le olive e i filetti di acciuga nel boccale 10-15sec.Vel.3 e mettere da parte.
Versare l'olio, i capperi e il succo di mezzo limone, frullare 20sec.Vel.5-6 .
Distribuire 3 foglie di insalata su ogni piatto, cospargere con un poco del trito di acciughe e olive, lappare con la salsa di capperi e olio e servire.

15.1.2.8 Insalata Di Orzo Mirtilli E Ananas

Ingredienti: 4 persone
100gr. di orzo perlato
400gr. di acqua
100gr. di mirtilli 100
di uva bianca
1 zucchina freschissima il
succo di 1 arancia
4 fettine di ananas fresco 2
mele
una fetta di limone
2 cucchiai di olio extravergine di oliva un
pizzico di sale

Versare l'acqua, una fetta di limone e un pizzico di sale nel boccale e l'orzo nel cestello, cuocere 30 mun 100° Vel.1-2.

Lavare l'uva e i mirtilli, sbucciare le mele e tagliarle a dadini. Ridurre a dadini le fette di ananas.

A fine cottura dell'orzo, lasciarlo raffreddare in un piatto da portata.

Nel boccale pulito tritare la zucchina 10sec.Vel.3, unirla all'orzo e a tutta la frutta tagliata a tocchetti.

Emulsionare nel boccale il succo dell'arancia e l'olio 10sec.Vel.2. Versare sulla frutta e l'orzo amalgamando delicatamente.

15.1.2.9 Insalata Di Mare Rossa E Gialla

Ingredienti: 4 persone
500gr. di moscardini già puliti
400gr. di patate
2 barbabietole rosse già cotte
100gr. di vino bianco secco il
succo di 1 limone
1 foglia do alloro
40gr. di olio extravergine di oliva 1
spicchio di aglio
sale, pepe, prezzemolo tritato q.b.

Versare nel boccale, l'acqua, il vino e il succo di limone, la foglia di alloro, lo spicchio di aglio, i moscardini e un pizzico di sale.

Sbucciare e tagliare le patate a fette e metterle nella campana del varoma, posizionare il *varoma* e cuocere 30min. temp *varoma* Vel.1.

A cottura ultimata, togliere dalla campana le patate e metterle in un piatto da portata, aggiungere i moscardini e le barbabietole tagliate a fettine.

Condire con olio, sale, pepe e una spolverata di prezzemolo tritato.

15.1.2.10 Insalata Di Farro Carote E Frutta

Ingredienti: 4 persone
50gr. di farro
200gr. di uva bianca da tavola 2
carote
20gr. di pinoli 2
mele
2 kiwi
1 pompelmo
un pizzico di sale

Mettere in ammollo il farro nel succo di pompelmo per una notte. Colare tenendo da parte il succo del pompelmo.

Versare i chicchi di farro nel cestello, nel boccale versare 300gr. di acqua e un pizzico di sale; posizionare il cestello e cuocere 20min. 100° Vel.2 .

A cottura ultimata versare il farro in una terrina e lasciarlo raffreddare.

Lavare e sbucciare tutta la frutta e ridurre la polpa a tocchetti. Tritare le carote con due colpi di turbo. In un largo piatto da portata versare il farro, le carote e la frutta a tocchetti, unire i pinoli e versare il succo di pompelmo tenuto a parte.

Consiglio: in questa insalata abbiamo condito con solo succo di pompelmo, per chi ama i sapori più delicati sostituire il pompelmo con olio extravergine di oliva.

15.1.3 Primi

15.1.3.1 Penne Ai Porri

Ingredienti: 4 persone
500gr. di penne
2 porri medi
1 scalogno
100gr. di bacon a cubetti
50gr. di olio extravergine di oliva 1
cucchiaio di dado bimby

900gr. di acqua

sale, pepe e parmigiano q.b.

Pulire e mandare i porri togliendo le foglie più dure, la parte verde e la radice, poi tagliarli a rondelle.

Preparare un soffritto nel boccale olio e scalogno 3min. 100° Vel.4 .

Aggiungere il bacon, le rondelle di porro e u cucchiaio di dado bimby, insaporire 3min. 100° Vel.1.

Unire l'acqua, aggiustare di sale e portare a bollore 8min. 100° Vel.1. Versare la pasta e cuocere per il tempo indicato sulla confezione più 2min. di riposo.

Servire la pasta cosparsa di formaggio parmigiano e un filo di olio extravergine di oliva.

15.1.3.2   Crema Di Zucchine Con Filetti Di Sogliola (O Platessa)

Ingredienti: 4 persone 400gr. di
zucchine chiare 300gr. di filetti
di sogliola
600gr. di brodo vegetale bimby 1
scalogno
30gr. di farina 00
100gr. di vino bianco secco
30gr. di olio extravergine di oliva
1 mazzolino di basilico (o 2 cucchiai di pesto alla genovese) 30gr.
di parmigiano reggiano grattugiato
crostini di pane tostato sale
e pepe q.b.

Lavare i filetti di sogliola e posizionarli nel varoma, dopo averlo foderato con carta da forno bagnata e strizzata. Salarli e peparli.

Preparare un soffritto: scalogno e olio nel boccale 3min. 100° Vel.4.

Aggiungere le zucchine e il basilico Vel.7 per 1° sec, rosolare 3min. 100° Vel.2. Sfumare con il vino, unire la farina e il brodo vegetale, posizionare il *varoma* e cuocere 20-25min. temp *varoma* Vel.2.

Togliere il varoma, unire alla crema di zucchine il parmigiano, aggiustare di sale e pepe, frullare 1min. Vel.7.

Versare in una zuppiera di coccio, unire il pesto (o basilico) e i filetti di sogliola. Servire con crostini di pane tostato.

15.1.3.3   Tagliatelle Di Verza E Speck

Ingredienti: 4 persone
250gr. di tagliatelle all'uovo (vedi ricetta libro base) 100gr.
di speck
50gr. di pancetta affumicata 1
scalogno
3 foglie di salvia 1
peperoncino
300gr. di cavolo verza
50gr. di parmigiano reggiano grattugiato
600gr. di acqua
1 cucchiaio di dado bimby
30gr. di olio extravergine di oliva 1
noce di burro
sale e pepe q.b.

Preparare una sfoglia come da ricettario base e ricavarne delle tagliatelle.

Lavare le foglie di verza, tagliarle a listarelle, tagliare lo speck a dadini e metterlo da parte.

Nel boccale preparare un soffritto con olio, pancetta, peperoncino e scalogno 3min. 100° vel4. Inserire la farfalla e aggiungere le listarelle di verza, le foglie di salvia, brasare 10min. 100° Vel.1. Aggiustare di pepe e sale.

Togliere la farfalla, versare l'acqua, il dado e continuare la cottura per altri 10min. 100° Vel.1.

Cuocere la pasta per 3-4min.. Versare in una zuppiera, condire con i dadini di speck, il burro eil parmigiano. Servire caldissima.

15.1.3.4   Farfalle Con Piselli E Polpettine Di Ricotta

Ingredienti: 4 persone
Per le polpettine:
250gr. di ricotta fresca 2
tuorli d'uovo
50gr. di parmigiano reggiano
1 cucchiaio di prezzemolo tritato sale e
pepe q.b.
Per la pasta:
350gr. di pasta di semola tipo farfalla 2
pomodori concassè (tagliati a dadini) 20gr.
di parmigiano reggiano
30gr. di olio extravergine di oliva 1
cipollina bianca, 1 noce di burro 1
cucchiaino di dado bimby
1 pezzettino di zenzero (a piacere) 1
mazzolino di erba cipollina
Preparare le polpettine, amalgamando tutti gli ingredienti, nel boccale Vel.3-4 per
20 sec, togliere e preparare delle piccole polpettine, infarinarle e metterle nel varoma.
Nel boccale pulito, tritare la cipolla 5sec.Vel.3, inserire la farfalla, unire l'olio, i piselli,
lo zenzero, 100gr. di acqua e il dado, cuocere 5min. 100° Vel.1. Versare 600gr. di
acqua, aggiustare di sale 10min. 100° Vel.1. Versare le farfalle, posizionale il *varoma* e
cuocere a *varoma* Vel.1 per il tempo indicato sulla confezione.
A cottura ultimata versare le farfalle e i piselli in una zuppiera, condire con una noce di
burro, il parmigiano, il pomodoro spellato, pulito dai semi e tagliato a dadini, qualche filo
di erba cipollina tagliato, aggiungere le polpettine e servire.

15.1.3.5   Zuppa Di Pesce E Funghi

Ingredienti: 4 persone
600gr. di rana pescatrice (se possibile con fegato)
25gr. di funghi porcini secchi
40gr. di olio extravergine di oliva 4
pomodorini maturi da sugo
2 coste di sedano, 2 carote
1 cipolla grossa, 1 patata media
1 mazzolino di prezzemolo, 2 spicchi di aglio sale
e pepe q.b.
Pulire il pesce, tagliarlo a fette e metterlo nel cestello. Versare nel boccale 1 litro d'acqua,
una costa di sedano, una carota, un pezzetto di cipolla, uno spicchio di aglio e un pizzico
di sale. Inserire nel cestello e cuocere 15min. 100° vel1.
Mettere i funghi ad ammorbidire in acqua tiepida, preparare i pomodori, senza buccia e
senza semini, tagliati a pezzettini.
A cottura ultimata togliere il cestello, filtrare il brodo e metterlo da parte.
Preparare il sugo: tritare ne l boccale, la cipolla rimasta, il sedano, la carota e l'aglio
15sec.Vel.3-5 unire l'olio e rosolare 3min. 100° vel1 aggiungere i funghi strizzati, i
pomodori e la patata tagliata a dadini cuocere 5min. temp *varoma* Vel.1 aggiungere il
brodo tenuto a parte, aggiustare di sale e pepe, cuocere 5min. temp *varoma* Vel.1. Unire
il cestello con le fette di pesce e continuare la cottura per altri 10 min.
Tostare le fette di pane, poi collocarle nei piatti fondi, sistemarvi i pezzi di pesce e il brodo
con le verdure, i funghi, spolverizzare di prezzemolo e un filo di olio extravergine di oliva
a piacere prima di servire.
Consiglio: chi abita nelle città di mare e riesce a reperire dei pescatori, la rana pescatrice
(coda di rospo) completa di fegato, avrà una prelibatezza da non perdere.

15.1.3.6   Minestra Di Zucca E Fagioli

Ingredienti: 4 persone
600gr. di zucca
150gr. di ditalini (pasta rigata)
300gr. di fagioli bianchi di Spagna o cannellini

600gr. di latte
600gr. di brodo vegetale bimby 30gr.
di olio extravergine di oliva 20gr. di
burro
30gr. di parmigiano reggiano grattugiato 4
fette di pane casereccio
sale e pepe q.b.

Pulire la zucca, decorticarla e tagliarla a pezzetti, mettere i pezzetti di zucca nel boccale con me in movimento a Vel.3-5 per pochi secondi.

Unire il burro e l'olio, rosolare 5min. 100° Vel.1 aggiungere i fagioli, il brodo, il latte e il sale, cuocere 30min. 100° Vel.1, versare la pasta e cuocere il tempo indicato sulla confezione. Controllare di sale e pepate a piacere.

Servire la minestra, in piatti fondi, spolverare con parmigiano e accompagnare con le fette di pane casereccio, a piacere rosolate nel burro.

15.1.3.7   Crema Di Lenticchie Con Verza E Salamelle

Ingredienti: 4 persone
400gr. di lenticchie
4 salsicce
1 cipolla, 1 carota, 1 pezzetto di sedano 1
pezzetto di peperoncino
50gr. di olio extravergine di oliva
50gr. di parmigiano reggiano
5 foglie di verza
1 litro di brodo vegetale bimby (o acqua e dado bimby) sale
e pepe q.b.

Scottare le foglie di verza, ben lavate, nel boccale con acqua che bolle e sale, per pochi minuti, tagliarle a piccoli quadretti e mettere da parte. Nel boccale tritare la cipolla, il sedano e la carota 10sec.Vel.3-5. Aggiungere 30gr. di olio e soffriggere 3min. 100° Vel.1, unire le lenticchie, il brodo vegetale, sale e pepe.

Sistemare le salsicce nella campana del varoma, posizionare il *varoma* e cuocere 25min. temp *varoma* Vel.1. A fine cottura togliere il varoma. Tagliare le salsicce a fettine e arrotolare ogni fettina in un quadretto di verza. Togliere dal boccale due mestoli di lenticchie e metterle da parte, lasciare raffreddare un poco, poi frullare le lenticchie rimaste nel boccale 50sec.Vel.5-8 ottenendo così una crema. Versare in una fondina un poco di crema, aggiungere un mestolino di lenticchie tenute a parte, adagiarvi nel mezzo del piatto 3 fagottini di verza e salsiccia e decorare con scaglie di parmigiano, irrorare con un filo di olio extravergine di oliva. Servire caldo.

15.1.3.8   Polenta Con Ragù Di Legumi

Ingredienti: 4 persone
250gr. di fagioli borlotti lessati
200gr. di lenticchie lessate 450gr.
di pomodori pelati
1 carota
1 gambo di sedano 1
cipolla
1 spicchio d'aglio 2
foglie di alloro
20gr. di olio extravergine di oliva sale e
pepe q.b.

Preparare un trito di carota, sedano, cipolla e aglio, unire l'olio e rosolare 3min. 100° vel1, aggiungere i pelati 5min. 100° Vel.1.

Aggiungere i fagioli borlotti, le lenticchie, aggiustare di sale e pepe e cuocere 3min. 100° Vel.1. Mettere da parte.

Senza lavare il boccale preparare la polenta come da ricettario base pag 28 e condirla con il sugo di legumi. Servire caldissima.

15.1.3.9   Minestra Di Farro

Ingredienti: 4 persone

200gr. di vitello (spalla)
100gr. di prosciutto crudo in una fetta unica 2
carote
2 gambe di sedano 1
cipolla
1 porro
1 foglia di verza 1
rapa bianca
2 pomodori
1 foglia di lauro, rosmarino, prezzemolo
salvia e origano
30gr. di parmigiano reggiano 30gr. di
olio extravergine di oliva

Pulire e lavare tutte le verdure, tagliare a listarelle le foglie di verza, a dadini le altre verdure e il prosciutto.

Mettere nel boccale, coprire il tutto con l'acqua avendo cura che rimanga al di sotto dell'ultima tacca, aggiungere la carne e il sale, cuocere 30min. 100° vel1.

Togliere le verdure e metterle da parte in una zuppiera, nel brodo cuocere il farro 30min. 100° Vel.1, aggiustare di sale, controllare la densità, versare il farro nella zuppiera assieme alle verdure.

Mescolare, spolverare con parmigiano grattugiato e un filo di olio extravergine di oliva.

15.1.3.10   Spaghetti Ai Tre Colori

Ingredienti: 4 persone
400gr. di spaghetti 900gr.
di acqua
3 peperoni (giallo, verde e rosso) 1
pomodoro concassè
1 mazzolino di basilico 1
gambo di prezzemolo 3
filetti di acciuga
1 spicchio di aglio
40gr. di olio extravergine di oliva
20gr. di parmigiano grattugiato (o pecorino)

Tagliare i peperoni a listarelle come se fossero degli spaghetti e mettere da parte.

Preparare nel boccale olio, aglio e acciughe 3min. 100° Vel.2, aggiungere i filetti di peperone, un pomodoro tagliato a dadini e cuocere 2min. 100° Vel.1.

Versare l'acqua, aggiustare di sale, portare a bollore 8min. 100° Vel.1 e cuocere gli spaghetti per il tempo indicato sulla confezione.

A cottura ultimata, versare un una zuppiera, aggiungere il pomodoro rimasto tagliato a dadini, il basilico, il prezzemolo, irrorare con un filo di olio extravergine di oliva e il parmigiano. Servire caldi

15.1.3.11   Zuppa Di Sedani E Baccala'

Ingredienti: 4 persone
350gr. di sedano (coste e foglie)
500gr. di baccalà ammollato mezzo
cucchiaio di capperi
40gr. di olio extravergine di oliva 1
spicchio d'aglio
mezzo cucchiaino di peperoncino 1
grossa patata
100gr. di acqua sale
q.b.

Mondare il sedano, lavarlo e tagliarlo a tocchetti. Preparare un soffritto con olio, aglio, capperi e peperoncino 3min. 100° vel1. Aggiungere il sedano e rosolare 3min. 100° Vel.1.

Tagliare a pezzi il baccalà e unirlo al soffritto di sedani, aggiungere la patata tagliata a dadini, l'acqua, controllare di sale e cuocere 30-40min. 100° Vel.1. Controllare durante la cottura che rimangano i liquidi.

Servire accompagnato da crostini di pane.

15.1.3.12 Linguine Ai Fiori Di Zucca E Zafferano

Ingredienti: 4 persone
400gr. di linguine
2 zucchine
1 mazzo di fiori di zucca
1 scalogno (o cipolla e aglio)
200gr. di gamberetti (o code di scampo) 1
bustina di zafferano con i pistilli lunghi 30gr.
di olio extravergine di oliva
1 litro di acqua
50gr. di pecorino grattugiato
1 cucchiaio di prezzemolo tritato sale e
pepe q.b.
Tritare nel boccale cipolla, zucchine e fiori di zucca Vel.3-5, unire l'olio e rosolare 5min.
100° vel1, aggiungere lo zafferano diluito con un poco di brodo. Inserire la farfalla, il
prezzemolo e cuocere 3min. 100° Vel.1, aggiustare di sale e pepe e mettere da parte in
una pirofila. Togliere la farfalla, versare l'acqua nel boccale 8min. 100° Vel.1 il sale e
cuocere le linguine per il tempo indicato sulla confezione. Scolare condire con il sugo a
parte, il pecorino e un filo di olio extravergine di oliva.

15.1.3.13 Minestra Di Broccoletti E Rossi Di Soja

Ingredienti: 4 persone 200gr. di
fagioli rossi di soja 400gr. di
broccoletti
200gr. di pasta di semola di grano duro 1
scalogno (o cipolla), 1 carota
1 spicchio di aglio, 1 costa di sedano
40gr. di olio extravergine di oliva 60gr.
di parmigiano reggiano
1 piccolo peperoncino
600gr. di brodo vegetale
200gr. di acqua di cottura di fagioli sale
e pepe q.b.
Mettere a bagno per una notte i fagioli di soja.
Cuocere in un litro di acqua e sale i fagioli 30min. 100° Vel.1, scolare i fagioli con il
cestello, tenerli a parte, conservando 200gr. della loro acqua di cottura. Pulire e lavare le
verdure e i broccoli. Nel boccale cipolla, aglio e olio 3min. 100° vel4, aggiungere con
lame in movimento a Vel.4 sedano, carote per 10 sec, aggiungere i broccoli tagliati a
pezzi, insaporire 3min. 100° Vel.1. Unire i fagioli, il brodo vegetale bollente e 200gr. del
brodo di cottura dei fagioli, aggiustare di sale, pepe, aggiungere il peperoncino e cuocere
10-15min. 100° Vel.1. Cuocere la pasta della forma desiderata, per il tempo di cottura
dato dalla confezione e a fine cottura, versare in una zuppiera. Condire con pepe,
parmigiano e un filo di olio extravergine di oliva.
Consiglio: chi ha poco tempo può utilizzare i fagioli di soja in scatola, eliminando così il
tempo di cottura dei fagioli.

15.1.3.14 Farfalle Alla Carbonara Di Tonno

Ingredienti: 4 persone
320gr. di farfalle
20gr. di burro
30gr. di olio extravergine di oliva
160gr. di tonno al naturale
2 tuorli
1 spicchio di aglio
1 cucchiaio di prezzemolo tritato
30gr. di parmigiano reggiano grattugiato

sale e pepe q.b.

Preparare il sugo: nel boccale aglio, olio e burro 3min. 100° Vel.4, aggiungere il tonno e cuocere 3min. 100° Vel.3. Mettere da parte.

Versare 1 litro di acqua nel boccale, il sale, portare a bollore 10min. 100 ° Vel.1.

Cuocere le farfalle per il tempo indicato sulla confezione, scolarle con il cestello e rimetterle nel boccale asciutto, aggiungere il sugo messo da parte, le uova sbattute con il parmigiano, il prezzemolo tritato e un filo di olio, mantecare 2min. 100° Vel.1.

Versare in un piatto da portata e servire caldissime.

15.1.3.15 Minestra Di Broccoli E Ali Di Razza

Ingredienti: 4 persone
700gr. di ali di razza (o altro pesce)
300gr. di broccoli (solo il fiore) 200gr.
di pasta (ditalini)
70gr. di vino bianco secco
200gr. di pomodori da sugo o pelati
30gr. di olio extravergine di oliva
1 carota, 1 gambo di sedano
1 carota, 1 spicchio di aglio
1 cucchiaio di prezzemolo tritato 2
filetti di acciuga, 1 peperoncino
20gr. di parmigiano reggiano grattugiato 1
limone
sale e pepe q.b.

Pulire le ali di razza e metterle nel varoma, nel boccale versare 600gr. di acqua, sale, la carota, il sedano, la cipolla e una fetta di limone; posizionare il varoma, cuocere 20min. temp *varoma* Vel.1. Togliere il pesce dal varoma, tagliare la carne del pesce in quattro parti, metterli in un piatto da portata e condire con olio, aglio, e prezzemolo. Tenere da parte. Nel boccale preparare aglio, prezzemolo, olio e acciughe, aggiungere la punta del peperoncino, rosolare 3min. 100° Vel.4; aggiungere i pomodori a pezzetti, sfumare coni l vino 3min. 100° Vel.1. Unire le cimette dei broccoli, il brodo tenuto a parte e cuocere 10min. 100° Vel.1; aggiungere la pasta, cuocere per il tempo di cottura indicato sulla confezione.

Versare nella zuppiera, spolverare di parmigiano e servire calda. Servire il pesce come secondo.

15.1.3.16 Minestra Di Riso E Lenticchie

Ingredienti: 4 persone 200gr. di
riso per minestra 200gr. di
lenticchie
1 litro di brodo vegetale (acqua e dado bimby)
60gr. di speck o pancetta affumicata
200gr. di pomodori freschi (o pelati) 1
cipolla
1 spicchio di aglio 2
foglie di salvia 2
foglie di alloro
40gr. di olio extravergine di oliva sale e
pepe q.b.
30gr. di parmigiano

Sciacquare le lenticchie in acqua fredda.

Sbucciare la cipolla, aglio e rosolare nel boccale con olio, una foglia di salvia e una di alloro 3min. 100° Vel.4. Unire lo speck tagliato a dadini, i pomodori o pelati a pezzetti, le lenticchie, il resto della salvia e dell'alloro; insaporire 3min. 100° Vel.1. Bagnare con il brodo vegetale bollente, aggiustare di sale e pepe, continuare la cottura 15min. 100° vel1 versare il riso e cuocere per 15min. 100° vel1.

A cottura ultimata, eliminare le foglie di alloro e salvia, condire con olio extravergine di oliva, parmigiano e servire.

15.1.4 Secondi

15.1.4.1 Tortino Di Alici

Ingredienti: 4 persone
700gr. di alici fresche
200gr. di pomodorini
2 panini raffermi (solo mollica) 1
mazzolino di basilico
2 spicchi di aglio, 1 pezzettino di peperoncino
30gr. di olio extravergine di oliva
mezzo limone sale e
pepe q.b.
Pulire e diliscare le alici, lavarle con acqua e sale a farle scolare. Foderare con carta da forno bagnata e ben strizzata, uno stampo per sformati (ovale della misura del varoma). Contornare lo stampo, parete e fondo, con le alici aperte. Mettere a bagno la mollica di pane in acqua per circa 10 min, lavare bene i pomodorini e il basilico. Strizzare bene la mollica di pane, unirvi i pomodorini aperti in due parti, le foglie del basilico sminuzzate, l'aglio tritato, il peperoncino, sale e pepe, irrorare con l'olio di oliva. Versare il composto nello stampo, chiudere con un altro strato di alici, irrorare ancora con l'olio e adagiare lo stampo nella campana del varoma. Versare nel boccale 500gr. di acqua, un pizzico di sale, mezzo limone, posizionare il *varoma* e cuocere 30min. temp *varoma* Vel.1. A cottura ultimata sformare su un piatto da portata contornare con pomodorini e basilico, irrorare con un filo di olio extravergine di oliva. Servire caldo.

15.1.4.2 Trota A Sorpresa

Ingredienti: 4 persone
2 filetti di trota salmonata (circa 600gr.)
2 filetti di sogliola o filetti di platessa (circa 200 g) 1
mazzolino di rucola
8 punte di asparagi lessate 5
foglie di radicchio rosso 1
scalogno, 1 carota
1 gambo di sedano 1
foglia di alloro
1 cucchiaio di semi di finocchio 30gr.
di olio extravergine di oliva 100gr. di
vino bianco secco
1 limone
sale e pepe q.b.
Lavare e salare i due filetti di trota e farcirla con i filetti di sogliola, le 3 foglie di radicchio rosso, le punte di asparagi, scottate in acqua per qualche minuto e i semi di finocchio. Richiudere le trota farcita. Bagnare un foglio di carta da forno, strizzarlo bene e oliarlo, adagiarvi la trota con la metà del sedano le carote e dello scalogno tagliati a dadini, unirvi una fetta di limone tagliata a dadini e la foglia di alloro. Chiudere il cartoccio e metterlo nella campana del varoma.
Ne 1 boccale versare 500gr. di acqua, il vino e l'altra metà delle verdure, aggiustare di sale, posizionare il *varoma* e cuocere 30-40min. temp *varoma* Vel.1.
A cottura ultimata, servire la trota farcita tagliata a fettine accompagnata da rucola e radicchio rosso. Irrorare con un filo di olio extravergine di oliva.

15.1.4.3 Agnello E Ceci In Cous Cous

Ingredienti: 4 persone 500gr.
di carne di agnello
150gr. di ceci secchi o in scatola
300gr. di cipolla
150gr. di uvetta
1 bustina di zafferano 500gr. di
cous cous precotto

50gr. di olio extravergine di oliva sale
q.b.
1 litro e 100gr. di acqua
1 cucchiaio di dado bimby

Mettere a bagno i ceci in acqua salata per circa sei ore. Ammollare l'uvetta in acqua tiepida, tagliare la carne di agnello a tocchetti e le cipolle a fettine sottili. Inserire la farfalla nel boccale, versare l'olio, i tocchetti di agnello e il sale, rosolare 5min. 100° Vel.1.

Aggiungere lo zafferano, i ceci, le cipolle, l'acqua bollente, il dado e cuocere 20min. 100° Vel.1. Unire l'uvetta scolata, (controllare la cottura dei ceci) e continuare la cottura 5min. temp *varoma* Vel.1.

Nel frattempo preparare il cous cous: in una terrina versare 400gr. di acqua bollente salata, unire il cous cous, mescolare e aspettare che venga assorbita l'acqua, poi versare nel vassoio del *varoma* con 2 cucchiai di olio extravergine di oliva, posizionare sul boccale (mentre cuoce l'agnello) per circa 15min. temp. Varoma.

Mescolare il cous cous in modo che i chicchi siano ben sgranati. Servire su un piatto da portata con al centro l'agnello e le verdure.

15.1.4.4   Spezzatino Alle Olive

Ingredienti: 4 persone
500gr. di carne di vitellone a pezzetti
250gr. di cipolline fresche (o cipolla)
200gr. di carote
100gr. di olive verdi snocciolate 30gr.
di olio extravergine di oliva 1
cucchiaio di prezzemolo tritato 1
buccia di limone
1 cucchiaio di farina bianca 00 1
cucchiaio di dado bimby timo, sale
e pepe q.b.

Sbucciare e scottare in acqua bollente per 2min. le cipolline lasciandole intere. Tagliare a rondelle le carote, dopo averle raschiate e lavate. Snocciolare le olive e mettere da parte. Inserire la farfalla nel boccale, versare l'olio, le cipolle, le carote, la buccia di limone, il timo e la carne tagliata a pezzetti, rosolare 4min. 100° Vel.1 .

Cospargere la farina, rosolare ancora 2min. 100° Vel.1. Bagnare con acqua calda (200gr. circa), il dado e cuocere 40min. 100° Vel.1, aggiungere le olive messe da parte e cuocere 10min. 100° Vel.1.

Versare nel piatto da portata, spolverizzare di prezzemolo tritato e servire.

15.1.4.5   Manzo Alle Prugne Con Pure' Di Patate

Ingredienti: 4 persone 600gr.
di manzo a pezzetti 2 cucchiai
di farina
100gr. di prugne secche snocciolate 1
carota
1 gambo di sedano
40gr. di cipolla
1 cucchiaio di concentrato di pomodoro
250gr. di vino rosso
un poco di cannella qualche
bacca di ginepro
40gr. di olio extravergine di oliva sale
e pepe q.b.
1 dose di purè(vedi ricetta libro base pag 59)

Pulire, lavare le verdure e tritarle 10sec.Vel.4 aggiungere l'olio e rosolare 3min. 100° Vel.1.

Infarinare leggermente la carne, e rosolare 3min. temp *varoma* Vel.1, unire le prugne, le bacche di ginepro, un pizzico di cannella, il concentrato di pomodoro, il vino e il sale, cuocere 40-50min. 100° Vel.1.

15.1.4.6 Fettine Di Pollo In Salsa Di Melograno

Ingredienti: 4 persone 2
petti di pollo
2 grossi melograni maturi
50gr. di olio extravergine di oliva 5
bacche di ginepro
1 peperoncino
2 spicchi di aglio 2
patate
1 limone
1 scalogno
1 limone solo il succo
20gr. di maizena 600gr.
di acqua

Sbucciare le patate, tagliarle a rondelle sottili, e metterle nella campana del varoma. Tritare le bacche di ginepro e 1 spicchio di aglio e metterle sulle fettine di pollo e posizionare il tutto sulle patate. Versare nel boccale l'acqua, il sale e 1 fettina di limone, posizionare il *varoma* e cuocere 20-30min. temp *varoma* Vel.1.

A cottura ultimata togliere il *varoma* e tenere a parte. Nel boccale pulito, preparare la salsa; rosolare olio, scalogno, aglio e peperoncino 3min. 100° Vel.3. Unire il succo spremuto dei chicchi dei melograni, tenendo a parte un po' di chicchi, che si uniranno al sugo. Aggiungere la maizena e cuocere 5min. temp *varoma* Vel.1.

Mettere in un piatto caldo da portata le patate e le fettine di pollo, irrorarle con la salsa e i chicchi di melograno.

15.1.4.7 Polpettone Al Sugo Di Funghi

Ingredienti: 4 persone
700gr. di carne di manzo tritata 1
scalogno, 1 spicchio di aglio 400gr.
di pomodori maturi
300gr. di funghi porcini freschi o 200gr. di funghi secchi
100gr. di mollica di pane raffermo
100gr. di parmigiano reggiano grattugiato
50gr. di prosciutto crudo
100gr. di vino bianco secco 100g di
latte, 2 uova
200gr. di brodo vegetale
30gr. di olio extravergine di oliva sale
e pepe q.b.

Mettere a bagno la mollica di pane nel latte.

Preparare il polpettone, nel boccale tritare il prosciutto crudo 10sec.vel5, la mollica di pane bagnata nel latte e ben strizzata, il formaggio e le uova, salare, pepare e aggiungere la carne 10sec.Vel.3. Togliere il composto e formare con le mani un polpettone, ungerlo di olio, adagiarlo nella carta da forno bagnata e strizzata e sistemarlo nel varoma. Nel boccale preparare un soffritto con olio, scalogno e aglio 3min. 100° Vel.4, inserire la farfalla, unire i funghi tagliati a fettine, i pomodori tagliati a dadini e cuocere 5min. 100° Vel.1, sfumare con il vino 2min. 100° Vel.1, aggiungere il brodo vegetale, posizionare il *varoma* e cuocere 30min. temp *varoma* Vel.1. Servire tagliato a fette, disporle su un piatto di portata, versarvi sopra il sugo ai funghi, a piacere accompagnato con purè o piselli.

15.1.4.8 Lonza Di Maiale Alle Mele

Ingredienti: 4 persone
700gr. di lonza di maiale o spalla 2
mele renette
2 cipolle
30gr. di aceto di mele (o aceto di vino)
30gr. di olio extravergine di oliva 200gr. di
brodo vegetale bimby
sale e pepe q.b.

1 spicchio di aglio 3
foglie di salvia 20gr.
di maizena
Tagliare a tocchetti la carne, sbucciare le mele e le cipolle. Tagliare
a fettine le mele e affettare le cipolle.
Inserire la farfalla nel boccale l'olio, 1l aglio e la salvia rosolare 6min. tempo
varoma Vel.1.
Unire la carne 4min. temp *varoma* Vel.1; salare, pepare e sfumare con l'aceto 2min. 100°
Vel.1.
Unire alla carne le mele, le cipolle, il brodo vegetale e cuocere 50-60min. 100° Vel.1.
A cottura ultimata, togliere solo la carne e metterla su un piatto da portata.
Togliere la farfalla, unire al sugo del boccale la farina o maizena e cuocere 5min. 100°
Vel.4. Versare sulla carne e servire.

15.1.4.9   Involtini Di Tonno Fresco

Ingredienti: 4 persone
8 fettine di tonno fresco sottilissime
30gr. di polpa di tonno fresca
2 carciofi, 1 panino solo mollica 40gr.
di olio extravergine di oliva 1
mazzolino di prezzemolo
1 scalogno, 1 spicchio di aglio, 1 limone
200gr. di brodo vegetale (o acqua e dado bimby)
100gr. di vino bianco secco, sale e pepe q.b.
Mettere a bagno con un poco di acqua tiepida la mollica di pane. Pulire i carciofi da tutte
le foglie tenendo solo il fondo, metterlo a bagno in acqua acidula (acqua e limone). Tritare
nel boccale i fondi di carciofo, la polpa di tonno fresco, lo scalogno, l'aglio, il prezzemolo
e un piccolo pezzettino di buccia di limone 20sec. Vel.5-7.
Toglierne la metà e metterla in una ciotola; strizzare bene la mollica di pane e unirla al
composto nella ciotola, aggiustare di sale e pepe, amalgamare e farcire le fette di tonno,
arrotolare la fetta su se stessa formando un involtino.
Pennellare di olio gli involtini e posizionarli nella campana del *varoma* avendo cura di
salare e pepare gli involtini. Versare l'olio nel boccale e rosolare con il trito 3min. 100°
vel2, sfumare con il vino e aggiungere il brodo vegetale (acqua e dado bimby) posizionare
il *varoma* e cuocere 40min. temp *varoma* Vel.2. A cottura ultimata, disporre gli involtini
in un piatto da portata, irrorare con il fondo di cottura. Se risultasse troppo liquido
addensare 2min. temp *varoma* Vel.3.

15.1.4.10   Polenta Fagioli E Formaggi

Ingredienti: 4 persone 1
litro e 200gr. di acqua
230gr. di farina di granoturco 200gr. di
fagioli borlotti secchi 100gr. di
pancetta
30gr. di olio extravergine di oliva
mezza cipolla media
100gr. di acqua
100gr. di parmigiano reggiano 1
cucchiaio di sale
Mettere i fagioli a bagno in acqua per almeno 12 ore. Versare nel boccale l'acqua, il sale,
disporre nel cestello i fagioli e posizionarlo ne 1 boccale 30min. 100° Vel.2; mettere da
parte acqua e fagioli.
Tritare la cipolla, la pancetta 20sec. Vel.5, unire l'olio 3min. 100° Vel.1.
Inserire la farfalla, aggiungere i fagioli, 100gr. di acqua e il parmigiano 10min. 100°
Vel.1.
Mettere da parte.
Versare l'acqua di cottura dei fagioli 10min. 100° Vel.1. Aggiungere sale e farina di
granoturco 20min. 90° Vel.1.

A cottura ultimata lasciare riposare 1min. circa. Servire la polenta calda in piatti fondi.

15.1.4.11 Pesce Con Orzo

Ingredienti: 4 persone
700gr. di pesce (triglie o altro)
200gr. di orzo
1 carota
1 scalogno
1 gambo di sedano
80gr. di olive nere
1 cucchiaio di prezzemolo tritato 1
limone
1 mazzolino di basilico 1
spicchio di aglio
olio extravergine di oliva sale
q.b.

Squamare, pulire e lavare il pesce. Foderare il *varoma* con carta da forno bagnata e strizzata, distribuire le foglie di basilico e un poco di aglio, il pesce e le olive tritate. Irrorare con un filo di olio extravergine di oliva e salare.
Nel boccale versare un litro di acqua, lo scalogno, il sedano, la carota, un pizzico di sale 8min. 100° Vel.1.
A cottura ultimata, versare il tutto in un piatto da portata, spolverizzare con il prezzemolo e basilico, irrorare con un filo di olio extravergine di oliva, aggiustare di sale e servire.

15.1.4.12 Spezzatino Di Agnello In Salsa Di Ricotta

Ingredienti: 4 persone
700gr. di agnello disossato e tagliato a pezzetti 2
carote
2 cipolline
2 chiodi di garofano 2
cucchiai di farina
mezzo bicchiere di vino bianco secco
100gr. di ricotta
50gr. di burro
2 cucchiai di olio extravergine di oliva 1
foglia di alloro
timo, erba cipollina
prezzemolo, maggiorana un
cucchiaio di dado bimby sale e
pepe q.b.

Pulire e lavare cipolle e carote, tagliarle a pezzi metterle nel boccale, tritare 10sec.Vel.4, aggiungere olio e burro 3min. 100° Vel.1.
Infarinare la carne di agnello, inserire la farfalla nel boccale e rosolare la carne con i chiodi di garofano 4min. temp *varoma* Vel.1. Salare e pepare, aggiungere l'erba cipollina, il timo e la foglia di alloro, il dado e infine sfumare con il vino, cuocere 30-40min. 100° Vel.1 (se occorre aggiungere un poco di acqua).
A cottura ultimata, togliere i pezzetti di carne e metterli in un piatto da portata, nel fondo di cottura (nel boccale) aggiungere la ricotta amalgamare 20sec.Vel.4-5.
Versare la salsa ottenuta sull'agnello, cospargere di prezzemolo, maggiorana e servire caldo.

15.1.4.13 Baccala' Con Cavolfiore E Olive

Ingredienti: 4 persone
700gr. di filetto di baccalà ammollato
150gr. di vino bianco secco
300gr. di cimette di cavolfiore
100gr. di acqua
10 olive nere, 7 pomodorini

40gr. di olio extravergine di oliva 1
mazzolino di prezzemolo
1 mazzolino di basilico 2
spicchi di aglio
1 mazzolino di erba cipollina
1 cucchiaio di farina bianca o maizena sale
e pepe q.b.

Mondare il cavolfiore, lavarlo e tagliare sottilmente le cimette, metterle nel vassoio del varoma. Nel boccale tritare, le erbe aromatiche e l'aglio 20sec.Vel.5, toglierne la metà e tenere da parte. Tagliare a pezzettini il baccalà, oliarlo e condirlo con le erbe aromatiche tenute a parte, posizionarlo nella campana del varoma, unire le olive e i pomodorini. Versare l'olio nel boccale e rosolare 3min. 100° Vel.3, sfumare con il vino per circa 2min, aggiungere l'acqua, posizionare il *varoma* completo di vassoio con le cimette di cavolfiore, cuocere 25min. temp *varoma* Vel.1. A cottura ultimata, disporre il baccalà su di un piatto da portata contornare con il cavolfiore, i pomodorini, le olive e aggiustare di sale e pepe. Irrorare con il fondo di cottura, se risultasse troppo liquido aggiungere mezzo cucchiaio di maizena e cuocere 3min. temp *varoma* Vel.3 servire.

15.1.4.14   Involtini Di Tachcino Al Profumo Di Arancia

Ingredienti: 4 persone
6 fette di carne di tacchino
8 fette di pancetta un po' spessa
2 coste di sedano, 3 carote, 1 scalogno 1
rametto di rosmarino
60gr. di olio extravergine di oliva
200gr. di vino bianco
1 arancia (buccia grattugiata e succo) il
succo di un limone
sale e pepe q.b.

Prendere le fettine di carne, stendervi sopra una fettina di pancetta. Pulire le verdure, tritare le coste di sedano, il rosmarino e le carote con lame in movimento Vel.4-5- per 10sec.aggiungere 20gr. di olio, sale e pepe, rosolare 3min. 100° Vel.1. Mettere da parte. Stendere un po' di verdure stufate sulle fettine di carne e chiuderle con filo refe, posizionarle nel cestello dopo averle oliate e salate.

Preparare nel boccale, un soffritto con scalogno e il rimanente olio 3min. 100° Vel.4- Unire la buccia grattugiata e il succo dell'arancia, il succo di limone, sale e pepe, cuocere 15min. 100° Vel.1. A cottura ultimata, togliere il cestello e lasciare raffreddare gli involtini.

Tagliarli a fette e adagiarli su un piatto da portata.Frullare nel boccale il sugo di cottura 10sec.Vel.4-5.

Versare la salsa sulle fette di carne. Servire accompagnato da un purè di patate.

15.1.4.15   Braciole Con Salsa Di Pere

Ingredienti: 4 persone
4 braciole
50gr. di olio extravergine di oliva
100gr. di vino rosso
50gr. di pancetta o prosciutto crudo
foglie di salvia
1 rametto di rosmarino
50gr. di grappa
sale e pepe q.b.
1 scalogno
Per la salsa:
250gr. di pere (Williams rosse) 30gr. di
burro
30gr. di zucchero di canna
50gr. di brandy
1 cucchiaino di cannella in polvere

sale e pepe q.b.

Preparare la salsa: sbucciare e tagliare a tocchetti le pere. Nel boccale lo zucchero, il burro, le pere e il brandy, cuocere 10min. 100° Vel.1.

Aggiungere la cannella e un pizzico di sale e frullare 10sec.Vel.7. Mettere da parte la salsa.

Nel boccale pulito, soffriggere olio, scalogno e pancetta 3min. 100° Vel.4. Inserire fra le lame le braciole, avendo cura di piegarle leggermente aggiungendo salvia, rosmarino, sale e pepe, rosolare 8min. 100° Vel.1. Sfumare con il vino rosso e cuocere 20min. 100° Vel.1. Togliere la carne, eliminare, salvia e rosmarino, aggiungendo al fondo di cottura una noce di burro, la grappa e fare restringere il sugo 2-3min. temp *varoma* Vel.1. Servire la carne irrorata coni l sugo e accompagnata dalla salsa alle pere.

15.1.4.16   Pollo, Cicoria E Noci In Insalata

Ingredienti: 4 persone
400gr. di petto di pollo
150gr. di speck in una fetta unica 1
cespo di cicoria
50gr. di gherigli di noce tritati
20gr. di salsa di soia
20gr. di olio extravergine di oliva
maizena, sale q.b.

Tagliare a pezzetti regolari il petto di pollo, e infarinarlo con la maizena.

Tagliare a dadini lo speck, metterlo nel boccale con l'olio e rosolare 3min. 100° Vel.1, inserire la farfalla, aggiungere i pezzetti di pollo e rosolare 3min. temp *varoma* Vel.1.

Insaporire con la salsa di soia, aggiustare di sale e continuare la cottura 15min. 100° Vel.1
.

Mondare e lavare la cicoria, tagliarla a listarelle e unirla al pollo, aggiungere i gherigli di noci tritati e continuare la cottura per altri due minuti.

Servire caldo

15.1.5   Dolci

15.1.5.1   Budino Di Amaretto

Ingredienti: 4 persone
500gr. di latte intero 100gr.
di amaretti 150gr. di
zucchero
50gr. di liquore amaretto 1
fetta di limone
4 uova

Tritare gli amaretti 15sec.Vel.turbo, aggiungere tutti gli altri ingredienti 30sec.Vel.4 e 3min. 80° Vel.4.

Versare il composto in uno stampo ovale, caramellato, coprire bene con carta stagnola e posizionarlo nella campana del varoma.

Versare 600gr. di acqua nel boccale, un pizzico di sale e una fetta di limone, posizionare il *varoma* e cuocere 40min. temp *varoma* Vel.2. A fine cottura eliminare la carta di copertura lasciando per qualche minuto scoperto per permettere di far uscire il vapore acqueo.

Sfornare tiepido e servire fresco accompagnato a piacere con salsa al cioccolato o panna montata.

15.1.5.2   Budini Di Semola

Ingredienti: 4 persone
600gr. di latte
100gr. di cioccolato fondente
100gr. di semolino
40gr. di uvetta 40gr.
di zucchero

30gr. di burro

2 uova + 2 albumi

Inserire nel boccale la farfalla e montare gli albumi a neve (vedi ricettario base). Mettere da parte.

Nel boccale pulito versare il latte e lo zucchero, cuocere il semolino 10min. 90° Vel.1.

Aggiungere il cioccolato a pezzetti, sempre mescolando a Vel.3 unire i tuorli, l'uvetta ammollata in acqua tiepida, amalgamare 10sec.Vel.2. Lasciare raffreddare, poi incorporare gli albumi precedentemente montati. Versare il composto in stampini di ceramica (tipo cuki), spennellare con burro fuso e mettere gli stampini nella campana del varoma, coprirli con carta alluminio, poi chiudere con il coperchio del varoma. Versare l'acqua nel boccale e una fettina di limone, posizionare il *varoma* e cuocere per circa 30-40min. temp *varoma Vel.*1. Lasciare raffreddare e sformare i budini nei piatti su una salsa all'arancia.

Consiglio: se utilizzate un unico stampo cuocere il budino per 50-60 minuti.

15.1.5.3   Bavarese Di Nocciola

Ingredienti: 4 persone

400gr. di panna freschissima da montare 1

cucchiaino di zucchero a velo

150gr. di zucchero

150gr. di latte

4 tuorli

10gr. di colla di pesce 10gr. di

fecola di patate 150gr. di pasta

di nocciole

Ammollare la colla di pesce in acqua fredda.

Inserire nel boccale latte, tuorli, pasta di nocciole, fecola, zucchero 5min. 80° Vel.4.

Aggiungere la colla di pesce ben strizzata 10sec.Vel.4.

Versare in una ciotola e far raffreddare mescolando di tanto in tanto.

Nel boccale ben pulito e freddo montare la panna come da ricettario base, aggiungere delicatamente lo zucchero a velo.

Versare a cucchiaiate nella ciotola della crema, amalgamando delicatamente senza smontare la panna.

Mettere in uno stampo e far rassodare in frigo per 10 ore.

Consiglio: a piacere servire fredda con salsa di cioccolato.

15.1.5.4   Crem Caramel Ai Mirtilli

Ingredienti per4 persone

250gr. di latte

80gr. di zucchero vanigliato

80gr. di zucchero semolato

50gr. di mirtilli

500gr. di acqua 1

uovo + 2 tuorli

Preparare uno sciroppo con acqua e zucchero semolato 4min. 100° Vel.1, unire i mirtilli cuocerli 5min. 100° Vel.1.

Togliere i mirtilli, metterli da parte e restringere lo sciroppo finché non diventa caramelloso 5min. temp *varoma* Vel.2.

Versare questo caramello negli stampi, e tenere da parte.

Preparare la crema: nel boccale pulito versare latte, zucchero vanigliato, tuorli e uovo, cuocere 5min. 80° Vel.3.

Versare nelle coppette(tenute a parte con il caramello) distribuire i mirtilli nei vari stampini, metterli nella campana del varoma, coprire con carta alluminio e relativo coperchio. Versare l'acqua nel boccale con una fetta di limone, posizionare il *varoma* e cuocere 30min. temp *varoma* Vel.1-2.

Servire freddi.

15.1.5.5   Sorbetto Di Pompelmo E Gin

Ingredienti: 5-6 persone

Succo di 3 pompelmi

Scorza di 1 pompelmo 1

limone

200gr. di gin 200gr. di

zucchero 400gr. di

acqua

Versare nel boccale acqua e zucchero 6min. 100° Vel.1. Aggiungere la scorza gialla del pompelmo e lasciare intiepidire; unire il succo dei pompelmi e del limone e lasciare raffreddare.

Togliere la buccia del pompelmo, unire il gin e versare nelle vaschette del ghiaccio. Tenere la vaschetta nel congelatore fino a quando non sarà ghiacciata.

Mettere i cubetti nel boccale e frullare da Vel.5-9 spatolando.

Servire decorando con spicchi o fettine di pompelmo a piacere.

15.1.5.6   Crema Di Pere Alla Menta

Ingredienti: 4 persone

2 grosse pere decana (circa 600 g)

50gr. di zucchero

70gr. di succo di arancia 1

scorzetta di arancia

3 chiodi di garofano

4-5 foglie di menta (per decorare)

50gr. di vino bianco secco

50gr. di liquore all'arancio

Sbucciare le pere, tagliarle a tocchetti e metterle nel boccale con il vino e lo zucchero, cuocere 7min. 100° Vel.1, aggiungere il succo d'arancia, il liquore, i chiodi di garofano e continuare la cottura 10min. 100° Vel.2.

Frullare 30sec.Vel.5.

Servire in coppette decorando con le foglie di menta.

15.1.5.7   Mele Ripiene Al Cartoccio

Ingredienti: 4 persone

6 mele

1 uovo

2 cucchiai di mandorle in polvere 2

cucchiai di panna fresca

1 cucchiaio di zucchero a velo

20gr. di burro

1 cucchiaino di cannella in polvere 1

cucchiaio di rum

succo di 1 limone 1

pizzico di sale

Sbucciare due mele, togliere il torsolo e tagliarle a pezzetti. Metterle nel boccale con il succo di un limone, il burro, lo zucchero, la cannella, un pizzico di sale 10min. 80° Vel.1. Frullare 10sec.Vel.3-4, lasciare intiepidire e unire la panna, le mandorle, il tuorlo, il liquore e mescolare 10sec.vel2. Mettere da parte.

Lavare le mele rimaste, asportare la calotta superiore e il torsolo, svuotarle parzialmente della polpa e spruzzarle internamente con del succo di limone perché non anneriscano e riempirle con il composto. Sistemare le mele in un cartoccio di carta da forno bagnata e strizzata bene e posizionarlo nel *varoma* chiudendolo bene. Mettere nel boccale 600gr. di acqua, una fetta di limone, posizionare il *varoma* e cuocere 30min. temp *varoma* Vel.1. Aprire il cartoccio e cuocere altri 3min. temp *varoma* Vel.1.

Servire tiepide.

15.1.5.8   Cremini Al Mandarino

Ingredienti: 4 persone

140gr. di zucchero

6 mandarini

3 uova

2 cucchiai di panna da cucina 1 dl
di panna fresca
1 cucchiaio di maizena 1
fetta di limone 500gr. di
acqua

Ricavare dai mandarini 3 dl di succo, versare nel boccale con lo zucchero, le uova e la maizena, preparare una crema 6min. 70° vel3.

Incorporare la panna, versare in coppette (tipo cuki) e metterle nella campana del varoma, coprendole con carta d'alluminio.

Versare l'acqua nel boccale con una fetta di limone posizionare il *varoma* e cuocere 30-40min. temp *varoma* Vel.1.

Servire i cremini freddi accompagnati da una salsa di cioccolato e fettine di mandarino.

15.1.5.9   Torta Macedonia

Ingredienti: 4 persone 1
pan di Spagna
500gr. di ricotta fresca 150gr.
di zucchero
250gr. di macedonia di frutta mista 1
yogurt denso naturale
3 arance solo il succo
la buccia grattugiata di una arancia

Tagliare il pan di Spagna a metà, bagnare con il succo di arancia (o a piacere il liquore). Nel boccale zucchero e buccia di arancia 20sec.Vel.turbo, aggiungere ricotta e yogurt amalgamare 30sec.Vel.3.

Farcire il pan di Spagna con la frutta chiudere con l'altra metà e completare ricoprendo con la mousse di ricotta.

Porre in frigorifero per circa 8 ore prima di servire.

15.1.5.10   Crema Di Zucca Alla Frutta

Ingredienti: 4 persone 500gr. di
polpa di zucca
200gr. di frutta mista secca (noci, nocciole, mandorle, papaia, cocco e altro a piacere)
100gr. di amaretti
50gr. di miele 200gr.
di acqua
2 cucchiai di liquore amaretto o mandorla amara

Tritare la frutta fresca 10sec.Vel.3-4 e mettere da parte. Tritare gli amaretti e metterli da parte. Decorticare e tagliare la zucca a tocchetti, versare l' acqua nel boccale, i pezzetti di zucca un pizzico di sale e cuocere 15-20min. 100° Vel.1, raffreddare e frullare 1min. Vel.5-8, aggiungere il liquore, una parte di frutta tritata, il miele e gli amaretti, amalgamare 10sec.Vel.2. Servire in coppette, guarnire con la frutta rimasta.

16 Ricette varie

16.1.1 Pasta corta

16.1.1.1 Consigli Generali

Si calcola l'acqua in quantità doppia rispetto a quella della pasta: tener conto se si usa il pomodoro che contiene anche acqua ! La quantità di acqua può variare in base al tipo di pasta che si cuoce: allora, un piccolo trucco: mentre si cuoce la pasta, tenere il misurino pieno di acqua sul coperchio: se all'ultimo momento serve ancora acqua, si aggiunge già calda. Quando si usa pasta corta è meglio inserire la farfalla. Calcolare 2 minuti in più rispetto al tempo di cottura scritto sulla confezione

16.1.1.2 Pennette Alle Erbe Aromatiche

Ingredienti: 2 spicchi aglio, 1 cipolla piccola, 50gr. olio di oliva, rosmarino, salvia, prezzemolo, alloro, peperoncino, 450gr. pelati, 1 cucchiaio dado bimby, 700-800gr. di acqua, 500gr. pennette, origano.
Procedimento: Inserire nel boccale le erbe, l'aglio, la cipolla e l'olio: 3min. 100° vel 3. Unire i pelati e cuocere: 6min. 100° Vel.1. Amalgamare: 20 sec. Vel.9. Inserire la farfalla, unire 800gr. di acqua, il dado: 7min. 100° vel 1. Aggiungere le pennette e cuocere per il tempo indicato sulla confezione + 2min. a 100° Vel.1. Versare in un piatto da portata, spolverizzare con origano e servire.

16.1.1.3 Pennette Saporite

Ingredienti: 1 piccola scamorza, 1 spicchio di aglio, 50gr. di olio, peperoncino, 200gr. di champignon (o 1 pugno di funghi secchi ammollati e strizzati), 450gr. di passata di pomodoro, 700-800gr. di acqua, 500gr. di pennette, 1 cucchiaio di dado bimby, 75gr. di tonno ben sgocciolato.
Procedimento: Inserire nel boccale la scamorza a pezzi: 10 sec. Vel.4 e mettere da parte. Mettere nel boccale aglio, olio e peperoncino: 3min. 100° Vel.3. Inserire la farfalla. Unire i funghi e il pomodoro e cuocere: 6min. 100° Vel.1. Aggiungere l'acqua e il dado: 6min. 100° Vel.1. Unire le pennette e cuocere per il tempo indicato sulla confezione + 2 minuti a 100° Vel.1. In un piatto da portata sminuzzare il tonno, unire le olive e la scamorza tritata e versare le pennette appena pronte: mescolare bene e servire.

16.1.1.4 Pasta Con Funghi, Piselli E Salsiccia

Ingredienti: .200gr. di funghi champignon a fettine, 200gr. di piselli (anche surgelati), 1 salsiccia spellata, 30 gr.di olio, ½ cipolla, ½ spicchio di aglio, prezzemolo, 400gr. di pennette o ditaloni, 800-900gr. di acqua, 1 cucchiaio di dado bimby, 100gr. di panna (facoltativa), 50gr. di parmigiano grattugiato.
Procedimento:
Mettere nel boccale olio, cipolla, aglio e prezzemolo: 3min. 100° Vel.3. Unire la salsiccia: 2min. 100° Vel.2. Inserire la farfalla e aggiungere i funghi: 5min. 100° Vel.1. Unire i piselli: 5min. 100° Vel.1. Versare acqua e dado: 8min. 100° Vel.1. Unire la pasta: cuocere per il tempo indicato sulla confezione + 2min. a 100° Vel.1. Versare in un piatto da portata, unire panna e parmigiano, mescolare bene e servire.

16.1.2 Pasta lunga

16.1.2.1 Consigli Generali

Si calcola l'acqua in quantità doppia rispetto a quella della pasta: tener conto se si usa il pomodoro che contiene anche acqua ! La quantità di acqua può variare in base al tipo di pasta che si cuoce: allora, un piccolo trucco: mentre si cuoce la pasta, tenere il misurino pieno di acqua sul coperchio: se all'ultimo momento serve ancora acqua, si aggiunge già calda. Quando si usa pasta lunga non inserire mai la farfalla. Calcolare 2 minuti in più rispetto al tempo di cottura scritto sulla confezione

16.1.2.2 Tagliatelle Alle Verdure E Uova

Ingredienti: .3 zucchine, 1 porro, 2 carote, un ciuffo di cime di rapa, 1 peperone giallo, 90gr. di olio di oliva, 600gr. di acqua, 250gr. di tagliatelle all'uovo, 60gr. di parmigiano, 2 uova intere, sale e pepe.

Procedimento: Inserire tutte le verdure nel boccale: 10 sec. Vel 3 spatolando (deve venire un trito grossolano). Unire l'olio e cuocere: 15min. 100° Vel.1. Aggiungere sale e pepe. Unire l'acqua: 6min. 100° Vel.1. Aggiungere le tagliatelle e cuocere per il tempo indicato sulla confezione + 2 minuti a 100° Vel.1. Battere 2 uova in una pirofila con il parmigiano, versarci la pasta con le verdure, mescolare bene e servire.

16.1.2.3 Tagliatelle Agli Spinaci

Ingredienti: 40gr. di olio, 1 spicchio aglio, 300gr. di spinaci puliti e lavati, 600gr. di acqua, 1 cucchiaio dado bimby, 250gr. tagliatelle all'uovo, 100gr. di parmigiano grattugiato (o formaggi misti grattugiati).

Procedimento: Inserire nel boccale olio e aglio: 3min. 100° Vel.1. Togliere l'aglio e aggiungere gli spinaci: 3min. 100° Vel.2. Unire l'acqua e il dado: 6min. 100° Vel.1. Aggiungere le tagliatelle e cuocere per il tempo indicato sulla confezione + 2 minuti a 100° Vel.1. Versare in un piatto da portata, cospargere di formaggio grattugiato, mescolare e servire.

16.1.2.4 Tagliatelle Ai Funghi

Ingredienti: 30gr. di funghi secchi, 700gr. di acqua, 50gr. di parmigiano grattugiato, 1 spicchio aglio, 30gr. di olio, 1 cucchiaio dado bimby, 250gr. di tagliatelle all'uovo, pepe nero, prezzemolo tritato.

Procedimento: Mettere a bagno i funghi in 300gr. di acqua. Mettere nel boccale aglio, olio e 1/3 dei funghi: 3min. 100° Vel.3. Aggiungere il resto dei funghi con la loro acqua, ancora 400gr. di acqua e il dado: 6min. 100° Vel.1. Unire le tagliatelle e cuocere per il tempo indicato sulla confezione + 2 minuti a 100° Vel.1. Versare le tagliatelle in un piatto da portata, cospargere con il parmigiano e il prezzemolo tritato, pepare se si vuole, mescolare e servire.

16.1.2.5 Spaghetti Di Mezzanotte (O Big Estate 2001)

Ingredienti: 500gr. spaghetti, 100gr. di pomodorini secchi, 50gr. olio extravergine di oliva, 2 spicchi di aglio, 1 piccolo scalogno, 4 acciughe diliscate, 1 peperoncino, 100gr. vino bianco secco, 1 lt. Acqua, 30gr. di parmigiano grattugiato, basilico e/o prezzemolo tritati, sale.

Procedimento: Inserire nel boccale olio, aglio, scalogno e peperoncino: 3min. 100° Vel.4. Unire i pomodorini e le acciughe: 30 sec. Vel.6-7. Versare il vino: 3min. 100° Vel.1. Aggiungere l'acqua e il sale: 8min. 100° Vel.1. Versare gli spaghetti dal foro del coperchio: 3min. 100° Vel.1 aiutandosi con il misurino per farli scendere. Quando gli spaghetti sono scesi tutti, impostare il tempo di cottura riportato sulla confezione e cuocere a 100° Vel.1 (controllare, aiutandosi con la spatola, che tutti gli spaghetti siano ricoperti dal liquido). A cottura ultimata versare in una zuppiera, cospargere di parmigiano, prezzemolo e/o basilico, un filo di olio crudo, mescolare bene e servire.

Nota: Calcolando 50gr. di pasta a persona possono servire per 10 persone (e si può arrivare tranquillamente a 12).

Naturalmente si possono fare questi spaghetti per un pranzo normale: la regola è di usare il doppio di acqua rispetto alla pasta: se si riducono le quantità, diminuire un po' anche il vino.

16.1.3 *Sughi leggeri per la pasta (6/8 persone)*

16.1.3.1 Sugo Alle Zucchine

Ingredienti: 500gr. zucchine tagliate a tocchetti, 40gr. olio extravergine di oliva, 50gr. di guanciale a dadini (facoltativo), 1 spicchio aglio, pecorino romano grattugiato a piacere, sale q.b.
Procedimento: Inserire nel boccale il guanciale, l'olio e l'aglio: 3min. 100° Vel.1. Togliere lo spicchio di aglio. Unire le zucchine, 50gr. di acqua e sale: 15min. 100° Vel.1. Aggiustare di sale, condire la pasta lessata a parte e cospargere di pecorino.

16.1.3.2 Sugo Alle Acciughe

Ingredienti: 4 acciughe salate (lavate e pulite) o 8 filetti sott'olio, 50gr. Olio extravergine di oliva, 2 spicchi aglio, una manciata di prezzemolo, peperoncino piccante a piacere.
Procedimento: Inserire nel boccale con lame in movimento a Vel.6 prezzemolo, aglio e peperoncino: 10 sec. Vel 6. Riunire il trito con la spatola, aggiungere l'olio, le acciughe e 40gr. di acqua: 5min. 100° Vel.2

16.1.3.3 Sugo Di Zucchine Alla Menta

Ingredienti: 500gr. di zucchine tagliate a tocchetti, 40gr. olio extravergine di oliva, 1 spicchio aglio, foglie di menta fresca (o altre erbe: basilico, origano, timo, maggiorana, ecc..), parmigiano grattugiato a piacere, sale q.b.
Procedimento: Inserire 300gr. di zucchine a pezzi e tritare 10 sec. a Vel.3, aggiungere ancora 200gr. di zucchine e dare 2-3 colpi a Vel.Turbo; unire olio, aglio, foglie di menta e 50gr. di acqua e cuocere 15min. 100° Vel.1. (Ricordarsi di togliere l'aglio). Condire la pasta e cospargere di parmigiano.

16.1.3.4 Sugo Di Pomodoro E Ricotta

Ingredienti: 400gr. pomodori, 150gr. ricotta, 40gr. olio extravergine di oliva, 2 spicchi aglio, 1 manciata di prezzemolo, 30gr. parmigiano (facoltativo), sale e pepe.
Procedimento: Mettere nel boccale olio e aglio: 3min. 100° vel 1. Togliere l'aglio e inserire i pomodori e il prezzemolo: 30 sec vel 5. Salare e pepare se si vuole e cuocere: 15min. 100° vel 1. Unire la ricotta e amalgamarla: 20 sec vel 2/3. Condire la pasta e cospargere di parmigiano se si vuole.

16.1.3.5 Sugo Alla Micheletto (Ai Funghi)

Ingredienti: 500gr. funghi champignons, 200gr. olio, molta maggiorana, pochissimo aglio, cipolla, prezzemolo.
Procedimento: Soffriggere aglio, cipolla, prezzemolo con poco olio: 3min. 100° vel 4. Unire funghi, il resto dell'olio, maggiorana: 20-30 sec Turbo (deve venire una crema). Cuocere 20min. 100° vel 2 (Negli ultimi 5min. tenere il misurino inclinato). Ottimo per condire fettuccine.

16.1.3.6 Ragu' Per Polenta

Ingredienti: 300gr. di carne macinata, 3 salsicce spellate a pezzi, 1 kg di pomodori pelati o a pezzi, ½ gambo di sedano, 1 carota, ½ cipolla, 1 mis olio, ½ mis vino rosso, sale.
Procedimento: Inserire nel boccale carota, sedano, cipolla e olio e cuocere: 3min. 100° Vel.1. Aggiungere le salsicce: 20 sec vel 3. Unire la carne: 3min. 100° Vel 1. Aggiungere i pomodori: 30min. 100° vel 1.

16.1.3.7 Gnocchi Di Patate

Ingredienti: Per 4 persone. 800gr. di patate sbucciate e a pezzi, 700gr. di acqua, 200gr. di farina, sale q.b.

Procedimento: Inserire nel boccale acqua e sale: 10min. temp *Varoma* vel 1. Posizionare il *varoma* con le patate: 20-30 minuti temp *Varoma* vel 2. Accertarsi che le patate siano cotte. Eliminare l'acqua di cottura, asciugare bene il boccale e inserire subito le patate e un pizzico di sale: 10 sec vel 4 spatolando. Unire la farina dal foro del coperchio: 20 sec vel 6, aiutandosi, se serve, con la spatola. Disporre l'impasto su una spianatoia infarinata, formare dei rotolini e tagliarli a pezzetti di circa 2 cm. (se si vogliono gli gnocchi rigati, passarli sui rebbi di una forchetta). Cuocerli in acqua bollente salata, scolarli mano a mano che vengono a galla e condirli con pesto o ragù e abbondante parmigiano grattugiato.
Nota: usare patate farinose a pasta bianca. Aumentare la quantità di farina se si usano le patate novelle. Se si vogliono gnocchi più sodi aggiungere 100gr. di farina ed 1 uovo.

16.1.3.8 Sugo Ai Carciofi E Pecorino…. Verde

Ingredienti: 6 carciofi romani (o 1 busta di cuori di carciofo surgelati), 30gr. olio extravergine di oliva, 30gr. di capperi salati sciacquati, 50gr. olive di gaeta snocciolate, 1 spicchio aglio, 1 cipollina, 100gr. vino bianco secco, 1 ciuffo di prezzemolo, 100gr. pecorino romano, sale q.b.
Procedimento: Nel boccale ben asciutto mettere pecorino a pezzi e prezzemolo: 20 sec vel 6 e mettere da parte (deve venire grossolano). Senza lavare il boccale inserire olio, cipollina e aglio: 3min. 100° vel 3. Inserire la farfalla e unire i carciofi puliti e tagliati a spicchi, i capperi e le olive: 3min. 100° vel 1. Unire il vino e un po' di sale: 15min. 100° vel 1 (se occorre, aggiungere qualche cucchiaio di acqua). Condire la pasta e cospargere di pecorino "verde".

16.1.3.9 Sugo Di Pomodoro Profumato Alle Erbe

Ingredienti: 400gr. pelati, 30gr. olio extravergine di oliva, 1 cipolla media e/o spicchio aglio, 1 cucchiaio di maggiorana (o timo, o dragoncello, o rosmarino secco tritato, o origano, ecc..), 150gr. vino bianco secco, pecorino o parmigiano grattugiato, sale e pepe q.b.
Procedimento: Mettere nel boccale l'olio con aglio e/o cipolla: 3min. 100° vel 4. Aggiungere il vino: 3min. 100° vel 1. Unire i pelati i pelati e le erbe scelte, sale e pepe: 10min. 100° vel 1. Amalgamare: 10/20 sec vel 4. Condire la pasta e cospargere di formaggio grattugiato.

16.1.3.10 Sugo Al Pomodoro E Rucola

Ingredienti: 400gr. polpa pronta a cubetti, 50gr. di rucola, 1-2 spicchi di aglio, 30gr. olio extravergine di oliva, sale q.b.
Procedimento: Mettere nel boccale la rucola: 5-10 sec vel 3 e metterla da parte. Inserire olio e aglio: 3min. 100° vel 1. Togliere l'aglio e unire i pomodori e il sale: 5min. 100° vel 1. Aggiungere la rucola: 1min. 100° vel 1. Condire la pasta e, se si vuole, cospargere di pecorino grattugiato.
Nota: se si ha più tempo si possono usare i pomodori pachino, lavati, tagliati a metà, privati dei semi e fatti sgocciolare.

16.1.3.11 Sugo Del Boscaiolo

Ingredienti: 250gr. funghi freschi ben puliti a fettine, 400gr. polpa pomodoro, 3 spicchi di aglio, 50gr. olio extravergine di oliva, 1 cucchiaio di prezzemolo tritato, sale e pepe.
Procedimento: Inserire nel boccale olio e aglio: 4min. 100° vel 1. Eliminare l'aglio, posizionare la farfalla, unire i funghi: 3min. 100° vel 1. Aggiungere il pomodoro e il sale: 20min. 100° vel 1. Aggiungere il prezzemolo.
Nota: si può unire a questo punto 200gr. di tonno sgocciolato e spezzettato e cuocere ancora 5min. 100° vel 1 ; si ha cosi' un sugo mare e monti.

16.1.4 Primo piatto

16.1.4.1 Vellutate Di Verdura

Ingredienti: Funghi o piselli o spinaci o bieta o carciofi o patate o asparagi, ecc…

Procedimento: Fare un soffritto a scelta: cipolla e burro, oppure cipolla, aglio, olio oppure olio, lardo e cipolla: 3min. 100° vel 3. Unire la verdura scelta e cuocere: 2min. 100° vel 3. Unire 1-2 cucchiai di farina e latte, oppure brodo, oppure acqua e sale: 15-20min. 100° vel 2. Alla fine omogeneizzare: 10-20 sec vel Turbo. E' facoltativo aggiungere alla fine panna o burro e parmigiano. Servire con crostini abbrustoliti.

16.1.4.2 Passati Di Verdura

Ingredienti: Verdura, acqua, dado bimby
Procedimento: Mettere nel boccale le verdure a pezzi grossi e tritare: 30-40 sec vel 3 spatolando. (dipende dal tipo e dalla quantità di verdure: deve diventare un trito, se serve: ancora 10-20 sec vel 3). Unire acqua, fino a coprire appena la verdura, e dado bimby e cuocere 15min. 100* vel 1. Ala fine omogeneizzare: 10-20 sec vel Turbo e servire con un filo di olio extravergine di oliva e parmigiano.

16.1.4.3 Passati Di Verdura Con Soffritto…. Dietetico

Procedimento: Mettere nel boccale cipolla o aglio e olio: 2-3min. 100° vel 3 (il soffritto non fa male perché la cottura non supera i 100°). Poi si procede come nella ricetta precedente.

16.1.5 Salse

16.1.5.1 Spuma Di Prosciutto O Tonno O Salmone

Ingredienti: 250gr. prosciutto cotto (in una sola fetta) o salmone (ritagli) o tonno ben sgocciolato, 2 vaschette philadelphia light, sale, pepe, succo di limone secondo i gusti.
Procedimento: Mettere il prosciutto (o salmone o tonno) a pezzi nel boccale (si possono unire, a seconda dei gusti, capperi, cetriolini, acciughe, carciofini, ecc..): 10 sec da 0 a Turbo. Raccogliere bene il composto con la spatola. Unire gli altri **ingredienti**: 30 sec vel 4. Mettere in una ciotola e tenere in frigorifero qualche ora, ma se si ha fretta si può usare anche subito. Si serve su fettine di pane, normale o tostato, crackers, sandwich, ecc..

16.1.5.2 Salsa Tapenade

Ingredienti: Per 6 persone. 30gr. di acciughe, 1 spicchio aglio, 100gr. olive nere snocciolate, 20gr. capperi, 30gr. tonno sott'olio, succo di ½ limone, 50gr. olio extravergine di oliva.
Procedimento: Inserire dal foro del coperchio con lame in movimento a Vel.5, tutti gli ingredienti tranne l'olio: 1min. vel 5. Aggiungere a filo l'olio: 30 sec vel 5 e 10 sec vel Turbo. Ottima per verdure crude, uova sode, carni o pesci bolliti e per tartine. Si conserva molti giorni in frigorifero coperta con un velo di olio.

16.1.5.3 Salsetta Per Verdure

Ingredienti: 1 mazzetto basilico, 2 spicchi aglio, 2 cucchiai di aceto bianco, 100gr. olio extravergine di oliva, peperoncino piccante secondo i gusti, sale.
Procedimento: Inserire nel boccale tutti gli ingredienti tranne l'aglio: 10 sec vel 5. Programmare 30 sec e far partire le lame da vel 5, lentamente portarle a Turbo inserendo dal foro del coperchio gli spicchi di aglio. Raccogliere il composto con la spatola: 20-30 sec lentamente da vel 3 a vel 5.

16.1.5.4 Salatini Bibi'

Ingredienti: 60gr. parmigiano o groviera o pecorino o feta greca (anche mescolati), 100gr. farina, 50gr. acqua, 50gr. olio, 1 cucchiaino lievito in polvere per torte salata, sale e pepe.

Procedimento: Grattugiare i formaggi: 30 sec vel 6. Mettere gli altri ingredienti nel boccale: 30 sec vel 5. Togliere dal boccale con un cucchiaino e fare tanti piccoli mucchietti sulla placca del forno unta di burro (o foderata di carta da forno). Mettere in forno caldo a 160° per 20min. circa. Sono buoni tiepidi o freddi e sono cosi' veloci che si possono preparare appena arrivano gli ospiti.

16.1.5.5 Chipster Elide

Ingredienti: Per 35 chipster. 40gr. parmigiano, 40gr. burro morbido, 40gr. farina da polenta "bramata", 1 pizzico di sale.
Procedimento: Inserire nel boccale il parmigiano a pezzi: 20 sec Vel.Turbo. Unire burro e farina: 20 sec da vel 3 a vel 6. Foderare una teglia con carta da forno. Formare con l'impasto delle palline grosse come nocciole, poggiarle sulla carta da forno ed appiattirle con la forchetta. Mettere la teglia in forno già caldo a 180° per 10min. circa. (Non devono colorire troppo, devono rimanere dorate; cuocendo si sciolgono e diventano sottili). Farle raffreddare e servirle con gli aperitivi.

16.1.5.6 Salsa Tipo Ketchup 1 (Estate)

Ingredienti: 10 prugne fresche senza nocciolo (circa 400gr. pulite), 5 pomodori maturi (medi) (circa 450gr. puliti), 1 spicchio aglio, 1 foglia alloro, 2 chiodi di garofano, 100gr. di aceto di vino, 60gr. di zucchero, 1 cucchiaino di sale, 1 peperoncino piccante.
Procedimento: Inserire tutti gli ingredienti nel boccale: 30 sec vel Turbo. Cuocere 30min. 100° vel 3. Se è ancora liquido: 10min. temp *Varoma* vel 1. Omogeneizzare: 20 sec vel Turbo.

16.1.5.7 Salsa Tipo Ketchup 2 (Inverno)

Ingredienti: 4 prugne secche snocciolate (messe in acqua tiepida 30min. e poi asciugate), 450gr. polpa pomodoro, 1 spicchio aglio, 1 foglia di alloro, 2 chiodi di garofano, 100gr. di aceto di vino, 30gr. di zucchero, 1 cucchiaino di sale, 1 peperoncino piccante.
Procedimento: Inserire tutti gli ingredienti nel boccale: 30 sec vel Turbo. Cuocere 30min. vel Turbo. Se è ancora liquido: 10min. temp *Varoma* vel 1. Omogeneizzare: 20 sec vel Turbo.

16.1.5.8 Salsa Tipo Ketchup 3

Ingredienti: 500gr. pomodori maturi, 50gr. aceto, 1 cucchiaino di zucchero, 1 cucchiaino sale, 1 pizzico cannella, 2 chiodi di garofano, 1 pizzico di peperoncino, 1 pugno di funghi secchi ammollati e strizzati (facoltativi).
Procedimento: Inserire nel boccale tutti gli **ingredienti:** 30 sec vel 10. Cuocere 20min. 100° vel 4.
Nota: se i pomodori sono un pochino acquosi, cuocere senza misurino mettendo sul foro del coperchio il cestello capovolto per evitare gli schizzi. Se sono molto acquosi: versare la salsa in una padella bassa e molto larga e far asciugare a fuoco vivace per pochi minuti mescolando.

16.1.5.9 Maionese Antisalmonella

Ingredienti: ½ misurino aceto leggero, 1 cucchiaino sale fino, 2 uova intere, 500gr. olio di semi.
Procedimento: Inserire nel boccale aceto e sale: 1.30min. 100° vel 1. Versare le 2 uova precedentemente rotte in un bicchiere e portare velocemente a vel 5, poi a vel 8 versando rapidamente l'olio. (Lavorare in fretta altrimenti si cuoce!). Si conserva a lungo in frigorifero. Se non si usa spesso, metterla in barattolini ben chiusi.

16.1.5.10 Maionese Senza Uova

Ingredienti: 2 mis latte lunga conservazione temp. Ambiente, 4 mis olio di semi, sale.

Procedimento: Mettere tutto insieme nel boccale e far andare da vel 1 a vel 7 finchè non cambia rumore. Viene una salsa bianca, della consistenza della maionese, che si può insaporire con aglio e prezzemolo tritati, oppure con capperi, acciughe, sottaceti, cipolla, curry, ecc… E' adatta per tartine e sandwich.

16.1.6   *Varoma*

16.1.6.1   Consigli Generali

500gr. di liquido per 30min. di cottura
600gr. di liquido per 45min. di cottura
Mettere il liquido nel boccale: 8-12min. temp *Varoma* vel 3. Togliere il misurino, posizionare il *varoma* e cuocere: 30min. temp *Varoma* vel 3.
Nel boccale, per insaporire: acqua e dado, anche acqua, vino, dado, cipolla, carota, sedano o altri aromi. .

16.1.6.2   Rotoli Al Tonno

Ingredienti: Per le "non" frittate: 3 uova intere, 30gr. parmigiano, sale q.b.
Ripieno al tonno: 100gr. tonno, 150gr. ricotta, 50gr. burro morbido, 1 cucchiaio capperi, 2 cucchiai maionese, prezzemolo.
Procedimento: Inserire nel boccale le uova, il parmigiano e il sale: 10 sec vel 6. Mettere da parte e preparare il ripieno: inserire dal foro del coperchio con lame in movimento a vel 5 il tonno, i capperi, il prezzemolo pochi secondi a vel 5. Unire tutti gli altri **ingredienti:** 10-20 sec vel 5 e mettere da parte. Senza lavare il boccale inserire 500gr. di acqua ed un pizzico di sale: 6min. temp *varoma* vel 1. Coprire il vassoio del *Varoma* con carta da forno bagnata e strizzata, versarci metà composto di uova (100gr. circa) e posizionare il Varoma: 7min. temp *Varoma* vel 2. Ripetere con l'altra metà di composto. Spalmare con il ripieno le frittatine, arrotolarle e metterle in frigo per almeno 3 ore. Si servono tagliate a rondelle.

16.1.6.3   Rotoli Al Prosciutto

Ingredienti: Per le "non" frittate: 3 uova intere, 30gr. parmigiano, sale q.b.
Ripieno al prosciutto: 100gr. prosciutto cotto in una sola fetta, 150gr. ricotta, 50gr. burro morbido, 20gr. parmigiano, sale e pepe q.b.
Procedimento: Inserire nel boccale le uova, il parmigiano e il sale: 10 sec vel 6. Mettere da parte e preparare il ripieno: inserire dal foro del coperchio con lame in movimento a vel 5 il prosciutto a pezzetti: pochi secondi a vel 5. Unire tutti gli altri ingredienti: 10-20 sec vel 5 e mettere da parte. Senza lavare il boccale inserire 500gr. di acqua e un pizzico di sale: 6min. temp *Varoma* vel 1. Coprire il vassoio del *Varoma* con carta da forno bagnata e strizzata, versarci metà composto di uova (100gr. circa) e posizionare il Varoma: 7min. temp *varoma* vel 2. Ripetere con l'altra metà di composto. Spalmare con il ripieno le frittatine, arrotolarle e metterle in frigo per almeno 3 ore. Si servono tagliate a rondelle.
Note: per rendere le preparazioni più leggere si può usare solo ricotta magra insieme al tonno o al prosciutto, aumentandone la quantità e insaporendo con capperi, prezzemolo, erba cipollina tritati con il tonno, timo, rosmarino, cetriolini sott'aceto tritati per il prosciutto.

16.1.6.4   Polpettine Al Sugo

Ingredienti: 500gr. carne macinata (vitello, vitellone, mista con salsiccia), 100gr. pane raffermo, 1 spicchio di aglio, prezzemolo, 40gr. latte, 2 uova, 50gr. parmigiano, sale q.b.
Per il sugo: 30gr. olio, 400gr. polpa pomodoro, 1 cipolla o ½ spicchio aglio, 50gr. vino bianco, sale.

Procedimento: Inserire nel boccale il pane e il parmigiano a pezzi, aglio e prezzemolo: 30 sec da vel 4 a vel Turbo. Unire latte, carne, uova, sale e pepe: 40 sec vel 2/3 spatolando. Verificare che l'impasto sia morbido, ma non appiccicoso, in caso unire ancora un po' di latte o di parmigiano. Fare le polpettine e disporle nel cestello, sovrapponendole in più strati (lavorare con le mani umide i leggermente unte di olio). Mettere nel boccale olio e cipolla (o aglio): 3min. 100° vel 3. Aggiungere il vino: 2min. temp *varoma* vel 2. senza misurino. Unire il pomodoro, sale e pepe e inserire il cestello con le polpettine: 30min. 100° vel 4. Disporre le polpettine in un piatto da portata e coprire con il sugo. Se dopo aver tolto il cestello si vede che il sugo è troppo liquido si può addensare: 10min. temp *varoma* vel 2 con il misurino leggermente inclinato.

Volendo si possono cuocere contemporaneamente delle verdure nel Varoma, mettendo al temperatura a varoma.

16.1.6.5   Polpettine Al Varoma Con Salsetta Veloce

Ingredienti: 500gr. carne macinata (vitello, vitellone, mista con salsiccia), 100gr. pane raffermo, 1 spicchio di aglio, prezzemolo, 40gr. latte, 2 uova, 50gr. parmigiano, sale e pepe. Per cuocere e per la salsetta: sedano, carota, cipolla, 100gr. vino bianco, 400gr. acqua, dado. (se serve: 20-30gr. farina e 30-40gr. burro).

Procedimento: Inserire nel boccale il pane e il parmigiano a pezzi, aglio e prezzemolo: 30 sec da vel 4 a vel Turbo. Unire latte, carne, uova, sale e pepe: 40 sec vel 2/3 spatolando. Verificare che l'impasto sia morbido ma non appiccicoso, in caso unire ancora un po' di latte o di parmigiano. Fare le polpettine e disporle nel Varoma, badando a non chiudere tutti i fori, sovrapponendole in più strati. Mettere nel boccale le verdure a pezzi, acqua, vino, dado: 8min. temo *varoma* vel 3. Togliere il misurino, posizionare il *Varoma* e cuocere: 30min. temp *varoma* vel 3. Togliere il *Varoma* e controllare la densità del liquido di cottura e omogeneizzare 30 sec vel Turbo. Se la salsetta è troppo liquida, unire burro e farina: 5min. 80° vel

4. Disporre le polpettine in un piatto fondo da portata e coprire con la salsetta.

16.1.6.6   Polpettone Al Varoma Con Salsetta Veloce

Ingredienti: Per 6 persone. 500gr. carne macinata (vitello, vitellone, mista con salsiccia), 100gr. pane raffermo, 1 spicchio di aglio, prezzemolo, 40gr. latte, 2 uova, 50gr. parmigiano, sale e pepe (Nota: se non si mette il parmigiano, aumentare il pane a 140gr. e il latte a 60 gr). Contorno: Verdure miste (sedano, carote, cipolla, broccoli, zucchine ecc..) tagliate in modo appropriato. Salsetta: sedano, carota, cipolla, 200gr. vino bianco, 400-500gr. acqua, 1 cucchiaio di dado. (se serve: 20- 30gr. farina e 30-40gr. burro).

Procedimento: Inserire nel boccale il pane e il parmigiano a pezzi, aglio e prezzemolo: 30 sec da vel 4 a vel Turbo. Unire latte, uova, sale e pepe: 30 sec vel 3. Unire la carne 30-40 sec vel 2/3 spatolando. Verificare che l'impasto sia morbido ma non appiccicoso, in caso unire ancora un po' di latte o di parmigiano. Formare due polpettoni, ungerli leggermente di olio e disporli nel *Varoma* contornandoli di verdure. Mettere nel boccale acqua, vino, dado, carota, sedano e cipolla: 6min. temo *varoma* vel 4. Posizionare il *Varoma* e cuocere: 30min. temp *varoma* vel 1. Controllare che i polpettoni siano cotti e togliere il Varoma. Controllare la densità del liquido di cottura e omogeneizzare: 30 sec vel Turbo. Se la salsetta è troppo liquida, unire burro e farina: 5min. 80° vel 4. Tagliare il polpettone e servire con la salsetta e le verdure.

Nota: il polpettone è squisito anche freddo con una salsetta appetitosa: salsa tonnata, stuzzicante, verde, ecc…

Si può variare l'impasto come si vuole. Per una carne che sembri un girello, usare carne chiara di vitello e/o pollo, tacchino: non mettere né aglio né prezzemolo e lavorare la carne 30-40 sec a vel 3: l'impasto viene più fitto e quando poi viene tagliata, la fetta sembra di girello. Per esempio, per un vitello tonnato, usare carne chiara non mettere aglio, prezzemolo e parmigiano nell'impasto e aggiungere invece una scatola di tonno al naturale ben sgocciolato insieme al latte, uova, ecc…

16.1.6.7 Involtini Saporiti Nel Cestello Con Verdure A Varoma

Ingredienti: 500gr. di fettine sottilissime (carpaccio, straccetti), 2-3 salsicce, 100gr. di pane raffermo. 40gr. di latte, sale e pepe, 1 spicchio aglio e un ciuffetto di prezzemolo, sale e pepe, 1 cipolla, 1 gambo di sedano, 1 carota, 30gr. olio, 50gr. vino bianco secco, 400gr. di acqua, 1 cucchiaio scarso di dado bimby. Nel *Varoma* le verdure miste tagliate sottili o a piccoli pezzi.

Procedimento: Inserire nel boccale le salsicce spellate, pane, latte, aglio, prezzemolo, sale e pepe: 30 sec da vel 4 a vel Turbo. Stendere bene le fettine, spalmare l'impasto e chiuderle ad involtini; infarinarli leggermente e disporli nel cestello a strati. Inserire nel boccale cipolla, sedano, carota e olio: 3min. 100° vel 3. Unire il vino e far evaporare: 2min. 100° vel 1. Aggiungere acqua e dado e inserire il cestello: 6min. 100° vel 3. Togliere il misurino, posizionare il *Varoma* con le verdure e cuocere: 25-30 minuti temp *varoma* vel 3. Togliere il *Varoma* e il cestello, verificare la quantità del liquido di cottura e unire una noce di burro e 1 cucchiaio di farina: 3min. 80° vel 3. Intanto disporre sul piatto da portata gli involtini e le verdure. Amalgamare la salsetta 20 sec a vel Turbo e versare sulla carne.

16.1.6.8 Involtini Con Verdure Al Varoma E Riso Pilaff Nel Cestello

Ingredienti: 700gr. di fettine sottilissime, 2-3 salsicce, 100gr. di pane raffermo. 40gr. di latte, 1 panino raffermo, 40gr. di parmigiano, sale, pepe, prezzemolo, qualche ago di rosmarino, 1 foglia di salvia, 400gr. di acqua, 50gr. vino bianco, 1 cucchiaio di dado bimby, . 1 carota, 1 gambo di sedano, ½ cipolla. Nel Varoma, insieme agli involtini, verdure miste tagliate a fettine e bastoncini. Nel cestello, 250gr. di riso di tipo orientale.

Procedimento: Mettere nel boccale le salsicce, il pane, il parmigiano e il latte: 30-40 sec da vel 4 a vel Turbo. Farcire gli involtini e disporli nel Varoma, contornandoli con le verdure. Mettere nel boccale la carota, il sedano e la cipolla a pezzetti e inserire il cestello vuoto: 10 sec vel 3. Unire l'acqua, il dado e il vino: 10min. 100° vel 2. Posizionare il Varoma: 20min. temp *Varoma* vel 1. Versare dal foro del coperchio il riso nel cestello: 2min. temp *varoma* vel 4 e poi 15min. temp *varoma* vel 1. Quando è tutto pronto disporre riso, verdure e involtini in un piatto da portata. Lasciare nel boccale il fondo di cottura, unire 1 cucchiaio di farina e una noce di burro e cuocere: 3min. 80° vel 4. Versare la salsina sul riso.

Nota: se si preferisce nel cestello si possono mettere patate a grossi spicchi, invece del riso, seguendo poi la stessa ricetta.

16.1.6.9 Pollo Xadrez (Colorato)

Ingredienti: 2 petti di pollo tagliati a cubetti non troppo piccoli, 2 cipolle, 1 spicchio aglio, 30gr. olio, l'equivalente di un peperone: dadini gialli, verdi e rossi, 1 mis e ½ di mandorle pelate, 1 mis farina, 200gr. di vino bianco secco, ½ cucchiaio di salsa di soia, origano, sale e pepe.

Procedimento: Affettare sottilmente una cipolla e metterla da parte. Tritare grossolanamente le mandorle: 20 sec vel 4 e metterle da parte. Inserire nel boccale, cipolla, aglio e olio: 3min. 100° vel 3. Salare il pollo, infarinarlo leggermente e metterlo nel boccale con le fettine di cipolla e il vino: 20min. 100° vel 1. Unire i dadini di peperone, le mandorle e la salsa di soia: 10min. 100° vel 1. Servire con riso a vapore e pomodorini al varoma.

16.1.6.10 Pomodorini Ripieni Al Varoma

Ingredienti: 300gr. pomodorini ciliegia, 100gr. pane raffermo, 30gr. parmigiano o pecorino, 1 spicchio aglio, 1 ciuffetto di prezzemolo lavato e asciugato, 30gr. olio, sale e pepe, basilico tagliato a julienne.

Procedimento: Lavare, asciugare i pomodorini, tagliare un coperchietto, svuotarli dai semi e metterli da parte a testa in giù (se sono molto piccoli si possono tagliare a metà). Mettere nel boccale il pane a pezzi, parmigiano, aglio, prezzemolo, sale e olio: 30 sec da vel 4 a vel Turbo. Farcire con questo composto i pomodorini, coprire con basilico e rimettere il coperchietto. Disporli nel *Varoma* e cuocerli 20min. temp *Varoma* vel 1 (v. sotto "riso a vapore").

16.1.6.11 Riso A Vapore

Ingredienti: 300gr. di riso di tipo orientale (chicco stretto e lungo), 1 lt acqua, sale.
Procedimento: Versare nel boccale 1 lt acqua, salarla, posizionare il cestello vuoto: 8min. temp *varoma* vel 1. Aggiungere il riso dal foro del coperchio: 20min. temp *varoma* vel 3. Dopo 2min. di cottura, mettere a vel 1. Contemporaneamente cuocere i pomodorini ripieni nel Varoma.
Idea extra: Purè croccante
Tritare grossolanamente noci e/o mandorle (o arachidi o nocciole). Unirle al purè dopo aver unito il burro e mescolare sempre con farfalla a vel 2/3.

16.1.6.12 Coniglio Alle Erbe

Ingredienti: 1 coniglio disossato e tagliato a bocconcini, erbe aromatiche: rosmarino, maggiorana, salvia, timo, origano, aglio e peperoncino, ½ cipolla, 70gr. vino bianco, 50gr. acqua, dado bimby.
Procedimento: Macerare i bocconcini nel vino (o in uguale quantità di latte) per 2 ore circa. Soffriggere cipolla e olio: 2min. 100° vel 4. Con lame in movimento a vel 5 aggiungere le erbe aromatiche: 30 sec vel 5. Posizionare la farfalla e inserire i bocconcini ben sgocciolati e asciugati: 3min. 100° vel 1. Unire il liquido della marinata, l'acqua, il dado e cuocere: 30min. 100° vel 1.

16.1.7 Pane

16.1.7.1 Treccia-Cornetti

Ingredienti: 70gr. olio oliva, 1 cubetto lievito, 250gr. latte, 1 uovo intero, 650gr. farina, 2 cucchiaini di sale, 1 cucchiaio raso di zucchero.
Procedimento: Inserire nel boccale olio, lievito, latte, uovo: 10 sec vel 6. Unire la farina, il sale e lo zucchero: 30 sec vel 6. (E' un impasto molto morbido, deve venire più soffice del pane). Poi 2min. vel spiga: questo porta l'impasto, naturalmente, a 29°: cosi' lievita in modo naturale e in poco tempo e diventa molto digeribile. E' importante poi mettere l'impasto in una ciotola non fredda: l'ideale è una ciotola di plastica. Poi si copre con una pellicola facendo attenzione che non tocchi l'impasto o con un panno. Quando è lievitato, si divide l'impasto a metà e si possono fare due trecce diverse, o cornetti dolci o salati.
Treccia
Con metà impasto lievitato stendere un rettangolo, tagliare in 3 parti, mettere su ogni rettangolo la farcia e richiudere ogni rettangolo poggiandolo con l'apertura in basso, poi formare la treccia; poggiarla sulla placca del forno e farla lievitare ancora 30 minuti circa poi pennellare bene con 1 uovo battuto e infornare a 180° in forno già caldo (gas 200° a metà altezza) per 30-40 minuti. Farcia: prosciutto e formaggio tritati, o qualunque avanzo del frigorifero, anche verdura, ecc…
Cornetti:
Tagliare dei triangoli, poggiarli con la punta verso di noi, farcirli o mettere semplicemente una fettina di prosciutto e un pezzo di sottiletta, arrotolarli in modo che la punta resti sotto, piegare leggermente i cornetti e poggiarli sulla placca del forno e farli lievitare di nuovo. Poi pennellarli bene con l'uovo battuto e cuocerli in forno già caldo a 180° per 20-30 minuti (dipende dalla grandezza dei cornetti).

16.1.7.2 Grissini Piatti

Ingredienti: 500gr. farina, 250gr. acqua, 20gr. olio, 10gr. sale.
Procedimento: Inserire nel boccale tutti gli **ingredienti:** 30 sec vel 6, poi 1min. spiga. Stendere la pasta sottile e tagliare a strisce (come tagliatelle), stenderle sulle griglie del forno e infornare a 220° per 20min. Si mantengono buonissimi per molti giorni. Si può cospargere la pasta (già stesa) di rosmarino o semi di sesamo, stendere ancora un po' per farli ben aderire e tagliare.

16.1.7.3 Piadina

Ingredienti: 500gr. farina, 200gr. latte, 150gr. olio o strutto, 1 cucchiaino sale fino.

Procedimento: Mettere nel boccale latte, olio o strutto e sale: 10 sec vel 4. Unire la farina: 30 sec da 0 a vel 6 poi 30 sec vel 8, poi 1min. vel spiga. Dividere la pasta in tante pagnottelle grosse come un uovo; con il mattarello spianarle in dischi di ½ cm, infarinare ogni disco, impilarli uno sull'altro e coprire con un telo; mettere al fuoco una padella di ferro (o una buona antiaderente) e farla scaldare bene, poi diminuire il fuoco e metterci su un disco di pasta; punzecchiarlo con i rebbi di una forchetta e far cuocere bene sui due lati; continuare cosi' fino ad esaurimento della pasta tenendo al caldo le piadine. La piada va mangiata calda.

Note: si possono preparare prima e scaldarle poi in forno o nel tostapane.

16.1.7.4 Cecina

Ingredienti: 250gr. ceci secchi, 700gr. acqua, sale e pepe, rosmarino (facoltativo).
Procedimento: Inserire i ceci nel boccale ben asciutto: 1min. da vel 3 a vel 7 poi 1.30min. vel Turbo. Tostare: 3min. 100° vel 4. Inserire, con le lame in movimento a vel 4, l'acqua: 2min. vel 4. Unire il sale. Ungere di olio una teglia e versare l'impasto, cospargere di olio e volendo di rosmarino e mettere in forno già caldo a 200° per 30min. circa.

16.1.7.5 Pane Casareccio ... Nel Forno Di Casa

Ingredienti: 150gr. lievito di 3 giorni, 400gr. di acqua, 700gr. farina, 1 cucchiaino di sale.
Procedimento: Lievito di 3 giorni: tre giorni prima, prendere dall'impasto base per la pizza 150gr. di pasta e metterla in un contenitore in frigorifero.
Al momento di fare il pane mettere questo lievito nel boccale insieme ad acqua e farina: 2min. da vel 1 a vel 6. Unire il sale: 2min. a vel spiga. Far lievitare per almeno 2 ore. Lavorare l'impasto, dividerlo in 2 pagnotte e far lievitare ancora 2 ore. Cospargerlo di farina per dargli un aspetto rustico e cuocere in forno già caldo a 220° per circa 40 minuti tenendo nella parte bassa del forno una teglia con acqua per creare vapore.

16.1.7.6 Pane Integrale

Ingredienti: 500gr. farina integrale, 20gr. sale, 25gr. lievito di birra, 200gr. latte scremato, 20gr. zucchero, 30gr. olio, 100gr. acqua, semi di sesamo a piacere.
Procedimento: Inserire nel boccale latte, acqua, olio, lievito e zucchero: 30 sec 40° vel 2. Aggiungere dal foro del coperchio con lame in movimento a vel 6, farina e sale: 30 sec vel 6 e 2min. vel spiga. Lasciar lievitare l'impasto nel boccale coperto da un canovaccio (o in una terrina) per circa 2 ore. Quando l'impasto è lievitato, formare uno o più pani e disporli sulla placca del forno, ben distanziati tra di loro. Con un coltello fare delle incisioni a croce o in diagonale su ciascun pane, ricoprire con un canovaccio e far lievitare di nuovo per circa 1 ora. Pennellare il pane con acqua, cospargerlo di semi di sesamo e cuocerlo in forno preriscaldato a 200° per 20 minuti. Pennellare ancora con acqua e continuare la cottura a 180° per 20min. circa. Nota: porre nel forno un contenitore con dell'acqua, renderà il pane migliore.

16.1.7.7 Panini Alla Francese

Ingredienti: 300gr. latte, 1 cubetto lievito di birra, 90gr. olio di oliva, 20gr. zucchero, 10gr. sale fino, 500gr. farina.
Procedimento: Inserire nel boccale lievito, latte, olio, zucchero: 40 sec 40° vel 1. Versare la farina e il sale: 20 sec vel 5 e 2min. vel spiga. Mettere in un recipiente e aspettare che lieviti completamente (volete un ... termometro naturale ? mettere in un bicchiere di acqua fredda una pallina di impasto appena fatto: appena verrà a galla l'impasto sarà ben lievitato). Stendere l'impasto leggermente, senza lavorarlo, dello spessore si un dito. Tagliare con il misurino dei tondini e posarli sulla placca del forno (foderata, se si vuole, di carta forno). Lavorare bene una piccola pallina di questo impasto e metterla in un bicchiere di acqua fredda: quando verrà a galla l'impasto sarà ben lievitato. Spennellare i panini con un rosso d'uovo battuto a parte con 3 cucchiai di latte e infornare in forno caldo a 220° per 20 minuti circa. (Se si tagliano con un bicchiere largo vengono i panini da hamburger).
Nota: con lo stesso impasto, messo a lievitare in uno stampo rettangolare, viene uno stupendo pane a cassetta: cottura 180° per 40 minuti.

16.1.7.8   **Panini Sofficissimi Elide**

Ingredienti: 500gr. farina, 150gr. acqua, 100gr. latte (o ancora acqua), 10gr. zucchero, 20gr. sale, 60gr. margarina, 1 cubetto lievito di birra.
Procedimento: Mettere nel boccale lievito, acqua, latte e zucchero: 5 sec vel 6. Unire la margarina: 10 sec vel 6. Aggiungere farina e sale: 30 sec vel 6 e 1 minuto vel spiga. Mettere in una ciotola e far lievitare. Stendere la pasta molto sottile, tagliarla in 6 o 7 rettangoli o quadrati, pennellarli di margarina e sovrapporli, premendo appena per farli ben aderire; tagliare poi a quadrotti e poggiarli sulla placca del forno; far lievitare nuovamente. Pennellarli con un po' d'acqua emulsionata con un goccio di olio e metterli a cuocere in forno già caldo a 180° per 20-25 minuti (dipende dalla grandezza dei quadrotti).

16.1.8   Pastella per i fritti

16.1.8.1   Consigli Generali

La pastella va lavorata molto poco, altrimenti non si attacca bene agli alimenti. In genere va poi fatta riposare, quando si fa a mano. Con il bimby non ci sono problemi perché è lavorata in cosi' breve tempo che si può anche usare subito. Non salare mai la pastella, il fritto si sala solo quando è pronto, altrimenti non resta croccante e la pastella si stacca.
Un altro segreto è di preparare tutte le verdure o il pesce da friggere, con un certo anticipo: si pulisce tutto e si fa asciugare su un vassoio; se gli ingredienti fossero ancora bagnati, o se si ha fretta, si possono passare nella farina e si setacciano per togliere l'eccesso e poi si immergono nella pastella.
Verdure adatte: funghi champignon senza gambo e tagliati a quarti, finocchio tagliato a metà e poi a fette non troppo sottili, carote e zucchine a bastoncini, melanzane a fette spesse e poi a bastoncini, peperone a striscette, gamberi e gamberoni sgusciati. Le cipolle (usare quelle rosse di Tropea) hanno bisogno di un trattamento: si tagliano a fette grosse, poi si staccano gli anelli e si mettono a bagno in acqua e ghiaccio per 10 minuti circa, poi si asciugano passandole nella farina e setacciandole: le fibre restano più sode e il sapore è migliore. Per vedere se l'olio è pronto, mettere una fogliolina di prezzemolo nell'olio caldo: quando intorno si formano delle bollicine si può cominciare a friggere.

16.1.8.2   Pastella Tradizionale

Ingredienti: con uovo: 300gr. di farina, 1 uovo intero, 1 cucchiaino di bicarbonato, 300gr. acqua.
Senza uovo: 300gr. di farina, 350gr. acqua normale o frizzante o birra. **Procedimento:** Inserire nel boccale tutti gli **ingredienti**: 20 sec vel 5. Ideale per zucchine, fiori di zucca, carciofi, ecc... si può usare subito, non deve riposare.

16.1.8.3   Pastella Leggerissima (Tipo Tempura)

Ingredienti: 150gr. farina, 150gr. fecola, 100gr. acqua, 100gr. birra, 3-4 cubetti di ghiaccio
Procedimento: Inserire nel boccale tutti gli ingredienti tranne il ghiaccio: 20 sec vel 5. Versare in una ciotola e metterci il ghiaccio; mescolare delicatamente finchè è ben fluida, e non fila più. Togliere i residui del ghiaccio, bagnare le verdure ben asciutte nella pastella e friggerle in olio di arachidi abbondante (già caldo a 180°). Questa pastella è trasparente ed è bellissimo vedere la buccia della zucchina o il colore dei gamberoni (prima sgusciati ed asciugati).

16.1.9   Torte e gelati

16.1.9.1   Per I Gelati In Generale

Bisogna lavorare velocemente, altrimenti il gelato comincia a sciogliersi: è importante verificare la consistenza con la spatola: appena si sente che è ben mantecato bisogna fermare il bimby, se si frulla troppo comincia a sciogliersi.

16.1.9.2 Per I Gelati Con Base Di Crema Cotta (Latte E Panna Oppure Latte, Uova E Panna)

Una volta mantecati si possono conservare nel surgelatore. Per evitare che induriscano troppo, si può aggiungere un addensante: 10gr. di neutrogel, 30 oppure 10gr. di amido di frumento (sono pacchetti della pane degli angeli "frumina").

16.1.9.3 Torta Semplicissima

Ingredienti: 100gr. di yogurt, 90gr. olio di semi, 30gr. cacao amaro, 20gr. nescafè, 160gr. farina, 150gr. zucchero, 2 uova intere, 1 bustina di lievito per dolci, 1 pizzico di sale.
Procedimento: Inserire tutti gli ingredienti nel boccale: 50 sec vel 6 spatolando. Versare l'impasto in uno stampo da ciambellone o in una teglia (diam. 24 cm.) imburrata ed infarinata e cuocere in forno già caldo a 180° per 40 minuti circa. Sformare e spolverizzare di zucchero a velo. Se si vuole tutta bianca, eliminare cacao e nescafè. Ottima per colazione e pomeriggio. Si può servire versando sulle fettine la crema bimby calda.

16.1.9.4 Pain D'epices

Ingredienti: 250gr. latte (o latte di soia), ½ cucchiaino di sale, 500gr. miele liquido, 250gr. farina 0, 250gr. farina integrale, 1 cucchiaino di bicarbonato di sodio, 3 cucchiaini di zucchero di canna, spezie: 1 cucchiaino da caffè di zenzero in polvere, 1 cucchiaino da caffè di cannella in polvere, 1 cucchiaino da caffè di anice in polvere, ½ cucchiaino da caffè di noce moscata in polvere, 1 chiodo di garofano, buccia di 1 arancia grattugiata, 2 cucchiai di acqua di fiori d'arancio.
Procedimento: Mettere latte e sale nel boccale: 3min. 100° vel 4. Aggiungere il miele: 10 sec vel 5. Unire tutti gli altri **ingredienti:** 30 sec vel 7 spatolando. Imburrare ed infarinare 2 stampi da plum.cake o uno stampo grande, versarci l'impasto e far riposare per 1 ora. Mettere in forno già caldo a 150° per circa 1 ora.

16.1.9.5 Ciambellone Soffice (Egitto)

Ingredienti: Per 8 persone: 3 uova intere, 200gr. di zucchero, 250gr. farina, 1 bustina di lievito, 130gr. olio di semi di mais, 130gr. acqua, 1 bicchierino da liquore di rhum, un pugno di uvetta (Facoltativo: 1 o 2 cucchiai di cacao), burro o margarina per lo stampo, pangrattato per lo stampo (usare uno stampo con il buco da 25 cm.), zucchero a velo per guarnire.
Procedimento: Mettere nel boccale lo zucchero, le uova, l'olio, l'acqua e il rhum: 30 sec vel 4. Versare la farina, poi il lievito: 40 sec vel 7. Unire l'uvetta: 10 sec vel 2 (se non si vuole vedere l'uvetta: 10-15 sec vel 4.). Ungere uno stampo con il buco di burro (o margarina), cospargerlo di pangrattato e versarci tutto l'impasto se si vuole solo bianco; altrimenti versare metà dell'impasto, unire all'altra metà, con lame in movimento a vel 2., il cacao e versarla nella teglia (viene un effetto marmorizzato). Cuocere in forno già caldo a 180° per 25-30 minuti. Sformare il dolce su una griglia e cospargerlo di zucchero a velo. Far raffreddare prima di servire.
Nota: è ottimo come dessert, viene molto più soffice dei soliti ciambelloni.

16.1.9.6 Latte Condensato

Ingredienti: 140gr. latte in polvere intero (o 180gr. se è scremato; è meglio quello intero), 180gr. zucchero, 150gr. acqua.
Procedimento: Inserire nel boccale zucchero e latte in polvere: 8 sec vel Turbo. Raccogliere il composto con la spatola e aggiungere l'acqua: 10min. 80° vel 3. Dura in frigorifero 1 mese ben chiuso in un contenitore.

16.1.9.7 Crema Caramellata Velocissima

Ingredienti: 500gr. latte intero, 200gr. latte condensato, 1 cucchiaino raso di maizena o 50gr. di farina, 3 uova intere.

Procedimento: Inserire nel boccale tutti gli **ingredienti:** 10 sec vel 8. Cuocere 10min. 80° vel 3. Intanto versare in una padellina 1 mis e mezzo di zucchero, metterlo su fuoco alto e far caramellare, girando continuamente per 3 minuti circa. Versare nello stampo con il buco e far bene aderire alle pareti. Appena la crema è pronta versarla nello stampo. Si serve molto fredda, dopo averla capovolta in un piatto da portata con i bordi un po' alti per non far uscire lo sciroppo.

Nota: se non si ha sottomano uno stampo con il buco, si può usare una ciotola di pyrex con al centro un bicchiere appoggiato.

16.1.9.8   Caramello Sempre Pronto

Ingredienti: 500gr. zucchero, 250gr. acqua, 1 cucchiaio aceto di mele o succo di limone.
Procedimento: Inserire nel boccale 200gr. di zucchero e 150gr. di acqua: 5min. 90° vel 1. Intanto mettere in un pentolino antiaderente 300gr. di zucchero e 100gr. di acqua e far fondere a fuoco moderato senza mescolare: quando avrà un colore mogano chiaro, spegnere, aggiungere l'aceto o il succo di limone, mescolare e unire allo sciroppo nel boccale e cuocere: 3min. 100° vel 4-5 finchè la schiuma scompare (se serve cuocere ancora 1 minuto). Versare in un barattolo con chiusura ermetica. Si conserva a lungo.

16.1.9.9   Budino Al Cioccolato

Ingredienti: Per 8 persone. 1 lt latte, 110gr. farina, 150gr. zucchero, 80gr. burro, 80gr. cacao amaro, 1 busta vanillina, liquore per lo stampo.
Procedimento: Mettere tutti gli ingredienti nel boccale: 12min. 80° vel 3. Bagnare con il liquore uno stampo grande da budino, rigirandolo bene da tutte le parti. Versare la crema ottenuta, far intiepidire e mettere in frigorifero per almeno 3 ore. E' molto gradevole accompagnato da panna montata.

16.1.9.10   Crema Moka

Ingredienti: Per 4 persone. 500gr. latte, 2 uova, 40gr. farina, 150gr. zucchero, ½ mis di caffè solubile, 30gr. cioccolato fondente, (1 bustina di vanillina facoltativa). Per guarnire: panna montata o amaretti.
Procedimento: Inserire nel boccale latte, uova, farina e zucchero: 7min. 80° vel 3. Allo scadere del tempo programmare 20 sec vel 3 e con le lame in movimento versare caffè, cioccolato e, se si vuole, la vanillina. Versare in una ciotola, fa intiepidire e tenere in frigorifero. Servire con ciuffetti di panna montata o con amaretti sbriciolati.

16.1.9.11   Succhi Di Frutta

Procedimento: Mettere nel boccale frutta, zucchero e ghiaccio 20 o 30 sec vel 3 (diventa tutta trita uguale). Poi 20-30 sec vel Turbo (diventa come un purè). Lame in movimento a vel 2: unire acqua fino alla densità voluta.

16.1.9.12   Gelati-Sorbetti Veloci Di Frutta Senza Latte

Ingredienti: almeno 500gr. di frutta congelata a pezzi (tolta 5 minuti prima dal freezer), 1 limone (possibilmente congelato) pelato a vivo e senza semi, a pezzi, 80- 100gr. di zucchero, boccale ben freddo (si può raffreddare bene mettendoci qualche cubetto di ghiaccio, tritare 20 sec a Turbo, buttare via e asciugare bene).
Procedimento: Mettere nel boccale lo zucchero: 10 sec vel Turbo. Unire la frutta e il limone: 30-40 sec vel 7 poi 20 sec vel 4. Portare a vel Turbo spatolando e controllare con la spatola la consistenza: fermare appena è giusta (circa 20-30 sec, dipende dalla frutta).

16.1.9.13   Gelato Veloce Di Frutta Con Latte

Ingredienti: 300gr. frutta congelata pulita e a pezzi, anche mista (messa in un sacchetto, non in un contenitore), 500gr. di latte congelato in cubetti, 100gr. di zucchero, succo di ½ limone.

Procedimento: Raffreddare il boccale con 3-4 cubetti di ghiaccio: 20 sec vel 5. Buttare via il ghiaccio ormai sciolto, asciugare il boccale e inserire lo zucchero: 10 sec vel Turbo. Unire la frutta e il latte congelati e il succo di limone: 40 sec vel 7 e poi 20 sec vel 4 spatolando. Servire subito in coppe o bicchieri ben freddi, si scioglie facilmente se fa molto caldo.

16.1.9.14 Sorbetto Veloce Con Frutta Fresca E Ghiaccio

Ingredienti: 600gr. ghiaccio, 400gr. frutta fresca, 100gr. zucchero, 1 mis latte condensato (o 2 cucchiai di latte in polvere).

Procedimento: Mettere nel boccale ben freddo frutta, zucchero e ghiaccio: 30 sec vel Turbo spatolando. Unire dal foro del coperchio il latte condensato (o in polvere): 10-20 sec vel Turbo spatolando. Servire subito in bicchieri freddi.

16.1.9.15 Gelato Da Passeggio Di Crema Bimby

Ingredienti: 1 dose di crema bimby congelata, ½ mis di latte condensato, formine da ghiaccioli.

Procedimento: Tagliare a pezzi la crema congelata e metterla nel boccale con il latte condensato: 8 sec vel Turbo spatolando. Versare nelle formine da ghiaccioli e far indurire. Variante: si può fare una glassa di cioccolato, rivestire le formine, far asciugare e poi versarci il gelato.

16.1.9.16 Gelato Alla Frutta

Ingredienti: 250gr. latte intero, 250gr. panna fresca liquida, 150gr. zucchero, 300gr. frutta pulita, 1 pizzico di sale fino.

Procedimento: Inserire nel boccale latte, panna, zucchero e sale: 4min. 80° vel 1. Mettere da parte a raffreddare. Senza lavare il boccale inserire la frutta a pezzi: 10 sec vel 8 (se serve ancora 10 sec vel 3 e poi 10 sec vel 6: deve diventare un purè). Aggiungere la crema raffreddata e amalgamare: 10 sec vel 4. Versare in un contenitore di stagnola largo e basso e metterlo nel congelatore fino a che è completamente congelato.

Al momento di servirlo: tenere pronte le coppe o i bicchieri ben freddi. Raffreddare il boccale con 3-4 cubetti di ghiaccio: 20 sec vel 5. Buttare via il ghiaccio ormai sciolto, asciugare il boccale e inserire il gelato tagliato a pezzotti: 20 sec vel 7 e 10 sec vel 4 spatolando. Servire velocemente oppure rimettere nel congelatore. Si conserva a lungo.

Nota: si può sostituire il latte con latte di soia e la panna con panna vegetale, il risultato non sarà proprio lo stesso ma viene buono ugualmente; il procedimento è diverso. Montare la panna vegetale ben fredda con la farfalla: 40 sec vel 2/3 e mettere da parte. Scaldare latte, zucchero e sale: 4min. 80° vel 1 e mettere da parte a raffreddare. Fare un purè con la frutta come sopra. Riunire tutti gli ingredienti in un contenitore di stagnola, mescolandoli bene e poi procedere come sopra.

16.1.10 Varie

16.1.10.1 Sciroppo Di Limone

Ingredienti: 500gr. di succo di limone (circa 1.5 kg di limoni), scorza di un limone non trattato ben asciugata, 700gr. di zucchero.

Procedimento: Nel boccale perfettamente asciutto polverizzare la scorza di limone con 100gr. di zucchero: 10-20 sec lentamente da 0 a Turbo. Controllare che sia polverizzata, altrimenti raccogliere il composto con la spatola e ripetere: 10 sec vel Turbo. Aggiungere il succo dei limoni e 600gr. di zucchero: 4min. 100° vel 2. Imbottigliare e conservare in frigo.

Nota: con l'aggiunta di acqua minerale frizzante è uguale alla lemonsoda.

16.1.10.2 Detersivo Per Lavastoviglie

Ingredienti: 3 limoni interi (con buccia e semi), 200gr. sale grosso, 100gr. aceto bianco leggero, 300gr. acqua.

Procedimento: Inserire nel boccale limoni a pezzi e sale: 20 sec vel Turbo. Unire aceto e acqua: 15min. 100° vel 2. Togliere il misurino, altrimenti diventa opaco. Omogeneizzare: 20 sec vel Turbo. Tenere in un barattolo chiuso, dura a lungo. Mettere nella vaschetta la dose che si metterebbe con il solito detersivo.

16.1.10.3 Detersivo Per I Piatti

Procedimento: Aggiungere al detersivo scritto sopra: 1 mis del detersivo in uso per i piatti e 100gr. di acqua: 20 sec vel 6. Conservare in una bottiglia o in un barattolo.

16.1.10.4 Polvere Di Riso Bimby (Sostituisce Il Borotalco)

Ingredienti: 200gr. riso bianco

Procedimento: Mettere il riso nel boccale e tostarlo: 15min. 100° vel 4, poi 1min. vel Turbo. Raccogliere bene il composto con la spatola e polverizzare ancora: 2min. a vel Turbo. Se si vuole profumata, aggiungere 2 gocce del proprio profumo: 15 sec vel 3. (Non è impalpabile al tatto, sembra granulosa: assolve perfettamente alla funzione di asciugare bene la pelle e non chiude i pori come invece fa il borotalco).

17.1.1.1 Carciofi Ripieni A Varoma

Ingredienti: *(Dose per 4 persone)* 6-7 carciofi, 40gr. di parmigiano, 30gr. di pecorino, 1 uovo, 1 spicchio di aglio, 50gr. di olio, 1 mazzolino di prezzemolo, 500gr. di acqua, 1 limone, sale e pepe q.b.

Pulite bene i carciofi, tenendo solo la parte più tenera; tagliatene una parte di punta e praticate un taglio a croce sul fondo. Metteteli a bagno in acqua acidula (con l'aggiunta di limone) per circa 30 min. Nel boccale grattugiate i formaggi: 30 sec. Vel.Turbo e tenete da parte. Grattugiate il prezzemolo e l'aglio: 10 sec. Vel.5 con lame in movimento, poi unitelo ai formaggi. Amalgamate l'uovo, il prezzemolo e i formaggi nel boccale: 20 sec. Vel.3-4. Riempite i carciofi con questo composto, aprendoli bene per facilitare l'inserimento del ripieno. Adagiateli nel Varoma e irrorateli con metà dell'olio. Nel boccale versate l'acqua, il sale e una fetta di limone; posizionate il Varoma e cuocete: 40 min. circa, temp. Varoma, Vel.1. Condite i carciofi con il rimanente olio di oliva e serviteli caldi.

17.1.1.2 Crepes

Ingredienti: 4 uova, 200gr. di farina, 1\2 lt di latte, 30gr. d'olio o burro morbido a piacere.
Procedimento: Inserire nel boccale tutti gli ingredienti 20 sec Vel.5. Prima di utilizzarlo, lasciate riposare il composto per 30 minuti.

17.1.1.3 Pasta Con Carciofi E Patate

Ingredienti *(Dose per 4 persone)*: 250gr. di pasta "ditalini", 4 carciofi (solo il cuore) oppure 300gr. di carciofi surgelati, 200gr. di patate pulite e tagliate a dadini, 1 scalogno, 30gr. di pomodori secchi sminuzzati, 100gr. di pomodori maturi 100gr. di prosciutto crudo a dadini (oppure pancetta affumicata), 100gr. di caciocavallo tritato grossolanamente, 1 cucchiaio di prezzemolo tritato, 30gr. di olio di oliva, 700gr. di brodo (oppure acqua e dado), sale e pepe q.b.

Inserite nel boccale lo scalogno e l'olio: 3 min. 100° Vel.4. Unite i pomodori secchi: 5 sec. Vel.5. Aggiungere il prosciutto o la pancetta: 2 min. 90° Vel.1. Inserite la farfalla, i pomodori freschi senza semi, il cuore dei carciofi affettati, le patate, sale e pepe: 6 min. 100° Vel.1. Versate la pasta e lasciate insaporire: 2 min. 100° Vel.1. Aggiungete il brodo bollente, salate e cuocete: 10 min. 100° Vel.1. A fine cottura unite il prezzemolo e il caciocavallo. Mescolate con la spatola, travasate in una zuppiera e servite.

17.1.1.4 Risotto Alla Melagrana

Ingredienti: 1 scalogno, 40gr. di pancetta, 500gr. di riso arborio per risotti, 2 melagrane, 1 mela smith, 200gr. di gamberetti, 100gr. di Calvados (grappa di mele), 1 cucchiaio di prezzemolo tritato, 1 litro di brodo, 40gr. di olio.
Procedimento: Inserite nel boccale l'olio, lo scalogno e la pancetta: 3 min. 90° Vel.4. Aggiungete la mela sbucciata e tagliata a spicchi: 30 sec. Vel.3. Unite i gamberetti e cuocete 5 min. 100° Vel.1. Inserite la farfalla sulle lame, versate il riso e tostatelo 3 min. 100° Vel.1. Spruzzatelo con il calvados. Unite i chicchi della melagrana (tenendone da parte un po' nella risottiera) e il brodo e cuocete 13 min. 100° Vel.1. Lasciatelo riposare per 1 minuto poi versatelo nella risottiera insieme alla melagrana. Unite il prezzemolo tritato, amalgamate con il cucchiaio di legno e servite.

17.1.1.5 Risotto Pompelmo E Radicchio

Ingredienti *(Dose per 4 persone)*: 350gr. di riso Arborio per risotti, 250gr. di radicchio trevisano, 1 pompelmo (solo il succo: 150 gr.), 30gr. di burro, 30gr. di olio extravergine d'oliva, 1 scalogno, 750gr. di acqua e dado Bimby (o brodo), 30gr. di parmigiano grattugiato, sale e pepe q.b.

Procedimento: Lavate il radicchio e tritatelo: 20 sec. Vel.5-6. Unite lo scalogno e l'olio: 3 min. 100° Vel.4. Inserite la farfalla nel boccale, versate il riso e tostate: 2 min. 100° Vel.1. Aggiungete il succo di pompelmo e cuocete: 2 min. 100° Vel.1. Versate l'acqua bollente e il dado Bimby (o il brodo), aggiustate di sale e cuocete, regolandovi a piacere sul tempo di cottura: 13-15 min. 100° Vel.1. A cottura ultimata versate in una risottiera, unite burro e parmigiano, amalgamate e servite.

17.1.1.6 Rotolo Di Verza Farcito

Ingredienti *(Dose per 4 persone)*: 8 foglie di verza larghe, 100gr. di pancetta a fettine rotonde, 300gr. di patate, 150gr. di provolone dolce, 40gr. di burro, un cucchiaio di olio di oliva, 1 spicchio d'aglio, 350gr. di acqua, timo e sale **Procedimento:** Scottate in acqua bollente salata le foglie di verza per 5 min. circa. Scolatele e asciugatele con carta scottex. Togliete la parte grossa della venatura di ogni foglia senza spaccarla. Stendete ogni foglia su carta forno sovrapponendole leggermente formando un rettangolo. Coprite con la pancetta. Pelate, lavate le patate, tagliatele a rondelle sottilissime e adagiatele sulla pancetta. Insaporite con un po' di sale e timo. Mettete al centro il formaggio a pezzi e arrotolate chiudendo i lembi laterali. Mettete nel boccale l'acqua e un po' di sale 6 min. a Varoma Vel.1. Ungete la vaporiera, sistemate il rotolo e cuocete per 40 min. a Varoma Vel.1 o 2. Terminata la cottura togliete il Varoma e svuotate il boccale. Inserite nel boccale il burro, il timo e l'aglio 3 min. 100° Vel.2. Tagliate il rotolo a fette alte e servite con burro fuso aromatizzato.

17.1.1.7 Sformatini Di Melanzana

Ingredienti: 700gr. di melanzane, 350gr. di pelati, 50gr. di cipolla, 40gr. di parmigiano, 30gr. di latte, 50gr. di olio di oliva, 50gr. di burro, qualche foglia di basilico, sale e pepe q.b. 3 fette di pancarrè, 2 uova, 1 pizzico di origano.

Procedimento:
Sbucciate le melanzane, tagliate 6 fette rotonde e le rimanenti a dadini. Mettetele tutte in un colapasta, salatele e lasciate che scolino. Bagnate il pancarrè nel latte, fate soffriggere nel boccale la cipolla con 30gr. di olio: 3 min. 100° vel.1. Lavate sotto l'acqua corrente le melanzane a dadini, strizzatele, aggiungetele al soffritto e insaporite: 4 min. 100° Vel.1. Unite sale, pepe, origano e il pancarrè ben strizzato. Frullate tutto: 20 sec., Vel.5-6. Aggiungete le uova, il parmigiano e amalgamate: 20 sec., Vel.3. Mettete da parte. In una padella antiaderente friggete con il rimanente olio le melanzane a fette e sgocciolatele su carta assorbente; imburrate e riempite con il composto preparato 6 stampini da sformato (o stampini per crème caramel), quindi coprite il fondo di ogni stampino con una delle fette di melanzana. Sistemate gli stampi nel Varoma, versate nel boccale 500gr. di acqua con un pizzico di sale, posizionate il Varoma e cuocete: 30 min. temp. Varoma Vel.1. Mettete da parte gli sformatini. A boccale pulito, preparate la salsa di pomodori; sciogliete il burro: 3 min. 90° Vel.1, unite la dadolata di pomodoro, sale, pepe e lasciate cuocere: 10 min. 100° Vel.1. Sformate dagli stampi gli sformatini adagiandoli su un piatto da portata, contornate con la salsa preparata e decorate con foglie di basilico.

17.1.1.8 Tagliolini Ai Peperoni

Ingredienti: 1 peperone verde, 1 rosso, 1 giallo, 1 confezione di tagliolini, 100gr. di vino bianco secco, 30gr. di olio, 50gr. di speck, 1 cucchiaio di dado Bimby, parmigiano a piacere, sale q.b.

Procedimento: Tagliare a listarelle i peperoni e lo speck. Mettere da parte. Nel boccale olio, peperoni e dado, soffriggete: 15 min. 100° Vel.1 (fateli soffriggere per il tempo necessario ad eliminare l'acqua, non devono asciugare troppo). Aggiungete il vino bianco e lasciate evaporare: 2 min. temp. Varoma Vel.1. Unite lo speck e proseguite la cottura: 1 min. 100° Vel.1. Cuocete i tagliolini, conditeli col sugo preparato ed una manciata di parmigiano.

17.1.1.9 Torta Di Zucca

Ingredienti *(Dose per 4 persone)*: 400gr. di zucca cotta, 200gr. di zucchero, 100gr. di farina, 100gr. di burro morbido, 50gr. di cacao amaro, 4 uova, 1 dose di lievito per dolci.
Procedimento: Mettete nel boccale lo zucchero e le uova: 40 sec., Vel.4. Unite la farina, la zucca, il burro morbido e il cacao, quindi frullare: 1 min. da Vel.3 a Vel.6. Unite il lievito e amalgamate: Vel.3-4, pochi sec. Versate in una tortiera precedentemente imburrata e cuocete in forno caldo a 80° per 20 min. (Il tempo di cottura è indicativo perché può variare a seconda del tipo di forno).
CONSIGLIO: Perfetta per una colazione o una merenda, questa torta può sostituire quella al cioccolato, con un vantaggio: contiene meno calorie. Come dessert può essere accompagnata da panna montata.

17.1.1.10 Zuccotto Di Marroni

Ingredienti: 600gr. di marroni, 300gr. di mascarpone, 1 uovo, 350gr. di pan di spagna in 3 fette, 50gr. di amaretti, 2 cucchiai di liquore all'amaretto, 1 cucchiai di zucchero, 2 cucchiai di Rhum, 1 foglia di alloro, sale q.b., acqua q.b.
Procedimento: Fate a velo lo zucchero: 40 sec. Vel.da 4 a Turbo. Incidete i marroni e lessateli in acqua salata con l'alloro. Sbucciateli e riduceteli a purea: 20 sec. da Vel.4 a Turbo per 20 sec. Montate il tuorlo con lo zucchero a velo e incorporate il mascarpone. Dividete il composto a metà. Ad una metà unite gli amaretti sbriciolati e il liquore all'amaretto; all'altra metà i marroni frullati e il Rhum. Rivestite con la pellicola uno stampo da zuccotto e foderate con una fetta di pan di spagna spennellato con Rhum e acqua in parti uguali. Spalmate sul fondo la crema agli amaretti, coprite con la seconda fetta di pan di spagna spennellato, spalmate la crema ai marroni e sovrapponete la terza fetta di pan di spagna. Coprite e lasciate in frigorifero per almeno 2 ore.

17.1.1.11 Colomba Pasquale (Amici)

Ingredienti *(2 colombe)*: 250gr. farina 00 300gr. di manitoba 120gr. Burro 125gr. Zucchero 100gr. scorzette di arancio candito (infarinate) 35gr. lievito di birra 50gr. Latte 100gr. uvetta (ammollata e asciugata) 50gr. di pinoli 4 uova intere. Per la glassa: 2 albumi montati a neve 50gr. di mandorle ridotte in polvere 40gr. di zucchero a velo mandorle a lamelle.
Inserite nel boccale il lievito con il latte: 13 sec. 40 gradi scarsi Vel.3. Aggiungere100gr. farina 20 sec. Vel.5; coprite con il misurino e lasciate lievitare per 1 ora. Azionare 3 sec. Vel.5 e versate dal foro 70gr. acqua e 150gr. di farina 20 sec. Vel.5, spatolando. Coprite con il misurino e lasciate lievitare per1 ora e mezza. Aggiungete poi, dal foro del coperchio, le uova, il burro, lo zucchero e il sale: 10 sec. Vel.5. Con le lame in movimento fate cadere dal foro del coperchio la restante farina: 10 sec. Vel.5. Lavorate poi a Vel.spiga 5 min. Ad apparecchio fermo aggiungete dal foro del coperchio la frutta candita passata nella farina, l'uvetta e la buccia raschiata di un'arancia: 20 sec. Vel.3. Versate l'impasto in uno stampo di carta per colomba (io ne ho usati due un po' più piccoli, dose perfetta) mettete a lievitare in forno spento per 5-6 ore. Infornate a 180 gradi per circa 30 minuti. Amalgamate agli albumi montati a neve le mandorle sminuzzate e lo zucchero a velo. Estraete dal forno le colombe, cospargete con la glassa e le mandorle a lamelle, rimettete in forno a solidificare per 5 minuti.

17.1.1.12 Cornetti

Ingredienti: gr.500 farina gr.150 zucchero gr.150 burro morbido 4 uova se grandi 3gr. 50 di latte 1 cubetto di lievito un pizzico di sale.

Procedimento: Inserire nel boccale il latte e riscaldarlo per 1min. temp. 40 Vel.1. Aggiungere il lievito e scioglierlo nel latte 10 sec. Vel.5, inserire le uova il burro lo zucchero e la farina con un pizzico si sale e amalgamare per 30 sec. a Vel.6. Poi impastare per 30 sec. Vel.spiga. Lasciar lievitare l'impasto nel boccale, dopo la lievitazione togliere l'impasto porlo su una spianatoia infarinata e stenderlo in un rettangolo, tagliarlo a triangoli se si vogliono i cornetti già farciti porre sul lato largo la farcitura voluta (nutella, crema, marmellata) arrotolarli fino ad arrivare alla punta del triangolo curvarli a mò di mezzaluna farli lievitare nuovamente e porli in forno caldo a 200° per circa 10 min. cospargerli con zucchero a velo.

Note: Se si congelano toglierli dal congelatore la sera prima lasciarli lievitare tutta la notte e al mattina infornarli.

17.1.1.13 Crema Di Tofu All'arancia

Ingredienti: 200gr. di zucchero; scorza di un limone; 80gr. di marmellata di arance; 20gr. di limoncello, arancello o mandarinetto; 400gr. di tofu;

Procedimento: Polverizzare a Vel.turbo 200gr. di zucchero con la scorza di un limone. Inserire 80gr. di marmellata di arance, 20gr. di limoncello, arancello o mandarinetto e 400gr. di tofu. Lavorare il tofu a vel.da 1 a 4 incrementando molto lentamente, spatolando e raccogliendo il composto sul fondo per il tempo necessario per ottenere una crema morbida e omogenea (circa 2 min.). Nel frattempo disporre un pezzetto di biscotto savoiardo sul fondo di una coppetta e bagnarlo con un po' di liquore agli agrumi. Versare la crema di tofu nelle coppette e guarnire con una spolverata di cocco grattuggiato.

Note: Servire ben fredde.

17.1.1.14 Dessert Di Mele

Ingredienti: 3 mele; 130gr. di acqua; 1 limone; 70gr. di zucchero; 20gr. di cacao in polvere; alcuni savoiardi

Procedimento: Sbucciare e tagliare a pezzi 3 mele Metterle nel boccale insieme a circa 130gr. di acqua, il succo di un limone e 70gr. di zucchero Frullare per 10 sec. Vel.5 Cuocere per 5 min. 90 gradi Vel.4 A metà cottura, dal foro del coperchio, aggiungere 20gr. di cacao in polvere A cottura ultimata frullare ancora per 10 sec. Vel.6 Disporre un pezzo di biscotto savoiardo in stampini da budino e versarvi all'interno la crema di mele. Essendo piuttosto liquida, il biscotto tenderà a venire a galla: spingerlo giù con un cucchiaino così che si inzuppi bene e resti sul fondo.

Note: Servire freddo. Il cacao tende a coprire il gusto della mela, quindi non bisogna metterne troppo.

17.1.1.15 Madpurè

Ingredienti: 1 dose di purè per bimby; uovo; parmiggiano;burro (o stracchino se lo vuoi più leggero);pezzetti di scamorza affumicata, provola, o altro formaggio stagionato a piacere.

Procedimento: Al termine della preparazione del purè, mantecare con tutti gli ingredienti sopra esposti. Mettere il composto in una pirofila, cospargere di formaggio grattugiato e mettere in forno a gratinare per una decina di minuti circa.

17.1.1.16 Panini Alla Francese Modificati

Ingredienti: 3 mis. Latt 1 lievito di birra 1 mis. olio di semi 20gr. zucchero 10gr. sale 200gr. farina integrale 100gr. crusca 100gr. farina tipo "0" 100gr. farina tipo"00"

Procedimento: Inserire nel boccale olio latte zucchero lievito: 40° 40 sec vel.1. Farina sale Vel.5 20 sec + 2 min. Vel.spiga. Lasciare lievitare, stendere 1 impasto (non troppo sottile) attendere ancora 1 ora e metterli in forno preriscaldato per circa 20 min.

17.1.1.17 Panna Da Cucina (O Quasi)

Ingredienti: 2 mis. Latte 4 mis. olio di semi

Procedimento: Inserire nel boccale il latte, poi con le lame in movimento Vel.5 aggiungere olio di semi. Frullare da vel.5 fino Vel.8 per 30 secondi.

Note: Da utilizzare quando si e' senza la vera panna.

17.1.1.18 Passatelli

Ingredienti: 4 uova 240gr. pane raffermo 120gr. Parmigiano una noce di burro sale pepe noce moscata

Procedimento: Inserire nel boccale parmigiano e pane a pezzetti Vel.turbo 10 sec., aprire il coperchio e riunire il composto con la spatola quindi ripetere l'operazione. Aggiungere le uova, il burro, sale, pepe e noce moscata e impastare a Vel.6 per 30 sec. spatolando. Togliere il composto dal boccale, formare una palla con le mani e metterla nello schiacciapatate (con i fori larghi). buttare i passatelli che escono dall'attrezzo direttamente nel brodo bollente, lasciarli cuocere pochi minuti quindi servirli spolverati di parmigiano.

17.1.1.19 Polpettone Di Seitan

Ingredienti: 2 scalogni; 30gr. di olio; 500gr. di seitan al naturale; prezzemolo; 50gr. di farina integrale setacciata; 10gr. di latte.

Procedimento: Mettere nel bimby 2 scalogni con 30gr. di olio: 3 min. 100° Vel.1 Aggiungere 500gr. di seitan al naturale a pezzi, un po' di prezzemolo tritato, 50gr. di farina integrale setacciata e 10gr. di latte: lavorare gli ingredienti per 5 min. circa a Vel.variabile tra 3 e 6 fino ad ottenere un impasto sodo ma ben omogeneo. Se necessario, aggiungere un pochino di latte o di farina, a seconda dei casi. Formare con l'impasto un polpettone, passarlo nel pangrattato, disporlo in una teglia unta d'olio e metterlo a cuocere in forno per circa 30 min. a 180°

17.1.1.20 Quiche Di Cipolle Con Pasta Al Vino

Ingredienti: *Per l'impasto:* 300gr. di farina; 75 gr.di vino; 75gr. di olio; sale q.b. *Per la farcitura:* 800gr. di cipolle affettate; 30gr. di olio; 100gr. di gruviera tritato; 30gr. di parmigiano grattugiato; 100gr. di panna; 50gr. di latte; 2 uova; sale e pepe q.b.

Procedimento: Mettere tutti gli ingredienti per l'impasto nel boccale: 20 sec. vel.6 e 40 sec. Vel.Spiga. Dividere la pasta in 2 parti, di cui una il doppio dell'altra, e con il pezzo piu' grande foderate una teglia (26 cm). Preparate il ripieno inserendo la farfalla nel boccale con olio e cipolle: 20min. 100° Vel.1 Unite latte, panna, uova, formaggi, sale e pepe: 10 sec. vel.1 Versate il composto nella teglia foderata, stendete il restante pezzo di pasta, tagliatelo a strisce e formate un reticolato sulla superfice. Cuocete in forno preriscaldato a 180° per 40 min. circa

17.1.1.21 Risotto Alle Mandorle E Carote

Ingredienti: 1 etto di mandorle; 2 carote; 30gr. di olio; 1 spicchio di aglio; 3 etti di riso; 50gr. di vino bianco; 700gr. di acqua; burro e parmiggiano a piacere.

Procedimento: Tritare 1 etto di mandorle (io le preferisco pelate): 10 sec. Vel.5 e conservare a parte. Tritare 2 carote a Vel.5 o 6 per pochi secondi e tenere da parte. Mettere nel boccale 30gr. di olio e uno spicchio d'aglio: 3 min. 100° Vel.1 Inserire la farfalla, mettere 3 etti di riso nel boccale e tostare per 2 min. 100° Vel.1 Sfumare con 50gr. di vino bianco: 2 min. 100° Vel.1 Unire il trito di mandorle e carote, versare 700gr. di acqua e unire il dado vegetale: cuocere per 12-13 min. a 100° Vel.1 A cottura ultimata mantecare con burro e parmigiano.

Note: Prestare molta attenzione ai tempi di cottura, pena ritrovarsi alla fine con una roba papposa ottima per farci delle polpette da impanare e buttare nel padellone di frittura.

17.1.1.22 Sunfocaccia

Ingredienti *(2 colombe)*: 600gr di farina; 500gr. di acqua; 1 patata lessa (almeno 100gr); lievito di birra (1 cubetto 30gr); 30gr. di sale; 2 cucchiai di olio di oliva; 1 cucchiaino di zucchero.

Procedimento: Inserire nel boccale l'acqua, il sale, lievito, zucchero e olio: 1 min. 40°C vel.4 Aggiungere la patata lessa: 15 sec. vel.4 Unire la farina: 30sec. vel.5 e 2 min. Vel.Spiga. Versate il tutto in un paio di teglie medie precedentemente oliate, copritele, e lasciatele crescere per almeno 1h e 30 min. Irrorrare la superfice delle focacce con olio extravergine di oliva e sale. Io aggiungo anche pomodorini e origano.... i pomodorini spingeteli nell'impasto. Forno a 200°C per 35 minuti circa
(anche meno)
Note: La vera focaccia pugliese prevede che la farina sia mista fra semola e tipo "00". Io le miscelo e faccio 400gr di 00 e 200gr. di semola.

17.1.1.23 Zuppa Di Farro

Ingredienti: 150gr. di farro; 1 l e mezzo di acqua; dado bimby q.b.; sedano, carota, cipolla e una foglia di salvia; 3/4 di misurino di salsa di pomodoro; 1/2 misurino di olio di oliva.
Procedimento: Prima tritare il farro 1min. a Vel.6-7 e metterlo da parte. Se si vuole che rimangano dei chicchi più grandi, dare tre colpi di turbo soltanto. Inserire nel boccale l'olio con sedano, carota e cipolla 3min. 100° Vel.4 Inserire il farro, l'acqua, il dado, la foglia di salvia e la salsa di pomodoro facendo cuocere per 40' a 100° Vel.1 Volendo si può sfruttare il vapore e mettere nel varoma delle verdure da cuocere. Completare la zuppa con crostini di pane e formaggio grattugiato.

17.1.1.24 Aperitivo Fantastico

Ingredienti: (Dose per 16 persone):
250 g. Fragole fresche o congelate - 350 g. Sorbetto al limone - 150 g. Liquore al limone o maraschino - 4 crodini - 400 g. Acqua
Procedimento: Fare sorbetto al limone. Inserire nel boccale: fragole, sorbetto, liquore e acqua: 30 sec. Vel.6
Unire i crodini e servire.

17.1.1.25 Patè Di Olive

Ingredienti: (Dose per 10 persone):
300gr. di olive nere snocciolate e cotte al forno
90gr. di olio extravergine di oliva
1 spicchio d'aglio
1 cucchiaino di origano sale
q.b.
Procedimento: Inserire nel boccale, dal foro del coperchio con lame in movimento (vel.6) olive e aglio:
20 sec. vel.6
Raccogliere il trito con la spatola e unire 60gr. di olio, sale e origano:
vel.3 per 1 min. o più, finché il composto sarà ben amalgamato.
Mettere in un vasetto, coprire con il restante olio e conservare in frigorifero. E' ottimo per tartine, bruschette e per condire spaghetti.

17.1.1.26 Snack Al Rosmarino

Ingredienti: (Dose per 10 persone):
10 g. di aghi di rosmarino - 500 g. di farina - 70 g. di olio di oliva - 200 g. di acqua - 10 g. di sale - 50 g. di strutto - 1 cubetto di lievito di birra
Procedimento: Inserire nel boccale gli aghi di rosmarino e 1 cucchiaio di farina: 20 sec. Vel.6 Aggiungere strutto, olio, lievito e acqua: 10 sec. Vel.6 e 1 min. e 1•2 Vel.spiga. L'impasto deve risultare morbido e liscio. Metterlo da parte e lasciarlo lievitare per 40 min. in luogo tiepido. Stendere l'impasto dandogli la forma di un rettangolo alto circa 1 cm, tagliare dei bastoncini larghi 1 cm. e 1•2 e lunghi 5 cm, spennellarli con olio e cuocerli in forno preriscaldato a 200° per 20 min. circa.

17.1.1.27 Mousse Di Tonno

Ingredienti: 1 scatola di tonno da 170 g. -2 rossi d'uovo - Olio di arachidi - 1 limone - 2-3 fogli di gelatina - Ketchup, senape, sale, pepe q.b.
Procedimento: Mettere a bagno i fogli di gelatina in acqua tiepida per 10 min. circa

- Preparare la maionese. (Con la farfalla) Inserire nel boccale i 2 rossi + sale + pepe + succo di 1•2 limone + 1 cucchiaino di senape.
Posizionare il misurino sul coperchio e, con le lame in movimento a vel.3 introdurre l'olio a filo per 1 min./1min. e 1•2
- Aggiungere il tonno: 20 sec. Vel.4
- Aggiungere ketchup + 1 cucchiaio di limone: 10 sec. Vel.2-3
- Aggiungere la gelatina strizzata: 10 sec. Vel.2
Versare in uno stampo bagnato
Tenere in frigo per 4-5 ore prima di servire

17.1.1.28 Pennette Alla Contadina

Ingredienti: 500 g. di pennette - 700 g. Pomodorini invernali maturi - 100 g. di olio - 2 spicchi di aglio - 1 peperoncino - 2 cucchiai di pecorino grattugiato **Procedimento:** Inserire nel boccale olio + aglio + peperoncino: 3 min. 100° vel.1 Nel frattempo, lavare i pomodorini, aprirli, inserirli nel boccale dopo avere tolto il peperoncino e l'aglio, continuare la cottura: 15 min. Temp. Varoma Vel.1
A fine cottura togliere il tutto, versandolo in una coppa. Inserire nel boccale (senza lavarlo) 1 litro e 1•2 di acqua e portare ad ebollizione: 10 min. 100° vel.1
Quando l'acqua bolle, versare le pennette + sale grosso e cuocere per i minuti specificati sulla confezione 100° vel.1
Scolare la pasta e condirla con il pomodoro.

17.1.1.29 Risotto Ai Funghi

Ingredienti: 6-8 persone: 500gr. di riso 50gr. di funghi secchi 1 cipolla 80gr. di burro o olio 1 mis. di vino bianco 1 litro di acqua + 1 cucchiaio di dado Bimby Prezzemolo Parmigiano grattugiato con il Bimby prima di iniziare (10 sec. Vel.Turbo) sale q.b.
Procedimento: Rinvenire i funghi secchi in acqua tiepida per 1•2 ora.
Inserire nel boccale: metà funghi strizzati, olio (o burro), e cipolla 3 min. 100° vel.3
Posizionare la farfalla, inserire il riso e il vino 1 min. vel.1
Aggiungere l'acqua, il dado, i restanti funghi, il sale e cuocere 15 min. 100° vel.1
Cospargere parmigiano e prezzemolo

17.1.1.30 Rotolo Al Vapore - Delizie Dell'orto

Ingredienti: 500gr. Carne macinata
500gr. Verdure a scelta
2 salsicce - 2-3 fette prosciutto cotto 4
sottilette - 2 uova
1 panino secco Parmigiano -
dado Bimby
Odori (cipolla, carota, sedano) 1•2
lt. tra acqua e vino bianco
Aglio, salvia, rosmarino, sale e pepe
Procedimento: Tritare parmigiano, panino secco, aglio, salvia e rosmarino: (10-20 sec Vel.Turbo)
Unire carne, salsiccia, uova, sale, pepe e amalgamare (30 sec. Vel.3)
Disporre l'impasto ottenuto su due fogli di carta da forno allargando in modo da stendervi sopra le fette di cotto e le sottilette e da poter arrotolarli per formare 2 polpettoni che verranno sistemati nel varoma
Tritare gli odori (10 sec. Vel.4)
Aggiungere acqua, vino, sale e dado (4-5 min. Varoma Vel.1)
Nel frattempo preparare le patate da inserire nel cestello e i piselli (o altro) da sistemare nel vassoio del varoma.
Quando il liquido bolle inserire il cestello e posizionare il varoma e cuocere (30 min. Varoma vel.1).
A fine cottura, frullare la salsina nel boccale, aggiungere 1 cucchiaio di farina e cuocere (3-4 min. 100° Vel.1).
Tagliare a fette il rotolo, disporre il tutto su di un piatto da portata e condire con la salsina.

17.1.1.31   Strogonof

Ingredienti: 1 kg. di carne mista - 1 cipolla tagliata - 1 foglia di alloro - 1 misurino di farina - Sale q.b. - 2 misurini di vino r osso - 50 g. di burro - 200 g. di panna da cucina
Procedimento: Tritare la cipolla a vel.4
Far soffriggere nel boccale la cipolla con il burro per 3 min. 100° vel.1 Infarinare e salare la carne. Inserire la farfalla, unire la carne infarinata e salata, unire la foglia di alloro i due misurini di vino rosso e cuocere: 20 min. 100° vel.1; unire la panna e cuocere per altri 2 min. 100° vel.1
Note Questo piatto si accompagna bene con il purè di patate. Se rimane del sugo può essere utilizzato per condire la pasta.

17.1.1.32   Mousse Al Cioccolato

Ingredienti: 200gr. Cioccolato fondente 100gr. Latte - 4 uova 125gr. di burro morbido (Facoltativo 250gr. di panna fresca per guarnire)
Procedimento: Tritare il cioccolato (20 sec. Vel.Turbo)
Unire il latte e cuocere (2 min. 70° vel.4)
Dal foro, con le lame in movimento aggiungere il burro a pezzi e i tuorli, uno alla volta, lavorando per 20 sec. Vel.7. Versare in una ciotola e lasciare raffreddare. Nel frattempo, lavare e asciugare il boccale, inserire la farfalla e montare gli albumi con un pizzico di sale per circa 2 min. Vel.2-3. Unire delicatamente gli albumi montati al composto, versare in uno stampo e riporre in frigo (Eventualmente montare la panna per 45-90 sec. Vel.2-3 con farfalla, in un boccale ben freddo e guarnire la mousse)

17.1.1.33   Semifreddo Della Mamma

Ingredienti: 1 pan di spagna per foderare lo stampo (vedi ricetta "Pan di Spagna") - 500 g. Fragole - 500 g. Panna da montare - Succo di 4 limoni - 460 g. di zucchero - Buccia di 1 limone - 2 mis. Acqua + maraschino o limoncello
Procedimento: - Fare lo zucchero a velo con le bucce di limone: 30 sec. Vel.turbo Inserirvi il succo di 3 limoni: 10 sec. Vel.2-3 (mettere da parte) - Fare lo sciroppo: acqua + 100 g. di zucchero + maraschino (1 mis.): 4 min. 90° Vel.2 (mettere da parte) - Fare la salsa di fragola: 400 g. Fragole + 200 g. Zucchero + succo di 1 limone: 5 min. 80° vel.4 - Montare la panna: 1 min. circa vel.2-3 inserendovi a filo il succo di limone zuccherato - Foderare uno stampo con fette di pan di spagna bagnate con lo sciroppo. Riempire con la panna aromatizzata con il succo di limone. Mettere nel congelatore per almeno 2 ore. Servire con salsa di fragola

17.1.1.34   Torta Moresco

Ingredienti: 300 g. di farina - 200 g. di zucchero - 100 g. di burro morbido - 200 g. di latte - 100 g. di cioccolato fondente - 3 uova - 1 bustina di lievito 1 pizzico di sale.
Procedimento: Tritare il cioccolato: 10 sec. Vel.turbo. Aggiungere tutti gli altri
Ingredienti: 30 sec. vel.5, e per ultimo il lievito: 10 sec. vel.5, spatolando.
Versare il composto in una teglia (diam. 24 cm.), imburrata e infarinata e cuocere in forno caldo a 160° per 50 min. Quando sarà fredda, ricoprirla con Glassa Reale (vedi ricetta), codini di cioccolato o granella colorata, darà tono a questa ottima torta.

17.1.1.35   Glassa Reale

Ingredienti: 250 g. di zucchero - 1 albume - 1 cucchiaio di succo di limone
Procedimento: Inserire nel boccale lo zucchero e farlo a velo: Vel.da 0 a turbo per 30 secondi. Unire la chiara d'uovo e il limone: 40 sec. vel.6

17.1.1.36   Pan Di Spagna

Ingredienti: 6 uova 250gr. di farina 250gr. di zucchero 1 bustina vanillina 1 bustina di lievito per dolci 1 pizzico di sale
Procedimento: - Fare lo zucchero a velo 2 sec. vel.turbo

- unire le uova 20 sec. Vel.4 - versare attraverso il foro del coperchio (con lame in movimento Vel.7) la farina, la vanillina, il sale e per ultimo il lievito: 40 sec. Vel.7 - versare in una tortiera e cuocere in forno per 10 min. a 160°, 15 min. a 180° e 15 min. a 200°. E' un'ottima base per le torte farcite (vedi: Semifreddo della mamma)

17.1.1.37 Risotto Al Limone

Ingredienti: Dose per 6 persone: 500gr. di riso, scorzetta gialla e succo di 1 limone, 1, 100 lt. di acqua, 1 cucchiaio di dado Bimby, tre tuorli, 50gr. di parmigiano, 50gr. di burro, sale q.b
Procedimento: Inserire nel boccale dal foro del coperchio con lame in movimento Vel.4 la scorzetta di limone: 10 sec. Vel.8. Posizionare la farfalla, unire l'acqua, dado e il succo di limone: 6 min. 100° Vel.1. Aggiungere il riso e cuocere: 13 min. 100° Vel.1. Mettere in una risottiera burro, parmigiano, tuorli, versarvi il risotto, aggiustare di sale e mescolare rapidamente. Lasciare riposare qualche minuto prima di servire.

17.1.1.38 Pasta Per Pane O Pizza

Ingredienti: 500gr. di farina 200gr. di acqua 100gr. di latte 1cubetto di lievito di birra 20gr. di olio di oliva extravergine 10gr. di sale 10gr. di zucchero **Procedimento:** Versare nel boccale l'acqua, il latte, il lievito, l'olio lo zucchero e scioglierlo: 5 sec. Vel.4-5. Aggiungere il sale e la farina: 50 sec. Vel.6 più 1 min. a Spiga. Lasciare lievitare l'impasto, per circa un'ora, coperto ed in luogo caldo. Spalmare la teglia con olio e strutto e stendere la pasta.

17.1.1.39 Crema Catalana

Ingredienti: 750 g. (7 1•2 cubiletes) de leche, 6 yemas de huevo, 1 cucharada de almidòn para cremas o maizena, 200 g. (2 cubiletes) de azùcar, la piel de un limòn, sòlo la parte amarilla.
Procedimento: Ponga en el vaso muy seco, el azùcar y glasse 30 secundos a velocidades 5-7-9 progresivo. Anada la piel de limòn y repita la operaciòn. Cuando estén bien glaseados agregue la leche, las yemas y el almidòn o maizena. Programe 8 minutos, temperatura 90°, velocidad 4. Una vez el tempo terminado, deje girar 1 minuto màs, aproximadamente, ya sin temperatura, para que la crema no se corte. Vuelque ràpidamente en cazuelitas individuales y deje enfriar. Antes de servir, espolvoree con azùcar y queme la superficie con un hierro candente o con el utensilio adecuado.

17.1.1.40 Panini Al Latte

Ingredienti: 500 g. di farina, 250 g. di latte, 50 g. di olio di semi, 1 uovo, 1 cucchiaino di zucchero, 1 pizzico di sale, 1 cibetto di lievito di birra
Procedimento: Inserire nel boccale latte, olio, uovo, sale, zucchero e lievito 10 sec. Vel.4. aggiungere la farina e lavorare spatolando 10 sec. Vel.6 e 30 sec. Vel.spiga (se l' impasto risultasse morbido, aggiungere un pò di farina). lasciar lievitare l' impasto all' interno del boccale per circa un' ora, dopodichè formare delle palline non troppo grandi, ma neanche troppo piccole, tipo polpette, sistemarle nelle teglie e lasciar ancora lievitare fino al raddoppio del volume, prima di infornare, volendo spennellare la superficie con l' olio e cuocere a 200 per 15/20 min. circa. con una dose ne escono più o meno una trentina. (la ricetta l' ho ricopiata dal vecchio forum)

17.1.1.41 Baccala' Con Olive E Capperi

Ingredienti: 500gr. di baccalà a pezzi, 300gr. Di pomodori maturi sgocciolati, 1/2 mis. di olio, 1/2 cipolla affettata, 1 spicchio d'aglio schiacciato, 1 cucchiaio di capperi, 50gr. di olive verdi snocciolate, 1 cucchiaio di prezzemolo tritato, sale e pepe q.b.
Procedimento: Inserite nel boccale olio, cipolla, aglio e rosolate 3 min. 100°, Vel.1. Unite i pomodori, i capperi, le olive, il sale e il pepe. Inserite il cestelli con i pezzi di baccalà e cuocete per circa 20 min. 100°, Vel.1. A fine cottura versate il baccalà in una pirofila, unitevi la salsa e cospargete con il prezzemolo.

17.1.1.42 Barchette Con Uova

Ingredienti: 400gr. di pasta brisè (un impasto da ricetta base), 120gr. di ricotta, 50gr. di burro morbido, 5 uova sode, 3 cucchiai colmi di maionese, un cucchiaio di senape delicata, un cucchiaio di prezzemolo tritato, poca pasta d'acciughe, insalatina fresca di stagione.

Procedimento: Fate la pasta brisè e tenetela in frigo per 15 minuti, poi stendetela col mattarello e foderate degli stampini ovali imburrati. Bucherellate il fondo della pasta e cuocete a 170° per 15 min. lasciate raffreddare, sformate e mettete le barchette su un piatto da portata. tagliate a metà due uova sode, togliete i tuorli e metteli nel boccale con la maionese, la senape, la ricotta e il prezzemolo tritato: 10 sec Vel.3. Tagliate a spicchi le altre uova e adagiatele nelle barchette. Mettete il composto di maionese nella siringa e decorate le barchette a piacere. Aggiungete ai 50gr. di burro morbido mezzo cucchiaino di pasta d'acciughe e mescolate il tutto. Mettete al centro di ogni barchetta un ciuffo di composto di pasta d'acciughe. servite le barchette con insalatina fresca condita e cosparsa con i due albumi sodi tritati.

17.1.1.43 Casatiello Sugna Pepe E Uova

Ingredienti: 500gr. di farina, 25gr. di lievito, 100gr. di salame napoletano, 100gr. di ciccioli di sugna, 125gr. di sugna, 12gr. di sale, 2gr. di pepe, un uovo per l'impasto + 4 uova per la decorazione, 200gr. d'acqua.

Procedimento: Inserite nel boccale acqua, lievito, sale: 5 sec Vel.4. Aggiungete 400gr. di farina: 20 sec Vel.5. Lasciate lievitare nel boccale, coprendo con una busta di plastica, per 30 minuti. Aggiungete poi la sugna, l'uovo, i ciccioli, il salame, il pepe e la restante farina: 30 sec Vel.4, poi 30 sec Vel.spiga. Adagiate l'impasto acciambellandolo in una teglia imburrata e infarinata col foro centrale di
20 cm di diametro, trattenendone un pugnetto. Disponete le uova sull'impasto equidistanti tra loro facendo una leggera pressione. Con la rimanente pasta formate dei serpentalli che disporrete a croce sulle uova, decorando con grani di pepe. Lasciate lievitare fino a che l'impasto abbia raggiunto quasi il bordo della teglia. Infornate a 200° per 20 minuti e abbassate la temperatura a 180° per altri 25 minuti.

17.1.1.44 Ciambella Bolognese

Ingredienti: 500gr. di farina, 200gr. di zucchero, 150gr. di burro freddo da frigo, 2 uova, una bustina di lievito, scorza grattugiata di limone, 50gr. di latte, un pizzico di sale.

Procedimento: Inserite nel boccale zucchero, uova, burro e sale: 40 sec Vel.3. Unite farina, limone, lievito, latte e impastate a Vel.6 per il tempo necessario ad amalgamare gli ingredienti. Formate con la pasta due cilindri, spennellate con albume e cospargete di zucchero. Infornate a 180° per 30 minuti.

17.1.1.45 Crema Bianca

Ingredienti: 70gr. di zucchero, 100gr. di mandorle pelate, 150gr. di cioccolato bianco, 30gr. di burro, 100gr. di latte.

Procedimento: Inserite nel boccale zucchero e mandorle: 20\30 sec Vel.9. Riunite il composto con la spatola e frullate per 10 sec Vel.9 fino a polverizzarlo. Dal foro del coperchio buttate il cioccolato a pezzi: Vel.5. Fermate e aggiungete burro e latte: 4min. 50° Vel.4. Travasate la crema ottenuta in vasetti e conservateli in frigo.

17.1.1.46 Dolce Di Cioccolata Al Varoma

Ingredienti: 100gr. di nocciole tostate e spellate, 3 uova, 300gr. di cioccolato fondente, 100gr. di panna fresca, 100gr. di burro, 60gr. di zucchero, 1 cucchiaio di fecola di patate, zucchero a velo.

Procedimento: Tritare le nocciole: 5 sec. Vel.5 e tenetele da parte. Tritate il cioccolato 20 sec. Vel.Turbo, aggiungete la panna e il burro e cuocete: 4 min. 60°, Vel.4. Travasate il tutto in una ciotola e sciacquate il boccale. Inserite i 3 tuorli e lo zucchero e montate 1 min. Vel.3; con le lame in movimento a Vel.3 inserite dal foro del coperchio la fecola, il cioccolato e le nocciole e lasciate a Vel.3 per qualche secondo. Travasate il tutto in una ciotola. Inserite la farfalla sulle lame e montate gli albumi aggiungendo n pizzico di sale: 2 min. Vel.3 Incorporate gli albumi al composto di cioccolato con un cucchiaio o un forchettone di legno, con movimenti non circolari ma dal basso verso l'alto. Inserite nel boccale 1/2 litro di acqua e portate ad ebollizione. Foderate il vassoio del Varoma con un foglio di carta da forno e travasateci il composto preparato. Chiudete il Varoma ed appoggiatelo sul coperchio quando comincia ad uscire il vapore. Cuocete 30 min. temp. Varoma Vel.1. Al termine della cottura il dolce si sarà gonfiato e rassodato. Rovesciate su un piatto da portata (possibilmente ovale) e lasciate raffreddare. Tagliatelo poi a quadretti o losanghe di circa 2x2 cm. e cospargete con zucchero a velo. Servite 2 pezzettini per persona accompagnando il dolce con crema inglese o salsa alla frutta o panna semi-montata.

17.1.1.47 Dolce Di San Valentino

Ingredienti: Per la pasta: 100gr. di farina, 50gr. di fecola 120gr. di zucchero 3 uova, sapore di vaniglia 1 noce di burro 1/2 misurino di curacao 300gr. di cioccolato bianco in scaglie 100gr. di granella di mandorle 1/2 bustina di lievito.

Ingredienti: Per la crema: 200gr. di mascarpone 60gr. di zucchero a velo 50gr. di cioccolato fondente a scaglie; 2 tuorli d'uovo.

Procedimento: per questo dolce occorre uno stampo a forma di cuore. Tritate le mandorle 10 sec. Vel.7 distribuite sul fondo dello stampo precedentemente imburrato. Inserite nel boccale la farina, la fecola e il burro15 sec. Vel.8 Aggiungete le uova lo zucchero il sapore di vaniglia e il lievito 30 sec. Vel.8 Versate il preparato nello stampo e cuocete in forno per 30 minuti a 180°.

Per La Crema: inserite nel boccale lo zucchero 20 sec. Vel.9 aggiungete il cioccolato a pezzi e tritate 10 sec. Vel.7. Unite i tuorli e il mascarpone 10 sec. Vel.5 Quando il dolce è freddo tagliate a metà e bagnate le parti interne di liquore. Spalmate la parte interna di crema e coprite l'altra metà che spalmerete a sua volta con la crema. Tagliate a scaglie il cioccolato e fatelo cadere a pioggia sul dolce. Decorate il cuore con una rosa rossa

17.1.1.48 Girelle All'uvetta

Ingredienti: 6oogr. di farina , 70gr. di zucchero , 1 cubetto di lievito di birra , 1 uovo intero e 3 tuorli , 120gr. di burro , 2 bustine di vanillina , 150gr. di latte , 50 ml d'acqua , 1 pizzico di sale , 100gr. di uvetta sultanina , zucchero a velo , 500 ml di crema (vedi ricetta base).

Procedimento: Inserite nel boccale acqua , latte uova burro vanillina sale lievito zucchero e farina e lavorate 20 sec. Vel.6/7. Controllate l'impasto e azionate ancora 2 min. Vel.Spiga: Inserite l'impasto in una ciotola chiusa e conservate al fresco (ma non in frigo) per tutta la notte: La mattina tirate una sfoglia di 3/4 mm. stendetevi la crema cospargetela con l'uvetta precedentemente lasciata in ammollo in acqua , arrotolate delicatamente il tutto e tagliate delle strisce di 2, 5 cm di spessore.Adagiatele su carta da forno sistemandole bene copritele con la pellicola trasparente e lasciatele lievitare a 35° x 40/50min. circa. Infornare a 190°/200° x 15/20 min. A cottura ultimata cospargete le girelle con zucchero a velo

17.1.1.49 Minestra Di Patate

Ingredienti: x 4\6. 500gr. di patate, 50gr. di burro, 100gr. di cipolla, 10gr. di prezzemolo, 10gr. di basilico, 50gr. di grana, un lt d'acqua, 80gr. di dado bimby.

Procedimento: Mettete nel boccale grana, basilico e prezzemolo: 30 sec Vel.9. Mettete da parte. Inserite nel boccale burro e cipolla: 3min. 90° Vel.4. Intanto sbucciate le patate e tagliatele a julienne con l'apposito utensile. Passatele sotto l'acqua correntre e aggiungetele alle zucchine nel boccale: 5min. 100° Vel.1. Inserite acqua e dado: 12min. 100° Vel.1. Versate la minestra in piatti fondi e cospargetela con abbondante grana verde precedentemente preparato. E' gradevole anche tiepida nei pranzi o nelle cene estive.

17.1.1.50 Nidi Di Primavera

Ingredienti: 800gr. di spinaci, 600gr. di patate, 100gr. di parmigiano, 100gr. di fontina dolce spezzettata, 100gr. di prosciutto cotto in una sola fetta, 50gr. di burro, sale, pepe, noce moscata.

Procedimento: Lavate bene gli spinaci, lessateli in acqua leggermente salata e scolateli. Mettete nel boccale 500gr. d'acqua e 1\2 cucchiaio di sale grosso: 5min. 100° Vel.1. Aggiungete il cestello con le patate a pezzi: 20min. 100° Vel.1. Togliete il cestello e lasciate scolare bene le patate. Mettete nel boccale il burro: 2min. 100° Vel.1. Aggiungete il prosciutto a dadini, le patate, gli spinaci ben scolati, la noce moscata e il pepe. Amalgamate con la spatola. Imburrate una pirofila rettangolare o quadrata di circa 30 cm di lato e versate le verdure rosolate. Livellate con la spatola e formate 4 incavi schiacciando leggermente con il misurino. Mettete in ognuno un tuorlo senza spaccarlo. Montate gli albumi a neve con un pizzico di sale, aggiungete il parmigiano e incorporatelo delicatamente con la spatola. Versatelo a cerchio intorno ai 4 tuorli, formando così 4 nidi. Mettete in forno caldo a 180° per 10 minuti, dando circa 5 minuti di grill. Appena l'albume si sarà rappreso e leggermente dorato senza far indurire molto i tuorli, togliete dal forno la pirofila e servite i nidi caldi.

17.1.1.51 Pasta E Lenticchie

Ingredienti: 350gr. di tubetti piccoli, 200gr. di lenticchie, 3 pomodori pelati, 2 spicchi d'aglio, olio q.b., 1 lt. di acqua, una manciata di prezzemolo tritato, sale e pepe q.b.

Procedimento: Inserite nel boccale l'acqua, le lenticchie e l'aglio. Fate cuocere per circa 20 min. 100° Vel.1. Aggiungete nel boccale olio, sale e pepe e pomodori e lasciate cuocere ancora per 10 min. 00° Vel.1. Versate la pasta e cuocete 8 min. 100° Vel.1. A cottura ultimata versate il tutto in una pirofila e cospargete con prezzemolo. Buon appetito! Ciao:)

17.1.1.52 Pesce In Crosta

Ingredienti: 200gr. di pasta sfoglia (vedi ricetta base), 600gr. di tranci di salmone, 5 o 6 ciuffetti di spinaci, aromi (prezzemolo e timo), 30gr. di burro, sale e pepe.

Cospargete il pesce con gli aromi, avvolgetelo in carta stagnola e inseritelo nel Varoma. Sul vassoio sistemate i ciuffi di spinaci con burro e sale. Inserite nel boccale 600gr. di acqua, posizionate i Varoma sul coperchio e cuocete 30 min. Vel.3 temp. Varoma. Fate la sfoglia e sistemateci sopra gli spinaci, quindi il pesce sgocciolato e chiudete a forma di pesce. Sistemate in una teglia imburrata ed infornate per 20 min. a 200°.

17.1.1.53 Petti Di Pollo Allo Zafferano

Nel boccale, mettere mezza cipolla, 1 carota, 1 sedano, aglio e rosmarino, 2 misurini di acqua, 2 di vino bianco e mezzo di olio: Vel.7, 10 sec. Mettere, nel Varoma, lasciando la salsa nel boccale (deve cuocere!) il petto di pollo (riempito con una fetta di prosciutto) e delle patate tagliate a pezzi, salare e impostare 40 min., Vel.2, 5–3 a temperatura Varoma. A cottura ultimata, nel boccale aggiungere un po' di farina e 1 bustina di zafferano (e del peperoncino, se piace): Vel.max e versare sul pollo. Un consiglio: non riempire troppo il Varoma e, eventualmente, mettere le patate a contatto con il fondo e sopra il pollo (in questo modo le patate cuociono meglio)

17.1.1.54 Risotto Campagnolo

350gr. di riso, 400gr. di verza, 100gr. di salsiccia, 250gr. di fagioli borlotti cotti, 100gr. di vino rosso, 30gr. d'olio, 30gr. di burro, mezzo scalogno, parmigiano grattugiato, un cucchiaio di prezzemolo tritato, dado, sale, 750gr. d'acqua o brodo. Lavate la verza in acqua calda e tagliatela a liste piuttosto alte. Inserite nel boccale lo scalogno e l'olio: 3min. 100° Vel.1. Inserite la farfalla sulle lame , mettete il riso e il vino e tostate 2min. 100° Vel.1 senza misurino. Aggiungete l'acqua, il dado e il sale: 15min. 100° Vel.1. A metà cottura unite i fagioli e portate a termine la cottura. Aggiungete il prezzemolo, il burro e il parmigiano, mescolate con la spatola. Lasciate riposare un minuto nel boccale e servite.

17.1.1.55 Sorbetto Arcobaleno

Ingredienti: 2 mele, 1 pera e mezza banana: 500gr. tagliati a pezzi e congelati oppure: 500gr. di melone (tagliato a pezzi e congelato), 500gr. di pesche (tagliate a pezzi e congelato), 500gr. di fragole (tagliate a pezzi e congelato), 500gr. di albicocche (tagliate a pezzi e congelato), 500gr. di ciliegie (tagliate a pezzi e congelato), 500gr. di kiwi (tagliato a pezzi e congelato). Per ogni 500gr. di frutta occorrono 150gr. di zucchero ed un albume.
Fate lo zucchero a velo: Vel.6-7 per 20 sec. Unite la frutta congelata a pezzi e l'albume: mescolate prima a Vel.8, poi a Turbo mantecando con la spatola per 1 min. circa. Togliete il sorbetto e conservatelo in freezer. Procedete con gli altri gusti. Consiglio: cominciare a mantecare dalla frutta più chiara fino ad arrivare alla più colorata così non occorre lavare il boccale ogni volta.

17.1.1.56 Spaghetti Al Sugo Estivo

Ingredienti: 2 ciuffetti di prezzemolo, 3-4 foglioline di basilico, 1 spicchio d'aglio, 1 scorza intera di limone (solo la parte gialla ben lavata), sale e pepe q.b., ½ mis. di olio di oliva, succo di un limone, 4 cucchiai di grana. Esec.:
Inserite nel boccale la scorza del limone e portate a Vel.Turbo per qualche secondo. Aggiungete il prezzemolo, il basilico, l'aglio, il sale, il pepe e l'olio e soffriggete 5 min. 100° ve. 1. Cuocete gli spaghetti, scolateli e aggiungete il succo del limone e il grana. Serviteli caldi.

17.1.1.57 Spaghetti Con Carciofi

Ingredienti: 5 carciofi, una cipolla, 50gr. di pancetta, mezzo misurino d'olio, 50gr. di burro, sale, pepe, un dado per brodo, parmigiano, 400gr. di spaghetti.
Pulite i carciofi, tagliateli in piccole fette e fateli marinare in acqua e limone per 10 minuti, quindi scolateli. Inserite nel boccale olio, burro, cipolla: rosolate 3min. 100° Vel.1, aggiungete la pancetta tritata e i carciofi e fate rosolare 3min. 100° Vel.1. Salate, pepate e aggiungete 1\2 bicchiere di brodo e lasciate cuocere 20min. 100° Vel.1. Lessate gli spaghetti al dente, metteteli in una padella, spolverizzate con parmigiano, spadellate pochi minuti e servite.

17.1.1.58 Sugo Alle Zucchine Crude X Sedanini Al Forno

Ingredienti: 1 mis. di vino bianco secco, 1 mis. di olio, 1/2 cipolla, 6 zucchine piccole e fresche, 3 foglie di menta, 2 mis. di parmigiano.
Inserite nel boccale l' olio, il vino e la cipolla e cuocete 10 min. 100° Vel.4. Aggiungete le zucchine e le foglie di menta e portate la velocita' a turbo x 2 o 3 volte. Lasciate riposare x 10 min. Cuocete i sedanini e scolateli al dente, aggiungete il parmigiano, mescolate e fate gratinare in una pirofila in forno x circa 15 min. a 200°. Buon appetito

17.1.1.59 Torta Alle Patate

Ingredienti: 350gr. di patate, 250gr. di farina, 100gr. di burro, 180gr. di zucchero, 100gr. di latte, 100gr. di panna fresca, 2 uova, 100gr. di fichi freschi spezzettati (o secchi), 100gr. di uvetta sultanina ammorbidita, 50gr. di cioccolato fondente, una bustina di lievito per torte, un cucchiaio di rhum, buccia grattugiata di mezzo limone, un cucchiaio di pangrattato, 600gr. d'acqua, zucchero a velo.

Mettete l'acqua salata nel boccale: 6min. temp varoma Vel.1. Posizionate il varoma con le patate a tocchetti: 20min. Vel.1-2 temp varoma. Travasate l'acqua, sciacquate il boccale con acqua fredda per raffreddarlo, inserite la farfalla. Mettete zucchero, uova, burro, scorza di limone, panna, latte e rhum: unmin. Vel.3-4. Aggiungete farina e lievito: 50 sec Vel.4, inserendo contemporaneamente le patate dal foro del coperchio. Togliete la farfalla dal boccale. Aggiungete l'uvetta asciugata, i fichi e una parte delle scaglie di cioccolata. Mescolate con la spatola. Imburrate uno stampo da plum-cake e spolverizzatelo con pane grattugiato. Versate il composto e cospargete con i rimanenti pezzetti di cioccolato. Cuocete in forno caldo a 160\170° per circa 40 minuti. Lasciate raffreddare. Sformate e servite il dolce spolverizzato con zucchero a velo.

17.1.1.60   Torta Degli Sposi

Ingredienti: 200gr. di confetti tritati, 50gr. di zucchero, 6 uova, 1 bustina di lievito, 1 bustina di vanillina, 1 pizzico di sale, ½ fialetta di aroma di mandorla, 100gr. di farina bianca, 100gr. di fecola di patate, 100gr. di burro o margarina. Per decorare: 170gr. di cioccolato fondente, 2 cucchiai di olio di oliva, mandorle a pezzetti a piacere.
Montare i 6 albumi: posizionate la farfalla sulle lame e inserite nel boccale ben asciutto due albumi alla volta con un pizzico di sale: 2 min. 40° Vel.3. Lasciate da parte gli albumi montati e inserite nel boccale i tuorli con 4 cucchiai di acqua bollente: 4 min. Vel.6. Abbassate la velocità a 3 e aggiungete gradatamente dal foro del coperchio lo zucchero, la vanillina, il burro sciolto, il sale, l'aroma di mandorla, i confetti tritati, la farina e la fecola setacciate. Infine aggiungete, sempre gradatamente con le lame in movimento a Vel.3, gli albumi ed il lievito. Mettete l'impasto in uno stampo infarinato e cuocete a 180° per 40 min. circa. Per decorare: sciogliete a bagnomaria il cioccolato con l'olio; lasciate raffreddare il dolce e ricopritelo con il cioccolato sciolto. Decorare a piacere con le mandorle a pezzetti.

17.1.1.61   Torta Di Pasqua Umbra

Ingredienti: 450gr. di farina, 150gr. d'olio o burro, 200gr. di parmigiano o groviera grattugiato + pecorino a pezzetti, 4 uova, 50gr. di latte per sciogliere il lievito, 3 dadi di lievito di birra, 10gr. di sale.
Sciogliete il lievito nel latte e unite tutti gli altri ingredienti. Amalgamate a Vel.6\7, poi unite il pecorino a dadini. Lasciate lievitare un'ora. Mettendo l'impasto in uno stampo a bordi alti come quello per panettone si ottiene la forma classica, mettendolo in una teglia da forno si ottiene la forma di una focaccia. La cottura, 45 minuti a 200°, è completata quando la torta si stacca dai bordi della casseruola. Lasciate riposare in forno spento per 5 minuti

17.1.1.62   Torta Rustica Di Patate E Zucca

Ingredienti: x 4. 1, 200 kg di zucca pulita, 1 kg di patate, 4 uova, 100gr. di grana o pecorino, 200gr. di prosciutto crudo, noce moscata, sale, 20gr. di burro, 2 cucchiai di pangrattato.
Inserite il prosciutto dal foro del coperchio con lame in movimento: 10 sec Vel.6-7 e toglietelo. Tagliate la zucca a pezzetti e mettetela nel varoma. Inserite nel boccale un litro d'acqua salata, posizionate il varoma e cuocete 20min. temp varoma Vel.1. Tenete la zucca a parte. preparate un purè come da ricettario base, aggiungendo metà del formaggio, 2 uova, sale q.b. versate il composto di patate in una tortiera imburrata e spolverata di pangrattato. Distribuitevi sopra il prosciutto tritato. Nel frattempo, nel boccale pulito, mettete la zucca cotta, il rimanente formaggio, 2 uova, noce moscata, sale q.b. Amalgamate tutto a Vel.3-4 per pochi secondi. Trasferite il composto di zucca nello stampo sopra a quello di patate e prosciutto. Livellate bene con una spatola. Infornate a 180\200° per 30 minuti. Servite tiepida.

17.1.1.63 Torta Salata

Ingredienti: per la pasta: 250gr. di farina, 150gr. di burro, un uovo, un cucchiaino di lievito per torte salate, 30gr. d'acqua freddissima, mezzo cucchiaino di sale fino. Per il ripieno: 100gr. di riso, 200gr. di piselli sgranati, 100gr. di chicchi di mais in scatola sgocciolati, 150gr. d'Emmenthal, 100gr. di panna fresca, 70gr. di parmigiano grattugiato, 30gr. di burro, un piccolo peperone rosso, 2 uova, un cipollotto, un cucchiaio di prezzemolo tritato, sale, pepe.

Mettete nel boccale farina, lievito, sale: 5 sec Vel.4. Aggiungete burro, uovo e acqua: 20 sec Vel.5. Avvolgete l'impasto nella pellicola e fate riposare in frigo per più di un'ora. Mettete nel boccale 700gr. d'acqua salata: 6min. 100° Vel.2. Inserite il cestello con piselli e riso: 14min. 100° Vel.2. Lavate e tagliate il peperone a dadini e metteteli in una ciotola. Togliete il cestello dal boccale e lasciate scolare tutto. Svuotate il boccale, mettete il cipollotto e il burro: 2min. 90° Vel.4. Aggiungete i piselli col riso, i chicchi di mais e mescolate delicatamente con la spatola. Travasate nella ciotola dei peperoni. Mettete nel boccale le uova, la panna, il parmigiano e il prezzemolo, sale e pepe: 20 sec Vel.4. Imburrate e infarinate una tortiera di 24 cm di diametro, foderatela con 3\4 della pasta e riempite con le verdure, il riso, il composto di uova e l'emmental tritato. Stendete la pasta rimasta e ricoprite la torta. Fate un piccolo taglio al centro e ripiegate i lembi. Cuocete in forno caldo a 190\200° per 45 minuti.

17.1.1.64 Torta Stella

Ingredienti: 150gr. Di cioccolato fondente, 100gr. di mandorle pelate, 30gr. di zucchero, 250gr. di burro morbido, 4 uova, 250gr. di farina, 1 bustina di lievito, 1/2mis. di latte, 50gr. di cacao dolce, zucchero a velo, 1 pizzico di sale.

Tritare cioccolato e mandorle: 10 sec. Vel.6 e mettere da parte. Inserire nel boccale zucchero e burro: 10 sec. Vel.5. Aggiungere uova, farina, lievito, latte e sale: 30 sec. Vel.5. Unire mandorle e cioccolato tritati: 10 sec. Vel.5. Riunire il composto con la spatola e versarlo in una teglia (diam. 26 cm.) imburrata ed infarinata. Cuocere in forno caldo a 180° per 50 min. circa. Lasciare raffreddare e spolverizzare con il cacao. Su un disco di cartone, grande come la torta, disegnare delle stelle e ritagliarle. Mettere il disco sopra la torta e cospargere con zucchero a velo. Togliere il cartone e servire.

17.1.1.65 Treccia Brioche

Per impasto: 300gr. farina, 80gr. latte, 80gr. burro morbido, 80gr. zucchero, 3 tuorli, 1 cucch.liquore arancia, 1 cubetto lievito birra (25 gr), 2 pizzichi di sale, 1 bustina vanillina. Per farcitura: 100gr. uvetta sultanina ammorbidita, 100gr. arance candite o 6 albicocche secche spezzettate, 50gr. mandorle pelate e tritate, 50gr. mandorle a lamelle, 3 cucch. marmellata arance, 30gr. burro fuso, zucchero a velo, granella di zucchero.

Metti nel boccale latte e lievito 10 sec. Vel.5. Aggiungi burro, tuorli, zucchero, sale, vanillina e liquore 15 sec. vel.5. Inser.farina 40 sec. vel.5 e 30 sec. vel.spiga.Togliere impasto e far lievitare x 2 ore. Sgonfiare impasto con il palmo della mano. Metterlo sulla spianatoia e dividerlo in 3 parti, fare dei filoncini di 30 cm. di lunghezza. Appiattirne uno con il matterello e al centro mettere la marmellata e cospargere con mandorle tritate. Arrotolare il filoncino. Spezzettate le albicocche o l'arancia candita e inserirla con l'uvetta negli altri due filoncini. Formate una treccia con i 3 filoni. Imburrate uno stampo da plum-cake di 30 cm di lunghezza, sistemate la treccia, spennellatela con il burro fuso e cospargetela di mandorle a lamelle e di granella di zucchero.Lasciar lievitare x 30 min. poi mettere in forno caldo a 170/180 con un tegame d'acqua inserito e cuocere x circa 30-35 min. Sfornare e servire fredda cosparsa di zucchero a velo.

17.1.1.66 Uova Ripiene Ai Funghi

Ingredienti: una dose di maionese con l'aggiunta di dragoncello tritato, 400gr. di funghi porcini, 8 uova, una piccola cipolla, 1\3 di misurino d'olio e.v., sale, pepe.

Preparate la maionese come da ricettario base e aggiungete il dragoncello finemente tritato. Mettete in frigo fino al momento di servire. Rassodate le uova, raffreddatele, sgusciatele e, con un coltellino, tagliate le punte e conservatele. tagliate leggermente anche la base per far star dritte le uova. Molto delicatamente togliete il tuorlo senza rompere il bianco. Mettete i tuorli nel boccale e date un colpetto di turbo per sbriciolarli. Toglieteli e metteteli da parte. Senza lavare il boccale inserite cipolla e funghi, che triterete grossolanamente con due colpi di turbo. Salate e aggiungete l'olio: 20min. 100° Vel.1. Se è troppo liquida addensate 5min. temp varoma Vel.1. Lasciate intiepidire, poi frullate: 20 sec Vel.6, unite ora i tuorli sbriciolati, sale e pepe: 5min. Vel.2. Distribuite il composto nelle uova, decorate con la maionese e coprite con le punte. Servitele in un piatto da portata su un letto di foglioline di lattuga fresca.

17.1.1.67 Colomba Rustica Pasquale (Rivista 1997)

200g di acqua + 100g di olio + 25g lievito di birra + 1/2 cucchiaino di zucchero +1 cucchiaio di sale + 250g di patate lessate: vel.4.
Aggiungere 550g di farina: 10" vel.5 spatolando e 30" Spiga.
Tirare la pasta su cartaforno aggiungendo se serve un po' di farina, darle la forma di colomba sulla quale inserire al centro 3 uova sode, fissate da una striscia di pasta. Spennellare con olio e decorare con rosmarino. Lasciar lievitare per 45' e cuocere in forno riscaldato a 220°/250° per 25'o30'.

17.1.1.68 Orzetto Con Piselli (Aprile 1998)

Ingredienti: 4 persone: 200gr. di orzo perlato, 250gr. di piselli, 50gr. di pancetta tagliata a dadini, 40gr. di olio extravergine, 1 cipollotto medio, 30gr. grana grattugiato, 20gr. di burro, 800gr. circa di acqua + 1 dado (oppure brodo di carne), prezzemolo tritato.
Mettere a bagno l'orzo in una ciotola con dell'acqua fredda per circa 2 ore. Inserire dal foro del coperchio il cipollotto con le lame in movimento a Vel.5. Fermate, aggiungete l'olio e la pancetta: 3 min. 100° Vel.2. Inserite la farfalla, mettete i piselli e rosolate per 2 min. 90° Vel.1. Unite l'orzo scolato, 500gr. d'acqua e il dado e cuocete 20 min. 100° Vel.1. Inserite il rimanente brodo o acqua calda e cuocete per altri 15-20 min. 100° Vel.1. A fine cottura l'orzo deve risultare all'onda come fosse un risotto. Inserite il burro, il parmigiano e il prezzemolo. Mescolate con la spatola e lasciate riposare per qualche minuto prima di servire.

17.1.1.69 Cavolfiore Al Gratin (Novembre 1998)

Ingredienti: 1 cavolfiore, 1/2 litro d'acqua, sale q.b. Per la besciamella: 250gr. di latte, 1 mis. scarso di farina, 50gr. di burro, 1 pizzico di sale, una grattugiata di noce moscata.
Aprite il cavolfiore separando i singoli ciuffi e disponetelo nel Varoma. Inserite nel boccale l'acqua e un pizzico di sale e cuocete 20 min. temp. Varoma Vel.2. Togliete l'acqua dal boccale e preparate la besciamella come da ricetta base. Ungete una teglia con un po' di burro, disponete i cavolfiori sul fondo, copriteli con la besciamella e fate gratinare. in forno a 180° per 15 min.

17.1.1.70 Garganelli Alle Noci (Dicembre 1998)

Ingredienti: 400gr. di garganelli all'uovo, 200gr. di gherigli di noci, 50gr. di pinoli tostati, 1 pizzico di maggiorana, 1/2 spicchio d'aglio, 100gr. di panna da cucina, 80gr. di grana grattugiato, 2 cucchiai d'olio, sale e pepe q.b.
Procedimento: Inserire nel boccale il grana grattugiato, i gherigli di noci e i pinoli: tritate a Vel.7 per 2-3 sec. Togliete il trito dal boccale e tenetelo da parte. Nel boccale inserite l'aglio, la maggiorana, l'olio, il sale e il pepe: 3 min. 100° Vel.4. Al termine aggiungete la panna e il trito, mescolate il tutto per 2 sec. Vel.3, condite i garganelli, aggiungendo il grana e servite. N.b. Se il sugo si presentasse troppo denso aggiungete 1/2 mis. d'acqua di cottura della pasta.

17.1.1.71 Reginette Con Funghi E Zafferano (Marzo 1999)

Ingredienti: 350gr. di pasta formato reginette, 2 bustine di zafferano, 300gr. di funghi, 1/4 di cipolla, 1/2 mis. di olio d`oliva, 30gr. di burro, un ciuffo di prezzemolo, 1/2 mis. di vino bianco secco, 3 pomodori pelati, sale e pepe q. b.

Lavate bene i funghi tagliando quelli troppo grandi. Inserite nel boccale la cipolla, tritatela e rosolatela con olio e burro: 5 min. 100° Vel.1. Inserite la farfalla e aggiungete il vino e i funghi. Fate cuocere 10 min. 100° Vel.1 e pepate; unite i pomodori e il prezzemolo tritato e cuocete ancora 5 min. 100° Vel.1. Nel frattempo cuocete la pasta, aggiungendo nell`acqua bollente lo zafferano, scolate la pasta e aggiungete il sugo mescolando per un minuto con un cucchiaio di lego a fuoco lento.Servite subito!

17.1.1.72 Involtini Di Verza (Marzo 1999)

Ingredienti: 600gr. di verza, 500gr. di patate, 80gr. di parmigiano, 2 uova, 30gr. di pangrattato, 40gr. di burro, 1 ciuffo di prezzemolo, sale e pepe q.b.

Lessate le patate e pelatele, inseritele nel boccale 40 sec. Vel.6, unite le uova, metà parmigiano, il pangrattato, il prezzemolo tritato, il sale e il pepe e amalgamate il tutto per 1 min. Vel.6. Staccate le foglie più larghe della verza e sbollentatele (devono essere ammorbidite e non cotte), asciugatele con un canovaccio, allargate ogni foglia e mettete al centro di ognuna due cucchiaiate di ripieno, arrotolate ogni foglia e, premendo, ripiegate i bordi in modo da ottenere degli involtini. Imburrate una pirofila, allineatevi gli involtini e cospargeteli con il rimanente parmigiano. Infornate a 180° per 25 min.

17.1.1.73 Maccheroni Al Caprino E Salsiccia (Marzo 1999)

Ingredienti: 350gr. di maccheroni, 1 cipolla piccola, 20gr. di olive verdi snocciolate, 100gr. di salsiccia sbriciolata, 100gr. di caprino fresco, sale e pepe q.b. Tritare la cipolla e aggiungere l'olio d'oliva e rosolare 5 min. 100° Vel.1, aggiungere la polpa di salsiccia e insaporitela per 3 min. 100° Vel.1, pepate e salate. Mentre cuoce la pasta inserite il caprino in una zuppiera e versate 1/2 mestolo di acqua di cottura, schiacciate il caprino con una forchetta e pepate. Versate il sugo preparato in una padella, aggiungete la pasta scolata e le olive tagliate a pezzetti e mescolate per 1 min. a fuoco lento, unite il tutto nella zuppiera con il caprino, mescolate bene e servite. Buon appetito!!!

17.1.1.74 Uova Con Spinaci (Rivista 2000)

Ingredienti: 6 uova, 1 kg di spinaci o bietole, 60gr. di burro, 1\2 lt di besciamella (Come da ricetta libro base), parmigiano, pepe, sale.

Lessate, scolate bene e tritate la verdura. Inserite nel boccale il burro, la verdura tritata e soffriggete 5min. Vel.1 (mancano i gradi, che immagino ci debbano essere, altrimenti come soffrigge? Probabilmente 100°). Ungete bene di burro una teglia, disponete gli spinaci a formare uno zoccolo di 3\4 cm: praticatevi 6 buchette, in ognuna versate un uovo crudo, salatelo e pepatelo. Coprite tutto con la besciamella, spolverizzate di parmigiano e fiocchetti di burro. Infornate a 180° fino a doratura completa.

17.1.1.75 Spuma Di Fragole In Coppa (Rivista 2000)

Ingredienti: (x 4\5 pers.)300gr. di fragole, 200gr. di panna fresca da montare, 2 albumi, 60gr. di zucchero, 2 cucchiai di pistacchi tritati grossolanamente, 5gr. di colla di pesce, 2 cucchiai di meringhe sbriciolate, un cucchiaino di succo di limone. Ammollate la colla di pesce in una tazza d'acqua tiepida e succo di limone. Montate la panna ben fredda nel boccale a Vel.3 con la farfalla. Travasate in una ciotola grande e tenetela in frigo. Mettete nel boccale 3 fragole e la colla di pesce ben strizzata: 2min. 40° Vel.4. Aggiungete lo zucchero e le rimanenti fragole (meno 4 che serviranno per decorare): Vel.6\7 per 30 sec. Travasate in una ciotola. Sciacquate il boccale, montate gli albumi a neve e travasateli nella ciotola con la panna aggiungendo anche il frullato di fragole. Versate la spuma di fragole nelle singole coppette e tenetele in frigo per 2 ore. Al momento di servire decorate con pistacchi tritati, meringhe sbriciolate e le fragole tagliate a metà.

17.1.1.76 Sformato Alla Panna (Rivista 2000)

Ingredienti: 200gr. di farina gialla, 100gr. di burro, un lt di latte, 3 uova intere + una chiara, panna liquida, sale.

Mettete il latte nel boccale e fate bollire: 7min. 100° Vel.1. versate la farina con le lame in movimento e fate cuocere 30min. 100° Vel.3. Salate e unite 50gr. di burro. Fate cuocere altri 10min. 100° Vel.3. Nel frattempo dividete i tuorli dalle chiare e montate queste a neve. Portate la temp a 0° e aggiungete uno alla volta i tuorli a Vel.6. Aggiungete sufficiente panna per ottenere un composto piuttosto molle, sempre a Vel.6. Aggiungete le chiare montate. Versate la polenta in uno stampo imburrato e fate cuocere in forno a 180° fino a quando sarà ben dorata. Sformate su un piatto e cospargete con poca panna.

17.1.1.77 Quiche Di Melanzane (Rivista 2000)

Una dose di pasta brisè come da ricettario base, 2 melanzane medie, 200gr. di mozzarella di bufala, 40gr. di parmigiano grattugiato, 200gr. di passata di pomodoro fresco, 20gr. d'olio, sale, pepe, basilico e origano.

Tagliate le melanzane a fette alto 1\2 cm, mettetele in acqua salata per 30 minuti. Asciugatele e grigliatele e mettetele da parte. Preparate la salsa di pomodoro come da ricettario. Stendete la pasta e foderate una tortiera di 30 cm di diametro, spolverizzate con metà del parmigiano, stendete sopra le fette di melanzane, coprite con metà della salsa di pomodoro, mozzarella a dadini e condite con origano e basilico tritati, sale e pepe. Ripetete l'operazione, infine spolverizzate la superficie con il rimanente parmigiano e l'olio. Infornate a 180° per 30 minuti

17.1.1.78 Polenta Estiva (Rivista 2000)

Ingredienti: 1\4 di brodo di pollo, un rametto di timo, 1\2 foglie d'alloro, uno spicchio d'aglio, 40gr. di farina di mais macinata, 10gr. di burro, sale, pepe, noce moscata, 1\5 di olio, 4 pomodori sbucciati e privati dei semi, 20gr. di capperi, 6 cl di aceto di Barolo, un rametto di rosmarino, 200gr. di rucola, 20gr. di capperi per guarnire.

Mettete nel brodo di pollo il timo, l'aglio e l'alloro e lasciate in infusione per 2 ore. Setacciate e versate il brodo nel boccale: 5min. 100° Vel.1. Versate la farina di mais, sale e pepe: 40min. 90° Vel.1. incorporate il burro, togliete dal boccale e versate in una teglia oleata nello spessore di 2 cm. lasciate solidificare la polenta in frigo prima di servirla tagliata a fettine. Tagliate i pomodori a dadini e versateli nel boccale: 3min. 70° Vel.1. Versateli in un piatto piano. Frullate l'olio con i capperi. Miscelate l'aceto di Barolo con sale, pepe, basilico, rosmarino e timo e fate riposare un poco. Distribuite la rucola nel piatto da portata, unite i pomodorini e le fettine di polenta. Guarnite con i capperi. Servite fredda o a temperatura ambiente.

17.1.1.79 Orzo Con Asparagi E Peperoni (Rivista 2000)

Ingredienti: 80gr. di orzo perlato, 40gr. di dado vegetale, 700gr. d'acqua (brodo vegetale), 500gr. di asparagi verdi, 40gr. d'olio, un peperone rosso, un rametto di timo e una foglia d'alloro. Le dosi si possono raddoppiare.

Sciacquate l'orzo e tenetelo mezz'ora sotto l'acqua corrente. Spezzate ogni asparago con le due mani tenendolo per le estremità: il punto in cui si rompe naturalmente divide la parte tenera da quella fibrosa. Lavateli con acqua abbondante per togliere ogni residuo di terra. Lavate bene anche il peperone e tagliatelo a dadini. Disponete gli asparagi divisi in tronchetti nel varoma. Nel boccale scaldate l'olio per 2min. 100° Vel.1, inserite la farfalla e rosolatevi i dadini di peperone con timo, alloro (da togliere), sale e pepe: 3min. 100° Vel.1. Il peperone deve risultare croccante. Mettete da parte il peperone e senza lavare il boccale rimettete la farfalla con acqua, dado e l'orzo ben scolato. Chiudete il boccale, mette il varoma con gli asparagi e cuocete 45min. 100° Vel.1. L'orzo deve cuocere per quel tempo, ma controllate gli asparagi perchè devono rimanere piuttosto consistenti (20 minuti). A cottura ultimata scolate l'orzo e mettetelo in una ciotola aggiungendo le punte degli asparagi e i dadini di peperoni. Mescolate e guarnite con foglie di timo fresco.

17.1.1.80   Risotto Campagnolo (Rivista 2000)

Ingredienti: x 4: 350gr. di riso, 400gr. di verza, 100gr. di salsiccia, 250gr. di borlotti cotti, 100gr. di vino rosso, 30gr. d'olio e 30 di burro, 1\2 scalogno, parmigiano e prezzemolo tritati, dado, sale, 750gr. d'acqua o brodo.

Lavate la verza in acqua calda e tagliatela a liste piuttosto alte. Inserite nel boccale olio e scalogno: 3min. 100° Vel.1. Inserite la farfalla sulle lame, mettete il riso, il vino e fate tostare 2min. 100° Vel.1 senza misurino. Aggiungete l'acqua, il dado, il sale: 15min. 100° Vel.1. A metà cottura unite i fagioli e terminate la cottura. Aggiungete prezzemolo, burro e parmigiano: mescolate con la spatola. Lasciate riposare un minuto nel boccale, poi travasate in una risottiera e servite.

17.1.1.81   Bauletti Di Verza Con Carne (Rivista 2000)

Ingredienti: x 6: un cavolo verza, mezza cipollina, 50gr. di burro, un barattolo di pomodori a pezzettoni, sale, pepe.

Ingredienti: Per il ripieno di carne: 300gr. di carne fredda (in ordina di preferenza: brasato, bollito, arrosto), 100gr. di mortadella, un uovo, una manciata di mollica imbevuta nel latte e strizzata, 2 cucchiai di parmigiano, sale, pepe, noce moscata.

Buttate la carne nel boccale dall'altro a Vel.7, poi aggiungete la mollica del pane, l'uovo, il parmigiano, sale, pepe e una grattata di noce moscata, amalgamate spatolando a Vel.7: deve risultare un impasto consistente, ma morbido. Pulite e lavate le foglie del cavolo verza, lessatele pochi minuti in acqua bollente salata, scolatele e togliete le coste centrali. Tritate le foglie del cavolo molto rotte e aggiungetele al ripieno di carne. Aggiustate le foglie più belle, accavallandole leggermente affinchè non rimangano dei vuoti, mettete al centro di ognuna del ripieno e avvolgetele bene formando degli involtini. Nel boccale mettete burro e cipolla: 3min. 100° Vel.4. Aggiungete il pomodoro, un misurino d'acqua e una presa di sale: 5min. varoma Vel.2. Sistemate gli involtini nel varoma, mettetelo sul boccale e cuocete 30min. varoma Vel.2. A metà cottura controllate che il liquido nel boccale non sia calato troppo (in caso aggiungete un misurino d'acqua). A cottura ultimata disponete i bauletti in un piatto da portata e versatevi sopra il sugo di cottura.

17.1.1.82   Rotolo Di Verza Farcito (Rivista 2000)

Ingredienti: x 4: 8 larghe foglie di verza, 100gr. di pancetta a fettine rotonde, 300gr. di patate, 150gr. di provolone dolce, 40gr. di burro, un cucchiaio d'olio, uno spicchio d'aglio, timo, sale.

Scottate in acqua bollente salata le foglie di verza per 5 minuti. Scolatele e asciugatele con carta scottex. Togliete la parte grossa della venatura di ogni foglia senza spaccarla. Stendete ogni foglia su carta forno, sovrapponendole leggermente e formando un rettangolo. Coprite con la pancetta. Pelate e tagliate a rondelle sottilissime le patate e adagiatele sulla pancetta: insaporite con poco sale e timo. Mettete al centro il formaggio a pezzi e arrotolate chiudendo i lembi laterali. Mettete nel boccale l'acqua e un pò di sale: 6min. varoma Vel.1. Ungete la vaporiera, sistemate il rotolo e cuocete 40min. varoma Vel.1 o 2. Terminata la cottura togliete il varoma e svuotate il boccale, inserite il burro, il timo e l'aglio: 3min. 100° Vel.2. Tagliate il rotolo a fette e servite col burro fuso aromatizzato.

17.1.1.83   Fantasia Di Verdure (Rivista 2000)

Ingredienti: 700g patate, 300gr. piselli(anche surgelati), 300g funghi porcini freschi o surgelati, 2 carote, 2 pomodorini maturi, 1 cucchiaio colmo di prezzemolo tritato, un pezzetto di cipolla, 1 spicchio d'aglio, 30gr. di burro 20gr. di olio, 7oog di acqua sale e pepe.

Mettere nel boccale l'acqua e una presa di sale grosso 6' 1oo° Vel.1. Pelate lavate e tagliate a pezzi le patate. raschiate le carote, tagliatele a bastoncini e mettete il tutto nel varoma. Quando l'acqua bolle inserite il cestello con i piselli e posizionate il varoma 25' temp varoma Vel.3-4. Durante la cottura salate la verdura nel varoma. Terminata la cottura tenete le verdure coperte; svuotate il boccale, inserite la cipolla l'aglio l'olio e il burro3' 100° Vel.4. Aggiungete i funghi i pomodori strizzati dai semi e tagliati a pezzi sale e pepe 8' 100° vel1. Aggiungete il prezzemolo e i piselli, mescolate con la spatola e cuocete 3' 100° Vel.1. Terminata la cottura travasate le verdure cotte a vapore nel boccale e mescolate con la spatola, aggiustate di sale, coprite, lasciate insaporire il tutto qualche minuto a Bimby spento prima di serviRe.

17.1.1.84 Asparagi Allo Zabaione Salato (Rivista 2000)

Ingredienti: 500gr. di asparagi freschi, 4 tuorli, sale, un bicchiere di vino bianco secco, 40gr. di burro.

Spezzettate ogni asparago con le due mani tenendolo per le estremità, il punto in cui si rompe naturalmente divide la parte tenera da quella fibrosa. Dopo averli lavati disponeteli nel varoma. Nel boccale mettete un lt d'acqua e sale, meglio ancora sarebbe preparare nel boccale il dado vegetale contemporaneamente alla cottura degli asparagi. nell'una o nell'altra maniera cuocete 30min. varoma Vel.2. Terminata la cottura togliete il varoma e lasciatelo chiuso. Terminate di preparare il dado vegetale. Liberate il boccale, sciacquatelo e preparate uno zabaione con tuorli, burro, vino e sale: 5min. 70° Vel.4. Disponete gli asparagi su un piatto da portata e serviteli con lo zabaione salato.

17.1.1.85 Verza All'indonesiana (Rivista 2000)

Ingredienti: 400gr. di lonza di maiale, un cavolo verza, uno spicchio d'aglio, pepe, sale, 2 uova, una cipolla, 100gr. d'olio.

Sfogliate la verza, lavatela e tagliatela a listarelle e portatela a mezza cottura in una pentola con acqua salata. Scolatela e ponetela in una terrina. Tagliate la carne a cubetti e tenetela da parte. Inserite cipolla, olio e aglio nel boccale: 3min. 100° Vel.4, mettete la farfalla, unite la carne, salate, pepate: 10min. 100°vel 1. Aggiungete la verza, un misurino d'acqua: 20min. 100° Vel.1. In una terrina sbattete le uova quel tanto che basta per unire i tuorli agli albumi. A fine cottura versate il contenuto nella terrina di portata amalgamando tutto velocemente.

17.1.1.86 Piccolo Flan Di Verza Con Fonduta (Rivista 2000)

Ingredienti: per il flan: 400gr. di cavolo verza, una cipolla, 1\2 di panna, 30gr. di burro, 3 uova, basilico, alloro, prezzemolo.
Ingredienti: Per la fonduta: 100gr. di fontina, 20gr. di maizena, 2 misurini di latte, pepe bianco.

Pulite la verza, eliminate le foglie esterne più dure e il torsolo, lavatela e sgocciolatela. Nel boccale inserite burro e cipolla: 3min. 100° Vel.4, le foglie della verza e tritatele 10 sec Vel.5 spatolando. Insaporitela con sale, pepe e una foglia d'alloro. Fate stufare le verze 20min. 100° Vel.1 aggiungendo, se necessario, poco brodo, poi fate raffreddare. Togliete ora l'alloro e frullate le verze con qualche foglia di basilico e una manciata di prezzemolo, la panna e le uova: 10 sec Vel.5. Imburrate delle formine da timballo, riempitele con l'impasto e cuocetele a bagnomaria in forno a 170° per un'ora. Servite in piattini individuali cospargendo con la fonduta. Per la fonduta: inserite nel boccale la fontina: 4 sec Vel.5, unite il latte, la maizena e il pepe bianco: 4min. 80° Vel.4.

17.1.1.87 Gubana Friulana (Rivista 2000)

Ingredienti: Per la pasta: 450gr. di farina, 80gr. di zucchero, 150gr. di latte, 30gr. di burro morbido, un cubetto di lievito di birra, 3 cucchiai d'olio, 3 tuorli, scorza di limone, sale.
Ingredienti: Per il ripieno: 50gr. di noci, 30gr. di pinoli, 100gr. di cioccolato fondente, 50gr. di uvetta, 100gr. di zibibbo o marsala secco.

Nel boccale mettete zucchero e buccia di limone: 30 sec Vel.7. Unite latte, lievito, olio, tuorli e burro morbido: 40 sec Vel.4. Aggiungere farina e sale: 30 sec Vel.6 e 30 sec Vel.spiga. Stendere la pasta nello spessore di 1 cm. Preparare la farcitura: nel boccale mettere noci e cioccolato: 4 colpi di turbo. Ammollate l'uvetta nel liquore per 20 min. Strizzatela e unitela ai pinoli e al trito di noci in una terrina. Mettete la farcitura sulla sfoglia e arrotolatela su sè stessa formando un rotolo che girerete a cerchio a forma di ciambella.Infornate a 180° per 40 minuti. Servitelo tiepido, a fette, irrorato di zibibbo e grappa.

17.1.1.88   Tagliatelle Alle Fragole (Rivista 2000)

Ingredienti: 600gr. di fragole, 2 uova, 100gr. di farina, 250gr. di latte, 30gr. di burro, un pizzico di sale, 3 cucchiai di zucchero, 50gr. di pistacchi pelati, 75gr. di mandorle pelate.
Mettete nel boccale uova, 1 cucchiaio di zucchero, farina, latte, sale e burro: 20 sec Vel.6. lasciate riposare l'impasto per 30 min, poi preparate delle crepes sottili e fatele raffreddare. lavate e mondate le fragole. Mettete nel boccale metà delle fragole e due cucchiai di zucchero: 7min. 100° Vel.4, fino ad ottenere uno sciroppo. Versatelo in una ciotola, amalgamate l'altra metà di fragole a filetti e mettete da parte. Riducete le crepes in tagliatelle, versatevi sopra un pò di sciroppo con le fragole e i pistacchi. Cospargete di mandorle grattugiate finemente.

17.1.1.89   Fantasia Di Funghi Con Orzo (Rivista 2000)

Ingredienti: 250gr. d'orzo perlato, 100gr. di piselli freschi o surgelati, 300gr. di funghi porcini affettati grossolanamente, freschi o surgelati, 200gr. di funghi chiodini, freschi o surgelati, un porro, 1\2 cipolla piccola, un rametto di timo, 2 cucchiai di parmigiano, 40gr. d'olio, 600gr. di brodo vegetale o acqua e dado, sale, pepe.
Ammorbidire l'orzo in una ciotola con dell'acqua per 2 ore. Mettete nel boccale il porro a rondelle, la cipolla e l'olio: 3min. 100° Vel.3. Inserite la farfalla, aggiungete i piselli e i funghi, sale e pepe: 5min. 100° Vel.1. Mettete l'orzo scolato, una prate del timo e insaporite 2min. 100° Vel.1. Aggiungete brodo caldo e cuocete 35\40 minuti 100° Vel.1. Terminata la cottura mettete il parmigiano e il rimanente timo, mescolate e lasciate riposare qualche minuto prima di servire.

17.1.1.90   Linguine Alla Polpa Di Granchio Nel Boccale (Rivista 2000)

Ingredienti: 2 scatole di polpa di granchio, 500gr. di linguine, 200gr. di panna liquida, uno scalogno, mezzo misurino d'olio, un cucchiaino di prezzemolo tritato, sale, 1\2 misurino di cognac, 800gr. d'acqua.
Mettete nel boccale olio e scalogno: 2min. 90° Vel.4. Unite la polpa di granchio e cuocete 3min. 100° Vel.1. Versate il cognac. Lasciatelo evaporare, quindi aggiungete 100gr. di panna: 3min. 100° Vel.1. Versate l'acqua calda nel boccale. Salate e portate ad ebollizione. Quando l'acqua bolle, senza spegnere il bimby, versate le linguine e aspettate che scendano, poi cuocete il numenro di minutiindicato sulla confezione (ca 8) A cottura ultimata unite gli altri 100gr. di panna e lasciate riposare un minuto. Versate in una zuppiera, spolverizzate col prezzemolo tritato e versate un filo d'olio.

17.1.1.91   Polenta Con Fagioli E Verza (Dicembre 2000)

Ingredienti: 300 farina di mais;150gr di fagioli borlotti, 120gr di cotiche di maiale 50gr di olio extra vergine, una verza, una carota, un gambo di sedano, un litro di acqua, l/2 cipolla, sale e pepe qb.
Pulite, raschiate e tagliate a pezzetti le cotiche.Mondate e tagliate a striscioline la verza.Inserite nel boccale cipolla carote sedano e tritate 5" Vel.6. aggiungete l'olio e le cotiche e fate cuocere 10' 100° Vel.1 Con lame in movimento versate a pioggia la farina gialla. Cuocete 40' 100° Vel.1.A cottura ultimata, versate in una pirofila. Servite calda.

17.1.1.92 Minestra Di Farro (Dicembre 2000)

Ingredienti: 150gr farro decorticato; 1 scatola fagioli cannellini sgocciolati e lavati, 1 una costa di sedano 1 carota, 1 cipolla 80gr. salsa di pomodoro, 80gr. dado Bimby, 50gr. olio extra vergine una spruzzata di peperoncino in polvere.

TRITATE grossolanamente sedano carota e cipolla 10" Vel.3 Aggiungete olio e cuocete 3' 90° Vel.1.Togliete dal boccale e mettete da parte.Senza lavare il boccale inserite i fagioli con 200gr di acqua e omogeneizzate 20"vel turbo. Aggiungete le verdure messe da parte, la salsa di pomodoro il dado, il farro e il litro di acqua: 50' temp varoma Vel.1. Versate la minestra in una zuppiera con una spruzzata di peperoncino e parmigiano(facoltativo).

17.1.1.93 Tajadin Di Villa (Dicembre 2000)

Ingredienti: Per la PASTA: 200gr farina; 100gr farina di castagna; un uovo; acqua e sale quanto basta.

Ingredienti: Per il sugo: 2 grosse cipolle(tipo napoletana); 200gr. fontina un cucchiaino da caffè di polvere di camomilla;20gr di olio d'oliva extravergine.

Mettere nel boccale le due farine, l'uovo e un poco d'acqua (quanto basta per un impasto elastico): 30" vel6 poi 1' Vel.spiga. Dall'impasto formate delle tagliatelle irregolari. Nel boccale tritate le due cipolle e stufatele con l'olio: 3' 100° Vel.4. Tagliate a cubetti la fontina e versatela nel boccale, amalgamandola alle cipolle. Cuocete le tagliatelle e conditele con il sugo di cipolle e fontina. Spolverizzate con la camomilla e parmigiano grattugiato

17.1.1.94 Zuppa Di Ceci E Gamberetti (Dicembre 2000)

Ingredienti: 250gr gamberetti 300gr di riso, una scatola di ceci, 1 scalogno, 1 mis di vino bianco, 30gr. di olio, sale e peperoncino qb, uno spicchio d'aglio, aghi di rosmarino.

Inserite nel boccale olio, aglio, scalogno e qualche ago di rosmarino 3' 100° Vel.4. Aggiungete metà della scatola di ceci e frullate qualche secondo: vel 4/5.Aggiungete il vino bianco e rosolate 2' 100° Vel.3. Inserite la farfalla, i gamberetti, i ceci rimasti e 650gr. di acqua e dado. Cuocete 15' 100° Vel.1.Versate il riso e cuocete 13' 100° Vel.1. Spolverizzate con peperoncino e servite calda.

17.1.1.95 Pensiero D'amore (Gennaio 2001)

Ingredienti: 300gr. biscotti frollini al cacao 70gr. di burro morbido per la farcitura 400gr. ricotta 150 zucchero 150 yogurt 1 uovo il succo di mezzo limone la scorza grattugiata 1/2 fialetta di essenza di vaniglia 150gr. gocce di cioccolato fondente.

Mettere i biscotti nel boccale 10 sec. Vel.9 toglietene 2 cucchiai e metteteli da parte. aggiungere l'uovo e il burro 15 sec. Vel.5.Togliere l'impasto e formare una palla copritela con la pellicola trasparente e tenetela in frigo per 20 min. Mettere nel boccale lo zucchero la scorza grattugiata del limone il succo l'uovo lo yogurt e la vaniglia 15 sec. Vel.5 Aggiungere la ricotta 15 sec. Vel.4 inserire le gocce di cioccolato meno una cucchiaiata. amalgamate con la spatola. Imburrate una tortiera di 24 cm cospargetela con i biscotti grattugiati. Stendere la pasta sul fondo e lateralmente formando un bordo alto 3 cm. Riempire con il composto livellate la superficie e distribuite sopra le rimanenti gocce di cioccolato. cuocete in forno a 160/170 per 35 minuti. prima di sfornare lasciate riposare per 30 min.

17.1.1.96 Torta Di Compleanno (Maggio 2001)

Ingredienti: 1 dose di pan di spagna, 1 dose di crema Bimby, 300gr. di panna liquida da montare, 1 scatola di albicocche sciroppate, 1 fiala di colorante verde(alimentare), liquore Gran Marnier, 100gr. di pistacchi(già puliti)

Tagliare il Pan di Spagna in tre dischi.Ogni disco deve essere inzuppato di liquore. Preparate il primo disco, da base, dopo averlo inzuppato di liquore, adagiatevi la crema Bimby, Appoggiate il secondo disco, ripetete l'operazione con il liquore, e appoggiatevi sopra le albicocche sgocciolate.Chiudete con l'ultimo disco di Pan di Spagna.Nel boccale pulito e raffreddato montate la panna, unite a poco a poco la fiala di colorante. Ricoprite la torta, lasciando lo spessore più alto di panna in alto, e tutt'intorno appena la copertura, Togliete la pellicina ai pistacchi e a boccale pulito tritateli: 10" vel5-6. Spolverizzate di pistacchi la torta e servitela dopo averla lasciata nel frigo per almeno due ore. Io l'ho preparata la sera prima con alcune varianti, lo sciroppo come bagna al posto del liquore e ho aggiunto un pò di crema anche al secondo strato, insieme alle albicocche...

17.1.1.97   Pennette Con Asparagi (Maggio 2004)

Ingredienti: per 4/5 persone: 500 gr, di asparagi selvatici; 1/2 cipolla ; 100gr. di passata; 50gr. di estratto di pomodoro; 50gr. di olio di oliva; 50gr. di vino rosso; 500gr. di pennette; 500gr. di ricotta di pecora

Spuntate la parte più tenera degli asparagi (in tutto ne ricavate circa 200gr.)quindi legate con lo spago alimentare i gambi e metteteli a bollire in una casseruola con 2 litri di acqua. Nel frattempo inserite nel boccale la cipolla con l'olio: 3 minuti 100°vel.4;aggiungete le punte di asparagi;4 minuti 100°vel.1. Versate il vino e fate sfumare: altri 4 minuti 100°vel 1.Unite 400gr. di acqua , la passata l'estratto.20 /25 minuti 100°vel 1 Mettete in una ampia ciotola. Senza lavare il boccale, inserite la farfalla e versate 1 litro e mezzo di acqua di cottura dei gambi;portate ad ebolizione
;8 minuti 100°vel.1 Aggiungete le pennette e cuocete per il tempo indicato nella confezione. Scolate e versate la pasta nella ciotola. Unite la metà della ricotta e mescolate bene. Dividete nei piatti mettendo sopra ad ognuno una cucchiaiata della ricotta rimasta

18 La spatola d'argento

18.1.1   1978

18.1.1.1   Nidi Alla Spuma Di Tonno

Ingredienti: 4 persone: 160g di tonno sott'olio, 200g di philadelphia, una spruzzata di limone, una bustina di zafferano, 100g di mascarpone, 6 uova sode, 8 fette di pancarrè.
Preparazione: Mettere nel boccale tonno, philadelphia, zafferano: **15sec. Vel.6 e 20sec. Vel.Turbo.**
Versare il composto in una ciotola e porre in frigorifero.
Ritagliare dal pancarrè delle sagome a forma di fiore, spalmare con mascarpone, disporre al centro mezzo tuorlo d'uovo.
Mettere il composto in una siringa da pasticcere e decorare a piacere le tartine.
Sbriciolare i tuorli d'uovo rimasti e cospargere le tartine.

18.1.1.2   Involtini Di Asparagi E Salmone In Salsa Al Caviale

Ingredienti: 4 persone: 25 grossi asparagi lessati al dente e raffreddati, 5 fette larghe e sottili di salmone affumicato, 100g di maionese, 4 cucchiai di panna, 50g di caviale, insalata mista 1 cipollotto, olio extra vergine d'oliva, sale e pepe q.b..
Preparazione: Montare la panna come da ricettario base e mettere da parte.
Preparare la maionese come da ricettario base.
Mettere nel boccale la maionese, la panna e amalgamare: **10sec. Vel.2.** Versare salsa in una ciotola, ed aggiungere il caviale, mescolare delicatamente e porre in frigorifero.
Avvolgere 5 asparagi con il salmone e disporli al centro di piatti individuali, condire con la salsa al caviale e guarnire con un poco d'insalata mista e rondelle di cipollotti, irrorare le verdure con olio e limone.

18.1.1.3   Sedani Ripieni

Ingredienti: 6 persone: 250g di ricotta fresca, 200g di tonno sott'olio, 10 coste di sedano bianco (si possono usare pomodori rossi piccoli, insalata belga, crostini), un cucchiaio di capperi, sale q.b..
Preparazione: Mettere nel boccale, a Vel.4 con lame in movimento, tonno, capperi ed acciughe per **30 sec.**.
Radunare sul fondo il composto. Aggiungere la ricotta e un pizzico di sale, amalgamare: **30sec. Vel.4.**
Riempire i sedani con il composto e servire.

18.1.1.4   Timballo Di Tortellini

Ingredienti: 4 persone: PER IL TIMBALLO: 1 dose di pasta brisè, 700g di tortellini.
PER IL SUGO: 200g di prosciutto cotto a dadini, 1 scalogno, 400g di pisellini freschi (o surgelati), 30g di burro, 1 confezione di panna da cucina, 100g di parmigiano grattugiato, 2 cucchiai di dado Bimby.
Preparazione: Per il timballo:
Preparare la pasta come da ricettario base, stenderla e foderare uno stampo per timballi con bordo di 12 cm circa. Forare la pasta con una forchetta.
Per il sugo:
Mettere nel boccale scalogno e burro e soffriggere: **3 min. 100° Vel.1.**
Inserire la farfalla, aggiungere un cucchiaio di dado e piselli: **10 min. 100° Vel.1**, unire la panna ed il prosciutto e cuocere: **10 min. 100° Vel.1.**
Togliere il sugo ed aggiungere 1 litro e 200g d'acqua e un cucchiaio di dado, portare ad ebollizione: **10-12 min. 100° Vel.1.**

Versare i tortellini e cuocere: **5-6 min. Vel.1**. Scolarli, condirli con il sugo e parmigiano. Riempire il timballo e ricoprire con la pasta rimasta. Cuocere in forno preriscaldato a **200°** per **20 min.**. Servire caldi.

18.1.1.5   Zuppa Imperiale Delicata

Ingredienti: 4 persone: 5 uova, 150g di parmigiano reggiano, 100g di semolino, 100g di mortadella, 50g di burro, noce moscata q.b..

Preparazione: Tritare la mortadella, inserendola dal foro del coperchio con le lame in movimento: **10sec. Vel.7-8** e mettere da parte.

Tritare il parmigiano 20sec. Vel.Turbo, aggiungere il semolino, il burro a temperatura ambiente, le uova e la noce moscata grattugiata e frullare: **15sec. Vel.6- 8**.

Versare il composto in una pirofila (di circa 25x35 cm) precedentemente imburrata e cosparsa di pane grattugiato, livellare bene il composto e cuocere in forno a **180° per 30 min**. circa (fino a quando non si sarà formata una crosticina dorata).

Togliere con delicatezza dalla pirofila, lasciarla raffreddare e tagliare la pasta a dadini. Cuocere la zuppa in brodo bollente di carne o preparato con dado Bimby. Servire calda.

18.1.1.6   Garganelli Di Imola

Ingredienti: per **4** persone: 400g di sfoglia per tagliatelle come da ricettario base, 170g di prosciutto crudo, 100g di pisellini freschi o surgelati, 2 peperoni rossi dolci pelati e tagliati a dadini, 1 scalogno, 150g di panna da cucina, 200g di salsa di pomodoro, 30g di burro, parmigiano grattugiato q.b..

Preparazione: Tritare la sfoglia abbastanza grossa e tagliarla a quadretti regolari di 4 cm circa, arrotolare ciascuno di essi, partendo da una punta, attorno ad un bastoncino di forma cilindrica non più grosso di una matita e passarlo su un pettine da tessitore.

Ultimata la preparazione dei garganelli, che avranno la forma di piccole penne rigate, lasciarli asciugare per qualche ora.

Mettere nel boccale burro e scalogno, cuocere: **3 min. 100° Vel.4**.

Aggiungere la salsa di pomodoro, i pisellini, il peperone a dadini e cuocere: **12 min. 100° Vel.1**, unire il prosciutto e la panna, cuocere ancora per **4 min. 100° Vel.1**.

Cuocere i garganelli in acqua salata e condirli con il sugo preparato ed il parmigiano.

A piacere: saltare il tutto in padella.

18.1.1.7   Risotto Con Spinaci E Gamberetti

Ingredienti: 6 persone: 500g di riso, 200g di gamberetti sgusciati, 300g di spinaci, 1 cipolla piccola, 50g di burro, 1 litro e 100g di brodo vegetale, 100g di vino bianco, 50g d'olio etra vergine d'oliva, sale e pepe q.b..

Preparazione: Tritare grossolanamente gli spinaci: **2-3 colpi di Turbo** e metterli da parte.

Mettere nel boccale cipolla ed olio: **3 min. 100° Vel.4**.

Inserire la farfalla, aggiungere i gamberetti, rosolare: **3 min. 100° Vel.1**, togliere solo i gamberetti e metterli da parte.

Unire gli spinaci e rosolare: **3 min. 100° Vel.1**.

Aggiustare di sale e pepe, unire il riso e tostare: **3 min. 100° Vel.1**; sfumare con il vino: **1 min.**. Versare il brodo e cuocere: **14 min. 100° Vel.1**.

Aggiungere i gamberetti al riso e continuare la cottura per **1 min.**.

Aggiustare di sale e pepe e a piacere unire 2 cucchiai di panna, mantecare il tutto e servire.

18.1.1.8   Lagane Al Sugo Di Anguilla

Ingredienti: 4 persone: PER LA PASTA: 500g di farina di grano duro, 280g d'acqua, 10g d'olio extra vergine d'oliva, sale q.b..

PER IL SUGO: 500g d'anguilla, 1 spicchio d'aglio, 300g di salsa di pomodoro, 20g d'olio extra vergine d'oliva, 1 cucchiaio di prezzemolo, 1 ciuffo di foglie di basilico, sale q.b..
Preparazione: Per la pasta:
Versare nel boccale acqua, olio e sale: **4sec. Vel.3**, aggiungere la farina: **30sec. Vel.6 e 1 min. a Vel.Spiga**.
Stendere la sfoglia ed usare la "chitarra" per le lagane.
Preparare il sugo:
Soffriggere nel boccale aglio ed olio: **3 min. 100° Vel.4**. Unire
alcuni pezzi d'anguilla e rosolare: **3 min. 100° Vel.1**.
Aggiungere la salsa e cuocere: **10 min. 100° Vel.1**, unire la restante anguilla e cuocere: **15 min. 100° Vel.1**.
Cuocere le lagane, scolarle al dente e finire la cottura saltandole in padella con il sugo, basilico, prezzemolo e un filo d'olio extra vergine d'oliva.

18.1.1.9 Flan Di Carciofi

Ingredienti: 4 persone: 6 carciofi trifolati (possibilmente romaneschi), 1 dose di besciamella, 3 uova, 100g di fontina, 70g di salame, pangrattato q.b..
Preparazione: Preparare i carciofi trifolati come da ricettario base.
Nel boccale tritare grossolanamente formaggio e salame con **2-3 colpi di Turbo** e mettere da parte.
Preparare la besciamella come da ricettario base, aggiungere le uova intere: **30sec. Vel.5-6**.
Imburrare e spolverare con pangrattato uno stampo da soufflè, versarvi il composto, spolverare la superficie con pangrattato.
Cuocere in forno preriscaldato a **200° per 45 min.** (finché la superficie non diventa dorata).
Sformare tiepido e servire.

18.1.1.10 Filettino In Crosta

Ingredienti: 4 persone: 600g di filetto di maiale, 20g d'olio extra vergine d'oliva, 150g d'asparagi puliti, 250g di pasta sfoglia come da ricetta base, 6 fette di prosciutto crudo dolce (o prosciutto cotto), 1 uovo.
Preparazione: Tagliare il filetto in 6 tronchetti, insaporirli con un sale aromatico.
Inserire nel boccale la farfalla, versare l'olio e disporre i tronchetti di filetto, cuocere: **3 min. temp.Varoma Vel.1**.
Aprire il coperchio, girare la carne dall'altro lato e rosolare ancora: **3 min. temp.Varoma Vel.1**. Togliere e mettere da parte.
Togliere la farfalla ed insaporire gli asparagi: **3 min. 100° Vel.3**. Togliere e mettere da parte.
Tirare la pasta sfoglia e ricavarne 6 quadrati.
Avvolgere la carne nel prosciutto, appoggiare sulla sfoglia e ricoprire con un poco d'asparagi.
Spennellare i bordi con l'uovo sbattuto, richiudere il fagottino unendo i quattro angoli del quadrato. Spennellare il fagottino con l'uovo sbattuto e cuocere in forno caldo per **30 min.**.

18.1.1.11 Rollè Di Branzino Con Nastri Di Verdure

Ingredienti: 4 persone: 4 branzini (circa 350g. cad), 300g di carote, 300g di zucchine, 2 ciuffi di spinaci, 120g di fumetto di pesce, 4 fettine lunghe e sottili di pancetta tesa, 30g d'olio extra vergine d'oliva, 1 noce di burro, 1 cucchiaio di maizena, 40g di brandy o vino bianco secco, 700g d'acqua, sale e pepe q.b., una citronette (preparata con olio, succo di limone e sale).
Preparazione: Sfilettare i branzini e da ognuno ricavarne due filetti.
Lavare le verdure, tagliare le zucchine e le carote a liste lunghe, formando dei nastri, utilizzare la mandolina o il pelapatate e sistemarle nel vassoio a Varoma.
Stendere su un filetto due foglie di spinaci, salare, pepare e aggiungere un filo d'olio extra vergine d'oliva. Coprire con l'altro filetto, arrotolare e legare con una fettina di pancetta e filo refe.

Imburrare la campana del Varoma e sistemarvi i 4 rollè. Appoggiare il vassoio con le verdure. Versare l'acqua nel boccale, il sale e a piacere aggiungere una fettina di limone, posizionare il Varoma e cuocere: **20 min. temp.Varoma Vel.2**.

A cottura ultimata, svuotare il boccale e mettere il fumetto di pesce, le noci di burro, la maizena, il vino bianco o il brandy: **4 min. 100° Vel.3-4**.

Servire su ogni piatto un rollè di pesce irrorato con un cucchiaio di salsa delicata e accompagnato con i nastri di verdure, tiepidi ed insaporiti con un cucchiaino di citronette.

18.1.1.12 Terrina Di Pesce

Ingredienti: 600g di polpa di nasello, 2 filetti di sogliola, 14 gamberetti, 250g di filetto di salmone, 100g di vino bianco, 2 porri, erba cipollina, 20g d'olio extra vergine d'oliva, 1 rametto di menta, 1 cucchiaio di semi di finocchio, 1 cucchiaio di prezzemolo tritato, 1 dose di maionese vedi ricetta base, sale e pepe q.b..

Preparazione: Mondare i due porri, aprirli a nastro di 8-10 cm circa, e scottarli in acqua bollente, toglierli e farli asciugare su carta assorbente.

Tagliare i filetti di sogliola a lista di 4-5 cm, tagliare il nasello a tocchi, unire gamberi e salmone precedentemente puliti e farli marinare per un'ora in una terrina con vino, pepe, sale e i semi di finocchio.

Preparare un trito d'erbe (prezzemolo, erba cipollina e menta) e mettere da parte. Oliare una terrina e foderarla con i porri. Disporre a scacchiera i vari pezzi di pesce lasciando da parte i gamberetti, spolverare con un po' di trito d'erbe. Fare uno strato con i gamberi, spolverare con le erbe e ripetere l'operazione fino ad esaurimento del pesce.

Chiudere la terrina con un ultimo strato di porro a nastro e irrorare con un filo d'olio extra vergine d'oliva.

Cuocere a bagnomaria in forno preriscaldato a **180° per circa 20 min.**.

Togliere la terrina dal forno, scolare il liquido che si è formato nella terrina, farlo restringere nel boccale: **5 min. temp.Varoma Vel.2**, unire un po' di prezzemolo tritato e mescolarlo (freddo) alla maionese.

Servire.

18.1.1.13 Rotolo Di Carne

Ingredienti: 1 fetta grande e sottile di vitello (600-700g), trito d'aromi con aglio, sale, rosmarino e salvia, 4-5 fette di speck, 50g di fontina a bastoncini.

PER IL SUGO: 150g misti di succo di limone e arancia, 50g di vino bianco, 20g d'olio extra vergine d'oliva.

Preparazione: Stendere la carne, ricoprirla con le fettine di speck ed i bastoncini di fontina; arrotolare e fermare con dello spago da cucina.

Insaporire il rotolo con il sale e gli aromi e posizionarlo nella campana del Varoma.

Versare nel boccale il vino e il succo degli agrumi, posizionare il Varoma e cuocere: **60 min. temp.Varoma Vel.1**. Togliere e mettere da parte.

Unire nel boccale l'olio ed emulsionare: **10sec. Vel.3**.

Tagliare il rotolo a fette e servire con il sugo.

18.1.1.14 Charlotte Di Polenta

Ingredienti: 1 dose di polenta vedi ricettario base, 1 dose di besciamella vedi ricettario base, 150g di fontina a fette, 30g di burro, 400g di polpa di lepre tritata, 30g d'olio extra vergine d'oliva, 1 carota, 200g di vino rosso corposo, 1 cipolla, 1 costa di sedano, 2 cucchiai di concentrato di pomodoro, 200g di brodo, 100g di vino rosso robusto, sale e pepe q.b..

Preparazione: Preparare una polenta come da ricettario base e farla raffreddare.

Preparare una dose di besciamella, come da ricettario base.

Mettere nel boccale olio, burro, cipolla, sedano e carota: **3 min. 100° Vel.4**, inserire la farfalla, aggiungere la carne di lepre tritata, rosolare: **10 min. 100° Vel.1**.

Sfumare con il vino, ed unire un mestolo di brodo vegetale, cuocere: **40 min. 100° Vel.1**, aggiustare di sale e pepe.

A cottura ultimata, unire la besciamella, amalgamare bene.

Dalla polenta fredda tagliare 2 dischi dello stesso diametro dello stampo. Tagliare inoltre tante fettine della larghezza di 12x13 cm.

Imburrare uno stampo e foderare i bordi ed il fondo con fette di polenta.

Fare uno strato di fette di fontina, poi proseguire con uno strato di ragù e ricoprire con un altro disco di polenta, ripetere fino alla fine degli ingredienti, devono risultare tre strati (cioè tre dischi).

Pressare bene, coprire con un foglio di carta del tipo alluminio.

Gratinare in forno preriscaldato a **200° per 20 min.**.

18.1.1.15 Sorbetto Allo Spumante

Ingredienti: ½ litro di spumante, la scorza di mezza arancia, la scorza di mezzo limone, 200g di zucchero, 250g d'acqua minerale naturale, un albume.

Preparazione: Versare nel boccale acqua, zucchero, le scorze di limone ed arancio: **5 min. 90° Vel.1**.

Lasciare raffreddare completamente, unire lo spumante e togliere le scorze.

Versare il tutto in un recipiente largo e basso, e mettere nel congelatore per almeno una notte.

Al momento di servire dividerlo in pezzi, metterlo nel boccale con l'albume: **30sec. Vel.9** aiutandosi con la spatola e servire.

18.1.1.16 Budino Freddo Di Gianduia

Ingredienti: 4 persone: 2 uova intere + 1 tuorlo, 120g di zucchero, 100g di biscotti secchi, 50g di nocciole tostate, 70g di cacao amaro, 70g di burro morbido.

Preparazione: Mettere nel boccale nocciole e biscotti, tritare: **10sec. Vel.5** e mettere da parte.

Preparare lo zucchero a velo, unire il burro morbido e montare: **15sec. Vel.5-6**; unire uova e cacao: 10sec. Vel.4. Aggiungere dal foro del coperchio con lame in movimento il trito di nocciole e biscotti: **20sec. Vel.4-5** spatolando.

Disporre il composto in uno stampo da budino foderato con carta trasparente.

Riporlo in frigorifero per almeno **tre ore**, sformare e servire tagliato a fette.

A piacere accompagnare ogni fetta con panna montata o con fette di mandarino pelato a vivo.

18.1.1.17 Dolce Sorpresa

Ingredienti: 6 persone: PER LA PASTA: 500g di farina, 250g di latte, 60g di burro, 15g di lievito di birra, 3 tuorli.

PER la farcia: 1 dose di crema pasticcera come da ricettario base, 50g di mandorle a lamelle, 2 mele, 30g di zucchero, la buccia di 1 limone grattugiata.

Preparazione: Mettere nel boccale latte, lievito ed un cucchiaio di zucchero: **10sec. Vel.2**, unire il burro morbido, la farina, i tuorli ed un pizzico di sale: **30sec. Vel.5-6 e 1 min. di Spiga**.

Mettere a lievitare in luogo caldo per circa **3 ore**.

Stendere la pasta e cospargerla di crema pasticcera fredda, unire le mele sbucciate tagliate a fettine, la buccia del limone e le mandorle.

Arrotolare la pasta su se stessa (a chiocciola). Incidere sopra alcuni tagli e lasciare lievitare per **45 minuti** circa coperta da carta forno.

Cuocere in forno preriscaldato a **180° per 30-40 min.**.

18.1.1.18 Corona Di Frutta E Panna

Ingredienti: frutta mista (fragole, ciliegie, pere, noci, arance, ananas, banane, …), 1 fetta di Pan di Spagna, 100g di meringhe, ½ litro di panna fresca per dolci, liquore leggero per bagnare il pan di Spagna, 100g di zucchero.

Preparazione: Preparare il pan di Spagna come da ricettario base.

Fare una macedonia con la frutta, metterla a macerare con 1-2 cucchiai di zucchero per circa **mezz'ora**.

Montare la panna con 100g di zucchero come da ricettario base.

Tagliare una fetta di pan di Spagna, sistemarla in un piatto da portata ed irrorarla con il liquore. Aggiungere la frutta livellandola. Coprire il tutto con la panna montata e le meringhe sbriciolate.

Decorare il dolce con fragole, chicchi d'uva, kiwi a fette formando una corona.

Servire ben fredda.

18.1.2.1   Olive In Pasta Brisè

Ingredienti: 4 persone: 230g di farina, 20g di parmigiano, 100g di burro morbido, 50g d'acqua fredda, 200g d'olive snocciolate.
Preparazione: Grattugiare il parmigiano: **20sec. Vel.Turbo.**
Versare nel boccale la farina, burro ed acqua: **15sec. Vel.4.** Far
riposare la pasta in frigorifero per 15 minuti.
Sgocciolare e lasciar asciugare le olive.
Stendere la pasta in una sfoglia sottile; tagliarla a quadratini e avvolgere le olive
formando con le mani delle palline.
Sistemarle in una teglia ricoperta di carta da forno distanziate fra loro e cuocere in forno
preriscaldato a **180°-200° per 15-20 min.**, dovranno risultare dorate.
Servire calde o fredde.

18.1.2.2   Medaglioni Marini

Ingredienti: 10 persone: 10 fette di pancarrè, 1 scatola di tonno da 200g, 150g di
mascarpone, poca pasta d'acciughe, 50g di salmone affumicato.
PER DECORARE: qualche cucchiaio di caviale o uova di lompo o riccioli di burro,
qualche ciuffetto di barba verde di finocchio.
Preparazione: Ricavare da ogni fetta di pancarrè un disco zigrinato o un fiore usando
l'apposito stampino.
Mettere nel boccale il tonno sgocciolato e la pasta d'acciughe: **10sec. Vel.5**, aggiungere il
mascarpone: **20sec. Vel.5-7 spatolando.**
Spalmare ogni disco di pancarrè con la mousse di tonno.
Creare un fiore usando il salmone per formare dei petali e mettendo al centro del caviale e
un ricciolo di burro.
Decorare con un filetto di barba di finocchio e servire.

18.1.2.3   Streghe

Ingredienti: 4 persone: 50g di strutto o margarina, 250g d'acqua tiepida, 1 cubetto di
lievito di birra, 300g di farina 00, 50g d'olio extra vergine d'oliva, 2 cucchiai di semi di
sesamo, 2 cucchiai di semi di papavero.
Preparazione: Inserire nel boccale acqua e strutto: **30sec. 40° Vel.4.** Aggiungere il lievito
e la farina: **30sec. Vel.6 e 30sec. Vel.Spiga.**
Lasciare lievitare l'impasto almeno **30 minuti.** Tirare la
pasta usare la macchinetta fino a spessore 4.
Tagliare con una rotella per ottenere dei rettangoli di 10x5 cm circa.
Spennellarli con l'olio e cospargerli con i semi.
Cuocere in forno a 180°-200° per 7-8 min..
Consiglio: sono ottime farcite con salumi e formaggi per un piacevole spuntino.

18.1.2.4   Timballo Per Una Festa

Ingredienti: 12 persone: 500g di riso per risotti, 500g di piselli finissimi (surgelati), 500g
di manzo tritato, 600g di cipolle, 130g di burro, 80g d'olio extra vergine d'oliva, 150g di
vino bianco secco, 200g di mozzarella, 130g di parmigiano grattugiato, 800g di brodo
(per cuocere il riso), sale e pepe q.b., pane grattugiato q.b., ½ dose di besciamella.
Preparazione: Tritare la mozzarella e mettere da parte.
Tritare una cipolla media: **10sec. Vel.3**; unire 60g di burro: **4 min. 100° Vel.4.** Inserire la
farfalla, aggiungere i piselli, aggiustare di sale e cuocere: **15 min. 100° Vel.1**; se occorre
aggiungere 50g d'acqua.
A cottura ultimata i piselli dovranno essere quasi asciutti, versarli in una terrina capiente.
Togliere la farfalla, mettere nel boccale le cipolle, tritarle, unire 40g d'olio e rosolare: **4
min. 100° Vel.4**; rimettere la farfalla, unire la carne, aggiustare di sale e pepe: **5 min.
100° Vel.1.**

Preparare un risotto bianco: rosolare cipolla e burro: **3 min. 100° Vel.4**; inserire la farfalla, unire il riso: **2 min. 100° Vel.1**. Sfumare con il vino, aggiungere il brodo e cuocere: **10-12 min. 100° Vel.1**. Unire il risotto nella ciotola con i piselli, aggiungere mozzarella e parmigiano e mescolare bene.

Preparare una besciamella come da ricettario base e versarla nella terrina con il riso condito ed amalgamare bene.

In una teglia antiaderente, imburrata e cosparsa di pan grattato, porre metà del preparato di riso, sistemarvi sopra la carne in uno strato omogeneo, coprire con il riso rimasto, compattare il timballo e cospargerlo con pane grattugiato e fiocchetti di burro.

Cuocere in forno a **180° per 40 min.** circa.

Sfornare tiepido e servire.

18.1.2.5 Minestra Di Fave E Carciofi

Ingredienti: 4 persone: 450g di fave fresche o una confezione da 450g di fave surgelate, 2 grosse cipolle, 1 gambo di sedano, 100g d'olio extra vergine d'oliva, 5 carciofi, il succo di 1 limone, 30g di parmigiano, sale q.b..

Preparazione: Pulire i carciofi, tagliarli a spicchi e metterli a bagno in acqua, sale e succo di limone.

Soffriggere nel boccale le cipolle a fette, il sedano a pezzetti: **3 min. 100° Vel.1**.

Aggiungere le fave e cuocere: **20 min. 100° Vel.1**.

Unire i carciofi e cuocere: **15 min. 100° Vel.1**. Mantecare con il parmigiano e a piacere aggiungere peperoncino.

Servire la minestra calda accompagnata da crostini di pane.

18.1.2.6 Medaglioni Vegetariani Con Salsa Al Pomodoro E Gamberoni

Ingredienti: 8 persone: PER LA PASTA: 300g di farina, 3 uova, 1 cucchiaio d'olio extra vergine d'oliva.

PER LA BESCIAMELLA: 500g di latte, 80g di farina, 30g di burro, 1 bustina di zafferano, ½ cucchiaino di sale.

PER LA SALSA: 500g di pomodori freschi e pelati, 2 cipollotti, sale e pepe q.b.. PER IL RIPIENO: 2 zucchine, 2 carote, 500g d'asparagi, 50g di parmigiano grattugiato.

PER GUARNIRE: 12 gamberoni, 12 fette di prosciutto cotto.

Preparazione: Per la pasta:

Inserire tutti gli ingredienti nel boccale: **30sec. Vel.6**. Togliere e mettere da parte. Per la besciamella:

Mettere tutti gli ingredienti nel boccale: **7 min. 90° Vel.4** (deve risultare densa).

Versare in una ciotola e lasciare raffreddare mescolando saltuariamente.

Per la salsa al pomodoro:

Tritare i cipollotti: **10sec. Vel.Turbo**.

Aggiungere i pomodori o i pelati: **30sec. Vel.5 e 10sec. a Vel.Turbo**, aggiustare di sale e pepe, unire 20g d'olio e cuocere: **10 min. 100° Vel.1**.

Versare il contenuto in una ciotola e lasciar raffreddare.

Pulire e lavare le verdure e tagliarle a bastoncini sottili.

Mettere le carote nel cestello, gli asparagi nella campana del Varoma e le zucchine nel vassoio.

Versare 600g d'acqua nel boccale, un pizzico di sale, inserire il cestello, posizionare il Varoma e cuocere: **18-20 min. temp.Varoma Vel.2**.

Tirare molto sottile la pasta, fare 24 dischi di circa 10-12 cm di diametro, scottarli per **1 min.** circa in molta acqua salata, scolarli su un panno.

Imburrare una teglia, versarci qualche cucchiaio di salsa, appoggiare, senza sovrapporre i dischi di pasta, su ognuno mettere un cucchiaio di besciamella, uno strato di verdure miste e continuare fino ad esaurimento degli ingredienti. L'ultimo strato deve essere di pasta.

Versare sopra ogni medaglione della salsa di pomodoro in modo che scenda sui lati, completare con fiocchetti di burro e parmigiano.

Gratinare in forno per **20 min. a 180°**.

Aggiungere i gamberoni, puliti e lavati, avvolti in una fetta di prosciutto e terminare la cottura per altri **10 min.** e servire.

18.1.2.7   Tagliolini Primavera Con Gamberetti

Ingredienti: 4 persone: 250g di tagliolini all'uovo, 400g di code di gamberi, 2 zucchine tenere e sode, 200g di panna fresca o 150g di latte, 70g di parmigiano grattugiato, 1 cucchiaino colmo di curry, 20g di Cognac, 50g d'olio extra vergine d'oliva, ½ scalogno, ½ spicchio d'aglio, sale e pepe q.b..

Preparazione: Sgusciare le code di gambero, tranne una decina e metterle da parte. Lavare le zucchine e tagliarle un po' più grosse di un fiammifero, eliminando la parte centrale.

Soffriggere nel boccale scalogno e 30g d'olio: **3 min. 90°-100° Vel.4**, aggiungere le zucchine: **4 min. 100° Vel.1**. Togliere e mettere da parte in caldo.

Inserire nel boccale aglio ed il rimanente olio: **2 min. 100° Vel.1**, unire i gamberi, aggiustare di sale e pepe, rosolare: **3-4 min. 100° Vel.1**, spruzzarli di Cognac. Versare in una ciotola e mettere da parte in caldo.

Preparare una salsina, mettendo nel boccale panna o latte, curry, sale e pepe: **4 min. 90° Vel.3**, aggiungere il parmigiano e amalgamare: **5sec. Vel.5**.

Scolare i tagliolini al dente, condirli con la salsa, disporli a nido su un piatto da portata, al centro mettere i gamberi e intorno ai filetti di zucchine.

18.1.2.8   Risotto Indonesiano

Ingredienti: 4 persone: 350g di riso Basmati, 300g di gamberi, 50g di polpa di granchio, 2 uova, 800g d'acqua, 100g di vino bianco, 1 dado bimby, 1 cipolla, 1 spicchio d'aglio, 1 mazzolino di prezzemolo, 50g d'olio extra vergine d'oliva, 30g di burro, peperoncino piccante, sale e pepe q.b..

Preparazione: Fare una frittatina con le uova, sale e pepe.

Friggere con poco olio e un poco di cipolla. Mettere da parte e quando è fredda tagliarla a striscioline.

Rosolare nel boccale cipolla, aglio, polpa di granchio ed olio: **3 min. 100° Vel.2**. Inserire la farfalla, unire i gamberi ed il peperoncino: **3 min. 100° Vel.1**. Togliere i gamberi e metterli da parte, lasciare nel boccale il sugo.

Aggiungere il vino bianco, l'acqua bollente ed il dado, aggiustare di sale. Introdurre il cestello con il riso, cuocere: **15-16 min. 100° Vel.2**.

Versare il risotto in una pirofila, aggiungere i gamberi tenuti a parte, le striscioline di frittata, e per ultimo il sugo del boccale, aggiustare di sale e pepe, irrorare con un filo d'olio extra vergine d'oliva e servire.

18.1.2.9   Pollo Ripieno

Ingredienti: 4 persone: 4 cosce di pollo disossate, 150g di prosciutto cotto, 100g di salsiccia, 1 uovo, 50g di parmigiano, 80g di burro, 100g di Brandy, 1 spicchio d'aglio, 1 cucchiaino di farina, qualche cucchiaio di pangrattato, un mestolo di brodo, sale e pepe q.b..

Preparazione: Salare e pepare le cosce battendole per appiattirle.

Tritare il prosciutto: **2-3 colpi di Turbo**, unire la salsiccia, l'uovo, il parmigiano ed il pangrattato: **30sec. Vel.4**.

Riempire le cosce con il composto e legarle.

Soffriggere nel boccale 50g di burro ed aglio: **3 min. 100° Vel.1**.

Posizionare la farfalla, sistemare le cosce nel boccale, spruzzarle con il Brandy e sfumare: **2 min. temp.Varoma Vel.1**.

Aggiungere 1 mestolo di brodo e cuocere: **30 min. 100° Vel.1**.

A cottura ultimata sistemare le cosce su un piatto da portata caldo, lasciando il sughetto nel boccale.

Unire il burro rimasto e la farina: **3 min. 100° Vel.4**. Versare il sugo sulle cosce di pollo e servire.

18.1.2.10   Medaglioni Di Polenta Al Ragù

Ingredienti: 4 persone: 380g di farina gialla, 1 cucchiaio d'olio extra vergine d'oliva, ½ cucchiaio di sale grosso, 1 litro e ½ d'acqua, 300g di carne tritata, 80g di cipolla-sedano-carota, 50g d'olio, 50g di vino rosso, 500g di passata di pomodoro, sale q.b..

Preparazione: Preparare la polenta come da ricettario base; e metterla in una teglia con bordi bassi a raffreddare.

Ricavare dei medaglioni utilizzando il misurino e sistemarli in una teglia da forno, cuocere in forno a **250° per 10 min.**.

Preparare il ragù alla bolognese come da ricettario base (molto ristretto).

Servire i medaglioni molto caldi, aggiungendo un cucchiaio di ragù su ognuno di loro.

Servire caldi.

Consiglio: possono essere serviti come antipasto o come secondo.

18.1.2.11   Rotolo Di Tacchino Farcito

Ingredienti: 4 persone: 500g di fesa di tacchino in una sola fetta sottile, 100g di funghi, 70g di prosciutto cotto, 30g di pancetta, 2 fette di pancarrè, 2 tuorli, 2 cucchiai di parmigiano, sale e pepe q.b..

Preparazione: Stendere la fetta sul piano di lavoro e farcirla con gli ingredienti tritati.

Arrotolarla e chiuderla a caramella con carta alluminio.

Posizionarla nel Varoma ed eventualmente contornarla con patate a tocchi.

Servire il rotolo tagliato a fette, irrorato con il suo sughetto di cottura addensato con ½ cucchiaio di fecola e 30g di burro, contornato con le patate.

18.1.2.12   Cipolline Speziate Alla Birra

Ingredienti: 4 persone: 30g d'olio extra vergine d'oliva, 200g di birra scura, 500g di cipolline, 3 foglie d'alloro, scorza di mezza arancia, mezzo cucchiaio di semi di coriandolo, 3 chiodi di garofano, 1 pezzetto di cannella, 1 cucchiaio di pepe rosa in grani, 20g di zucchero di canna, sale q.b..

Preparazione: Soffriggere l'olio: 2 min. 100° Vel.1.

Inserire la farfalla, le cipolline, la scorza d'arancia, sale, alloro e spezie: **3 min. temp.Varoma Vel.1**: unire la birra e cuocere: **15 min. temp.Varoma Vel.1**.

A cottura ultimata togliere la scorza d'arancia e l'alloro: versare lo zucchero e cuocere: **3 min. temp.Varoma Vel.1**.

Servire le cipolline come contorno ad un secondo di carne.

18.1.2.13   Torta Macedonia

Ingredienti: 6 persone: 250g di farina, 100g di burro, 100g di zucchero, ½ bustina di lievito, 4 uova, 5 cucchiai di confettura di lamponi o amarene, 1 mela, 1 pera, 250g di succo di mela, zucchero a velo per decorare.

Preparazione: Inserire nel boccale la farfalla, versare il succo di mela, e aggiungere la pera e la mela sbucciate e tagliate a fettine: **5 min. 80° Vel.1**. Lasciar raffreddare la frutta nel liquido versandola in una terrina.

Inserire nel boccale uova, zucchero, farina, lievito e burro ammorbidito: **30sec. Vel.4**.

Imburrare ed infarinare uno stampo di 25-26 cm di diametro. Versare metà dell'impasto livellandolo con la spatola.

Distribuirvi sopra uno strato uniforme di confettura, scolare la frutta dallo sciroppo di cottura, unirla al resto dell'impasto e distribuirlo sullo strato di confettura.

Cuocere in forno preriscaldato a **180° per 30-40 min.** circa.

Sformare la torta, lasciarla intiepidire e cospargerla di zucchero a velo.

18.1.2.14   Crepes Dolci

Ingredienti: 6 persone: PER LA CREMA: ½ litro di latte, 4 tuorli, 30g di farina, 100g di zucchero, 20 amaretti, scorza di un'arancia.

PER LA SALSA: 100g di marmellata d'arancia, 50g do Contreau, 1 cucchiaio d'acqua, zucchero a velo.

Preparazione: Preparare delle crepes come da ricettario base, aggiungendo un pezzetto di scorza d'arancia ed un cucchiaio di zucchero nell'impasto.

Riempire le crepes con una crema pasticcera vedi ricettario base, unendo la buccia d'arancia e gli amaretti sbriciolati.

Per la salsa:

Mettere tutti gli ingredienti nel boccale e cuocere: **3 min. 50° Vel.3**.

Servire le crepes su un piatto da portata, versarvi la salsa e spolverizzare con zucchero a velo.

18.1.2.15 Torta Degli Addobbi

Ingredienti: 6 persone: 1 litro di latte, 200g di riso, 300g di zucchero, 200g di mandorle spellate e tritate finissime, 4 uova, scorza di limone grattugiata, 100g di cedro candito tagliato a dadini, sale q.b..

Preparazione: Mettere nel boccale 100g di zucchero, il cedro: **20sec. Vel.7** e mettere da parte.

Aggiungere le mandorle e uova: **30sec. Vel.9** e mettere da parte.

Posizionare la farfalla ed inserire latte e sale: **10 min. 100° Vel.1**. Unire il riso: **15 min. 100° Vel.1**, aggiungere il rimanente zucchero e lasciare intiepidire.

Unire gli ingredienti messi a parte e la scorza grattugiata del limone: **20sec. Vel.2** aiutandosi con la spatola.

Versare il composto in una tortiera (diam. di 28 cm) foderata di carta forno e cuocere in forno preriscaldato a **200° per 45 min.** circa.

A cottura ultimata, sformarla tiepida e servirla subito o completamente fredda. A piacere irrorare di liquore Sassolino.

18.1.2.16 Soufflé Di Gianduia In Crosta

Ingredienti: PER LA PASTA BRISÈ: 50g d'acqua fredda, 200g di farina, 100g di margarina, 40g di zucchero, sale q.b..

PER IL SOUFFLÈ: 30g di latte, 100g di zucchero, 50g di burro, 50g farina, 4 uova, 20g di nocciole tostate, 70g di cioccolato fondente.

Preparazione: Per la pasta:

Preparare la pasta come da ricettario base, aggiungendo anche lo zucchero: **15sec. Vel.6**. Riporre in frigorifero e far riposare per almeno **30 min.**.

Foderare completamente con la pasta uno stampo da soufflè (sia il fondo che le pareti).

Per il soufflè:

Mettere il cioccolato e le nocciole nel boccale, tritare: **10sec. Vel.8**; togliere dal boccale e tenere da parte.

Versare nel boccale latte, zucchero, burro e farina: **6 min. 80° Vel.4**. Unire il trito di cioccolato e nocciole e far raffreddare. Aggiungere le uova una mescolando: **20sec. Vel.4-5**.

Versare il composto nello stampo da soufflè, precedentemente unto e foderato con la pasta brisè.

Cuocere in forno caldo a 180° **per 35-40 min.**.

Consiglio: si possono fare dei mini stampi monodose e servire i soufflè una volta cotti con una salsa allo zabaione.

18.1.2.17 Calzoncelli Dolci

Ingredienti: 6 persone: PER L'IMPASTO: 500g di farina, 150g di vino bianco, 50g d'olio extra vergine d'oliva, 50g di zucchero.

PER IL RIPIENO: 500g di mandorle pelate, 350g di zucchero, 120 d'acqua, 1 bustina di vanillina, buccia di un limone.

Preparazione: Per il timballo:

Buttare con le lame in movimento a Vel.6, le mandorle precedentemente pelate e ben asciutte. Tritare finemente: **30sec. Vel.8** e mettere da parte.

Senza lavare il boccale, mettere zucchero e buccia di limone, tritare: **30sec. Vel.8**; aggiungere l'acqua e cuocere: **11 min. 100° Vel.3**, unire le mandorle tritate, la vanillina e cuocere: **1 min. 100° Vel.4**. Mettere da parte a raffreddare.

Nel boccale pulito, preparare l'impasto inserendo tutti gli **ingredienti: 30sec. Vel.6**
e **2 min. Vel.Spiga**.
Stendere l'impasto e tirare delle sfoglie non troppo sottili.
Distribuire il ripieno e formare dei panzerottini, friggerli in abbondante olio, passarli
nello zucchero semolato e servire ben caldi.

18.1.2.18   Dolce Dessert

Ingredienti: 6 persone: 100g di mascarpone, 50g di burro morbido, 1 tuorlo, 40g di cacao
amaro, 100g di zucchero, 100g di biscotti secchi, 30g di Brandy.
PER LA FARCITURA: 100g di cocco grattugiato essiccato (o cocco fresco), 250g di
ricotta, 30g di gocce cioccolato, 20g di Brandy, 30g di zucchero a velo, 8 biscotti frollini
tondi.
Preparazione: Inserire nel boccale i biscotti secchi: **2-3 colpi di Turbo** e mettere da
parte.
Inserire la farfalla, unire lo zucchero, il tuorlo e il burro: **30sec. Vel.3**.
Aggiungere il mascarpone, il cacao e il brandy: **30sec. Vel.3**; versare il composto in una
ciotola e mettere in frigorifero.
Mettere nel boccale ricotta, zucchero, gocce di cioccolato, brandy, metà cocco:
20sec. Vel.2.
Inumidire degli stampini monoporzione con il brandy, aggiungere un cucchiaio colmo di
composto al cacao, inserire al centro la farcitura alla ricotta e chiudere con un frollino.
Coprire gli stampini con la pellicola e metterli in frigorifero o per **30 min.** in freezer prima
di servire. Decorare spolverizzando di cocco.
Consiglio: potete servire il composto al cacao senza la farcitura di ricotta
accompagnandolo con gelato alla crema.

18.1.3   1990

18.1.3.1   Strudel Salati

Ingredienti: 6 persone: 250g di semola di grano duro, 120g d'acqua, 20g d'olio extra
vergine d'oliva, 100g di prosciutto di Praga tagliato a fette sottili, 100g di provolone dolce
tritato, 100g di speck tagliato a fette sottili, 100g di formaggio Brie, 20g di semi di sesamo,
20g di semi di papavero, 1 albume, sale q.b..
Preparazione: Inserire nel boccale semola, acqua, olio e sale: **30sec. Vel.4**. Far riposare
la pasta in frigo per **30 min.**.
Stendere la pasta molto sottile, ritagliare dalla sfoglia dei quadrati di 10 cm di lato.
Spennellare il bordo con un po' d'albume leggermente sbattuto, quindi disporre su
alcuni quadrati le fette di prosciutto e il trito di provolone. Sugli altri quadrati mettere le
fette di speck e le fette di Brie.
Arrotolare i quadrati di pasta facendo aderire bene i bordi. Spennellare la superficie con
l'albume e cospargere gli strudel al prosciutto con semi di papavero e quelli di speck con
semi di sesamo.
Cuocere in forno preriscaldato a **180°** per **15 min.**.
Servire ben caldi.

18.1.3.2   Pane In Cassetta

Ingredienti: 6 persone: 600g di farina (oppure 300g d'integrale + 200g di bianca + noci
o altri ingredienti), 70g d'olio extra vergine d'oliva, 30g di strutto, 1 cucchiaino di sale, 1
cucchiaino di malto, 270g d'acqua, 1 cubetto di lievito di birra. **Preparazione:** Mettere
nel boccale acqua, zucchero, malto, strutto e olio: **10sec. Vel.4-5**.
Aggiungere il lievito: **10sec. Vel.2**. Unire la farina e il sale, impastare: **30sec. Vel.4- 5 e
min. Vel.Spiga**.
Mettere l'impasto a lievitare a campana per **40 min.** circa.
Stendere l'impasto nello stampo (non deve superare la metà della capienza dello stampo)
e lasciarlo nuovamente lievitare in luogo caldo per circa **un'ora**.
Infornare a **190° per circa 40 min.**. A cottura ultimata sformare il pane e lasciarlo
raffreddare per **20 min.** circa.

18.1.3.3 Krafen Al Formaggio

Ingredienti: 6 persone: 250g di farina, 30g di burro, 80g di parmigiano grattugiato, 1 uovo, 70g di latte, 20g di lievito di birra, sale e pepe q.b., olio di semi di girasole olio d'oliva per friggere, 20g di parmigiano per spolverizzare.

Preparazione: Mettere tutti gli ingredienti nel boccale e impastare: **30sec. Vel.4-5**, poi **1 min. a Spiga**.

Togliere e far lievitare per circa **1 ora**.

Preparare delle palline con l'impasto della misura di una noce. Fare lievitare ancora per **30 min.**.

Friggere nell'olio bollente, passarle nel parmigiano grattugiato e servire. Si possono servire anche con una salsa di pomodoro.

18.1.3.4 Crespelle Alle Verdure

Ingredienti: 6 persone: 1 dose di crepes come da ricettario base.

PER IL RIPIENO: 1 peperone, 2 zucchine, 1 carota, 1 cipolla piccola, 50g di piselli, 40g d'olio extra vergine d'oliva, 250g di ricotta, 50g di parmigiano, 50g di burro, sale q.b..

Preparazione: Preparare le crepes e metterle da parte.

Tritare le verdure, mondate e lavate: **20sec. Vel.7**, unire i piselli, l'olio e cuocere: **15 min. 100° Vel.1**.

Lasciare raffreddare, unire la ricotta ed il parmigiano, un pizzico di sale e amalgamare: **10sec. Vel.2**.

Riempire le crepes con il composto ottenuto, arrotolarle, disporle in una pirofila imburrata, condire con un fiocchetto di burro, gratinare in forno a **180°-200° per 15-20 min.**.

Servire calde.

18.1.3.5 Risotto Con Porro, Peperone E Lattuga

Ingredienti: 4 persone: 350g di riso, 1 peperone (o alcuni pezzi di colori diversi), 1 porro, 1 cuore di lattuga, 900g d'acqua, 50g di vino bianco, 1 dado Bimby, 30g d'emmenthaler grattugiato (o pecorino), sale e pepe q.b..

Preparazione: Tagliare il peperone e la lattuga a listarelle.

Eliminare la parte verde del porro e tagliarlo a rondelle sottili.

Inserire la farfalla, versare l'olio, il sale e il pepe, i peperoni e cuocere: **2 min. 100° Vel.1**. Unire le altre verdure e farle stufare per altri **5 min. 100° Vel.1**.

Aggiungere il riso e tostare: **2 min. 100° Vel.1**, sfumare con il vino: **2 min. 100° Vel.1**, aggiungere l'acqua e il dado, continuare la cottura per altri: **13-15 min. 100° Vel.1**.

Versare il riso in una pirofila, mantecare con formaggio e burro. Servire caldo.

18.1.3.6 Tagliatelle Al Cacao

Ingredienti: 6 persone: PER LA PASTA: 300g di farina 0, 1 cucchiaio da tavola di cacao amaro, 3 uova, 1 filo d'olio extra vergine d'oliva.

PER IL SUGO: 1 bustina di funghi secchi, 100g di prosciutto cotto, 100g di speck, 100g passata di pomodoro, 1 spicchio d'aglio, 1 cucchiaio di prezzemolo tritato, 50g d'olio extra vergine d'oliva, 50g di Brandy, sale q.b..

Preparazione: Inserire nel boccale farina e cacao: **4-5sec. Vel.2**, aggiungere le uova e l'olio impastare: **30sec. Vel.6** e **1 min. Vel.Spiga**.

Lasciare riposare l'impasto per **1 giorno** in frigorifero poi fare delle tagliatelle grandi. Per il sugo:

Ammollare i funghi in acqua.

Inserire nel boccale con le lame in movimento a Vel.5 prosciutto cotto, speck e funghi ben strizzati e mettere da parte.

Soffriggere nel boccale olio, aglio: **3 min. 90° Vel.3**, aggiungere la passata di pomodoro, il composto messo da parte, il Brandy, 100g d'acqua dei funghi e sale, cuocere: **10 min. 90° Vel.1**.

Condire le tagliatelle cotte a parte e scolare con il sugo e prezzemolo. A piacere si può aggiungere al sugo una dose di panna da cucina.

18.1.3.7 Gnocchi Di Patate Al Forno

Ingredienti: **6** persone: 800g di patate, 200g di farina, 90g di parmigiano grattugiato, sale e pepe q.b., 300g di pomodorini ciliegia, 1 busta di funghi porcini, 2 zucchine circa 150g, 1 spicchio d'aglio, 1 scalogno, 200g di brodo vegetale Bimby, 30g d'olio extra vergine d'oliva.

Preparazione: Tagliare le patate a rondelle e sistemarle nel cestello.
Preparare il sugo: mettere nel boccale scalogno, aglio e olio: **3 min. 100° Vel.4**, aggiungere i funghi ammollati ben strizzati: **10sec. Vel.5**, unire i pomodorini tagliati a metà. Le zucchine tagliate a dadini e insaporire: **5 min. temp.Varoma Vel.1**.
Versare il brodo, aggiustare di sale e pepe, inserire il cestello con le patate e cuocere: **15 min. temp.Varoma Vel.1**.
A cottura ultimata togliere il cestello, versare il sugo in una pirofila e tenere da parte in caldo.
Nel boccale pulito, versare le patate, il parmigiano e la farina, un pizzico di sale, amalgamare per **5sec. Vel.3-4**.
Togliere l'impasto e formare dei piccoli gnocchetti che metteremo in una pirofila imburrata, versarvi sopra il sugo e spolverare di parmigiano grattugiato.
Passare in forno a **180° per 10 min.**. Servire caldi.

18.1.3.8 Polpettine Al Vapore Con Zabaione Ai Capperi

Ingredienti: **8** persone: PER LE POLPETTINE: 200g di filetto di maiale macinato, 200g di petto di pollo macinato, 40g di latte, 1 uovo, 40g di pan grattato, 1 cucchiaio di capperi, 1 spicchio d'aglio, scorza di mezzo limone, 1 mazzetto di basilico, 500g d'acqua, sale e pepe q.b..
PER LA SALSA DI ZABAIONE: 6 tuorli, 1 scalogno, 100g di vino bianco, 100g di Vermuth bianco secco, scorza di mezzo limone grattugiato, 1 cucchiaio di capperi, 5-6 foglie di basilico, sale q.b..

Preparazione: Mettere nel boccale, con le lame in movimento a Vel.6-7, aglio, basilico, capperi e la scorza di limone.
Unire il pane grattugiato, la carne, l'uovo, il latte, il sale e il pepe amalgamare:
30sec. Vel.4-5.
Togliere l'impasto e formare tante polpettine leggermente ovali lavorando con le mani unte d'olio.
Tagliare la carta forno in tanti quadrati di 15 cm di lato e sistemare su ogni quadrato una polpettina.
Chiudere l'estremità a caramella e sistemare le polpette nella campana del Varoma. Senza lavare il boccale, versare l'acqua, posizionare il Varoma e cuocere: **40 min. temp.Varoma Vel.2**. Mettere da parte.
Preparare lo zabaione: tritare lo scalogno, i capperi, la buccia di mezzo limone con lame in movimento: **10sec. Vel.5-6**. Inserire la farfalla, unire il vino e il Vermuth: **5 min. 70° Vel.3**. Unire i tuorli e il sale: **5 min. 70° Vel.3**.
Accompagnare le polpettine fredde con lo zabaione tiepido decorato con foglie di basilico fresco spezzettato.

18.1.3.9 Garganelli In Salsa Fucsia

Ingredienti: **6** persone: 500g di barbabietole rosse cotte, 30g di pancetta affumicata, 60g di burro, ½ cipolla, 200g di ricotta fresca, 500g di garganelli, 40g di parmigiano, basilico e sale q.b..

Preparazione: Grattugiare il parmigiano con 5-6 foglie di basilico: **30sec. Vel.Turbo** e mettere da parte.
Preparare un soffritto con cipolla, pancetta e burro: **4 min. 100° Vel.4**. Aggiungere le barbabietole **30sec. Vel.8-9**. Infine unire la ricotta e aggiustare di sale: **2 min. 100° Vel.2**.
Cuocere in abbondante acqua salata, condire con la salsa e cospargere con il parmigiano e basilico.

18.1.3.10   Carré Di Maiale Imbottito

Ingredienti: 6 persone: 600g di carrè di maiale in un pezzo unico, 20g d'olio extra vergine d'oliva, 1 cipolla, 30g di funghi secchi, 250g di spinaci crudi, 1 rametto di rosmarino, 1 spicchio d'aglio, 50g di vino bianco secco, 300g di brodo o acqua e dado Bimby, sale q.b..

Preparazione: Mettere nel boccale olio, cipolla, aglio e rosmarino: **3 min. 100° Vel.3**. Aggiungere i funghi (precedentemente ammollati in acqua), e gli spinaci ben sgocciolati: **8 min. 100° Vel.1**.

Incidere la carne formando una tasca, imbottirla con gli ingredienti soffritti nel boccale, lasciandone una parte nel boccale.

Ricucirla con del filo refe (o stecchini) insaporirla con un pizzico di sale e metterla nel cestello, posizionarlo nel boccale e cuocere: **3 min. temp.Varoma Vel.1**, aggiungere il vino, sfumare, versare il brodo bollente e continuare la cottura: **60 min. 100° Vel.1**.

Per la salsa:

Togliere la carne dal cestello, unire al brodo di cottura un cucchiaio di maizena: **5 min. temp.Varoma Vel.4**.

Servire la carne tagliata a fette e irrorata con la salsa su un piatto da portata.

18.1.3.11   Cipolle Ripiene

Ingredienti: 4 persone: 4 grosse cipolle (1Kg circa), 50g di burro morbido, 150g di polpa di manzo tritata, 100g di parmigiano grattugiato, 1 uovo, pangrattato, sale, pepe e grappa q.b..

Preparazione: Pulire e lessare le cipolle intere in acqua bollente e salata per **15 min.**. Quando le cipolle si saranno raffreddate, tagliarle a metà orizzontalmente, togliere il centro a ciascuna di esse e inserirlo nel boccale: **10sec. Vel.4**.

Unire 30g di burro: **3 min. 100° Vel.2**; aggiungere carne e sale: **5 min. 90° Vel.1**. Lasciare raffreddare nel boccale e poi unire l'uovo, parmigiano e pepe: **20sec. Vel.1**. Amalgamare con la spatola, aggiustare di sale e riempire con il composto le mezze cipolle.

Distribuire su ogni cipolla una spolverata di pangrattato ed un fiocchetto di burro; spruzzare con la grappa.

Disporre le cipolle in una teglia imburrata e cuocere in forno preriscaldato a **180° per 40 min.** circa.

Le cipolle ripiene sono ottime sia calde che fredde.

18.1.3.12   Trota Affogata

Ingredienti: 4 persone: 4 filetti di trota (2 trote), 2 patate, 20g d'olio extra vergine d'oliva, 1 scalogno, 1 mazzolino di prezzemolo, 10 capperi, 20 olive nere snocciolate, 1 scatola di pomodori a pezzi (o pomodorini piccoli), sale e pepe q.b.. **Preparazione:** Preparare i filetti di trota nella campana del Varoma.

Tagliare a fette le patate, disporle nel vassoio del Varoma, salare e pepare.

Versare 500g d'acqua nel boccale, posizionare il Varoma e cuocere: **30-40 min. temp.Varoma Vel.1**. Mettere da parte in caldo il pesce e le patate.

Nel boccale pulito, preparare un soffritto: scalogno e olio: **3 min. 100° Vel.4**, unire gli altri ingredienti e cuocere: **6 min. 90° Vel.1**.

In un piatto da portata mettere i filetti di trota, versarvi il sugo e servire accompagnate dalle patate al prezzemolo.

18.1.3.13   Salmone Al Cartoccio Con Broccoli

Ingredienti: 4 persone: 600g di salmone fresco, 1 limone, 40g d'olio extra vergine d'oliva, 600g di broccoli, 1 rametto di timo, sale e pepe q.b., 20g di mandorle pelate.

Preparazione: Marinare quattro tranci di salmone con il succo di limone e timo: **30 minuti**.

Lavare i broccoli, dividerli in cimette e tagliare a listarelle i gambi.

Inserire la farfalla nel boccale, versare l'olio e unire le cimette, cuocere: **10 min. 100° Vel.1**, aggiustare di sale e pepe, mettere da parte.

Su 4 fogli di carta forno, bagnata e strizzata, stendere alcune cime di broccolo e un trancio di salmone marinato, irrorare con un filo d'olio extra vergine d'oliva, sale e pepe. Distribuirvi sopra le mandorle tritate, chiudere i cartocci e adagiarli nella campana del Varoma.

Nel boccale versare 500g d'acqua, un pizzico di sale e una fetta di limone. Posizionare il Varoma, cuocere: **40 min. temp.Varoma Vel.1**. A cottura ultimata aprire i cartocci e servire caldi.

18.1.3.14   Torta Con I Bischeri

Ingredienti: 4 persone: PER LA PASTA FROLLA: 300g di farina, 130g di burro morbido, 1 uovo, 1 tuorlo, 80g di zucchero, scorza di un limone grattugiata, 1 pizzico di sale, ½ cucchiaino di lievito vanigliato (facoltativo).

PER IL RIPIENO: 750g di latte, 100g di zucchero, 120g di riso, 100g di cioccolato fondente grattugiato, 200g di cacao amaro, 100g d'uvetta ammollata in acqua, pinoli e cedro candito a pezzetti, scorza grattugiata di 1 limone, 1 albume, zucchero a velo a piacere.

Preparazione: Preparare la pasta frolla:

Inserire nel boccale tutti gli **ingredienti: 25sec. Vel.7**.

Avvolgere l'impasto in un canovaccio e lasciare riposare in frigorifero per **15 min.** circa.

Preparare il ripieno:

Inserire nel boccale il latte: **8 min. 100° Vel.1**.

Posizionare la farfalla e aggiungere il riso: **30 min. 100° Vel.1**.

Lasciare riposare alcuni minuti, poi unire zucchero, cioccolato grattugiato, cacao, uvetta, pinoli, cedro candito e scorza di limone: **10sec. Vel.2**.

Stendere la pasta frolla in una tortiera (diam. di 26 cm) imburrata, lasciandola trasbordare leggermente.

Versare il ripieno, distribuirlo uniformemente e ripiegare i bordi della frolla verso l'interno, formando dei becchi.

Spennellare la superficie del ripieno con albume e un poco di latte e cuocere in forno preriscaldato a **180°-200° per 40 min.**.

Lasciare raffreddare la torta, spolverizzarla con lo zucchero a velo e servire.

18.1.3.15   Torta All'arancio

Ingredienti: 4 persone: 350g di zucchero, 200g di farina, 80g di burro, 5 uova, 4 arance non trattate, un pizzico di sale, una bustina di lievito per dolci.

Preparazione: Inserire nel boccale la scorza delle arance con lo zucchero: **20sec. Vel.Turbo**.

Aggiungere le uova, il burro morbido, la farina: **30sec. Vel.4-5**. Unire il lievito: **10sec. Vel.4-5**.

Versare il composto in una tortiera imburrata e infarinata e cuocere in forno preriscaldato a **170° per 20-25 min.**.

Versare nel boccale il succo delle arance, 50g di zucchero, addensare: **2 min. 100° Vel.3**.

Versare il succo sulla torta fredda e bucherellata..

18.1.3.16   Torta Chiffon

Ingredienti: 4 persone: PER L'IMPASTO: 100g di fragole, 80g di farina, 30g d'amido di mais, 1 bustina di lievito per dolci, 3 tuorli e 3 albumi, 70g di zucchero, 60g d'olio extra vergine d'oliva, 30g di latte, 20g di succo di limone, 1 pizzico di sale.

PER LA COPERTURA: 300g di panna da montare, 100g di fragole, 2 cucchiai di zucchero a velo.

Preparazione: Mettere nel boccale le fragole: **3 min. 50° Vel.4**, aggiungere verso la fine il succo di limone, mettere da parte.

Nel boccale pulito, inserire la farfalla, montare gli albumi con un pizzico di sale: **3- 4 min. 40° Vel.3**; togliere e mettere da parte.

Sempre con la farfalla posizionata mettere nel boccale i tuorli con lo zucchero e montare **5 min. Vel.3**; aggiungere la purea di fragole, la farina, l'amido di mais, l'olio, il latte, il lievito e lavorare: **15-20sec. Vel.3**.

Aggiungere questo composto con delicatezza ai bianchi precedentemente montati e versare il tutto in uno stampo col foro centrale ben imburrato ed infarinato.

Cuocere in forno a **180° per 30 min.**.

Lasciar raffreddare e ricoprire con la panna montata come da ricetta base addolcita con due cucchiai di zucchero a velo e decorare a piacere con le fragole.

18.1.3.17   Cacio Bavarese

Ingredienti: 4 persone: 10 tuorli sodi, 200g di burro morbido, 200g di zucchero, 1 bustina di vanillina, 15 savoiardi, 60g di cacao in polvere, liquore Sassolino e Alchermes q.b..

Preparazione: Preparare lo zucchero a velo: **20sec. Vel.Turbo**. Aggiungere con lame in movimento a Vel.3 il burro morbido per **3 min.**.

Sempre con le lame in movimento a Vel.3 unire uno per volta i tuorli continuando per **1 min.**.

Tagliare a metà verticalmente i savoiardi, bagnarli nei liquori e foderare uno stampo da zuppa inglese.

Versare metà del composto preparato nello stampo, aggiungere al rimanente il cacao e amalgamare: **30sec. Vel.3**;

Versarlo nello stampo e chiudere con i savoiardi inzuppati.

Lasciarlo in frigorifero per almeno **3 ore** prima di servire.

18.1.3.18   Torta Della Nonna Giulia

Ingredienti: 4 persone: 1 dose ½ di pasta frolla, 1 dose di crema pasticcera, 1 cucchiaio di rum, 200g di biscotti, 100g di cioccolato fondente tritato.

Preparazione: Preparare la pasta frolla come da ricettario base.

Preparare la crema come da ricettario base, aggiungendo una noce di burro ed un cucchiaino di rum.

Foderare uno stampo del diametro di 24 cm con un disco di pasta frolla, (tirata con il mattarello tra due fogli di carta da forno).

Sbriciolare i biscotti, versare la crema raffreddata e cospargere con il cioccolato tritato.

Coprire con un altro disco di pasta frolla, unendo bene i bordi in modo da chiuderli aiutandosi con una forchetta.

Fare alcune striscioline di pasta frolla e appoggiarle in diagonale sul disco di pasta.

Cuocere in forno preriscaldato a **180° per 35 min.** circa.

Lasciare raffreddare e coprire con zucchero a velo.

18.1.4   1995

18.1.4.1   Girandole A Mosaico

Ingredienti: 4 persone: 250g di pancarrè per tramezzini, 50g di burro, 180g di certosa, 1 mazzetto di crescione d'acqua, 1 spicchio d'aglio, 1 peperone giallo, 1 peperone rosso, 1 peperone verde, 150g di prosciutto cotto o crudo tagliato in una sola fetta.

Preparazione: Inserire nel boccale aglio e crescione tritare: **5sec. Vel.3-Turbo**.

Aggiungere la certosa: **20sec. Vel.10**.

Stendere su ogni fetta il burro, la crema preparata.

Tagliare a listarelle i peperoni, precedentemente arrostiti ed il prosciutto.

Disporli ad intervalli su ogni fetta di pancarrè, arrotolare con delicatezza ogni fetta e chiuderla nella carta d'alluminio.

Mettere in frigorifero a riposare per almeno **3 ore**.

Dividere ogni rotolo in 8 girandole e adagiarle su un piatto da portata sopra foglie di crescione e ravanelli tagliati a fiore.

18.1.4.2 Cigni Con Mousse Di Prosciutto

Ingredienti: 4 persone: 1 dose di pasta bignè, 200g di prosciutto cotto, 2 caprini, 50g di panna liquida, 40g di cetriolini sottaceto.
Preparazione: Con la pasta per bignè fare 25 palline e porle distanziate sulla placca ricoperta di carta forno. Cuocere in forno preriscaldato a **200° per 15-20 min.**.
Con un cornetto di carta forno fare, con la pasta avanzata, 25 cordoncini a forma di "2", porli su una placca ricoperta di carta forno e cuocere a **200° per 10 min.**.
Per la mousse:
Dal foro del coperchio con lame in movimento a Vel.6, inserire i cetriolini e frullare: **10sec. Vel.6**.
Unire il prosciutto, i caprini e la panna amalgamare: **20sec. Vel.3**.
Riempire i bignè tagliati a metà ricoprirli con la calotta divisa in due parti a formare le ali.
Inserire le teste dei cigni.

18.1.4.3 Tagliatelle Verdi Con Pesto Di Carciofi

Ingredienti: 6 persone: PER LA PASTA: 359g di farina, 4 foglie di lattuga verde, 30g di parmigiano, qualche rametto di maggiorana, un cucchiaino di sale, 10g d'olio extra vergine d'oliva, 2 uova.
PER IL PESTO: 4 cuori di carciofo (solo il cuoricino o il fondo di carciofo), 60g d'olio extra vergine d'oliva, 1 spicchio d'aglio, 30g di pinoli, 30g di parmigiano, sale q.b..
Preparazione: Per le tagliatelle:
Nel boccale inserire 200g di farina, le foglie di lattuga, il parmigiano, la maggiorana e il sale: **20sec. Vel.Turbo**.
Aggiungere la rimanente farina, l'olio, le uova: **30sec. Vel.3-6 più 1 min. Vel.Spiga**.
Togliere l'impasto e lasciarlo riposare per **30 min.**.
Tirare la sfoglia e tagliare delle tagliatelle dello spessore desiderato. Per il pesto di carciofi:
Preparare un soffritto con 30g d'olio e l'aglio: **20 min. 90° Vel.1**. Unire i carciofi tagliati a piccoli spicchi e insaporire: **5 min. 100° Vel.1.**.
Aggiungere 100g d'acqua bollente e un cucchiaino di dado Bimby, cuocere: **15 min. 100° Vel.1**.
Lasciare raffreddare, unire il parmigiano, i pinoli: **1 min. Vel.Turbo**, aggiungere l'altro olio e amalgamare: **10-20sec. Vel.4** (se risultasse troppo denso aggiungere un cucchiaio di latte).
Cuocere le tagliatelle e condire con il pesto preparato e a piacere un filo d'olio.

18.1.4.4 Grissini Stirati

Ingredienti: 4 persone: 600g di farina, 1 cubetto di lievito di birra, 70g d'olio extra vergine d'oliva, 270g d'acqua, 1 cucchiaino di malto, 1 cucchiaino di sale, semola q.b..
Preparazione: Versare nel boccale acqua, olio, malto, sale: **5sec. Vel.5**. Aggiungere la farina e il lievito: **20-30sec. Vel.5-6 e 2 min. Vel.Spiga**.
Dare la forma di un cilindro (di 10x30) adagiarlo su un letto di semola, ungerlo in superficie, cospargerlo di semola.
Farlo lievitare coperto da una ciotola grande (l'impasto deve triplicare di volume).
Tagliare delle strisce con un coltello a lama rettangolare larghe un dito, cercando di non sgonfiare troppo l'impasto. Allungarle dolcemente dal centro verso l'esterno.
Infornare a 200° per 15-20 min..

18.1.4.5 Tagliatelle Di Crespelle Al Pesto

Ingredienti: 4 persone: PER LE CREPES: 250g di latte, 100g di farina, 2 uova, 10g d'olio extra vergine d'olive, sale q.b..
PER LA SALSA: 100g di ricotta fresca, 500g di pomodorini ciliegia, 150g di pesto, 40g di parmigiano grattugiato, 5 foglie di basilico, 30g d'olio extra vergine d'oliva, sale q.b..
Preparazione: Preparare le crespelle come da ricettario e lasciare riposare per 2 ore.
Fare delle frittatine, arrotolarle e tagliarle come le tagliatelle.

Preparare il pesto come da ricettario.

Lavare i pomodorini, metterli nel boccale con le foglie di basilico e cuocere: **10sec. Vel.3 e 10 min. temp.Varoma Vel.1** e mettere da parte in caldo.

Nel boccale pulito ricotta, pesto e 3 cucchiai d'olio e amalgamare: **20sec. Vel.3-4**. Toglierle e metterle in una pirofila, aggiungere il sugo di pomodorini caldo e le tagliatelle di crespelle, mescolare con delicatezza, spolverizzare con il parmigiano e gratinare in forno **3-4 min.**.

Servire calde.

18.1.4.6 Risotto Al Melone

Ingredienti: 6 persone: 1 melone, 500g di riso parboiled, 100g di panna da cucina, 1 cucchiaio da cucina, 1 cucchiaio di dado vegetale, 1 cipollina, 40g di burro, 50g di parmigiano, 50g di vino bianco, 1 litro e 100g d'acqua.

Preparazione: Preparare un soffritto nel boccale con cipolla e burro: **2 min. 90° Vel.4**, aggiungere 100g di melone, insaporire: **2 min. 100° Vel.4.**.

Inserire la farfalla, aggiungere il riso, farlo tostare: **2 min. 100° Vel.1**; sfumare con il vino e aggiungere il brodo vegetale (o acqua e dado Bimby) cuocere: **13-15 min. 100° Vel.1**.

A cottura ultimata, versare il riso in una pirofila, aggiungere il rimanente melone tagliato a cubetti, la panna, mescolare bene e unire il parmigiano.

18.1.4.7 Zuppa Di Asparagi Al Castelmagno

Ingredienti: 4 persone: 400g d'asparagi, 1 scalogno, 30g d'olio extra vergine d'oliva, 30g di parmigiano grattugiato, 60g di formaggio Castelmagno, 350g di patate, sale e pepe q.b., 600g di brodo vegetale Bimby.

Preparazione: Pulire gli asparagi, sbucciare le patate e tagliarle a tocchetti. Nel boccale inserire olio e scalogno: **3 min. 100° Vel.4**.

Aggiungere le verdure e insaporirle con un pizzico di sale e pepe: **3 min. Vel.1**. Versare il brodo vegetale bollente, cuocere: **20 min. 100° Vel.1**, unire il parmigiano grattugiato.

Servire la zuppa con scaglie di Castelmagno e crostini caldi.

18.1.4.8 Cavatelli Con Vongole E Melanzane

Ingredienti: 6 persone: 500g di cavatelli, 500g di pomodorini, 500g di vongole, 1 melanzana, 1 cipollina, 1 spicchio d'aglio, 30g d'olio extra vergine d'oliva, 1 rametto di timo e maggiorana, 1 cucchiaio di prezzemolo tritato.

Preparazione: Tagliare la melanzana a cubetti e passarla per **15 min.** sotto sale.

Mettere le vongole in acqua salata e lasciarle spurgare per circa 1 ora.

Preparare un soffritto con olio, aglio, cipolla: **3 min. 100° Vel.4**, unire i cubetti di melanzana, dopo averli sciacquati in acqua fredda corrente, timo e maggiorana, rosolare: **5 min. 100° Vel.1**. Aggiungere i pomodorini e aggiustare di sale.

Lavare bene le vongole, metterle nel cestello ed introdurlo nel boccale, cuocere: **10 min. 100° Vel.1**. Togliere il cestello continuare la cottura del sugo: **5 min. temp.Varoma Vel.1**.

Togliere il mollusco delle vongole e unirlo al sugo di melanzana.

Lessare i cavatelli, condire con il sugo preparato, spolverizzare con il prezzemolo e irrorare con un filo d'olio extra vergine d'oliva.

18.1.4.9 Bocconcini Di Pollo E Mela Con Salsa Al Curry

Ingredienti: 6 persone: 600g di petto di pollo, 5 cucchiaini di curry, 1 mela, 2 fette d'ananas, 1 scalogno, 1 rametto di timo e maggiorana, 80g d'olio extra vergine d'oliva, brodo vegetale q.b., sale e pepe q.b..

Preparazione: Inserire nel boccale la farfalla, metà olio, il pollo tagliato a tocchetti, timo e maggiorana e far rosolare: **3 min. temp.Varoma Vel.1**.

Versare 100g di brodo e continuare la cottura per **10 min.** (controllare ogni tanto se ha ancora bisogno di brodo).

Quando il pollo è cotto versarlo in una pirofila e tenerlo al caldo; intanto preparare la salsa al curry.

Nel boccale tritare lo scalogno e aggiungere l'olio e la frutta tagliata a dadini, rosolare: **3 min. 100° Vel.1**.

Quando la frutta si è raffreddata aggiungere nel boccale 100g di brodo, sale e pepe ed il curry. Amalgamare il tutto per pochi secondi a **Vel.2**. Con questa salsa coprire il pollo e servire caldo e a piacere, con riso bianco pilaf.

18.1.4.10   Pasticcio Di Carni In Crosta

Ingredienti: 4 persone: PER LA PASTA BRISÈ: 300g di farina, 150g di burro freddo, 50g d'acqua.

PER IL RIPIENO: 300g di petto di pollo, 250g di lombatine di coniglio dissossato, 300g di salsiccia, 200g di pancetta affumicata a fette, 80g di spinaci novelli puliti ed asciugati, 7 uova, 1dl di panna, 50g di parmigiano grattugiato, 2 scalogni, 50g di vino bianco, 10g di prezzemolo tritato, 20g d'olio extra vergine d'oliva, 1 uovo, sale q.b..

Preparazione: Preparare la pasta:

Nel boccale inserire la farina, poi tutti gli altri ingredienti ed impastare: **15sec. Vel.6**. Avvolgere l'impasto in un canovaccio e lasciarlo in frigorifero per **15 min.** prima di utilizzarlo.

Preparare il ripieno:

Tagliare la carne di coniglio e di pollo e la salsiccia a cubetti grandi come bocconcini. Nel boccale mettere olio e scalogno: **3 min. 100° Vel.4**; aggiungere la carne di pollo e coniglio: **10 min. 100° Vel.1**, bagnare con il vino bianco, aggiustare di sale e a metà cottura unire la salsiccia. Mettere da parte.

Nel boccale pulito tritare 50g di parmigiano e 10g di prezzemolo: **15sec. Vel.Turbo**, aggiungere le uova, unire la panna, aggiustare di sale e amalgamare: **10-15sec. Vel.4**. Mettere da parte.

Arrotolare i bocconcini di pollo e coniglio con le fettine di pancetta.

Dividere in due parti la pasta brisè, stendere sottilmente e foderare uno stampo imburrato del diametro di 20 cm.

Formare uno strato di bocconcini di carne e salsiccia, coprire con un leggero strato di composto messo a parte ed uno strato di foglie di spinaci, proseguire con gli strati fino ad esaurimento degli ingredienti.

Coprire la superficie dello stampo con l'altra metà della pasta, tagliare la pasta in eccesso e sigillare i bordi piegandoli insieme. Punzecchiare la superficie del pasticcio in più punti, in modo da far uscire il vapore durante la cottura, spennellare con un po' d'uovo sbattuto. Dalla pasta rimasta, ricavare delle strisce della stessa lunghezza dello stampo, spennellare con l'uovo sbattuto e decorare il pasticcio.

Cuocere in forno caldo a **180° per 50-60 min.** circa. Lasciare raffreddare per circa **1 ora** prima di tagliarlo.

Servire tagliato a fette con purè di verdure.

Consiglio: si può utilizzare uno stampo da plumcake dimezzando le dosi.

18.1.4.11   Scrigno Di Pane Con Vellutata Ai Carciofi E Gruviera

Ingredienti: 4 persone: PER LO SCRIGNO: 530g di farina, 80g d'acqua, 70g d'olio extra vergine d'oliva, 80g di latte, 1 uovo, 1 cubetto di lievito di birra, ½ cucchiaino di zucchero, 2 cucchiaini di sale fino.

PER LA VELLUTATA: 10 cuori di carciofo a spicchi (solo il cuore), 1 spicchio d'aglio, 40g d'olio extra vergine d'oliva, 1 mazzetto di prezzemolo, ½ cucchiaino di dado Bimby, 2 tuorli, 300g di gruviera, 50g di parmigiano, sale e pepe q.b..

PER LA BESCIAMELLA: 200g d'acqua, 50g di farina, 1 cucchiaino abbondante di dado Bimby, 20g di burro.

Preparazione: Lo scrigno di pane va eseguito 2 giorni prima dell'esecuzione del ripieno.

Per lo scrigno di pane:

Mettere nel boccale acqua, olio, latte, zucchero, lievito e l'uovo: **20sec. Vel.3**.

Unire la farina ed il sale **30sec. Vel.5-6** spatolando e **60sec. Vel.Spiga**. Togliere l'impasto e lasciarlo lievitare ben coperto per circa **1 ora**.

Sgonfiare l'impasto con il palmo della mano e metterlo in u no stampo da plumcake imburrato e infarinato, lasciarlo lievitare ancora **30 min.**.

Cuocere in forno preriscaldato a **180°-200° per 40 min.** circa.

A fine cottura avvolgere il pane in un canovaccio e lasciarlo avvolto **2 giorni** fuori dal frigo.

Togliere delicatamente la parte superiore, con un coltello e svuotarlo internamente.

Spennellare l'interno e l'esterno con burro fuso, passarlo in forno a **170° per 10 min.**.

Per il sugo:

Tritare grossolanamente la gruviera: **10sec. Vel.6-7** e mettere da parte.

Tritare il parmigiano: **20sec. Vel.Turbo** e mettere da parte.

Nel boccale con lame in movimento inserire aglio e prezzemolo: **10-12sec. Vel.8-9**.

Aggiungere l'olio, i cuori di carciofo a spicchi, sale e pepe, il dado Bimby e cuocere: **15 min. 100° Vel.1** e mettere da parte.

Per il sugo:

Senza lavare il boccale mettere l'acqua, la farina, il dado Bimby, il burro e cuocere: **6 min. 80° Vel.5**. A fine cottura, versare con lame in movimento a Vel.5, i 2 tuorli.

Estrarre la besciamella dal boccale e amalgamarla in una ciotola con i carciofi, la gruviera ed il parmigiano.

Riempire con quest'impasto lo scrigno di pane e passare al forno per **20 min. a 170°**.

Lasciare riposare **15 min.** con il forno aperto.

Consiglio: durante la cottura mettere nella parte bassa del forno un tegamino con acqua.

18.1.4.12 Medaglioni Di Sella Di Coniglio All'aceto Balsamico

Ingredienti: 6 persone: 4 filoni (o schienali) di coniglio disossati, 20 fette sottili di pancetta affumicata, 70g d'aceto balsamico, 40g d'olio extra vergine d'oliva, 1 cipolla, 1 costa di sedano, 3 carote, 1 rametto di rosmarino, 2 spicchi d'aglio, 200g di fagiolini, 100g di pisellini, 1 peperone rosso tagliato a julienne, 10 pomodorini ciliegia, 800g di brodo vegetale Bimby, 1 cucchiaio di maizena.

Preparazione: Mettere nel boccale cipolla, sedano, 1 carota, tritare: **10sec. Vel.5-7**. Unire il rosmarino, aglio, olio e alcune ossa del filone e rosolare: **6 min. 100° Vel.1**..

Aggiungere l'aceto balsamico e sfumare, continuare la cottura: **10 min. 100° Vel.1**.

Versare il brodo e portare a bollore: **7 min. 100° Vel.1**.

Nel frattempo, avvolgere i filoni di coniglio nelle fette di pancetta, usando del filo refe, in modo che la pancetta rimanga aderente alla carne.

Sistemare i filoni così preparati nel cestello, aggiungervi sopra i fagiolini a pezzetti e inserirlo nel boccale.

Preparare nella campana del Varoma le altre verdure, lasciando a parte i pomodorini, che andranno inseriti negli ultimi **5 min.** di cottura.

Posizionare il Varoma, e cuocere: **40 min. temp.Varoma Vel.1**. A cottura ultimata togliere il Varoma e mettere da parte le verdure.

Dal cestello, togliere i fagiolini e unirli alle verdure, togliere il filo dai filoni, tagliarli a fettine di circa 1 cm di spessore, facendo attenzione che non si sfili la pancetta.

Filtrare il sugo, rimettendolo nel boccale, addensare unendo un cucchiaio di maizena, cuocere: **4 min. 100° Vel.4**.

Sistemare i medaglioni di coniglio in piatti individuali, contornare con le verdure e irrorare con la salsa. Servire caldi.

18.1.4.13 Spigola Farcita

Ingredienti: 4 persone: 1 spigola da 600g, 100g di vino bianco, 400g d'acqua, 1 fetta di limone, 1 peperone rosso, 1 peperone verde, 3 spicchi d'aglio piccoli, 1 mazzolino di prezzemolo (2 cucchiaini tritati), 70g d'olio extra vergine d'oliva, 5 capperi, 10 pomodorini ciliegia, 30g di pane raffermo, sale e pepe q.b..

Preparazione: Lavare e pulire i peperoni e tagliarli a listarelle sottili.

Lavare i pomodorini e svuotarli; preparare un trito di prezzemolo, uno spicchio d'aglio, capperi e 20g d'olio e mettere da parte.

Squamare la spigola, pulirla e lavarla bene. Praticare un taglio sul dorso nel senso della lunghezza, eliminare la lisca centrale, salare e pepare e farcirla con alcune listarelle di peperone rosso e verde e il trito tenuto a parte.

Richiuderla e adagiarla nella campana del Varoma.

Mettere nel boccale 30g di pane raffermo, il prezzemolo e uno spicchio d'aglio, tritare: **20sec. Vel.Turbo**, aggiungere al composto 20g d'olio, un pizzico di sale e amalgamare. Riempire con questa farcia i pomodorini e posizionarli nel vassoio del Varoma.

Nel boccale versare l'acqua, il vino e la fetta di limone, posizionare il Varoma e cuocere: **40 min. temp.Varoma Vel.2**. A cottura ultimata, mettere la spigola in n piatto da portata, contornare con i pomodorini e tenere in caldo.

Nel boccale pulito inserire la farfalla, versare 30g d'olio, ½ spicchio d'aglio e le listarelle di peperoni, cuocere: **8-10 min. temp.Varoma Vel.1**.

Comporre il piatto: mettere la spigola tagliata a fette al centro del piatto, irrorare con un filo d'olio extra vergine d'oliva e contornarla con i pomodorini e peperoni.

18.1.4.14   Antica Torta Di Nocciole

Ingredienti: 6 persone: 250g di nocciole tostate, 200g di farina, 200g di zucchero, 200g di burro a temp.ambiente, 2 uova, 1 cucchiaino di lievito per dolci, 1 pizzico di sale.

Preparazione: Tritare le nocciole **10sec. Vel.5** e metterle da parte.

Unire nel boccale tutti gli altri ingredienti e lavorare **30sec. Vel.6** aggiungere le nocciole e amalgamare: **30sec. Vel.3 spatolando**.

Cospargere di pane grattugiato una teglia ben imburrata e versarvi il composto, cuocere in forno preriscaldato a **170° per 30 min.**.

Lasciare raffreddare e cospargere di zucchero a velo.

18.1.4.15   Dolce Fior Di Latte

Ingredienti: 6 persone: 60g di burro, 60g di farina, 750g di latte, scorza di 1 limone, 1 pizzico di sale, 1 bustina di vanillina, 120g di zucchero per il caramello, 2 tuorli, 2 uova, 110g di zucchero, 20g di burro.

Preparazione: Nel boccale versare il latte, aggiungere la scorza di limone e cuocere: **8 min. 100° Vel.1**.

Togliere la scorza, aggiungere il burro, farina, sale e cuocere: **7 min. 90° Vel.4**. Unire la vanillina.

Caramellare lo zucchero in uno stampo che possa essere inserito nel Varoma, versarne due cucchiai nel composto del boccale, mescolare e lasciare raffreddare in una ciotola.

Inserire la farfalla nel boccale, montare le uova con 110g di zucchero: **2 min. Vel.3**. Aggiungere il composto di latte messo a parte, amalgamare: **1 min. Vel.3**.

Versare il tutto nello stampo caramellato, chiuderlo con la carta stagnola, posizionarlo nel Varoma. Versare nel boccale 800g d'acqua, posizionare il Varoma e cuocere senza coperchio: **45 min. temp.Varoma Vel.1**.

18.1.4.16   Farfalla Di Primavera

Ingredienti: 6 persone: 150g di farina, 150g di zucchero, 4 uova, vanillina, 1 pizzico di sale, 350g di pasta sfoglia, 350g di crema pasticcera, 200g di panna montata.

Preparazione: Nel boccale inserire la farfalla montare le uova con lo zucchero e il sale: **30sec. 40° Vel.3**. Aggiungere la farina e la vanillina, impastare: **3 min. Vel.3**. Dividere e stendere l'impasto su due placche ricoperte di carta forno e infornare a **180° per 12 min.**. A cottura ultimata sovrapporre i due strati e tagliare con una sagoma le due ali accoppiate di una farfalla.

Stendere la pasta sfoglia a 3 mm di spessore e ritagliare la sagoma delle due ali che guarnirete con una serie d'occhielli.

Cuocere le due ali di pasta sfoglia separate con sopra un foglio di carta forno ed una seconda placca che, con il suo peso impedisce di gonfiare la pasta. Cuocere a **200° per 8 min.**.

Togliere le carte, spolverizzare con zucchero a velo e passarle sotto il grill per lucidarle.

Con il resto della sfoglia fare due strisce ed avvolgerle su stampi per cannoli, cospargerli di zucchero semolato, cuocere a **200° per 10 min.**.

Unire panna e crema, farcire la farfalla ed i cannoli e comporre il tutto.

Semifreddo All'ananas

Ingredienti: 8 persone: 1 scatola d'ananas sciroppato, 500g di panna vegetale per dolci, 500g di latte, 2 uova, 40g di maizena o farina, 100g di zucchero, scorza di ½ limone, biscotti pavesini.

Preparazione: Nel boccale ben freddo, posizionare la farfalla, montare la panna (vedi ricettario base) e mettere da parte.
Versare il latte nel boccale, aggiungere uova, maizena, zucchero e scorza di limone: **7 min. 80° Vel.4.** Versare in una ciotola e far raffreddare.
Stendere in uno stampo da plumcake uno strato di panna, 3 fette d'ananas intere, uno strato di crema e uno strato di pavesini bagnati nello sciroppo dell'ananas. Alternare gli strati fino ad esaurimento degli ingredienti.
Riporre lo stampo nel congelatore per almeno **5 ore.**
Prima di servire capovolgere lo stampo, e lasciarlo **1 ora** a temperatura ambiente.

Torta Meringata Di Ricotta

Ingredienti: 6 persone: 500g di ricotta, 180g di zucchero, 5 uova, 100g di maizena, ½ bustina di lievito, 50g di cioccolato fondente, buccia di 1 limone, 1 pizzico di cannella, 20g di liquore al limone.

Preparazione: Tritare il cioccolato con **due colpi di Turbo** poi **6sec. Vel.6** e mettere da parte. Versare 150g di zucchero e la buccia di limone: **20sec. Vel.7.** Aggiungere i tuorli, la cannella, il liquore e ricotta: **40sec. Vel.3,** unire il cioccolato, la maizena e il lievito, amalgamare: **20sec. Vel.3.** Versare il composto in una teglia antiaderente e cuocere in forno preriscaldato a **180° per 20-30 min..** Togliere e lasciare raffreddare un poco. Nel boccale ben pulito inserire la farfalla e montare a neve gli albumi, con un pizzico di sale e 30g di zucchero: **4 min. Vel.3.** Con la meringa ottenuta, ricoprire la torta a cucchiaiate senza livellare, lasciandolo informe. Rimettere in forno a **150° per circa 20 min..** Servire fredda e da consumarsi in giornata.

19.1.1.1 Barchette Di Sedano In Crema Di Formaggio

Ingredienti (per 4 persone): 6 gambi di sedano, 200 gr di Filadelfia, 10 gr di foglie di maggiorana, 5 foglie di basilico, sale e pepe q.b.

Preparazione: Pulire i gambi di sedano e lavarli, tagliarli della lunghezza di 8 cm e porli in un piatto da portata. Nel boccale tritare con le lame in movimento le foglie di basilico e di maggiorana, unire il Filadelfia e amalgamare: **10sec. Vel.4**. Spalmare il composto sui gambi di sedano e servirli freschi.

Consiglio: Volendo lo stesso composto può essere utilizzato per farcire dei pomodorini.

19.1.1.2 Bibita Bimby

Ingredienti per 4 persone: 700gr. di acqua, 4 pesche o 2 mele o 8 albicocche, 70gr. di zucchero, 1 succo di limone.

Preparazione: Mettere nel boccale acqua e zucchero: **7min. 100° Vel.1**. Unire il succo di limone con lame in movimento g, introdurre dal foro del coperchio poco alla volta la frutta (chiudendo di volta in volta con il misurino) poi portarlo Vel.**7 per 30sec. e 1min. Vel.Turbo**.

19.1.1.3 Bocconcini Di Maiale Al Latte Con Finocchi Al Vapore Prezzemolati

Ingredienti per 4 persone: 400gr. di bocconcini di maiale, 2 finocchi oppure 500gr. di carote, 100gr. di cipolla, 1/2 carota più un gambo di sedano, 200gr. di latte, 100gr. di acqua, poca farina dado Bimby q.b., sale e pepe, un cucchiaio di prezzemolo tritato, 40gr. di olio extravergine di oliva.

Preparazione: Nel boccale inserire olio, sedano, carota, cipolla e soffriggere **3min. 100° Vel.3**. Mettere i bocconcini di maiale infarinati e leggermente salati **2min. 100° Vel.1**. Aggiungere il latte, l'acqua e il dado. Posizionare il Varoma con i finocchi affettati, salati, pepati e cosparsi di prezzemolo e cuocere **30min. Temp.Varoma Vel.1**.

19.1.1.4 Bocconcini Di Pollo Alla Birra Con Verdure

Ingredienti per 4 persone: 400 gr di petto di pollo, 1 finocchio (o 500 gr tra patate e carote), 50 gr di parmigiano, 2 fette di pancarrè, 3 foglie di salvia, qualche ago di rosmarino, 20 gr di olio extravergine, sale e noce moscata q.b., 1 uovo, 30 gr di burro, 100 gr di fontina dolce, 1 piccolo scalogno, 200 gr di birra, 100 gr di acqua, 1 cucchiaino di dado bimby, poca farina.

Preparazione: Lavare e affettare le verdure e metterle nel Varoma. Nel boccale il parmigiano, il pane la salvia e il rosmarino: **10sec. Vel.9**. Aggiungere i pezzetti di pollo con le lame in movimento a Vel.**5**; portare poi a Vel.**9** per pochisec. Irrorare con un cucchiaio d'olio; unire il sale, la noce moscata e l'uovo e una noce di burro: **15sec. Vel.3** spatolando. Togliere dal boccale il composto, tagliare la fontina a listarelle e con le mani unte di olio formare una quindicina di polpettine ovali inserendo al centro di ognuna una listarella di fontina, infarinare le polpette e disporle nel cestello verticalmente. Inserire nel boccale pulito lo scalogno e il burro: **3min 100° Vel.4**. Aggiungere la birra, l'acqua e un cucchiaino di dado: **30min. 100° Vel.1**. Inserire il cestello, posizionare il Varoma salando leggermente le verdure. Cuocere: **20-25min. Temp.Varoma Vel.3**. Disporre le polpette di pollo con le verdure in un piatto da portata e servirle calde con il sughetto di cottura.

Consiglio: Si può sostituire il pollo con il tacchino. le verdure cotte nel Varoma possono essere condite a parte con olio, origano, prezzemolo, rucola e pomodori freschi.

19.1.1.5 Bruschette Ai Frutti Di Mare

Ingredienti per 4 persone: 4 fette spesse di pane casereccio, 1 kg. di frutti di mare assortiti, 60gr. di olioextravergine di oliva, 30gr. di pangrattato, 1 ciuffo di prezzemolo, 2 peperoncini.

Preparazione: Lasciare a bagno per un paio d'ore in acqua e sale i frutti di mare, cambiando un paio di volte l'acqua. Pulirli esternamente e dopo disporli nel Varoma. Inserire nel boccale 500gr. di acqua, posizionare il Varoma e cuocere: **20min. 100° Vel.1**. Eliminare i gusci e tenere a parte. Tostare il pane e deporlo in un piatto da portata. Lavare e asciugare il boccale, versare l'olio, il peperoncino, il pangrattato e cuocere: **3min. 100° Vel.3**. Amalgamare il tutto con i frutti di mare e distribuirli sul pane.

19.1.1.6 Calamari In Umido

Ingredienti per 4 persone: 500gr. di calamari già puliti interi, 300gr. di polpa di pomodoro, 15gr. Di funghi secchi (ammollati), 4 filetti di acciuga, 2 spicchi d'aglio, prezzemolo, peperoncino, 100gr. di vino bianco, olio extravergine d'oliva, sale q.b. .

Preparazione: Fare un soffritto con l'aglio, l'olio, il prezzemolo, il peperoncino e l'acciuga: **3min. 100° Vel.3**. Posizionare la farfalla, aggiungere i funghi, il vino e i calamari: **5min. 100° Vel.1** senza il misurino (per far evaporare il vino). Aggiungere la polpa di pomodoro: **25min. sempre 100° Vel.1**. Servire caldi.

19.1.1.7 Canocchie Al Vapore

Ingredienti per 4 persone: 1 kg. di canocchie, 30gr. di prezzemolo, 2 limoni, 40gr. di olioextravergine di oliva, sale e pepe q.b.

Preparazione: Foderare il Varoma con carta forno bagnata e strizzata per darle la forma. Lavare con cura le canocchie e sistemarle nel Varoma. Nel boccale mettere 600gr. di acqua, la buccia di 1 limone e il sale. Posizionare il Varoma e cuocere: **20min. Temp.Varoma Vel.2**. Lasciare raffreddare e aiutandosi con una forbice, tagliare i gusci. Allineare le canocchie su un piatto da portata. Nel boccale asciutto con lame in movimento Vel.4 tritare il prezzemolo, unire il succo dei limoni e l'olio, frullare: **10sec. Vel.5**. Versare sulle canocchie e servire.

19.1.1.8 Carpaccio Di Melanzane E Mozzarella

Ingredienti per 4 persone: 2 melanzane del tipo viola, 2 mozzarelle di bufala, 120gr. di noci, 2 falde di peperone rosso, 2 falde di peperone giallo, 1 spicchio di aglio, 1 cucchiaio di semi di sesamo, il succo di 2 limoni, 1 mazzetto di prezzemolo, sale e pepe q.b., 40gr. di olio extravergine d'oliva.

Preparazione: Tagliare le melanzane a fette rotonde dello spessore di mezzo centimetro. Metterle a bagno in acqua e sale per **30min. circa**. Versare nel boccale 700gr. di acqua, sale q.b., portare a Temp.Varoma, per **8min. Vel.1**, posizionare il Varoma con le melanzane e cuocere **15min. a Temp.Varoma**. Tenere a parte. Mettere nel Varoma le falde di peperone e cuocere **10min. Temp.Varoma Vel.1**. Tenere a parte. Nel boccale pulito e asciutto frullare le noci, i semi di sesamo e l'aglio: **20sec. Vel.6**. Unire il succo dei limoni, l'olio, il prezzemolo, sale e pepe a piacere: **20sec. Vel.6**. Tenere a parte. Affettare la mozzarella in un piatto da portata (o singolarmente) disporre le fette di mozzarella, alternandole con le fette delle melanzane, distribuire il condimento e tenere al fresco fino al momento di servire.

19.1.1.9 Clafoutis Di Lamponi E Ciliegie

Ingredienti per 4 persone: 250 gr di latte, 2 cucchiai di panna liquida, 2 uova, 2 tuorli, 50 gr di maizena, 150 gr di zucchero, 100 gr di lamponi, , 300 gr di ciliegie, 20 gr di burro

Preparazione: Lavare la frutta e togliere il nocciolo alle ciliege. Mettere nel boccale il latte, la panna, le uova, la maizena e lo zucchero, frullare per **20 sec a Vel.6**. Imburrare 4 stampini da creme caramel, disporre la frutta, versare la crema ottenuta negli stampini e disporli nel **Varoma**.

Coprire con un foglio di carta bucherellata e infine il coperchio. Nel boccale mettere 1 litro di acqua, posizionare il **Varoma** e cuocere **40min. Temp.Varoma**. lasciar raffreddare prima di servire.

19.1.1.10 Composta Di Albicocche

Ingredienti per 4 persone: 1 kg. di albicocche ben mature, 100gr. di zucchero, 100gr. di miele, 2 stecche di vaniglia, 1/2 cucchiaino di fiori secchi di lavanda, 600gr. di acqua.

Preparazione: Metter nel boccale lo zucchero, il miele e l'acqua, le stecche di vaniglia incise per il lungo e i fiori di lavanda. Portare a sobollire: **90 ° Vel.1 per 15min.** . Lasciar raffreddare lo sciroppo. Sgocciolare le albicocche, eliminare il seme e frullare con 100gr. di sciroppo necessario ad ottenere una composta cremosa. Servire così oppure accompagnare con pasticcera fredda.

19.1.1.11 Conchiglie Al Sugo Di Verdure

Ingredienti per 4/5 persone: 400gr. di pasta tipo conchiglie, 1 melanzana, 1 zucchina, 300gr. di pomodorini, 100gr. di caciocavallo (tritato grossolanamente), 1 scalogno, 40gr. di olio d'oliva, 1 cucchiaio di origano, parmigiano grattugiato, sale fino q.b., 1 cucchiaino di sale grosso, 600gr. di acqua.

Preparazione Lavare le verdure. Sbucciare la melanzana, tagliarla a pezzetti, salarla e metterla in uno scolapasta per circa 15min. Farla sgocciolare bene e asciugarla. Tagliare la zucchina a pezzetti, dividere i pomodorini a metà e schiacciarli leggermente per togliere i semini. Mettere nel boccale lo scalogno, l'olio e l'origano: **3min. 100° Vel.4**. Aggiungere la melanzana e la zucchina e rosolate per **2min. 100° Vel.1**. Inserire la farfalla. Mettere i pomodori e un pizzico di sale: **7min. 100° Vel.1**. Aggiungere l'acqua e il sale grosso: **5min. 100° Vel.1**. Unire le conchiglie e cuocere per **10-12min. 100° Vel.1**. Travasare la pasta. Aggiungere il caciocavallo, mescolare e servire a piacere con del parmigiano.

19.1.1.12 Conchiglie In Salsa Di Pomodorini

Ingredienti (5 persone): 150 gr di pomodorini secchi, 40 gr di olio e.v., 1 spicchio d'aglio, 1 peperoncino, 1 cipollina, 200 gr di biete piccole, 500 gr di pasta tipo conchiglie, 300 gr di ricotta fresca di pecora, 30 gr di parmigiano grattiguato (o pecorino), 1 mazzetto di maggiorana (un pizzico), 1 lt di acqua, sale q.b.

Preparazione: Nel boccale inserire olio, aglio, cipollina e maggiorana: **3min. 100° Vel.4**.Unire i pomodorini secchi e il peperoncino, tritare: **10 sec Vel.3-8**, aggiungere le biete e tritare: **10 sec Vel.3-8**.Versare nel boccale 300 gr di acqua, sale: **7min. 100° vel1**. aggiungere 700 gr di acqua: **7min. 100° Vel.1**. Versare la pasta e cuocere per il tempo di cottura indicato sulla confezione. A cottura ultimata, versare in una zuppiera, con la ricotta e il parmigiano, un filo d'olio. Servire calda.

19.1.1.13 Coppe Fantasia Al Cioccolato

Ingredienti per 4 persone: 100gr. di cioccolato fondente, 30gr. di cioccolato a scaglie, 2 banane, 200gr. di panna fresca da montare, 150gr. Di yogurt naturale, un cucchiaio di zucchero a velo, 50gr. di nocciole tostate tritate grossolanamente, 2 cucchiai di liquore al caffè, 12 biscotti lingue di gatto.

Preparazione: Mettere nel boccale il cioccolato a pezzi: **3min. 50° Vel.3-4**. Sbucciare le banane, affettarle e distribuirle nelle 4 coppe. Unire il liquore al cioccolato fuso: **5sec. Vel.3**. Travasare in una ciotola. Montare la panna e incorporarla delicatamente al cioccolato fuso. Aggiungere lo zucchero a velo e lo yogurt mescolando delicatamente. Versare il composto sopra le banane, cospargere con le nocciole tritate e cioccolato a scaglie. Servire con lingue di gatto.

19.1.1.14 Cous-Cous Di Triglie E Verdure

Ingredienti (Per 4 persone): 500 gr di cous-cous precotto, 1 kg circa di triglie (o altro pesce in tranci), 200 gr di fagiolini teneri, 200 gr di zucchine, 1 peperone giallo 10 pomodori ciliegini, 200 gr di carote, 1 cipolla, 1 porro (solo la parte bianca), 1 piccolo gambo di sedano, 60 gr di olio extravergine, peperoncino, sale, pepe, q.b., 1 lt di acqua, 200 gr di vino bianco secco

Preparazione: Pulire e filettare le triglie. Mettere nel boccale 300 gr di acqua, il vino e il peperoncino e salare. Mettere le le lische e le teste insieme ad una carota, il sedano il prezzemolo, un pezzetto di cipolla nel cestello, inserirlo: **20min. Temp.Varoma Vel.4.** Prima fase del cous-cous versare in una terrina capiente il cous-cous, aggiungere poco per volta 300 gr di acqua fredda ed un pizzico di sale, mescolare bene con le mani, per evitare che si ammassi Quando avrà assorbito tutta l'acqua, aggiungere l'olio e mescolare bene. Tenere a parte rimescolando ogni tanto. Filtrare il fumetto e tenerlo da parte. Mettere nel boccale 700 gr di acqua, il sale e la cipolla rimasta. Inserire il cestello con i fagiolini: **25min. temp Varoma Vel.1.** Disporre il Varoma le carote tagliate a bastoncini e le zucchine a tronchetti di 2 cm nel vassoio del Varoma e mettere i peperoni a quadretti ed i filetti di triglie, salare e irrorare d'olio. Trascorsi 10min. da quando si sono messi in cottura i fagiolini posizionare il varoma con le verdure. Negli ultimi emin. di cottura inserire nel vassoio del Varoma i pomodorini. Versare in una zuppiera le verdure. Tenere coperto. Mettere nel boccale il brodo vegetale e il fumetto: **15min. temp Varoma Vel.1.** Sistemare il cous cous gonfiato nel Varoma e completare la cottura. Disporre il cous-cous in un piatto tondo da portata, sistemare al centro le triglie contornate dalle verdure alternando i coloro. irrorare con qualche mestolo di brodo- il rimanente brodo va presentato a parte. Spolverizzare con prezzemolo tritato e servire.

19.1.1.15 Crema Di Capperi E Uova

Ingredienti per 4 persone: 4 uova sode, 10 capperi, 50gr. di olio extravergine di oliva, poco succo di limone, sale q.b., 1 cucchiaino di senape.
Preparazione Mettere tutti gli ingredienti nel boccale e mantecare: **15sec. Vel.1-6.** Servire accompagnato da crostini di pane.

19.1.1.16 Crema Al Limone

Ingredienti per 4 persone: 200gr. di zucchero, la scorza di 1 limone, 90gr. di burro,
Preparazione: Mettere nel boccale 200gr. di zucchero e le scorze del limone, portare: **40sec. Vel.Turbo** fino a polverizzazione. Aggiungere il burro ed il succo dei limoni: **2min. 60° Vel.4.** Unire le uova ed i tuorli: **3min. 85° Vel.5.**

19.1.1.17 Crema Di Pomodoro Ai Gamberoni

Ingredienti (per 6 persone): 500 gr di pomodori ben maturi, 1 spicchi d'aglio, mezzo mazzetto di maggiorana, 1 mazzetto di basilico, 30 gr di olio extravergine, 1 peperoncino, 30 gr di succo di limone, 30 gr di pangrattato, 16 code di gamberoni, 2 scalogni
Preparazione: Incidere leggermente la buccia dei pomodori e privarli dei semi. Metterli nel boccale con l'aglio, la maggiorana, metà basilico, il peperoncino, l'olio d'oliva, il succo di limone, pangrattato, sale e pepe, frullare per **1min. Vel.6- 8.**Tenere al fresco. Nel boccale pulito tritare: **Vel.4** con lame in movimento il rimanente basilico e lo scalogno. Unire l'olio: **3min. 100° Vel.3.** Inserire la farfalla, adafiare i gamberoni: **10min. 100° Vel.1.** Salare alla fine. Disporre la zuppa nei piatti e appoggiarvi i gamberoni.
Servire subito.

19.1.1.18 Crème Caramel Al Cocco

Ingredienti per 4 persone: 250gr. di latte, 1 uovo, 2 tuorli, 120gr. di zucchero, 1 pizzico di vaniglia (facoltativo), 50gr. di cocco grattugiato.

Preparazione: Versare in un pentolino 70gr. di zucchero con un cucchiaino di acqua e farlo caramellare su fuoco basso fino al caratteristico colore biondo. Versare il caramello in 4 stampini da crème caramel, inclinarli velocemente in tutti i sensi per distribuire il caramello sulle pareti e immergerli per un attimo in acqua fredda per farlo aderire alle pareti. Versare nel boccale il rimanente zucchero e tutti gli altri **ingredienti: 40sec. Vel.4.** Versare il composto negli stampini e disporli nel Varoma. Sciacquare il boccale e inserire mezzo litro di acqua: **6min. 100° Vel.1.** Quando l'acqua bolle posizionare il Varoma ben chiuso e cuocere: **30min. Temp.Varoma Vel.1.** Togliere il Varoma dal boccale e lasciare intiepidire. Mettere poi gli stampini in frigorifero per un paio d'ore. Si servono capovolti in piattini individuali.

19.1.1.19 Ditaloni Con Ragù Di Verdure

Ingredienti per 4 persone: 400gr. di ditaloni, 300gr. di zucchine, 200gr. di melanzana, 2 falde di peperone, 2 pomodori perini, 2 scalogni 1 scamorza, 1 mazzetto di basilico, peperoncino piccante q.b., 50gr. di olio di oliva extra vergine, 1 spicchio d'aglio, sale q.b.
Preparazione: Tagliare a dadini tutte le verdure compreso gli scalogni: tenere a parte. Tritare la scamorza **10sec. Vel.6** e tenerla a parte. Nel boccale far insaporire l'aglio, l'olio, le foglie di basilico **2min. 100° Vel.4.** Unire la dadolata di verdure e cuocere **8min. 100° Vel.1.** Unire i pomodori a dadolini e insaporire **1min. 100° Vel.1.** Tenere a parte. Nel boccale mettere 1 lt. Di acqua, sale q.b. **8min. 100° Vel.1,** versare i ditaloni e cuocere per il tempo indicato sulla confezione. Colare la pasta e versare in una terrina, unire il ragù di verdure e la scamorza tritata. Mescolare e servire subito.

19.1.1.20 Dolce Bimby

Ingredienti per 4 persone 200gr. savoiardi, 30gr. zucchero, 500gr. ananas sciroppato, 250gr. pesche, sciroppate, 250gr. panna da montare, Frutta a piacere di stagione: , 1 cestino di lamponi, 1 kiwi, , 1 limone, 1 pera, 1 banana, 1 dose di crema bimby (vedi ricettario base), 1/2 limone spremuto.
Preparazione: Montare la panna **50-60 sec Vel.2** e mettere da parte. Senza lavare il boccale, fare la crema bimby come da ricetta base e farla raffreddare. Nel frattempo pelare e affettare la frutta: 1 kiwi, 1 banana, 1 pera, fragole o lamponi a piacere, macerare con zucchero e limone. Inserire nel boccale una scatola di ananas con il suo succo e frullare: **1min. da Vel.4-5 a Vel.Turbo** deve essere emulsionato bene, con questo succo si inzupperanno i savoiardi (si consigliano i savoiardi morbidi). Foderare uno stampo da dolci con i savoiardi tagliati a metà e inzuppati, coprire con la crema Bimby. Fare un secondo strato e coprire con la panna montata sulla quale si metteranno le pesche sciroppate divise in 2 parti. Fare un terzo strato di savoiardi e coprire con la frutta decorando a piacere. Tenere in frigorifero qualche ora prima di servire.

19.1.1.21 Dolce Di Fichi E Zabaione

Ingredienti per 4 persone: 1 confezione di biscotti pavesini, 4 fichi freschi, 150gr. mandorle, 100gr. amaretti, 1 moka di caffè, 200gr. marsala secco, per lo zabaione: 80gr. zucchero, 4 tuorli, 100gr. marsala secco
Preparazione: mettere il caffè freddo e il marsala in una ciotola: inzuppare i pavesini e foderare uno stampo per dolci rettangolare coi bordi alti. Tritare gli amaretti e le mandorle: **40 sec Vel.5-6,** metterne una parte per ogni strato di pavesini. Preparare lo zabaione: nel boccale posizionare la farfalla, introdurre lo zucchero e i tuorli d'uovo, montare: **3min. Vel.3** aggiungere il marsala e cuocere **5min. 70° Vel.3.** Versare una parte di zabaione nello stampo, ricoprire con pavesini inzuppati cospargere con un poco di mandorle e amaretti, versare lo zabaione e ricoprire con i pavesini. Devono risultare 3 strati: nell'ultimo ricoprire con spicchi di fichi sbucciati. Mettere in frigorifero per almeno 2 ore. Servire fresco.

19.1.1.22 Farfalle Con Polpa Di Granchio

Ingredienti per 4 persone: 350gr. di pasta tipo farfalle, 1 scatola da 190gr. di polpa di granchio al naturale, 14 fiori di zucca, 2 cucchiai di Vermouth secco (o Brandy), 1 spicchio d'aglio, 50gr. di olio extravergine di oliva, sale e pepe q.b.

Preparazione: Inserire nel boccale l'olio e l'aglio: **3min. 100° Vel.1.** Eliminare l'aglio, aggiungere la polpa di granchio ben scolata, il Vermouth e cuocere: **3min. 100° Vel.1.** Unire i fiori di zucca puliti e spezzettati, il sale e pepe, cuocere: **2min. 100° Vel.1.** Tenere a parte il sugo. Nel boccale inserire la farfalla, versare 1 lt. di acqua, sale q.b.: **10min. 100° Vel.1.** Cuocere la pasta per il tempo di cottura indicato dalla confezione, versarla in una terrina, unire il sugo e lasciarla riposare per **2 minuti**, poi servire.

19.1.1.23 Farro Con Uova E Peperoni

Ingredienti per 4 persone: 200gr. di farro, 2 uova, 50gr. di olio di oliva, 2 limoni, 1 peperone giallo, 3 pomodori perini sodi, 2 zucchine, 1 cetriolo, 2 gambi di sedano verde, 10 foglie di basilico, sale e pepe q.b.

Preparazione: Sciacquare il farro in aqua fredda e metterlo a bagno in un recipiente per almeno 12 ore. Cuocerlo nel boccale con 1 lt. e 200 di acqua per **40min. a 100° Vel.1** o per il tempo indicato nella confezione. Salarlo con 2 cucchiai di sale grosso 10min. prima della cottura. Scolarlo e versarlo in una insalatiera. Condirlo subito con l'olio, il pepe e il succo di limone. Inserire 500gr. di acqua e un pizzico di sale nel boccale, mettere le uova nel cestello e cuocerle per **15min. a 100° Vel.1.** Far raffreddare le uova in acqua fredda, prima di togliere il guscio. Tagliarle a fettine. Lavare le verdure, tagliare il peperone a quadratini, i 2 pomodori a fettine e le zucchine a dadini di 1 cm. di lato. Sbucciare il cetriolo e tagliarlo a cubetti di 1 cm. di lato e metterli in un colino con un pizzico di sale. Togliere i filamenti e la parte dura al sedano e tagliarlo a tocchetti piccoli, tagliare il terzo pomodoro a dadolini e pulire bene le foglie di basilico. Comporre il piatto: nell'insalatiera del farro unire 3 foglie di basilico finemente tritate e grattugiare sopra la scorza del limone. Unire i dadini di peperone, pomodoro, zucchine e cetriolo insieme al sedano. Mescolare delicatamente e versare al centro del piatto grande da portata; tutt'intorno un giro di uova e pomodoro alternandole. Irrorare con un filo di olio di oliva extravergine e decorare con foglie di basilico.

19.1.1.24 Filetti Di Nasello Mimosa

Ingredienti per 4 persone. 700gr. filetti di nasello, 3 patate medie, 2 uova, 6 olive nere, olio e.v. d'oliva, sale, pepe, prezzemolo

Preparazione: Disporre nel vassoio del Varoma foderato di carta forno (bagnata e strizzata) i filetti di nasello leggermente unti d'olio Disporre le patate a tocchi nel Varoma e le uova nel cestello, posizionare il Varoma e cuocere **15 minuti a Varoma Vel.1** A fine cottura mettere il pesce in un piatto, cospargerlo prima con le patate e poi con le uova sode fatte passare allo schiaccia patate. Guarnire con fettine di olive, prezzemolo tritato, sale e olio. Coprire con un foglio di alluminio e tenere in caldo fino al momento di servire

19.1.1.25 Foglie Di Lattuga Con Riso E Carne In Salsa Rosa

Ingredienti per 4 persone: 100 gr di riso a grana lungo;100 gr di carne macinata di maiale;1 cipolla tritata;qualche foglia di sedano;timo e origano secchi;16 foglie di lattuga romana;80 gr d'olio extravergine d'oliva. Per la salsa rosa: 1 cipolla;1 spicchio d'aglio;250gr. passata o pezzettini di pomodoro100gr. di vino bianco secco;1 mazzetto basilico fresco

Preparazione: Cuocere il riso in 1 lt d'acqua salata nel boccale: **7min. 100° Vel.1**Scolarlo e metterlo in una terrina.Inserire nel boccale la cipolla e le foglie di sedano, l'aglio, il timo e l'origano, regolare di sale e tritare: **30 sec Vel.4-8.** Unire la carne e amalgamare. Sciacquare le foglie di lattuga, asciugarle delicatamente, distribuirvi il composto e arrotolare le foglie ripiegano i bordi sul ripieno. Fissarle con refe da cucina o filo sottile. Spennellarli d'olio e inserire nel cestello i fagottini. Nel boccale la cipolla e lo spicchio d'aglio, olio: **3min. 100° Vel.2.** Versare il pomodoro, 100gr. di vino. Cuocere **15min. temp Varoma Vel.2.** Togliere i fagottini e metterli in una pirofila, frullare il liquido rimasto con la cipolla alla quale aggiungiamo le foglie di basilico a crudo: **30 sec Vel.4,** e versarlo sui fagottini. Lasciare raffreddare prima di servire

19.1.1.26 Frappé Di Frutta Allo Yogurt

Ingredienti per 4 persone: 200gr. di frutta mista (o fragole), 1 banana, 1 cucchiaio di zucchero, 150gr. di yogurt naturale, 300gr. di latte, 5 cubetti di ghiaccio.
Preparazione: Lavare bene la frutta e sbucciarla. Sbucciare la banana. Mettere i cubetti di ghiaccio nel boccale: **Vel.6 per pochi secondi.** Aggiungere la frutta, lo yogurt, il latte e il cucchiaio di zuccero: **30sec. Vel.7 e 30sec. Vel.Turbo.** Servire subito.

19.1.1.27 Gamberoni Piccanti

Ingredienti: 1, 300 Kg. di gamberoni, 2 spicchi di aglio 2 cipollotti, 200gr. di riso, 1 cucchiaino di paprica, 1 cucchiaino di cumino in polvere, 1/2 cucchiaino di zenzero in polvere, 1 pizzico di peperoncino, 1 mazzetto di prezzemolo, 1 costa di sedano, 200gr. di vino bianco, 1 bustina di zafferano, 1 scalogno, 60gr. di olio extravergine di oliva, 700gr. di acqua.
Preparazione: Pulire i gamberoni tenendo teste e gusci a parte. Nel boccale mettere 700gr. di acqua, le teste e i gusci dei gamberi, lo scalogno, lo zafferano, il sedano il vino, aggiustare di sale e cuocere per **15min. 100° Vel.1.** Colare il fumetto di pesce e tenere a parte. Nel boccale inserire 30gr. di olio, 1 cipollotto e tutte le spezie, soffriggere **3min. 100° Vel.4.** Inserire la farfalla unire i gamberoni e cuocere per 10min. circa. Cospargere di prezzemolo tritato e tenere a parte. Preparare 30gr. di olio e il cipollotto nel boccale **3min. 100° Vel.4.** (Il cipollotto compresa la parte verde). Mettere la farfalla e unire il riso, tostarlo per **3min. 100° Vel.1,** regolare di sale e unire 400gr. di brodo di pesce, portare a cottura per **15min. a 100° Vel.1.** Servire i gamberoni

19.1.1.28 Gnocchetti Sardi Con Acciughe In Salsa D'arancia

Ingredienti per 4 persone: 400 gr di gnocchetti sardi, 1 arancia, 10 acciughe (sotto sale), 30gr. di menta fresca pulita, 1 spicchio di aglio, 10gr. di pane grattugiato, 50gr. di olio di oliva extravergine, sale e peperoncino fresco piccante, 30gr. di Grand Marnier (o vino bianco secco).
Preparazione: Sbucciare a vivo l'arancia, eliminando le pellicine bianche e tagliarla a tocchetti. Sciacquare bene le acciughe e dislicarle. Mettere l'olio, l'aglio, il peperoncino e metà della menta nel boccale **per 3min. 100° Vel.4.** Unire le acciughe e tritare per **10sec. Vel.5-6,** unire l'arancia, il pane grattugiato e il liquore. Insaporire per **3min. 100° Vel.1.** Profumare con la menta rimasta. Tenere a parte. Nel boccale pulito inserire 1 lt. di acqua salata: **10min. 100° Vel.1** e cuocere la pasta per il tempo di cottura dato dalla confezione. Condirla con il sugo e servire subito.

19.1.1.29 Insalata Di Ceci Al Pesto Di Salvia

Ingredienti: per 4 persone, 1 scatola di ceci, 1 busta di pinoli, 40 gr di parmigiano, 1 spicchio d'aglio, 2 mazzetti di salvia, 100 gr di olio extravergine
Preparazione: Nel boccale mettere la salvia lavata e asciugata bene, i pinoli e il parmigiano: **30 sec Vel.3-8,** unire a filo l'olio e omogenizzare a **turbo per 40 sec.**Togliere i ceci dalla sua acqua, passarli in acqua fredda e colarli .Metterli in una terrina e condire con il pesto alla salvia.

19.1.1.30 Insalata Di Frutta

Ingredienti per 4 persone: 1 sedano tenero e bianco, 1 mela, 1 limone, 300gr. anguria, 1 grappolo di uva bianca da tavola, 30gr. olio e.v. d'oliva, sale q.b.

Preparazione: Tagliare a fettine il cuore tenero del sedano e metterlo in una terrina: preparare l'anguria a fettine, la mela a cubetti e l'uva ben lavata a chicchi. Nel boccale preparare una citronette con succo di limone e olio e una presa di sale **40 sec Vel.4** Versare sull'insalata e mescolare delicatamente una sola volta. Si serve come antipasto e come portata di mezzo tra i primi e i secondi.

19.1.1.31 Insalata Di Pollo

Ingredienti per 4 persone: 700gr. di petto di pollo (o cosce spellate e spolpate), 4 spicchi d'aglio, 2 foglie di alloro, salvia, rosmarino, 50gr. di olio extravergine di oliva, succo di 1 limone, 2 acciughe, 1 cucchiaino di salsa Worcester, lattughino o spinaci freschi, 2 coste di sedano bianco, 700gr. di acqua.

Preparazione: Mettere nel boccale 700gr. di acqua: **6min. 100° Vel.1.** Disporre nel Varoma un foglio di carta forno (bagnata e strizzata) riempirla con il pollo tagliato a liste, 1 spicchio di aglio, salvia, rosmarino e alloro. Chiudere il cartoccio lasciando uno spiraglio in alto: cuocere per **15min. Temp.Varoma Vel.2.** A fine cottura eliminare gli aromi, disporre su un letto di lattughino e cuori di sedano affettati. Preparare il condimento inserendo nel boccale, con lame in movimento le acciughe: **Vel.5 e fermare.** Unire l'olio, il succo di limone, uno spruzzo di salsa Worcester, sale e pepe: **30sec. Vel.4.** Condire con la salsa e servire.

19.1.1.32 Insalata Di Melone E Scarola

Ingredienti per 4 persone: 1 cespo di scarola (o indivia belga), 1/2 melone sodo (tipo pachino), olio q.b., limone e peperoncino.

Preparazione: Dopo aver ben lavato e asciugato la scarola, tagliarla a strisce non molto larghe. Tagliare il melone a cubetti e mettere il tutto in una terrina. Nel boccale preparare un'emulsione con l'olio, il succo di limone, il sale e il peperoncino: **1min. a vl. 4.** Condire e servire fresca.

19.1.1.33 Involtini Delicati Di Melanzane

Ingredienti per 4 persone: 2 melanzane ovali, 300gr. di caprino, 12 foglie di basilico, qualche filo di erba cipollina sminuzzato, 1 ciuffo di prezzemolo tritato, 1 cucchiaio di olio di oliva, sale e pepe q.b., 500gr. di acqua.

Preparazione: Lavare le melanzane e affettarle piuttosto sottili per il lungo. Cospargerle di sale e lasciarle riposare per una ventina di minuti nello scolapasta. Spruzzarle con un getto di acqua fredda e asciugarle con carta assorbente. Mettere nel boccale l'acqua e una foglia di basilico: **7min. 100° Vel.1,** posizionare il Varoma e il vassoio con le melanzane e cuocere per circa **7min. Temp.Varoma Vel.2.** Lasciarle raffreddare e asciugarle. Inserire nel boccale asciutto dal foro del coperchio **Vel.5** il prezzemolo e il basilico lavato e asciugato. Fermare, aggiungere il caprino, l'olio, il sale e il pepe: **30sec. Vel.3-4 spatolando.** Spalmare la crema di formaggio sulle melanzane, arrotolarle e tenerle in frigorifero fino al momento di servire.

19.1.1.34 Involtini Di Salmone E Branzino

Ingredienti per 4 persone: 200gr. polpa di branzino, 160gr. salmone affumicato a fette, uova di lompo rosse (una scatolina), il succo di 1 limone, 1 scalogno, 1 cipollotto, ravanelli, prezzemolo riccio (per la guarnizione), olio e.v. d'oliva, pepe in grani, sale q.b.

Preparazione: Inserire nel boccale lo scalogno e tritarlo con **2-3 colpi di turbo** poi aggiungere la polpa del branzino, unire un pizzico di sale, un pò di pepe, il succo di limone spremuto, completare con una cucchiaiata di olio amalgamare: **10min. a Vel.2-3** Stendere sul tagliere 8 fettine di salmone, distribuire su di esse il composto preparato avvolgendo ad involtino.Disporre su un piatto da portata completando con uova di lompo, fettine di cipollotto, ravanelli e prezzemolo riccio.

Linguine Al Pesto Con Gamberetti

Ingredienti: 150gr. Pesto, 200gr. gamberetti surg., 50gr. Robiola, 1 mazzetto basilico, 3 cucchiai olio extra, 400gr. Linguine, sale q.b.

Preparazione: Preparare il pesto e aggiungervi la robiola, amalgamare **vel.1** per pochi secondi e versare in una terrina. Pulire il boccale con la spatola e senza lavarlo aggiungere la farfalla, 20 foglie di basilico e 3 cucchiai di olio: **3min. 90° vel.1**. Aggiungere i gamberetti: **2min. 100° Vel.1**. Tenere a parte. Cuocere la pasta e prima di scolare aggiungere al pesto un mestolino di acqua di cottura della pasta e amalgamare bene con la spatola. Versare le linguine nel pesto e mescolare. Versare quindi i gamberetti con qualche foglia di basilico.

19.1.1.36 Mezze Penne Con Yogurt E Champignon

Ingredienti per 4 persone: 350gr. di mezze penne, 300gr. di funghi champignon, 1 vaseto di yogurt da 125 gr., 50gr. di olio, qualche foglia di menta, sale e pepe q.b. .

Preparazione: Lavare e tagliare a fette i funghi. Inserire nel boccale l'olio, riscaldarlo per **1min. 100° Vel.1**. Aggiungere i funghi, salarli e cuocerli: **10min. 100° Vel.1** (trascorso il tempo indicato, se l'acqua emessa dai funghi non è ancora evaporata continuare la cottura a Varoma e togliere il misurino, fino a quando l'acqua non sarà completamente evaporata). Unire lo yogurt: **10sec. Vel.1**. Nel frattempo cuocere la pasta, a cottura ultimata versarla in una terrina, unire il sugo e completare con striscioline di menta. Servire subito.

19.1.1.37 Mezze Penne Con Zucchine E Polpettine

Ingredienti per 4 persone: 400gr. di mezze penne. **Per le polpettine:** 100gr. di prosciutto cotto, 100gr. di ricotta romana, 20gr. di pane grattugiato, 25gr. di parmigiano grattugiato, 1 uovo, sale e pepe q.b. **Per il sugo:** 500gr. di pomodori in pezzi, 3 zucchine, 75gr. di olio, 1 cipolla piccola, 1 spicchio d'aglio, rosmarino, basilico, origano.

Preparazione: Polpettine: con le lame in movimento Vel.**5** inserire il prosciutto **15-20 sec.**, unire la ricotta e gli altri **ingredienti: 20sec. Vel.6-7**. Con l'im pasto ottenuto formare delle picole polpettine e sistemarle nel vassoio del Varoma. Tagliare a bastoncini le zucchine e disporle nel Varoma d'acciaio, spolverizzarle con l'origano. **Sugo:** metter nel boccale l'olio e gli aromi: **3min. 100° Vel.4;** posizionare la farfalla, versare i pomodori: **6min. 100° Vel.1**. Aggiungere 500gr. d'acqua: **7min. 100° Vel.1**. Salare e pepare. Trascorso il tempo previsto, unire le mezze penne, sovrapporre il Varoma con le polpettine e le zucchine: **12min. Temp.Varoma Vel.1**. A cottura ultimata, versare le penne in una pirofila, adagiarvi sopra le zucchine e le polpettine, cospargere di parmigiano grattugiato e servire. Volendo, si può passare la pirofila per pochi minuti in forno preriscaldato 150° una decina di minuti.

19.1.1.38 Minestra Di Zucchine E Bianchetti

Ingredienti per 4 persone: 700gr. di zucchine, 100gr. cipollotti , 1 mazzetto di maggiorana, 3 rametti di timo, 1 gambo di sedano, 30gr. di pane grattugiato, 200gr. di bianchetti, 40gr. di olio extravergine d'oliva,
700gr. di acqua, sale e pepe q.b.

Preparazione: Tritare i cipollotti con lame in movimento Vel.**6**. Unire le fogliette di timo, l'olio e metà mazzolino di maggiorana **3min. a 100° Vel.4**. Unire il sedano a tocchetti e le zucchine a fette, salare pepare e coprire con 700gr. di acqua. Cuocere per **15min. 100° Vel.1**. Frullare il tutto insieme al pangrattato per **40sec. Vel.6**. Controllare di sale e pepe, rimettere in cottura per **8min. 100° Vel.1**. Appena bolle, unire i bianchetti, lasciare cuocere per **3min. 100° Vel.1**. Aggiungere la maggiorana rimasta spezzettata e servire con crostini.

19.1.1.39 Minestrone Freddo In Salsa

Ingredienti per 6 persone: 200gr. fagioli cannellini in scatola, 2 patate novelle, 2 carote, 200gr. fagioli borlotti in scatola, 2 grosse zucchine, 2 coste di sedano. 2 pomodori perini, 1 grossa cipolla, 1 spicchio d'aglio, 20gr. olio e.v. d'oliva, sale e pepe a piacere,

Per la salsa allo zafferano: la mollica di un panino, 1 bustina di zafferano, 60gr. olio e.v. d'oliva, peperoncino rosso in polvere, sale q.b., 1 spicchio d'aglio.

Preparazione: Lavare, sbucciare e tagliare a tocchi tutte le verdure. Nel boccale mettere la cipolla, l'aglio, 20gr. d'olio e soffriggere: **3min. 100° Vel.4** Unire tutte le verdure esclusi i fagioli che si aggiungeranno **5min.** prima del termine della cottura, e aggiungere acqua tanta da coprire tutte le verdure. Regolare di sale e cuocere **30min. 100° Vel.2.** Versare nelle ciotole individuali e lasciare raffreddare. Nel boccale pulito frullare 1 spicchio d'aglio con la mollica di pane bagnata di acqua e ben strizzata, lo zafferano e il peperoncino: **40 sec Vel.6-8.** Unire poi a **Vel.4**, 60gr. di olio a filo. Servire il minestrone freddo con la salsa. Consiglio: Si può sostituire lo zafferano con 60gr. di basilico e maggiorana freschi

19.1.1.40 More Alla Crema

Ingredienti per 5 persone: 500gr. di more, 250gr. di ricotta, 30gr. di zucchero, 30gr. di latte, 2 tuorli d'uovo, 1 bicchiere di grappa o brandy (a piacere).

Preparazione: Dopo aver ben lavato le more, metterle in una terrina a macerare con la grappa per 30min. . Nel boccale inserire la farfalla e preparare la crema unendo la ricotta, il latte, i tuorli e lo zucchero, amalgamare: **20sec. Vel.2.** Riempire 5 coppe con le more e coprire con la crema. A piacere decorare in superficie con menta fresca, qualche mora e qualche biscottino. Servire fresca.

CONSIGLIO: conservare la grappa scolata per gelati o altre creme.

19.1.1.41 Mousse Di Frutta

Ingredienti per 4 persone: 300gr. di pesche o albicocche (3 pesche o 6 albicocche), 50gr. di acqua, 50gr. di zucchero, succo di mezzo limone.

Preparazione: Mettere nel boccale l'acqua e lo zucchero: **3min. 100° Vel.1.** Unire il succo del limone e con le lame in movimento aggiungere la frutta e dopo aver posizionato il misurino omogeneizzare **Vel.5-7** poi **1min. Vel.Turbo.** Servire fredda.

19.1.1.42 Orecchiette In Salsa Di Rucola E Crostacei

Ingredienti per 4 persone: 500gr. orecchiette, 1 kg di crostacei misti (gamberi e scampi), 20gr. erba cipollina, 1 scalogno, 1 pezzetto di carota, 1 gambo di sedano, 1 spicchio d'aglio, 1 mazzetto di rucola, 50gr. olio e.v. d'oliva, 30gr. di vino, 20gr. pinoli, sale e pepe q.b., 1 lt e 100 gr di acqua

Preparazione: Inserire nel boccale lo scalogno, l'erba cipollina, l'aglio, la carota, il sedano e 30gr. d'olio: **3min. 100° Vel.4** Unire i crostacei puliti per pochi secondi a **Vel.3-4**, far insaporire per **5min. 100° Vel.1** Salare e pepare q.b., sfumare con il vino bianco, lasciare in cottura per **2min. 100° Vel.1** Unire la rucola, precedentemente tritata, il restante olio e i pinoli tritati, insaporire per **2min. 100° Vel.1** Travasare e tenere in caldo. Aggiungere nel boccale l'acqua, salare: **10min. 100° Vel.1** Versare la pasta e cuocere per il tempo di cottura dato sulla confezione **100° Vel.1** Scolare e condire col sugo di crostacei e rucola. **Consiglio:** si possono sostituire i gamberoni e scampi con gamberetti

19.1.1.43 Pasta Con Le Seppie

Ingredienti x 4 persone. 400gr. pasta , 4 cucchiai di pangrattato (mollica), 2 seppie, 200gr. pomodorini, 30gr. prezzemolo tritato, 1 scalogno, 60gr. olio e.v. oliva, 1 spicchio d'aglio, sale e peperoncino

Preparazione: Pulire le seppie lavarle e lasciarle sgocciolare nel cestello. Inserire nel boccale le seppie a pezzi con lame in movimento: **10 sec Vel.6** Unire 30gr. di olio, lo spicchio d'aglio e metà del prezzemolo soffriggere **3min. 90° Vel.3** Unire 60gr. di acqua e sale q.b., cuocere ancora per **15min. 100° Vel.1** Tenere a parte. Nel boccale inserite gli altri 30gr. di olio, lo scalogno e il prezzemolo, tritare: **10 sec Vel.4.** Unire i pomodorini a pezzi e cuocere: **10min. 100° Vel.1** Unire le seppie messe da parte, aggiustare di sale: **5min. Temp.Varoma Vel.1** Togliere il tutto. Nel boccale pulito, inserire 50gr. mollica di pane, poco prezzemolo e peperoncino: **10 sec Vel.9** tostare **5min. 100° Vel.3** Tenere da parte. Cuocere la pasta, condirla con il sugo e cospargere con il trito di pane e servire. **Consiglio:** Se le seppie si desiderano più grosse fare il soffritto **a Vel.1**

19.1.1.44 Pasta Con Zucchine E Pesce Agli Aromi Del Mediterraneo

Ingredienti per 4 persone: 400gr. fusilli corti, 300gr. zucchine, 4 pomodori perini, 1 spicchio d'aglio, 1 porro, 1 mazzetto di menta (3 rametti), 40gr. olio e.v. oliva, 50gr. di ricotta da grattugiare o parmigiano, sale e pepe, nero q.b., Per il pesce: 4 o 5 tranci o filetti di pescatrice o nasello, Per il trita aromatico: tutte le erbe aromatiche disponibili, 50gr. parmigiano, 50gr. di pane raffermo, 20gr. olio e.v. oliva sale e pepe

Preparazione: Grattugiare la ricotta e metterla da parte. Inserire nel boccale il parmigiano e il pane raffermo: **10 sec Vel.4 e 20 sec Vel.Turbo.** Unire dal foro del coperchio tutte le erbe aromatiche **20 sec Vel.8-9.** Tenere da parte. Nel boccale pulito, tritare la parte bianca del porro per **10 sec Vel.4,** unire l'aglio, l'olio e metà della menta: **3min. 100° Vel.4.** Posizionare la farfalla ed inserire le zucchine a tocchetti o rondelle e cuocere: **5min. 100° Vel.1.** Aggiungere 800gr. d'acqua, salare: **10min. 100° Vel.1.** Nel frattempo sistemare un foglio di carta da forno (bagnata e strizzata) sul fondo del vassoio del Varoma, adagiarvi sopra i tranci di pesce, aggiustare di sale e cospargerli abbondantemente con il trito aromatico, posizionare il Varoma cuocere per **13min. Temp.Varoma Vel.1.** Tenere a parte. Nel boccale versare i fusilli e cuocere la pasta per il tempo di cottura dato sulla confezione. A cottura ultimata versare i fusilli in una ciotola, mescolare bene, cospargere con la ricotta e pepe nero macinato al momento., guarnire con la menta rimasta.**PATÈ DI CECI ALL'ARABA**

Ingredienti per 4: 250gr. ceci in scatola, 2 cucchiai di cumino in polvere, 2 spicchi d'aglio, 50gr. succo di limone, 50gr. olio e.v. oliva, peperoncino in polvere. 1 ciuffo di prezzemolo, 3 cucchiai di sesamo o 2 cucchiai di pasta di sesamo

Preparazione: Nel boccale tostare per **2min. a 100° Vel.2** i semi di sesamo, emulsionare con 30gr. di olio: **5 sec a Vel.3.** Unire il prezzemolo e l'aglio dal foro del coperchio: **1min. Vel.5.** Fermare, versare i ceci il succo di limone, l'olio, il cumino, salare e frullare: **2min. Vel.5 spatolando** il composto 2 o 3 volte fermando il Bimby. Tenere in fresco prima di servire. Si consuma accompagnato da focaccine o fette di pane tostato o fresco. **Consiglio:** si può utilizzare per farcire pomodorini da servire come antipasto

19.1.1.45 Paté Di Olive

Ingredienti per 10 persone: 300gr. di olive nere snocciolate e cotte al forno, 90gr. di olio d'oliva extravergine, 1 spicchio d'aglio, 1 cucchiaio di origano, sale q.b.

Preparazione: Inserire nel boccale dal foro del coperchio con lame in movimento Vel.6 le olive nere e l'aglio, tritare **20sec. Vel.6.** Raccogliere il trito con la spatola e unire 60gr. di olio, il sale e l'origano: **1min. Vel.3** o più, finchè il composto sarà ben amalgamato. Mettere in un vasetto, ricoprire con il restante olio e conservare in frigorifero.

19.1.1.46 Polipo In Insalata Di Rucola

Ingredienti per 4 persone: 700gr. di polipo, 350gr. di acqua, 1 cipollina, un pezzetto di sedano, 10 pomodorini ciliegini, 2 mazzetti di rucola, 40gr. di olio extravergine di oliva, 1 cucchiaio di aceto balsamico, sale e pepe q.b. .

Preparazione: Lavare bene il polipo e metterlo nel cestello. Nel boccale versare l'acqua, la cipollina, il sedano e un pizzico di sale, inserire il cestello e cuocere: **40min. Temp.Varoma Vel.2.** Lasciare intiepidire il polipo, tagliarlo a tocchetti di 2 cm. e sistemarlo su un piatto da portata. Preparare la rucola lavata e tagliata, appoggiarla intorno al polipo. Unire i pomodorini sulla rucola e condire con olio, aceto balsamico, sale e pepe q.b. . Servire tiepido.

19.1.1.47 Pollo Al Curry Con Insalata Di Zucchine

Ingredienti per 4 persone: 600gr. di petto di pollo a tocchetti, 1 cipolla, 50gr. di uvetta, (ammorbidita leggermente in acqua tiepida), 1 limone, 2 cucchiai di curry in polvere, 60gr. di olio extravergine di oliva, 1 cucchiaio di maizena, sale e pepe q.b. 100gr. di vino bianco secco, 50gr. di acqua. **Per le zucchine:** 600gr. di zucchine, 1 mazzetto di menta fresca, 1 cucchiaino di aceto rosso, 20gr. di olio extravergine di oliva, 60gr. di yogurt, sale e pepe q.b.

Preparazione: In una terrina mettere il pollo, 2 cucchiai di olio, 1 cucchiaio di curry, amalgamare bene alla carne e salare, bagnare con il succo di limone e lasciare insaporire per 30min. Nel boccale mettere la cipolla e 30gr. di olio **3min. 100° Vel.4.** Inserire la farfalla unire il pollo con il suo sugo, l'uvetta. Posizionare il Varoma con le zucchine a fettine, la menta, salare e cuocere, **20min. Temp.Varoma Vel.1** Travasare il pollo e metterlo in una pirofila, se ci fosse troppo liquido aggiungere la maizena **3min. 100° Vel.4,** versare sul pollo in una terrina. Condire le zucchine calde, con aceto, olio, un trito di menta e yogurt, mescolare il tutto **30sec. Vel.2** Servire il pollo accompagnato dalle zucchine.

19.1.1.48   Polpettine Di Pesce In Umido

Ingredienti per 6 persone: 600gr. di merluzzo (pulito e privo di spine), 2 fette di pane casereccio raffermo senza crosta ammorbidito in poca acqua, 2 uova, 1 ciuffo di prezzemolo, 1 ciuffo di basilico, 1 spicchio d'aglio,
1 cipolla, 6 pomodori maturi tondi, 3 cucchiai d'olio di oliva, sale q.b. **Preparazione:** Inserire nel boccale dal foro del coperchio con lame in movimento il prezzemolo: **10sec. Vel.6.** Aggiungere il pane ben strizzato, il pesce, le uova e il sale, mescolare per 20sec. Vel.6 aiutandosi con la spatola. Togliere il composto dal boccale, formare delle polpettine e sistemarle nel Varoma. Lavare e asciugare il boccale, inserire la cipolla, l'olio, l'aglio e soffriggere: **3min. 100° Vel.4.** Unire i pomodori e 50gr. di acqua, cuocere per **20min. Temp.Varoma.** Dopo 5 minuti posizionare il Varoma sul boccale e finire la cottura. Sistemare le polpette in un piatto da portata, versarvi sopra la salsa contenuta nel boccale e cospargere di basilico tagliato grossolanamente, servire caldo.

19.1.1.49   Polpettone Di Tonno Con Pesto Di Rucola

Ingredienti per 6/8 persone. 400gr. tonno sott'olio, 2 uova, 70gr. parmigiano grattugiato, 1 cucchiaio di capperi , 50gr. pane grattugiato, 100gr. rucola, 30gr. pinoli, 30gr. pecorino grattugiato, 70gr. olio e.v. d'oliva, la buccia di 1/2 limone grattugiata, 800gr. d'acqua, sale e pepe q.b.
Preparazione: Sgocciolare il tonno e inserirlo nel boccale, aggiungere i capperi, il parmigiano, il pane grattugiato, la buccia del limone, le uova e amalgamare **30 sec Vel.4/5.** Togliere il composto dal boccale e formare un polpettone con le mani unte d'olio avvolgendo nella carta forno e sistemarlo nel Varoma. Lavare e asciugare il boccale e inserire la rucola ben lavata e asciugata, l'olio, i pinoli, il pecorino, sale e pepe e frullare: **30 sec Vel.6.** Togliere il pesto e tenerlo a parte, nel boccale inserire l'acqua posizionare il Varoma e cuocere **25min. temp Varoma Vel.2.** A co0ttura ultimata togliere il polpettone e tagliarlo a fette. Disporre le fette di pane casereccio su un piatto da portata. Sopra ogni fetta di pane di pane appoggiare una fetta di polpettone sulla quale si metterà un cucchiaio di pesto precedentemente preparato. Guarnire con della rucola e ravanelli tagliati a dischetti.

19.1.1.50   Polpettone In Salsa Di Cipolle

Ingredienti per 4 persone: 400gr. carne tritata, 100gr. mollica di pane raffermo, 50gr. di parmigiano, 1 uovo, 30gr. prezzemolo, 1 spicchio d'aglio, sale q.b., pepe, 200gr. melanzana sbucciata, 300gr. acqua, 1 pizzico di noce moscata, 500gr. cipolle, 40gr. olio e.v. oliva, 2 cucchiai di panna da cucina, 1 cucchiaio dado Bimby **Preparazione:** Inserire nel boccale il parmigiano, il pane , il prezzemolo, l'aglio, il sale, il pepe e infine la melanzana tagliata a pezzi: **20/30 sec Vel.Turbo.** Aggiungere l'uovo e la carne: **20 sec Vel.4 spatolando.** Preparare con questo impasto il polpettone e sistemarlo nel **varoma.** Soffriggere nel boccale l'olio e le cipolle tagliate grossolanamente: **5min. 100° Vel.3** Versare l'acqua e il dado: **30min. temp Varoma Vel.1** Appena bolle posizionare il **Varoma** A fine cottura unire alla salsa la panna e la noce moscata. Versare sul polpettone e servire.
Consiglio: con questa salsa si può condire la pasta.

19.1.1.51   Pudding D'estate

Ingredienti per 6 persone: 150gr. di frutta fresca a piccoli pezzi, 100/170gr. di zucchero (a piacere), 8/9 fette di pane in cassetta (tagliate spesse e private della crosta), panna montata.

Preparazione: Posizionare la farfalla, unire lo zucchero e la frutta e cuocere: **5min. 80° Vel.1.** Lasciare raffreddare. Foderare la base e i lati di uno stampo per budini con le fette di pane in modo che non ci siano spazi vuoti. Versare i frutti e il succo, coprire con altre fette di pane e pressare con energia. Coprire con un piattino e porvi un peso sopra. Raffreddare in frigorifero per una notte, capovolgere su un piatto e guarnire con panna montata dolce.

19.1.1.52   Riso E Pesce Con Salsa Alla Marocchina

Ingredienti per 4 persone: 350gr. di riso (parfumè), 4 tranci di pesce da 150gr. l'uno (pescatrice o altro), 1 mazzetto di prezzemolo, 2 spicchi di aglio, 1 cucchiaino di cumino in semi, 1 cucchiaino di coriandolo in semi, 1/2 cucchiaino di paprica, peperoncino q.b., il succo di 2 limoni, 40gr. d'olio d'oliva extravergine, 1 lt. d'acqua, sale q.b.

Preparazione: Tritare tutte le erbe nel boccale, con le spezie e l'aglio, unire l'olio e il succo del limone, amalgamare **10sec. Vel.4.** Regolare di sale e versare sui tranci di pesce. Lasciare macerare per un'oretta girando ogni tanto. Mettere nel boccale l'acqua e sale: **8-10min. 100° Vel.1.** Inserire il cestello col riso e posizionare il Varoma con il pesce marinato. Cuocere: **12min. a Temp.Varoma Vel.4.** Travasare il riso in un piatto da portata e servire con il pesce marinato a
Varoma cosparso di prezzemolo tritato. Ottimo servito anche freddo

19.1.1.53   Risotto Al Basilico

Ingredienti per 4 persone. 400gr. riso, 100gr. olio e.v. d'oliva, 200gr. capesante pulite (o cozze), 50gr. basilico, 1 spicchio d'aglio, 2 filetti acciuga, 900gr. brodo di pesce, sale q.b.

Preparazione: Preparate il pesto con il basilico, l'aglio, le acciughe e 60gr. di olio di oliva: inserire nel boccale tutti gli ingredienti tranne l'olio: **30 sec Vel.4/5.** Unire l'olio a filo: **30 sec Vel.5/7.** Tenere a parte. Pulire bene le capesante e tagliarle a metà. Versare nel boccale pulito 20gr. di olio e rosolare le capesante: **3min. 100° Vel.1.** Tenere a parte e in caldo. Nel boccale mettere la farfalla e il rimanente olio: **2min. 100° Vel.1,** unire il riso e tostare bene: **3min. 100° Vel.1.** Verasre il vino: **1min. 100° Vel.1.** Aggiungere 900gr. di brodo di pesce, o acqua e dado di pesce. Cuocere **13/15 minuti 100° Vel.1.** Unire il pesto, già preparato e mantecare: **2min. 100° Vel.1.** Servire il riso nei piatti e sopra appoggiare le capesante. Servire caldo. Consiglio: Sapore delicato. Volendo si possono sostituire le capesante con le cozze.

19.1.1.54   Risotto Al Limone

Ingredienti per 4 persone: 400gr. di riso, il succo di 1 limone, un pezzetto di cipolla, 50 gr, di olio, 1 scatola di tonno da 160gr. 50gr. di vino bianco secco, 2 cucchiai di prezzemolo tritato, 850gr. d'acqua, dado e sale q.b.

Preparazione: Mettere nel boccale l'olio e la cipolla **3min. 100° Vel.4.** Inserire la farfalla e aggiungere il riso, il vino e il succo di limone **2min. 100° Vel.1.** Mettere l'acqua, il dado e il sale **14min. 100° Vel.1.** Un minuto prima del termine della cottura, aggiungere il tonno sgocciolato spezzettato e il prezzemolo tritato

19.1.1.55   Risotto Della Vigna

Ingredienti per 4 persone, 350gr. riso, 1 grappolo uva rosè, 200gr. salsiccia magra, 1 cipollina, 40gr. olio, 1/2 bicchiere di vino bianco secco, prezzemolo tritato, 50gr. parmigiano grattugiato, 700gr. acqua, sale e pepe q.b. **Preparazione:** Inserire nel boccale mezza cipollina, il burro e soffriggere **3min. 100°   Vel.3.** Posizionare la farfalla, aggiungere il riso e tostarlo per **2min. 100° Vel.1.** Aggiungere il vino: **2min. 100° Vel.1** A questo punto aggiungere il riso, 1 cucchiaio di dado Bimby e 700gr. di acqua. Cuocere per **15min. a 100° Vel.1.** Tre o quattro minuti prima del termine della cottura aggiungere l'uva metà sgranata e metà spremuta. Regolare di sale e spolverizzare col prezzemolo e parmigiano grattugiato.

19.1.1.56   Risotto Dell'orto

Ingredienti per 4 persone: 350gr. di riso, 1 melanzana, 1 scalogno, 2 zucchine, 1 carota, 100gr. di fagioli borlotti in scatola, 1 gambo di sedano, 2 pomodorini, 2 rami di timo, 1 mazzetto di basilico, 1 ciuffo di prezzemolo, 50gr. di olio d'oliva extravergine, 800gr. di brodo vegetale, 30gr. di grana grattugiato.

Preparazione: Pulire e lavare bene tutte le verdure. Tagliare la melanzana a cubetti e metterla per **10min.** in acqua molto salata. Tagliare a rondelle le zucchine, i pomodori a dadini. Nel boccale la cipolla, il sedano e la carota, tritare: **10sec. Vel.4-6.** Unire l'olio e rosolare: **3min. 100° Vel.4.** Aggiungere la melanzana, le zucchine, i pomodori, 1 rametto di timo e metà basilico, 200gr. Di brodo: **15min. 100° Vel.1.** Versare il riso e rosolarlo: **3min. 100° Vel.1.** Unire il brodo vegetale rimasto e cuocere: **14min. 100° Vel.1.** Versare in una risottiera e spolverare di prezzemolo, basilico, timo e formaggio grana. Servire tiepido.

19.1.1.57   Rotoli Al Prosciutto

Ingredienti per 4 persone: Per le frittate: 3 uova, 25gr. parmigiano, sale q.b. Per il ripieno: 150gr. ricotta, 100gr. prosciutto cotto, 50gr. burro morbido, 25gr. parmigiano, sale e pepe q.b.

Preparazione: Inserire nel boccale le uova, il parmigiano e il sale: **10 sec Vel.6.** Mettere a parte. Inserire nel foro del coperchio con le lame in movimento Vel.5 tutti gli ingredienti per **20sec. spatolando.** Senza lavare il boccale inserire 1 l d'acqua: **10min. Vel.1 Temp.Varoma.** Mettere nel vassoio Varoma carta da forno bagnata e strizzata e metà composto delle uova. Posizionare il Varoma e cuocere **7min. a Varoma Vel.2.** Ripetere un'altra vola con la metà rimasta. Spalmare il ripieno ottenuto sulle frittatine. Arrotolare e mettere in frigo per 3 ore. Servire accompagnati da insalatina fresca.

19.1.1.58   Risotto Alla Lattuga

Ingredienti per 4 persone: 350gr. riso Arborio, 250gr. piselli surgelati o freschi, 1 carota, 1 cipolla, 1cespo di lattuga, 1 cucchiaio di parmigiano grattugiato, 50gr. robiola, 4 cucchiai olio, 1 cucchiaino di maggiorana, sale e pepe q.b., 700gr. acqua

Preparazione: Lavare e pulire tutte le verdure, tagliare a listarelle le foglie di lattuga.Inserire nel boccale l'olio, la cipolla, la carota e soffriggere: **3min. 100° Vel.4.** Aggiungere i piselli, 100gr. d'acqua e cuocere: **10min. 100° vel.1.** Inserire la farfalla, aggiungere il riso, metà della lattuga, la maggiorana, insaporire: **2 min.100° Vel.1.**Versare l'acqua, il sale eil pepe, cuocere: **15min. 100° vel.1.** Poco prima del termine della cottura unire il resto della lattuga. Versare il riso in una terrina, aggiungere la robiola e il parmigiano, mescolare lentamente. Lasciare riposare un paio di minuti prima di servire.

19.1.1.59   Rotoli Di Peperoni Al Pilaf

Ingredienti per 4 persone: 3 peperoni (colorati), 200gr. di riso (per risotti), 30gr. di olio extravergine d'oliva, 1/2 cipollina, 1 cucchiaio dado Bimby, 1 bustina di zafferano, 2 cucchiai di panna per cucina (o latte), prezzemolo, 100gr. di olive, 1 cucchiaino di capperi dissalati, 4 cetriolini sott'aceto, 500gr. di acqua, sale e pepe q.b.

Preparazione: Fare un trito con il prezzemolo, i capperi, le olive e i cetriolini: **20sec. Vel.3-4.** Mettere da parte. Senza lavare il boccale aggiungere l'olio, la cipolla e fare un soffritto: **3min. 100° Vel.4.** Aggiungere i 500gr. d'acqua, il riso e il dado Bimby, cuocere il riso: **15min. 100° Vel.1,** alla fine aggiungere lo zafferano ed un po' di pepe. Togliere dal boccale e farlo raffreddare per poi mescolarlo al trito e alla panna. I peperoni a falde cotti a vapore nel Varoma. Farcire con il composto di riso ogni falda di peperone e arrotolare. Disporre i rotolini in un vassoio e condirli con un filo d'olio extravergine d'oliva.

19.1.1.60   Rotoli Primavera Delicati Al Tonno

Ingredienti per 4 persone: *Per le frittate*: 3 uova, 25gr. parmigiano, sale q.b. *Per il ripieno*: 100gr. di tonno, 1 cucchiaio di capperi, qualche foglia di prezzemolo, 150gr. ricotta, 50gr. burro, 2 cucchiai di maionese.

Preparazione: Inserire nel boccale le uova, il parmigiano e il sale: **10 sec Vel.6.** Mettere a parte. Preparare il ripieno: inserire dal foro del coperchio con le lame in movimento Vel.**5** il tonno, i capperi e il prezzemolo. Unire il burro, la ricotta, la maionese e il sale: **10 sec Vel.5.** Senza lavare il boccale inserire 1 l d'acqua: **12min. Vel.1 Temp.Varoma.** Mettere nel vassoio Varoma carta da forno bagnata e strizzata e metà composto delle uova. Posizionare il **Varoma** e cuocere **7min. a Varoma Vel.2.** Ripetere un'altra vola con la metà rimasta. Spalmare il ripieno ottenuto sulle frittatine. Arrotolare e mettere in frigo per 3 ore. Servire accompagnati da insalatina fresca.

19.1.1.61   Sgombri Ripieni

Ingredienti (per 4 persone): 4 sgombri di circa 200 gr l'uno, succo di 1 limone, 2 cipolle, 1 peperone, 2 cucchiai di polpa di pomodoro a pezzi, 1 spicchio d'aglio, 2 filetti d'acciughe, 30 gr di prezzemolo, pepe, sale q.b., 4 foglie d'alloro, 20 gr di olio extra vergine, 200 gr di vino bianco secco, 50 gr di pane grattugiato

Preparazione: Pulire i pesci, togliere le code e le teste. Asciugare con carta assorbente, porli su un piatto e irrorarli col succo di limone, salarli e peparli, tenere da parte. Nel boccale tritare le cipolle, l'aglio, le acciughe ed il prezzemolo: **20 sec Vel.3-4.** Mettere in una terrina la polpa di pomodoro e il peperone tagliato a striscioline, insaporirli col trito precedentemente preparato mescolando bene. Farcire gli sgombri con il ripieno, aggiungendo all'interno di ciascun pesce una foglia di alloro, chiuderli con filo rete (o con stecchini) cospargerli di pane grattuggiato. Ungere i pesci con l'olio e disporli nel varoma. Mettere 700 gr di acqua nel boccale, salare: **35min. Temp.Varoma Vel.2.** Trascorsi **8min.** aggiungere il vino, posizionare il varoma col pesce e completare la cottura. Servire con fette di limone.

Ho fatto alcune varianti: 2 pesci da 300 o poco più l'uno, non avevo il peperone e ho messo delle olive nere tagliate a rondelle, una sola cipollina. Il trito preparato era tanto così per non avanzare inutilmente dopo aver irrorato i pesci l'ho sistemato sopra di essi, ho aggiunto il pane grattugiato. buoni anche così!

19.1.1.62   Spaghetti...Pomodoro Pinoli E Maggiorana

Ingredienti per 4 persone 400gr. spaghetti, 300gr. pomodori (1 scatola di pelati), 40gr. di pinoli, 1 peperone giallo, 1 scalogno, 1 mazzetto di maggiorana, 40gr. d'olio, 760gr. acqua, sale q.b.

Preparazione: Incidere i pomodori leggermente e scottarli a **Varoma per 15min.** Sbucciarli e privarli dei semi e tagliarli a tocchi. Lavare e pulire il peperone dai filamenti interni e tagliarlo a dadini. Nel boccale mettere l'olio e lo scalogno: **3min. 100° Vel.4.** Unire le verdure già preparate, salate e cuocete **10min. 100° Vel.1.** Versare nel boccale l'acqua, salare e portare ad ebollizione e poi introdurre gli spaghetti dal foro del coperchio, quando saranno scesi tutti programmare per il tempo di cottura riportato sulla confezione sempre a **100° Vel.1.** Due minuti prima della fine cottura unire i pinoli e la maggiorana. Versare in una zuppiera, mescolare bene e servire caldi.

19.1.1.63   Spaghetti Con Bottarga...Vino E Timo

Ingredienti per 4 persone: 400gr. spaghetti, 60gr. bottarga di tonno, 100gr. vino bianco secco, 50gr. burro, 4 rametti di timo fresco, sale q.b., 1 spicchio d'aglio

Preparazione: Nel boccale versare il vino, unirvi l'aglio schiacciato e i rametti di timo, salare e cuocere 15min. 100° Vel.1, finchè il vino non è ridotto alla metà. Colare il rimanente vino e rimetterlo nel boccale con il burro e cuocere: 4min. 90° Vel.4. Tenere a parte. Nel boccale pulito, cuocere gli spaghetti in un litro di acqua salata. Scolarli e condirli con il burro al vino e la bottarga tagliata a velo

19.1.1.64   Spaghetti Con Mollica Al Finocchietto

Ingredienti per 4 persone: 400gr. di spaghetti, 4 cucchiai di pangrattato (mollica), 60gr. di olio d'oliva,
300gr. di pomodorini, 80gr. di finocchietto senza gambi, 1 spicchio d'aglio, 8 acciughe sotto sale o sarde salate, sale e pepe q.b., peperoncino facoltativo

Preparazione: Tostare il pangrattato nel boccale: **2min. 100° Vel.2**, unire 20gr. d'olio: **3min. 100° Vel.2**. Tenere a parte. Nel boccale pulito mettere il rimanente olio, l'aglio e le acciughe diliscate e ben lavate, il mazzetto di finocchietto e il peperoncino, tritare per **10sec. Vel.6**, poi soffriggere per **3min. 100° Vel.4**. Unire i pomodori a tocchetti, regolare di sale, se necessario, e cuocere per **10min. 100° vel.1**. Tenere a parte. Nel boccale versare 1 lt. d'acqua, salare e portare a bollore: **10min. 100° Vel.1**. Cuocere gli spaghetti per il tempo di cottura indicato sulla confezione. A cottura ultimata, scolarli e condirli con i pangrattato e il sugo.

19.1.1.65 Spaghettini Di Bordo

Ingredienti: 5 pomodori maturi, 40gr. capperi dissalati, 40gr. olive snocciolate, 1 spicchio aglio, 1 cucchiaio origano, 1 peperoncino piccante, 50gr. olio oliva extra, 400gr. Acciughe, 400gr. Spaghetti
Preparazione: Inserire nel boccale 30gr. olio, i capperi, le olive, l'aglio e il peperoncino: 3min. 100° vel.4. Unire le acciughe e l'origano: 10sec. vel.6.
Insaporire 2min. 100° vel.1. Aggiungere i
pomodori a pezzettoni e cuocere 10-15min. 100° vel.1. Versare 700gr. acqua, aggiustare di sale: 10min. 100° vel.1. Versare nel boccale gli spaghettini, quando sono entrati dolcemente dare il tempo di cottura dlel apasta riportato sulla confezione. Servire in una zuppiera
irrorandoli con un filo d'olio rimasto.

19.1.1.66 Tagliolini In Insalata

Ingredienti per 4 persone: 300gr. di tagliolini, 250gr. di rucola, 150gr. di pomodorini maturi e freschi, 1 mozzarella di bufala, 50gr. di olio extravergine di oliva.
Preparazione: Tritare la rucola Vel.**3-4 per 20sec.** e tenerla da parte. Cuocere i tagliolini in un litro di acqua salata. Scolarli al dente e passarli sotto l'acqua fredda. Tagliare a dadini i pomodorini e la mozzarella. Condire i tagLiolini con rucola, mozzarella e dadolata di pomodorini e olio. Piatto freddo e unico.

19.1.1.67 Timballo Di Riso Con Gamberetti Alla Paprica

Ingredienti per 4/5 persone: 250gr. di riso, 70gr. di burro, 300gr. di gamberetti, 20-25 cl di besciamella, 1 scalogno, mezzo cucchiaino di paprica, prezzemolo tritato, sale e pepe q.b., noce moscata, 700gr. di acqua. **Per la besciamella:** 200gr. di latte, 20gr. di farina, noce moscata, sale q.b.
Preparazione: Inserire l'acqua e il sale nel boccale e portare all'ebollizione per 7min. 100° Vel.1. Posizionare il cestello con il riso e cuocere per 15min. 100° Vel.4. Metterlo in una grande terrina e condirlo con 40gr. di burro, mescolare con cura. Versarlo poi nel classico stampo da timballi provvisto di foro centrale piuttosto grande, avendo cura di pressarlo leggermente. Tenere lo stampo coperto mentre si prepara la guarnizione. Mettere nel boccale lo scalogno, 30gr. Di burro: 3min. 100° Vel.4. Aggiungere i gamberetti, il prezzemolo tritato, il sale e pepe: 3min. 100° Vel.1 e travasare in una ciotola. Mettere tutti gli altri ingredienti nel boccale per la besciamella: 5min. 90° Vel.4. Aggiungere la paprica per pochi secondi a Vel.5. Amalgamare la besciamella al sugo di gamberi. Sfornare il timballo sul piatto da portata, versare il sughetto nel foro centrale, guarnire a piacere e servire.

19.1.1.68 Triglie In Salsa

Ingredienti per 4 persone: 8 triglie, 300gr. pomodori, 50gr. olio e.v. oliva, 1 spicchio d'aglio, 1 peperoncino, 1 mazzetto di prezzemolo, sale e pepe q.b.
Preparazione:
Spennellare di olio il Varoma e il Vassoio. Adagiarvi le triglie, pulite e spennellate di olio, salare e pepare.Unire una buccia di limone.Tenere a parte.Nel boccale versare l'olio e l'aglio soffriggere **3min. 100° Vel.4**. Unire i pomodori privati dei semi e tagliati a tocchi, il sale, il pepe e peperoncino. Posizionare il Varoma e cuocere **20min. Temp.Varoma Vel.2**. Mettere le triglie su un piatto da portata, condirle con il sugo, cospargerle di prezzemolo tritato e un filo di olio.

19.1.1.69 Triglietti In Foglie Di Vite (O Lattuga)

Ingredienti per 4 persone. 12 foglie di vite (o lattuga), 12 trigliette o alici, 1 mazzetto di prezzemolo, 1 mazzetto di finocchietto, 1 spicchio d'aglio, 1 foglia di alloro, 1 limone, 100gr. vino bianco secco, 30gr. olio e.v. oliva

Preparazione: Squamare le trigliette, eviscerarle e diliscarle con delicatezza, senza romperle. Preparate la marinata con il succo di limone, il vino bianco, la foglia d'alloro e qualche grano di pepe. Lasciare riposare per mezzoretta. Nel frattempo tritare, con le lame in movimento Vel.**5/6** il prezzemolo, il finocchietto, la scorzetta di limone, lo spicchio d'aglio, **per 20sec.** e con questo trito farcire i pesci, dopo averli leggermente salati e pepati all'interno, ricomporli e avvolgerli nelle foglie di vite, spennellare leggermente di olio e salare. Inserirli nel Varoma, sotto e sul vassoietto. Versare nel boccale 800gr. di acqua, 100gr. di vino bianco e aromi (cipolla, sedano) cuocere: **20min. Temp.Varoma.** Servire con fettine di limone a piacere. Consiglio: non avendo a disposizione le foglie di vite utilizzare 12 foglie di lattuga romana.

19.1.1.70 Uova Piccanti In Salsa

Ingredienti per 4 persone: 4 uova, 2 pomodori maturi, 1 cipolla, 1 spicchio di aglio, 2 fettine di zenzero fresco, 1/2 cucchiaino di coriandolo in semi, peperoncino rosso a piacere, 1/2cucchiaino di curry in polvere, 20gr. di olio d'oliva extravergine, 700gr. di acqua, sale e pepeq.b.

Preparazione: Metter le uova nel cestello, versare nel boccale 700gr. di acqua e cuocere: **15min. 100° Vel.1.** Raffreddarle sotto l'acqua fredda, sgusciarle e tagliarle a metà. Scottare i pomodori in acqua bollente per 1 minuto, scolarli, sbucciarli e tagliarli a pezzi. Nel boccale, pulito, versare l'olio, unire la cipolla, l'aglio, lo zenzero e tutte le spezie: **3min. 100° Vel.4.** Unire i pomodori e il curry, regolare di sale e cuocere: **10min. 100° Vel.1.** Versare la salsa calda sulle uova e lasciare raffreddare. Servire fredde.

19.1.1.71 Vellutata Ai Fiori Di Zucca

Ingredienti per 10 persone, 15 fiori di zucca, 3 patate, 150gr. ricotta, 1 tuorlo d'uovo, 30gr. parmigiano grattugiato, 40gr. olio e.v. d'oliva, 1 litro brodo vegetale (o acqua e dado Bimby)

Preparazione: Far appassire nel boccale con l'olio, i fiori di zucca, dopo averli lavati e tolto il pistillo: **3min. 90° Vel.4.** Unire 3 patate tagliate a cubetti grandi, 1 lt di brodo vegetale, aggiustare di sale e cuocere: **15min. 100° Vel.1.** Unire la ricotta, il tuorlo e il formaggio. Frullare **40 sec Vel.6** Servire con crostini di pane.

19.1.1.72 Vellutata Di Carote

Ingredienti per 4 persone: 300gr. di carote, 1 patata, 1 piccolo porro, 100gr. di fontina dolce, 30gr. di burro, 100gr. di latte, 500gr. di brodo (oppure acqua e dado), noce moscata, sale e pepe q.b., crostini di pane tostato, erba cipollina sminuzzata (facoltativa)..

Preparazione: Mondare e lavare le verdure. Tagliare il porro a rondelle e la patata a pezzi. Con le lame in movimento **a Vel.5** inserire le carote. Travasare in una ciotola. Mettere nel boccale il burro e il porro: **3min. 90°-100° Vel.4.** Aggiungere la patata, le carote tritate, 100gr. di brodo (o acqua), sale e pepe: **5min. 100° Vel.1.** Frullare il tutto a Vel.5 e poi Vel.Turbo per **15sec.** Versare il rimanente brodo (o acqua e dado) e il latte: **15min. 100° Vel.3.** Terminata la cottura unire la fontina a pezzi e spolverare con noce moscata. Portare gradualmente la velocità **da 1 a 9 per 10sec.** Servire con crostini di pane tostato e erba cipollina sminuzzata.

19.1.1.73 Verdure Ripiene Al Caprino E Patate

Ingredienti per 4 persone, 6 fiori di zucca, 1 cipolla grossa, 1 peperone, 1 zucchina, 4 patate, 200gr. formaggio di capra, 1 mazzetto di maggiorana, 1 mazzetto di prezzemolo, 1 spicchio di aglio, 1 scalogno, 1 uovo, 50gr. di parmigiano, sale e pepe q.b., 30gr. di olio e.v. d'oliva

Preparazione: Sbucciare le patate, pulire e lavare le verdure. Tagliare a tocchetti le patate e metterle nel cestello. Nel boccale 500gr. di acqua, una presa di sale e cuocere: a **Varoma 20min. Vel.2** e contemporaneamente posizionare il Varoma con le cipolle. Preparare la cipolla sfogliata nel Varoma e cuocere il tutto: **15min. Temp.Varoma Vel.2.**Buttare l'acqua del boccale, versarvi le patate, frullare: **20 sec Vel.3.** Tenere a parte.Nel boccale con lame in movimento Vel.6 inserire le zucchine a tocchi e ridurle a purea, poi unirle alla purea di patate. Lavare e asciugare il boccale e fare un trito con i formaggi, maggiorana, prezzemolo, aglio, scalogno tutto tritato fine, regolare di sale, aggiungere l'uovo e amalgamare. Unire il tutto al composto di patate e zucchine e farcire i fiori privati del pistillo, le barchette di cipolla, i mezzi peperoni. Disporli nel Varoma sspennellati di olio in questo ordine: nel Varoma in acciaio i peperoni, nel vassoio i fiori e le cipolle. Nel boccale mettere 1 litro di acqua salata, posizionare il Varoma e cuocere **25min. temp Varoma Vel.2.**. Servire fredde 4

19.1.1.74 Vitello Marinato

Ingredienti per 4 persone: 600gr. di magatello di vitello, 250gr. di giardiniera sott'aceto, 1 cuore di sedano, 1 carota, 1 cipolla, 1 chiodo di garofano, 1 cucchiaio di senape dolce, 2 cucchiaini di origano secco, 1 foglia d'alloro, 30gr. di aceto di vino rosso, 50gr. di olio di oliva extravergine, sale e pepe q.b.

Preparazione: Steccare la cipolla sbucciata con il chiodo di garofano, metterla nel boccale assieme alla carota pulita, al sedano, alla foglia di alloro. Versare 1 litro di acqua e sale nel boccale e inserire il cestello con dentro il pezzo di vitello. Cuocere per **50min. Temp.Varoma Vel.1.** Scolare e fare raffreddare. Tagliarlo a fette e sistemarlo su un piatto di portata. Scolare la giardiniera dal liquido di conservazione e frullare per **10sec. Vel.3.** Disporre la salsa sulle fette a più strati alternati (carne e salsa ecc.). Stemperare la senape con una presa di sale, l'aceto e l'olio, emulsionare gli **ingredienti: 10sec. Vel.4.** Versare sulla carne e lasciare marinare per almeno due ore. E' ancora migliore il giorno dopo.

19.1.1.75 Zuppa Cruda Di Pomodoro E Melone

Ingredienti per 6 persone, 1 Kg di pomodori maturi, 1 melone, 1 cipollina, 1 spicchio d'aglio, 1 mazzetto di prezzemolo, 1 mazzetto di basilico, 1 mazzetto di menta, 1 mazzetto di timo, 40 gr di olio d'oliva, sale e pepe q.b., peperoncino (a piacere)

Preparazione: Lavare e incidere i pomodori leggermente, privandoli dei semi. Frullarli con tutti gli aromi: 1min. Vel.3-9, regolare di sale, unire l'olio, una punta di peperoncino e pepe nero.

Ricavare dal melone delle palline, oppure tagliarlo a tocchetti, mescolarlo alla zuppa di pomodoro e tenere in fresco. Servire ben freddo accompagnato da crostini di pane.

19.1.1.76 Zuppa Di Pesce Veloce

Ingredienti per 4 persone Pesci per la zuppa: 1 Kg scorfano, triglia, murena, grongo, nasello, rombo (a scelta disponibile) 250 gr di cozze, 250 gr di vongole, 300 gr di pomodori pelati peperoncino, 1 cipolla media, 2 spicchi aglio, 1 carotina, 10 gr di sedano, 30 gr di prezzemolo in foglia, pepe nero q.b., 1 fogliolina di alloro, 100gr. di vino bianco

Preparazione: Tritare il prezzemolo e tenerlo a parte. Preparare il fumetto: mettere nel boccale 500gr. di acqua, inserire il cestello con le teste e le code dei pesci, la carota, la mezza cipolla, un gambo di sedano, il prezzemolo e l'alloro: **10min. 100° Vel.4.** Eliminare il contenuto del cestello e mettere a parte il fumetto. Mettere nel boccale: olio, aglio, la rimanente cipolla e poco prezzemolo: **3min. 100° Vel.4.** Unire i pelati ed il peperoncino: **5min. 100° Vel.1.** Inserire il cestello con i pesci (i più grossi a tranci): **25min. Temp.Varoma.** Dopo 5min. dal foro del coperchio versare il vino e subito dopo il fumetto tenuto a parte. Posizionare il Varoma con le cozze e vongole e completare la cottura. Trascorso il tempo previsto sistemare il pesce in una terrina, disporvi sopra cozze e vongole. Versare il fondo di cottura, cospargere con il rimanente prezzemolo tritato. Servire con crostini di pane. Consiglio: la zuppa potrà essere arricchita con 150gr. di gamberi o scampi fatti cuocere nel Varoma insieme alle cozze e vongole.

19.1.1.77   Zuppa Dolce Di Melone E Papaya

Ingredienti per 4 persone: 1 melone da 500gr. ben maturo, 2 papaya mature, 2 limoni verdi non trattati, 20gr. di vino bianco liquoroso (porto o altro), 3 gocce di essenza di vaniglia, 6 rametti di menta fresca, 80gr. di zucchero (o miele).

Preparazione: Grattugiare la buccia di 1 limone con lo zucchero: **40sec. Vel.9.** Unire la polpa di melone, la papaya e con l'essenza di vaniglia e il succo dei limoni. Frullare **1min. Vel.4-9.** Aggiungere le foglioline di menta spezzettata. Servire in coppette individuali ben fredde accompagnate con biscottini secchi.

19.1.1.78   Zuppetta Di Ceci

Ingredienti per 4 persone, 2 scatole di ceci, 300gr. di bietoline, 15gr. di funghi secchi, 1 cipolla piccola, 1 gambo di sedano, 1 spicchio d'aglio, 1/2 carota, 2 foglie di salvia, 3 pomodori freschi, 40gr. di olio extravergine di oliva, 1 cucchiaio dado Bimby, sale e pepe q.b.

Preparazione: Nel boccale mettere l'olio, l'aglio, la cipolla, il sedano e la carota: **3min. 100° Vel.4.** Unire le erbette ben lavate e tagliate a strisioline, i ceci e il dado, aggiustare di sale e far appassire: **2min. 100° Vel.1** Unire i pomodori a tocchi e mezzo litro di acqua. Cuocere **15min. 100° Vel.1.** Servire con fette di pane.

19.1.1.79   Zuppa Di Gamberi

Ingredienti per 4 persone, 1 Kg. di gamberi o gamberetti, 300gr. di acqua, 1 cipolla, 50gr. di olio extravergine di oliva, 1 spicchio di aglio, 1 gambo di sedano, 1 peperoncino, 200gr. di passata di pomodoro (o pomodoro fresco), 100gr. di vino bianco secco, 1 mazzetto di prezzemolo tritato.

Preparazione: Lavare e pulire i gamberi. Nel boccale , con lame in movimento Vel.4, tritare il prezzemolo e tenerlo a parte. Sempre con lame in movimento Vel.**4,** tritare: il sedano, la cipolla e l'aglio, unire l'olio e soffriggere: **3min. 100° Vel.4.** Aggiungere la passata di pomodoro, il peperoncino, il sale e il pepe: **8min. 100° Vel.1.** Versare il vino, riprendere la cottura: **3min. 100° Vel.1.** Aggiungere i gamberi e 300gr. di acqua: **10min. 100° Vel.1.** A cottura ultimata aggiungere il prezzemolo e servire nei piatti con fette di pane tostato, e un filo di olio extravergine d'oliva.

Siamo Arrivati Alla Conclusione

Ci Complimentiamo Con Te Per Aver Scelto Questo Libro !

Sei Rimasto Soddisfatto ? Allora Ti invitiamo a Lasciare

Un FeedBack Positivo a 5 Stelle !

Grazie Di Cuore :)

LEGAL

DISCLAIMER

The author is not a licensed practitioner, physician, or medical professional and offers no medical diagnoses, treatments, suggestions, or counseling. The information presented herein has not been evaluated by the U.S. Food and Drug Administration, and it is not intended to diagnose, treat, cure, or prevent any disease. Full medical clearance from a licensed physician should be obtained before beginning or modifying any diet, exercise, or lifestyle program, and physicians should be informed of all nutritional changes.

The author/owner claims no responsibility to any person or entity for any liability, loss, or damage caused or alleged to be caused directly or indirectly as a result of the use, application, or interpretation of the information presented herein.

CPSIA information can be obtained
at www.ICGtesting.com
Printed in the USA
BVHW061458030521
606335BV00005B/750